THE SPORTS BOOK

DK

DK体育项目全图解

常见项目 · 计分规则 · 制胜策略 · 运动技巧

[英] DK 出版社 编著　张凡 译

華中科技大學出版社
http://press.hust.edu.cn
中国 · 武汉

有书至美
BOOK & BEAUTY

DK | Penguin Random House

图书在版编目（CIP）数据

DK体育项目全图解/英国DK出版社编著；张凡译.—武汉：华中科技大学出版社，2024.1

ISBN 978-7-5772-0082-8

Ⅰ.①D… Ⅱ.①英… ②张… Ⅲ.①体育项目－图解 Ⅳ.①G808.22-64

中国版本图书馆CIP数据核字（2023）第193643号

Original Title: The Sports Book: The Sports · The Rules · The Tactics · The Techniques

DK体育项目全图解

DK Tiyu Xiangmu Quantujie

[英] DK出版社 编著

张凡 译

出版发行：华中科技大学出版社（中国·武汉）　电话：（027）81321913

华中科技大学出版社有限责任公司艺术分公司　（010）67326910-6023

出 版 人：阮海洪

责任编辑：莽 昱 宋 培

责任监印：赵 月 郑红红　封面设计：邱 宏

制　作：北京博逸文化传播有限公司

印　刷：惠州市金宣发智能包装科技有限公司

开　本：635mm × 965mm　1/8

印　张：57

字　数：540千字

版　次：2024年1月第1版第1次印刷

定　价：368.00元

符号说明　书中每项运动均附有图标，表示该运动所属的体育类别（与该运动所在章节相对应），或者简要介绍该运动的比赛形式和获胜方式、时长，属于个人赛还是团队赛。

运动类别

田径运动　体操　团体运动

球拍运动　格斗运动　水上运动

冬季运动　靶类运动　动物运动

引擎运动　轮上运动　极限运动

竞速类比赛
以最短用时决胜负的运动。

距离类比赛
以最远运动距离决胜负的运动。

得分类比赛
以最高得分决胜负的运动。

评分类比赛
评委为选手表现打分的运动。

限时类比赛
固定时间段内的比赛，例如团队比赛。

团队和个人运动
这两个图标分别表示以团队和以个人为主的运动。

目录

05 格斗运动

06 水上运动

07 冬季运动

08 靶类运动

09 轮上运动

10 引擎运动

11 动物运动

12 极限运动

前言

古希腊人在奥林匹亚举办运动会时，只有赛跑这项比赛。此后，“跑步”“跳跃”和“投掷”等运动逐渐发展起来。如今运动类型已达数百种，因此不了解部分运动项目规则也不用诧异，只要查阅此书便可。我们在本书中介绍了近二百种运动，无论是想了解双人跳水比赛裁判关注点，想搞清楚自行车接力赛比赛形式，还是想知道如何与相扑中的行司（即裁判）争论，答案尽在书中。

以前，每逢奥运会，你观看着电视转播，但对比赛内容一知半解甚至毫无头绪，抓破脑袋想搞明白得分机制或场上人员的角色。随着数字电视和体育频道呈爆炸式增长，当你浏览频道，碰见更多前所未见的运动时，你也会觉得十分头大。

阅读本书，你能找到一切所需信息，了解人类发明的各类奇异而精彩的运动。你可以查看规则、统计数据、了解装备、比赛核心、合规与犯规动作，听懂比赛评论——这些信息足以让你对所有运动了如指掌，再也不会混淆右面部和空中接力了。

通过屏幕观看世界冠军的表现，难以领会其技术含量和难度，比如击打小白球，使其飞过树木，落到湖左侧的三个沙坑之间，很难吗？在窄条平衡木上徒手后空翻，或撑着弹力杆跃入空中，有什么大不了的？职业运动员看似轻松写意，实则背后大有学问，希望此书能帮助你体会各类运动的竞技性之所在。

20世纪，体育运动发展迅猛。运动会引发国际事件，也有助于解决国际争端。运动点燃激情，激发自豪感，却也让人深陷绝望和羞愧之中。运动对全世界数百万人有着举足轻重的影响。编写此书时，我发现运动比预想的更容易上瘾——不仅与自己所了解和关注的运动会形成天然纽带；接触新运动、探索新领域也令人着迷。此书将介绍一系列新运动——不知不觉间，你就接触到了各类新鲜事物。看完后，如果你有兴趣尝试梭镖或陆地风帆车，那可太好了；如果下次转播的体育节目已不再让你有陌生感，我也会很高兴。

试想一下，有了这本书，下次你可能就知道体育知识问答决胜局的答案；或者在讨论侧得分和近端锋的区别时，能处于领先杆位；甚至在问答游戏中，因为知道在柔道场地上该做什么而旗开得胜。

更棒的是，你可能会找到最适合的运动，或者拓宽体育视野，尝试新运动。世上不只有喜欢踢足球、打橄榄球的人，还有人善于击球，也有人球拍上好像破了个洞。有许多运动可供选择，而且，说不定你会找到所爱，闯进奥运会，而我则会为你做解说呢！

希望你能从运动中找到兴趣所在。感谢多家管理机构和体育组织协助汇编信息。我承认肯定不免有些遗漏，但这样也便于推出续作，也更有机会探究世上更多奇异而精彩的运动（所以，无论是诺福克沼泽徒手潜水山地自行车手，还是威尔特郡割草机赛车手，准备好吧，会写到你们的）。

祝阅读愉快！

雷·斯塔布斯

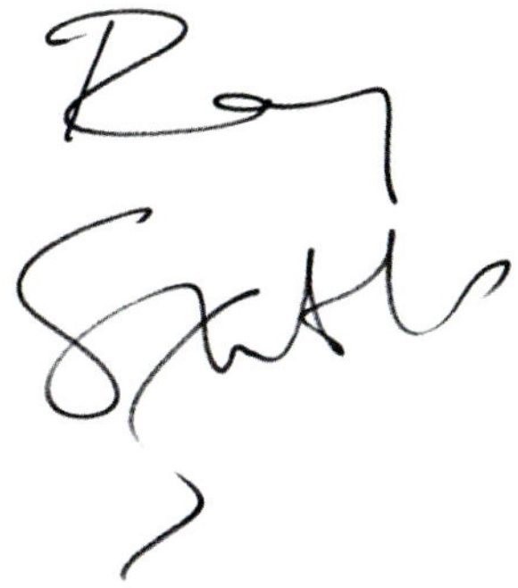

OLYMPIC GAMES 奥运会

奥运会

古代运动会

公元前500年左右，希腊各地均举办体育节，最著名的当属奥运会，每四年在奥林匹亚举行一届，以示对宙斯的崇敬。这些古代运动会的比赛项目包括短跑、中长跑、五项全能、拳击和摔跤。运动员均为男性，在绝大多数比赛中必须赤身裸体。

现代奥运会

公元前2世纪，罗马攻占希腊，并最终废除了奥运会。不过，在他人启发下，1892年，法国人皮埃尔·德·顾拜旦（Pierre de Coubertin）开始为复办奥运会而奔走。顾拜旦在巴黎向体育运动联盟（Union des Sports Athlétiques）致辞，劝说联盟支持他的愿景，强调奥运会有潜力让全世界围绕共同目标团结起来。1894年，顾拜旦继续在国际体育会议巴黎代表大会（the Congress of Paris）上力挺奥运会。最终，大会投票支持恢复奥运会。赛会组织工作由国际奥林匹克委员会（International Olympic Committee）负责。国际奥委会首任主席是希腊人泽麦特里乌斯·维凯拉斯（Demetrius Vikelas），他也是顾拜旦的主要支持者之一。

雅典

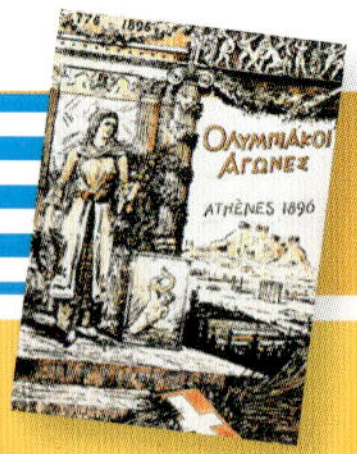

1896年4月6日至15日　第一届奥林匹克运动会

本届奥运会原定于1900年与世界博览会共同在巴黎举办。不过，决策者认为，第一届奥运会不应依附于其他活动。于是，奥运会提前到1896年举办，地点也换为雅典。古代运动会的复办吸引了希腊、德国、法国、英国等共14个国家的运动员参赛。

赛事亮点

- 美国人詹姆斯·康诺利（James Connolly）在三级跳远中胜出，成为古代奥林匹克运动会停办1500多年后的第一位奥运冠军。
- 获得三个体操冠军后，德国运动员卡尔·舒曼（Carl Schumann）还在摔跤比赛中赢得第四个冠军。
- 马拉松以其历史意义成为东道主希腊最想赢的比赛，他们最终也如愿以偿。史比利廷·路易斯（Spyridon Louis）以7分多钟的优势赢得了比赛。

14个队伍　**241**名运动员
9类运动　**43**项比赛

明星简介：阿尔弗雷德·哈约什（Alfred Hajos）

父亲淹死于多瑙河后，13岁的阿尔弗雷德·哈约什觉得自己必须成为游泳健将。1896年雅典奥运会的游泳比赛首先在齐亚湾（Bay of Zea）举行，水温仅为13摄氏度。哈约什在同一天赢得了100米和1200米自由泳冠军。长距离比赛中，九名选手乘船前往开阔水域，随后独自游回岸边。

巴黎

1900年5月15日至10月28日　第二届奥林匹克运动会

28个队伍　**997**名运动员
19类运动　**95**项比赛

明星简介：阿尔文·克伦茨莱因（Alvin Kraenzlein）

1900年奥运会上，美国人阿尔文·克伦茨莱因夺得60米短跑、110米栏、200米栏和跳远冠军。克伦茨莱因获得了四枚个人金牌，目前仍保持着单届奥运会田径运动员的获奖纪录，而且他仅用三天时间就完成了这一壮举。虽然克伦茨莱因获得了牙医从业资格，但他从未行医，而是选择当田径教练。

1900年奥运会在巴黎举行，隶属于世界博览会。因为博览会持续五个月，组织方就将比赛分散安排在展览期间举办，并淡化了比赛的奥运属性。女性首次参加奥运会，但参赛项目不多，包括高尔夫和网球。

赛事亮点

- 美国人雷·尤里（Ray Ewry）一天内夺得三枚金牌，但如今已几乎毫无名气，因为他是在现已停办的项目（立定跳高、立定跳远和立定三级跳远）中完成了前无古人的壮举。
- 英国人夏洛特·库珀（Charlotte Cooper）赢得网球单打比赛胜利，成为首位女奥运冠军。她还在混双比赛中获胜。

圣路易斯

1904年7月1日至11月23日　第三届奥林匹克运动会

12个队伍　**651**名运动员
17类运动　**95**项比赛

明星简介：马丁·谢里登（Martin Sheridan）

在他那个年代，爱尔兰裔美国人马丁·谢里登是全世界最强的全能运动员。除了在1904年和1908年奥运会掷铁饼比赛中夺魁，还在1908年赢得希腊式铁饼冠军和立定跳远铜牌。他巅峰期时，世界纪录尚无正式认证，但1902年至1911年，他仍创造了15项“全球最佳纪录”。

相较于1900年奥运会，1904年圣路易斯奥运会的主办方毫无改进。奥运会赛事分四个半月举办，在世界博览会的喧嚣中败下阵来。95项奥运会比赛中，国外运动员只参加了42项，使得外界对奥运会态度愈加冷淡。

赛事亮点

- 美国体操运动员乔治·艾塞尔（George Eyser）是本届奥运会的顶尖运动员。尽管左腿是木制义肢，艾塞尔还是赢得了六枚奖牌。
- 爱尔兰人托马斯·凯利（Thomas Kiely）在早期十项全能比赛中获胜，一天内完成了全部项目——100米、120米跨栏、800米竞走、1600米、跳高、跳远、撑竿跳高、铅球、链球和掷重物（约25千克）。

上方（从左沿顺时针方向）：游泳冠军阿尔弗雷德·哈约什；阿尔文·克伦茨莱因，单届奥运会夺得四枚个人金牌；射击运动员奥斯卡·斯旺（Oscar Swahn），60岁时获得自己第一枚奥运会金牌；全能奥运选手马丁·谢里登。

伦敦

1908年4月27日至10月31日　第四届奥林匹克运动会

22个队伍　**2008**名运动员
22类运动　**110**项比赛

明星简介：奥斯卡·斯旺

1908年，瑞典射手奥斯卡·斯旺获得自己第一枚奥运会金牌时已经60岁。他赢得了单发移动鹿靶射击比赛，并在第二天的团体赛中获得了第二枚金牌。斯旺还在双发移动鹿靶射击比赛中获得铜牌。第一次世界大战后，72岁高龄的斯旺重返奥运赛场，还获得了一枚银牌。

1908年伦敦奥运会主场馆白城体育场（White City Stadium）是为同年早些时候举办英法展览而建的。场馆内有跑道、赛车场和配备可调节跳水板的大型游泳池。女性参赛项目有限，但有所增加。

赛事亮点

- 马拉松比赛进入收官阶段，意大利人道多兰多·佩特里（Dorando Pietri）跑进体育场后跑错方向，瘫倒在地。在裁判员帮助下，佩特里成功抵达终点，但也因此丧失夺冠资格。不过，这种坚持不懈的精神令他一战成名。
- 美国立定跳专家雷·尤里又将两枚金牌收入囊中，总共获得八枚金牌，只有迈克尔·菲尔普斯（Michael Phelps）的个人金牌比他多。

斯德哥尔摩

1912年5月5日至7月27日 第五届奥林匹克运动会

28个队伍 2407名运动员
14类运动 102项比赛

明星简介：吉姆·索普

一般认为，吉姆·索普是历史上最伟大的全能运动员。但是，据爆料，索普早期曾有偿效力于职业棒球次级联盟，他的奥运奖牌因此被收回——只有业余运动员才有资格参加奥运会。直到1982年，国际奥委会才撤销决定，将奖牌追授给索普的家人。

斯德哥尔摩的赛事组织和体育设施都完美无缺，使第五届奥运会成为后续奥运会的样板。斯德哥尔摩奥运会进行了技术创新，包括径赛终点线摄影定名次、电子计时器辅助传统秒表。

赛事亮点

- 拥有美洲原住民和爱尔兰血统的美国人吉姆·索普（Jim Thorpe）以巨大优势赢得五项全能和十项全能比赛。颁奖典礼上，瑞典国王对索普说：“先生，您是全世界最伟大的运动员。”
- 芬兰人汉内斯·科勒赫迈宁（Hannes Kolehmainen）夺得5000米、10000米和个人越野赛冠军。他还在团体越野赛中摘获银牌。

上方（从左沿顺时针方向）：硕果累累的全能手吉姆·索普；网球巨星苏珊·朗格伦（Suzanne Lenglen）；获奖速滑选手朱丽叶斯·斯库特纳布（Julius Skutnabb）；长跑冠军帕沃·鲁米（Paavo Nurmi）；奥运游泳健将、电影明星约翰尼·韦斯默勒（Johnny Weissmuller）。

安特卫普

1920年4月20日至9月12日 第七届奥林匹克运动会

29个队伍 2626名运动员
22类运类 156项比赛

明星简介：苏珊·朗格伦

在十场比赛中，法国的苏珊·朗格伦（Suzanne Lenglen）只输了四场比赛，从而让她赢得了1920年的奥运会冠军。朗格伦与马克思·德库各斯（Max Decugis）联手，获得一枚混合双打金牌，与伊丽莎白·达耶（Elisabeth d'Ayen）合作获得女子双打铜牌。

一战发起国的运动员能否参赛？经过激烈讨论后，国际奥委会禁止同盟国代表参赛。观众目睹了最后一场奥运拔河比赛，其他多项比赛也不再举办，包括掷重物、3000米竞走和400米蛙泳。

赛事亮点

- 夏威夷人杜克·卡哈纳莫库（Duke Kahanamoku）在100米自由泳中再度夺冠，并打破了自己创造的世界纪录。
- 意大利击剑运动员内多·纳迪（Nedo Nadi）赢得了个人花剑和佩剑冠军，带领意大利人问鼎全部三项团体赛，并最终在单届奥运会上夺得五枚击剑金牌，创造了新纪录。

夏蒙尼

1924年1月25日至2月5日　第一届冬季奥运会

16个队伍　258名运动员
6类运动　16项比赛

明星简介：朱丽叶斯·斯库特纳布

1914年，芬兰速滑运动员朱丽叶斯·斯库特纳布首次参加世界锦标赛。第一届冬奥会上，34岁的斯库特纳布参加了全部速滑比赛。他在5000米比赛中夺得银牌，在10000米比赛中摘得金牌，领先紧随其后的芬兰人克拉斯·顿贝格3秒。基于单人赛事成绩，斯库特纳布获得男子全能比赛铜牌。

1922年，法国奥委会会议决定于1924年在夏蒙尼举办国际冬季体育运动周（直到1926年，国际奥委会才批准冬季运动会）。尽管赛事组织得当，却受困于天气恶劣。北欧国家在冰球、有舵雪橇等全部五个项目上展现了绝对优势。

赛事亮点

- 美国人查理斯·朱特劳（Charles Jewtraw）是首位冬奥冠军，在首项比赛500米速滑中获得金牌。
- 芬兰速滑运动员克拉斯·顿贝格（Clas Thunberg）夺得了三枚金牌、一枚银牌和一枚铜牌。
- 挪威人托莱夫·豪格（Thorleif Haug）在18千米、50千米越野滑雪比赛以及北欧两项中夺魁。

巴黎

1924年5月4日至7月27日　第八届奥林匹克运动会

1924年巴黎奥运会引入了“更快、更高、更强”（Citius, Altius, Fortius）的奥林匹克格言，闭幕式也首次升起三面旗帜：国际奥委会旗帜、本届主办国和下届主办国国旗。参赛国家数量从29跃升至44，标志着奥运会广受认可。

赛事亮点

- 美国人约翰尼·韦斯默勒在同一天摘得两枚游泳金牌和一枚水球铜牌。
- 芬兰运动员维尔·里托拉（Ville Ritola）赢下10000米比赛，打破了自己创造的世界纪录。他还在3000米障碍赛中夺得金牌，但在5000米和10000米越野赛中不敌鲁米，获得银牌。

44个队伍　3089名运动员
17类运动　126项比赛

明星简介：帕沃·鲁米

巴黎奥运会上，芬兰运动员帕沃·鲁米完成了奥运会历史上的一大壮举。鲁米在1500米比赛中旗开得胜，仅仅休息两个小时后，又赢下5000米比赛。两天后，鲁米赢得10000米越野赛冠军，同时获得团队金牌。翌日，鲁米在3000米团体赛中再度摘金，使其金牌总数达到了五枚。

阿姆斯特丹

1928年5月17日至8月12日　第九届奥林匹克运动会

46个队伍　2883名运动员
14类运动　109项比赛

明星简介：约翰尼·韦斯默勒

阿姆斯特丹奥运会上，美国游泳运动员约翰尼·韦斯默勒既是100米自由泳冠军，也是200米接力冠军团队成员。多位权威人士将韦斯默勒评为有史以来最伟大的游泳运动员。在体育上功成名就的韦斯默勒走向银幕。1932年至1948年，他在12部电影中饰演泰山。

1928年，女运动员获许参加体操和田径比赛，因而女奥运选手人数较往年增加了一倍多。奥运圣火首次被点燃，放置于体育场塔楼中。金牌得主来自28个不同国家，创造了新纪录。

赛事亮点

- 澳大利亚赛艇运动员亨利·皮尔斯（Henry Pearce）在四分之一决赛里中途停下，先让一排鸭子从赛艇前通过，而后赢下比赛，并最终夺得金牌。
- 加拿大运动员珀斯·威廉姆斯（Percy Williams）是男子100米和200米比赛的双料冠军。

圣莫里茨

1928年2月11日至19日　第二届冬季奥运会

25个队伍　464名运动员
4类运动　14项比赛

明星简介：吉利斯·格拉夫斯特伦（Gillis Grafström）

吉利斯·格拉夫斯特伦是花样滑冰的重要创新者，他的创举包括燕式步、变化蹲踞式旋转、跳接蹲转。他赢得的奥运奖牌比历史上任何花样滑冰运动员都要多。1920年，他首次获胜。1924年，格拉夫斯特伦险胜威利·博克（Willy Böckl）。1928年，再次击败博克，摘下第三枚金牌。

圣莫里茨冬奥会主办方非常幸运，能在著名的滑雪胜地使用原有体育设施。来自25个国家的运动员都对赛事组织赞赏有加。自第一次世界大战以来，德国运动员首次获准参赛。和夏蒙尼冬奥会的情况类似，挪威国家队战绩最优，摘得六枚金牌。

赛事亮点

- 年仅16岁的挪威选手索尼娅·赫妮（Sonja Henie）赢得女子花样滑冰冠军，引起轰动。长达70多年里，赫妮始终保持着个人赛事最年轻冠军的纪录。
- 加拿大统治了冰球比赛，以11∶0、14∶0和13∶0直落三局。

普莱西德湖

1932年2月4日至15日　第三届冬季奥运会

尽管全球经历大萧条，第三届冬奥会依然如约而至。不过，冬奥会导致主办方损失惨重，债台高筑。只有来自17个国家的252名运动员争夺奖牌，其中半数以上来自美国和加拿大，令赛事可信度大打折扣。

赛事亮点

- 1928年双人花样滑冰金牌得主、法国伉俪组合皮埃尔（Pierre）和安德烈·布吕内（Andrée Brunet）蝉联冠军。
- 挪威滑雪运动员约翰·格鲁顿斯布拉腾（Johan Gröttumsbraaten）成为北欧两项奥运冠军，并成功卫冕了他在1928年圣莫里茨冬奥会上赢得的冠军。
- 只有四支球队参加冰球比赛，所以每支球队都要互赛两场才能决出胜负。加拿大队先是2∶1击败美国队，随后2∶2战平，最终胜出。

17个队伍　252名运动员
4类运动　14项比赛

明星简介：埃迪·伊根（Eddie Eagan）

美国运动员埃迪·伊根在奥运会历史上地位特殊：他是唯一一位夏季和冬季奥运会双料冠军。1920年安特卫普奥运会上，伊根击败挪威运动员斯韦勒·索思达尔（Sverre Sörsdal），赢得轻量级拳击冠军。夏季奥运会上夺冠12年后，在1932年普莱西德湖冬奥运会上，伊根重出江湖，作为四人雪橇队的一员，赢下了比赛。

洛杉矶

1932年7月30日至8月14日　第十届奥林匹克运动会

37个队伍　1332名运动员
14类运动　117项比赛

明星简介：鲍勃·范·奥斯德尔（Bob van Osdel）

邓肯·麦克诺顿和鲍勃·范·奥斯德尔是好朋友。1932年洛杉矶奥运会上，范·奥斯德尔和麦克诺顿分别代表美国和加拿大参赛。奥运会决赛中，两位好友一决高下，决定金牌归属。麦克诺顿越过1.97米的横杆，夺得金牌，范·奥斯德尔则未能过杆，获得银牌。

由于1932年奥运会正值大萧条，且举办城市洛杉矶较为偏远，所以参赛人数相较1928年骤降一半。尽管如此，本届奥运会竞技水平之高，甚至追平或打破了18项世界纪录。1932年奥运会持续了16天，尚属首次。

赛事亮点

- 美国运动员“蓓比”·迪德里克森（“Babe” Didrikson）在标枪和80米栏比赛中夺魁，并获得跳高比赛银牌。她本可以摘得更多奖牌，但女性只能参加三项单人田径比赛。
- 美国游泳运动员海伦·麦迪逊（Helene Madison）赢得了100米和400米自由泳冠军，她还参加了4×100米自由泳接力，团队整体成绩打破了世界纪录。

加米施-帕滕基兴

1936年2月6日至16日　第四届冬季奥运会

28个队伍　646名运动员
4类运动　17项比赛

明星简介： 索尼娅·赫妮（Sonja Henie）

1924年夏蒙尼第一届冬季奥运会上，花样滑冰运动员索尼娅·赫妮首次亮相奥运会。1928年和1932年奥运会上，赫妮都赢得了金牌。1936年冬季奥运会上，24岁的赫妮获得了她的第三枚金牌。一周后，赫妮连续第十次夺得世界冠军，创下纪录，至今无人能破。

1936年冬季奥运会在加米施和帕滕基兴这两个巴伐利亚城市举办。高山滑雪首次成为比赛项目，但引发了巨大争议。国际奥委会宣布滑雪教练不能参加奥运会，因为他们是职业选手。奥地利和瑞士滑雪运动员一怒之下，抵制了相关赛事。

赛事亮点

- 挪威跳台滑雪运动员比耶·鲁德（Birger Ruud）的参赛方案较为少见，选择了高山和跳台滑雪。回转赛中，因为错过了一个旗门，鲁德最终名列第四。不过，一周后，他就蝉联了跳台滑雪冠军。
- 挪威速滑运动员伊瓦尔·巴兰格鲁德（Ivar Ballangrud）斩获三枚金牌和一枚银牌，使他在三届奥运会上得到的奖牌总数达到了七枚。

上方（从左上角沿顺时针方向）：埃迪·伊根，唯一一位夏冬季奥运会双料金牌得主；索尼娅·赫妮，三度摘金；多次打破世界纪录的杰西·欧文斯（Jesse Owens）；吉利斯·格拉夫斯特伦，花样滑冰重要创新者；奖牌得主、跳高运动员鲍勃·范·奥斯德尔。

柏林

1936年8月1日至16日　第十一届奥林匹克运动会

49个队伍　3963名运动员
19类运动　129项比赛

明星简介：杰西·欧文斯

1935年5月25日，短短45分钟之内，杰西·欧文斯打破了三项世界纪录，并追平了一项世界纪录，奠定了自己在体育史中的地位。其中，跳远8.13米这项世界纪录保持了25年。1936年奥运会上，欧文斯摘得四枚金牌——100米、跳远、200米和4×100米接力——创造了100米世界纪录，20年无人打破。

1936年柏林奥运会最让人记忆深刻的，是阿道夫·希特勒想要证明雅利安种族优越论的幻想破灭了。本届奥运会最受欢迎的运动健将是非裔美国短跑、跳远运动员杰西·欧文斯，他摘得了四枚金牌。火炬接力首次在奥运会上进行，燃起的火炬从奥林匹亚传递到了奥运赛场。

赛事亮点

- 英国赛艇运动员杰克·贝雷斯福德（Jack Beresford）赢得了自己第五枚奥运奖牌，创造了纪录。
- 13岁的美国跳水运动员玛乔丽·格斯特林（Marjorie Gestring）在跳板比赛中摘得金牌，成为夏季奥运会历史上最年轻的女子金牌得主。

圣莫里茨

1948年1月30日至2月8日 第五届冬季奥运会

28个队伍 669名运动员【592名男运动员，77名女运动员】 4类运动 22项比赛

明星简介：芭芭拉·安·斯科特

11岁时，芭芭拉·安·斯科特就赢得了自己首个全国青少年冠军。1945年到1948年，斯科特蝉联北美花样滑冰锦标赛冠军。1948年冬季奥运会上，斯科特成为首位加拿大花样滑冰金牌得主，并入选加拿大奥林匹克名人堂。1945年、1947年和1948年，作为全加拿大最佳运动员，她被授予卢马什奖（Lou Marsh Trophy）。1991年，斯科特获授加拿大官佐勋章（Officer of the Order of Canada）。

你知道吗？ 时隔12年后举办的冬奥会也被称为“复兴运动会”。高山滑雪首次在奥运会赛场上亮相。1936年举办了几项全能比赛，如今则变为男子和女子三项。

1940年冬季奥运会原定于日本札幌举行。但是，由于发动侵华战争，1938年7月，日本承认无力举办奥运会。赛会组织意见不一，导致瑞士也退出了。因此，1939年7月，德国主动提议在加米施-帕滕基兴举办。1948年，第一届战后运动会在圣莫里茨举行，德国和日本则被排除在外。由于在战争期间保持中立，瑞士的场地和基础设施都安然无恙。然而，因为硬通货短缺，加上部分国家限制境外旅行，许多观众无法莅临现场。

赛事亮点

- 回转赛中，美国滑雪运动员格雷琴·弗雷泽（Gretchen Fraser）首轮用时最短。尽管次轮推迟了17分钟，但她滑得很快，足以赢得金牌。这也是美国滑雪运动员首度摘金。
- 亨利·奥雷耶（Henri Oreiller）赢下了滑降和全能比赛，成为首位法国冬奥冠军。
- 19岁的加拿大花样滑冰运动员芭芭拉·安·斯科特（Barbara Ann Scott）接替前三届冬奥冠军、挪威选手索尼娅·赫妮，成为女子花样滑冰金牌得主。

伦敦

1948年7月29日至8月14日 第十四届奥林匹克运动会

历经战争洗礼，伦敦原有设施依然基本完好，因此颇有希望举办首届战后夏季奥运会。在国王乔治六世和8万多名观众面前，第十四届奥运会在伦敦西北部温布利帝国体育场开幕。奥运会之前，由于预计成本过高，主办方放弃建造奥运村。应对之策是安排运动员住在首都周围的军营和大学里，配给制的实施迫使多支代表队只能自行携带食物。当然，德国和日本的代表队并未出现在奥运赛场上，苏联运动员也未参赛，因为当时苏联不隶属于国际奥委会。

赛事亮点

- 17岁的美国运动员鲍勃·马蒂亚斯（Bob Mathias）赢下十项全能比赛，成为最年轻的奥运男子田径冠军。
- 1936年，荷兰运动员范妮·布兰克尔斯-科恩（Fanny Blankers-Koen）首次参加奥运会。当她闪耀伦敦奥运会赛场时，她已是位30岁的母亲，还是六项赛事的世界纪录保持者。
- 匈牙利运动员卡罗伊·托卡奇（Karoly Takacs）的右手被手榴弹炸断后，他学会了用左手射击，并在手枪速射比赛中摘得奥运金牌。

59个队伍 4104名运动员【3714名男运动员，390名女运动员】 17类运动 136项比赛

明星简介：范妮·布兰克尔斯-科恩

范妮·布兰克尔斯-科恩是杰出的全能运动员。1948年伦敦奥运会上，她获得了四枚金牌，还是跳高和跳远世界纪录保持者，但规则限制女性最多参加三项个人赛，导致她无法摘得更多金牌。布兰克斯-科恩总计在八个不同项目中创造了16项世界纪录，并在1946年至1950年五次夺得欧洲冠军。

你知道吗？ 为便于运动员在短跑比赛（100米至400米）中起跑，1948年伦敦奥运会采用了起跑器。>>>本届奥运会上，首次引入电视转播。

奥斯陆

1952年2月14日至25日　第六届冬季奥运会

30个队伍　694名运动员【585名男运动员，109名女运动员】　4类运动　22项比赛

明星简介：亚尔马·安德森（Hjalmar Andersen）

1952年，挪威选手亚尔马·安德森在家乡奥斯陆赢得了1500米、5000米和10000米冠军，成为第一位单届冬奥会三枚速滑金牌得主。他以奥运会历史上最大领先优势赢下了5000米和10000米比赛。1952年冬奥会后，安德森选择退役，但在1954年复出，并赢得了自己第四个挪威冠军。1950年至1952年，安德森勇夺全球、全欧和挪威全能冠军。

你知道吗？首次冬奥火炬传递在奥斯陆举办。>>>美国人理查德·巴顿（Richard Button）是首个在比赛中完成阿克塞尔两周跳和后外结环三周跳的花样滑冰运动员。>>>冬奥会首次举行女子越野滑雪。

冬奥会首次在斯堪的纳维亚国家举行。挪威人热情洋溢地迎接冬奥会，观众数创下历史新高。运动会开始前，主办方担心奥斯陆无力承办赛事，因为这座城市没有符合奥运标准的体育设施。然而，早在开幕式前，已有设施就翻新完毕，新设施也胜利落成。运动员和官员对设施和比赛场地都寄予厚望，他们最终没有失望。自第二次世界大战结束以来，德国和日本代表队首次获准参赛。跳台滑雪比赛吸引了15万名观众，创历史纪录，至今仍然未被超越。

赛事亮点

- 男子花样滑冰比赛中，美国运动员理查德·巴顿（Dick Button）选择尝试后外结环三周跳，但以前从未有滑冰选手在比赛中做过这个动作。他的跳跃充满新意，落地完美，评委一致将他评为获胜者。
- 挪威选手施泰因·埃里克森（Stein Eriksen）成为首位非高山国家男子高山滑雪金牌得主。
- 尽管年纪最大，31岁的芬兰选手莉迪娅·维德曼（Lydia Wideman）还是赢下了10千米越野追逐赛。

赫尔辛基

1952年7月19日至8月3日　第十五届奥林匹克运动会

第十五届奥运会的气氛积极活跃，让观众高兴的是，最后的火炬手和点燃主火炬的是长跑明星帕沃·鲁米和汉内斯·科勒赫迈宁。这是第二次世界大战以来西德代表队首次参加夏季运动会。因为在选拔标准上存在异议，东德退出比赛。

赛事亮点

- 伟大的捷克运动员艾米尔·扎托贝克（Emil Zatopek）成为奥运会历史上唯一的5000米、10000米和（他的第一次）马拉松冠军。
- 丹麦人利斯·哈特尔（Lis Hartel）是首批获许参加马术盛装舞步比赛、与男性同场竞技的女性之一。尽管小儿麻痹症令哈特尔膝盖以下瘫痪，连上下马也需要帮扶，但她还是获得了银牌。
- 美国运动员鲍勃·马蒂亚斯成为蝉联十项全能冠军的第一人，他以912分的优势获胜，并成为少数几位有幸登上《时代》杂志封面的运动员之一。

69个队伍　4955名运动员【4436名男运动员，519名女运动员】　17类运动　149项比赛

明星简介：卡罗伊·托卡奇

1938年，卡罗伊·托卡奇是匈牙利手枪射击队成员。右手受伤后，托卡奇自学左手射击，重返赛场后取得巨大成功。1952年，托卡奇在奥运赛场成功卫冕，成为蝉联手枪速射冠军的第一人。

你知道吗？以色列首次参加奥运会。>>>首次铸造现代奥运会纪念币。>>>马术比赛中首次举行混合赛。

科蒂纳丹佩佐

1956年1月26日至2月5日　第七届冬季奥运会

32个队伍　821名运动员【687名男运动员，134名女运动员】　4类运动
24项比赛

明星简介：托尼·塞勒（Toni Sailer）

奥地利人托尼·塞勒成为首位单届冬奥会三枚高山滑雪金牌得主。他以6.2秒的优势赢下了大回转比赛，创奥运高山滑雪获胜优势纪录，至今无人能破。几天后，他以4秒的优势赢下了回转比赛。最后一场是滑降比赛。比赛开始前不到15分钟，塞勒拉紧了靴子和滑雪板之间的带子，但其中一根断了。幸好意大利代表队训练师取下了自己的带子，借给了塞勒。塞勒继而以3.5秒的优势赢得比赛冠军。

你知道吗？ 苏联首次在冬奥会亮相就赢得了最多奖牌（16枚）。>>>在奥运会历史上，首次由女运动员——滑雪运动员朱里亚娜·切纳尔·米努佐（Giuliana Chenal Minuzzo）宣誓。

意大利北部城镇科蒂纳丹佩佐是1944年冬奥会指定举办地，但第二次世界大战的爆发使计划打乱了。1956年，科蒂纳丹佩佐终于有机会举办奥运会，缺雪却又给比赛蒙上了阴影。直到冬奥会前几天，人们都还在担心这个问题，因此不得不将雪从高处雪场运下山谷。然而，开幕式当天大雪纷飞，大部分运来的雪都得清理掉。运动会上，由75名运动员组成的德国联队首次在奥运会赛场亮相。观众可以通过电视直播观看冬季奥运会。

赛事亮点

- 美国花样滑冰运动员田莉·奥尔布赖特（Tenley Albright）在冬奥会前夕摔倒，身受重伤。她左脚冰鞋划破了右脚靴子，割破了一条静脉，骨头严重刮伤。然而，她在运动会上仍然滑得很好，摘得金牌。
- 苏联速滑选手叶夫根尼·格里申（Yevgeni Grishin）赢下500米比赛，并在1500米比赛中并列第一，与同胞尤里·米哈伊洛夫（Yuri Mikhailov）共同获得金牌。
- 托尼·塞勒是首位高山滑雪全部三枚金牌得主。

下图：苏联体操运动员拉里莎·拉蒂尼娜（Larisa Latynina）是第一位摘得九枚金牌的女运动员，并且仍保持着拥有最多奥运会奖牌（十八枚）的纪录。

墨尔本

1956年11月22日至12月8日　第十六届奥林匹克运动会

72个队伍　3314名运动员【2938名男运动员，376名女运动员】　17类运动　151项比赛

明星简介：道恩·弗雷泽（Dawn Fraser）

游泳运动员道恩·弗雷泽是澳大利亚体育史上的标志性人物。她是一名杰出的女运动员，赢得了八枚奥运会奖牌和八枚英联邦奖牌。19岁时，她参加了1956年奥运会，获得了100米自由泳金牌，创造了新的世界纪录和奥运纪录。

你知道吗？国际奥委会将东德和西德代表队合并为联队。>>>为了避免马匹进入澳大利亚产生检疫问题，奥运会马术比赛在瑞典斯德哥尔摩举行。

首次在赤道以南举办奥运会引发了一系列特殊问题。许多北半球运动员资金有限，没有太多时间在赛前充分适应，且比赛时间较晚，意味着他们必须比平时保持更久的巅峰状态。由于旅费高昂，参赛运动员较少。墨尔本奥运会始终被各种事端包围着，是奥运史上麻烦最多的一届。

赛事亮点

- 苏联体操运动员拉里莎·拉蒂尼娜摘得四金一银一铜，成为本届奥运会最成功的选手。
- 英国拳击金牌得主迪克·麦克塔格特（Dick McTaggart）一回到苏格兰敦提就被欣喜若狂的粉丝们高高举起。除了赢得轻量级金牌外，他还因拳风最漂亮而获授瓦尔·巴克奖杯（Val Barker Trophy）。
- 苏联长跑运动员弗拉基米尔·库茨（Vladimir Kuts）成为5000米和10000米双料冠军，并创造了10000米新的奥运纪录。

斯阔谷

1960年2月18日至28日　第八届冬季奥运会

1955年确定1960年奥运会举办地时，作为冬季运动中心的太浩湖片区还亟待开发。不过，就在短短四年内，斯阔谷为参赛人员和200多万游客准备好了体育设施、基础设施和住所。加利福尼亚州、内华达州的财政支持、联邦政府的补助，以及组委会都功不可没。尽管有资金支持，建造雪橇滑道的时间不足，迫使国际奥委会取消所有雪橇比赛——这也是历史上唯一一次。沃尔特·迪斯尼（Walt Disney）担任开闭幕式导演。这是第一届进行电视直播的奥运会，全球数百万观众收看了比赛。

赛事亮点

- 四年前摘得两枚金牌的苏联速滑运动员叶夫根尼·格里申蝉联500米比赛冠军，追平了自己的世界纪录。随后的1500米比赛中，他再次获得并列第一，此次是与挪威选手罗阿尔·奥斯（Roald Aas）并列。
- 芬兰越野滑雪运动员维科·哈库利宁（Veikko Hakulinen）已经夺得两枚金　牌，但他最伟大的奥运时刻还尚未到来。作为芬兰接力队主力，他比挪威选手哈康·布鲁斯魏恩（Håkon Brusveen）晚了20秒起步，但在终点前100米处取得领先，最终以0.8秒的优势获胜。

30个队伍　665名运动员【521名男运动员，144名女运动员】　4类运动　27项比赛

明星简介：叶夫根尼·格里申

1956年季奥会上，叶夫根尼·格里申摘获500米速滑金牌。1500米比赛中，他与尤里·米哈伊洛夫并列第一，创造了世界纪录。在斯阔谷，格里申蝉联500米比赛冠军，并再度并列1500米比赛第一名。1964年，格里申夺得500米银牌。1968年，格里申最后一次参加奥运会，排名第四，以0.1秒之差与奖牌失之交臂。

你知道吗？法国选手让·维亚尔内是首位采用金属滑雪板而非木制滑雪板赢得奥运奖牌的选手。>>>1955年，亚历山大·库欣向国际奥委会提出在斯阔谷举办冬奥会。

罗马

1960年8月25日至9月11日 第十七届奥林匹克运动会

83个队伍 5338名运动员【4727名男运动员，611名女运动员】 17类运动 150项比赛

明星简介：阿拉达尔·格雷维奇（Aladar Gerevich）

阿拉达尔·格雷维奇是唯一一位单项奥运比赛六冠王，也是唯一一位六届奥运会金牌得主。如果不是第二次世界大战导致两届奥运会被迫取消，格雷维奇作为佩剑专家的战绩可能会更加优异。50岁时，格雷维奇在罗马最后一次参加奥运会。

你知道吗？因为国际奥委会不赞成南非的种族隔离政策，罗马奥运会后南非未获许参加奥运会，直到1992年。>>>百余家电视台转播了本届奥运会。

罗马曾被选为1908年奥运会举办地，但因意大利南部维苏威火山爆发而无疾而终。约52年后，奥运会终于来到意大利首都。欧洲国家均可观看罗马奥运会电视直播，观众达数百万人。

赛事亮点

- 马拉松比赛中，赤脚跑步的埃塞俄比亚运动员阿贝贝·比基拉（Abebe Bikila）受到人们关注。尽管别人出言不逊，他依然毫无畏惧，将所有对手抛在身后，穿过君士坦丁凯旋门附近的终点线，取得比赛胜利。
- 20岁的威尔玛·鲁道夫（Wilma Rudolph）成为首位在单届奥运会摘得三枚田径金牌的美国女性，分别在100米、200米和4×100米接力比赛中取胜。尽管儿时患有一系列疾病，脊髓灰质炎还导致腿部变形，她还是最终战胜病魔，成就此番伟业。
- 凯瑟斯·马塞勒斯·克莱（Cassius Marcellus Clay），后改名为穆罕默德·阿里（Muhammad Ali），赢得轻重量级金牌，从而开始在国际上崭露头角。后来，阿里成为历史上最著名的拳击手。

因斯布鲁克

1964年1月29日至2月9日 第九届冬季奥运会

尽管冬奥会主办方已经做好万全准备，但他们对天气情况束手无策。因斯布鲁克迎来了58年来最暖和的二月，奥地利不得不出动军队从高处雪场运送25000多吨雪到因河谷，以便山坡适宜举办高山滑雪比赛。在山谷更低处比赛的越野滑雪选手则认为比赛条件非常理想。赛程安排包括无舵雪橇，运动员仰面躺在雪橇上滑下冰道——1928年和1948年曾举办过运动员仰躺的钢架雪车比赛——斯阔谷冬奥会上停办的有舵雪橇比赛重返冬奥会。同时，跳台滑雪比赛出台了新规则。

赛事亮点

- 苏联速滑运动员利迪娅·斯科布利科娃（Lidiya Skoblikova）成为首位在单届奥运会中包揽全部四枚速滑金牌的女子运动员。
- 法国选手克里斯蒂娜·戈瓦切尔（Christine Goitschel）领先18岁的妹妹马里耶勒（Marielle），获得回转赛金牌。
- 意大利有舵雪橇队队员欧金尼奥·蒙蒂（Eugenio Monti）借给英国选手托尼·纳什（Tony Nash）和罗宾·迪克森（Robin Dixon）一颗用以替换损毁零件的轴螺栓，从而帮助他们赢得了金牌。蒙蒂因其体育精神获得了第一枚德·顾拜旦奖章（De Coubertin Medal）。

36个队伍 1091名运动员【892名男运动员，199名女运动员】 6类运动 34项比赛

明星简介：克努特·约翰内森（Knut Johannesen）

长距离滑冰运动员克努特·约翰内森首先参加1956年奥运会，摘得10000米银牌。1964年奥运会上，挪威同胞佩尔·伊瓦尔·穆厄（Per Ivar Moe）在5000米比赛中滑出了7分38秒6的好成绩。约翰内森落后穆厄3秒，但差距逐步缩小。约翰内森冲过终点线时，计时器出现问题，读数为7分38秒7。官方认定用时7分38秒4，使他成为金牌得主。

你知道吗？这是第一届在奥林匹亚点燃圣火的冬奥会。此后便一直延续下来。>>>英国赢得双人座有舵雪橇比赛冠军，摘得12年来首枚冬奥会金牌。

尽管美国运动员威尔玛·鲁道夫小时候患有小儿麻痹症，但她克服了残疾，在罗马赢得了三枚径赛金牌。

东京

1964年10月10日至24日　第十八届奥林匹克运动会

奥运会首次在亚洲举办。日本斥巨资修建最先进的体育设施，并改善一座千万级人口大都市的基础设施。非凡的建筑设计使得游泳馆获得“体育大教堂”的美誉。其他突出的新建筑包括仿照日本传统寺庙建筑风格建造的柔道馆。开幕式中，随着93个国家和地区的代表队（比在罗马参赛的代表队多了10支）列队步入明治体育场，人们认识到，这届奥运会有望打破多个世界纪录。运动员在东京奥运会上表现出了很高的水准，但批评人士警告说，这会让人们对未来奥运赛事发展寄予过高期望。

赛事亮点

- 澳大利亚游泳运动员道恩·弗雷泽连续第三次获得100米自由泳金牌得主。她是首位在三届奥运会上摘得八枚奖牌（四金四银）的女子游泳运动员。
- 苏联体操运动员拉里莎·拉蒂尼娜再添六枚奖牌，成为首位获得九枚奥运金牌的女性。
- 匈牙利水球队队员黛泽·捷亚玛第（Deszo Gyarmati）随队夺得金牌，成为首位连续五届奥运会奖牌得主。

93个队伍　**5151**名运动员【**4473**名男运动员，**678**名女运动员】　**19**类运动　**163**项比赛

明星简介： **阿贝贝·比基拉（Abebe Bikila）**

罗马奥运会上，埃塞俄比亚选手阿贝贝·比基拉首次参加奥运会马拉松比赛，他赤脚跑步，摘得金牌。1964年，比基拉再次参加奥运会，这次则穿着鞋子跑步。虽然比基拉在比赛前40天做了阑尾切除术，但他在中途就明显领先对手，并逐步拉大差距，最终以4分多钟的优势赢下比赛。比基拉共用时2小时12分11秒2，创造新的马拉松世界纪录。

你知道吗？柔道和排球首次进入奥运赛场。>>>尽管戴着颈托，美国选手阿尔·奥特（Al Oerter）还是第三次赢得铁饼冠军。>>>这是煤渣跑道最后一次用于奥运比赛中。

上图：16岁的美国游泳运动员黛比·迈耶（Debbie Meyer）在第十九届奥运会200米、400米和800米自由泳比赛中创造了新的奥运纪录。

格勒诺布尔

1968年2月6日至18日 第十届冬季奥运会

工业城市格勒诺布尔想要办得了冬奥会，要先斥巨资建造新体育设施并改善基础设施。即使耗尽资金，格勒诺布尔的体育设施仍不够多，所以比赛在整个周边地区进行，运动员也被安排住进七个奥运村。法国英雄让-克洛德·基利（Jean-Claude Killy）横扫男子高山项目，追平了托尼·塞勒的成就，但在此之前也出现了冬奥史上最大的争议。两支相互独立的德国代表队首次步入体育场。尽管共用一面旗帜，共享一首团歌，但随着比赛进行，两队关系逐步恶化。

赛事亮点

- 女子无舵雪橇比赛中，三名东德选手分列第一名、第二名、第四名，但都因加热滑板而被取消资格，引发争议。
- 美国选手佩吉·弗莱明（Peggy Fleming）以巨大优势获得花样滑冰金牌，成为本届奥运会上唯一一位美国冠军。
- 瑞典越野滑雪运动员托尼·古斯塔夫松（Toini Gustafsson）赢下了5千米和10千米比赛，并在接力赛中获得银牌。

37个队伍 **1158**名运动员【**947**名男运动员，**211**名女运动员】 **6**类运动 **35**项比赛

明星简介：让-克洛德·基利

让-克洛德·基利在格勒诺布尔全部三项高山滑雪比赛中首先赢下了滑降和大回转。在回转比赛中，基利的劲敌、奥地利选手卡尔·施兰茨（Karl Schranz）声称，一名神秘黑衣男子在比赛时横穿他的路线，导致他侧滑停了下来。施兰茨获得重赛的机会，用时短于基利，但仲裁委员会后来还是判基利获胜。

你知道吗？ 女性性别测试被引入，英国马术公主安妮是唯一不需要接受检查的女性。性别测试一直持续到1999年。>>>格勒诺布尔是首届有彩色电视信号转播的冬奥会。

墨西哥城

1968年10月12日至27日　第十九届奥林匹克运动会

112个队伍　5516名运动员【4735名男运动员，781名女运动员】 18类运动　172项比赛

明星简介：迪克·福斯贝里（Dick Fosbury）

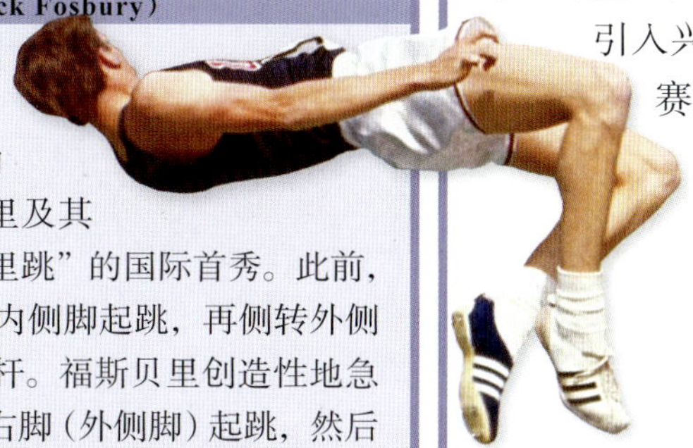

1968年墨西哥城奥运会是美国跳高运动员迪克·福斯贝里及其著名的“福斯贝里跳”的国际首秀。此前，跳高运动员都从内侧脚起跳，再侧转外侧脚，最终越过横杆。福斯贝里创造性地急速冲向横杆，从右脚（外侧脚）起跳，然后旋转身体，让头部和背部先后越过横杆。福斯贝里以2.24米的个人纪录夺得金牌。

你知道吗？合成塑胶跑道首次应用于奥运会田径比赛中。>>>田径、自行车、赛艇、皮划艇、游泳和马术比赛使用电子计时而非手动计时。

赛前讨论大多关注墨西哥城近2240米的高海拔。人们一致认为，来自低海拔国家的运动员将处于劣势。然而，经过数周高海拔训练后，其中许多运动员表现得更好了。墨西哥城是“壁画之都”，城市里随处可见绚丽的壁画，奥运会会徽就是以壁画为主要标志而设计的。奥运会首次引入兴奋剂检查，一名瑞典运动员因血液酒精浓度过高而失去比赛资格。

赛事亮点

- 美国运动员鲍勃·比蒙（Bob Beamon）是跳远冠军热门，他的表现甚至比预期的还要好。他跳出了8.90米，超出世界纪录0.55米。
- 捷克体操运动员维拉·恰斯拉夫斯卡（Vera Caslavska）摘得四金两银。
- 美国选手黛比·迈耶成为首位在单届奥运会上夺得三枚个人金牌的女子游泳运动员。

札幌

1972年2月3日至13日　第十一届冬季奥运会

1972年日本札幌是冬奥会首次落户欧洲或美洲以外的地方。日本政府认为冬奥会地位显赫，因此斥巨资修建新体育设施。最终，札幌冬奥会成为最为奢侈昂贵的一届冬奥会。卡尔·施兰茨因收受滑雪产品制造商酬劳而失去比赛资格。电视转播权带来了更多收入，有助于抵消奥运会日渐增加的成本。

赛事亮点

- 在家乡父老面前，笠谷幸生（Yukio Kasaya）在两轮比赛中都跳出了最好成绩，从而获得跳台滑雪标准台金牌。他的队友金野昭次（Akitsugu Konno）和青地清二（Seiji Aochi）分获银牌和铜牌，意味着日本包揽这个项目的所有奖牌。
- 本届奥运会最令人惊喜的是21岁的西班牙选手“帕基托”·费尔南德斯·奥乔亚（“Paquito” Fernandez Ochoa）的胜利，他以整整1秒的优势赢下了回转赛，摘得西班牙运动员在冬奥会上的首枚金牌。
- 苏联选手加琳娜·库拉科娃（Galina Kulakova）参加了全部三场越野赛，场场第一，赢下了5千米和10千米比赛，并为接力队锁定了比赛胜利。

35个队伍　1006名运动员【801名男运动员，205名女运动员】 6类运动　35项比赛

明星简介：阿德·申克（Ard Schenk）

1968年，阿德·申克夺得1500米速滑银牌。1972年，在四项奥运会速滑距离比赛中，申克保持着其中三项的世界纪录。5000米在暴风雪中进行，申克还是以4.57秒的优势赢下了比赛。他在500米比赛中起跑四步后摔倒，最终位列第34。但申克转而赢得了1500米和10000米冠军。几周后，申克成为60年来首位在世界锦标赛上赢下所有四项比赛的滑冰运动员。

你知道吗？日本赢得了首枚冬奥会金牌。>>>苏联和东欧常常暗中派出职业运动员参赛，为表示抗议，加拿大没有派出冰球队参赛冬奥会。

慕尼黑

1972年8月26日至9月11日　第二十届奥林匹克运动会

121个队伍　7134名运动员【6075名男运动员，1059名女运动员】　21类运动　195项比赛

明星简介：马克·斯皮茨（Mark Spitz）

美国游泳运动员马克·斯皮茨曾豪言将在1968年奥运会上夺得六枚金牌，结果只拿下两枚接力赛金牌。1972年奥运会上，斯皮茨再度尝试。斯皮茨八天七赛全胜，均创世界纪录。历史上仅有四人运动生涯赢得九枚金牌，斯皮茨便是其中之一。

你知道吗？ 射箭和手球重返奥运会赛场。>>>裁判员首次宣誓。>>>奥运会首次引入吉祥物。

1972年慕尼黑奥运会是当时规模最大的一届，共有来自121个国家和地区的7134名运动员参加195项比赛，刷新了各类纪录。此届奥运会中，篮球比赛出现争议，美国篮球队首失金牌。在决赛只剩最后一秒时，美国队以50:49领先，而纪录台出现错误，将时间倒拨回去两秒，苏联队利用这3秒时间得分，反败为胜。美国队赛后拒绝接受银牌。

赛事亮点

- 芬兰长跑运动员拉塞·维伦（Lasse Viren）在10000米决赛中途摔倒，但依然创造了新的世界纪录，赢得了职业生涯四枚金牌中的第一枚。
- 慕尼黑奥运会的媒体明星是身材娇小的苏联体操运动员奥尔加·科尔布特（Olga Korbut），她摘得三枚金牌，吸引了全世界粉丝的关注，也帮助苏联在女子体操项目中确立了统治地位。
- 参加盛装舞步比赛的西德选手里瑟洛特·林森霍夫（Liselott Linsenhoff）成为首位获得个人金牌的女骑手。

因斯布鲁克

1976年2月4日至15日　第十二届冬季奥运会

美国丹佛市获授1976年冬奥会举办权，但科罗拉多州民众投票禁止将公共资金用于举办奥运会。因斯布鲁克主动申请并成功举办冬奥会，距离上次举办冬季奥运会仅时隔12年。主办方决定每晚在溜冰场举行颁奖仪式，而非赛后颁奖，因为观众更愿意看到“现场”举行的颁奖仪式。领金牌途中，滑雪运动员弗朗兹·克拉莫（Franz Klammer）沿下坡赛道极速飞驰而下，几乎要失去控制，堪称奥运会最令人难忘的一幕。

赛事亮点

- 德国滑雪运动员罗西·米特迈尔（Rosi Mittermaier）夺得滑降比赛金牌，三天后获得回转比赛金牌。她几乎要包揽三项高山比赛冠军，但在大回转比赛中以0.12秒之差憾失金牌。
- 某些花样滑冰裁判并不认可英国选手约翰·库里（John Curry）的风格。他强调优雅和艺术表现，而非运动能力。比赛过程中，他用灵动的跳跃强化自身天然优雅的动作，最终评委们给他打出了男子花样滑冰的历史最高分。
- 东德无舵雪橇队囊括所有金牌；其他国家的选手只得退而争夺银牌和铜牌。

37个队伍　1123名运动员【892名男运动员，231名女运动员】　6类运动　37项比赛

明星简介：弗朗兹·克拉莫

1975年，奥地利人弗朗兹·克拉莫在世界杯滑降比赛中九战八胜。次年，当奥运会来到奥地利因斯布鲁克时，对克拉莫来说，要再次赢下滑降比赛，可谓压力巨大。瑞士卫冕冠军贝恩哈尔·鲁西（Bernhard Russi）以1分46秒06的顶尖成绩冲下山坡，克拉莫比鲁西慢了五分之一秒，但在赛道最后1000米中拼命赶超，最终仅以0.33秒的优势获胜。

你知道吗？ 两座奥运火炬塔同时点燃，标志着因斯布鲁克第二次举办冬奥会。>>>冰舞首次登场。>>>美国选手特里·库比卡（Terry Kubicka）成功完成了花样滑冰史上首个后空翻动作。

蒙特利尔

1976年7月17日至8月1日 第二十一届奥林匹克运动会

92个队伍 6084名运动员【4824名男运动员，1260名女运动员】 21类运动 198项比赛

明星简介： 纳迪娅·科马内奇（Nadia Comaneci）

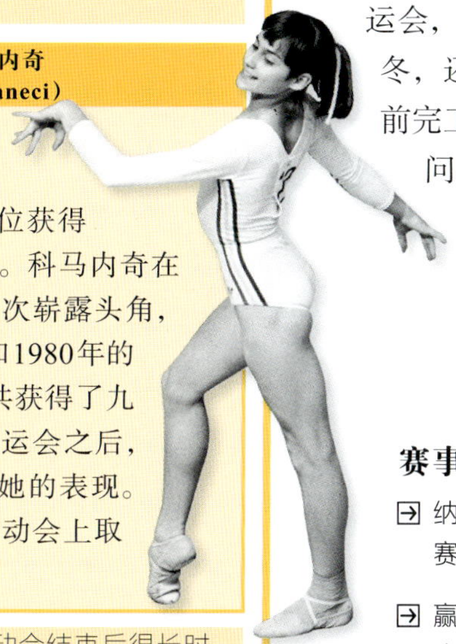

1976年，罗马尼亚选手纳迪娅·科马内奇成为奥运会历史上第一位获得满分10分的体操运动员。科马内奇在1975年欧洲锦标赛上首次崭露头角，摘得四枚金牌。1976年和1980年的奥运会上，科马内奇总共获得了九枚奥运奖牌。1980年奥运会之后，身体自然发育开始影响她的表现。在1981年世界大学生运动会上取胜后，科马内奇退役了。

你知道吗？ 蒙特利尔市运动会结束后很长时间里仍在偿还1976年奥运会期间累积的债务。>>>获得标枪金牌的匈牙利选手米克洛什·内梅特（Miklos Németh）也是链球项目金牌得主的孩子。

新西兰橄榄球队无视国际体育制裁，在南非参加巡回比赛，却仍有资格参赛奥运会，引发22个非洲国家的抗议，抵制1976年蒙特利尔奥运会，令运动会蒙受损失。雪上加霜的是，东道国出现了罕见的长冬，还面临劳资纠纷和资金短缺，因此奥运设施无法赶在开幕式前完工。然而，政治纠葛和国际纷争并未影响运动员的表现。尽管问题重重，奥运会依然组织得当，安保十分严密。

赛事亮点

- 纳迪娅·科马内奇（Nadia Comaneci）是本届奥运会的明星。她在高低杠比赛中首次取得满分10分，评委们给了她打了七个满分。
- 赢下跳台跳水比赛后，意大利选手克劳斯·迪比亚西（Klaus Dibiasi）成为首位连续三届奥运会摘得金牌，并在四届奥运会上夺得奖牌的奥运跳水运动员。
- 美国和东德统治了游泳比赛，打破这一局面的只有英国选手大卫·威尔基（David Wilkie）和苏联选手玛丽娜·科舍瓦亚（Marina Koshevaya），两人在200米蛙泳决赛中的用时都创造了新纪录。

下图：1976年，美国运动员埃德温·摩西（Edwin Moses）极速冲刺，以8米优势赢下400米栏，创历史纪录。12年后，他在汉城奥运会赢得了铜牌。

普莱西德湖

1980年2月13至24日　第十三届冬季奥运会

37个队伍　**1072**名运动员【**840**名男运动员，**232**名女运动员】**6**类运动　**38**项比赛

明星简介： 埃里克·海登（Eric Heiden）

17岁的美国速滑运动员埃里克·海登参加了1976年冬奥会，在1500米和5000米比赛中分列第7和第19。海登进步神速，连续三年夺得世界锦标赛金牌，继而在1980年冬奥会上包揽了从500米到10000米的全部五项速滑冰比赛冠军，并且每一项都创造了奥运新纪录。1500米比赛中，海登滑到冰道凹陷处，差点摔倒，但还是稳住身姿，以0.37秒的优势取得了胜利。

你知道吗？此次冬奥会是中国奥委会1979年恢复联合国合法席位后首次出席冬季奥运会。

1974年，国际奥委会再度将冬奥会举办权授予普莱西德湖。普莱西德湖首次举办冬季奥运会还要追溯到1932年。组织者必须解决的问题包括：雪量不足，大量人员需要往返于一个有3000名居民的小镇。有时需要数小时才能等到开往比赛场馆的班车。许多运动员认为奥运村过于局促；冬奥会后，奥运村实际上变成了少年犯监狱。另一方面，人们对体育设施评价很高，尽管部分场馆存在相距过远的问题。人造雪首次得到应用，耗资500万美元。这种特殊情况，再加上刚落下的新雪，对运动员极具挑战性。

赛事亮点

- 汉尼·文策尔（Hanni Wenzel）赢下大回转和回转比赛，在所有诞生奥运冠军的国家中，她的祖国列支敦士登是最小的。
- 在冬季两项接力赛中，苏联运动员亚历山大·吉洪诺夫（Aleksandr Tikhonov）夺得了自己的第四枚金牌。他的同胞尼古拉·齐米亚托夫（Nikolay Zimyatov）在越野滑雪中摘下了三枚金牌。
- 自1964年以来，苏联冰球队夺得历届冬奥会冠军，但是美国冰球队却在本届冬奥会决赛中将其击败。

下图：年轻的美国队以4：3战胜苏联队，创造"冰上奇迹"，至今仍是美国民众印象最深刻的国际冰球比赛。

莫斯科

1980年7月19日至8月3日　第二十二届奥林匹克运动会

本届奥运会的举办日期恰好与第十届奥运会会期相吻合，这是奥运会史上仅有的一次。尽管该届运动会未达到最高水准，也绝非差人一等：36项世界纪录、39项欧洲纪录和73项奥运会纪录都证明了参赛运动员能力之强、竞争之激烈。

80个队伍　5179名运动员【4064名男运动员，1115名女运动员】　21类运动　203项比赛

明星简介：阿列克桑德·季佳京（Aleksandr Dityatin）

1976年奥运会上，苏联体操运动员阿列克桑德·季佳京获得团体项目银牌。在莫斯科主场作战，季佳京率领苏联队夺得团体冠军，还获得个人全能冠军。他还获得了全部六项单项比赛的决赛资格。季佳京一天获得了六枚奖牌，是奥运历史上唯一一位单届奥运会八枚奖牌得主。季佳京也是首位获得奥运比赛满分10分的男子体操运动员。

赛事亮点

- 苏联游泳运动员弗拉基米尔·萨尔尼科夫（Vladimir Salnikov）摘得三枚金牌：4×200米接力、400米和1500米自由泳。他也是1500米游进15分钟的第一人。
- 英国中距离跑运动员史蒂夫·奥维特（Steve Ovett）和塞巴斯蒂安·科（Sebastian Coe）的两场对决令人难忘。800米比赛中，奥维特击败同胞，夺得金牌。6天后，意志坚定的塞巴斯蒂安·科在1500米比赛中完成自我救赎，夺得金牌，而奥维特只拿到铜牌。
- 英国选手戴利·汤普森（Daley Thompson）赢下十项全能比赛，成为“运动员之王”，主场观众看好的尤里·库岑科（Yuri Kutsenko）则只能屈居第二。

你知道吗？参赛国家数量达到了1956年以来的最低值。>>>在男子双人单桨无舵手比赛中，获得金牌和银牌的队伍均由来自东德和苏联的同卵双胞胎组成。

萨拉热窝

1984年2月8至19日　第十四届冬季奥运会

1984年，冬季奥运会首次在巴尔干地区举办。萨拉热窝人民热情好客，得到了高度赞赏。丝毫没有迹象表明10年后会爆发惨烈的战争，并将这座城市席卷其中。国际奥委会首次同意支付每支代表队各一名男女队员的费用。参赛国家数大幅增长，从37增加到49，不过埃及、维尔京群岛、墨西哥、摩纳哥、波多黎各和塞内加尔均只派一人参赛。

49个队伍　1272名运动员【998名男运动员，274名女运动员】　6类运动　39项比赛

明星简介：杰恩·托维尔（Jayne Torvill）和克里斯托弗·迪恩（Christopher Dean）

1984年萨拉热窝冬奥会冰舞比赛冠军得主并非苏联组合，这种情况非常少见。英国选手杰恩·托维尔和克里斯托弗·迪恩演绎拉威尔（Ravel）的《波莱罗》（*Bolero*），令观众如痴如醉。评委们给他们打了12个6.0，包括全部满分的艺术印象分，他们因此摘得金牌。

赛事亮点

- 芬兰越野滑雪运动员玛丽亚-利萨·克维斯米艾米-海迈莱伊宁（Marja-Liisa Kirvesmiemi-Hämäläinen）是唯一一位参加过六届冬奥会（1976年至1994年）的女性。她轻而易举地赢得了全部三项女子比赛的冠军，包括20千米。她还摘得4×7.5千米接力赛铜牌。
- 南斯拉夫选手尤雷·弗兰柯（Jure Franko）获得大回转比赛银牌，为东道主赢得唯一一枚奖牌。
- 加拿大速滑运动员加埃唐·鲍彻（Gaétan Boucher）获得500米铜牌，随后在1000米比赛中击败谢尔盖·赫列布尼科夫（Sergei Khlebnikov），首度摘金。两天后，他又赢下1500米比赛。
- 东德运动员卡塔琳娜·维特（Katarina Witt）首次赢得奥运花样滑冰金牌。

你知道吗？这是胡安·安东尼奥·萨马兰奇（Juan Antonio Samaranch）担任主席期间举办的第一届奥运会。>>>电视转播权费用大幅增加。>>>女子越野滑雪新增20千米比赛。

洛杉矶

1984年7月28日至8月12日　第二十三届奥林匹克运动会

140个队伍　6829名运动员【5263名男运动员，1566名女运动员】　21类运动　221项比赛

明星简介： 卡尔·刘易斯（Carl Lewis）

奥运历史上，仅有四人摘得九枚金牌，仅有三人四次赢下同一单人项目，美国选手卡尔·刘易斯均位列其中。1984年，刘易斯得到100米、200米、跳远和4×100米接力赛共四枚金牌，实现了杰西·欧文斯的壮举。洛杉矶大捷12年之后（或像刘易斯所说的“换了14种发型之后”），卡尔·刘易斯仍然是亚特兰大奥运会跳远冠军。

你知道吗？ 抵制本届奥运会的14个国家获得了1976年奥运会一半以上的金牌。>>>女子马拉松、艺术体操、花样游泳等项目首次在奥运会上亮相。

尽管苏联带头报复性抵制本届奥运会，导致部分项目参赛者寥寥，但还是有140个国家参加，创历史纪录。这也是历史上第一届得到私营企业资助的奥运会。30多家赞助商共出资5亿多美元，其他公司则出资建设新的体育设施，从而换取在门票上投放广告的权利。ABC电视网络支付了2.25亿美元的独家电视转播权费用，从而确保比赛大多在美国晚上黄金电视时段开始。由于这些巨资的投入，许多评论家认为，曾经的业余运动会如今变成了纯粹的商业演出。

赛事亮点

- 跳水项目中，美国跳水运动员格雷格·洛加尼斯（Greg Louganis）赢下了3米跳板和10米跳台比赛。
- 塞巴斯蒂安·科成为蝉联男子1500米冠军的第一人。
- 女子400米栏比赛中，纳瓦尔·埃尔·穆塔瓦基尔（Nawal El Moutawakel）始终保持领先，成为首位摩洛哥金牌得主。
- 英国十项全能金牌得主戴利·汤普森的比赛成绩仅比世界纪录少一分。

卡尔加里

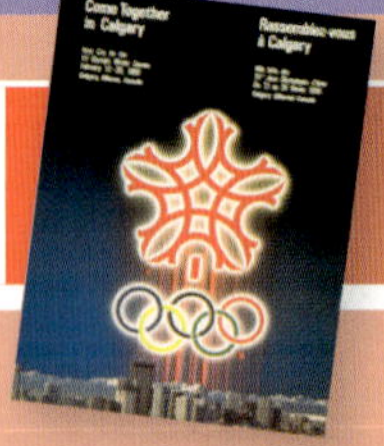

1988年2月13至28日　第十五届冬季奥运会

卡尔加里奥运会的资金有三大来源：加拿大政府筹集一半预算；赞助商、官方供应商和特许企业出资9000万美元；美国电视网络ABC为转播权支付了3.09亿美元。ABC受益于将奥运会延长至16天，横跨三个周末的决定。对参赛者而言，造成的结果是，许多项目开赛时间的选择并非出自体育方面的考虑，而是为了满足美国电视广告商需求。尽管卡尔加里冬奥会让观众乐在其中，但许多人认为这届运动会更像是一场精心排练的表演，而非一系列竞技体育比赛。

赛事亮点

- 东德花滑运动员卡塔琳娜·维特蝉联奥运会冠军。
- 荷兰速滑运动员伊冯·范·根尼普（Yvonne van Gennip）在奥运会前两个月住院，当时她似乎已毫无希望赢下奥运会比赛，但她后来还是赢得了三枚金牌并创造了两项世界纪录。
- 瑞典越野滑雪运动员甘德·斯万（Gunde Svan）职业生涯金牌总数达到四枚。

57个队伍　1423名运动员【1122名男运动员，301名女运动员】　6类运动　46项比赛

明星简介： 马蒂·尼凯宁（Matti Nykänen）

1988年奥运会上，芬兰选手马蒂·尼凯宁以决定性的17分赢下了标准台比赛，随后又以16.5分的优势取得大跳台比赛胜利。他是首位在单届奥运会上获得两枚金牌的跳台滑雪运动员，因此名留史册。第三项跳台比赛——大跳台团体赛——首次出现在比赛中，尼凯宁带领芬兰队取得了胜利，并将其职业生涯奥运奖牌总数增加到四金一银。

你知道吗？ 速滑比赛首次在有顶棚的溜冰场举行。>>>卡尔加里冬奥会是第一届“无烟”奥运会。>>>冰壶以表演运动的形式亮相。

上图：美国跳水运动员格雷格·洛加尼斯堪称有史以来最伟大的跳水运动员；1988年，尽管脑袋在跳板上撞开了花，他还是赢得了两枚金牌。

汉城（今首尔）

1988年9月17日至10月2日 第二十四届奥林匹克运动会

所幸，莫斯科和洛杉矶奥运会遭遇的大规模抵制并未在汉城重演。除古巴和埃塞俄比亚外的所有主要奥运国家都参加了奥运会，这是12年以来的第一次。尽管1988年奥运会最重磅的新闻莫过于短跑运动员本·约翰逊（Ben Johnson）因服用兴奋剂而被取消资格，但汉城奥运会上众多运动员的杰出表现和27项新的世界纪录也成为亮点。

赛事亮点

- 美国游泳运动员马特·比昂迪（Matt Biondi）获得七枚奖牌，包括五枚金牌。他的金牌来自50米和100米自由泳，以及全部三项接力比赛。
- 苏联撑竿跳高运动员谢尔盖·布勃卡（Sergey Bubka）赢得了自己的第一枚金牌，第三次试跳时跳到了5.90米。尽管布勃卡是世界纪录保持者，并统治这项运动长达14年（1983—1997年），但这是他唯一的奥运奖牌。
- 东德速滑运动员和自行车手克里斯塔·卢丁-罗滕布格尔（Christa Luding-Rothenburger）成为首位同年冬、夏季奥运会奖牌得主，创造了奥运会历史。在卡尔加里冬奥会获得速滑金、银牌后，她又在1000米自行车追逐赛中获得银牌。

159个队伍 **8391**名运动员【**6197**名男运动员，**2194**名女运动员】 **23**类运动 **237**项比赛

明星简介："弗洛-乔"

1988年奥运会选拔赛上，美国选手弗洛伦斯·格里菲斯·乔伊娜（Florence Griffith Joyner，"Flo-Jo"）的100米成绩是惊人的10秒49——比之前的世界纪录快了四分之一秒以上，优于许多国家的男子100米纪录。汉城奥运会上，两项接力赛乔伊娜都有参加，赢得了第三枚金牌和一枚银牌。1998年，时年38岁的乔伊娜癫痫发作，在睡梦中离世。

你知道吗？瑞典击剑运动员谢斯廷·帕尔姆（Kerstin Palm）成为第一位参加七届奥运会的女性。>>>女性首次包揽马术盛装舞步的三枚奖牌。>>>时隔64年后，网球重返奥运赛场。

阿尔贝维尔

1992年2月8日至23日　第十六届冬季奥运会

1968年奥运会法国滑雪三冠王、组委会主席让-克洛德·基利激励阿尔贝维尔成功申办冬奥会。基利希望刺激萨伏伊地区的经济发展。自1928年以来，立陶宛首次以本国旗帜参赛。自1936年以来，爱沙尼亚和拉脱维亚也首次以本国旗帜参赛。代表苏联其他地区的参赛者则组成了联合队。28年来，德国运动员首次合并组队参加冬奥会。阿尔贝维尔冬奥会是最后一届和夏季奥运会在同一年举办的一届。

64个队伍　1801名运动员【1313名男运动员，488名女运动员】　6类运动　57项比赛

明星简介：阿尔伯托·汤巴（Alberto Tomba）

1992年冬奥会上，魅力四射的意大利滑雪运动员阿尔伯托·汤巴获得了大回转金牌，成为首位成功卫冕的奥运高山滑雪运动员。他在回转比赛中以一名之差错失了蝉联两项比赛冠军的机会。汤巴是首位三届奥运会高山滑雪奖牌得主，也是首位获得五枚奥运奖牌的高山男子滑雪运动员。2000年4月，汤巴被授予奥林匹克勋章。

赛事亮点

- 自由式滑雪首次在奥运会上亮相。雪上技巧比赛的获胜者是颇受欢迎的法国自由式滑雪运动员埃德加·格罗斯皮龙（Edgar Grospiron），他转弯用时最短，腾空成绩第二。
- 意大利越野滑雪运动员斯蒂法尼娅·贝尔蒙多（Stefania Belmondo）家乡一半的人都亲临现场为她加油。她在最后一项女子越野赛，即30千米比赛中，获得金牌。
- 挪威选手维加德·于尔旺（Vegard Ulvang）获得男子30千米越野金牌。10千米比赛中，他职业生涯第一次没有在滑雪板上打蜡，但依然再胜一场。

你知道吗？ 速度滑雪、冰壶、芭蕾舞和自由式滑雪空中技巧是本届冬奥会的表演项目。>>>阿尔贝维尔冬奥会见证了来自前南斯拉夫的克罗地亚和斯洛文尼亚首次作为独立国家参赛。

巴塞罗那

1992年7月25日至8月9日　第二十五届奥林匹克运动会

169个队伍　9356名运动员【6652名男运动员，2704名女运动员】　25类运动　257项比赛

明星简介：维塔利·谢尔博（Vitaly Scherbo）

1992年奥运会上，20岁的白俄罗斯选手维塔利·谢尔博成为首位在单届奥运会上获得六枚金牌的体操运动员。他首先带领苏联队在团体赛中取胜。接下来，凭借出色的表现，他赢得了个人全能比赛冠军。随后，8月2日，谢尔博参加个人单项决赛，成为奥运历史上首位单日摘得四枚金牌的人。

你知道吗？ 自1972年以来，奥运会首次没有遭到抵制。>>>羽毛球、女子柔道和棒球都成为奥运项目。

国际奥委会主席、西班牙人胡安·安东尼奥·萨马兰奇将奥运会带回家乡巴塞罗那，在闭幕庆典中对奥运会赞助商表达了感谢之情。国际奥委会通过销售电视转播权获利数百万美元，尽管许多运动员抱怨很多比赛是依据电视黄金时段的广告投放安排而定的。南非结束种族隔离后派出的代表队以及两德统一后的代表队出现在夏季奥运会上。男子篮球首次允许职业球员参赛，催生了美国“梦之队”，队员包括魔术师约翰逊（Magic Johnson）、迈克尔·乔丹（Michael Jordan）、拉里·伯德（Larry Bird）、查尔斯·巴克利（Charles Barkley）等NBA球星。

赛事亮点

- 西班牙选手费明·卡卓·路易兹（Fermin Cacho Ruiz）并非1500米夺冠热门人选。路易兹充分利用比赛节奏异常缓慢的特点，还剩半圈时开始冲刺，在观众的加油声中夺得金牌，成为首位获得金牌的西班牙赛跑运动员。
- 英国选手林福德·克里斯蒂（Linford Christie）是年龄最大（32岁）的奥运会100米金牌得主。次年，他又赢得了世锦赛冠军。
- 女子100米比赛竞争激烈，牙买加选手梅琳·奥蒂（Merlene Ottey）仅落后冠军0.06秒，却只能屈居第五。

利勒哈默尔

1994年2月12日至27日　第十七届冬季奥运会

1986年，国际奥委会通过投票变更奥运会日程，以便于冬夏季奥运会错开年份举办。部分原因是电视公司无法吸引足够多的广告投放，无力支付一年两届奥运会的电视转播权费用。自此以后，冬奥会将与足球世界杯决赛同年举办。为了适应新安排，利勒哈默尔奥运会于1994年举行，这是唯一一次两届冬奥会相隔两年举办。利勒哈默尔是一个有21000名居民的小镇，但主办方在四年内就将其改头换面成为一流的奥运场地。

67个队伍　1737名运动员【1215名男运动员，522名女运动员】　6类运动　61项比赛

明星简介： 比约恩·戴利（Björn Dæhlie）

越野滑雪运动员比约恩·戴利是多项冬奥纪录保持者。他在20世纪90年代参加了三届冬季奥运会，是唯一一位获得八枚金牌或十二枚奖牌的冬奥会运动员。他也是唯一一位在个人项目中获得六枚金牌或共计九枚个人奖牌的人。利勒哈默尔奥运会上，戴利赢得了10千米和双追逐比赛冠军，并获得30千米和4×10千米接力赛银牌。

赛事亮点

- 挪威速滑选手约翰·奥拉夫·科斯（Johan Olav Koss）在活跃的主场观众面前打破三项比赛的世界纪录，并都夺得金牌。
- 第四次参加奥运会的美国选手邦妮·布莱尔（Bonnie Blair）创造了历史，成为首位连续三次赢下500米比赛的女子速滑运动员。
- 瑞士高山滑雪运动员维尔尼·施奈德（Vreni Schneider）在回转比赛中第一滑名列第五。她第二滑表现优异，从而摘得金牌。施奈德还获得全能银牌和大回转铜牌。

你知道吗？ 波黑雪橇队由两名波斯尼亚人、一名克罗地亚人和一名塞尔维亚人组成：这是在困难时期展现奥林匹克精神的典型案例。>>> 为表示对环境的重视，本届冬奥会被命名为“白绿色运动会”。

亚特兰大

1996年7月19日至8月4日　第二十六届奥林匹克运动会

197个队伍　10318名运动员【6806名男运动员，3512名女运动员】　26类运动　271项比赛

1996年亚特兰大奥运会上，因帕金森病而不断明显颤抖的穆罕默德·阿里点燃了火炬塔，为开幕式蒙上了一层悲情的色彩。亚特兰大奥运会的体育成就包括迈克尔·约翰逊（Michael Johnson）成为200米和400米双冠王的非凡成就；79个国家获得奖牌，创造了历史纪录，其中有53个国家获得金牌。

明星简介：迈克尔·约翰逊

美国人迈克尔·约翰逊凭借其独特的直立跑风格，成为200米和400米均冠绝全球的第一人。截至1996年，他已经赢得54场400米比赛冠军，并在该项赛事中连续7年未尝败绩。约翰逊以百年来的最大领先优势（10米）赢得了400米决赛。他还在200米比赛中跑出了惊人的19秒32，也跑出了有史以来最快的100米（9秒2）。

赛事亮点

- 法国赛跑运动员玛丽·若泽·佩雷克（Marie-José Pérec）赢下200米和400米比赛，打破了400米的奥运纪录，成为首位蝉联400米冠军的女性。
- 俄罗斯游泳运动员亚历山大·波波夫（Aleksandr Popov）连续两次击败美国游泳运动员小加里·哈尔（Gary Hall, Jr），摘得50米和100米自由泳金牌，并获得两枚接力赛银牌。
- 土耳其选手纳伊姆·苏莱曼诺尔古（Naim Suleymanoglu）成为首位连续三届奥运会都夺冠的举重运动员。
- 美国选手迈克尔·约翰逊是奥运会历史上包揽200米和400米两枚金牌的第一人。

你知道吗？ 每支有资格参加足球锦标赛的球队都可以有三名职业球员，无论其年龄或经验如何。>>> 所有197个官方国家奥委会均派员参加奥运会，尚属历史首次。

长野

1998年2月7日至22日　第十八届冬季奥运会

72个队伍　2176名运动员【1389名男运动员，787名女运动员】 7类运动　68项比赛

明星简介：赫尔曼·迈耶（Hermann Maier）

自1996年起，赫尔曼·迈耶开始代表奥地利参赛。长野冬奥会滑降比赛中，他的身体失去控制，在空中飞了100多米后重重地坠了下来。3天后，他夺得超级大回转比赛金牌，随后在大回转比赛中又摘得一金。

你知道吗？美国NHL的职业冰球运动员首次参加冬奥会。>>>小学生可享受冬奥会门票一律五折的优惠。>>>官方工作人员制服由可再生材料制成。

距离东京火车车程90分钟的日本长野市举办了20世纪最后一届同时也是规模最大的冬奥会，七类运动共68项比赛在16天内进行角逐。往届冬奥会因比赛场地离奥运村过远而遭到批评。为确保不重蹈覆辙，长野冬奥会组织方将比赛场地分为六大区域，每块区域都在长野40千米的半径范围内。在热情洋溢、热烈激奋的氛围中，东道主日本在长野赢得的金牌比过去70年的冬奥会之旅都要多。德国位居奖牌榜榜首，挪威和俄罗斯紧随其后。

赛事亮点

- 挪威越野滑雪运动员比约恩·戴利是奥运会历史上最成功的北欧男子滑雪运动员，他赢下了10千米追逐赛和50千米比赛，帮助挪威队锁定4 × 10千米接力赛冠军，并获得双追逐比赛银牌。
- 日本跳台滑雪选手船木和喜（Kazuyoshi Funaki）获得标准台银牌，而后在大跳台比赛中姿势得分满分，从而获得金牌。
- 意大利人黛博拉·孔帕尼奥尼（Deborah Compagnoni）重现了她在1994年大回转比赛中的胜利，但仅以0.06秒之差错失回转比赛金牌，成为第一位在三届奥运会上均获得金牌的高山滑雪运动员。

悉尼

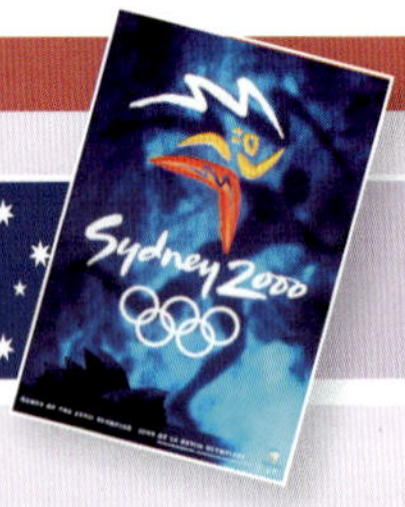

2000年9月15日至10月1日　第二十七届奥林匹克运动会

悉尼奥运会是迄今为止规模最大的一届，共有10651名运动员参加300项比赛。虽然规模巨大，但组织良好，令人们恢复了对奥林匹克运动的信心。朝鲜和韩国运动员在同一面旗帜下并肩前行，四名东帝汶（2002年才成为主权国家）运动员则获许以个人身份在奥林匹克旗帜下参赛。澳大利亚原住民凯茜·弗里曼（Cathy Freeman）获得了在开幕式上点燃奥运圣火的殊荣。她也投桃报李，在热情洋溢的主场观众面前赢下了女子400米决赛。越南赢得了自1952年首次参赛以来的第一枚奖牌。

赛事亮点

- 法国柔道冠军达维德·杜耶（David Douillet）此前因严重肩伤和背伤而休战一年多。在扣人心弦的决赛中，杜耶击败日本选手筱原信一（Shinichi Shinohara），连续第二次获得奥运金牌。
- 澳大利亚游泳运动员伊恩·索普（Ian Thorpe）年仅17岁，就已名声大噪。索普打破了自己保持的世界纪录，在400米自由泳比赛中赢得了自己的首枚金牌。随后，索普在4 × 100米自由泳比赛中游最后一棒，再次获胜。第三金来自4 × 200米自由泳，其后，他在200米自由泳比赛中再添一枚银牌。
- 德国皮划艇运动员比尔吉特·费舍尔（Birgit Fischer）在双人皮艇和四人皮艇500米比赛中获得两枚金牌，成为首位摘牌历程横跨20年的女奥运选手。

199个队伍　10651名运动员【6582名男运动员，4069名女运动员】 28类运动　300项比赛

明星简介：史蒂夫·雷德格雷夫（Steven Redgrave）

英国选手史蒂夫·雷德格雷夫是唯一一位连续夺得五届奥运会金牌的赛艇运动员。亚特兰大奥运会上，雷德格雷夫和搭档马修·平森特（Matthew Pinsent）在他们的第100场比赛中赢得了双人单桨无舵手比赛。悉尼奥运会上，雷德格雷夫参加四人单桨无舵手比赛，获得了自己的第五枚金牌。

你知道吗？苏桑蒂卡·贾亚辛格（Susanthika Jayasinghe）获得200米铜牌，成为斯里兰卡首位获得奖牌的女性。>>>越南运动员陈孝银（Tran Hieu Ngan）获得女子跆拳道银牌。

盐湖城

2002年2月8日至24日　第十九届冬季奥运会

盐湖城冬奥会的比赛项目增加到80项，包括钢架雪车（自1948年以来停赛）和女子有舵雪橇。18个国家赢得了金牌，创造了新纪录，首次摘金的中国和澳大利亚也在其列。比赛亮点包括：挪威选手奥勒·埃纳尔·比约达伦（Ole Einar Bjørndalen）包揽冬季两项比赛的四枚金牌；芬兰选手桑帕·拉尤宁（Samppa Lajunen）包揽北欧两项比赛的三枚金牌；20岁的瑞士选手西蒙·安曼（Simon Ammann）在两项跳台滑雪比赛中全部获胜。加拿大赢下了男子和女子冰球比赛——加拿大男子冰球队战胜美国队，获得建队50年来首枚金牌。德国选手乔治·哈克尔（Georg Hackl）获得单人无舵雪橇银牌，成为首位连续五届冬奥会都摘得同一项目奖牌的奥运选手。

赛事亮点

- 从膝盖手术中恢复过来的克罗地亚选手加尼卡·科斯泰里奇（Janica Kostelic）成为首位获得单届奥运会三枚高山滑雪金牌（全能、回转和大回转）的女性。她还获得了超级大回转银牌。
- 女子有舵雪橇比赛中，美国选手沃内塔·弗劳尔斯（Vonetta Flowers）成为首位夺得冬奥会金牌的黑人运动员。
- 短道速滑决赛中，前四名全部在最后一个弯道摔倒，原本希望渺茫的澳大利亚选手史蒂文·布拉德伯里（Steven Bradbury）获得了金牌。

77个队伍　2399名运动员【1513名男运动员，886名女运动员】　7类运动　80项比赛

明星简介：克雷蒂尔·安德烈·阿莫特（Kjetil André Aamodt）

2002年，挪威选手克雷蒂尔·安德烈·阿莫特成为奥运历史上首位赢得七枚奖牌的高山滑雪运动员，他还获得2006年都灵冬奥会超级大回转金牌，使他成为拥有最多奥运会冠军的高山滑雪运动员。

你知道吗？ 即时视频回放在本届冬奥会花样滑冰比赛中首次得到应用。>>>花样滑冰双人项目出现了两枚金牌。>>>本届冬奥会是雅克·罗格担任国际奥委会主席期间的首届运动会。

雅典

2004年8月13日至29日　第二十八届奥林匹克运动会

2004年，奥运会回到了古代奥运会发源地、首届现代奥运会举办地希腊。201个国家奥委会参加了奥运会，创下了新的历史记录。比赛项目总数达到了301，比2000年悉尼奥运会多一项。2000年，有条件收看奥运会的人数为36亿，而如今有39亿人可以收看电视转播，令奥运会的受欢迎度更上一层楼。

赛事亮点

- 摩洛哥选手希查姆·埃尔·盖鲁伊（Hicham El Guerrouj）成为自1924年帕沃·鲁米以来首位同时赢下1500米和5000米比赛的选手。在1500米比赛的冲刺阶段，他被伯纳德·拉加特（Bernard Lagat）超过，但最终反超取胜。5000米比赛中，他后来居上，击败了10000米冠军凯内尼萨·贝克勒（Kenenisa Bekele）。
- 土耳其举重运动员努尔詹·塔伊兰（Nurcan Taylan）获得女子48千克级比赛金牌。她是首位摘得奥运金牌的土耳其女运动员。
- 半决赛中，阿根廷男篮以89：81击败了美国职业球员，终结了他们的统治。决赛中，阿根廷男篮以84：69战胜意大利。
- 德国皮划艇运动员比尔吉特·费舍尔成为最年轻和最年长的奥运皮划艇金牌得主，相隔24年赢得了单人皮艇和四人皮艇500米比赛的金牌。她还是首位获得六届奥运会金牌的女运动员。

201个队伍　10625名运动员【6296名男运动员，4329名女运动员】　28类运动　301项比赛

明星简介：迈克尔·菲尔普斯（Michael Phelps）

迈克尔·菲尔普斯在雅典摘下了六金两铜。他在北京奥运会上赢下了八项比赛的冠军，创造了历史纪录。菲尔普斯拥有游泳运动员的完美体格，躯干和手臂长，腿短，脚大而灵活。在菲尔普斯的训练计划中，他每天热量摄入高达10000卡路里，5倍于普通成年人食物摄入量。

你知道吗？ 肯尼亚赛跑运动员包揽3000米障碍赛金银铜全部奖牌。>>>马拉松比赛沿用了1896年的路线，从马拉松出发，到雅典的泛雅典体育场结束。

都灵

2006年2月10日至26日 第二十届冬季奥运会

80个队伍 2508名运动员【1548名男运动员，960名女运动员】 7类运动 84项比赛

明星简介： **卡特琳娜·纽曼诺娃（Katerina Neumannova）**

1992年，捷克越野滑雪运动员卡特琳娜·纽曼诺娃首次参加奥运会，但她直到第三次参加冬奥会才赢得自己首枚奖牌。因为纽曼诺娃还参加了1996年亚特兰大奥运会山地自行车项目，所以都灵冬奥会是她第六次奥运之旅。2月12日，纽曼诺娃获得追逐赛银牌。2月24日，33岁的诺伊曼诺娃在30千米比赛中赢得了她的第一枚金牌。

你知道吗？ 第一次能在手机上观看奥运直播。>>>人口90多万的都灵成为当时举办冬奥会的最大城市。

都灵冬奥会的参赛运动员多达2508名，创造了历史纪录。他们分别来自80个国家，其中26个国家夺得奖牌，也创造了历史纪录。奥地利选手统治了高山滑雪，赢得了总计30枚奖牌中的14枚。韩国在短道速滑比赛中也同样成功，夺得了24枚奖牌中的10枚。越野滑雪团体竞速赛中，加拿大人萨拉·伦纳（Sara Renner）把一根滑雪杖弄坏了。看到她苦苦挣扎，挪威主教练比约纳尔·哈肯斯莫恩（Bjørnar Håkensmoen）把自己的滑雪杖拿给她，伦纳得以帮助全队赢得银牌，也使得挪威队无缘奖牌。

赛事亮点

- 外界看好菲利普·肖奇（Philipp Schoch）成功卫冕奥运会单板滑雪平行大回转冠军，但他的哥哥西蒙（Simon）将是有力的挑战者。兄弟俩都晋级决赛，菲利普最终实现蝉联。
- 男子冰球比赛首次出现斯堪的纳维亚国家（芬兰和瑞典）在决赛中对阵。尼克拉斯·利德斯特罗姆（Nicklas Lidstrom）在决赛最后一局开场10秒时的得分让瑞典队取得领先，后来他们一直保持着领先优势，最终锁定胜局。
- 恩里科·法布里（Enrico Fabri）颇受当地民众欢迎。他夺得5000米速滑铜牌，成为首位获得本项赛事奖牌的意大利人。

北京

2008年8月8日至24日 第二十九届奥林匹克运动会

2008年8月8日晚上8点8分，第29届奥林匹克运动会正式开始。"八"在中国寓意吉祥，连天气都极为适宜。为了举办奥运会，北京大兴土木，包括建造12座新场馆，将北京地铁运载量翻了一番。主场馆是国家体育场"鸟巢"，有90000个座位，令人叹为观止。北京奥运会新增了9个项目，包括小轮车、马拉松公开水域游泳和女子3000米障碍赛。东道主获得51枚金牌，高居奖牌榜第一。

赛事亮点

- 在100米决赛的最后阶段，牙买加选手尤塞恩·博尔特（Usain Bolt）向观众伸出双臂，形成了北京奥运会的经典一幕。博尔特（21岁）统治了100米和200米。
- 游泳比赛中，迈克尔·菲尔普斯八战全胜，打破了马克·斯皮茨尘封36年的单届奥运会最多金牌纪录。他参加了五项个人赛事，打破了其中四项的世界纪录。
- 随着克里斯·霍伊（Chris Hoy）在赛车场一路领先，极具统治力的英国队夺得了10枚室内自行车金牌中的7枚。七届世界冠军霍伊摘得三枚金牌，自1908年以来，首次有英国运动员完成这一壮举。

204个队伍 10942名运动员【6305名男运动员，4637名女运动员】 28类运动 302项比赛

明星简介： **尤塞恩·博尔特（Usain Bolt）**

尤塞恩·博尔特在北京以9秒69的成绩赢下了100米，如果没有在终点线前15米处开始庆祝胜利，博尔特本可用时更短。四天后，博尔特用时19秒30，赢下了200比赛，打破了迈克尔·约翰逊的纪录。博尔特参加4×100米接力赛，赢得冠军，但是一名队员面临兴奋剂指控，团队金牌因此被收回。博尔特是自同胞唐·夸里以来首位100米和200米世界纪录保持者。

一支7万人的团队保障北京奥运会顺利进行。>>>古巴选手安赫尔·瓦洛迪亚·马托斯（Angel Valodia Matos）被取消资格，将自己的看家本领留到了跆拳道比赛结束后。

温哥华

2010年2月12日至28日 第二十一届冬季奥运会

冬奥会继续发展壮大，2010年温哥华冬奥会的参赛运动员、比赛项目和参赛国家数量创历史新高，开曼群岛、哥伦比亚、加纳、黑山、巴基斯坦和秘鲁首次亮相。开幕式缅怀了几小时前在训练中因故去世的21岁格鲁吉亚雪橇手诺达尔·库马里塔什维利（Nodar Kumaritashvili）。悲痛之下，为表达对他的怀念，公众和选手都着力将2010年温哥华奥运会打造成热烈欢快的庆典。前两届冬奥会上，加拿大金牌颗粒无收。这一次，加拿大化悲痛为力量，既当好东道主，也以14枚金牌位居奖牌榜榜首，创造了东道国的纪录，告别了过往失败。与此同时，斯洛伐克和白俄罗斯也赢得了本国的冬奥会首金。

赛事亮点

- 挪威人玛莉·比约根（Marit Bjørgen）巩固了自己作为现代最佳女子越野滑雪运动员的地位。她以三金一银一铜高居奖牌榜首位，她的奥运奖牌总数也达到了七枚。
- 男子冰球比赛中，加拿大队击败美国队，为东道国创纪录的冬奥会完美收官。本届冬奥会最后一枚金牌是通过明星球员西德尼·克罗斯比（Sidney Crosby）在加时赛进球而获得的。
- 尽管摔入深沟，折断了五根肋骨，肺部受伤，斯洛文尼亚选手佩特拉·马伊迪奇（Petra Majdic）还是在越野竞速赛中获得了铜牌。谈及奖牌时，她说道："今天，这不是一块铜牌。这是一块镶了碎钻的黄金。"

82个队伍 **2566**名运动员【**1522**名男运动员，**1044**名女运动员】 **7**类运动 **86**项比赛

明星简介：金妍儿（Kim Yu-na）

19岁的韩国花样滑冰运动员金妍儿以令人惊叹的表现摘得金牌，她自由滑得分150.86，创世界纪录。总分228.56也创下了新纪录，比日本银牌得主浅田真央（Mao Asada）整整高出23分。外界称赞她的整套动作"注定会像1984年托维尔和迪恩那著名的波莱罗一样被人们铭记"。

你知道吗？人口230万的温哥华成为最大的冬奥会举办城市。>>>环境措施包括实时跟踪和发布每座奥运场馆的能耗。

伦敦

2012年7月27日至8月12日 第三十届夏季奥林匹克运动会

204个队伍 **10568**名运动员【**5892**名男运动员，**4676**名女运动员】 **26**类运动 **302**项比赛

明星简介：叶诗文

16岁的中国游泳选手叶诗文包揽200米和400米个人混合泳金牌，引发轰动，举世瞩目。比起奖牌本身，更令人印象深刻的是叶诗文获胜的用时——她创造了新的200米奥运纪录和400米世界纪录。叶诗文的表现提高，要归功于她在比赛前两年突然长高12厘米。

你知道吗？8000人轮流在英国各地传递奥运火炬，平均每人跑300米。>>>伦敦如今已举办了三届奥运会，多于世界上任何其他城市。

2012年伦敦奥运会在参赛者平等方面取得了两项突破：女子运动员首次参加了赛程上的每项运动，南非短跑运动员奥斯卡·皮斯托留斯（Oscar Pistorius）成为首位参加奥运会的截肢运动员。不过，也出现了争议。羽毛球女子双打小组赛中，为争取有利位次，四对选手——两对来自韩国，一对来自中国和印度尼西亚——消极比赛，被剥夺比赛资格。开幕式也许是伦敦奥运会最令人难忘的环节，获得奥斯卡奖的电影导演丹尼·博伊尔（Danny Boyle）演绎了波澜壮阔的英国史。

赛事亮点

- 美国游泳运动员迈克尔·菲尔普斯摘下四金，使他的奥运金牌总数达到18枚。伦敦奥运会闭幕后，作为奥运历史上最成功的运动员，菲尔普斯宣布退役。
- 对于东道国来说，奥运会的亮点无疑是被称为"超级星期六"的8月4日星期六。这一天，英国获得6金1银。
- 博尔特摘得100米、200米和4×100米接力金牌。这样的成就令他感到兴奋，称自己是"有史以来最伟大的运动员"和"活着的传奇"。
- 英国选手本·安斯利（Ben Ainslie）赢得了自己的第四枚金牌，成为奥运历史上获奖最多的帆船运动员。

索契

2014年2月7日至23日　第二十二届冬季奥运会

第二十二届冬奥会在俄罗斯城市索契举行，这是自1991年苏联解体以来首届在俄罗斯举办的奥运会。索契位于黑海沿岸，靠近俄罗斯与格鲁吉亚边境，是俄罗斯人心目中的夏季海滩度假胜地。所有冰上比赛都在索契专门建造的场馆举行，例如可容纳12000人的溜冰场波绍伊体育馆，其设计原型是冷冻水滴的形状。山地运动则在往内陆40千米处、西高加索山脉的罗萨-胡特（Rosa Khutor）滑雪胜地举行。

88个队伍　2780名运动员
7类运动　98项比赛

明星简介：沃洛佐扎尔和特兰科夫（Volosozhar And Trankov）

2010年，俄罗斯双人花样滑冰运动员塔季扬娜·沃洛佐扎尔和马克西姆·特兰科夫开始搭档，他们获得2012年和2013年欧洲花样滑冰锦标赛金牌，并在2013年加冕世界冠军，成绩好于先前连续获得2010—2011年和2011—2012年锦标赛亚军。他们在索契冬奥会双人比赛中获得金牌。

赛事亮点

- 19岁的羽生结弦（Yuzuru Hanyu）得到101.45分，创造了新的世界纪录，成为日本首位赢得金牌的男子花样滑冰运动员。
- 瑞士选手多米尼克·吉辛（Dominique Gisin）和斯洛文尼亚选手蒂娜·马泽（Tina Maze）均以1分41秒57的成绩完成了女子滑降比赛，这是奥运会高山滑雪比赛首次出现并列冠军。
- 索契奥运会的数字播放时长60000小时。
- 加拿大姐妹贾斯汀（Justine）和克洛艾·杜福尔-拉普安特（Chloé Dufour-Lapointe）在女子自由式滑雪雪上技巧比赛中分获金银牌。

你知道吗？索契冬奥会是历史上最赚钱的奥运赛事，吸引了超过10亿美元的赞助。>>>法国城市尼斯以温暖舒适而著称，而索契与之纬度相同。

里约热内卢

2016年8月5日至21日　第三十一届奥林匹克运动会

207个队伍　11238名运动员
28类运动　306项比赛

明星简介：瓦伊德·范·尼凯克（Wayde van Niekerk）

2016年奥运会上，南非选手瓦伊德·范·尼凯克打破迈克尔·约翰逊保持了17年的世界纪录，以43秒03的成绩赢下奥运会400米比赛。2017年，范·尼凯克在捷克共和国俄斯特拉发“金战靴”田径赛上创下了有史以来最好的300米成绩——30秒81。范·尼凯克绰号“开普敦火箭队”，曾涉足橄榄球和跳高，然后在田径短跑站稳脚跟。

你知道吗？1950年世界杯比赛上，马拉卡纳体育场观众曾多达19万9854人（改为仅提供座席之前），创造了历史纪录。>>>巴西是首个举办奥运会的葡语国家。

在里约热内卢举办的第三十一届奥运会是奥运会首次在南美洲举行，也是首次在主办城市冬季举行。两项新运动加入奥运会——七人制橄榄球和高尔夫。自1904年以来，高尔夫就从未出现在奥运会比赛中。几位高尔夫顶级职业球员都参与了奖牌的争夺。巴拉达蒂茹卡（Barra da Tijuca）是里约西南部的繁华地区，也是大部分奥运场馆和奥运村所在地。奥运会中的其他里约地标包括标志性的马拉卡纳体育场，可容纳80000人，足球比赛、开闭幕式均在此举行。

赛事亮点

- 埃塞俄比亚选手阿尔玛兹·阿亚娜（Almaz Ayana）赢得了金牌，将女子10000米纪录缩短了14秒多，创造了2016年奥运会的首个世界纪录。
- 以43：7击败英国后，斐济在七人制橄榄球比赛中赢得了本国第一枚奥运奖牌——一枚金牌。
- 美国体操运动员西蒙娜·拜尔斯（Simone Biles）统治了奥运赛场，夺得四金一铜。
- 布拉德利·威金斯爵士（Sir Bradley Wiggins）赢下了男子自行车团体追逐赛，成为首位赢得八枚奥运奖牌的英国人。

平昌

2018年2月9日至25日 第二十三届冬季奥运会

92个队伍 2833名运动员
14类运动 102项比赛

明星简介： 玛莉·比约根（Marite Bjorgen）

2018年，挪威选手玛莉·比约根创造了冬奥会个人奖牌数纪录。她总计赢得了114个世界杯个人冠军，184次登顶世界杯领奖台，在国际滑雪联合会（International Ski Federation）北欧滑雪世界锦标赛（Nordic World Ski Championships）上，一共摘得26枚奖牌，其中包括18枚金牌。

你知道吗？俄罗斯因兴奋剂丑闻被禁止参加2018年冬奥会。不过，奥委会允许一些俄罗斯运动员作为俄罗斯奥林匹克运动员（Olympic Athletes from Russia）在通用奥林匹克旗帜下参加比赛。

2018年平昌冬奥会在开赛前就打破了历史纪录。本届冬奥会有92支代表队参赛，打破了索契冬奥会88支代表队的纪录。六个国家——新加坡、马来西亚、科索沃、厄瓜多尔、厄立特里亚、尼日利亚——首次参加冬奥会。开幕式上，东道国韩国的运动员与邻国朝鲜的运动员共举朝鲜半岛旗入场，体现了双边的外交关系。本届冬奥会上，挪威大放异彩，赢得14枚金牌、14枚银牌和11枚铜牌，使其奖牌总数达到了惊人的368枚。德国和美国也表现上佳，分别获得了31枚和23枚奖牌。

赛事亮点

- 挪威选手玛莉·比约根获得两金一银两铜，共计五枚奖牌，超过所有其他运动员。
- 捷克共和国的埃丝特尔·莱德茨卡（Ester Ledecká）夺得高山滑雪超级大回转和单板滑雪平行大回转金牌，成为首位获得单届冬奥会两项赛事金牌的女性。
- 荷兰速滑队参加了14项比赛，赢得七枚金牌。
- 最年轻的冠军是15岁的俄罗斯选手阿丽娜·扎吉托娃（Alina Zagitova），她获得了女子花样滑冰短节目的最高分82.92分。

东京

2020年7月24日至8月9日 第三十二届奥林匹克运动会（延期至2021年7月23日至8月 8日举行）

明星简介： 西蒙娜·拜尔斯（Simone Biles）

2013年，美国体操运动员西蒙·拜尔斯在国际竞技体操比赛中崛起，连获三届世界全能冠军，成为首位获得此项殊荣的体操运动员。早在2016年奥运会上，拜尔斯包揽跳马、高低杠、平衡木和自由体操项目四枚金牌时，就已被誉为全球最佳体操运动员。她甚至有一套以她的名字命名的自由体操动作——“拜尔斯动作”。2020年奥运会上，外界对她寄望颇高，认为她甚至有可能夺得六枚金牌。

你知道吗？旧的国家体育场被拆除，以便建造新体育场。虽然施工正在进行中，但是随着初定设计方案因造价过高而被驳回，工期已经出现了延误。

继1964年之后，东京将在2020年第二次举办夏季奥运会。2020年奥运会的赛程预计将包括339项比赛，涵盖33类运动，一共持续17天。自上届奥运会以来，棒球/垒球、空手道、滑板、攀岩和冲浪这五项运动已成为奥运会正式比赛项目。国际奥委会正着力吸纳更多以年轻人为中心的运动，从而让运动走向年轻人，上述五项运动的加入也正是出于这一考虑。新建成的国立竞技场将举办开闭幕式、田径和足球比赛。

展望未来

- 东京计划采用高级人脸识别系统、机器人、无人机等尖端技术，提供“最具未来感”的奥运体验。
- 2020年奥运会吉祥物名为“米拉伊托瓦”（Miraitowa），由日语“未来”和“永恒”组成。
- 2020年奥运会上，西蒙娜·拜尔斯（Simone Biles）、亚当·皮蒂（Adam Peaty）和马吉琳达·凯尔门迪（Majlinda Kelmendi）等将上演王者归来，分别捍卫体操、游泳和柔道的冠军宝座。

残疾人奥林匹克运动会

残奥会是残疾运动员奥林匹克运动会。最初设想是为脊髓损伤的第二次世界大战老兵举办一项体育赛事。1960年，第一届主要残奥赛事在罗马举行，来自23个国家的约400名参赛者参加。每项比赛都有三名运动员参赛，意味着人人都有奖牌。起初，残奥会仅限轮椅运动员参赛，但1976年加拿大多伦多残奥会向身患各类残疾的运动员开放，参赛人数因此从约1000人增加到1600人。同年，首届冬季残奥会在瑞典举行。夏冬季残奥会现均与夏冬季奥运会在同一城市同年举行。冬季残奥会规模较小，由六项核心赛事组成——高山滑雪、冰橇冰球、北欧滑雪、冬季两项（滑雪和射击）、越野滑雪和轮椅冰壶。

赛事亮点

- 2016年里约夏季残奥会包括22项运动，其中许多也是奥运会核心运动——例如柔道、赛艇、游泳和乒乓球。夏季残奥会特有的运动项目包括多项针对特定残疾的比赛，例如与地滚球和法式滚球相似的硬地滚球，参赛选手均为轮椅运动员。
- 美国是夏季残奥会历史上最成功的国家，共获得2165枚奖牌，其中金牌772枚。
- 德国则以137枚金牌、共364枚奖牌位居冬季残奥会奖牌榜榜首。
- 美国游泳运动员特里沙·佐恩（Trischa Zorn）获得55枚奖牌（41枚金牌、9枚银牌、5枚铜牌），是残奥会历史上最成功的运动员。

你知道吗？“残奥会”（“The Paralympics”）是“平行运动会”（“the Parallel Games”）的缩写，体现了创始人路德维希·古特曼爵士雄心勃勃地想为残疾运动员打造与奥运会相当的精品赛事。>>>有史以来最年轻的残奥会运动员、游泳选手乔安妮·朗德参加1988年汉城残奥会时只有12岁。她赢得了两金一银。

下图：纳塔利娅·泰亚克（Natalie Tyack）参加2010年冬季残奥会滑降站姿滑雪比赛。

左图：波兰选手格热戈日·普卢塔在2012年残奥会男子轮椅击剑比赛中向希腊选手帕纳约蒂斯·特里安塔费卢发起攻势。
右图：100米T44级短跑比赛中，英国选手琼尼·皮考克超过了美国选手理查德·布朗和南非选手阿努·福里。

如何进行分类

为确保公平竞争，残奥会运动员被分为四大类——截肢者、脑瘫、视力障碍或失明、脊髓损伤或其他身体残疾。进行初步分类后，接下来是更为严格的分类过程：残奥会开始之前，专家小组会观察每位运动员完成一系列与特定运动相关的任务，从而评估运动员的能力。

公平的竞争环境

这些评估的重点取决于运动员所参加的项目。例如，马术比赛重点了解骑手的残疾对其躯干控制的影响。赛事种类和参赛运动员的残疾类型可简略地通过由字母和数字组成的代码表示。例如，F31-38表示田赛（F），面向残疾（例如脑瘫）影响躯干和四肢（31-38）的残奥会运动员。有些运动，例如坐式排球（见下图），适合不同类别的运动员同台竞技。

标准

每项运动对参赛者的身体素质要求各不相同，因此分类标准必须视具体赛事而定。以下是田径运动员分类方式简表。

田径分类

等级	标准
11-13	有视力障碍的运动员，11表示最严重的视力障碍，13表示最轻微的视力障碍。
20	有智力障碍的运动员。
31-38	运动员身患影响控制躯干和四肢的残疾——数值越低，残障越严重。31-34级的运动员参加坐姿比赛。
40	身材矮小，患有侏儒症的运动员。
42-46	有肢体缺陷的运动员，例如截肢。数字42-44表示腿部不便，数字45-46则表示手臂受损。
51-58	轮椅运动员。51-54级运动员没有躯干或腿部功能，上肢功能各异。55-58级运动员的躯干和腿部功能较强。

下图：2008年北京和2012年伦敦残奥会的参赛选手。坐式排球比赛（左下图）使用约1米高的网；视障运动员在领跑员引领下赛跑（下方中间图片）；游泳比赛（右下图）的规则基本与健全人比赛相同。

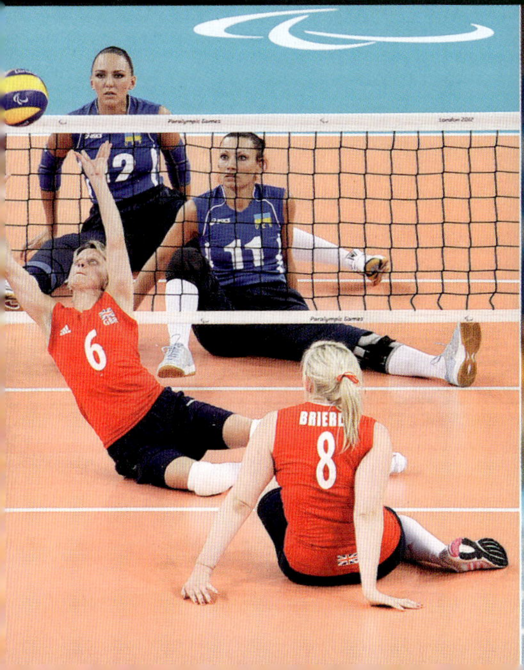

上方左侧图片：德国运动员托比亚斯·格拉夫（Tobias Graf）参加C1-3自行车计时赛。上方中间图片：日本冰橇冰球运动员高桥和广（Kazuhiro Takahashi）用锋利的球杆推动自己穿过冰面。上方右侧图片：轮椅橄榄球运动员在定制的加固轮椅上展开激烈竞争。

适应能力强的运动员

专用设备在残奥会上发挥着重要作用。为帮助运动员的身体适应高水平运动，每种类别都有独特技术要求。如今，轮椅科学非常先进，比如顶级轮椅篮球队就受益于为每位球员定制轻便且操纵灵活的铝和碳纤维轮椅。未来，在尖端技术加持下，运动员可能无须他人辅助。例如，配备传感器的耳机可能会取代视障赛跑运动员的领跑员。围绕着专用设备的问题，争议也时有出现。发展中国家承担不起富裕国家运动员所享受的尖端技术。越来越多人质疑假肢，例如截肢者使用的碳纤维“刀锋”，是否会让残疾运动员的表现超越健全运动员。现在，假肢仅限于使运动员达到在身无残疾情况下可能拥有的身材或能力，例如使刀锋与原始腿长相当。

明星简介：奥拉齐奥·法戈内（Orazio Fagone）

速滑运动员和冰橇冰球（即残奥会版的冰球）运动员奥拉齐奥·法戈内来自意大利西西里岛，在因事故致残之前，曾获得过奥运会奖牌，是唯一完成这一壮举的残奥运动员。在1988年加拿大卡尔加里冬季奥运会上，法戈内开始了他的奥运生涯，在1500米和5000米速滑表演项目中分别获得第三名和第二名。1992年法国阿尔贝维尔冬奥会上，短道速滑获批为奥运会正式比赛项目。1994年挪威利勒哈默尔冬奥会上，作为意大利队的一员，法戈内获得了男子5000米接力金牌。然而，1997年一场严重的摩托车事故导致法戈内右腿截肢。在2006年意大利都灵和2010年加拿大温哥华这两届冬季残奥会上，作为意大利冰橇冰球队的一员，法戈内继续征战赛场。

有些运动是残奥会独有而奥运会所没有的，例如硬地滚球和盲人门球。下方左图：加拿大截肢运动员约什·万德·维耶斯（Josh Vander Vies）投掷硬地滚球。下方右图：日本选手安达阿记子（Akiko Adachi）通过球内响铃判断球的位置，从而防守球门。

最伟大的残奥运动员

1988年10月至2007年5月 冠军的职业生涯

2007年5月，英国女爵士谭妮·格雷-汤普森（Tanni Grey-Thompson）退出竞技比赛的舞台。她是全球顶尖的残奥运动员。她天生患有脊柱裂，7岁起就只能坐在轮椅上——但这并未影响她的运动生涯。她从13岁开始参加轮椅比赛，参加了从100米到马拉松在内的诸多比赛，并且都成绩非凡，成就了辉煌的职业生涯。她保持着30项世界纪录，1997年至2002年，六次赢得伦敦马拉松冠军，并参加五届残奥会，共获得16枚奖牌，其中包括11枚金牌。2005年，为表彰她在残疾人运动上的成就，她被封为大英帝国女爵士，并于2010年宣誓就职，以终身贵族的身份进入上议院。

谭妮的残奥会荣誉榜

年份	举办地	奖牌
2004	雅典	2金
2000	悉尼	4金
1996	亚特兰大	1金3银
1992	巴塞罗那	4金1银
1988	汉城（今首尔）	1铜

其他成就

其他成就
首位400米跑进1分钟的女性
13枚世界锦标赛奖牌获得者
首位马拉松跑进2小时的女性

下图：2004年9月的雅典夏季残奥会上，表情坚毅的谭妮·格雷-汤普森冲过终点线，赢得了自己本届残奥会两枚金牌中的第一枚。正是秉持这样的坚毅，她才能在20年残疾人运动生涯中打破20项世界纪录。

THE 体育运动
SPORTS

田径运动

ATHLETICS

01

田径运动

运动概述

田径由三种比赛组成：径赛（跑步或竞走）、田赛（跳跃或投掷）以及前两者结合而成的赛事，如十项全能。田径是奥林匹克运动的核心所在，是公元前776年首届古代奥林匹克运动会的重点赛事。罗马时代，田径的普及度有所消退，但仍是第一届现代奥运会的重头戏。

室内和室外

田径比赛在室内（冬季）或室外（春夏季）举行。室内和室外运动会都会举办大部分比赛，但也有例外。因室内场地空间有限，标枪、链球和铁饼等投掷项目仅在室外赛季进行。因为室内赛道较小，100米也被60米短跑取代。

测量手段

田径赛事中，准确测量时间和距离是不可或缺的。径赛使用与摄像机相连的传感器计时，并使用全自动电子计时装置测量。跳远、三级跳远和投掷项目使用经认证的钢卷尺测量距离。

必备知识

- "athlete（运动员）"一词来自希腊语"athlos"，意指比赛或竞赛。
- 首届古代奥林匹克运动会中，第一项田径比赛是"stade"比赛，即沿着全体育场（约192米）短跑。
- 正式比赛中，田径项目顺序由随机抽签决定。

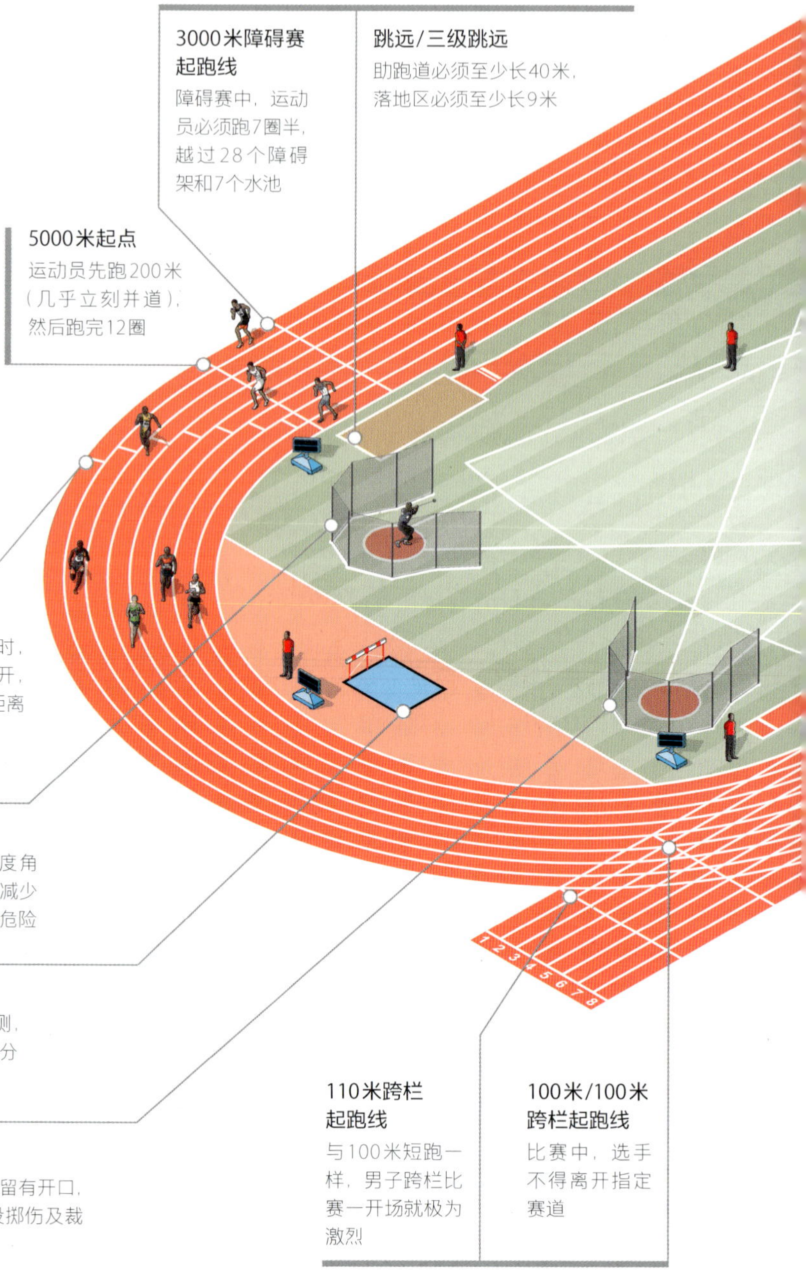

记分

可移动式电子记分牌分布于赛道周围，以便运动员、裁判和观众知悉比赛开始后的用时。

终点摄像

用数码线性扫描摄影机（对准终点线并连接到电脑化计时传感器）确定选手名次。其精确性达千分之一秒。

发令枪

发令枪一响，标志着田径比赛开始。发令枪使用空弹，枪响是运动员开始比赛的信号。发令枪会自动启动计时器。

田径运动场地

全尺寸跑道周长通常为400米，有六或八条赛道，环绕着一块包含各个田赛专用区域的场地。跑道表面大多为合成橡胶或聚氨酯，全年可用。室内跑道周长通常只有200米，有四至六条赛道，并且弯道倾斜，以对应室内弯道比室外密集得多的情况。无论是室内外比赛，运动员总是沿赛道逆时针赛跑。由于空间所限，室内田赛仅包括铅球和跳跃类比赛。

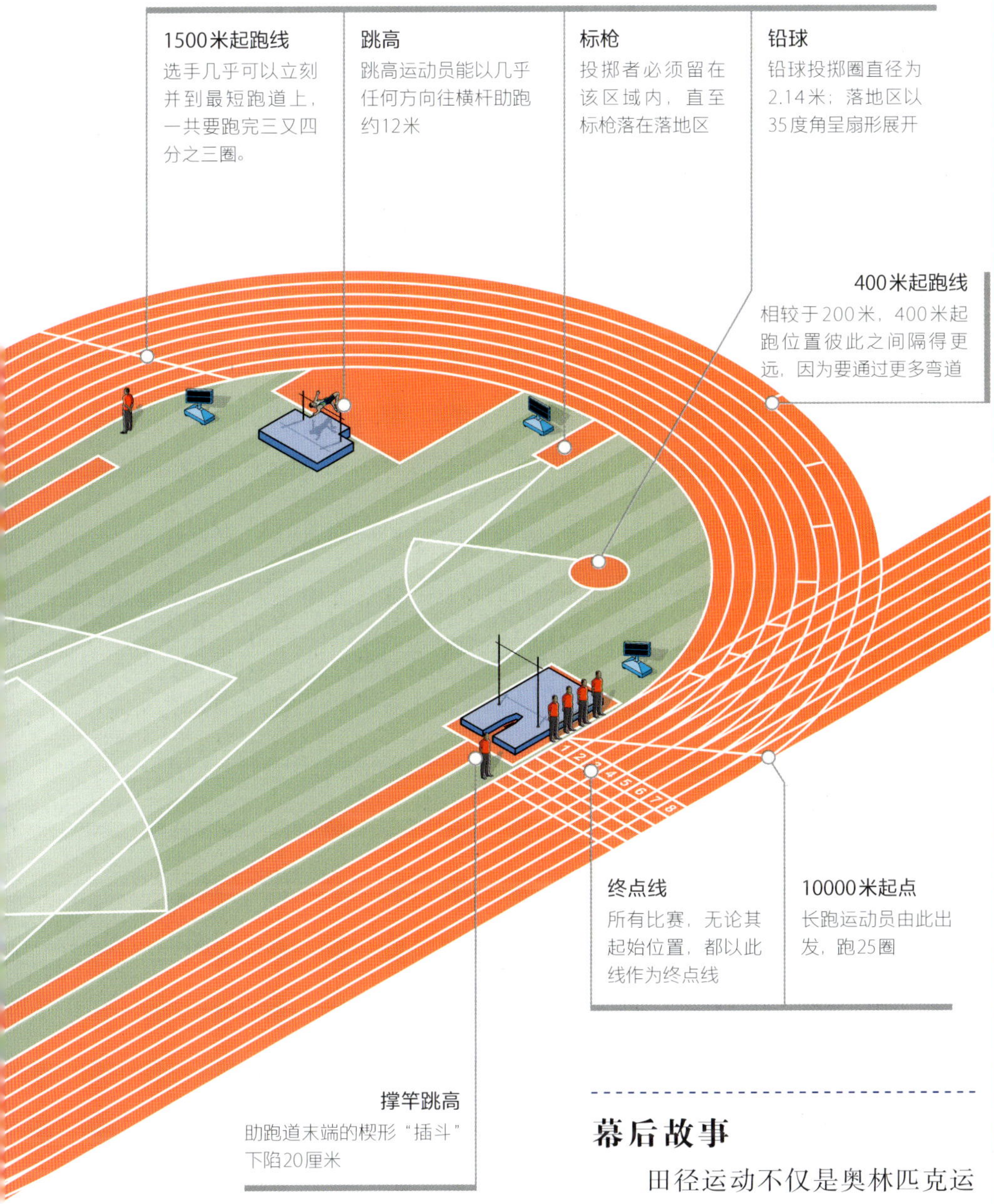

药检

使用兴奋剂——尤其是在田径比赛中——从来都是重磅新闻。国际田径联合会（the International Association of Athletics Federations）不懈地追求公平竞争，实施了严格的兴奋剂控制计划，检测合成代谢类固醇等药物的不当使用。1999年，国际奥委会还成立了独立基金会世界反兴奋剂机构（the World Anti-Doping Agency）。

幕后故事

田径运动不仅是奥林匹克运动基石，还极富吸引力，能为顶级运动员带来数百万美元的收入。国际田联黄金联赛——一项由田径运动管理机构举办的年度赛事——奖金高达100万美元，头奖由当赛季全部六站比赛的冠军分享（尽管每赛季奖金结构各不相同）。2000/2001联赛期间，奖金甚至被重达50千克的金条取代。

统计中心

奥运会径赛

比赛	性别
100米	男子/女子
200米	男子/女子
400米	男子/女子
100米跨栏	女子
110米跨栏	男子
400米跨栏	男子/女子
4 × 100米接力	男子/女子
4 × 400米接力	男子/女子
800米	男子/女子
1500米	男子/女子
3000米障碍赛	男子/女子
5000米	男子/女子
10000米	男子/女子
马拉松	男子/女子
20千米竞走	男子/女子
50千米竞走	男子

奥运会项目

比赛	性别
铁饼	男子/女子
标枪	男子/女子
链球	男子/女子
铅球	男子/女子
撑竿跳	男子/女子
跳高	男子/女子
跳远	男子/女子
三级跳远	男子/女子

奥运会组合比赛

比赛	性别
十项全能	男子
七项全能	女子

斯特拉的战绩

运动员斯塔尼斯拉瓦·瓦拉谢维奇（STANISLAWA WALASEWICZ）在波兰出生，也被人们称为斯特拉·沃尔什（STELLA WALSH）。她在1932年洛杉矶奥运会上获得女子100米金牌。四年后，她摘得柏林奥运会银牌。然而，在1980年购物中心持械抢劫案中，她被流弹击中，不幸遇难，尸检结果显示她有男性生殖器，并且男女染色体兼有之。尽管如此，斯特拉·沃尔什的纪录仍然有效。

必备知识

- 短跑通常是奥运会、世界锦标赛等大型运动会的比赛项目。
- 第一届古代奥运会（公元前776年）可能只有一项比赛——183米短跑。
- 尤塞恩·博尔特一共夺得六次世界或奥运会冠军（2004—2017年），是有史以来最成功的100米选手。

短跑

赛事概述

田径比赛中，最引人入胜的往往是60米、100米、200米和400米短跑。似乎全世界都为奥运会100米男子决赛而屏住呼吸：选手们猛然蹬离起跑器，以人类极限速度冲刺，然后冲过终点线，仅用时10秒左右，体现出了令人着迷、几近原始的特质。

最伟大的比赛？

1996年亚特兰大奥运会男子100米决赛是公认的有史以来最伟大的短跑比赛之一。夺冠热门多诺万·贝利（DONOVAN BAILEY）开局不利，但调整过来，赢下比赛，创造了9秒84的世界纪录。

跑姿
为了保持最大速度，应该上身稳住、挺直、放松

天生健将
短跑运动员的“快速收缩”肌纤维通常比普通人多。这类肌肉纤维短时爆发力强，但易疲劳

无袜
由于脚在鞋内几乎没有活动空间，因此许多运动员不穿袜子

抓地力强
轻便钉鞋带来最强抓地力

竞速着装
贴身流线型氨纶紧身衣可降低风阻，便于自由活动

各跑各道

所有短跑比赛中，选手始终不得离开初始赛道。在有一个或多个弯道（200米和400米）的比赛中，出发位置会“错开”，从而确保所有选手跑步距离完全相同。

运动要求

短跑运动员腿部肌肉高度发达，爆发力强。他们上半身也很强壮，因为根据生物力学定律，腿部跨步跑时产生的力必须与摆动手臂产生的力相等且方向相反。他们需要反应迅捷，才能根据发令枪快速响应。

趣闻

20 1936年奥运会上，杰西·欧文斯创造了100米10.3秒世界纪录，此后20年里无人能破。欧文斯堪称历史顶尖运动员，曾经在91米比赛中跑赢赛马。

53 美国运动员莫里斯·格林（Maurice Greene）100米合法跑进10秒的次数。

33 英国运动员林福德·克里斯蒂赢得1993年世锦赛100米冠军时的年龄。

0.33 1991年和1995年世锦赛200米比赛中，美国选手迈克尔·约翰逊以0.33秒之差取胜，这是自杰西·欧文斯以0.4秒优势赢得1936年奥运会200米比赛以来，该级别赛事最大的领先优势。

短跑装备

短跑运动员穿的氨纶紧身衣风阻很小，跑鞋极为轻便，鞋钉长达9毫米，鞋底很薄，加强赛道场地感。起跑器能让运动员在发令枪响时以雷霆之势出发，并在起步时达到最佳跑姿，从而获得最大加速度。

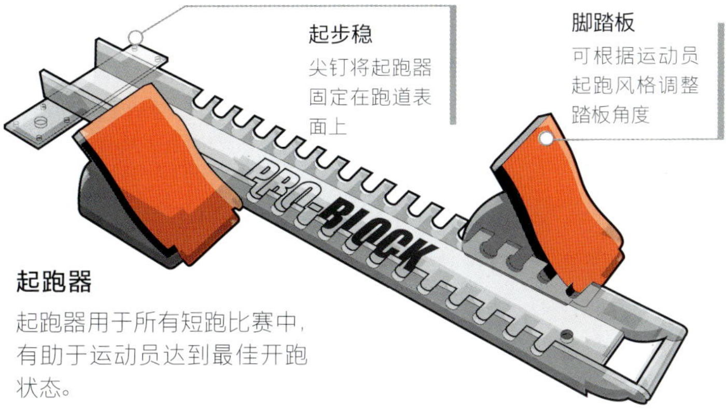

起跑器

起跑器用于所有短跑比赛中，有助于运动员达到最佳开跑状态。

短跑距离

有四种短跑距离。60米，通常在室内进行，适合速度飞快的跑者，对耐力要求不高。在人们心中，100米能定义“最快地球人”，适合能快速达到最大速度并加以保持的短跑运动员。要做到这一点，需要肌力强健，技术娴熟。200米跑步者需要掌握100米的所有技能，并且还要会控制过弯时的离心力。他们必须起步迅猛，但又需要足够的耐力终结比赛。400米号称耐力短跑，是最累人的短跑类型。400米比赛中，配速得当极为重要，因为尽力跑30秒左右后，乳酸会在肌肉中堆积，要再维持原速度就会更加困难、更加痛苦。

影响表现的因素

用时短的短跑运动员天资出众、体格强健、战术意识良好、训练刻苦、身心状态俱佳。其他可能影响表现的因素包括赛道类型（赛道表面越硬，用时越短）和天气条件，尤其是风速和风向。

比赛阶段

短跑可分为四个阶段：起步（见下文）、加速（身体前倾，便于双腿提供最大加速度）、大步跑（通过放松技巧保持全速，身体挺直）以及终点跑（手臂向后收，便于头部和肩膀向终点线靠）。

起步

目标是在比赛一开始实现良好平衡和最大速度。

数据中心

男子100米：最短用时

用时	运动员（国家）
9.58	尤塞恩·博尔特（牙买加）
9.63	尤塞恩·博尔特（牙买加）
9.69	尤塞恩·博尔特（牙买加）
9.69	泰森·盖伊（美国）
9.69	约翰·布莱克（牙买加）

男子200米：最短用时

用时	运动员（国家）
19.19	尤塞恩·博尔特（牙买加）
19.26	约翰·布莱克（牙买加）
19.30	尤塞恩·博尔特（牙买加）
19.32	迈克尔·约翰逊（美国）
19.32	尤塞恩·博尔特（牙买加）

男子400米：最短用时

用时	运动员（国家）
43.03	瓦伊德·范·尼凯克（南非）
43.18	迈克尔·约翰逊（美国）
43.29	哈里·（布奇·）雷诺兹（美国）
43.39	迈克尔·约翰逊（美国）
43.44	迈克尔·约翰逊（美国）

女子100米：最短用时

用时	运动员（国家）
10.49	弗洛伦斯·格里菲斯·乔伊娜（美国）
10.61	弗洛伦斯·格里菲斯·乔伊娜（美国）
10.62	弗洛伦斯·格里菲斯·乔伊娜（美国）
10.64	卡尔梅利塔·杰特尔（美国）
10.65	马里昂·琼斯（美国）

女子200米：最短用时

用时	运动员（国家）
21.34	弗洛伦斯·格里菲斯-乔伊娜（美国）
21.56	弗洛伦斯·格里菲斯-乔伊娜（美国）
21.62	马里昂·琼斯（美国）
21.63	达芙妮·席佩斯（荷兰）
21.64	玛莲·奥蒂（牙买加）

女子400米：最短用时

用时	运动员（国家）
47.60	玛丽塔·科赫（德国）
47.99	娅尔米拉·克拉托赫维洛娃（捷克）
48.16	玛丽塔·科赫（德国）
48.16	玛丽塔·科赫（德国）
48.22	玛丽塔·科赫（德国）

必备知识

- 接力赛战术性很强，各队密切关注选手比赛顺序。跑得最快的通常跑最后一棒。
- 1908年，4×400米成为奥运会男子项目，1972年成为女子项目。1912年斯德哥尔摩奥运会上，4×100米接力赛首次出现，女子比赛紧随其后，于1928年问世。
- 美国消防员为慈善事业而创设接力赛，他们传递红色三角旗而非接力棒。

没有回头路

1997年世界锦标赛4×400米比赛中，第二棒蒂姆·蒙哥马利（TIM MONTGOMERY）出发过早，美国队惨遭失败。意识到自身失误后，他转过身，结果撞上了迎面跑来的队友布莱恩·刘易斯（BRIAN LEWIS）。

接力

赛事概述

接力赛既有短跑的焦灼，又有传接棒的刺激。四名参赛选手各跑一段，在标出的接力区内将接力棒交给下一名队员。男子和女子比赛中，最常见的接力赛是4×100米和4×400米。传统上，男子4×400米是所有田径运动会的最后一项赛事。4×200米、4×800米和4×1600米比赛则较为罕见。

跑道

接力赛在常规跑道上进行。由于内道选手和外道选手跑动距离不同，4×100米和4×400米比赛的起点会错开。这两项比赛中，内道选手都从终点线起跑，其他选手的起跑位置则渐次靠前。4×400米比赛的起跑位置则错得更开。跑道上明确划出三个接力区。

运动要求

4×100米接力选手需要有爆发力，就像短跑运动员一样。为成功传接棒，各距离跑者必须能够高效把握节奏，而4×400米跑者必须有耐力跑完较长距离。

跑道纪律

4×100米选手从比赛开始到结束都不得离开指定跑道，所以要在相应赛道上传接棒。4×400米比赛中，选手在不同跑道起跑，但在第二棒跑完前100米之后可并入内道。最后两次传接中，比赛组织方会根据当时各队排名先后，分别将接棒选手安排在终点线上，领先的队伍位于内道。

火速交接

4×400米每棒距离较长，所以传棒选手速度较慢，4×100米传接棒（见下文）则扣人心弦。三个预跑区和接力区在弯道上错开分布，因此每队各棒距离都相同。

不得越区

接力区长20米。交接棒选手必须都完全处于接力区内，且距接力区末端不少于5米的情况下传接棒。第二三四棒选手在交接区前10米的预跑区内开始跑动，以便在传接前加速。4×100米接力赛中，传接速度和用时是主要取胜因素。

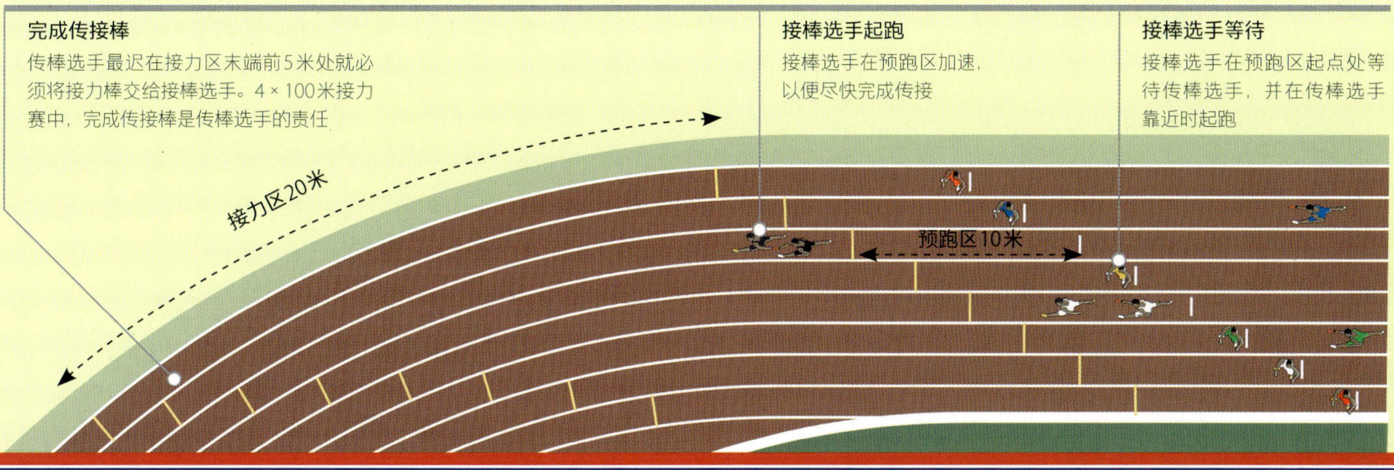

时代变迁

传接棒是接力赛的重中之重，容不得丝毫马虎。4×100米接力赛中，传接棒被称为“盲交接”，因为接棒人不能一直往后看。当传棒人到达跑道的特定位置时，接棒人起跑，然后传棒人大喊“棒！”告诉接棒人要伸出一只手。4×400米接力赛中，接棒人向前慢跑，同时回头看着传棒人，伸出一只手接棒。

上挑式传接棒

接力棒由下向上传接，这是4×100米接力赛中的常用方法。接棒人必须在下一次传接之前调整握持。

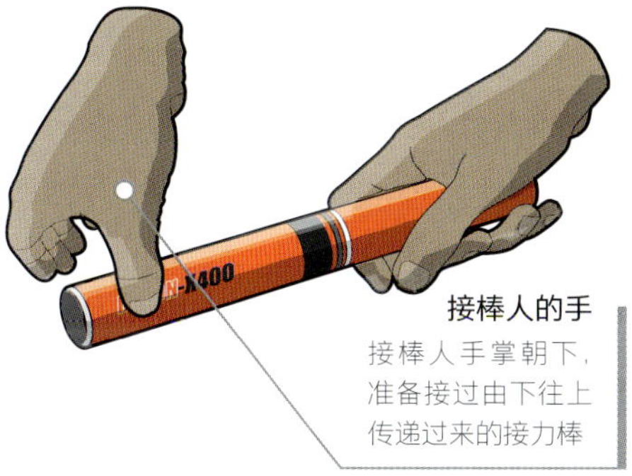

下压式传接棒

传棒人由上往下地将接力棒交给接棒人。这种方法常用于4×400米接力赛中，而且比其他方法保险。

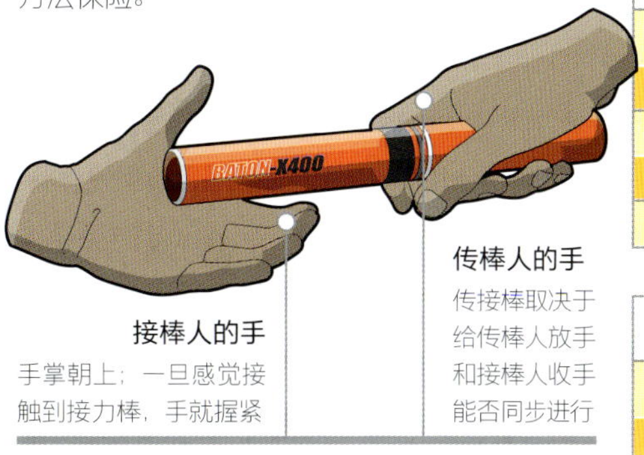

趣闻

300 最早有记录的接力赛每棒为300米，是19世纪后期美国消防队员之间的非正式比赛，传接的是红色三角旗。1893年，首场正式接力赛在宾夕法尼亚州费城举行。

26 美国田径队获得了26枚奥运男子和女子4×100米接力金牌，冠绝全球。美国还在该项赛事上14次获得世界冠军。

5.46 自1912年以来，男子4×100米的世界纪录提高了5秒46。

统计中心

男子4×100米奥运金牌

年份	国家
2016	牙买加
2012	牙买加
2008	牙买加
2004	英国

女子4×100米奥运金牌

年份	国家
2016	美国
2012	美国
2008	俄罗斯
2004	牙买加

男子4×400米奥运金牌

年份	国家
2016	美国
2012	巴哈马
2008	美国
2004	美国

女子4×400米奥运金牌

年份	国家
2016	美国
2012	美国
2008	美国
2004	美国

必备知识

- 跨栏比赛分为短跑（男子110米、女子100米）以及男子和女子400米。
- 室内跨栏比赛距离较短——常为60米和300米。此类赛事中，栏架间距与室外比赛相同，只是数量较少。

趣闻

10 户外跨栏比赛不论距离长短，栏架数都是10个。

15 1908年创下的首个110米栏世界纪录为15秒。1981年，世界纪录提高到13秒以内。

19 前24届现代奥运会中，美国运动员19次摘得男子110米栏金牌。这种压倒性优势终结于21世纪头两届奥林匹克运动会。

122 1977年至1987年，埃德·摩西（Ed Moses）连续122次赢得400米栏比赛。

跨栏

概述

跨栏比赛总是观众云集，是田径中最令人兴奋的项目之一。跨栏比赛的目标是跳过一系列形似门的障碍物，并率先抵达终点线。室外跨栏比赛主要有四种：女子100米和男子110米（均属短跑型跨栏），以及男子和女子400米比赛。

短跑跨栏

100米和110米栏比赛中，参赛者从起跑器出发，沿直线跑，途中跨过10个栏。在男子比赛中，第一栏距起跑线13.7米，每栏间距9.1米。跨过最后一栏后，选手冲刺14.4米，奔向终点线。女子比赛中，第一栏距离起跑器13米，每栏间距8.5米，最后一栏距离终点线10.5米。

单圈跑跨栏

400米跨栏比赛中，参赛者从起跑器出发，必须跨过10个栏，与短跑跨栏运动员相同。根据所处跑道，选手的起跑位置会错开。栏架略低于短跑跨栏的栏架。第一栏距离起点45米，随后每栏间隔35米。最后一栏离终点线40米。

运动要求

与所有赛跑选手一样，跨栏运动员要有速度、力量和耐力。最重要的是，他们需要形成快速的下意识反应，有助于他们越过一连串障碍，而不会失去节奏，浪费时间。跨栏运动员还要灵活（他们特别注意臂部锻炼）。

器材

栏架高度因赛事类型而异。短跑比赛用的是“高”栏架。长距离跨栏比赛的栏架较低。栏架必须全部为L形，并有一碰就往前倒的设计。可调节栏架的横杆离地高度可调整，有时用于训练。

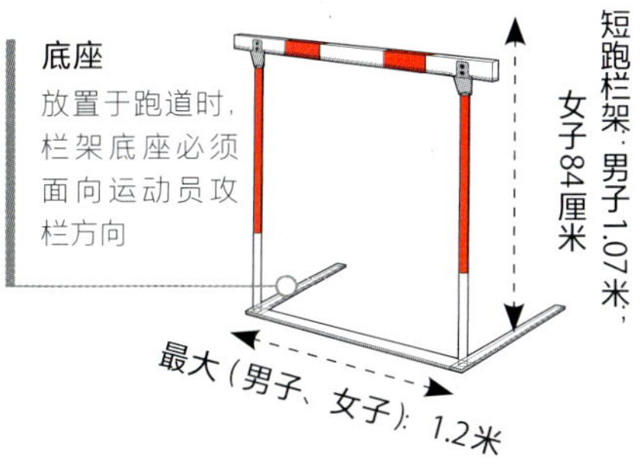

“高”栏架

最高的栏架（男子、女子）用于短跑比赛：男子110米比赛和女子100米比赛。

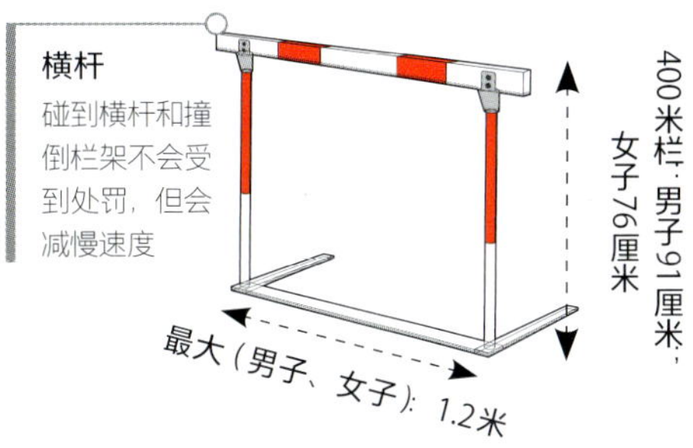

中级栏架

这种栏架较低，能根据不同性别调整高度，适用于长距离比赛：男子和女子400米比赛。

全能的摩西

1976年和1984年奥运会上，埃德·摩西赢下了400米跨栏比赛。退役后，他参加了有舵雪橇运动，并且加入美国队，在1990年世界杯上夺得铜牌。

步步为营

跨栏运动员不会将步幅最大化。他们重点关注攻栏和比赛全程节奏顺畅连贯：绝不能因下一个栏架而乱了脚步。另一大成功关键是跳跃要高效省力。为了实现这一目标，参赛者“跑过”栏架——换句话说，他们只是抬起腿，而不是传统字面意义上的跳跃，并在比赛中尽可能地贴近赛道。一般而言，他们每次跨栏都是用同一条摆动腿。

武装行动

最好的跨栏运动员会充分利用手臂平衡身体。攻栏时，他们向前伸展，另一侧的手伸向摆动腿。这个动作——被形容为“看时间”，因为跑者似乎在看手腕外侧——使前额靠近摆动腿的膝盖。另一只手臂像普通短跑比赛一样向后摆动。

过栏

短跑跨栏运动员的身体比400米跨栏运动员更往前倾，因为他们要尽量压低跳跃高度，并让双脚更快地重返赛道。

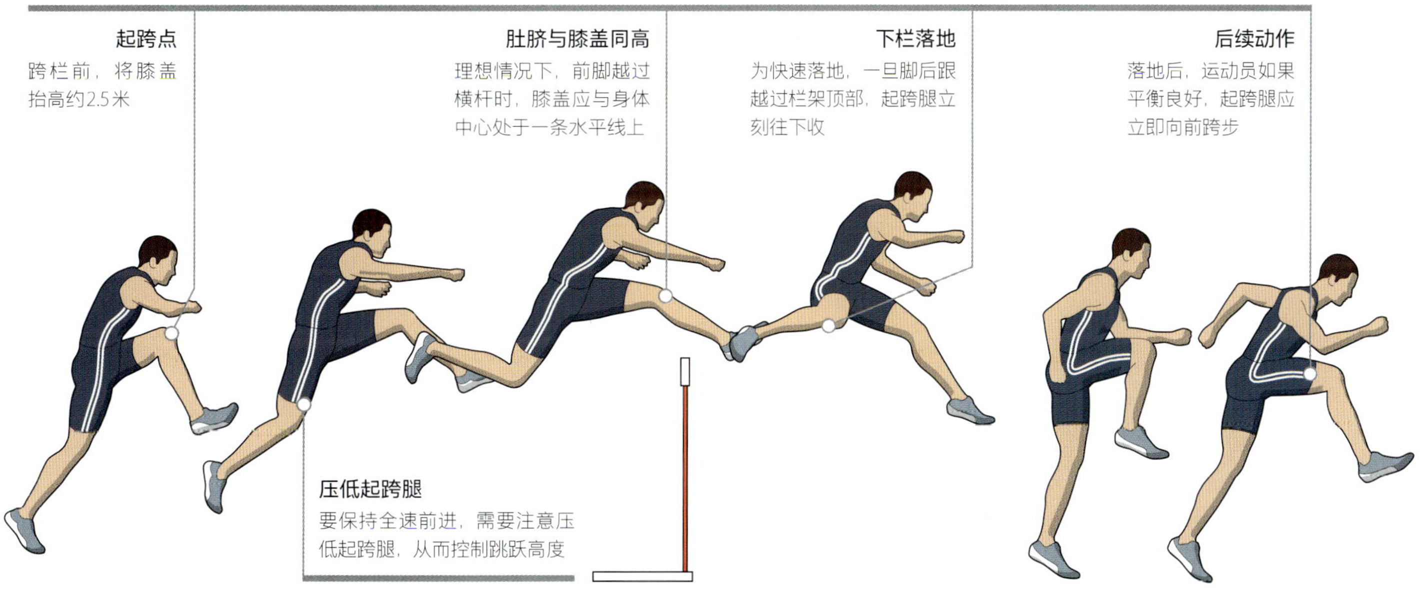

统计中心

男子110米栏奥运金牌

年度	运动员（国家）
2016	奥马尔·麦克劳德（牙买加）
2012	阿里斯·梅里特（美国）
2008	戴龙·罗伯斯（古巴）
2004	刘翔（中国）
2000	阿尼尔·加西亚（古巴）
1996	艾伦·约翰逊（美国）

女子100米栏奥运金牌

年度	运动员（国家）
2016	布丽安娜·洛林斯（美国）
2012	萨利·佩尔森（澳大利亚）
2008	道恩·哈佩尔（美国）
2004	琼娜·海耶斯（美国）
2000	奥尔加·希希金娜（哈萨克斯坦）
1996	卢德米拉·恩奎斯特（瑞典）

男子400米栏奥运金牌

年度	运动员（国家）
2016	克伦·克莱门特（美国）
2012	菲利克斯·桑切斯（多米尼加）
2008	安吉洛·泰勒（美国）
2004	菲利克斯·桑切斯（多米尼加）
2000	安吉洛·泰勒（美国）
1996	德里克·阿金斯（美国）

女子400米栏奥运金牌

年度	运动员（国家）
2016	达莉拉·穆罕默德（美国）
2012	娜塔丽娅·安丘克（俄罗斯）
2008	梅勒妮·沃克（牙买加）
2004	法尼·哈尔基亚（希腊）
2000	伊琳娜·普里瓦洛娃（俄罗斯）
1996	德昂·赫明斯（牙买加）

中距离跑

赛事概述

最常见的中跑比赛是800米和1500米，都非常考验运动员的心理素质。障碍赛也是田径比赛的常客。许多运动员两项比赛都参加，因为它们对训练和身体的要求有相似之处。比赛中，战术不可或缺，常常是最后几米定胜负。中跑一直是奥运会和所有田径锦标赛的核心项目之一。

运动要求

中跑运动员需要身体和精神上的持久力。中跑距离太长，不能一路飞奔，但收官阶段需要上速度。战术也很重要。

必备知识

- 1928年，女子奥运会800米首次举办，但参赛者赛后精疲力竭，引发震惊，因此比赛直到1960年才复办。
- 1972年慕尼黑奥运会上，女性终于获准参加1500米比赛。
- 自1900年以来，各种距离的障碍赛一直是奥运会男子项目。2005年赫尔辛基世界锦标赛上，障碍赛首次成为重要女子比赛。

赛跑战术

在1936年奥运会800米比赛中，约翰·伍德拉夫（JOHN WOODRUFF）早早便被其他选手围堵住了。他放慢脚步，让其他选手先过，却仍然赢下比赛。2004年，凯利·霍尔摩斯（KELLY HOLMES）采用类似战术，也取得了成功。

主要赛事

800米比赛中，选手们沿着标准400米跑道跑完两圈。他们赛道上的起跑位置是错开的，并且在过了第一弯（约100米处）之前，选手都不得脱离初始跑道。800米需要速度和耐力，因此参赛者要做好比赛计划，所用战术也必须考虑周全，并多加操练。1500米比赛要绕标准室外跑道跑三又四分之三圈，常被称为“公制英里”。随着选手采用更加科学的方法进行训练和提高运动表现，他们已经能够让1500米比赛变成延长版短跑。

并入内道

过第一个弯后离开初始跑道，并入内道，可让跑者之间的比拼更为有效。并道时不得故意阻碍或冲撞其他选手，不过碰肘几乎不可避免。

跑步装备

运动员看重轻质、技术含量高、风阻极小、吸湿排汗性能先进的现代材料。挑选鞋子和衣服时，关键在于贴合、灵活、舒适合身。

跑鞋

中跑跑鞋的主要特点是其流线型线条、轻质和带钉鞋底。并非所有鞋都有鞋带。

障碍赛

障碍赛通常为3000米，需要跨过35个障碍栏架，其中七个带有水池。四个障碍栏架沿跑道四周分布，第五个带水池的障碍栏架——位于第二个弯的顶部，在第一道的内侧或最外道的外侧。障碍栏架就算被碰到也不会倒，彼此间隔78米；选手在跑完第一个半圈后开始越过栏架。通过跳跃、踏上跳下或用手支撑的方法干净利落地越过障碍。

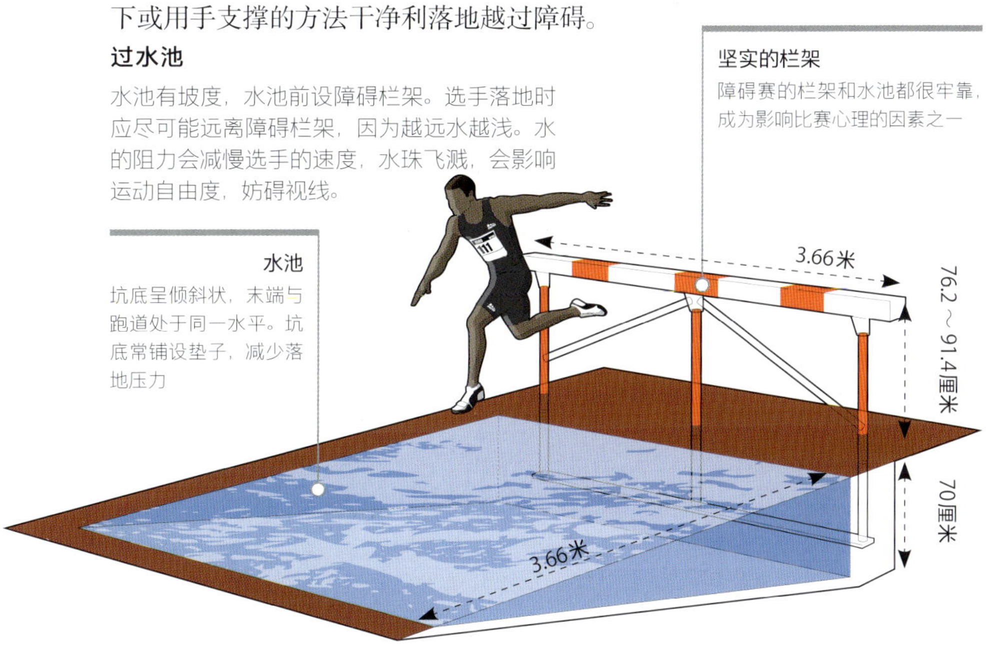

跑步技巧

中跑比赛中，姿势和平衡很重要，有助于加速和保持高速。运动员专注于放松身体，进入大步迈进的状态，双臂贴近身体，但自然下垂，便于跟随身体向下向后摆动。800米比赛中，跑者的目标是两圈用时接近。1500米也需要全程节奏平稳。

训练

中跑运动员既需要快肌也需要慢肌，快肌关乎速度，慢肌关乎耐力。间歇训练用于形成快慢肌，并提高有氧和无氧适能水平。间歇训练中，快速训练穿插短暂的恢复期。以赛跑速度奔跑以及速度较慢的耐力跑都是训练的一部分。

统计中心

男子800米最短用时

用时	运动员（年份）
1:40.91	大卫·鲁迪沙（2012）
1:41.01	大卫·鲁迪沙（2010）
1:41.09	大卫·鲁迪沙（2010）
1:41.11	威尔森·基普凯特（1997）
1:41.24	威尔森·基普凯特（1997）

女子800米最短用时

用时	运动员（年份）
1:53.28	娅尔米拉·克拉托赫维洛娃（1983）
1:53.43	纳德兹德·奥莉扎连科（1980）
1:54.01	帕梅拉·杰里莫（2008）
1:54.25	卡斯特尔·塞门亚（2018）
1:54.44	安娜·菲迪莉娅·基罗特（1989）

男子1500米最短用时

用时	运动员（年份）
3:26.00	希查姆·埃尔·盖鲁伊（1998）
3:26.12	希查姆·埃尔·盖鲁伊（2001）
3:26.34	伯纳德·拉加特（2001）
3:26.45	希查姆·埃尔·盖鲁伊（1998）
3:26.69	阿斯贝尔·基普罗普（2015）

女子1500米最短用时

用时	运动员（年份）
3:50.07	根泽贝·迪巴巴（2015）
3:50.46	曲云霞（1993）
3:50.98	姜波（1997）
3:51.34	郎营来（1997）
3:51.92	王俊霞（1993）

趣闻

27 摩洛哥选手希查姆·埃尔·盖鲁伊在3分30秒以内跑完1500米的次数。1985年，英国人史蒂夫·克拉姆（Steve Cram）率先跑进3分30秒。

24 肯尼亚选手摩西·基普塔努伊（Moses Kiptanui）在24岁时就已经赢得了三个障碍赛世界冠军（1991年、1993年、1995年），并且是跑进8分钟的第一人（7分59秒18）。

1,000,000 800米选手玛丽亚·穆托拉（Maria Mutola）在2003年赢得的美元金额。她是首位独享国际田联黄金联赛头奖的运动员。

→自1912年以来，男子5000米和10000米比赛一直是奥运常客，而女子10000米和5000米比赛分别直到1988年和1996年才首次亮相。

→“马拉松”这一名称源自希腊士兵的传奇跑步经历。公元前490年，这名士兵将希腊战斗获胜的消息从马拉松带到了雅典。

→伦敦、纽约、芝加哥、香港和火奴鲁鲁的马拉松赛都吸引了3万多名选手参赛。

长跑

赛事概述

长跑比赛包括5000米赛跑、10000米赛跑、越野跑和马拉松。5000米跑、10000米跑和马拉松是奥运项目。前两者在体育场跑道上进行，而马拉松则沿着主办城市街道上规划路线进行。一些5000米和10000米比赛属于越野赛，在这种情况下，它们通常被称为5千米和10千米跑。

轻质跑鞋
跑鞋有助于吸收每一步的冲击力

轻便短裤
选手穿着由透气纤维制成的短裤

清凉畅跑
宽松轻便的背心让跑者尽可能保持凉爽

在跑道上

5000米和10000米比赛中，参赛者分列不同赛道，但因为跑外侧弯道会导致跑动距离更长，所以选手们都会很快并入内道。跑一圈为400米，因此5000米比赛中，运动员们必须先跑200米，然后跑完12圈。10000米比赛选手则要跑25圈。5000米和10000米比赛终点线相同。

运动要求

相较于虎背熊腰的短跑运动员，长跑运动员更为精瘦轻巧。毅力和耐力必不可少，有氧适能水平也要足够高：心脏必须尽可能高效地抽送血液，运往全身，让更多氧气抵达疲惫的肌肉。长跑的成功不仅源自身体处于巅峰状态，也来自毅力和战术思维。参赛者的身心都处于极限状态，要能够把握节奏，节省力气，知道什么时候可以落在后头，什么时候该往前赶。

飞人

被称为“奔跑部落”的卡伦津人居住在肯尼亚西部大裂谷，因善于长跑而闻名于世。他们不断赢得国际比赛，原因之一可能是他们身居高海拔地区，氧气较为稀薄，因此体内必须生成更多携氧红细胞。在低海拔地区参赛时，这些额外的红细胞成了巨大的优势，因为心脏不必跳得很快，便可将等量氧气输送到全身。

趣闻

6255 冲过首届伦敦马拉松比赛终点线的选手数量。1981年，这项颇受欢迎的年度赛事在伦敦拉开帷幕。

21.1 半程马拉松的长度约为21.1千米。1993年，在米兰，摩西·塔努伊（Moses Tanui）创造了纪录，成为首位跑进60分钟的半马选手。

8 在2002年釜山亚运会女子10000米比赛打破了八项纪录。中国选手孙英杰赢下了比赛，前四名选手的成绩位列历史第三、第四、第五和第六位。

20 首次赢得世界锦标赛10000米金牌时，海勒·格布雷西拉西耶（Haile Gebrselassie）年仅20岁。他后来还三度夺冠，是有史以来最著名的长跑运动员。

装备

无论长跑比赛的形式是城市马拉松、径赛还是越野，运动员最重要的装备就是合适的鞋子。不同类型的鞋子旨在为不同赛事中的足部动作提供适当的支撑和控制。径赛和越野跑者需要鞋钉的抓地力，而越野跑鞋必须相当牢固；对于马拉松选手来说，减震则最为重要。

鞋跟减震

在坚硬路面上跑步时，鞋后跟和中底缓冲层有助于减震

公路鞋

马拉松比赛通常在环城公路上进行。马拉松运动员穿着平底跑鞋，其特殊设计有助于吸收脚部不断撞击坚硬路面时受到的冲击力。

外底

外底橡胶防滑钉能带来更强抓地力

越野鞋

越野跑可能会穿越各种自然地形。带有橡胶防滑钉的鞋子，能够在跑者过泥地和草地时提供抓地力。其缓冲性能通常不如公路鞋。

越野

越野跑在各类地形上进行，包括草地、泥地甚至水洼。越野跑长度并不固定：女子比赛一般在2～8千米之间；男子比赛可能在5～15千米之间。1924年之前，越野跑一直是奥运会项目，但后来因为被认为不适合作为夏季项目而被取消。一般认为，国际田联每年举办的世界越野锦标赛是最重要的越野跑比赛。

团队比赛

越野跑不寻常之处在于运动员既以个人身份参赛，也是团队的一分子。通常根据队中前五名选手的分数来确定比赛排名。

把握节奏

长跑中最重要的战术之一是能够审时度势、把握节奏。选手们通常跟随特定领跑者，他们需要准确把握节奏。如果为节省体力而跑得较慢，则可能无法充分发力超越领先者。不过如果跑得较快，即便先期取得领先，也可能无法保持优势，最终早在比赛结束之前就体力不支。最娴熟的跑者能够迫使对手出现战术失误。

马拉松

马拉松在全长42.2千米的道路上进行。奥运会上，马拉松比赛终点设在体育场内。传统上，男子马拉松是田径赛事的最后一项，有时还被放入闭幕式中。1896年雅典首届现代奥运会上，马拉松跑道长度仅为40千米。随后的奥运会马拉松比赛跑道长度都略有不同（取决于各个场地的既定路线），但1924年奥运会设定的长度沿用至今。

万众参与

民众大量参与到马拉松这项运动中，顶级运动员与数百甚至数万名业余爱好者同场竞技。对后者来说，胜利不在于赢下比赛，而在于跑完全程。世界各地的城市，包括伦敦、纽约、巴黎、东京和波士顿，每年都会举办知名马拉松赛事。

统计中心

男子5000米奥运冠军

年度	金牌得主（国家）
2016	莫·法拉（英国）
2012	莫·法拉（英国）
2008	凯内尼萨·贝克勒（埃塞俄比亚）
2004	希查姆·埃尔·盖鲁伊（摩洛哥）
2000	米隆·沃尔德（埃塞俄比亚）
1996	维努斯特·尼扬加伯（布隆迪）
1992	迪特尔·鲍曼（德国）

女子5000米奥运冠军

年度	金牌得主（国家）
2016	薇薇安·切瑞约（肯尼亚）
2012	马赛里特·德法尔（埃塞俄比亚）
2008	蒂鲁内什·迪巴巴（埃塞俄比亚）
2004	马赛里特·德法尔（埃塞俄比亚）

男子10000米奥运冠军

年度	金牌得主（国家）
2016	莫·法拉（英国）
2012	莫·法拉（英国）
2008	凯内尼萨·贝克勒（埃塞俄比亚）
2004	凯内尼萨·贝克勒（埃塞俄比亚）
2000	海勒·格布雷西拉西耶（埃塞俄比亚）

女子10000米奥运冠军

年度	金牌得主（国家）
2016	阿尔玛兹·阿亚娜（埃塞俄比亚）
2012	蒂鲁内什·迪巴巴（埃塞俄比亚）
2008	蒂鲁内什·迪巴巴（埃塞俄比亚）
2004	邢慧娜（中国）
2000	德拉图·图鲁（埃塞俄比亚）

男子马拉松奥运会冠军

年度	金牌得主（国家）
2016	埃鲁德·基普乔格（肯尼亚）
2012	斯蒂芬·基普罗蒂奇（乌干达）
2008	萨米·万吉鲁（肯尼亚）
2004	斯蒂法诺·巴尔迪尼（意大利）
2000	格萨内·阿贝拉（埃塞俄比亚）
1996	约西亚·图格瓦内（南非）
1992	黄永祚（韩国）

女子马拉松奥运会冠军

年度	金牌得主（国家）
2016	杰迈玛·萨冈（肯尼亚）
2012	蒂基·格拉纳（埃塞俄比亚）
2008	康斯坦丁娜·托梅斯库（罗马尼亚）
2004	野口水木（日本）
2000	高桥尚子（日本）
1996	法图玛·鲁巴（埃塞俄比亚）
1992	瓦伦蒂娜·耶格洛娃（俄罗斯）

跳远

赛事概述

跳远是最古老的男女田径项目之一。跳远对运动员技术水平要求很高，胜负关键在于快速起跑后在空中飞越最远距离。跳远有五大要素：助跑、到达起跳板前的最后两步、起跳、空中技术和着陆。田径运动历史上，鲜有新的跳远纪录。鲍勃·比蒙（Bob Beamon）在1968年墨西哥城奥运会上创造的跳远世界纪录保持了近23年。

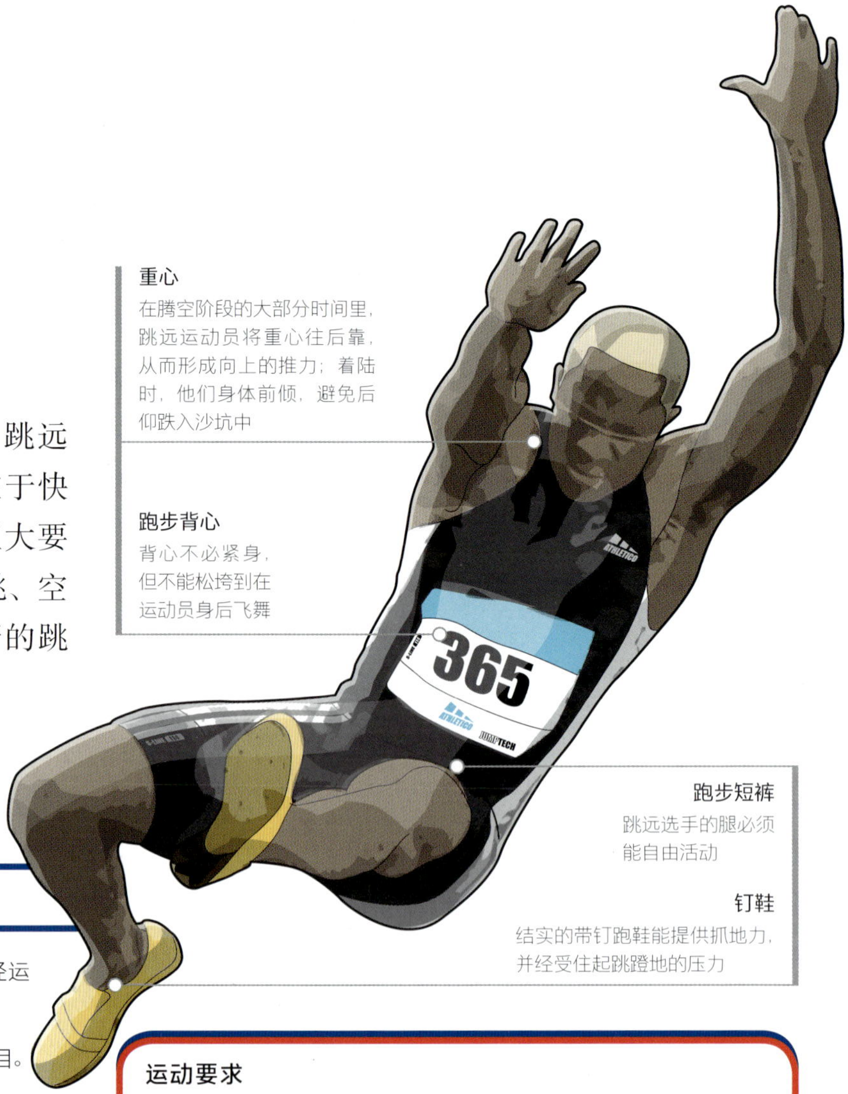

必备知识

- 1850年，跳远被列入英国牛津大学艾克赛特学院首届田径运动会比赛项目。
- 跳远是田径运动的核心项目，是每届现代奥运会的比赛项目。
- 以前，跳远仅为男子项目，1948年，跳远也成为奥运会女子项目。

人类的一大步

大多数运动的世界纪录都在节节攀升——这里多一厘米，那里少0.01秒。直到1968年，还没有运动员跳远成绩能超过8.5米。但在当年的墨西哥城奥运会上，美国选手鲍勃·比蒙跳到了8.9米，比之前的纪录多近60厘米。将近23年后，比蒙的纪录才被另一位美国运动员迈克·鲍威尔（MIKE POWELL）打破。

趣闻

2 有效跳远纪录的顺风风速不得超过2米/秒，即7.2千米/时。

4 1984年至1996年，美国运动员卡尔·刘易斯连续获得的奥运跳远金牌数。

22 顶级男子跳远运动员的平均助跑步数。

运动要求

跳远取胜的一大关键是快速助跑。跳远比赛的超级巨星往往是顶尖的100米和200米短跑运动员，这并非巧合。身高并非基本要素，但也是优势所在，因为运动员能触及的距离越远，跳远距离也会越远。大多数顶级男子跳远运动员身高都在1.85米及以上，女子运动员往往身高超过1.72米。

跳远助跑道和沙坑

由煤渣或合成材料铺成的助跑道长度应不少于40米，通常为45米。落地区为沙坑，至少长9米、宽2.75。助跑道和沙坑之间是一块20厘米宽的起跳板。在起跳板前方，裁判可能会放置一块由橡皮泥、软土或沙子制成的板，能够显示选手的脚是否迈出了起跳区域。

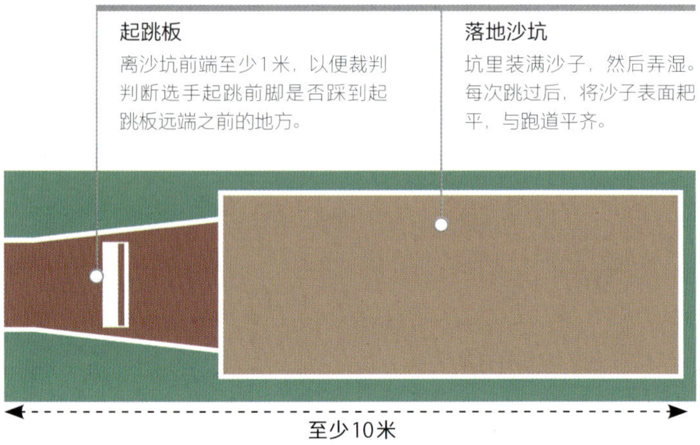

规则和试跳

试跳时，参赛者可以踩在起跳板上，但脚部不得触碰起跳板远端起跳线之前的区域，一旦触及，则试跳无效。裁判举白旗表示试跳合法；红旗表示试跳犯规。每位选手都能试跳3次。若参赛人数少于8人，则每人试跳6次。高级别比赛中，运动员必须参加两场预赛淘汰赛，前八名参加决赛。最后一轮有效跳跃距离最长的运动员获胜；如果出现平局，则比较次好试跳成绩。

测量

无论运动员从跑道何处起跳，每次有效跳跃的距离都是从起跳板前沿量起，到运动员身体任何部位在沙子上留下的最近痕迹为止。（这就是为何每次试跳后，都必须彻底平整跳远沙坑里的沙子。）如果出现非整厘米数的情况，则将距离记为最接近实际跳远距离的厘米数。

五步登顶

跳远有五大要素：助跑速度快、最后两步踩得准、起跳有爆发力、腾空距离远、落地平衡良好。由于助跑速度极为重要，因此许多高水平短跑运动员也是顶级跳远运动员也就不足为奇了。跳远主要有三种技术：走步式、蹲踞式和挺身式。技术没有“正确”或“错误”之分，只有适不适合。

最后一步

起跳板置于跑道上，板下方可能有小处空洞，有助于增加弹性。一旦被踩到，板前的显示板就需更换。

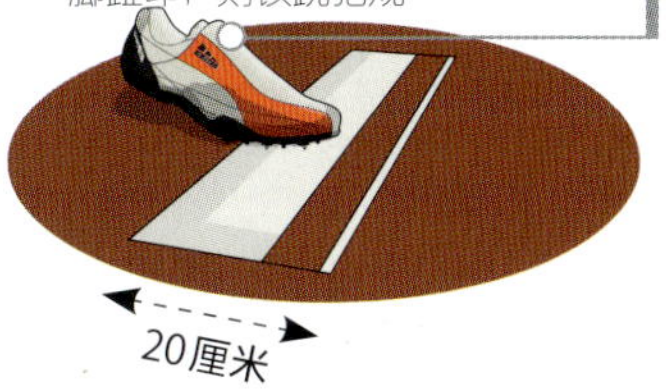

走步式

这是最难掌握的技术，但也是顶尖跳远运动员最常用的技术。走步式也被称为“空中奔跑”，实际上依靠骑行般的动作保持身体直立。着陆时，运动员脚先着地，然后推动躯干向前，以防止后背着地，落入坑中，从而导致跳远距离缩短。

蹲踞式

蹲踞式是最基本的跳远技术。一旦腾空，就要绕环摆臂，驱使身体在空中飞跃。手臂应该先向下，然后向后、向上，最后向前。落地时，运动员必须尝试将身体往前推，以便手脚尽可能往前靠。

挺身式

挺身式跳远中，手腿都向上伸展，达到最大离臂距离。四肢保持“舒展”，直到运动员到达跳跃最高点，此时双腿前伸，准备着陆。挺身式技术最容易以前倾姿势完成跳跃，可以防止运动员后背着地，导致跳远距离减少。

数据中心

世界纪录（男子）

运动员（国家）	距离	年份
迈克·鲍威尔（美国）	8.95米	1991
鲍勃·比蒙（美国）	8.90米	1968
拉尔夫·波士顿（美国）	8.35米	1965
拉尔夫·波士顿（美国）	8.34米	1964
伊戈尔·特尔-奥瓦内相（苏联）	8.31米	1962

世界纪录（女子）

运动员（国家）	距离	年份
加林娜·齐斯特雅科娃（苏联）	7.52米	1988
海克·德雷克斯勒（民主德国）	7.45米	1986
海克·德雷克斯勒（民主德国）	7.44米	1985
安妮索拉·库什米尔（罗马尼亚）	7.43米	1983
安妮索拉·库什米尔（罗马尼亚）	7.27米	1983

运动要求

三级跳远运动员往往也是高水平短跑运动员，但他们可以通过加强力量和节奏感来弥补助步距的不足。增强式训练（用以增加肌肉快速连续拉伸和收缩的能力）是侧重点。

三级跳远

赛事概述

这一田径项目俗称单脚跳、跨步跳和跳跃——完美描述了参赛选手的动作。三级跳远通常与跳远用同一条助跑道。到达起跳板（全速）时，运动员向前跳跃，以起跳脚着地，第二跳以另一脚落地，最后跳入沙坑。跳跃距离最长的选手获胜。

单脚跳、跨步跳、跳跃

顶级三级跳远运动员通常需要助跑大约40米。若拿捏得当，全速助跑后，运动员起跳时无须低头看起跳板，因为这样会影响跳跃距离。单脚跳的起跳和落地都用同一只脚；一旦落地，运动员伸出另一只脚进行跨步跳，将腿伸展，跳得尽可能远些。最后跳跃时，运动员使用走步式、蹲踞式和挺身式技术将腿前移，便于落地。

必备知识

- 男子三级跳远是1896年首届现代奥运会的奖牌项目；其后整整100年都没有奥运女子三级跳远项目。
- 跳跃后，运动员如果往回走出落地沙坑，则该跳无效。
- 从比例上看，三级跳远的单脚跳（第一阶段）占比最高，约37%，第二阶段约占33%，而最后阶段占跳跃距离总长的30%。
- 精英三级跳远运动员的跳跃距离大约是精英跳远运动员的两倍。目前最高跳远纪录是迈克·鲍威尔的8.95米，而最高三级跳远纪录是乔纳森·爱德华兹（Jonathan Edwards）的18.29米。

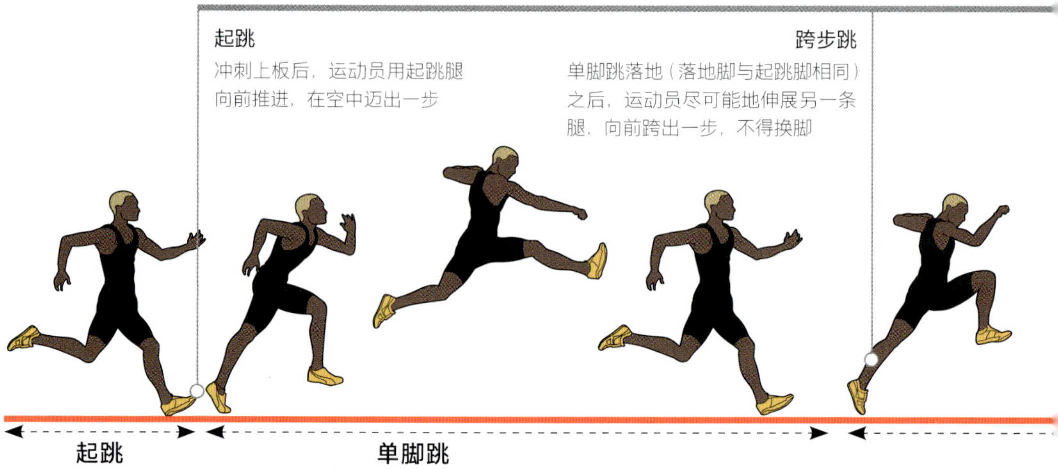

赛道和坑

与跳远相比，三级跳远的起跳板要靠后得多。这样的调整方便运动员在最终跃入落地沙坑之前，能在煤渣或合成跑道上完成单脚跳和跨步跳。通常沿起跳板前缘放置一块由橡皮泥、软黏土等材料制成的起跳板。运动员的鞋子一踩上去就会留下明显痕迹，便于裁判发现试跳是否违规。如果裁判只靠眼睛，就可能漏判。落地坑内的沙子必须与赛道齐平，每跳测量后均应耙平，这样裁判就能确定沙子上的痕迹都是刚刚跳入坑中的运动员留下的。

爱德华兹：无法超越？

乔纳森·爱德华兹是首位打破18米大关运动员，创造了18.29米的世界纪录，几乎相当于两辆双层巴士首尾相加的长度。

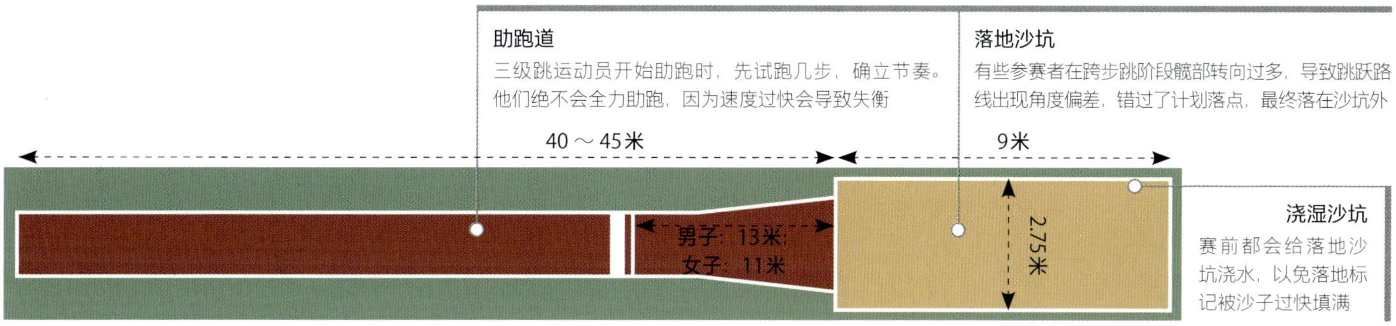

跳远比赛

大型比赛中，只有通过资格赛，运动员才能进入最后一轮，进而争夺奖牌。每位运动员至少有三次试跳机会。每跳距离都是从起跳板前沿量起，到运动员身体任何部位在沙子上留下的最近痕迹为止。不足1厘米的部分不予计算。如果运动员认为成绩足以进入下一轮，或者赢得奖牌，则不必三次试跳都跳完。

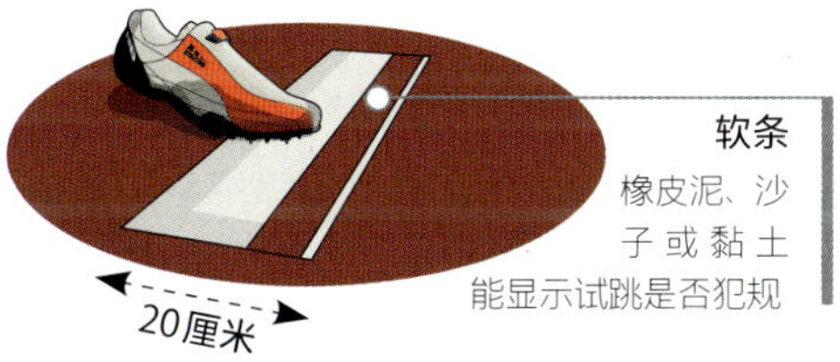

助跑

三级跳远运动员要掌握的一大技巧是能够判断助跑节奏，使前脚尽可能靠近起跳板边缘，但又不会因触及起跳线以外区域而导致试跳无效。

试跳犯规

裁判员挥舞红旗，表示试跳犯规。大多数试跳犯规发生在运动员触及起跳板之前的区域，并在起跳板软条上留下痕迹。有时，运动员未能跳入沙坑。如果运动员试跳超时（通常规定用时为1分半钟），则可能会被判定为犯规。若单脚跳时运动员选错落地脚，或者用双脚起跳而非单脚起跳，则也有可能被判犯规。

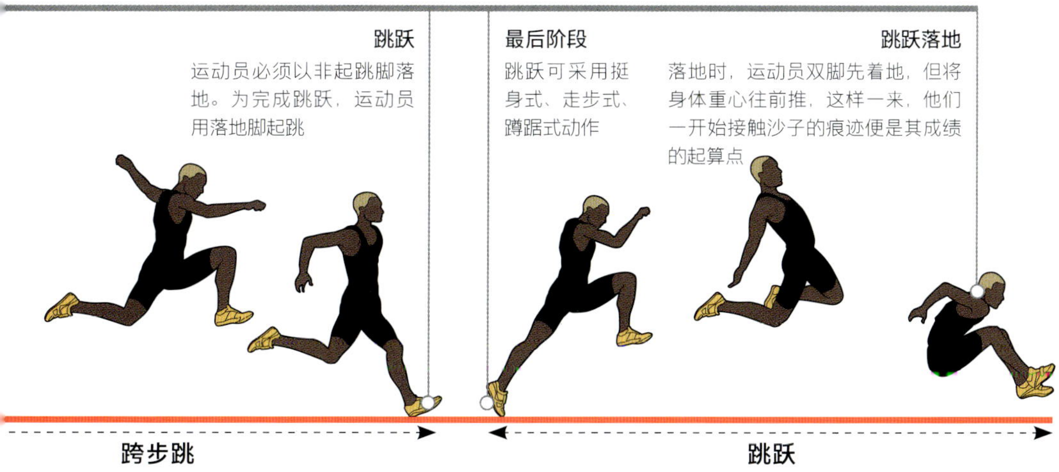

统计中心

三级跳远纪录（男子）

成绩	运动员（年份）
18.29米	乔纳森·爱德华兹（1995）
18.21米	克里斯蒂安·泰勒（2015）
18.14米	威尔·克莱耶（2019）
18.11米	克里斯蒂安·泰勒（2017）
18.09米	肯尼·哈里森（1996）
18.08米	佩德罗·巴勃罗·皮查尔多（2015）
18.06米	佩德罗·巴勃罗·皮查尔多（2015）
18.06米	克里斯蒂安·泰勒（2015）
18.04米	泰迪·塔姆霍（2013）
18.04米	克里斯蒂安·泰勒（2015）
18.01米	乔纳森·爱德华兹（1995）
18.00米	乔纳森·爱德华兹（1995）
17.99米	乔纳森·爱德华兹（1998）

三级跳远纪录（女子）

成绩	运动员（年份）
15.50米	伊尼莎·克拉韦茨（1995）
15.39米	F.姆邦哥·埃托内（2008）
15.34米	塔蒂亚娜·勒贝德瓦（2004）
15.33米	伊尼莎·克拉韦茨（1996）
15.33米	塔蒂亚娜·勒贝德瓦（2004）
15.32米	塔蒂亚娜·勒贝德瓦（2000）
15.32米	赫索皮耶·德维兹（2004）
15.31米	卡特琳·伊巴尔金（2014）
15.30米	F.姆邦哥·埃托内（2004）
15.29米	亚米莱·阿尔达玛（2003）
15.28米	亚米莱·阿尔达玛（2004）
15.28米	亚格丽丝·萨维涅（2007）
15.27米	亚米莱·阿尔达玛（2003）

跳高

赛事概述

在所有运动会中，跳高都是标准田径项目。参赛者仅靠自身力量助跑跳过横杆。跳高对身体和技术的要求都很高，世界纪录的更迭体现了运动员训练和技术创新的巨大进步。

运动要求

男女跳高运动员的身高通常都高于平均水平：大多数男子跳高运动员的身高在1.85米以上；女子跳高运动员则通常身高超过1.75米。他们大多身材苗条，但四头肌和小腿肌肉发达。速度、灵活性和良好的协调感也很重要。跳高运动员经常在蹦床上训练，让自己适应"受控制的"坠落。

必备知识

- 自1896年雅典奥运会以来，跳高一直是奥运会项目。
- 20世纪60年代，软垫走进跳高比赛，使跳高运动员能背部着地而不会受重伤，是跳高的重大改革。
- 几乎所有现代跳高运动员都使用以1968年奥运会冠军迪克·福斯贝里命名的"福斯贝里式跳高"(Fosbury Flop，又称"背越式跳高")技术。

趣闻

1.94 世界级女子跳高运动员布兰卡·弗拉西奇(Blanka Vlasic)的身高是1.94米。弗拉西奇是克罗地亚纪录保持者，曾获得2009年世锦赛金牌。

400 有人做过一个有趣的猜测：如果一个成年人模仿一只跳蚤跳高，最高能跳到400米。

器械设置

现代跳高横杆由增强塑料、铝等轻质材料制成，一旦被运动员碰到，就相对容易掉下。横杆长约4米，横截面呈圆形、方形或三角形，靠在两根立柱上。随着比赛进行，横杆的测量高度可快速调整。横杆正后方是一块厚厚的软垫，可为跳高运动员落地提供缓冲。

落地缓冲

落地区通常由覆盖塑料的泡沫橡胶层制成，一般厚度1米以上。学校和其他初级赛事有时仍使用旧式沙坑，因此跳高运动员肩部着地的背越式跳高等技术动作不可能出现。

场地紧凑

相较于大多数田径项目，跳高所用场地较小。助跑区像跑道一样由沥青铺就，运动员几乎可从任何方向助跑约12米。运动员很少以直角助跑攻杆——锐角助跑攻杆较为常见。

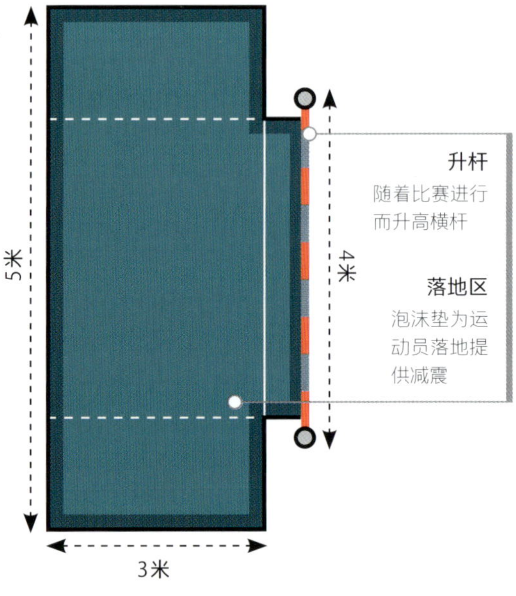

提高标准

跳高比赛规则很少。参赛者只能单脚起跳，不得碰落横杆。可以触碰横杆，但不能导致横杆跌落，且跳高运动员不得用身体任何部位撑起横杆。比赛中，运动员可以选择第一跳的高度，通常高度较低。随着比赛进行，横杆会逐渐升高——通常升3厘米或5厘米，但在比赛接近尾声时会升1厘米。一旦跳过某个高度后，参赛者就不得试跳更低的高度。即使参赛者试跳失败，未能越过横杆，他们依然有可能越过某个高度，但只要连续三次试跳失败就会出局。胜利属于跳得最高的选手。平局情况下，试跳失败次数较少的选手获胜。

模仿福斯贝里

美国运动员迪克·福斯贝里以其新技术动作赢得1968年墨西哥奥运金牌，令传统主义者感到震惊。美国奥运教练佩顿·乔丹（PAYTON JORDAN）说："孩子们都会模仿冠军。要是他们模仿福斯贝里，他将消灭整整一代跳高运动员，因为他们都会摔断脖子。"

统计中心

男子世界纪录		女子世界纪录	
高度	运动员（年份）	高度	运动员（年份）
2.45米	哈维尔·索托马约尔（1993）	2.09米	斯蒂夫卡·科斯塔蒂诺娃（1987）
2.42米	帕特里克·索伯格（1987）	2.07米	柳德米拉·安多诺娃（1984）
2.41米	伊戈尔·帕克林（1985）	2.05米	塔玛拉·贝科娃（1984）
2.40米	鲁道夫·波瓦尔尼岑（1985）	2.03米	乌尔里克·迈法特（1983）
2.39米	朱建华（1984）	2.01米	莎拉·西蒙尼（1978）
2.36米	格德·韦西格（1980）	2.00米	罗泽玛丽·阿克曼（1977）
2.35米	迪特马尔·默根堡（1980）	1.94米	约尔丹卡·布拉戈耶娃（1972）
2.35米	雅塞克·弗绍瓦（1980）	1.92米	乌尔里克·迈法特（1972）
2.34米	弗拉基米尔·贾什申科（1978）	1.92米	伊洛娜·古森保尔（1971）
2.32米	德怀特·斯通（1976）	1.91米	约兰达·巴拉斯（1961）
2.29米	帕特·马茨多夫（1971）	1.77米	郑凤荣（1957）
2.28米	瓦列里·布鲁梅尔（1963）	1.76米	约兰达·巴拉斯（1957）
2.22米	约翰·托马斯（1960）	1.76米	米尔德里德·麦克丹尼尔（1956）

技术革新

直到20世纪60年代后期，最受欢迎的跳高技术仍是剪式和滚式。使用剪式技术时，跳高运动员以某个角度向横杆助跑，内侧腿首先越过横杆，然后外侧腿以剪式动作越过，最后双脚落地。使用滚式技术时，运动员斜线助跑，但使用内侧腿起跳，而外侧腿往上抬，引领身体侧向越过横杆。福斯贝里式跳高以美国跳高运动员迪克·福斯贝里的名字命名，福斯贝里使用这一技术获得了1968年奥运会金牌。如今福斯贝里式跳高已是常见技术动作。1978年，弗拉基米尔·贾什申科成为最后一位不使用福斯贝里式跳高的世界纪录创造者。

再创新高

自19世纪末以来，跳高技术迅速发展，侧身式、俯卧式、背越式相继出现，跳高运动员一直致力于跳得更高。100年（1895年—1993年）不到，男子跳高世界纪录就提高了近25%。

剪式

美国人迈克尔·F. 斯威尼（Michael F. Sweeney）率先采用剪式跳高。1895年，他1.97米的高度创造了世界纪录。直到20世纪60年代后期，剪式技术都很流行。

一次一腿

摆动腿先上杆，另一腿紧随其后

面朝下

越过横杆时，跳高运动员必须旋转身体

滚式

跳到最高点时，跳高运动员旋转躯干，面朝下越过横杆。1912年，乔治·霍林（George Horine）使用滚式跳过了2米。

"福斯贝里式跳高"

运用福斯贝里式跳高时，运动员弧线助跑，然后外侧脚起跳，头和肩先过杆，形成改良版剪式跳高，背部背对横杆拱起过杆。髋部过杆时，整个上身都处于下降状态。正如福斯贝里所解释的那样，福斯贝里式跳高动作做得正确得当的话，将会肩膀着地，而非脖子。

起跳

跳高运动员用起跳（外侧）腿强势起跳

向上腾起

腿、髋部和肩膀在上升过程中旋转

弓背

头向前到达水平位置时，形成杆上背弓姿势

高点

过杆时，跳高运动员弯曲髋部，以便向上甩腿过杆

准备落地

跳高运动员准备好用肩部承受落地的冲击

撑竿跳高

必备知识

- 撑竿跳高原先是越过沟渠、沼泽等自然障碍物的实用方法。
- 撑竿跳高比赛的最早纪录可追溯到1812年的英国。
- 撑竿跳远与撑竿跳高密切相关，受众很广，但从未成为顶级竞技赛事。
- 男子撑竿跳高是每届现代奥运会的奖牌项目。2000年悉尼奥运会首开女子撑竿跳高比赛先河。

支撑鞋
撑竿跳运动员穿的跑鞋鞋底有防滑钉，能在助跑道上带来可靠的抓地力

贴身
运动背心和跑步短裤必须贴身，降低助跑时钩住撑竿或跳跃时碰落横杆的风险

无限制
任意长度和直径的撑竿均可，但撑竿剖面必须始终为圆形。对撑竿的弹性也没有限制

玻璃纤维杆
以前最为流行的撑竿为木材制成，直到20世纪初期，木制撑竿才被竹制撑竿取代。1945年至20世纪60年代初，铝成为首选，之后玻璃纤维成为常用材料

运动要求
大多数顶尖撑竿跳运动员都很高，但具体身高各异。他们需要在助跑道上加速，从而积聚动力，也需要起跳时的腿部爆发力，在腾空高点时还需要强健的肩部、手臂和腹部将自己抬升到倒垂状态。良好的空间感知能力是避免碰到横杆的关键。

赛事概述

撑竿跳高是男女皆宜的田径项目。参赛者手持一根长而柔韧的竿子沿助跑道冲刺，将竿抵在插斗里，借助撑竿支撑，腾空翻过离地几米高、悬在两个立柱之间的横杆。每轮比赛后，横杆都会升高，连续3次试跳失败的运动员将被淘汰。

器械设置

撑竿跳高项目需要长40米至45米的跑道、一个插斗、两根带有横杆托的立柱、一根横杆、落地垫，当然，还需要运动员手持弹性长杆。裁判在场监督比赛并调整横杆高度。

插斗
助跑道尽头是一个插斗，撑竿跳运动员将竿的一端插入其中，获得跳跃的支撑力。插斗呈楔形，开口在助跑道尽头，长1米，最深处为20厘米，最窄处为15厘米。

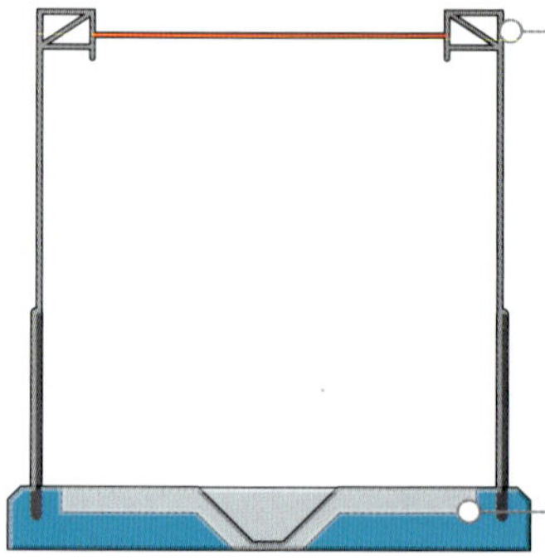

高度可调
横杆托位于立柱内置的支撑臂上。随着比赛进行，可借助杆托升杆。横杆长4.5米

落地垫
泡沫橡胶厚度不低于1米或1.5米

起点
撑竿跳运动员在助跑道上冲刺，从而获得足够的起跳速度

白线
助跑道两边都标有白线，助跑时越线不犯规

额外护垫
插斗两侧均有护垫，以防运动员在完成跳跃之前摔倒

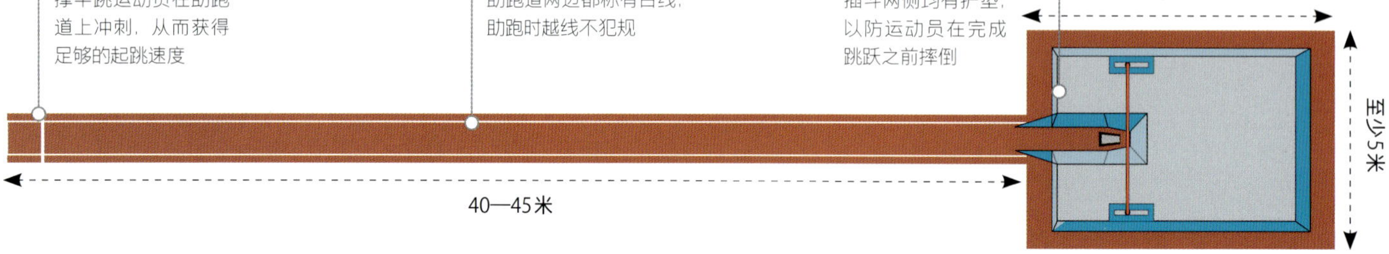

横杆规则

当值裁判决定开场横杆高度和后续升杆高度，撑竿跳运动员则选择试跳高度。运动员轮流试跳，如果两名及以上运动员越过横杆，则按照商定高度升杆，通常升5厘米或15厘米。撑竿跳运动员可能会拒绝试跳某个高度，并等着试跳更高的高度。如果比赛结束时出现平局，则考虑试跳失败次数。如果两名及以上的运动员试跳失败次数相同，则可能会采用突然死亡法加赛。

学习飞翔

如果能把撑竿跳高各阶段动作都做得完美，就有可能跳过6米——尽管只有16名男子撑竿跳运动员曾做到过。杆抓得越牢，就越能在摆体阶段提供杠杆作用，而将起跳腿甩到垂直位置能保持后翻举腿阶段的能量，从而使运动员有更高的高度过杆。运动员在跳跃过程中接触横杆与否并不重要，只要横杆保持原位且不掉落即可。撑竿跳各阶段对于试跳成功都至关重要。

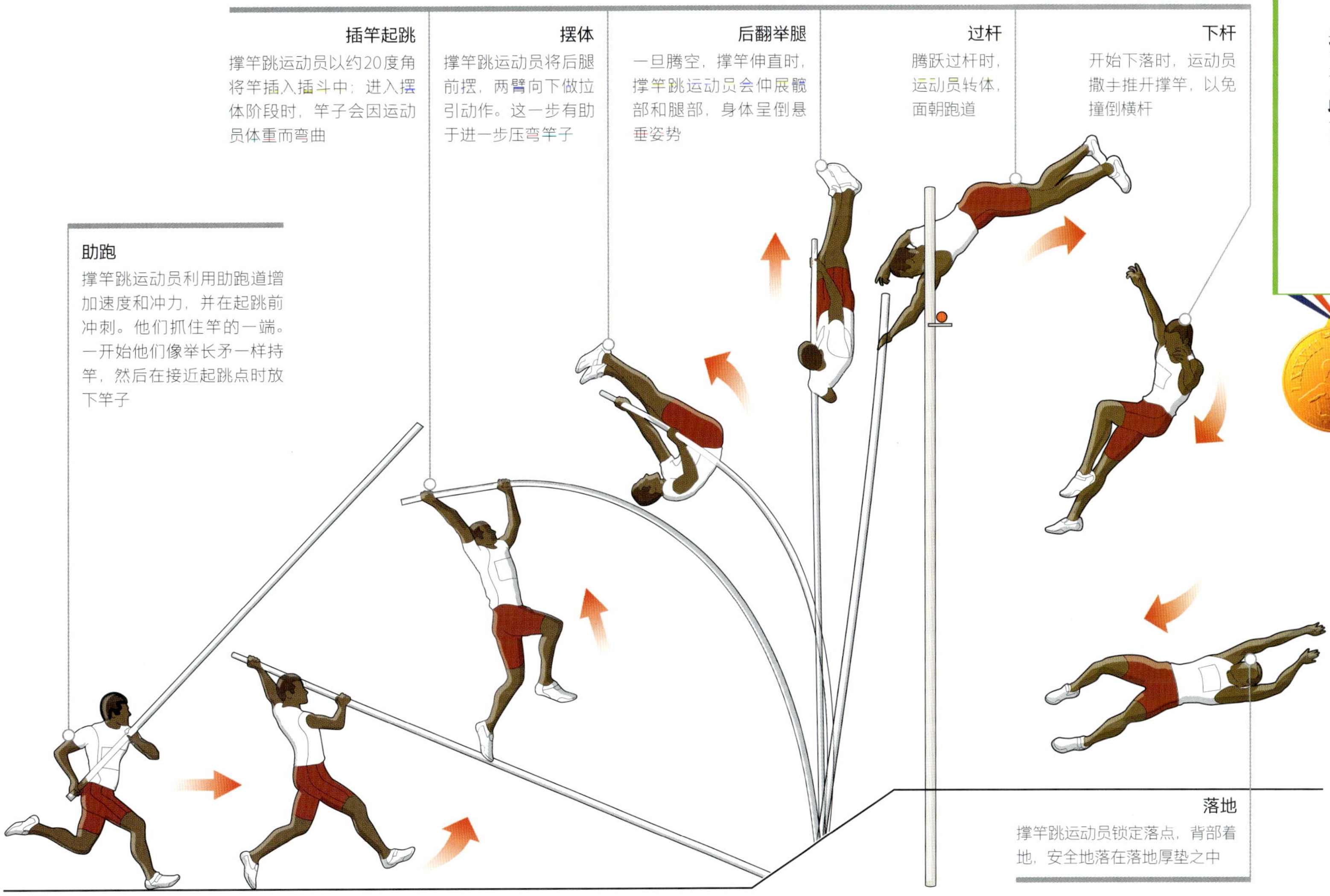

统计中心

男子世界纪录		女子世界纪录	
高度	运动员（年份）	高度	运动员（年份）
6.14米	谢尔盖·布勃卡（1994）	5.06米	叶莲娜·伊辛巴耶娃（2009）
5.83米	蒂埃里·维涅隆（1983）	4.88米	斯维特兰娜·菲奥法诺娃（2004）
5.82米	皮埃尔·奎农（1983）	4.87米	叶莲娜·伊辛巴耶娃（2004）
5.81米	弗拉基米尔·波利亚科夫（1981）	4.85米	斯维特兰娜·菲奥法诺娃（2004）
5.80米	蒂埃里·维涅隆（1981）	4.82米	叶莲娜·伊辛巴耶娃（2003）
5.78米	瓦迪斯瓦夫·科扎基耶维奇（1980）	4.81米	斯泰西·德拉吉拉（2001）
5.70米	戴夫·罗伯茨（1976）	4.60米	艾玛·乔治（1999）
5.67米	厄尔·贝尔（1976）	4.23米	孙彩云（1995）
5.65米	戴夫·罗伯茨（1975）	4.22米	丹妮拉·巴托娃（1995）
5.63米	鲍勃·西格伦（1972）	4.18米	安德里亚·穆勒（1995）

撑竿跳高之王

乌克兰选手谢尔盖·布勃卡无疑是有史以来最伟大的撑竿跳高运动员。终其职业生涯，布勃卡打破了35项世界纪录——17项室外、18项室内——并在1983年和1997年之间连续六次赢得世界冠军。他是越过6米大关的第一人，并且44场比赛都完成了这一壮举。然而，奥运金牌却更难获得。1988年汉城奥运会上，布勃卡赢得了自己唯一一枚奥运金牌。

必备知识

- 1928年奥运会上，铁饼成为女子奥运奖牌项目。
- 1962年，美国选手阿尔·奥特成为打破60.9米大关的第一人。
- 1976年，苏联选手法因娜·梅尔尼克（Faina Melnik）成为首位将铁饼扔到70米以上的女性。

铁饼细节

铁饼呈圆盘状，主要由橡胶制成，饼心和边缘由金属或木材制成。铁饼中心厚度为4.4～4.6厘米。此处所示的重量和尺寸适用于成人比赛，青少年比赛用的铁饼可能会较轻较小。

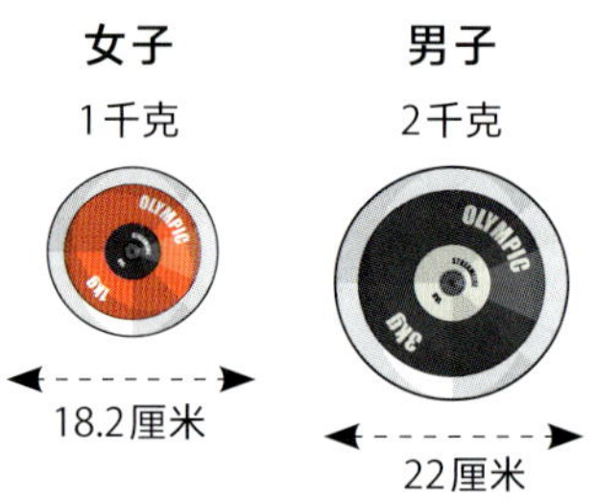

试投

铁饼运动员有三次试投机会。他们必须在投掷圈内投出铁饼，并留在场内，直到铁饼落地；他们只能从投掷圈后半圆离开。铁饼落点必须位于标记的落地区内，投掷才有效。投掷成绩是投掷圈前端到铁饼落地第一接触点之间的距离，不足1厘米的部分的不计入成绩。

离心力

铁饼运动员在投掷圈内靠后沿处站定，将铁饼放在投掷手上，然后以脚掌为轴，快速有力地旋转一圈半，好似解开弹簧一般，形成力量，在与肩同高的位置投出铁饼。铁饼离开食指或中指时，对于右手投掷者，铁饼会顺时针旋转。铁饼运动员欢迎逆风，因为逆风有助于增加升力，让铁饼在空中飞得更久。

预摆

铁饼运动员转动躯干，进行两次或三次摆动，使身体进入投掷状态，为旋转做好准备。

转圈

投掷者旋转一圈半，从投掷圈后沿转至前沿，形成投掷发力之势。

投掷

身体和腿部爆炸式发力，形成投掷的力量。铁饼离手时会旋转。

后续动作

投出铁饼后，铁饼运动员继续转身，带动左腿旋转360度，以避免踩线。

铁饼

赛事概述

铁饼最初是古代奥运会五项全能的一部分，如今是标准田径项目。铁饼比赛旨在将铁饼投掷得尽可能远。

投掷圈

铁饼是从直径为2.5米的投掷圈中投出的。扇形落地区从投掷圈中心展开，角度为35度。为保证安全，投掷圈周围设有U形笼。笼口宽6米，位于投掷圈前7米处。

平整的表面

投掷圈表面必须平整且不能打滑

运动要求

顶级铁饼运动员身材高大：男运动员平均身高1.93米，体重超过115千克；大多数女冠军身高体重至少分别为1.75米和93千克。虽然强壮的肩膀和手臂是必须的，但运动员的腿和躯干才是力量来源。

铅球

赛事概述

铅球属于田径比赛，运动员比拼谁能将金属重球掷得最远。每位参赛者可试掷三次。铅球比赛规则、所需技能和技巧与铁饼相似（见第68页）。

运动要求

铅球运动员通常身高体强：男性平均身高1.87米，体重125.6千克，女性平均身高超过1.75米，体重超过90千克。铅球运动需要速度、灵活性、协调性以及力量，因此铅球运动员必须面面俱到。

必备知识

- 人们认为这项运动起源于一种古老的战争形式。
- 19世纪末，铅球运动出现了成文规则。1896年，铅球成为首届现代奥运会男子项目。1948年伦敦奥运会上，女子铅球首次成为奖牌项目。

滑步还是旋转?

推铅球技术主要有两种，分别为滑步和旋转。采用滑步时，运动员面向投掷圈后沿，向后跳，同时髋部往前扭。双脚尽可能靠近地面。旋转则利用了额外的转体动量。

背向滑步推铅球技术

20世纪50年代，美国冠军帕里·奥布莱恩（Parry O'Brien）首创滑步技术，旋转技术便源自滑步技术的变种。采用背向滑步技术时，运动员蹲下，面向投掷圈后沿，一条腿有力蹬摆，身体后移，转体面向投掷圈前沿，然后推球。

旋转推铅球技术

这种技术起源于20世纪70年代，创造者为苏联运动员亚历山大·巴里什尼科夫。它与铁饼运动员的旋转非常相似，更容易将推球速度最大化。起初该技术备受争议，如今却是铅球运动员最常用的技术流派。

金属重球

铅球通常由铁或黄铜制成，表面光滑。不得对铅球进行任何变动。

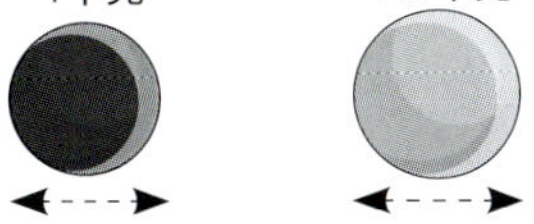

落地区

落地区是一个圆心角为35度的扇形区域，它的边线通常不超过30米长。

启动
铅球运动员背对投掷方向，将球夹在颈部和肩部之间。

旋转
铅球运动员以左脚为轴，进行转动。左臂前伸，指向投掷方向。

推球
达到最大前进速度时，运动员以约40度角度投出铅球。

铅球规则

三次试掷时，参赛者可以触碰投掷圈前沿抵趾板内侧，但不得触及抵趾板上面及以外区域。测量投掷成绩时，从铅球第一落地点量至投掷圈内沿，实际投掷距离不足一厘米的部分不计入成绩。

趣闻

11 1948年至1960年举行的四届夏季奥运会共产生了12枚奥运铅球奖牌，美国男子铅球运动员赢得了其中11枚。

116 帕里·奥布莱恩在20世纪50年代的铅球比赛连胜的场数。他还参加了四届奥运会，其中两届获得金牌。

必备知识

- 芬兰标枪运动员极为成功，共摘得26枚奥运奖牌，包括九枚金牌。
- 尽管标枪历史悠久，但一开始并未进入现代奥运会。直到1908年第四届伦敦奥运会上，标枪才首次亮相，当时仅有男子标枪比赛。1932年洛杉矶奥运会首次引入女子标枪比赛。
- 为保障观众安全，男女比赛标枪分别于1986年和1999年进行了重新设计，缩短了投掷距离。

运动要求

强壮的髋部、肩膀和肘部是成功的关键，助跑速度亦是如此。力量结合速度，产生了能将标枪投得远的力。

标枪

赛事概述

标枪投掷是一项男女皆宜的田赛。运动员比赛谁能将矛状投射物投掷得最远。除了自成一体之外，标枪投掷也是七项全能和十项全能比赛中的其中一项。

投掷目标区域

标枪助跑道由合成材料制成，宽4米，可能会延伸到田径跑道上。运动员沿着助跑道跑到投掷线，线后是以29度角展开的约100米的扇形落地区，通常是一块草地，具体大小既取决于可用空间，也依据裁判的判断。可通过落地区弧形线大致判断投出的距离。

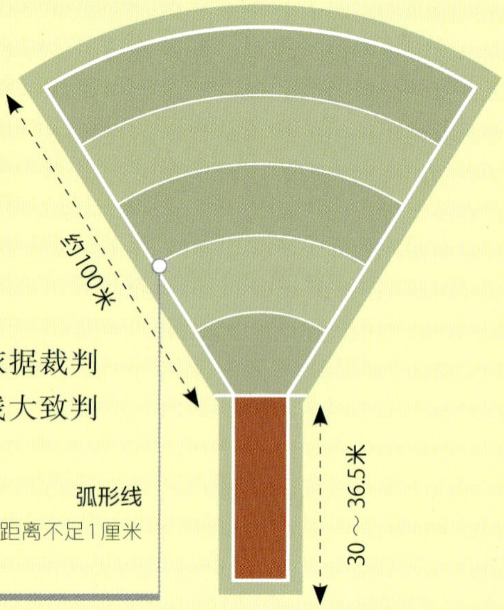

比赛中

每名运动员可试掷三次，若参赛者不足八人，则每人试掷六次。准备好后，每名运动员每次有90秒投掷时间。为使投掷有效，标枪落地前，运动员必须等候在助跑道尽头的投掷线后，枪尖必须先着地，且须落在着陆区内。投掷成绩是从跑道尽头量到标枪第一落地点。若出现平局，则比较运动员们第二好的成绩。

进行投掷

必须采用借助把手绳的肩上持枪法。运动员沿助跑道加速，跑最后几步时准备投掷。投掷动作的最后阶段如下图所示。投掷时，运动员不得触碰或越过助跑道尽头的投掷线。

腿部交叉
助跑即将结束时，运动员双腿交叉，准备在投掷时获得最大扭矩。

引枪
完成交叉步后，投掷臂往后拉，另一侧手臂向前推，以便瞄准和完成随后动作。

投掷
投掷前，投掷者尽可能久地肩后持枪。

掷出
急停，向前猛推投掷臂，达到最大投掷速度。

链球

赛事概述

这项田径赛事比的是将链球从投掷圈尽可能远地投向标示目标区域。所用投掷物是一颗金属重球，通过链子与把手相连。

必备知识

- 19世纪后期，链球开始逐渐采用今天的比赛形式。1900年奥运会上，链球成为男子奥运奖牌项目；100年后的2000年奥运会上，链球也成为女子奥运奖牌项目。
- 在中世纪的英格兰，村庄举行铁匠掷锤比赛。这项传统运动演变为投掷带木柄金属球，至今仍是苏格兰高地运动会的特色项目。

运动要求

链球运动员身强体壮，手臂、肩膀和躯干尤为如此，需要运动员通过举重和杠铃加以锻炼。顶尖男子链球运动员平均体重约为110千克；顶尖女子运动员体重约为79千克。运动员无须很高，但长得高的天生有优势。

重链球

男子比赛链球由三部分组成：直径为11～13厘米的球、长1.2米钢链以及状似三角形的把手。把手的最宽处和最长处分别为13厘米和10厘米。总重量最多为7.26千克。

女子链球更小更轻，直径9.5～11厘米，重4千克。链子与把手尺寸与男子链球相似。

旋转取胜

链球投掷一般分四阶段。开始时，运动员保持静止站立姿势，背对落地区，然后来回抡摆链球。获得动量后，链球高度超过头顶，进行风车式旋转。掷出前，持续旋转两到三圈。

投掷笼圈

投掷区是直径为2.1米的混凝土圆圈。在投掷圈前，落地区呈40度扇形展开，边长为80～100米，具体大小视可用空间而定。

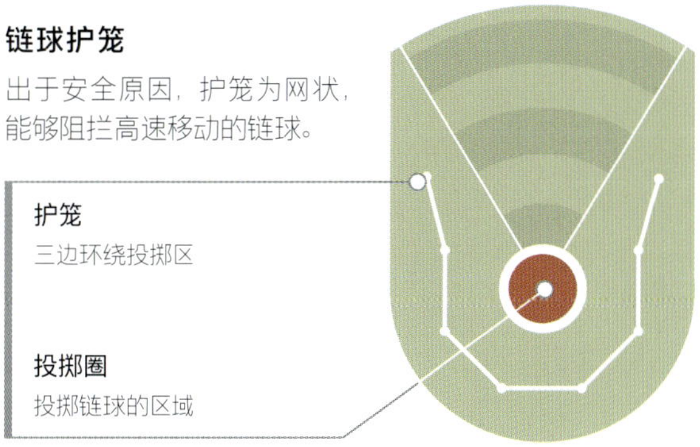

快乐链球

链球比赛中，参赛者一般试掷三次，每次都必须在进入投掷圈后90秒内完成。大型赛事可能会有第二轮，只有前八名才能晋级。决赛选手每人再试掷三次。如果两名及以上运动员打平，则比较次好试掷成绩。为使投掷有效，链球在落地区着地前，参赛者必须等在投掷圈内。顶级男子链球运动员的成绩约为85米；女子则约为75米。

十项全能和七项全能

赛事概述

一般认为，十项全能和七项全能属于综合田径赛事，参赛选手致力于成为顶尖全能运动员。两项运动分别包含10个（十项全能）或七个（七项全能）田径项目，举办时间为连续两个比赛日。男运动员参加十项全能，女运动员参加七项全能。比赛全程考验耐力和专注力，还考验速度、力量和技巧，这些都是单项赛事的取胜要素。自1912年起，十项全能开始出现在夏季奥运赛场上，七项全能自1984年开始出现。

必备知识

- 十项全能由10个田径项目组成；七项全能为七个。
- 男运动员参加十项全能，女运动员参加七项全能。这两项赛事都源自古希腊五项全能运动，公元前700年前后，五项全能出现在古代奥运会上。
- 十项全能比赛的项目顺序一直保持不变。

趣闻

31 杰基·乔伊纳—克西（Jackie Joyner-Kersee）保持七项全能世界纪录7291分（1988—2019年）长达31年。这是保持最久的七项全能纪录，克西是获得7000分次数最多的七项全能选手。

9026 2001年，捷克运动员罗曼·塞布勒（Roman Sebrle）在奥地利格齐斯（Gotzis）打破世界纪录时的得分。他凭此成为首位打破十项全能得分9000分大关的运动员。2004年在雅典，塞布勒以8893分打破了奥运会纪录。

17 运动员鲍勃·马蒂亚斯（Bob Mathias）获得1948年伦敦奥运十项全能金牌时的年龄。尽管此前马蒂亚斯从未参加过十项全能，但他仍然保持着十项全能最年轻奥运冠军的纪录。

十项全能比赛项目
100米
跳远
铅球
跳高
400米
110米栏
铁饼
撑竿跳高
标枪
1500米

七项全能比赛项目
100米栏
跳高
铅球
200米
跳远
标枪
800米

十项全能

为期两天的十项全能比赛包括10个项目：第一天是100米、跳远、铅球、跳高、400米；第二天是110米栏、铁饼、撑竿跳高、标枪和1500米。第一天的比赛项目挑战选手的速度和力量，第二天的比赛则考验其耐力和技巧。运动员必须参加所有项目才能进入最终排名。

七项全能

女子七项全能第一天比赛项目是100米栏、跳高、铅球、200米，第二天是跳远、标枪、800米。最初女运动员参加五项全能比赛，但在1980年莫斯科奥运会后，1981年增设了标枪和800米比赛，形成了现代七项全能比赛。

运动要求

十项全能和七项全能运动员要样样精通，不仅需要速度和机动性，也需要力量和爆发力。他们通常有运动型苗条的身材，而非像专项运动员 样形成特定体型。

史上最佳

作为全球史上顶尖全能运动员，戴利·汤普森是两夺十项全能奥运金牌的历史第一人，1980年首度夺金，1984年两度摘金。1992年，汤普森因伤退役，但这并非是其体育生涯的终点。20世纪90年代，汤普森成为职业足球运动员，效力于曼斯菲尔德队，而后成为体能教练。

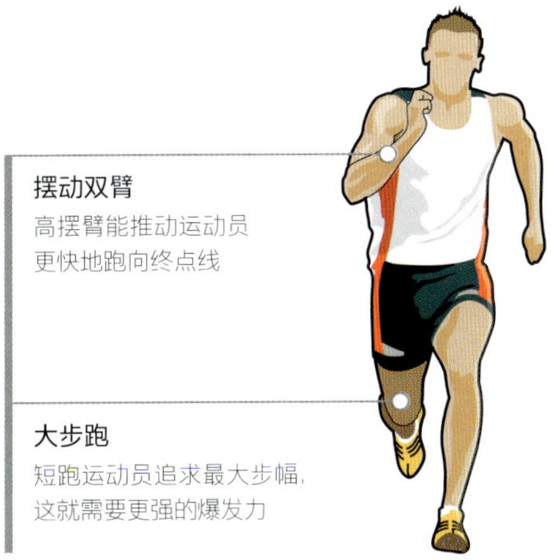

短跑

十项全能和七项全能运动员参加不同距离的短跑比赛。男运动员参加两个短跑项目，100米和400米，而女运动员只参加200米比赛。100米比赛的得分上限为1223分。

跳远

分别为男子比赛第二项和女子比赛第五项。跳远取胜之匙在于助跑速度、腾空表现和前倾落地。跳远得分上限为1520分，是女子比赛项目中最高的。

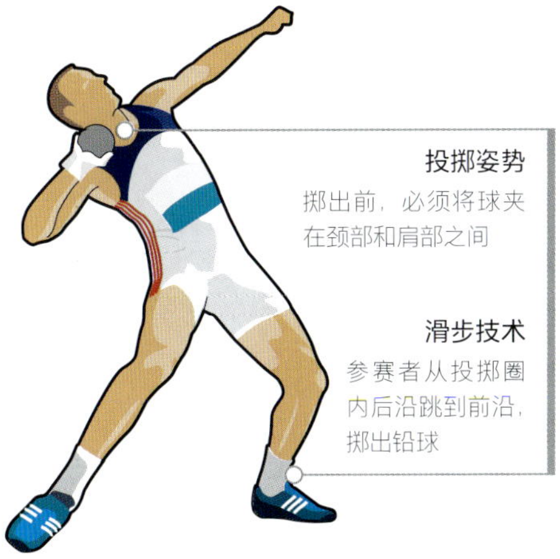

铅球

运动员每人试掷三次，男子比赛得分上限为掷23.99米得1350分，女子为掷24.40米得1500分。掷球方式与单项赛事相同。

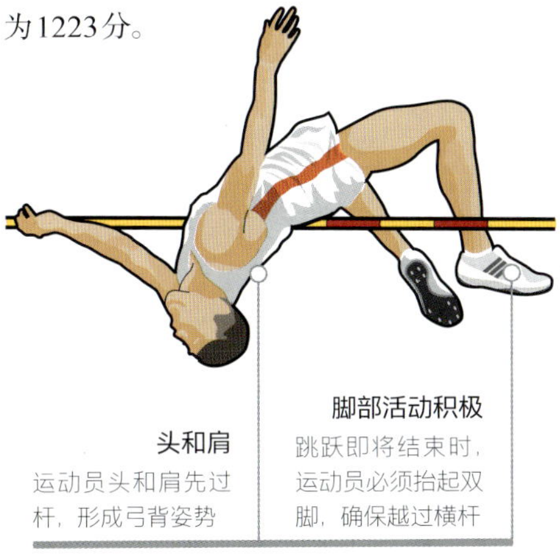

跳高

这一垂直跳跃项目出现在十项全能和七项全能比赛第一天。十项全能运动员争取得到满分1392分，女运动员则争取获得满分1498分。

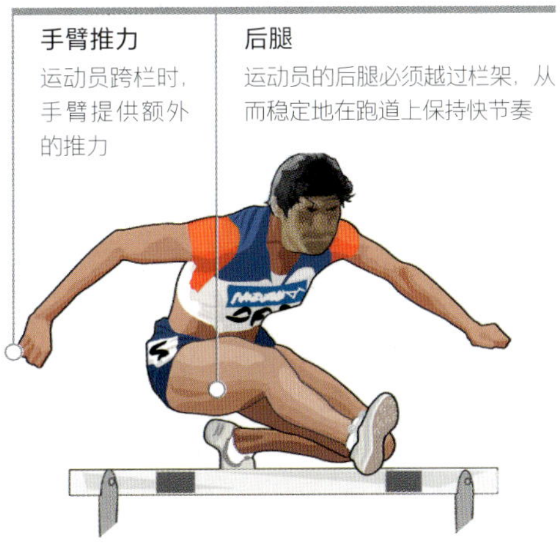

跨栏

110米栏安排在男子十项全能比赛第二天，100米栏安排在女子七项全能比赛第一天，男子跨栏比赛满分为1223分，女子满分为1361分。

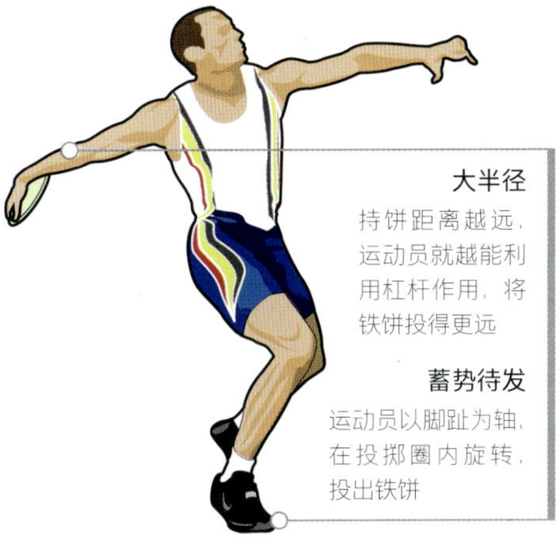

铁饼

铁饼为第二项投掷项目，仅为十项全能比赛项目。满分为1500分，但运动员必须投到79.41米。

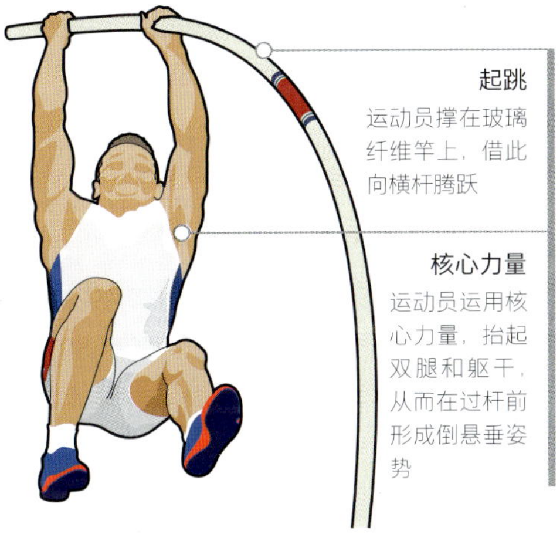

撑竿跳高

这是第二个十项全能专属项目，在十项全能比赛第二天进行。为获得满分1396分，运动员力求跳到6.49米。

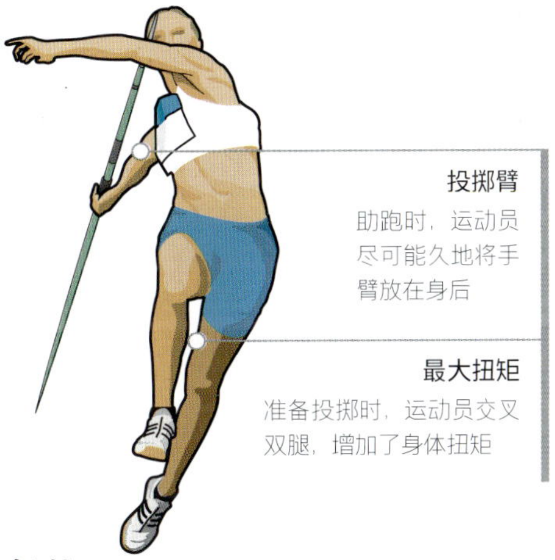

标枪

标枪为最后一个投掷项目，面向男性和女性运动员。要获得满分，男女运动员分别需要投到102.85米和82.63米。

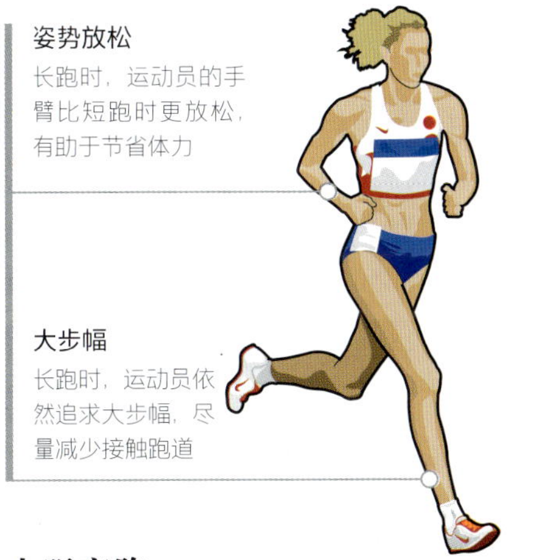

中距离跑

七项全能和十项全能比赛的最后一项为女子800米和男子1500米。得分多寡比排名先后更重要；七项全能和十项全能运动员最多可得1250分。

竞走

赛事概述

竞走与大多数人认知中的“普通”行走相去甚远。运动员看起来更像是要停下跑步的步伐。竞走技术难度很高，要求运动员小步快走。竞走比赛是对运动员专注力和耐力的考验。

运动要求

竞走运动员大多数又高又瘦。训练时，运动员着重加强背部、腹部和大腿肌肉，从而满足竞走动作要求。运动员必须双脚状态良好，并且体能充沛。

赛道

竞走比赛一般在公路上进行。赛道上，有裁判员监督运动员是否按照规则行进。通常，运动员要走数圈，因此裁判能多次观察运动员动作。

比赛规则

运动员必须始终保持至少一只脚与地面接触，支撑腿从着地的一瞬间直到摆动到身后，必须始终伸直，膝关节不能弯曲。运动员会因双脚同时离地等非法技术动作而受到处罚。裁判员会向三名主裁判报告犯规情况，主裁判可能会予以犯规者黄牌警告。如果继续犯规，运动员会被出示红牌。红牌累积到三张时，运动员就会失去比赛资格。

必备知识

- 世界级竞走运动员可在6分钟内走完1.6千米，速度约为16千米/时。
- 大型竞走比赛中，男子比赛距离为50千米和20千米，女子比赛距离则为20千米。
- 竞走世界杯每两年一届，逢偶数年举办。

失之交臂

在2000年悉尼奥运会20千米比赛中，澳大利亚运动员简·萨维尔（Jane Saville）一路领先，却在距离终点仅有150米时被取消比赛资格。此外还有四名运动员被剥夺了比赛资格。

步步为营

竞走要比普通行走难得多。爱好者认为，竞走难度甚至超过跑步：竞走动作效率较低，对身体损耗更大。运动员扭胯带步，延长步幅，前脚脚跟落地前，后脚脚趾蹬地，尽量将身体推高。

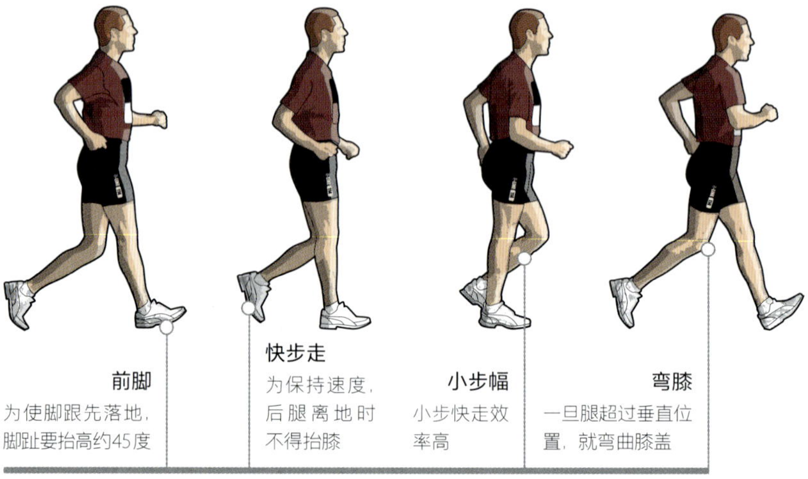

头脑冷静
躯干放松挺直，保持平衡，主要靠胳膊和腿部发力。

一步一步
后脚抬起前，前脚必须落地，如果双脚同时离地，那就变成了跑步。

重心靠前
每一步走到一半时，上半身向前倾，比前脚更靠前。

同步摆臂
运动员必须用力摆臂，带动身体前进。

定向越野

运动概述

定向越野比赛中，选手依靠地图和指北针判断前进方向，依次通过检查点或点标。率先抵达终点的选手或团队获胜。但在定时赛中，则是规定时间内通过检查点数最多的一方获胜。

未知旅途

选手不得预先计划行进路线。只有当抵达集合点后，选手才能获得越野图，集合点通常离起点还有一定距离。选手们可同时出发，或者间隔一至两分钟出发。

继续前进

越野图标出了点位，但并未标出点位之间的路线。三角形表示起点，双圆表示终点，单圆则是选手必须通过的控制点。这些控制点通常用红白旗或橙白旗作为标识。定向短跑比赛可在城市公园等城市环境中进行。夜间比赛中，控制点标识应配备反光镜等反光材料，选手可戴头灯，以便看清道路。

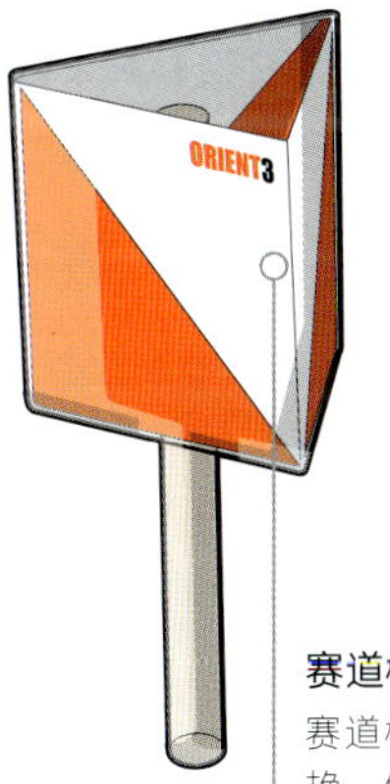

装备

地图和指北针必不可少。选手通常在控制点上签到，有时也在手指上戴电动打卡器。选手还带着口哨，以便夜间遇险时呼救。

地形地貌

两点之间，直线距离最短，但并非总是最快路线。赛事组织者通常会确保控制点之间有隘谷溪流等障碍物，迫使选手绕行。运动员查看地图，估算地形走势，从而选择控制点之间的路线。选手用指北针判断所在方位和正确方向，也可借助易于辨别的地标来判断方向。

运动要求

定向越野高手有长跑运动员般的耐力和速度。他们能一边行进一边看地图和指北针，并且擅长判断前进路线。面对陡峭岩壁、沼泽地以及公路轨道等地形时，运动员必须发挥主观能动性。

必备知识

- 一年一度的世锦赛有四项定时赛：长时赛（男子90～100分钟；女子70～80分钟）、中等时长赛（30～35分钟）以及接力赛（10～12分钟）。
- 大多数比赛中，选手徒步行进，但在有些比赛中，选手可使用山地自行车或滑雪板。

比赛形式

职业铁人三项运动员大多都参加奥运会或铁人三项比赛。奥运会比赛包括游泳1500米、自行车40千米和跑步10千米。铁人三项是对耐力的终极考验，比赛包括游泳3.8千米、自行车180千米和最后的全程马拉松。

游泳

游泳赛场可以是湖泊、河流或大海。参赛选手可能会集体出发，也可能会分小批次隔几秒出发。任意泳姿均可，但自由泳最受欢迎。在冷水中必须穿潜水服。

跑步

公路赛或越野赛均有可能，跑道可能相对平坦，也可能是实地上下坡。定点补给站提供水和能量饮料，帮助运动员完成比赛。

自行车

自行车阶段为公路比赛，起点和终点都在转换区内。比赛中，可能会出现一名选手在前破风，其他选手成群尾随其后的情况。铁人三项比赛中，运动员不得尾随。

换项阶段

为了保持换项顺畅和高效，参赛者在比赛前查看转换区并练习脱潜水服，同时测试和安装自行车，并将骑行鞋固定在脚踏上。

游泳帽

戴泳帽主要是为了便于识别，但在刺骨冰水中，运动员可能会戴氯丁橡胶帽，穿紧身衣，减少热量流失

碳循环

职业铁人三项运动员使用流线型计时车，配有坚固的超轻碳纤维车架

连体套装

运动员可以穿连体套装或短衣短裤。这套衣服可在全部三项比赛中穿着，因此无须更换

计时器

附在脚踝上的电子芯片可准确记录所有铁人三项运动员的用时

运动要求

耐力、速度、体力、毅力、技术水平以及轻松切换项目的能力都至关重要。职业铁人三项运动员每周训练时长通常约为30小时。职业选手通常在20多岁和30多岁时达到巅峰。

你好，夏威夷

1978年，夏威夷铁人三项世界锦标赛首次举办，以其比赛严酷而著称。运动员必须忍受恶劣的地形、疾风和酷热。

必备知识

- 国际铁人三项联盟（International Triathlon Union）每年都会组织一系列世界锦标赛。
- 铁人三项首次在2000年悉尼奥运会上亮相，面向男女运动员。
- 伦敦铁人三项是世界上最大的赛事，有超过8000名铁人三项运动员在伦敦东部的码头区（Docklands）参加游泳、自行车和跑步比赛。
- 世界铁人三项公司（World Triathlon Corporation）组织了铁人三项世界锦标赛（Ironman Triathlon World Championship）。世界各国的铁人三项赛事都为大型赛事——夏威夷铁人三项选拔具有参赛资格的选手。

铁人三项

赛事概述

铁人三项是一项耐力赛事，将游泳、自行车和跑步三项运动依次结合起来。从游泳开始到跑步结束，铁人三项的计时贯穿始终。参赛者在转换区内从一个项目无缝切换到另一个项目，转换顺畅能减少比赛用时，因此铁人三项运动员常常将两次转换视为第四项比赛。国际铁人三项全能比赛的标准距离是奥林匹克铁人三项赛的距离，但比赛形式各异，从短跑到长距离铁人三项不等。自1978年以来，夏威夷铁人三项年年举办，是最负盛名的铁人三项赛事。

赛事概述

现代五项是综合赛事，一天内比五项比赛——射击、击剑、游泳、马术和跑步，在现代奥林匹克运动会发起人皮埃尔·德·顾拜旦的提议下举办。顾拜旦认为现代五项是衡量“全才型运动员”的标准。男女运动员参加前四项都会根据表现获得积分，然后根据积分确定起跑顺序。因此，首个冲过终点线的人将取得最终胜利。

必备知识

- 对骑兵军官在敌后作战所需技能的浪漫化构想，形成了现代五项全能的比赛项目。
- 有军事背景的运动员历来统治五项全能比赛。
- 2000年悉尼奥运会上，女子五项全能运动员首次参加奥运会。

现代五项

奖励积分

一般而言，现代五项各项比赛的规则与单项赛事的规则相同。然而，在马术比赛中，五项全能运动员骑的马通过抽签决定，只能通过20分钟时间和最多5次试跳来了解马匹。越野跑的起跑位置是错开的。

运动要求

参赛者需要技术全面。大龄选手往往在射击、击剑和马术等技术性更强的项目中表现更好。年轻运动员通常擅长游泳和跑步。顶尖五项全能运动员通常超过28岁。

射击

射击比赛射程为10米。参赛者用4.5毫米气手枪向直径为15.5厘米的靶纸发射20发子弹，靶纸有九环以及分值最高的中心圆。分值是根据参赛者20次射击结果距离靶心距离进行计算。

击剑

击剑比赛在标准击剑场上进行。选手轮流刺击对手，每场持续一分钟。率先用重剑击中对方的人赢得胜利。如果双方均未能击中，则为双败。比赛总胜场次达70%的运动员将获得1000分。

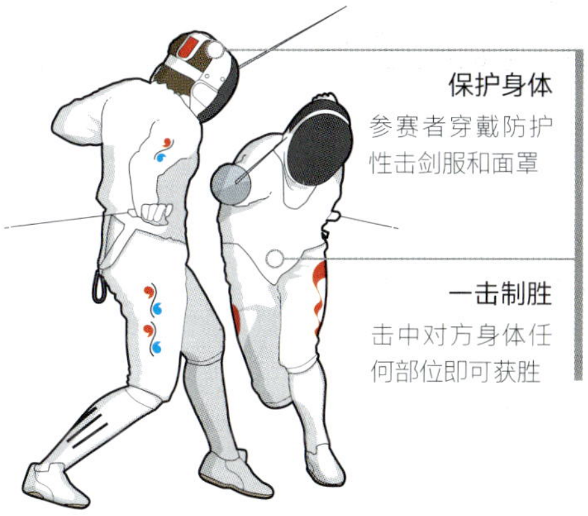

游泳

游泳比赛场地为标准奥林匹克游泳池。在200米自由泳比赛中，五项全能运动员比的是用时长短，而非谁快谁慢。男子2分30秒和女子2分40秒可得1000分。

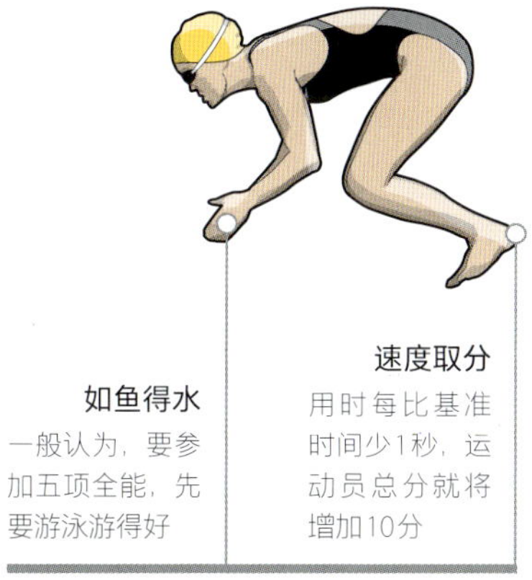

马术

障碍赛行进路线长350～400米，障碍物最高1.2米。参赛者有20分钟时间适应马匹，然后在指定时间内跳过12个障碍。满分为1200分，失误和超时会导致选手失分。

跑步

跑步在长度为3000米的越野赛道或公路赛道上进行。比赛路线上，最大爬坡距离为50米。前一项马术比赛结束后总分领先的选手先跑，之后其他人按得分高低先后出发。赢得跑步比赛的选手即为现代五项冠军。

体操

GYMNASTICS

02

体操

运动概述

体操包含多个项目，男女运动员参加个人或团队赛。个人可参加单项赛或全能赛。体操分为三大类：竞技体操、艺术体操和蹦床，艺术体操为女子项目。男子竞技体操包含六个项目：自由体操、鞍马、吊环、跳马、双杠和单杠。女子竞技体操共有四个项目：跳马、高低杠、平衡木和自由体操。

平衡之道

1972年慕尼黑奥运会上，苏联体操运动员奥尔加·科尔布特一举成名，风格独树一帜。她是在平衡木上完成后空翻的第一人，她那富有爆发力的技术风格彻底改变了这项运动。

评分规则

因为官方评分系统被指责为在2004年奥运会上前后不一，因此评分系统于2006年进行了彻底改革。然而，批评者声称新规则鼓励技术难度，却以牺牲艺术性为代价，运动员梦寐以求的“完美10分”已变为不可能。

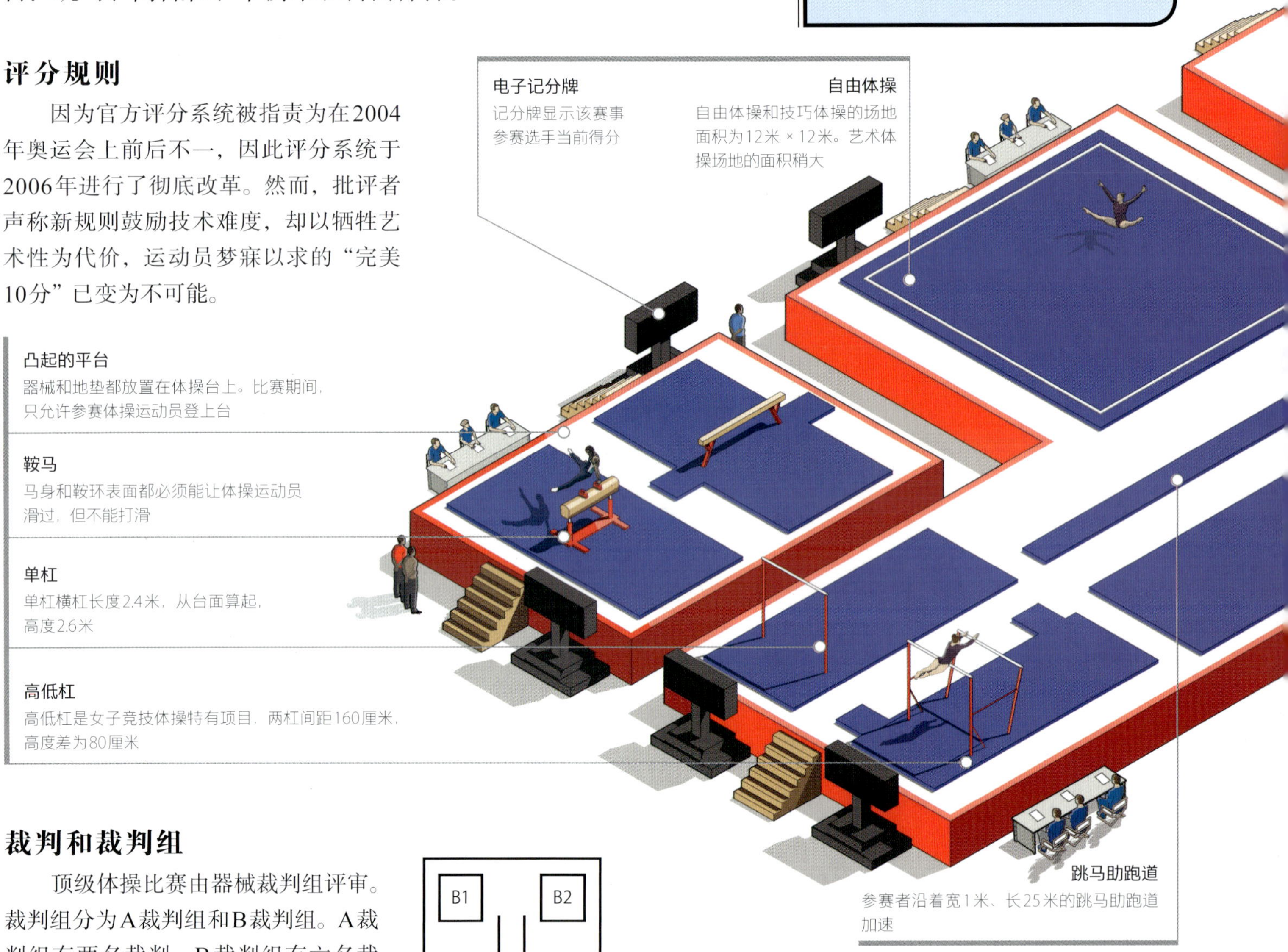

裁判和裁判组

顶级体操比赛由器械裁判组评审。裁判组分为A裁判组和B裁判组。A裁判组有两名裁判，B裁判组有六名裁判。一些项目需要其他裁判，例如自由体操需要边线裁判。A组裁判坐在器械前，可以清楚地看到体操运动员的表现。从A裁判组左侧开始，B组裁判围绕器械沿顺时针方向分布。

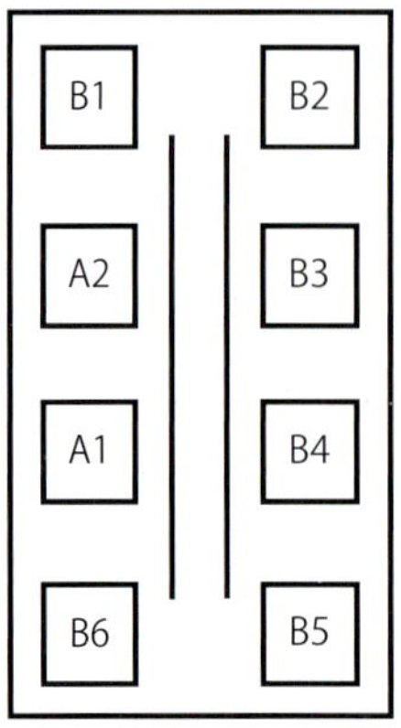

运动要求

男女体操运动员体型各异，具体取决于其所擅长领域。例如，男子吊环项目需要非凡的上肢力量，而女子艺术体操则依靠灵活性和精确的肌肉控制。体操运动员的相同之处在于不可思议的平衡能力和力量——考虑到许多顶尖运动员身材矮小，这些特点尤为突出。

体操赛场

体操比赛场地，又称体操台，是为了便于不同比赛同时进行而布置的。例如，男子双杠、单杠比赛可以与女子平衡木同时进行，因为两者分立场地两端。大型赛事中，体操比赛可能不会同日进行，2004年雅典奥运会便是如此(艺术体操比赛举办场地完全不同)。

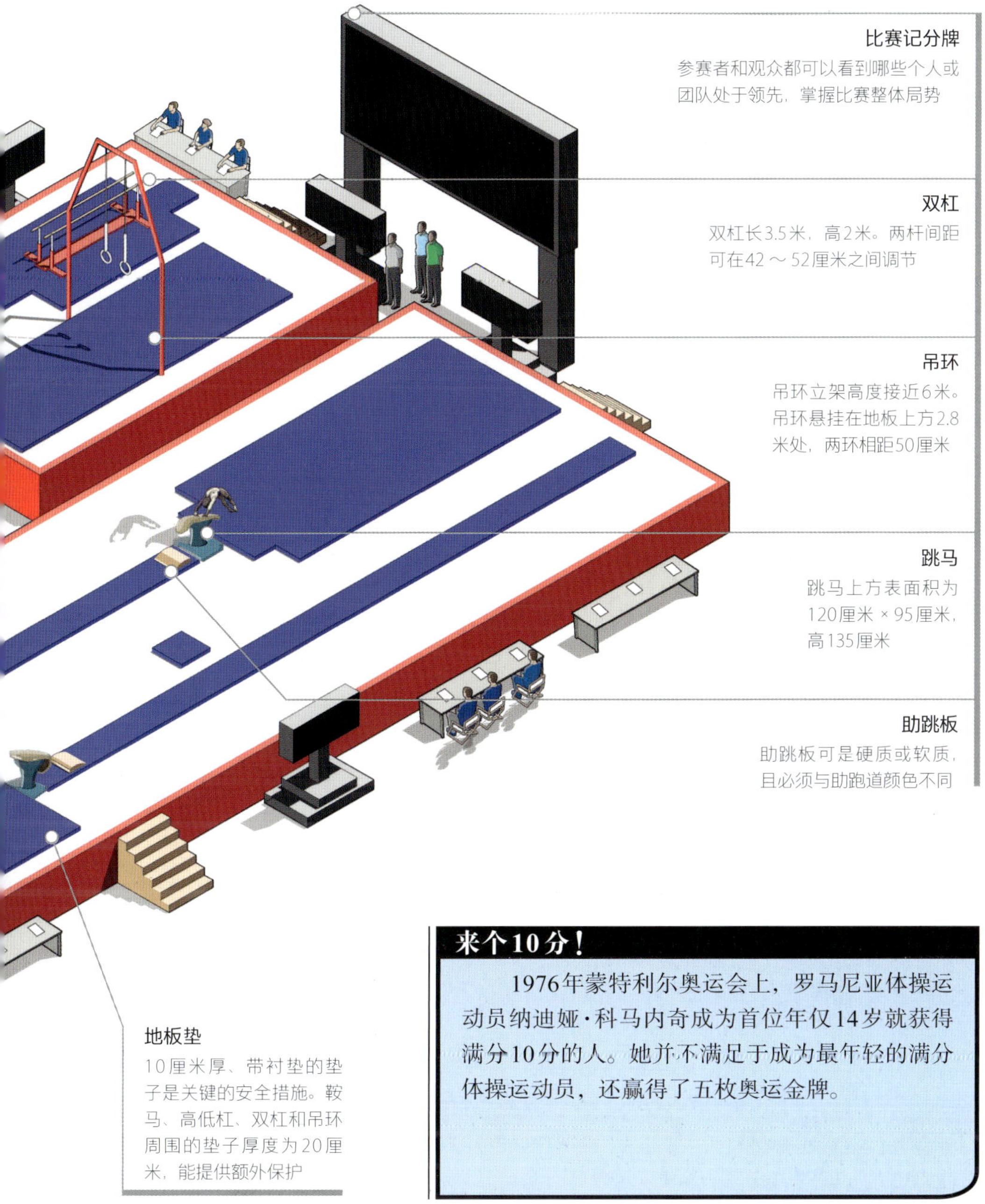

来个10分！

1976年蒙特利尔奥运会上，罗马尼亚体操运动员纳迪娅·科马内奇成为首位年仅14岁就获得满分10分的人。她并不满足于成为最年轻的满分体操运动员，还赢得了五枚奥运金牌。

幕后故事

不论是作为一种健身方式，还是一种比赛形式，体操都有着悠久的历史。古希腊人过去常常赤身裸体地做体操。不过，每项体操比赛的着装和专用装备可以追溯到18世纪，当时德国人在军事训练中发展了体操。体操也很快在民间流行起来，并传播到其他国家。

体操管理机构

欧洲体操联合会成立于1881年，1921年，联合会吸纳欧洲以外的国家，变为国际体操联合会。体操是1896年首届现代奥运会比赛项目，1928年，女性首次参赛。

统计中心

奥运奖牌榜

男子个人全能

国家	奖牌数
苏联	15
日本	15
法国	8
瑞士	6
意大利	5

男子团体赛

国家	奖牌数
日本	13
苏联	9
中国	7
美国	7
芬兰	6

女子个人全能

国家	奖牌数
苏联	18
罗马尼亚	11
美国	8
俄罗斯	4
捷克斯洛伐克	2

女子团体赛

国家	奖牌数
罗马尼亚	12
苏联	9
美国	9
捷克斯洛伐克	6
匈牙利	5

团体艺术体操

国家	奖牌数
俄罗斯	5
白俄罗斯	3
保加利亚	2
意大利	2
中国	1

个人艺术体操

国家	奖牌数
俄罗斯	7
乌克兰	4
联合队	2
苏联	2
白俄罗斯	2

必备知识

- 一般认为，在所有竞技体操项目中，自由体操最能展现体操运动员的自我和个性，以舞蹈技巧为核心要素的女子比赛尤为如此。
- 自1896年以来，体操一直是奥运项目。1936年和1952年，男子和女子自由体操分别问世。
- 一些国家队聘请编舞和教练协助体操运动员日常训练。

比赛场地

体操运动员在方形橡胶地垫上参加自由体操比赛。场地四周都有标记清晰的边界线。大多数场地的衬垫区域在边线以外还延伸了至少1米，以防运动员受伤。如果体操运动员跨出边线，或落在线外，则将被扣分。

自由体操

赛事概述

自由体操是女子竞技体操四项比赛之一，也是男子六项比赛之一。自由体操极受欢迎，在有限区域内为观众呈现了动感十足的表演，展现了技巧和力量。选手单独在方形地垫上表演精心编排的成套动作，裁判则对其动作难度和艺术创造力评分。参赛者要在整套动作中利用整个地垫区域，经常通过空翻组合动作从场地的一个角落翻到对角。

男子与女子

男女体操运动员的成套动作大致相同，但一些重要细节有所不同。女子比赛应该展示空翻、跳跃、转体和舞蹈动作。男子比赛也应该表现空翻和跳跃技巧，但更强调力量。为了体现力量，男子比赛成套动作通常包括诸如锐角支撑之类的动作，在这类姿势中，体操运动员靠双手支撑全身重量（见右图）。

上场

女子自由体操须有音乐伴奏（仅限器乐），时间最长为90秒。男子自由体操整套动作用时不超过70秒，且无音乐伴奏。体操运动员必须使用整块地垫，但会因跨过白色边界线而被扣分。整套动作必须包含三到四次空翻组合，参赛者必须体现动作难度，加之力量（男子）或舞蹈（女子）技能。

满分10分

自由体操整套动作为10分制；极少有人获得满分。裁判分为两组：一组为整套动作的难度打分，另一组则为完成质量打分。自由体操整套动作都必须体现某些规定动作，并根据难度高低分配一个可变的起始值。每个动作也都有设定值，从A（最简单）到G不等。无论规定动作级别高低，成功完成所有规定动作都可以获得加分。一旦裁判发现任何轻微失衡或身体姿态不正确，选手都将被扣分。

趣闻

3 1956年、1960年以及1964年，拉里莎·拉蒂尼娜连续三次夺得奥运自由体操金牌，创历史纪录。

5 2002年，奥运双料金牌得主，罗马尼亚选手拉维尼娅·米洛索维奇（Lavinia Milosovici）因她在日本时尚杂志上赤裸上半身的照片而被禁赛五年。

15 苏联体操运动员尼克雷·安德里亚诺夫（Nikolay Andrianov）获得的奥运奖牌数（七金、五银、三铜）。他在1972年慕尼黑奥运会和1976年蒙特利尔奥运会上共夺得两枚自由体操金牌，在1980年莫斯科奥运会上摘得铜牌。直到2008年，奥运奖牌总数达到22枚的迈克尔·菲尔普斯才打破了安德里亚诺夫的男运动员奥运奖牌数纪录。

打动裁判

高分自由体操成套动作必须具备令人眼花缭乱的高难度技巧，空翻组合动作尤为如此，将转体、跳跃和空翻动态组合，流畅衔接，一气呵成。自由体操的规定动作包括560度转体、前后空翻和空翻两周。女体操运动员可以用弓步结束空翻组合动作；男体操运动员必须双脚牢牢并拢落地。

大都会红星

苏联体操运动员、教练涅利·金（Nellie Kim）为苏联赢得了1976年奥运会自由体操金牌。事实上，她有一半朝鲜血统，一半鞑靼血统，出生在塔吉克斯坦，在哈萨克斯坦接受培训。

后手翻

做这个动作时，体操运动员从站立姿势开始，用手支撑着向后跳，然后手离开地面，恢复直立。该动作经常出现在空翻成套动作中。

劈叉跳

体操运动员的目标是在半空中劈叉，双腿平行于地面；如果手臂联动，则有加分。落地应柔和，并且无缝衔接下一部分成套动作。

保持住姿势！

虽然自由体操的主要目标是整套动作连贯且美观，体操运动员有时也要摆摆姿势。即便这些姿势转瞬即逝，裁判也会根据动作完成的美观程度进行打分。

后空翻两周

空翻两周是自由体操中规定动作之一。这位体操运动员正在进行屈体空翻，双腿紧贴躯干。

必备知识

- 东欧运动员统治奥运杠类赛事多年，如今西欧运动员也同样有机会冲击冠军。2004年奥运会上，法国选手埃米莉·勒彭内克（Émilie Lepennec）摘得高低杠金牌，意大利选手伊戈尔·卡西纳（Igor Cassina）夺得单杠冠军
- 2011年世界竞技体操锦标赛上，中国选手表现突出。

护掌

为了防止手部酸痛起泡，杠类体操运动员通常会戴上护掌。护掌绑带环绕手腕，上部有柔软皮革，覆盖手掌，并有指孔，供两根或以上手指穿过。

杠类赛事

赛事概述

三个杠类项目——单杠、双杠和高低杠——是展示技巧、力量和艺术性的上佳舞台。单杠和双杠仅有男子比赛，而高低杠只有女子比赛。

杠类

杠类器械位于体操台上；落地区域有减震垫缓冲。所有器械必须符合国际体操联合会的规格要求。现代材料提高了器械的灵活性和性能。

双杠

双杠由层压木材或塑料或两者组合制成；双杠应该有吸水性，以免变滑。立柱可由任何承重材料制成，不过钢铁居多。青少年赛事中，双杠的高度和宽度可调。

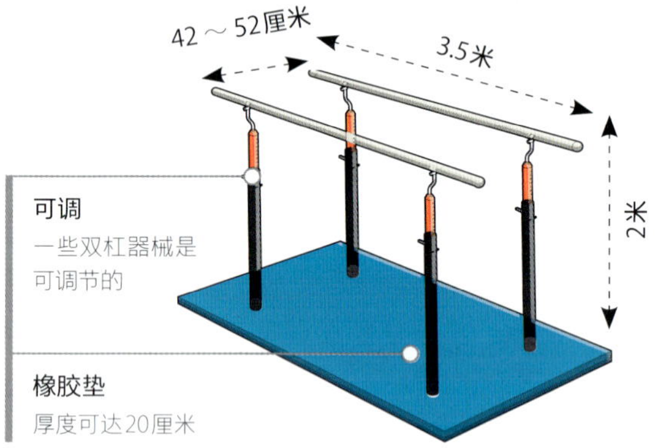

单杠

单杠由高强度钢制成，安装在地板上，从而转移体操运动员做动作时产生的力。单杠也可由固定在地板上的四根拉缆索支撑。

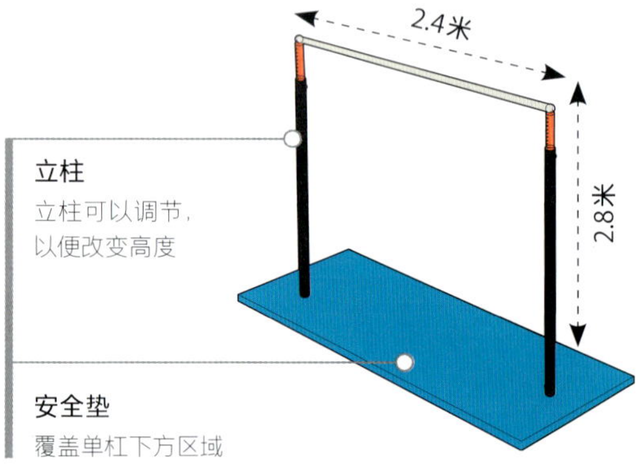

高低杠

高低杠的制作材料可以是木材、塑料或复合材料。无论使用何种材料，杠表面都必须具有吸水性和防滑性。支架由金属或钢制成。立柱可由安装在地板上的拉绳固定。

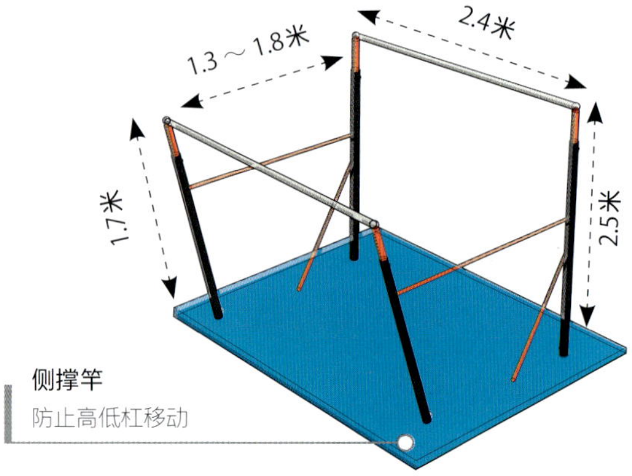

摆动测量

单杠成套动作包含各种静止姿势，通过壮观的摆动和转体衔接。双杠至少包含11项技术，其中大回环就有令人眼花缭乱的握持、转体以及脱手、再握等一系列动作。高低杠体操运动员必须展示五个动作组技术，包括脱手、再握及换杠动作。运动员应该摆动“流畅”并完成“静止”倒立。

单杠

体操运动员的身体不得接触单杠。成套动作应该包括使用杠上杠下连续运动的前后摆动，并多次换握。比赛过程中，应频繁脱手再握。

高低杠

经过几次预摆，积蓄力量后，体操运动员在杠上和杠下两个方向上进行一系列动作。所有成套动作都应该体现转体和空翻，这些动作只能伴随换握完成。换杠飞行动作应尽可能高，且尽可能引人注目。

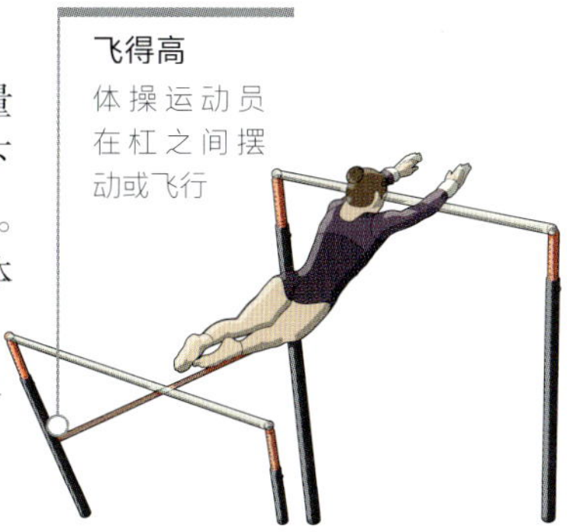

双杠

双杠体操运动员必须将摆动动作与展示力量的静止姿势结合起来。运动员必须使用双杠的全长，并在杠上杠下移动。完成空翻等高难度动作可赢得加分。

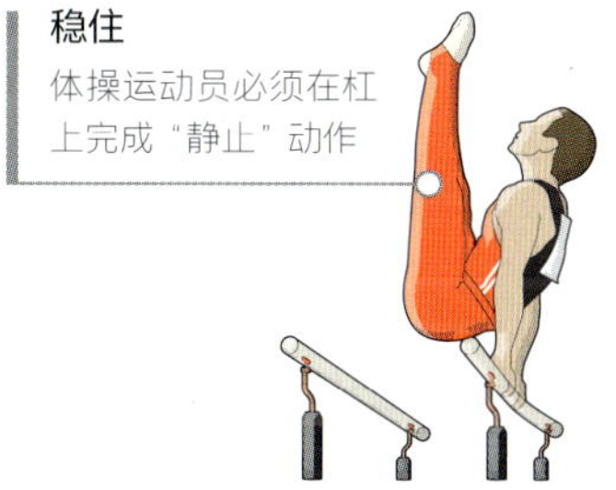

观众的力量

2004年雅典奥运会上，俄罗斯选手阿列克谢·涅莫夫（ALEXEI NEMOV）的单杠成套仅得9.725分，引发观众抗议浪潮，迫使裁判重新协商。最终，他们将分数提高到9.762分，但观众仍不满意。涅莫夫本人呼吁现场观众保持冷静后，比赛才得以继续。

参加赛事

杠类赛事在国际赛事中按特定顺序进行。男运动员必须参加双杠和单杠比赛，其比赛次序在自由体操、鞍马、吊环和跳马之后。对女运动员来说，高低杠是四项比赛之一，比赛顺序为跳马、高低杠、平衡木和自由体操。体操运动员既参加团队赛，也参加个人赛。

激进的动作

1972年奥运会上，苏联明星奥尔加·科尔布特站在高杠上，做了一个后空翻，然后重新再次握住杠，让评委们惊叹不已。世界体操运动管理机构认为这一动作远非常人所能及，立即下令禁止。

评分

在所有杠类项目中，根据国际体操联合会的规则，裁判评分可分四类：难度、姿态、技术和编排。若有技术失误、体态不佳、跌落、停顿和打破连贯的“空洞”摆动，裁判会扣分。在高级别赛事中，每种器械的比赛至少有四名裁判。

华丽收尾

所有体操运动员都寻求以高难度落地收尾，双脚稳稳着地，身体保持完美平衡。如果落地后踉跄着维持平衡，则会被扣分。单杠成套动作结束时，体操运动员的下法常常伴随着华丽的空中腾飞动作，表演精彩的空翻或转体，然后才最终落到垫子上。

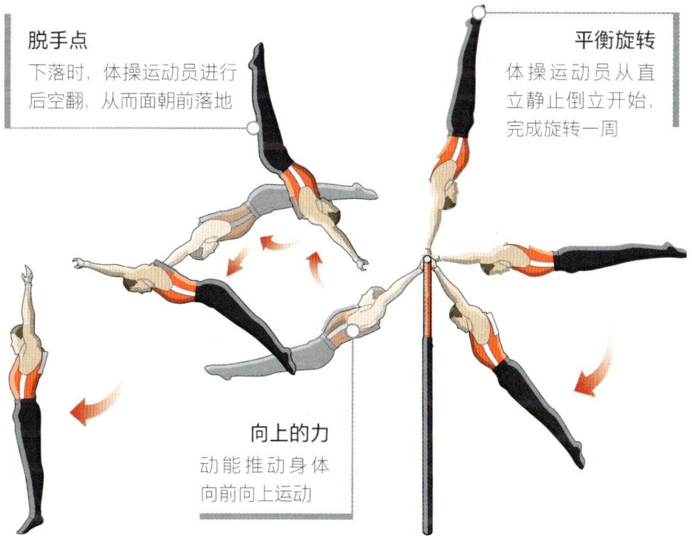

趣闻

1.65 俄罗斯选手斯韦特兰娜·霍尔金娜（Svetlana Khorkina）的身高（以米为单位）。曾有人告诉她，她身高太高，无法成为体操运动员。

6 官方评分系统中，以1996年及2000年奥运会高低杠金牌得主斯韦特兰娜·霍尔金娜命名的动作数，超过了其他所有体操运动员。

4 1896年首届现代奥运会上，阿尔弗雷德·弗拉托（Alfred Flatow）获得的竞技体操奖牌数。他摘得双杠金牌和单杠银牌，并作为德国队的一员赢下双杠和单杠团体赛，与队友共享金牌。此后，再也没有其他体操运动员能比肩弗拉托的丰功伟业。

16.533 荷兰体操运动员爱普克·松德兰德（Epke Zonderland）摘得2012年伦敦奥运会单杠金牌时的得分。

0.100 2008年奥运会高低杠决赛中，中国金牌得主何可欣与排名第四的英国选手贝丝·特威德尔（Beth Tweddle）之间的得分差距。

鞍马

赛事概述

鞍马体操运动员毫无停顿，流畅地进行一系列全旋和钟摆式摆腿动作。他们只用手接触马身和鞍环（把手），手的位置会发生复杂变化。运动员必须完善成套动作的艺术性和技术编排。

塑料鞍马

现代鞍马的原型是有木制马身和皮革包裹的金属骨架，如今多由塑料制成，并覆盖有防滑合成材料。鞍环可采用金属材质，但大多采用塑料。鞍马下面的落地垫大约20厘米厚。

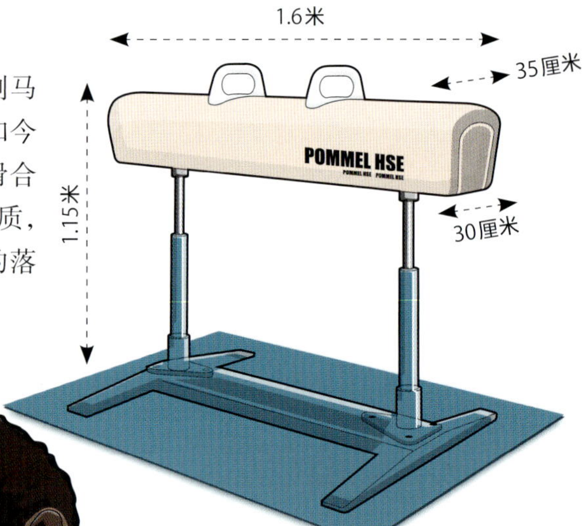

鞍马规范

运动员必须利用马背各个部位，但只能用手接触，沿着马背来回"走"。一个成套中，必须有一部分动作是在仅握住单个鞍环的情况下完成的。虽然没有规定要求动作必须顺时针或逆时针完成，但大多数体操运动员的动作方向都是双向的。在可选动作中，最常见的是翻滚（180度转体）和双腿分别位于鞍马两侧的分腿全旋。

打分标准

世界体操管理机构国际体操联合会定期更改鞍马的具体评分标准。无论细则如何，每位参赛者开始比赛时都有一组分数，分为难度系数（D分，理论上分数不封顶）和完成、艺术和技术这三项总分为10.0分（E分）。如果运动员过于偏好或完全省略鞍马的某一部位，裁判将会扣E分。如无交叉动作，扣分将会特别重。

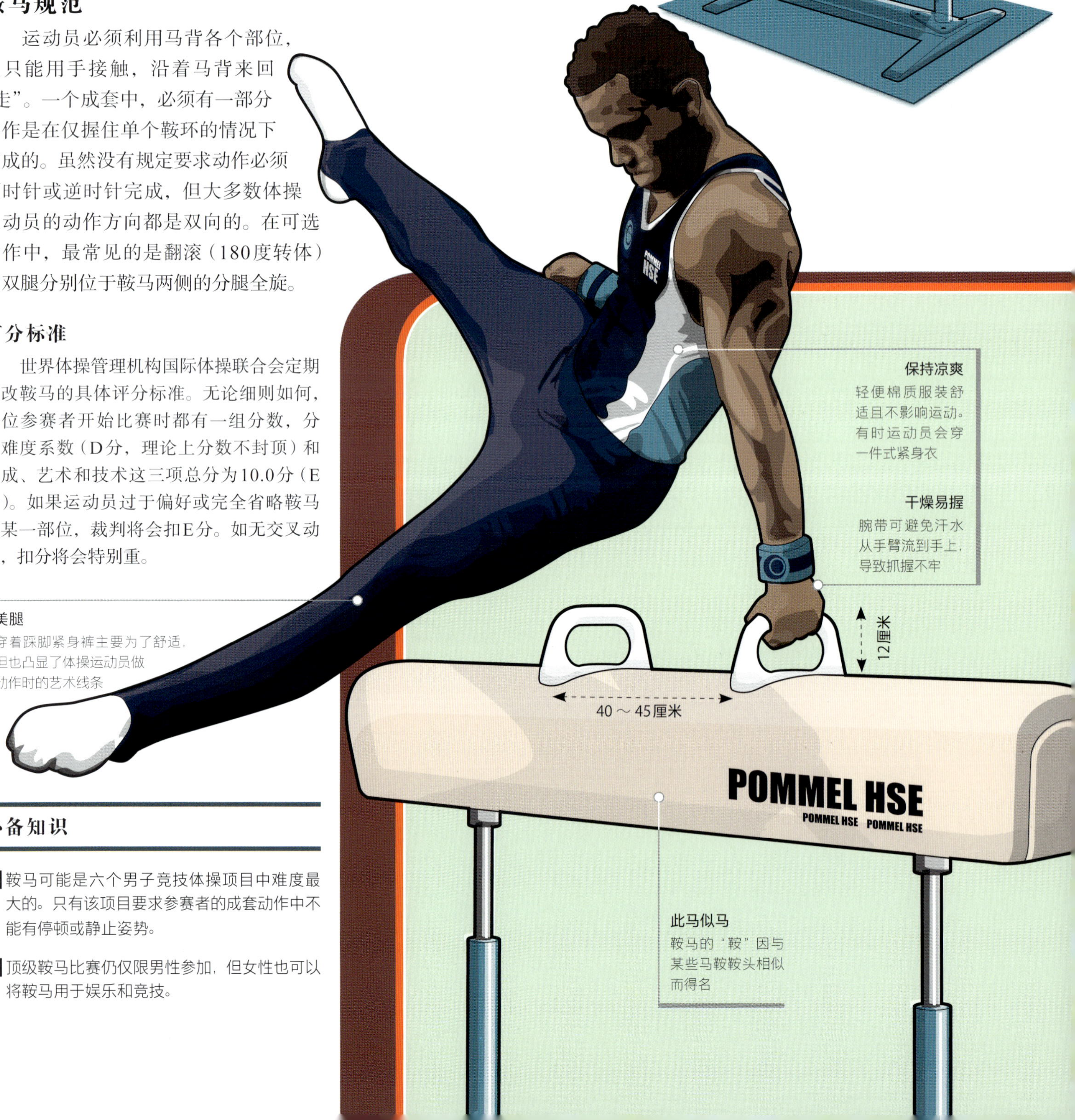

必备知识

- 鞍马可能是六个男子竞技体操项目中难度最大的。只有该项目要求参赛者的成套动作中不能有停顿或静止姿势。
- 顶级鞍马比赛仍仅限男性参加，但女性也可以将鞍马用于娱乐和竞技。

吊环

必备知识

- 吊环也是仅限男性参加的体操项目。
- 吊环比赛每人通常用时约90秒：因为要求很高，所以鲜有体操运动员能在吊环上支撑得更久。
- 吊环曾被称为罗马吊环，意味着起源于意大利，但首次有记录的应用是在19世纪的德国。

赛事概述

吊环，又名静止吊环，是动作极为丰富多样的体操项目，从无视重力的静止动作，到转体，利用势能旋转至吊环高度以上位置，再从空中华丽跳下。裁判看重技术难度大且变化多样、完成度高的全套动作。

悬念

裁判会观察是否有包含两个及以上手倒立的摆动和静止姿势组合。一个手倒立从手臂先呈静止45度的状态前摆进入，而后直臂。另一个手倒立完全相同，不过是后摆进入。双腿可以保持并拢或叉开。运动员必须完成至少一个前水平，双腿要在躯干前方保持90度。

打分

裁判会因技术错误而扣分，但也会因“不美观”而扣分，例如环和绳索动得太厉害。从环上掉下来可以重新上器械，只丢掉满分10分中的0.5分。

吊环

两个吸湿型环圈直径18厘米、厚2.8厘米，靠绳索或线缆悬挂在天花板或独立支架上。安全管理员在每轮比赛之间检查器械是否安全。约20厘米厚的橡胶垫放置于吊环正下方。

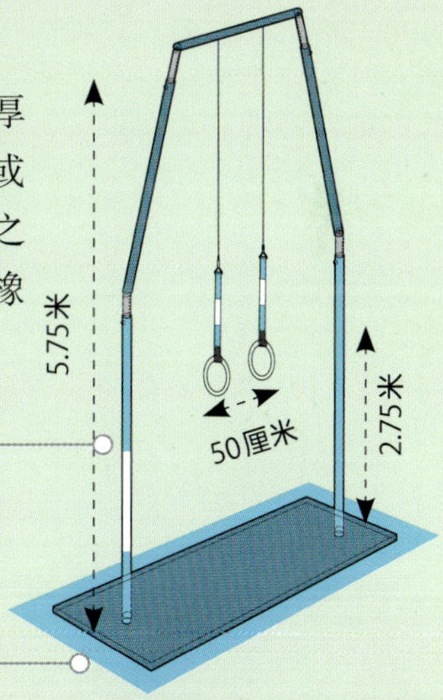

事关张力

要在吊环上取得成功，就要保持线缆的最大张力，从而避免线缆摆动，并使环圈尽可能保持静止，以便为体操运动员提供坚实的支撑。运动员会迅速完成前摆后摆，尽可能保持对环圈施压。

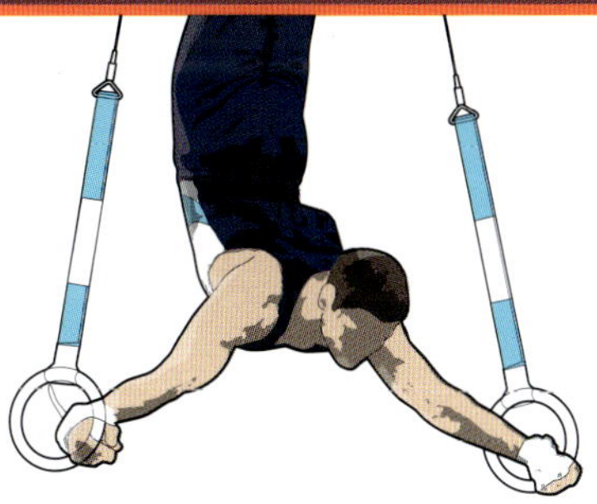

倒十字

双腿并拢，开始时双臂紧靠，随后慢慢分开。这个动作需要很强的控制力和力量。

水平支撑

这个水平姿势应保持至少两秒钟，但不能扰乱成套动作的流畅性。环圈和线缆应尽可能保持静止。

手倒立成水平支撑

手倒立后，放下双腿和身体，直到与地面水平；双臂保持45度角。

必备知识

- 传统上，平衡木仅为女子项目。一般认为，男性不参加平衡木比赛是因为会危害生殖器，但其实只是约定俗成而已。
- 考虑到平衡木表面仅有10厘米宽，因此能在平衡木上完成高难度动作，尤为令人惊叹。

平衡木

赛事概述

运动员需要极强的平衡能力。在非常窄的木条上，运动员跳跃、转体、空翻，而一般人即便在平地上都做不了这些动作。裁判组重点关注技术和艺术技能、舞蹈动作、跳跃和静止姿势。

器械设备

平衡木为木制，有弹性并覆盖着绒面革，下方的橡胶垫应尽可能往外延伸。

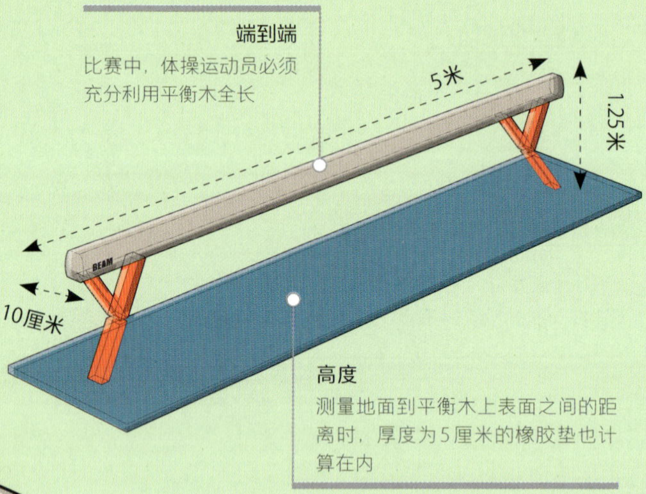

关键动作

90秒成套的规定动作包括360度转体和180度劈叉。运动员还必须完成一次包含至少两个腾空部分的技巧串，其间运动员必须离开平衡木，然后以平稳落到平衡木上，不得踉踉跄跄，摇摆不定。

并腿水平支撑

这个力量动作同样需要完美的平衡。体操运动员将膝盖上抬贴脸，依靠手掌手腕支撑体重。

平衡

平衡动作必须平稳完成，并保持稳定；姿势本身必须线条优美、赏心悦目。

空翻

成套动作可能包括后空翻，做这个动作时，体操运动员必须保持头部垂直于平衡木，从而保持平衡。

取得平衡

参赛者必须完成规定和可选动作。这些包括技巧动作（完全不接触平衡木）、力量动作（例如并腿水平支撑）、体操动作（转体、跳步、跑）、平衡动作（静止、坐姿、站立或躺卧姿势），以及舞步。裁判关注优雅、灵活、韵律、平衡、节奏和自我控制。未完成规定动作、依靠平衡木侧面支撑腿部或暂停3次以上都会导致丢分。

跳马

赛事概述

跳马运动员要先快速助跑25米，然后从助跳板上起跳，继而用手推马动作。在双脚准确落地前，运动员利用势能完成不同的腾空动作，例如团身和屈体。从起跳开始算起，跳马用时不超过两秒钟。

腾空计划

快速助跑，再从助跳板上有力跃起，能够提供高度和旋转，从而完成不同风格的跳马动作。跳马动作可能包含空翻、屈体、空中身体全旋、在助跳板和跳马台之间转体四分之一周，或助跑后手倒立从地板空翻到助跳板等。落地是跳马的重要组成部分。双脚应该并拢，但为保持平衡，通常一只脚会前移或侧移，然后才再次并拢。

打分

体操运动员通常连跳两次。两组裁判分两类为每跳打分，分别为体现难度的D分，以及体现技术、完成和落地的E分。裁判看重干净利落的起跳和落地、腾空高度以各阶段动作的精确度。

必备知识

- 为降低事故风险，传统跳马已经被跳马台取代。对于复杂的跳马动作，马身表面积越大越安全。
- 跳马男女皆可参加；尽管男子跳马台比女子跳马台高10厘米，但器械基本相同。

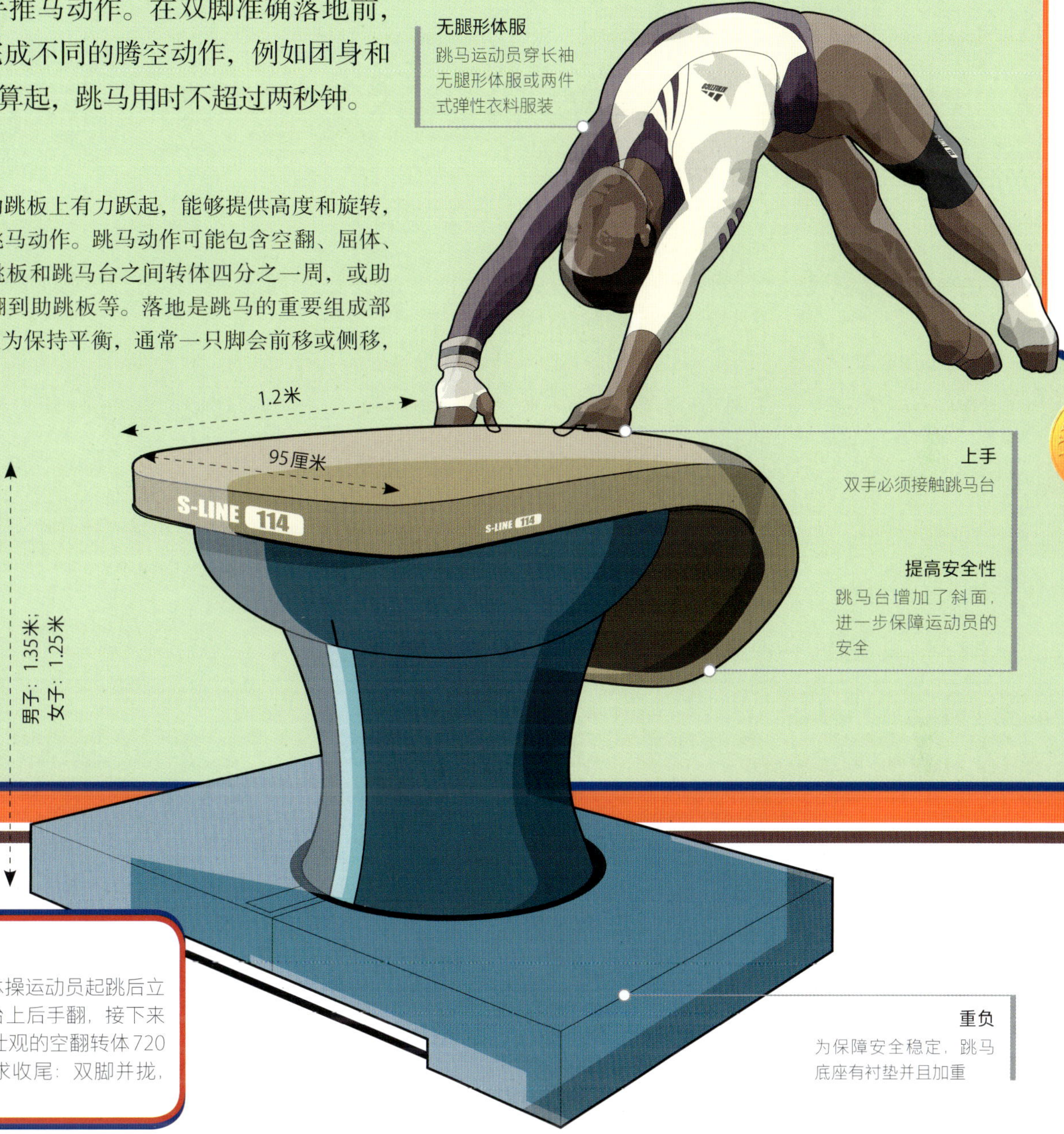

无腿形体服
跳马运动员穿长袖无腿形体服或两件式弹性衣料服装

上手
双手必须接触跳马台

提高安全性
跳马台增加了斜面，进一步保障运动员的安全

重负
为保障安全稳定，跳马底座有衬垫并且加重

尤尔琴科跳马

在这个跳马动作中，体操运动员起跳后立即空翻，然后从跳马台上后手翻，接下来腾空完成一次团身或壮观的空翻转体720度，最终按照落地要求收尾：双脚并拢，静止不动。

趣闻

0.031 2004年希腊雅典奥运会上，西班牙选手赫尔瓦西奥·德费尔（Gervasio Deferr）以0.031分之差击败拉脱维亚选手叶夫根尼·萨普罗年科（Evgeni Sapronenko），获得金牌。德费尔的总分为9.737，满分为10分。

4 共有4名运动员曾卫冕奥运跳马金牌，分别为：尼古拉·阿德里亚诺夫（Nikolai Adrianov，苏联，1976年和1980年）、楼云（中国，1984年和1988年）、赫尔瓦西奥·德费尔（西班牙，2000年和2004年）和维拉·恰斯拉夫斯卡（捷克斯洛伐克，1964年和1968年）。

催生跳马体操变革的最后诱因

今“马”非彼“马”。安全是推动变革的主因，但催化剂是2000年悉尼奥运会上的差错：18名女运动员完成比赛之后，才有人注意到器械高度比规定高了5厘米。

艺术体操

赛事概述

艺术体操是体操和芭蕾的结合体，个人或团队参赛选手手持各类器材（棒、圈、球、绳和带），随着音乐表演优美的编排成套。这项运动以女性参与为主，也有少数男性参加比赛，尤其是在日本。

比赛场地

比赛场地被称为体操台，铺有地毯，与自由体操场地相似，只是稍大一些。天花板必须至少距离地面8米，理想距离为10米，以便选手将器材抛得尽可能高。

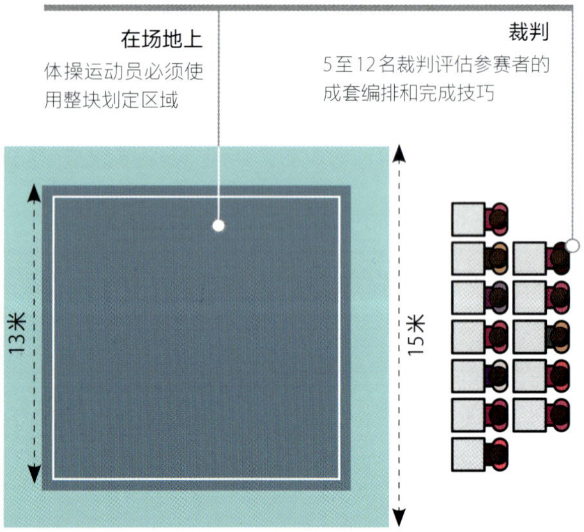

运动要求

任何体操项目的参赛选手都必须有强壮而灵活的身体。为操纵器材，艺术体操运动员还需要精准的手眼协调能力，并且还要天生擅长鉴赏音乐和韵律。

“无舞之雅”

19世纪，为促进年轻女性表达自我，“无舞之雅”运动兴起，艺术体操便由此肇始。美国舞蹈家伊莎多拉·邓肯（ISADORA DUNCAN）是推动“无舞之雅”运动发展的关键人物，她反对古典芭蕾的限制，创造了更为自由的运动形式。

必备知识

- 有国家和国际级别的艺术体操比赛；自1984年以来，艺术体操一直是奥运项目。
- 国际体操联合会是全球艺术体操管理机构，负责制定比赛规则，培训裁判。
- 竞技体操等所用的技巧动作，不一定会受到艺术体操裁判的青睐，并且手翻等动作不得用于比赛中。

比赛参数

参赛者选择每个成套的伴奏音乐，个人比赛时长为75～90秒，团队为135～150秒。体操运动员使用五种器材中的四种——每年，艺术体操管理机构都会决定排除何种器材。

坐着判断

虽然裁判人数时多时少，但不能少于五人。一位或一组裁判会考虑成套动作的难度，另一位或一组裁判则考虑编排和艺术性，第三位或第三组裁判评估成套完成情况以及技术错误的数量。协调裁判员监督裁判组并核对分数，总裁判长负责监督整场比赛，并对争议情况做出决定。

评分

个人比赛里，四种器材中每种器材的最高得分为20分，包括最高10分的完成分，以及最高10分的技术难度和艺术的平均分。团体比赛中，将体操运动员的分数相加，得到团体总分。

彩带

彩带的长度可能超过6米，表演成套动作时，体操运动员舞动彩带，使其盘旋萦绕。

棒

为了展示灵巧性和手眼协调能力，运动员会摆动，旋转，抛接棒。

球

体操运动员不许抓球，但必须通过拍球、抛掷、绕环等动作使球处于运动状态。

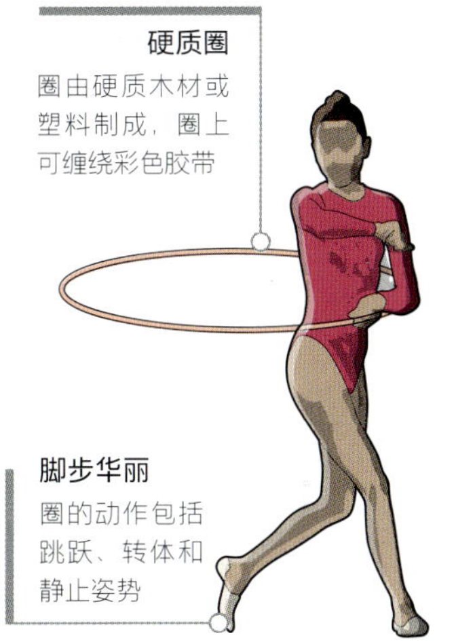

圈

比赛规则要求用圈完成身体绕环、抛接和转动的动作。圈操技术难度很高。

器材

器材使用的规则和要求都很详细，对运动员体力和脑力提出了特定需求。绳具有爆发力和动感，需要蹦跳。球更温和抒情，可能是最容易操作的器材。棒则考验体操运动员的协调性。使用带时，优雅灵巧的运动员才能在空中画出精巧的彩色图案。可以说，圈对技术水平要求最高。最初，棒和球是由木头制成，圈用橡胶制成，绳用麻制成，带用缎子制成。如今，这些器材几乎均由塑料等合成材料制成。

着装要求

着装规定很严格，违规会导致失分。服装（和器材）不得为金色、银色或铜色。对于无腿形体服的式样和材料，甚至服装腿部或领口的剪裁，都有相关规则。佩戴珠宝或发带不符合要求都会扣分。所有团体体操运动员必须着装一致。

幕后故事

20世纪初，瑞典艺术体操学校结合了各类有伴奏音乐的锻炼形式。尽管美国曾引入艺术体操，但人们兴趣寥寥。起初，艺术体操只在苏联越来越受到欢迎。自1948年起，苏联便逐步开始举办艺术体操锦标赛。第一届国际艺术体操比赛在8年后举行，但直到1984年，艺术体操才成为奥运项目（1996年增添团体赛）。此后，西班牙、意大利和巴西选手纷纷挑战东欧国家的传统霸主地位。

趣闻

16 艺术体操运动员有资格参加高级别赛事的年龄。艺术体操运动员的职业生涯非常短暂，大多数在十几岁或二十出头时达到巅峰。只有少数能在30岁后继续参赛。

400 艺术体操中球的重量，以克为单位。

1500 2007年，俄罗斯或乌克兰教练在越南教女生艺术体操时所获得的月薪，以美元为单位。

1 1963年至2018年，俄罗斯在世界艺术体操锦标赛上获得的金牌数。

105 世界锦标赛全能团体比赛所颁发的金银铜牌数量——每支获奖队伍有三到四名体操运动员，所以她们只能共享奖牌。

2000 据国际体操联合会估计，当今全球约有2000名顶级艺术体操运动员。

蹦床

赛事概况

蹦床运动兼具娱乐性和竞技性，蹦床运动员从弹力床上弹起，表演杂技动作。蹦床体操成套动作充满转体、翻转和类似跳水的复杂动作。蹦床在欧洲一些国家，以及美国、日本和中国都很受欢迎。蹦床运动员参加个人和团体项目，包括双人同步、双迷你蹦床和单跳。

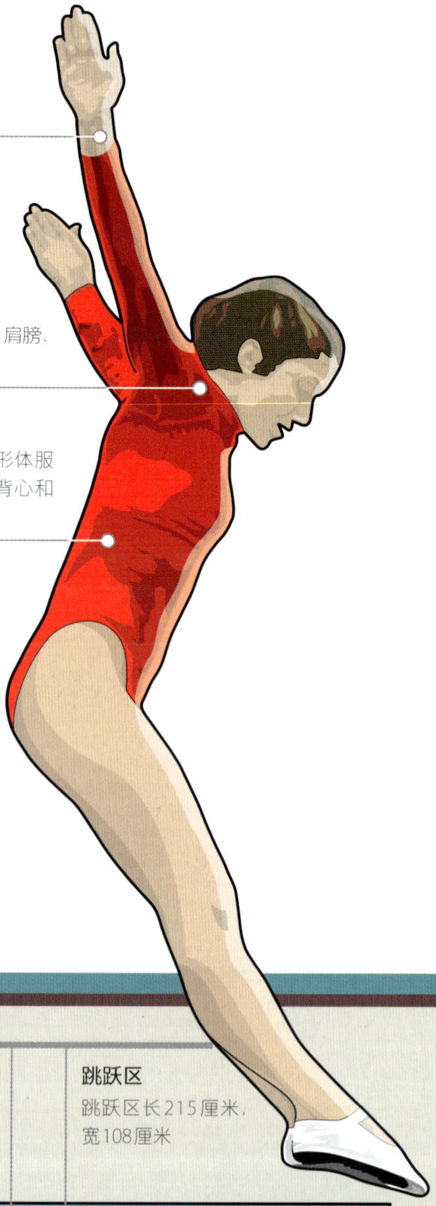

必备知识

- 20世纪30年代，美国人乔治·尼森（George Nissen）发明了蹦床。他用意为“跳水板”的西班牙语单词“trampolin”为其命名。
- 为了让蹦床运动员有足够的空间安全完成成套动作，比赛场馆的天花板至少要有8米高。
- 第二次世界大战期间，美国海军飞行学校（United States Navy Flight School）使用蹦床来提高见习飞行员的空中意识。

运动要求

蹦床运动员通过定期高强度训练保持身心健康，并逐步增强时间感和协调性，使动作节奏分明。腾空旋转时，能精准平衡，控制身体，会增加自信心。

蹦床

现代蹦床安全稳定，运动员能利用跳跃区实现良好身体控制，并利用蹦床反弹特性，达到腾空动作所需高度。蹦床有弹力，由尼龙带构成，四周弹簧使尼龙处于张力状态。钢架支撑着床体，将其抬离地面。

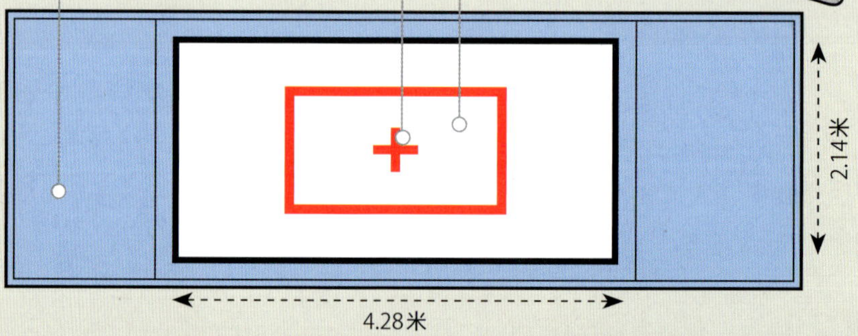

学习技巧

初学者学习基本技能，例如跳跃时膝盖上提，以及用身体前部和后部落地。中级技能包括前后空翻。高级技能包括空翻两周或三周和精准拆分动作，例如后空翻一又四分之三周，以及转体半周空翻。

跳水小丑

蹦床运动发展初期，拉里·格里斯沃尔德（LARRY GRISWOLD）与乔治·尼森共事。后来，他在游泳池、跳水板和蹦床上表演娱乐杂技、翻滚特技和小丑把戏，因而被称为跳水小丑。

趣闻

18.00 2010年世界杯赛事中，加拿大选手杰森·伯内特（Jason Burnett）创下了这一男子得分难度系数的世界纪录。

3333 目前连续空翻次数世界纪录。2003年9月，布莱恩·哈德森（Brian Hudson）在英国吉林厄姆跳跃者回弹中心（Jumpers Rebound Centre）创造了这一纪录。先前的纪录是3025个。

国际赛事

男女运动员定期参加国际蹦床个人及团体比赛，例如一年一度的世界杯，以及始于1964年的世界锦标赛。世锦赛每两年与欧洲锦标赛和泛太平洋锦标赛交替举行。2000年，蹦床成为悉尼奥运会项目。

得分点

蹦床比赛不同，裁判的评分系统可能也有所差异，但本质上，裁判都依据成套风格和完成情况打分。裁判看重姿势到位、高度一致、动作流畅等美学元素。完成一定难度系数的动作后，蹦床运动员会有加分。

姿势

蹦床成套动作由一系列空中杂技动作组成，其间不时与蹦床接触。空中动作的特点是旋转和跳跃，伴随着难度不同的三大姿势——团身、直体和屈体。纵向旋转形成空翻，而横向旋转形成转体，通过蹦床上的起跳和落地动作启动。落地动作需要蹦床运动员用到身体前部、后部、脚部或臀部。

屈团结合

这种姿势结合了屈体和团身。比赛中，多周转体同时多周空翻时，可采用这一姿势。

团身

蹦床运动员双手抱住膝盖，将其拉向胸部，形成团身姿势。通常在垂直跳达到高点时团身。

屈体

蹦床运动员双腿伸直并拢，身体向腿部靠，同时手尽可能握住小腿肌肉靠下的地方，从而形成屈体。

直体

蹦床运动员尽量伸直身体，双腿并拢，同时双手双臂贴住身体两侧，形成直体。

双迷你蹦床

参赛者沿着跑道助跑，跳上蹦床，完成两个动作，最多与蹦床接触三次，继而落到落地区。

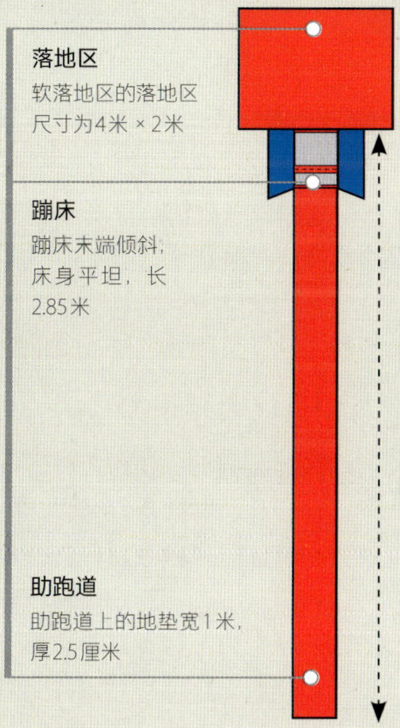

单跳

沿着跑道助跑时，参赛选手会完成包含八个单跳动作的成套动作，裁判会根据控制、姿势和节奏把握打分。最后运动员完成成套动作，落在落地区。

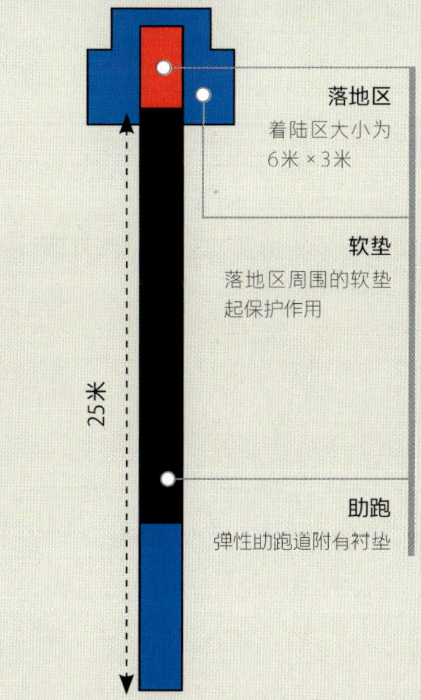

幕后故事

世界年龄组运动会与世锦赛同年同地举行。国际体操联合会（见下方）的各个会员协会可派出最多80名运动员参赛。有些比赛的参赛选手可多达800名。参赛运动员是男孩和女孩，分四个年龄组：11～12岁、13～14岁、15～16岁和17～18岁。比赛包括单人蹦床、双人同步蹦床、双迷你蹦床和单跳。

管理机构

国际体操联合会是全球历史最悠久的体育联合会，负责管理各类竞技体操运动，包括蹦床。

技巧运动

运动概述

在体操的力量、平衡、优雅的基础上，技巧运动还结合了团队合作和音乐伴奏。两名及以上技巧运动员表演精心编排的系列动作，包括平衡、手翻、空翻和翻腾，从而获得完成分和艺术印象分。

必备知识

- 1974年，国际技巧运动联合会（International Federation of Sports Acrobatics, IFSA）在莫斯科举办首届世界技巧运动锦标赛，此后每年举办。技巧运动是2000年悉尼奥运会表演项目。
- 技巧运动在俄罗斯和中国最受欢迎，在美国、英国等多个国家，参与人数也在增加。
- 技巧运动又名技巧体操或技巧，与传统体操联系紧密，两者之间共同点越来越多。

金字塔造型
在此平衡成套中，裁判会依据技术和艺术性打分。

稳定器
中层运动员站到底座运动员身上后，起到稳定作用的运动员会加入到造型中

比赛场地

技巧运动员在橡胶垫上或铺有地毯的弹性地板上比赛。裁判坐在一起，因此视线相同，也便于商议。

1. **裁判组** 裁判组做出最终决定
2. **裁判长** 监督和裁决比赛争议
3. **难度裁判** 判定动作的难度值
4. **完成裁判** 对技术缺陷扣分（从10.0分起扣）
5. **艺术裁判** 对艺术缺陷扣分（从5.0分起扣）

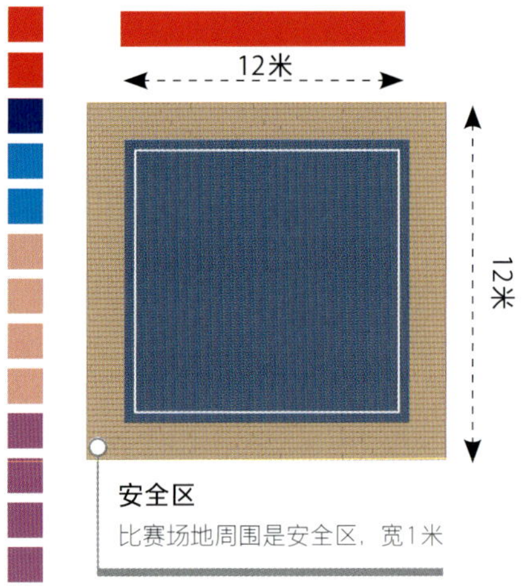

比赛成套

技巧运动有男子双人、女子双人、混合双人、女子三人、男子四人这五个项目。参赛者通过三套动作展示不同技能，每套用时不超过2分30秒。这些成套分别侧重于平衡、动力以及两者结合。动作次序要精准把握：裁判组会密切关注（见上文）。

技巧运动的技能

比赛分三部分，每部分都旨在突出技巧运动的某个方面，并展示团队中不同成员的特定关键技能。

平衡成套 团队采用并保持复杂的姿势，包括金字塔造型。这些姿势必须保持3秒钟。

动力成套 也称为节奏成套，比平衡成套更具动感。例如，运动员将队友抛到空中进行空翻，并完成高难度高速翻腾。

组合成套 第三个成套应该展现拿手绝活，将前两部分的技巧相结合。

运动要求
团队成员通常相得益彰：位于底层的运动员身材高大强壮，站在他们身上或从他们身上跳下来的“飞人”则小巧灵活。所有运动员节奏感都很强，因此都擅长跳舞。

必备知识

- 竞技健美操，又称有氧体操，起源于传统有氧运动。
- 三人和集体项目参赛运动员可以是全部为男子或女子，也可混合，但双人项目均为混合项目。六名成员组成一个团队。
- 2006年，中国运动员敖金平成为男子世界冠军。西班牙运动员埃尔米拉·达萨艾娃（Elmira Dassaeva）成为女子世界冠军。

竞技健美操

运动概述

竞技健美操是由健身项目演变而来的。单人、混合双人、三人或集体项目的体操运动员完成成套动作时必须展现动态和静态力量、跳跃能力、灵活性和平衡。

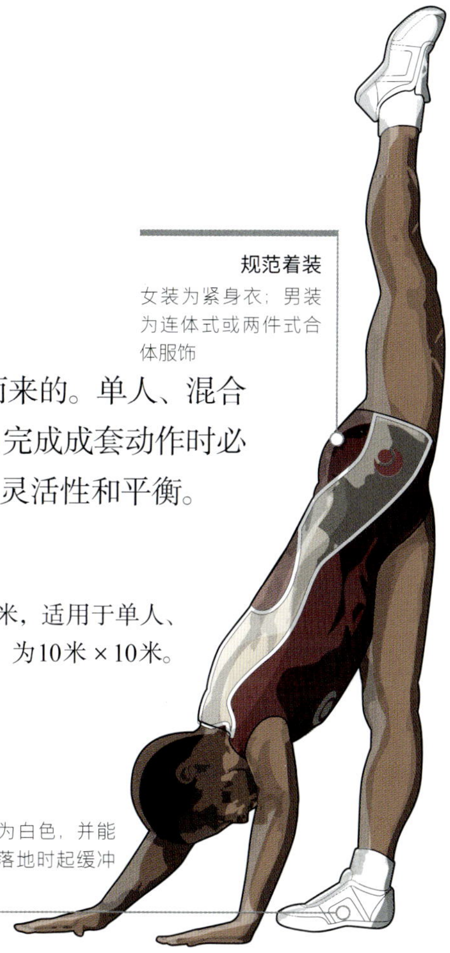

比赛场地

场地为弹性木地板，场地面积为7米×7米，适用于单人、混合双人和三人项目。集体项目比赛场地更大，为10米×10米。

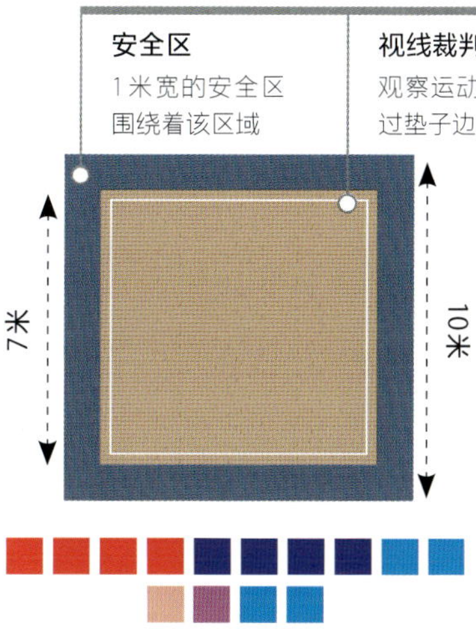

运动要求

体操运动员需要较强的心血管功能。顶尖运动员往往四肢灵活，可以伴随音乐迅速优雅地舞动。他们的身体协调性和柔韧性极为出众。

1. **艺术裁判** 评估成套动作的原创性
2. **完成裁判** 评估技术熟练度
3. **难度裁判** 根据严格的标准评估运动员表现
4. **计时裁判** 对用时过长或过短的运动员扣分
5. **裁判长** 监督其他裁判的工作

遵守规则

伴随着一段自选动感音乐，体操运动员完成一个连续成套，用时必须刚好为1分45秒。运动员使用整个比赛场地，并随着音乐律动。他们必须完成至少8个、最多12个规定动作，包括支撑、杠杆、跳跃、水平、柔韧和转体。他们至少要完成俯卧撑、自由倒地和旋腿中的两个动作，并展示艺术美和原创性。

打分

参赛者初始分数为满分10分，裁判组根据错误扣分。例如，运动员每漏掉一个组别的动作就会丢0.2分，而出现违例动作则会丢1.0分。

地板移动

四组动作要展示柔韧和平衡、动力性力量、静力性力量和跳跃。参赛者还必须展现七个基本步伐：踏步、后踢腿、弹踢腿、吸腿、踢腿、开合跳、弓步。

高踢腿

抬起腿的髋部屈伸达180度，同时膝盖伸直，绷脚尖。

巴西战舞

该动作展示了动力性力量，这是裁判所看重的。

跳跃

跳跃动作包括剪式变身跳、分腿跳和劈腿跳（上图）。

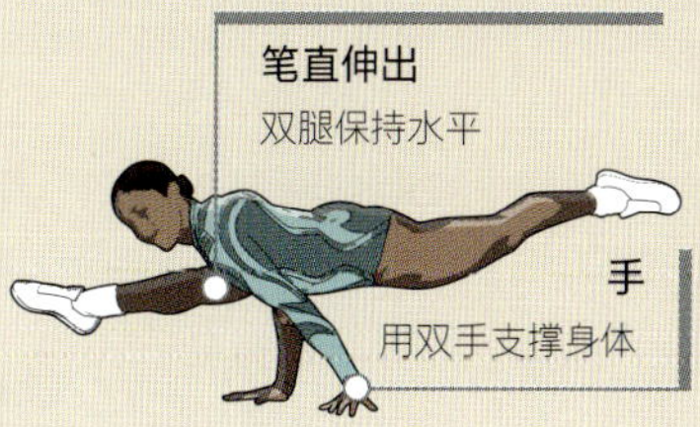

静力性支撑

体操运动员在半空中劈叉时，身体重量靠双手支撑。

幕后故事

20世纪60年代末，健美操成为健身项目，最具代表性的人物为美国女演员简·方达（Jane Fonda）。一开始，人们认为健美操还不足以成为一项运动。随着大众接受度的不断提高，1994年，健美操运动最终获得国际体操联合会认可。1995年，首届竞技健美操世锦赛在法国巴黎举行。超过70个国际体操联合会会员协会将竞技健美操列为体操比赛项目。

举重

必备知识

- 举重曾是1896年首届现代奥运会项目之一。1904年，举重重新登场，并自1920年起成为男子常规项目。2000年悉尼奥运会首次引入女子举重比赛。
- 顶尖运动员可举起自身体重两倍以上的重量。1988年，苏联代表队的白俄罗斯选手列昂尼德·塔拉年科（Leonid Taranenko）举起266千克，创造了挺举历史纪录。

钢制杠铃杆
男子和女子杠铃杆的长度和重量不同

重物
杠铃片由铅制成，每片颜色与重量对应

举重服饰
一体式服装不得阻碍裁判观察膝盖和肘部

紧带
支撑背部和腹部；宽度不得超过12厘米

鞋
举重专用鞋为平底鞋，有稳定作用

运动概述

参赛选手举起两端装有重物的杠铃。运动员可选择某一重量进行三次试举。试举成功后，杠铃要加重。举重成绩最高者获胜。有两种截然不同的举重技术，分别为抓举和挺举。

重负

参赛者根据体重分为不同组别。目前，男子有八个级别——低至56千克，高至105千克以上——女子有七个级别——48千克以下，至75千克以上。运动员轮流试举各个重量。运动员选择初始重量，试举重量轻的运动员先进行试举。任何特定重量下试举失败的运动员都可以再次试举，或稍后试举更重的杠铃。

举重方式

抓举时，运动员必须以单一、稳定的动作将杠铃举过头顶。挺举时，运动员必须首先提铃，将杠铃从地面提至肩际，然后上挺，抬起杠铃，将其举过头顶至两臂伸直。举重完成后，运动员必须将杠铃保持在最终位置，不得移动手腿，直到裁判示意可以放下杠铃。

抓举

1 **抓牢** 举重运动员握住杠铃，握距较宽，然后集中力量上提

2 **过渡模式** 举重运动员伸直膝盖，准备弯肘

3 **膝部发力** 举重运动员再次屈膝，使体重置于杠铃下方

4 **最后一推** 伸直双腿，将杠铃举在头顶上方

挺举

1 **手握杠铃** 举重者握住杠铃杆，蹲下，准备提起杠铃

2 **提起** 首次上提主要依靠大腿和背部肌肉发力，而非腿部肌肉

3 **颈托** 杠铃与颈部同高度时，举重者将其举到肩膀附近

4 **最后一推** 弯膝，以便最后上推发力；双腿张开，保持平衡；手臂完全伸直

5 **收尾** 双脚站稳，完成挺举；在裁判示意前保持住姿势

运动要求

举重运动员的颈部、肩部、腹部和大腿肌肉高度发达。运动员努力举起比自己重的杠铃时，心率可达每分钟190次（一般心率为60～80次）。

力量举重

运动概述

力量举重是对纯粹力量的终极考验。这项新兴运动包含三个举重项目：深蹲、硬拉和卧推。力量举重冠军堪称世上最强壮的人。

比赛中

比赛分四个年龄组，从14岁以上到50岁以上不等。男子比赛有52千克至125千克以上共11个重量级；女子比赛有44千克到90千克以上共10个重量级。每项赛事都包含所有三类举重，参赛者可以每类举重都试举三次。举起总重量最高者获胜。平局时，体重最轻者胜出。

运动要求

力量举重运动员的力量核心区域是肩膀、胸部、手臂、背部、大腿和膝盖。肌肉暂且不论，较矮的运动员有优势，因为他们举重时，杠铃移动距离较短。举重运动员必须进行训练。比赛开始前，他们经常挑战极限，试举重量超出比赛的试举预期值。

加重员

力量举重比赛中，加重员可帮助参赛者从架子上取下杠铃，为举重做准备。完成举重时，加重员也可以协助放回杠铃，但不得干扰试举。

必备知识

- 1970年，首届世界锦标赛在国际力量举重联合会（International Powerlifting Federation, IPF）的支持下举行。
- 力量举重运动已从小众运动发展为越来越受欢迎的国际运动：国际力量举重联合会现有100多个成员国。

深蹲

举重者从架子上取下杠铃，肩扛杠铃下蹲，髋部低于膝盖。然后运动员恢复直立姿势，举着杠铃，直到裁判示意可将其放回架子上。

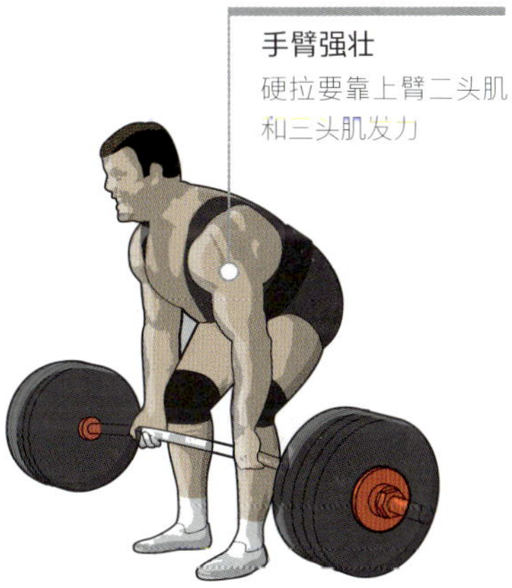

硬拉

运动员从地板上提起杠铃，直到身体伸直且背部笔直，然后保持住这个姿势，直至裁判示意举重结束，运动员才将杠铃稳稳地放回地上。

卧推

运动员斜靠在长凳上。两位加重员协助运动员从架子上取下杠铃，并将其往下放至接触到运动员胸部，推起杠铃至两臂伸直，然后稳住不动。

团体运动

TEAM SPORTS

03

足球

运动概述

足球魅力十足，广受欢迎，原因就在于其简易性：两支队伍，各11名球员，都努力将球踢进对方球门。与板球、橄榄球等较为复杂的团队运动相比，足球规则更少，比赛往往十分流畅，令人感到紧张刺激。一般认为，足球是世上最受欢迎的运动，几乎每个国家的民众都热衷于踢球或看球。

“足球之王”

贝利（PELÉ），全名埃德松·阿兰特斯·多·纳西门托（EDSON ARANTES DO NASCIMENTO），是巴西足球传奇，堪称史上最佳足球运动员。贝利所在的巴西国家队赢得了1958年、1962年和1970年世界杯冠军，贝利为国出战91场国际大赛，获得77粒进球（国家记录）。贝利有着卓越的技术、速度、令人眼花缭乱的创造力和终结能力，是完美的足球运动员。

运动要求

足球运动员大多身材苗条，运动能力出色，球技精湛。球员精于跑步，擅长维持平衡，能够快速反复变向。球员的冲刺技术令人印象深刻，但他们还能留足巨量体力，90分钟几乎跑个不停。由于足球是接触性运动，球员——尤其是守门员——需要一定的勇气，抢断或争抢头球时尤为如此。

必备知识

- 自1863年足球协会成立以来，足球官方名称为“协会足球”。“足球”这项运动最初源自“协会”。
- 足球比赛在矩形球场上进行，两队各有11名球员。比赛分上下半场，各45分钟，中间间隔时间很短。
- 其他形式的足球比赛包括沙滩足球和室内足球（也称为“五人制足球”，两队均有五名球员，比赛分上下半场，各20分钟）。
- 世界足球管理机构为国际足球联合会（Fédération Internationale de Football Association），成立于1904年，有208个成员国。

全球现象

国际足联2006年的全球普查数据（BIG COUNT）现实，全球有2.65亿名球员，500万名裁判，共计2.7亿人投身于足球运动，约占世界人口的4%。

球场

足球比赛场地为平坦矩形草地或人造草皮球场，其大小和标志线如下图所示。球场外沿勾勒着边线和端线，如果球完全过线，则算出界（如果球越过球门柱之间的端线，则算进球）。如果球有一部分在边线上，则不算出界。虽然足球比赛大多在草地上进行，但人造草皮在非洲等地应用愈加广泛，因为这些地区急需节约自然资源，水资源尤为如此。不过，无论是什么场地，任何人都可以踢野球：只需两支球队、一颗球、两个临时球门和一块平整的场地，从公园到运动场，从街道到海滩，任何地方都可以。

球门

两根球门柱与地面垂直装牢，横梁将两者相连，共同构成球门。各部分均为白色。如果球门附有网，则必须支撑得当，不得干扰守门员。

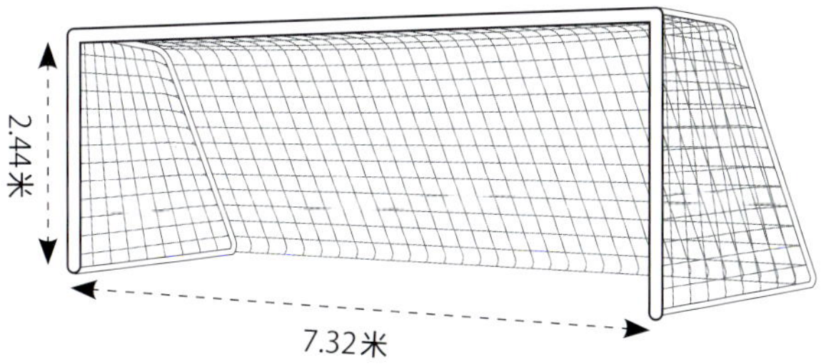

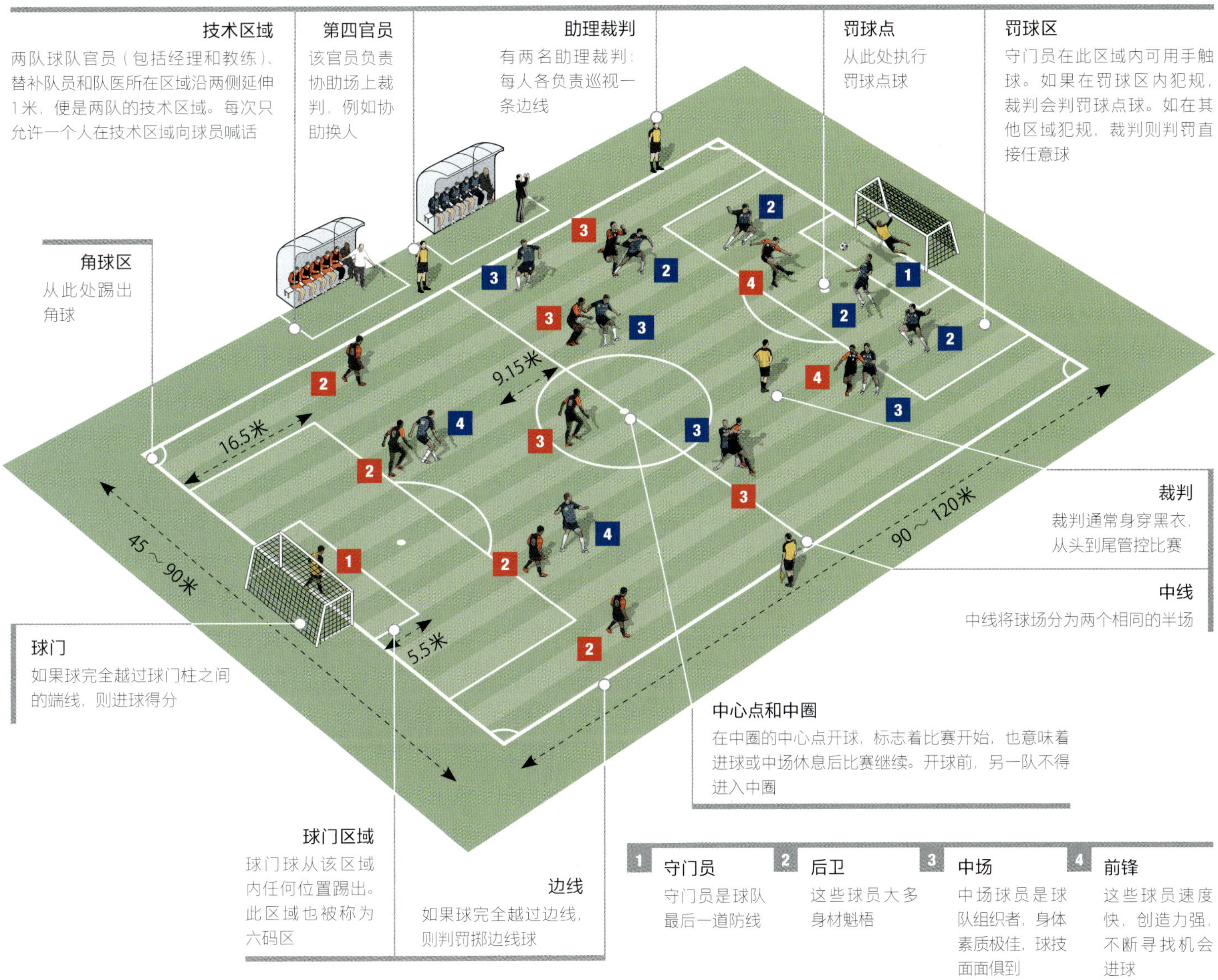

球员位置

一支球队的球员位置分为前锋、中场、后卫和守门员。球员担任与自身技能和比赛风格相匹配的位置。前锋主要负责进球（不过，包括守门员在内的任何球员都有可能进球）。前锋速度快，头球能力强，脚法娴熟，射门精准。中场负责串联后卫和前锋，攻守兼顾。后卫协助守门员把守球门。后卫球员擅长抢断、大脚解围和头球。全队仅有守门员能用手持球（但仅限于罚球区内）。守门员接踢球技巧高超，并且极为敏捷，反应迅速。比赛期间允许换人，但换下的球员不得再上场。

幕后故事

尽管比赛日上场的是队中11名球员加上替补，但为了让一线队伍处于最佳状态，蓄势待发，顶级足球俱乐部要仰仗于数十名幕后工作人员。专业体能教练帮助球员保持体能，理疗师和医务团队帮助球员保持最佳状态并疗养伤病。技术层面上，俱乐部聘请的各类教练与球队不同部门合作，掌舵的是主教练、首席战术教练和球队选拔教练。

装备

一直以来，足球的一大吸引人之处是所需装备极少。因此，不论贫富，人人都能踢野球。正式比赛则要求球员必须穿着有袖球衣、球裤、球袜、护胫和球鞋。球员不得佩戴珠宝等具有潜在危险的物品。若球员着装不当，会被裁判请离球场，只能等裁判认可着装后才能重新上场。

现代足球

比赛用球圆周长为68～70厘米，重410～450克，充气压力为600～1100克/平方厘米。大多数足球都有一层缝起来的合成皮块（过去，真皮足球容易吸水而变沉）。球胆为气囊，通常由乳胶或丁基橡胶制成。足球内胆和外壳之间是内衬，由涤纶或棉制成，使球牢固而有弹性。

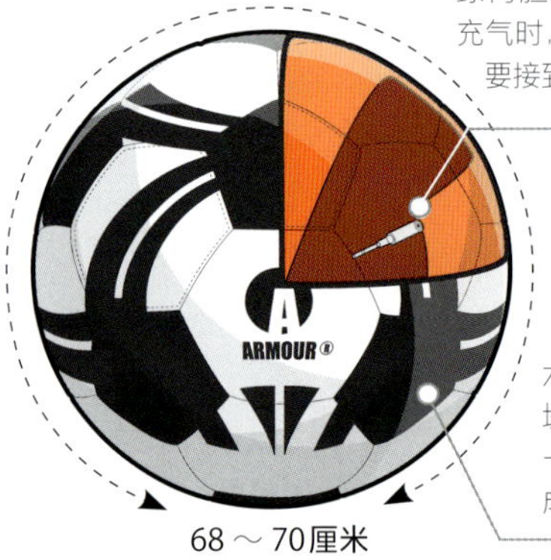

比赛概述

开赛前，两支球队分处各自半场，并从多种阵型中择其一摆出。开球时，进攻方球员把中心点上的球往回踢，比赛由此开始。之后两队便努力将球踢进对方球门。球员可以用除手和手臂外的任何部位让球在场上移动，90分钟后进球多的球队获胜。如果比赛结束时两队均未进球，或进球数相同，则比赛打平。但是，为了决出胜负，一些比赛会进行加时，必要时还会追加点球大战。

进攻

控球并往前推进的球队为进攻方。任何攻势最终都是为了进球，只有持球球员离球门足够近，才有希望射门进球。因此，进攻方必须在场上传球或带球，掌控球权，避开防守球员。为了破解防守，无球进攻球员应该不断寻找空间——防守真空区——跑进去，准备好接球。

传球

要传球到位，需要做到三点：发力得当、方向准确和掐准时机。传球时可以使用三个脚部位置：内侧用于快速、短传；脚背长而有力的传球；或者简称外线，在跑动中变相传球。

运球

运球指的是跑动时，主要靠脚外侧和脚尖紧紧控制住球。运球球员应该常常抬头观察，权衡进攻方式和防守球员的威胁。

传中

传中是从球场边缘将球快速传给中路进攻球员。传中如果到位，则极难防守。

射门

球传过来时，速度和角度各不相同，因此射门技术也多种多样。不过，足弓击球最常见，这样射门球飞得低而有力。

大力射门
腿部有力摆动，强力射门

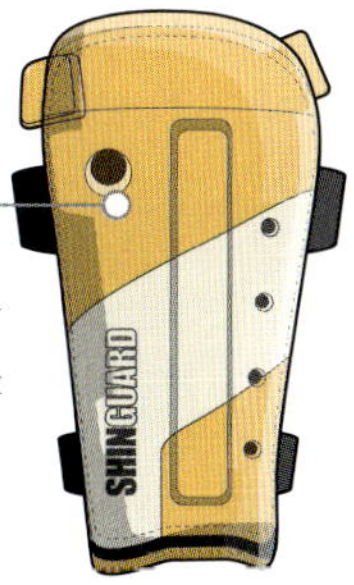

护胫
铲球或被对方铲球时，护胫能保护好小腿

手套
许多现代手套的指套内都有可拆卸的防护增强材料

足球鞋

足球运动员需要舒适、轻便且耐用的球鞋。球员在草地上穿钢钉球鞋，在人造草皮上穿抓地力强的橡胶碎钉球鞋。

腿部防护

护胫由塑料、橡胶或类似材料制成，穿戴时必须用袜子完全盖住。

手套

守门员佩戴手套，接球时能把球抓得更牢。手套背面具有透气性，腕带能增强支撑。

防守

防守方的任务是阻止进攻方进球，夺回控球权，形成反击。为此，防守方可选择拦截进攻方的传球，压迫进攻方空间，通过紧盯迫使对方出现失误，以及铲球后获得球权。防守方通过防守策略抵御攻势。例如，在区域防守体系中，防守球员负责特定区域，并主要根据队友的相对位置而移动。另一种策略是盯人防守，防守球员分别负责盯防特定进攻球员。

扑救
保卫球门时，守门员需要极强的敏捷性和运动能力

伸手接球
守门员展体伸手，拦截射门

守门

守门方式包括接球、将球顶出横梁或门柱、将球击出或踢开。守门员随后将球抛出或踢出，开启下一波进攻。

争抢球权
防守者倒地滑行，伸脚够球；防守者必须冲着球去，不能冲着人去

快速移动
拦截时，防守者要反应迅速

防守压力
负责盯防的球员始终紧跟盯防对象

铲球

用脚抄球，即为铲球。滑铲（如上图所示）有时极为有效，但防守者必须掐准时机，否则可能犯规。

拦截

通过持续盯防和压迫进攻空间，防守方整体向进攻方施加防守压力，这往往是成功拦截传球的原因所在。

盯防

盯防指防守球员紧贴进攻球员。防守者可通过盯防断球，且进攻球员可能不会将球传给被盯防的队友。

趣闻

11 一场比赛下来，中场球员跑了约11千米，前锋跑了约8千米，后卫跑了约7千米，守门员跑了约4千米。

42 世界杯决赛中，进球时年龄最大的是42岁的喀麦隆球员罗杰·米拉（Roger Milla）。

354 美国球员克里斯汀·莉莉（Kristine Lilly）参加的国际大赛场次，为当今世界纪录。

10.89 2002年世界杯三、四名决赛中，面对韩国队的防守，土耳其球员哈坎·苏克（Hakan Sukur）在开赛后仅10.89秒便完成进球，创造了世界杯最快进球纪录。土耳其最终以3：2赢下比赛。

16 2019年国际足联女足世界杯美国观众的数量（以百万计）。

1281 终其职业生涯，贝利为巴西队、桑托斯队和纽约宇宙队共效力22年，出场1363场比赛，打进1281球。

定位进攻套路

如果裁判因犯规而吹停比赛，又或者球越过边线或端线，进攻方将执行发角球、掷界外球等固定动作，这便是定位进攻套路。由于很大一部分进球来源于此，因此进攻方将摆好阵势，按照特定模式移动，志在进球。防守方则尽力加以阻止。例如，进攻方在球门附近获罚任意球时，防守球员可能会在踢球球员前面排成一排人墙，以期拦截任意球。掷界外球或发角球时，进攻球员寻找切入空间，防守球员则寸步不离。

掷界外球

若一方球员将足球完全碰出边线，则另一方掷界外球。

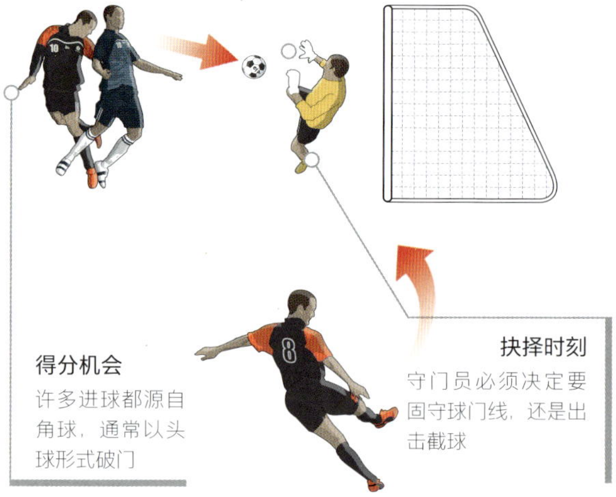

角球

若球被防守队员碰出端线，则判罚角球。在离球出界处最近的角球区发角球，可直接进球。

任意球

任意球分两类。若出现绊倒对方球员等较严重的犯规，则判罚直接任意球，踢球球员可直接进球。若出现阻碍对方球员等较轻微的犯规，则判罚间接任意球，必须在踢球球员以外的球员触球后才能进球。

罚球点球

如果原本会判罚直接任意球的犯规出现在罚球区内，则判罚点球。点球踢出前，守门员不得离开球门线。因为点球进球实属众望所归，所以主罚球员可能要承受巨大压力，点球大战时尤为如此。

裁判

比赛中，裁判拥有全面最终裁定权，包括执行共计17章的《足球竞赛规则》(见第105页)。如果裁判认为停止比赛不利于被犯规的球队，那么便可根据“有利”原则，让比赛继续进行。优秀的裁判有助于比赛保持流畅并展现出良好的精神风貌。

不正当行为

如果球员严重违反竞赛规则，例如表示异议，裁判可用黄牌表示警告，或用红牌将球员驱离出场。如果同场比赛领到两张黄牌，则自动视为领到红牌。

裁判手势

裁判服装颜色（通常为黑色）与球员不同，以示区分。裁判吹哨表示比赛开始或停止，并通过一组手势（见右图）表明判罚结果。

助理裁判

两名助理裁判分别位于两条边线上。当裁判所处位置不佳，不便判决时，助理裁判负责做出判罚，包括判定越位及应掷界外球的球队。

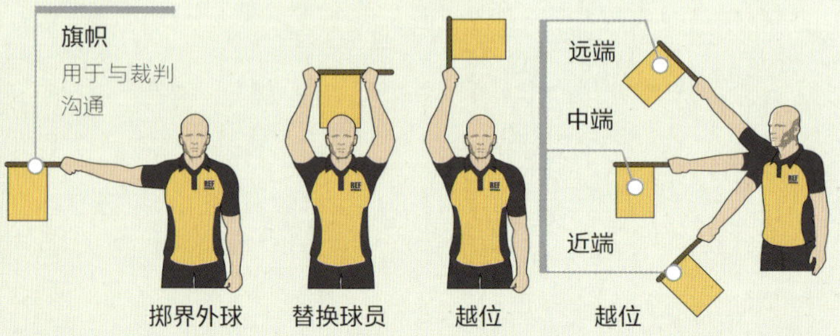

照章踢球

首套统一的足球规则制定于1863年。如今,《足球竞赛规则》共十七章，由国际足联执行。竞赛规则历经多次修改，规定了各方面内容，从比赛场地大小、所用设备，到裁判职责、犯规和定位进攻套路，无所不包。

犯规

第十二章的内容涵盖犯规、不正当行为和有关判罚。如果球员以鲁莽或过度用力的方式踢、绊、跳向、冲撞、击打或推挤对方球员，则判罚对方罚直接任意球；如果球员（守门员除外）手球，铲到球之前先接触对方球员，拉扯对方球员或向对方球员吐唾沫，也判罚给对方直接任意球。如果球员妨碍对方，阻挡守门员将球掷出或滚出，或者以危险的方式踢球，则判罚对方罚间接任意球。同样的判罚也适用于守门员的各类犯规行为；例如，守门员用手持球超过6秒。

铲对方球员

如果防守球员铲到对方球员而非球，则为犯规。因为从后侧铲球很难先碰到球，所以最好从前面或侧面铲球。滑铲一旦时机不当（如上图所示），很容易出现犯规。

拉扯

如果球员拉扯对方球员的衣服或肢体，则为犯规。因为被拉扯的球员寸步难行，所以裁判对拉扯行为抓得很紧。

危险动作

危险动作形式各异，但往往与抬脚铲球或鲁莽铲球有关。这些动作对被铲球员和铲球球员都很危险。

妨碍

如果一名球员挡在球和对方球员之间却未尝试争抢球，便是在妨碍对方球员。

绊

绊倒对方的行为不但危险，且不符合体育精神，属于犯规动作。不过，有时很难判断球员是否被绊倒还是假摔。

越位法

第十一章《越位》可能是争议最大、修改最频繁的足球规则。如果一名球员身体的任何部分（不包括手和手臂）在对方半场，并且比球和对方倒数第二名队员更靠近对方球门线，则该球员处于越位位置。如果这名球员齐平于对方倒数第二名队员或对方最后两名队员，则该球员不处于越位位置。在队友触球的瞬间，只有当处于越位位置的队员干扰比赛时（处理或触及队友传来或触及的球，或者干扰对方队员），这名球员才应被判罚越位犯规。出现越位犯规时，判罚间接任意球。制定越位规则是为了防止进攻球员在球门附近逗留，否则足球比赛会沦为球场两端之间的长传。

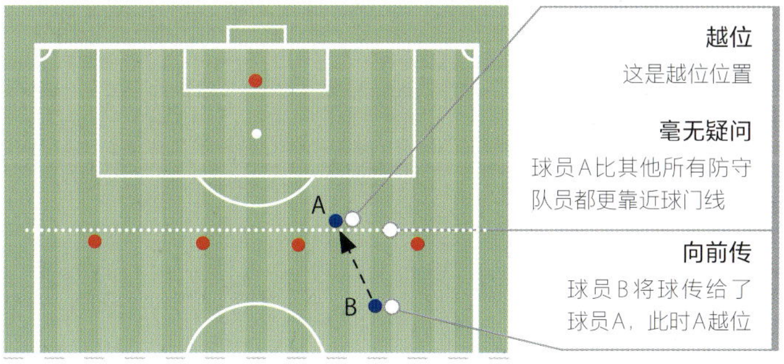

越位

在上述情况下，球员A越位，对方将会罚间接任意球。这是因为当球员B传球时（如箭头所示），球员A和球门线之间只有一名防守球员（守门员）。

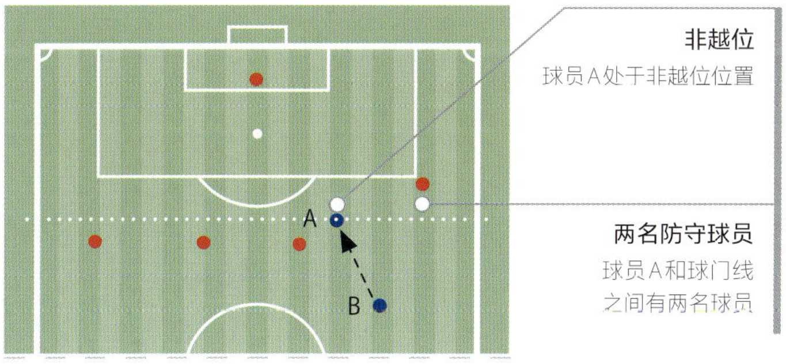

非越位

在此处场景中，球员A没有越位。这是因为当球员B传球时（如箭头所示），球员A和球门线之间有两名球员。与防守者齐平便不越位。

> **“上帝之手”**
>
> 有时球员犯规后还能安然无事。最著名的例子或许要追溯到1986年世界杯1/4决赛阿根廷对阵英格兰的比赛。刚刚进入下半场，阿根廷球员迭戈·马拉多纳（DIEGO MARADONA）跟进一颗高弧球，跳起，击球入网。裁判认定进球有效，阿根廷继而赢得比赛（2∶1），并且赢下了世界杯。许多年后，马拉多纳承认自己手球，但他当时却声称那个进球“有一小部分要归功于上帝之手，还有一小部分要归功于马拉多纳的头”。

球技

足球运动员必须会控制球——主要用脚，但也要用手和手臂以外的部位。控制球的一方掌握球权。核心技术包括踢、传、近距离控球（包括停球，用脚部、头部、胸部或大腿将球停下来）、带球跑动（运球）、射门、铲球和头球。要成为顶级足球运动员，必须掌握以下技能。

训练

足球运动员训练强度大，频率高，可通过团队或个人训练来练习技术。体能充沛也很重要：筋疲力尽的球员对球队毫无用处。体能训练可能包括短跑（提高速度）、循环训练（提升肌肉耐力）、举重（增强力量）和拉伸（加强柔韧性）。

胸部停球

球员可以用胸部控制球甚至传球。控球时，胸部为落下的球充当“缓震”；传球时，挺起胸部，迎向飞过来的球。

大腿控球

当飞来的球高于膝盖，但又低于胸部时，用大腿控制球。为此，要在接球前稍微将大腿放低，以便为球提供缓冲。

抽射

在球弹起前将其踢出，这便是抽射。因为在将球踢出去之前并未控制住球，所以抽射方向较难掌握，但球速极快。

头球

头球是重要的足球技术，使球员有机会触及飞得过高、无法用头部以外部位控制的球。头球主要用于防守、传球和射门。

护球

护球指控制球权的球员挡在球和防守者之间。只要这名球员控制住球，那么护球就完全合法。

日进斗金

世界顶级球员能获得极为丰厚的酬金。据估计，薪金最高的足球运动员（巴塞罗那足球俱乐部球员利昂内尔·梅西）2018年的收入为1.123亿英镑。英格兰一流球员的收入是英国平均工资的200多倍。世界上最富有的足球俱乐部是皇家马德里，2017—2018赛季的收入预计超过7.5亿英镑。这些数字体现了足球作为全球最受欢迎运动的地位。

弧线球

为了用右脚踢出从右往左（从球员的视角看来）的弧线球，球员用球鞋内侧踢球右下方。为了用右脚踢出从左往右的弧线球，球员用球鞋外侧踢球的左侧。在这两种情况下，脚腿都沿着与预期球飞行路径相反的方向完成随后动作，以便斜切球，使球旋转。在传球、射门、点球、角球或任意球时，可运用弧线球，使球绕过防守球员。

阵型

球队的场上阵型可用一组数字表示，每组有三到四个数字。例如，4-4-2表示四个后卫、四个中场和两个前锋。由于守门员不计入阵型，因此数字总和均为10。球队通常根据比赛风格选择开场阵型（见下文），但可能会视比赛情况做出调整。例如，如果处于领先的球队不想冒险丢球，可能会采用偏重防守的阵型。阵型组合很多，此处列出三种常见阵型。

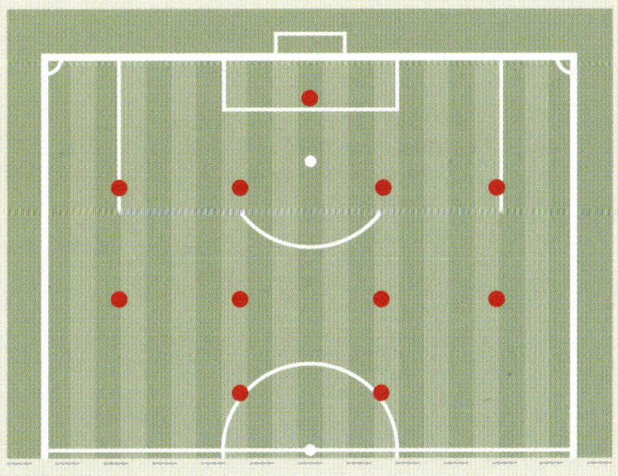

4-4-2

这可能是当代足球中最常见的阵型。4-4-2阵型，又名“四后卫平行站位”，可变性很强。在这个体系中，中场球员与后卫和前锋进行大量配合。大多数情况下，中场球员任务最为繁重，要大量跑动。

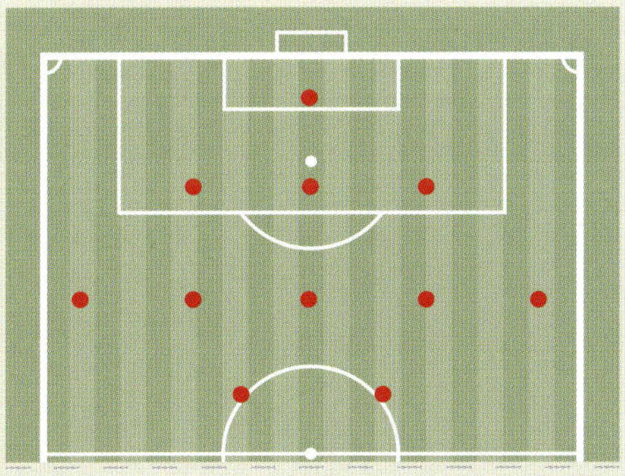

3-5-2

在该阵型中，左右翼中场球员通常辅助前锋，偏重进攻，内侧中场球员则常与后卫紧密配合，在队友大多位于对方半场时协助抵御对方的反击。

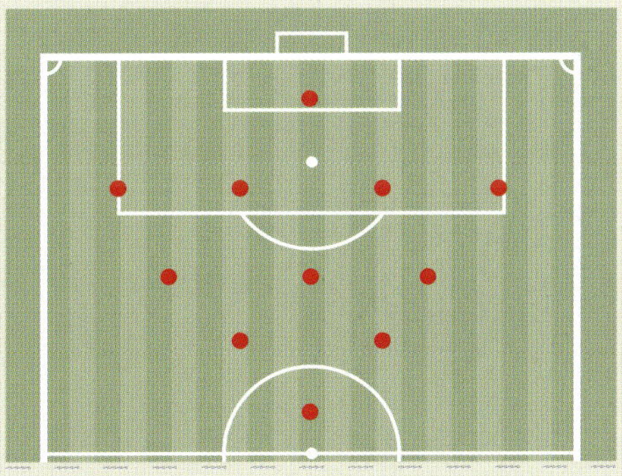

4-3-2-1

该阵型也被称为“圣诞树”，是4-4-2阵型（见上文）的变体，将一名中场球员提到进攻位置。这意味着有三名前锋，中间位置的前锋会比其他两名前锋更加靠前。

幕后故事

公元前2世纪至3世纪，中国出现了已知最古老的足球。古希腊、古罗马等其他早期文明也出现过足球类比赛。不过，过去1000年里，足球的发展主要是在英国实现的。早期，足球形式多种多样，一场“比赛”往往是两个村庄之间的全员混战。19世纪时，足球历史迎来了关键时刻。在19世纪早期，公立学校很流行踢足球，但是没有统一规则，有些学校中意粗放的比赛形式，包括持球和带着球跑，其他学校则偏好以运球为基础的比赛形式。

足球规则

1863年召开的会议正式制定了规则。其间，橄榄球独立了出去，足球协会和禁止用手持球的“协会足球”诞生了。世界首场足球比赛——英格兰足协总杯于1872年举行。1904年，国际足球联合会成立了。如今，国际足联的会员有211个之多。

国际比赛

毫无疑问，每四年一次的国际足联世界杯是意义最重大的国际足球比赛，全球总观看人次达数十亿，与奥运会并列为顶级全球体育赛事。世界杯分为男子和女子世界杯。许多其他国际比赛包括：欧洲足球协会联盟（UEFA）男子和女子欧洲锦标赛，以及用美洲杯（南美洲）、非洲国家杯和亚洲杯。

俱乐部比赛

许多足球迷都极为热切地关注俱乐部比赛。俱乐部冠军赛包括英格兰足球超级联赛、西班牙足球甲级联赛、意大利足球甲级联赛和德国足球甲级联赛。顶级俱乐部也会参加跨国比赛，例如南美解放者杯和欧洲冠军联赛。

统计中心

国际足联世界杯（男子）

年份	冠军	亚军
2018	法国	克罗地亚
2014	德国	阿根廷
2010	西班牙	荷兰
2006	意大利	法国
2002	巴西	德国
1998	法国	巴西
1994	巴西	意大利
1990	西德	阿根廷
1986	阿根廷	西德
1982	意大利	西德

国际足联世界杯（女子）

年份	冠军	亚军
2019	美国	荷兰
2015	美国	日本
2011	日本	美国
2007	德国	巴西
2003	德国	瑞典
1999	美国	中国
1995	挪威	德国
1991	美国	挪威

欧洲足球锦标赛

年份	冠军	亚军
2016	葡萄牙	法国
2012	西班牙	意大利
2008	西班牙	德国
2004	希腊	葡萄牙
2000	法国	意大利
1996	德国	捷克
1992	丹麦	德国
1988	荷兰	苏联

欧足联女子冠军联赛

年份	冠军	亚军
2017	荷兰	丹麦
2013	德国	挪威
2009	德国	英国
2005	德国	挪威
2001	德国	瑞典

美洲杯

年份	冠军	亚军
2019	巴西	秘鲁
2016	智利	阿根廷
2015	智利	阿根廷
2011	乌拉圭	巴拉圭
2007	巴西	阿根廷
2004	巴西	阿根廷
2001	哥伦比亚	墨西哥

篮球

运动概述

篮球始于19世纪后期，是一项节奏快、技术含量高的球类运动。篮球比赛中，两支球队，各五名球员，都争取将球打进对方篮筐。篮球在美国最受欢迎，在欧洲也广为普及。美国职业篮球联赛（NBA）和国家女子篮球联盟（WNBA）组织举办职业篮球比赛。自1976年以来，篮球一直是奥运会项目。

运动要求

篮球运动员肌肉发达、体形健壮，是全方位运动能手。篮球比赛节奏快，因此球员要耐力出众，加上身手敏捷。当然，身高至关重要。球员身高很少低于1.8米，通常高达2.1米。

篮球服

球员在球场上穿着宽松背心和短裤，让上下半身充分自由活动

磨损

篮球运动的特点是不断变速和变向，因此运动员膝盖极易受伤

大气垫

现代篮球鞋采用气垫缓震中底，能在快速移动的比赛中提供舒适感，也有助于跳得更高

弹跳

篮球强调跳跃和频繁冲刺，因此强健的腿部肌肉必不可少

詹姆斯·A.奈史密斯

詹姆斯·A. 奈史密斯（JAMES A. NAISMITH）不仅发明了篮球，还将头盔引入美式橄榄球。

必备知识

- 1891年，加拿大人詹姆斯·A.奈史密斯发明了篮球。
- 美国国家用品协会（National Goods Association）的研究显示，美国打篮球的人口基数多于其他团队运动。
- 在美国，大学篮球的受欢迎度毫不逊色于职业比赛，男子和女子大学球队的竞技水平都很高。
- NBA顶级球星享有巨星地位，并赚得盆满钵满——2014年《体育画报》(*Sports Illustrated*)财富50强（收入最高的运动员）榜单中，有两名NBA球星跻身前五。

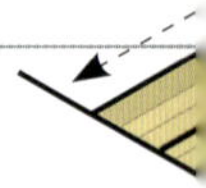

2分区

3分线内运动战进球均得两分

3秒区

进攻球员不得在该区域停留3秒以上

3分线

3分线外投篮命中，得三分

出界

球场标志线以外的区域

进攻计时器

1954年，为加快比赛节奏，NBA引入24秒计时器。控球方必须在24秒内出手，若未能在时限内出手让球碰到篮筐，则失去球权。计时归零时，蜂鸣器鸣响，红灯亮起。

球场

篮球场为长方形比赛场地，地板材质常为高度抛光的硬木。篮球场形状和大小各不相同。NBA比赛场地长28.5米、宽15.2米。国际篮球联合会（International Basketball Federation）规定的场地较小，为28米×15米。美国大学篮球场地则更小些。球场边界、三分线和罚球线均有标出。篮筐一般距离地面3米，安装在矩形（有时是扇形）篮板上。

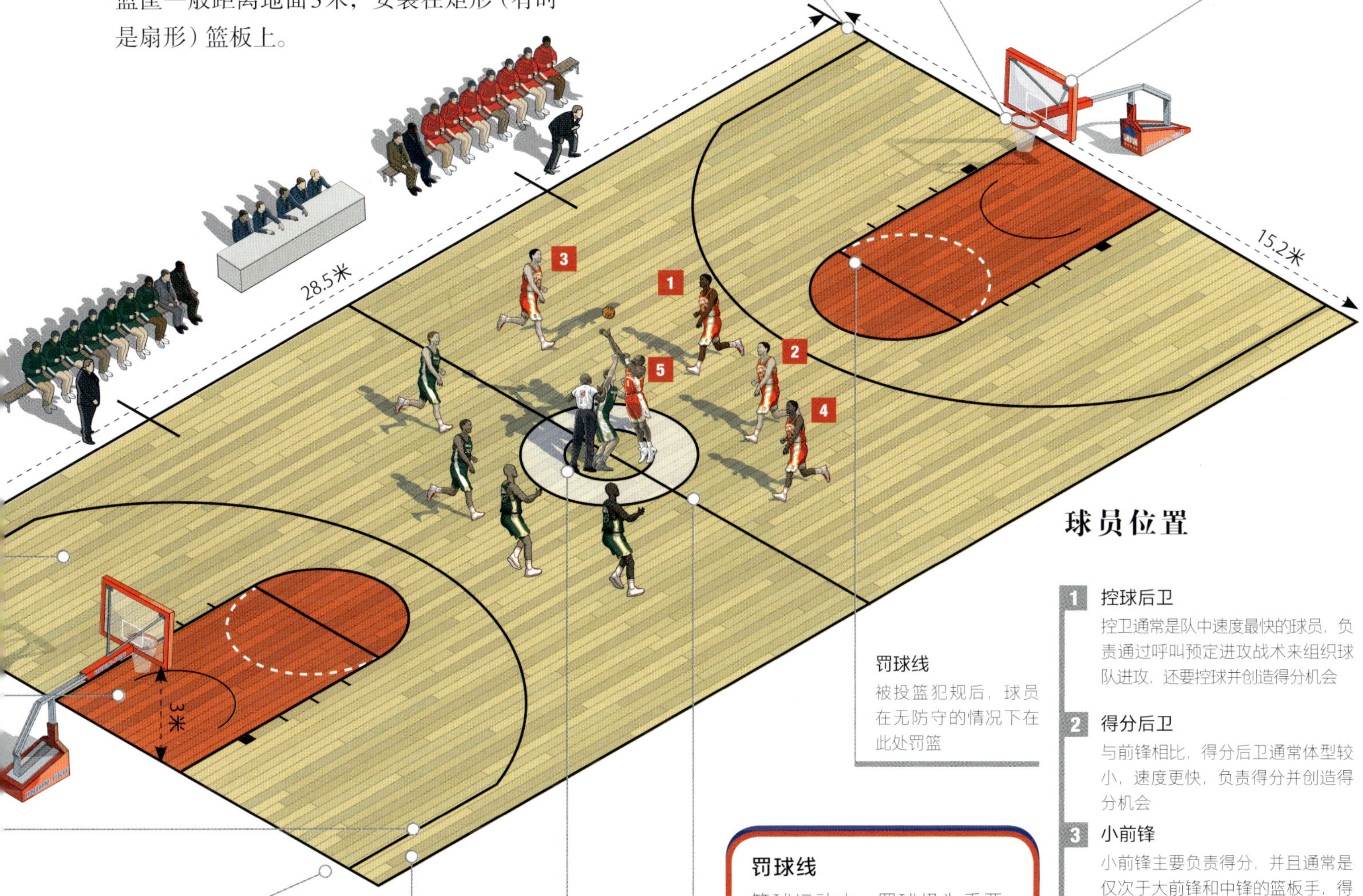

球员位置

1 控球后卫
控卫通常是队中速度最快的球员，负责通过呼叫预定进攻战术来组织球队进攻，还要控球并创造得分机会

2 得分后卫
与前锋相比，得分后卫通常体型较小，速度更快，负责得分并创造得分机会

3 小前锋
小前锋主要负责得分，并且通常是仅次于大前锋和中锋的篮板手，得分能力很强

4 大前锋
虽然大前锋不像中锋那样魁梧，但他们是颇具侵略性的篮板手，得分区域大多距离篮筐约2米

5 中锋
中锋一般是球队中最高的球员。中锋通常擅长封盖对方投篮和抢篮板球

罚球线

篮球运动中，罚球极为重要，罚球命中率可能会决定比赛输赢。每罚进一球，得一分。根据对方犯规情况，罚一到三球。

趣闻

23 前芝加哥公牛队球星迈克尔·乔丹（Michael Jordan）的球衣号码。一般认为，乔丹是历史最佳球员。乔丹因为钦佩哥哥而选择这个号码。他哥哥拉里（Larry）穿的是45号球衣，乔丹认为自己天赋只及哥哥一半，所以选择了23号（22.5向上取整）。2003年签约皇马时，足球运动员大卫·贝克汉姆（David Beckham）也选择了这个球衣号码。

38387 卡里姆·阿卜杜勒-贾巴尔（Kareem Abdul-Jabbar）的总得分数。尽管贾巴尔1989年就退役了，但仍是NBA历史得分王。

110000 WNBA球员的薪资上限（以美元为单位）——远低于NBA球员的薪资。

2.19 玛格·戴迪克（Margo Dydek）的身高（以米为单位）。1998年至2008年期间，这位波兰球员在WNBA打球，是联盟历史上最高的球员。

76 男子篮球的圆周长（以厘米为单位）。WNBA使用较小的球（圆周长72厘米）。

必备装备

篮球妙就妙在场地限制少，所需装备不多。打野球只需一颗球，两个篮筐——如果打半场，则只需一个篮筐。锦标赛和职业比赛中，球队穿着正规球衣和球裤，球衣号码可自主选定。篮球运动中，腿部（尤其是脚踝和膝盖）的负担很重，为了保证舒适度，提高表现，要精心挑选球鞋。肌肉和关节支撑装备很常见。腕带和头带亦是如此。

篮球

篮球的样式出现于19世纪末期，此后经历了巨大变化。当时的球很重，缝线痕迹明显，并且回弹不稳。现代篮球由八块精细缝制的皮革制成，并充满气。男子篮球半径为12.3厘米，周长为76厘米，重量为600～650克。

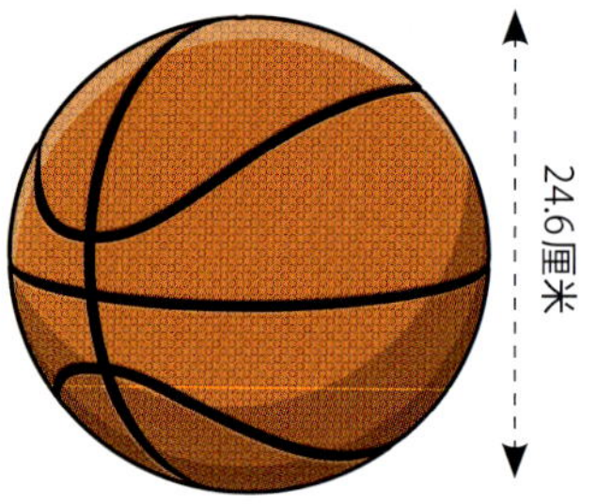

比赛概述

跳球开赛后，双方都力求通过攻防得到更高的分数。通过传球和运球（移动时，使球不断从地面反弹起来）进行进攻。球员认为有得分机会，便会出手投篮。篮球是真正的“端到端”运动，整场比赛会有多次进球得分。获胜方通常得分过百。

篮筐、球权和篮板

如果球员出手命中，根据投篮距离，本队将获得2～3分。比赛继续进行，对方从自己篮下底线附近开始控球。如果投篮未中或球从篮板上弹开，球员就将争夺“篮板”。如果进攻方抢到篮板，就可以再组织进攻。如果防守方抢到板，就会努力将球转移到前场得分。如果队中中锋极为擅长拼抢防守篮板，那便可以抑制对方进攻，从而形成巨大优势。20世纪60年代的NBA球员威尔特·张伯伦（Wilt Chamberlain）堪称历史篮板王。

出界

当球触及了界线上、界线上方或界线外的地面或任何物体时，或者触及篮板支撑架时，球出界。一旦出界，就停表。球出界时，最后未触球的球队将发球。裁判员示意比赛重新开始后，球员有5秒发球时间。

争球

也称为跳球，是开赛前的短暂争抢。两队各派一名球员，通常是中锋，在中场附近相对而立，裁判站在两人中间。裁判将球扔到两名球员中间的上空，争球球员跳起，努力将球点给队友，比赛由此开始。通过争球直接获得球权，使进攻方有机会先攻得分。

场上规则

篮球诞生于1891年，起初制定的十三条规则涵盖了所有比赛基本要素。如今NBA却只有十二条主要规则——但每条都有许多条款和小节。NBA、WNBA、国际篮联和全国大学体育协会（National Collegiate Athletic Association）所采用的规则略有差异。NBA比赛分四节，每节12分钟。每支球队最多有十二名球员，但只有五名球员能同时上场。

个人和技术犯规

被犯规队员所在球队获得球权，掷球入界。如果是投篮犯规，则视投篮进否，罚一球或多球。如果一名球员犯规五次，该球员则失去比赛资格。

个人犯规：与非法身体接触相关，包括撞人、阻挡、推人、拉人和打手。

技术犯规：通常与违背体育道德的非接触行为相关，包括球员或教练污言秽语、不服从判罚、打架、浪费时间和非法换人。

违例

违例违反的规则与处理球有关。球不得离开场内，球出界前最后触球的球队失去球权。持球者不得在没有运球的情况下移动双脚，否则便是走步违例；也不得双手运球或在两次运球之间拿球，否则便是二次运球违例。运球时，手不得放在球下，否则便是携带球违例。一旦球队在前场控制住球权，就不得将球传回后场。

时间限制

推进球过半场的用时（国际、NBA和WNBA比赛中，时限为8秒；NCAA和高中比赛中，时限为10秒）；出手投篮前的用时（NBA和WNBA比赛中，时限为24秒；NCAA比赛中，时限为35秒）；被严密防守时的持球时长（时限为5秒）。

计分显示屏

有些计分显示屏共由四面相同的屏幕组成，便于所有观众了解比赛进展。主屏边缘显示暂停、得分、犯规、得分和剩余时间的详细信息。

大屏幕

大屏可放送现场比赛直播或比赛回放

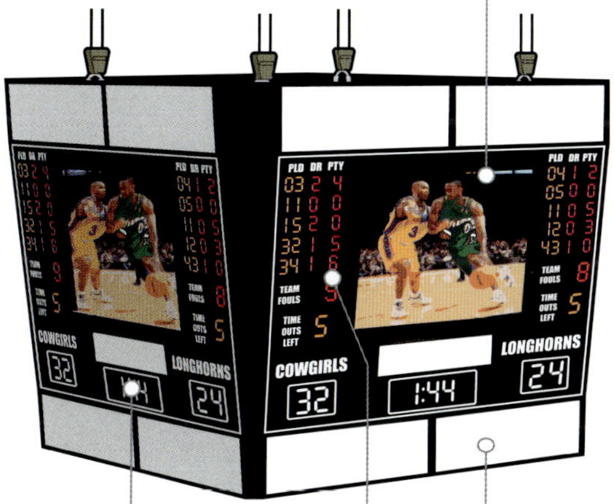

时间和分数

计分显示屏底部打出两队得分，以及一节或半场比赛的剩余时间

球队/球员数据

此处显示每位球员的得分和犯规次数，以及全队犯规次数和暂停次数

广告

在NBA、WNBA和大学篮球比赛中，计分显示屏周边区域用于投放广告

裁判手势

篮球裁判要执行各类规则，再加上球员甚至场边教练组都可能犯规，所以裁判需要当机立断，做出判罚，并且还要能清晰观察周边情况。一名记分员、一名比赛计时员和一名进攻计时员是两名裁判的得力助手。裁判通过一系列固定手势和信号向其他官员表明某些比赛环节和犯规违例。以下为部分示例。

阻挡

裁判紧握拳头叉腰，表示一名球员非法阻碍了另一名球员。

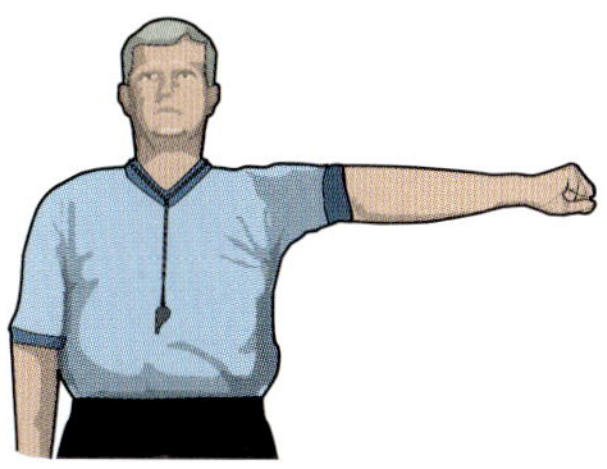

撞人

进攻球员撞上已确立防守位置的球员，便是进攻犯规。

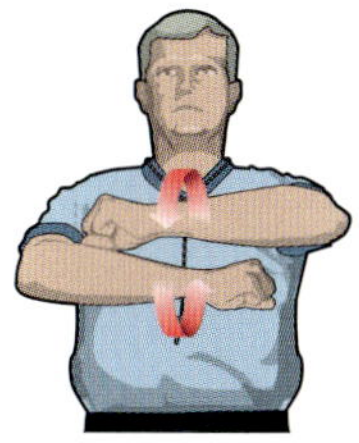

走步

转动小臂，表示带球走违例——本质上是一段时间内持球移动而未使球从地板上弹起。

跳球

双方各有队员抓住球时，裁判高举双臂，示意跳球。

2分

举起左臂，伸出食指和中指，向观看的记分员示意投中两分。

3分

双手各伸出3指，向上高举，表示3分线外得分。

暂停

暂停是比赛中的休息时间，球队教练和球员都可以喊暂停。通常在比赛关键时刻叫暂停，用以讨论战术，为球员加油打气。NBA比赛中，每队每个半场各有一次20秒的暂停，整场比赛有七次长暂停。

统计中心

NBA历史得分榜

得分	球员
38,387	卡里姆·阿卜杜勒-贾巴尔
36,928	卡尔·马龙
33,643	科比·布莱恩特
32,543	勒布朗·詹姆斯
32,292	迈克尔·乔丹
31,560	德克·诺维茨基
31,419	威尔特·张伯伦
28,255	沙奎尔·奥尼尔
27,409	摩西·马龙
27,313	埃尔文·海耶斯

NBA历史季后赛得分榜

得分	球员
6,911	勒布朗·詹姆斯
5,987	迈克尔·乔丹
5,762	卡里姆·阿卜杜勒-贾巴尔
5,640	科比·布莱恩特
5,250	沙奎尔·奥尼尔
4,761	卡尔·马龙
4,457	杰里·韦斯特
4,233	蒂姆·邓肯

WNBA历史季后赛得分榜

得分	球员
1,228	戴安娜·陶乐西
1,141	塔米卡·凯金斯
1,077	玛雅·摩尔
953	琳赛·沃伦
908	丽莎·莱斯利
891	西蒙妮·奥古斯图斯
871	坎迪斯·帕克
867	狄安娜·诺兰

NBA历史场均得分排行榜

得分	球员
30.1	迈克尔·乔丹
30.1	威尔特·张伯伦
27.4	埃尔金·贝勒
27.2	勒布朗·詹姆斯
27.0	杰里·韦斯特
27.0	凯文·杜兰特

WNBA历史场均得分排行榜

得分	球员
21.0	辛西娅·库珀
20.3	埃琳娜·戴尔·多恩
20.0	布瑞娜·斯图尔特
19.6	戴安娜·陶乐西
19.1	安吉尔·麦克康特利
19.1	埃里克·奥刚波瓦雷

技巧

身高和运动能力是成为篮球运动员的先决条件，处理球的技巧亦是如此。传球、运球、护球以及重中之重的投篮都是必备技能，球员要想更上一层楼，就必须熟练掌握。无论是包夹防守迫使对方失误，还是进攻时掩护队友投篮，篮球运动员始终需要集体协作。以下列出部分常用技术。

移动

球员可不受限制地在场上移动，但不得用手持球跑。持球时，球员可以利用固定在地面上的中枢脚，此时身体其余部分可自由活动。

哪只脚？
中枢脚取决于球员接球时的状态

传球

对手准备好防守胸前传球时，球员可将球击地传出。击地传球比胸前传球用时更久，但对方也更难抄截，因为球是朝着地板去的。

传球有力
击地传球要果断，但不能意图明显

运球

运球是使球不断从地面上反弹起来，球员带球移动时必须运球。运球过人时，运球者应该用最远离防守球员的手运球，使防守球员较难抄球。因此，球员必须要两只手都能娴熟运球。

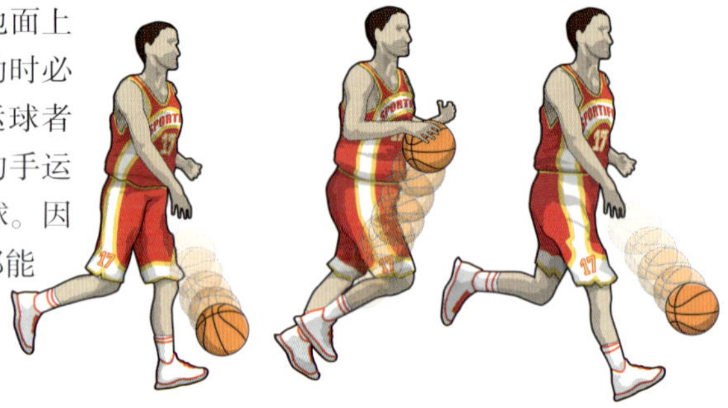

投篮

投篮通常采用站立或跳跃姿势（即跳投），或是球员冲向篮筐上篮，将球打板“上”进。投篮命中率最高的是观众喜闻乐见的扣篮（如右图所示）：球员高高跃起，从上往下将球灌进篮筐。

扣篮
球员转动手腕，将其放在球上，然后把球灌进篮筐

腾空
球员把握好助跑时机，以便从起跳脚获得最大杠杆力

小巨人

马格西·博格斯（MUGGSY BOGUES），前夏洛特黄蜂队球员，身高1.60米，是NBA历史上最矮的球员。

战术

虽然篮球的目标很简单——得分高于对方——但随着比赛水准的提高，为实现这一目标，部分战术变得愈加复杂。进攻战术通常围绕快攻反击展开，通过各种阵型尽快转移球到前场。一般而言，队中控球后卫负责指挥进攻。防守时，球员必须严守纪律，步步紧跟进攻球员，努力使其空手而归。教练叫暂停后，通常会讨论战术。

进攻

球队大多制定多套进攻打法，从而确保球员走位难以预测，快攻（如右图所示）便是一例。进攻打法通常包括预定传球和无球球员的移动。无球进攻球员快速移动，占据有利位置，这便是切入。进攻球员合法阻挡防守队友的对方球员，这便是掩护或挡拆。掩护和切入是进攻打法的基石。

防守

有两大防守策略：区域联防和人盯人防守。区域联防时，球员要防守所处区域内的任何对方球员，区域紧逼（如右图所示）便是如此。盯防时，防守球员分别负责防守特定球员，尽量贴紧防守对方，阻拦对方运球、传球或投篮。防守球员关注手的位置（包括自己的和进攻方的），必须擅于看穿传球或投篮假动作，还要长于抢断。

快攻

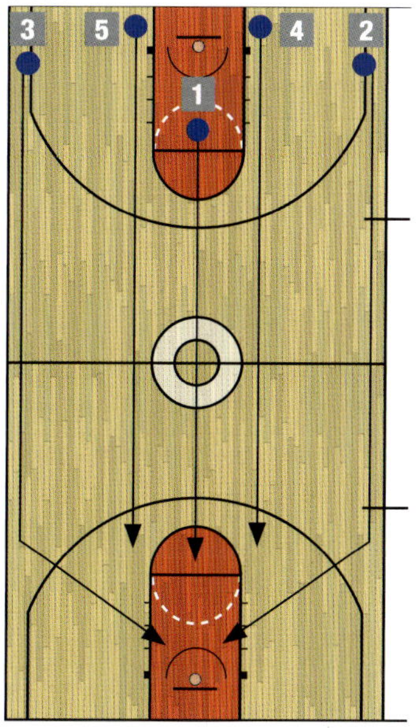

1 最佳持球手
他或她应该填补场地的中间地带。

2 得分后卫
从场地左路距边线30厘米处推进

3 小前锋
与得分后卫角色相同，不过从另一侧推进。许多球员这一点没做好，导致球队打快攻时，场上没能拉开空间

4 大前锋
即非篮板手，在快攻中殿后。他或她应该继续往前场推进，跟进1、2或3号球员的投篮

5 中锋/篮板手
保持在自己的路线上，起到“安全阀”的作用，以防突然出现球权转换

区域紧逼

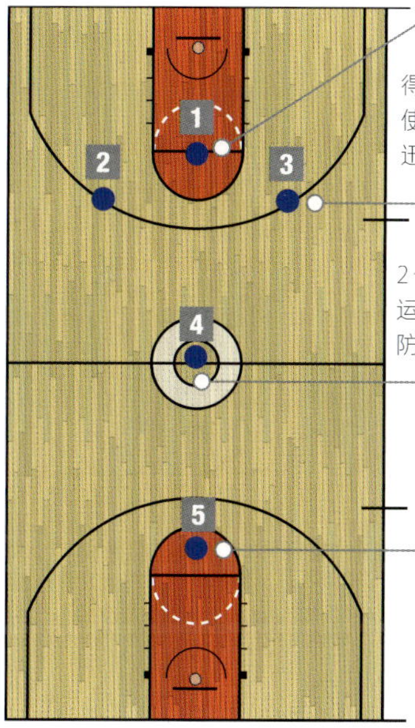

前场紧逼
得分后卫位于罚球圈前半部分附近，迫使对手移动。防守球员体型较小，移动迅速。被防守球员被迫在后场横向移动

侧翼球员
2号和3号侧翼球员是较高的锋线球员。运动能力强的前锋应该位于2号位，因为防守方应迫使进攻方往2号位的方向进攻

中场球员
这名球员应是队中速度最快的，具有良好的场地意识和预判能力

最后一道防线
位于后场的球员通常身高最高，是中锋和最佳篮板手，主要防止对方球员得到轻松出手的机会

NBA季后赛

11月，NBA常规赛揭幕，新赛季由此开始。常规赛赛程漫长，东西部联盟的每支球队都要打82场比赛。东西部排名前八的球队有资格参加4月末开始的季后赛。季后赛球队的排位视其常规赛战绩而定。季后赛将展开一系列淘汰赛，最终高潮是东西部冠军之间七局四胜制的系列赛，即每年6月举办的NBA总决赛。NBA总决赛胜者将赢得拉里·奥布莱恩冠军奖杯（Larry O'Brien Championship Trophy）。波士顿凯尔特人队总计17次在NBA总决赛中胜出，是NBA历史上最成功的球队。

幕后故事

国际篮球联合会的法语首字母缩写“FIBA”更广为人知。国际篮联由世界各国篮球协会组成，负责管理国际篮球比赛。1932年，国际篮联于日内瓦成立，此时距离国际奥委会正式认可篮球运动已过去两年了。国际篮联原名国际业余篮球联合会，八个创始成员国是：阿根廷、捷克斯洛伐克、希腊、意大利、拉脱维亚、葡萄牙、罗马尼亚和瑞士。1936年柏林夏季奥运会期间，国际篮联任命篮球创始人詹姆斯·奈史密斯（1861年—1939年）为名誉主席。自1950年和1953年起，国际篮联分别开始举办男子世界锦标赛和女子世界锦标赛。现在两项赛事每四年举办一次，与奥运会交替举行。

美国职业篮球联赛

NBA和WNBA均为世界顶级篮球联赛。NBA有30支球队，其中29支在美国，1支在加拿大。1946年6月6日，NBA在纽约市成立，原名全美篮球协会（Basketball Association of America）。1949年秋天，与竞争对手美国国家篮球联盟（National Basketball League）合并后，全美篮球协会更名为美国职业篮球联赛。联盟总部位于纽约市第五大道645号奥林匹克大厦，联盟从此向多支国际和私人球队办公室发布指令。

哈林环球旅行者篮球队

哈林环球旅行者篮球队（HARLEM GLOBETROTTERS）是一支表演型球队，也是全球知名体育组织。1927年，艾贝·萨伯斯坦（ABE SAPERSTEIN）在芝加哥创建了哈林球队。球队之所以取名“哈林”，是因为“哈林”指的是一个大型非裔美国人社区。哈林球队已在123个国家和地区打了26000多场表演赛，胜率超过98%，不过对手大多故意放水。

美式橄榄球

必备知识

- 美式橄榄球是美国最受欢迎的观赏型运动。每年，将近一半美国人收看NFL（美国国家橄榄球联盟）冠军赛超级碗。
- 加拿大美式橄榄球职业联盟采用了特定的加拿大规则。
- 在北美以外的地区，美式橄榄球反响平平。英国、德国、日本、墨西哥等国家有美式橄榄球联盟。
- 2005年，NFL常规赛比赛在墨西哥城举办，这是NFL首场海外常规赛。体育场涌入了103,467名观众，创NFL历史纪录。

运动概述

有人曾打趣称美式橄榄球“不是接触运动，而是碰撞运动”。在一些国家，美式橄榄球也被称为烤架足球（gridiron football），在美国则简称足球（football）。两支球队，各11名球员，在四节比赛中，通过将椭圆形球推进到对方端区或将其踢过球门柱得分。进攻方有连续四次机会将球往前推进约9米（10码），每次机会被称为“档（down）”。如果成功，进攻方就获得新的四档进攻机会。防守方则努力阻拦进攻方并赢得球权。当壮硕的线锋在争球线上进行冲撞时，跑卫和疾如闪电的接球手为组织者四分卫提供了选择。美式橄榄球战术性强、比赛刺激、节奏快，犹如武装象棋一般。

运动要求

由于球员位置五花八门，每个位置都有特定职责和身体要求，因此球员身体条件各不相同。但球员大多兼具体力、力量和卓越的运动能力，并且出色的手眼协调能力也必不可少。根据位置的不同，球员身高从1.8米到2米不等，体重从86千克到136千克不等。

“烤架”

橄榄球场以长边线和短端线为界，形成一个109米×49米的矩形。两端球门柱之间，长91米的场地上，每4.5米划一条线，连接两条边线；每9米标上数字。四排码标与边线平行排列，外侧两排标示着距边线90厘米；如果球出界，则比赛必须从内侧界内两排码标所示区域内开始。得分区（端区）以球门线、端线和边线为界。大多数场地为草地，但也有许多场地都是人造场地。

球员和位置

每支NFL球队都有最多53名球员的大名单。尽管比赛中一队只有11名球员能在场上，但许多人会在比赛中途上场——如果时间充足，在比赛间隙时，可能会替换场上部分甚至全部球员。球员分三组（进攻组、防守组和特勤组），各司其职。进攻球员包括四分卫、进攻线锋、接球手和跑卫。防守球员包括防守线锋、线卫、角卫和安全卫。特勤组球员位置包括踢球手、弃踢手、扶球手、长短发球手和弃踢回攻手。

游猎

因为主裁判和裁判组身穿黑白条纹制服，所以人们有时亲切地称他们为“斑马”。

安全区
安全区环绕球场边线外沿分布。只有球员、裁判员和教练员能进入此区域。媒体代表不得进入

防守
防守方努力破坏进攻，抢走球权，通常重点关注关键球员

烤架图案
码线和码标纵横交错，使得橄榄球场获得了“烤架”的绰号

球门线
球门线穿过两个端区的前部，宽20厘米。两个小型方形达阵搭标示着每条球门线的两端

端线
端线是一条宽1.8米的边界线。球员如果越过端线，就像越过边线一样，属于出界

端区
端区长约9米（10码）。场地两端各有一个端区，位于端线内侧

进攻
进攻方握有球权，并将球推进到对方端区

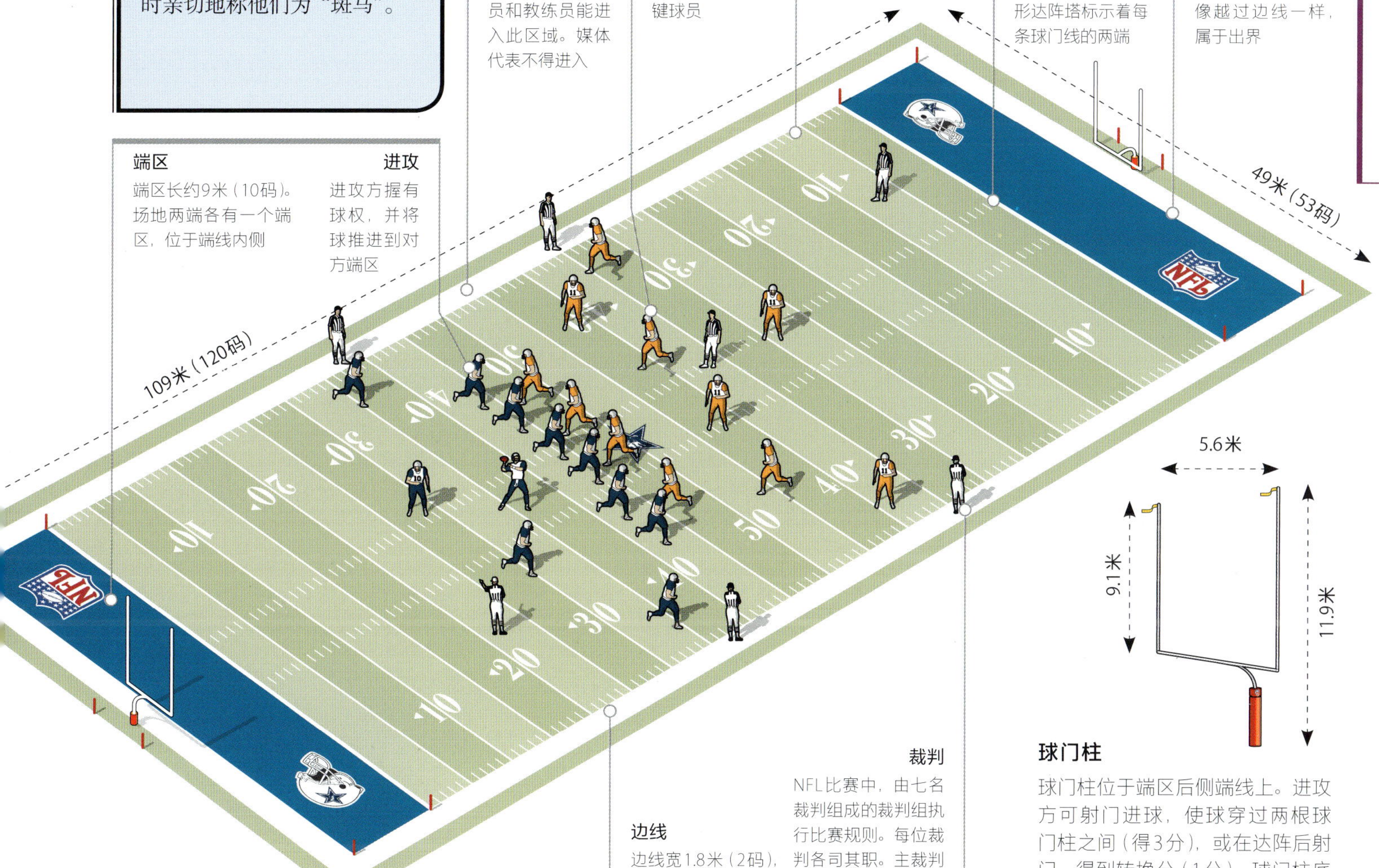

边线
边线宽1.8米（2码），为场地长边边界线

裁判
NFL比赛中，由七名裁判组成的裁判组执行比赛规则。每位裁判各司其职。主裁判是场上首席裁判员

球门柱
球门柱位于端区后侧端线上。进攻方可射门进球，使球穿过两根球门柱之间（得3分），或在达阵后射门，得到转换分（1分）。球门柱底座带有衬垫，从而保护球员。

趣闻

5300000 在2019年超级碗直播中投放一段30秒电视广告的预计费用（以美元为单位）。

200 NFL四分卫擒杀纪录，纪录保持者是布法罗比尔队（Buffalo Bills，1985—1999年）和华盛顿红人队（Washington Redskins，2000—2003年）球员布鲁斯·史密斯（Bruce Smith）。擒杀是一种防守动作，指的是四分卫出球前在争球线后侧被阻截。

70081 2019年超级碗举办地为佐治亚州亚特兰大市梅赛德斯—奔驰体育场（Mercedes-Benz Stadium），入场观众达70081人。比赛中，新英格兰爱国者队（New England Patriots）以13比2击败了洛杉矶公羊队（Los Angeles Rams）。

48 超级碗球员职业生涯得分纪录。纪录保持者为旧金山49人队（San Francisco 49ers）球员杰里·赖斯（Jerry Rice），他是公认的NFL历史上顶尖的外接手。

保护衬垫

美式橄榄球这项运动有大量身体接触。球员需要保护身体每个部位，以防对方冲撞，或者胸部或肋骨突然受到冲击。比赛中常出现头部轰然相撞的场面，不过重伤较为少见。头盔是最重要的装备，带有内部衬垫、下巴托带和面罩，在遭受意外冲击时可保护脸部。球员大多佩戴护齿，从而在遭到冲撞时保护牙齿。穿戴护具让球员显得“头重脚轻”。硬质护肩套在减震软垫上，可吸收重击力。根据球员位置，可选用其他护垫，用以防护特定伤病。线锋还要佩戴手套，以免手被头盔或肩垫夹住。

保护垫

可以穿戴一系列护垫，每种护垫都旨在保护特定的身体部位。

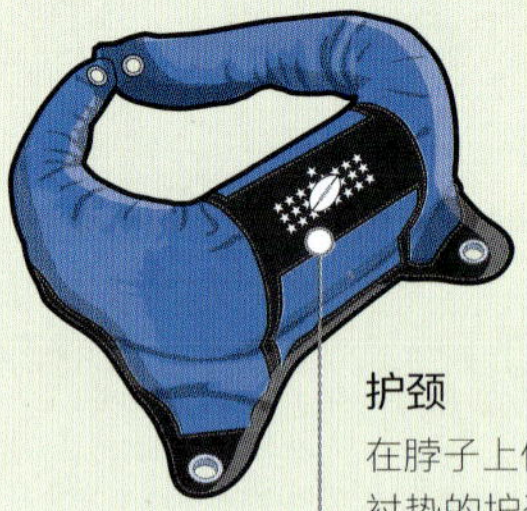

护颈

在脖子上佩戴有泡沫衬垫的护颈，防止阻截时头部猛地往后拉

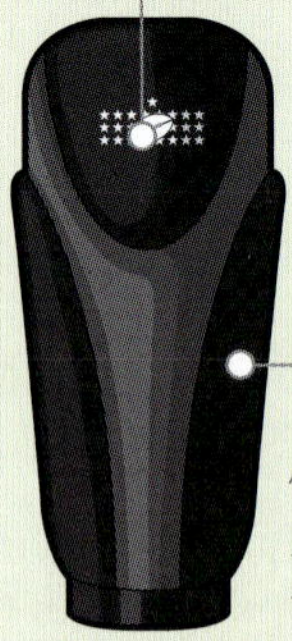

弹性贴合

弹性护具紧贴前臂和手腕

护臂

佩戴紧身护臂，为前臂提供缓冲，并保护受伤部位

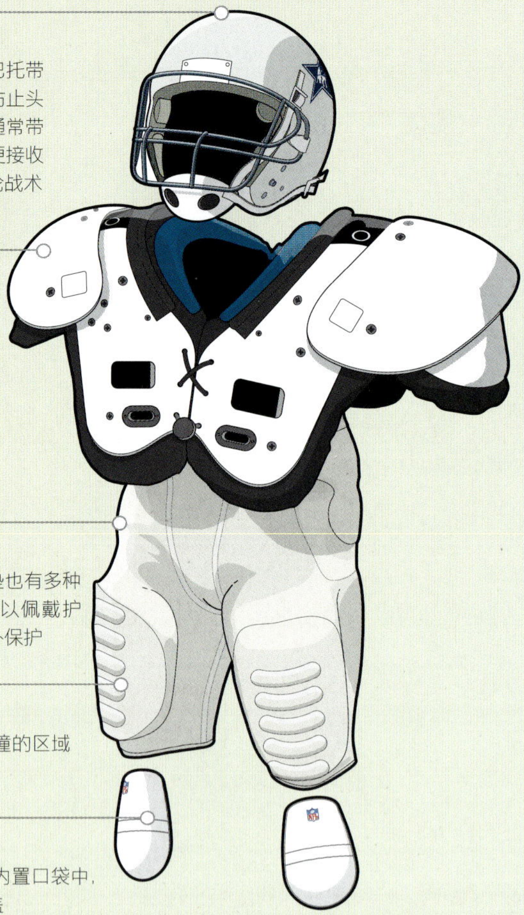

头和脸

头盔由外壳、面罩和下巴托带组成。头盔内置气囊可防止头盔滑动。四分卫的头盔通常带有麦克风和扬声器，以便接收打法指示，并与教练讨论战术

肩和胸

肩垫保护肩膀和胸部。外壳由硬塑料制成，内部则填充泡沫，带来舒适感。护垫用带子和扣子固定

护臂

根据位置不同，臂部护垫也有多种形状和样式。球员也可以佩戴护臂，为受伤部位带来额外保护

大腿护垫

大腿护垫为这些饱受冲撞的区域提供额外保护

护膝

硬质护垫可塞入紧身裤内置口袋中，起到防撞效果，保护膝盖

比赛目标

总目标是得分高于对手。主要方式是将球推进到对手端区达阵，得6分。可跑过得分线，或将球传给端区内的队友达阵。达阵得分后，进攻方可将球踢进球门柱之间再得1分，或通过跑、传将球推进到端区，从而再得2分。将球踢进球门柱之间，可得3分。如果对手在自己端区内被擒抱或掉球且出现死球时，则判安防（防守方得2分）。

开球

每个半场开始前，以及每次得分后都要开球。踢球手从30码线上将球踢出，其队友则跟着球往前推进。对方开球回攻手接住球并持球向前推进；进攻便从回攻手被阻截的地方开始。如果回攻手在本方端区内接住球后，以膝盖触地，便表示触回（然后从进攻方的20码线开始进攻）。如果球被踢出端区，或者端区内攻守交换，也会出现触回。如果得到安全分，对方从己方20码线将球踢给得分的一方。

犯规

违反规则会受到处罚，通常包括将球移向犯规方的端区，且被犯规方获得新的首攻。部分常见犯规如下：

背后推人：进攻球员从背后推对方球员。

面罩：抓对方球员的面罩。

拉人：非法拉扯对方持球者以外的球员。

干扰：非法阻碍试图接住传球的球员。

执行规则

裁判制服很醒目，由黑白条纹衬衫、白色裤子以及黑色或白色帽子组成。在主裁判指导下，六名裁判各司其职——副裁、主线裁、副线裁、场裁、边裁和卫裁。裁判扔黄旗表示违规，然后裁判用手势和口头告知裁决。一名裁判将这项工作描述为“试图在一场有80名恶棍参与的合法帮派斗殴中维持秩序，只能靠着一个小口哨、一条手帕和不断祷告”。

干扰

球传出后，一名球员干扰了另一名球员，即为犯规。

首档

进攻方在四档进攻机会内前进了约9米（10码），因此获得新的四档进攻机会。

违规先动

进攻方球员在发球前非法移动，此时裁判会做出此判罚。

越位

防守球员在比赛开始前越过争球线。

拉人

球员非法拉扯对手，即为拉人犯规。

非法触球

非法触球、踢球或击球，这种犯规通常在出界后出现。

一次10码

向前推进和控制球权是美式橄榄球的取胜关键。控球方即为进攻方，有四次进攻机会，即“档”，持球跑或传球向防守方端区推进10码（9米）。如果进攻方成功推进，则再获得推进10码的四档进攻机会。进攻方不断推进，直到得分、用完时间或失去球权。例如，进攻未能在四档进攻中推进10码，或者因传球被拦截或掉球而出现攻守交换。此时，双方互换角色，比赛继续。

三组球员

美式橄榄球队中球员主要分三组：进攻组、防守组和特勤组。进攻和防守由一系列不同位置的球员组成，例如基本进攻和防守阵型（见右图）。

特勤组负责常规攻防以外的任务，特别是踢球和回攻。特勤组包括踢球手、发球手、扶球手和回攻手。踢球手负责开球，并将球踢进立柱之间得分。如果己方不太可能推进10码，弃踢手则将球“弃踢”给对方。发球手将球传给队友，使比赛重新开始。扶球手在定位球踢出时将球扶直。开球回攻手是接球手和跑卫，他们接住开球和悬空球，然后将球往前推进。

基本防守

防守的目的是阻止进攻方推进。NFL球队大多都使用4-3防守阵型，其中四名防守线锋（两名防守端锋和两名防守截锋）在三名线卫面前排成一排。两名安全卫在后面阻截长传和跑动，而两名角卫则负责防止外接手接球。

位置：

DE防守端锋　DT防守截锋
LB线卫　CB角卫　S安全卫

基本进攻

标准“一”字阵型是常见进攻方式，使用五名进攻线锋（两名进攻截锋、两名护锋和中锋）。“一”是指由四分卫、全卫和尾卫连成线。近端锋位于一侧，两侧各有一个外接手。

位置：

WR外接手　TE近端锋　OT进攻截锋
G护锋　C中锋　QB四分卫　FB全卫　TB尾卫

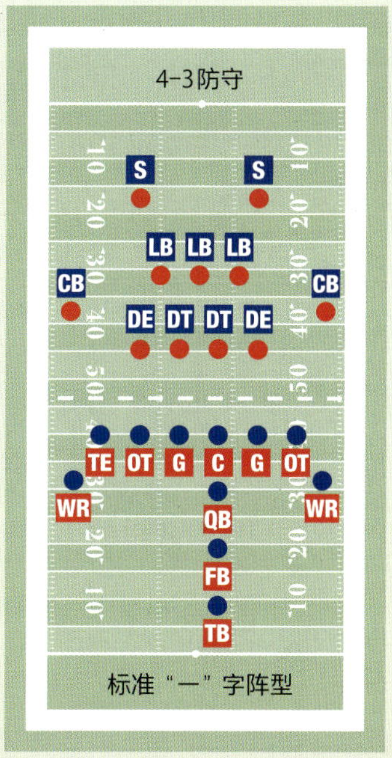

打球有章法

每场美式橄榄球比赛中，战术都是重要部分。每支球队，从职业NFL球队到高中球队，都有一本在训练场上演练过的战术手册。有时，球队在赛前就已制定了五六种战术，教练会视比赛情况进行安排。

特殊技巧

根据位置的不同，每位球员形成特定技能。例如，防守线锋主攻阻拦和拦截，四分卫显然要善于投掷，外接手则加速快如闪电，同时还是接球高手。其他球员，例如踢球手和弃踢回攻手，则专职负责比赛某一方面。

扔球

四分卫的一大任务是传球给接球手。力量和准确性至关重要，因为四分卫必须能将球远传给特定球员。

发球

中锋向后将球发给四分卫，每档进攻便开始了。四分卫通常站在中锋正后方。在霰弹枪阵型中，四分卫站得更远，为传球创造更多空间。

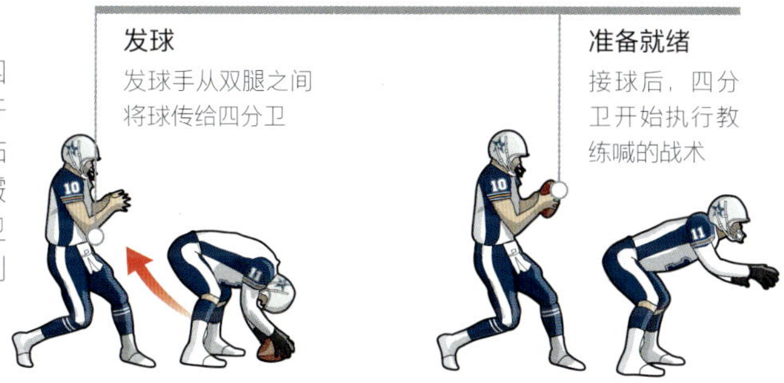

拦截

持球者靠近时，拦截者屈膝下蹲。即将接触时，拦截者加速向前，冲向对方，伸直双腿发力，用上半身将持球者扑倒在地。

射门

尝试射门时，扶球手站在中锋后6米处，中锋发球，扶球手接住球，将球放好，便于射门。踢球手向前迈出一步，起脚将球射进球门柱之间。

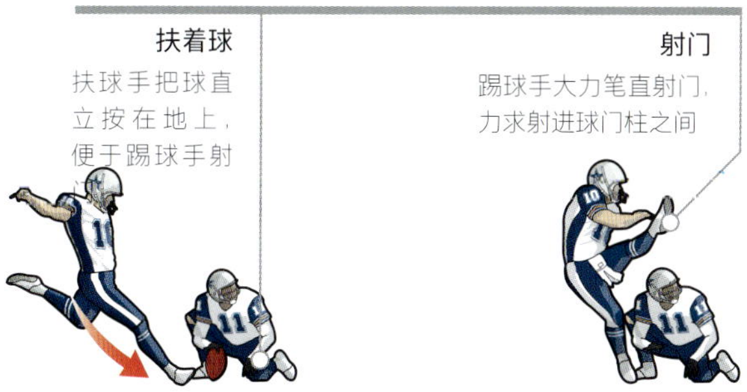

统计中心

超级碗冠军	
年份	胜者
2019年	新英格兰爱国者队
2018年	费城老鹰队
2017年	新英格兰爱国者队
2016年	丹佛野马队
2015年	新英格兰爱国者队
2014年	西雅图海鹰队
2013年	巴尔的摩乌鸦队
2012年	纽约巨人队
2011年	绿湾包装工队
2010年	新奥尔良圣徒队
2009年	匹兹堡钢人队
2008年	纽约巨人队
2007年	印第安纳波利斯小马队
2006年	匹兹堡钢人队
2005年	新英格兰爱国者队

NFL历史达阵排行榜	
数量	球员
208	杰里·赖斯
175	艾米特·史密斯
162	拉达尼安·汤姆林森
157	兰迪·莫斯
156	特雷尔·欧文斯
145	马库斯·艾伦
136	马歇尔·福克
131	克里斯·卡特
128	马文·哈里森
126	吉姆·布朗
125	沃尔特·佩顿
118	拉里·菲茨杰拉德
116	乔恩·里金斯
116	安东尼奥·盖茨
113	阿德里安·彼得森

NFL历史达阵传球排行榜	
数量	球员
539	佩顿·曼宁
527	汤姆·布雷迪
522	德鲁·布里斯
508	布雷特·法弗
420	丹·马里诺
383	菲利普·里弗斯
363	本·罗斯里斯伯格
362	伊莱·曼宁
346	亚伦·罗杰斯
342	法兰·塔肯顿
310	马特·瑞安
300	约翰·埃尔维
294	卡森·帕尔默
291	沃伦·穆恩
290	强尼·尤尼塔斯

看时间

进攻时，所剩时间多寡对于要选择哪套战术至关重要。球队尽力将自身机会最大化，同时将对手占上风的风险最小化。例如，比赛收尾时，落后几分的一方将继续进攻，目的是夺得领先，同时还要让对方没那么多时间得分。球员内部以及与教练组的沟通对于球队协作很重要；可利用每档进攻之间的暂停重新部署球员，同时教练通过耳机与四分卫进行交流。

战术

美式橄榄球比赛中，每档进攻期间都穿插着一系列的固定战术。进攻战术旨在将球推进到对方端区，最终目标是达阵得分。防守战术旨在阻止进攻方向前推进，迫使对方失误，从而攻守互换。每支球队用不同位置和阵型来应对特定比赛情况。

- 球员移动
- 传球
- 进攻阻拦
- 防守球员位置
- 进攻球员位置

尾卫跑截锋侧翼

尾卫跑截锋侧翼是最常见的进攻跑动战术，是向前小幅推进的妙招。四分卫将球递给尾卫，尾卫穿过进攻截锋和近端锋创造的空间。如果全卫未能事先阻挡防守线卫，尾卫也可以跑到近端锋的外侧。

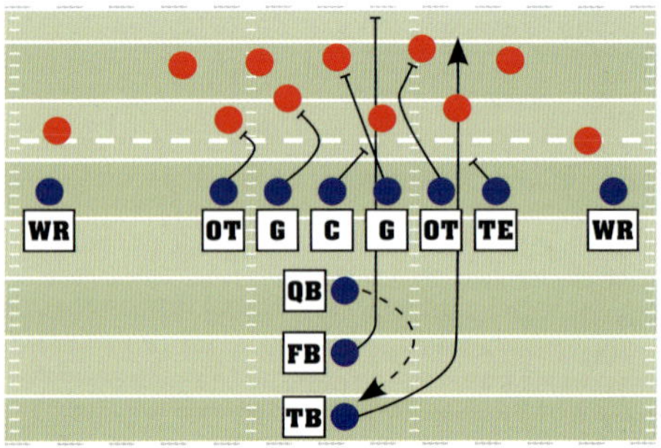

横扫

横扫或俯冲是一种组织极为有序的进攻跑动战术，尾卫从四分卫那里接球，然后平行于争球线跑动，从而使全卫和进攻线锋有时间在尾卫前面阻挡防守者。一旦防线出现缺口，尾卫就转而向前推进，穿过缺口。

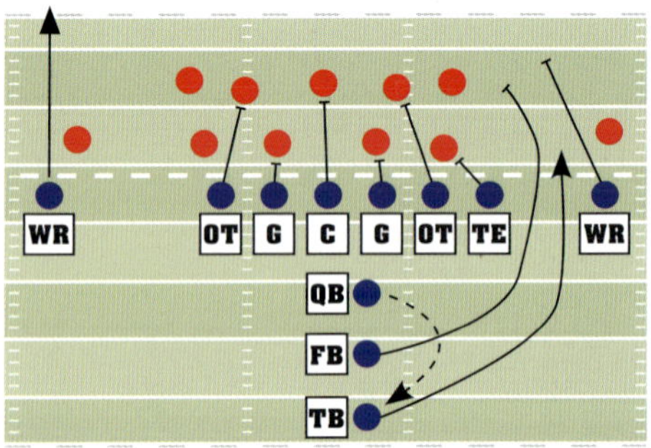

万福马利亚

万福马利亚（Hail Mary）是一种传球战术，四分卫长传给多个同时在对方端区内奔跑的接球手。这种战术通常是落后方在比赛行将结束时的最后手段。万福马利亚成功概率渺茫，但如果防守方组织混乱，则可能迫使防守方出现干扰传球犯规。

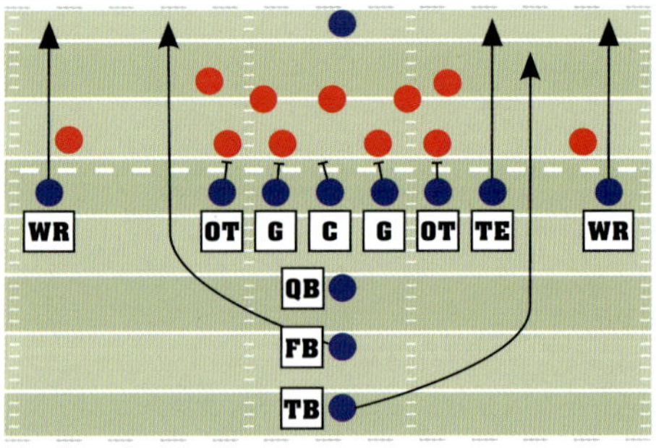

闪电战

闪电战又名“四分卫冲刺”，是用于对抗传球的防守战术，通过用防守队员包围进攻球员，从而给四分卫施加压力。线卫或角卫冲向四分卫，干扰战术执行，是迫使四分卫失误的妙招，如果进攻方看破战术，也会让接球手有接球的空挡。

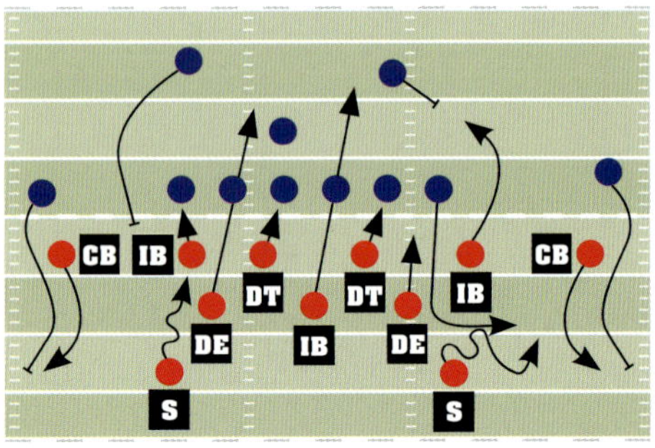

加拿大橄榄球

加拿大橄榄球与美式橄榄球本质相同，但有些主要区别，规则上也有许多些微不同。加拿大橄榄球的比赛场地通常更长更宽。每支球队可同时有12名球员在场上——加拿大橄榄球比赛中，多出来的这名球员通常担任后场的位置。与美式橄榄球比赛相比，加拿大橄榄球有3档进攻机会将球推进约9米（10码）。

跨国

一些橄榄球运动员曾在美国和加拿大联赛中都效力过，例如著名四分卫沃伦·穆恩（WARREN MOON）。穆恩是唯一同时入选NFL和CFL名人堂的球员，其职业生涯数据综合了在两个联赛效力时的表现。

赛季发展

加拿大橄榄球赛季安排在很大程度上取决于所在国北纬地区的极端气温。室外体育场很常见，因此冬季冰雪解冻后才能举行比赛。职业赛季始于6月，季后赛和赛季末的总决赛则在11月开打。

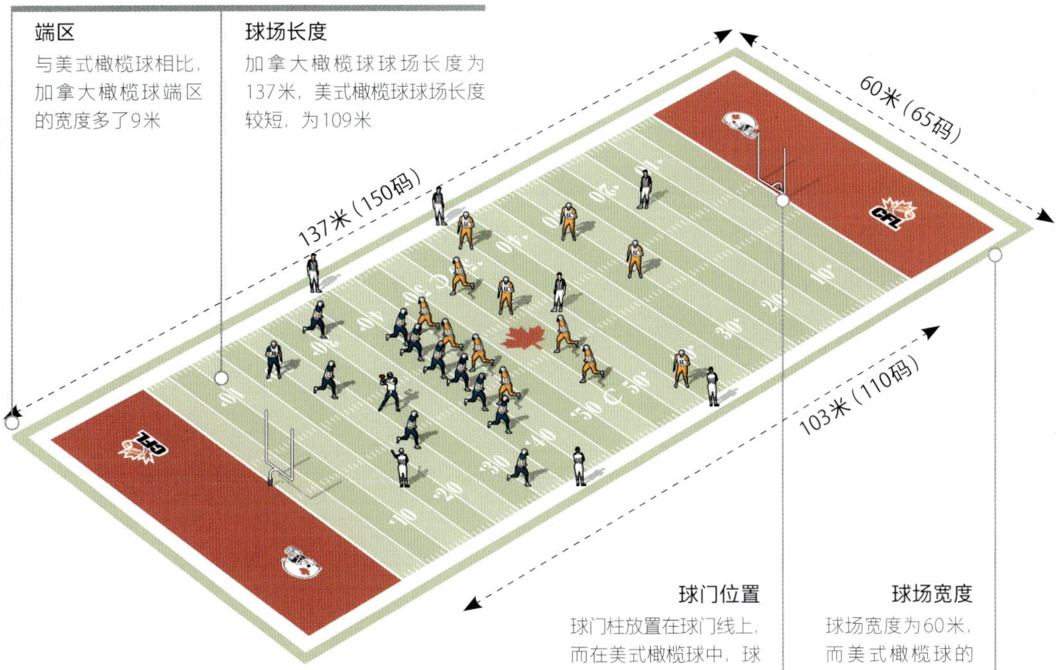

端区
与美式橄榄球相比，加拿大橄榄球端区的宽度多了9米

球场长度
加拿大橄榄球球场长度为137米，美式橄榄球球场长度较短，为109米

和而不同
乍一看，加拿大橄榄球的设施和比赛场地似乎与美式橄榄球相同，实则有些微出入。加拿大橄榄球球场稍大一些，球门柱放置位置不同，橄榄球上的图案也有区别。

球门位置
球门柱放置在球门线上，而在美式橄榄球中，球门柱位于端区后端

球场宽度
球场宽度为60米，而美式橄榄球的球场宽度为49米

橄榄球条纹
CFL认可的橄榄球尺寸和重量与NFL用球大致相同，但CFL橄榄球有两条白色条纹，距每端2.5厘米。NFL用球则无条纹

幕后故事

到19世纪80年代，美式橄榄球和英式橄榄球逐渐区分开，因为两者都形成了标准化规则。美式橄榄球最初是大学运动，在20世纪初走向职业化，1920年，美国国家橄榄球联盟（National Football League, NFL）成立。20世纪50年代，全国观众可通过电视观看橄榄球，因此橄榄球变得更受欢迎。自20世纪90年代以来，橄榄球已超越棒球，成为全美最受欢迎的观赏型运动。

超级碗

一年一度的超级碗是NFL冠军争夺战。NFL的12支球队（六支来自美国橄榄球联合会，六支来自国家橄榄球联合会）打完季后赛系列赛之后，两支球队将争夺文斯·隆巴迪奖杯（Vince Lombardi Trophy）。1967年和1968年，绿湾包装工队分别夺得超级碗首届和第二届冠军，奖杯便以球队教练命名。按照惯例，比赛在“超级碗周日”（1月下旬或2月初）举行，全世界观众达数亿人。

美式橄榄球走向世界

美式橄榄球起源于英式橄榄球，后者是19世纪初在英格兰进行的一项比赛。在美国和加拿大以外的地区，美式橄榄球受欢迎程度有限。现在NFL每年至少有一场常规赛在国外举办。英国伦敦温布利体育场曾多次承办此类比赛。多个欧洲国家有橄榄球联赛，但并非都十分成功。日本职业X联盟（PRO X-LEAGUE）则大获成功。澳大利亚、墨西哥和新西兰也会举办美式橄榄球赛事。

美国国家橄榄球联盟（NFL）

NFL是美国顶尖职业橄榄球联盟。NFL共有32支球队，分为两个联合会——美国橄榄球联合会（American Football Conference, AFC）和国家橄榄球联合会（National Football Conference, NFC）。每支球队打16场常规赛。之后，每个联合会的前六名参加季后赛，压轴大戏是一年一度的超级碗比赛。

加拿大橄榄球联盟（CANADIAN FOOTBALL LEAGUE）

又名Ligue Canadienne de Football，成立于1958年，由八支球队组成，分为东部和西部。CFL球队先进行19周的比赛，随后前六名进入季后赛。最终，两支决赛球队将争夺格雷杯（The Gray Cup）——历史最悠久的职业橄榄球奖杯。

联合会式橄榄球

运动要求

联合会式橄榄球是高强度接触运动，球员要身强力壮。前锋之间的对抗尤其激烈，他们通常身高超过1.8米，体重超过110千克。前锋往往上肢强壮，双腿有力，能向前推进。后锋通常较为瘦小，也往往更灵活机巧。后锋要快速传球、移动和扑搂，因此控球和平衡对他们尤其重要。后锋必须技巧娴熟，头脑冷静，能在重压之下踢球和接球。

保护头部
因为前锋头部经常与其他球员的头、膝盖和鞋子发生碰撞，因此他们常在头上绑绷带，戴软垫或防撞帽

椭圆球
椭圆形橄榄球是每场英式橄榄球比赛的焦点，由4块皮革或近来流行的合成材料缝合，黏合而成

与时俱进
自20世纪90年代中期以来，英式橄榄球职业队球衣从耐磨棉衫演变为由高科技合成材料制成的背心，不易拉扯，轻便贴身

耐磨
短裤通常由耐磨棉制成，裤腿处可印上球员号码

英式橄榄球鞋
英式橄榄球鞋与足球鞋相似，鞋面为皮质，合成鞋底柔软灵活，带有鞋钉或防滑钉

保护腿部
在长棉袜下，很多球员都穿着护胫垫，用以保护双腿

必备知识

- 联合会式橄榄球是最受欢迎的英式橄榄球，其次是联盟式橄榄球。
- 联合会式橄榄球运动遍及全球100多个国家，在英国、爱尔兰、法国、澳大利亚、新西兰和南非尤为受欢迎。
- 1987年，新西兰和澳大利亚联合举办首届英式橄榄球世界杯，最著名的英式橄榄球队新西兰全黑队（New Zealand All Blacks）夺得冠军。
- 1983年，女子英式橄榄球联合会（Women's Rugby Football Union）在英国成立。首届官方女子英式橄榄球世界杯举办于1998年。

赛事概述

人们生动地将联合会式橄榄球描述为“绅士玩的流氓游戏”。联合会式橄榄球是极为激烈的球类运动，有着严格的比赛规则。两支球队，各15名球员，穿着少量防护装备，相互冲撞，争相控制椭圆形橄榄球，然后将球推进到对方达阵线。比赛分上下半场，各40分钟。比赛得分多者胜出，可在对方得分区将球触地达阵得分，或通过附加射门、罚踢射门和落踢射门，将球射进对方球门柱之间、横梁之上而得分。比赛节奏快，对抗激烈，因此极具观赏性。

宣战

国际比赛前，许多南半球球队会表演传统战舞，起到给自己打气、震慑对手的作用。最著名的战舞是新西兰全黑队的“哈卡舞（HAKA）”。斐济英式橄榄球队跳“廷比舞”（CIBI，发音为“THIMBI”），汤加队表演“凯劳舞（KAILAO）”，萨摩亚队的战舞名为“马努（MANU）”。

英式橄榄球场

联合会式橄榄球场为矩形草地运动场或球场。职业英式橄榄球比赛中，两端达阵线之间距离均为100米，但球场宽度以及达阵线到死球线之间距离可能有所不同。每支球队要防守本方得分区，该区域位于球门柱之后，达阵线、死球线和边线之间。在两条达阵线之间，按一定间隔划出了一系列白色实线和虚线。这些线将橄榄球场划分为多个区域，表明重新开球的位置，以及正集团时球员的站位。

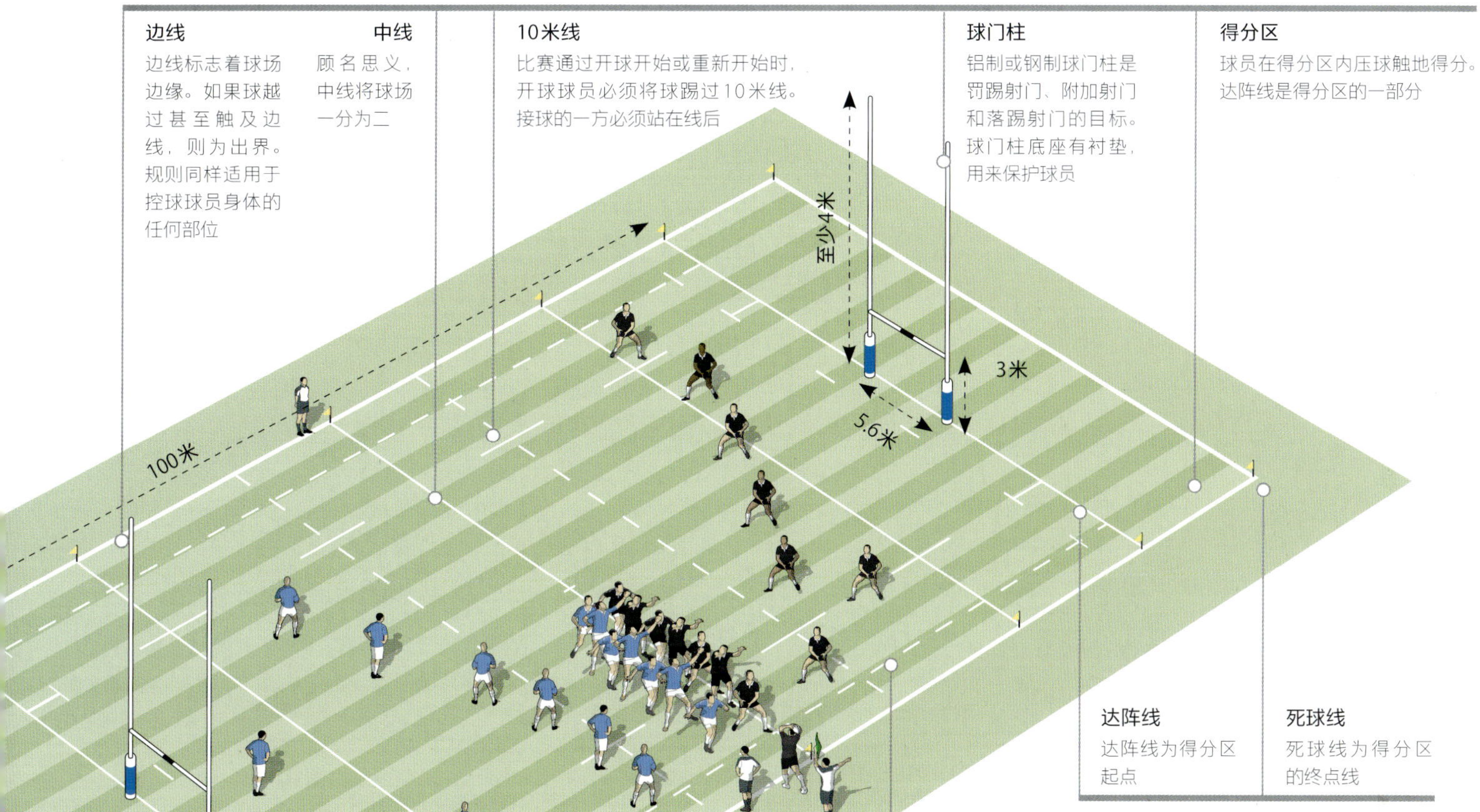
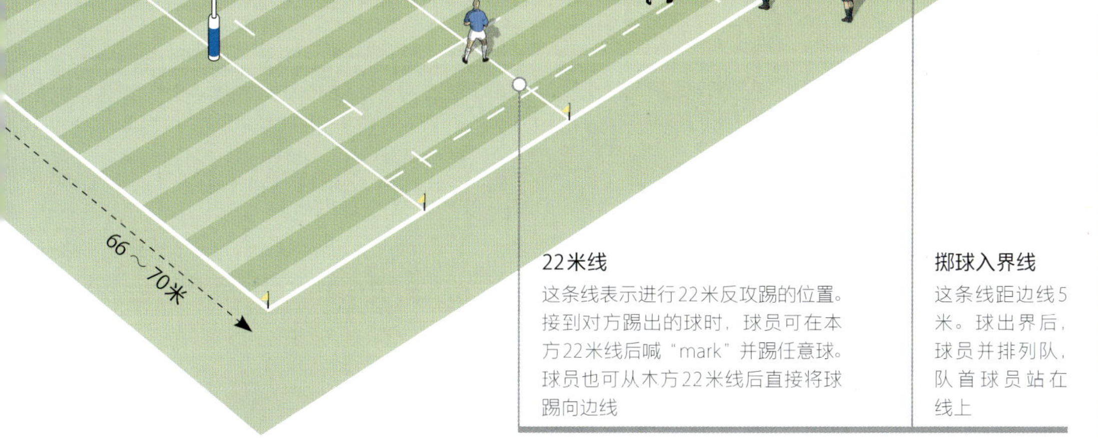

团队单位

一支橄榄球队有八名前锋和七名后锋。前锋包括：壮实的前排——两名支柱前锋和一名钩球锋；身材高大的第二排——两名锁球锋；强硬而灵活的后排——两名侧前锋和一名八号。后锋中，顽强的传锋随球而动，负责在前锋和后锋之间移动球。接锋是球队组织者和核心。接锋呼叫并发动战术，踢射大多由他操刀。两名正锋是后锋防守核心，进攻时，负责寻找对方防守的漏洞。边锋和最后卫速度最快——通常跟随后锋移动奔跑达阵。他们也是最后一道防线。

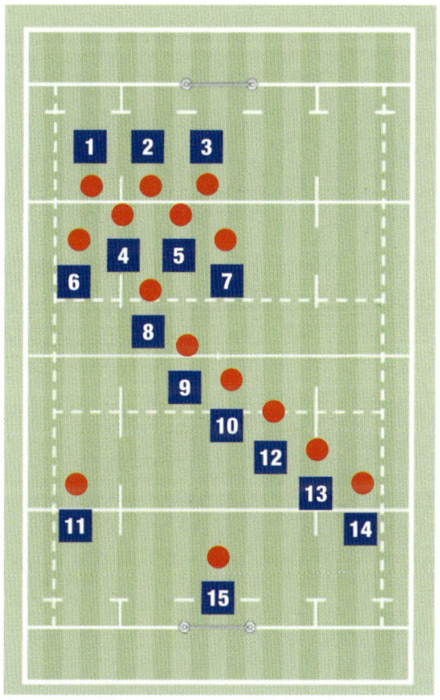

按号码区分位置：

1松头支柱　2钩球锋　3紧头支柱
4左锁球锋　5右锁球锋　6小边侧前锋
7大边侧前锋　8八号　9传锋
10接锋　11左边锋　12内侧正锋
13外侧正锋　14右边锋　15最后卫

橄榄球金矿

联盟式橄榄球作为职业运动由来已久，但直到1995年，联合会式橄榄球都还是业余运动。此后，因为广受现场和电视观众的欢迎，联合会式橄榄球的影响力和盈利都超过联盟式橄榄球，吸引了顶尖联盟式橄榄球球员前来效力。

球员装备

传统英式橄榄球装备只有球衣、球裤、球袜和球鞋。尽管普通比赛大多依旧如此，职业英式橄榄球比赛球衣用料已经有了长足发展，同时还出现了各种身体防护系统，用以预防伤病。一些前锋戴着防撞帽以避免并列争球时剐蹭耳朵，引发永久性肿胀而导致耳朵“开花”。帽子还有抗冲击的作用。近来上身衬垫有所发展，并越来越受欢迎。

身体防护系统

不同于大多数对抗激烈的运动，在过去，英式橄榄球运动员极少穿戴防护装备。现今，有些职业球员会佩戴头部、肩部和锁骨衬垫。

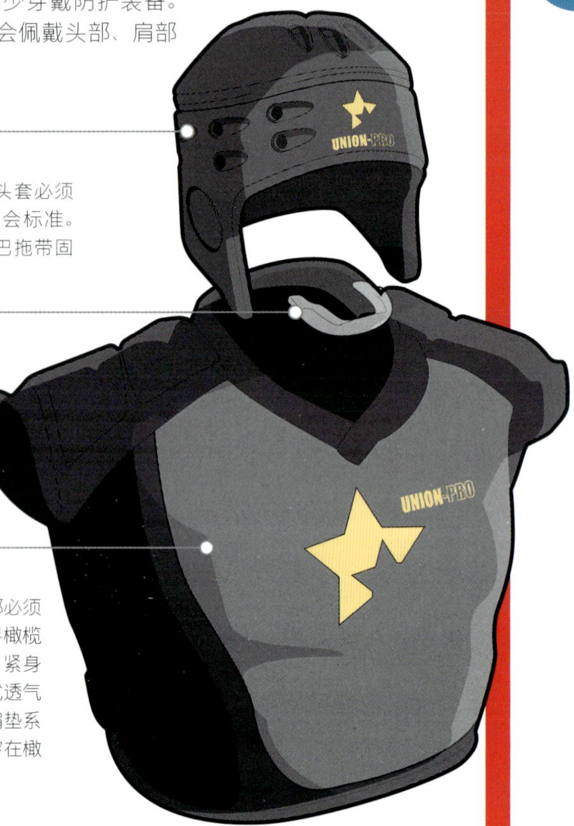

防撞帽

与其他衬垫一样，护头套必须符合世界橄榄球联合会标准。帽子紧贴头部，用下巴拖带固定。帽子上有透气孔

常用护具

牙医为运动员定制正畸护齿。也可将护齿放在热水中软化，再咬牙成型，这种护齿较为廉价

身体衬垫

任何穿在肩上的衬垫都必须足够轻薄，要符合世界橄榄球联合会的严格规定。紧身尼龙背心缝入了分块式透气蜂窝状材料，大多数肩垫系统便由此组成。背心穿在橄榄球衣内

橄榄球尺寸

青少年英式橄榄球赛事用球尺寸较小，成人比赛用球必须长28～30厘米，最宽处为58～62厘米。

高帮球鞋

有些橄榄球靴采用高帮设计，能更好地保护脚踝，不过许多橄榄球运动员更喜欢穿低帮球鞋，因为更加灵活。

得分

英式橄榄球有四种得分方式：达阵、附加射门、罚踢射门和落踢射门。球员在对方得分区将球触地，从而达阵得分。一次达阵得5分，并获得附加射门机会——可得2分的定踢。罚踢射门与附加射门相似，但可得3分。落踢射门同样可得3分，可在球场任意位置射门，但射门时球员必须再将球扔在地上。

电视比赛官员

职业英式橄榄球比赛常在体育频道播放。比赛中，电视比赛裁判会在场协助比赛裁判。电视比赛裁判有裁判资质，主要在裁判员犹疑时裁定是否达阵得分。电视比赛裁判的大多数裁定会确认压球触地时，球员是否完全控制球。电视比赛裁判从各个角度回看比赛，从而发现任何犯规动作或违规行为，并裁定是否达阵成功。

比赛概述

球员持球奔跑，向前推进，相互传球。虽然禁止向前传球，但可以把球往前踢。踢球是向前推进的关键一招，通常将球踢到界外，进行边球争夺。主要防御手段是扑搂持球球员。只能扑搂胸部以下部位，且不得扑搂无球球员。

正集团

比赛中止后，通过正集团重启，正集团也正是英式橄榄球的核心：每半场开始时、得分后重启比赛的开球；球出界后争边球；出现向前传球等违规行为后并列争球。

掷球入界

钩球锋将球扔向排成一列的队友。用暗号指示起跳接球球员，使对方不知该防何人

弹跳达人

争边球时，高个锁球锋常常负责接球。支柱协助锁球锋起跳。未接球球员负责清除防守球员，保障球权

争边球

争边球是指跳跃争抢球权，包括欺骗、托举和把握时机。每支球队可以安排两到七名球员排成一列。

压球触地

在对方得分区压球触地看似容易，实际则要复杂得多。核心规则：首先，球员必须在界内；其次，球员压球触地时必须控制球权。球员可滑行进入得分区域达阵得分，但不得再用其他动作将球带到达阵线上或越过达阵线。

尽在掌控
进攻球员用足力气压球触地，表明完全控制住球权

罚处达阵得分

如果故意或多次犯规，或者犯规阻碍对方达阵得分，则判对方达阵得分。随后正对球门柱进行附加射门。

踢球得分

在犯规地点执行罚踢。如果球员踢球后遭到犯规，则在球落地点执行罚踢。罚踢时，对方队员必须退到10米以外。达阵得分后，可垂直于达阵点进行附加射门，与达阵点距离不限。一旦射门球员开始向球移动，防守球员就可以朝前冲，防守附加射门。

成功射门
球必须穿过球门柱之间，且飞越横梁上方才算得分

头顶头
并列争球是蛮力和争抢技术的较量。两队的前锋彼此紧贴，组合成阵型，裁判一声令下，便与对方正面交锋。钩球锋发出信号后，传锋将球滚入两队之间的通道。然后，钩球锋努力用脚后跟往队伍后方传球，从而获得球权。

形影不离
防守方的传锋极为专注。在他从争抢队列中拿到球之前，不得阻挡或干扰进攻方的传锋

紧贴
后排球员必须紧贴争球球员，直到球离开争球队列

将球传入
传锋必须直接将球传到两队前排球员之间的通道。如果传歪了，会被判“喂球”犯规，导致对方获得罚踢

拉克和冒尔

拉克（ruck）和冒尔（maul）是指在活球期间争抢球权。持球球员倒地时，便形成拉克。先到的任何一方球员都可以围绕球彼此紧贴，推开对手，用脚将球拨回己侧。冒尔与拉克类似，不过持球球员并未倒地，成群的球员便可以在场上来回移动。

倒地
持球球员倒地后，必须松开球，否则会导致对方获得罚踢

禁止用手
拉克中，球员不得用手救球。如果球卡住，往前推进的一方获得并列争球投球权。

趣闻

5750 职业英式橄榄球后锋平均每场比赛的跑动距离（以米为单位）。

45 英式橄榄球世界杯比赛中个人最高得分纪录。1995年英式橄榄球世界杯期间，新西兰以145∶17战胜日本，新西兰球员西蒙·卡尔汉（Simon Culhane）狂砍45分。

152 国际比赛的最大分差。2002年5月，阿根廷以152∶0击败巴拉圭。2002年7月，日本155∶3战胜中国台北，两场比赛分差一致。

750000 2003年12月9日，在伦敦特拉法加广场（Trafalgar Square）迎接世界杯冠军英格兰队的人数（约数）。

英式橄榄球规则

英式橄榄球最基本的规则是不得用手向前传球或击球，否则对方获得并列争球投球权。对技术犯规等轻微犯规，判罚自由踢。如果球员越位，或有犯规动作，则判罚踢。

不越位

活球期间，如果球员位于持球队友之前，这名球员便为越位。如果该球员在回到非越位位置前就尝试参与进攻，会导致对方获得罚踢。若越位球员意外参与进攻，则对方获得并列争球投球权。越位规则也适用于正集团，以及冒尔和拉克形成之时。

罚踢和犯规动作

许多罚踢都来自拉克和冒尔等情况下的近距离犯规。球员犯规通常是为了延缓对方出球速度，或是为了加快己方出球速度。犯规分为以下四类：阻碍、有碍比赛公平、多次违规，以及危险动作和不当行为。

阻碍 推挤奔跑够球球员；在持球球员前奔跑；阻挡扑搂球员；挡球；在正集团中，持球球员跑向队友；并列争球时阻碍传锋。

有碍比赛公平 浪费时间；故意扔球或击球出界；故意违反比赛规则，或比赛方式有碍公平。

多次违规 球员多次故意或无意中违反比赛规则；整支球队多次违规。

危险动作和不当行为 犯规动作包括：踩踏或踢打对方；用腿或脚绊倒对手；扑搂时机过早或过晚；扑搂对方肩部以上部位；扑搂无球球员；扑搂跃起的对方球员；故意冲撞踢球球员；在并列争球、拉克或冒尔中有危险动作；报复对方。

出牌警告

与足球等运动相似，橄榄球裁判会用卡片警告。裁判会先口头警告犯规球员，继而出示黄牌和红牌。如果裁判向球员出示黄牌，该球员就必须下场在受罚席坐10分钟，致使球队人手不足。如果该球员上场后再次犯规，达到黄牌警告的程度，裁判会直接出示红牌，将球员罚下场。

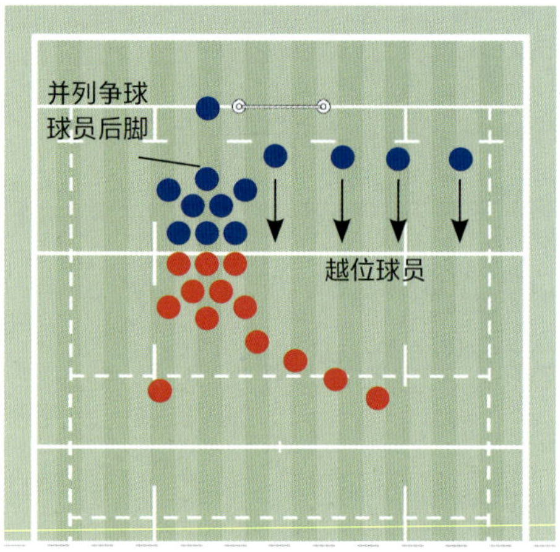

并列争球时越位

与其他正集团一样，一旦形成并列争球，特定的越位规则就会发挥作用。假想的越位线位于并列争球两侧后方的球员身后，横贯球场。除传锋外，任何球员越线都算越位。

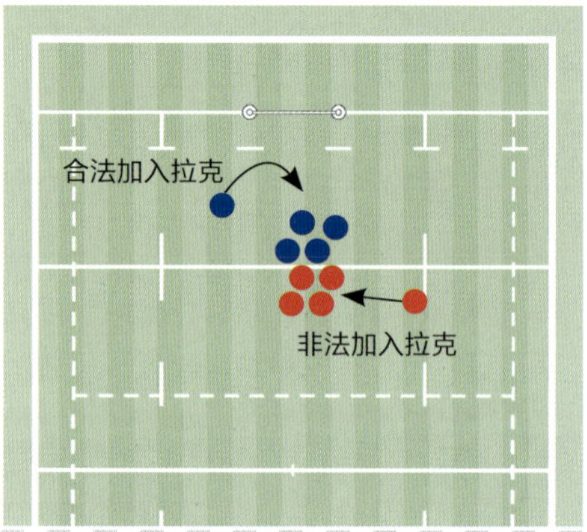

拉克时违规

越位规则适用于球员加入拉克和冒尔的情况。拉克或冒尔期间，如果球员从侧方或从对方一侧加入，则该球员越位。球员只能从正后方加入拉克或冒尔，与队友相互钩住。

战术方法

尽管英式橄榄球比赛风格不断演变，甚至各地各不相同，但还是有两大战术方法占据主流。

锋群主导战术

第一种战术主打前锋和踢射，进攻方依靠前锋向前推进，形成拉克、冒尔和并列争球，从而获得球权并近距离控球。进攻方还将球远射踢到界外，向前场推进，依靠前锋力量在有利位置夺回球权。辅以机敏的地毯式防守，这种方法常常行之有效，能形成大量射门机会。

15人橄榄球

球队利用移动速度和控球技巧创造空间并向前推进。这种战术全面融合了前锋的机动性和后锋的敏捷性，如果战术充分起效，会形成达阵得分机会，场面颇具观赏性。

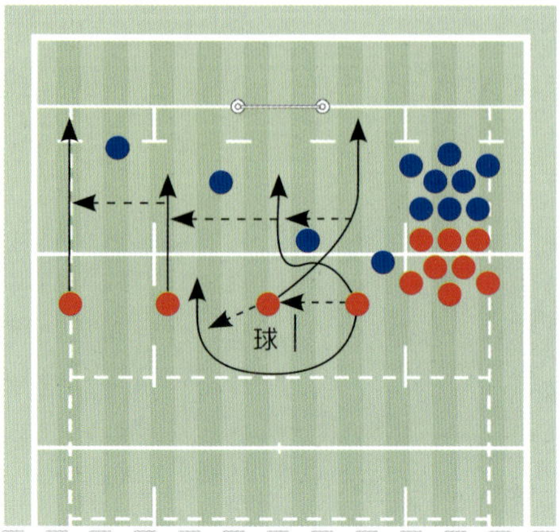

固定跑位

前锋和后锋都有固定跑位，会在训练时加以练习。左图中，后锋通过穿插跑位，吸引对方球员离开防守位置，造成防守球员扎堆，为移动速度快的边路球员创造了机会。

> **“他是个怪物……！”**
>
> 1995年英式橄榄球世界杯中，一位货真价实的橄榄球巨星冉冉升起。仅有两场国际大赛经历的约拿·卢姆（JONAH LOMU）入选全黑队，招来不少人反对。但没过多久，他就横扫了一切对手。半决赛中，卢姆四次达阵得分，把英格兰后锋打得无力招架，重挫对方傲气。赛后，落败的英格兰队队长威尔·卡尔林（WILL CARLING）谈到卢姆时说道：“他是个怪物，他越早走开越好。”

罚踢

自由踢

达阵和罚处达阵得分

有利

获得并列争球投球权

前掉

比赛裁判

通过手势，英式橄榄球裁判与球员进行交流，从广义上讲，也是与观众进行交流。手势分为两类：主要手势表示判罚，即罚踢、有利或自由踢；次要手势表示判罚原因，例如前掉、过高扑搂或越位。每条边线各有一名巡边裁判，主要负责向裁判员表明球或持球球员是否出界，从而起到协助作用。

幕后故事

据传说，英式橄榄球源于19世纪20年代英格兰拉格比公学（Rugby School）学生威廉·韦伯·埃利斯（William Webb Ellis）在足球比赛中拿着球跑。19世纪末，英式橄榄球联合会（Rugby Football Union）和国际英式橄榄球理事会（International Rugby Football Board）分别成立，规范了比赛规则，并对比赛进行管理。英式橄榄球联合会最终并入了国际英式橄榄球理事会。1995年，随着比赛的职业化，国际英式橄榄球理事会英文名改为“International Rugby Board”，并于2014年11月更名为世界橄榄球联合会（World Rugby）。

主要锦标赛

自1987年以来每四年一届的英式橄榄球世界杯是主要英式橄榄球赛事，有20个国家争夺世界冠军。世界杯设有小组赛和淘汰赛，决赛获胜者获得韦伯·埃利斯杯（Webb Ellis Cup）。年年举办的英式橄榄球国际锦标赛有南半球英式橄榄球锦标赛（Rugby Championship）和北半球六国锦标赛（Six Nations）。

南半球

南半球英式橄榄球锦标赛每年举办，参赛国家包括澳大利亚、新西兰、南非和阿根廷。比赛组织形式为小型联赛，每队都与另一队交手两次。在澳大利亚和新西兰的比赛中，最终胜出方还将赢得贝勒蒂斯罗杯（Bledisloe Cup）。

老对手

在北半球，六国锦标赛是欧洲顶级英式橄榄球赛事。英格兰、法国、爱尔兰、意大利、苏格兰和威尔士相互交手一场，主场逐年更换，若五战全胜，即为大满贯。以前，女子六国锦标赛参与国之中，有西班牙而没有意大利，如今意大利已经取代了西班牙。

统计中心

英式橄榄球世界杯冠军

年份	国家
2015	新西兰
2011	新西兰
2007	南非
2003	英格兰
1999	澳大利亚

五国及六国锦标赛夺冠次数排行

夺冠次数	并列冠军次数	国家
28	（10）	英格兰
27	（12）	威尔士
17	（8）	法国
15	（9）	苏格兰
14	（9）	爱尔兰

欧洲（喜力）杯冠军

年份	球队	国家
2019	萨拉森人	英格兰
2018	伦斯特	爱尔兰
2017	萨拉森人	英格兰
2016	萨拉森人	英格兰
2015	土伦	法国
2014	土伦	法国
2013	土伦	法国
2012	伦斯特	爱尔兰
2011	伦斯特	爱尔兰
2010	图卢兹	法国

国际比赛得分排行榜

得分	球员	球队
1598	丹·卡特	新西兰
1246	强尼·威尔金森	英格兰
1090	尼尔·詹金斯	威尔士
1083	罗南·奥加拉	爱尔兰
1010	迭戈·多明格斯	意大利
970	斯蒂芬·琼斯	威尔士
967	安德鲁·梅尔滕斯	新西兰
951	弗洛林·弗拉伊库	罗马尼亚
911	迈克尔·林纳	澳大利亚
893	珀西·蒙哥马利	南非

国际比赛达阵次数排行榜

达阵次数	球员	球队
69	大畑大介	日本
67	布莱恩·哈巴纳	南非
64	大卫·坎佩斯	澳大利亚
60	肖恩·威廉姆斯	威尔士
55	小野泽宏时	日本
50	罗里·安德伍德	英格兰
49	道格·霍莱特	新西兰
47	布莱恩·奥德里斯科尔	爱尔兰

七人制橄榄球

比赛概述

七人制橄榄球是联合会式橄榄球的变体，比赛流畅，节奏快，球队规模从十五名球员减少到七名。因为球员更少，所以场上空间更大，达阵机会更多，观赏价值很高。一直以来，如果有后起之秀希望进入联合会式橄榄球联赛，会先在顶级七人制橄榄球锦标赛中展示身手。

比赛概述

尽管上场人数减少，七人制橄榄球比赛场地依然与联合会式橄榄球一样，不过比赛重点从前锋对抗转到快速传球跑动上。七人制橄榄球比赛更为流畅，因此对运动员体能要求也有所不同，速度和体力变得比力量更重要。球队由三个“前锋”（两个支柱和钩球锋）、三个“后锋”（最后卫、中锋和接锋）和传锋组成。

必备知识

- 七人制橄榄球极大促进了英式橄榄球在亚洲的普及。不论从比赛规模还是从观众人数上看，香港的七人制橄榄球赛事都位居世界前列。
- 有些联合会式橄榄球球星的职业生涯始于七人制橄榄球。新西兰球员约拿·卢姆和澳大利亚前队长乔治·格雷根（George Gregan）都是先参加七人制橄榄球国际比赛，然后才在十五人制橄榄球比赛中成就功名。

运动要求

七人制橄榄球是接触式运动，对身体素质要求很高，所有球员都必须足够强壮，才能果断扑搂和阻挡对方球员。不过，七人制橄榄球的正集团规模比联合会式橄榄球小，且较少见，所以前锋往往速度更快，体型更小，更为灵活。除了快速大范围跑动外，后锋还必须能够通过创造性传球和灵活跑动撕开对方防守，因此球商与加速能力和耐力一样重要。

并列争球
七人制橄榄球的并列争球由每队各三名球员组成——钩球锋位于两名支柱前锋之间

钩球锋
七人制橄榄球比赛中，钩球锋可以选择从支柱前锋前臂下方或上方进行夹扎；十五人制橄榄球比赛并列争球中，钩球锋总是从上方进行夹扎

支柱
支柱将双脚分开，与肩同宽，尽量压低重心

七人制橄榄球有何特点？

七人制橄榄球比赛规则与联合会式橄榄球相似，但除了球员数较少外，还有其他不同之处：比赛由上下半场组成，各7分钟，中场休息1分钟；附加射门须为落踢而非定踢；并列争球时，每队各派三名球员，而非八名球员。联合会式橄榄球球队可选择七名替补队员，并在一场比赛中全部派上场，而七人制橄榄球球队只有五名替补队员，并且只有三次换人机会。

七人制橄榄球的起源

七人制橄榄球发源于19世纪80年代的苏格兰边境小镇梅尔罗斯（MELROSE）。为筹集善款，当地屠夫内德·黑格（NED HAIG）组织了一场比赛，结果大受欢迎，很快传遍世界各地。如今，梅尔罗斯七人制橄榄球锦标赛仍然每年定期举办。

1 支柱 并列争球时，两名支柱（见下文）支撑着钩球锋，起到“支柱”作用

2 钩球锋 钩球锋位于七人制橄榄球并列争球队伍的中央，尝试用脚“钩”球，获得球权

3 传锋 传锋如果能充分利用正集团机会，能对比赛结果起到关键作用

4 接锋 接锋通常负责附加射门，需要熟练掌握落踢，因为七人制比赛中禁止定踢

5 中锋 中锋是七人制球队成功的关键，必须负责创造得分机会

6 最后卫/边锋 七人制比赛中，最后卫/边锋必须进攻高效，还要筑牢球队最后一道防线

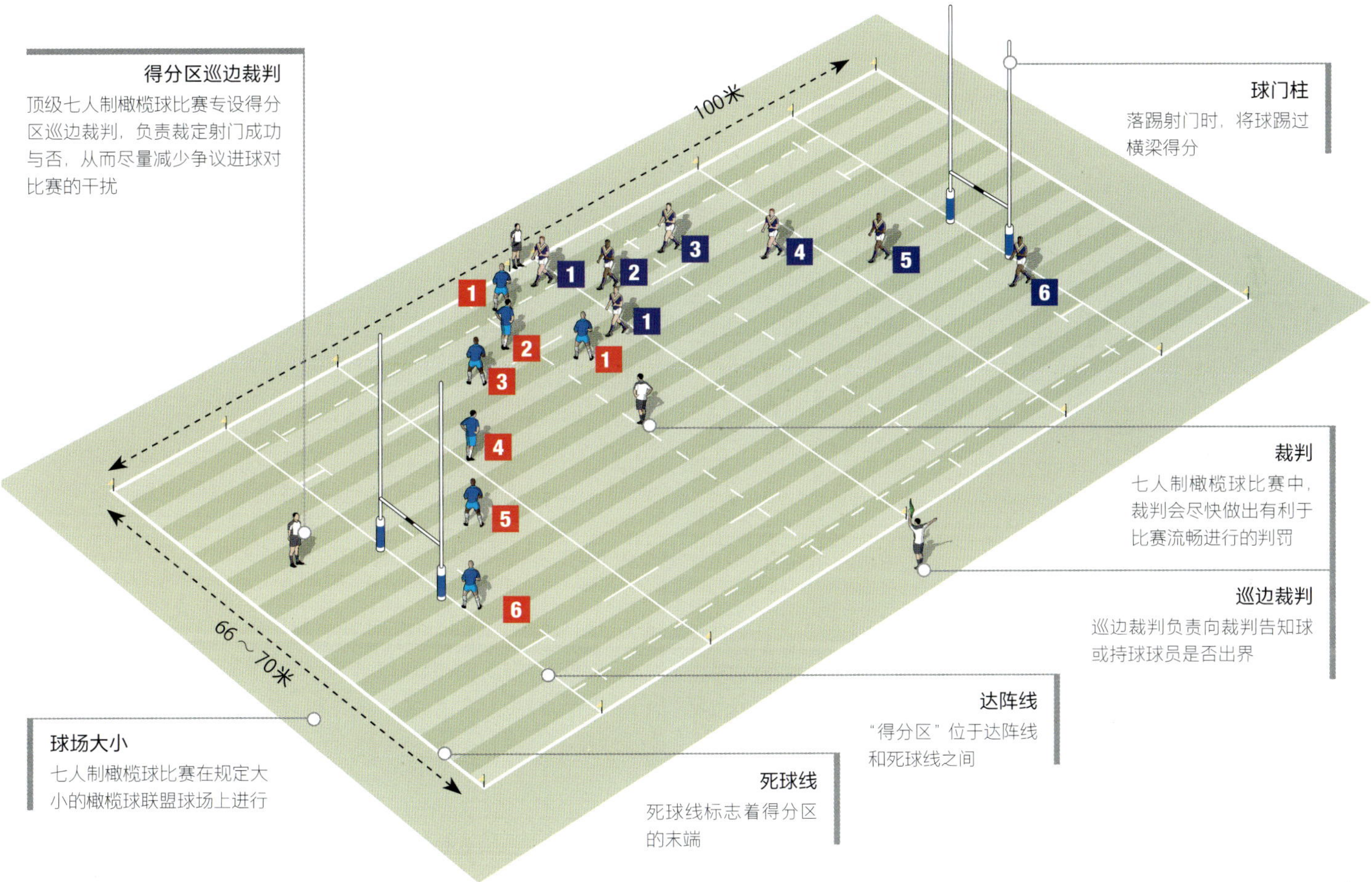

锦标赛

最重要的七人制赛事是七人制橄榄球世界杯（Rugby World Cup Sevens），自1993年起，每四年在不同国家举办一届。斐济曾两度夺冠，是世界杯历史上最成功的球队。2009年，澳大利亚赢得了首届女子七人制橄榄球世界杯冠军。

2016年，七人制橄榄球成为奥运会项目，斐济夺得金牌。其他主要赛事包括英联邦运动会（Commonwealth Games）和世界七人制橄榄球系列赛（World Rugby Sevens World Series），九站系列赛中，根据排名，球队将获得积分。1999年以来，共举办了20届世界七人制橄榄球系列赛，新西兰表现出色，成为十二冠王。新西兰还五次夺得英联邦运动会七人制橄榄球冠军，只有一次未能拔得头筹。

趣闻

23 七人制橄榄球世界杯历史达阵得分王、斐济选手玛丽卡·武尼巴卡（Marika Vunibaka）的达阵得分次数。

0 获得七人制橄榄球世界杯和英式橄榄球世界杯双料冠军的国家数量。

28 2013年香港国际七人橄榄球赛的参赛国家数量，创该赛事历史新高。

82 2006年亚运会上，中华台北队以82分的分差战胜卡塔尔队，创职业七人制橄榄球比赛纪录。

赛事概述

联盟式橄榄球是一种接触式运动，对身体素质要求极高。比赛双方各派十三名球员上场。比赛分上下半场，各40分钟，双方都努力在比赛时间内取得比对方高的分数。得分手段包括越过对方达阵线后压球触地，以及将球踢过横梁。联盟式橄榄球比赛节奏很快，虽然发源于英格兰北部，但在澳大利亚、新西兰和太平洋地区也很受欢迎。

趣闻

40% 联盟式橄榄球铁杆球迷中女性的占比。

11 1905年，赫尔金斯敦流浪者队（Hull Kingston Rovers）球员乔治·韦斯特（George West）对阵布鲁克兰流浪者队（Brookland Rovers）时的达阵得分次数。

1735 1994—1995赛季，维冈队（Wigan）45场比赛的得分总数，创造了单赛季得分纪录。

248645 英国联盟式橄榄球注册球员的数量，分别来自英国450多个俱乐部。

联盟式橄榄球

头部保护
前排前锋会专门佩戴防撞帽，在并列争球时起保护作用，材质通常为轻质模制泡沫海绵

球衣
球衣由轻质而坚固的合成材料制成，必须能够承受住对方拉扯

抓牢
佩戴贴合型五指手套，可把球抓得更牢

球裤
与英式橄榄球衣一样，球裤材质一般为耐磨棉，但如今也采用结实耐磨的合成材质

球鞋
高帮球鞋为脚踝提供支撑

球袜
球袜也是队服的一部分，具有耐磨性

必备知识

- 新西兰夺得2005年三国杯的胜利，这也是27年来澳大利亚在国际系列赛中首尝败绩。
- 在新西兰举行的卡内基冠军学校锦标赛（Carnegie Champion Schools tournament）是全球规模最大的联盟式橄榄球淘汰赛，有1000多所学校、16000多名球员参加。
- 1954年，法国举办首届联盟式橄榄球世界杯，参赛国家包括英国、澳大利亚、新西兰和东道国。

运动要求

联盟式橄榄球对身体素质要求极为严苛，要想脱颖而出，力量、耐力和速度缺一不可。踢球和接球时的控球技巧是关键技能，快速处理球的能力也很重要。全局战术意识必不可少，对于接锋、传锋等球员来说尤为如此。

联盟式橄榄球场地

联盟式橄榄球场地是草地赛场，场地上画有标记线，球场两端均设球门柱。球场以边线为界，分多个不同区域。从球门柱底下穿过的线是达阵线，越过这条线后，球员可压球触地达阵得分。再往后是死球线，越线即为出界。沿着球场，每10米也会画出一条线。

按号码区分位置：

1最后卫　2右边锋
3中锋　4中锋
5左边锋　6接锋
7传锋　8支柱
9钩球锋　10支柱
11锁球锋　12锁球锋
13自由前锋

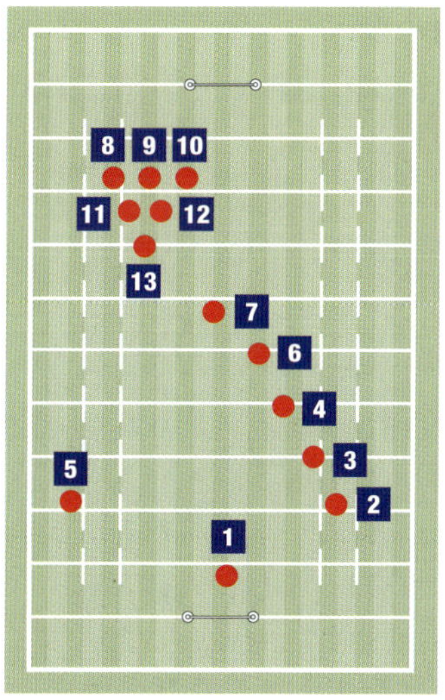

橄榄球

联盟式橄榄球比赛用球呈椭圆形，球的长度必须在280～300毫米之间。球大多由皮革制成，不过有时会采用防水合成材料。

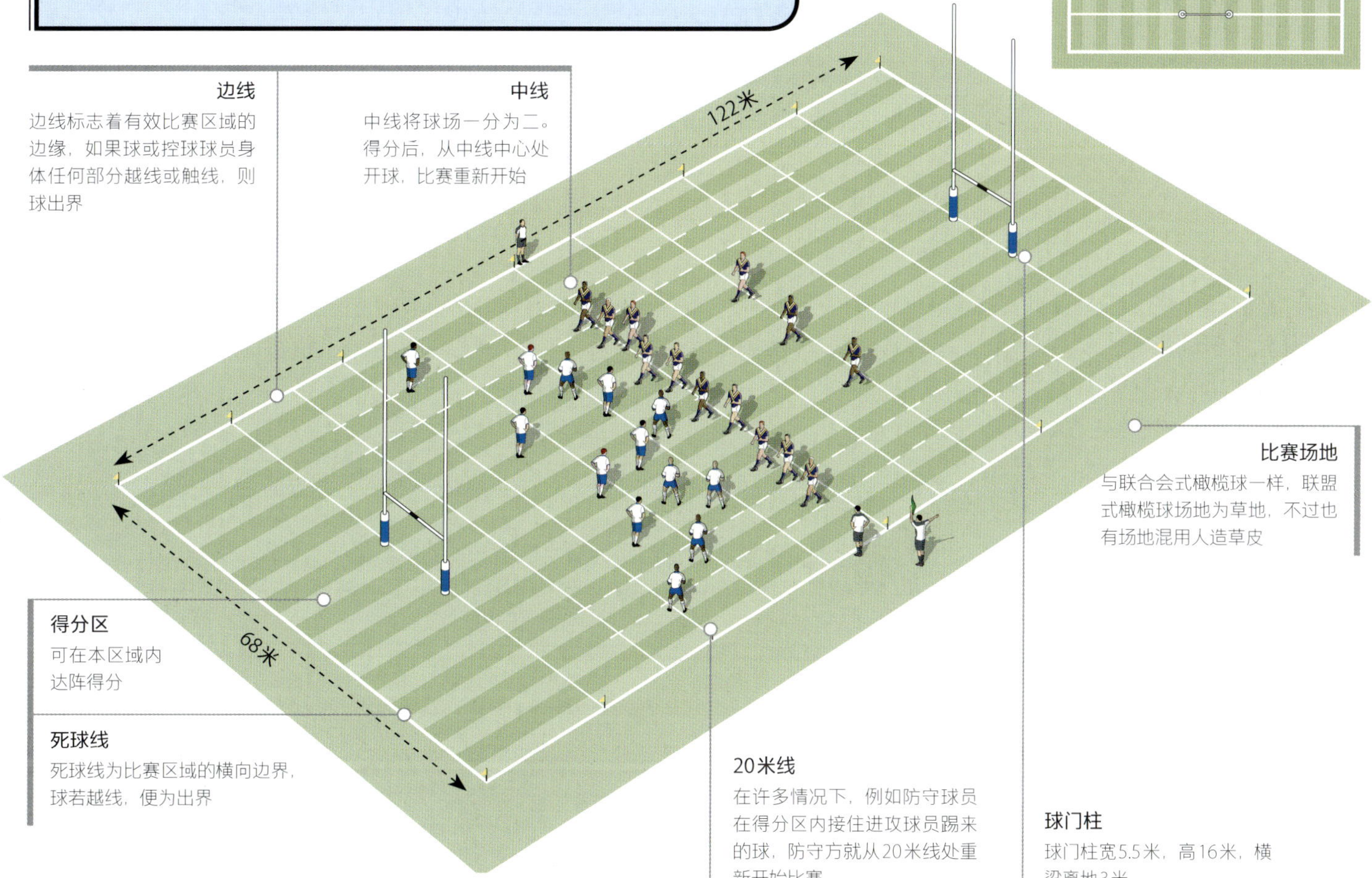

球员装备

这项高强度运动需要穿戴高质量护具。球员普遍使用护齿，也有许多球员选择佩戴身体衬垫和头盔。在对方球员脚踢手抓时，这些护具都将起到一定的防护作用。

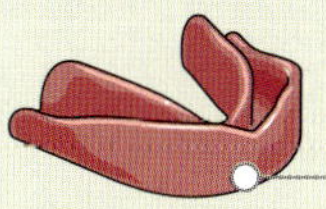

护齿

由模制塑料制成，可保护牙齿和口腔，是必不可少的装备。

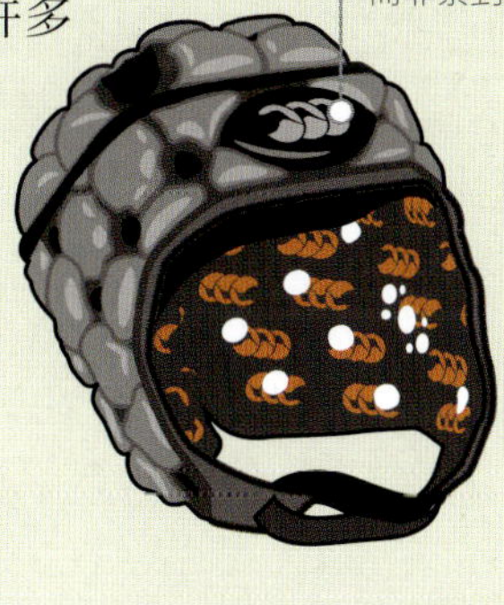

帽子

防撞帽，有时也称无边帽，环抱着头部和耳朵。一般是负责并列争球的球员佩戴。

保护内衣

英式橄榄球的扑搂对球员肩膀造成了巨大压力，因此许多球员都会穿有护垫的防撞衣。防护紧身衣由弹性透气材料制成。

联盟式橄榄球比赛模式

一名球员将球踢入对方半场，比赛便由此开始。一旦球员控制住球，球员所在一方就有机会将球往前推进，越过对方达阵线后达阵得分。队友相互传球，避免被对方球员扑搂的同时，将球踢向前场。如果进攻方在被扑搂六次后仍未得分，则对方获得球权。不过，如果被扑搂五次后，进攻方仍无希望达阵，通常会将球大脚踢入对方半场。

重启比赛

比赛中断后，可通过开球、重新进攻、反攻踢、罚踢或并列争球重新开始。并列争球时，双方各六个前锋相互夹扎，相互施压，然后球被送入中间“通道”。

重新进攻

被扑搂的球员必须通过“重新进攻”的动作使比赛进入活球状态。球员站起来，用脚掌把球滚给站在身后的队友，队友可带球跑动，传球或踢球，使进攻重新启动。重启动作期间，对方球员必须处于10米开外的地方，否则裁判可判罚对方“越位”，己方获得罚踢。

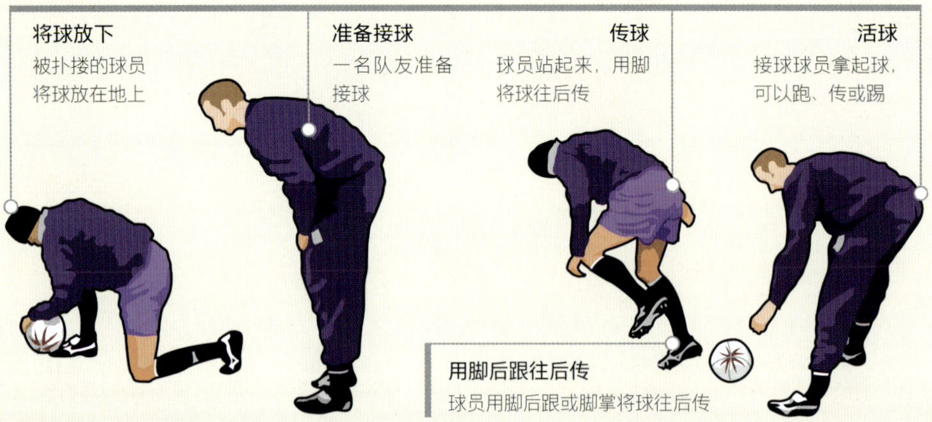

20米反攻踢：如果球队被获得罚踢，可决定把球踢到“边线”。如果把球踢过死球线，则比赛重新开始，在20米线处执行落踢。

20米重启比赛：如果位于达阵线后、得分区内的防守球员干净利落地接住进攻球员踢出的球，比赛将从20米线处重新开始。如果防守球员在球越过死球线之前触球，比赛也会从20米线处重启。

40/20踢：若球员在本方40米线后将球踢出，且球越过边线前在对方20米线后触地反弹，则该球员所在球队获得并列争球投球权，并且有希望赢下并列争球，从而再获得六次被扑搂的机会。

专业技能

联盟式橄榄球需要一系列个人技能技巧，组合使用时，可帮助球队取分制胜。强力扑搂则是成为联盟式橄榄球运动员的核心前提条件。所有踢射，无论是落踢、向前场定位碰踢，还是达阵后的定踢，都需要精准执行。

非法扑搂

扑搂对方球员的脖子是危险动作，会受到裁判处罚，扑搂无球球员亦是如此。

传球

传球是所有位置的球员必备的基本功。如果时机得当，传得到位，传来的球可以越过对手，创造达阵得分机会。球员只能向后传球。若向前传球，则控球方犯规。

从地面上传球

重新进攻之后，以及罚踢把球踢到边线后，从地上拿起球，进行传球。

接球

有多种接球形式，例如近距离接队友传球，甚至包括接住对方踢出的高球时，对方前锋还压在你身上。良好的手眼协调能力至关重要。

接住高球

球员紧盯球，如果对方球员就在附近，把握好起跳接球的时机。

扑搂

扑搂指的是持球球员被扑倒，在扑搂球员还与其保持接触的情况下，球或持球手臂触碰地面。扑搂的关键在于上肢强壮，以及时机把握得当。

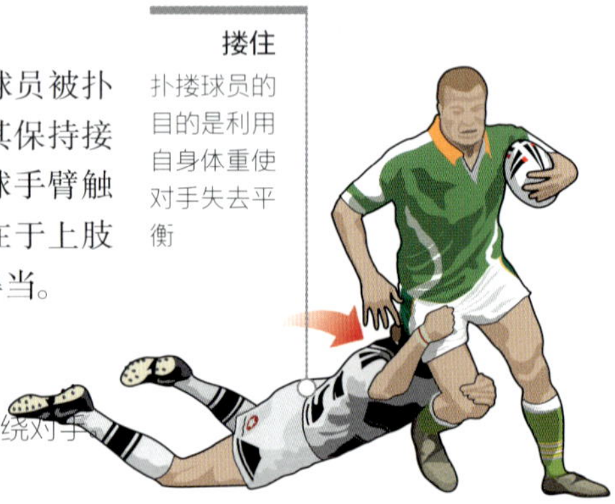

侧面扑搂

球员放低肩膀，用双臂环绕对手

踢射

比赛时，需要运用各类踢射技巧，包括远距离罚踢，到机巧地踢出足以越过多名球员的高球。接锋是球队踢射专家，罚踢便由其操刀。

落踢

将球向上抛，等球落地后，球员会立即把球向前踢出。

得分体系

达阵触地可获得最多分数（4分），但也有许多其他得分手段。达阵后，如果得分1方能将球定踢进球门柱之间、横梁之上，球队便可再得两分附加分。活球时，通过落踢将球踢过横梁，得1分。球队若多次犯规，对方会获得罚踢，可选择与附加射门相同的射门形式，射中得2分。

达阵

越过达阵线后，如果球员将球下压触地，则达阵有效。压球触地时如果对方两名球员都握住球，达阵依旧有效。如果球员身体任何部位出界，则达阵无效。

罚踢

对方球员犯规时，己方获得罚踢，在犯规处执行罚踢。如果球出界时犯规，则在边线内侧10米处执行罚踢。

附加射门

可在达阵得分处垂直延长线上的任何一点执行附加射门。巡边裁判负责确认球是否踢进横梁之上、球门柱之间。

落踢

如果两队打平，全场比赛即将结束，且进攻方距离达阵线尚有距离，此时如果落踢射中，可获得分数，进而锁定比赛胜利。

并列争球

向前传球、前掉（球意外向前移动后触地）以及将球踢出边线后重新开始，这些都会导致出现并列争球。争球队列中，最多有六名前锋——前排两名支柱，一名钩球锋；后排两名前锋；自由前锋殿后。

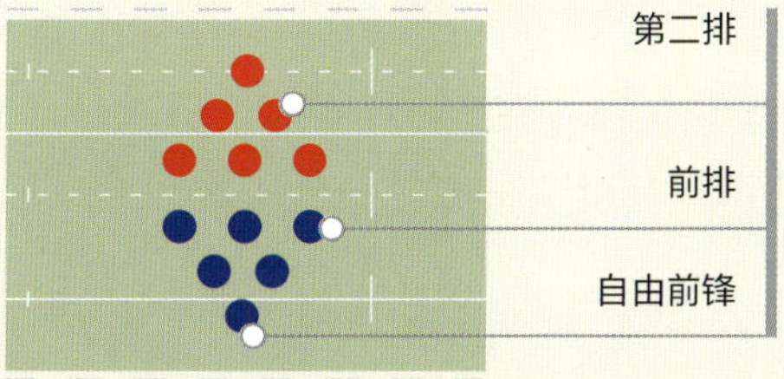

英式橄榄球规则

如果出现严重犯规，裁判有时会把犯规球员罚到场边受罚席停留10分钟，在此期间，其所在球队便处于劣势。

越位

越位规则很复杂，活球时有几种情形都会导致出现越位，其中一种是位于持球球员前的球员尝试参与进攻。罚踢时，如果有球员位于踢球球员之前，则该球员越位。

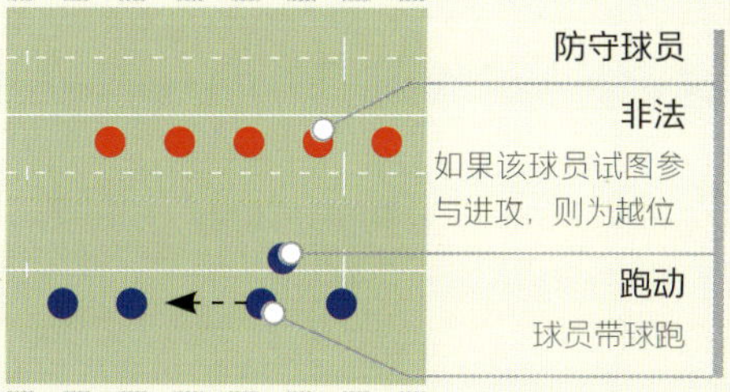

有利

裁判可不吹罚一方犯规，而是让另一方在有利条件下继续比赛，例如一名球员虽然被对方扑搂到肩以上部位，但仍将球传出，助攻队友得分。

球队战术

联盟式橄榄球比赛目标是得分高过对方，因此注重渗透性进攻战术和坚固的防守。这两者都有赖于结合团队合作和个人技巧，例如假传球（做传球动作，但实则持球甩掉对方球员）。踢球出界是另一项关键战术，进攻球队借此向前推进，防守方亦将此用于后防线解围。

假传球

一名球员跑向对方球员，队友就在附近。球员看向队友之后，摆出要传球的姿势。

侧步闪过

当对方球员以为球就要传出来时，球员将重心转到另一侧，从而绕过防守球员。

踢球出界

活球期间踢球出界时，最重要的一点是球出界前必须在场内触地反弹。由此产生的并列争球是从球越线处内侧10米处进行的。但是，如果直接踢球出界，则在踢球点进行并列争球。在这两种情况下，非踢球球员所在的球队都将获得并列争球投球权。因此，虽然球队向前场推进，但也丢了球权。

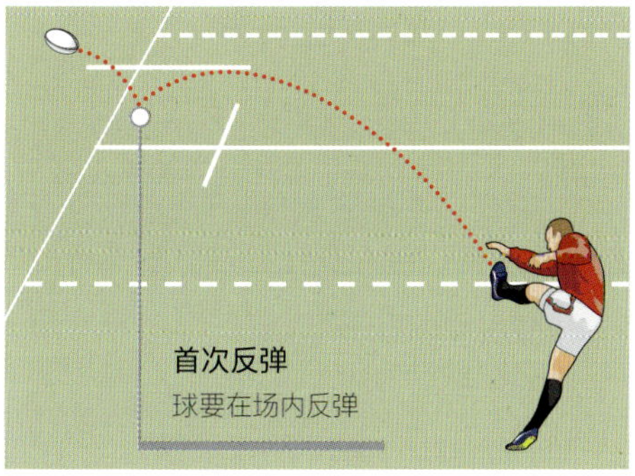

金子般的得分

如果全场比赛结束，两队打平，则进行10分钟加时赛。加时赛有“突然死亡”之称，因为哪队先得分，哪队就赢得胜利。

幕后故事

始于19世纪30年代的初代联合会式橄榄球也是联盟式橄榄球的鼻祖。1892年，因为北英格兰的俱乐部给球员发薪水，违背了比赛的业余精神，英式橄榄球联合会与这些俱乐部发生争执。于是，1895年，北方橄榄球联合会（Northern Rugby Football Union）成立，自立门户。1906年，十三人制橄榄球开始出现，并在1922年采用了联盟式橄榄球的名称，在英国由英式橄榄球联盟（Rugby Football League）负责管理。英式橄榄球联盟还负责管理全英各个联盟、超级联盟（Super League）、挑战杯（Challenge Cup）和英国国家队。

国际管理机构

国际联盟式橄榄球联合会（Rugby League International Federation）是全球联盟式橄榄球管理机构。联合会负责制定比赛规则，并为各支国际球队排名。

必备知识

- 除澳大利亚以外，还有20多个国家举办澳式橄榄球比赛。澳式橄榄球在英国、新西兰、印度尼西亚、南非、加拿大和日本很受欢迎。
- 一年一度的澳式橄榄球联盟（Australian Football League，AFL）总决赛吸引了近10万名观众，作为当地俱乐部冠军赛，其现场观众数量在世界上无出其右。
- 女子澳式橄榄球也已传播到多个国家，例如美国、英国、新西兰、加拿大、巴布亚新几内亚。

澳式橄榄球

赛事概述

澳大利亚式橄榄球也被当地人称为“澳式橄榄球（Aussie Rules）”或“足球（footy）”，是项极为激烈的快节奏运动。两支球队，各二十二名球员（十八名首发，四名替补），向对方球员和球发起猛攻，毫无畏惧。球员在椭圆形球场上相互传球，传得极为精准。比赛目的是将球踢进由四根球门柱组成的一组球门得分。比赛共四节，每节20分钟，得分多者获胜。澳式橄榄球是澳大利亚最流行的冬季运动。

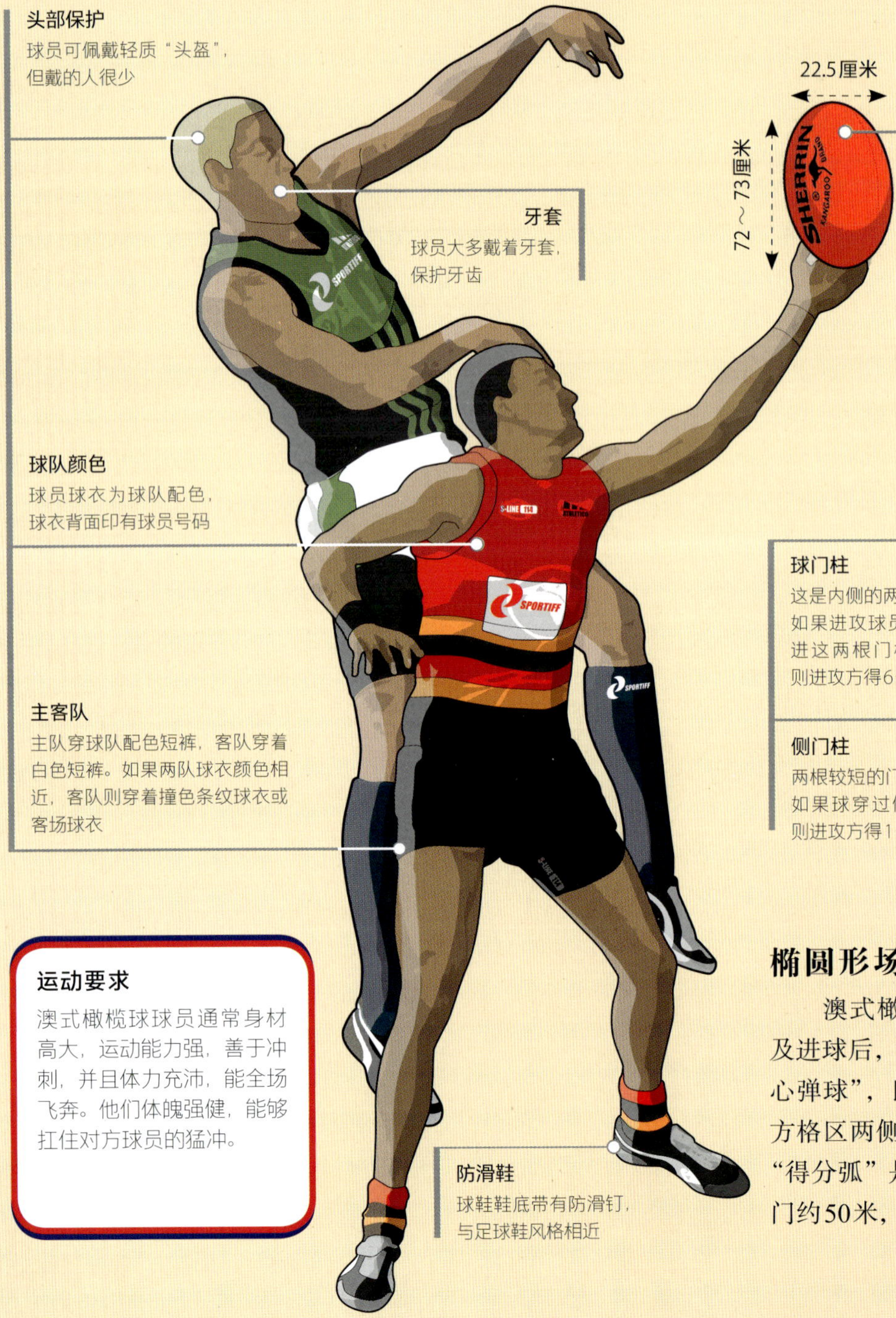

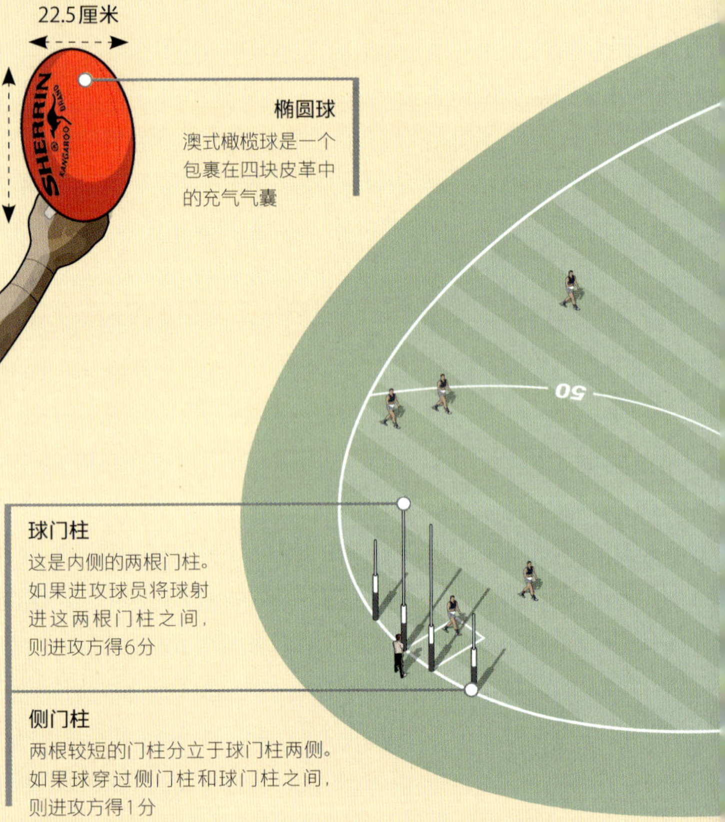

运动要求

澳式橄榄球球员通常身材高大，运动能力强，善于冲刺，并且体力充沛，能全场飞奔。他们体魄强健，能够扛住对方球员的猛冲。

椭圆形场地

澳式橄榄球场地分三个区域。每节开始前以及进球后，在场地中间的“中心方格区”进行“中心弹球”，比赛便由此开始。场地“侧翼”是中心方格区两侧的区域，通过这些区域进行攻防转换。“得分弧”是主要进球得分区域，其标记线距离球门约50米，球场两侧各有一条标记线。

满场飞奔

一场澳式橄榄球比赛有四节，每节20分钟，每名球员平均一场比赛的跑动距离为13千米，大部分是慢跑和冲刺。相比之下，联合会式橄榄球球员的跑动距离为6千米，还不到一半。女子澳式橄榄球比赛中，虽然扑搂规则可能有所不同，但对球员的体力要求却相差无几。

边线裁判
有两名裁判负责巡视边线。如果球滚出或弹出，裁判会将其扔回。如果球在空中被踢出界，他们也会判罚踢

场上裁判
三名裁判负责吹罚场上比赛，执法区域包括场地中央、两翼和两个得分弧

球门裁判
两名裁判分别站在每条球门线后，判定球是否过线，以及是进球还是得1分

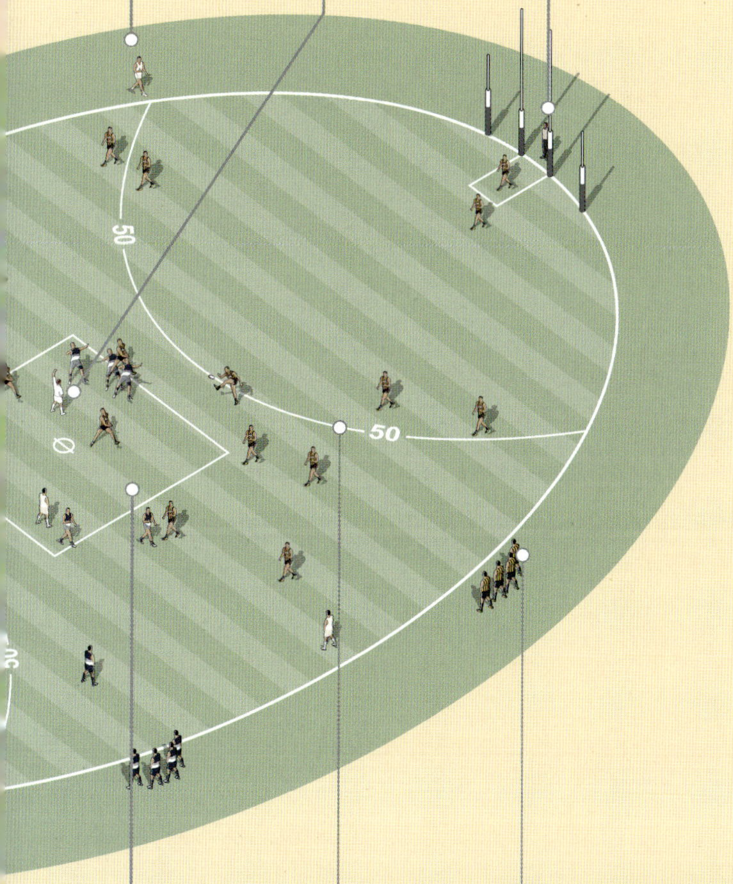

中心方格区
比赛开始前，只有八名球员能进入该区域——其他28名球员只能等比赛开始后才能进入

50米线
这条曲线标示着场地两端的球门弧

替补队员
每队有四名替补队员，换人次数不限

谁打哪个位置？

球员根据需要在场上移动，不会固定不动，因此球员位置会不断变化。下图标出了比赛开始时球员的位置。比赛以中心弹球开始，此时只有争球手能争球。进攻球员（“前锋”）在前场移动，争抢球权，后卫（防守球员）则努力阻止对方前锋，并向前场跑动，创造进攻机会。中场球员在场地各个区域争夺球权。

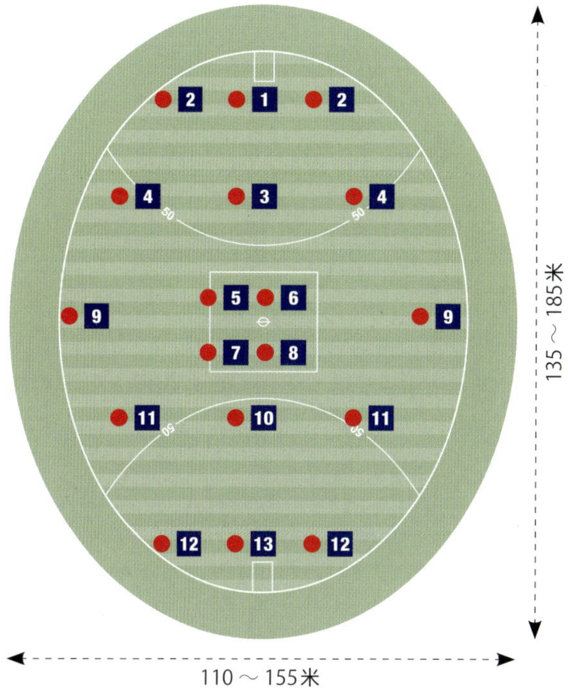

球员位置：

1全前锋　2前兜　3中半锋　4半前锋侧翼
5争球手　6争球手—自由人　7自由人　8中锋　9边锋　10中半卫
11半卫侧翼　12后兜　13最后卫

国际规则橄榄球比赛

1998年，澳大利亚和爱尔兰参加了首届官方国际规则橄榄球系列赛。系列赛结合了澳大利亚和盖尔橄榄球元素，比赛节奏快，因冲撞凶狠而臭名昭著（2006年系列赛极为暴力，导致2007年系列赛取消）。迄今为止，澳大利亚赢得了五场国际规则橄榄球比赛，爱尔兰赢得了七场，有两场比赛以平局告终。

趣闻

7595165 2018年，现场观看顶级澳式橄榄球联盟比赛的澳大利亚观众人数，相当于全澳人口的三分之一。

121696 顶级澳式橄榄球比赛的现场观众人数纪录。1970年总决赛上，卡尔顿（Carlton）以10分优势击败科林伍德（Collingwood），创造了这一历史纪录。

36962 2018年，澳式橄榄球联盟常规赛的平均现场观众人数（2018—2019赛季，英超足球的平均观众数为38182）。

规则

可向任何方向传球，但只能脚踢、握拳击球或张手拍球。如果球员接住踢过来的球，就会获得定球机会。该球员可不受妨碍地从接球处踢球或握拳击球。球员可带球跑，但每隔15米就必须将球击地反弹，或使球触地一次。持球球员可能会面临防守压力或被扑搂，若被扑搂，必须立即传球或处理球，否则可能被判犯规。可判罚任意球的情况包括从背后推对方球员、非法扑搂（见第135页）和拉扯无球球员等。最后，球员如果击打、绊倒、推搡或脚踢其他球员，会被列入惩戒报告内，有可能被禁赛。

得分

进攻球员将球踢进球门柱之间，便为进球得分（goal，6分）。如果球穿过侧门柱与附近球门柱之间的线，或球被踢到球门柱上，则为侧得分（behind，1分）。如果球进之前碰到防守队员的脚，或者球员用身体任何其他部位将球击出球门线或得分线，则算侧得分。总分为进球得分和侧得分之和，分两部分表示。例如，“20.14（134）”表示20次进球得分（20×6）和14次侧得分（14×1），总分134分。

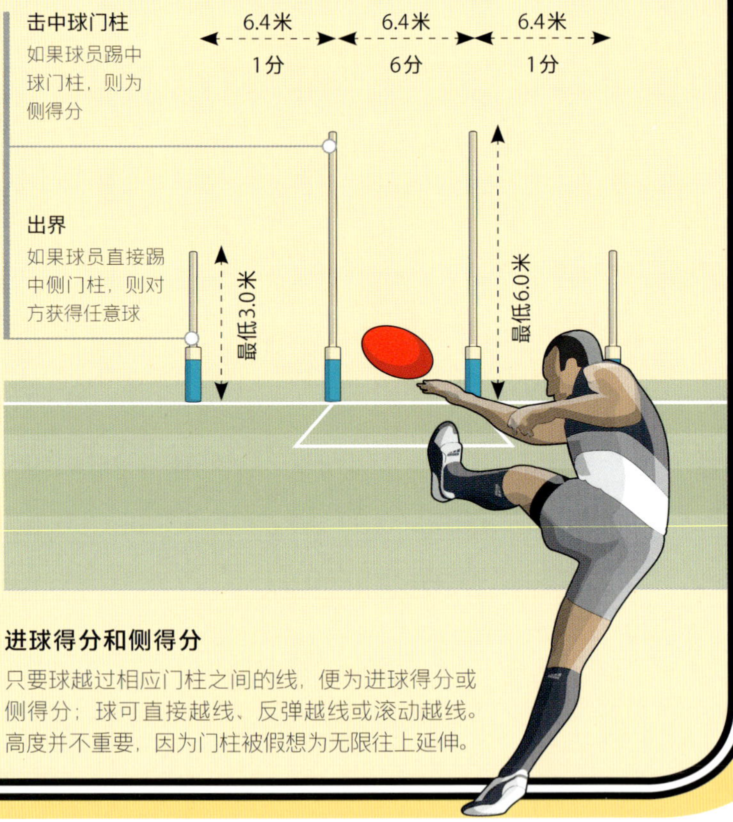

进球得分和侧得分

只要球越过相应门柱之间的线，便为进球得分或侧得分；球可直接越线、反弹越线或滚动越线。高度并不重要，因为门柱被假想为无限往上延伸。

对抗的艺术

在外行人看来，比赛场面一片混乱。其实这项运动的技术含量很高。球员必须夺得并控制住球权，通过战术传球向前场推进。最有效的方法便是精准的踢射和传球。球员把球踢给处于领先位置或空位的队友，或通过快速击球、拍球，近距离传球给空位队友。一旦靠近球门，球员将尝试利用定球和射门机会得分，或在跑动时进行射门。

马其顿奇迹

彼得·德克斯（PETER DAICOS）的技巧极为精湛，有“马其顿奇迹”（MACEDONIAN MARVEL）之称。德克斯的成名绝技是高超的踢射技巧，能从任何进攻区域踢出匪夷所思的进球。20世纪80年代和90年代，德克斯为科林伍德喜鹊队（COLLINGWOOD MAGPIES）效力。

握拳击球

在现代比赛中，握拳击传与踢传几乎一样常见。握拳击球时，要握紧拳头，用拇指和食指击打球的尖端。

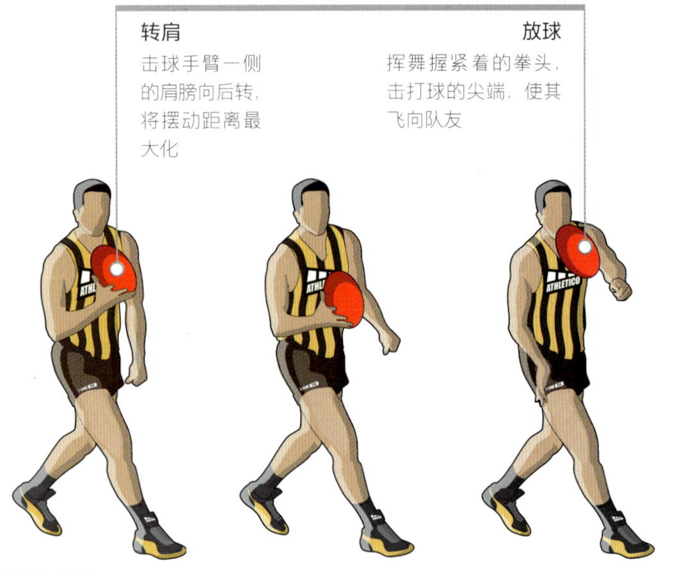

握拳击球

这种传球方式适用于快速传球给附近的队友，也适用于面临防守压力、空间受限的情况中。在将球踢入前锋线之前，中场球员很喜欢通过这种传球组织进攻。

踢球

有四种主要踢法：落踢，用于一般比赛中；鱼雷，一种螺旋式英式橄榄球踢法，球飞行距离较远；快速踢和弧线球（即“香蕉球”）。

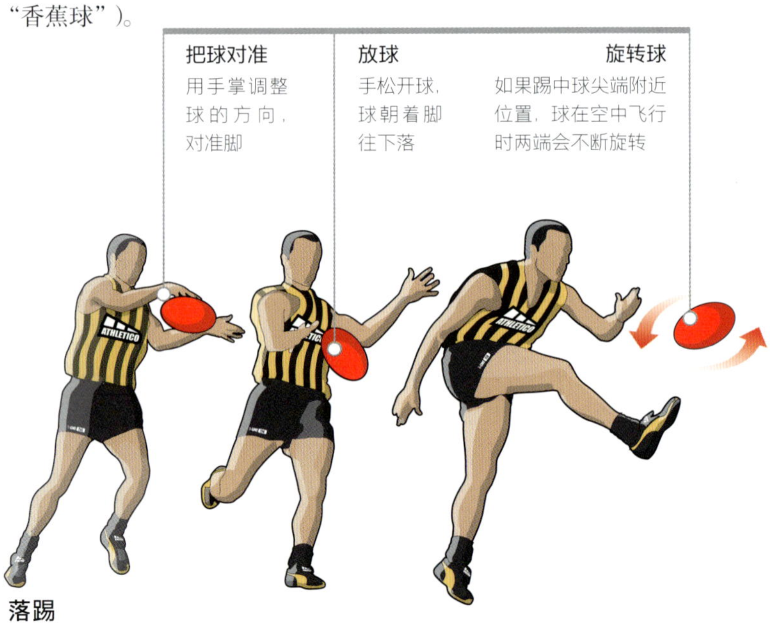

落踢

落踢球旋转稳定，因此精准且易控。一般比赛传球和大多数射门都用落踢。比起球不旋转的踢脱手球，落踢更为常见。

冲撞与定球

澳式橄榄球之所以精彩激烈，主要原因是定球和扑搂这两大元素。球员全速奔跑接球，或者无所畏惧地跳起接球，高高跃起时还常常倚靠对方球员。主要防守形式是扑搂。防守球员朝持球球员猛冲，撞得持球球员丢掉球权，或使其摔倒在地，难以前进。

世纪定球

前吉朗（Geelong）球员加里·阿布莱特（Gary Ablett）堪称史上最激奋人心的球员。从1993年到1995年，阿布莱特连续三个赛季踢进了100多个进球，成为进球王，获得科尔曼奖章（Coleman Medal）。1994年对阵科林伍德的比赛中，作为弹跳能力极强的前锋，阿布莱特奉献了一记被誉为“世纪定球”的表演。阿布莱特跳到对方球员肩膀上，伸出一只手接球，然后摔倒在地。

定球

定球是球员控制球权的主要方法。当球被踢出超过15米，并且被其他球员接住时，接球球员将获得一次定球机会。该球员可从接球位置将球踢出或握拳击球，对方球员不得扑搂或施加防守压力。

扑搂

防守球员可扑搂持球球员，对其进行擒抱，或将其摔倒在地。只能对球员肩部以下、膝盖以上部位进行扑搂，可由多名球员进行扑搂。如果被扑搂的球员没有立即处理球，对方将获得任意球机会。

臀和肩

只要球距离对方球员不足5米，便可合法冲撞该球员（该动作亦称“臀和肩”），不过只能用臀部或肩部。不得接触对方头部。

统计中心

afl grand finals

年份	冠军	亚军
2018	西海岸老鹰 11.13 (79)	科林伍德喜鹊11.8 (74)
2017	里士满16.12 (108)	阿德莱德8.12 (60)
2016	西部斗牛犬13.11 (89)	悉尼天鹅10.7 (67)
2015	霍索恩16.11 (107)	西海岸老鹰8.13 (61)
2014	霍索恩21.11 (137)	悉尼天鹅11.8 (74)
2013	霍索恩11.11 (77)	弗里曼特尔8.14 (62)
2012	悉尼天鹅14.7 (91)	霍索恩11.15 (81)
2011	吉朗18.11 (119)	科林伍德12.9 (81)
2010	科林伍德16.12 (108)	圣基尔达7.10 (52)
2009	吉隆12.8 (80)	圣基尔达9.14 (68)
2008	霍索恩18.7 (115)	吉朗11.23 (89)
2007	吉朗8.10 (58)	阿德莱德港6.8 (44)
2006	西海岸老鹰12.13 (85)	悉尼天鹅12.12 (84)
2005	悉尼天鹅8.10 (58)	西海岸老鹰7.12 (54)
2004	阿德莱德港17.11 (113)	布里斯班雄狮10.13 (73)

幕后故事

1857年，运动员汤姆·威尔斯（Tom Wills）设计了澳式橄榄球，以趣味形式帮助板球运动员在冬季保持健康。首场记录在册的比赛举办于1858年，交手双方为苏格兰学院（Scotch College）和墨尔本文法学校（Melbourne Grammar School）。1896年，首个职业联盟，即维多利亚橄榄球联盟（Victorian Football League）宣告成立，次年举行了首场比赛，到1987年，蓬勃发展为全国性联盟。1994年，联盟更名为澳式橄榄球联盟（Australian Football League）。规则委员会负责管理比赛规则。

澳式橄榄球联盟

澳式橄榄球联盟委员会（AFL Commission）是澳式橄榄球官方管理机构。委员会成立于1985年，并自1993年起从国家层面管理澳式橄榄球运动。委员会负责管理比赛，并定期更新比赛规则。在大多数情况下，修改规则的目的是让澳式橄榄球节奏更快，更能吸引球迷。

板球

赛事概述

在外行人看来，板球就是一群穿着长裤的怪人打着晦涩难懂的比赛；对于全世界数百万名球迷来说，板球完美结合了技巧和策略。板球比赛中，分两支球队，各十一名球员。比赛本质上是投球手向击球手掷球，后者尝试击球。板球的林林总总，虽然纷繁复杂，但都以此为前提。板球曾是属于上流社会的运动，如今与所有职业运动一样接地气。国际板球锦标赛为期5天，赛况激烈，扣人心弦。

必备知识

- 国际板球比赛有两种形式，分别为国际锦标赛（持续5天）和限制回合比赛，后者通常为双方各50回合（不过，在“20/20”板球赛中，双方各20回合）。其他板球比赛形式包括甲级板球、俱乐部板球、室内板球和沙滩板球。
- 全球有100多个国家举办板球比赛，但只有顶尖队伍才能参加国际板球锦标赛，目前参赛国家有澳大利亚、英国、巴基斯坦、印度、斯里兰卡、南非、新西兰、津巴布韦、爱尔兰和阿富汗等。

运动要求

虽然板球运动员没有体型之分，但快速投球手大多身材高大，运动能力出色。击球手手眼协调能力出色，善于快速决策。优秀的守场员动作敏捷，投掷准确有力。所有板球运动员都必须反应迅速，并能长时间保持专注。

球板
由柳木制成，包括板面和把手，总长不得超过96厘米

头部保护
20世纪80年代之前，很少有人佩戴防护头盔，如今头盔已经非常常见

球
板球外层为皮革，内部为软木、橡胶和紧紧缠绕的绳子，质地极为坚硬。虽然传统上使用红球，但限制回合比赛会使用白球，有时也用粉色球。

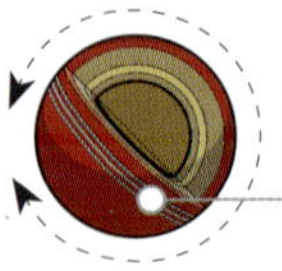

缝线
凸起的缝合线绕球一周

手套
衬垫手套能起到良好的保护作用，同时不会过度限制手部活动

护胸
并非所有击球手都穿护胸，但快投手有时做动作时会用到。护胸穿在球衣下面，有助于预防瘀伤和肋骨断裂

护裆
心形硬质塑料护具，穿在裤子里，起到保护裆部的作用

护垫
双腿均穿戴厚垫护腿，从而保护脚踝到膝盖以上部位。现代护垫紧实轻便，击球手可以自由挥打和奔跑

三柱门
三柱门由三根柱和两条横木组成。每根柱顶部都有浅浅的挖槽，横木就放在凹槽里。一场比赛会用到两组三柱门——球场两端各一个。

横木
有些情况下，横木掉落后，球员才算出局

柱
对于右手击球手，从前面看，三根柱左到右分别为：外边柱、中柱和内边柱。柱的尖端牢牢扎入场地中

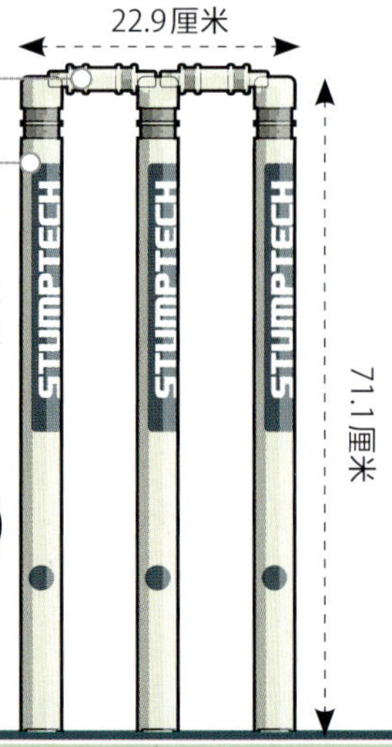

比赛场地

板球比赛在开阔平坦的椭圆形或圆形场地上进行，场地中央有一个球道。场上有两名裁判、两名击球手和所有防守球员（投球手、守门员和其他九名守场员）。防守球员会被安排到相应位置，阻止对方球员跑分，或迫使对方球员出局。每回合结束后，一名新的投球手会从球道另一端投球，所有的防守球员和裁判的位置都会发生相应变化。

热心球迷

板球球迷很狂热，在印度伊甸园（EDEN GARDENS）观战的9万多名球迷尤为如此。他们常常发出震耳欲聋的噪音，导致裁判听不到球棒碰球的细微声音。

守场位置

在右手击球手击球时，可供守方队长选择的常见守场位置，对应的中文请参见第453页。

1 Bowler
2 Non-striking batter
3 Striking batter
4 Wicketkeeper
5 Slips
6 Gully
7 Silly
8 Point
9 Cover point
10 Cover
11 Extra cover
12 Silly mid-off
13 Mid-off
14 Wide mid-off
15 Leg slip
16 Short leg
17 Forward short leg
18 Silly mid-on
19 Mid-on
20 Wide mid-on
21 Mid-wicket
22 Square leg
23 Deep square leg
24 Deep mid-wicket
25 Long-on
26 Straight hit
27 Long-off
28 Deep extra cover
29 Deep cover
30 Sweeper
31 Bowler
32 Third man
33 Fine leg
34 Long leg
35 Deep b/w fine leg
★ Umpires

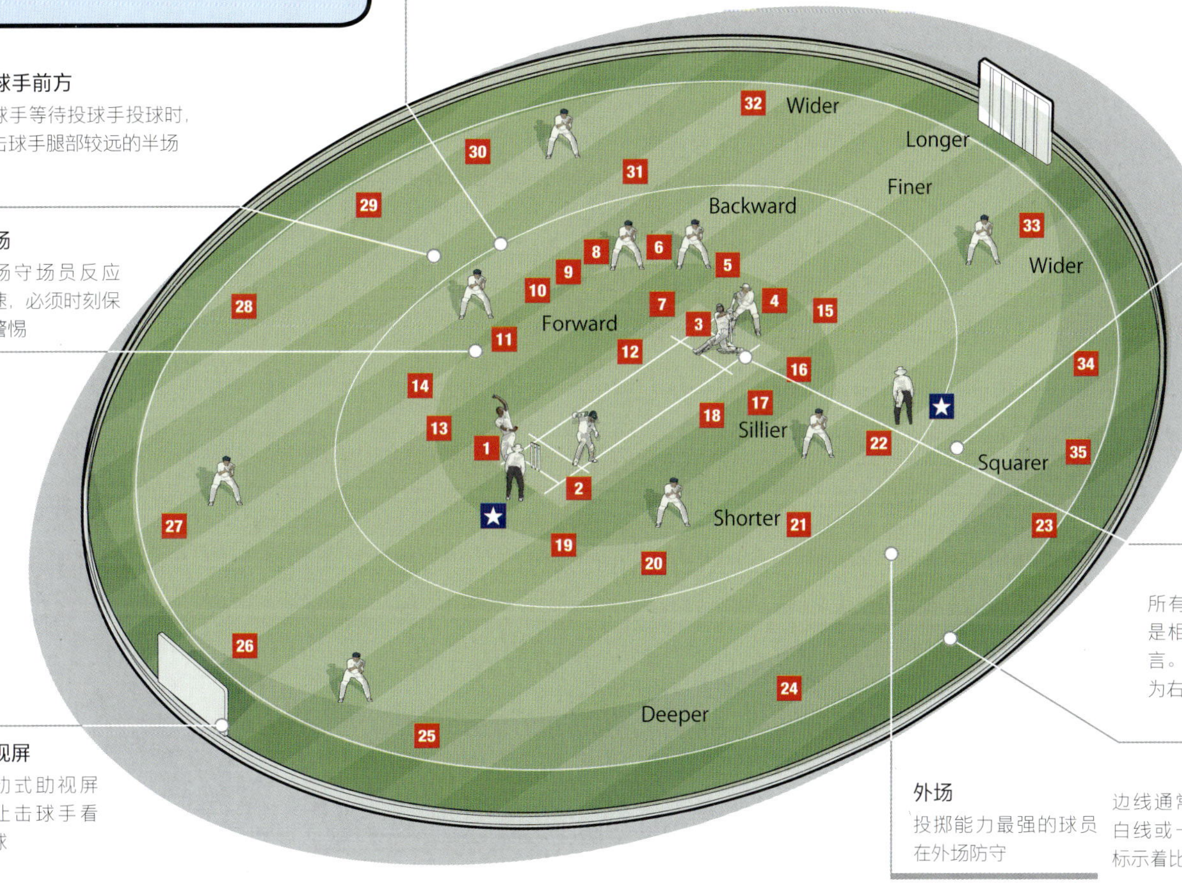

防守术语表

板球术语很多，其中相当一部分与场地和防守位置有关，很容易混淆。

STRAIGHT：较为靠近一条穿过比赛场地中心和击球手前方的假想线。WIDE：较为远离一条穿过比赛场地中心和击球手前方的假想线。FINE：较为靠近一条穿过比赛场地中心和击球手后方的假想线。SQUARE：较为远离一条穿过比赛场地中心和击球手后方的假想线。FORWARD：位于击球手一侧的三柱门之前。BACKWARD：位于击球手一侧的三柱门之后。SHORT：较为靠近击球手。SILLY：贴近击球手。DEEP：远离击球手。

球场

球道是板球场地中央修剪平整的平面区域。球击中球道表面后的运动轨迹，在一定程度上取决于水分含量、草皮高度、土壤类型和土壤压实度等诸多与球道相关的因素。

击球线

除非投球手投球时部分前脚位于线后，否则裁判会说“无效球”

投球线

球道长度（20.1米）相当于两条投球线之间的距离。三柱门分别位于两条投球线上

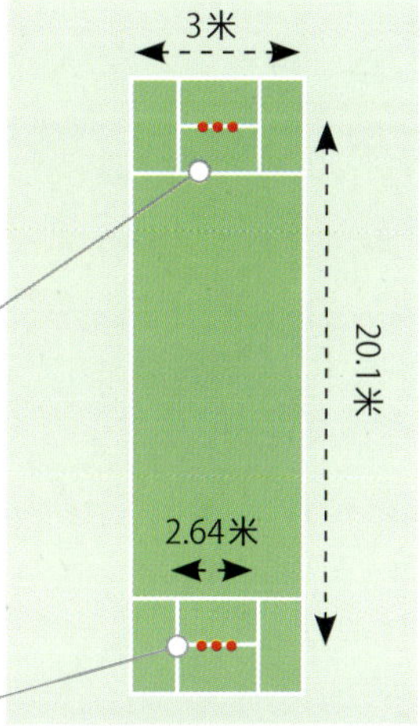

趣闻

99.94 澳大利亚选手唐·布拉德曼（Don Bradman）的国际板球锦标赛场均击球得分数。最后一局国际板球锦标赛开始前，布拉德曼场均得分超过100，只需要再取4分便可保持场均得分过百。但是，布拉德曼未得一分就出局，国际板球锦标赛场均得分纪录便定格在99.94分。

400,000,000 通过电视收看大型板球赛事的印度观众人数（估值），相当于印度总人口的40%。

501* 1994年，西印度群岛球员布莱恩·拉拉（Brian Lara）为沃里克郡攻下的分数，创造了甲级赛事个人得分纪录。（*表示“未出局击球手的得分”。）

灰烬

1882年，澳大利亚击败英格兰，一家报社刊发了英国板球的“讣告”：“遗体将被火化，骨灰将运往澳大利亚。”定期举办的顶级板球赛事“灰烬”国际系列赛便由此诞生。

比赛概述

赛前，两队队长抛硬币决定哪边击球，哪边防守。所有防守球员各就各位，但场上只能有两名击球员。开打前，击球手摆好击球姿势（通常身体一侧和脸部朝向投球手），准备接第一个球。另一名击球员（“副击球手”）站在球道另一端。投球手举手过肩投球，投向击球手身后的三柱门。如果击球手没有击中球，守门员通常会接住球。如果击球手击中球，则两名击球员可以选择是否跑动。如果击球手击中球，球出界前触地，则得4分。如果球直接出界，未在界内触地反弹，则得6分。完成六次合法投球后，裁判宣布“回合结束”，然后再转到球道另一端发起进攻。击球手会尽可能多得分，守场员则力求使击球手出局（参见第139页的出局规则）。

一局结束

出局后，击球员离开场地，下一名击球员“入局”。如果击球方十一名队员中有十名出局（总有一人“未出局”，因为击球员必须两两配合），或者比赛时间耗尽，又或者已投完了规定的回合数，则此时一局结束（参见下文的比赛形式）。接下来的一局比赛里，击球方和防守方互换角色。

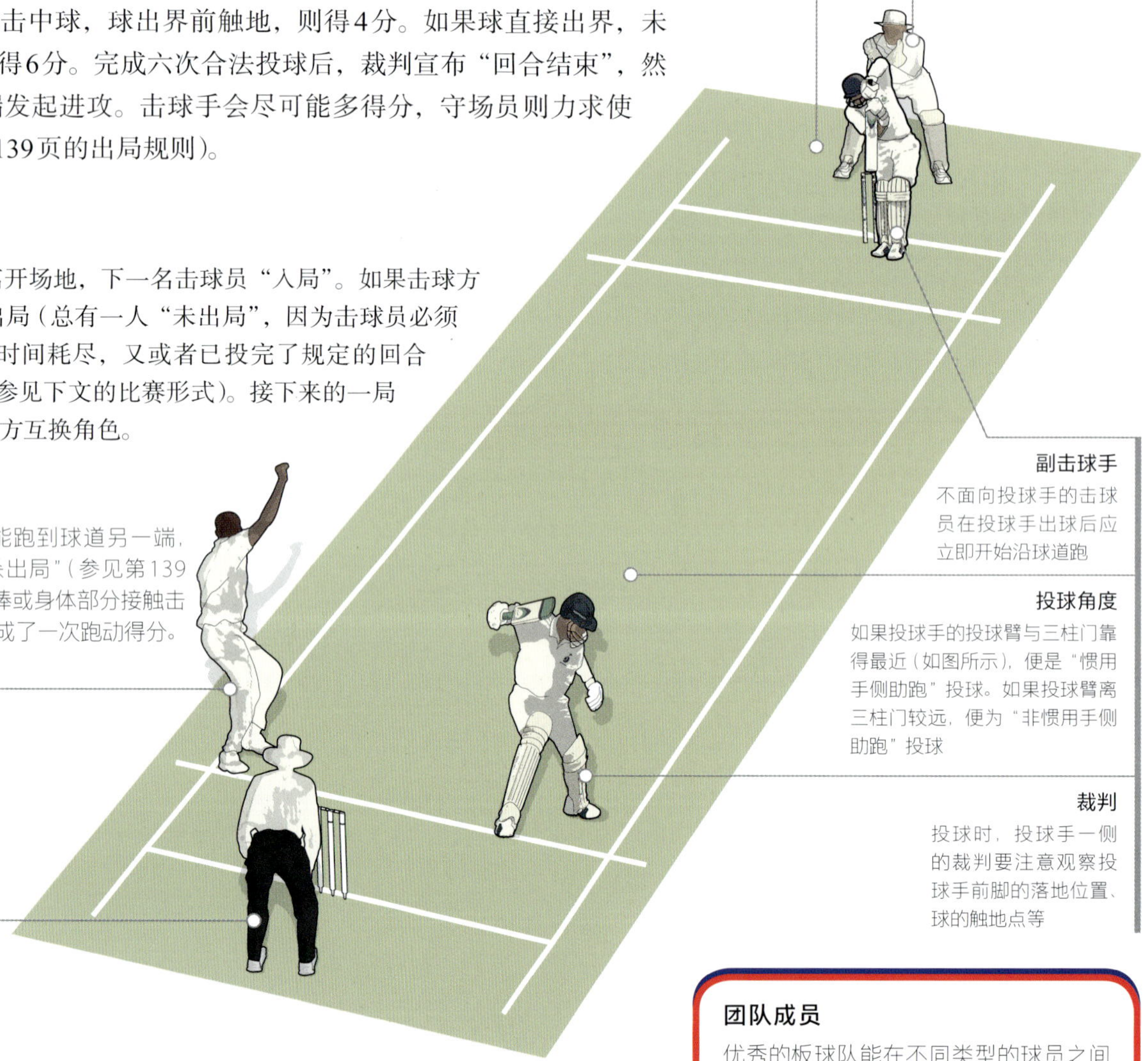

比赛形式

为期5天的国际板球锦标赛是板球旗舰赛事。双方各打两局，投球手投球回合数不限。锦标赛胜负机制较为复杂：如果X队对阵Y队，若要获胜，X队必须将Y队击杀出局（击掉所有十个三柱门的横木）两次，还必须在Y队得分超过己方之前做到这一点。如果5天内双方都无法取得成功，比赛结果便为平局。在限制回合板球比赛中，双方各打一局，通常一局50回合。每个投球手投球回合数有限制（在50回合制比赛中，每人投10回合）。击杀出局不会影响比赛结果——得分多的一方获胜。

团队成员

优秀的板球队能在不同类型的球员之间取得平衡。击球时，击球手按击球顺序排布。尽管击球顺序可能会有所调整，但通常情况下，1号到5号是击球高手，6号是全能手（技术娴熟的击球手和投球手），7号是守门员，8号到11号则为投球高手。

比赛监管

在球场上，一名裁判站在投球手那一端，另一名裁判站在三柱门左侧防守位置。若出现截杀出局、持球撞柱出局、有效接球或击球出界等难以判断的情况，场内裁判可交由第三（场外）裁判通过电视回放进行裁定。

电视革命

电视技术彻底改变了观众的观赛体验和对比赛的认知，比如鹰眼技术就能追踪板球的预计运动轨迹。

出局方式

最常见的出局方式是接杀出局（通常是守门员或三柱门右侧稍后方的防守球员接住球）、腿截球出局和击杀出局。

击杀出局：投球手投球击中三柱门（至少使一条横木掉落）。

超时出局：新上场的击球手未能在三分钟内在球道上就位。

接杀出局：击球手击出的球在落地前就被守场员接住。

手触球出局：未经防守方同意，击球手用手碰球。

重复击球出局：击球手击球多于一次（除非是为了守卫三柱门）。

击柱出局：击球手用球板或身体击中三柱门。

腿截球出局：击球手用身体部位，而非用球板截击本会击中三柱门的球（见下文）。

阻碍防守出局：击球手故意阻碍或干扰防守方。

截杀出局：三门柱被击中，且球板或击球手不在击球线后。

持球撞柱出局：守门员击中三门柱，且击球手在击球线外。

腿截球：第36条规则，即腿截球堪称最复杂、最具争议性、最难判定的规则，因为球是否会击柱，纯粹依靠主观判断。

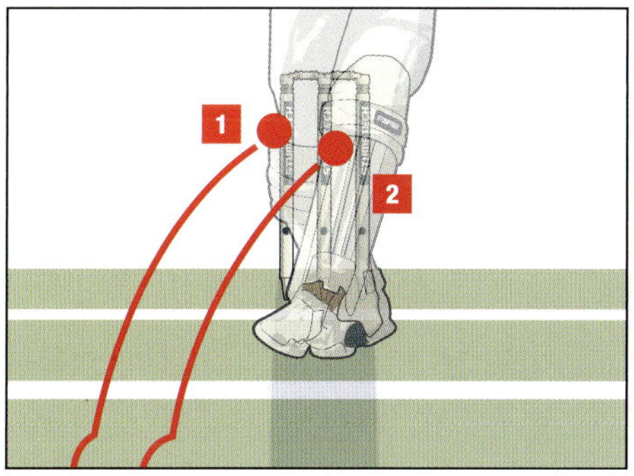

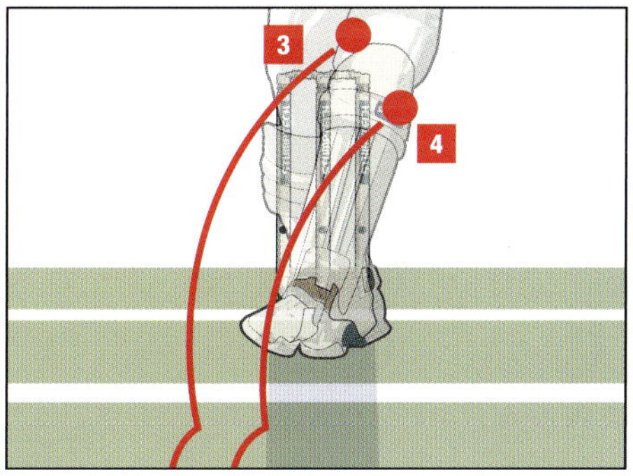

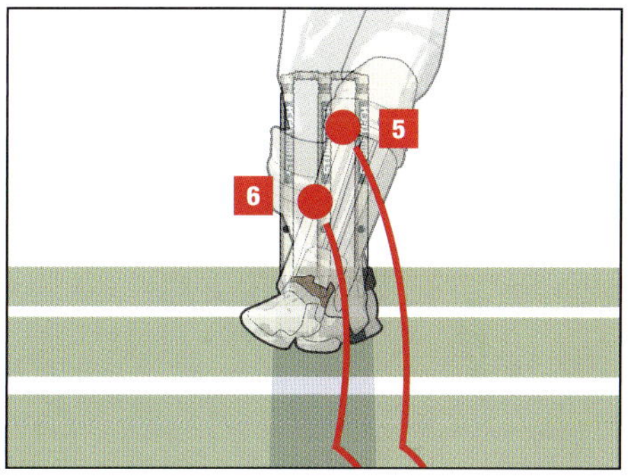

1 不出局或出局。球击中了击球手前方位于两侧柱门连线之外的护腿垫。如果击球手认真击球，则不算出局。但是，如果击球手未尝试击球，且裁判断定球原本会击柱，则击球手出局。之所以制定这一条规则，部分原因是为了避免击球手单纯依靠护腿垫守三门柱。

2 出局。球击中了处于两侧柱门连线上的击球手护腿垫，且原本会击柱。即便球触地点在外边柱线外，也不影响判罚。

3 不出局。球击中了处于两侧柱门连线上的击球手护腿垫，但裁判认为球原本就会从三门柱上方飞出去。

4 不出局。球击中了处于两侧柱门连线上的击球手护腿垫，但裁判认为球原本就不会击柱，而是会沿着内边柱外侧飞行。

5 不出局。虽然球原本会击柱，但球触地点在两侧柱门连线之外、击球员后方。如果球在内边柱线外触地，无论是否击球，击球手都不会出局。

6 出局。球在内边柱外侧触地，击中了处于两侧柱门连线上的击球手护腿垫，原本会继而击中柱门。

记分

在板球专用记分簿中，记分员用数字和一组符号记录得分及有关数据。为确保填写得当，出现特定情况时，裁判员会用手势向记分员示意。观众和球员可通过记分牌跟进比赛概况。

附加分

通过击球手击球以外的方式获得的分数，为附加分。最常见的附加分是无效球、无接触得分、触身得分和偏球。

无效球：非法投球，通常是投球手越过击球线。

无接触得分：两名击球员完成一次跑动得分，但球未接触到球板或击球手。通常在守门员接球失误时出现。

触身得分：球接触击球手（手套或球板除外）后，两名击球员完成一次跑动得分。

偏球：击球手处于正常击球状态时，投出的球超出击球范围。

裁判手势

出现特定情况时，裁判会用手势示意，包括：防守方令击球方获得附加分（见左下）；得4分或6分；击球手出局；死球；击球手未完整完成一次跑动得分（未达范围）。

无效球

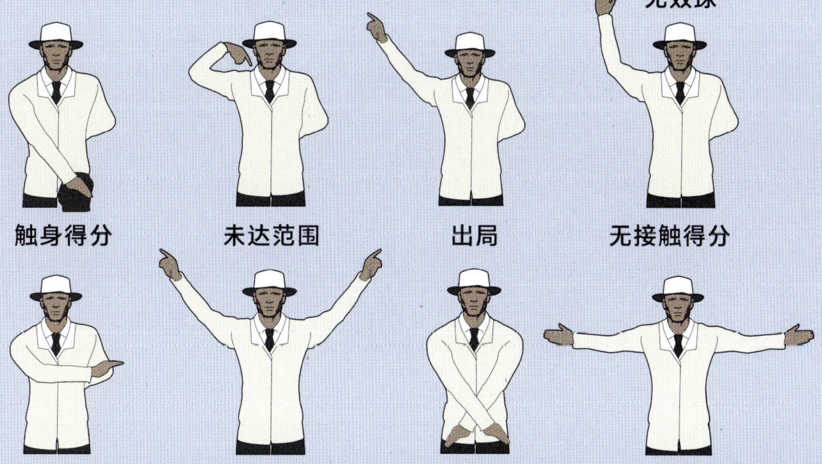
触身得分　未达范围　出局　无接触得分

4分　6分　死球　偏球

板球技能

每名队员都要击球和防守，至少四名球员要投球，还要有一名守门专家。角色不同，需要运用的技能也不相同。

投球： 如果投球手投得好，那么击球手能做的也只是尽量避免出局。投球手分两大类：速度型投球手（包括中速和高速投球手），球速高达160千米/时；旋转球投球手（包括外场旋转反弹球和旋转偏离球），球速较慢，但投球类型多样。投球手通常从场地一端投数个回合。

速度型投球手动作分解

技术高超、运动能力强的投球手才能投出快球：快球更依赖节奏和技术，而非仅靠蛮力。

收球
投球手侧身，从左肩上方看向击球手，球靠近脸部

投球迈步
此时，左臂抬起，身体挺直。后腿支撑，前腿前伸，指向击球手

投球
投球时，重心转到前腿

旋转球之王

2007年1月退役时，肖恩·沃恩（SHANE WARNE）已经创造了国际板球锦标赛击柱708次的世界纪录。当年晚些时候，穆蒂亚·穆拉利塔兰（MUTTIAH MURALITHARAN）才打破了这个纪录。尽管场外生活时有争议，沃恩依然堪称当代最杰出的球员。一般认为，沃恩是历史最佳外场旋转反弹球投球手。

投球手的角色

投球手的目标是把球投到击球手难以得分，且有出局危险的触地点。这便是要投得“够准够远”。投球手可以投球进攻，尝试快速击柱，但有被击球得分的风险；或选择防守型投球，使击球手难以得分。投球手还可运用多种战术变化，例如改变投球路线、距离、速度或角度。

球的运动

投球高手能使球偏离于“正常”预计飞行路线。快投手通过弧线球（在空中移动）和反弹球（从球道上反弹）来做到这一点。旋转球投球手投出的球在空中旋转，触地后旋转远离或飞向击球手。

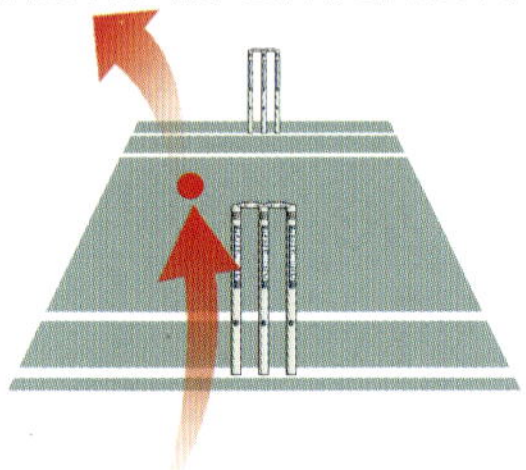

外弧线球
球在空中飞离击球手，飞向三柱门右侧稍后方防守位置，极具攻击性。

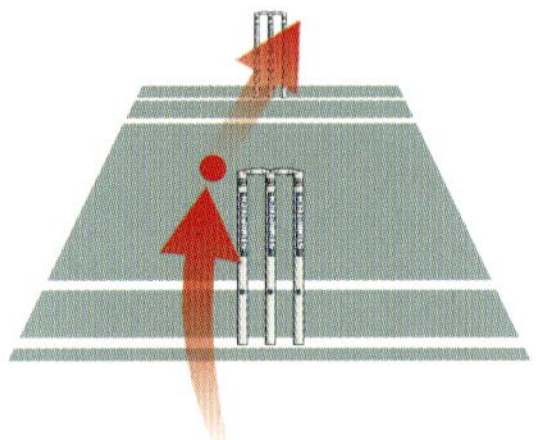

内弧线球
球在空中飞向击球手，这便是内弧线球（击球手难以从中得分）

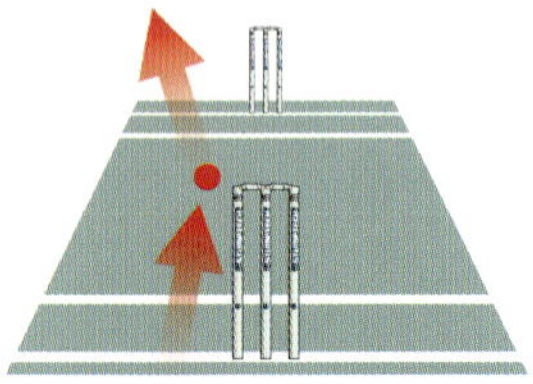

快速反弹球
如果快球因其触地方式而飞离击球手，则为快速反弹球。

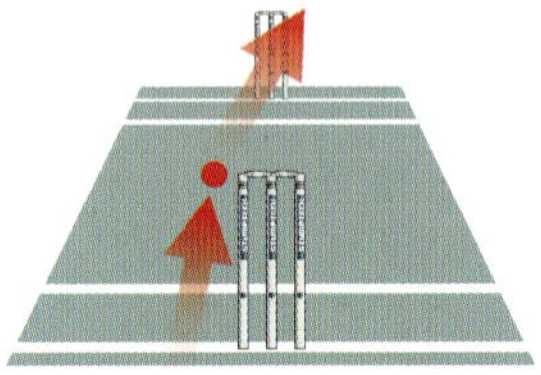

快速偏离球
快速偏离球是快投手的另一种武器，从地面反弹后飞向击球手，可能需要裁判判断是否出现腿截球。

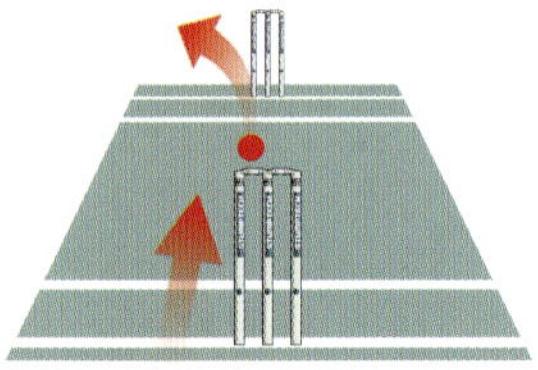

外场旋转反弹球
与快速反弹球相似，但速度较慢，主要依靠投球手手腕发力驱动。

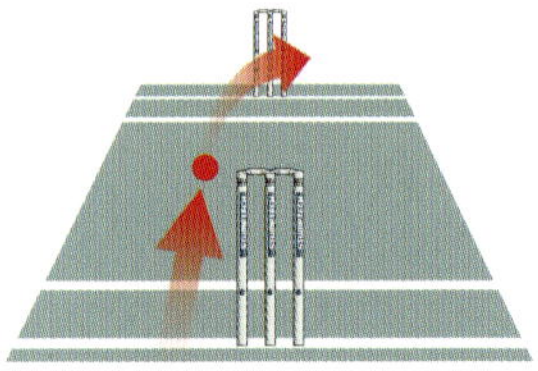

旋转偏离球
投球手手指发力，使其旋转。旋转偏离球会转向飞向右手击球手。

守门

虽然守门员主业是截球，但还必须形成有效接球、截杀出局和持球撞柱出局。旋转球投球手投球时，守门员直接站在三柱门后；快投手投球时，守门员可能会站在20米开外。

特制手套
硕大的手套嵌有厚垫，拇指和食指之间有织带相连

护腿垫较短
守门员的护腿垫比击球手的短，但仍能为腿部提供重要保护

持球撞柱
守门员击柱时，若击球手的脚不在击球线后，则击球手出局，即持球撞柱出局

击球

击球艺术在于击球技术能力强，时机和位置把握得当，从而在避免出局的情况下得分。为此，击球手运用一系列击球动作（其中四种如下图所示），每种对应特定类型的投球。一般来说，如果球投得又准又近，则进行防守；如果球投得很烂，则可发动攻击，击球得分。如果球触地点离击球手较近，则击球时通常重心放在前脚；如果触地点靠近球道中心，则击球时重心放在后脚。大多数击球手会“渐入佳境”，也就是开局时较为谨慎，随着比赛进行，球员信心不断增加，然后再提高得分率。

前倾式防守

面对落点刁钻的投球，击球手认为尝试击球得分的风险太大，因而采用这种打法。击球手不会在球板和前腿护垫之间留有空隙，以免被击杀出局。球板与护腿垫齐平之后，便无其他后续动作。

右击球

球落地点离击球手很近，且位于外边柱线外时，迈出前脚，采用攻击型右击球。这种击球动作能创造得分良机，但如果球飘走，就可能会在三柱门后被接住。

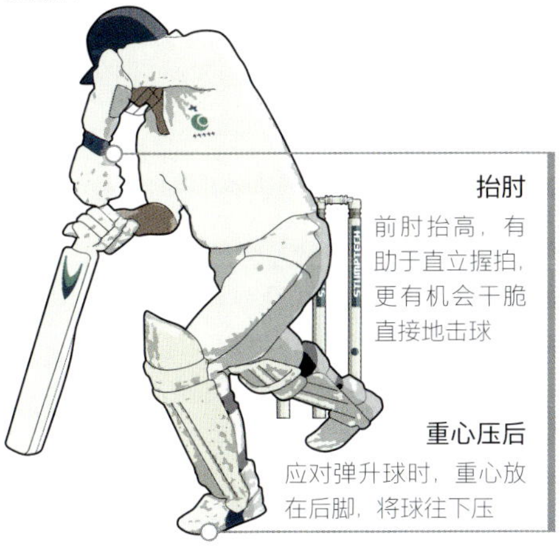

后倾式防守

面对触地点较远、飞向击球手身体的快球，通常采用后倾式防守击球动作，没有后续动作，球会在击球手面前安全落地。

前正击球

这种横击球（即水平击球）是风险极高的击球动作，用于应对落点较远、位于击球员前方的投球。应该把球打到与三柱门成直角的前方。

幕后故事

在16世纪的英格兰，出现了首场有官方记录的“原始板球（kreckett）”比赛。早期的板球比赛与当代大不相同，球板更像曲棍球球棍，并采用低手投球。直到19世纪，肩上投球技术以及击球垫等设备才得以引入。如今，板球赛事遍布100多个国家和地区，更设有男子和女子板球世界杯。

国际板球理事会（ICC）

国际板球理事会（International Cricket Council）是国际板球运动管理机构，肩负多重职责，包括组织举办世界杯。

马里波恩板球俱乐部（MCC）

马里波恩板球俱乐部（Marylebone Cricket Club）位于伦敦洛德板球场（也被称为“板球之家”），负责管理板球运动规则和精神。

出了吗（HOWZAT）?

在世界各地的板球场上，都可以听到球员喊出熟悉而特别的“出了吗?”（正式说法为“击球员出局了吗?”）这是因为根据第27条规则，防守队必须先询问裁判，裁判才能宣布击球手“出局”。

统计中心

国际板球锦标赛得分排行榜

球员	比赛场数	总得分
萨钦·坦杜尔卡	194	15,921
瑞奇·庞廷	168	13,378
雅克·卡利斯	166	13,289
拉胡尔·德拉维德	164	13,288
阿拉斯泰尔·库克	161	12,472
库马拉·桑加卡拉	134	12,400
布莱恩·拉拉	131	11,953
施伏那瑞那·钱德保	164	11,867
马赫拉·贾亚瓦登	149	11,814
艾伦·博得	156	11,174

国际板球锦标赛击柱数排行榜

球员	比赛场数	击柱数
穆蒂亚·穆拉利塔兰	133	800
肖恩·沃恩	145	708
阿尼尔·库姆布尔	132	619
詹姆斯·安德森	148	575
格伦·麦格拉思	124	563
科特尼·沃尔什	132	519
戴尔·斯泰恩	93	439
斯图尔特·布罗德	126	437
卡皮尔·戴夫	131	434
兰加纳·赫拉斯	93	433

世界杯冠军

年份	冠军
2019（男子）	英格兰
2017（女子）	英格兰
2015（男子）	澳大利亚
2013（女子）	澳大利亚
2011（男子）	印度
2009（女子）	英格兰
2007（男子）	澳大利亚
2005（女子）	澳大利亚
2003（男子）	澳大利亚
2000（女子）	新西兰
1999（男子）	澳大利亚
1997（女子）	澳大利亚
1996（男子）	斯里兰卡
1993（女子）	英格兰
1992（男子）	巴基斯坦
1988（女子）	澳大利亚
1987（男子）	澳大利亚

棒球

游戏概览

作为美国标志性运动，棒球属于球类和球棒类比赛，对阵双方各九名球员。一场比赛通常有九局，双方轮流击球，跑垒得分。如果防守方让进攻方三名球员出局，就会轮到防守方击球。比赛结束时，得分多的球队获胜。

必备知识

- 棒球是英国跑柱式棒球在北美的本土化。虽然官方并未认定棒球何时问世，但首场记录完备的棒球比赛可追溯到1838年。
- 职业棒球在美国最受欢迎，但也传播到了其他国家。中国、日本、韩国、古巴和委内瑞拉以及中国台湾地区都有顶级棒球联赛。

梦想港湾

棒球场分为内场和外场。内场为“菱形”，菱形四个角为四个垒位，再加上投手区。内场边界为内场草地线和两条从本垒板延伸出来的边线，击球范围必须在两条边线以内。外场是内场草地线和外场围挡之间的所有界内区域。

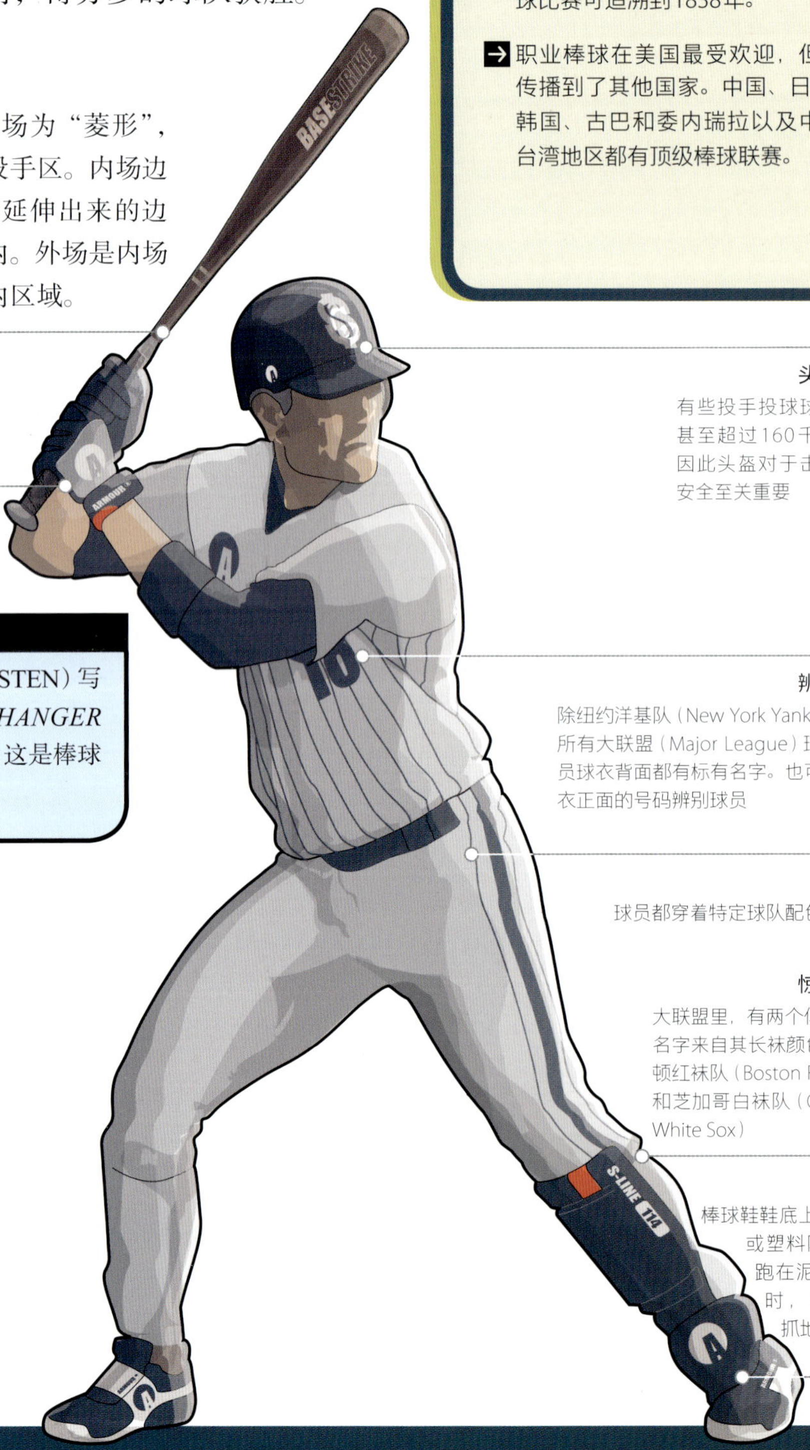

棒击
球棒长度在63.5厘米到101.6厘米之间，手柄处逐渐变细。职业选手必须使用木制球棒。业余棒球比赛可使用铝球棒

击球手套
击球手套能帮助击球员把球棒抓得更牢

头部保护
有些投手投球球速达到甚至超过160千米/时，因此头盔对于击球员的安全至关重要

辨别球员
除纽约洋基队（New York Yankees）外，所有大联盟（Major League）球队的球员球衣背面都有标有名字。也可通过球衣正面的号码辨别球员

队服
球员都穿着特定球队配色的队服

惊世之袜
大联盟里，有两个俱乐部的名字来自其长袜颜色：波士顿红袜队（Boston Red Sox）和芝加哥白袜队（Chicago White Sox）

抓地力
棒球鞋鞋底上有金属或塑料防滑钉，跑在泥土地上时，可带来抓地力

书中的棒球

小说家简·奥斯汀（JANE AUSTEN）写于1798年的《诺桑觉寺》（*NORTHANGER ABBEY*）谈到了“棒—球”游戏，这是棒球运动最早的书面记录。

运动要求

棒球比赛讲究技巧、策略和运动能力。接球、击球和投掷都需要手眼协调能力出众。面对投手时，反应迅速颇有助益。击球员必须瞬间决定是否挥棒击球。体力是另一大关键因素，因为球员要在垒位之间冲刺，还要在场上追逐快速移动的球。耐力也至关重要，因为职业选手要挺过常规赛162场比赛的艰苦考验。

在场上

场上有九个防守位置。投手站在投手区上投球，接手蹲在本垒板后方接球。一垒手、二垒手、三垒手和游击手负责内场防守。左、中、右外场手在外场巡防。

投手区

投手区是一个直径5.5米的土圈，高度不超过25.5厘米。投手区中心正后方有一小块投手板。投球过程中，投手必须一只脚踩住这块橡胶板，因此只能后退和前进一步。

边线 两条边线从本垒板延伸到外场边缘的标志杆。如果球被打到边线外，则进入死球状态

队员席 场下球员在队员席观看比赛。主客队各有一个队员席

跑垒指导区 一垒和三垒教练指导跑垒员跑垒

一垒 击球后，击球手从本垒板跑到一垒。一垒是场上最繁忙的区域。许多“出局”都在此上演

投手区 投手区比本垒板高25.5厘米

挡球网 本垒板后面的挡球网保障了现场观众的安全，且不会遮挡观众的视野

本垒板 本垒板，即“四垒”，简称“本垒”，是一块五角形橡胶板

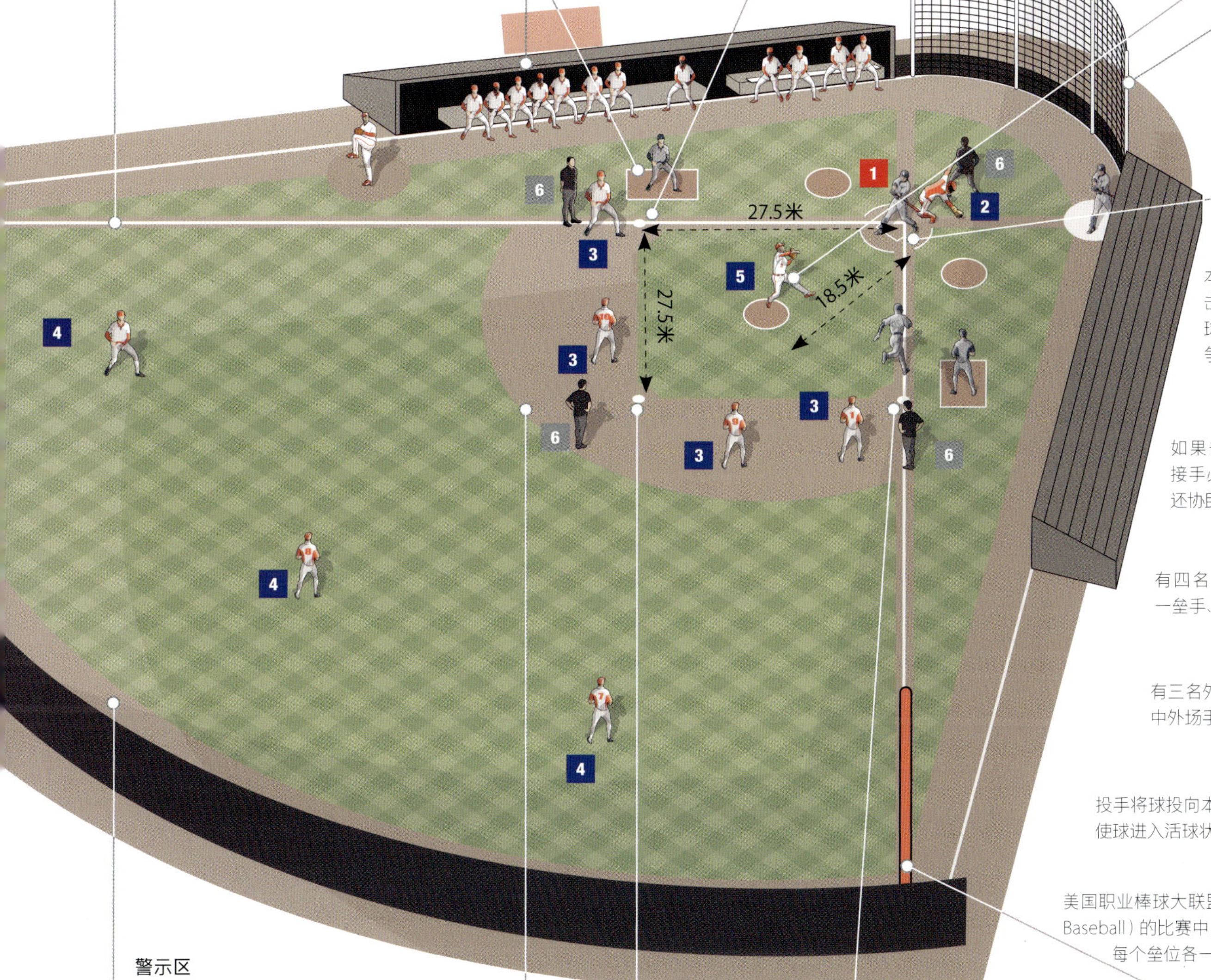

击球员 1 本垒板旁的击球员击球，使球进入活球状态，跑垒推进，争取安全上垒

接手 2 如果击球员没有击球，接手必须接住球。接手还协助指挥投手

内场手 3 有四名内场手：游击手、一垒手、二垒手和三垒手

外场手 4 有三名外场手：左外场手、中外场手和右外场手

投手 5 投手将球投向本垒板旁的击球员，使球进入活球状态

裁判 6 美国职业棒球大联盟（Major League Baseball）的比赛中，有四名裁判——每个垒位各一名，本垒一名

警示区 警示区是沿着围挡铺设的一条泥土或碎石区域。外场手尝试在远外场接球时，警示区能起到警示作用，提醒即将撞上围挡

内外场边界 内场是主要比赛区域。外场始于草地线，终于围挡

二垒 二垒离本垒最远。二垒跑垒员已经沿着菱形跑了一半

三垒 三垒跑垒员再冲到本垒，得一分

标志杆 边线末端的标志杆有助于裁判判断被击出围挡的高飞球是界外球（死球）还是界内球（本垒打）

趣闻

92706 1959年10月6日，洛杉矶道奇队（LA Dodgers）对阵芝加哥白袜队，创下了美国棒球比赛上座人数纪录。1998年，亚利桑那响尾蛇队（Arizona Diamondbacks）创造了赛季上座纪录，观众数达3,610,290。

3562 职业球员场次纪录。纪录保持者皮特·罗斯（Pete Rose）打了24年职业棒球。

59 最年长的职业球员萨奇·佩吉（Satchel Paige）的年龄。1969年9月25日，佩吉为堪萨斯城运动家队（Kansas City Athletics）打了最后一场比赛。

4415000 最贵棒球纪念品的价格（以美元为单位）。这件纪念品是1920年贝比·鲁斯（Babe Ruth）穿过的纽约洋基队球衣，是早期棒球球星穿过、已知最古老的球衣。2017年，体育纪念品收藏家乔舒亚·莱兰·埃文斯（Joshua Leland Evans）买下了这件球衣。

接手的装备

接手就站在击球员身后，面对着时速高达160千米的投球，因此要穿戴护具。护面、护膝和护腿由硬塑料制成，护胸嵌有衬垫，从而保护重要器官。

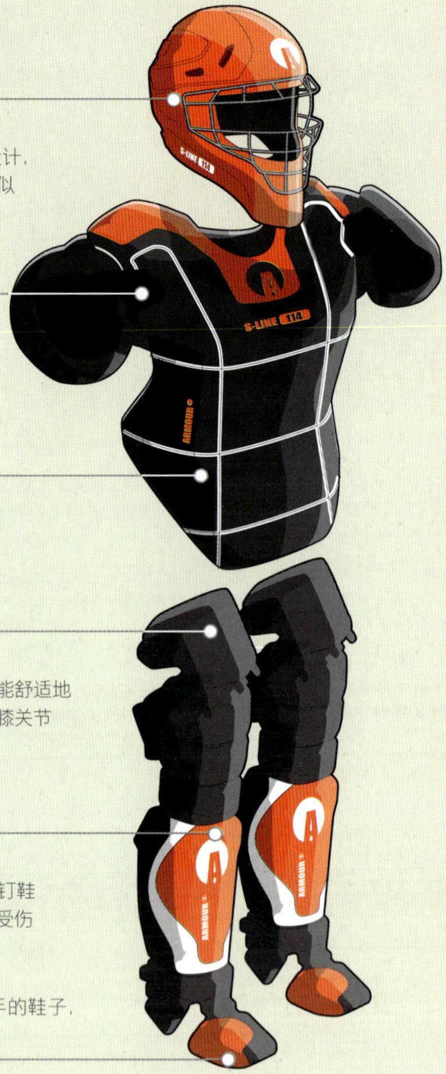

接手的护面
现代护面通常是一体式设计，与曲棍球守门员佩戴的相似

护胸
填充物可帮助胸腔缓冲投球和球棒挥偏时的冲击

额外衬垫
衬垫可防止接手因胃部遭受冲击而难以呼吸

护膝
接手蹲下时，专用护膝也能舒适地贴合身体；护膝还能保护膝关节

护腿
又名防钉器，跑垒员抬起钉鞋滑入本垒时，可避免接手受伤

护脚
硬质塑料护脚覆盖住接手的鞋子，预防脚部受伤

局和出局

一场棒球比赛由数局组成。一局里，比赛两队轮流防守和击球。一般客队上半局击球，主队下半场击球。在大多数联赛中，九局结束后得分多的球队获胜。如果九局结束后比分相同，双方将打延长局，直到一方在一局结束时取得领先。美国大联盟比赛中，最多的局数是26局，耗时8小时6分钟。

出局

棒球比赛中，防守方有球权，这在团队运动中相当少见。防守方的目标是通过多种方式让三名击球员出局。此处列出其中四种：裁判宣布击球员三振出局；击球员将球打到空中（高飞球），球落地前被守场员在界内或界外接住；离开垒位的跑垒员被守场员持球触杀；跑垒员被迫进垒，但持球守场员先触碰到了垒位。

不应接的球

2003年国家联盟冠军赛（NATIONAL LEAGUE CHAMPIONSHIP）上，芝加哥小熊队（CHICAGO CUBS）对阵佛罗里达马林鱼队（FLORIDA MARLINS）。赛后，小熊队球迷史蒂夫·巴特曼（STEVE BARTMAN）躲了起来。比赛过程中，为了接球，巴特曼身体前倾，探出围挡，把球从小熊队外场手手中拨了下来，导致小熊队最终败北。不久后，马林鱼队挺进世界系列赛（WORLD SERIES），巴特曼在网上遭到口诛笔伐。

关键装备

棒球比赛中，球棒和球的关键性不言而喻。守场员手套也很重要，有助于接球和投球。

缝合
球芯材质为橡胶和软木。球芯上缠绕着红色棉纱，然后覆盖上两条皮革。随后再用红色棉纱将皮革紧紧缝合。

手套
皮手套便于守场员接球和投球。手套尺寸取决于防守位置。内场手手套尺寸不超过21.3厘米。内场手手套较浅，便于快速取球并投出。

衬垫保护
所有守场员手套都填充了充足的衬垫，能保护手指

接手手套
接手的连指手套能保护手，也更便于接球

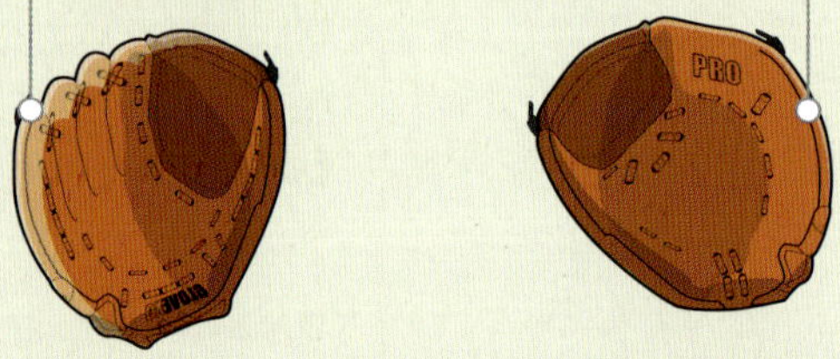

球棒在手
球棒由木材或金属制成，表面光滑，从棒身到把手逐渐变细。球棒重量一般不超过1.8千克。

棒身
球棒最粗的部分为棒身，是击球区域

中点
棒身和把手之间的区域是球棒最细的部分

锥形把手
棒身到把手逐渐变细，把手上有橡胶或布料覆盖，便于抓握

安全在手
把手末端的圆形底部较为凸出，避免球棒从击球员手中滑落

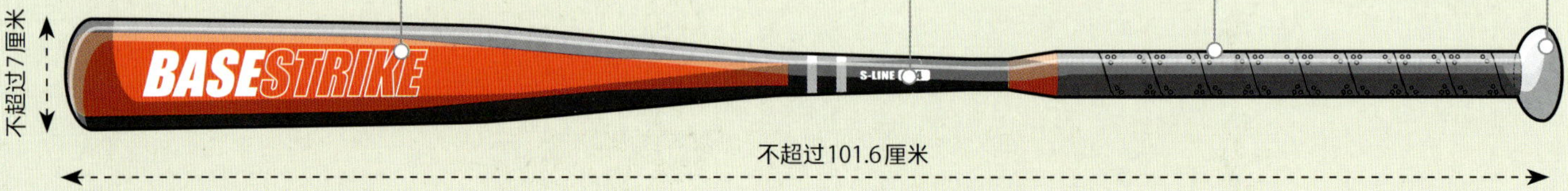

三振出局：对于投进本垒板上方好球区的球，击球员有三次击打机会。如果击球员挥棒却未击中球，无论球是否投入好球区，裁判都会宣布“好球”。如果球投进好球区，击球员没有挥棒，或将球击入界外，裁判也会判定为好球。如果已经有两个好球，那么再打出一个界外球则不算作第三个好球。唯一的例外是，如果击球员将球棒悬在本垒板上方（触击），且球出界两次以上，则击球员出局。如果击球员挥棒将球击入界内，击球员就必须努力推进到一垒。

地滚出局：如果球被打到内场手附近的地面上，内场手必须在击球员上一垒前接住球并将球投到一垒。如果守场员成功做到，则击球员出局。如果击球员在球投出前就上垒成功，击球员便处于安全状态。如果双方同步完成动作，击球员也被视为安全进垒。

多名之人

小乔治·赫曼·“贝比”·鲁斯（GEORGE HERMAN “BABE” RUTH, JR）是纽约洋基队的传奇外场手，有着“伟大的班比诺”“重击之王”和“影响力的巨人”的别称。

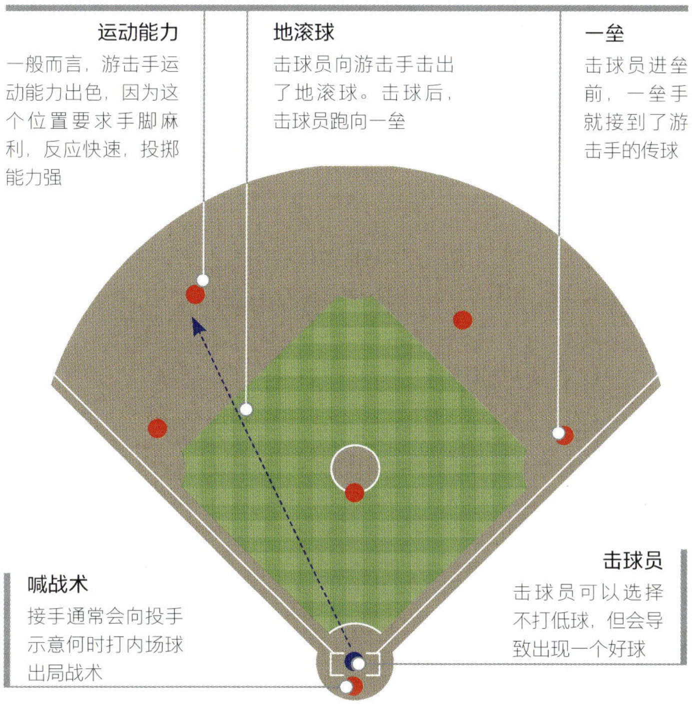

好球区

好球区是本垒板上方的一个假想区域，如果投球穿过该区域，且击球员没有挥棒击球，则为好球。击球员肩部上沿与裤腰上沿的中点是好球区顶部。好球区底部与击球员膝盖髌骨下沿齐平。从本垒板边缘向上延伸的假想线标示着好球区的左右边线。

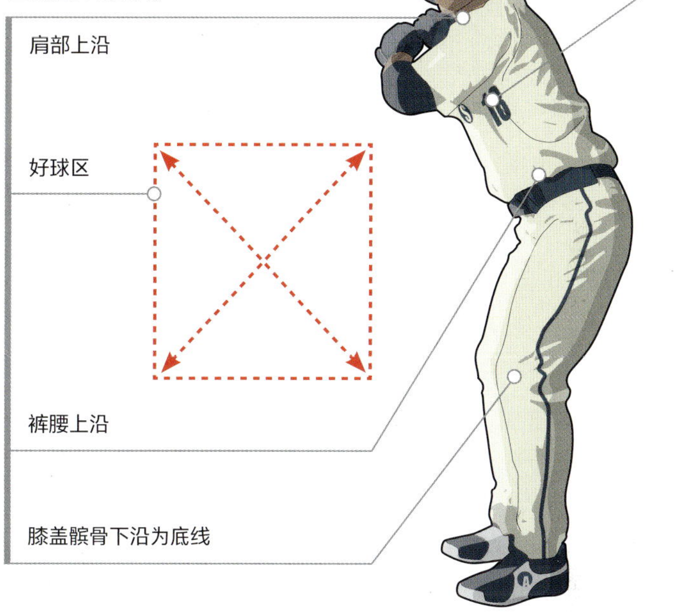

准备击球区

本垒板两侧各画出了一个圆圈。这些圈是准备击球区，是下一位击球员上场前挥棒热身的专用区域。

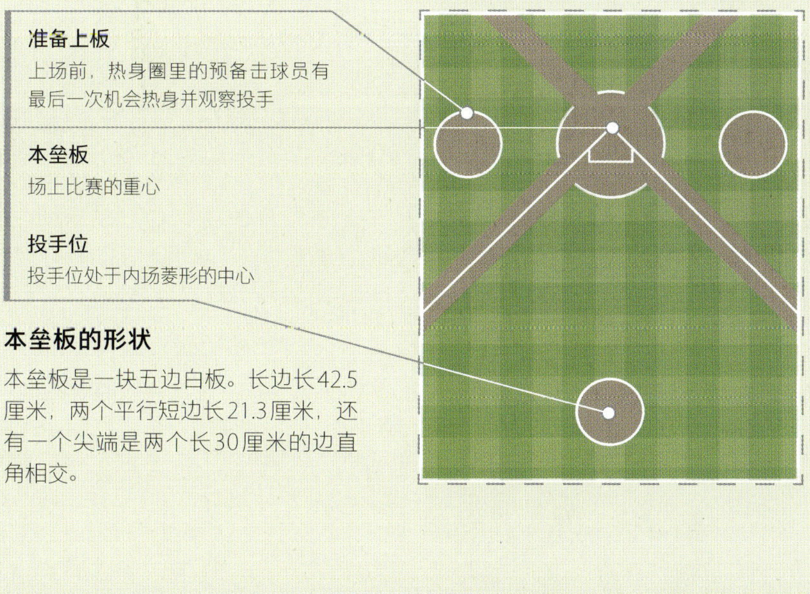

指定击球员

在过去，棒球队所有队员都必须能上场。不过，自1973年开始，美国联盟（American League）引入了指定击球员（designated hitter），即轮到投手击球时，击球员代替投手上场击球，但不参与防守。根据该规则，球队中可以有一名击球能力普通的专业投手，或者毫无防守能力的专业击球员，而这两种球员在旧规则之下都只是累赘。大多数小联盟（Minor League）和业余棒球比赛也允许使用指定击球员，但全国联盟禁止使用，要求投手击球。

黑袜丑闻

1919年世界系列赛中，八名芝加哥白袜队队员故意放水输球，因而遭到禁赛。白袜队一垒手阿诺德·“欺客”·甘迪尔（ARNOLD “CHICK” GANDIL）一手策划了这场假球阴谋。

击中和挥空

棒球比赛讲究战略，也注重运动能力。投球强而有力至关重要，因为这最能让击球员出局。投手的理想表现是“完封”，让击球方一分未得。击球员不只是蛮打，而是要花费数小时研究投球风格，观察投手的手臂动作或接手的脚部位置，从而尝试“解读”投球。

投球

投球类型取决于球的握法和投法。投手通常掌握至少两种投球类型。接手用手势指示投出特定类型的球。

投球风格

投手投出各种各样的球，每球球速、轨迹和/或手臂角度都略有不同，从而以各种方式迷惑击球员，最终能帮助防守球员达到让击球员或跑垒员出局的目的。

曲线球

曲线球上旋得很厉害，会导致球突然转向或向下曲线飞行。如果投得好，曲线球会突然落下，击中本垒板，导致击球员挥棒落空。

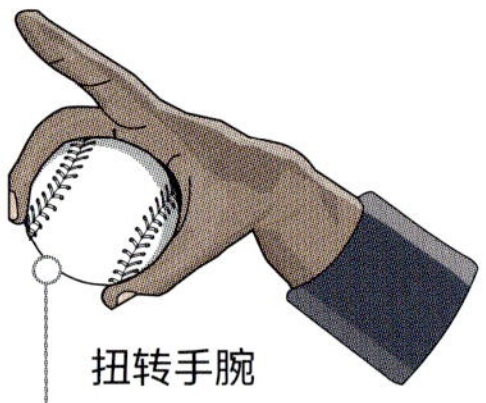

滑球

滑球介于曲线球和直线球之间，不像曲线球转向得那么厉害，但球速更快，常导致击球员将其误认为直线球。

直线球

直线球是最常见的棒球投球类型。有些直线球飞行时会移动或转向，有些则不会——但球速都极快。

击球

在准备击球区里热身后，击球员走向本垒板。击球员紧握球棒把手，双手并拢，指关节对齐。然后博弈开始，击球员和投手都努力在谋略和力量上压倒对方。放眼所有运动，击球也常被认为是难中之难。实际上，如果投球10次，击球员能击中3次，击球率为0.300（读作“三百”），那么这名击球员便已表现优异了。在美国职业棒球大联盟中，自1941年泰德·威廉姆斯（Ted Williams）以来，没有任何击球员的赛季击球率超过0.400，也没有任何击球员的生涯击球率超过0.367。

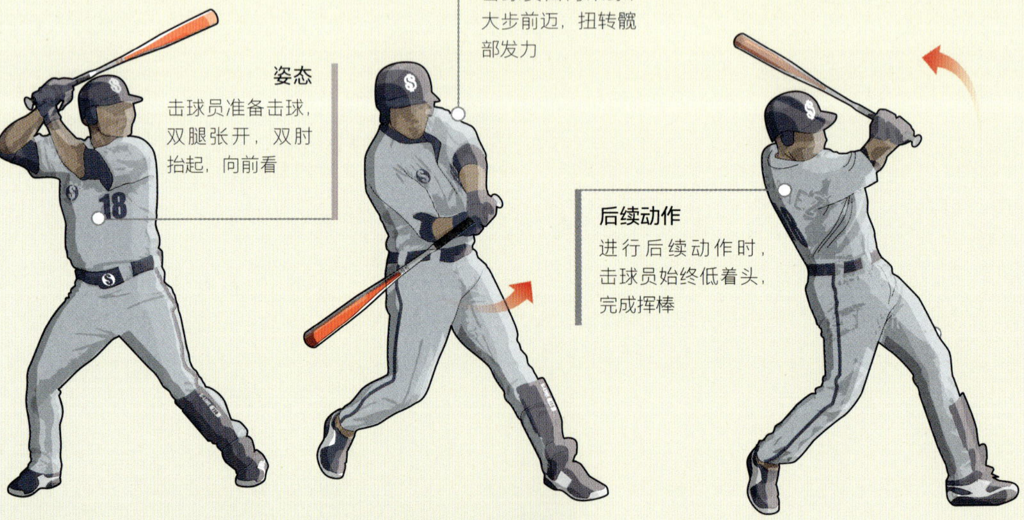

趣闻

114,000 1956年奥运会上，澳大利亚队和美国军人队进行了一场表演赛，创造了棒球比赛的上座人数纪录。

162 4月到9月赛季期间，每支大联盟球队的比赛场数。

73 单名球员的大联盟单赛季本垒打数纪录。纪录保持者为巴里·邦兹（Barry Bonds）。

得分统计

棒球迷仔细研究击球、投球和防守的平均数值，据此制作球星排行榜。记分员记录各类统计数据。例如，击球员安全上垒而获得安打：安全上至一、二、三垒，分别获得一、二、三垒安打。

棒球术语

对于不了解的人来说，棒球似乎有自己的一套语言——实际上，已经有不少棒球术语专著出版了。以下精选术语将有助于读者理解比赛现场的常用短语。

满垒：一、二、三垒上都有跑垒员。

头球：故意击打击球员的球，如果击球员闪避不及，往往会被击中头部。

二垒安打：击球员击出使其能安全上至二垒的球。

双杀：击球方两名球员连续出局。

本垒打：击球员将球击出外场围挡，因此必定可以跑过所有垒位并得分。

残垒数：裁判宣布第三名球员出局时，留在垒上的跑垒员人数。

替补击球员：在比赛关键时刻上场，替换击球能力弱的击球员。

完封：一队阻止另一队得分。

偷垒：跑垒员成功推进到下一个垒位。

跑垒

一旦比赛开始，棒球比赛就是击球手脚速和守场员投掷速度之间的较量。跑垒员不触垒时可能会被触杀或封杀出局。跑垒员孤注一掷，精彩滑垒，守场员的手也贴了上来，此时就需要现场裁判从细节着手，做出判罚。

触杀出局

跑垒员未触垒时，持活球的守场员触碰跑垒员，使其被触杀出局。

公平竞争

守场员可触碰跑垒员身体任何部位进行触杀

滑垒

跑垒员滑入垒位，从而避免被触杀或跑出垒位。如果滑垒速度足够快，跑垒员能撞翻尝试触杀或双杀的内场手。

皮特·罗斯式滑垒

表示跑垒员头朝前滑入垒位

幕后故事

大联盟分为国家联盟（1876年成立）和美国联盟（1901年成立）。职业棒球在世界其他地区也很受欢迎，特别是在亚洲和拉丁美洲。从1992年开始，业余棒球成为正式奥运项目，但后来被取消了。

国际棒球联合会

国际棒球联合会（INTERNATIONAL BASEBALL FEDERATION, IBAF）是国际棒球管理机构。联合会成立于1938年，负责管理棒球世界杯和世界棒球经典赛等赛事。尽管联合会是国际性管理机构，但对北美职业棒球几乎毫无控制权。

美国职业棒球大联盟

美国职业棒球大联盟主导推动了北美职业棒球发展。两个大联盟共有30支球队：十六支来自成立较早的国家联盟，十四支来自美国联盟。每个联盟按地理位置分为三个区。赛季结束时，每个联盟的顶级球队将参加七战四胜制的世界系列赛，从而决出总冠军。

抢风头

投手投球之前，跑垒员就尝试推进到下一个垒，此时跑垒员有被触杀的风险。二垒在投手位后面，一垒和三垒在投手视野的边缘，所以投手必须警惕跑垒员突然冲刺。投手可将球扔给垒手，而非投向击球员，迫使跑垒员匆匆赶回安全区域，否则跑垒员会被触杀出局。

统计中心

世界系列赛冠军

球队	冠军数
纽约洋基队	27
圣路易斯红雀队	11
奥克兰运动家队	9
波士顿红袜队	9
旧金山巨人队	8
洛杉矶道奇队	6
辛辛那提红人队	5
匹兹堡海盗队	5
底特律老虎队	4
芝加哥小熊队	3
亚特兰大勇士队	3
巴尔的摩金莺队	3
明尼苏达双城队	3
芝加哥白袜队	3
费城费城人队	2
克利夫兰印第安人队	2
纽约大都会队	2
堪萨斯城皇家队	2
迈阿密马林鱼	2
多伦多蓝鸟队	2

大联盟职业生涯本垒打排行榜

姓名	本垒打数
巴里·邦兹	762
汉克·亚伦	755
贝比·鲁斯	714
亚历克斯·罗德里格斯	696
威利·梅斯	660
阿尔伯特·普约尔斯	648
小肯·格里菲	630
吉姆·托姆	612

棒球世界杯

国家	冠军数
古巴	25
美国	4
委内瑞拉	3
哥伦比亚	2
韩国	1
波多黎各	1
多米尼加共和国	1
英国	1
荷兰	1

垒球

必备知识

- 据说，今天的垒球运动始于1887年感恩节芝加哥室内。
- 一名或多名裁判现场监督比赛进行，确保规则得到遵守。
- 国际垒球联合会（International Softball Federation，ISF）是垒球管理机构，有120多个成员国。

比赛概述

垒球比赛双方各九名球员，两队轮流击球和防守，目标都是跑完场上四个垒位，争取得分超过对方。一场比赛通常有七局，每局每队都要击球和防守。垒球（softball，直译为“软球”）与棒球（baseball，又名hard ball，直译为“硬球”）有一些相似之处。

运动要求

垒球运动员多才多艺。手眼协调能力强的球员可能擅长击球，其他人则能投出妙球，欺骗击球员。所有外场手都知道如何接球、捡球，还能准确地把球从一个垒位投到另一个垒位，组织跑垒员得分。

防守队员装备

站在击球员身后的接手戴着附有面罩和护喉的头盔。守场员戴着皮手套，拇指和食指之间有织带相连，有助于接球投球。守场员可能会穿滑垒短裤，从而在滑垒时保护大腿。缝合而成的白色或黄色皮球通常周长为30厘米或28厘米。

垒球场

场上有三个垒位和一块本垒板，击球员站在本垒板边击球。为了得分，击球员要沿着菱形跑并且触碰垒位和本垒。外场大小不一，具体取决于可用空间和比赛层次。慢速垒球的外场围挡位置最靠外，因为击球员会把球击得更远。

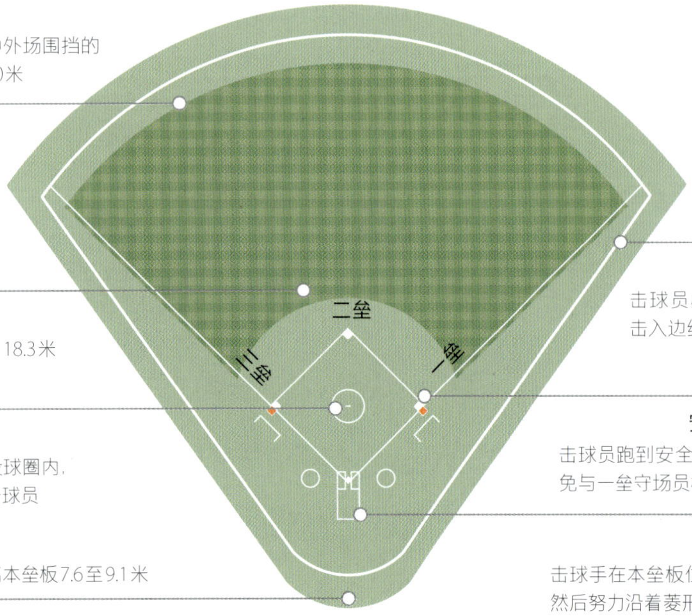

出局

每半局比赛中，守场（防守）方要让三名击球（进攻）方球员出局。有多种方式可导致击球员出局：裁判宣布出现三次好球（未能击中好球），便为三振出局；击出的球在落地反弹前被接住（高飞球出局）；击球员未触及垒位时，被持球守场员用球或拿球的手套触碰到（触杀出局）；持球守场员在击球员之前先触到了垒位（封杀出局）。

垒球类型

快球、慢球和中速球是垒球的三种投球类型。快球对投手有利，投手旋转手臂，以尽可能快速巧妙地将球低手投出，使击球员难以击中。慢球对击球员有利，因为球被高高抛起，更容易击中。中速球就像是慢速版快球。

芬兰棒球

比赛概述

芬兰棒球(pesäpallo，又名pesis)是芬兰最受欢迎的运动。与棒球相似，两队各九名球员，轮流击球和防守，当击球方球员跑完四个垒位时，击球方得分。击球时，球队也可以派额外三名指定击球员上场。

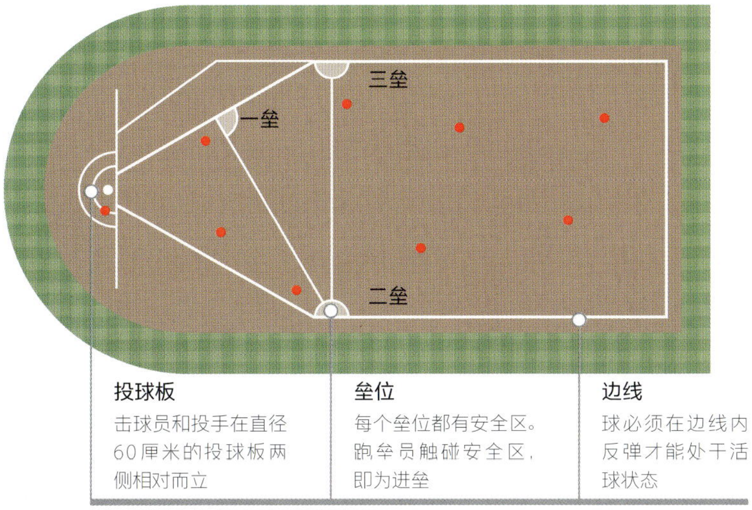

得分

一场完整的比赛分为上下半场，各四局，如果比分相同，则加赛一局。球必须在比赛区域内反弹，才算作有效。球一旦被击出底线，便为好球，因此击球员必须小心，不要用力击球。如果出现三个好球，击球员就出局。如果守场员在比赛区域内接到球，击球员就"受伤"了，除非球队得分，否则本局不得再击球。当三名球员出局，或者所有球员受伤或在垒上时，一局结束。在这种策略型运动中，主教练负责指导球队战术，因此要研究出最佳得分方式。

比赛场地

比赛在沥青等适合跑步的场地上进行。男子比赛场地长92米，宽42米，环绕着一条10米宽的草带。垒位交错分布，垒位之间的距离逐渐变长，总距离为126米。女子比赛场地要小10%。

必备知识

- 20世纪20年代，棒球规则与传统芬兰运动相结合，形成了芬兰棒球。
- 投球时，投手将球垂直往上抛至击球员头部上方1米以上，因此击球要比棒球容易些。

跑柱式棒球

比赛概述

跑柱式棒球比赛双方各有六至十五名球员，两队轮流击球和防守。得分多的一方获胜。跑柱式棒球主要流行于英国、爱尔兰和加拿大。英国全国跑柱式棒球协会(National Rounders Association)和爱尔兰盖尔运动协会(Gaelic Athletic Association)各自制定了规则，不过两者有重叠之处，两套规则体系之间也曾举办过多场比赛。

得分

如果击球员击中球，并在球传回给投手前一次性绕四根柱子跑完一圈，则获得一分。如果击球手击中球后跑到二垒或三垒，或者未击中球跑完一圈，则得半分。投手连续两次投出坏球，则判罚击球方得半分。

比赛场地

可在草地、沥青或任何适合跑步的场地上进行。击球区和前三根柱子形成一个边长12米的正方形。第四根柱子距离第三根柱子8.5米。

必备知识

- 一般认为，跑柱式棒球起源于英国和爱尔兰，最早可能可以追溯到16世纪。跑柱式棒球可能是棒球和垒球的原型。
- 跑柱式棒球面向男性、女性和儿童。混合队中，男性不得超过五人。

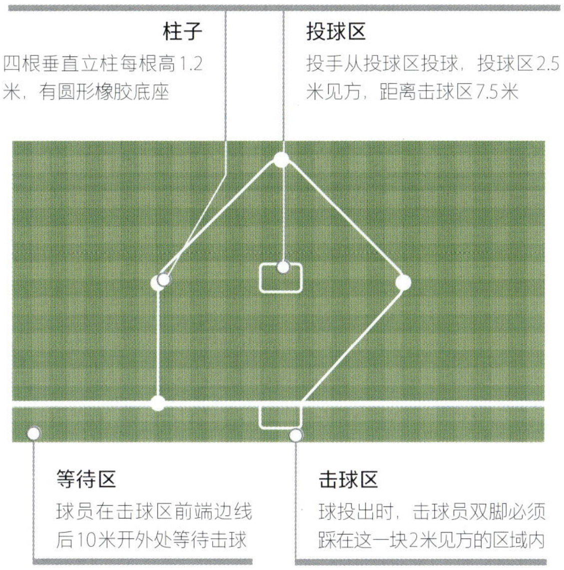

冰球

必备知识

- 冰球发源于加拿大，如今风靡31个国家和地区，特别是北美和欧洲。
- 冰球是北美四大职业运动之一。
- 北美国家冰球联盟（National Hockey League, NHL）是顶级冰球联赛。
- 31支NHL球队中，只有7支球队位于加拿大，但联盟中加拿大人数量远超美国人，比例为3比1。

运动要求

冰球运动员必须思维敏捷，行动迅速，擅长谋略。为了达到40千米的滑行时速，球员身体要极为健壮。为了能以同样的速度转向机动，球员必须对身体控制自如。冰球移动速度极快，因此球员要在电光石火之间做出反应，才能控球、传球或射门。

比赛概述

冰球（ice hockey，美国和加拿大简称“hockey”）是一项充满动感的快节奏冰上运动。一场冰球比赛有60分钟的常规时间，分为三局，每局20分钟。比赛双方各六名球员，都努力用球杆将硫化橡胶冰球射入对方球门，或用冰鞋反弹冰球破门得分。不论是观赛还是亲身参与，冰球比赛都充满动感，令人兴奋，吸引了海量电视观众和狂热球迷。

冰球场

冰球场专门为冰球比赛而设计。冰球场呈矩形，带有圆角，四周隔着“界墙”——一堵约1米高的墙，墙上装有防碎防护玻璃围挡，用以保护观众。冰球场有两种标准尺寸；其中一种主要用于北美，比奥运会比赛和大多数其他国家联赛的球场要窄。冰球场两端各有一个球门，由金属框架和布网组成。冰球场的冰厚度约2厘米，由八至十层薄冰组成。

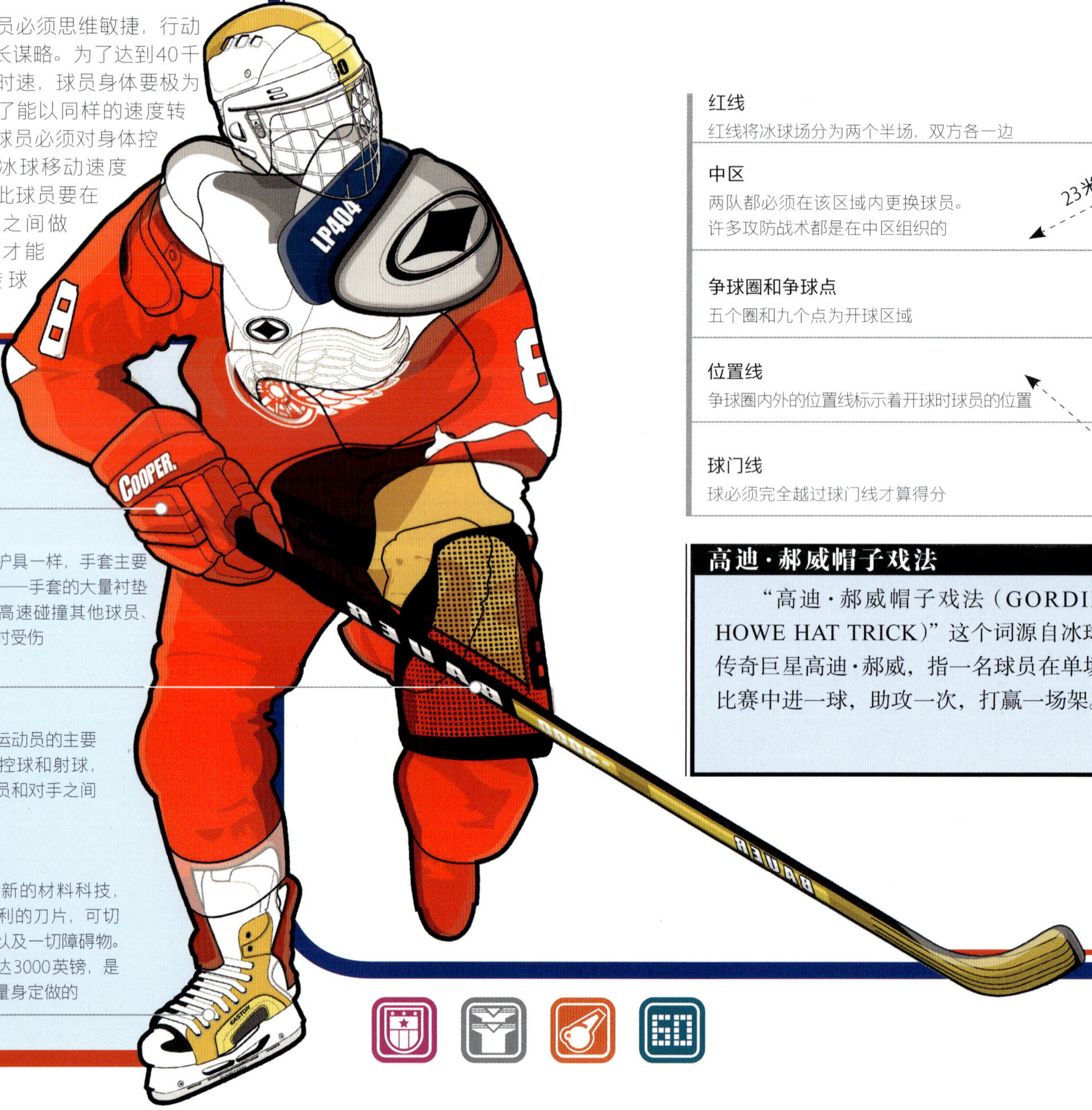

护具
与其他冰球护具一样，手套主要起防护作用——手套的大量衬垫能避免球员高速碰撞其他球员、板墙或冰球时受伤

球杆
球杆是冰球运动员的主要工具，用于控球和射球，也可作为球员和对手之间的屏障

带冰刀球鞋
冰鞋采用最新的材料科技，鞋底装有锋利的刀片，可切开冰面——以及一切障碍物。冰鞋单价高达3000英镑，是为职业球员量身定做的

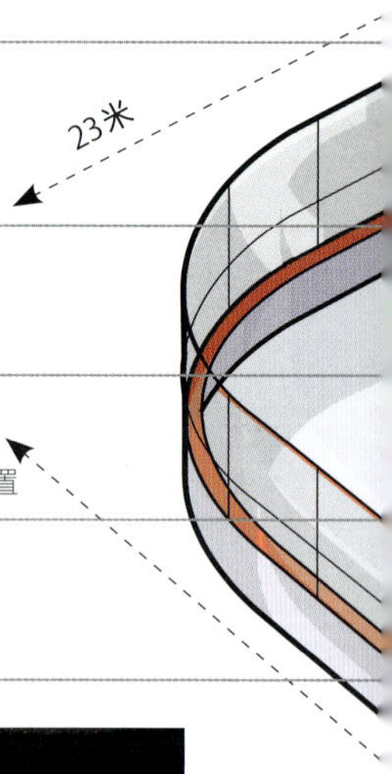

红线
红线将冰球场分为两个半场，双方各一边

中区
两队都必须在该区域内更换球员。许多攻防战术都是在中区组织的

争球圈和争球点
五个圈和九个点为开球区域

位置线
争球圈内外的位置线标示着开球时球员的位置

球门线
球必须完全越过球门线才算得分

高迪·郝威帽子戏法

“高迪·郝威帽子戏法（GORDIE HOWE HAT TRICK）”这个词源自冰球传奇巨星高迪·郝威，指一名球员在单场比赛中进一球，助攻一次，打赢一场架。

开球

每场比赛都从中圈开球开始，每次得分后也以同样的方式重新开始比赛。开球是勇敢者之间的较量。双方各一名球员，脚尖对脚尖，球杆在手，冰刀停在冰上，蓄势待发。开球时，裁判或边线裁判将冰球投入两名球员之间，然后便后退让开。接下来，球员球杆相互碰撞，争夺球权，攻击对方球门。

球员位置

一支球队最多有22名球员，包括至少两名守门员。每支球队有六名球员同时在场上，通常其中一人是守门员，穿着重型护具，站在球门前。守门员可以用手、身体或球杆挡住冰球。守门员的五个队友分为三个前锋和两个后卫。颇具“魅力”的前锋球员可分为左前锋、右前锋和中锋。防守上，左后卫和右后卫负责防守对方球员。

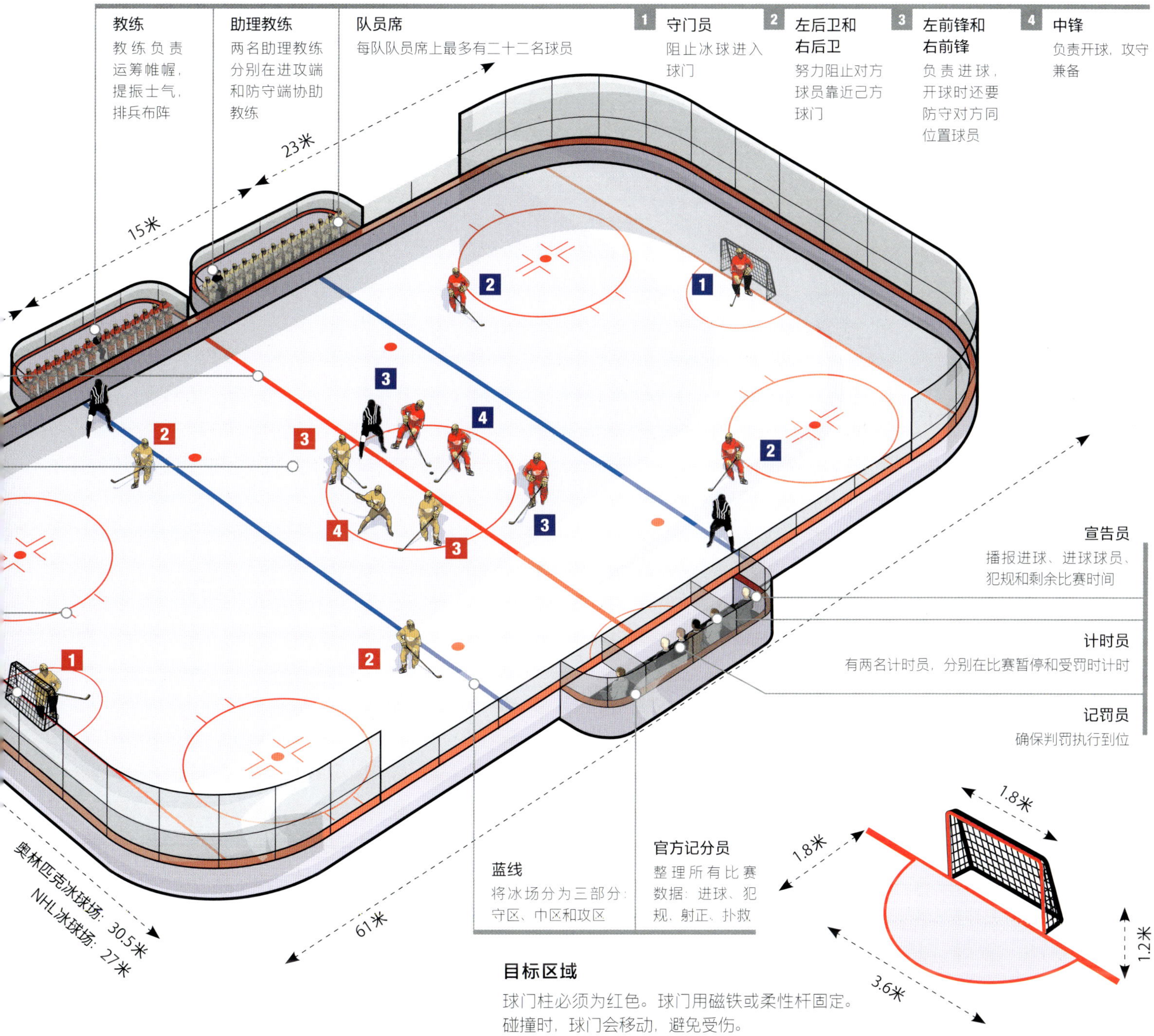

目标区域

球门柱必须为红色。球门用磁铁或柔性杆固定。碰撞时，球门会移动，避免受伤。

趣闻

113411 2010年12月11日，观众涌入密歇根体育场，观看密歇根州立大学和密歇根大学两支劲旅之间的较量，创造了上座人数纪录。

552 NHL冰球守门员连续上场场次纪录，纪录保持者为格伦·霍尔（Glenn Hall）。

17 NHL历史最长连胜纪录。1992—1993赛季，匹兹堡企鹅队（Pittsburgh Penguins）创造了这一纪录。

5 五元进球（quinella）指的是用五种不同的方式进球。NHL历史上，只有马里奥·勒米厄（Mario Lemieux）在1988年完成了这一壮举。

1 35名冰球名人堂守门员中，在美国出生的守门员人数。

球员装备

冰和界墙表面坚硬，冰球飞行时速高达190千米，加上球员动作凶狠，这些因素构成了多重安全隐患。除了冰鞋和球杆外，为了减少受伤风险，冰球运动员通常还要配备一系列安全装备，包括头盔、肩垫、护肘、护齿、防护手套、厚垫短裤、护阴、护胫，有时还佩戴护颈。守门员戴着面罩和更为厚重的专用装备，避免遭到冰球直接冲击。

“伟大冰球手”

韦恩·格雷茨基（WAYNE GRETZKY）有着“伟大冰球手（THE GREAT ONE）”的绰号。一般认为，他是20世纪80年代和90年代最佳球员。体育记者、球员、教练和球迷都认为他是历史最佳冰球运动员。除了奖项、纪录和成就等身外，身披99号球衣的格雷茨基是唯一一位球衣号码被整个国家冰球联盟退役的球员。

护具

冰球运动员的护具数量在所有运动中名列前茅，这并非毫无道理。以下是大多数NHL冰球运动员穿戴的一系列护具。

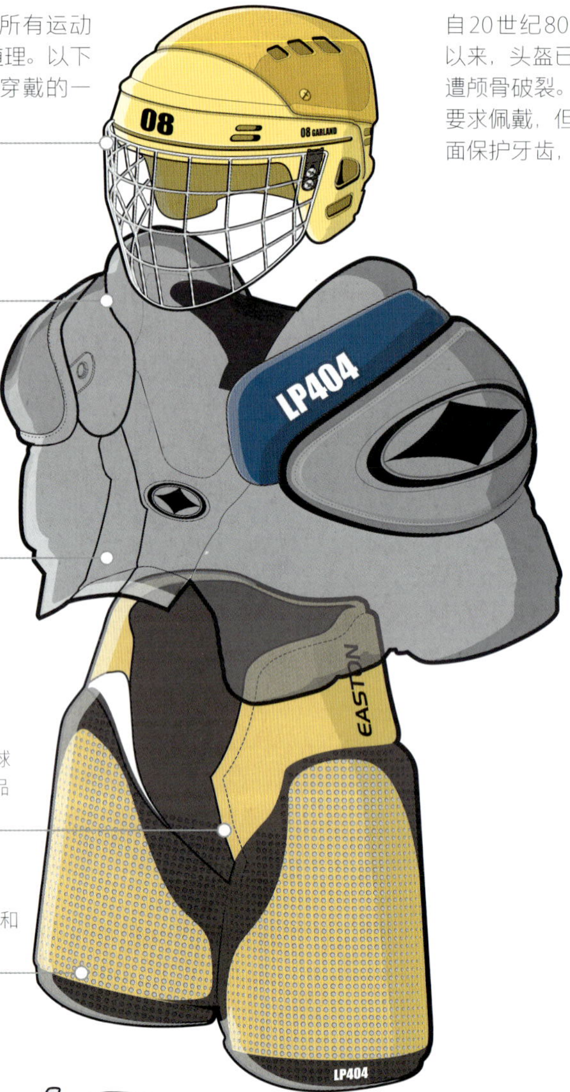

护面

护面由钢条、钢网或透明强化有机玻璃制成

上半身

这款上身套装结合了紧身保暖衣和NFL球员护肩，有很好的保护作用，又不失灵活性

复合材料

躯干护具衬垫采用高科技材料制成，坚固又透气

护阴

腹股沟和骨盆护具是男子冰球运动员储物柜里最重要的物品

护腿

护腿保护冰球运动员最发达和最常用的肌肉

守门员头盔

自20世纪80年代强制使用头盔以来，头盔已经帮助许多球员免遭颅骨破裂。虽然护面并非强制要求佩戴，但球员大多选择用护面保护牙齿，避免容貌受损。

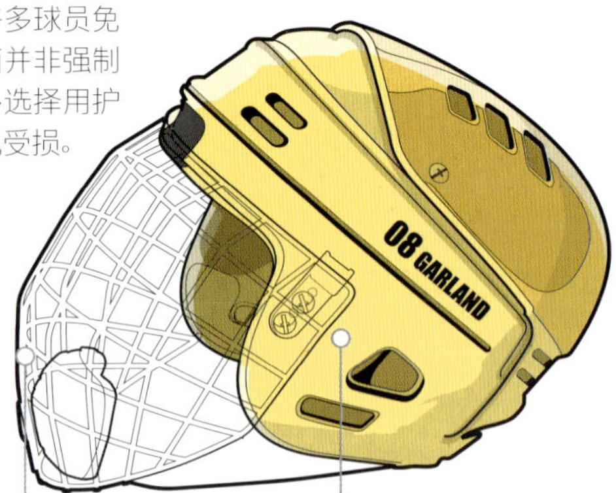

守门员护面

守门员佩戴的护面更大，更能挡住从各个角度飞来的冰球

硬质头盔

头盔很轻，但由超强玻璃纤维制成，可抵御球杆和冰球的冲击

守门员护具

守门员可能是冰球运动中最脆弱的位置，面临着被高速冰球轰炸的危险，需要多重防护。

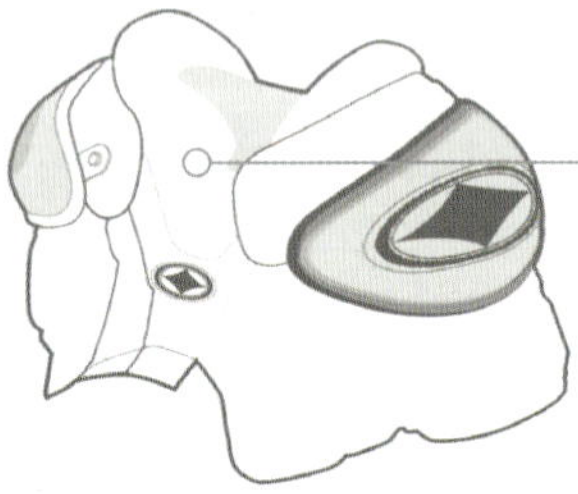

防冰球背心

防护背心用钢网和石墨制成，几乎达到防弹级别，保护着守门员的重要器官

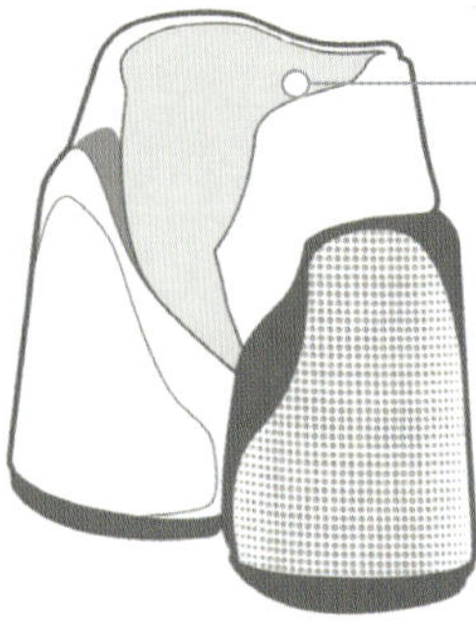

防护短裤

守门员需要额外穿着一条强化短裤，阻挡一切物体进出

更快的鞋类

冰球鞋由硬质尼龙制成，脚踝和脚跟周围用皮革加固。硬质鞋头有保护作用。球鞋可用鞋带系紧。

冰上舒适感

冰球运动员每天穿冰鞋的时间长达12个小时，所以舒适度是首要要求。冰鞋内衬有棉、丝等天然透气材料

钢冰刀

冰球鞋上的冰刀由硬化钢制成

选择武器

冰球运动员仔细挑选球杆，并悉心保养。这些灵活的长矛由木材制成，用玻璃纤维加固，长2米，可有力击打冰球或对方球员。

照章打球

冰球比赛目标是将球打入对方球门。几乎没有规则约束球员完成这一任务——连打斗都是比赛的一部分——不过，越位规则确确实实决定了冰球比赛模式。

不越位

越位规则旨在防止进攻球员固守球门。最重要的越位规则规定进攻球员必须随球进入攻区。如果球员的两支冰刀在冰球之前进入攻区，则该球员被判越位。其他关键越位规则概述如下。

多打少

多打少旨在对方受罚后人手不足的情况下进球。每队受罚球员最多为两名，因此可能形成另一方五打三的多打少局面。此时，教练通常会派上最强进攻手，充分利用有利局势。从开球开始，人多的一方就努力控制球权，然后朝对方球门发起进攻。队友之间相互传球，直到创造出射门进球的空当。多打少持续到受罚时间（2分钟、4分钟或5分钟）结束或任何一方进球。

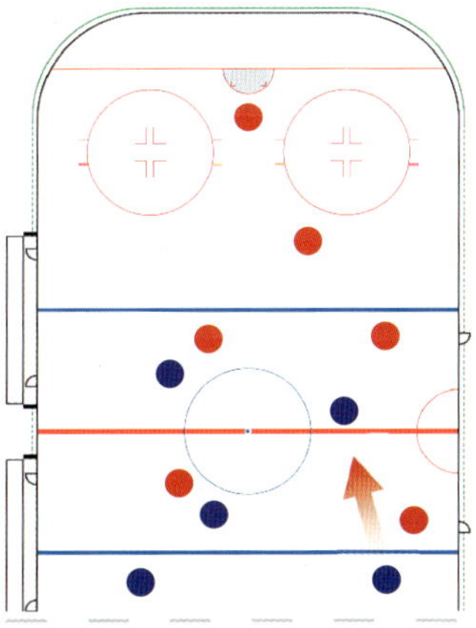

推进冰球

球员不能将球传给任意两条线之外的队友。球员的两支冰刀都必须越线，才能判定该球员位置。

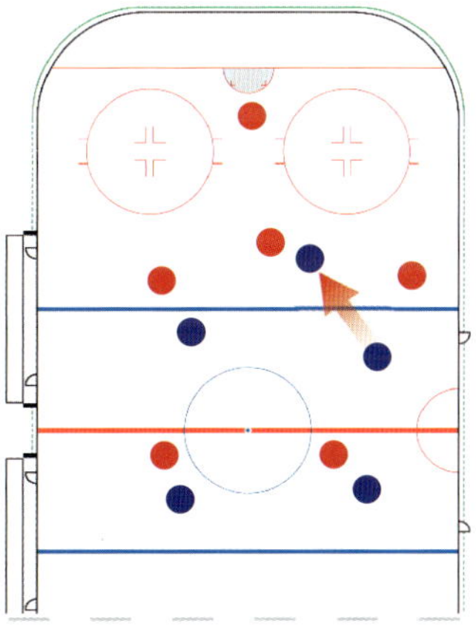

抢在冰球之前

球员不得先于冰球进入攻区并触球。如果球员离开攻区且未碰球，则不吹越位。

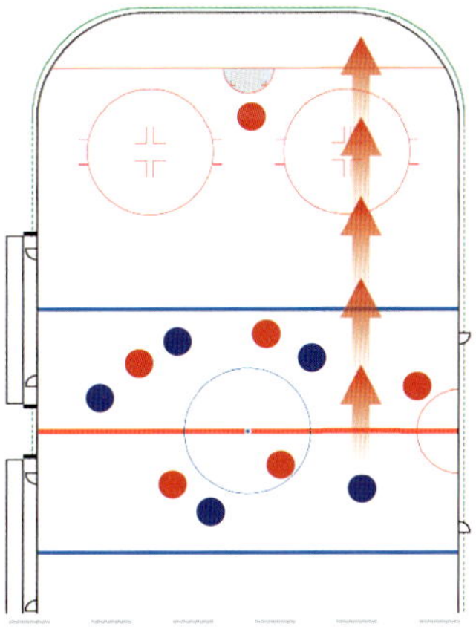

死球

球员从本方半场将球击出对方球门线，若球未进入球门，即为死球。球队人手短缺时，死球是合法的。

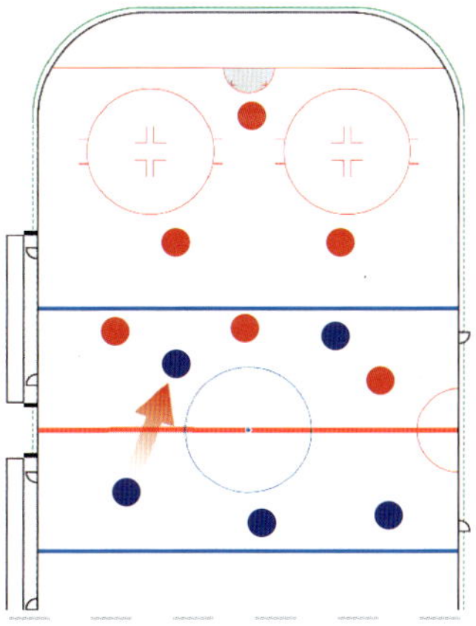

两线传球

两线传球（又名越位传球）出现在球员从己方守区将球传给红色中线另一侧的队友时。

拳打脚踢

打架是冰球运动的争议之处。虽然打架球员会被判大罚，但不会被驱逐离场。北美顶级职业运动中，只有冰球不会驱逐打架球员。打架通常是在比赛关键时刻对场上事端的下意识反应。

犯规

男子冰球比赛中，身体冲撞是指用臀部或肩膀撞击控球球员或刚刚传球的球员，属于合法动作。但是，以下行为已被明令禁止，违者会受到处罚：

向界墙冲撞：把对方球员猛摔到界墙上。
杆柄杵人：用杆柄戳击对方球员。
加速冲撞：向对方球员滑行两步以上，进行身体冲撞。
扑倒绊人：压低身体，冲撞对方球员膝盖以下部位。
横杆推阻：双手握住杆柄，用杆柄击打对方球员。
肘顶人：用肘部阻碍或打击对方球员。
延误比赛：使冰球移动出现停滞。
高杆：击打对方球员肩膀以上部位。
抱人：用手或手臂妨碍对方球员。
钩人：用球杆妨碍对方球员。
干扰：身体冲撞无球球员或未传球的对方球员。
膝顶人：用膝盖撞击对方球员。
用杆击打：朝对方球员挥舞球杆。
杆刃刺人：用杆刃刺向对方球员。
绊人：用腿妨碍对方球员。

裁判手势

裁判分为两类：场内裁判是在比赛期间执法的裁判和边线裁判；场外裁判履行管理职能而非执法职能。发现任何上述违规行为时，裁判吹哨中止比赛，然后做出手势。冰球比赛有专用裁判手势。裁判使用十几种手势，以下列出常见手势。

犯规缓判

钩人

用杆击打

进球无效

横杆推阻

进球有效

统计中心

NHL历史得分排行榜

得分	球员
2,857	韦恩·格雷茨基
1,888	亚罗米尔·亚格尔
1,887	马克·梅西耶
1,850	高迪·郝威
1,798	罗恩·弗朗西斯
1,771	马塞尔·迪翁
1,755	史蒂夫·伊泽曼
1,723	马里奥·勒米厄
1,658	亚罗米尔·亚格尔
1,641	乔·萨基奇
1,590	菲尔·埃斯波西托
1,579	雷·伯克
1,533	马克·雷奇
1,531	保罗·科菲
1,478	乔·桑顿

NHL冠军数排行榜

冠军数	球队
24	蒙特利尔加拿大人队
13	多伦多枫叶队
11	底特律红翼队
6	波士顿棕熊队
6	芝加哥黑鹰队
5	埃德蒙顿油人队
5	匹兹堡企鹅队
4	渥太华参议员队
4	纽约游骑兵队
4	纽约岛人队
3	新泽西魔鬼队
2	蒙特利尔栗色队
2	费城飞人队
2	科罗拉多雪崩队
1	卡尔加里火焰队
1	维多利亚美洲狮队

奥运男子冰球奖牌得主

年份	金牌	银牌	铜牌
2018	俄罗斯奥林匹克运动员	德国	加拿大
2014	加拿大	瑞典	芬兰
2010	加拿大	美国	芬兰
2006	瑞典	芬兰	捷克
2002	加拿大	美国	俄罗斯
1998	捷克	苏联	芬兰
1996	瑞典	加拿大	芬兰
1992	苏联	加拿大	捷克
1988	苏联	芬兰	瑞典
1984	苏联	捷克	瑞典
1980	美国	苏联	瑞典
1976	苏联	捷克	西德
1972	苏联	美国	捷克
1968	苏联	捷克	加拿大
1964	苏联	瑞典	捷克

比赛概述

冰球是观众喜闻乐见、直截了当的攻防运动。控球球员在冰球场上冲锋，目标是进入射门位置。防守球员努力拦截冰球，逼抢持球球员，阻止持球球员向前推进。这种快节奏比赛需要球员在冰上快速移动和传球，要求射门技术出色、比赛战术技巧多变。

猛击冰球

比赛目标是将冰球射入网中，这也是观众花钱买票想看的。射门技术是传球技术的变种，更具侵略性。有四种基本击球方式。

高举球杆

球员将球杆举高

击射

这种击球方式力道最猛，但准确率最低。挥杆击球前，球员并未用球杆触球。

转移重心

球员将重心转移到后脚

抖腕射

一开始，杆刃在冰球上方呈凹陷状，随着球员将重心从后脚转移到前脚，杆刃变直。最后，球员抖腕，把球击到空中。

快射

用球杆把冰球推向前方，等到时机合适时，增大力度，将冰球击飞。

反手射

由于杆刃为曲线，因此这种射门难度很高。反手射难以防守，因为很难预测冰球的移动方向。

阻截

冰球对抗激烈，有时还允许球员互相冲撞。球员带球向前推进时，对方球员可以滑行冲向带球球员，阻碍其前进。这便是冲撞。球员还可以冲撞刚接到传球的对方球员。

选择目标

冲撞的要点在于预测和把握时机——选择目标球员，尾随其后，时机合适时靠近。

干掉他

球员发起攻击，利用自身体重和冲力撞向目标球员，将其推离冰球。

换下门将

比赛只剩最后几分钟，落后一两球的球队可能会决定撤下守门员，换上一名进攻球员，从而利用进攻火力优势快速进球。不过，这种策略十分冒险，对方球队往往能借机攻入空门。

“大锤”

戴夫·“大锤”·舒尔茨（DAVE “THE HAMMER” SCHULTZ）为费城飞人队打进过许多球，但他的成就大多已被人遗忘。终其14年职业生涯（1966—1980年），最令人印象深刻的是舒尔茨的受罚时长：1966—1967年新秀赛季为259分钟，第二个赛季为348分钟，第三个赛季达到405分钟。

趣闻

2856 NHL运动员平均每场比赛的移动距离（以米为单位）。

108 埃德蒙顿油人队比赛中，球队上场时的噪音分贝。

168 斯坦利杯（Stanley Cup）的高度（以厘米为单位）。斯坦利杯是最大的职业运动奖杯之一。

637000 加拿大注册冰球运动员人数，占加拿大总人口的五十八分之一，比例惊人。

幕后故事

冰球运动起源于19世纪的加拿大，很快就受到人们的欢迎，传播到美国和欧洲。1917年，国家冰球联盟成立，总部位于北美。冰球成为1920年奥运会项目和1924年冬奥会项目。此后，冰球成为全球最受欢迎的观赏型运动，全球电视网络均有转播冰球比赛。30多个国家举行冰球比赛——以有天然冰雪覆盖的国家为主。冰球是加拿大国家官方冬季运动，在加拿大广受欢迎，也是芬兰最受欢迎的运动。加拿大、捷克共和国、芬兰、俄罗斯、斯洛伐克共和国、瑞典和美国均为冰球强国。

管理机构

国际冰球联合会（International Ice Hockey Federation，IIHF）成立于1908年，是全球冰球管理机构。国际冰联负责管理国际冰球赛事，以及更新国际冰联世界排名。国际冰联虽是国际性管理机构，但对北美冰球几乎毫无控制权。

顶级球员，顶级联赛

国家冰球联盟是全球顶级联赛，拥有全球顶尖球员。联盟分为东部联盟和西部联盟，东西部联盟各有三个分区。

必备知识

- 班迪球是冰球的前身。班迪球又名“冰上曲棍球”“冬季足球”，与曲棍球和足球有相似之处。
- 瑞典、挪威、芬兰和波罗的海国家（爱沙尼亚、拉脱维亚和立陶宛）是班迪球强国。在加拿大、俄罗斯和美国部分地区，班迪球也很受欢迎。

运动要求

球员必须擅长滑冰，因为打班迪球时，球员可用脚带球。许多球员球技甚至堪比顶级足球运动员。球员的肺功能也要很强——比赛用球呈圆形，移动快于扁平的冰球，所以比赛节奏也要快于冰球。班迪球比赛时间也更长（分上下半场，各45分钟；冰球比赛一场分三局，每局20分钟），球员体能便显得至关重要。班迪球比赛战术复杂，要求球员有良好的位置感。

班迪球

赛事概述

班迪球（bandy，又名“banty”），是一项冬季运动，通常在室外冰球场上进行，不过也有些室内冰球场。两队各11名球员，在上下半场各45分钟的时间里争相将球击入冰球场两端的球门。球员穿着冰鞋，挥着弯曲的球杆（bandies）。球员可用脚或身体控制球，但禁止用手。

班迪球比赛节奏快，得分高，平均每场比赛有七八个进球。为跟上比赛节奏，每队三名替补球员（国际比赛的替补球员数为四名）会按照队长或教练要求频繁替换上场或下场。班迪球的一大特色，也是班迪球的吸引人之处，在于规则简单，总共只有十八条。

败下阵来

在维多利亚时代的英国，班迪球广受欢迎，一度堪比足球。谢菲尔德联队（SHEFFIELD UNITED）和诺丁汉森林（NOTTINGHAM FOREST）足球俱乐部开始同时参与两项运动。但是，在19世纪后期，随着足球成为全球主流运动，班迪球的人气一落千丈。

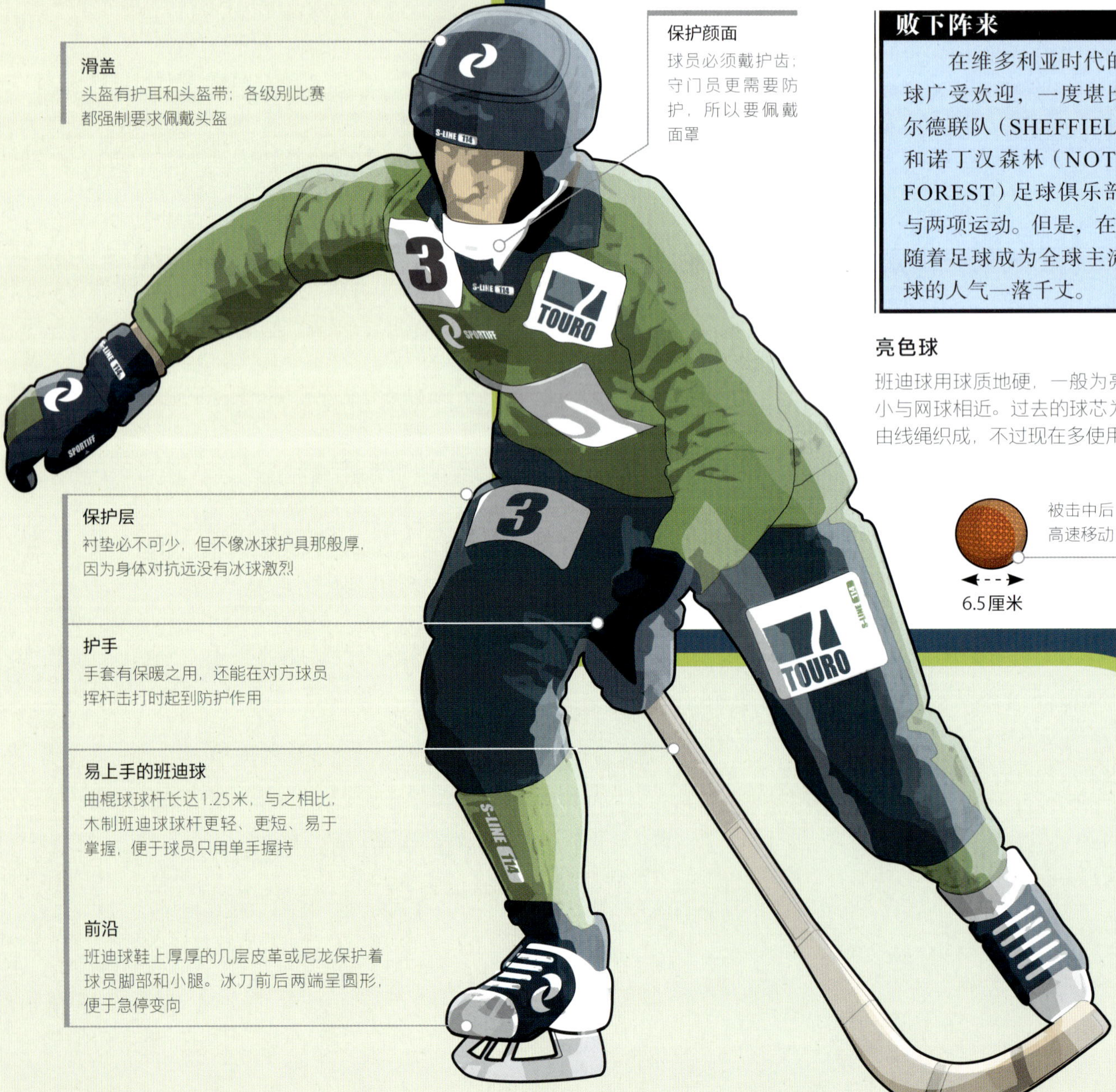

保护颜面

球员必须戴护齿；守门员更需要防护，所以要佩戴面罩

滑盖

头盔有护耳和头盔带；各级别比赛都强制要求佩戴头盔

保护层

衬垫必不可少，但不像冰球护具那般厚，因为身体对抗远没有冰球激烈

护手

手套有保暖之用，还能在对方球员挥杆击打时起到防护作用

易上手的班迪球

曲棍球球杆长达1.25米，与之相比，木制班迪球球杆更轻、更短、易于掌握，便于球员只用单手握持

前沿

班迪球鞋上厚厚的几层皮革或尼龙保护着球员脚部和小腿。冰刀前后两端呈圆形，便于急停变向

亮色球

班迪球用球质地硬，一般为亮橙色或红色，大小与网球相近。过去的球芯为软木，外层表面由线绳织成，不过现在多使用塑料球。

6.5厘米

飞速

被击中后，球会高速移动

冰球场

最初，班迪球场是结冰的地面，如今一般为冰球场，大小与足球场相近。沿球场边线，有一圈木制低矮围挡，能将球拦在场内。在比赛间隔期，工作人员用制造业巨头赞博尼（Zamboni）旗下大名鼎鼎的专用磨冰车抚平冰面。

1 守门员 仅在己方罚球区内，守门员可用手和手臂触球

2 后卫 后卫保护侧翼免遭边锋攻击

3 中后卫 中后卫从中心点召集其他防守球员

4 前卫 前卫是第一道防线，也是将球向前推进、由守转攻的关键人物

5 四分卫 四分卫统领战术，负责用球为前锋创造进球机会

6 前锋 两名边锋和一名中锋不断移动，准备接球

球员席 标准比赛中，包括替补在内，一支球队最多有14名球员，其中只能有11人能同时在场上

围挡界墙 木制围挡将球挡在场内，因此比赛不会中断，球员也不能有所懈怠

罚球点 进攻球员一般从此处进球得分

任意球点 该区域内出现轻微犯规时，在四个任意球点中选择最近的点开任意球。若出现严重犯规，裁判将判罚罚球

罚球区 守门员可在该半圆区域内用手触球，但用手持球的时间不得超过5秒。若在该区域内出现严重犯规，裁判会判罚罚球

目标区域 班迪球门宽3.5米，高2.1米，前后距2米。标示罚球区的半圆便以球门线中点为圆心

角球 防守方碰球出界后，进攻方从此处发球

中线 在中线中心点上进行上下半场的开球

比赛元素

许多班迪球元素，例如角球和任意球，都与足球紧密相关。如果球越过界墙，则对方击球入界。如果防守球员把球碰出球门线，则进攻球员开角球，将球打向球门。开角球时，进攻球员必须位于罚球区之外；防守球员必须位于球门线上。

比赛限制

球员不得头球，不得用手或手臂控球，也不得举杆过头控球。尽管比赛允许球员身体接触，但如果一方球员踢、绊、推、抓或挥杆伤人，则判另一方获得任意球或罚球。有严重犯规或多次犯规的球员可能会被送到“受罚席”受罚5分钟或者10分钟。普通犯规判罚任意球，必须在5秒内执行完毕。

脚下真功夫

顶尖班迪球运动员既能敏捷运球，还能击出曲棍球和冰球中时常出现的绝妙射门，又或者能巧妙地吊高球，绕过对方中场防守球员。为确保自己处于理想接球位置，前锋的场均移动距离达数千米。

一夫当关

班迪球守门员没有球杆，但可以接球或用身体挡球。穿上外场球员装束后，守门员还要佩戴腿部护垫。接住球后，守门员持球时间不得超过5秒，然后就要把球扔向或踢向外场球员。如果进攻球员把球碰到球门后面，就由守门员持球发球，此时其他球员不得进入罚球区。

幕后故事

自1957年以来，男子和女子班迪球世锦赛都在奇数年举行。前20年里，苏联展现出了统治力，包揽了前11个冠军。自20世纪80年代末苏联解体以来，俄罗斯作为苏联前加盟国，开始成为大多数班迪球锦标赛的夺冠热门，其主要对手是瑞典。

管理机构

1955年，国际班迪球联合会（Federation of International Bandy, FIB）在斯德哥尔摩成立，如今总部依然位于瑞典。联合会有28个成员国——包括与冬季运动少有交集的印度。

必备知识

- 有130多个国家打曲棍球。在印度和巴基斯坦，曲棍球与板球均为全民运动。
- 过去20年里，曲棍球规则发生了巨大变化：无对抗开球取代了争球（bully），废除了越位规则，并允许滚动换人。
- 曲棍球基本上仍是业余运动，因为富裕国家的曲棍球观众不多。

曲棍球

赛事概述

曲棍球（field hockey，不流行冰球的国家简称其为“hockey”）节奏快、激动人心、对抗激烈。两支球队，各十一名队员，用J形球杆击、推、传、运硬质小球，将其射入对方球门。曲棍球比赛分上下半场，各35分钟，进球多者获胜。曲棍球打法类似于使用球棍的足球，在有些国家，曲棍球比足球还更受欢迎。

运动要求

外场球员的场均跑动距离很远，因此必须要身体健康，体力充沛，但也要善于短距离冲刺。球员训练包含高强度的腿部锻炼。球员还要着力强化触感——用球棍“感知”球。

乐在土耳其

土耳其式曲棍球（HOLARI）别具特色，球门和场地与普通曲棍球相似，但用的不是球，而是小木柱。没有成文的比赛规则，也没有固定比赛时长，可能破晓时分开打，日落时结束。

球服
球员穿着球队配色的球服，由透气材料制成，可快速蒸发汗水。男运动员穿球衫和短裤，女运动员穿球衫和球裙

球棍
棍头弯曲，触球一侧为平面，另一侧则为圆形凸面。球棍大多长95厘米

护腿
球员可佩戴护腿，从而抵御球棍和球的冲击

球鞋
有些球鞋有鞋钉，但如今大多球鞋采用塑料刀钉

球
球为塑料表皮包裹软木芯。球表面通常有凹痕，从而减少在潮湿球场上的阻力

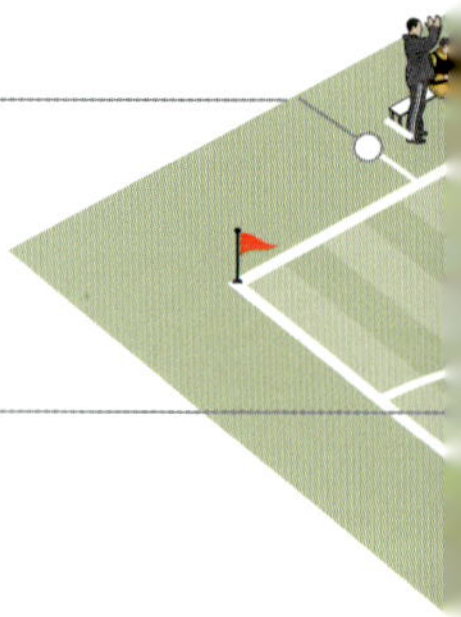

长角球
防守球员将球打出己方底线时，进攻方在5米线处通过任意球重新开始比赛

裁判员
有两名裁判，理想情况下每名裁判各负责一个半场，以球场对角线作分隔。但实际比赛节奏极快，两名裁判必须全场密切配合

底线
这是球场两端的边界线。门柱之间的底线为球门线

趣闻

4 自1971年首届男子世界杯以来，巴基斯坦获得的冠军数，位列全球第一。巴基斯坦与印度是20世纪70年代曲棍球运动霸主。

4 赢得女子曲棍球世界杯冠军的国家数量。荷兰八次登顶，高居榜首。

143 20世纪90年代，德国后卫弗洛里安·昆茨（Florian Kunz）仅为国出战39场比赛，便攻下143颗进球。昆茨是2001年世界最佳曲棍球运动员（World Hockey Player of the Year 2001）。

166 进攻型中场球员艾莉森·安南（Alyson Annan）代表澳大利亚出场228次，打进166颗进球，创世界进球纪录。

比赛场地

最早的曲棍球比赛场地是天然草地。不过，当代顶级赛事所用场地大多为合成草地，需浇灌，易维护。合成草地表面较平坦，有助于球直线运动，从而加快比赛节奏。有时也使用砂质球场，但球员摔倒后可能会擦伤。合成球场一经问世，比赛便极少因天气恶劣而推迟。

室内曲棍球

20世纪50年代，室内曲棍球作为冬季版曲棍球应运而生。室内曲棍球场地较小，为44米 × 22米，比赛双方各六名球员。室内曲棍球比赛形式与曲棍球基本相似，不过球员只能推球，不能击球，且除射门外，球均不得离开地面。长条挡板沿边线分布，将球挡在界内，因此比赛节奏要快于曲棍球。

1 守门员 在射门弧区内，守门员可以用身体任何部位停球，也可以踢球，但不能用手接球

2 后卫 后卫的主要任务是阻止对方边锋突破侧翼和传中

3 前卫 前卫负责把控中场，破坏对方攻势

4 中前卫 中前卫为防守核心，负责盯防对方中锋

5 内锋 传球给前锋，实现由防转攻

6 边锋 位于对方半场边线附近

7 中锋 所处位置靠近对方球门；主要负责得分，同时兼顾盯防对方后卫

官员 检查球员装备，监督换人，并计时计分

替补 每队最多有五名替补。可随时进行换人

点球点 位于球门线中点正前方6.4米处

射门弧 射门弧是以球门线中点为圆心的半圆；半径为14.63米

挡网 挂在挡板外

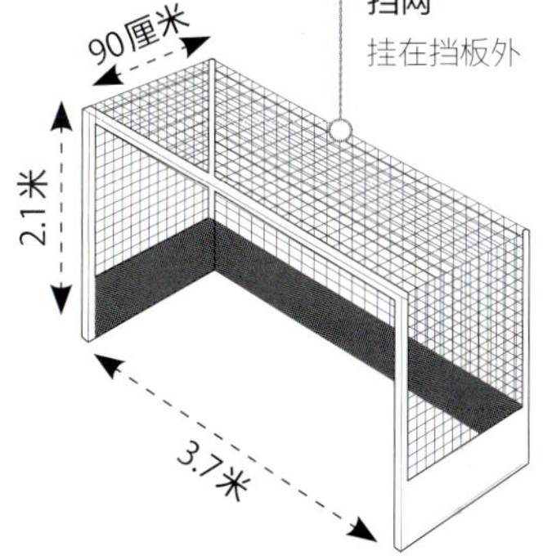

球门 球门侧面和后方是46厘米高的实心挡板，挡板内侧为深色，便于裁判依靠视觉和听觉判断短角球射门是否因球飞得太高而无效。球门挡网装得很松散，避免球弹出球门。

角旗杆 场地四角各一个，1.2—1.5米高，易弯曲，以免造成伤害

23米线 有两条，距底线22.9米

中线 在中线中点处进行开场升球

守门员装备

曲棍球规则规定守门员必须佩戴防护头盔，最好完全覆盖头部和喉咙。主罚点球时，守门员可取下头盔。为避免遭受球的高速冲击，守门员大多全副武装，包括穿戴厚垫短裤、护手和护腿板。

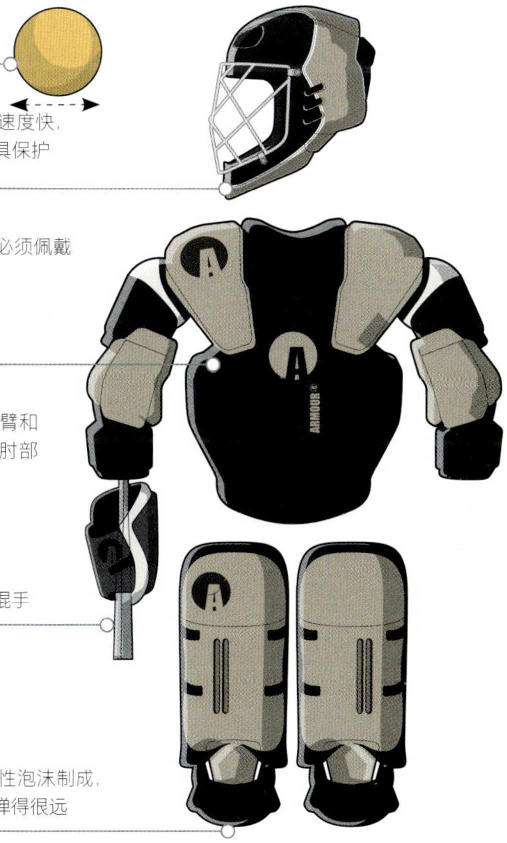

弹道导弹 球质地坚硬且移动速度快，因此守门员需要护具保护

头盔 守门员全副武装，必须佩戴带面罩的头盔

躯干护具 球员可选择佩戴手臂和躯干护具。肩部和肘部护具尤为厚实

护手 保护持棍手和非持棍手

护垫 守门员的护垫由弹性泡沫制成，因此球被阻截后会弹得很远

曲棍球击球动作

用纤细的球棍停球、控球或击球，需要球员球感出众，动作精准。关键技能包括：抢断时机得当，且未接触对方球员；正反手持棍运球；击出高速球。比赛中，一般不得将球击飞到空中。不过可通过铲击球或长距离推球动作将球推离地面。如果球腾空高度高于肩部，球员不得击球。

安全第一

曲棍球规则很多，且变动频繁。大多数规则旨在加强安全性，但规则内容极为复杂。例如，不能将球击飞——除非球员正在射门，或在不危及他人的情况下铲击球。同样地，如果球在空中，球员不得举棍过肩停球——除非是为了扑救。当球员控制高球时，对方球员必须与其保持5米距离，直至球落地。

推球

与势大力沉的抽击（见右图）不同，推球用于短距离精确制导，主要用手腕控制推球动作。在射门弧附近，推球动作十分有效，可使球精准地穿透层层防守。

抽击

沿地面猛力击球，可传可射。向前击球前，球员尽量向后摆臂。膝盖保持弯曲，确保球停在或靠近击打区域。

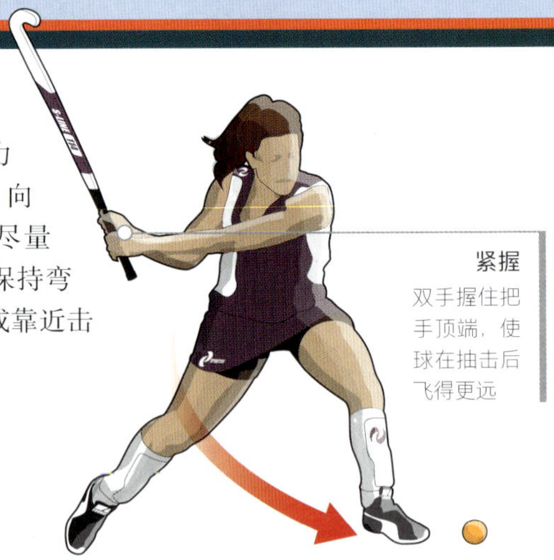

推击

主要在死球时使用。推击或铲击都是在推球动作即将结束时转腕，将球抬离地面。推击能使球绕过防守，但如果危及对方球员，击球球员会遭受处罚。

运球

要使球处于棍头的密切控制之下，球员必须掌握正手及翻棍控球或勾球，使球棍始终护住球，避免遭到抢断。

犯规

视犯规地点的不同，可判罚对方获得任意球或点球。进球大多由点球而来，因此能有效防止球员犯规。以下为常见犯规动作：

高举球棍：举棍过肩。

反面击球：用球棍的圆形凸面击球。

阻挡：绊、推、冲撞或击打对方球员。

脚球：故意踢球。

罚牌

裁判可能会向做出危险动作或故意犯规的球员出示罚牌。裁判出示绿牌，以示警告。裁判出示黄牌，球员受罚出场5分钟及以上。对于不断犯规或严重犯规的球员，裁判会出示红牌，将其罚出场。

点球

进球大多来自点球或短角球。以下情况可导致判罚短角球：防守球员故意将球打出底线；23米线和射门弧之间出现犯规；射门弧内非故意犯规。

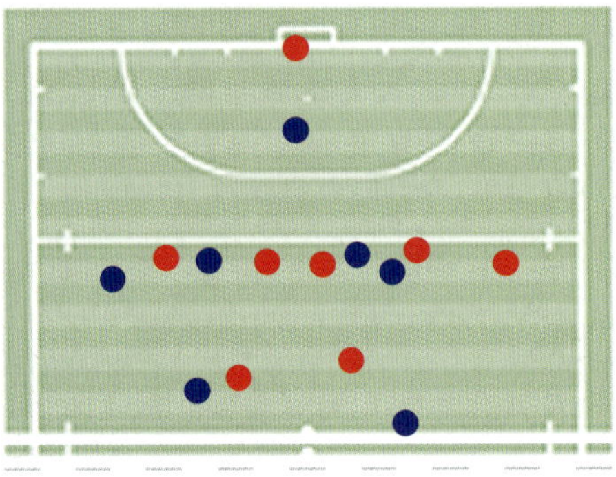

点球

防守球员在弧内故意犯规，或用犯规动作阻碍进球。主罚点球的球员从点球点将球击出。只有对方守门员可以进行防守，其余球员都必须站在23米线外。

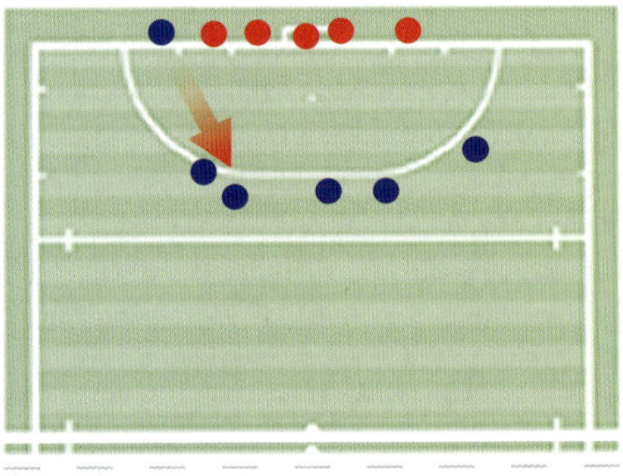

发短角球

从球门线发短角球。球队训练时，会让发球球员尽快将球传给弧区边缘的队友，后者接住球，或者再将球传给队友射门，否则上前逼抢的防守球员会把球阻断下来。

幕后故事

早在约4000年前的埃及，古罗马人和古希腊人就有类似于曲棍球的运动，阿兹特克人亦有相似运动。18世纪中叶，现代曲棍球在英国学校发展起来。1908年，曲棍球成为奥运会项目（1980年成为奥运会女子项目）。印度和巴基斯坦国家队的曲棍球霸主地位一直持续到20世纪80年代。自此之后，澳大利亚、德国和荷兰国家队成绩最为突出。

管理机构

国际曲棍球联合会（International Hockey Federation）成立于1924年，负责监管曲棍球运动的发展。联合会有137个会员协会，遍布五大洲。联合会总部设在瑞士洛桑，负责组织男子曲棍球世界杯、女子曲棍球世界杯，并制定曲棍球竞赛规则。

抢断

球员不得在可能接触对方球员身体的情况下抢断，也不得用身体护球。控球球员也同样不得用身体推开其他球员。

阻碍抢断

阻碍抢断是极为常见的抢断方式。防守球员把球棍放到地面上，阻碍进攻球员向前推进。为了成功抢断，防守球员直到最后一刻才会放下球棍。

不挥棍
球员的目的不是挥动球棍，而是压低球棍，贴紧地面

球棍交叉
击中球之前，抢断球员有打到进攻球员球棍或身体的风险

防守球员
越过进攻球员，向球猛扑而去

翻棍抢断

防守球员翻转球棍，从进攻球员的左侧冲过来；翻棍抢断可能导致犯规，因为球棍必须越过进攻球员身体。

统计中心

男子曲棍球世界杯

年份	冠军	亚军	比分
2018	比利时	荷兰（点球大战3:2）	0:0
2014	澳大利亚	荷兰	6:1
2010	澳大利亚	德国	2:1
2006	德国	澳大利亚	4:3
2002	德国	澳大利亚	2:1
1998	荷兰	西班牙	3:2
1994	巴基斯坦	荷兰（点球大战4:3）	1:1

开放侧抢断

防守球员从进攻球员右侧接近，更容易完成抢断——因为可以用“正常”方式持棍。

门户大开
抢断球员更容易夺得球权

失去控制
进攻球员被迫丢球

地板球

赛事概述

地板球，又称旱地冰球，通常被比作没有冰鞋的冰球。地板球比赛节奏快，在室内体育馆地板上进行，比赛双方各六名球员。比赛用球为轻质塑料球，而非沉重的冰球。地板球禁止身体冲撞，因此身体对抗不如冰球激烈，但更注重运用技巧。

必备知识

- 20世纪70年代，地板球在斯堪的纳维亚逐步发展起来。芬兰、瑞典、瑞士和捷克共和国是地板球强国。
- 2008年，国际奥委会正式认可地板球运动，但地板球仍未在奥运会上亮相。

比赛规则

一场比赛分3节，每节20分钟，如果两队打平，则进行加时赛和点球大战。一支球队任何时候都只能有五名外场球员和一名守门员在场上，不过球队最多可有20名球员，并且无须比赛暂停即可换人。

轻快

地板球球杆很轻，带有弧形塑料刀片。外场球员持杆击打仅有23克重的球，如果技术高超，能打出190千米/时的球速。守门员则无球杆。

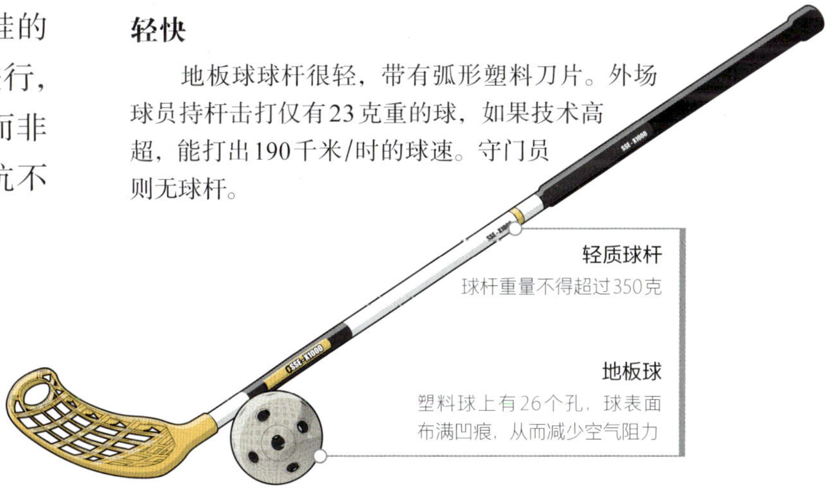

轻质球杆
球杆重量不得超过350克

地板球
塑料球上有26个孔，球表面布满凹痕，从而减少空气阻力

网棒球

赛事概述

网棒球比赛节奏快，对抗激烈。两支球队，各10名男球员或12名女球员，竞相将硬质球打入对方球门。球员用网兜棒接球、运球、抢断、带球、捞球和掷球。远距离传球需要结合技巧与力量；网兜棒也用于拦截对方球棒和球员。

运动要求

网棒球运动员是强悍的多面手：有接住飞速小球的手眼协调能力，有中长跑运动员的体能，还有英式橄榄球运动员的耐力。

比赛场地

网棒球在草地或人造草坪上进行。女子比赛场地比男子的要大，因为女子比赛多了两名球员。

1 守门员
守门员位于球门线（圈）内或附近，努力阻止对方得分

2 后卫
三名后卫在球门前形成倒数第二道防线

3 中场
三名中场球员连接攻防，必要时可推进或回防，为队友提供支持

4 前锋
前锋负责进球。前锋不能进入对方球门圈，但前锋的球棒无此限制

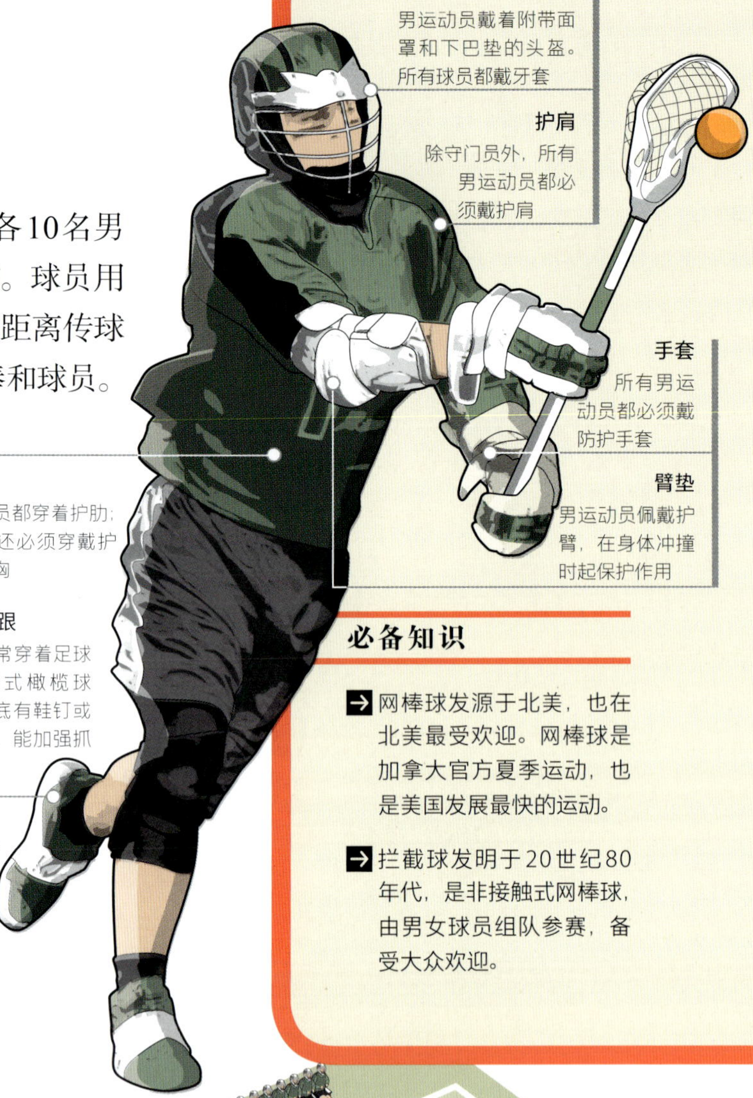

头盔
男运动员戴着附带面罩和下巴垫的头盔。所有球员都戴牙套

护肩
除守门员外，所有男运动员都必须戴护肩

手套
所有男运动员都必须戴防护手套

臂垫
男运动员佩戴护臂，在身体冲撞时起保护作用

护具
许多球员都穿着护肋；守门员还必须穿戴护喉和护胸

站稳脚跟
球员通常穿着足球鞋或英式橄榄球鞋，鞋底有鞋钉或防滑钉，能加强抓地力

必备知识

- 网棒球发源于北美，也在北美最受欢迎。网棒球是加拿大官方夏季运动，也是美国发展最快的运动。
- 拦截球发明于20世纪80年代，是非接触式网棒球，由男女球员组队参赛，备受大众欢迎。

比赛时间
比赛时长取决于球员年龄和性别。用时一小时的比赛分为四节，通常上下半场各有两次暂停。

底线
底线和边线都被限制线所环绕，与其间隔至少5.5米

裁判
一名计时员、两名受罚计时员、一名替补席裁判和两名记分员

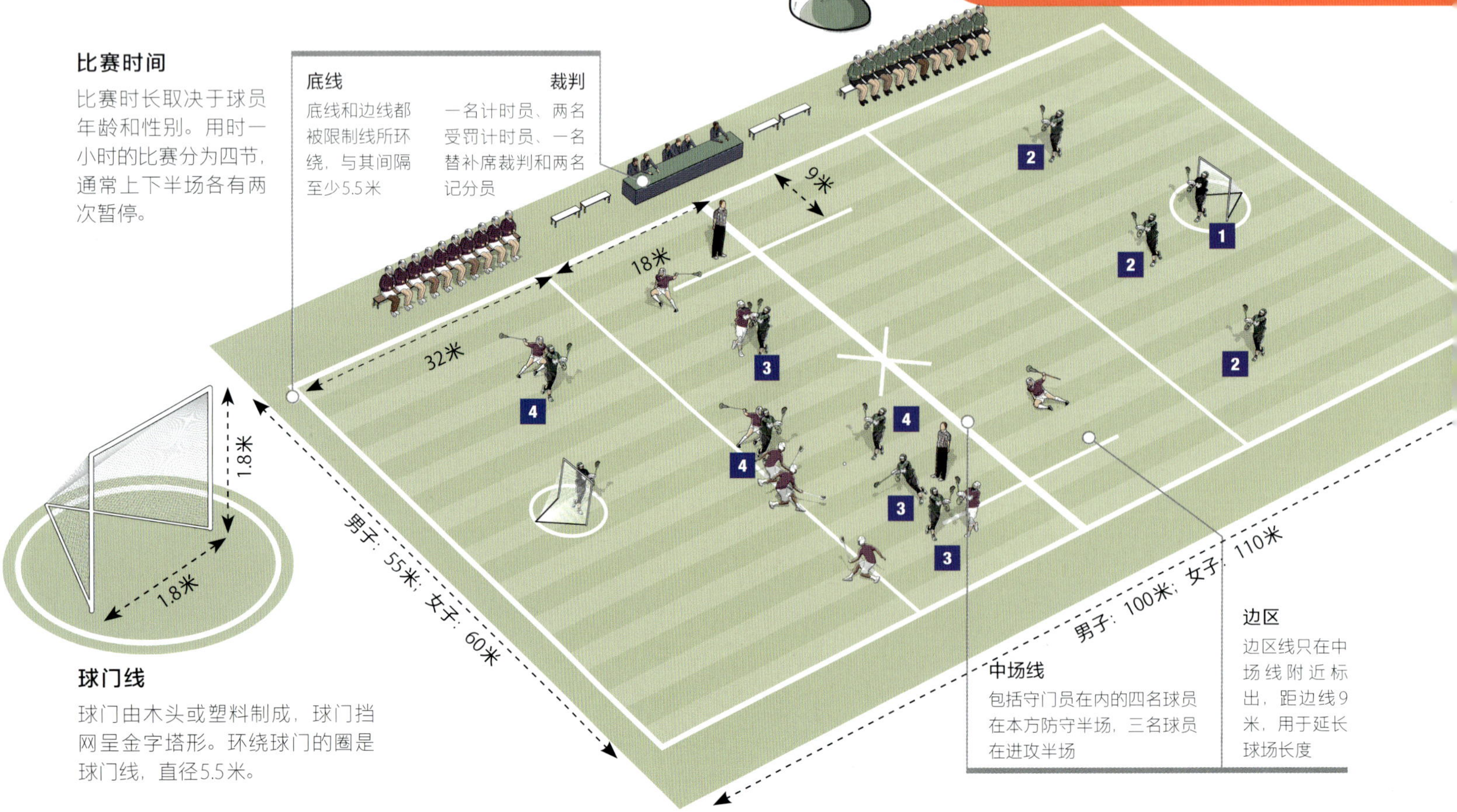

球门线
球门由木头或塑料制成，球门挡网呈金字塔形。环绕球门的圈是球门线，直径5.5米。

中场线
包括守门员在内的四名球员在本方防守半场，三名球员在进攻半场

边区
边区线只在中场线附近标出，距边线9米，用于延长球场长度

缩小规模

网棒球受欢迎程度与球场大小和球员人数成反比。网棒球起初名为“巴加他维（BAGGATAWAY）”，用以训练易洛魁（IROQUOIS）勇士，比赛场地长457米，比赛双方各200人。

长和短

网兜棒有两种尺寸：每支球队至少有一半球员（通常是中场和前锋）必须使用灵便的短棒。只有五名球员可使用长棒，除了守门员固定使用长棒之外，后卫一般也用。

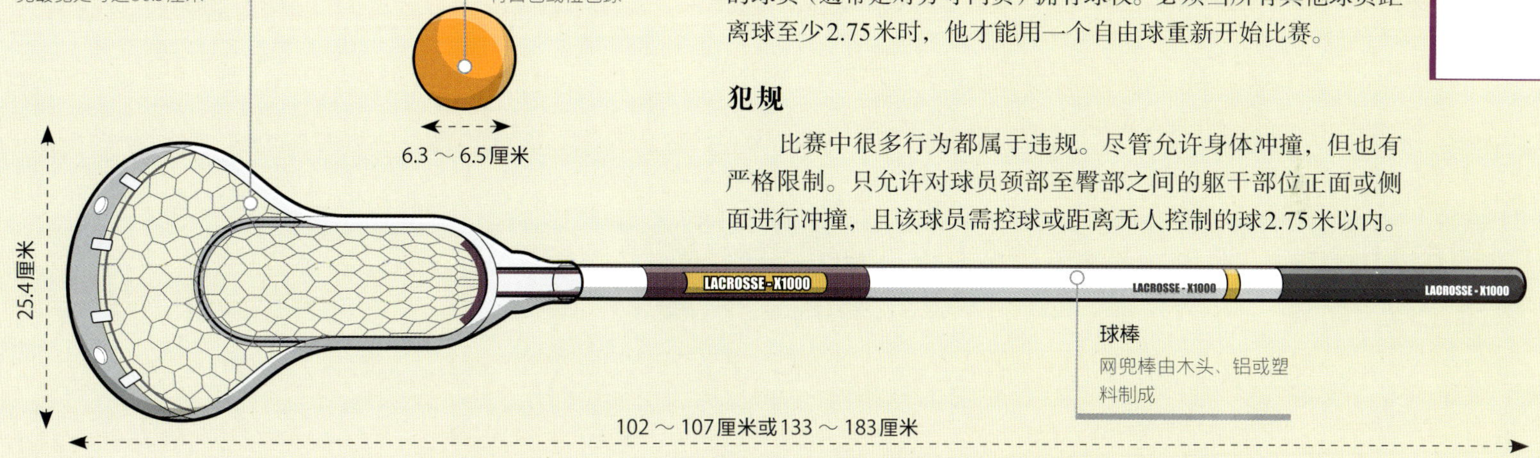

乱中有序

网棒球是比赛节奏极快的球类运动。只需几次掷球，便实现了从场地一端到另一端的攻防转换。球员互相冲撞，争夺球权。有时网棒球比赛看起来就像是一场混战——因此需要三名裁判掌控比赛进程：主裁、副裁和场裁。三人职责相同，但出现争议时，主裁可推翻其他裁判的判决。

争球

男子比赛以争球开始——每队各派一名球员，在中场线中点面对面低蹲，球放在两名球员之间。裁判喊道：“准备好了吗？比赛开始。”然后吹哨。两名球员都努力将球捞起并传球。比赛继续进行，除非因出界或犯规而暂停。

出界

如果球越过底线或边线，另一队获得球权，防守球员必须距离发球球员至少1米。如果射门后球出界，球出界时离球最近的球员（通常是对方守门员）拥有球权。必须当所有其他球员距离球至少2.75米时，他才能用一个自由球重新开始比赛。

犯规

比赛中很多行为都属于违规。尽管允许身体冲撞，但也有严格限制。只允许对球员颈部至臀部之间的躯干部位正面或侧面进行冲撞，且该球员需控球或距离无人控制的球2.75米以内。

尽在掌控

从地面捞球的技巧很难学会，但难度完全比不上用球棒的网兜接住飞球。另一项关键技能是传球——将球长传给跑向空位的队友。

球棒交锋

进攻球员用球棒撞击持球球员的球棒，使球从网兜中掉出。防守球员会尝试击打进攻球员的球棒，但如果对方控球技术好，或用身体遮挡，则防守球员可能无功而返。

女子比赛

不同于男子网棒球，女子比赛场地更大，每队多了两名球员，球员都用网兜更浅的短棒。球员护具较少，不能进行身体冲撞，也不能踢球。射门时，女球员必须清楚地看到球门，而男球员可在多人包围下射门。

趣闻

13 国家网棒球联盟（National Lacrosse League）（室内）的球队数量：美国8支，加拿大5支。

10 美国赢得男子世界网棒球锦标赛（World Lacrosse Championship）的次数。1967年，锦标赛首次举办，此后四年一届。除美国外，只有加拿大捧起过冠军奖杯（三次）。

幕后故事

1967年首届男子世界网棒球锦标赛只有澳大利亚、加拿大、英国和美国四个国家参赛。此后，网棒球运动传播到日本、韩国、意大利、芬兰、丹麦、阿根廷、中国香港和汤加。2006年锦标赛有21个参赛国，加拿大决赛击败美国。在加拿大，最受欢迎的网棒球形式是室内网棒球（box lacrosse，又名boxla）。20世纪30年代，冰球场所有者创设了室内网棒球，以便于冰球场能在休赛期派上用场。室内网棒球类似于户外曲棍球，但每支球队只有六名球员。室内网棒球比赛节奏更快，因为进攻球员必须在30秒内传球。

必备知识

- 全球超过8亿人至少每周打一次排球；排球是全球受众面最广的运动。
- 排球在东欧、南欧、亚洲和北美备受欢迎。
- 1895年，排球问世；1964年，排球成为奥运项目。

趣闻

8 发球时限（以秒为单位）；如果超时，球权就移交对方。

3 古巴女排连续获得的奥运会金牌数，分别来自1992年巴塞罗那、1996年亚特兰大和2000年悉尼奥运会。

0.3 顶级球员发球时，球速达194千米/时，排球从一方端线飞至另一方端线底线一般只需0.3秒。

1100000000 据国际排球联合会（Fédération Internationale de Volleyball, FIVB）统计，2006年参赛或观战的人数，相当于全球人口六分之一。

排球

比赛概述

排球是一项高强度运动，比赛双方各有六名球员。比赛目标是击球过网，使对方无法在球落地之前将球击回，从而得分。防守球员在球场各处鱼跃救球，用手将球垫起，传给进攻球员，后者做好准备，高高跃起，扣球过网，进行回击。顶级排球赛事有男子和女子比赛之分，但排球作为大众休闲运动，不同年龄段、不同水平的爱好者皆可混合组队参与。

运动要求

自诞生之后的100年里，排球从优雅的休闲形式发展为高强度运动，对心肺功能要求很高。排球训练聚焦于心血管运动——短跑、长跑和跳绳——但跳跃也很重要。球员还要用哑铃锻炼手臂肌肉。

球员轮转

每得1分后，球员通常会顺时针移动，以便人人都发球，并轮流担任各个位置。有些球队则有一名专职防守球员，被称为“自由人”。自由人始终处于后场区，且不得发球。

球场

比赛场地地面通常采用木材或合成材料——但只要球员不会因救球而受伤，比赛便可在任何场地上进行。室内场地必须平整。为了排水，室外球场可有一定坡度。

场上线条显示每回合开始时球员的初始位置：后场区三名防守球员（包括发球球员，发球球员可从端线后任意位置启动），以及靠近球网的前场区三名进攻球员。两根网柱分别架设在两条边线外0.9米处，有时会套上衬垫，从而保护球员。

球不落地

一旦比赛进入活球状态，每支球队最多有三次机会击球过网。在不接住球或持球的情况下，球员可用身体任何部位击球，但实际比赛中球员大多张开手击球，或者用手腕、拳头击球。赢下这一回合攻防的一方得1分，如果这一方该回合未发球，则获得发球权。比赛通常采用五局三胜制。前四局，先得25分者胜；第五局，先得15分者胜。如果比分分别为24∶24或14∶14，则需要领先两分才能获胜。

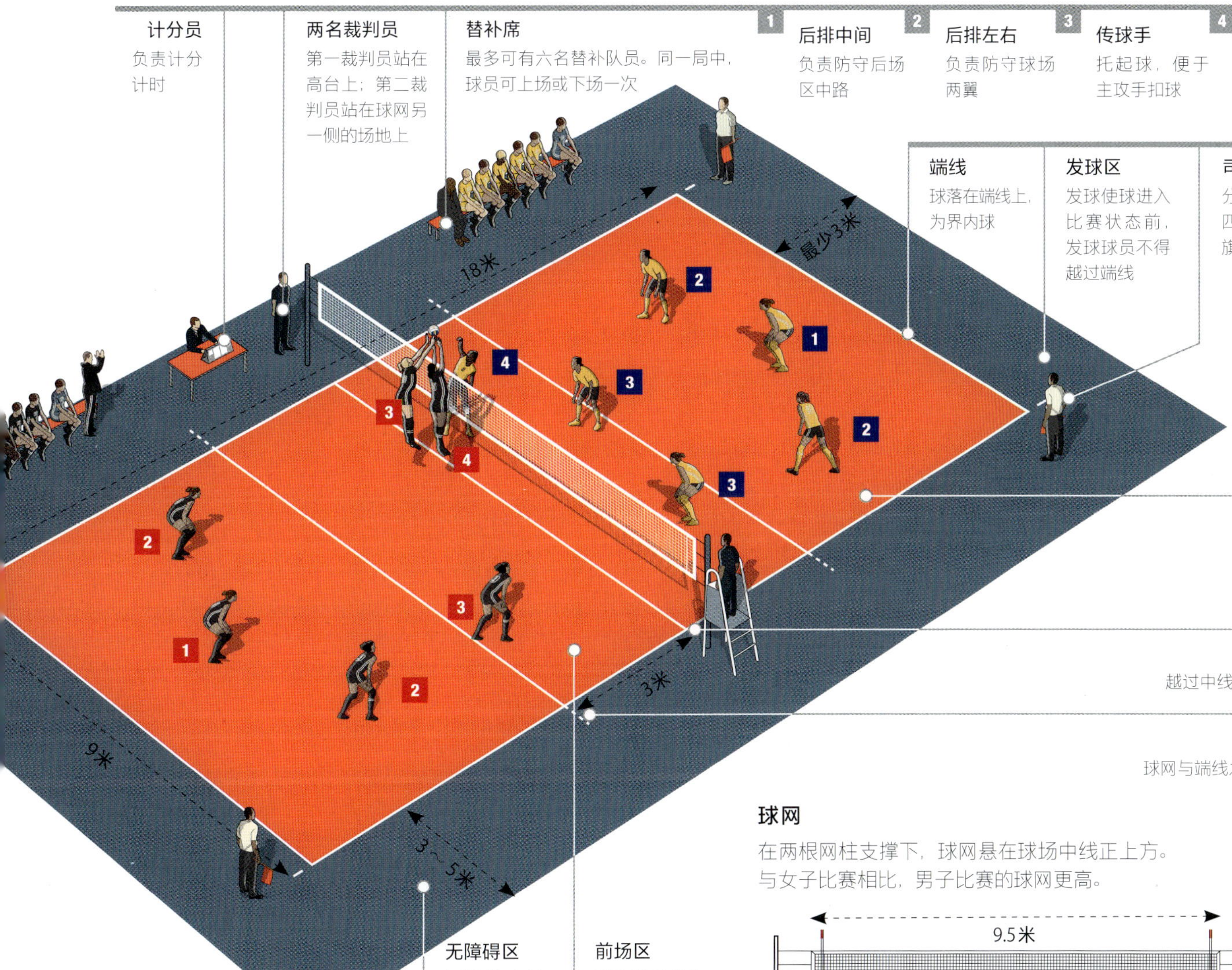

球网

在两根网柱支撑下，球网悬在球场中线正上方。与女子比赛相比，男子比赛的球网更高。

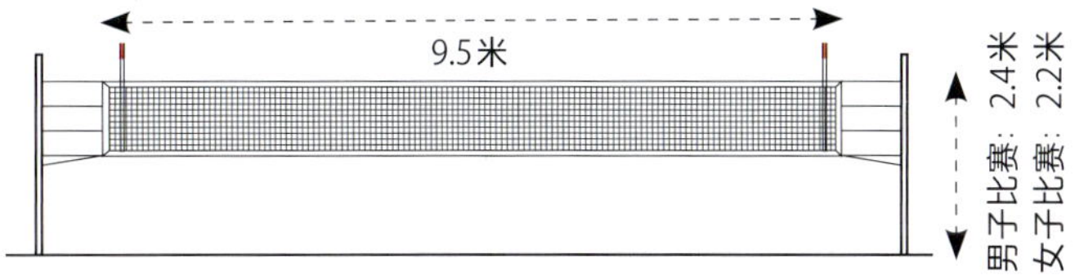

球

给球充气，球内气压应使球达到略微柔软的状态，具有一定的“弹性”。此时触球手感舒适。

膨胀的重量

比赛用球的重量应为260～280克。

压动式打气

自行车打气筒常用于将排球充气至规定气压和重量

保持气温凉爽，光线柔和

本书中，只有排球运动明确规定了比赛所需温度和照明。如果气温低于10摄氏度，比赛将无法开始或继续进行。世界锦标赛中，温度不得低于16摄氏度，且不得高于25摄氏度。球场照明度必须在1000到1500勒克斯之间——大约是阴天光照强度的五分之一——避免球员被灯光照得头晕目眩。

基本技能

职业排球运动员要掌握六项基本技能：发球、一传、二传、进攻（扣球或轻吊）、拦网和救球。

发球

发球分为下手和上手发球，后者较为常见。发球时允许跳跃。只要发到对方场区，即便触网也是有效发球。

进攻（扣球）

球员跃起，高度超过球网上沿，猛力将球击向对方场区，完成一记精彩扣球。

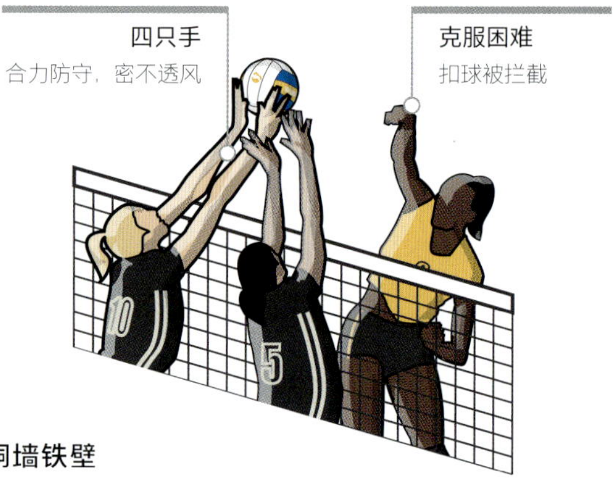

铜墙铁壁

拦网球员靠近球网，协同防守，伸臂超出球网上沿。一旦球越过中线，就能将其拦回，避免因球击中本方场区而失分。

轻拨或轻吊

进攻区球员轻轻触球，使用巧劲而非蛮力，吊球过网，使球进入对方无人防守区域。

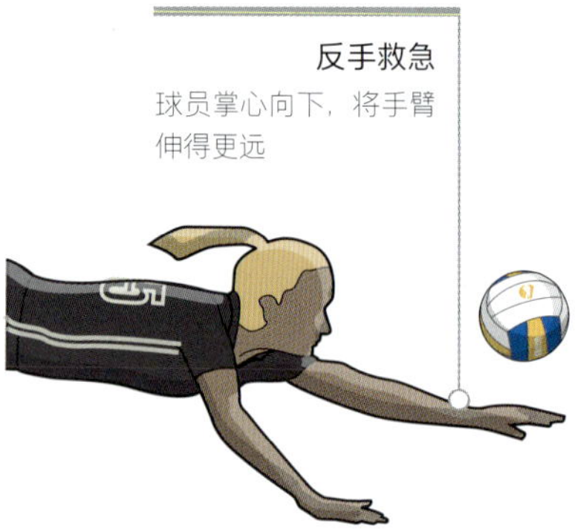

救球

球员鱼跃飞扑，或压低身体，阻止球触地，并努力将球垫得足够高，好让队友处理球。

幕后故事

排球发明于1895年，原名“mintonette”。1896年，美国马萨诸塞州斯普林菲尔德学院举办了排球比赛，这是首场记录在册的排球赛。20世纪初，排球从北美传播开来。1949年，首届排球世界锦标赛在布拉格举行。1964年，排球成为奥运会正式比赛项目。不过，早在1924年巴黎奥运会上，排球就首次作为表演项目登场。

最大机构

排球运动管理机构国际排联成立于1947年，有221个协会会员，是最大的国际体育联合会。

沙滩排球

赛事概述

沙滩排球场地为沙滩，面积稍小，每队只有两名球员。20世纪60年代末，沙滩排球职业比赛开始出现。自1996年以来，沙滩排球一直是奥运会项目。

必备知识

- 沙滩排球原是加利福尼亚州圣莫尼卡（Santa Monica）海滨休闲排球。
- 最高水平沙滩排球比赛中，美国、巴西和澳大利亚占据主导地位。
- 球员在场上穿着短裤或泳装。

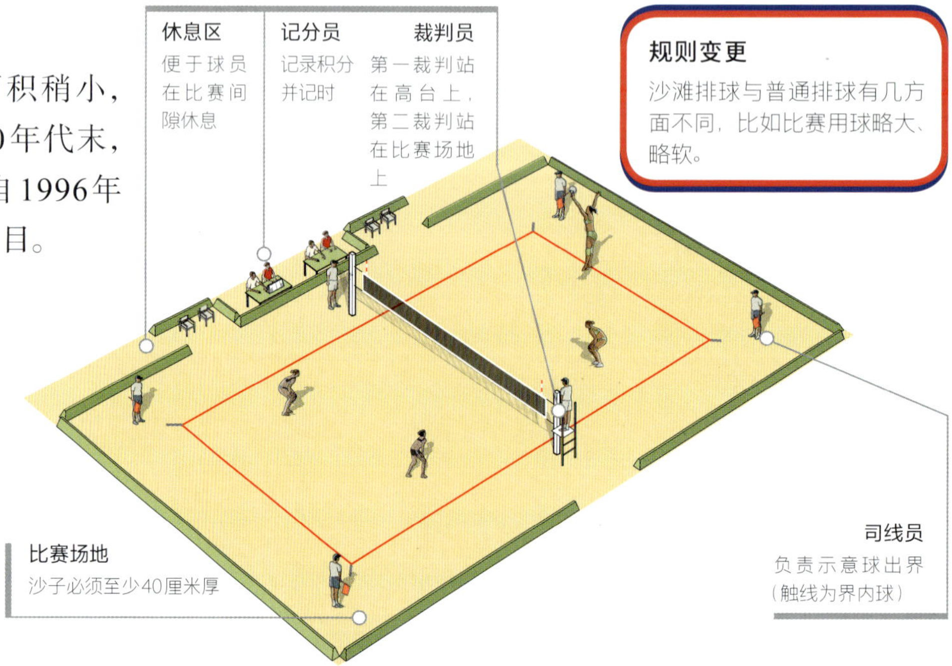

规则变更

沙滩排球与普通排球有几方面不同，比如比赛用球略大、略软。

足排球

赛事概述

足排球出现于20世纪60年代，起初是巴西海滩上的一项非正式运动。现代足排球运动结合了沙滩排球的规则和足球的技巧，球员可用手和手臂之外的任何身体部位击球。一支球队由两名队员组成，在击球过网前，两名球员可交替触球3次。

必备知识

- 球网高度为2.1米——低于沙滩排球网。
- 顶级足球运动员经常参加巴西足排球表演赛。

从头到脚

球员将球踢入对方场区，该回合攻防由此开始。另一方球员胸部控球，为队友创造头球反击的机会。球员双脚离地，用脚或腿踢出制胜球，这便是分值两分的“超级得分”。

风靡全球

足排球比赛的攻防回合时间通常长于沙滩排球。越来越多地区开始流行足排球运动。职业足排球巡回赛（Pro Footvolley Tour）始于2008年，观众云集，还吸引了不少足球巨星参与。

藤球

赛事概述

藤球（sepak takraw），亦称“踢排球（kick volleyball）”，是极为精彩的三人制运动，参赛者用手以外的任何身体部位——通常用脚、膝盖、肩膀或头——推动球越过高网。球一旦在对方场区触地，己方就可得分。藤球运动结合了足球技巧和体操。

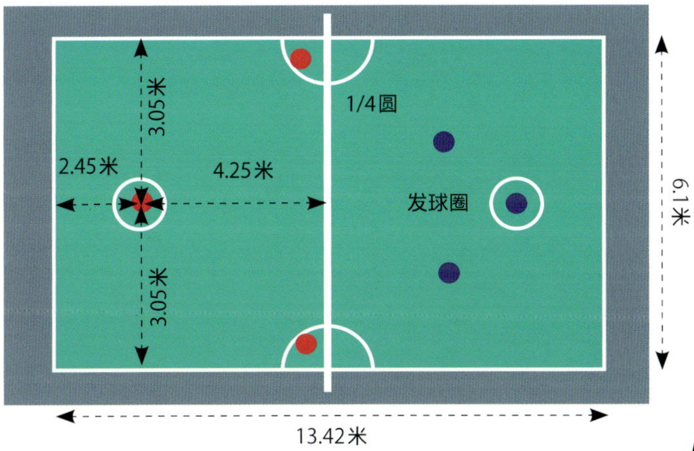

比赛场地

藤球比赛通常在羽毛球双打场地上进行。球场标有两个圆圈和半圆，表示球员发球位置。男子和女子比赛中，球网上沿高度分别为1.54米和1.45米。

必备知识

- 藤球发源于马来西亚和泰国。在马来语中，“sepak”表示“踢”；在泰语中，“takraw”表示“编织球”。
- 比赛为三局两胜制，每局分值最高15分。每局比赛均由队中三名不同球员参加。

比赛概述

比赛开始时，发球球员站在发球圈内，队友站在1/4圈内。另一方必须有一名球员将一只脚放在发球圈内，其他球员则可任意站位。1/4圈内的一名球员将球抛给发球球员，后者将球踢过球网。与排球一样，将球击回对方半场之前，一方只能击球3次。

仿若坚硬的毛线球

传统上，藤球用手织机编织而成，球体坚硬。如今，藤球由藤茎或极为坚硬的塑料制成，重约250克。

比赛概述

无挡板篮球的设计初衷是作为女式篮球，但问世后便自成一体，如今全球参赛球员达数百万人。无挡板篮球激动人心、节奏很快，比赛双方各有七名球员，球场呈长方形。比赛目标是在投篮圈内将球投进带球网的篮筐，且命中数要多于对手。球员不能带球跑，也不能运球。球员位置不同，相应活动区域也不同。这就意味着传球精准、疾如闪电，以及团队合作纪律严明都至关重要。

趣闻

20000000 全球球员的数量（约值）。在英联邦，无挡板篮球是参与者数量最多的运动。

1 1963年和1999年世界锦标赛决赛中，澳大利亚均以一球优势制胜，并且击败的都是新西兰。

无挡板篮球

耐用球
无挡板篮球可在室内外进行，因此用球也有耐用、防水的特点。比赛用球可为标准无挡板篮球或五号足球

投篮
每队只有两名球员——投篮球员和攻篮球员——可以投篮得分。要提高投篮能力，需要掌握技巧，并大量练习

辨别球员
球员球衣上必须有标明位置的号码布或标识。例如，“GA”表示攻篮球员（goal attack）。这有助于裁判监督球员在指定比赛区域内活动

铜墙铁壁
防守球员必须与持球球员保持91厘米的距离，但防守球员高举双臂，也能起到阻碍投篮的效果

服装
如今，顶级球员大多穿着轻质耐磨的莱卡紧身衣

腿部有力
无挡板篮球运动员必须具备强大的弹跳能力，防守或接球时尤为如此。球员还要能够快速起跳、加速。因此球员的腿部肌肉往往极为发达

伤病危险
膝盖和脚踝伤病很常见。这是因为无挡板篮球需要急停、急起以及变向。充分热身能减少受伤风险

必备知识

- 无挡板篮球由篮球直接演变而来，起初名为“女式篮球”。
- 每队只能派七名球员上场，不过最多可有五名替补球员。
- 无挡板篮球世界杯（Netball World Cup）每四年一届。16支球队参加了2019年世界杯。
- 虽然传统上无挡板篮球是女子运动，但也有一些混合联盟以及男子联盟。

运动要求

无挡板篮球运动员迅速、敏捷、体力充沛。球员手稳反应快，能快速精准传球。并非所有球员都很高，但身高能带来优势，对攻篮或防篮球员来说尤为如此。脚步从容、反应迅捷、平衡稳定、团队配合得当也都是关键因素。

1 投篮球员（GS, Goal Shooter）
投篮球员投篮精准，是球队头号得分手。蓝队投篮球员（如下图所示）仅能在A、B区活动

2 攻篮球员（GA, Goal Attack）
攻篮球员是球队二号得分手，也负责为投篮球员传球。蓝队攻篮球员仅能在A、B、C区活动

3 边锋球员（WA, Wing Attack）
边锋球员精确地将球传到球队射手手上。蓝队边锋球员仅能在B、C区活动

4 中场球员（C, Centre）
中场球员——队中老黄牛——是连接攻防的纽带。蓝队中场球员仅能在B、C、D区活动

5 后卫球员（WD, Wing Defence）
后卫球员负责盯防对方边锋球员，并阻止球传入投篮圈。蓝队后卫球员仅能在C、D区活动

6 防篮队员（GD, Goal Defence）
防篮队员盯防攻篮球员，并努力破坏对方的得分机会。蓝队防篮队员在C、D和E区活动

7 守篮球员（GK, Goal Keeper）
守篮球员是最后一道防线，负责盯防对方投篮球员，守卫篮筐。蓝队守篮球员在D、E区活动

球场

无挡板篮球场一分为三，但共有五个区，便于划定球员活动区域。球场两端各有一个半圆形投篮圈以及一个篮架、篮筐、篮网。场地中央为中圈，比赛便由此处开始。弹力木地板是理想场地地面，不过草地和沥青地面也很常见。

球场画线
所有球场画线均属于比赛区域，宽度须为5厘米

底线
底线位于球场两端。篮架位于底线中点

投篮圈
投篮圈是半径4.9米的半圆，只能在此区域内投篮

中圈
在直径9厘米的中圈里发球，比赛由此开始。进球或暂停后也通过同样的方式重新开始比赛

横向线
横向线将球场三等分——中场占三分之一，两端区域各占三分之一

比赛概述

比赛从中圈发球开始。然后控球方努力将球传到投篮圈内，以便投篮球员或攻篮球员投篮得分。每次进球后，在中圈发球，从而重新开始比赛。一场比赛分4节，每节15分钟。一支球队有十二名球员，但只能有七名球员同时在场上。两节之间或伤停期间均可无限次换人。

监管比赛

两名裁判负责吹罚违反无挡板篮球比赛规则的行为。犯规包括接触（不得接触其他球员并影响其正常比赛）和阻碍（与持球球员的距离不得小于91厘米）。违例主要包括：持球（持球球员必须在3秒内传球或投篮）、越位（球员不得离开指定比赛区域）和走步（传球前，持球球员不得再抬起并放下之前先落地的那只脚）。一方违例时，另一方发任意球，但不得投篮得分。出现犯规时，可判处发球或罚篮，执行时犯规的一方不得防守。此外，如果在投篮圈内出现犯规，投篮球员或攻篮球员可投篮得分。

静止不动
球员必须保持静止，双臂放在身侧，直到裁判响哨并往上把球抛出

裁判的职责
裁判抛球点稍低于较矮球员的肩膀

相对而立
球员必须相距至少91厘米，并且面向本方投篮区域

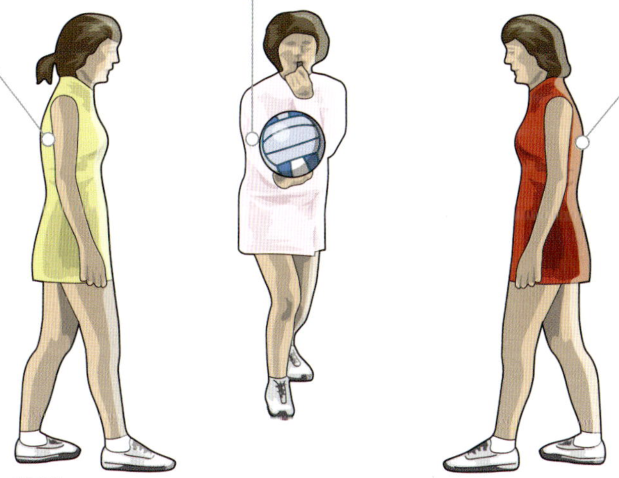

跳球
同时出现两个犯规或违例时，又或者裁判无法判定哪方最后触球出界时，就会进行跳球。两名球员相对而立，裁判站在两人之间，将球抛向空中，球员争夺球权。

无挡板篮球技术

无挡板篮球比赛节奏很快，球员必须瞬间做出决策，并精准运用各类技术。所有球员都必须能传接球，投篮球员和攻篮球员还必须掌握投篮技巧。正常比赛中，所有球员都要沉稳果断地运用脚步动作。

防守

防守牢固往往是取胜之匙。防守方主要通过逼迫对方失误而夺得球权。优秀防守者意志坚定，毫不松懈，能够预判传球方向并进行抄截。

无接触

无挡板篮球是非接触式运动，规则规定防守球员必须距离持球球员至少91厘米，因此防守既极具挑战性，又十分重要。身手矫健、预判准确以及时机把握都必不可少。

脚步

在无挡板篮球等快节奏比赛中，球员要急停、急起和急速变向，因此脚步娴熟必不可少。一旦脚步混乱，球员便往往失去身体平衡，在场上寸步难行。无挡板篮球实施“一步”规则，所以特定脚步技巧尤为必要。

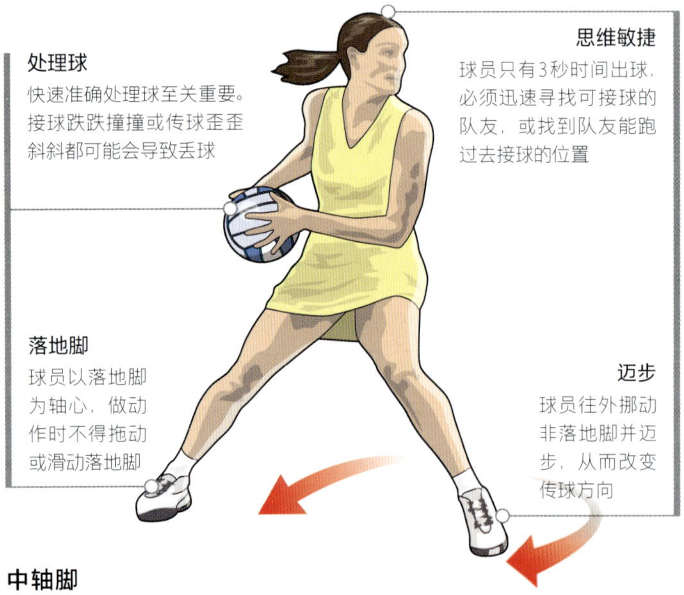

中轴脚

接球后，球员在传球前不得再抬起并放下先落地的那只脚。不过，球员可任意挪动另一只脚。持球球员落地时面向某个方向，但想往其他方向传球时，移动非落地脚便可派上大用场。球员以落地脚为中轴脚，另一只脚则迈向传球方向。

双雄争锋

1963年首届无挡板篮球世界杯冠军得主澳大利亚是无挡板篮球历史最强国家队。澳大利亚囊括了最多冠军，头号劲敌是邻国新西兰。

投篮

投篮球员和攻篮球员的投篮技术必须达到炉火纯青的地步。过去，投篮出手点比较低，如今球员则高举着球出手，使得防守球员更加难以封盖。球员投篮时，全场屏住呼吸，注意力全都集中在投篮者身上，因此球员必须保持心态沉着稳定。

准备动作

准备投篮时，球员站立，膝盖微曲，眼盯篮筐，用投篮手托住球。

出手

轻轻拨动手指手腕出手，球便沿着高弧线先向上运动，然后向下落入篮筐。略微伸膝，起到助推效果。

传球

球员不能带球跑或运球，因此可以说无挡板篮球是一种传球运动。职业球队能以惊人的速度把球从球场一端转移到另一端。传球分为两类：双手传球（球员能更好地掌控球，也容易传出球）和单手传球（传球更有力）。

胸前传球

需要快速准确出球时，这种易于掌控的双手传球非常有用，通常用于传球给位于防守球员之前的队友。不论长传还是短传，胸前传球都很有效。

肩上传球

肩上传球是最常用的单手传球方式。球员需要长距离直传时，肩上传球就很合适。防守球员想将球传出己方篮筐所在的三分之一区域时，通常会使用肩上传球。

击地传球

球员被包夹时，击地传球是最优解。进攻球员想破解防守时，也常常使用此招。双手传球具有欺骗性，单手传球则可使球绕过防守球员。

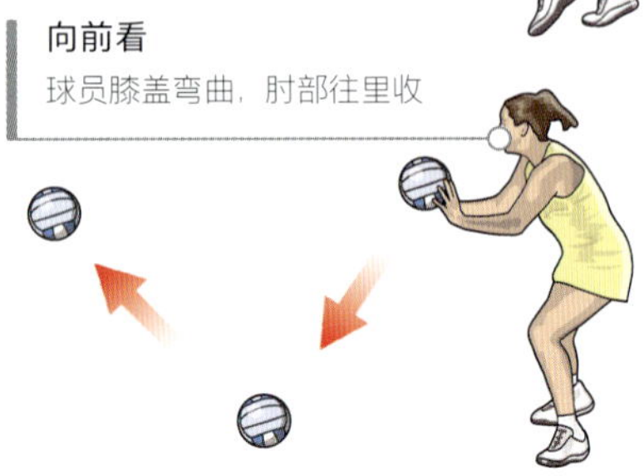

战术

因为球员被限制在固定区域，所以团队配合至关重要：仅仅是将球从一端转移到另一端，就需要团队有效配合。十四名球员挤在面积有限的场地上，因此空间的有效利用也很重要。预先定好战术，有助于实现团队有效配合，也能最大程度上利用好场上空间。

三队并列冠军

1979年特立尼达和多巴哥世界杯以没有决赛而闻名。结果，三支队伍——新西兰、特立尼达和多巴哥以及澳大利亚——成为并列冠军。

幕后故事

1895年，“女式篮球”传入英国，并逐步发展起来。当时球场没有画线，球员穿着有袖长裙。1901年，首本成文无挡板篮球规则出版。赴外地教学的教师等人将无挡板篮球引入英联邦各地。这项运动在新西兰和澳大利亚尤其受欢迎。1960年，国际女式篮球和无挡板篮球联合会（International Federation of Women’s Basketball and Netball）成立。自1963年起，每四年举办一届无挡板篮球世界杯。

三向攻击

持球球员（GD）有三种传球选择。首先是传给已进入空位、处于防守球员之前的队友（WD）。如果不可行，第二选择是传给另一位已明确移动的队友（C）。第三种选择求稳（GK）——通常是进行回传，使进攻方有时间重新组织。

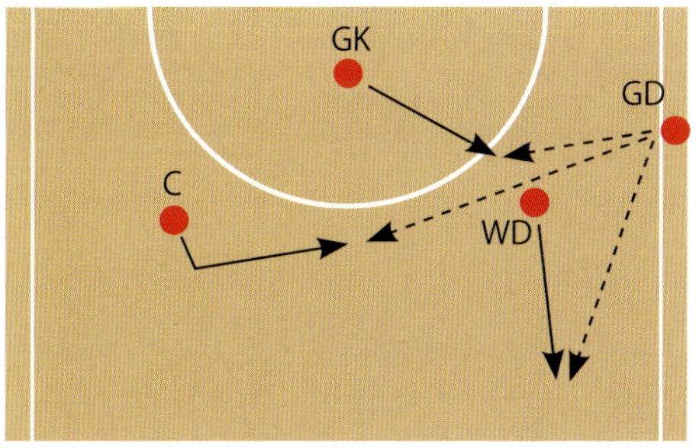

防守紧逼

防守方必须不断施加压力，预判进攻方动向，收紧场上空间。防守紧逼可实现上述效果，具体做法是一组防守球员进入特定区域，迫使对方出现失误，夺得球权。防守紧逼可有效地阻碍进攻战术的流畅执行。

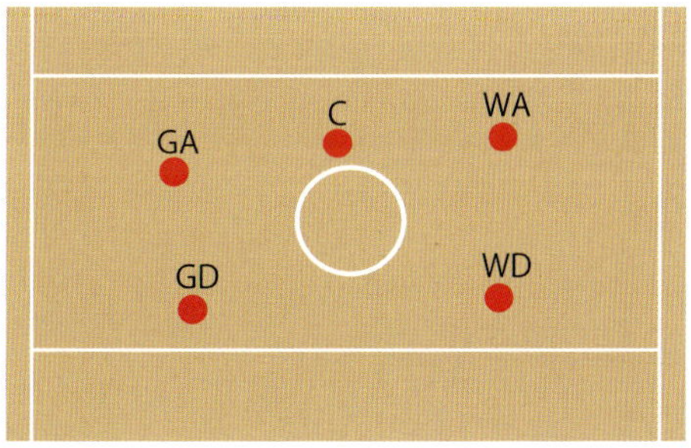

管理机构

总部位于英国曼彻斯特的国际无挡板篮球联合会（INF, International Netball Federation）是无挡板篮球运动的管理机构，负责制定无挡板篮球规则，有49个成员国和25个关联成员国。这些国家分为五组，每组各有一个地区联合会协助实施联合会政策。

荷兰式篮球

比赛概述

据称，荷兰式篮球是全球唯一真正意义上的男女混合团队运动。比赛双方均有四名男球员和四名女球员，他们用手相互传球，最终目标是将球投进对方篮筐（korf）。有50多个国家举办荷兰式篮球比赛。这项运动在发源地比利时和荷兰尤其受欢迎。

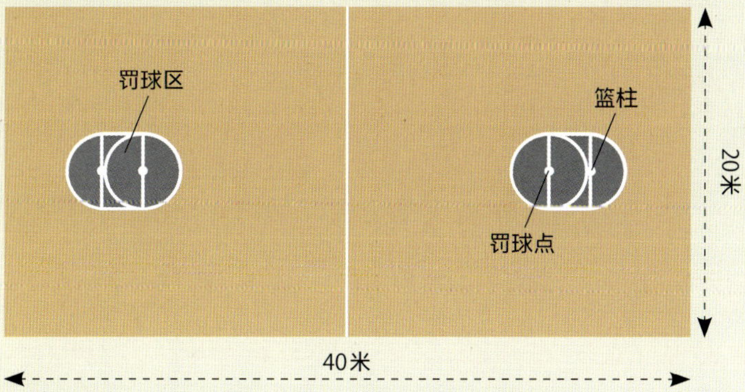

区域划分

荷兰式篮球比赛场地呈长方形，分为两个半场或区域。每个区域各有一根篮柱，柱顶装有篮筐，周围颜色较深的是罚球区。

必备知识

- 荷兰式篮球（korfball）发源于荷兰，其名称源自荷兰语中表示“篮筐”的单词“korf”。
- 男女球员并肩作战，不过防守球员只能防守同性别球员。

上下半场比赛

一场荷兰式篮球比赛分上下半场，各30分钟。每队各有两男两女位于各个区域，并根据其处于己方或对方半场而担任进攻或防守角色。一旦在比赛中进了两个球，球员就会调换角色——由防转攻，反之亦然——球队进攻方向也转向另一端。防守球员只能防守同性别进攻球员。防守球员站在进攻球员和篮筐之间，进行防守，同时高举一只手臂封盖投篮。由于进攻球员只能在无防守情况下得分，因此他们必须在对方防守球员到位前投篮。在防守下投篮会让对方获得任意传球机会，而防守异性进攻球员会被判处对方获得罚球机会。

荷兰式篮筐

荷兰式篮筐通常由藤条或合成材料制成，安装在篮柱上，其上沿高出地面3.5米。

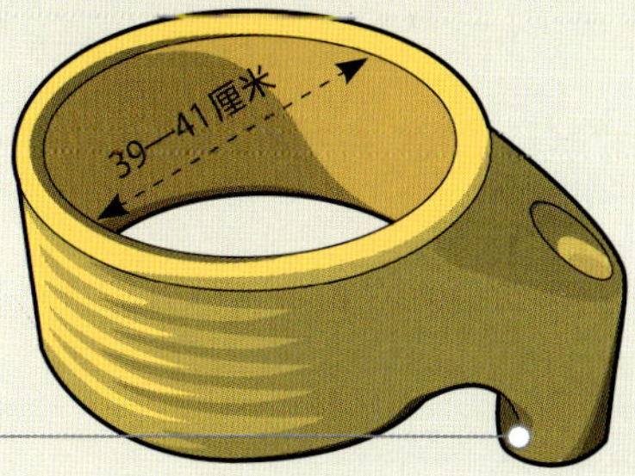

合成篮筐

此模制篮筐可嵌入柱顶

运动要求

手球运动员必须能够急速冲刺，还要能够快速变向，从而晃过防守球员。这些都是场下最常练习的技能。接球能力也很重要，掷球快而准亦是如此。

必备知识

- 手球是欧洲受众最广的运动，多达2700万人定期参与比赛。
- 在丹麦，手球运动广受球员和观众欢迎，与足球相比也不落下风。
- 分数通常高达30：30。

球员位置

除守门员外，球队还通常有两名边锋，一名左内锋、一名右内锋和两名中锋，其中一名中锋主要负责防守，另一名主要负责组织。外线球员角色并非一成不变，而是根据比赛局势变化而变化：6—0、5—1和4—2（进攻球员数量在前）阵型与球员在比赛特定时刻所在位置有关，而非比赛始终皆是如此。经典阵型为4—2：四名进攻球员，两名防守球员。

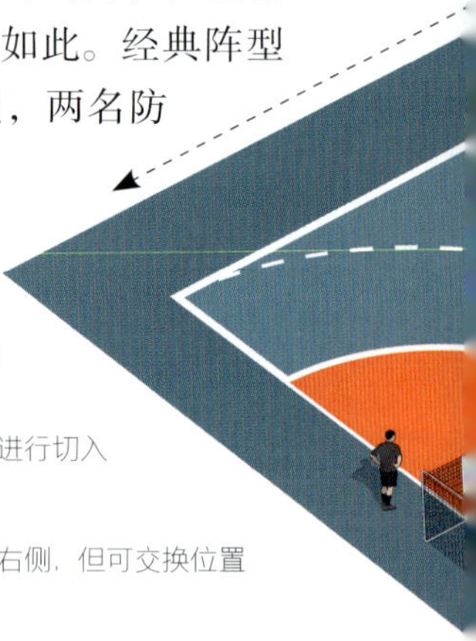

1 **守门员**
只要有一只脚在该区域内，便可以用身体任何部位触球

2 **边锋**
常在边线附近活动，需要时进行切入

3 **内锋靠外**
一个内锋在左侧，另一个在右侧，但可交换位置

4 **进攻球员**
专注于对方球门，但并非包揽得分

一场难寻

由于手球场供不应求，在全球许多地方，手球比赛都是在数量众多的篮球场上进行。手球和篮球相似，比赛目标都是进球多于对方。不过，篮球场面积420平方米，专用手球场面积800平方米，前者仅略大于后者的一半。虽然有组织的手球竞技赛事是在专用室内场地上进行，但许多非正式团队手球比赛是在户外平坦的草地、铺好的地面或海滩上进行，球门也是临时搭的。

比赛概述

19世纪后期，手球运动在德国和斯堪的纳维亚发展起来。手球运动男女皆宜，比赛节奏快，有时对抗极为激烈，对阵双方各七名球员（还有多达七名替补），比赛目标是通过反弹球和传球将球送进对方球门。球员经常相撞，有时是故意的，有时是无意的。但球员只能用躯干相撞——抓或绊对方球员均属犯规。

帝国与错误

阿道夫·希特勒热爱手球运动。在他的坚持下，1936年，手球在柏林完成奥运会首秀。第二次世界大战后，手球与纳粹独裁者希特勒的这段黑历史致使其被移出奥运会。直到1972年慕尼黑奥运会，手球才重新登场。

手球

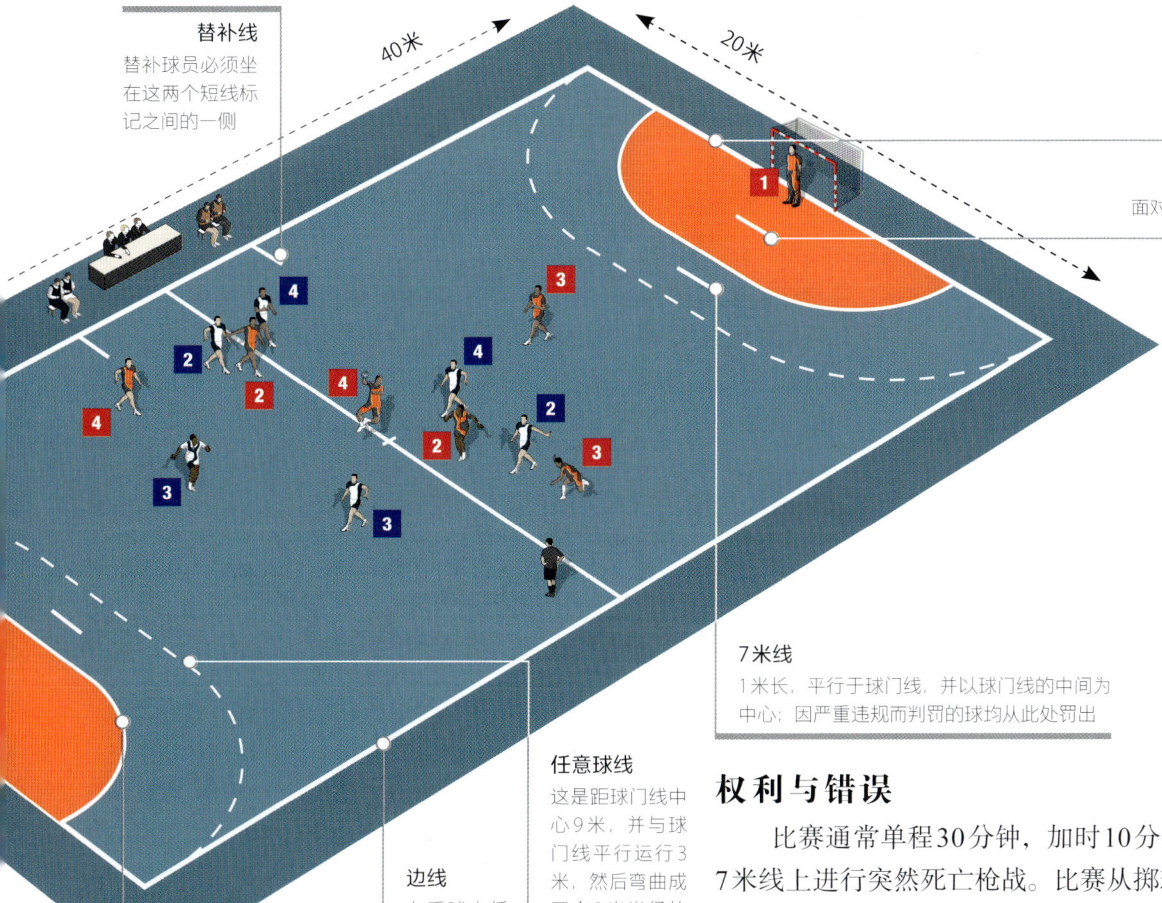

替补线
替补球员必须坐在这两个短线标记之间的一侧

球门线
外柱和角之间的标记应为5厘米厚，球门口处的标记应为8厘米厚

守门员的限制线
面对七米线投掷时，守门员不得站在其面前

7米线
1米长，平行于球门线，并以球门线的中间为中心；因严重违规而判罚的球均从此处罚出

任意球线
这是距球门线中心9米，并与球门线平行运行3米，然后弯曲成两个3米半径的圆圈，每个圆圈都以与之较近的球门柱为中心。在任意球线内犯规将被判以直接任意球

边线
在手球中任何处于边线上的人或物都算界内：球和球员必须完全越过它才算出界

6米线
这标志着球门区域的外边缘。两边的曲线与罚球线的曲线同心

终极目标

球门柱和横梁必须用两种不同颜色的交替带标记，与场外环境形成鲜明对比；最常用的是红色和白色。

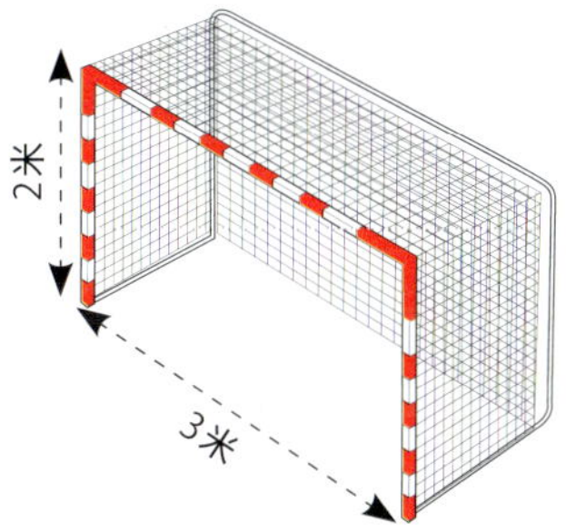

权利与错误

比赛通常单程30分钟，加时10分钟，如果比分仍然持平，则在7米线上进行突然死亡枪战。比赛从掷球开始——一名球员站在距离球场中心1.5米的范围内，将球传给位于球场同一半场的队友。在开放式比赛中，球员通常只持球3秒钟，并且只走3步，尽管这一规则有许多局部变化。如果球出界，则在其出界的那一点将球掷回场内。由于严重犯规，例如绊人导致的罚球在7米线罚出；只有守门员可以进行防守。

手动方法

移动和传球的速度很重要，但是当两支球队都相当快时，其他技能就会发挥作用。其中最重要的一项是佯攻——让对手认为你会做一件事，然后在他们犯错后做另一件事。

七点
这种反弹角度有助于密切控制

一对一
当球回到手中时，球员已经迈出了两步

运球

球员在前进时将球弹起，并用下垂的手掌将球重新定向到向上飞行的顶部。只有他自己知道，他会向左、向右还是直行（但是，如果他走太多步，则将所有权交给另一方）。

拳头

一个基本的传球动作是拳头在“竖起大拇指”的位置上握拳。与握球的手在同一侧的腿向前推，为摆动的手臂腾出空间。

清除摆动
双臂远离身体

手腕

球员给人的印象是他要么保持住球，要么传到一侧，但随后手腕向上轻弹，将球从下垂的手掌下方朝相反的方向传球。

身体语言
建议向左传球；向右隐藏一个

高架通行证

这个动作是在奔跑中进行的，需要伸出非投掷的手臂（以保持平衡并提供定向瞄准器）。在右手释放球的那一刻，左脚着地。

跟进
手臂旋转270度

盖尔橄榄球

必备知识

- 盖尔橄榄球仅面向业余运动员，主要流行于爱尔兰，在加拿大、美国等爱尔兰后裔数量众多的国家也很受欢迎。
- 俱乐部及女子比赛上下半场各30分钟，郡级别比赛则为上下半场各35分钟。

趣闻

37 全爱尔兰盖尔橄榄球比赛起始于1887年，每年举办一届。凯里郡（County Kerry）保持着37场胜利的纪录。

19 赢得全爱尔兰盖尔橄榄球比赛冠军的郡数量（爱尔兰共32个郡）。阿玛（Armagh）和德里（Derry）这两个郡都只赢过一次冠军。还有13个郡未曾捧杯。

历史动荡

爱尔兰动乱期间，盖尔橄榄球与民族主义密切相关。1920年11月21日，英国军队在都柏林克罗克公园（CROKE PARK）比赛期间开火，导致14名球迷丧生。

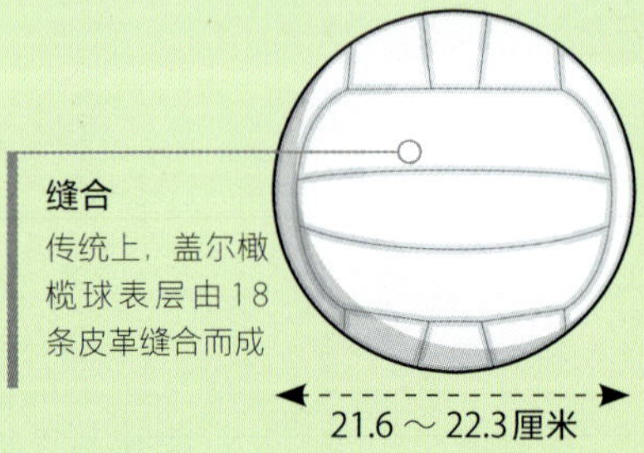

万众瞩目

盖尔橄榄球比足球小，更易于掌控。标准重量为450～485克。

运动要求

盖尔橄榄球运动员体格健壮，肌肉发达，充满韧劲。他们速度快，体力好，善于快速变化节奏，并且精于投球踢球技巧。运动员定期进行重量训练、短跑和长跑。备战时，球员会与团队成员共同制定战术。

赛事概述

盖尔橄榄球面向男女运动员，比赛节奏快，对抗激烈，是足球和橄榄球的结合体。两队各有十五名球员和最多十五名替补，可派其中五名上场。比赛目标是使圆球穿过对方H形球门的横梁下方或上方。球员可以脚或手相互传球。一旦获得球权，球员最多可带球走四步，然后用手运球，或用脚运球（soloing，将球踢回自己手上）。

比赛场地

盖尔橄榄球场和球门与爱尔兰曲棍球相同，但前者比赛时，会遮盖或不采用后者某些球场画线。以前，盖尔橄榄球比赛只在草地上进行，但自20世纪下半叶以来，人造场地开始投入使用，如今已广泛运用。

计算得分

使球越过对方门柱之间的横梁，得一分；射门入网为进球，得三分。计分分为两部分：进球数以及总分。例如，2010年全爱尔兰高级别决赛（All-Ireland Senior Final）比赛结果为：科克郡（Cork）0—16，唐郡（Down）0—15。

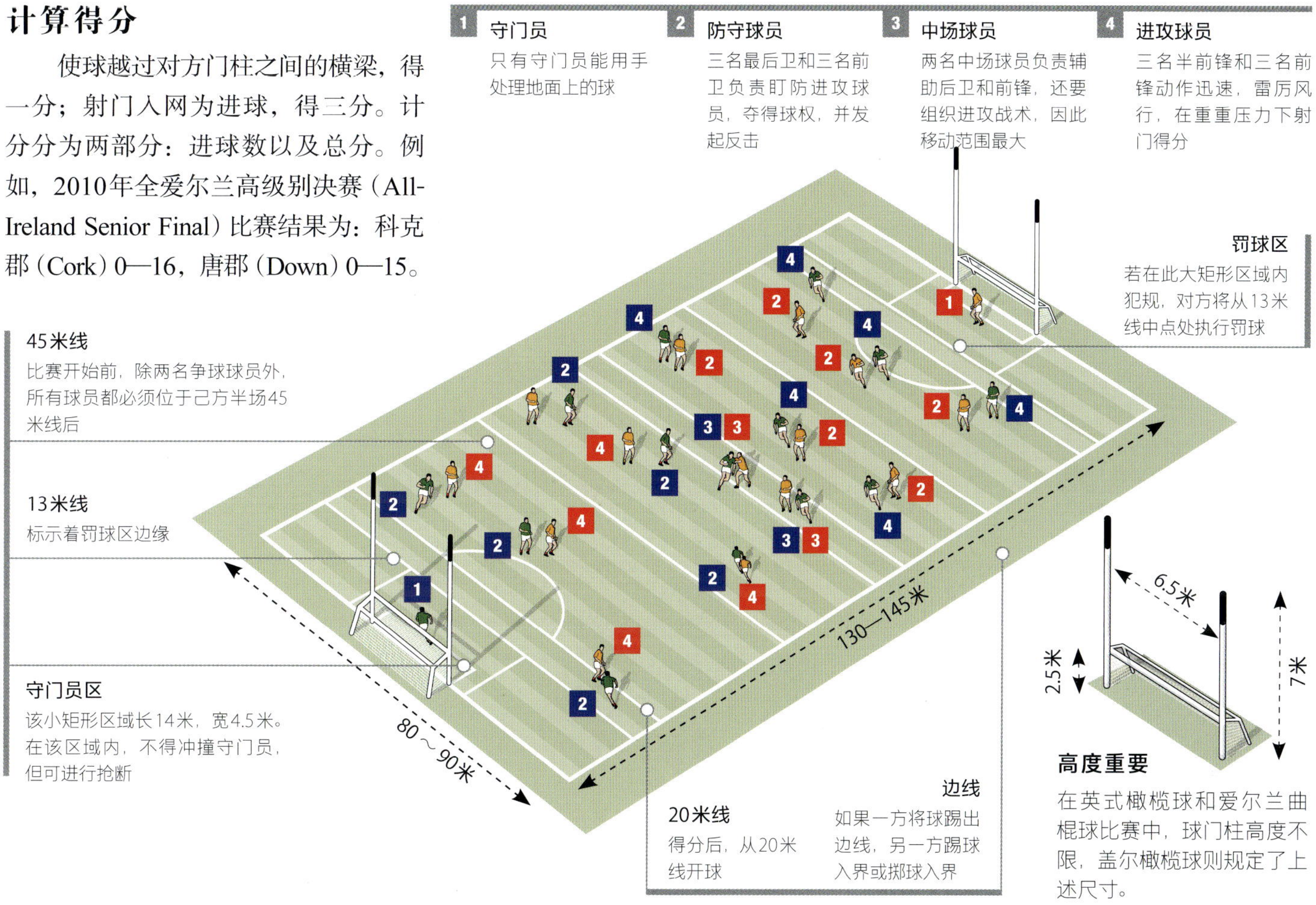

活球

每队各派两名中场球员到球场中央，裁判将球扔进这些球员之间，比赛便由此开始。进球后，守门员从守门员区域边缘踢定位球，使比赛继续进行。如果防守队员碰球出界，进攻队员可在最近的45米线上踢射。

手脚并用

盖尔橄榄球有许多技能与足球和英式橄榄球相同，但前者有三种独一无二的动作：弯腰挑球、锤击传球和用脚运球。

获得球权

可以通过扑搂或双手阻截踢射获得球权。

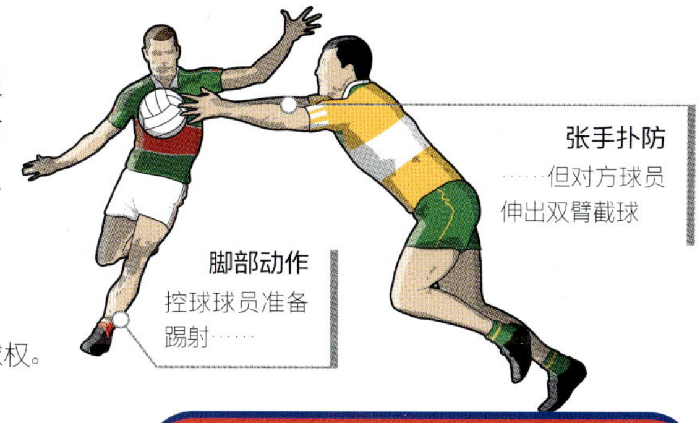

弯腰挑球

除守门员外，任何人不得用手在地上处理球。做出弯腰挑球动作时，球员弯下腰，用脚将球挑到准备托球的手中，掌心向后。然后便可往上托球。

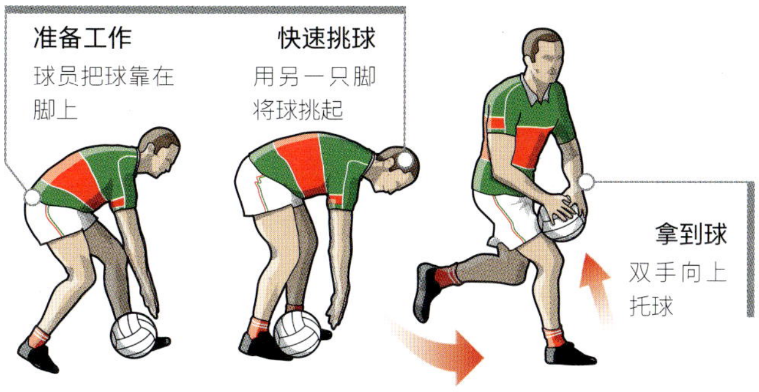

锤击传球

锤击传球极为常见，具体动作是用拳头一侧的拇指关节击球；一般情况下击球时，不得用指关节或食指。

用脚运球

用脚运球是一种符合规则的运球方式，也是盖尔橄榄球特有动作。球员最多可连续四次用手运球后用脚运球，即掷球到脚上，再踢回手里。

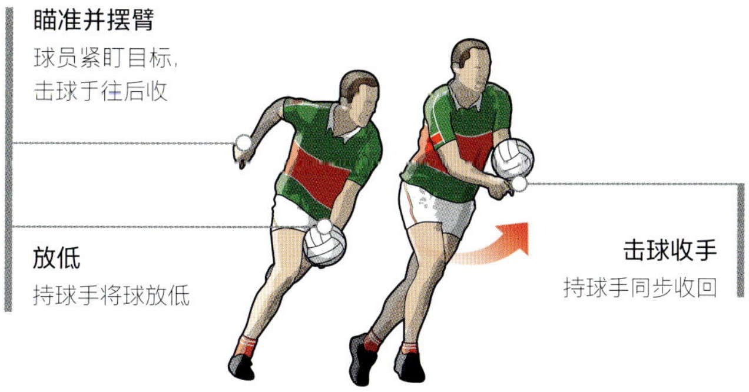

幕后故事

盖尔橄榄球历史源远流长，但成文规则直到1885年才形成。盖尔橄榄球得以发展，部分原因是爱尔兰排斥“英式”足球和橄榄球。今天，男子和女子盖尔橄榄球均有俱乐部以及郡级别的比赛。男子郡级决赛现场直播，吸引多达80000名观众。

管理机构

盖尔运动协会成立于1884年，主要负责制订盖尔橄榄球和爱尔兰曲棍球的规则。

赛事概述

爱尔兰曲棍球是比赛节奏最快的团队运动之一，也是当之无愧的爱尔兰全民运动，在球员和观众间的受欢迎程度仅次于足球，超过半数爱尔兰人观看了一年一度的郡级比赛。每队各十五名球员，目标是用弧形球棒将球打入对方球门或使球越过横梁。这项运动看起来尺度很大，实则不然：比赛禁止身体冲撞和故意阻挡。

必备知识

- 击球距离最远可达100米，球速可达150千米/时。
- 除了爱尔兰，美国等国家也举办爱尔兰曲棍球比赛。
- 没有相关国际赛事。爱尔兰曲棍球队常常对阵苏格兰简化曲棍球队，比赛规则也有所调整。
- 女子12人制的爱尔兰曲棍球赛事被称为“camogie”。

爱尔兰曲棍球

运动要求

爱尔兰曲棍球比赛需要球员耐力良好、体力充沛、身手全面：顶级球员通常也擅长其他移动型球类运动，例如足球，以及高尔夫等静止型球类运动。

比赛概述

比赛分上下半场，各30分钟（高级别郡级比赛为35分钟）。如果淘汰赛打平，则进行重赛，若依旧打平，则进行两节各10分钟的加时赛。球员使用球棒传射，或用球棒末端运球并接球。球员可用脚踢球，但不得从地上捡球、掷球、持球走五步、连续接球三次且未让球触地，也不得手递手传球。

裁判

爱尔兰曲棍球有多名裁判：场上一名主裁，两名边裁示意球是否出界，还有协助前两者并示意得分的四名副裁。

犯规

如出现技术违例和危险抢断，则对方获得“任意球”；球员在犯规处用球棒挑球并击球。如果无法判定犯规球员，裁判会暂停比赛，两队各派一人到中线处，裁判将球扔到两人之间，比赛便继续进行。如果在球门前的大矩形内出现犯规，则从20米线处执行罚球。

在场上

爱尔兰曲棍球场与盖尔橄榄球场相同。队中十五名球员担任固定位置，不过这些位置可能会根据教练战术进行调整。一场比赛最多可派五名替补上场。

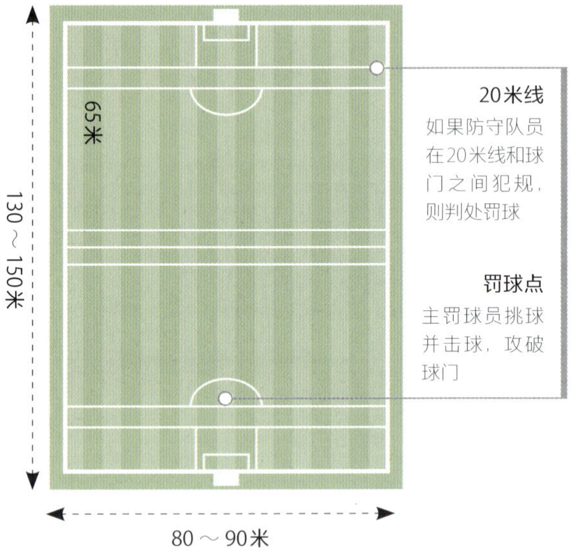

计分

击球越过横梁得1分，进球入网得3分。计分分两部分：进球数在前，总得分在后，因此3～4相当于得13分。

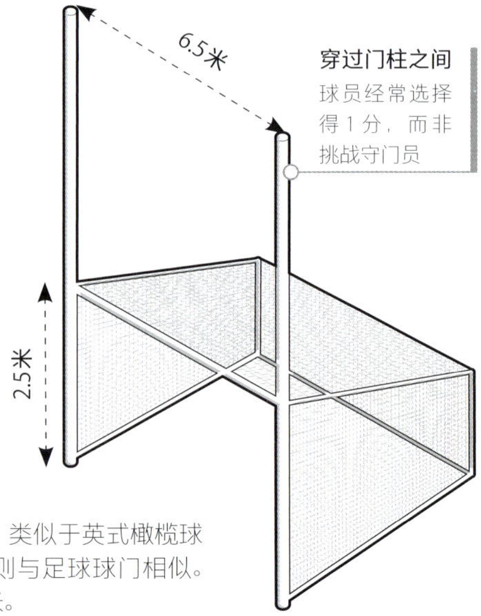

目标

球门呈H形，类似于英式橄榄球球门，球网则与足球球门相似。球门柱高7米。

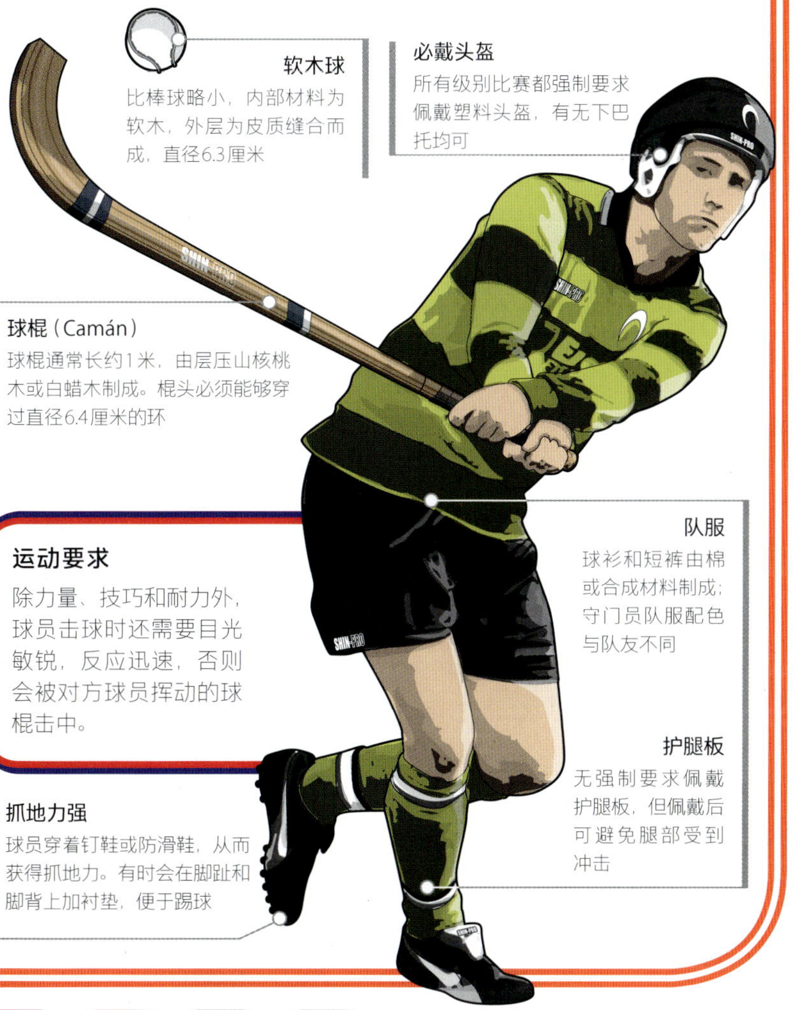

运动要求

除力量、技巧和耐力外，球员击球时还需要目光敏锐，反应迅速，否则会被对方球员挥动的球棍击中。

简化曲棍球

赛事概述

简化曲棍球起源于苏格兰高地，操盖尔语者称之为“camanachd”或“iomain”。两队各十二名球员（男性或女性），用钩状或弧形球棍（camán），将球击向对方球门（hail）。简化曲棍球与曲棍球和网棒球的相似，比赛激烈，节奏极快。一场比赛分上下半场；十二人制比赛时长90分钟，六人制比赛则持续30分钟。

球场

球场长边为边线，短边为端线（byline）。场上主要标识是一个中心圆、两个半圆，以及球门周围两个D形区域。

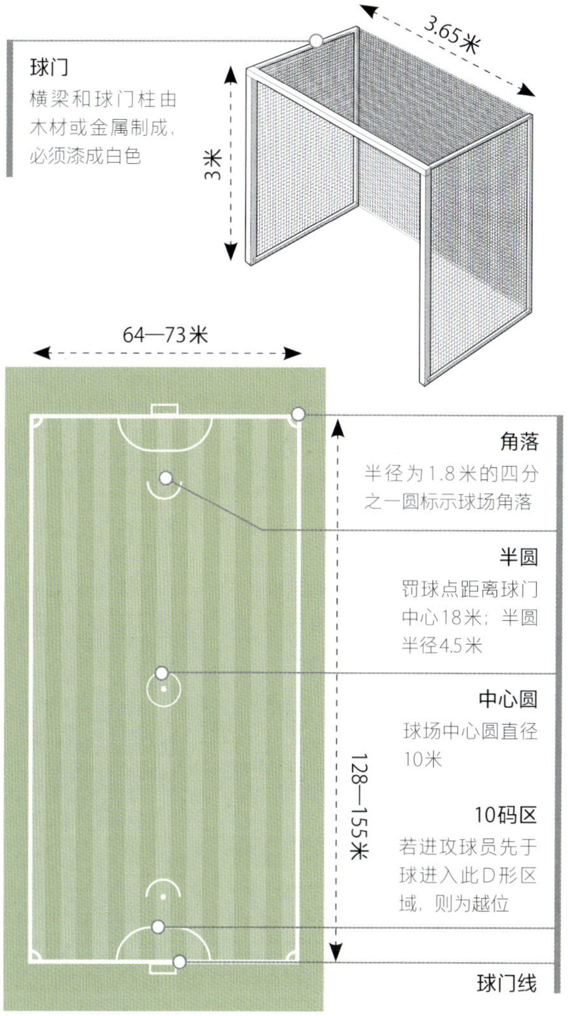

乱而有序

简化曲棍球规则相对较少。两队各派一名球员，两人球棍交叉，举在头顶，裁判将球扔到两人上方，比赛便由此开始。球员通常处于固定位置，便于快速由守转攻。球员可在空中击球，球棍两端皆可使用，可以用球棍阻截和抢断对方球员。只有守门员可用手处理球，但只能用手掌拍球。

幕后故事

简化曲棍球主要赛事卡马纳赫杯（Camanachd Cup）为淘汰赛，自1896年以来，除两次世界大战期间外，比赛年年举行。苏格兰还有简化曲棍球联赛，分为北区和南区：赛区冠军在总决赛中相互对决，争夺苏格兰总冠军。

卡马纳赫协会

卡马纳赫协会（Camanachd Association）成立于1893年，是简化曲棍球的管理机构。协会负责监管苏格兰等地比赛的开展，强调该运动的凯尔特传统，并鼓励组织室内比赛，从而带动儿童参与。

必备知识

- 简化曲棍球比赛大多只在苏格兰开展。英格兰有三家俱乐部，美国也有几家。
- 传统上，简化曲棍球是冬季运动。2003年，苏格兰的俱乐部增设了3月到10月的夏季赛季。
- 尽管管理机构卡马纳赫协会竭力推行国际统一规则，许多地方依旧各行其是。

躲避球

比赛概述

躲避球是六人制男女混合或男子女子球类运动，比赛过程扣人心弦，比赛目标是使球在触地反弹前就击中对手，或在来球触地反弹前干净利落地接住，使对方球员出局。禁止用球击打头部。如果一方球员全部出局或比赛时间耗尽，则比赛结束。一场比赛有五至十局。如果两队所剩球员数量相当，则加时1分钟，直到决出胜负。

比赛规则

比赛开始时，裁判将三个球放入死球区，只有三名球员可跑去拿球。随后球员努力用球击中对方球员肩以下部位，使其出局。每队都竭力击中对方，比赛不会出现中断。但如果队友接住掷来的球，出局球员可重返赛场。球员可互传3次再将球掷出，但必须在5秒掷球。击中数多的一方获胜。

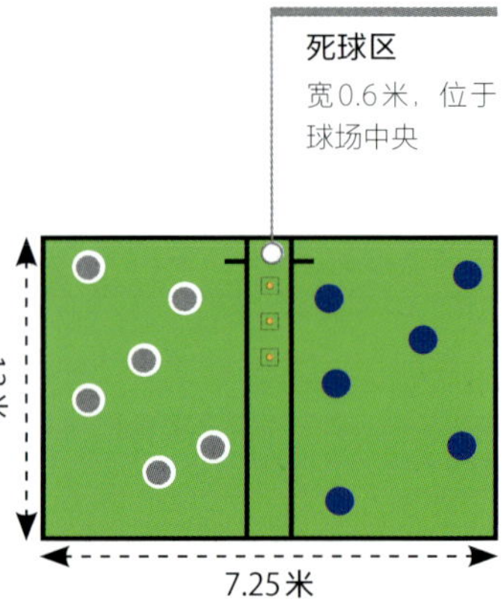

团队配合

躲避球运动员非常擅长躲避穿插，需要巧妙的团队合作才能使对方出局。有一种战术是一方多名球员瞄准击中对方某个球员，使其出局。

必备知识

- 5分钟后，如果两队所剩的球员数量相同，会进行1分钟加时赛，先击中对方的一方获胜。
- 2004年，本·斯蒂勒（Ben Stiller）领衔主演的电影《疯狂躲避球》（*Dodgeball: A True Underdog Story*）让躲避球更受欢迎。

拔河

赛事概述

拔河是力量的较量，比赛双方各有八名男性或女性（有时混合组队）。两队相对而立，分别拉着绳子的一端。获胜一方需要将对方往己方方向拉4米，使绳子中点处标记越过标记线。比赛为三局两胜制。

齐心协力

裁判三次发令："握绳""拉紧"，明确示意即将最后一次发令后，喊"拉"，然后两队竭力拉绳，重心尽量往后靠。但如果故意坐在地上，或未能立即回到拉绳位置，裁判会进行警告。取消比赛资格前，会先警告两次，但如果出现任何犯规行为，裁判无须警告即可直接取消其比赛资格。

绳索标记

绳索至少长35米，中点处有一个红色标记。绳索两侧距离中点4米处有两个白色标记：将对方白色标记拉过地面中心线即可获胜。再往两侧末端1米是蓝色标记，标示着拔河运动员最靠前的位置。

称重

为了确保比赛公平，拔河比赛对体重区分很严格。男子比赛通常有五类：每队最多560千克、600千克、640千克、680千克和720千克；女子比赛划分标准是480千克、520千克和560千克。每场比赛前都会进行称重，并将重量印在运动员身上显眼位置，避免比赛过程中违规换人。

极限飞盘

必备知识

- 极限飞盘所用飞盘由多家制造商制造，但商标名“弗里斯比（Frisbee®）”已经广泛用于指代所有飞盘，就像“胡佛（Hoover）”用于指代几乎所有真空吸尘器一样。
- 世界飞盘联合会（World Flying Disc Federation）是极限飞盘运动的主要管理机构。在美国，最重要的组织是极限飞盘运动员协会（Ultimate Players Association）。
- 极限飞盘在美国最受欢迎，不过也有40多个其他国家开展相关赛事。

赛事概述

七人制比赛，队友之间互传塑料飞盘。运动员在本方进攻的端区内接住飞盘时，就得1分，先得15分的一方获胜。可以往任意方向将飞盘传给队友。比赛中，运动员自行裁决，极限飞盘精神指导运动员如何裁定以及如何表现得当。

比赛规则

比赛由发盘开始，一方将飞盘扔向另一方。在对方端区接住飞盘，从而得分。持盘运动员必须确立中轴脚，并且要移动飞盘时，只能将飞盘传给队友。如果未能在10秒内投盘、传盘不到位或被阻截，则要移交盘权。

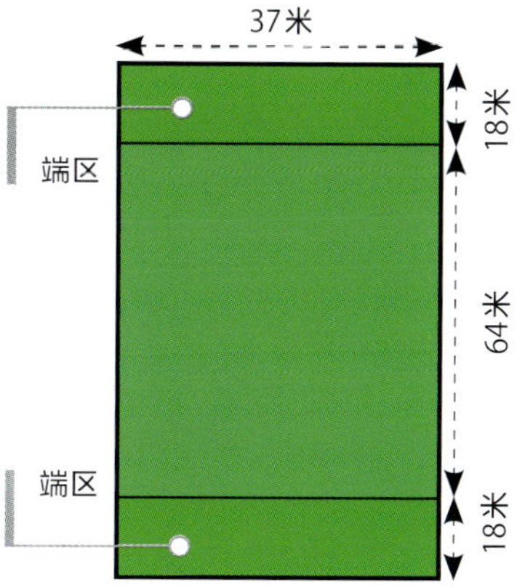

争夺盘权

极限飞盘是非接触式运动，握有盘权的一方优势巨大。对方最希望迫使持盘方失误。为此，他们会封堵持盘运动员强侧，迫使其从较不擅长的一侧传盘。以下列出三种基本握盘方式，大多数反手握盘动作与其呈镜像对应，且要弯曲肘部，从胸前另一侧掷盘。

基础反手握盘法

右利手球员从身体右侧传盘时，一般采用此握法。

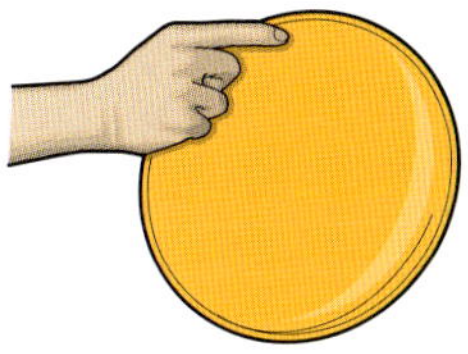

正手控制握盘法

食指和中指呈V形；拇指（位于盘后）向上指，类似于请求搭便车的手势。

正手力量握盘法

传盘时，如果要牺牲方向把控而追求速度和（或）距离，则采用此类握法。

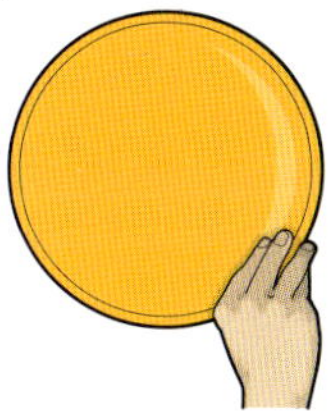

拔河之战

英国陆军极为热衷于拔河比赛，并于19世纪中叶在印度首次举行了跨团比赛，此后还不时与英国皇家海军和空军进行力量比拼。虽然有理由相信精英伞兵是冠军队伍，但实际上他们只能屈居第二，不敌医疗部队，这一点可能会出乎许多人的意料。

压阵队员
绳子放在身上，斜着绕过后背，再从另一侧肩膀绕出来。仅有队尾一人能以该方式握绳

赤手
拔河运动员必须赤手抓绳。绳索必须从他们上臂下方穿过

把握分寸
绳子周长通常为10厘米

伸出脚
拔河开始前，运动员伸出一只脚，确立立足点

平底鞋
拔河运动员穿着鞋底鞋跟齐平的鞋子。鞋子不得有金属鞋头和鞋头板，不过可采用金属鞋跟，但是鞋跟侧面和底部必须为平面。

站稳脚跟
这只脚起到了锚定作用；运动员双脚轮流蹬地，把对手往后拉

球拍运动

RACKET SPORTS

04

网球

赛事概述

1874年，沃尔特·克洛普顿·温菲尔德少校（Major Walter Clopton Wingfield）创设了现代网球形式。基本规则可追溯到12世纪和13世纪法国掌球戏（jeu de paume）。网球正式名称为“草地网球”，但由于比赛可在各类场地上进行——草地、红土、水泥地、涂层沥青地、毯式球场——因此“网球”这个称呼最为常用。男子和女子巡回赛分不同类别。男子巡回赛分四类：大满贯、ATP（男子职业网球协会）赛事、挑战者系列赛和未来锦标赛。

必备知识

- 1968年，大多数世界级赛事开始向职业球员开放，网球公开赛年代（Open Era）由此到来。
- 网球四大满贯是澳大利亚网球公开赛、法国网球公开赛、美国网球公开赛和温布尔登网球锦标赛，在三种不同场地上进行：硬地、红土和草地。
- 吉米·康纳斯（Jimmy Connors）是唯一一位在草地、红土和硬地这三种不同场地上赢下美国公开赛的球员。

爱情游戏

如果球员一局比赛未得一分，或者一盘比赛中未胜一局，则被称为有“爱（LOVE）”。LOVE可能由法语单词“oeuf”变形而来，后者意为“蛋”，表示挂零蛋。

运动要求

网球运动员能量十足，体力充沛。比赛少有中断，一般情况下，每局间隔不超过90秒，整场比赛可长达四个小时。他们手眼协调能力极佳，因此击球精准，并且注意力高度集中，能适应不同比赛场地，既有收下比赛的胆魄，也有在不利局势下坚持到底的毅力。

比赛场地

场地材质各异，混凝土场地球速较快，红土场地球速较慢，不过场地规格都是一致的。球场大多都可用于单打和双打比赛（如第183页所示）。但是，有些场地的划线仅适合单打比赛。赛前，裁判或球员必须核验球网高度和张力是否达标。现在，许多球场都配备了电子设备和大屏幕电视，有助于确定边线判罚和触网判罚，也增加了观众的参与度。

趣闻

17 非种子选手鲍里斯·贝克尔（Boris Becker）在不被看好的情况下成为最年轻的温网冠军，年仅17岁零7个月。贝克尔是首位夺冠的德国人，也是首位夺冠的非种子球员。

59 玛蒂娜·纳芙拉蒂洛娃（Martina Navratilova）整个职业生涯赢得的大满贯冠军数，包括18个单打冠军、31个双打冠军和10个混双冠军。

1337 美国球员吉米·康纳斯在1972年至1993年间的胜场数，多于任何现代球员。其中109场是冠军争夺战。

263 2012年韩国釜山ATP挑战者赛事中，塞缪尔·格罗斯（Samuel Groth）打出了时速263千米的发球，是ATP认证的最快发球速度。

665 顶级比赛的最长用时（按分钟计），是之前纪录的两倍多。2010年温布尔登网球公开赛中，美国选手约翰·伊斯内尔以3∶4、3∶6、6∶7、7∶6、70∶68击败了法国球员尼古拉斯·马胡特，比赛持续了3天。

81 2005年4月至2007年5月，拉斐尔·纳达尔（Rafael Nadal）在红土场地上的连胜场次。这也是所有场地上的最长连胜纪录。

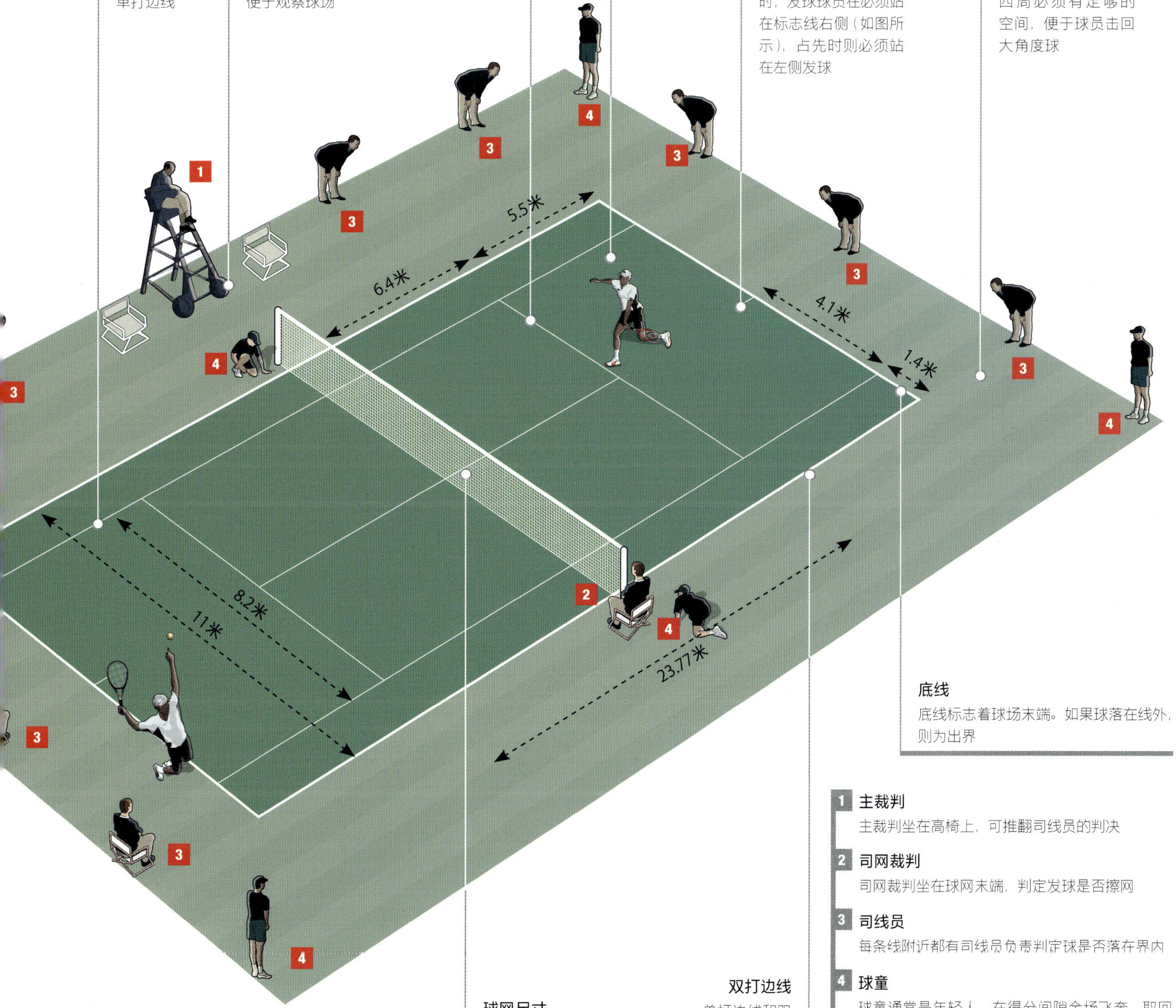

单打边线 这条线标示着单打场地。有些球场只标有单打边线

裁判椅 裁判椅位于球员休息椅之间，有一定的高度，便于观察球场

发球线 发球必须落在球网和发球线之间

后场 后场是发球线和底线之间的区域

中心标志 该短条标志线从发球线中点突出来，是发球中线的延伸线；局末平分时，发球球员在必须站在标志线右侧（如图所示），占先时则必须站在左侧发球

球场周围 规则没有明确规定球场周围的场地大小，但划线比赛区域四周必须有足够的空间，便于球员击回大角度球

底线 底线标志着球场末端。如果球落在线外，则为出界

球网尺寸 球网应超出双打场地宽度91.4厘米，网柱处高度1.07米，中心处高度91厘米

双打边线 单打边线和双打边线之间的区域被称为“tramline”

1 **主裁判** 主裁判坐在高椅上，可推翻司线员的判决

2 **司网裁判** 司网裁判坐在球网末端，判定发球是否擦网

3 **司线员** 每条线附近都有司线员负责判定球是否落在界内

4 **球童** 球童通常是年轻人，在得分间隙全场飞奔，取回死球，并按要求扔给发球球员

5 **脚误裁判** 球进入活球状态后，脚误裁判就兼任司线员

比赛用球

国际网球联合会（International Tennis Federation）规定了比赛用球规格及其适用场地。有三种不同规格的球。一类球是快球，必须用于球速慢的球场；二类球是中速球，用于球速中等或球速快的球场；而三类球是慢球，用于球速快的球场。海拔也是选球因素之一。联合会也规定了球拍规格，因此制造商生产的球拍长度、宽度和厚度必须符合限度要求。球拍不得附加任何会在多拍回合期间改变球拍形状或物理特性的装置。

球

球必须符合规定，才能获得国际网球联合会的认可。球表面必须为白色或黄色织物。球的重量和尺寸也必须满足特定要求。一场比赛中，在规定的单数局（通常为第五局和第七局）后换球。

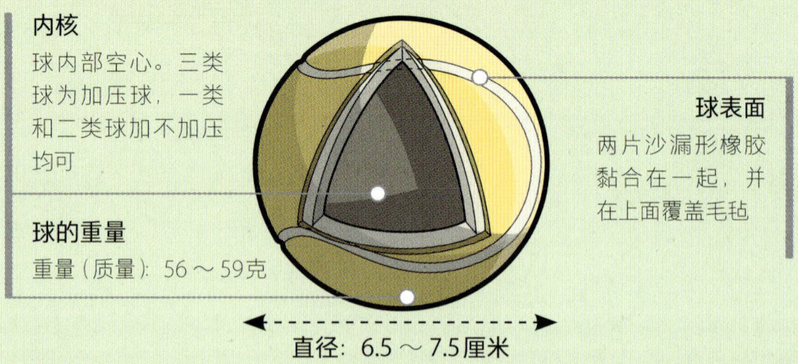

球拍

国际网球联合会规定了球拍规格，但并未限定球拍结构。近年来，更加坚硬的碳材料取代了木材和金属，球拍框架因此也出现了很大变化。碳纤维球拍不会形变，能产生极强的力量，因此选择合适的拍弦和拍弦张力对控球极有助益。

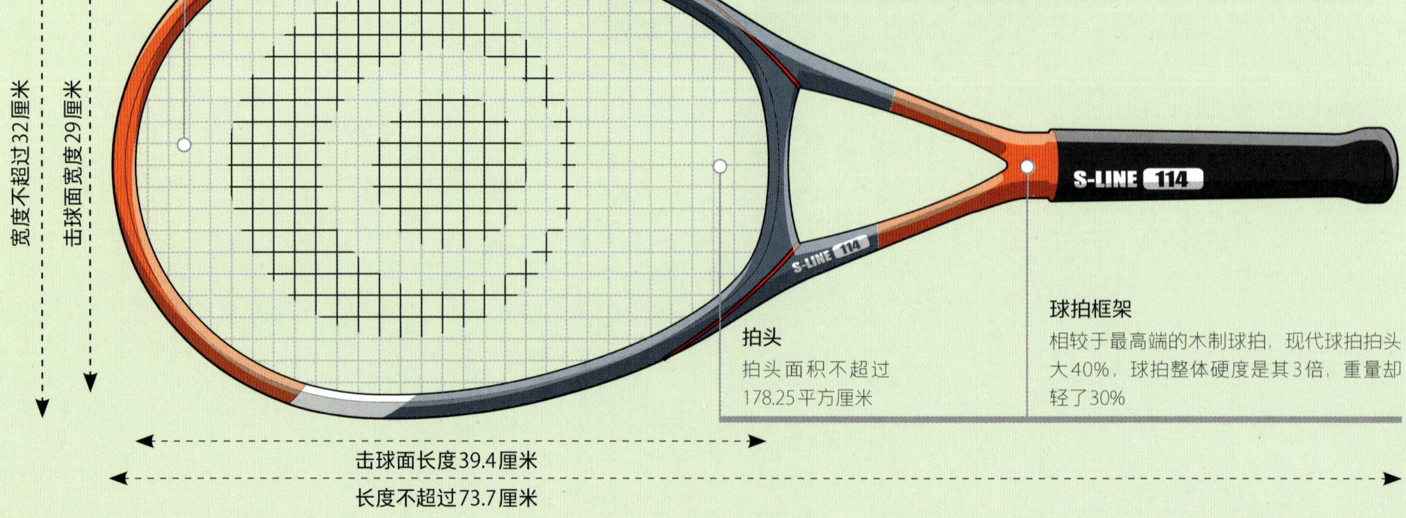

比赛概述

赛前投掷硬币，获胜者选择先发球还是接发球，以及比赛第一局站位。球员分别站在球网两侧；发球方（使球进入比赛状态的球员）从底线后面、中心标志右侧击球过网，使球落到对方发球区内，比赛由此开始。比赛过程中，发球方先从中心标志右侧发球，然后从两侧交替发球。接球方可站本方一侧的任意位置，但在球落地反弹前不得回球。发球后，比赛继续进行，直到球进入死球状态。

计分

双方均以“love（0）”开始；第一分球记为“15”；第二分球为“30”，第三分球为“40”。40打平为“局末平分”。平分后，先得一分的球员“占先”；如果下一分仍由该球员获得，比赛就结束了。如果得分的是对方球员，则再度“平分”。此时，一方只有连续得到“占先”分和“局点”分才能赢得比赛。球员在每个单数局结束后交换比赛场地。

赢下一盘

三盘两胜或五盘三胜（女子比赛为三盘两胜）。先胜六局的球员赢得一盘比赛，如果双方均胜五局，则延长比赛，直到一方净胜两局（例如7∶5）。如果双方均胜六局，则采用平局决胜局。

平局决胜局

平局决胜局中，用数字“0”到“7”计分。先得7分且净胜对手2分的一方赢得该局和该盘。轮及发球的一方先发第一分球，随后两分由对手发球。

网球技巧

现代网球中最重要和最常用的击球方式是发球、正手击球和反手击球（后两者统称为击落地球）。除非掌握这些击球技术，否则球员一分难得。比赛的每一分都从发球开始，一般认为发球好的一方握有优势，既因为发球方有两次发球机会，也因为接球方难以判定球的走向。这一分的争夺开始后，球员在底线附近用基本的击落地球动作击打触地反弹的球。用此方式击球时，可带有不同类型的旋转；上旋和切削球最为常见。

发球

好的发球能帮助球员轻松赢下发球局，所以发球力量越强越好。需要多加练习，增加发球稳定性。

抛球

向上抛球，手臂尽量舒展。开始挥拍前，肩膀转向一侧

击球

举拍并开始挥拍。然后曲膝，球拍往身后摆。双腿发力向上跳，向前转动右肩击球

腕部动作

手腕下扣击球，使其高速飞行

起始姿态

球员侧身站在底线后，双脚与肩同宽

完成姿态

球员左脚落地，不应摔倒

反手切削球

反手击球有上旋或切削球（后旋）之分。在球速快的场地上比赛时，球会快速滑过，反手切削击球最为有效。也可用于跑动中防御性击球或球高于肩的情况。

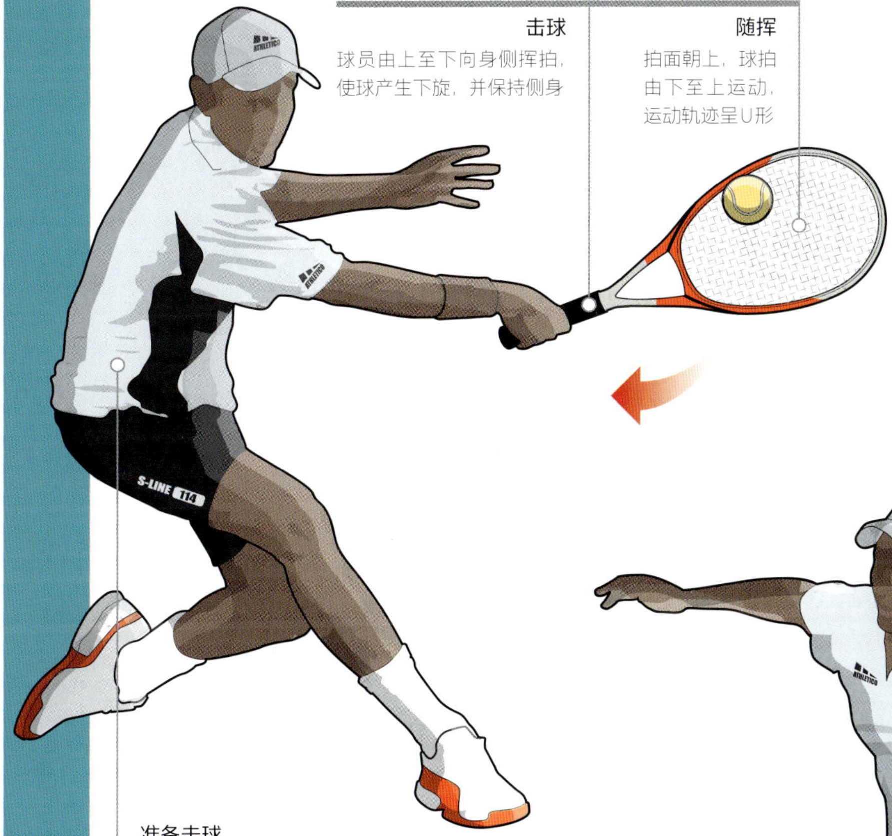

击球

球员由上至下向身侧挥拍，使球产生下旋，并保持侧身

随挥

拍面朝上，球拍由下至上运动，运动轨迹呈U形

准备击球

球员侧身，挥拍臂略弯，引拍时转肩。握拍时，配合非持拍手，有助于带动转肩。举起球拍，高于球

正手击球

正手是网球中最常用的击球方式，也是大多数人最先学习的击球方式。这种主要的击落地球动作使球员能从后场进行对拉，初阶和进阶球员皆适用。通常用正手打上旋球，也可以打出下旋球和侧旋球。

动态动作

打正手低球前，球员向前移动，同时半侧转身，开始引拍。转肩完成呈环形的挥拍动作轨迹

球拍速度

球员确保球拍低于球，从下往上加速挥拍。击球后，抬起球拍，从而控制住球

重心前移

球员屈膝，在球飞到最高点时击球。向上挥拍时，球员重心转移到前腿，便于发力

高吊球

高吊球可用于进攻或防守。进攻型高吊球从底线附近击出，带有上旋。球上旋得越厉害，落入球场的速度就越快，意味着球员可以打出更深的高吊球。截击球员第一次截击后通常位置靠前，此时便很适合用高吊球。击出防御性高吊球时，通常带有下旋或几乎没有旋转，因为该击球动作用于低球或离身球，此时难以打出上旋。

高吊球场景

A球员近网，但球打得太短了。因此B球员有两种选择，一是打穿越球，二是打高吊球。最好尽量往对方反手侧吊高球，因为这种情况下对方回球威力较弱。控制多拍回合时，要将高吊球的意图隐藏到最后一刻，使对方在接下来的对拉中处于不利地位。

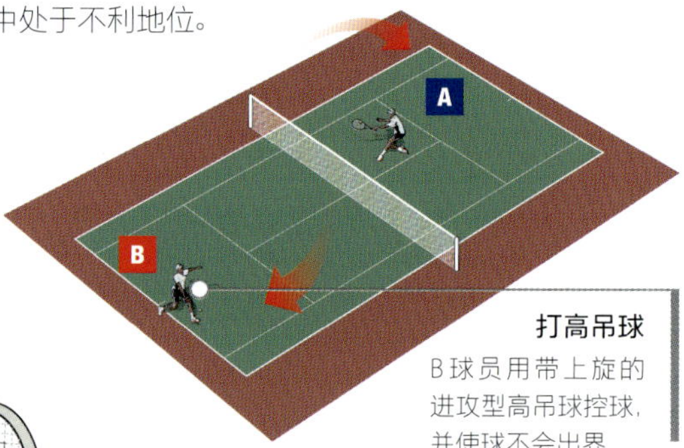

狂热球迷

1993年4月30日，莫妮卡·塞莱斯（MONICA SELES）换边休息时被冈瑟·帕奇（GUNTHER PARCHE）刺伤。帕奇之所以刺伤塞莱斯，是为了让偶像施特菲·格拉芙（STEFFI GRAF）重返世界排名榜首。

扣杀时刻

扣杀是在头顶上打出进攻型截击，通常用于回击对手深度过浅的高吊球。扣杀时要有良好的脚步，才能确保将球打入对方场内；任何判断失误都可能导致漏球或击球出界。

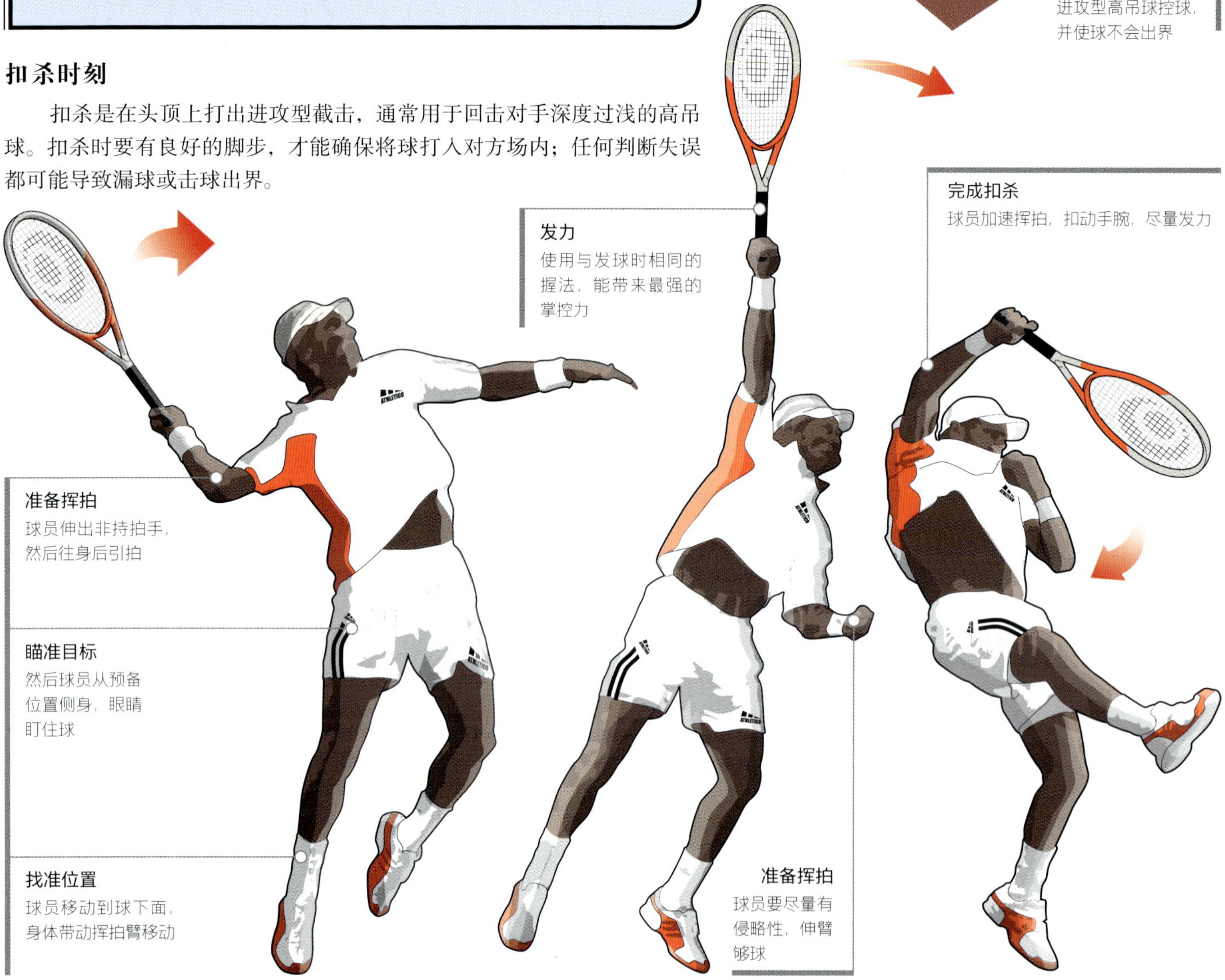

趣闻

14 塞雷娜·威廉姆斯和维纳斯·威廉姆斯都在未输一盘的情况下赢得了美国网球公开赛冠军。从第一轮比赛到决赛，他们连胜14盘而未失一盘。这种壮举在美国公开赛历史上只出现过24次。

8 在公开赛年代赢得温布尔登单打冠军的左撇子球员数量——最近一位是2014年夺冠的佩特拉·科维托瓦（Petra Kvitová）。

210 萨比尼·利斯基是女子发球球速纪录保持者。2009年，利斯基打出了210千米/时的球速。

表演赛

2007年5月2日，在马略卡岛（Majorca）帕尔马体育馆（Palma Arena）的一半红土一半草地的场地上，红土之王拉斐尔·纳达尔与草地冠军罗杰·费德勒（Roger Federer）打了一场被称为“场地之战”的表演赛。在这片耗资1500百万美元的场地上，西班牙人纳达尔以7：5、4：6、7：6（12：10）的比分胜出。赛前几天，草皮遭虫害破坏，主办方不得不重新铺设草地。比赛时，换边休息时间延长至两分钟，让球员有时间根据不同的场地换鞋。

比赛场地

网球管理机构国际网球联合会划分了三类场地。分类标准包括：球击地反弹后的速度；球触地后的旋转量；球的反弹高度，以及场地摩擦力。一类为慢速场地：二类为中速或中快速硬地场地，三类是快速场地。

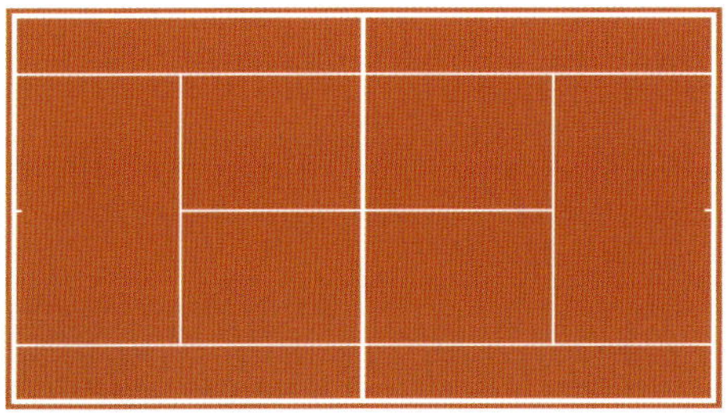

红土场地：一类

大多数红土场地均属此列。因为反弹后球速较慢，所以红土场上的对拉常常持续多个回合。球员还可以在红土场上滑动，扩大击球范围。

硬地场地（DECOTURF）：二类

这种场地与橡胶场地特点相同，但顶层沙子类型不同。二类场地上，进攻型击落地球最为常见。

硬地（REBOUND ACE）：二类

这种硬地球场的基底材料是混凝土或沥青，再覆盖上合成橡胶。表层是与混合沙子的强化丙烯酸涂料。球反弹时不偏不倚，球速中等。

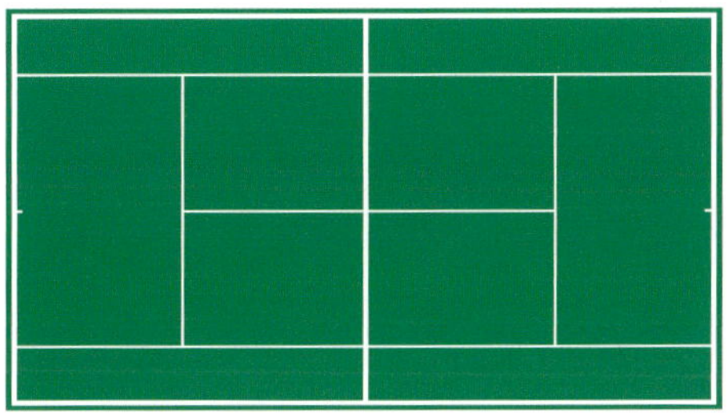

草地：三类

天然草皮和人造草皮表面均属此类，特点是球反弹高度低，会出现侧滑，难以捉摸。球员会寻求快速得分。

网球技术

电子回看技术是一套高速多摄像头系统，能跟踪球的运动轨迹。在法拉盛草地举行的2006年美国网球公开赛是首个采用这套系统的大满贯赛事，成效显著。其他大满贯赛事也纷纷采用，澳大利亚网球公开赛和温布尔登网球公开赛均于2007年首次引入该系统。每位球员每盘均有两次挑战机会，在平局决胜局中有一次机会。如果挑战成功，球员可以保留原有挑战机会。

鹰眼

大屏幕上即时回放比赛争议之处，球员和观众均可看到鹰眼回看技术是否判定球出界。

幕后故事

一般认为，11世纪或12世纪时，法国僧侣发明了最原始的庭院球赛。据说"网球（tennis）"这个词源自法语单词"tenez"，其动词原形是"tenir"，意为"接"。僧侣用手发球时，会大喊"tenez"，表示："接住这个球"。

国际联合会

国际网球联合会负责管理国际网球事务，并制定相关规则。其成员包括200多个国家的网球协会。

球员协会

男子职业网球协会（Association of Tennis Professionals）成立于1972年，旨在保护男性职业网球运动员的权益。女子网球协会（Women's Tennis Association）成立于1973年。

统计中心

大满贯单打冠军（男子）

姓名	胜场数/败场数
罗杰·费德勒（瑞士）	20/11
拉斐尔·纳达尔（西班牙）	18/10
诺瓦克·德约科维奇	16/9
皮特·桑普拉斯（美国）	14/4
罗伊·爱默生（澳大利亚）	12/3
罗德·拉沃尔（澳大利亚）	11/6
比约恩·博格（瑞典）	11/5
比尔·蒂尔顿（美国）	10/5
伊万·伦德尔（捷克/美国）	8/11

大满贯单打冠军（女子）

姓名	胜场数/败场数
玛格丽特·史密斯·考特（澳大利亚）	24/5
塞雷娜·威廉姆斯（美国）	23/9
施特菲·格拉芙（德国）	22/9
海伦·威尔斯·穆迪（美国）	19/3
克里斯·埃弗特（美国）	18/16
玛蒂娜·纳芙拉蒂洛娃（捷克/美国）	18/14
比利·琼·金（美国）	12/6
莫妮卡·塞莱斯（南斯拉夫/美国）	9/4
莫琳·康诺利·布林克（美国）	9/0

男子大满贯冠军

球员（国家）	年份
罗德·拉沃尔（澳大利亚）	1962、1969
唐·布吉（美国）	1938

女子大满贯冠军

球员（国家）	年份
施特菲·格拉芙（德国）	1988
玛格丽特·史密斯·考特（澳大利亚）	1970
莫琳·康诺利·布林克（美国）	1953

ATP奖金排行榜（以美元为单位）

姓名	职业生涯收入
诺瓦克·德约科维奇（塞尔维亚）	125,772,589
罗杰·费德勒（瑞士）	120,514,916
拉斐尔·纳达尔（西班牙）	103,251,975
安迪·穆雷（英国）	61,046,255
皮特·桑普拉斯（美国）	43,280,489
安德烈·阿加西（美国）	31,152,975
鲍里斯·贝克尔（德国）	25,080,956
叶夫根尼·卡费尔尼科夫（俄罗斯）	23,883,797
伊万·伦德尔（美国）	21,262,417
安迪·罗迪克（美国）	20,637,390
斯蒂芬·埃德伯格（德国）	20,630,941
戈兰·伊万尼塞维奇（克罗地亚）	19,878,007
莱顿·休伊特（澳大利亚）	19,425,179
张德培（美国）	19,145,632
大卫·费雷尔（西班牙）	17,705,519

运动要求

庭院网球所需的许多技能与草地网球相同，不过其发球更多地取决于球的旋转和落点，而非仅靠发力。庭院网球场地为硬地。击球时，常常需要去够弹得很低的球，因此腿和膝盖的负荷最重。

比赛服

棉质连衣裙、球裙或者马球衫配短裤；一些俱乐部要求球员穿白色球服

比赛场地

没有两片庭院网球场完全相同，但有其共同之处。比赛区域四面环墙，上方有天花板。其中三面墙有单斜顶棚。有一个发球区和一个接球区，后者也被称为可得分区域。发球员左侧墙上有各式窗户，既是观赛窗口，也可将球打入该区域。发球员身后的墙上有一个类似的窗口，也可作为观赛窗口。接发球员会努力击球，使其越过发球员，进入该窗口。接发球员一侧有一面撑墙，被称为“突出壁”，还有一面格栅窗。

比赛用球

球直径为6.4厘米，内核是包裹织物胶带的软木芯，外层是手工缝制的黄色或白色毛毡。比草地网球重，弹性较差

庭院网球拍

球拍为木制，拍弦很紧。拍头略微向一侧倾斜，便于击打从地板上反弹或是在角落的球。球拍总长度约70厘米

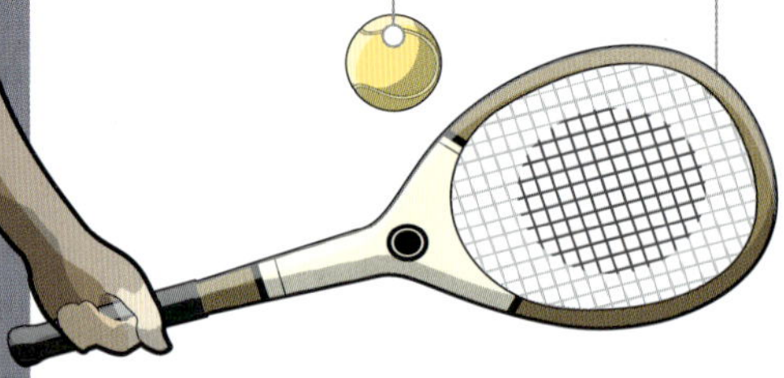

长廊得分区

从发球区将球击入这些窗口，从而得分

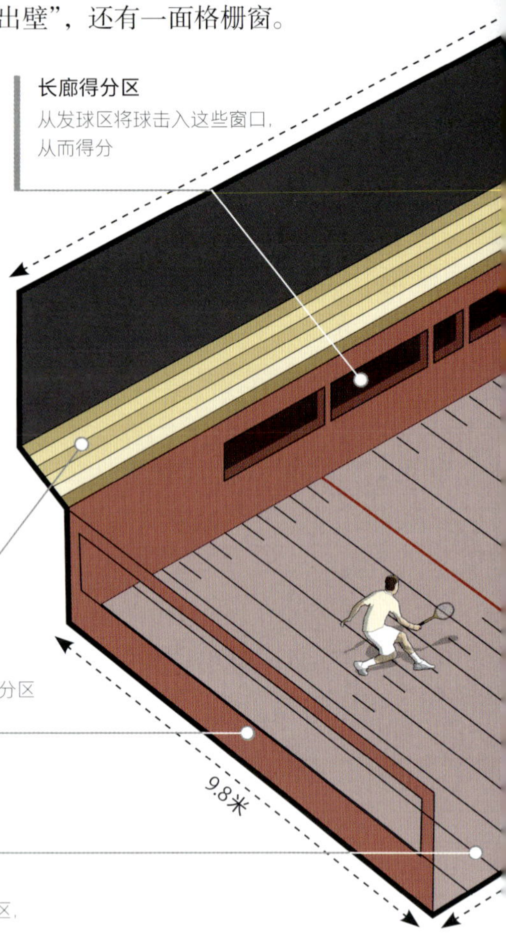

发球单斜顶棚

发球员必须使球沿着这片顶棚进入得分区

发球区

观众从发球员身后的窗口观赛，窗口装有护网

地板追逐线

出现“追逐”时，球员努力跑向发球区，场上的线用于判定此时球落在何处

赛事概述

庭院网球是现代草地网球的前身，属于室内球拍运动，有单打（一对一）或双打（二对二）之分。比赛目标是将球击过中央球网，并使对手无法回球。庭院网球有数百年的历史，在16世纪和17世纪时最受欢迎。虽然如今的庭院网球有精英光环，但任何有庭院网球场的网球俱乐部都欢迎会员亲身体验。许多顶尖职业庭院网球运动员都曾是草地网球运动员。

必备知识

- 全球仅有四十三个庭院球场，因此庭院网球极具独特性。
- 职业球员参加一年一度的庭院网球大满贯赛事——澳大利亚公开赛、英国公开赛、法国公开赛和美国公开赛——以及两年一届的世界锦标赛（World Championship）。
- 澳大利亚选手罗伯特·法赫（Robert Fahey）是杰出的庭院网球运动员，他在2018年赢得了自己的第十三个世界冠军，比法国选手皮埃尔·埃切巴斯特（Pierre Etchebaster）多了五个，后者在1928年至1952年期间八次夺冠。

庭院网球

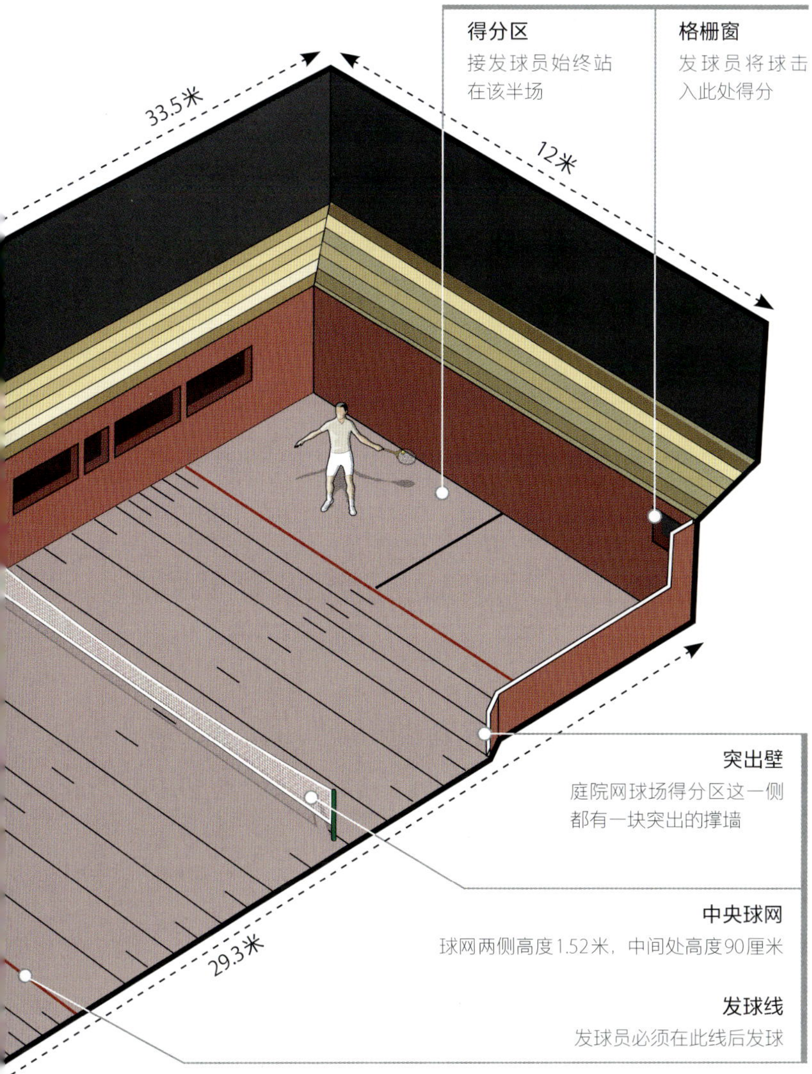

追逐之战

发球员（通常转拍决定）只在球场一端打球。发球时，球必须在接发球员一端（得分区）的左侧顶棚反弹至少一次。不同于网球，球员不会轮流发球；接发球员必须赢得发球权。赢得一局需要得4分，赢得一盘需要赢六局（即使5∶5打平也没有决胜局）。比赛通常为三盘两胜或五盘三胜。发球员可将球击入两处得分，即长廊得分区和格栅窗。发球员身后有一大片观赛区域（dedans），接发球员可将球击入其中制胜。如果球在一方的半场反弹两次，该侧球员并非就输掉了这一回合对拉。相反，比分不变，球员换边，重新开始比赛。先前漏接的一方必须努力使球在对方半场反弹两次，且反弹位置要比之前漏接位置距离球网更远。如因发球员未能回球而导致出现上述情况，则称之为“追逐（chase）”，如果是接发球员失误，则称之为“得分追逐（hazard chase）”。球场上，每隔90厘米就有线连接两条长边。这些线有助于测算距离。

寻找角度

旋转是庭院网球的一大特征，因此最慢的球可能反而最难击回。不过比赛主要目标是有力地将球击入球场特定区域，或使球从中弹出。击中突出壁或从壁上反弹后，球的运动轨迹捉摸不定，因此难以接住。球击中场地和墙壁边角、观赛区域、长廊得分区或格栅窗时，对方无法将球击回。

软式网球

赛事概述

软式网球是特殊形式的草地网球，可在室内或室外场地上进行比赛。其特殊之处在于比赛用球质地柔软，赋予了软式网球多拍对拉而非强力击球的特点。

必备知识

- 软式网球在日本和中国台湾最受欢迎。有些人厌倦了网球以发球和截击为特点，大刀阔斧的风格，软式网球对其吸引力正与日俱增。
- 软式网球在亚洲广受欢迎，自1994年以来便是亚运会正式比赛项目。

规则简介

可以下手发球或上手发球；得分机制与草地网球相同。单打比赛为七战四胜制，双打比赛为九战五胜制。出现3∶3和4∶4时，进行决胜局。比赛明确禁止选手大声喊叫。

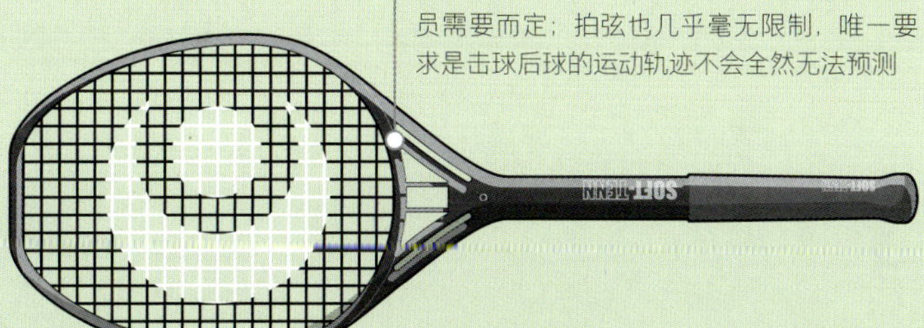

随心所选

球拍两面必须相同，除此之外几乎毫无限制。球拍形状、尺寸、材质均无限制，重量可视球员需要而定；拍弦也几乎毫无限制，唯一要求是击球后球的运动轨迹不会全然无法预测

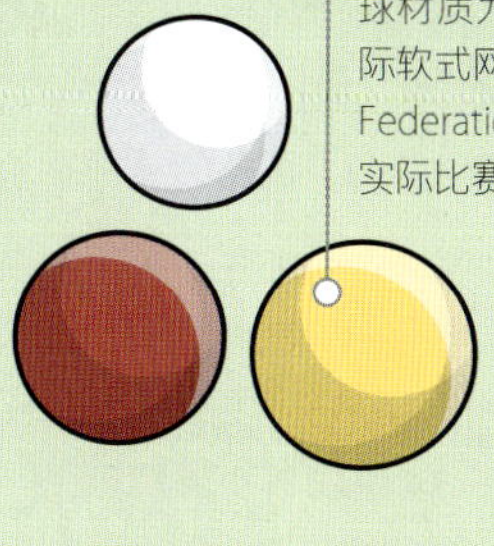

比赛用球规定

球材质为橡胶，充满空气，直径6.6厘米。国际软式网球联合会（International Soft Tennis Federation）规定，球“原则上为白色”，但在实际比赛中，球往往是黄色，有时是红色

乒乓球

赛事概述

乒乓球又名桌球，属于快节奏球拍运动，对身体条件要求很高。有男子和女子单打、双打比赛。球员将轻质小球击过球网，使对手无法回球或出现失误，从而得分。比赛大多短暂而激烈，有特定规则用于处理用时过久的情况。

必备知识

- 1988年，乒乓球成为奥运会项目；此后中国在乒乓球运动上长期占据奖牌榜首位。
- 球速可超过160千米/时。
- 据说乒乓球是普及度最高的球拍运动，全球有3亿人打乒乓球。乒乓球在中国、韩国等亚洲国家尤其受欢迎。
- 乒乓球比赛节奏极快，1973年，女子比赛中，仅仅多拍对拉60秒就有173次击球。

运动要求

乒乓球运动员反应快，手眼协调良好，腿部肌肉发达且灵活，能极速冲刺和变向。球员必须照顾好易受伤部位，即肩膀、下背部和膝盖。球员的训练内容通常包括跳跃、下蹲、冲刺，还要每周至少跑3次，每次20分钟。

乒乓球台

乒乓球台由美森耐复合板（Masonite）或类似加工硬木制成，台面涂层光滑且摩擦系数低。球台通常为深绿色，不过也有深蓝色或黑色。球网延伸超出球台两侧边缘15.25厘米。中线标示着双打比赛时发球的落点区域：球应触及发球员和接发球员的右半区（单打比赛中，球可落在任意区域）。

比赛概述

比赛为五局三胜制或七局四胜制。一局比赛中，先得11分的一方胜，10∶10打平后，先多得2分的一方胜。比赛开始时，球员发球，将球向上抛起至少到球网的高度，然后用球拍击球。抛球时，手掌必须张开，以防止球员用手指转球。在被对方击回来之前，球必须反弹两次——球网每侧各一次。此后的比赛状态中，每次击球，球只能反弹一次，即在接球方一侧反弹。发球时，如果球触网，但随后落在接发球方一侧，则发球员重发。得两分之后，交由对方发球。每局比赛结束后，球员应交换方位。

收工回家

1936年，匈牙利和奥地利争夺世界乒乓球锦标赛男子冠军奖杯斯韦思林杯（Swaythling Cup），比赛演变为持续3天的拉锯战。为了避免类似的僵局影响乒乓球的观赏性，规则制定者引入了“轮换发球法（EXPEDITE RULE）”：如果一局比赛用时超过10分钟，发球员发球后，若未能在对方还击13板之前得分，则对方得分。

球台礼仪

可从球网侧面击球，使球落在对手一侧。不得拦击：球必须触及台面。多拍对拉期间，球员如果用不执拍手扶台，则对方得一分。双打比赛中，球员轮流击球，不得连续击球。因此双打球员必须快速切换位置，让下一位接球员站在中线前方，不论球落在左半区还是右半区，这个位置都最适合接球的。

限速

有一种旨在放缓比赛节奏的乒乓球。“硬板（Hardbat）”乒乓球被人们视为是传统乒乓球的回归。拍面不得使用海绵，因此难以使球旋转。于是球员转而努力使对手失位，从而打出制胜一击。

幕后故事

19世纪，天气恶劣时，草坪网球运动员会在室内训练，把雪茄盒盖当作球拍，把香槟酒瓶塞圆顶当球，把一排书当作球网。这便是乒乓球的雏形，其称谓繁多，也有人称之为“挥夫划夫”。

国际乒乓球联合会（INTERNATIONAL TABLE TENNIS FEDERATION）

国际乒联由奥地利、英格兰、德国和匈牙利于1926年设立，现有226个协会成员。

尽在把握

有多种球拍握法，大多分为两类：横拍握法和直拍握法。还有一种V字形握法，拍身握在食指和中指之间。

木制球拍

球拍底板主体为五合板。球拍重量或尺寸不限，形状可为正方形、椭圆形或圆形。两侧拍面的橡胶覆盖物厚度不得超过4毫米。

正面视图

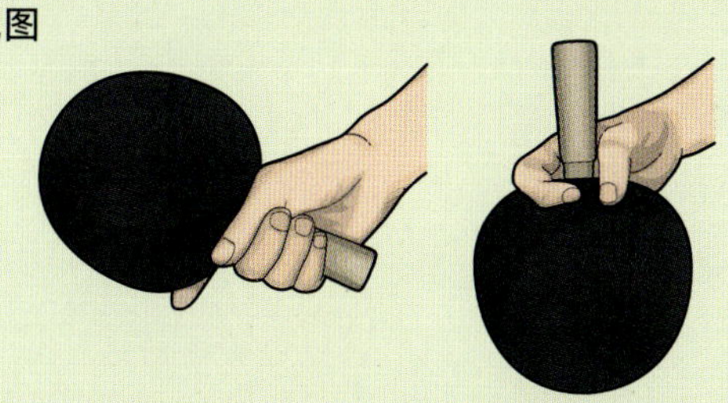

反面视图

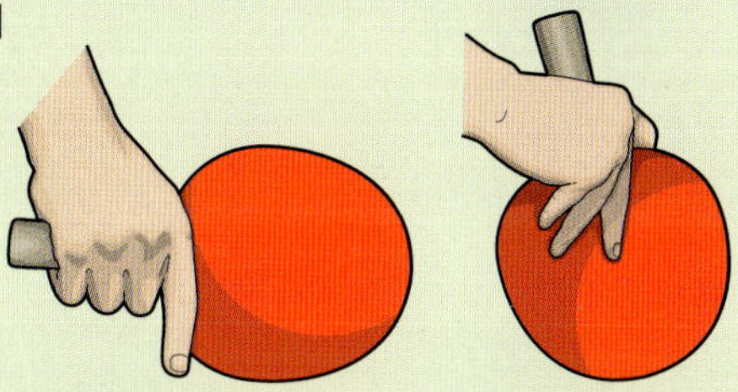

橡胶表面

球拍的一大特点是其正反面拍面可能厚度和质地（光滑或凹凸不平）各不相同。正反面不能用同一种颜色

横拍握法

这种握法最自然，因此也最受欢迎。

直拍握法

拇指和食指像握笔一样扣紧拍柄。

击球和旋转

击球力量在乒乓球中发挥着重要作用，但现代比赛的关键在于旋转。球极轻，几乎人人都能使球在空中旋转，并以无法预测的方式在接球员一侧反弹；技巧在于隐藏旋转量和旋转类型。

下旋

击球时往前下方发力，球拍呈后仰状。下旋能使球慢下来，且接触台面后的反弹幅度很小。

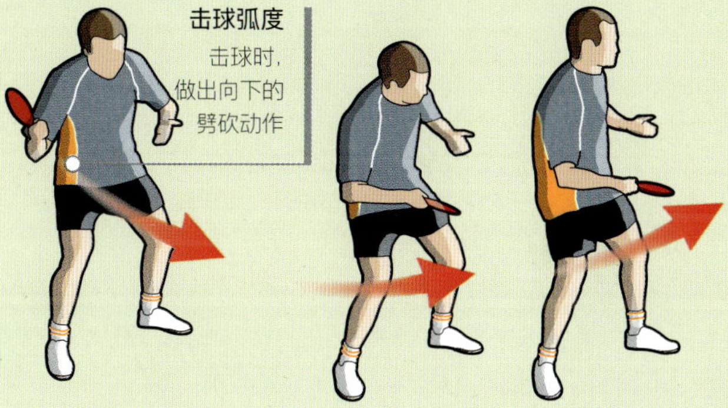

正手扣球

高速击球的正手扣球是杀伤力最强的招式。球员轻弹手腕，除了添加上旋，还能隐藏球的走向，将球击向台面任何位置。

反手上旋

这是一项基本技术，与下旋击球正相反：球拍倾斜，拍顶比拍底位置更为靠前。施加上旋时，球不但不会飞得过高，反而会快速落到接球员一侧，且反弹幅度很小，难以击回。

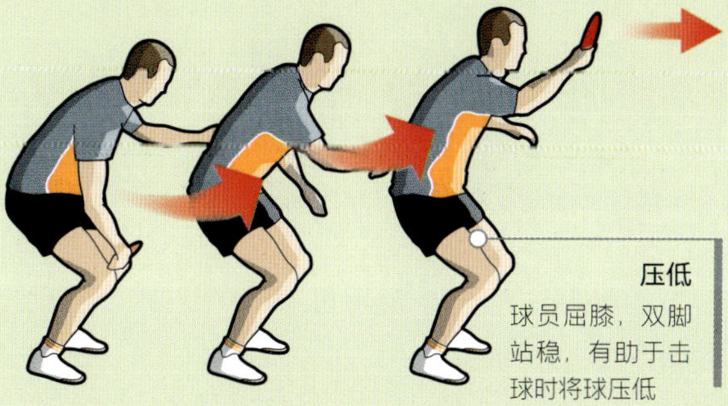

羽毛球

赛事概述

羽毛球分为单打和双打。球员将圆锥形羽毛球击过高网，如果对方回球不及，球落在对方一侧场地，则该球员得分。羽毛球很轻盈，呈流线型，因此比赛既可以打得很轻巧，也可以突然迸发爆发力，打出精彩绝伦的扣杀球。

球场

羽毛球场地是一层弹性地板，通常是胶合板，上面覆盖着乙烯基涂层或处理过的硬木条。场地表面用线划出单打和双打比赛区域。羽毛球飞行速度极快，但飞行距离有限，因此比赛区域紧凑，适用于空间有限的场馆。

运动要求

顶级羽毛球运动员每场比赛跑动距离约1.6千米，所以发达的大腿和小腿肌肉必不可少。短跑是核心训练元素。脚步是另一项核心技能：运动员要练习急速变向和短距离加速。羽毛球在空中的移动方式与普通的球大不相同，所以羽毛球击球方式也有别于其他球拍运动，只能通过实操加以改进。

必备知识

- 羽毛球是全球受众最广的运动，在马来西亚和印度尼西亚尤其受欢迎。
- 羽毛球是世界上球速最快的球拍运动，球速高达332千米/时。

趣闻

16 奥运比赛用球的鹅毛根数。

332 正式比赛的羽毛球时速（千米/时）纪录。

13.5 羽毛球比赛中多拍回合的平均击球数。网球多拍对拉的平均击球次数较少，只有3.4次。

53 自1992年羽毛球成为奥运项目以来，中国队囊括了53%的金牌（包括男子和女子单打、双打、混双）。

为您发球

发球员和接发球员所在半区以中线为界，呈斜对应。发球员必须从腰部下方低手发球，并且双脚均需部分着地。比赛中，从右半区开始发球，然后轮流从左右半区发球。前两局结束后，以及第三局比赛中间时，双方换边。

名字来源

1873年，博福特公爵将印度的浦那运动（POONA）引入英国，并开始在其位于格洛斯特郡巴德敏顿村的庄园中举办比赛。

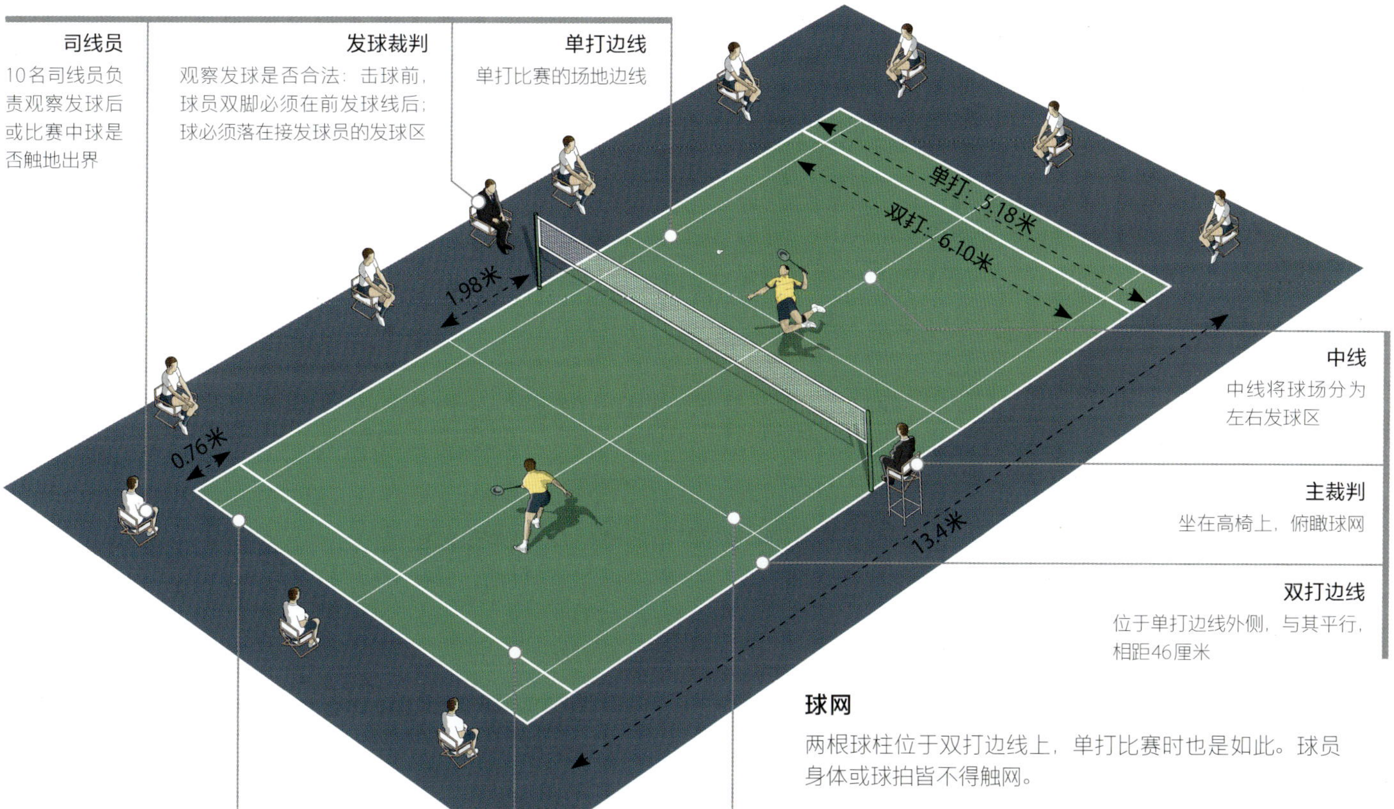

球网

两根球柱位于双打边线上，单打比赛时也是如此。球员身体或球拍皆不得触网。

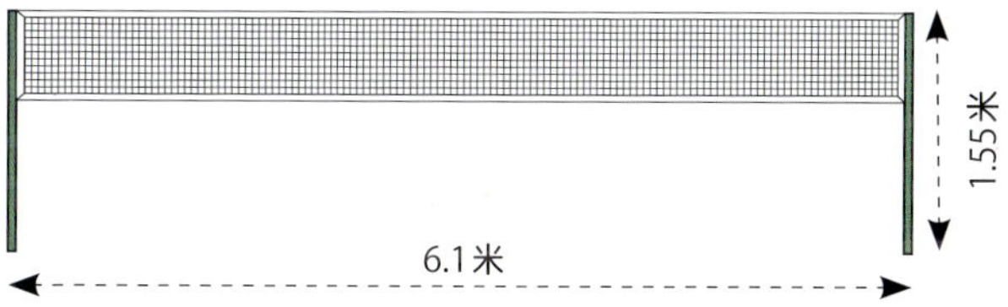

赛制

比赛为三局两胜制。发球方如果赢得了一轮多拍回合，则得一分，并从另一个发球区再次发球。如果发球方输掉这个回合，则对方得分（按照2006年之前的旧规则体系，球员只能在己方发球时得分）。然后下一位球员发球，单打比赛是对手发球，双打比赛则可能是发球员的搭档发球，如果发球方都发过球，则轮到对方一名球员发球。羽毛球比赛中，除非比分为20∶20，否则得21分即可获胜。20∶20打平时，首先净胜2分的一方获胜。如果打到29∶29，先得30分者胜。

得分

击球过网，若对方回球前球落到界内，或对方回球失误，则己方得一分。出现以下情况时，己方丢一分：击球入网或落入网下；球落在对方一侧界外；球碰到球员或球服；在球过网之前就击球。

球和球拍

比赛用球重约5克，软木球头上有16根鹅毛。球极不耐用：顶级球员通常一场比赛要用掉10个球。相比之下，球拍具备坚固的刚性，能最大程度上将球员的力量传导到球上，使其飞得更快更远。

触球

击球时，软木球头与拍线相接触。拍线相互交叉，两面拍面相同。

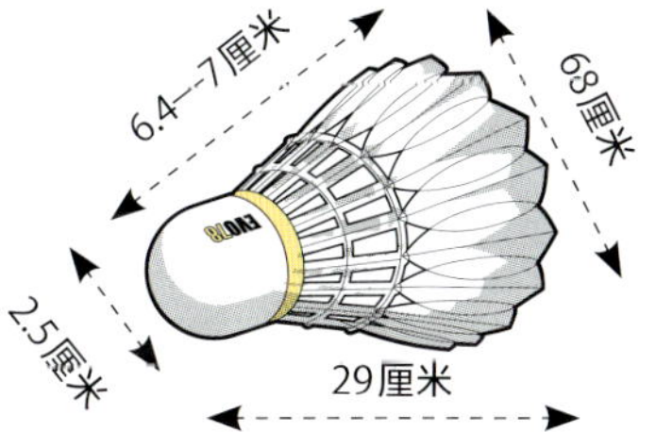

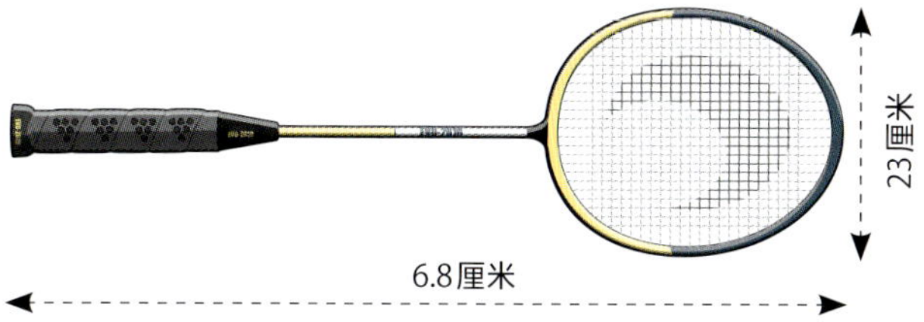

巧劲和寸劲

击球类型各异，包括吊网前球、拉高球和无法击回的杀球。球员隐藏意图或猛然发力，导致对手失位，从而形成空当。球从前发球线后面发出之后，球员便可从场内或周围区域击球。

中线作战

球场中线附近是最佳战术位置，球员可从此处出击接球。球员会利用两次击球的间隙回到此处，有时还用高球争取时间归位。

发球

整个发球过程中，手臂必须放在肩以下，双脚必须着地；禁止用“网球式”上手发球——球拍必须位于发球员手腕下方。

下手高远球

正手有力击出高球，使球越过对手后在后场突然落地，从而制胜。也可以反手打高远球。

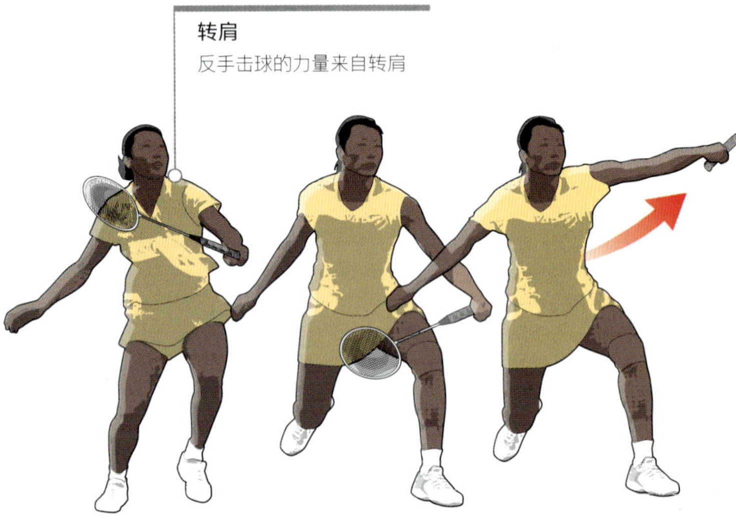

反手

反手击球的力量往往不如正手击球，因此常用于防守，可将对手调离位置。不过如果对方反应不及，斜线平抽球或吊球也能起到一击制胜的效果。

杀球

羽毛球比赛中，最精彩的击球动作是力量感十足的杀球，能将球猛然击入对方场内。杀球时，通常单脚或双脚离地，从而在球网上方获得更好击球角度。

幕后故事

1977年，世界羽毛球锦标赛首次举办，2006年锦标赛成为年度赛事。全英锦标赛创始于1899年，是公认的非官方世界羽毛球锦标赛。

管理机构

羽毛球世界联合会（Badminton World Federation）前身为成立于1934年的世界羽毛球联合会（International Badminton Federation），现有176个会员，负责组织六大国际性赛事。70多年里，联合会一直将总部设在英格兰，直到2005年将总部迁至马来西亚。

全英羽毛球单打冠军排行榜

球员（国家）	性别	年份	夺冠次数
朱迪·哈斯曼（原姓德夫林）（美国）	女	1954—1967	10
鲁迪·哈托诺（印度）	男	1968—1976	8
厄兰·科普斯（丹麦）	男	1958—1967	7
梅里尔·卢卡斯（英国）	女	1902—1910	6
弗兰克·德夫林（爱尔兰）	男	1925—1931	6
林丹（中国）	男	2004—2016	6
埃塞尔·B·汤姆逊（英国）	女	1900—1910	5
F·G·巴雷特（英国）	女	1926—1931	5
拉尔夫·尼科尔斯（英国）	男	1932—1938	5
王莲香（印尼）	女	1990—1994	4

毽子

赛事概述

毽子，又称毽球，分个人赛、双人赛或团体赛，男女皆宜，室内外均可进行。运动员用手臂或手以外的任何身体部位踢毽子，彼此互传。传踢成功得分，毽子落地则失分。

任何区域

有些毽子比赛在羽毛球场上进行，选手每次踢都必须将毽子踢过网。其他毽子比赛则画一条线，而非用一张球网。也可在未划定比赛区域的情况下进行比赛。这种类似于足球颠球的休闲运动在许多亚洲国家的公园里都很常见，受各年龄段人群欢迎。

团队比赛

个人赛中，球员可能会连踢两下。团队比赛中，每方各踢四次。队中人数可多可少，一般为六人，其中三人上场，其他作为替补。通常得21分者胜。

花式脚步

除了不能用手或手臂触摸外，运动员可任意处理毽球，不过比赛中还是脚踢居多。运动员一般第一下控球，第二下传球或击球过网。运动员最常使用脚背，但也可能用脚尖将球点起，或以“蛇形踢法”用足底击球过网。接球方有时会在网前用胸部截球，而后使毽球落入对方一侧场地，从而赢得一分。

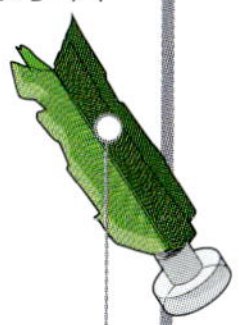

飞羽
将羽毛固定在塑料或橡胶圆形底座上，制成毽子

比赛服
如果两队或多队进行比赛，一般穿队伍配色的轻便（通常是棉质）球裙或者球衫加短裤

易感毽球鞋
运动员穿着平底鞋，鞋面很薄，便于“感知”毽子

羽毛球
欧洲比赛采用羽毛球而非毽球

豹头
首次触球很重要。毽球从高处下落时，球员用膝盖将球顶到空中——这个动作被称为“豹头顶球”——使毽子上升到合适的高度，便于踢球回击。

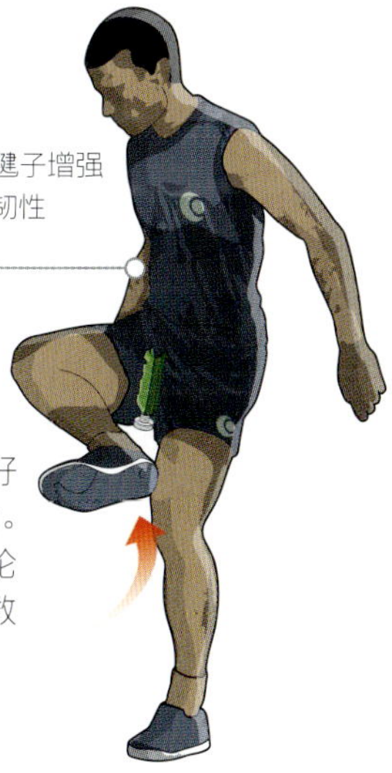

双管齐下
很多人通过踢毽子增强有氧适能和柔韧性

虎蹲
用脚背踢毽子需要极好的柔韧性和平衡能力。运动员反复练习双脚轮流击球——这是大多数动作的基础。

必备知识

- 毽子（Chapteh, Kinja）也被称为中式沙包（Chinese Hacky Sack）、毽球（Shuttlecock）、羽毛球（Featherball）。
- 公元前5世纪，中国出现了已知最早的毽子，一般认为起源于古代军事训练。

运动要求

优秀的毽子运动员能用脚完成杂耍般的动作。身体高度协调、肌肉发达、有氧适能水平高都是核心要求，耐力也必不可少。顶级运动员的日常训练包括举重训练、循环训练和柔韧性训练。但要切实提高比赛水平，只能通过不断练习或实战：连羽毛球的形状和空气动力学特性都与毽子大不相同。

幕后故事

毽子源于古代中国，后流传至世界各地。中国和越南是毽子大国，但毽子运动也在欧洲蓬勃发展，尤其是在芬兰、法国、德国、希腊、匈牙利、荷兰、罗马尼亚和塞尔维亚。

管理机构

国际毽球联合会（ISF, International Shuttlecock Federation）于1999年在越南成立，现有十九个会员。2000年，联合会在匈牙利举办了首届世界锦标赛，越南几乎包揽全部奖牌。欧洲毽球联合会（Shuttlecock Federation of Europe）成立于2003年，同年在德国举行首届欧洲杯。

运动要求

壁球运动员手眼协调能力强，体能良好。强壮健康的膝盖对于急停和变向至关重要。壁球是良好的心血管运动形式，但对心脏有恙的球员来说却是公认的危险运动。

壁球

必备知识

- 壁球，又名网拍式壁球（squash rackets），发源于19世纪初英格兰哈罗公学（Harrow School），其原型是壁网球（rackets）。
- 壁球流行于超过185个国家。全球约有5万个球场，21世纪初每年新增2000个球场。
- 壁球明星均来自特定几个国家：埃及、巴基斯坦、英国、澳大利亚、新西兰、法国和马来西亚。

赛事概述

壁球比赛通常在两名球员之间进行，不过也会在较大场地上举办双打比赛。普通比赛为三局两胜，国际赛事则是五局三胜。先得9分或11分者赢下一局比赛，具体取决于比赛采用的是分数或回合计分。比赛双方轮流击球，两次击球之间球只能触地一次。球可击中上界线下方的侧墙和后墙，并且必须从标示下界线的金属条上方的前墙反弹。由于壁球场面积小，比赛中球员经常互相阻挡，有时会相互冲撞，和球也时常出现。

趣闻

17 自1987年始，巴基斯坦选手贾汉吉尔·汗（Jahangir Khan）在重大国际壁球锦标赛决赛中击败澳大利亚选手克里斯·迪特马尔（Chris Dittmar）的次数。2001年，贾汉吉尔退役。一般认为，贾汉吉尔是壁球历史上的顶尖球员。

281.6 击球后的最高球速纪录（千米/时）。2014年，澳大利亚选手卡梅隆·皮里（Cameron Pilley）达成了这一纪录。

700 ～ 1000 一局比赛球员消耗的卡路里量。

2666 单个壁球多拍回合的击球次纪录。此次交锋于2004年在英国海峡群岛泽西岛进行，旨在创造世界纪录，而非属于正式比赛。打到事先约定的60分钟时限时，该多拍回合结束，但没有胜负之分，球员也完全可以继续打下去。

球场规格

下图标出单打壁球场标准规则。最高级别壁球场四面透明，便于比赛转播。球可从上界线下方墙壁任意位置反弹，包括后墙。下界线用金属条标示：球击中金属条时会发出声音，告知球员（和裁判，如有）该球为“死球”。

赛前准备

赛前双方相互击球5分钟热身，同时也起到热球的效果。2分半钟后，双方换边热身。如有裁判，此时裁判会喊道“时间过半”，5分钟热身结束时，裁判会再喊道“时间到”。球员热身时，裁判会仔细观察，如果裁判认为一方霸占球场，让另一方无法充分练习，裁判可加以干预。

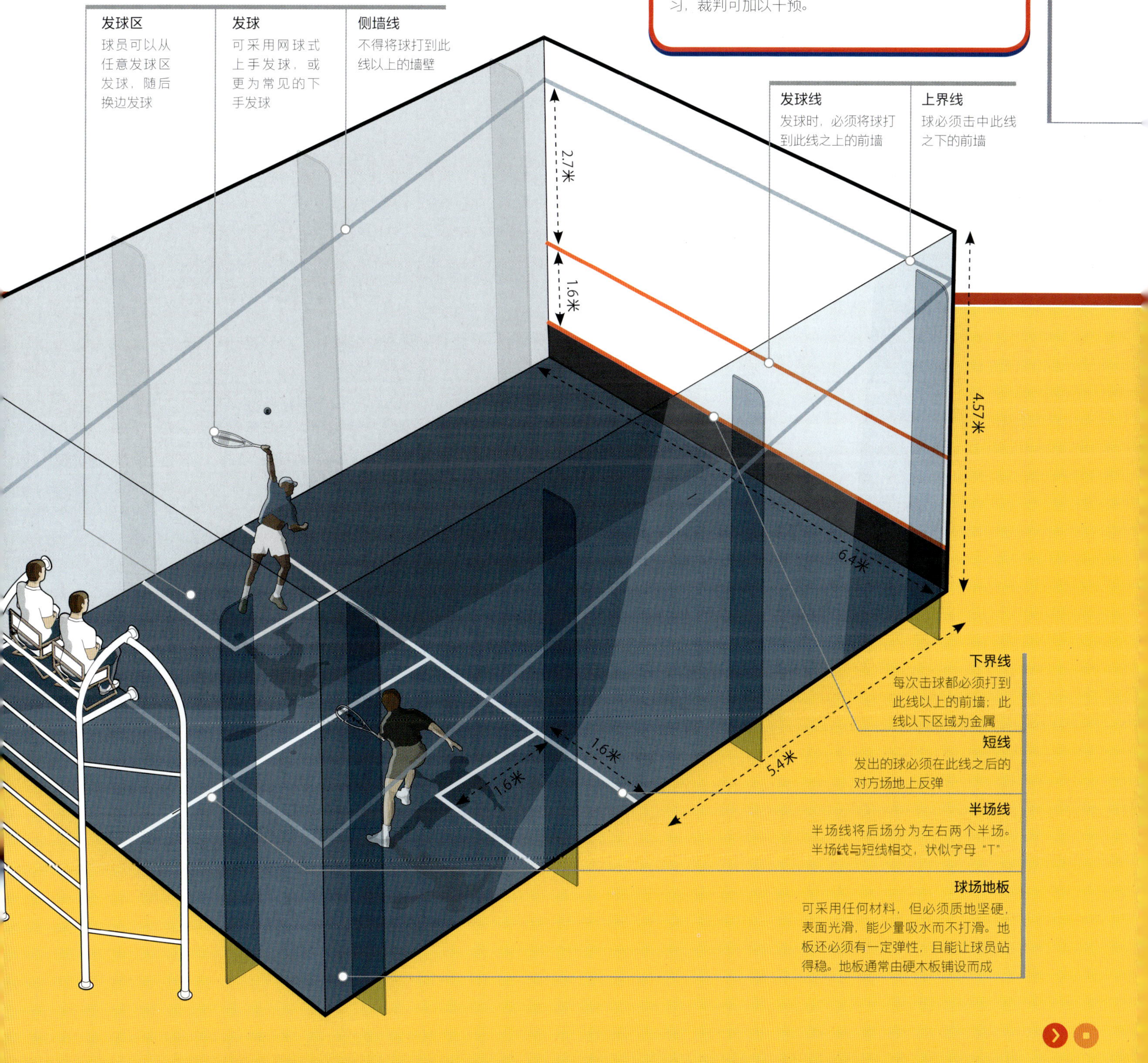

关键设备

壁球拍大多由石墨制成，还添加了少量其他材料，例如凯夫拉尔纤维或钛，使得球拍坚硬、轻便、结实、有力。球员场上表现是否良好，很大程度上与拍弦张力有关。一般来说，球员击球越重，拍弦就要拉得越紧。弦的宽度或厚度也不尽相同。细线伸展性更强，能把球推得更远，因此击出的球比粗线更为有力。初学者应使用弹力强的快球，职业比赛用球则要慢得多。

护目镜

对打时，壁球运动员可能会被对方球拍或球击中；许多面部损伤便因此造成。世界壁球联合会（World Squash Federation）建议各级别比赛选手都佩戴合适的护目镜。若球员有眼病史或眼部手术史，则必须对眼部加以防护。如今双打比赛和青少年比赛都强制要求戴护目镜，但职业选手还是极少佩戴护目镜。

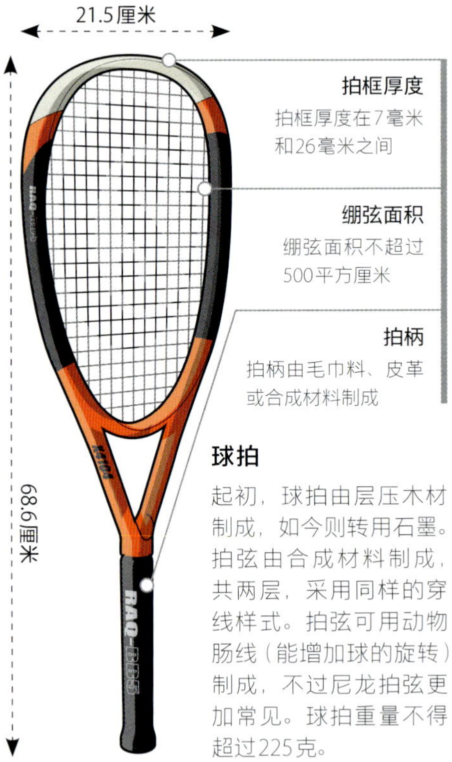

球拍

起初，球拍由层压木材制成，如今则转用石墨。拍弦由合成材料制成，共两层，采用同样的穿线样式。拍弦可用动物肠线（能增加球的旋转）制成，不过尼龙拍弦更加常见。球拍重量不得超过225克。

球速

彩色圆点表示壁球的弹力和速度。黄色为标准比赛用球。

- 橙色——极慢
- 黄色——超慢
- 绿色或白色——慢
- 红色——中速
- 蓝色——快

橡胶球

壁球由两个中空的橡胶化合物半球体黏合而成。

发球

通过转拍决定哪一方先发球。若发球方输掉该回合，则交由对方发球，否则发球方继续发球。发球员一只脚的一部分必须完全在发球区内（不得触及发球区线），且发球时脚须触地。球必须击中前墙发球线和上界线之间的区域，然后在短线后的另一边半场反弹。若未满足以上要求，则发球权即刻移交给对方。每局比赛前，或发球给对方后，发球员可以从任一发球区开始比赛。接下来，不论何方发球，皆轮流从两侧发球区发球。和球是例外情况，此时发球区为上一次发球的发球区。如果球员不确定从哪一侧发球，裁判助理会告知正确发球区。

对打

球员必须轮流将球击到前墙上下界线之间的区域。球可从其他三面墙壁上反弹，但每次击球，球只能触地一次，否则便为死球。天花板为界外。

占领T位

壁球比赛围绕着半场线和短线交汇点T位展开。占领T位的球员也占了上风，因为T位最有利于打出制胜球，同时左右兼顾，便于回球。

善用墙壁

比赛中，击球者可使球在墙壁上反弹，通过角度快速变化来迷惑对手或将其吸引到前场。对手处于前场不利位置时，进攻方可将强力直线球打入无人防守的后场，从而赢得一分，或打出贴墙球，使对方难以击回。

直线球

直线球极具杀伤力。球击中前墙发球线上方区域，进行第一次反弹，然后击中后墙靠地板区域，进行第二次反弹。如未及时处理，球将落入后墙墙脚，几乎无法击回。如果打得好，直线球能紧贴墙壁飞到后场。

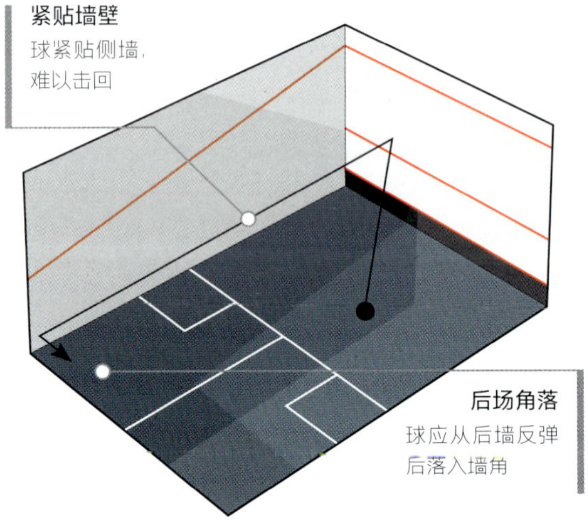

前场击球

壁球运动员的目标是将对手调离最有利的位置，即场地中央的T位。例如，此图中，高直线球打到靠近角落的侧墙上，触墙后力量损耗殆尽，然后撞到前墙上，最终在前场跌落。此时对方为接球而疲于奔命。

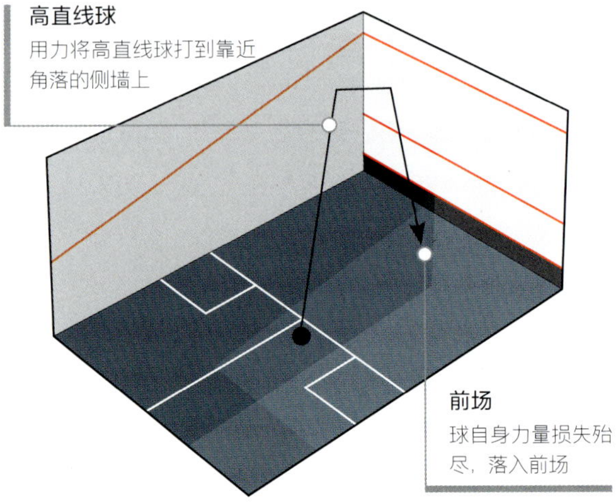

得分制

一轮“好”球对打结束时，若一方球员未能击回对方的球，或打出“坏”球，此时对方得分。好球是指球先触及前墙上界线以下、下界线以上区域，然后再落到地板上。坏球指球在地上弹两次、球击中下界线以下区域或击中上界线以上的墙壁。

每回合得分制

在每回合得分制（PARS，POINT-A-RALLY SYSTEM）中，发球方或接球方均可在每次对打结束时得分。每局先得11分者胜。不过，比分打成10平时，净胜两分的一方才能获胜。对打得分系统适用于国际比赛、双打比赛以及男子职业单打巡回赛。

计分制

在该体系下，只有发球方能得分。通常每局先得9分者胜，除非这一局首次以8:8打平。此时，接球方可选择这一局是要打到9分或10分。前者被称为“再一分（set one）”；后者称为“再两分（set two）”。

和球

对打时，若一方阻碍另一方，则判和球。若一方击出的球在接触前墙之前就击中对方，或一方的球拍击中对方，则比赛暂停，裁判决定该球是否为好球。若判定为好球，抑或对方故意截球，则击球方获得胜球。如果判定为坏球，则被击中的一方获得胜球。

进攻击球

截击球（在球触地反弹前击球）是核心进攻击球手段，可打断比赛节奏。高吊球能飞越对方头顶，然后落入后场角落，也是同样高效的进攻击球。

防守击球

可从球场任意位置击出小球，迫使对方球员离开T位。要击回被打到后场角落的球时，可能需要打“侧墙球”（先迅速将球击向侧墙）。

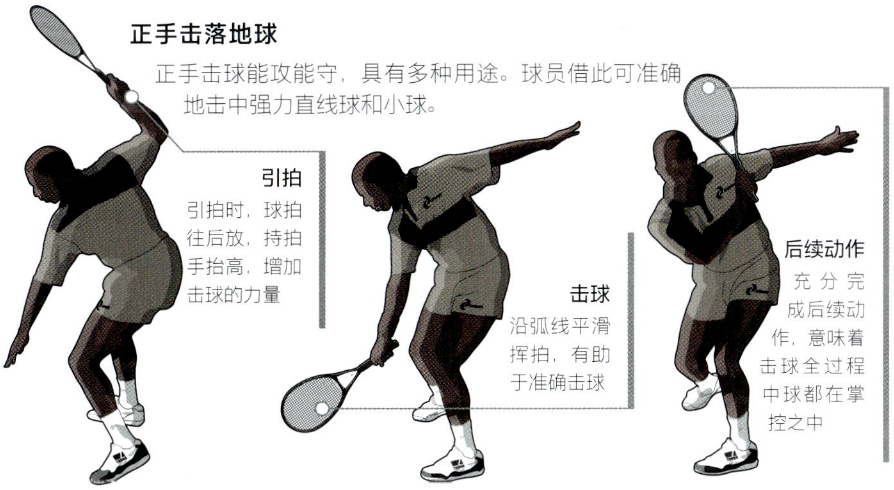

幕后故事

壁球起源于英国，英国公开锦标赛（British Open Championships）很久以来便是重要壁球赛事。世界公开赛举办之前，英国公开赛实际上就相当于世界锦标赛。首届女子和男子比赛分别于1922年和1930年举行。尽管奖金较低，英国公开赛仍获得诸多参赛选手的高度认可。自20世纪70年代以来，世界公开锦标赛年年举办，全球顶尖男女选手皆有参赛。

管理机构

世界壁球联合会（World Squash Federation）有超过145个会员，负责举办世界壁球赛事，面向男女、青少年和中老年（35岁以上）运动员，囊括单打、双打以及个人和团体比赛。职业男子比赛由职业壁球协会管理，职业女子比赛由女子国际壁球运动员协会（Women's International Squash Players Association）管理。

统计中心

世界公开赛男子冠军

年度	球员（国家）
2018	阿里·法拉格（埃及）
2017	穆罕默德·绍巴基（埃及）
2016	凯瑞姆·阿卜杜勒·贾瓦德（埃及）
2015	格雷戈里·高缇耶（法国）
2014	拉米·阿舒尔（埃及）
2013	尼克·马修（英格兰）
2012	拉米·阿舒尔（埃及）
2011	尼克·马修（英格兰）

世界公开赛女子冠军

年度	球员（国家）
2018	努尔·谢尔比尼（埃及）
2017	拉内姆·韦利利（埃及）
2016	努尔·谢尔比尼（埃及）
2015	努尔·谢尔比尼（埃及）
2014	尼科尔·大卫（马来西亚）
2013	劳拉·马萨罗（英格兰）
2012	尼科尔·大卫（马来西亚）

英国公开赛男子冠军

年度	球员（国家）
2018	米格尔·安吉尔·罗德里格斯（哥伦比亚）
2017	格雷戈里·高缇耶（法国）
2016	穆罕默德·绍巴基（埃及）
2015	穆罕默德·绍巴基（埃及）
2014	格雷戈里·高缇耶（法国）
2013	拉米·阿舒尔（埃及）
2012	尼克·马修（英格兰）

英国公开赛女子冠军

年度	球员（国家）
2018	努尔·谢尔比尼（埃及）
2017	劳拉·马萨罗（英格兰）
2016	努尔·谢尔比尼（埃及）
2015	卡米尔·塞尔梅
2014	尼科尔·大卫（马来西亚）
2013	劳拉·马萨罗（英格兰）
2012	尼科尔·大卫（马来西亚）
2011	无比赛

都是汗……

1951年至1997年，来自同一个巴基斯坦村庄的球员们赢得了30个世界锦标赛冠军。他们并非都有血缘关系，但名字里都有“汗”。这些球员是阿扎姆、哈希姆、贾汉吉尔、詹舍尔、莫希布拉和罗尚。

必备知识

- 大多数运动都是逐步演进而来的，而美式壁球是美国手球运动员乔·索贝克（Joe Sobek）不满于当时室内运动种类稀少而于1950年发明的。
- 美式壁球迅速流行起来，因为可在大多数美国高中和大学已有手球场上进行比赛。
- “壁网球（racketball）”与美式壁球（racquetball）名字相近，容易混淆，但两者完全不同，前者比赛场地为壁球场，比赛用球尺寸较小，弹力也较弱。

美式壁球

赛事概述

美式壁球节奏快，适合于室内外场地，可有两到四名球员参与。美式壁球是手球和壁球的结合体，具有鲜明特征。截至21世纪初，全世界约有850万人打美式壁球。

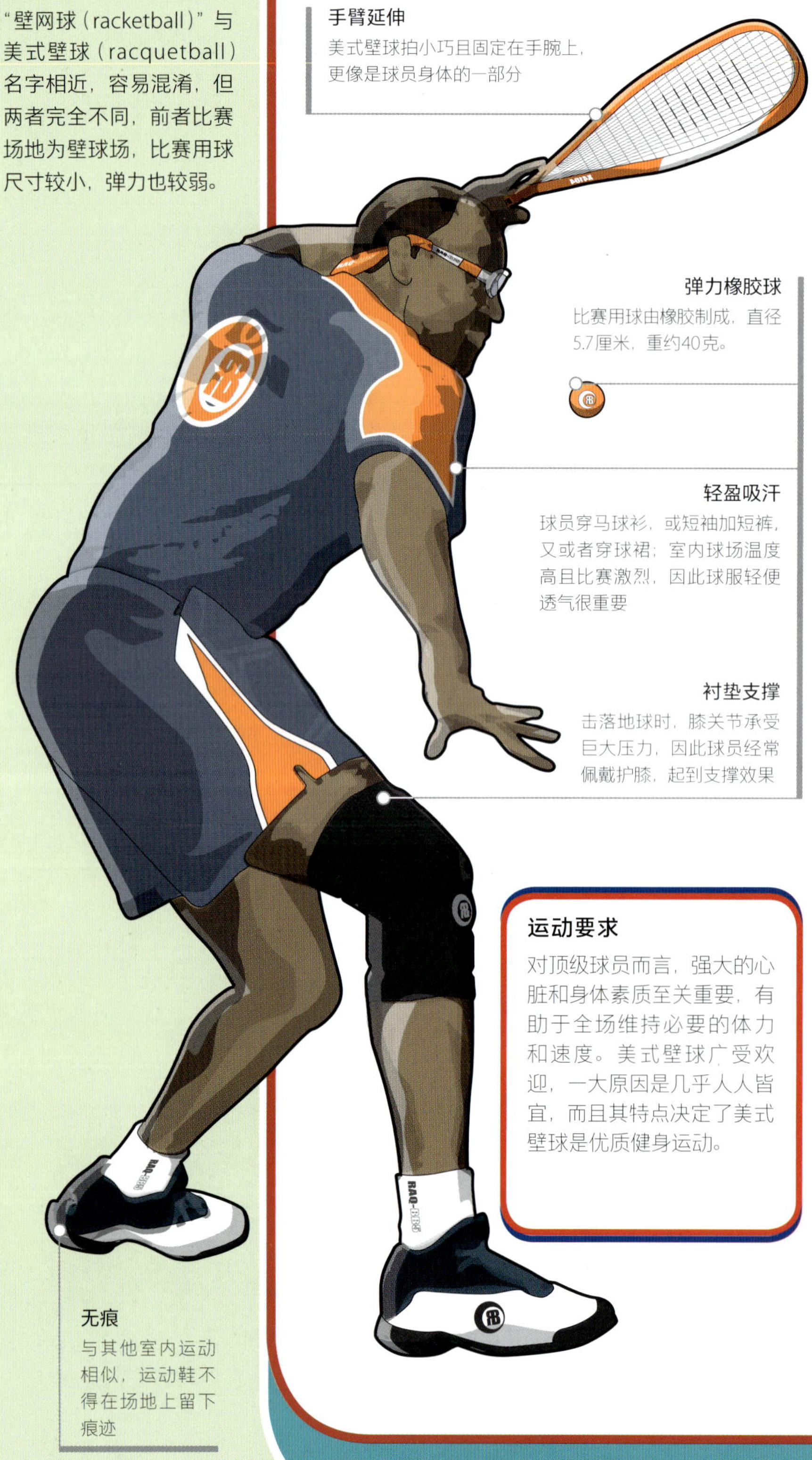

运动要求

对顶级球员而言，强大的心脏和身体素质至关重要，有助于全场维持必要的体力和速度。美式壁球广受欢迎，一大原因是几乎人人皆宜，而且其特点决定了美式壁球是优质健身运动。

比赛概述

球员轮流将球打到墙上。只有发球方能得分，且仅能在发出爱司球（ace）或在对打中胜出时得分。若对方无法在球触地反弹两次前回球，或回球先触地而非先触及前墙，则本方获得此回合对打胜利。接发球方通过赢得对打回合而获得发球权。发球员必须站在发球区内，使球触地反弹一次，然后将球直接击中前墙，使其反弹并触及短线后的地板，但不能碰到侧墙。对打过程中，只要球打到前墙，且两次击球之间只触地一次，便可把球打到侧墙或天花板。

装备

球拍和球与壁球的相似，只是尺寸大些。比赛节奏快且激烈，球员经常佩戴护目镜。

轻质框架

现代球拍框架通常由轻质石墨钛复合材料制成，仅重184克左右。

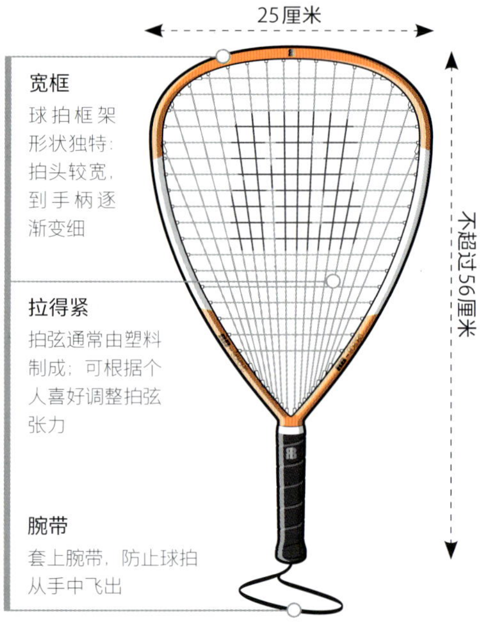

球场

除了后墙顶部区域，场地表面均为界内区域，包括天花板。地板表面通常由抛光木板或类似材料制成。后墙或侧墙由透明有机玻璃制成。球场为密闭空间，热量散不出去，球员很快就需要补充能量。

分分必争

职业比赛为五局三胜，先得11分且净胜2分的一方胜。业余比赛为两局制，先得15分者胜。如果双方各胜一局，则进行决胜局。业余比赛不要求两分净胜分。除了单打和双打，还有三人制比赛，分为二对一的“铁人”赛和轮流一对二的“死斗”赛。

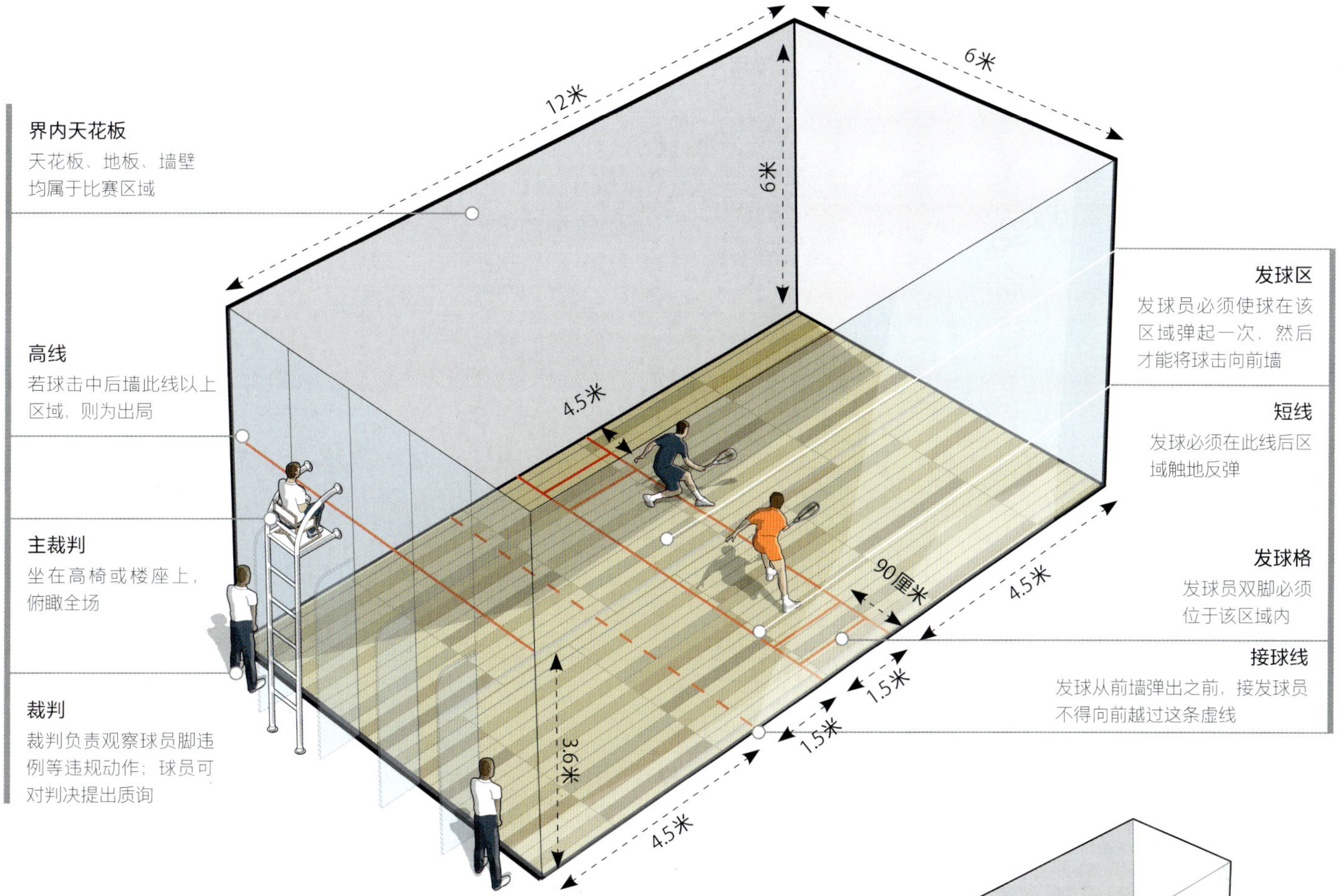

攻防

如果球员自认为无力终结对打回合，可采用防守击球以将对方引离场地中央。如果取得成功，球员可在下次击球时亮出杀招。以下列出部分核心击球招数：

低快杀球

球贴近地面时，屈膝，击出低快杀球，使球与前墙的接触点尽可能低。

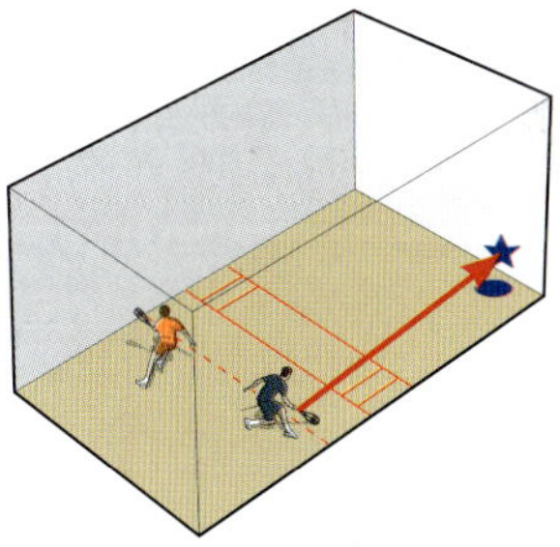

天花板球

因为天花板也属于界内，所以球员也常常利用天花板击球，从而使球在后场反弹两次。

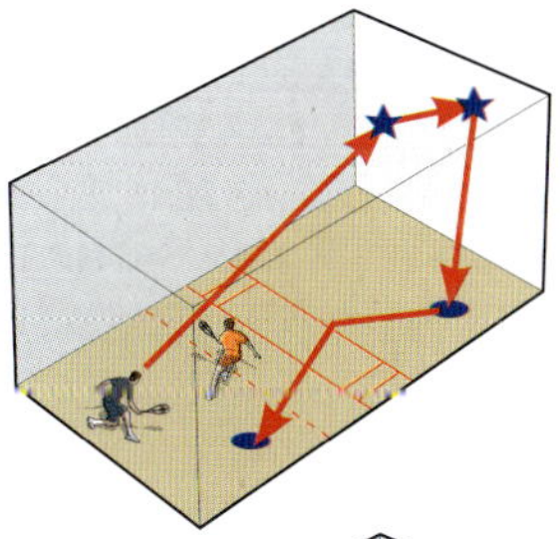

侧墙球

先击中侧墙，然后反弹到前墙，最后在球场另一侧侧壁附近稍微反弹后落地。侧墙球旨在让球在触及另一侧墙壁前反弹两次。

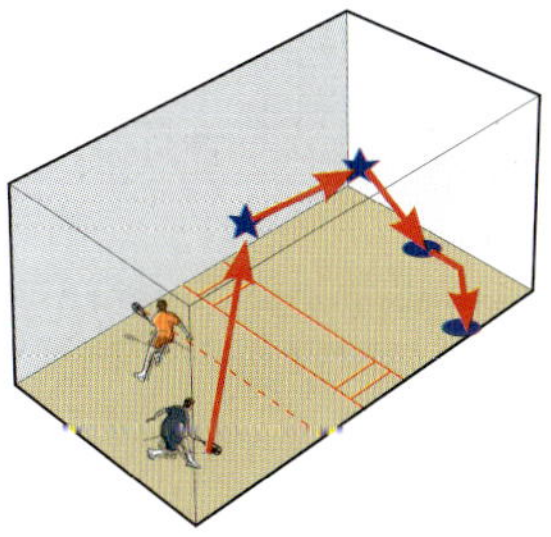

贴墙球

侧墙附近的球员猛力抽射，使球弹到其身后，且更贴近侧墙。击球时，要小心不要阻碍对手。

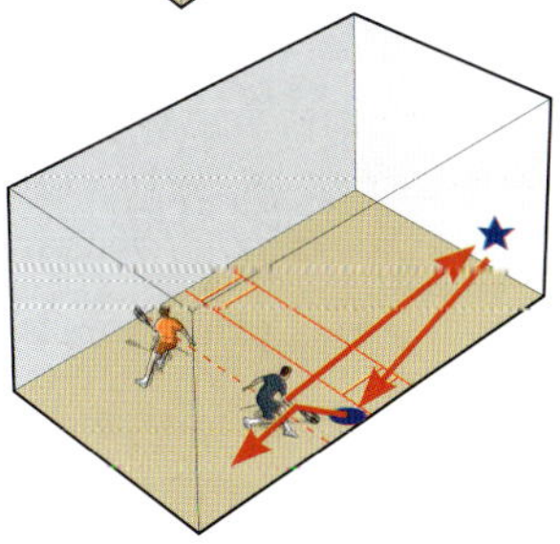

幕后故事

国际美式壁球联合会每两年组织一届世界锦标赛，有来自四十多个国家的选手参赛，会定期更新世界排名。

管理机构

国际美式壁球联赛（International Racquetball Tournament）和女子职业美式壁球协会分别负责组织男子和女子职业美式壁球比赛。

伊顿五人赛

赛事概览

这是一项少有人知的球类运动。比赛双方由男运动员或女运动员组成。比赛场地也不同寻常，球场三边封闭，前墙比后墙高15厘米左右。球员只能用手或手腕击球，且必须将球击到前墙“上方”才不会输掉这一回合。每次击球前，球只能反弹一次。

必备知识

- 伊顿五人赛起源于伊顿公学，而后传播到其他英格兰私立学校，但如今仅有几千名选手参赛。
- 欧洲虽然也有些伊顿五人赛球场，但这项运动主要还是在英国和尼日利亚展开。在尼日利亚北部各州，特殊形式的伊顿五人赛广受欢迎，球场数量达三十个以上。

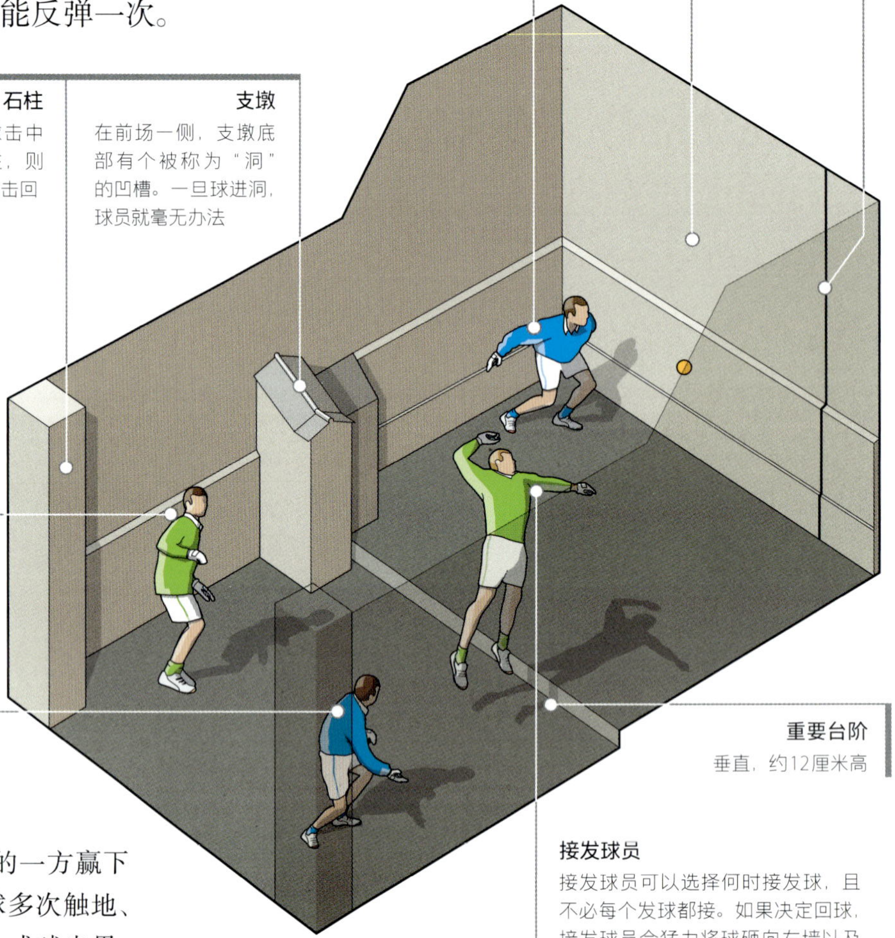

得分

比赛为五局三胜，先得12分的一方赢下一局。只有发球方能得分。如果球多次触地、击中前墙黑防线或横挡以下区域，或球出界，则对方得分。

跨界转型

东萨塞克斯郡格林德伯恩（GLYNDEBOURNE）歌剧院的管风琴室是英格兰最豪华的客厅。令人称奇的是，管风琴室原是伊顿五人赛球场，后来才转为生活起居之用。

球场

伊顿五人赛球场位于伊顿公学教堂内，伊顿五人赛也发源于此。每个球场略有不同，但都有共同特点。一个台阶将球场分为前场和后场。球场被三面不规则的墙封闭起来。在球场左侧的高低区交界处，有一个支墩，球场开口处两侧有砖柱，三面墙均有横挡。正是因为这些特殊之处，球击中墙后的运动轨迹便极难预测。不过，因为熟悉球场特点，所以主队往往独具优势。

硬球

球比高尔夫球稍大，由橡胶和软木制成。球从球场墙壁和地板上弹起时，球速几乎不会降低。

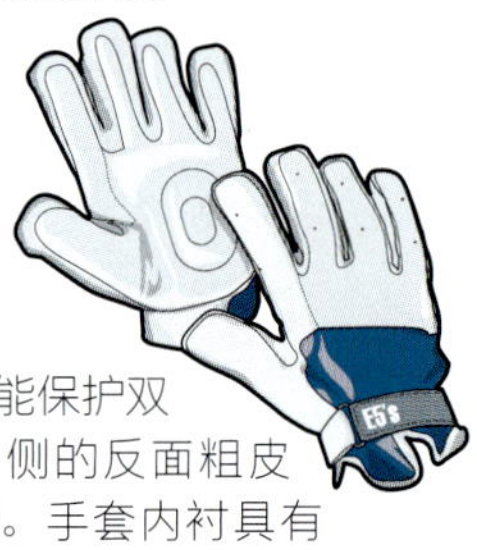

软手套

加垫皮手套能保护双手。手掌一侧的反面粗皮有助于抓球。手套内衬具有吸汗和防护的效果。

壁网球

必备知识

- 壁网球起初是监狱大院里的即兴游戏。19世纪，壁网球进入公立学校，赢得了人们的尊重。
- 近200年来，英格兰球员一直统治着世界壁网球锦标赛。

得分

只有发球方能得分。发球方必须从发球格将球击到前墙发球线以上区域，并使球反弹到发球区。接发球员必须在球反弹两次之前击球，且必须使其击中前墙击球线以上区域。如果漏接球，则发球方得一分或交换发球权。先得15分者胜。

赛事概述

壁网球属于室内运动，比赛节奏快，强度高，与壁球非常相似，但用球更硬，并使用木制球拍。比赛类型分为单打和双打。

球场

球场四面封闭，前墙和侧墙高9米，后墙只有一半高。墙壁和地板表面都坚硬而光滑。前墙上固定着一块木板，木板上沿为击球线，距离地面68厘米。另一条线距离地面3米，为发球线。

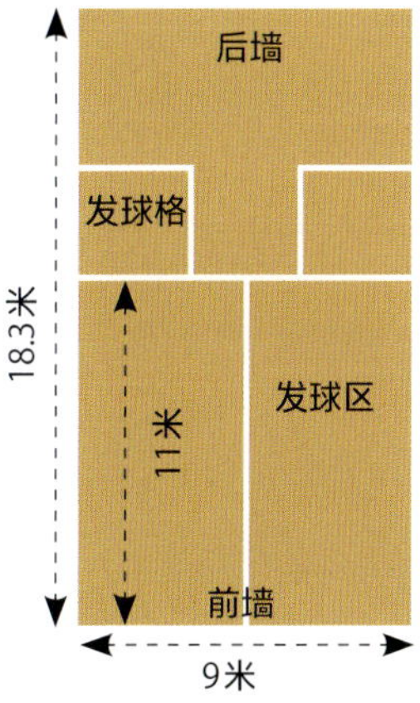

必备知识

- 板手球起源于美国，目前也主要流行于美国。
- 美国板手球协会（United States Paddleball Association）负责管理单壁板手球运动。

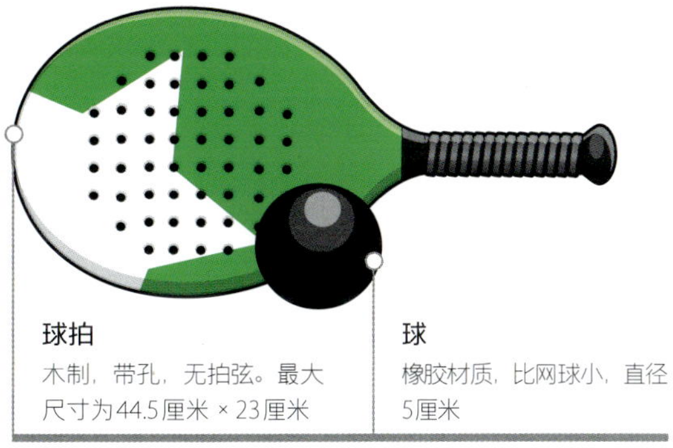

得分

15分制比赛有两次暂停，每次1分钟；21分和25分制比赛有三次暂停，每次1分钟。有些比赛允许使用替补。比赛中，球员可换手持拍，这在球拍运动中极为罕见。

板手球

赛事概述

球员用球拍把球打到球场墙壁上，对方则在球反弹时努力将球击回。有单壁、三壁和四壁制比赛，均有单打和双打之分。单壁和三壁制比赛单局为11、15、21或25分。四壁制比赛为一局21分。

发球规则

发球员必须位于短线和发球线之间的发球区内。如果球在越过短线之前就击中地板，或者球从前墙反弹后先击中两面及以上墙壁，而后才碰到地板，则为非法发球。如果连续两次非法发球，发球方将失去发球权。

球场

最流行的一种板手球是在宽6.1米、长10.3米的场地上进行的，场上只有一堵4.9米高的墙，墙顶有栅栏。距离墙壁4.9米的短线标示着前场区域。长线位于短线之后，与其距离5.4米，标示着后场区域。三壁球场的前场侧墙高3.7～4.9米。四壁球场有天花板，前墙和侧墙高6.1米，后墙至少高3.7米。

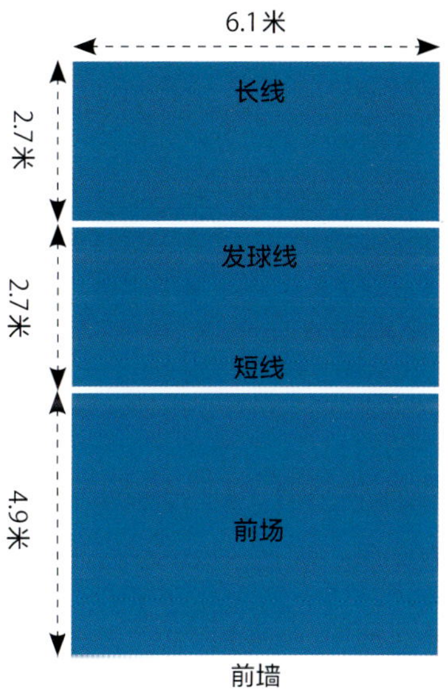

单壁球场

发球方不得越过发球线或短线。发球应击墙反弹落入短线与长线之间的接球区。

必备知识

- 一般认为，回力球是巴斯克以及加泰罗尼亚特色运动。法国和西班牙其他地区、阿根廷、爱尔兰、意大利和墨西哥等地也有开展此项运动。
- 在其发源地西班牙和法国，回力球被称为“还而来（jai alai）”，即巴斯克语的“欢度节日”。
- 技术高超的回力球运动员可击出球速达300千米/时的球。

回力球

赛事概述

回力球是世上速度最快的球类运动。标准回力球（cesta punta）仅限两名球员参加，其他类型的回力球则有双打比赛。球拍形状奇特，兼具球筐功能，绑在手腕上使用。球员努力向墙上掷球，使对手在球反弹两次之前无法将球击回。回力球分为多种类型，包括一对一或二对一的无球拍式回力球（pelota a mano）、拍弦加固的网球拍式回力球（frontenis）、拍弦较松的网球拍式回力球（xare）、木拍式回力球（leather paleta, pala corta）。

运动要求

回力球运动员要有足够的财力或者有赞助才能负担得起球拍，因为球拍都是手工制品，而且常常一场比赛没打完就坏了。球员必须保养好手臂、腿和背部，但髋部更是重中之重，每次击球时都需要髋部重点发力。老球员大多患有髋关节炎。

比赛概述

赢下比赛所需分数在25到50分之间。双打比赛中，发球方和接发球方均可得分。每回合开始前，发球员从发球线后用球拍掷球发球；合法发球必须直接击向前墙墙角金属条上方区域，然后落在地板第4线和第7线之间。一旦比赛进入活球状态，球员便可使用侧墙和后墙。如果球出界，或一方无法回球，则该回合对打结束。一方阻碍另一方时，若无法判定本次对打结果如何，则通常判和球。

重点关注

回力球的核心要求是对打应具有连续性，裁判会密切关注每次击球是否都是连续动作。如果球员用球拍兜住球——即便只持续了一瞬间——该球员就丢了一分。

赌局

橡胶回力球（PELOTA DE GOMA）使用加压充气球，球速快于标准回力球。比赛速度极快，没有慢速回放就很难看清。尽管如此，橡胶回力球仍然极受欢迎，是西班牙下注最多的运动。

球场布局

各类回力球比赛大多都在室内球场（frontons）内进行。球场总长可能有所不同，但都按比例划定区域。前墙、后墙和左墙均为比赛区域。地板（cancha）为抛光水泥，但在边线之外，地板材质变为木头，球落在上面的声音截然不同。右墙为玻璃或有机玻璃板，墙后是观众席。

墙上见真章

有些球员猛力击球，压过对手，但球员大多还是依靠巧妙且具欺骗性的旋转球制胜。极具杀伤力的击球方式包括使球落到后墙墙脚（chula）以及使球先后击中侧墙、前墙、地板，最后落向右墙（carom）。还有击中前墙犯规线稍往上区域的小球（dejada）以及贴近侧墙、几乎无法击回的强力直线球（arrimada）。

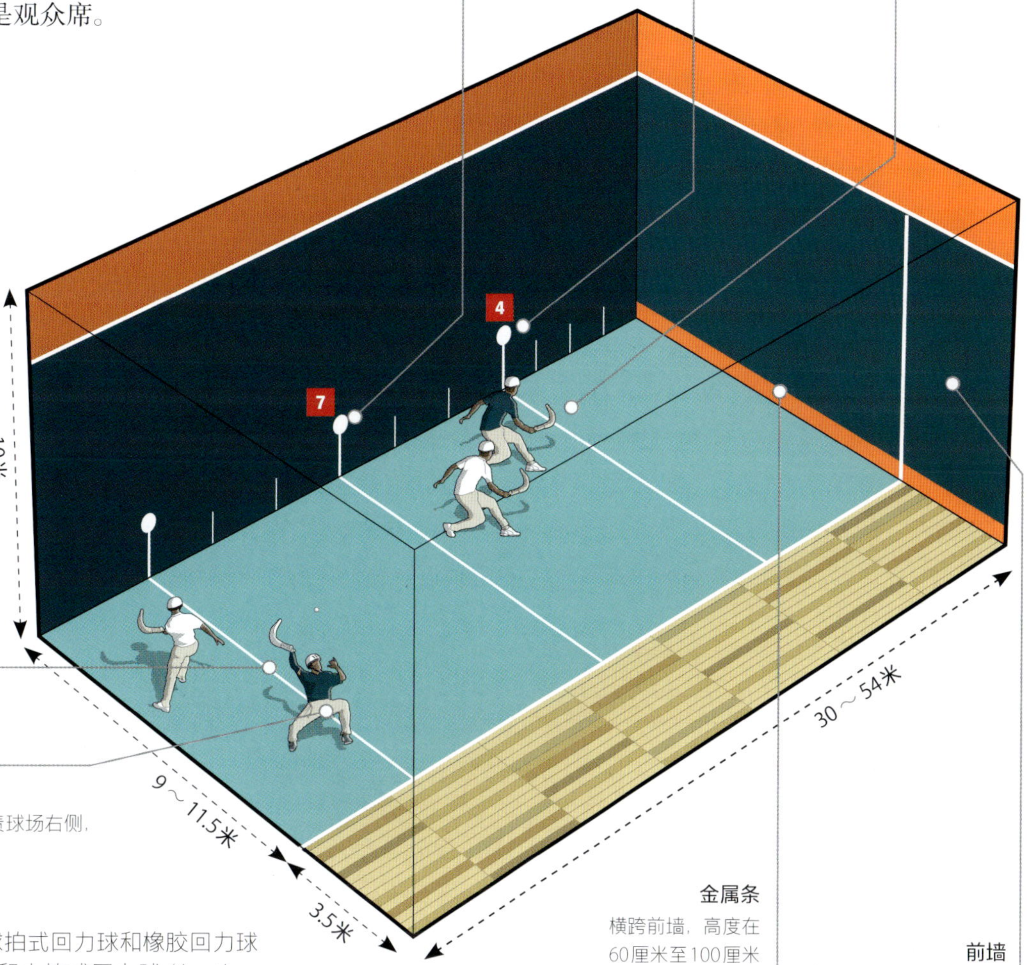

帕萨线（Pasa line）
在墙上用数字7标示；发球必须击中前墙且反弹之后才能触线

法尔塔线（Falta line）
在墙上用数字4标示；发球必须反弹越过此线

前场球员
努力在对打时截球

发球线
发球员（左）必须从此线后发球

后场球员
可以看到，在双打比赛中，非发球员负责球场右侧，将左侧留给队友

室内球场
共有三种标准球场。拍弦加固的网球拍式回力球和橡胶回力球比赛场地长30米；无球拍式回力球和木拍式回力球（leather pelota）比赛场地长36米；标准回力球比赛场地长54米。

金属条
横跨前墙，高度在60厘米至100厘米之间

前墙
由花岗岩制成

特林克特球场

特林克特球场（trinquet）是最特殊的回力球场，为“观赏性运动”一词赋予了全新内涵。侧面台阶也属于比赛区域，观众可坐在上面，但是风险自负（若重视安全，可在楼座观赛）。比赛期间，球员也会利用这些区域，因为如果击中台阶或观众，球将以无法预测的方式反弹，使对手难以击回。

认识绳子

在瓦伦西亚（Valencian）传统特林克特回力球比赛（pelota vasca）中，球场中间悬挂着一条绳子，比赛双方在绳子两端相对而立。也有其他类型的回力球比赛在特林克特球场上进行，球员用球拍或戴手套掷球击前墙。此类比赛包括皮革和橡胶回力球、无球拍式回力球和拍弦较松的网球拍式回力球。比赛用球被称为“小牛球（pilota de vaqueta）”，直径4.2厘米。

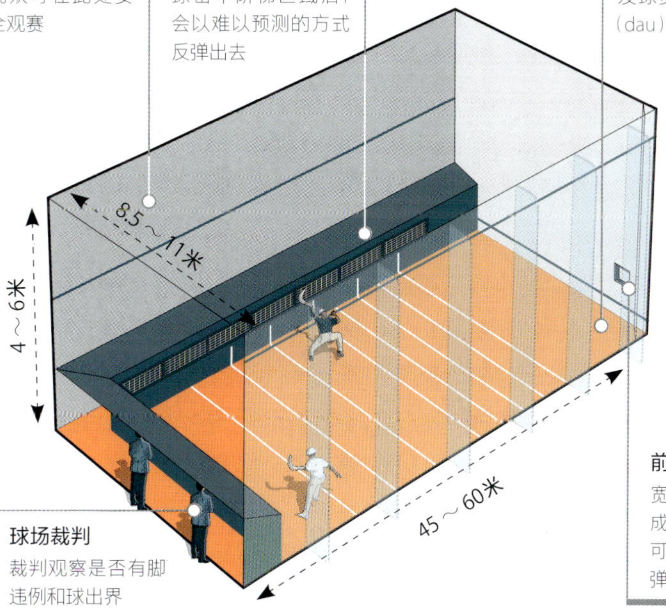

观赛楼座
观众可在此处安全观赛

渐进式
球击中阶梯区域后，会以难以预测的方式反弹出去

发球区
发球员在此发球区（dau）发球

前墙格子窗
宽3厘米，形成了一个凹槽，可使球从中反弹出去

球场裁判
裁判观察是否有脚违例和球出界

格斗运动

COMBAT SPORTS

05

拳击

运动概述

拳击运动员技巧高超，身体健壮。为了让评判员打高分，两名拳手都要努力击中对方，同时要躲开攻对方的拳头。头部和腰部以上部位基本都是指定得分区域。可通过得分或击倒获胜。业余和职业级别拳击比赛有明显区别。顶尖职业拳手位居体育界收入前列。

运动要求

拳手上肢力量强悍——出拳尤其有力——并且极为抗打。拳击属于高强度有氧运动，因此拳手必须全身心投入训练，练出充沛体力。速度、敏捷和反应快都颇有助益，在轻量级比赛中更是如此。

趣闻

500 2017年8月，小弗洛伊德·梅威瑟(Floyd Mayweather Jr.)和康纳·麦格雷戈(Conor McGregor)的世界冠军争夺战付费播放总销售额(以百万美元计)。

45 乔治·福尔曼重获世界重量级冠军的年龄。1994年11月，福尔曼击倒迈克尔·穆勒，获得国际拳击联合会(IBF)和世界拳击协会(WBA)冠军。

135132 拳击比赛现场观众人数纪录。创造这一纪录的比赛是1941年8月托尼·扎尔(Tony Zale)对阵比利·普赖尔(Billy Pryor)。

242 美国羽量级选手威利·佩普(Willie Pep)26年职业生涯(1940—1966年)的出战场数。

必备知识

- 1867，约翰·格雷厄姆·钱伯斯(John Graham Chambers)首次整理出现代拳击全套十二条规则，得到了第九世昆斯伯里侯爵(Marquis of Queensberry)的支持。
- 业余拳击与职业拳击有诸多差异。

拳台

在以前，拳台只是在地上粗略圈出的圆形比赛区域。现代拳台为凸起平台，呈方形，拳台四角设有四个角柱，用螺丝扣将四排平行的围绳固定在角柱上。标准拳台每一侧围绳长度为4.88～7.32米，此外还有60厘米的拳台外延。拳台距离地面90～120厘米，角柱高约1.5米。

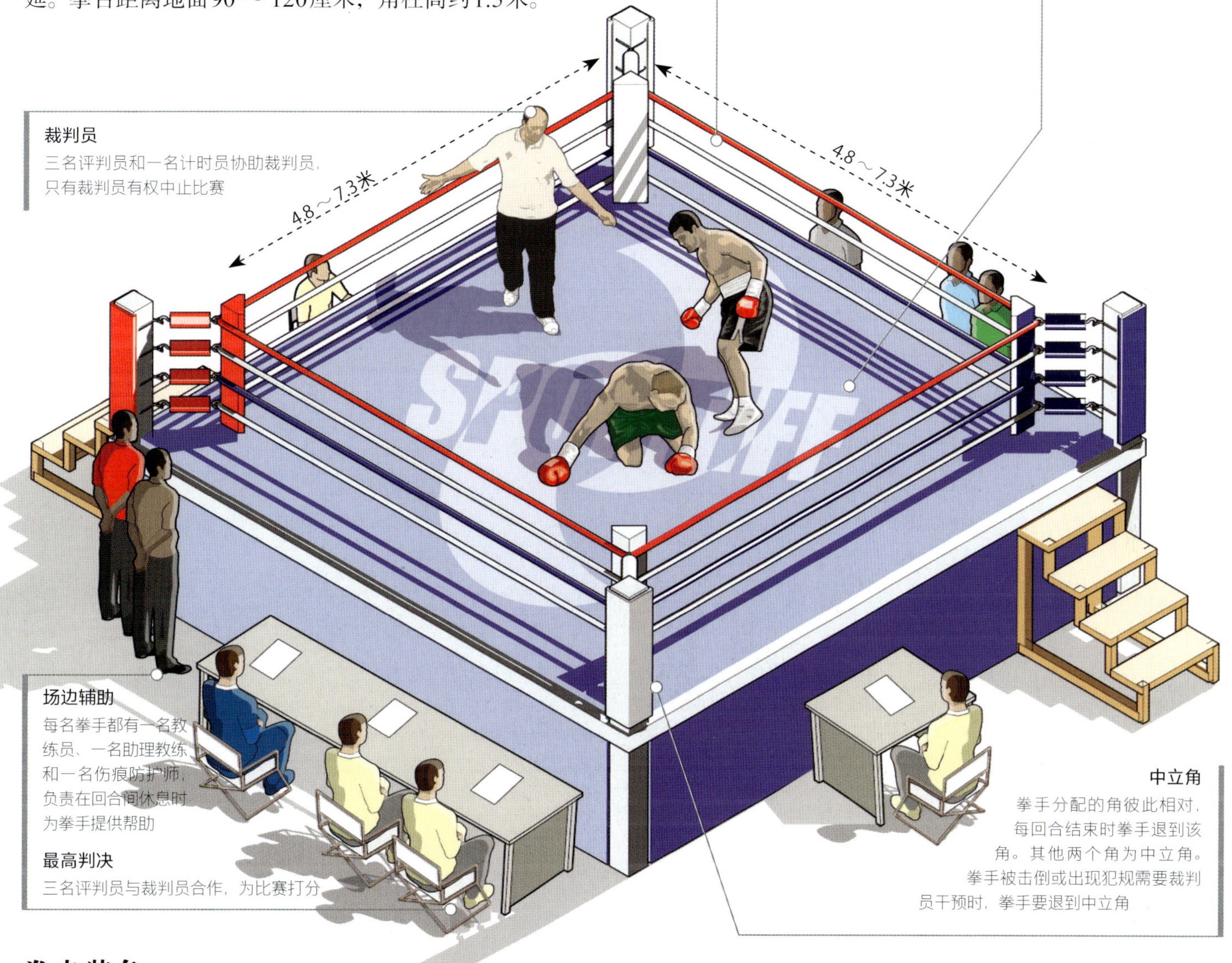

拳击装备

拳手穿着短裤、拳击鞋，并戴加垫手套，手套有两种尺寸，分别重227克和283克，具体取决于拳手体重。职业拳击比赛强制要求戴护齿，护裆可选择穿戴。业余比赛中，拳手还要戴头盔，穿背心，手套也更大、更柔软。拳台上，拳手仅使用上述装备，但在训练时，拳手还会借助自由重量训练器材、沙袋、跳绳、速度球等装备做好应战准备。

安林阿尔普

意大利拳手普里莫·卡尔内拉（PRIMO CARNERA）是1933年重量级冠军。他身材魁梧，高197厘米，重125千克，胃口惊人，据说早餐吃了19片烤面包片、14个鸡蛋、一条面包、四两弗吉尼亚火腿、一升橙汁和两升牛奶。

护裆

对方犯规击打下半身时，可保护拳手裆部。

护齿

佩戴塑料护齿，避免上齿被撞落。

手套

手套有加厚衬垫，保护穿戴者。

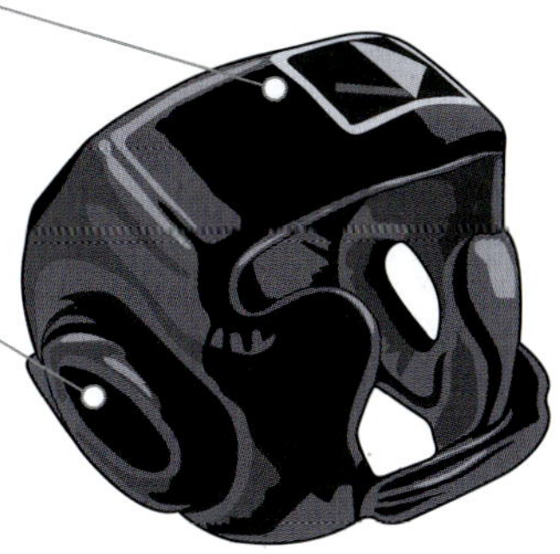

头盔

仅用于业余比赛和专业拳击练习，能加强保护，但影响周边视觉。

拳击规则

在裁判员监督下，两位重量相近的拳手努力用拳头击打对方腰部以上部位，目的是得分高于对手，从而赢下回合，或击倒对方，使其倒地10秒。禁止击打后脑或肾脏部位，也不得用手套开口系带部分击打对方。业余和职业拳击比赛规则也有所不同。

业余拳手

业余拳手穿短裤、背心和拳击鞋，佩戴护齿、护裆和皮革头盔等护具。比赛共三回合，每回合两分钟。用手套指关节部分（白色区域）击拳击中有效，即可得分。整场比赛累计积分，而非仅限于单回合。

职业拳手

职业拳手腰部以上赤裸，不戴头盔。比赛时间也更长——世界冠军赛有十个回合，每回合3分钟，回合之间有1分钟休息时间。每回合由三名评判员打分，满分10分。赢下该回合的拳手得10分，输了的得9分。如果该回合胜负悬殊，出现击倒获胜的情况，则打分为10/8。裁判可对拳手不当行为进行扣分。

读秒

一方被击倒后，裁判员首先护送进攻方到中立角，然后开始数到10。倒地拳手必须在10秒内站起来，表现出自己处于能够继续作战的状态，否则该回合结束。

统计中心

高重量级（手套重283克）	
级别	体重
重量级	91千克以上
次重量级	80～90.5千克
轻重量级	76.5～79千克
超重量级	73～76千克
中量级	70～72.5千克
超次中量级	67～70千克

低重量级（手套重227克）	
级别	体重
次中量级	64～66.5千克
超轻量级	61.5～63.5千克
超羽量级	57.5～59千克
羽量级	56～57千克
超雏量级	54～55千克
雏量级	52.5～53.5千克
超蝇量级	51～52千克
蝇量级	49～51千克

台下功夫

拳击基础训练围绕着身体素质、移动速度、击出刺拳和步法展开。只有稳扎稳打，才能打出好拳法。不同拳法技术将在下文进行介绍。冠军争夺战的前几周，顶级拳手会与教练进行赛前训练，提升拳手综合素质，打造有针对性的作战方式。他们会找与对手体型和作战风格相似的拳手进行对练，并且练习制胜重拳，以期能获得先发优势。

左撇子姿势

拳手击拳姿势和方式分为正统姿势（左臂和左脚在前）或左撇子姿势（右臂和右脚在前）。左利手拳手用右手打出刺拳，用左手打出重拳和勾拳。一些特别灵巧的拳手能在比赛中切换击拳风格。因为拳手大多采用正统姿势，因此面对左利手对手时可能会感到棘手，需要采用另一套战术。

进攻端

为了胜出，拳手必须有侵略性，必须挥拳进攻。因此，单拳和更常见的两三拳组合拳进攻必不可少。为了能连续出拳击中，拳手必须首先控制住对手，否则对方不断移动，难以命中。因此，为了截断对手退路，将对方困在角落，娴熟而敏捷的步法至关重要。

刺拳

刺拳出拳有力，能让对手陷入困境，为后续进攻创造机会。刺拳通常是组合拳里的第一拳。

勾拳

勾拳用于击打对方身体或头部侧边。由于是侧方出拳，所以往往处于被攻击一方的视野盲区。

直拳

用“次”臂（正统姿势时拳手的右臂）击出直拳，直拳覆盖范围更广，便于进攻方回拳。

上勾拳

上勾拳是最具杀伤力的拳法，以半蹲姿势自下往上猛力击打对方下巴。

防守端

拳王穆罕默德·阿里极为擅长躲闪，这种躲避能力可能比出拳命中更重要。有些拳手移动速度极快，对手难以击中。不过，抵御攻击的最佳方式把手肘收到腰部，用手臂和手护住头部和躯干。

交叉拳

用后手从右到左或从左到右击出交叉拳，击打对方头部或躯干。

组合拳

不论单拳打得多么势大力沉，从不同角度左右开弓连续快速出拳造成杀伤的概率要大得多。连续攻击经常迫使对手低手或抬手防御，此时进攻方便可击打漏防区域得分。典型的连续进攻套路可从1到2组攻击头部的组合拳开始。对方抬手防守时，便可横跨一步，用勾拳制胜。

拳手类型

拳手根据自身身体条件以及优劣势选择拳击风格。例如，前重量级拳王迈克·泰森（Mike Tyson）极具侵略性，出拳凶狠，令人生畏。相比之下，小弗洛伊德·梅威瑟则显得优雅沉着，常用巧劲而非蛮力击败对手。

游击型拳手

拉开距离作战的拳击手通常个子高，手脚长，无须靠近对手便可造成杀伤。他们会竭力避免陷入扭打的局面。顶级游击型拳手通常刺拳也很强，前重量级拳王伦诺克斯·刘易斯（Lennox Lewis）便是如此。

肉搏型拳手

相比之下，肉搏型拳手一般比较矮，手脚也比较短，无法拉开距离赢得比赛，因而会利用重心低的特点近距离作战，扰乱对手的步伐，击拳造成杀伤。肉搏型拳手互不相让，比赛总是十分扣人心弦。

力量型拳手

力量型拳手也被称为“重击手”或“单拳手”，重击手在台上大多技巧不足，但力量有余，往往一拳就能击倒对手，因此比赛看起来极为刺激。

倚绳战术

穆罕默德·阿里创造了“倚绳战术（rope-a-dope）”这个词，表示主动靠在围绳上，摆出密不透风的防守架势，吸引对手不断挥拳攻击，直至筋疲力尽。虽然拳击界将倚绳战术视为洪水猛兽，但阿里依旧在多个场合将其加以运用，取得了赫赫战果，1974年在刚果举行的丛林之战（Rumble in the Jungle in Zaire）便是经典战例。前几场比赛里，卫冕冠军乔治·福尔曼挥出数百拳，把对手打得毫无招架之力。第八回合里，阿里运用倚绳战术，将疲惫不堪的福尔曼击倒在地。

幕后故事

自1946年以来，国际业余拳击协会（Association Internationale de Boxe Amateur）便一直是业余拳击运动管理机构。协会负责监管业余拳击规则，主管奥运会拳击比赛，并自1974年以来组织举办世界锦标赛。但职业拳击运动却因管理机构失和与腐败而蒙尘。各类管理机构自行颁发各重量级世界冠军。在现代职业拳击界，极少有拳手是毫无争议的世界冠军。

职业拳击管理机构

职业拳击界关系纷繁复杂，有10余家组织自称是世界职业拳击管理机构，其中四家最具权威性：世界拳击协会成立于1921年，率先开始管理职业拳击运动，但缺乏国际影响力；世界拳击理事会成立于1963年，初衷是创建真正意义上的国际性管理机构；国际拳击联合会前身为美国拳击协会，由脱离世界拳击协会的成员于1983年成立，总部位于新泽西；1988年，对世界拳击协会倍感失望的成员在波多黎各创办了世界拳击组织。

统计中心

姓名	卫冕次数/级别
乔·路易斯	26（重量级）
达留什·米夏尔切夫斯基	23（轻重量级）
里卡多·洛佩兹	21（草量级）
乔·卡尔扎赫	21（超中量级）
萨文·奥特克	21（超中量级）
伯纳德·霍普金斯	20（中量级）
亨利·阿姆斯特朗	19（次中量级）
尤西比奥·佩德罗扎	19（羽量级）
考塞·加拉西	19（超次最轻量级）
拉里·霍姆斯	19（重量级）

奥运会重量级金牌

年份	姓名	国家
2016	叶夫根尼·季先科	俄罗斯
2012	奥列克山大·乌西克	乌克兰
2008	拉希姆·恰基耶夫	俄罗斯
2004	奥德兰尼尔·索利斯·丰特	古巴
2000	费利克斯·萨翁	古巴
1996	费利克斯·萨翁	古巴
1992	费利克斯·萨翁	古巴
1988	雷·默瑟	美国
1984	亨利·蒂尔曼	美国
1980	特奥菲洛·斯蒂文森	古巴

职业生涯出战场数排行榜

姓名	级别	出战场数
伦·威克瓦尔	轻重量级	463
杰克·布里顿	次中量级	350
约翰尼·邓迪	羽量级	333
比利·伯德	次中量级	318
乔治·马斯登	多级别	311
马克西·罗森布鲁姆	轻重量级	299
哈利·格勒布	中量级	298
杨·斯特里布林	轻重量级	286
巴特林·列文斯基	轻重量级	282
泰德·（基德·）刘易斯	次中量级	279

部分顶尖拳手原名

原名	比赛用名
沃克·史密斯	苏格·雷·罗宾逊
安东尼·泽斯基	托尼·扎尔
罗科·巴贝拉	洛基·格拉齐亚诺
阿诺德·克里姆	泽西·乔·沃尔科特
约瑟夫·巴罗	乔·路易斯
罗科·马尔西阿诺	洛基·马尔恰诺
杰拉尔多·冈萨雷斯	基德·加维兰
朱达·贝格曼	杰基·（基德·）博格
威廉·吉格勒莫·帕帕莱奥	威利·佩普
埃利焦·萨迪尼亚斯·蒙塔尔博	基德·绍科拉特
阿奇博尔德·利赖特	阿奇·摩尔
理查德·伊赫图	迪克·泰格

运动要求

反应快、身手敏捷、脚步迅速是击剑冠军的重要特质。他们往往身轻如燕，柔韧性强。沉着冷静、平衡感良好、手眼协调也是其必备特征。心理技能与身体技能一样重要：注意力集中、思维敏捷和战术意识都很重要。

必备知识

- "击剑（fencing）"一词源于"防御（defence）"一词，后者则源自剑术在战场上发挥核心作用的时期。
- 根据比赛用剑，即花剑、重剑和佩剑，也有相对应的三种比赛类型。
- 击剑主要发源于欧洲，与法国和意大利有着深厚的渊源，因此许多在用击剑术语为法语。

趣闻

25 参加1896年奥运会击剑比赛的运动员人数。只有四项运动从未缺席历届现代奥运会，击剑便是其中之一。

5 击剑是奥运会现代五项之一，与射击、游泳、马术和跑步并列。

13 意大利选手埃多阿尔多·曼贾罗蒂（Edoardo Mangiarotti）获得的奥运奖牌数量，其中包括6枚金牌。如今依旧无人能打破他的击剑奖牌数纪录。

7 20世纪30年代，纽约大师赛（Masters Championship）一局比赛的时长（按小时计）——此后，一局比赛时间限制为30分钟。如今一局比赛只用时3分钟。

击剑

运动概述

击剑比赛时，双方手持轻质钝尖剑进行对决，用剑尖击中对手身上目标区域得分。目标区域由比赛所用武器类型决定。现代击剑发源于有数百年历史的斗剑传统。16世纪，剑术不再只是生存手段，而是作为一项运动逐步发展起来。击剑是1896年首届现代奥运会比赛项目，此后也一直在奥运赛场上亮相。

"迪索尼申科"

1976年奥运会正值冷战高峰期，其间一场丑闻撼动了整届奥运会。苏联选手鲍里斯·奥尼申科（BORIS ONISCHENKO）对阵英国选手吉姆·福克斯（JIM FOX）的比赛中，福克斯怀疑对方犯规，最终发现奥尼申科在重剑上做了手脚，伪造击中数。奥尼申科被媒体冠以"作弊奥尼申科（DISONISCHENKO）"的称呼，他与苏联五项全能代表队全员都被取消资格。

剑道

剑道为长条状凸起平台。剑道两端各有一片延长区。平台凸起高度并非一成不变；剑道有一定离地高度，便于观众观看比赛。剑道上覆盖着防滑导电网，剑触地时可中和电信号。

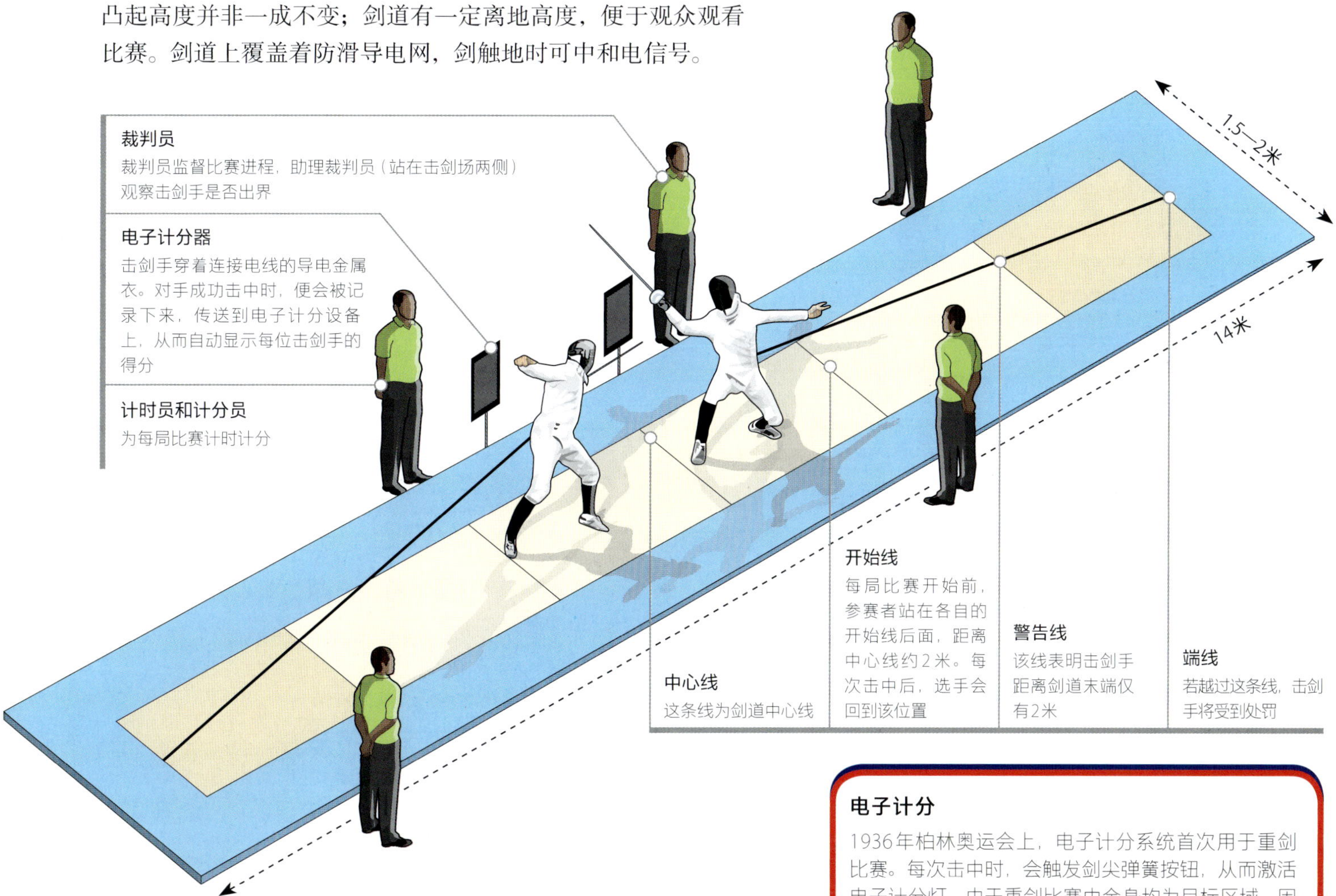

电子计分

1936年柏林奥运会上，电子计分系统首次用于重剑比赛。每次击中时，会触发剑尖弹簧按钮，从而激活电子计分灯。由于重剑比赛中全身均为目标区域，因此较为容易采用一套可靠的计分系统。直到1956年墨尔本奥运会，电子计分系统才首次用于花剑比赛。需要用导电上衣覆盖目标区域，设备才能区分“击中”和“未击中”。

选择武器

击剑中，有三种剑：花剑（新手通常用以学习击剑）、重剑和佩剑。每种剑都有相应得分区域，也有相应的成套独特规则。精英击剑手一般专攻其一，而非寻求样样精通。

花剑

花剑重量轻，剑身柔韧，施加在剑尖按钮上的压力必须超过500克方能算击中。

重剑

重剑比花剑更为厚重坚硬，需要在剑尖按钮上施加750克的压力才能算击中。全身均为有效目标区域。

佩剑

佩剑比赛可用剑刃和剑尖得分。没有按钮：为安全起见，剑尖向后翻折合拢。

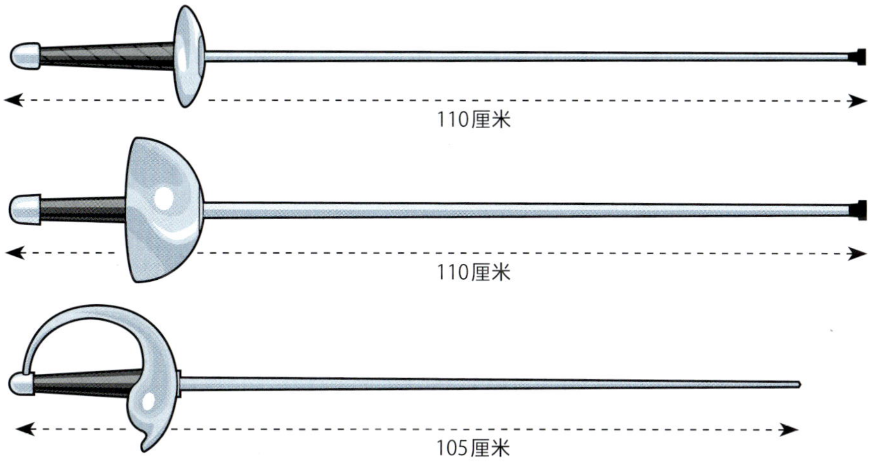

手柄

手柄是击剑者抓握武器的地方。主要有四种握法：法式、意大利式、西班牙式和手枪式。法式握法（如右图所示）很受击剑新手和高手的欢迎。

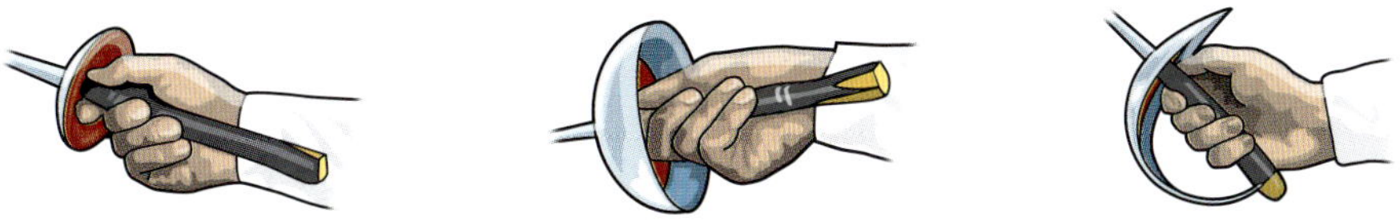

比赛规则

一场击剑比赛有三局，每局三分钟，每两局之间休息一分钟。先得15分者获胜，或在规定时间结束时得分较高者获胜。选手通过合法触击对手身体目标区域得分。三个剑种各有其目标区域。如果击剑手越过己方一侧剑道端线，则对手得一分。奥运会上，没有预赛，只有淘汰赛。

击剑术语

击剑在法国、意大利和西班牙广受欢迎，许多术语均为法语：

攻击剑（ATTACK AU FER）：攻击对手的剑。

互撞（CORPS À CORPS）：字面意思为“身体对身体”，即击剑手出现身体接触（违规动作）。

重击（COUP SEC）：字面意为“干”击，指刀刃猛然相会，发出脆响。**滑步闪避（DÉROBEMENT）**：滑步避开对手的剑。

下线（DESSOUS）；**上线（DESSUS）**；**进攻动作的最后一部分（FINALÉ）**；**防守漏洞（JOUR）**：可针对防守漏洞发起进攻。**用持剑手臂反复刺戳（REPARTÉE）**；**击中（TOUCHÉ）**：用剑触碰得分区域。

花剑

花剑比赛的目标区域最小，集中在对手躯干上。只有击中该区域，电子计分系统才会记为有效。

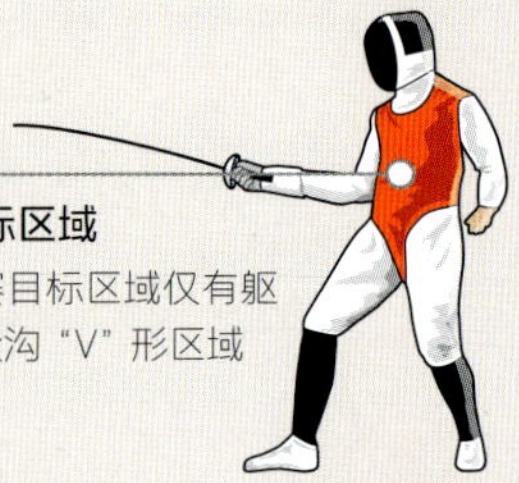

重剑

重剑比赛中，击中身体任何区域均有效，不过主要还是攻击对手最靠前的区域，例如手、手臂或前脚。

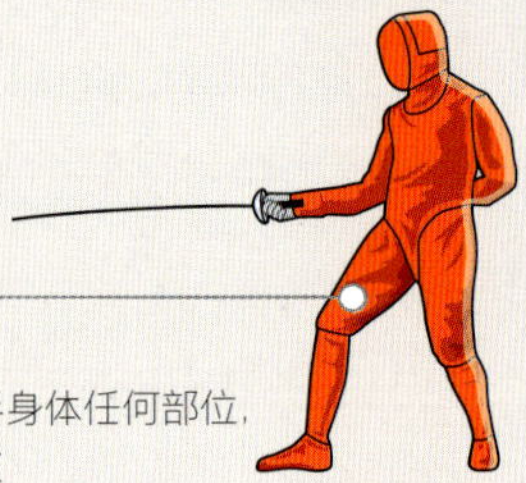

佩剑

比赛目标区域覆盖整个上半身，包括手臂和头部。佩剑比赛击剑速度快如闪电，比赛内容通常包括攻击和佯攻。

基本目标区域

躯干是主要目标区域（也是花剑中唯一的目标区域）。为便于攻击，躯干分为四个区域：上半身为高线；下半身为低线。

内外线

躯干的四部分区域也可分为内外线。面向持剑手手心一侧的两个目标区域为内线。面向持剑手手背一侧的两个目标区域为外线。

高线

有两个高线区域，每个均可再细分为两个区域。攻击第四目标区域和第六目标区域时，持剑手手掌向上。攻击第三目标区域和第五目标区域时，持剑手手掌向下。

白衣黑剑

传统击剑比赛服装为白色，不过国际击剑联合会（International Fencing Federation）也已批准使用其他浅色。白色击剑服颇有复古感，令人回忆起电子计分系统出现之前的年代：那时用烟灰或墨水覆盖剑身，一旦击中，对手上衣就会有明显印记。

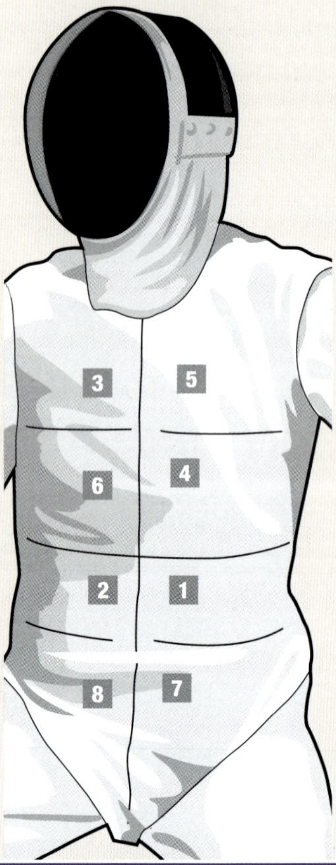

八大目标区域

躯干有四个目标区域，每个区域都可再细分为两部分，包括：第一（prime）、第二（seconde）、第三（tierce）、第四（quarte）、第五（quinte）、第六（sixte）、第七（septime）和第八（octave）目标区域。

1 **第一** 第一目标区域位于低线

2 **第二** 第二目标区域位于低线

3 **第三** 第三目标区域位于高线

4 **第四** 第四目标区域位于高线

5 **第五** 第五目标区域位于高线

6 **第六** 第六目标区域位于高线

7 **第七** 第七目标区域位于低线

8 **第八** 第八目标区域位于低线

预备

比赛开始时，击剑手在各自开始线后就位。裁判员喊“预备！”表示比赛开始。比赛激烈，节奏快（因此电子计分系统必不可少），包含一系列攻击、防守和反击。花剑和佩剑比赛中，“主攻优先得分权”规则决定了击剑手同时击中对方时，一般是进攻方赢得了这一分。重剑比赛中，双方各得一分。

击剑礼

击剑运动非常重视传统，运动员遵守严格的礼仪和荣誉守则。行击剑礼便是其中重要部分。赛前双方互相行礼，垂直举剑，放在面前。运动员也向裁判员和观众致敬。一局比赛结束后，双方再次互相行礼并握手。

攻防

击剑技术侧重于击中对手身体合法目标区域而得分。比赛中，攻守动作同等重要，技术高超的击剑手能挡下攻击，进而反击。传奇历险电影中，常常能看到演员动作夸张，进攻勇猛，但击剑比赛通常更需要细微精确的动作来击中对方或进行躲闪——正所谓明枪易躲，暗箭难防。

攻击

攻击时，将持剑臂伸向对手。肩部以下手臂完全伸直，以连续动作攻击。向前弓步能增加进攻力度。

格挡

格挡是一种防守动作，旨在阻挡对方武器，使其偏离预定攻击路线。不同目标区域有相应格挡名称，例如“第四目标区域”格挡。

反击

格挡之后紧接着进行反击。一旦武器被挡开，进攻方就出现了防守漏洞，防守者便可借机反击。可在格挡后直接反击，也可延后。

幕后故事

击剑发源自古埃及人和古罗马人的对战形式，不过现行规则则大致基于18世纪和19世纪时欧洲形成的惯例。击剑管理机构是国际击剑联合会（Fédération International d’Escrime, FIE），1913年成立于巴黎，旨在制订标准规则，为举办国际击剑锦标赛铺平道路。除奥运年外，国际剑联每年都组织举办世界锦标赛。自1896年首届现代奥运会以来，击剑一直是奥运项目，女子项目于1924年首次亮相。

国际击剑联合会

国际剑联成立于1913年，总部位于瑞士洛桑，负责制定国际赛事规则和条例，目前有153个附属的国家击剑联合会。

一再挫败

1924年奥运会上，火药味很浓，双方选手对练时竟动了真格，仅两分钟后，就见了血——但比赛秩序也恢复了。

统计中心

奥运会男子花剑冠军

年份	姓名	国家
2016	丹尼尔·加罗佐	意大利
2012	雷声	中国
2008	本杰明·克莱布林克	德国
2004	布里塞·古亚尔BRICE GUYART	法国
2000	金永浩	韩国
1996	亚历山德罗·普奇尼	意大利

奥运会女子花剑冠军

年份	姓名	国家
2016	伊娜·德里格拉佐娃	俄罗斯
2012	艾丽莎·迪·弗朗西斯卡	意大利
2008	瓦伦蒂娜·维扎利	意大利
2004	瓦伦蒂娜·维扎利	意大利
2000	瓦伦蒂娜·维扎利	意大利
1996	劳拉·巴迪亚	罗马尼亚

奥运会男子重剑冠军

年份	姓名	国家
2016	朴胜勇	韩国
2012	鲁本·利马多	委内瑞拉
2008	马泰奥·塔格利亚里奥	瑞士
2004	马塞尔·费舍尔	瑞士
2000	帕维尔·科洛布科夫	俄罗斯
1996	亚历山大·别克托夫	俄罗斯

奥运会女子重剑冠军

年份	姓名	国家
2016	埃迈谢·赛斯	匈牙利
2012	雅娜·舍米亚金娜	乌克兰
2008	布里塔·海德曼	德国
2004	提米亚·纳吉	匈牙利
2000	提米亚·纳吉	匈牙利
1996	劳拉·弗莱塞尔	法国

奥运会男子佩剑冠军

年份	姓名	国家
2016	阿隆·斯拉奇	匈牙利
2012	阿隆·斯拉奇	匈牙利
2008	仲满	中国
2004	阿尔多·蒙塔诺	意大利
2000	米海·克劳迪乌·科瓦柳	罗马尼亚
1996	斯坦尼斯拉夫·波兹尼亚科夫	俄罗斯

奥运会女子佩剑冠军

年份	姓名	国家
2016	亚纳·叶戈里安	俄罗斯
2012	金智妍	韩国
2008	马瑞尔·扎古尼斯	美国
2004	马瑞尔·扎古尼斯	美国
2000	未赛	
1996	未赛	

必备知识

- 自由练习是学习柔道技巧和战术的最佳方式。一般认为，自由练习是提高肌肉力量、促进心血管健康、加快反应速度和磨炼抗打击能力的最有效方法。
- 绞技和“勒”是极为有效的柔道技巧。绞住颈部两侧颈动脉，从而切断大脑供血；“勒”则阻断了前颈空气流通。这两种方式都会让对手在短短几秒内失去意识。
- 日本东京讲道馆柔道学院（Kodokan Judo Institute）是柔道的精神家园，由柔道创始人嘉纳治五郎（Jigoro Kano，1860—1938年）于1882年创立。

柔道

运动概述

19世纪，在日本人嘉纳治五郎的教授下，柔道逐渐发展起来。柔道发源于有着数百年历史的柔术，属于徒手格斗运动，严禁任何形式的拳打脚踢。选手的目标是将对手摔倒在地、使对方动弹不得，以及通过锁臂或绞技使对手认输，从而获得一个一本（ippon）得分——相当于打出了击倒对方的一拳。

比赛场地

比赛场地大小要符合国际柔道联合会（International Judo Federation，IJF）的规则。地板上覆盖着榻榻米保护垫，尺寸通常为2×1米，运动员被摔在垫子上时，能起到缓冲作用。传统榻榻米由稻草压制而成，如今压制泡沫材质更为常见。比赛大多在8×8米的比赛区内进行，比赛区面积最大不超过10×10米。国际柔联还要求划出3米的安全区。比赛区和安全区共同组成比赛场地。

长袖上衣
国际比赛中，柔道运动员身穿蓝色或白色长袖上衣（uwagi），面料为厚棉布。上衣尺寸和宽松度必须符合规定

腰带
腰带长3米，腰带颜色表示段位

裤子
裤子（zubon）由轻质类帆布面料制成，采用双针缝合，且膝盖处加厚

裁判
裁判站在比赛区内，喊道“比赛开始！”比赛便由此拉开序幕。主裁判判断比赛情况，并向计分员示意分数。如有争议，主裁判会与两名角球裁判共同商议后做出判决。

颜色区分
比赛中，比赛区榻榻米颜色与安全区榻榻米颜色不同。可任意搭配颜色。

安全区
安全区宽3米，位于危险区外侧。安全区并非完全属于界外。柔道运动员将对手摔到安全区后，如果跨步进入安全区，则可得分。但运动员如果故意跨出比赛区，则将自动受到一次处罚

运动要求

人人皆可练柔道。柔道有不同重量级，因此没有体型限制，男女均可参与。力量很重要，但敏捷同样重要。

趣闻

67 官方柔道投技种类。

3 2019年全球柔道10段的选手数量。

200 隶属于官方柔道管理机构国际柔联的国家联合会数量

77 1938年嘉纳治五郎去世时的年龄。

7 奥运会柔道重量级数。

10 被施加绞技后，选手平均会在10秒内失去意识。

腰带体系

柔道腰带颜色与选手等级或段位相对应。传统上，有六个入门级。西方柔道中，不同级对应的腰带颜色为：白色（六级）、黄色（五级）、橙色（四级）、绿色（三级）、蓝色（二级）和棕色（一级）。有的国家设置了更多级别及腰带颜色。日本柔道初学者通常系白腰带，即便升到入门级一级也是如此。12个进阶级则与腰带颜色关系更为紧密。初段至五段系黑色腰带。六段到八段系红白或黑白相间的腰带。9到11段系纯红色或纯黑色腰带。十二段对应的腰带与初学者的纯白腰带相同，只是更宽些。

记分牌

记分牌显示比赛用时、每位选手累计得分和所受处罚。柔道有三类分数，如下图记分牌顶部区域所示（从左到右）："I"表示"一本（ippon）"，"W"表示"技有（waza-ari）"，"Y"表示"有效（yuko）"。柔道有两类处罚，用记分牌中间一行字母旁边的红灯表示。"H"表示"立即取消比赛资格（hansokumak）"，"S"表示"指导（shido）"。若一方四次受到指导处罚，则失去比赛资格。

计时员
有两名计时员，一名负责比赛计时，另一名则在裁判宣布"固技开始"时为固技计时

计分员
计分员和比赛记录员负责记录比赛得分和整体过程

白方
白衣运动员获得一个一本得分，赢下比赛。记分牌显示白方三次受到指导处罚

秒表
国际男子比赛时限为5分钟，女子比赛为4分钟

蓝方
蓝方运动员获得两个有效得分和一个技有得分，受到一次指导处罚

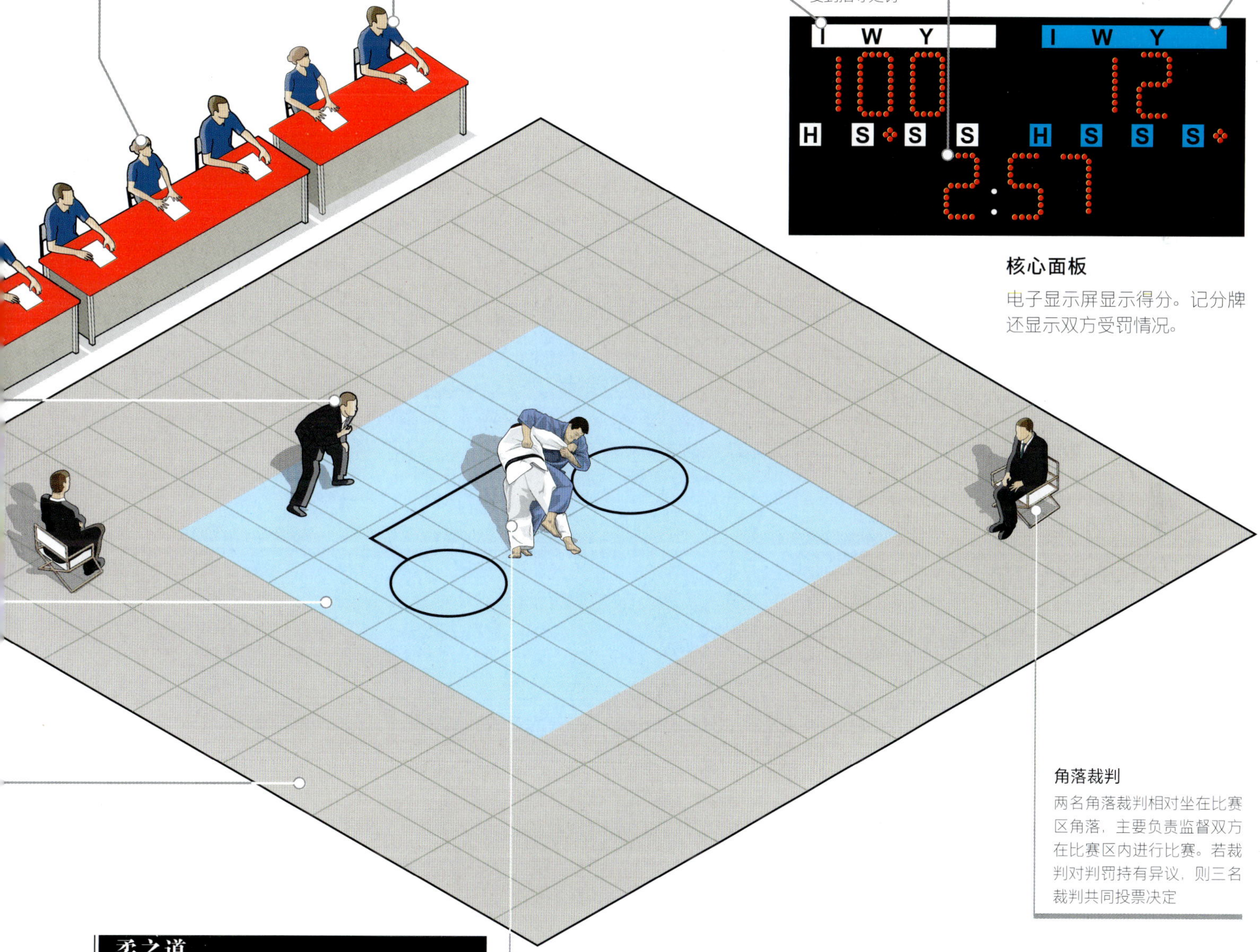

核心面板
电子显示屏显示得分。记分牌还显示双方受罚情况。

角落裁判
两名角落裁判相对坐在比赛区角落，主要负责监督双方在比赛区内进行比赛。若裁判对判罚持有异议，则三名裁判共同投票决定

柔之道

柔道在日语中表示"柔之道"，旨在将对方力量转化为自身优势。柔道目标是扰乱对方平衡和势头，从而以最省力的方式将对方重重摔倒在地。

柔道
比赛中，首位应台出战的选手穿蓝色柔道服，对手则穿白色柔道服。比赛开始和结束时，每位参赛者站在与其柔道服颜色相对应的标志线上，并鞠躬以示尊重。如果比赛中裁判大喊"暂停（Matte）！"两名参赛者都会回到各自的标志线上。

基本柔道抓握方法

基本握法是抓握对方衣袖和直门，即右手抓握对手上衣直门，左手抓握对手右肘下方衣袖。基本握法是投技绝佳的起手动作。

交手规则

国际柔联负责发布柔道规则。最新规则鼓励更加动态化的比赛风格——选手若一味防守，会受到重罚。

一本、技有、有效、效果

柔道比赛有四类得分。获得一个一本得分便可直接赢下比赛，两个技有得分相当于一个一本得分，亦可直接赢下比赛。有效和效果为次级得分。如果比赛结束时无人获得一本得分，则考虑次级得分数量。

处罚

柔道选手应公平作战，且秉持柔道精神。犯规会受到重罚。四级处罚为：一级指导（简称指导，shido）、二级指导（注意，chui）、三级指导（警告，keikoku）和取消资格（hansokumake）。处罚为累进制。

进攻选项

柔道比赛有两大阶段。站立阶段（立技，tachi-waza）目标是控制住对方，迅速发力，将对方摔倒，使其背部着地。倒地阶段（寝技，ne-waza）目标是将对方压制在地上，或迫使对方认输。

投技

柔道选手可施展势大力沉且控制得当的投技（nage-waza），迫使对方背部着地，获得一个一本得分，从而直接赢得比赛。不过在实际比赛中，双方势均力敌，因此运用投技通常会获得效果、有效或技有得分。

大腰

大腰（o-goshi）是柔道创始人嘉纳治五郎开发的传统投技之一，属于投技中的腰技（koshi-waza），即以髋部为支点把对方摔倒在地，有多种类型。大腰是入门必学的投技。

一本背负投

一本背负投（ippon seoinage）是顶级柔道比赛中最常见的投技，属于投技中的手投（te-waza）。一本背负投是从肩膀上把对手摔到地上，就好比从肩上扔出一袋米。

巴投

投技中的舍身技（sutemi-waza）运用起来极为危险，因为选手要倒在地上施展动作。其中一种舍身技是巴投（tomoe nage），是把脚将放在对方腹部或大腿上，从头上或肩上将对方摔出。

大外刈

大外刈（osoto gari）是嘉纳治五郎用过的另一种原始柔道投技，属于投技中的足技（ashi-waza）。足技是用一条腿扫开对方一条腿。若运用得当，大外刈能精确攻击对方负重腿，使其摔倒。

趣闻

7 在未控制住对方，且未发猛力的情况下，使对手背着地摔倒时能获得的分数。

2 双方交手过程分为立技和寝技两大阶段。

4 施展投技时，有以下四步：使对手失去平衡、摆好架势、施展动作、收尾。

25 把对方压在地上25秒，即可赢得比赛。

压制

抑込技（osaekomi-waza）属于固技，旨在将对手压制在地面上。使用固技时，若对方双肩接触地面超过25秒，则获得一个一本得分。若压制对方的时间较短，则可获得技有（20—24秒）、有效（15—19秒）或效果（10—14秒）得分。

武士运动

柔道部分源自武士徒手格斗技柔术。奥林匹克运动中，只有柔道允许参赛选手用降服技使对方窒息。

袈裟固

因为柔道基本抓握方法已经要求一手抓握对方直门，一手靠近对方肘部，所以许多柔道投技最终以寝技阶段的袈裟固（kesa gatame）收尾。

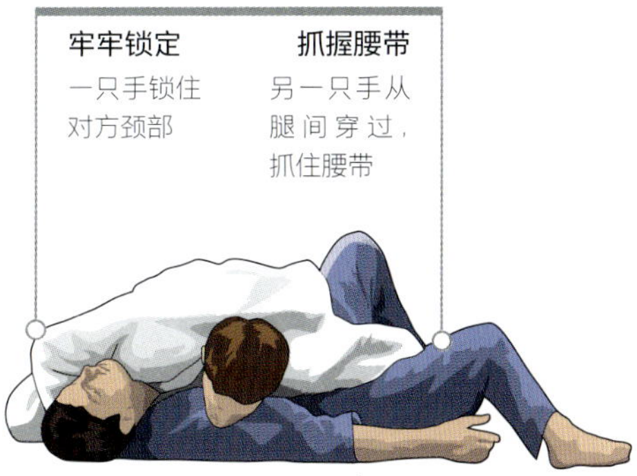

横四方固

运用此固技时，运动员躺在对方胸上，锁住对方颈部和腿部，一只手环绕对方颈部，抓住直门。另一只手从对方腿间穿过，从后方抓住对方腰带。

降服技

通过关节技（kansetsu-waza）或绞技（shime-waza）实现降服技。出于安全考虑，比赛唯一允许使用的关节技是手臂固技。绞技同样危险，比赛中使用绞技通常有年龄和级别限制。

送襟绞

柔道选手一只手从对手腋下穿过，抓住另一侧直门，同时另一只手臂环绕对方颈部，并将手伸向对方直门。

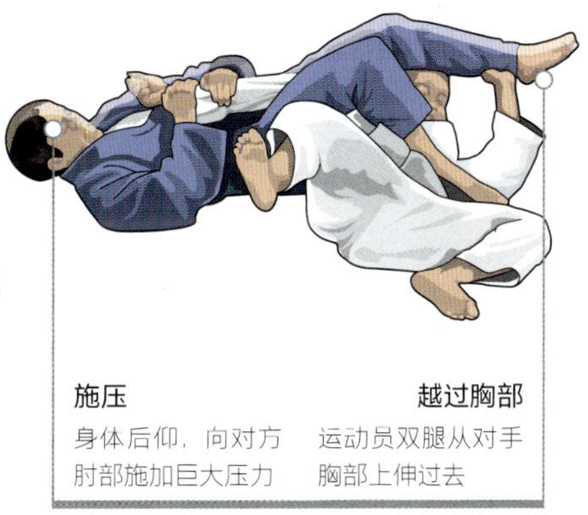

十字固

如上图所示，运动员双腿跨过对方胸部，用大腿锁住对方手臂，把对方手臂手腕固定在自己胸前，身体后仰，向对方肘部施加压力。

统计中心

奥运会重量级别

女子	男子
+78千克	+100千克
78千克	100千克
70千克	90千克
63千克	81千克
57千克	73千克
52千克	66千克
48千克	60千克

男子重量级奥运会冠军

年份	冠军	国籍
2016	泰迪·莱纳	法国
2012	泰迪·莱纳	法国
2008	石井慧	日本
2004	铃木桂治	日本
2000	大卫·杜耶	法国
1996	大卫·杜耶	法国
1992	大卫·哈卡列什维利	联合队
1988	斋藤仁	日本
1984	斋藤仁	日本
1980	安杰洛·帕里西	法国
1976	谢尔盖·诺维科夫	苏联

女子重量级奥运会冠军

年份	冠军	国籍
2016	艾米丽·昂代尔	法国
2012	伊达利斯·奥蒂斯	古巴
2008	佟文	中国
2004	塚田真希	日本

幕后故事

柔道在1964年东京奥运会上首次亮相，与1968年墨西哥城奥运会失之交臂，但自1972年慕尼黑奥运会以来便一直是奥运会男子项目。1988年，女子柔道被列为汉城奥运会表演项目。1992年，女子柔道成为巴塞罗那奥运会正式奥运会项目。男子、女子和青少年世界锦标赛每两年举行一次。

管理机构

国际柔联是世界柔道管理机构。国际柔联成立于1951年，由非洲、亚洲、美洲、欧洲和大洋洲联合会组成。

必备知识

- 相扑运动员（sumotoris）亦被称为力士（rikishi）。
- 从公元453年日本举办首场相扑比赛，一直到20世纪90年代，相扑都仅限男性参与，但国际相扑联合会（International Sumo Federation）现在也积极鼓励女性参与。
- 相扑比赛的复杂仪式源于神道教宗教习俗：例如，在土俵上撒盐是为了避邪。

相扑

运动概述

相扑选手努力将对手摔出土俵或使其失去平衡，迫使对方脚以外的部位着地。许多比赛不过持续几秒钟，但相扑技术、战术和仪式的吸引力经久不衰，令数百万人着迷。相扑可能发源于公元前3世纪的中国，但直到20世纪，相扑比赛大多都只在日本举行，此后才逐渐在世界各地流行开来。

四个角
装饰四个角，象征一年四季

三角形屋顶
该建筑与神社相似；力士总是从东西两侧进入

悬在空中
用绳索、金属丝或杆子从顶部将屋顶吊在空中

悬空屋顶
土俵上方吊起来的建筑物是悬空屋顶（tsuriyane）。传统悬空屋顶与神社屋顶相似，但在部分现代场馆中，悬空屋顶可能只是一片有机玻璃。

髷
髷（Chon-mage）指的是相扑发髻和油亮的头发。头发与等级相关：级别越高，顶髻越复杂

相扑腹带
这条粗腹带由一条长约10米的丝带制成，反复缠绕在相扑选手腹部，并在双腿之间固定

抬腿
赛前，选手通过这种仪式性姿态展现力量

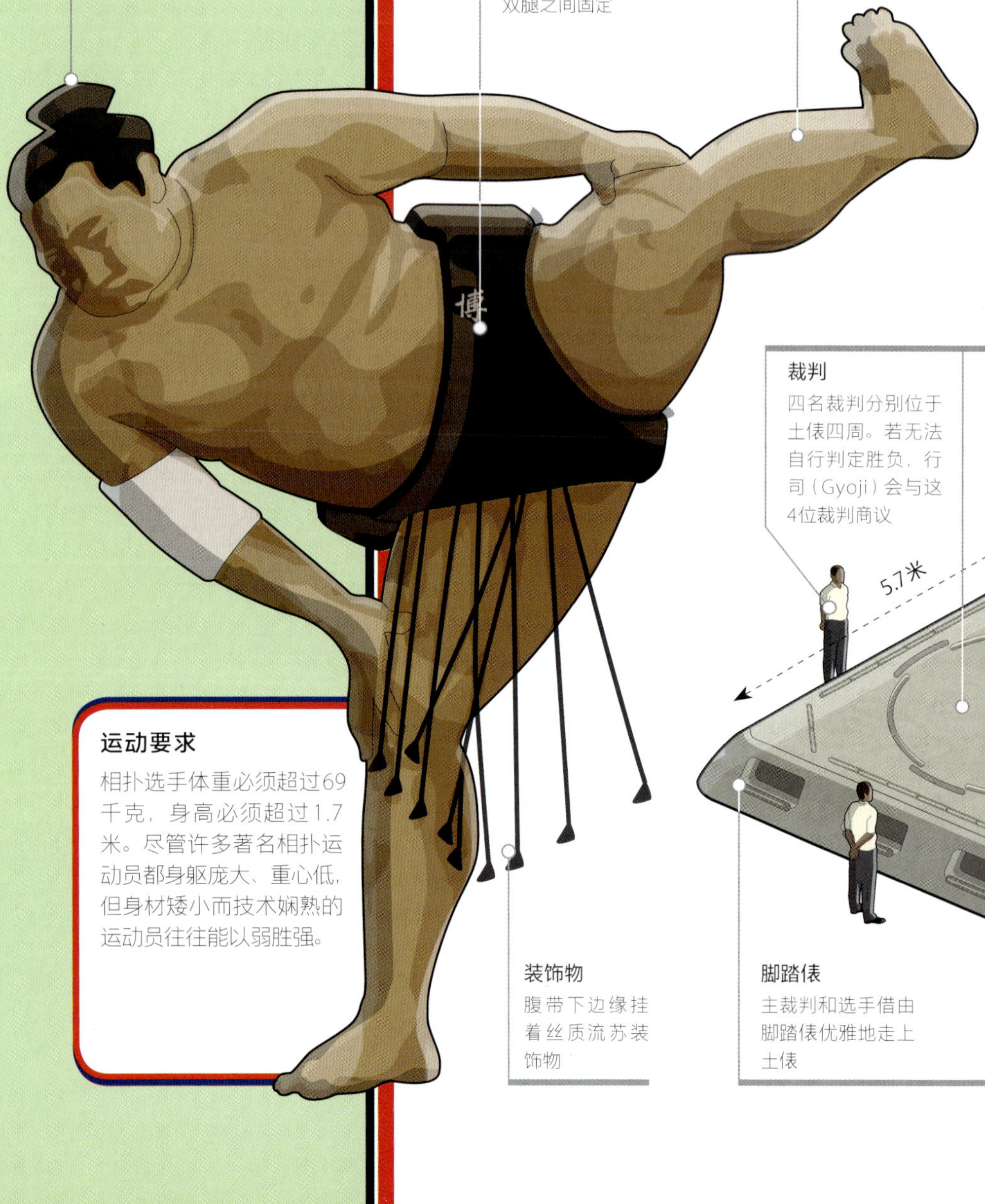

装饰物
腹带下边缘挂着丝质流苏装饰物

运动要求
相扑选手体重必须超过69千克，身高必须超过1.7米。尽管许多著名相扑运动员都身躯庞大、重心低，但身材矮小而技术娴熟的运动员往往能以弱胜强。

比赛区

相扑比赛在方形平台土俵（dohyo）上进行，土俵内划出了圆形比赛区域。根据神道教义，该区域为圣地。每逢重大赛事，都会新建土俵。圆圈边缘要撒上沙子，以便选手触碰边缘区域时裁判能及时发现。

裁判
四名裁判分别位于土俵四周。若无法自行判定胜负，行司（Gyoji）会与这4位裁判商议

比赛区域
圆形泥土表面覆盖着沙子，位于离地34至60厘米的平台上

行司（Gyoji）
行司为主裁判，身穿武士和服，手持日本将军军配团扇，戴的帽子与中世纪神道教神职人员的相似

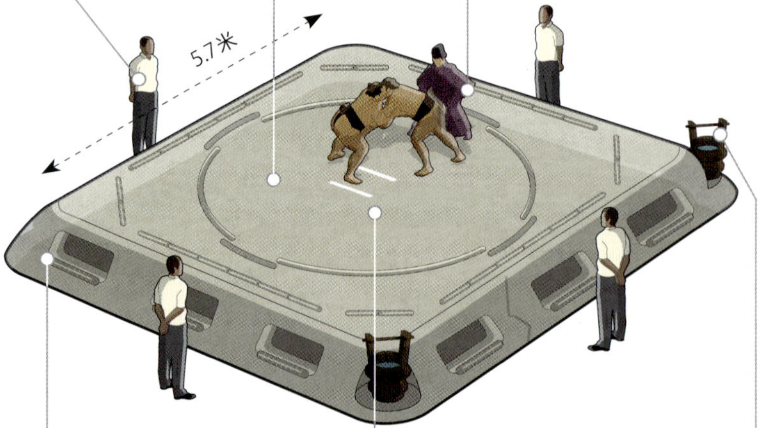

脚踏俵
主裁判和选手借由脚踏俵优雅地走上土俵

平行线
交手前，双方在这两条标志线后摆好架势

水
赛前和场间休息时供选手补充水分

赢得比赛

比赛开始时，相扑选手会拍手，表示手中没拿任何东西。一旦开始交手，先倒地者输，但若双方同时倒地，如果行司或裁判认为一方无望获胜，则会判另一方胜。不得拳打脚踢、卡咽喉、攻击对方眼睛或胃部、拉扯头发、击打腹带以下部位，严重者会被剥夺比赛资格。

相扑风格

相扑有两大风格：推击（oshi-zumo）和插臂紧抱（yotsu-zumo）。前者不形成插臂体势，充分利用对方大体重的特点，将对手推出界。二是抓住对手的腹带，将其抬到界外，或将其摔倒。具体技术如下。

等级体系

相扑选手等级分明：得胜后等级上升，落败后等级下降。最高等级横纲是例外情况。横纲级别选手一般不会降级，但可选择退役。十两及以上级别选手有权佩戴礼仪性丝质腹带。

横纲：同一时期最多只能有两名横纲级相扑手。纵观相扑历史，总共也只有72名相扑手荣登横纲宝座。

大关：连续三次联赛共获胜33场者可获此殊荣。

关胁：每次联赛，通常有三至五名选手可获得。

小结：通常每次联赛有三至五名选手可获得。

前头：最低级别的精英相扑手，总数约120名。

十两：共28人，能力相当。

幕下：向高级别选手学习的学徒型选手，在总数约120名。

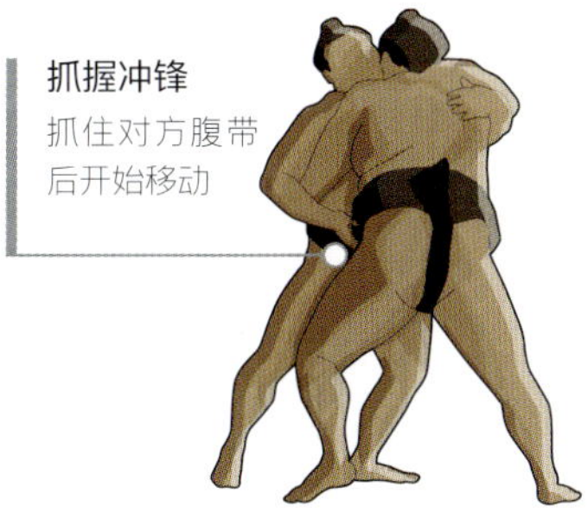

紧逼出界（YORIKI）
抓住对方腹带，努力将其推出界外。

上手摔（UWATENAGE）
抓住对方腹带，转动上半身，将对手摔倒在地。

紧逼倒地（YORITAOSHI）
正面压倒对方，将对方逼退。猛力施压，迫使对方摔倒。

迂回推出界（OKURIDASHI）
从后方将对方推出界：选手攻势失手后，常常被这一招反将一军。

掌击肩背倒（HATAKIKOMI）
一方冲锋时，另一方闪避到一旁，拍打对方背部或手臂，将其推倒。

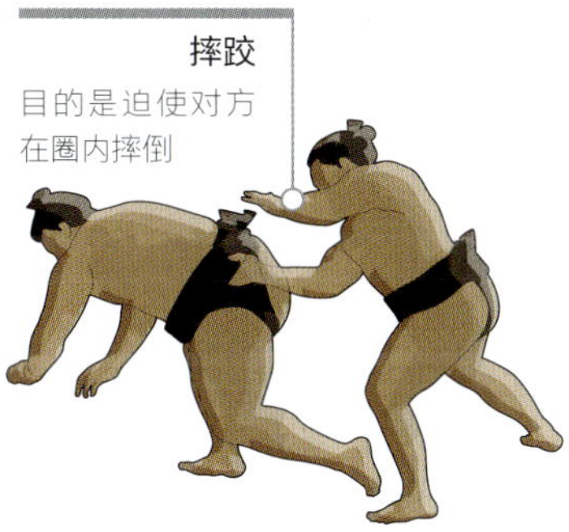

迂回推倒地（OKURITAOSHI）
从背后将对方推倒：相扑手从背后攻击，迫使对方倒地。

推出界（OSHIDASHI）
正面推出界：进攻方在未抓住腹带的情况下将对手推出界。

掌推出界（TSUKIDASHI）
进攻方有节奏地推击，迫使对方出界。

趣闻

294 史上最重相扑手大露罗敏的体重（以千克为单位）。大露罗敏出生于1983年，原名安纳托利·瓦列利耶维奇·米哈汉诺夫（Anatoliy Valeryevich Mihahanov），是首位成为职业相扑选手的俄罗斯人。2018年，大露罗敏退役。

700 六大级别职业相扑手总人数（约数）。其中大多为日本人，但也有些选手来自其他国家。

34000000 顶尖相扑手每年赚取的比赛奖金（以日元为单位）。有些相扑明星会通过代言商品和走穴赚外快。

幕后故事

现代相扑运动中，最负盛名的赛事是大相扑比赛（Grand Sumo tournaments）。其中六项比赛年年举办——东京举办三项，大阪、名古屋和福冈各一项。每项比赛持续15天，有数百万电视观众观看。根据比赛表现，相扑手可能会升级或降级。历史上，相扑主要盛行于日本，但在20世纪下半叶传播进入世界多地，现已在八十七个国家打下坚实基础，包括美国和二十四个欧洲国家。

国际相扑联合会
国际相扑管理机构总部仍设在东京，行政人员多为日本人。

摔跤

必备知识

- 摔跤在世界各地都很受欢迎，特别是在美国、东南欧、西亚和中亚。
- 除了古典式和自由式摔跤，冰岛、伊朗、瑞士、土耳其、俄罗斯等地也有颇具当地特色的摔跤形式。
- 女子自由式摔跤锦标赛于1987年首次举办。

运动概述

摔跤属于格斗运动，运动员用各类擒拿法将对手摔倒在地。除了使用力量之外，运动员还需保持专注、善用策略。摔跤主要分为自由式（freestyle）和古典式摔跤（Greco-Roman wrestling），前者更受欢迎。女子摔跤在美国等国家也很流行。

运动要求

摔跤手身体强壮，脚步敏捷。为增强力量和耐力，运动员要进行举重和长跑训练。摔跤手还要长时间对练，进行动作演练。

比赛区

摔跤比赛区划线必须与图示一致。场地表面为橡胶，不得高出地板1.1米以上。两个对角分别标有红色和蓝色三角形，表示比赛开始时运动员的初始位置。一名场上裁判员（referee）负责监管比赛，会与运动员同时位于摔跤垫上，便于近距离观察所有动作。场边坐着一名侧面裁判员（judge）和一名执行裁判长（mat chairman），若发现场上裁判员犯规漏判，他们有权停止比赛。

标记时间

自由式摔跤中，若运动员摔倒，则比赛结束。运动员必须倒地约一秒——相当于裁判用法语数“21、22（vingt-et-un, vingt-deux）”所用时间——对方才能得分。领先6分的运动员赢得该局比赛胜利。

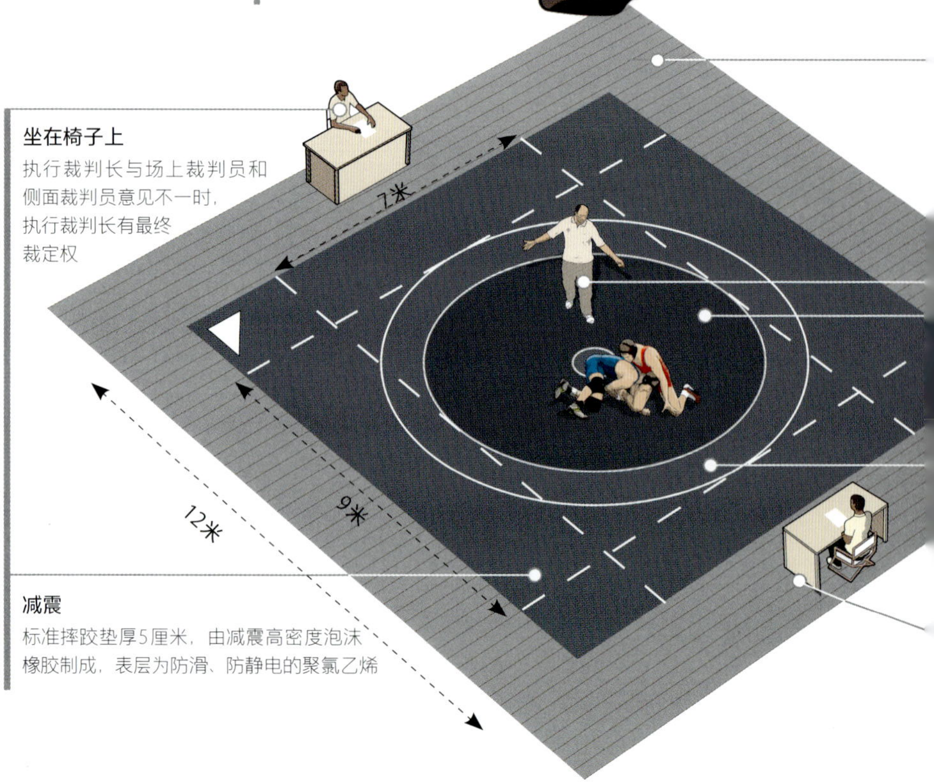

比赛规则

比赛分两局，每局三分钟，若出现平局，则进行第三局决胜局。若运动员将对方摔倒，使其双肩着地，则该运动员直接获胜。大多数情况下，分数较高的一方赢得比赛。裁判会根据运动员动作打1到5分，比如摔倒对方、使对方倒地，特别是使对方处于“危险状态”，因为此时对方背部贴近摔跤垫，很可能被压制在地。

抓紧

古典式摔跤禁止抓握腿部，只能触及上半身。自由式摔跤则无此限制，甚至可以抓握裆部。

初始状态

场上裁判员召集双方运动员从垫子角部走到场地中心，并检查确认运动员衣服无尖锐附属物且运动员指甲并未过长。比赛开始前，双方会互相致意并握手。

自由式摔跤

尽管手臂在自由式摔跤中发挥着重要作用，但在一开始擒抱时和擒抱结束后，比赛主要内容通常是抓握腿部。大多数情况下，都是两名运动员躺在摔跤垫上决出胜负。要将对手摔倒在地，通常可采用抱双腿摔。

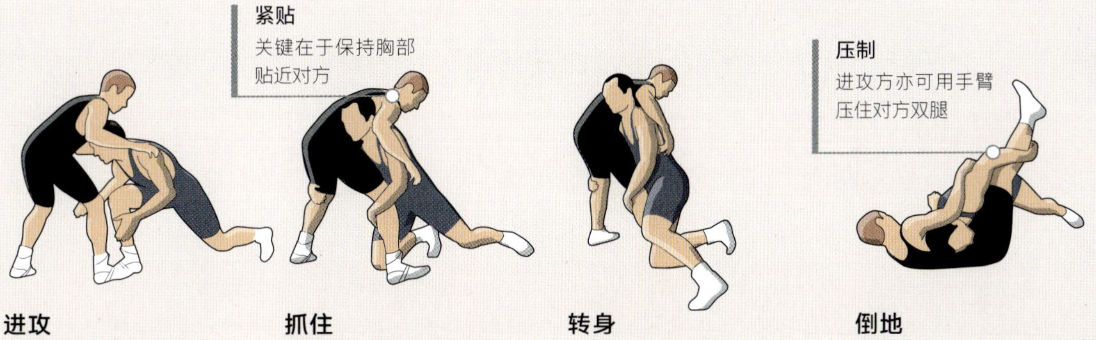

进攻 动作开始时，摔跤运动员上步，单膝着地。

抓住 然后双膝着地，抓住对手腿部膝盖后的位置，以此作为杠杆。

转身 进攻方保持抓握姿势，然后转体，并开始使其双腿绕过对方双腿。

倒地 对方倒地后，进攻方继续压制住对手，处于有利位置。

古典式搂抱

古典式搂抱分两类：站立和跪撑。其中最精彩的动作是过肩摔（如图所示），进攻方必须力大如牛，时机把握准确，反应迅捷，以便在对方摔倒时及时抽身闪开。

起步 进攻方上前，靠近对方身侧，侧抱对方躯干过胸。

提抱 抱紧后，进攻方大腿和背部发力，将对方提起来。

摔掷 进攻方双脚着地，向后仰，将对方往后摔。

垫上搂抱 进攻方继续抱紧对方胸部，直到对方身体呈弓形被摔在垫上。

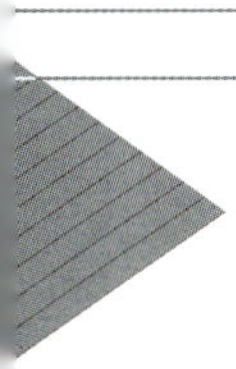

幕后故事

自1896年以来，摔跤一直是历届奥运会奖牌项目。2004年，奥运会女子摔跤项目首次出现。20世纪初，职业摔跤在美国兴起。1963年，世界摔跤协会（World Wrestling Federation）应运而生，后更名为世界摔跤娱乐（World Wrestling Entertainment）。20世纪80年代和90年代，世界摔跤协会主办的摔跤狂热（Wrestlemania）等赛事如日中天，阵容群星荟萃，比赛兼具喜剧性和娱乐性，还不乏竞技元素。

管理机构

1912年，国际摔跤联合会（Fédération Internationale des Luttes Associées）在瑞典成立，恰逢斯德哥尔摩奥运会开幕在即。1946年，国际摔联迁至法国。1965年，国际摔联迁至瑞士洛桑现址。国际摔联现有176个国家协会会员。

统计中心

体重级别（男子）

级别	体重/最高体重
超重量级	96～120千克
重量级	96千克
中量级	84千克
次中量级	74千克
轻量级	66千克
雏量级	60千克
蝇量级	50～55千克

万人空巷

20世纪70年代和80年代，英国摔跤发展到了顶峰，每周六有数百万名观众收看比赛。

空手道

运动概览

日本武术空手道源自中国格斗技术，使用手臂、手、肘、膝盖、脚、头部等部位作战。空手道旨在提高自卫本领，强身健体，磨炼意志，历来有助于修习者实现自身发展。修习者学习呼吸、腿法、冲拳、格挡等基本技术，以及各类能稳定身姿或便于移动的步法。空手道三大元素是型（kata，系列动作）、组手（kumite，对练）和古武道（kobudo，武器形式）。20世纪70年代和80年代，空手道成为竞技运动，空手道世锦赛也应运而生。

必备知识

- 空手道是受众最广的东方武术，有70多类流派。
- 空手道和跆拳道密切相关，多年来由同一个管理机构监管。
- 空手道发源于17世纪的冲绳。20世纪，船越义珍（Funakoshi Gichin）创立了松涛馆流（Shotokan style），被誉为近代空手道之父。

运动要求

空手道运动员体格健壮，上身和腿部肌肉发达。组手比赛选手需要比较抗打。顶尖空手道运动员高度自律，严格遵守道场训（dojo kun）。

趣闻

178 1970年在东京举办的首届世界锦标赛的参赛人数。2018年西班牙马德里世锦赛参赛人数超过1000。

15 布鲁斯·海恩斯（Bruce Haynes）打破的水泥板数量。海恩斯是黑带八段和魂割（tamashiwari）冠军。“魂割”字面意思是“通过木头试炼”，现已变为徒手一击打破物体的艺术。

50000000 世界空手道联合会（World Karate Federation，WKF）下属成员单位总数（估值），包括俱乐部、协会和团体。

超级脚

比尔·“超级脚”·瓦莱斯（BILL “SUPERFOOT” WALLACE）是20世纪70年代全球空手道和跆拳道领军人物，在1974年至1980年之间连胜23场。右膝受伤后，瓦莱斯专注于锻炼左腿肌肉。瓦莱斯左腿力量惊人，出脚速度极快，比赛时踢出了90千米/时的速度，为他赢得了“超级脚”的绰号。

比赛场地

组手（对打）比赛在方形垫子上举行，周围有许多比赛官员，负责确保参赛者按规则比赛。若选手展现技术得当，则能获得相应分数。运动员应遵守空手道礼仪，尊重对手：例如，选手赛前相互弯腰鞠躬，但要始终保持警惕并向前看。

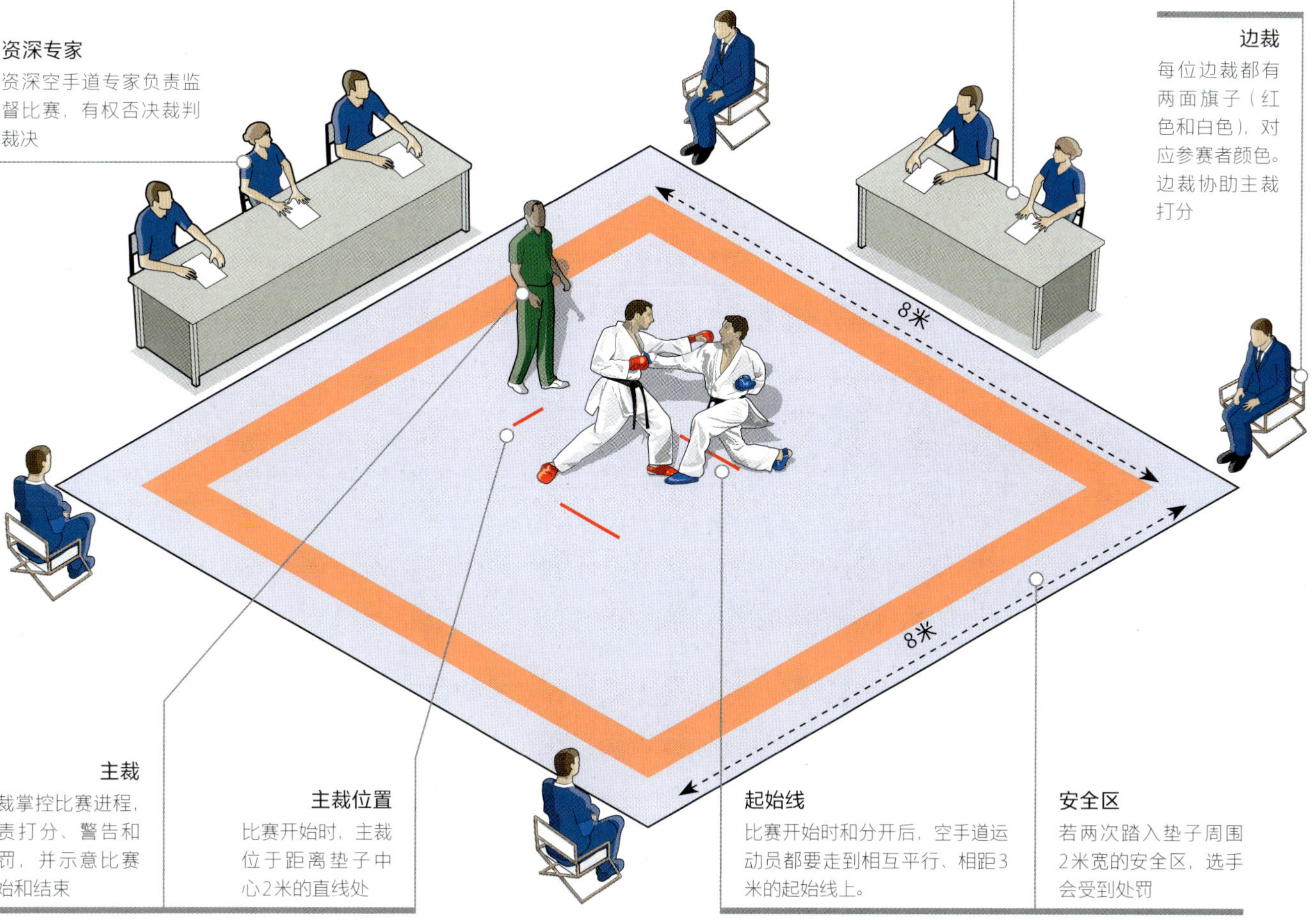

记分员和计时员
记分员记录主裁打出的分数；计时员根据主裁示意停止或开始计时

资深专家
资深空手道专家负责监督比赛，有权否决裁判裁决

边裁
每位边裁都有两面旗子（红色和白色），对应参赛者颜色。边裁协助主裁打分

主裁
主裁掌控比赛进程，负责打分、警告和处罚，并示意比赛开始和结束

主裁位置
比赛开始时，主裁位于距离垫子中心2米的直线处

起始线
比赛开始时和分开后，空手道运动员都要走到相互平行、相距3米的起始线上。

安全区
若两次踏入垫子周围2米宽的安全区，选手会受到处罚

比赛装备

空手道运动员穿着由道服、道裤和腰带（如右侧所示）组成的白色道衣（gi）。与柔道制服一样，空手道制服采用类帆布面料，相当耐磨，且不会影响运动员活动。制服重量由轻到重不等。运动员通常穿戴护具——男运动员穿护裆，女运动员穿护胸。也可使用其他装备，例如加垫拳套、手套、护腿、护脚、鞋子和护齿。

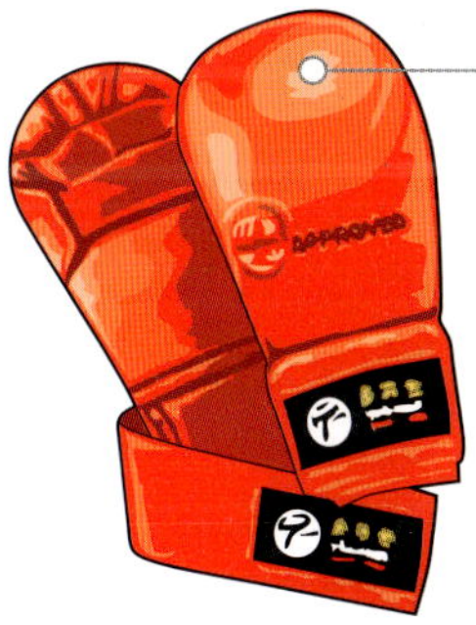

空手道拳套
拳套可用于部分组手比赛的半接触对打中

空手道鞋
柔软、抓地力好的鞋子会让初阶和中阶修习者受益

色带

空手道运动员能力水平通常用腰带（obi）颜色表示。升级前，需要评估修习者各方面能力，包括知识、技术掌握情况，以及型和组手。级位越高，要求越多。流派不同，级位数和颜色也不相同，但白色都代表入门级，棕色则代表最高级（kyu）。黑带是空手道最高级位。获得黑带后，修习者晋级为段（dan，大师），但一共有多达十个段位。

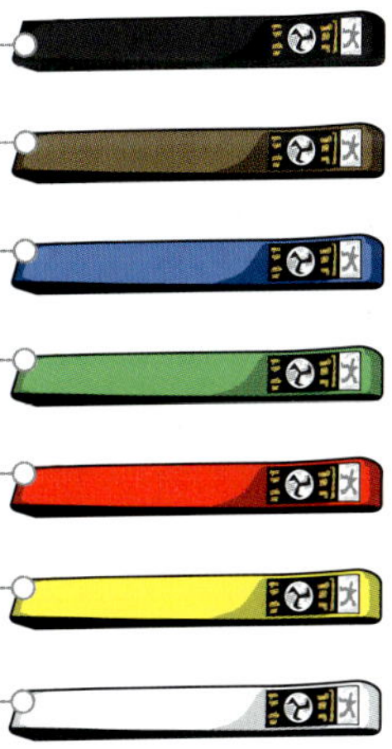

黑色：1—10段
棕色：1级
蓝色：2级
绿色：3级
红色：4级
黄色：5级
白色：9—6级

空手道守则

空手道道场训是运动员在生活中以及在道场里所遵循的准则。道场训可以概括为五大训令：追求品格至善、忠诚、努力、尊重他人、不得施暴。

空手道流派

空手道有70多种流派，例如小林流、上地流和极真，但全日本空手道联盟（Federation of All Japan Karate-do Organizations）只认可四大空手道流派：刚柔流、糸东流、松涛馆流以及和道流。即便不属于上述流派，也并非非法。大多数流派都隶属于某种或某些传统流派，或受其影响颇深。

松涛馆流（SHOTOKAN）：船越义珍（1868—1957年）博采各类武术之长，创立了松涛馆流。

和道流（WADO-RYU）：接受船越等冲绳大师指导后，大冢博纪（1892—1982年）融合神道扬心流和冲绳空手道，形成和道流。"和道流"字面意思是"和谐"。

糸东流（SHITO-RYU）：摩文仁贤和（1889—1952年）融汇各类作为空手道根基的武术，博采众长，于1931年创设了糸东流。

刚柔流（GOJU-RYU）：刚柔流刚柔并济，其特点是近身格斗，讲究气息和身体锻炼。

比赛规则

组手中，空手道流派和运动员水平不同，身体接触尺度也有所区别。运用技术时，必须控制得当，不得过度发力，尤其不得猛击头颈部。运动员不得攻击对方喉咙、腹股沟、太阳穴、脊椎、脚背和后脑勺，有违反者，主裁可进行处罚。

组手

通常根据选手年龄、性别、体重和资历分组。男子比赛每回合时长三分钟，女子和青少年比赛每回合时长2分钟。两名选手站在垫子起始线上，主裁一声令下，双方便开始交手。组手比赛特点是冲拳、腿法、膝盖或手肘攻击、开掌技术、锁、摔和拿。做动作时，选手会大喊"气合（精神呐喊，kiai）"。打出完美一击，或将对方摔倒，便可获得一个一本，即一分。若击出动作稍有缺陷，边裁则可能会判有技（waza-ari），即半分。

绝不先攻

松涛馆流创立者船越义珍认为空手道只是防身术。他认为："空手道无先手"，因为空手道是防御术，进攻方必败。该流派的技术特点是多用弓步大马，便于运动员移动稳健有力，也有助于加强腿部力量。

评分标准

组手得分取决于主裁评判，主裁需要评估特定动作击出距离是否正确，以及姿势、时机把握和竞技态度是否完全符合要求。主裁还需判定某项技术是否有实战价值。

主裁手势

主裁的手势用以表示比赛开始、停止和继续，以及得分、同时完成的技术、犯规，并警告过度接触。

得一分

主裁一只手放在另一侧肩膀上，向得分方一侧向下45度伸展手臂，表示得1分。

型

型比赛中，参赛者针对假想对手执行一系列精心编排的格斗技术，例如踢技、格挡、冲拳和击打（如右图）。裁判组打分时，要依据各类标准，包括精准度、呼吸、力量、协调性、节奏、平衡、专注力和对动作的理解。除单人比赛外，还有双人比赛，参赛者要两两同步完成动作。

前踢

如上图所示，前踢（Mae geri）时，右腿抬起，向前踢。右手处于髋部附近，肘部向内。

反手拳格挡

弓步使出反手拳格挡（Uraken gamae），动作结束时右拳前伸，与胸同高。

反冲

弓步使出逆冲拳（Gyaku zuki），一手向前出拳，另一手则收到髋部。

正中胸口

空手道冲拳的一大特征是转腕，出拳时手掌朝上，击中时朝下。

最大冲击力

戴拳套会减少食指和中指指关节击打时的冲击力

横踢

横踢（Yoko Geri）是威力巨大的空手道踢技，踢中肋骨或腹部时尤为如此。脚侧或脚后跟均可用于横踢。

反制击拳

若躲开对方横踢，可进行有效反击，击中对方腹部

后踢

对方从身后袭来时，可使用后踢（Ushiro Geri）。后踢的一种变体是回旋踢，即转身攻击面前的对手。

先出脚后跟

后踢时，脚后跟踢对方，脚尖朝下

踢头

膝盖抬起，转向一侧，向前猛踢。同时，以支撑腿为轴转身。

抓腿

高踢腿如果踢得慢，反而容易被对方抓住腿（如图所示）

合拳

拳头并拢，指节朝外，拇指在上

平行冲

弓步，双拳前伸，双臂舒展，与胸齐平。

张开手掌

右手手掌张开，左拳放在同侧髋部处，呼气缓而有力

手刀格挡

如图所示，扎马步时，进行手刀格挡（Tate shuko uke），右手张开，缓缓向前推至与肩同高。

快速击拳

左臂伸直，快速出拳

手臂击拳

侧身半马步，双臂交叉，右拳（Ura zuki）移至侧边，左手出拳（Mawashi tettsui uchi）

举起拳头

右手与眼睛同高，左手在前额前方；双手的指关节向后。

双手格挡

如图所示，侧身半马步，双拳放在左侧髋部，最终抬起双臂，呈矩形。

幕后故事

世界空手道联合会每两年举办一届世界空手道锦标赛。男子个人比赛分为型和组手，后者又分为不同重量级（60千克、65千克、70千克、75千克、80千克、80千克以上）。女子比赛分为型和组手，后者重量级划分与男子不同，为53千克、60千克和60千克以上。型和组手也有男子和女子团体项目。此外，世界空手道组织联盟（World Union of Karate-do Organizations）举办了面向成人（18至35岁）和老将（36岁及以上）的世界空手道锦标赛，以及世界儿童、学员和青少年空手道锦标赛（World Children, Cadets and Juniors Karate Championships）。

世界空手道联合会

世界空手道联合会成立于1990年，有191个成员国，是规模最大的国际空手道运动管理机构，也是唯一一家得到国际奥委会承认的空手道运动管理机构。

武术套路

必备知识

- 在中国，功夫一般被称为“武术”，是国民运动。“武术”的字面意思是“军事艺术”。
- 国际武术联合会（International Wushu Federation）是武术套路和全接触散打运动管理机构。
- 比赛中的套路类型为“外在”形式。套路的“内在”形式是冥想和反思。太极拳是一种众所周知的类型。

运动要求

武术套路运动员展示的动作要兼具动感和美感。许多姿势都要深蹲，对体力和腿部力量提出了很高的要求。速度、平衡以及动作优美、灵活是关键属性。单人比赛中，运动员要自行编排整套动作，因此艺术创造力也必不可少。

赛事概述

1958年，中国武术协会成立，武术套路艺术随之而生。套路是一种功夫风格，参赛者在垫子上表演精心编排的成套动作，由步法、踢技、冲拳、平衡、跳跃、扫腿和摔掷等基本动作组成。比赛根据艺术价值打分，与滑冰成套或艺术体操相同。有些类型的套路无须武器，有些则带武器。大多数项目为单人赛事，但也有些双人或集体赛事。

银幕上的武术套路

好莱坞演员、《致命罗密欧》（*ROMEO MUST DIE*）主演李连杰是全球最著名的武术套路运动员。他曾五次获得全国武术比赛冠军。

比赛区域

武术套路比赛用的垫子与自由体操所用的相似。单人项目垫子尺寸为14×8米。垫子边缘用5厘米宽的白色边框标出。垫子周围有2米宽的安全区域。双人或团体比赛垫子尺寸较大，为16×14米，周围有1米宽的安全区。比赛通常在50～60厘米高的平台上进行。

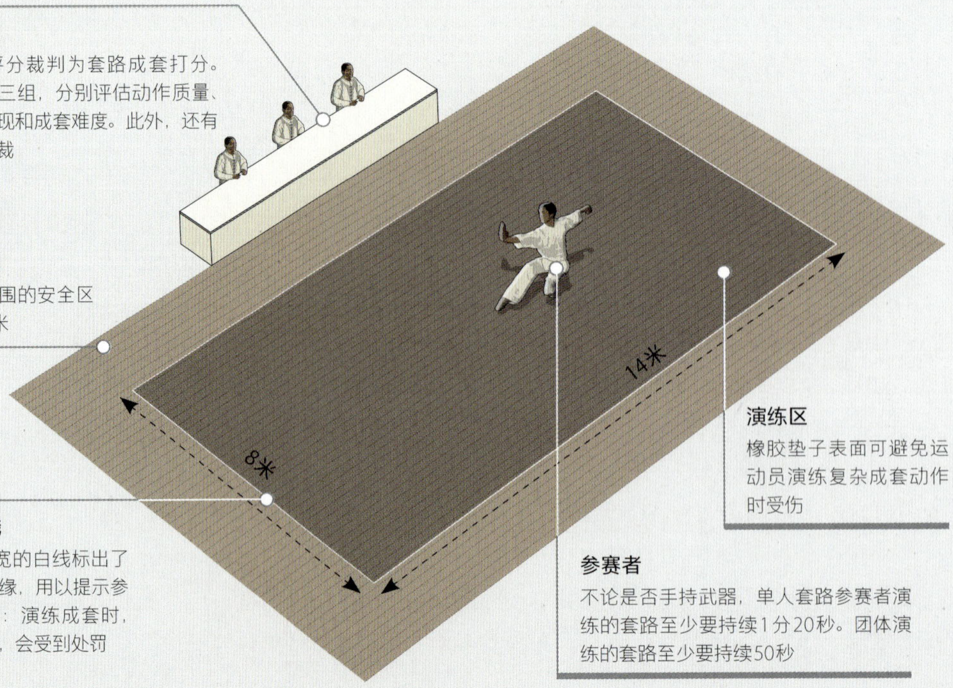

武器

许多类型的套路旨在展示运动员能灵活运用传统武器，也有演练编排动作的对练。

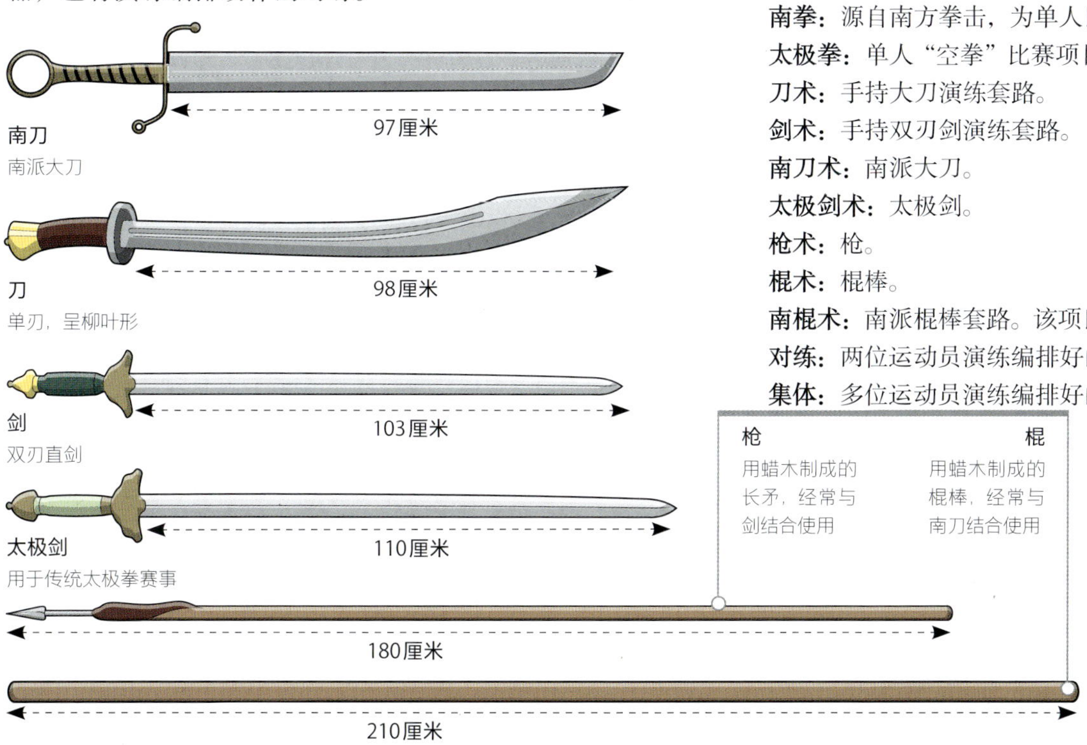

演练套路

以下简要介绍主要个人和团体套路比赛项目：

长拳：源自北少林拳，为单人“空拳”比赛项目。
南拳：源自南方拳击，为单人比赛项目。
太极拳：单人“空拳”比赛项目。
刀术：手持大刀演练套路。
剑术：手持双刃剑演练套路。
南刀术：南派大刀。
太极剑术：太极剑。
枪术：枪。
棍术：棍棒。
南棍术：南派棍棒套路。该项比赛始于1992年。
对练：两位运动员演练编排好的套路，有无武器皆可。
集体：多位运动员演练编排好的套路，通常伴有音乐。

其他武器

与上述武器相比，有时演练套路会采用更为奇特复杂的武器，例如三节棍、绳镖和九节鞭。

评分体系

单人套路比赛选手起始分10分，包括5分动作质量分、3分整体表现分、2分难度分。每出现一次问题——无论是不符合编排要求、跌跌撞撞还是技术不熟练——都会被扣分。团体比赛也采用10分制，动作质量和整体表现各5分。

套路技术

套路比赛选手按规定演练动作，从而得分；动作包括翻筋斗、踢腿、跳跃和平衡。有两种比赛形式：所有参赛者演练固定套路，或者演练自行编排的套路。长拳是套路的基础，也是入门最先学的套路。以下介绍一些基本长拳步型。

幕后故事

国际武术联合会于1990年在中国成立，是武术套路管理机构，目前正着力推动武术（散打和套路）成为奥运项目。

中国武术协会

中国武术协会（Chinese Wushu Association）成立于1958年，是国际武联旗下148个国家协会之一，因武术起源于中国而颇具影响力。

歇步

亦称坐步。两腿交叉，前脚全掌着地，后脚前脚掌着地。

仆步

又称落步或箭步，一腿全蹲，大小腿贴紧。

马步

大腿顶部与地面平行，双膝朝外，双脚前指。

武术散打

运动要求

散手运动员要力量十足，才能猛力打击对手；要速度快、身手敏捷，才能在比赛区域内快速移动并闪躲攻击；还要相当灵活，才能做出踢腿和扫腿的动作。

运动概览

散打是一种中国武术，与踢拳相似。比赛中，双方通过击打或击倒对方得分。与套路不同，散打比赛不使用武器。

比赛区域

散打比赛场地为方形擂台，周围铺设垫子。擂台一般高1.5米，但如今较矮的擂台更为常见。比赛允许选手将对方摔下擂台。边界线在擂台边缘内侧形成一个1米的正方形，运动员身体任何部位越线都将受到处罚。

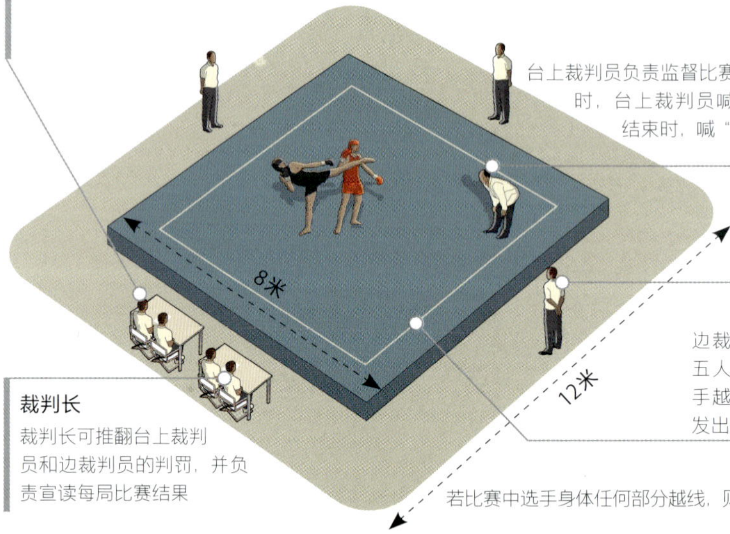

必备知识

- 散打是中国军队在朝鲜战争（1950—1953年）发展起来的，旨在提升士兵的徒手格斗技能。
- 与其说散打是一项运动，倒不如说是一种生活方式。不论台上台下，运动员都要高度自律。

趣闻

12 1928年中国擂台赛在南京举行，为保护其他选手的性命安全，十二名选手被禁止参赛。擂台格斗是现代散打的原型。

50 2012年世界杯武术散打比赛在武夷山市举行，有50名选手参赛。比赛分为十八个项目，其中十一个男子项目，七个女子项目。

92 作为各个省份的代表，九十二名武术大师共同探讨新的格斗风格。散打便逐渐由此形成。

10000 2006年西安世界杯冠军奖金金额（以人民币为单位），约等于1200美元。散打体现着一种生活态度，但并非理想的谋生手段。

散打合法动作

散打比赛分为10个重量级。一场比赛最多有三局，每局2分钟，局间休息1分钟（若一方前两局全胜，则直接获胜，无须比第三局）。得分方式包括：用拳头或脚击打对方躯干或头部；踢中对方大腿；击倒对方或使对方摔倒。若使对方倒地，而自己保持站立，则可获得两分。扫腿、飞跃和擒抱均为合法动作。若对方摔下擂台，则可得3分。

非法动作

禁止膝顶、肘击或头撞。禁止击打对方后脑、颈部、裆部。禁止用拳击打腰带以下部位，但可以用脚击打对方大腿。禁止倒地后进行攻击。

格斗技

许多其他踢拳式武术所用战术和技术，例如拳法和踢技，也在散打中有所运用，不过散打还增加了摔法和扫腿的使用。

腿法

有多种极具观赏性的腿法能让对方倒地，飞剪踢便是其中一种。运用时，运动员跳向对手，双腿缠绕对方腰部两侧，将其带倒在地。如右图所示，扫腿也能有效击倒对手，还能让头部和躯干远离对方攻击。躲闪技巧也很重要，除非己方发起踢击，否则必须时刻保持警觉。散手运动员跳起攻击时，反而最容易遭到袭击。

黑红分明

比赛时，选手穿着拳击式背心和短裤。拳击手套可以减轻冲击力，但因为运动员赤脚上阵，所以被踢时毫无缓冲可言。比赛一方穿黑衣，另一方穿红衣，便于裁判区分。运动员还要戴护齿。

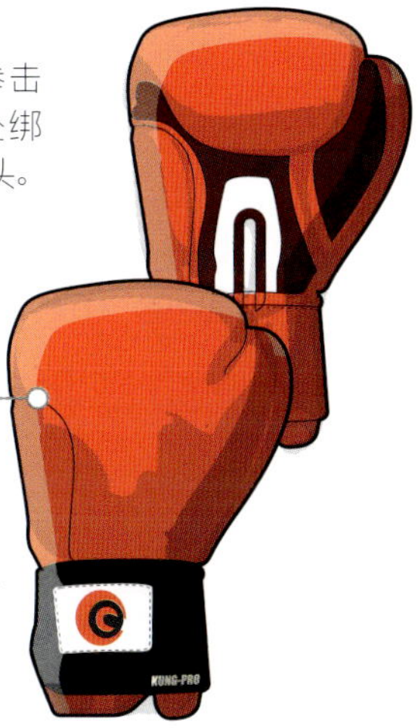

比赛护具

散打强度高，比赛大多打得相当凶狠，因此运动员必须佩戴护胸、护头、手套、护裆和护齿。

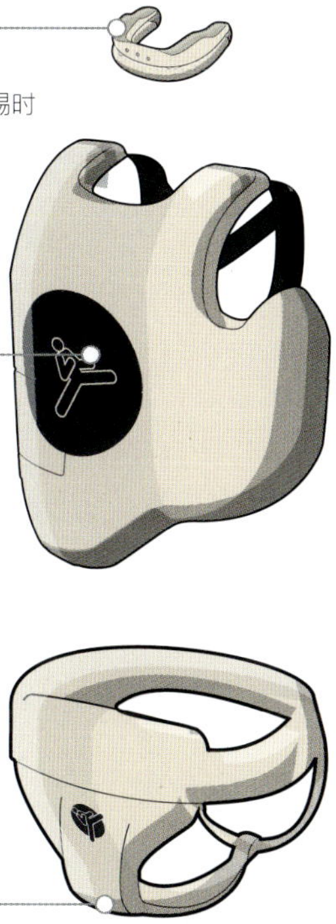

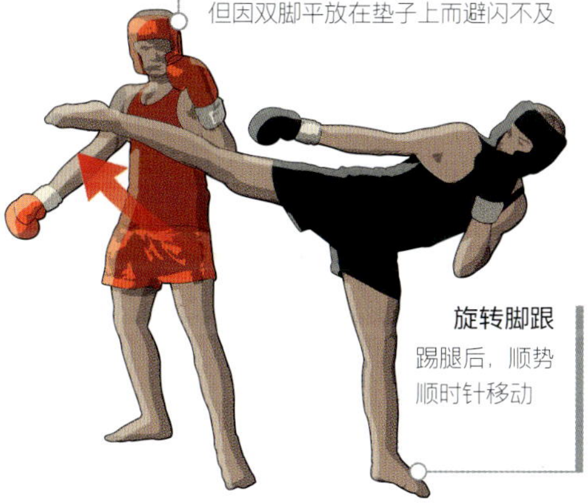

后扫踢

运动员以前脚为轴转身，背对着对手，后腿朝上扫向对方胸部区域。除非对方能提前预判，否则会被踢得失去平衡。

钩腿踢

做该进攻动作时，以左脚为轴，后腿踢到身后，沿弧线从对方身下扫过，踢对方前腿，使其失去平衡。

四组技能

朝鲜战争期间，中国人将散打基本技能分为四组：打，即用拳头、手掌、手肘、手指和头部等部位进行击打；踢，包括扫腿、顶膝和跺脚；摔，即摔跤、摔拗；拿，即关节技、绞技等降服技。战后，考虑到散打是格斗运动而非战斗技能，因此散打的杀招被淡化了，但各类核心技能依旧具有现实意义。

幕后故事

散打管理机构国际武术联合会成立于1990年，每两年组织一次世界武术锦标赛（包括散打和套路比赛）。1991年，首届世界武术锦标赛在北京举行，而后举办地遍布全球（包括巴尔的摩、河内、罗马和埃里温等地），2007年世锦赛重返中国首都北京。2002年，第一届世界杯武术散打比赛在上海举行，如今每年与世锦赛交替举办。

管理机构

2002年，国际武联获得国际奥委会承认，但武术尚未作为正式项目在奥运赛场上亮相。国际武联总部设在北京，现有152个成员国。

柔术

运动概述

柔术是古老的日本武术，在世界各地均受到欢迎，现已发展成多种不同形式。目前由全球柔术管理机构国际柔术联合会（International Ju-Jitsu Federation）认可的两大柔术形式是格斗柔术和套路柔术。前者的目的是得分，得分方式包括击打对方，并将对方摔倒在垫子上后将对方降服。套路柔术则是选手演练编排好的动作。

运动要求

柔术运动员（jutsuka）身手敏捷，平衡能力出色，力量十足，尤其擅长抓握。运动员关节要尽可能灵活，既便于发起攻击（因为击打主要针对肩膀、肘部和膝盖）也便于防御。技术能力至关重要。

比赛区域

整个竞赛区，包括警示区，被称为比赛区，通常10米见方，不过有些国内和国际锦标赛竞赛区面积较小，仅6米见方。大型比赛中，比赛区域表面为传统编织草垫榻榻米。

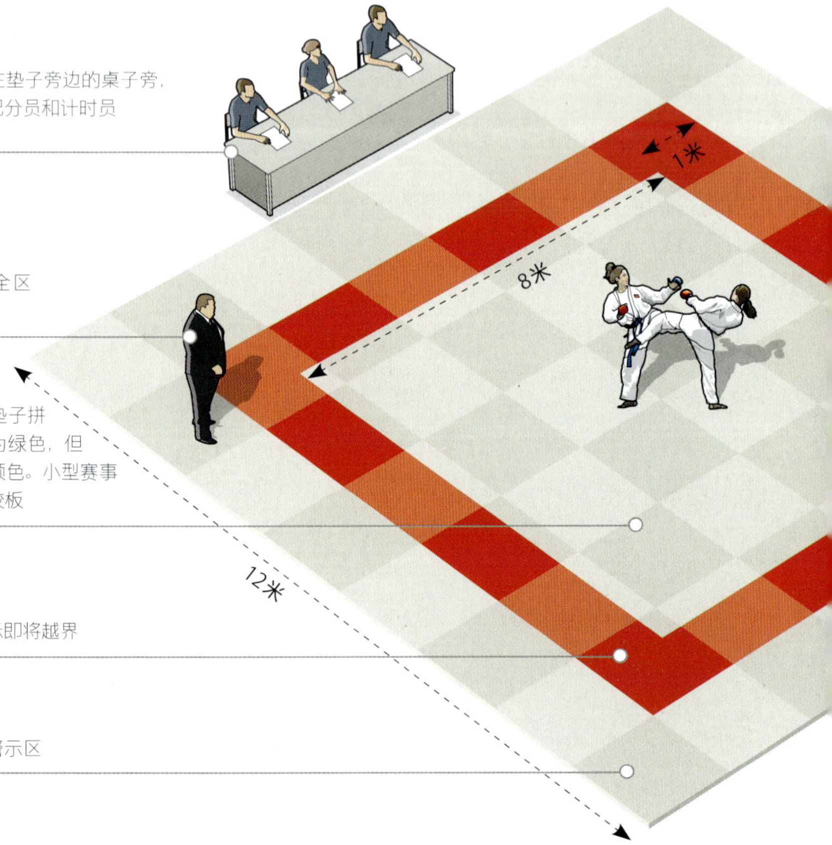

必备知识

- 柔术（Ju-jitsu）来自两个日语词：“ju”意为“柔”，“jitsu”意为“艺术”。
- 随着柔术在世界范围内传播，柔术大师们纷纷自创流派。
- 柔术源自有2000多年历史的印度和中国格斗术，是柔道和合气道的原型。

趣闻

3 柔术必备的三大精神状态，分别为：残心（Zanshin），即包罗万象的意识；不动心（fudoshin），指准备就绪，毫不动摇；无心（mushin），指不假思索便采取行动。

72 国际柔术联合会下属的国家级柔术协会总数。

1139 1139年前，包子内亲王（Prince Teijun）创立了日本首座柔术学校。

比赛规则

柔术比赛取胜要求因流派而异。国际柔术联合会比赛有两套规则，一套用于格斗柔术，另一套用于套路柔术。

格斗柔术

率先在三个比赛环节中各取一本（即1分）者胜：在击打技术环节中干净利落地用拳头或腿击中对方；在摔投技术环节干净利落地摔倒对方；在地面技术环节降服对方。

套路柔术

比赛之前，裁判喊出一个数字，对应二十个规定动作中的一个。例如，裁判可能要求进攻方使用绞技，防守方不仅要避开，还要用摔投技术反击。裁判依据技术水平和动作速度打分。

得分动作

柔术原是一种哲学和一种生活方式，直到不久前才成为运动。因此，人们设计了许多得分技术，以便按照特定标准打分。

战斗阶段

格斗柔术中，可分别在三个技术环节中以多种方式得分。柔术属于武术，但禁止伤人。优势方无需也不得乘胜追击。

击打技术环节

左侧选手想要踢中或拳击对方，对方则会进行闪避，并找机会转守为攻。

击打时刻

击打时，绷紧站立腿，稳稳站在垫子上，保持平衡

摔投技术环节

进攻方将一只手臂放在对手肩上，另一只手臂放在对方躯干上，然后转动上半身，将对方从大腿一侧推出，摔在垫子上。

攻守易势

上位选手似乎控制住了局势，但实则将被摔到垫子上

地面技术环节

一方锁住另一方手臂；后者若疼痛不已，会用另一只手拍地认输。

双重威胁

进攻方用双手将对方手臂扭到极限

套路柔术摔投

套路柔术中，当裁判喊出代表肩摔的数字时，进攻方从防守方身后发起动作，用手臂抱住后者颈部。防守方必定会进行反击；关键在于如何进行反击。

起手

比赛双方分别采取初始姿势，无须交手

推与拉

左侧防守者屈膝；再次伸直膝盖时，会将进攻方从垫子上抬起

关键时刻

将对方从垫子上抬起后，防守方身体向前弯，完成摔掷；可以看到，整个动作过程中，防守方始终紧扣对方手臂

顺势落地

在柔术中，落地优雅且不受伤的能力与摔投技术一样重要

执场裁判

执场裁判近距离观察比赛并判分

防身术

1903年，阿瑟·柯南·道尔爵士发表了惊险短篇小说《空屋》。书中，夏洛克·福尔摩斯自述使用源自柔术的巴顿术（BARTITSU）击败宿敌莫里亚蒂教授（PROFESSOR MORIARTY）。巴顿术由英国人爱德华·威廉·巴顿-莱特（EDWARD WILLIAM BARTON-WRIGHT）创设于19世纪末、20世纪初。

幕后故事

21世纪初，巴西是柔术发展最快的地区，有三类比赛：体育柔术，不允许击打；降服摔跤，除了选手穿着短裤而非道衣，与体育柔术大致相同；最受欢迎的是无限制格斗（vale tudo）。

国际柔术联合会

国际柔术联合会成立于1987年，前身是成立于1977年的欧洲柔术联合会（European Ju-Jitsu Federation）。国际柔术联合会负责管理各流派柔术的教学研究，并将其分为两大类：古典（koryu）和现代（goshin）。

跆拳道

必备知识

- “跆拳道”意为“手脚之道”或“踢打之道”。
- 跆拳道起源于朝鲜半岛，是具有民族特色的武术。作为一种锻炼方式，跆拳道在世界范围内广受欢迎。

运动概述

跆拳道属于格斗运动，观赏性强。两名男性或女性运动员通过击打对方得分，通常快速使出脚法组合（包括跳踢或飞踢）和拳击。每局结束时得分较多者胜，除非一方被击倒，读秒至“10”仍无法继续比赛。

运动要求

跆拳道运动员身体轻盈柔韧、肌肉发达、移动速度快。高踢腿是关键战术，踢中对方脸部，得分比打击躯干更高，为了踢得到位，运动员必须敏捷而灵活。

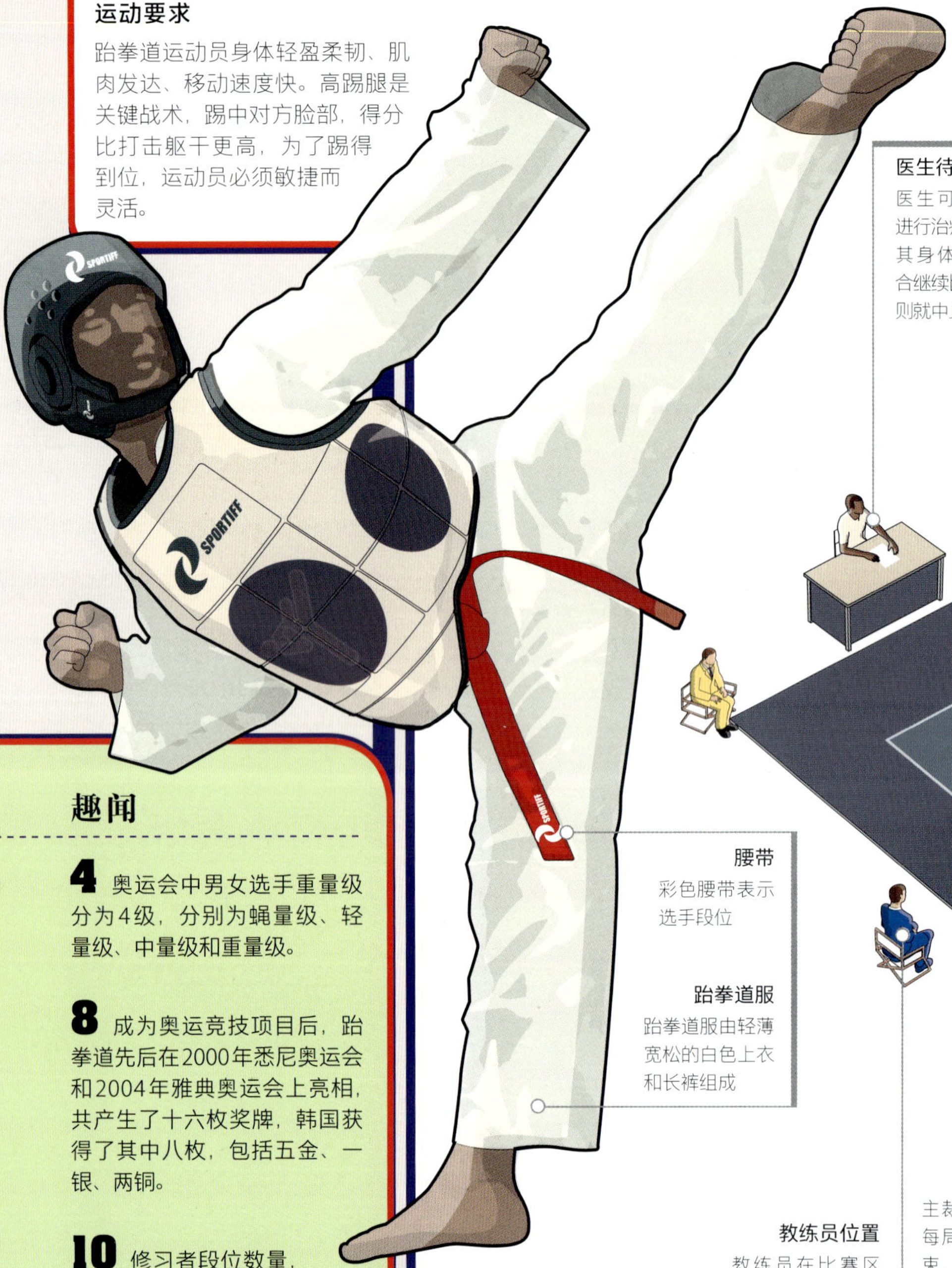

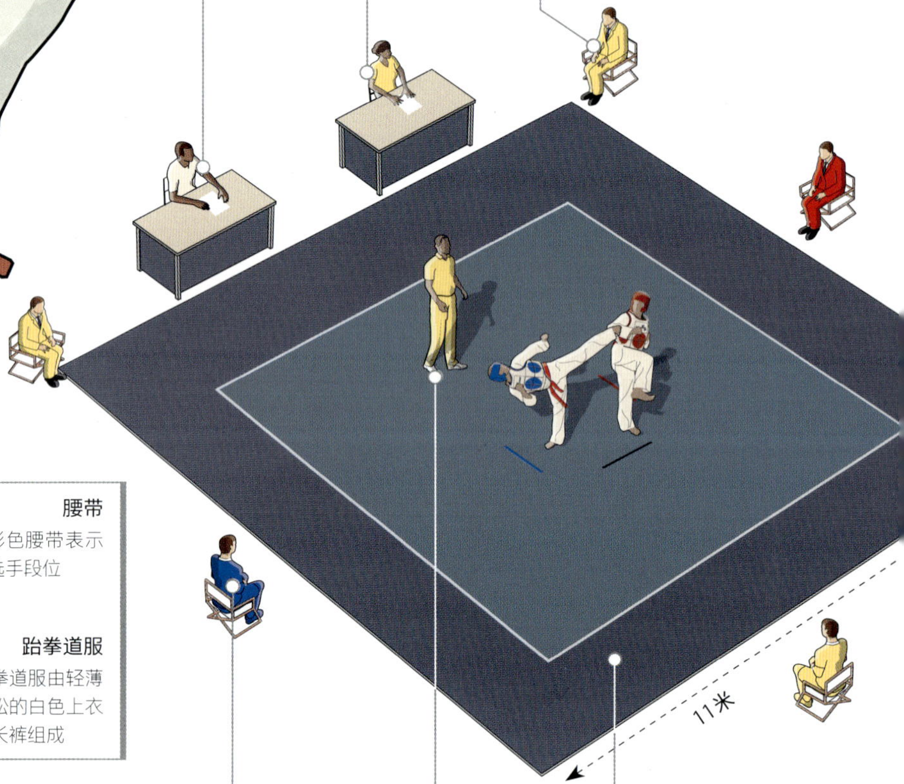

趣闻

4 奥运会中男女选手重量级分为4级，分别为蝇量级、轻量级、中量级和重量级。

8 成为奥运竞技项目后，跆拳道先后在2000年悉尼奥运会和2004年雅典奥运会上亮相，共产生了十六枚奖牌，韩国获得了其中八枚，包括五金、一银、两铜。

10 修习者段位数量，从10段（初学者）到1段。

209 世界跆拳道（World Taekwondo）成员国数量。

比赛区

比赛在至少2厘米厚的方形橡胶垫上进行。比赛区可位于50～60厘米的平台上，比赛区应有与地面夹角约30度的斜坡。裁判在比赛区外就位。

必备护具

在比赛垫上就位时，运动员穿着全套护具。一方护胸或头盔、手套、护腿有蓝色标志，另一方则有红色标记，以示区分。只有护胸穿在宽松的白色跆拳道服外面。

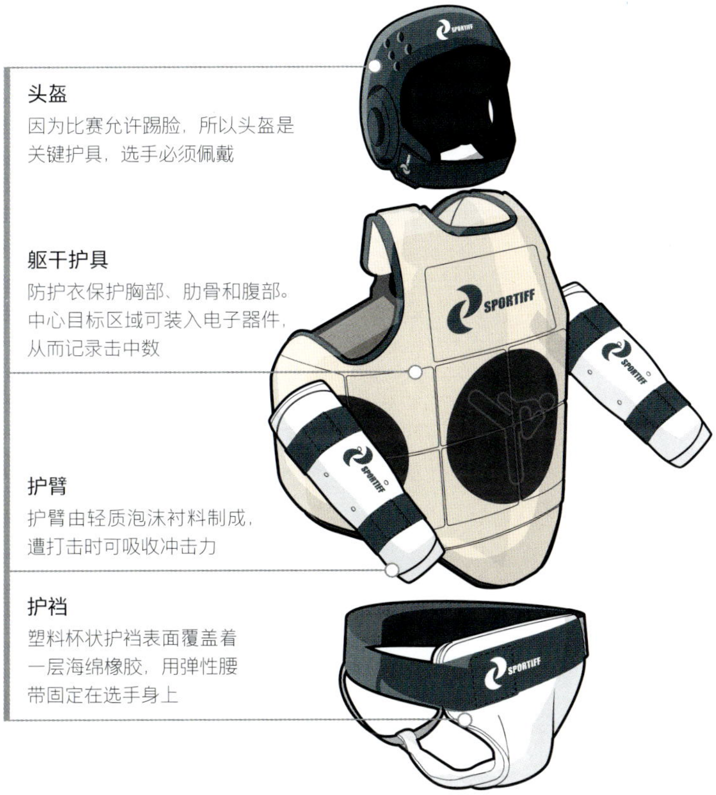

关键用语

跆拳道用语大多出自韩语。主裁判员发出“开始（Shi-jak）”口令开始比赛，发出“停（Keu-man）”口令结束。向对方发出进攻时，运动员常常大喊“Kiai（鼓劲发力）”，有助于发力（ki），能击打得更为有力。与拳击一样，主裁判员读秒至“10（Yeol）”后，即宣告对方击倒获胜。

得分点

通过击打对手得分，或者在对打比赛中，通过格挡距离对方2厘米的进攻得分。用手或脚击打对方躯干得1分，踢中对方脖子或头部得2分，击倒对手得3分。根据世界跆拳道规则，若一方得12分或领先7分，则赢得比赛。也可通过击倒对方取胜。犯规会被扣分，如击打腰带以下部位、击打背部和后脑。若出现平局，则先得分者胜。

发源

2000年前，跆拳道从多种朝鲜半岛武术发展而来。在男性流行留长马尾的时候，有一种格斗术是在辫子末端系上一个锋利的发插或金属坠子，然后甩动头发，用利器刺击对方眼睛。

踢倒

与大多数武术相比，跆拳道更强调踢击，充分发挥踢击比拳击力道大、距离远的优势。两个最有效的踢击是钩踢和侧踢（如下图所示）。

起手姿势

运动员采取常规防御姿势，举起双手，格挡攻击。

发起动作

运动员抬高膝盖，与髋部齐高，并举起双手。

蓄势待发

运动员转身面向前方，进入进攻状态。

侧踢

腿完全伸展到身体一侧，转动髋部，增添力量。

直拳

做直拳收拳组合动作时，非击拳手放低，拳掌向上，击拳手快速直线击出，拳掌向下。

幕后故事

20世纪50年代初，朝鲜战争后，美军回国，促进了跆拳道的国际化。在韩国的游说下，世界跆拳道管理机构世界跆拳道联盟（World Taekwondo Federation）于1973年成立，现更名为世界跆拳道。首届世界锦标赛于同年举行。

管理机构

1980年，世界跆拳道获得国际奥委会承认。1988年，跆拳道成为首尔奥运会表演项目。2000年，跆拳道成为正式奥运项目。

自由搏击

必备知识

- 自由搏击是职业运动，男女运动员皆可参加。顶级自由搏击比赛在东南亚和日本广受欢迎，运动员享受着超级巨星般的待遇。
- 自由搏击对体能要求高，动作难度大，成为西方流行的运动。
- 自由搏击规则复杂，因为没有一个统一的管理机构。

运动概述

自由搏击是一种快节奏的格斗运动，结合了拳法和源自武术（主要是空手道）的踢技。尽管与传统泰拳和全接触式拳击（见第237页）相似，但自由搏击是由武术专家于20世纪70年代在美国开发的。职业比赛长达十二轮，每轮持续2分钟。选手可击倒对方取胜，但更常见的是通过击打对方而得分取胜。

运动要求

自由搏击运动员要有拳击手般的力量、速度、韧性和耐力，还要有高踢腿所需的敏捷和灵活。运动员必须具备极强的抗打能力，尤其是当比赛允许踢击腿部时。

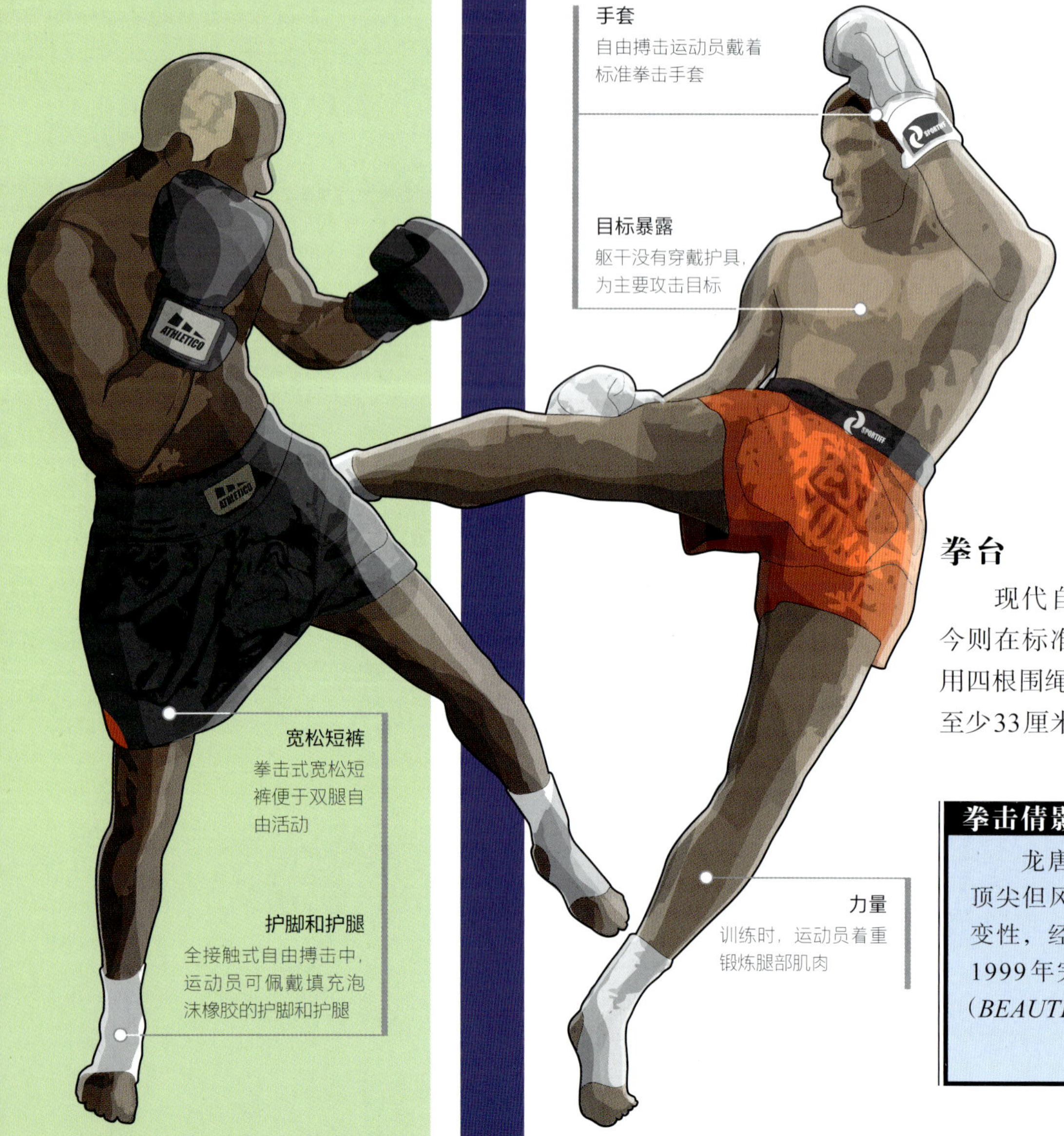

手套
自由搏击运动员戴着标准拳击手套

目标暴露
躯干没有穿戴护具，为主要攻击目标

宽松短裤
拳击式宽松短裤便于双腿自由活动

护脚和护腿
全接触式自由搏击中，运动员可佩戴填充泡沫橡胶的护脚和护腿

力量
训练时，运动员着重锻炼腿部肌肉

裁判
裁判与运动员一同站在台上，负责宣布比赛开始和结束，并监督比赛过程

起始位置
双方相对而立，分别站在离拳台中心1米的白线上

场下团队
每名运动员都有一位教练员，负责探讨战术，还有两名助理教练员，负责在回合间处理伤势

计时员
负责为比赛计时，并在每轮比赛开始和结束时按铃示意

拳台

现代自由搏击比赛最初在垫子上进行，如今则在标准拳台上进行——弹性帆布四边分别用四根围绳围起来。底部围绳必须距离帆布地板至少33厘米；顶部围绳离地不超过1.32米。

拳击倩影

龙唐原本受训为僧，而后成为泰国实力顶尖但风评极差的自由搏击运动员。他渴望变性，经常化妆，通过打比赛赚钱，最终在1999年完成变性。2005年电影《美丽拳手》（*BEAUTIFUL BOXER*）讲的便是他的故事。

自由搏击、全接触式拳击和泰拳

人们常常混淆纯粹的自由搏击、泰拳（Muay Thai）和欧洲全接触式拳击运动这三者之间的关系。这三者密切相关，了解其关键差异很重要。所有三项运动的选手都佩戴护齿、手套和护裆。

·自由搏击比赛中，选手可根据职业拳击规则出拳，即不得击打腰带以下部位，但可踢击任意部位。

·全接触式拳击比赛中，选手穿着长裤和短袖、护脚，还可选择佩戴护腿板和头盔。比赛采用拳击规则，但禁止运动员踢腰部以下部位。

·泰拳是最古老、最暴力的“自由搏击”形式，有关拳法和踢击的规则更为宽松，运动员可用手、小腿、肘部和膝盖进行击打。

护具

大多数护具在全接触式格斗中都是强制要求佩戴的。东方武术、泰拳和散手比赛禁止使用护腿和护脚，其他格斗类运动则准许甚至推荐使用，业余比赛亦是如此。

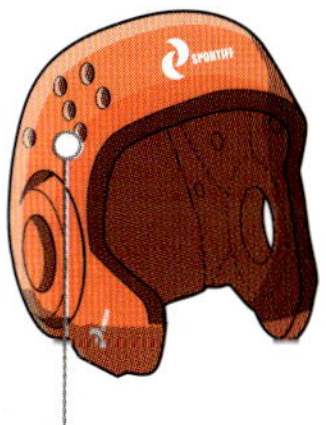

头盔
遭击打时，能保护脆弱的太阳穴和头部

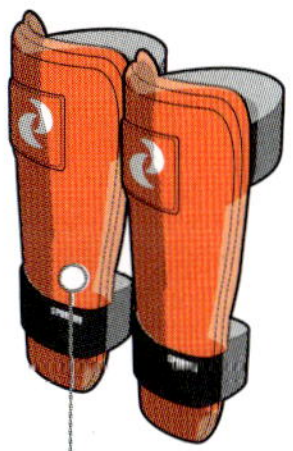

护腿
在全接触式格斗中，可防止对方非法踢腿

护脚
踢击时，起到缓冲冲击的作用

得分体系

通过击倒对方或累积得分而赢得比赛。有些比赛是根据胜出的回合数而非总分来决出胜者。得分区域为头的正面、后面和侧面；身体正面、侧面及腿部。得分标准如下：成功出拳得1分，扫腿和踢中也得1分；踢到头得2分；跳踢击中身体得2分，击到头部踢得3分。

战斗风格

自由搏击运动员可用刺拳、勾拳、交叉拳和上勾拳等拳法击打对方躯干和头部。还有各类踢法，包括前踢、侧踢以及摆腿回旋踢。回旋踢是指运动员回旋摆腿，增加动能，进而击打对方小腿、躯干或头部。自由搏击和传统拳击的出拳风格区别很小，许多选手常常两类赛事均有参与。不过因为戴手套，拳打得再好也没有踢击有杀伤力。

击膝

低踢腿往往最为有效，能减慢对方速度，并阻止其用踢技反击。全接触式格斗禁用低踢（扫腿除外）。

中踢

中踢是针对对方腰部区域。如果踢得快，踢得狠，会让对方肋骨挫伤甚至受损。

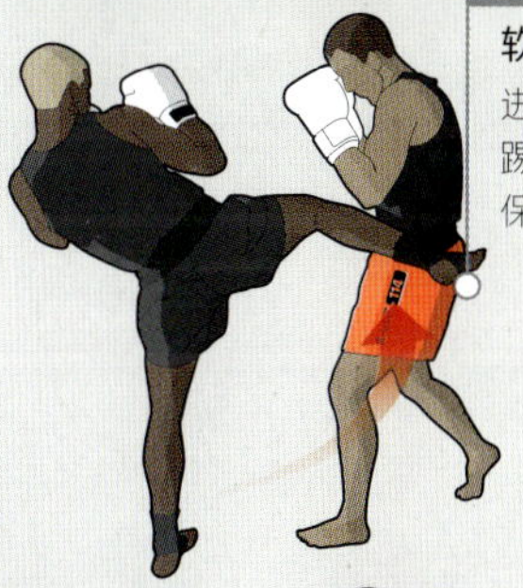

拔高目标

针对头部的高踢风险最大，因为进攻方最容易遭到反击。但高踢也极具观赏性，且有可能一击制胜。

幕后故事

20世纪70年代自由搏击运动兴起时，首家管理机构是职业空手道协会（Professional Karate Association）。如今自由搏击运动并未实现统一管理，而是由多家机构各自举办常规赛事和世界锦标赛。世界自由搏击协会（World Kickboxing Association）成立于20世纪70年代末，有超过107个成员国，在同类组织中最具权威。

桑搏

运动要求

力量和韧性必不可少。运动员要能抗打，还要有必胜的意志和战术意识。速度和敏捷也很重要，有助于选手快对方一步。

运动概述

桑搏是俄罗斯格斗运动，包含多种摔跤技术，例如摔技、压技和锁技。桑搏分为两类：运动桑搏和格斗桑搏。运动桑搏有锁腿等许多柔道禁用动作。格斗桑搏也有拳法和踢击动作。

必备知识

- 20世纪20年代，约瑟夫·斯大林（Joseph Stalin）希望提高军人的徒手格斗技能，桑搏便逐渐在苏联发展起来。将领们结合了空手道、柔道等格斗术以及亚美尼亚、格鲁吉亚、摩尔多瓦、蒙古国和俄罗斯的传统摔跤风格。
- 国际业余桑搏联合会（International Amateur Sambo Federation）是桑搏运动管理机构。桑搏意为“徒手防身术”。

得分体系

桑搏比赛通常持续5分钟，比赛裁判包括一名中场裁判（运动员得分时打手势示意）、一名执场裁判和一名执行裁判长。压倒对方可得分：将对方背着地压在垫子上10秒可得2分，压20秒可得4分。领先12分者胜。

直接取胜

如果一方可在直立状态下将对方摔得背着地，则无须取得领先优势即可获胜。还可以施展降服技，在地面上锁住对方手臂或腿部，从而直接获胜。运动员不得使用绞技或抓握对方手脚。若抓握力量极强，对方疼得无法忍受时，会呼喊或拍打垫子，裁判便宣布比赛结束。

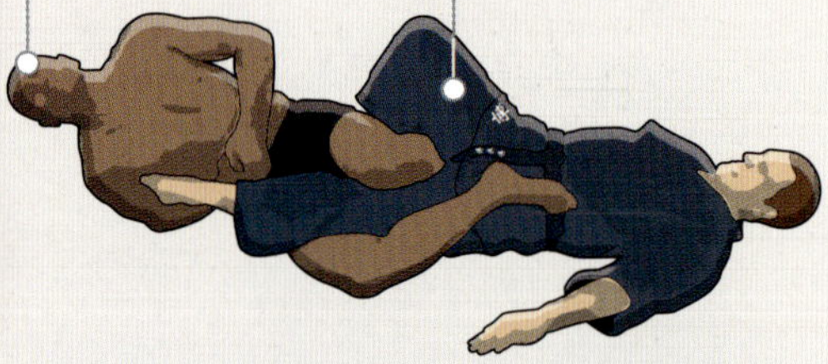

比赛区域

桑搏比赛在六角形或方形垫子中央的圆形区域进行。比赛从标有白色边线的内圈开始。垫子周围是淡蓝色保护区。保护区铺设垫子，避免运动员因为被摔出主要比赛区域而受伤。

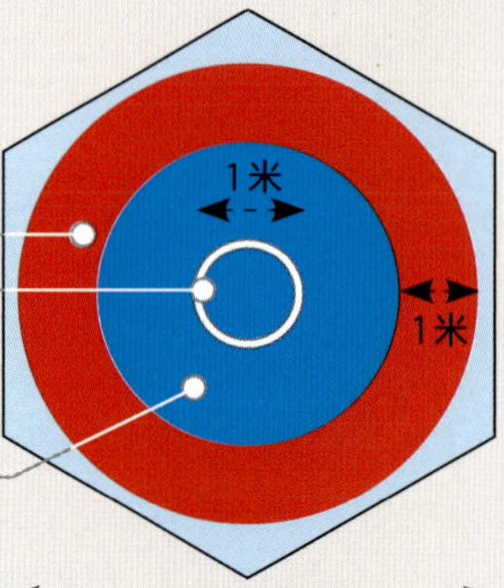

“徒手格斗”技术

桑博一词在俄罗斯语中的意思是“不带武器的防身术”，所以桑博被称为“徒手格斗”技术。

剑道

运动概述

剑道是日本武术，其仪式、哲学和礼仪与比赛技巧同等重要。剑道源于日本古剑术（kenjutsu）。现代剑道运动员使用竹刀而非真剑。比赛双方各穿着一身黑色装备，特色鲜明。比赛目标是用竹刀攻击对手。

可以做

剑道比赛时长5分钟，先得2分者胜。若5分钟内未决出胜负，则加时3分钟，此时先得分者胜。竹刀分为三个部分，用竹刀顶部击砍七大目标区域（见下文），或用刀尖刺击喉咙，即可得分。通常，一名主裁判和两名副裁判负责打分，若至少有两名裁判示意一方按规定击中对方，则该运动员得一分。

合法目标

剑道选手可用竹刀击砍对方身上八处合法目标区域：三处在头部，一处在喉咙，两处在手腕，最后两处在身体两侧。

必备知识

- 剑术是剑道原型，其历史可以追溯到11世纪。剑术广受武士喜爱。如今的剑道装束与武士盔甲相似。
- 剑道意为“剑之道”，剑术则意为“剑之术”。
- 国际剑道联盟（International Kendo Federation）等多家机构着力推动剑道成为现代运动。国际剑道联盟还每三年举行一届世界剑道锦标赛。

运动要求

剑道运动员要像训练身体一样锻炼他们的心智：心理训练和身体健康同样重要，冷静和注意力是至关重要的。剑道的切入和推进需要精准和技巧，运动员需要快速反应以使自己免受攻击。

在广场上

剑道比赛（shiai）在木地板场地（shiajo）上进行，场地中央画有一个十字。比赛期间，双方不得离开赛场。参赛选手必须遵守传统礼仪，赛前赛后要相互鞠躬。

突破防守

一个关键的进攻技巧是用佯攻使对方露出破绽，然后击打对方暴露出来的目标区域。击打时，运动员大喊击打部位，比如喊道“身侧（do）”！发起进攻前，选手会颇有气势地发出喊声，起到威吓对手的作用。

水上运动

WATER SPORTS

06

运动要求

运动员手腿肌肉发达。耐力对于短跑运动员和长距离游泳运动员都必不可少。游泳运动员上半身体形极具辨识度，肩膀宽阔，腰部和臀部逐渐收窄。

必备知识

- 有四大类泳式比赛：仰泳、蛙泳、蝶泳和自由泳。
- 目前有三十四项官方奥运游泳比赛，男女各十七项。
- 1908年之前，奥运会有各类特殊游泳比赛项目，如潜泳、200米障碍泳和垂直距离泳。

趣闻

20.91 2009年12月18日，巴西自由泳运动员塞萨尔·西埃洛（César Cielo）创造了50米世界纪录，用时20.91秒。

8 美国游泳运动员迈克尔·菲尔普斯在2008年北京奥运会上获得的金牌数量。

15 1998年，绰号“鱼雷（Thorpedo）”的澳大利亚运动员伊恩·索普（Ian Thorpe）成为史上最年轻的个人项目世界冠军，年仅15岁。

24.98 中国选手杨文意游完50米的用时（以秒为单位），成为首位突破25秒大关的女运动员。

游泳

运动概述

游泳比赛，不论是50米还是1500米，目标都是在比赛中先人一步游完。比赛限定使用蛙泳、仰泳、蝶泳、自由泳中的某一种或某几种。比赛分为个人赛和团体赛，团体赛通常是压轴比赛，每支参赛队有四名队员。

游泳池

高级别比赛游泳池长50米，宽25米，有8条泳道，每条宽2.75米；第一和第八道与池壁之间预留了40厘米距离。水深均为1.8米。比赛时，第一和第八道的两条分道线颜色为绿色；第二、三、六、七道的四条分道线为蓝色；第四和第五道的三条分道线为黄色。自两端池壁起至5米内的浮标为红色。距两端池壁15米处的浮标颜色应不同于其周围浮标颜色。跳水等其他比赛可使用倾斜池底，但初始点深度不少于1.2米，且另一端深度至少为1米。此类游泳池可分为最多十条泳道，每条宽约2米。

勇立潮头

游泳分为多种泳式，比赛规则各有差异。不过，游泳池规格、出发和到达终点的规则以及比赛计时和判罚方式都是通用的，国际赛事规则均由全球游泳运动管理机构国际游泳联合会制定。

出发台

除仰泳外，所有选手赛前都要站到位于泳池尽头、泳道上方的出发台上。发出出发信号后，运动员从出发台跳入泳道，开始比赛。

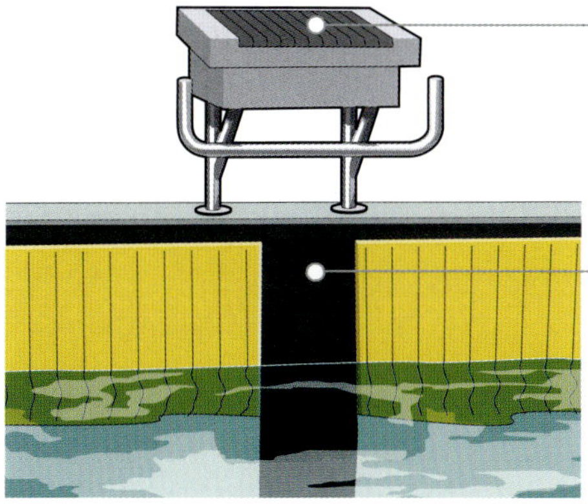

平台建设
出发台由不锈钢制成，台面覆盖防滑橡胶

池壁触板
选手转身或抵达终点时必须触碰此区域。计时原理是接触压力会切断外部电路

泳装

传统泳装大多已被高科技泳装取代。泳装紧密贴合，能减少阻力。不过由于担心泳装会造成比赛不公，国际泳联在2010年收紧了相关规定。

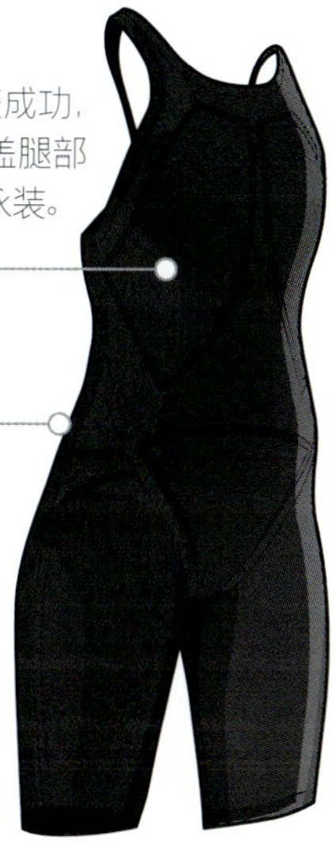

泳装设计
全身泳装在2000年和2004年奥运会大获成功，但在2008年北京奥运会上，泳装仅能覆盖腿部和躯干。自2010年起，彻底禁止穿全身泳装。

高科技材料
泳装由多种材料制成，如尼龙、氨纶和莱卡

严格规定
国际泳联规定，女子泳装不得遮盖脖子、肩膀或膝盖，男子泳装则不得遮盖膝盖和肚脐

泳镜
比赛时，泳镜极有助于提高可见度。镜框为柔性聚氯乙烯材质，镜片防雾防刮。

防漏
一些泳镜有硅胶密封圈，能加强防水性能

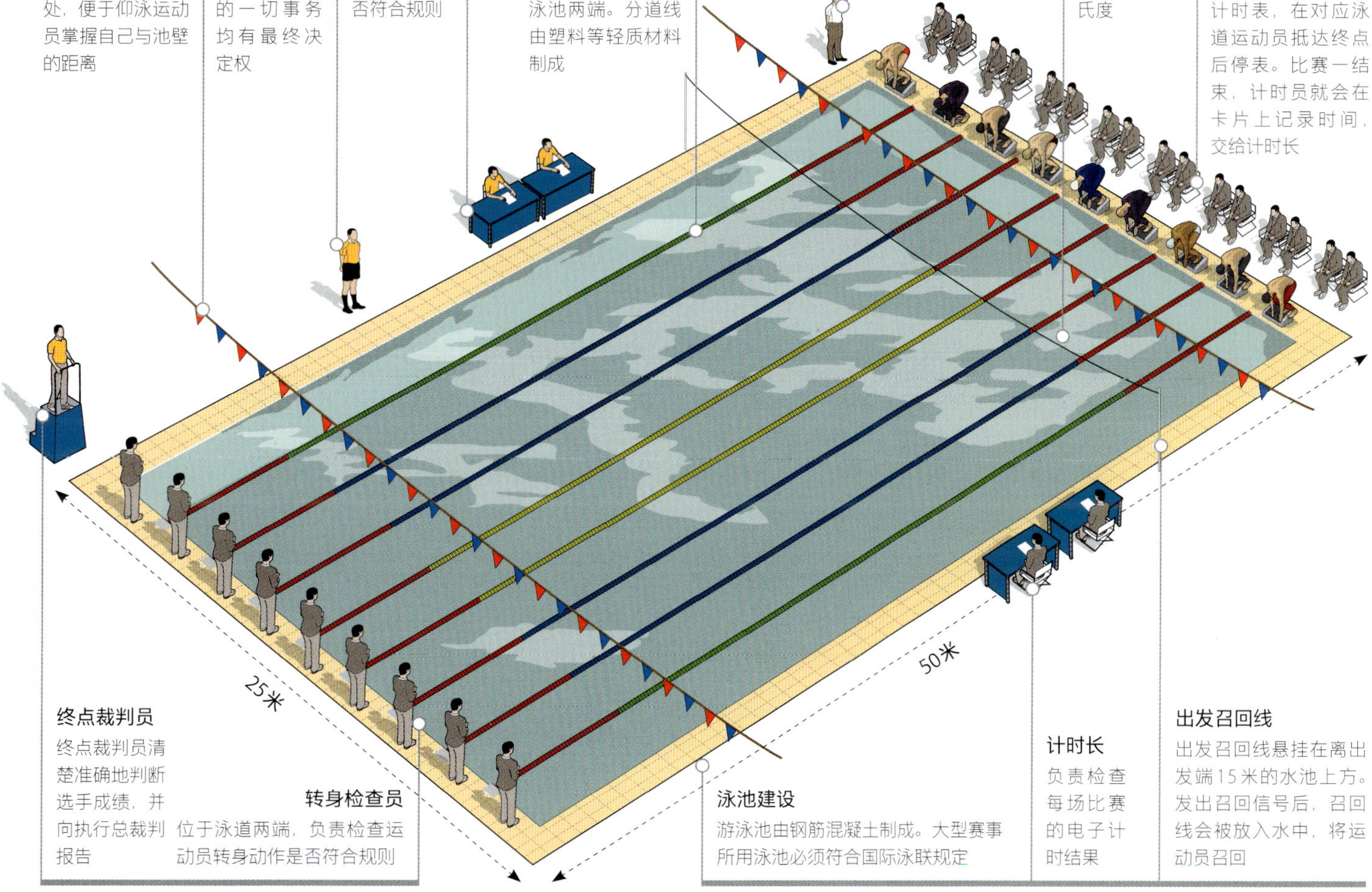

多色旗帜
一排彩旗悬挂在距离泳池两端15米处，便于仰泳运动员掌握自己与池壁的距离

执行总裁判
执行总裁判对重大赛事的一切事务均有最终决定权

技术检查员
负责检查运动员泳式是否符合规则

分道线
分道线漂在水上，拉得很紧，延伸到泳池两端。分道线由塑料等轻质材料制成

发令员
发令员负责比赛开始时发令

水
水温保持在25～28摄氏度

计时员
计时员在发令员发出出发信号后按动计时表，在对应泳道运动员抵达终点后停表。比赛一结束，计时员就会在卡片上记录时间，交给计时长

终点裁判员
终点裁判员清楚准确地判断选手成绩，并向执行总裁判报告

转身检查员
位于泳道两端，负责检查运动员转身动作是否符合规则

泳池建设
游泳池由钢筋混凝土制成。大型赛事所用泳池必须符合国际泳联规定

计时长
负责检查每场比赛的电子计时结果

出发召回线
出发召回线悬挂在离出发端15米的水池上方。发出召回信号后，召回线会被放入水中，将运动员召回

统计中心

长池比赛世界纪录（男子）

比赛项目	用时	运动员
50米自由泳	20:91	塞萨尔·西埃洛
100米自由泳	46:91	塞萨尔·西埃洛
200米自由泳	1:42:00	保罗·比德曼
400米自由泳	3:40:07	保罗·比德曼
800米自由泳	7:32:12	张琳
1500米自由泳	14:31:02	孙杨
100米仰泳	51:85	瑞安·墨菲
200米仰泳	1:51:92	亚伦·佩尔索尔
100米蛙泳	56:88	亚当·皮蒂
200米蛙泳	2:06.12	安东·楚普科夫
100米蝶泳	49:50	凯勒布·德雷塞尔
200米蝶泳	1:50:73	克里斯托夫·米拉克

长池比赛世界纪录（女子）

比赛项目	用时	运动员
50米自由泳	23:67	莎拉·肖斯特罗姆
100米自由泳	51:71	莎拉·肖斯特罗姆
200米自由泳	1:52:98	费代丽卡·佩莱格里尼
400米自由泳	3:56:46	凯蒂·莱德基
800米自由泳	8:04:79	凯蒂·莱德基
1500米自由泳	15:20:48	凯蒂·莱德基
100米仰泳	57:77	里根·史密斯
200米仰泳	2:03:35	里根·史密斯
100米蛙泳	1:04:13	莉莉·金
200米蛙泳	2:19:11	里克·默勒·佩德森
100米蝶泳	55:48	莎拉·肖斯特罗姆
200米蝶泳	2:01:81	刘子歌

比赛开始

发令员负责发出出发信号，并听令于赛事执行总裁判。若执行总裁判允许比赛开始，发令员便有权开始比赛。发令员发出第一个口令，选手便各就各位。仰泳运动员立即下水，其他比赛选手则站到出发台上，脸朝下面对着各自泳道。

比赛计时

世界锦标赛、奥运会等大型游泳比赛采用电子计时，精确到百分之一秒。电子触板固定在每条泳道尽头池壁上。其上边缘必须至少高于水位30厘米。触板与电子计时系统相连，选手抵达终点后轻微触碰，也会触发系统响应。每条泳道还有专门的计时员记录运动员用时。赛后，计时员将用时记录在一张卡片上，然后交给计时长。

抢跳

抢跳是指运动员在“出发信号”发出之前出发。国际泳联规定，任何抢跳的运动员都将被取消资格。出现抢跳时，发令员发出第二个信号（与出发信号相同），出发召回线也被放入水中，从而提醒运动员。

从出发台出发

除仰泳外，其他比赛均从出发台出发。出发信号发出时，运动员从出发台跳入水中，开始比赛。出发台大小通常为50厘米 × 50厘米，高出水面50～75厘米。出发台从后向前倾斜不超过10度。

从泳池内出发

仰泳和混合泳接力比赛开始前，运动员进入泳池，抓住出发台，腿靠在池壁上。出发信号发出时，运动员向后蹬，充分利用反作用力。

快速转身

转身是所有比赛的重中之重。运动员到达游泳池转身端时，需要尽快转身，开始游下一趟。平稳转身技术可帮助运动员争取宝贵的时间。每种泳式转身方法稍有不同。蝶泳和蛙泳运动员转身时必须双手触碰池壁。自由泳和仰泳运动员可只用脚转身，无须手碰池壁。

滚翻式转身

快速滚翻式转身（如右图所示）适用于自由泳和仰泳。即将转身前，仰泳运动员可向前滚翻团身（仅滑行时）。与比赛开始时一样，运动员入水深度不得超过15米，然后要再露出水面，并使用规定泳式。

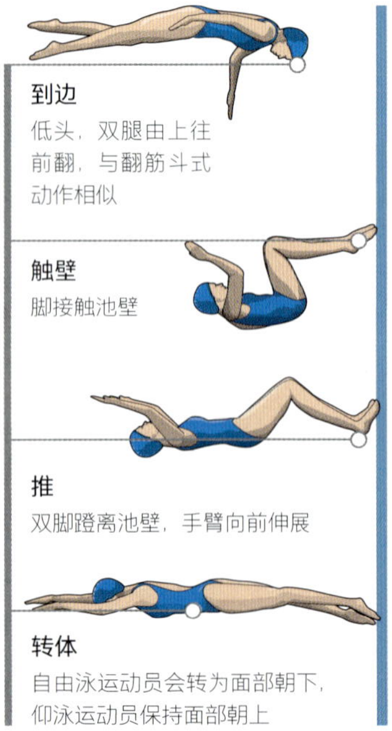

泳式

泳式的发展都遵循基本原则。为达到最高速度，躯干和腿应与水面保持平行，从而减小阻力。手臂应尽量在头前方伸展。手臂划水时间越久，动作行程越长，越能产生向前推力。

七金王

2007年墨尔本长池锦标赛上，美国运动员迈克尔·菲尔普斯赢得七枚金牌，其中四金是以创纪录的成绩获得，彰显了他的泳坛霸主地位。

蛙泳

要游好蛙泳，良好协调性必不可少。手臂动作必须同步进行，腿部动作亦是如此。首先是手臂画圈，接下来踢腿，最后短距离滑行。比赛开始时，运动员从出发台跳入水中。

正向启动

入水后，运动员耸肩，肘部外翻，手掌朝外，与前臂成30～45度角

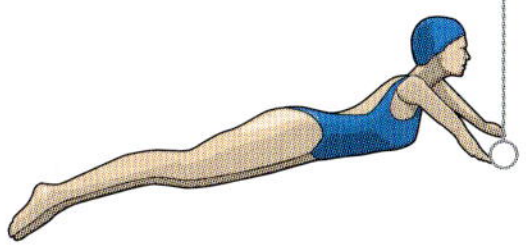

启动动作

运动员划动手臂，手掌在先，向后向下画一整圈。完成划圈动作后，把头从水中抬起，进行吸气

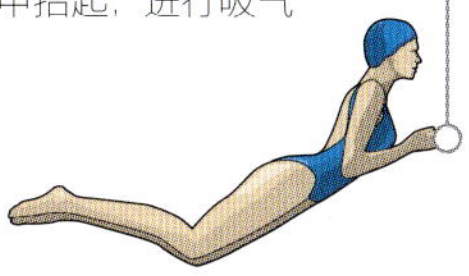

结束动作

头入水，双臂前伸、踢腿、屈膝，然后抬起双脚，接下来转动双脚，做圆形蹬水动作

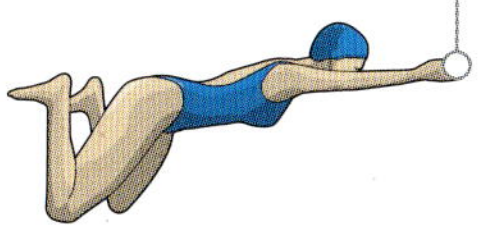

仰泳

训练时，仰泳运动员要数需要划几次才能到泳池终点端。仰泳时贴近水面。比赛开始时，运动员已经入水，而非从出发台跳入水中。

背向启动

运动员将一只手臂伸入水中，小指在前，在肩膀上方放直。手臂出水时，要始终伸直

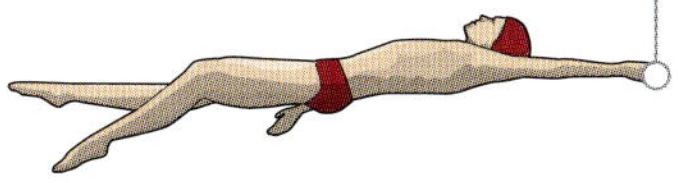

启动动作

一旦手入水，运动员就会把手往下推，然后推向脚的方向，手肘略微弯曲，小腿上下摆动

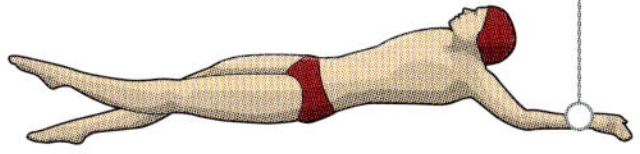

结束动作

运动员向脚的方向摆臂，直到手臂伸直，然后把手臂从水中抬起，回到初始姿势

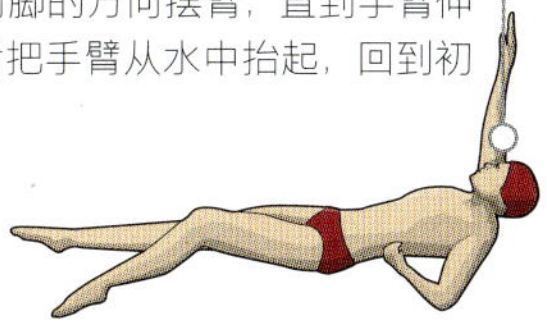

自由泳

自由泳又称爬泳，是最快的泳式，要求运动员面朝下在水中游动，每两到三个动作后转头露出水面呼吸。动作要尽量流畅，腿要一直踢。

正向启动

运动员把手伸入头前方的水中，并尽量向前伸展

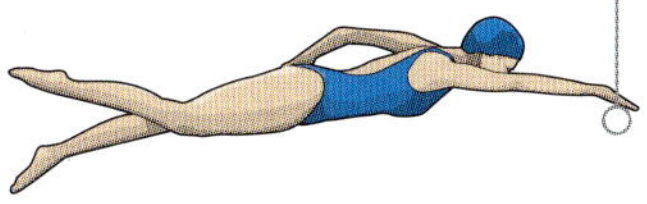

启动动作

如果要提速，运动员会弯曲肘部，把手往脚的方向推，直到手贴近大腿

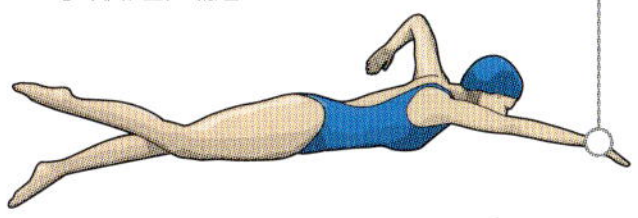

结束动作

踢腿动作始终在水下完成。运动员会交替抬起双臂前伸，再从水下收臂

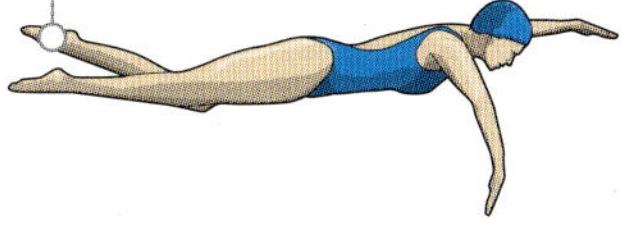

蝶泳

这种泳式对体力和力量（特别是上半身力量）要求很高。手臂破水而出，然后冲破水面入水。要把动作顺序做对并非易事：双手入水时踢腿；双手伸出时再次踢腿；手臂靠近大腿时，抬起躯干吸气。

正向启动

运动员从出发台跳入水中，入水后开始踢腿，动作酷似海豚

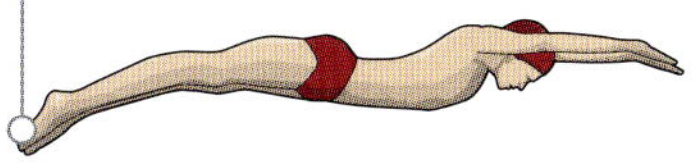

启动动作

运动员把双手放入肩前水中，然后往腿边收。整个动作过程中，手臂不断移动

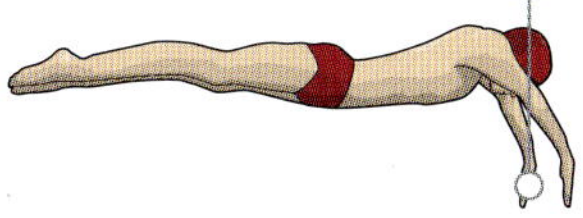

结束动作

双手贴近大腿后，从水中抬起，运动员吸气，然后手回到初始姿势，并在手入水和出水时踢腿

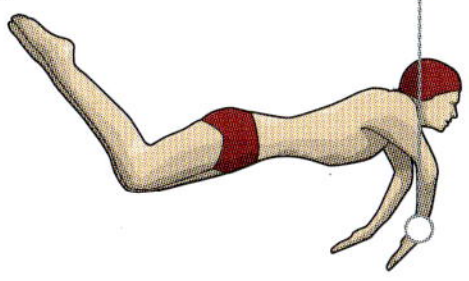

混合泳

混合泳接力为团体赛，每队有四名选手，每人游至少50米，然后队友接棒。比赛每一“棒”都按规定顺序使用不同泳式。

仰泳

选手从水中开始混合泳接力，第一棒为仰泳

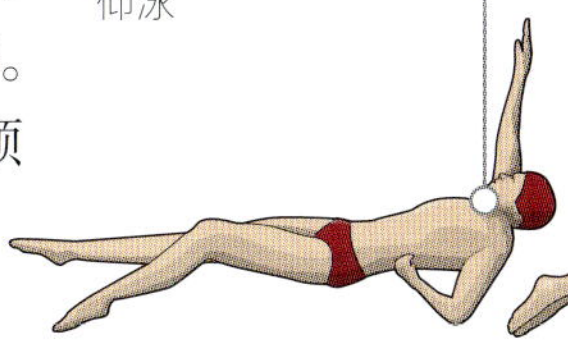

蛙泳

第二棒为蛙泳

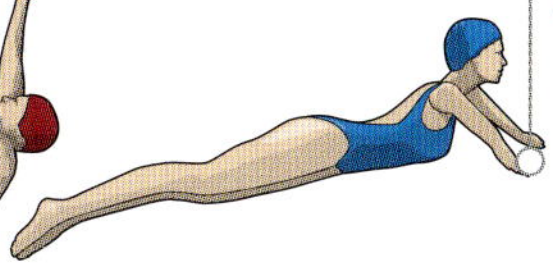

蝶泳

第三棒是蝶泳

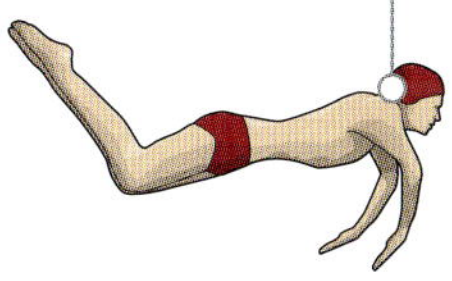

自由泳

最后一棒可使用其他任何受认可的泳式

幕后故事

早在石器时代便有对游泳的刻画，不过直到1800年前后，游泳竞技比赛才在欧洲兴起，此后现代泳式不断发展。游泳是1896年希腊雅典首届现代夏季奥运会比赛项目。但直到1912年斯德哥尔摩奥运会，女性才获许参赛。

国际管理机构

全球游泳运动管理机构是成立于1908年的国际泳联。国际泳联监管并举办所有世界锦标赛和奥运赛事，以及跳水、水球、马拉松游泳和花样游泳赛事。

跳水

运动概述

从不同高度的跳台或跳板上，以杂技般的动作跳入游泳池或跳水池，这便是跳水艺术。裁判打分标准是运动员跳水动作难度以及动作技术水平。

必备知识

- 四大跳水项目是男子和女子3米跳板和10米跳台。世界锦标赛还设有1米跳板比赛。
- 国际泳联管理奥运会、世界锦标赛（World Championships）、世界青年锦标赛（World Junior Championships）和跳水世界杯（World Diving Cup）的比赛规则。

运动要求

运动员身体柔和，但又足够强壮，能在空中保持或变换姿势。腿、手臂和关节必须处于最佳状态。参加顶级赛事的运动员通常年龄在14至16岁之间。

池

跳水比赛在跳水池或游泳池跳台和跳板上进行。池子的长和宽有所不同：有些比赛在常规池的深水段举行。跳台和跳板表面为防滑材质，运动员可爬楼梯登台，而非爬梯子。10米跳台下方水深不少于3.5米。若是其他跳台和跳板，则水深至少1.8米。

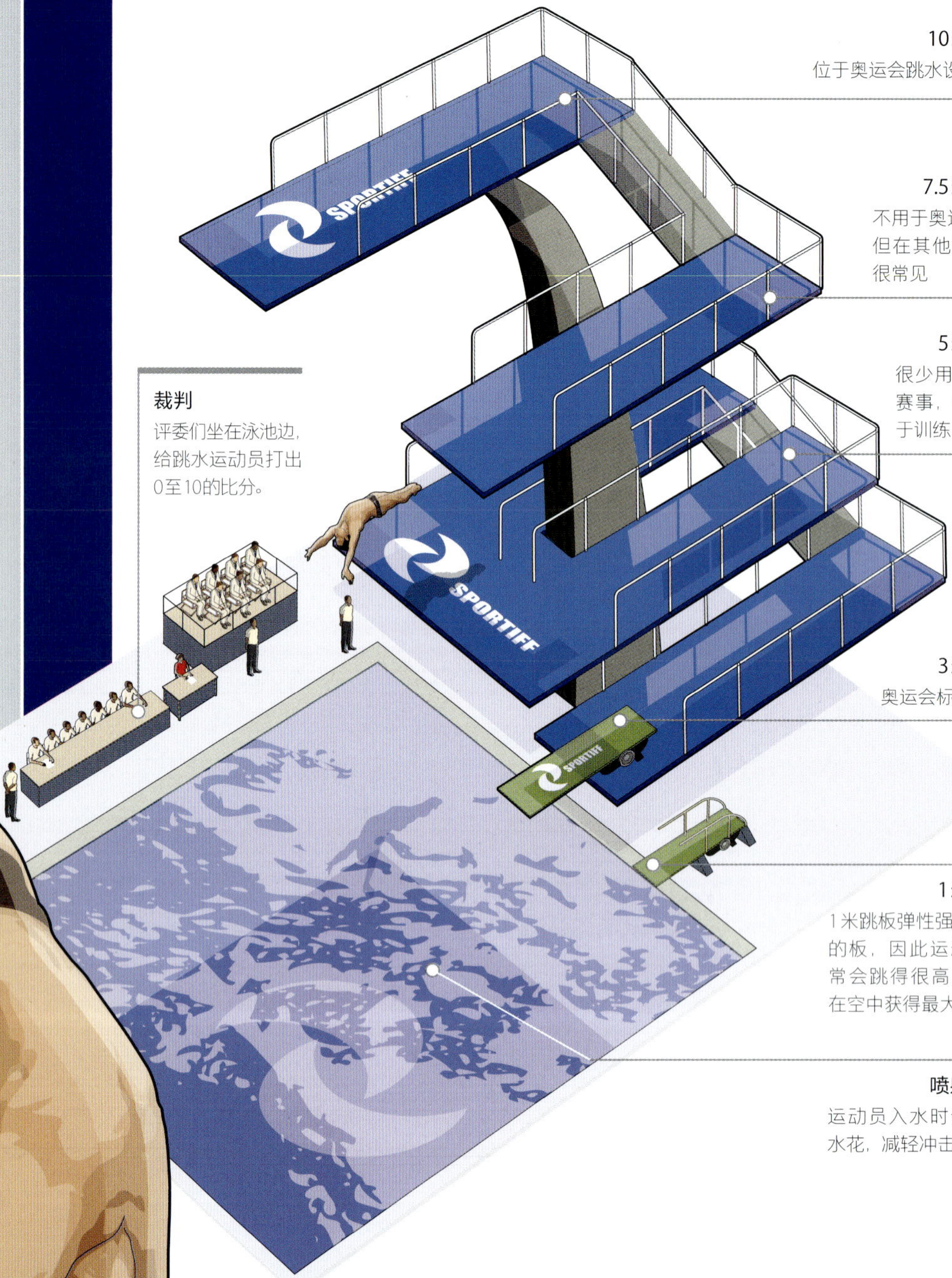

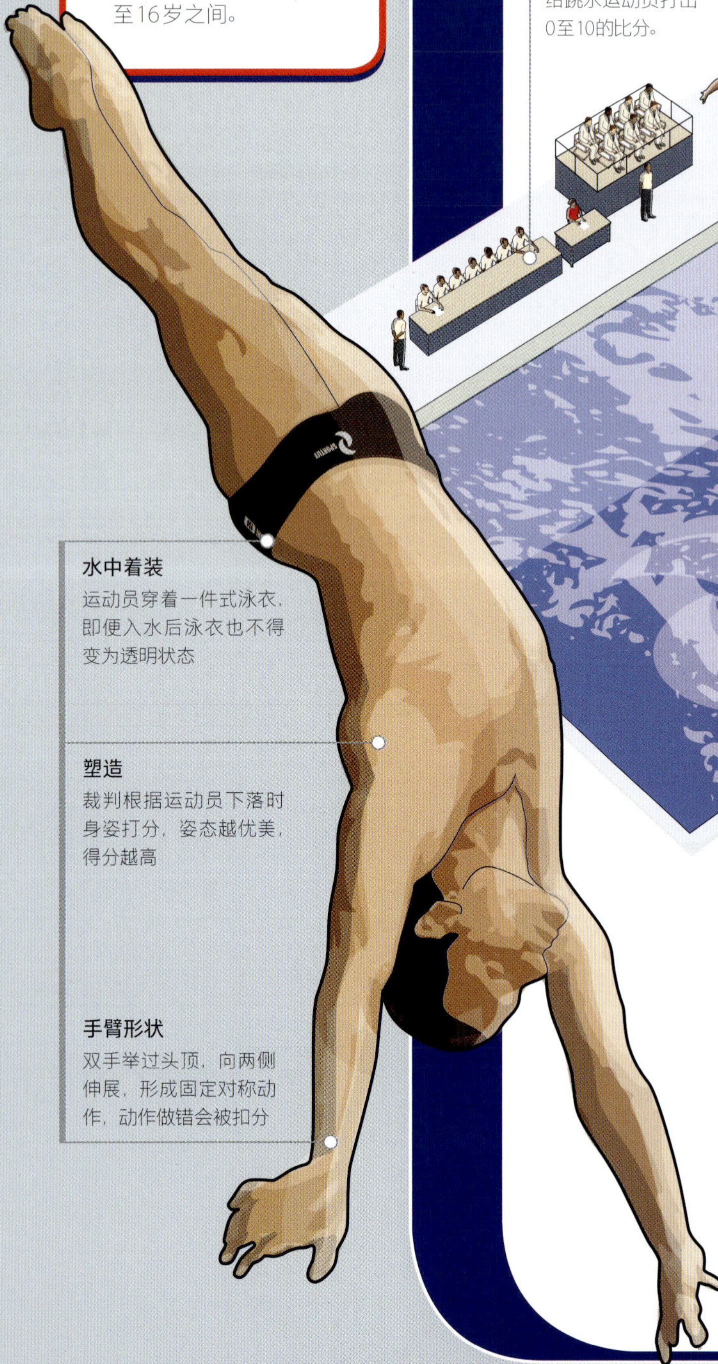

趣闻

3 出生于奥地利的意大利选手克劳斯·迪比亚西（Klaus Dibiasi）在1968年东京、1972年慕尼黑和1976年蒙特利尔奥运会上赢下10米跳台比赛，连续三次获得奥运跳水金牌，创历史纪录。

13 1992年奥运会上，13岁的中国选手伏明霞赢下女子10米平台比赛，成为史上最年轻冠军。四年后，伏明霞勇夺10米和3米跳水金牌。

5 美国跳水运动员格雷格·洛加尼斯（Greg Louganis）五次赢得世界锦标赛冠军。他还获得了1984年和1988年奥运会3米跳板和10米跳台金牌。

70 1904年至2012年间，美国男子跳水运动员摘得的奥运奖牌数量，包括十三枚10米跳台金牌和十五枚3米跳板金牌。美国一直是世界跳水强国，但在2012年奥运会上败给中国，仅赢得一枚金牌，中国则摘得六枚金牌。

板上动作

官方正式认可的跳台跳水动作有九十一种，跳板跳水动作有七十种，分为六组：向前、向后、反身、向内、转体和臂立。臂立仅可在10米跳台上使用，其他所有跳水动作都必须用脚启动。

同步性

双人赛中，两名队友同时从高度一致的跳台或跳板上跳下，两人跳水动作或者全然相同，或者不尽相同但相得益彰或互为镜像。双人赛一大特点是，跳得差的可能反而得分多——但两名队友要犯同样错误。2000年，双人跳水成为奥运项目。

抱膝

如果抱膝动作做到位，运动员会紧缩身体，弯曲髋部，双膝弯曲并拢。运动员小腿靠在大腿后，双手抱住小腿，使其处于固定位置。双脚并拢，整个动作过程中脚趾伸直。若抱膝跳水包含转体，运动员就必须清楚地展现抱膝姿势。

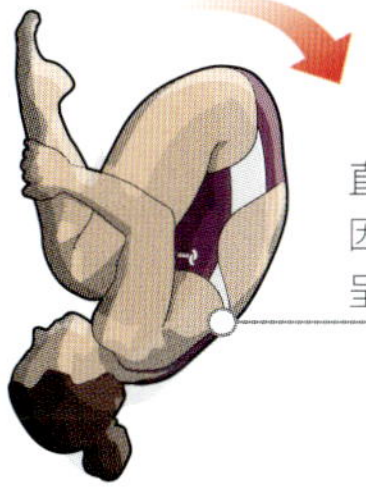

胎儿式姿势
直背会遭扣分，因此运动员力求呈现胎儿式姿势

屈体

做屈体动作时，双腿伸直，身体在髋部处弯曲，双脚并拢，脚趾绷直。手臂位置由运动员自行决定——如右图所示，手臂可扣在膝盖或小腿后，也可从身体两侧伸出。若屈体动作包含转体，运动员就必须清楚地展现屈体姿势，以免被扣分。

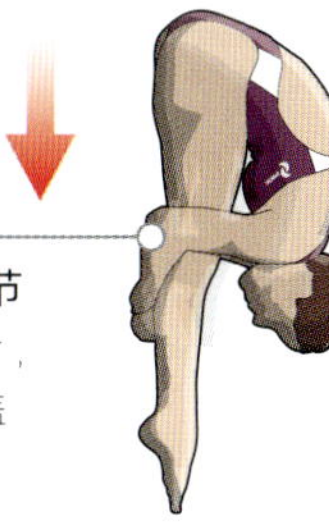

关节对关节
抱小腿时，手肘碰膝盖

直体

直体跳水动作要求身体完全伸展挺直，双腿伸直，双脚并拢，脚趾绷直；手臂可伸过头顶或紧贴身体一侧。若直体包含转体动作，则不得从跳台或跳板上开始转体。

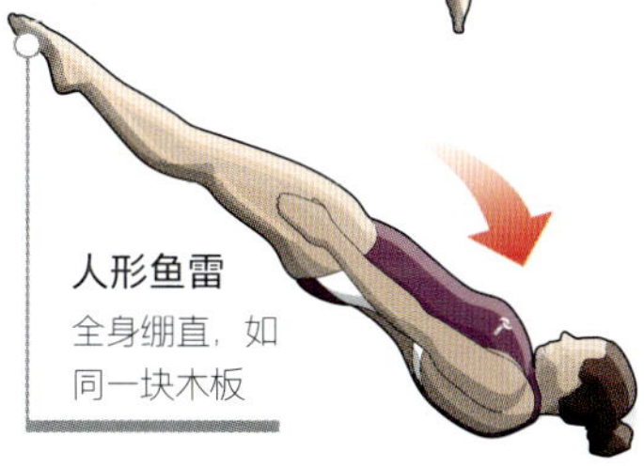

人形鱼雷
全身绷直，如同一块木板

跳水距离赛

1904年圣路易斯奥运会是跳水距离赛唯一一次在奥运舞台上亮相。参赛者从池边立定跳水，入水后在水下漂得远的选手获胜。运动员不得在水下做动作，因此只能完全依赖入水前的冲力。美国选手威廉·迪基（WILLIAM DICKEY）成绩超过19.05米，夺得金牌。

计分

运动员每轮可跳一定次数，通常男运动员六次，女运动员五次。每跳都必须包含各类动作，例如翻腾和转体：主办方会在赛前告知具体要求。裁判会对规定动作完成情况以及选手入水方式打分：入水不溅起水花者得分最高。

打分

奥运会和国际赛事有七名裁判员，其他比赛大多有五名裁判员。每位裁判员为每跳打分，满分10分，其中3分为起跳分，3分为空中技巧分，3分为入水分（第10分由裁判员自行判断）。打分后，去掉最高分和最低分，将剩余分数乘以赛前定好的难度系数，算出该跳最终得分。

向前翻腾二周半抱膝

该动作极具观赏性，极受欢迎，要在不到两秒的腾空时间内展现极强的运动能力。

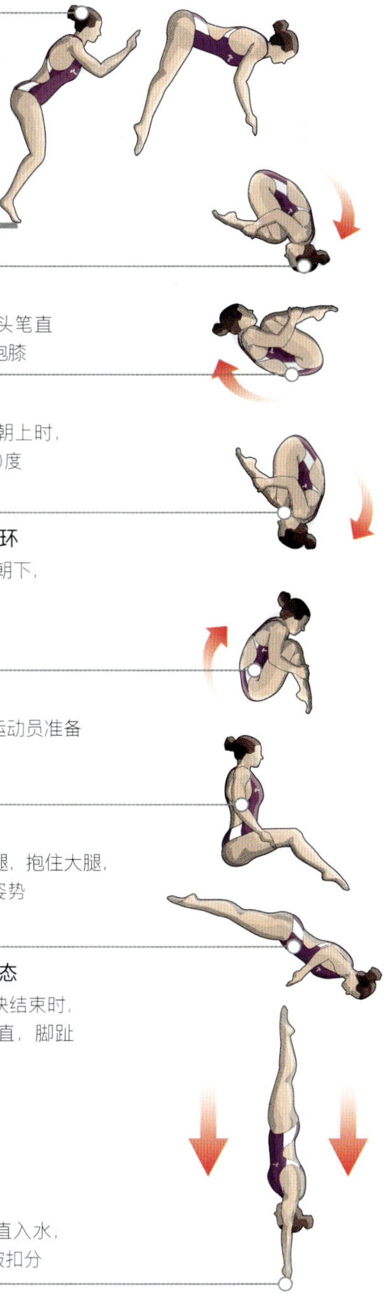

起跳
必须向上起跳，从而有充裕的时间和空间完成全套动作

抱膝
运动员必须在头笔直朝下之前充分抱膝

第一转
运动员再次头朝上时，已抱膝翻腾180度

一个完整的循环
运动员头笔直朝下，完成翻腾一周

翻腾二周
翻腾二周后，运动员准备翻腾最后半周

松手
运动员松开小腿，抱住大腿，准备采用入水姿势

阵容和最终姿态
最后翻腾半周快结束时，运动员身体伸直，脚趾绷直

垂直入水
运动员力争垂直入水，如有偏差，会被扣分

必备知识

- 19世纪时，英格兰和苏格兰出现了早期水球。最早的水球以英式橄榄球为基础，比赛极为暴力，球员往往胡打一通。
- 1900年，水球首次出现在奥运会赛场上。自1908年以来，每届奥运会都有男子水球比赛。2000年，女子手球比赛首次亮相。
- 水球在美国和欧洲很受欢迎，在匈牙利、意大利和西班牙更是如此。

趣闻

20 2010年罗马尼亚奥拉迪亚（Oradea）男子世界杯决赛中，克罗地亚队和塞尔维亚队的进球总数。塞尔维亚队以13∶7获胜。

10 美国、意大利和匈牙利女子水球队获得的世锦赛金牌总数。

水球

运动概述

水球是水上运动，比赛两队各七名球员，包括六名外场球员和一名守门员。比赛目标是将球攻入对方球门；每个进球得1分，进球多的球队获胜。比赛分四节，每节7分钟；如有必要，进行两节加时赛，每节3分钟。水球极具挑战性，竞争激烈；球员动作速度快，犯规很常见，尤其是在水下——裁判必须格外警惕才能发现。水球被誉为游泳、排球、橄榄球和摔跤的结合体。

水球池

水球比赛层次不同，水球池大小也有所不同，但大多在20米×10米和30米×20米之间。奥运会比赛水球池水深至少1.8米。可使用常规游泳池，但其浅水段并非理想之选，因为外场球员不得触及池底。比赛区域用浮标或池底画线（或两者兼有）标出，包括白色中线两侧的白色球门线、红色2米线和黄色5米线。

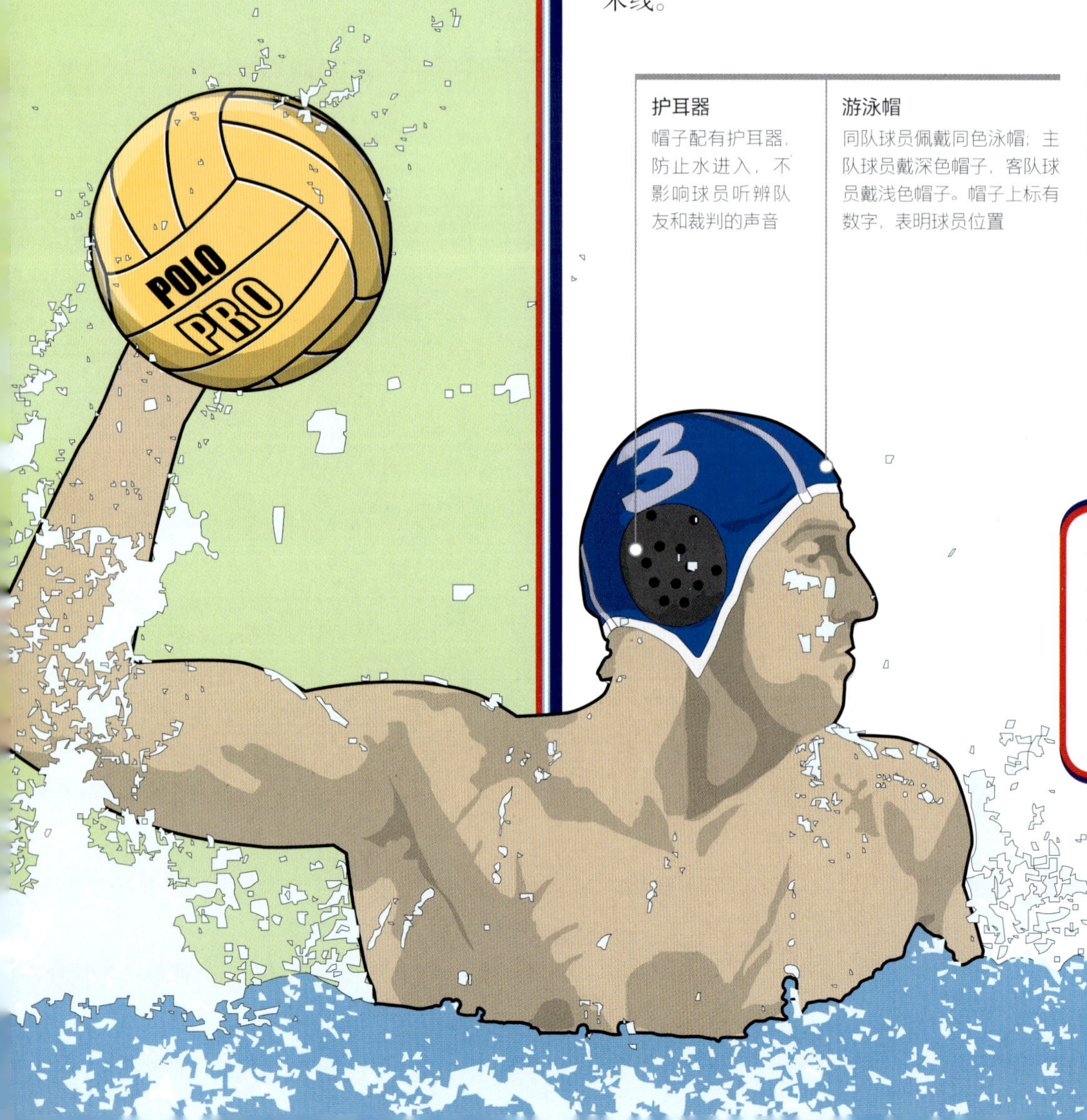

球门区

球门与水池端头相连，或者用绳索固定住。柔软的球门网包住了整个球门区。守门员通过击飞或接住来球来守卫球门区，但必须注意不得击打门柱或横梁——球门相对脆弱，用手就能移动。

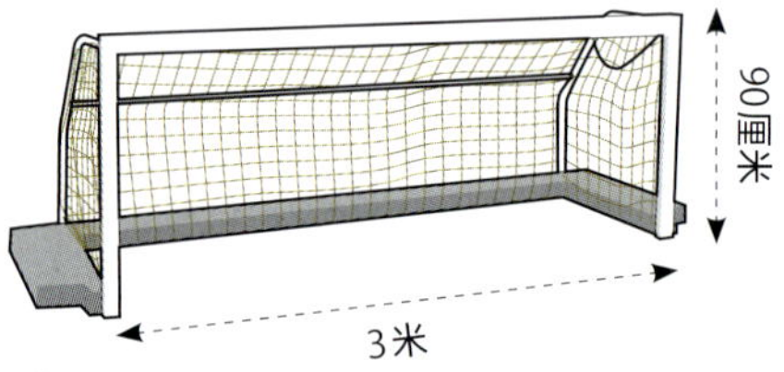

运动要求

球员擅长游泳，冲刺能力强。精准控球至关重要，但也极为困难，因为在蹬水掷球时，球员身体必须探出水面。球员需要身强力壮，才能扭抱对方球员以及抵御对方攻击。团队技能和战略思维也很关键。

球员位置

守门员不得越过中线进入另一侧半场。外场球员可在水球池任意移动攻防，具体取决于何方进攻。中锋主导进攻，位于对方球门正前方。其他五名外场球员为外线球员。高级别比赛中，外线球员往往不会固守特定位置，而是会视情况与队友交换位置。

开球

水球比赛分为四节。每节开始时，两支球队在各自球门线上排成一排。裁判吹哨，表示本节开始，然后将球放到中线。球员冲向球，先拿到球的一方获得球权，进行进攻。获得球权的一方有30秒时间射门，超时则失去球权——进攻计时器会进行倒计时。

1 第一边锋 这两名边锋是进攻球员，位于两米线上

2 第二边锋 第二边锋在水池另一侧组织攻击

3 第一推进手 推进手的职责是将球移动至便于得分的位置。推进手位于中锋两侧

4 第二推进手 第二推进手辅助第一推进手创造进球机会

5 后卫 后卫负责指挥进攻，并在防守时盯防对方中锋

6 中锋 中锋通常位于对方球门前两米线和五米线之间的区域

7 守门员 负责防守球门区，击飞对手攻球

裁判员 有两名裁判，池子两侧各一名，不会进入水中

中线 每节开始时，裁判将球放在中线上

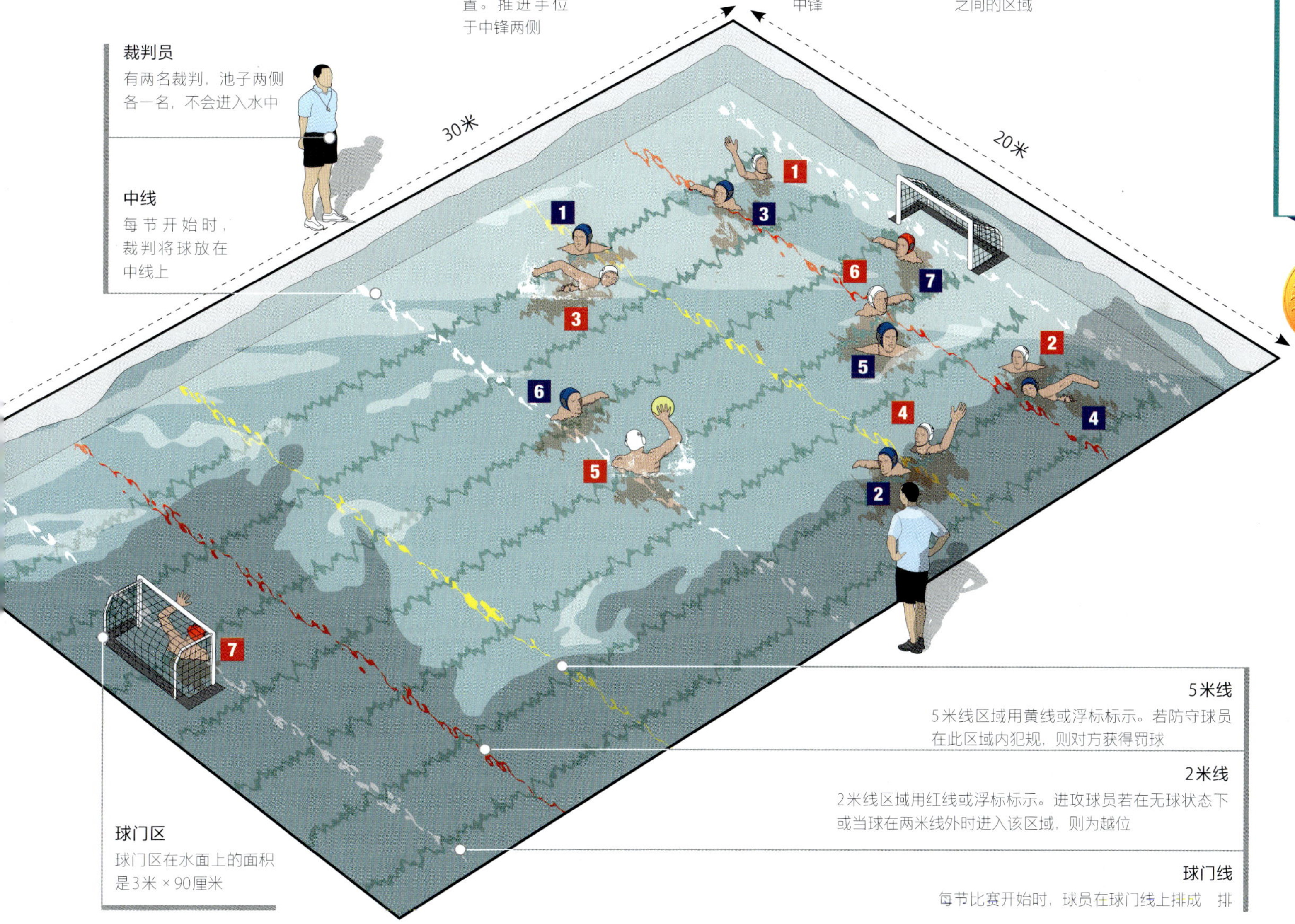

5米线 5米线区域用黄线或浮标标示。若防守球员在此区域内犯规，则对方获得罚球

2米线 2米线区域用红线或浮标标示。进攻球员若在无球状态下或当球在两米线外时进入该区域，则为越位

球门区 球门区在水面上的面积是3米×90厘米

球门线 每节比赛开始时，球员在球门线上排成一排

水球起源？

“水球（POLO）”一词用法来源众说纷纭。一说是源自早期水球，球员骑着浮桶，犹如骑马。另一说是源自藏缅语词汇，表示早期印度橡胶球。

水下装备

所有参赛者必须穿着泳衣，帽子必须为特定配色且标有号码，以便于辨别不同球员。球员不得以任何理由在身体任何部位涂抹油脂。

浮球

水球必须为球形，有防水橡胶外层、气囊和自闭阀。比赛用球重400～450克，颜色通常为黄色。男子比赛用球比女子比赛用球大。

轻盈紧身

短裤和泳衣要很贴身，但不得影响在水中做动作。不得携带可能造成伤害的物品。

不透明 只能穿不透明的一件式或两件式泳衣

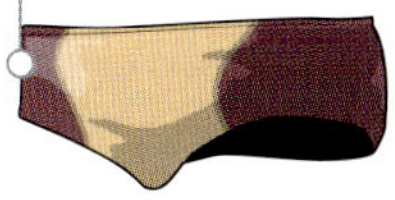

比赛规则

比赛分4节，每节7分钟，每节之间休息2分钟。每队每场比赛有一次2分钟的暂停。若平局，则进行两节加时赛，每节3分钟。如有必要，再加赛3分钟，先进球者胜。外场球员只能用单手触球，不得握拳击球，也不得触及池底或池壁。守门员可双手接球，可握拳击球，亦可触及池底，但不得越过中线。被扭抱时不得水下推球。不得推抱非持球球员。若攻门时球飞出池子端线，则由防守方发球。若防守方将球碰出端线，则进攻方获得两米线任意球机会。

得分

如果球的整体从横梁下方越过球门柱之间的连线，则为进球。除握拳击球外，可用身体任意部位攻门，不过进球几乎都通过抛掷完成。

由守转攻

除了阻止对方球队得分，守门员在发起进攻方面也发挥着关键作用。精准传球是核心技能。

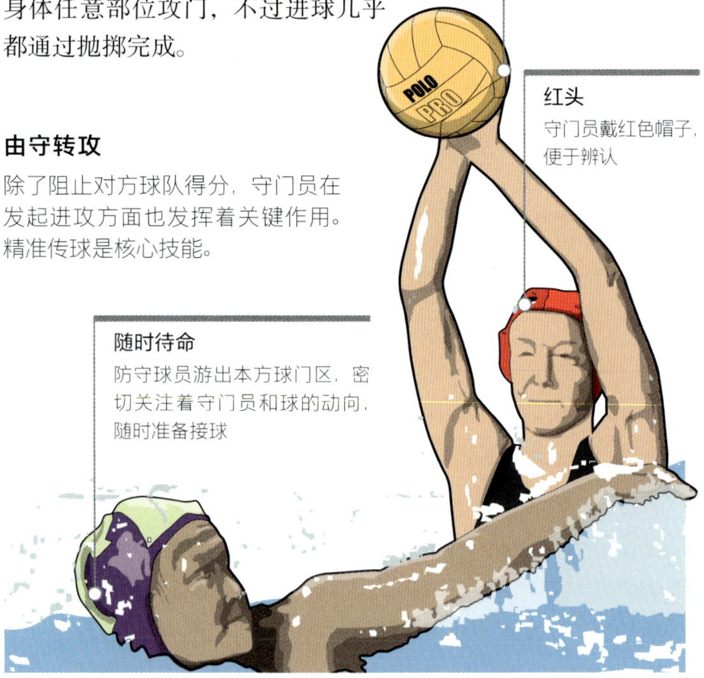

水上技能

水球运动员一场比赛一般要游3～5千米，因此高超的泳技以及体力都至关重要。比赛中，身体接触频繁，运动员要足够有韧性，才能挡住对方的猛烈冲击。运动员还必须时刻观察周围环境——池中各处机会和危机并存，形势瞬息万变，因此水球泳式与游泳比赛所用泳式有所不同。游泳时，运动员总是将头伸出水面观察局势。运动员还经常使用仰泳，但是身体在水中几乎直立。游泳与控球技巧相结合，以便射门或将球传给队友，具体如下：

踩水

外场球员不能触碰池底或池壁，射门和传球时必须踩水。为了便于攻门时发力，有时球员大腿及以上身体部位都会探出水面。为保持在特定位置，球员大多采用“打蛋器”式踩水法，双腿轮流踩水，而非采用剪刀式蹬腿。

射门

有多种射门方式。吊射是用高弧线掷球越过对方头顶破门，一般从球门侧翼射出。弹射时用足力气使球从水面弹起，飞入球门。猛射是球员跃出水面，将球掷向球门。如下图所示，进攻球员做假动作，诱骗守门员往一侧扑。此时球门另一侧无人防守，进攻球员便往该方向射门。

运球

球员可以一边游一边在身前推球，从而使球在池中推进。他们推球时不得握球，推进时也不得把球推到水面下。运球球员必定会遭到对方拼抢，因此需要加以防范。如下图所示，进攻球员已经突破最后一道防线，在门前形成破门机会。若把球传到该位置，则为越位。

传球

除了基本传球外，所有传球都要有高超的技巧，因为必须单手精准掷球接球。干传是在球不触水的情况下快速传球给外场球员。湿传是使球在水面反弹，传给处于进攻位置的队友。如下图所示，控球球员有多种传球选择，比如直接传给右侧的球员，或者选择更有野心的直塞球，传给快速切入的队友。

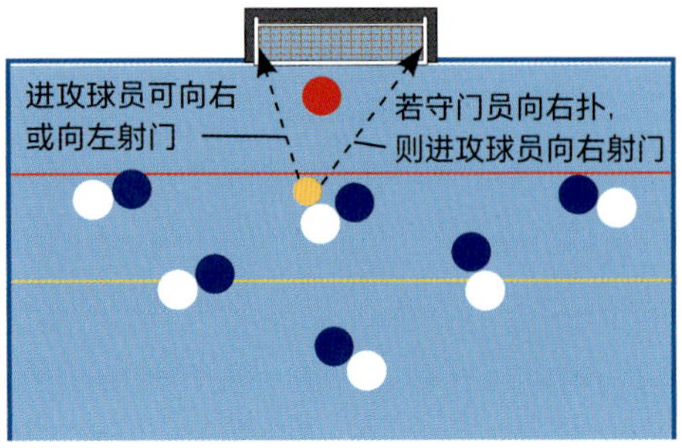

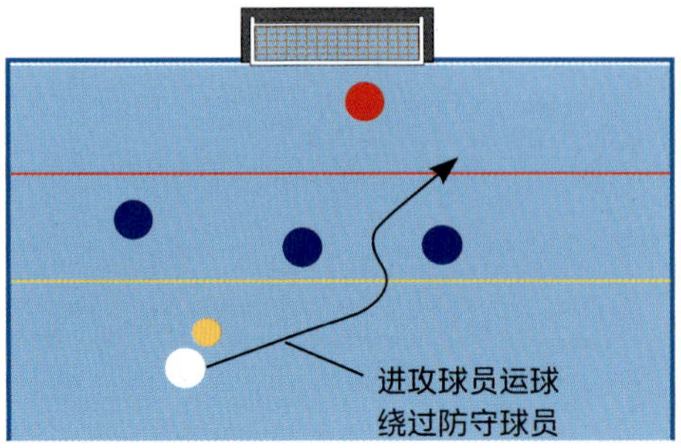

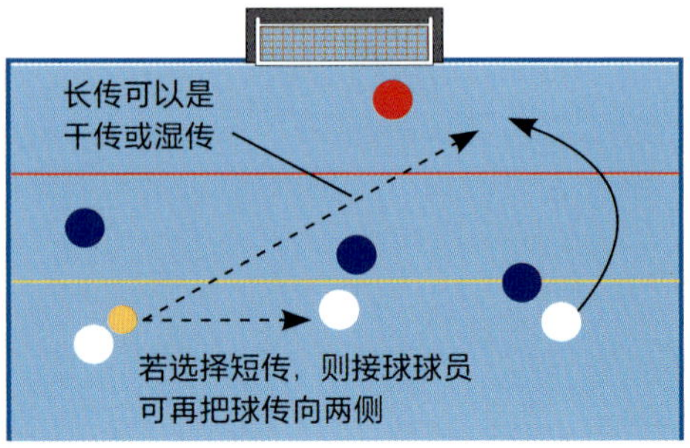

罚出

如果严重犯规，球员会被罚出，被罚到处罚区，罚出时间最长不超过20秒。严重犯规包括：把对方压入水中；干扰任意球；从背后拉扯球员；拖拽进攻球员；或故意与防守球员身体接触。被罚出的球员可用另一名球员替换。

血洒水池

1956年，匈牙利队以4：0击败苏联队。比赛时，言语交锋很快升级为肢体冲突。比赛过程中，双方拳脚相向，其中最重的一拳打得匈牙利选手埃尔文·扎多（ERVIN ZÁDOR）眼底出血，被迫离开水池。

水球术语

以下为部分水球技战常用专业术语：

推进手： 进攻球员，一般泳速快，主要负责将球推进到得分位置。

后卫： 防守球员，位于本方球门前，负责盯防对方中锋。

中锋（HOLE MAN）： 又称hole set。

紧逼防守： 人盯人防守，紧逼进攻队员，阻碍其传球或带球推进。

假动作攻门： 球员做出攻门动作，但半途停下，诱使门将过早出击，获得打空门机会。

进攻超时： 若获得球权后30秒内未能攻门，对方获得任意球。

争球： 每节开始时，球员冲抢场地中央的球。

统计中心

奥运冠军

年份	水球队
2016	塞尔维亚（男子）
2016	美国（女子）
2012	克罗地亚（男子）
2012	美国（女子）
2008	匈牙利（男子）
2008	荷兰（女子）
2004	匈牙利（男子）
2004	意大利（女子）
2000	匈牙利（男子）
2000	澳大利亚（女子）
1996	西班牙
1992	意大利
1988	南斯拉夫
1984	南斯拉夫
1980	苏联
1976	匈牙利
1972	苏联
1968	南斯拉夫
1964	匈牙利

阵型

水球防守位置为人盯人或区域防守。最常见的阵型是3—3阵型，球员分两排，每排三人。对方一名球员被罚出时（若犯规严重，会被罚出20秒），4—2阵型是有效进攻阵型。若防守方有一人被罚出，则可采用1—4阵型。

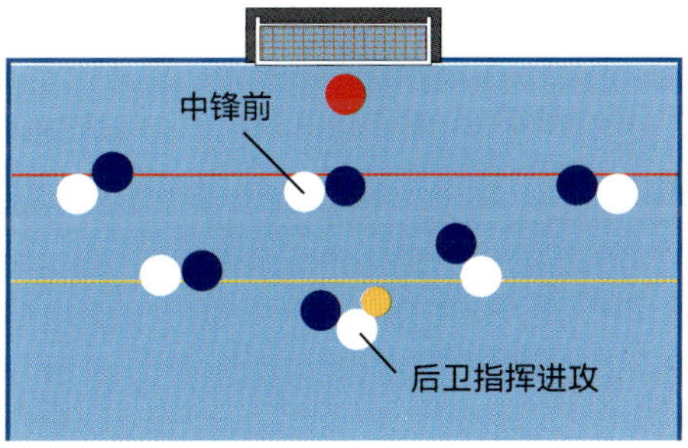

标准“伞式”攻击

全队采用标准的“伞式”进攻阵型。后卫位于伞顶，中锋位于伞内，即球门前。

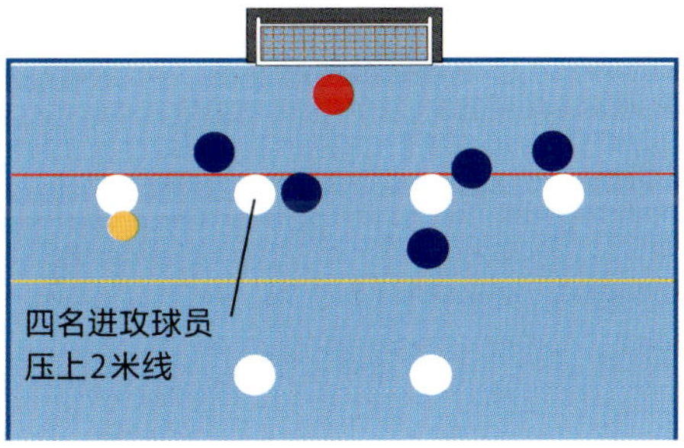

4—2进攻（6对5）

对方一名球员被罚出时，己方此时可趁势采用4—2阵型，将四名球员放在2米线上，将两名球员放在5米线上。

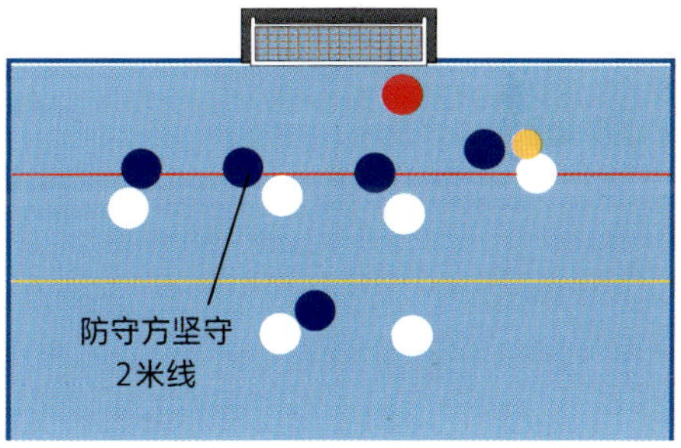

1—4防守

一名球员被罚出时，防守方通常会采用1—4防守阵型，即部署四名球员在2米线上，一名球员在5米线上。

趣闻

9 现代奥运史上最成功的水球队是匈牙利队，共获得9枚奥运金牌。其次是英国队，夺得1900年、1908年、1912年和1920年奥运金牌。水球世界锦标赛始于1973年，意大利至今共获得五枚金牌，是世锦赛史上最成功的国家。

20 参加2016年奥运会男子和女子水球项目的国家总数。

13 国际比赛最高单人进球数。1982年世界锦标赛澳大利亚队对阵加拿大队的比赛中，黛比·汉德利（Debbie Handley）打入13个进球，帮助澳大利亚以16：10获胜。

幕后故事

除奥运会外，主要国际水球赛事是自2002年以来每年七、八月份举行的世界水球联赛（World Water Polo League）以及自2001年以来每两年举行一次的世锦赛。国际泳联是全球水上运动管理机构。

必备知识

- 花样游泳原本被称为水上芭蕾。20世纪20年代，花样游泳发源于加拿大。20世纪30年代初，花样游泳传入美国。1934年，芝加哥世界博览会举行花样游泳表演，赢得满堂喝彩。
- 自1984年以来，花样游泳一直是奥运会项目。两个花样游泳奖牌项目不断调整，最新项目是双人和八人。

身姿

在花样游泳比赛技术自选和自由自选项目中，保持姿态优美都是重中之重，水中姿态明显不稳会遭重罚。团队成员必须动作一致或互为补充，并且必须完美匹配自选音乐节奏。

垂直冲起

开始做动作时，臂部在前，扎入水中，双腿并拢，笔直向上；在水下伸直躯干时，必须保持这个姿势。

托举

全队托举一名成员露出水面。全队必须同步向上托举，向下入水，被托举者仰头朝上。

花样游泳

运动概述

花样游泳是舞蹈、游泳和体操的结合体，独具特色。运动员露出水面时，会伴着音乐表演优美的动作。裁判员根据技术价值和艺术效果进行评分，满分10分。花样游泳比赛有集体项目，大多为两人及两人以上组队参赛。花样游泳也有单人项目。

技术价值

集体和单人赛事都包括技术自选和自由自选项目，每项都要在时限内伴着音乐进行表演。在技术自选项目中，运动员按照规定顺序完成特定动作，包括跃起、冲起和急转。自由自选项目对音乐或编排没有限制。每个项目评分重点为：动作难度和风险系数是否够高、动作执行是否完美无缺、编排是否有新意、表演覆盖泳池区域是否够广、队形、队员动作是否一致、表演是否与音乐同步、动作是否轻松自然。

运动要求

除了要有力量、耐力、柔韧性、优雅的动作和艺术细胞之外，运动员还必须擅长控制呼吸，因为自选项目可持续长达5分钟。运动员必须有良好的乐感，才能与音乐节拍保持一致。

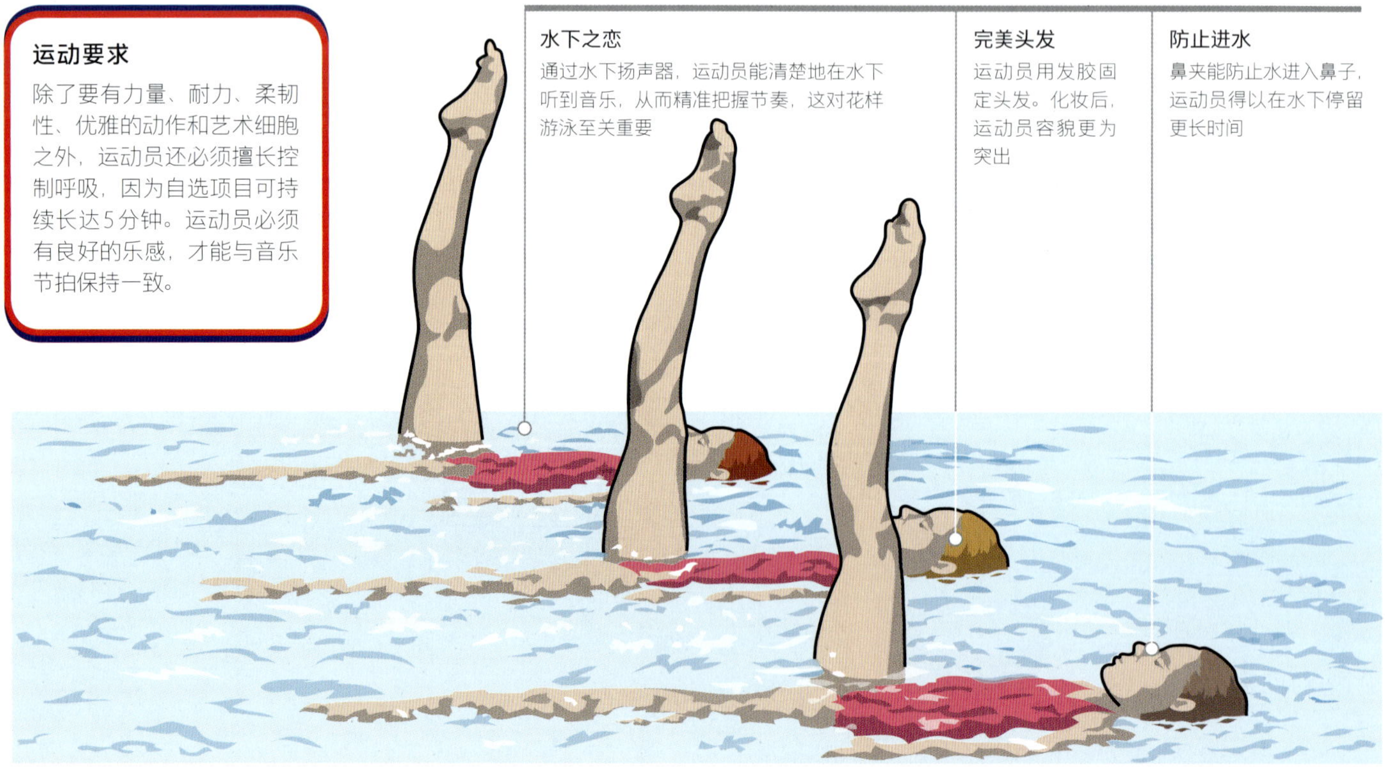

水下运动

运动概述

最受欢迎的三大水下团队运动是水下曲棍球、橄榄球和足球。相较于同类陆上运动，这三类水下运动上场球员更少，比赛几乎都在水下进行，因此即便比赛强度大，也难以吸引大批观众。不过，在澳大利亚、欧洲和北美，越来越多人积极参赛。许多水肺潜水员也投身其中，寓训于乐。

必备知识

- 运动员穿戴泳衣、面罩、呼吸管和脚蹼，但不得穿戴潜水衣和配重腰带。
- 1980年，首届水下橄榄球世界锦标赛在水下橄榄球发源地德国鲁尔河畔米尔海姆（Mülheim an der Ruhr）举行。

我爱水下曲棍球

水下曲棍球节奏很快，有些参与者将其视为竞技运动，有些则视为娱乐消遣。参与者大多还是将水上曲棍球作为其他水下运动的训练手段。水上曲棍球是非接触式运动，体型和力量并不重要，各地选手常常混合组队参赛。

水下曲棍球

对阵双方各十二名球员，分别派六人上场。比赛时长33分钟，上下半场各15分钟，中场休息3分钟，双方换边。比赛目标是得分超过对方，用纯白或纯黑色木棒或胶合板棒将球击入3米×25厘米宽的球门便可得分。球员轮流入水。如全场打完未决出胜负，则进行两节加时赛，每节5分钟。若仍未分出高下，则接下来先进球的一方获胜。

混合组队

水下橄榄球参与者不多，因此经常男女混合组队。

水下橄榄球

水下橄榄球通常使用圆形而非长25厘米的椭圆形球。水下橄榄球为六人制比赛，男女皆宜。之所以被称为橄榄球，是因为允许抓握扑搂持球球员。被扑搂时，球员必须放开球，此时球里充满了溶解的盐分。球门是直径40厘米的金属桶，位于池底两端。球离开水为犯规。

水下足球

水下足球为五人制比赛，其名称有误导性，因为实际上球员可以用手。比赛目标是将灌沙球打入对方球门。要得分，必须将球放在池子侧边水槽球门区域内，球要停留片刻，同时得分球员必须依然掌控球权。一场比赛上下半场各10分钟，中场休息3分钟。如果打平，则加时10分钟。

幕后故事

水下曲棍球诞生于20世纪50年代。20年后，水下足球和橄榄球也问世了。2006年水下曲棍球世界锦标赛有十七个国家派队参赛。1980年，首届世界水下橄榄球锦标赛在德国举行。

管理机构

成立于1959年的国际水下运动联盟（Confédération Mondiale des Activités Subaquatiques）负责组织举办世界锦标赛。

必备知识

→ 2016年奥运会帆船赛设有八个级别。

→ 2012年奥运会帆船赛设有六个男子级别（帆板、激光级、470级、星级、芬兰人级、49人级）和四个女子级别（帆板、激光级、470级、英凌级）。

→ 2008年奥运会上，三个级别（芬兰人级、49人级、龙卷风级）面向男女参赛选手。2012年未设立公开级比赛。

运动要求

对于帆船运动员而言，身体素质和力量很重要，但心理技能和态度才是成功的关键。升帆和调帆需要运用上身力量，快速绕船移动需要腿部力量，压舷时身体后仰，需要躯干足够强壮。思维敏捷，反应迅速必不可少，因为帆船竞赛本质就在于运用战术，充分利用不断变化着的各类条件。比赛能力可从小开始培养：儿童可参加小艇比赛，许多奥运选手年纪都在25岁上下，而帆船环球航海运动员年龄往往大于参加其他国际体育赛事的运动员。

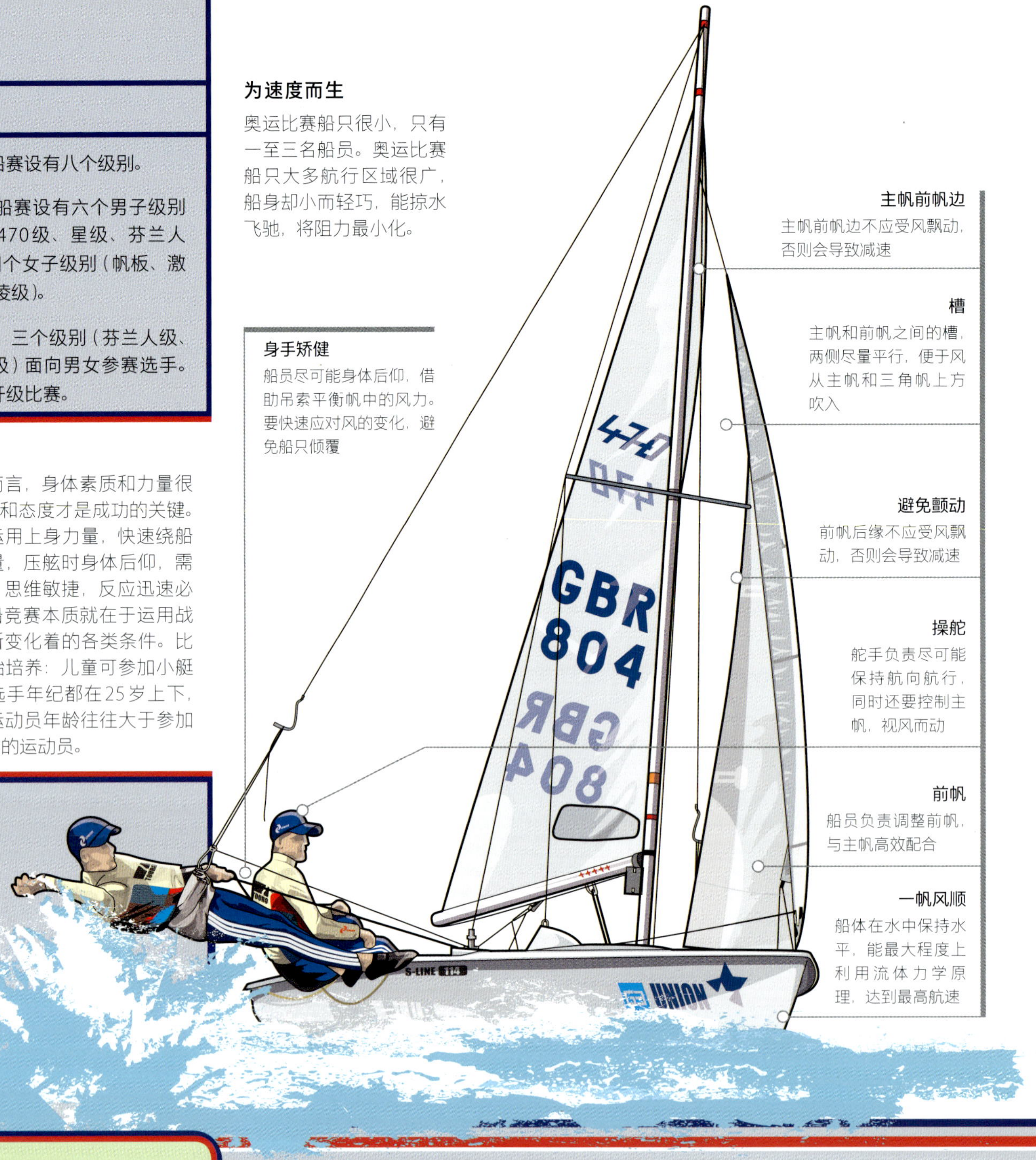

趣闻

1851 1851年，美国游艇向英国船只发起挑战，比赛环游英格兰怀特岛，胜者获得奖杯。后来该奖杯被称为美洲杯（America's Cup）。

67 67岁的罗宾·诺克斯-约翰逊爵士是威卢克斯五大洋单人帆船赛（Velux 5 Oceans Single-Handed Race）最年长的参赛者。

16 海上紧急情况专用16兆赫高频无线电频道，用于向海警或其他船只求救。

1852 1海里所对应的米数——相当于子午线上纬度1分所对应的弧长。

5000 一年一度德国北部基尔周帆船赛的参赛人数，共有2000艘参赛船只。

帆船

运动概述

有人误认为帆船运动就是站在倾盆大雨下大把撕钱，还有人帮你泼冷水。实际上，帆船运动激动人心，对运动员身心素质要求都很高。帆船比赛分为多种类型，必须严格遵照国际规则和地方法规。比赛场地包括：临时标记的环形水道，如湖泊、沿海海湾、河口等；用固定浮标划定航线的沿海水域；或远离海岸，横渡海洋。运动员可单人参赛，或组成小队参赛，亦可加入20人及以上团队参赛。

比赛场地

海上帆船比赛通常用固定导航浮标划定航线。短距离沿海和内陆比赛采用临时比赛标记，以便根据当天比赛条件充分测试航行能力。

奥运比赛航线

奥运帆船比赛为短距离赛事，时长30～75分钟。奥运比赛航线上，通常比赛浮标之间距离1.6千米。浮标能为船只提供各类航行角度。迎风最适合测试航行能力，且迎风段是航线中最重要的部分。奥运比赛航线中，迎风段需要航行两次，且至少有一段顺风段，下图所示的三角形航线便是一例。横风段（航行时，与风向呈45～135度角）是最轻松快速的航段，通常与风向相对应的每个方向都有一个横风段。起航线最好垂直于风向，以便所有船只均能在公平条件下启航。

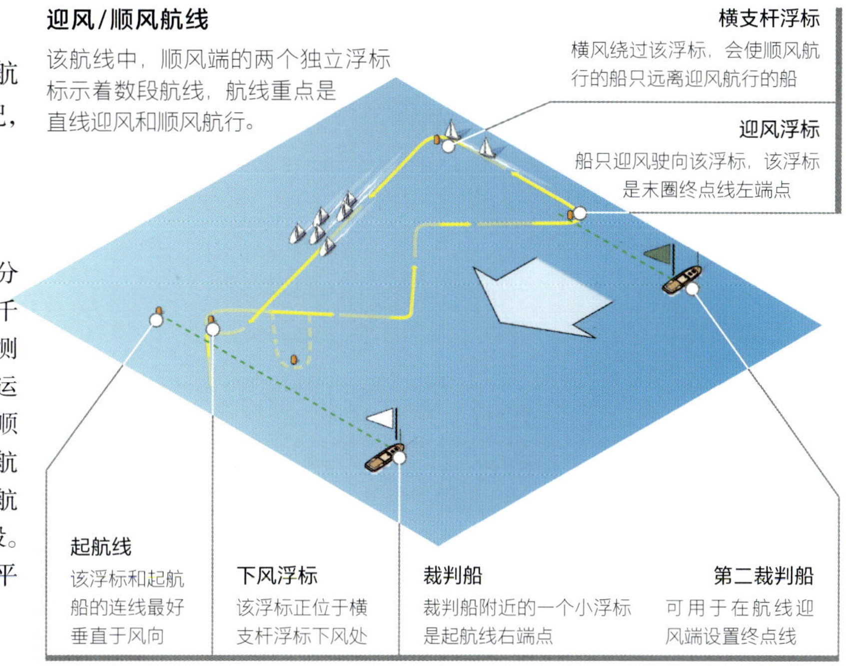

三角形航线

起航后，船只便向风前行，驶向迎风浮标。横风行驶至翼标后，船只返回起航线，形成三角形航线。然后船只再航行一遍迎风段，返回时正处于顺风向。

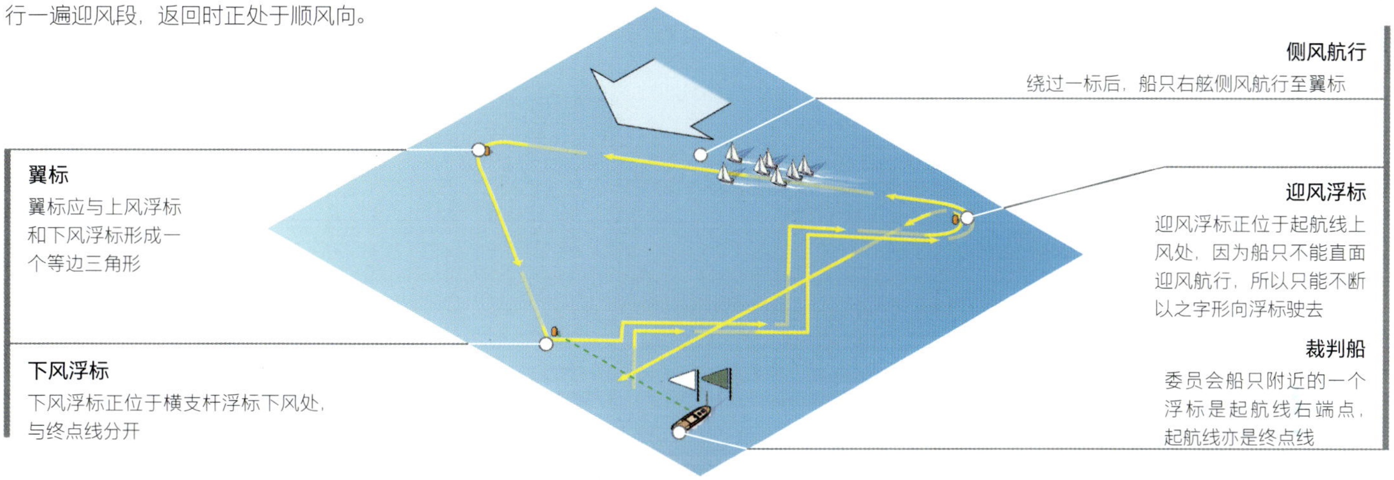

跨洋竞赛

跨洋竞赛是帆船竞技的巅峰之战，也是对船只和船员的终极考验。跨洋比赛极为漫长，通常历时数月，且极为艰苦，参赛者要在陌生水域奋力前进。所有跨洋比赛均根据国际帆船联合会（International Sailing Federation）的竞赛规则举行。单人跨洋比赛是对帆船运动员自身耐力的考验。他们孑然一身，困难重重，但大多能坚持到底，并在逆境中展现自身技能和韧性，因此广受赞誉。此外，还有多名船员参与的团体赛，船长必须能紧密团结船员，既带领他们克服暴风雨，也引导他们度过无风期。往往是无风期会导致船员心理出现严重问题。由于没有风推动船只前进，船在海中漫无目的地漂流，远离既定航线，容易让船员产生难以消解的挫折感。参赛者要足智多谋，必须能利用船只达到最佳的航行速度，并安全驶过未知海域。参赛者还要在重重压力下处理设备损坏的问题，仅用最基本的材料或现有工具临时维修复杂设备。

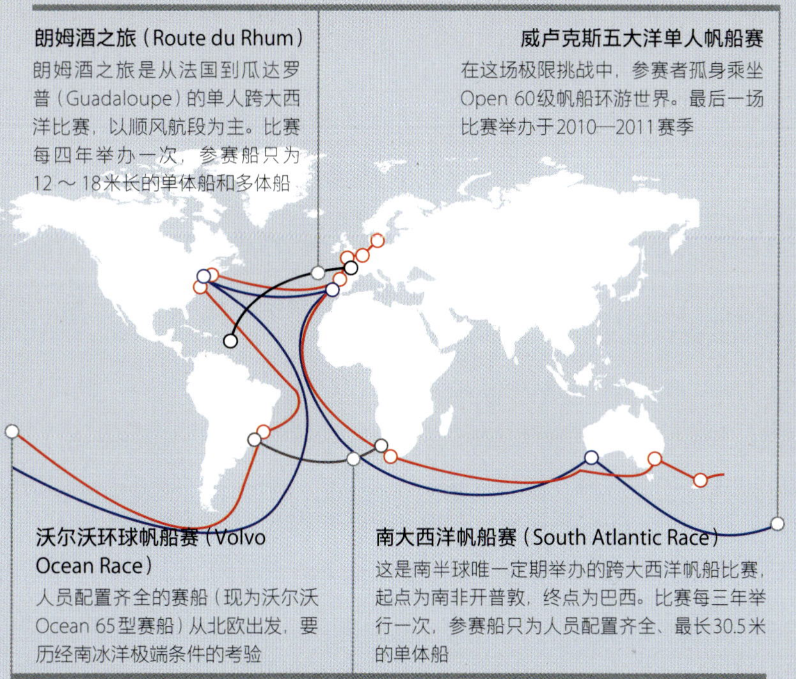

赛船

各类大小的船只均可分为单体船（一个船体）和多体船（两个或三个平行船体）。有两个船体的船是双体船，有三个船体的船则是三体船。船帆很大，水下翼片（尾鳍和艇舵）可最大限度地减少背风侧移（风侧向发力）。设计师不断尝试更轻质造船材料，尽量更好地兼顾速度和安全性。

奥运赛船分级

奥运赛船规格均有详细要求，同级别赛船几乎一模一样。因此比赛考验的是选手技能，而非造船技艺。国际帆联负责选定赛船级别，有时还会修改赛船级别目录，从而体现赛船设计的进步和选手运动能力的提升。激光级、激光雷迪尔级和470级小帆船非常受欢迎，是世界各地俱乐部内陆和沿海比赛常见赛船。龙卷风级双体船、高性能49人级快速帆船以及英凌级和星级龙骨船则常见于高级别赛事中。2012年奥运会并未设立龙卷风级赛船比赛。

获得优势

运动员想方设法对船只进行微调，从而获得技术优势。丈量规则很严格，因此所有参赛选手都使用相同设备。但即便只是微调索具或风帆，也能形成微弱优势，从而获得沉甸甸的奖牌。

激光级

激光级单体船长4.2米，在世界各地广受欢迎。激光级赛船设计简单，主要用于单人航行，带有基本索具。

有袖帆 单片帆上有一个“袖筒”，能套在桅杆上

控制绳 所有操纵装置都必须是绳索，不得使用凯夫拉等高强度材料

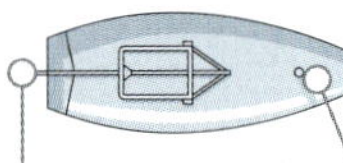

遵守规则 必须遵照等级标准进行设计

无支索桅 高高的桅杆嵌入甲板插槽中，后者起到支撑作用

470级

470级单体船长4.7米，专为两名船员设计。船体在水中滑行时，船员借助吊索使船体保持水平。

支索桅 不锈钢索具支撑着桅杆

“百慕大”帆 帆面积很大，因为有传统主帆、三角帆和一面用于顺风航行的大三角帆

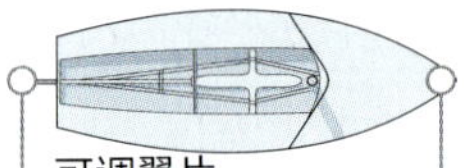

可调翼片 与所有小帆船一样，可根据需要升起艇舵和稳向板龙骨

自浮式 轻型船体内置浮力水舱

49人级

49人级为高性能赛船，可容纳两名船员，船体长4.9米，带有双吊索，是速度最快的标准设计式小帆船。

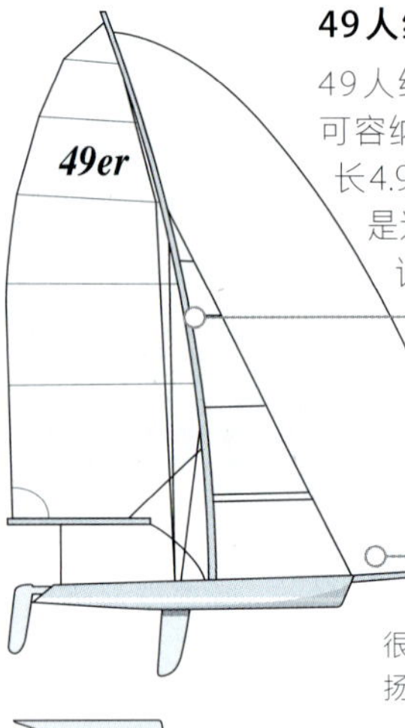

桅杆弯曲 尖顶桅杆呈弯曲状，有助于帆在强风中保持平坦

不对称大三角帆 很容易就能从船艏扬起巨大的顺风帆

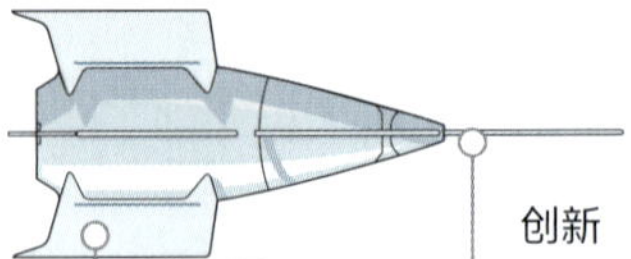

侧支架 侧支架能让船员将身体更加靠外

创新 船艏设计新颖，有助于减少阻力，提高航行效率

龙卷风级

龙卷风级双体船长6.1米，由两名船员驾驶，速度可达30节（56千米/时），逆风速度达到18节（33千米/时）。

大帆 大三角帆强化了大主帆和三角帆的作用

快速换舷 自攻三角帆可快速转向

调整桅杆 旋转桅杆改善了帆形，更符合空气动力学要求

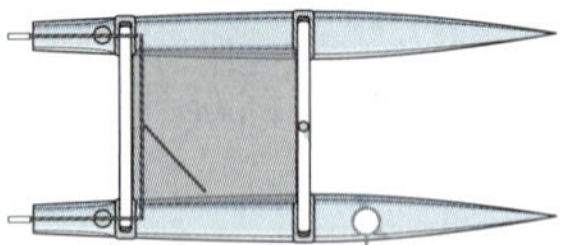

高高跃起 龙卷风级赛船航行时，常常有一个船体好似御水飞行

海上赛事

一般根据重量和帆面积等标准将赛船划分为不同规格级别。部分海上比赛不限制赛船类型，其他比赛则向“标准设计式”级别赛船开放。赛船设计师一直设法使碳纤维等轻质材料具备高强度，从而足以应对狂风巨浪。环球比赛赛船极为坚固，但线条流畅，符合流体力学要求。此类赛船有强大的大片风帆控制装置，还有先进的电子导航和通信设备——在这项高风险运动中，安全是重中之重。船上还要有居住空间，因为船员要有地方吃饭睡觉，才能在艰苦条件下维持竞技状态。但空间和船身重量都有限制，所以只能一切从简。为节省空间，船员要轮流使用床位。

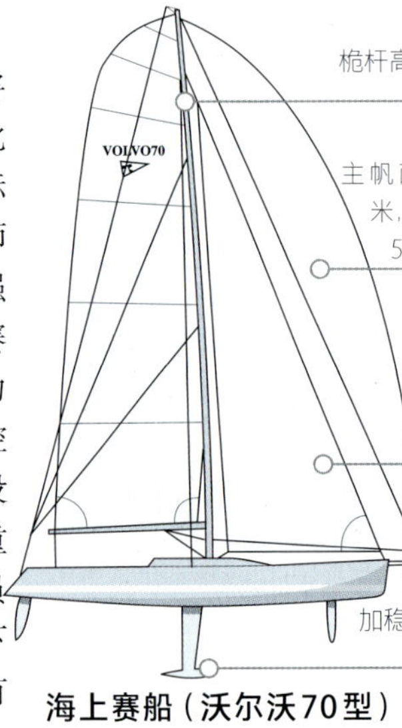

桅杆 桅杆高出吃水线31.5米

航行动力 主帆面积为186平方米，大三角帆面积为500平方米

轻快 赛船重达12.3～13.8吨，但速度极快

倾斜龙骨 旋转龙骨上的圆头压舱物，可增加稳定性，增强动力

海上赛船（沃尔沃70型）

长21.3米，单体船，为2005—2006年沃尔沃环球帆船赛而设计。船由九名船员驾驶（若全员为女性，则为11名），有十一种帆可供选择。

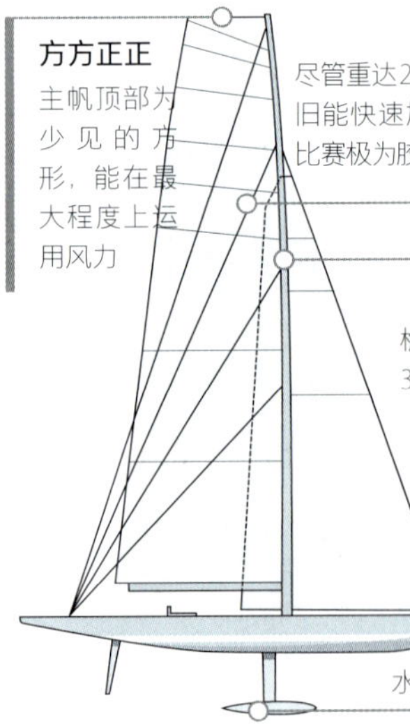

方方正正 主帆顶部为少见的方形，能在最大程度上运用风力

为速度而生 尽管重达23.6吨，此类船依旧能快速加速转向，因此比赛极为胶着，令人激动

高耸 桅杆高出吃水线32～34米

深水 船舵和龙骨细长，入水很深，延伸到吃水线以下5米

美洲杯级

针对各系列比赛而新设立的级别，对赛船设计进行了限制。美洲杯级赛船长15米，宽8.5米，为双体船。比赛要求船上配备六名船员。

船的构造

所有帆船均由船体组成，包含桅杆和帆杆等圆材的索具、帆和用于操舵和校正偏航（侧移）的水下翼片。配件和控制系统的规格和复杂度差异很大，但不同船之间差别明显。许多帆船至少有部分甲板。

龙骨船

龙骨船介于小帆船和帆船之间——比一般的小帆船大，但带有压舱龙骨或中心板，而非小帆船上的可调节稳向板龙骨。龙骨船比小帆船稳定得多，更不容易倾覆。甲板下通常没有居住空间，或空间极为狭小，但开放式驾驶舱可供多名船员使用。

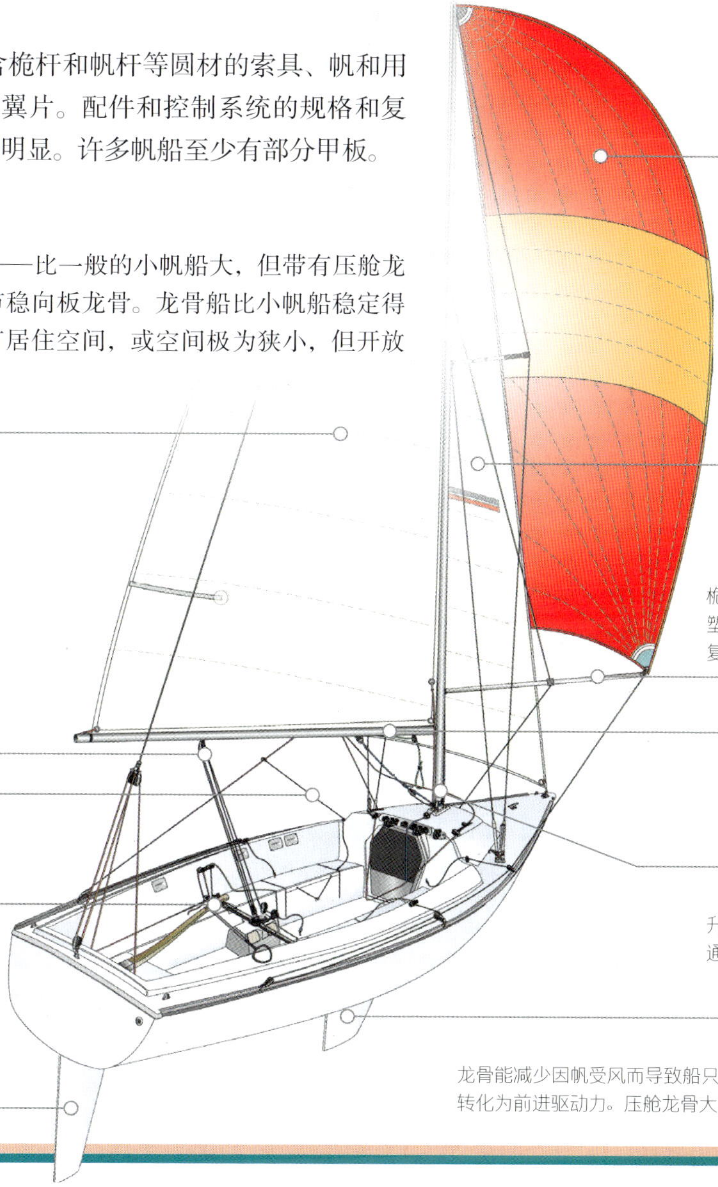

主帆
大多数赛艇都有一个三角形主帆，一直延伸到桅杆顶部

主帆缭绳
绳索和滑轮系统与主帆杆相连，用于控制主帆

风中缭绳
用缭绳控制帆

方向控制
小型龙骨船和小帆船通过驾驶舱内的舵柄控制船舵；较大的帆船则使用舵轮控制

掌舵
将船舵从一侧转向另一侧会改变船行进方向

大三角帆
鼓起的顺风帆挂在大三角帆杆上。现代不对称大三角帆则挂在船艏斜桅上

前帆
标准前帆是连接船艏和桅杆的三角帆。与主帆重叠并盖过甲板的大前帆为热那亚帆（genoa）

坚固的圆材
桅杆和帆杆可由铝、纤维增强塑料或碳纤维增强的轻质现代复合材料制成

帆杆
桅杆垂直支撑帆，帆杆则起横向支撑作用

升降索
升降索用于升高或降低风帆，通常固定在桅杆附近

龙骨
龙骨能减少因帆受风而导致船只出现的侧移，进而将侧向压力转化为前进驱动力。压舱龙骨大大降低了倾覆的可能性

选手装备

水上竞技时，为保证安全，需要穿着温暖、舒适而干爽的装束。专业面料和专用装束是比赛取胜的重要因素。

小帆船

所有小帆船船员都必须穿戴浮具，选手大多穿着潜水衣。可选择长款潜水衣——覆盖颈部到手腕和脚踝之间的部位——也可选择裸露小腿和手臂的短款潜水服。

救生衣
利于漂浮，不妨碍游泳，对易倾覆的船只来说必不可少

潜水服
紧身氯丁橡胶面料能捕获接触皮肤的一层水，使其迅速升温

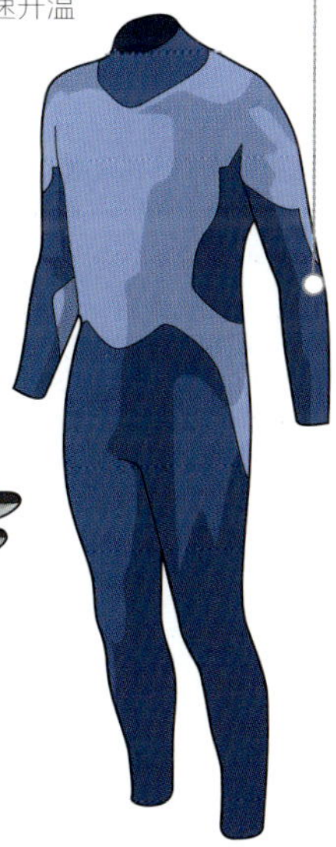

航行手套
有指或无指手套的手掌部分有加厚，可避免手被绳子擦伤，也有助于抓握绳子

帆板鞋
保暖并能帮助船员安稳地站在甲板边板上

救生衣
穿着时，充气救生衣处于平叠状态，入水后才会充气，会使落水者脸朝上

粗布裤
高及胸部的防水长裤，可套在保暖绒头织物上，后裆和膝盖处进行了大量加固

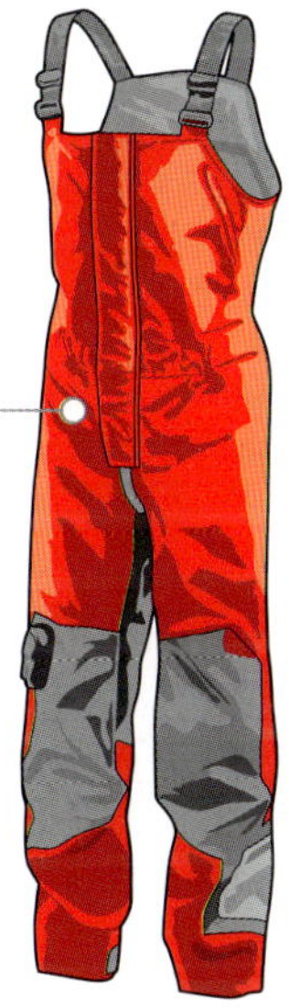

夹克
袖口收紧的防风防水夹克必不可少。高领也有助于防风防水

航海服

有时如果天气好，船员会只穿短裤短袖，但往往也必不可少。服装内层为保暖层，外层为防水层。

防水手套
能保护双手以及被绳索擦伤，同时还能加强抓握

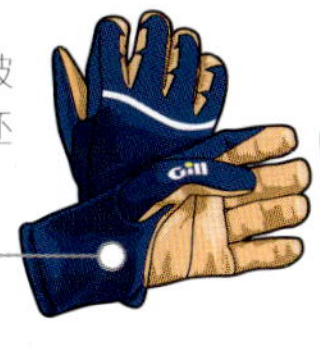

帆船用靴
齐膝长靴有着柔软防滑的橡胶鞋底。靴子穿在裤子里面

竞赛规则

所有帆船比赛都要遵守国际帆联规则，如有需要，则可采用当地规则。竞赛规则很复杂，为取得成功，参赛者必须吃透规则，并在战术上加以运用。

竞赛战术

帆船比赛关键在于战术。在外行人看来，比赛中的一些操作看似不择手段，但当参赛选手都对规则了如指掌时，所有人都会将规则运用到极致，从而获得优势。这一点在美洲杯等比赛中体现得淋漓尽致。美洲杯短程比赛中，两艘帆船势均力敌，互不相让。竞赛委员会不负责确保选手不违反规则。有时可设置裁判船在水上监督所有参赛者，尤其是在绕标处。否则，一方可举红旗“抗议”对方违反规则。若抗议有争议，抗议委员会在赛后对两艘船取证后作出裁决。

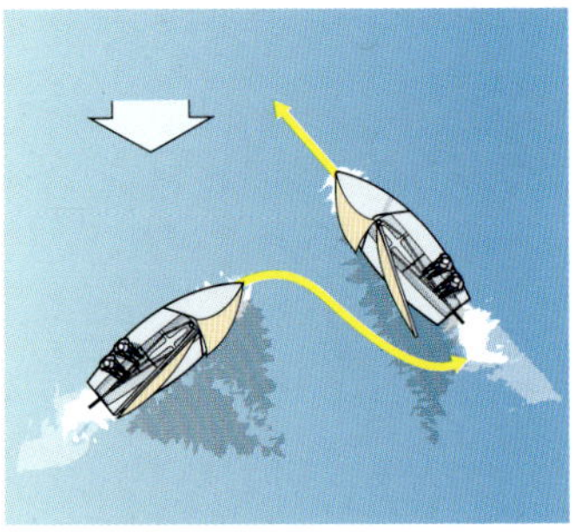

右舷航行权

若两艘船相对舷风行驶，相互靠近，左舷受风船要让右舷受风船。

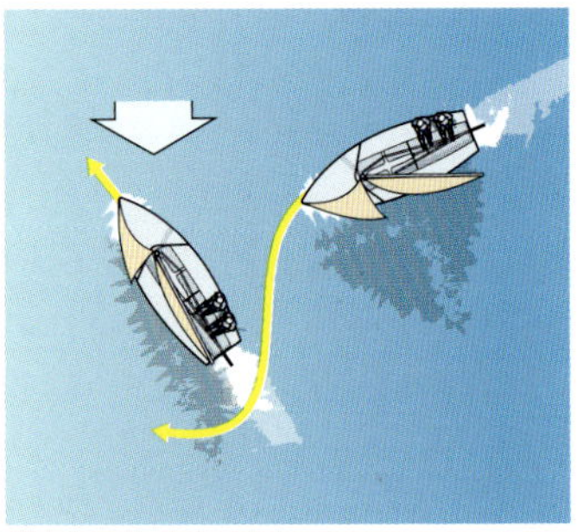

上风船避让

两艘船同舷风行驶（两艘船都是同一侧船舷受风）时，上风船要让另一艘船。

进行超越的船避让

船超越同舷风的船时，必须避让，直到两船桅杆齐平。在此之前，正在被超越的船可“迎风偏转”，迫使进行超越的船偏离航向。

浮标处相联

两艘同舷风船处同一浮标附近时，外侧船必须给内侧船相连船绕标空间，避免其碰标，必要时还要为其提供迎风换舷或顺风转向的空间。

> **超越胜利**
>
> 竞赛规则规定：“参赛船只或选手应尽力帮助遇险人员或船只”。2006年，威卢克斯五大洋单人帆船赛参赛者遭遇了强风暴。选手亚历克斯·汤姆森（ALEX THOMSON）的“雨果·博斯（HUGO BOSS）”号帆船龙骨脱落，汤姆森被迫乘坐救生筏。“伊卡瓦（ECOVER）”号上的选手迈克·戈尔丁（MIKE GOLDING）位列第二，已取得数小时领先优势，但却掉头去营救朋友。“这就是比赛，”他写道，“我们就该这么做。”不久后，“伊卡瓦”号桅杆断裂，也被迫退出比赛。

战术和策略

右图所示的标准奥运航线涵盖了所有航行点。帆船比赛不仅需要技术，还需要巧妙运用战术，充分发掘优势，并使对手处于劣势。

迎风而上

之字形迎风航行的航段为“迎风航段”。每次船改变航向，从一舷迎风行驶换到另一舷迎风行驶，这便是“迎风换舷”。如果风从船侧边吹来，风帆就不会拉得那么紧，船便是“侧风航行”。如果风从船正后方吹来，船便是“顺风航行”。使风穿过船艉的转向为“顺风转向”。

> **起航战略**
>
> 接近起航线时，右舷受风的安全性优于左舷受风，因为前者有航行权。技术熟练的舵手可能会判断有空间接近起航线，并在遇到右舷受风船之前以受风行驶的方式越线。若判断失误，左舷受风船可能会在右舷受风船快速接近的逼迫下提前越线。出现这种违规行为时，处罚是绕过起航线一侧，从正确的一侧重新过线——此时已经落在大部队后面了。

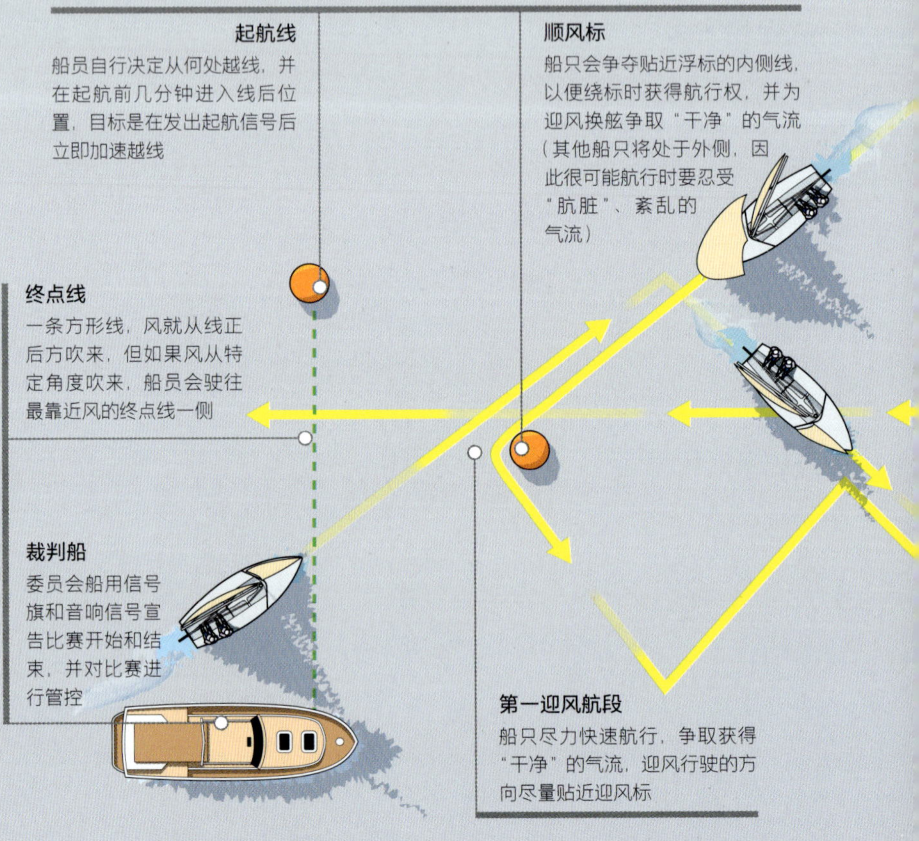

起航

赛船通常迎风起航。竞赛委员会船停泊在起航区，标示着起航线。委员会船附近放置着一个浮标，然后放置外侧距离标志，使两个标志物的连线垂直于风向（若风向不断变化，则要多次重新设置起航线）。然后放置一标，使其正处于起航线上风向，并垂直于起航线。若有多个级别赛船参赛，且根据安排分批起航，风向便有可能出现变化，导致起航线不再垂直于风向。此时赛船如果从起航线一端出发，便握有优势——这一战术要素也是船长必须考虑的。

倒计时

各级别比赛都有各自的信号旗。每次升起或降下旗帜时都会发出音响信号。起航前5分钟升起级别旗；前4分钟升起准备信号旗（P）。然后在起航前一分钟降下准备信号旗；起航时降下级别旗。裁判检查起航时是否有船只抢航；若有，委员会将发出信号表示该船抢航，必须经由外侧距离标志回到线后，重新起航；抢航且未重新起航的赛船将被取消资格。

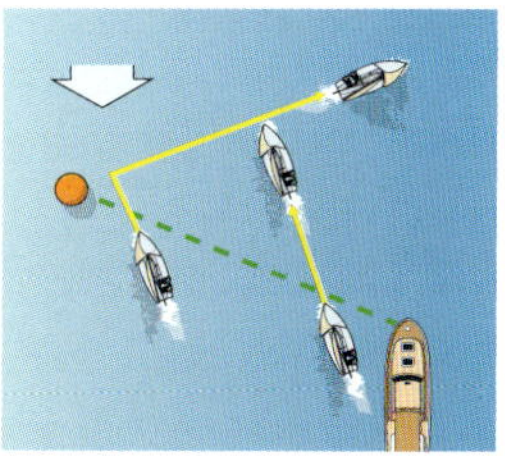

左舷优势

若风向改变，导致外侧距离标志与风向夹角小于90度，则起航线左端的赛船到一标之间的航程会比较短。为争夺有利位置，赛船会扎堆挤在这一侧。

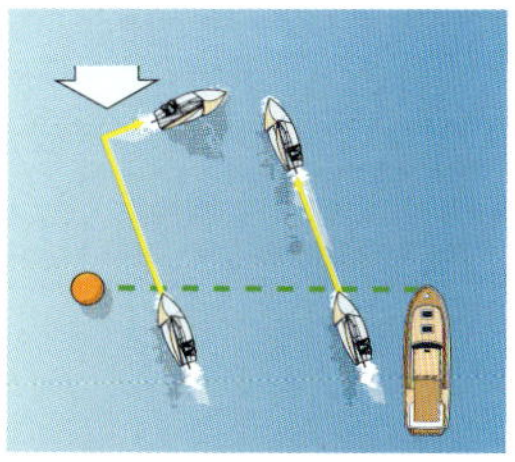

垂直线——无优势

若起航线与风向垂直，因为到一标的航程相当，所以赛船会沿起航线均匀分布。

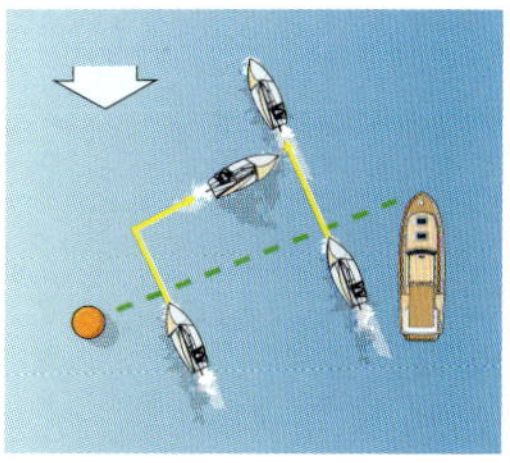

右舷优势

若风向改变，导致外侧距离标志与风向夹角超过90度，则起航线右端的赛船到一标之间的航程会比较短。但是这一侧的委员会船会造成额外障碍，因此起航难度颇大。

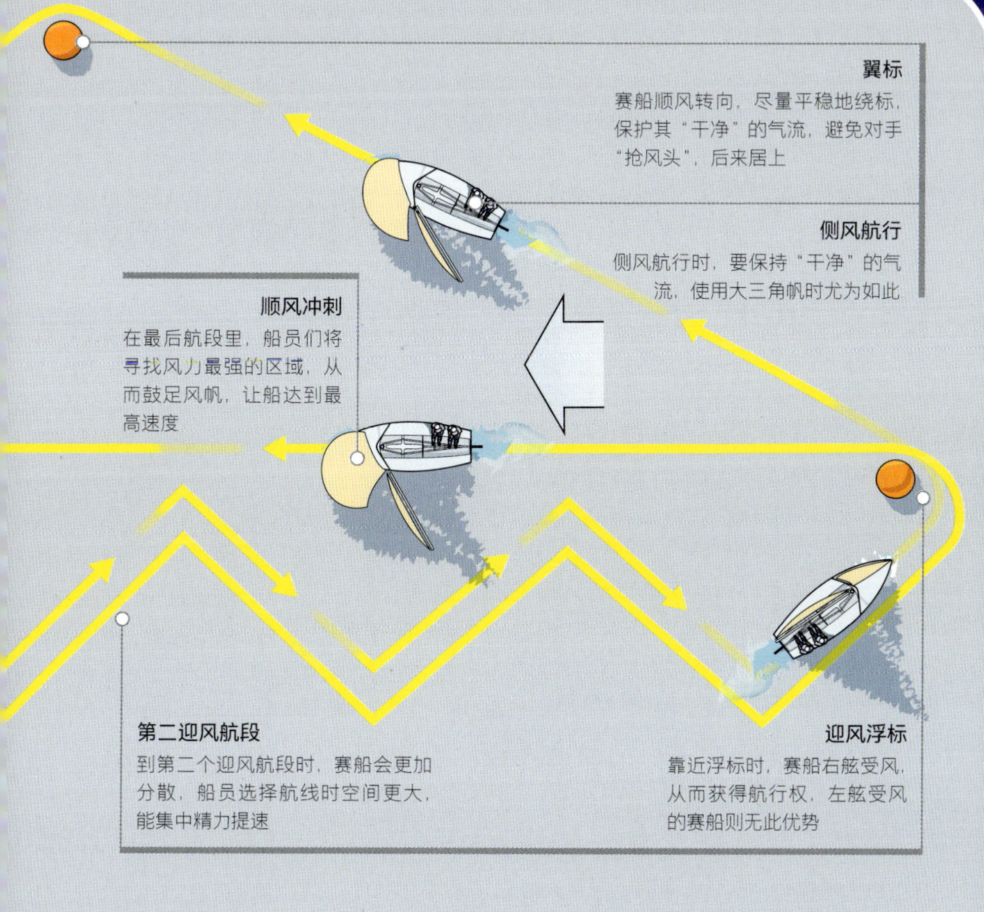

信号旗

比赛由视觉信号控制，辅以音响信号。国际公认的竞赛信号为海事信号旗。比赛时，还会发出音响信号——例如枪声、口哨声或汽笛声，但计时用的是视觉信号。

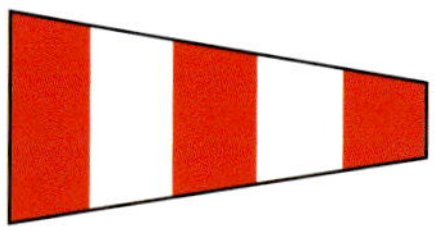

应答旗

比赛推迟（数字信号表示推迟多久）。

“A”旗上方的应答旗

今天无比赛。

“N”旗

比赛取消。

“P”旗

准备信号（起航前4分钟）；表示帆船竞赛规则已生效。

“X”旗

表示起航枪响时，有赛船抢航。

代旗一

由于抢航赛船过多，无法一一辨别，因此召回全部赛船。

“S”旗

航线缩短。

“C”旗

下一个标志的位置改变了。

“L”旗

靠近这条船。

“M”旗

展示此信号的物体代替了一个丢失的浮标。

“R”旗

按照与航行说明相反的方向航行。

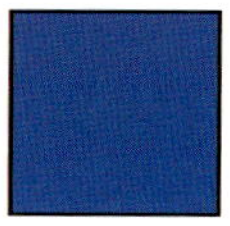

蓝旗

该竞赛委员会的裁判船在终点线就位

航行技巧

航行关键在于充分利用风力加速，从而到达目的地。这就涉及风帆调整以及船体在水中的运动。赛船设计是一切的起点，但船员必须学会如何调整风帆、平衡赛船。

趣闻

17 2016年里约奥运会帆船比赛中，17个国家共获得30枚奖牌。

15 累计约有15亿名观众收看了2011—2012年沃尔沃环球帆船赛。

181000 在120个国家航行的成人单人激光级小帆船总数。

22500 旺代环球帆船赛（Vendée Global Challenge）是航程最长的不间断帆船比赛，参赛船只航行了22500海里（41670千米）。

风向角

每当船换舷时，就必须调整风帆。在小帆船上，必须利用船员自身体重实现船体前后左右平衡。每个风向角都有相应术语。

左舷还是右舷？

如果风从船的右舷（右侧）吹来，则船是右舷受风。如果风从另一侧吹来，那便是左舷受风。

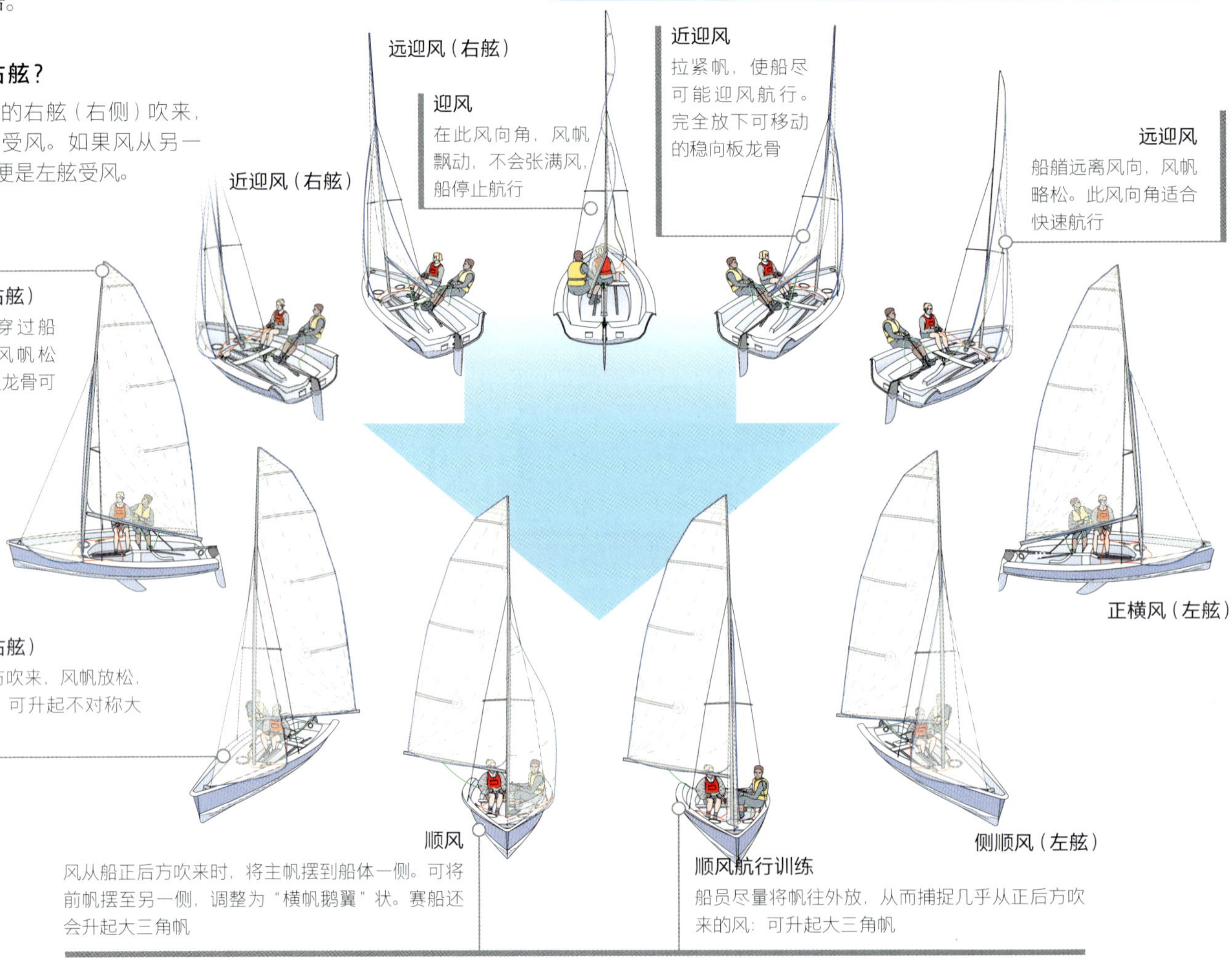

转向

要使船转向，需要调整风帆和船舵。帆是主要动力来源：收紧主帆（“迎风飘帆”）使船贴近风向；放出主帆，使船远离风向。同时，转动舵柄或舵轮，移动船舵，调整前帆，从而与调整位置后的主帆高效配合。比赛中，迎风换舷和顺风转向都是关键操作，需要全体船员共同配合。如果操作不够精确，会白白浪费数秒宝贵的时间，因此船员要投入大量时间练习迎风换舷和顺风转向，从而保证尽快转向。

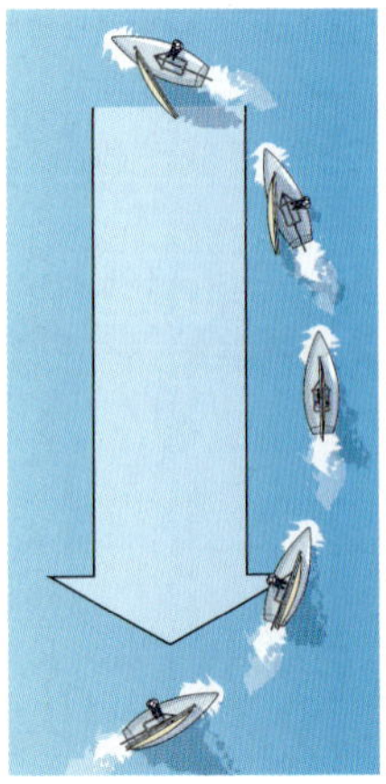

迎风换舷

若船艏风向出现变化，风帆就会“迎风”摆到船的另一侧。为改变船舷受风，船员收紧两面帆并调整船舵。当船通过顶风处，换舷受风时，船员会将帆翻至另一侧。目标是尽快平稳完成操作，且不丧失前进动力。

顺风转向

船艉受风时转向难度高于迎风换舷：侧顺风或顺风航行时，风帆会明显偏到船体一侧。为了使帆“顺风转向”，要在不改变航向的情况下尽量把帆收紧，然后，猛转舵柄或舵轮，帆杆和主帆就会转到另一侧。迅速调整风帆，保持平稳航行。

侧倾与压舷

风对帆的作用力会使船侧倾，但如果船体在水中保持水平，航行速度会更快。在小帆船或小龙骨船上，船员会向船舷移动，然后身体悬在舷外，利用体重平衡侧倾的作用力。在传统小帆船上，船员会坐在舷缘上，把脚趾套到脚趾套中，从而增强抓力，然后身体后仰到水面上方。使用吊索效果更佳——船员钩在一根连接上桅杆的绳索上，然后站在舷缘上，身体后仰到水面上方。49人级等特色鲜明的现代赛船配有侧支架，船员压舷距离得以大幅延长。

压舷

用自身体重平衡风对帆的侧倾作用力时，船员可利用此作用力推动船加速前进，而非任由风吹得赛船侧倾。

风帆

现代帆船风帆面积巨大。尽管帆船配有压舱物，能自动扶正，但重量分配仍然很重要，船员经常会沿着迎风侧甲板（在“舷侧外板”上）排成一排，有助于调整侧倾角度，使船能按照既定航线行进而无须减少船帆受风面积，从而提高航速。

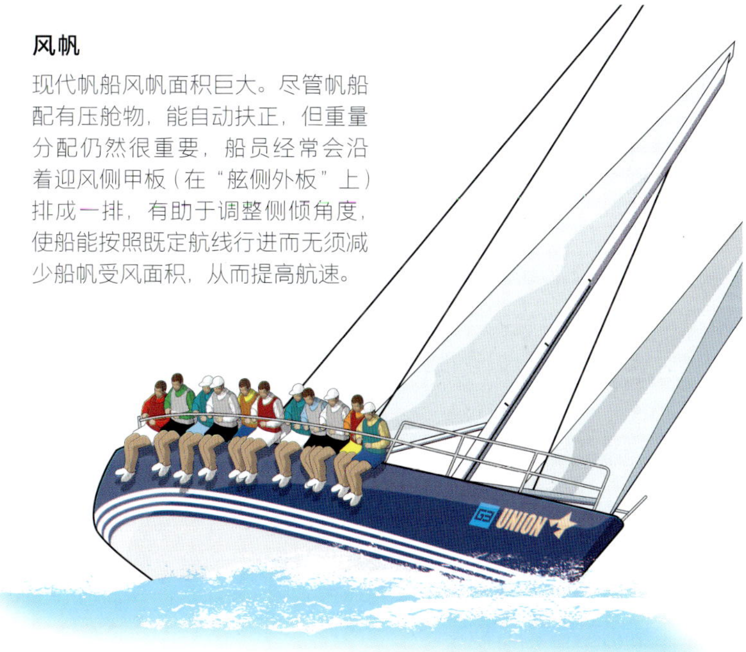

统计中心

环球帆船赛（威卢克斯五大洋单人帆船赛）

年份	赛船/船员	国家
2010—2011	企鹅号/布拉德·范·刘	美国
2006—2007	普茹拉烟囱号/伯纳德·斯塔姆	瑞士
2002	博斯特集团艾莫勒克司号/伯纳德·斯塔姆	瑞士
1998—1999	斐乐号/乔瓦尼·索尔迪尼	意大利

环球帆船赛（沃尔沃多人环球帆船赛*）

年份	赛船/船员	国家
2017—2018	东风队号/夏尔·戈德赫里埃（法国）	中国
2011—2012	安盟保险集团4号/法兰克·卡马斯（法国）	法国
2008—2009	爱立信4号/托本·格雷尔（巴西）	瑞典
2005—2006	荷兰银行一号/迈克·桑德森（新西兰）	荷兰
2001—2002	伊尔布鲁克挑战者号/约翰·科斯特基（美国）	德国

*前身为惠特布雷德环球帆船赛

2016年里约奥运会

国家	金牌数	银牌数	铜牌数	奖牌总计
英国	2	1	0	3
荷兰	2	0	0	2
澳大利亚	1	3	0	4
新西兰	1	2	1	4
法国	1	0	2	3

幕后故事

国际帆船联合会的前身是1907年在法国巴黎成立的国际帆船竞赛联盟（International Yacht Racing Union），成员包括法国、奥匈帝国、荷兰、比利时、芬兰、丹麦、德国、英国、意大利、挪威、瑞典、瑞士和西班牙的帆船竞赛管理机构。联盟设定了赛船丈量规则和欧洲帆船竞赛规则。1929年，北美帆船竞赛联盟（North American Yacht Racing Union）采用欧洲规则。1960年，全球通用规则得到采用。1996年，国际帆船竞赛联盟更名为国际帆船联合会。1907年制定的部分规则沿用至今。

必备知识

- 国际赛艇联合会（International Rowing Federation）负责管理赛艇运动。国际艇联成立于1892年，是奥运体系中历史最悠久的联合会。
- 两手握住一只桨划行为单桨划行，而双手各握住一只桨划行为双桨划行。
- 赛艇运动员关注划桨频率，即每分钟划桨次数。

趣闻

6000 奥运桨手平均每天摄入的卡路里数，足以满足训练所需。

5:19 2004年雅典奥运会比赛上，美国重量级男子8人组用时5分19秒，创奥运会纪录。

68 2011年世界赛艇锦标赛（World Rowing Championships）参赛国家数量。

155 赛艇运动管理机构国际赛艇联合会下属的国家联合会的数量。

10000 奥运桨手年均训练划行距离（以千米为单位）。

赛艇

赛事概述

比赛时，运动员在漂浮的艇上身体尽快向后倾，同时要克服肺部的灼烧感和肌肉酸痛感。只有赛艇等少数运动会调用运动员身体全部的主要肌肉群，因此赛艇比赛对参赛者的体能和力量要求很高。赛艇运动有重量级、轻量级比赛，以及短距离、长距离比赛，运动员可独自参赛，也可最多组成八人团队参赛。

"向我开枪"

英国赛艇运动员史蒂文·雷德格雷夫爵士是史上最成功的奥运运动员，他是唯一一位在考验耐力的项目中连续五次摘得奥运金牌的运动员。在1996年亚特兰大奥运会上夺得第四金后，雷德格雷夫气喘吁吁地说出了那句著名的话："下次你要是看到我在船边上，你可以向我开枪。"但他不久后就复出，并在2000年悉尼奥运会上摘得第五金。

运动要求

赛艇运动难度很大，因为运动员要兼具力量、耐力、平衡能力、技巧和忍耐力。赛艇运动员的爆发力丝毫不逊于其他任何顶尖运动员。2000米比赛中，赛艇运动员需要有短跑运动员般的爆发力以及身体和精神的耐力，才能在乳酸堆积、肌肉酸痛时继续前进——同时还要保持平衡、节奏和技术水平。长胳膊长腿有利于运动员增加桨在水中的划距，许多顶级赛艇男运动员身高接近2米，而许多顶级赛艇女运动员身高也超过1.8米。

右舷位 桨从船右侧（右舷）伸出的桨手为右舷位

左舷位 如果桨从船左侧（左舷）伸出，则桨手为右舷位

桨 现代桨由中空碳纤维制成，桨柄为橡胶材质，另一端桨叶呈扁平状

桨锁 桨锁由桨拴杆固定，每次划桨而桨旋转时，桨锁会起到固定作用

桨架 桨架一般是铝或钢支架，被螺栓固定在艇身上，用于支撑桨锁

紧身衣 赛艇运动员穿着俱乐部或国家队配色的连体紧身衣

坚固艇身 艇身通常由轻质碳纤维和塑料制成

比赛形式

赛艇比赛种类多，体现了赛艇运动历史悠久。除了标准的2000米比赛，还有河王计时赛（head races）、勒芒赛艇比赛（Tour du Léman）等长距离赛事，以及非奥运距离比赛。在英国，还有追逐撞击前方赛艇的碰撞比赛（bumps races）。美国则举办折返比赛（stake-racing），选手要将赛艇划到标记处，然后回到起点。

奥运会比赛

奥运会比赛在六条直线赛道上进行。运动员要参加一系列预赛和复活赛，力争进入决赛。每场半决赛前三名参加A类决赛，决出前六名，后三名则参加B类决赛，决出后六名。

海岸和海洋赛艇

海岸和海洋赛艇虽然不是奥运项目，但此类赛事数量众多。国际艇联举办的世界赛艇海岸挑战赛（World Rowing Coastal Challenge）是面向国际选手的锦标赛。此外，还有许多其他国际性跨洋和海岸赛艇赛。

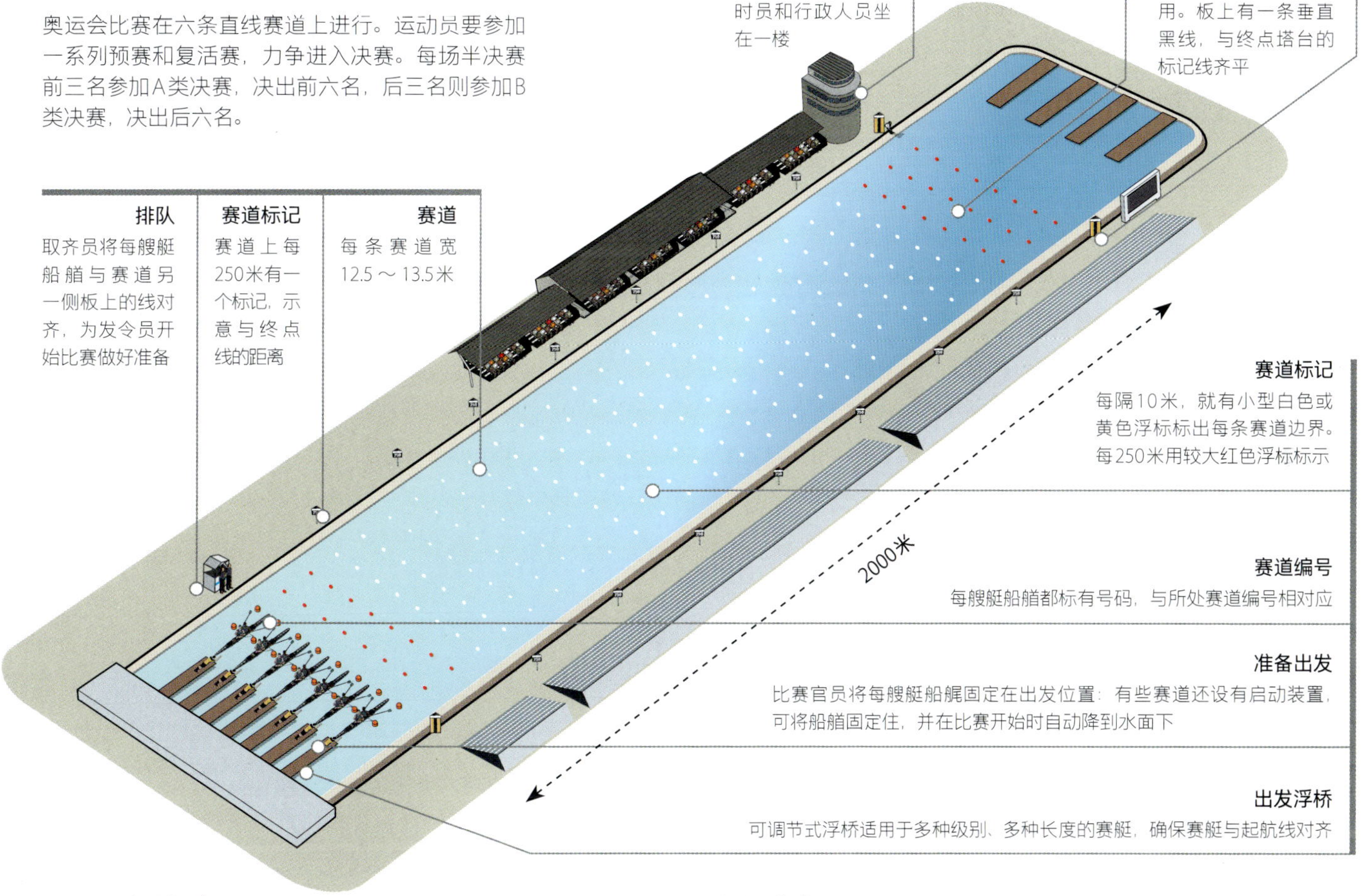

2000米比赛

奥运会、世界杯和世锦赛赛艇比赛距离均为2000米。奥运会和世界杯有十四个不同项目，其中男子八项，女子六项（女子项目设立于1976年）。世界杯比赛每年都会举行。除奥运年外，世锦赛年年举办，共二十二项比赛，其中男子十三项，女子九项。2002年世锦赛和2008年北京残奥会首次引入针对残疾人运动员的赛艇项目。

轻量级赛艇

赛艇的不寻常在于它是少数设有轻量级的非格斗运动，身材并不十分出众的选手也可以参赛。男子比赛中，队员平均体重必须为70千克，且不得有队员体重超过72.5千克；女子比赛中，队员平均体重必须为57千克，且不得有队员体重超过59千克。男子和女子轻量级项目分别于1974年和1985年首次被设为世锦赛比赛项目，并在1996年成为奥运比赛项目。

河王赛

不同于并排比赛，河王赛是计时赛，数百名选手先后出发，彼此间隔几秒，然后在赛道上互相追逐。英国伦敦泰晤士河河王赛设立于1926年，历史最为悠久。美国波士顿查尔斯河河王赛规模最大，同时也是世界上规模最大的两日赛艇赛事。

其他赛事

牛津剑桥赛艇对抗赛始于1829年，年年举办，参赛双方为两所英国大学，赛道全长6779米。自1852年以来，耶鲁大学和哈佛大学每年也在美国康涅狄格州新伦敦举行类似比赛。大学比赛和非2000米赛艇比赛还演变出了许多其他形式，例如始于1839年的亨利皇家赛艇会，参赛双方并排在2112米长的赛道上比赛。1988年举办了首届亨利女子赛艇会。1993年，亨利皇家赛艇会首次举行女子单人双桨赛事。此后还推出了八人和四人比赛。

单桨还是双桨？

单桨和双桨赛艇比赛的不同之处在于桨的数量和规格——赛艇本身并无区别，只是根据桨数量多少做出了相应调整。

单桨比赛

双人乃至八人单桨比赛中，每位桨手都有一支桨。许多桨手都偏好某一侧，就像大多数人都惯用一只手写字一样。

双桨比赛

双桨比赛中，每位桨手有两支桨，一手一支。虽然也有八人双桨比赛，但单人至四人双桨比赛更为常见。

活动

赛艇比赛分类体系混合使用各类字符：

L或LT表示轻量级比赛。

J表示比赛面向19岁以下选手。

B表示比赛面向23以下选手。

M表示比赛面向男运动员。

W表示比赛面向女运动员。

1表示每艘艇上的选手人数；数字可以是1、2、4或8。

X表示双桨比赛。+或–表示有无舵手。

举例而言，LM4x表示男子轻量级四人比赛，W8+则是女子重量级八人比赛。大师赛设有其他年龄类别。

赛艇和桨

赛艇设备造价昂贵，通常归赛艇俱乐部或赛艇队所有，维护也由俱乐部或赛艇队负责，不过许多双桨运动员有自己的桨。比赛时，赛艇运动员通常穿俱乐部或国家队配色的一件式比赛服。比赛服为紧身型，避免比赛期间被赛艇或桨钩住。视天气情况，可酌情增穿透气衣物。

赛艇

传统木制赛艇大多已被碳纤维、玻璃纤维等现代材料制成的赛艇所取代。艇身长而窄，在水中穿行时，能把阻力降到最低。赛艇长度必须符合国际赛艇联合会（Fédération Internationale des Sociétés d'Aviron）规则，不同级别也有所不同（最低要求见下文）。赛艇宽度为59.7厘米至62.2厘米。艇身上安装艉鳍以保持稳定。除单桨和双桨赛艇外，各级别赛艇都要安装一个小舵。

操舵

大多数赛艇的方向舵比信用卡大不了多少，通过舵绳与艇相连。如果艇上有舵手，则舵手会掌舵（见下方方框内文字）；若无舵手，通常最靠近船艏的桨手会通过与舵绳相连的可移动脚踏板掌舵。这名桨手可能需要时不时环顾四周，确认艇的航向，具体取决于航线是否平直。

轻巧却重要

舵手扮演着重要角色。舵手不仅掌舵船，还要喊战术，加油打气，担任船上教练，比赛时引导桨手按特定需要使用技术，并告知桨手比赛情况。过去，舵手使用喇叭筒，现在则用小型扩音器，与遍布艇身的扬声器相连。为减轻比赛负担，舵手往往体重较轻——国际艇联最低标准是男运动员55千克，女运动员50千克。

赛艇级别

此处列出七大类赛艇，并根据国际艇联分类列出相应船员数量和最低艇身长度和重量。第八类赛艇，即双人单桨有舵手，在比赛中比较少见。

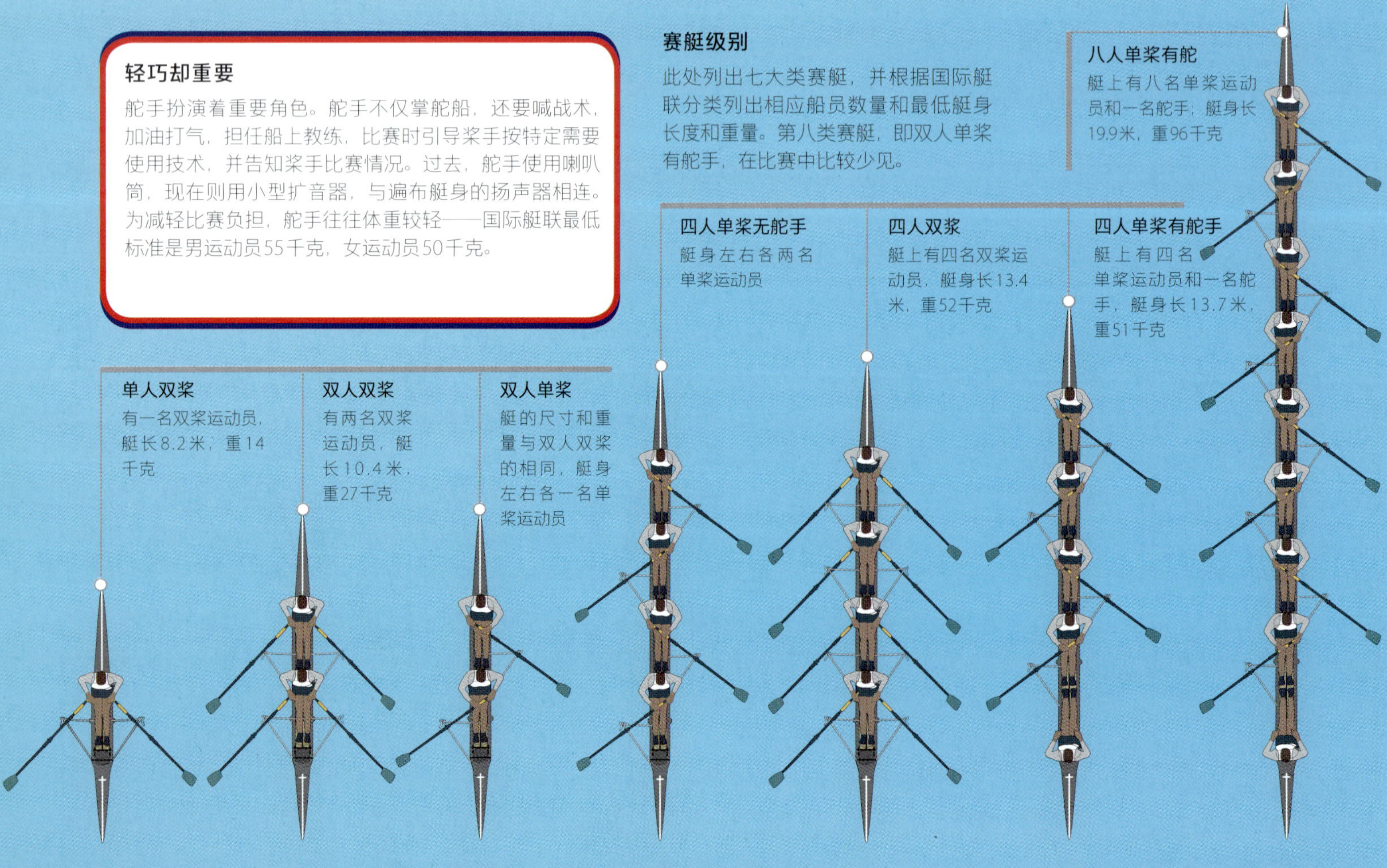

赛艇

单桨和双桨比赛大部分装备完全相同，不过双桨比赛的桨架和桨比单桨比赛的小。桨叶尺寸或形状没有限制，但桨和桨架通常设计得轻巧且极为坚固。艇身内部配置，例如座椅和脚蹬架，是相同的。

桨

现代桨通常由中空碳纤维制成。下文标示的长度为平均值，因为桨杆长度大多是可调节的。

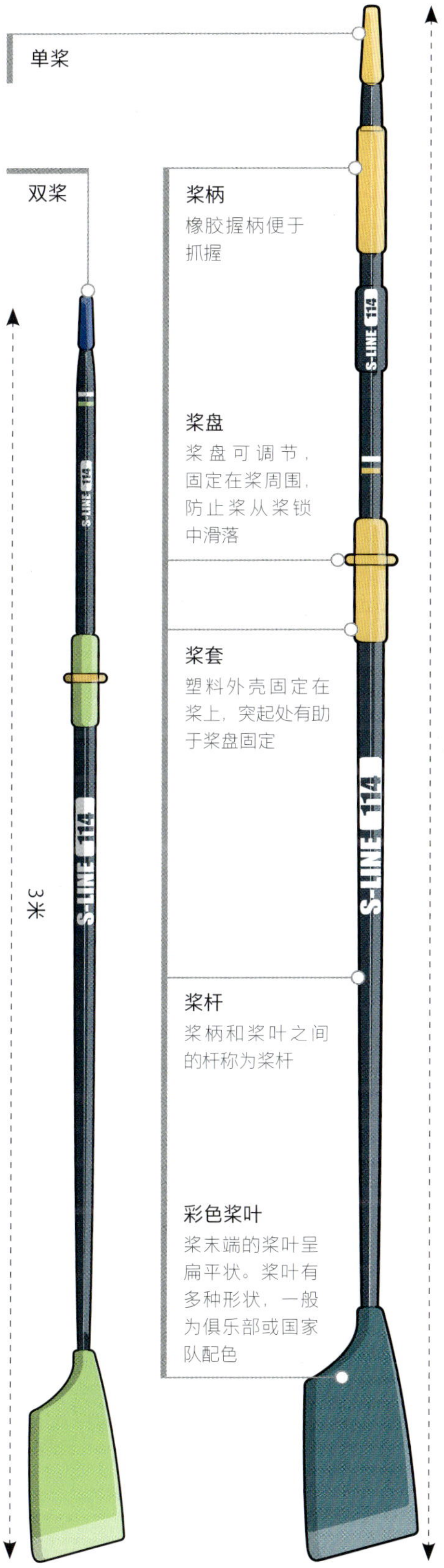

桨柄
橡胶握柄便于抓握

桨盘
桨盘可调节，固定在桨周围，防止桨从桨锁中滑落

桨套
塑料外壳固定在桨上，突起处有助于桨盘固定

桨杆
桨柄和桨叶之间的杆称为桨杆

彩色桨叶
桨末端的桨叶呈扁平状。桨叶有多种形状，一般为俱乐部或国家队配色

艇身

艇身很轻，极为脆弱。艇身重量和强度各不相同，与运动员体型和体重相匹配。没有划桨时，艇身极不稳定。

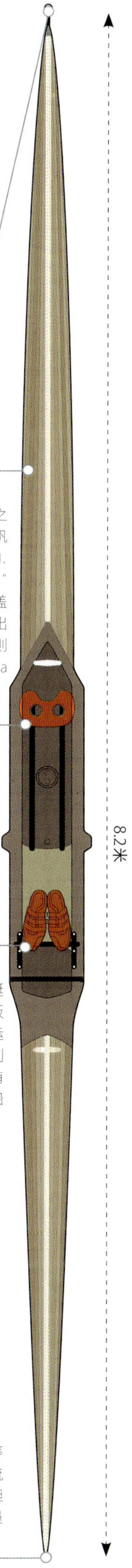

安全球
每艘赛艇船头都必须安装橡胶安全球。船头非常锋利，安全球可在出现碰撞时起缓冲作用

封盖区域
船舱和船艏或船艉之间收窄的部分是用帆布（canvas）覆盖的，因此使用“canvas”一词表示艇身封盖区域。若以1米出头的优势获胜，则为“险胜”（win by a canvas）

滑座
座板安装在轮子上，轮子可在滑轨上来回滚动，导轨则固定在艇身上。借助滑座，运动员可在划船时用腿发力

双脚固定
用螺栓把鞋固定在艇上的可调节脚踏板上。双脚固定后，运动员就有腿部发力划船的立足点。鞋子有易穿脱搭扣，以防船倾覆

为速度而生
现代艇身由碳纤维等轻质材料制成，呈流线型。艇身很轻，但强度足以支撑运动员的体重

赛艇规则

各国赛艇管理机构负责制订单桨和双桨比赛规则。尽管这些规则略有不同，但都是为了确保比赛安全公平。各国赛艇管理机构都是世界赛艇运动管理机构国际艇联的成员。

比赛

以总裁判长为首的裁判委员会负责监督比赛。运动员登艇之前，裁判会检查运动员和赛艇是否合规。比赛开始前，各队在航道上排齐，并由裁判或借助带有保护挡板的电子设备将赛船固定住，同时取齐员检查所有赛艇是否排齐。可使用响亮的哔哔声或鸣枪示意比赛开始。发令员可以喊“开始”，或使用“红绿灯”系统。赛艇起航后，比赛开始。若出现抢航，发令员会按铃并挥红旗，召回赛艇。两次抢航的赛艇将被取消比赛资格。每场比赛都有一名裁判在航道上尾随赛艇，确保没有违规转向，违者会被取消比赛资格。每艘船越过终点线时，都要鸣笛一声。比赛结束时，裁判举起白旗，确认比赛无问题。船艏首先触及终点线的赛艇获胜。如果胜负只在伯仲之间，三位终点摄像裁判会做出裁决。赛前，总裁判长会任命三名以上裁判组成仲裁委员会，负责解决与比赛相关的正式抗议申诉。

别桨

赛艇运动员特别害怕出现别桨。别桨的原因是桨叶入水角错误，桨叶倾斜入水，导致桨柄迅速往上或往后甩——有时快到足以将桨手摔下船，甚至艇身倾覆。这还算是好的，严重时，桨柄会狠狠撞击运动员肋骨。

划桨

尽管赛艇看起来是上半身运动，但划桨力量来自腿部。赛艇运动员坐在艇上，面朝船艉，手持单桨或双桨，脚部发力，推动船前进。单桨和双桨划桨技术基本相同，有以下四大阶段（见下文）——关键在于前后衔接平稳。正确的划船动作看似优雅而轻松，实则对力量和身体素质要求很高。发力要平稳且恰到好处，否则会阻碍舟艇前进，同时要保持平衡，与其他运动员保持同步。因此划船需要通过大量练习娴熟掌握技能。

室内划船

室内划船大多在测力计（ergometer，通常缩写为“ergo”或“erg”）上进行，这是一种模拟划船的陆上机器。测力计是有效的训练工具，教练可借此测试运动员的表现和力量。测力计有助于选拔运动员，不过在测力计上的表现并不总是直接等同于水上表现，技术和平衡也是关键因素。室内划船本身也已成为一项竞技运动。全球有许多地方性和全国性的比赛，参赛者达数十万人。世界冠军赛（CRASH-B Sprints）每年在美国马萨诸塞州波士顿举行。

1 抓水

桨手身体前倾，腿弯曲，小腿保持垂直。伸开双臂，获得最大“伸展距离”，将桨叶垂直放入水中，双腿开始蹬脚踏板。

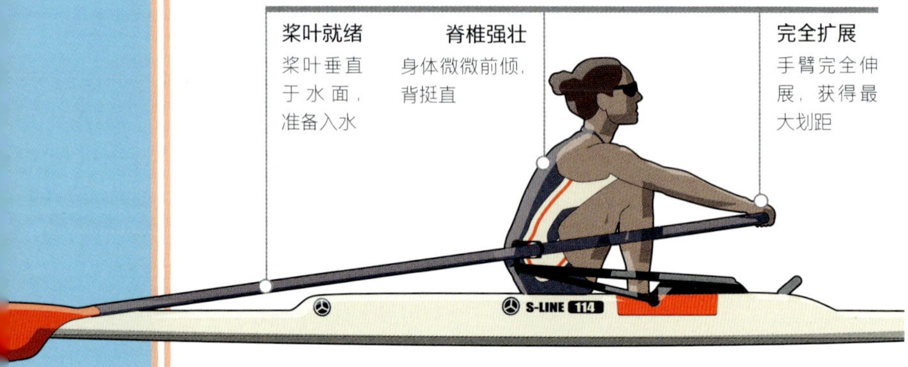

2 拉桨

腿发力，开始推动桨叶在水中滑动，滑座向后滑动。赛艇运动员利用蹬腿的力量顺势将桨柄拉向身体，稍微后仰，增加划距。

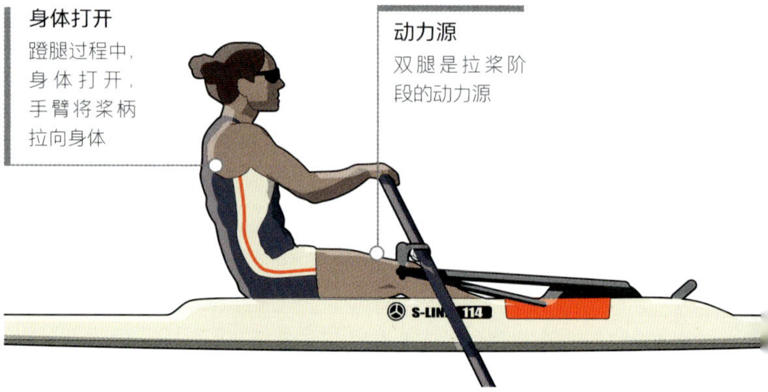

3 桨叶出水

也称拉桨结束，在这个阶段，桨手向下推桨柄，把桨叶提出水面。一旦桨离开水，桨手旋转桨柄平桨，使桨面与水面平行，减少空气阻力。

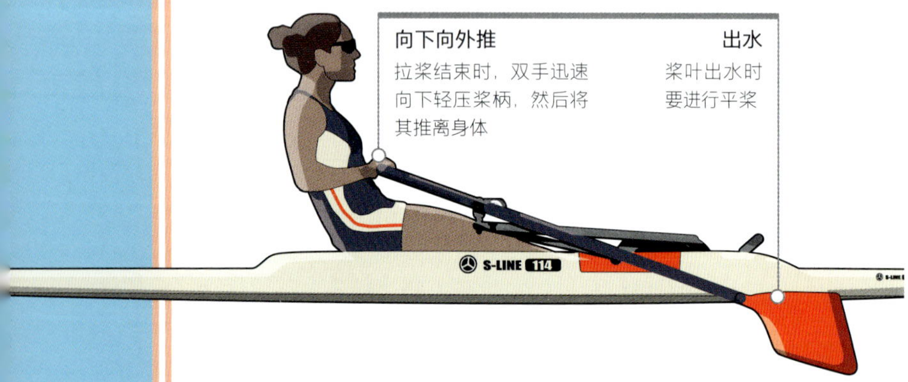

4 回桨

桨手双手过膝，桨叶仍平行于水面。然后身体前摆，准备进入抓水阶段，同时双手旋转桨柄，以使桨叶垂直于水面，双腿弯曲，以便进行下一次抓水。

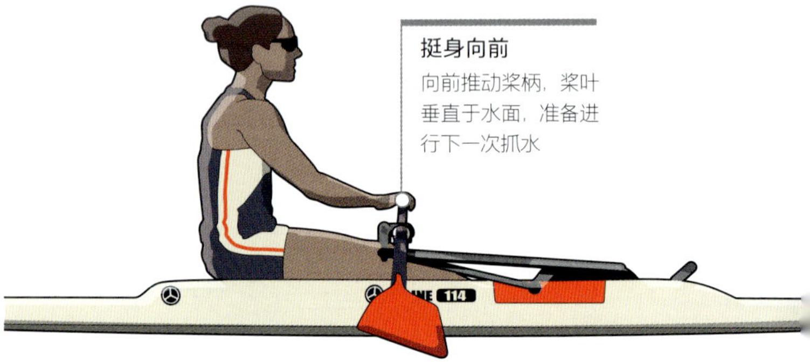

趣闻

250000 每年在泰晤士河畔观看牛津大学和剑桥大学划船比赛的观众人数。

7500 美国波士顿一年一度的查尔斯河赛艇大赛（Head of the Charles race）的参赛人数。

11.68 英国赛艇运动员彼得·里德（Peter Reed）的肺活量（以升为单位，是普通人的两倍多）。

0.08 2004年雅典奥运会上，英国赛艇运动员马修·平森特（Matthew Pinsent）以0.08秒的优势战胜加拿大队，连续第四次获得男子四人单桨无舵手金牌。平森特的队友是詹姆斯·克拉克尼尔（James Cracknell）、艾德·库德（Ed Coode）和史蒂夫·威廉姆斯（Steve Williams）。

力争上游

赛艇运动员关注划桨频率，即每分钟划桨次数。比赛开始时，划桨频率很高——男子八人单桨有舵手比赛中，艇加速起航时，划桨频率会超过每分钟50桨。在这个阶段，赛艇运动员努力划桨，乳酸会在肌肉中积累。一旦艇上了速度，运动员就会进入比赛节奏，划桨频率会稳定下来，男子八人单桨有舵手比赛的划桨频率约为每分钟38～40桨。在比赛战术点上，或为了应对对手威胁，可能会要求提速。接近终点时，队员们开始再次冲刺，划桨频率再次上升——达到46及以上也并不少见——赛艇运动员的发力和呼吸强度要超过刚起航的时候。不过高频率并不一定能保证速度。技术好的运动员划船速度可能会快于能力差、频率高的运动员。

团队合作

除了单人双桨外，赛艇比赛都需要高水平团队合作。赛艇运动员无法独自带队取胜，需要全队共同努力才能获胜。划桨节奏必须一致，身体姿势和动作必须协调。运动员从船艏到船艉依次编号，首先是船艏一号位，然后是二、三号位，一直到七号位，最后是八号位领桨手。

8 领桨手 技术娴熟的桨手，确立划桨速度和节奏

7 七号位 辅助领桨手，引导队友跟上节奏

6 六号位 引领中间四名桨手；有助于保持节奏和划距

5 五号位 与六号位共同发力辅助三号位和四号位，引导队友跟上节奏

4 四号位 是中间四名桨手中的关键人物，负责串联船艏和船艉桨手

3 三号位 负责发力，并使船艏一、二号位与赛艇节奏保持一致

2 二号位 引领船艏一、二号位；划桨技术高超，速度快，能预判每次划桨动作

1 一号位 首先越过终点线；划桨技术也很高超，与二号位一起保持艇身平衡

统计中心

世界比赛用时纪录（男子）

级别	船队	用时	年份
M1X	新西兰（R. 曼森）	6:30.74	2017
M2–	新西兰（H. 邦德、E. 穆雷）	6:08.50	2012
M2X	克罗地亚（瓦伦特·辛科维奇、马丁·辛科维奇）	5:59.72	2014
M4–	英国（A. 特里格-霍奇、T. 詹姆斯、P. 里德、A. 格里高利）	5:37.86	2012
M4+	德国（J.德德丁、A. 韦罗克、B. 拉贝、M.昂格玛、A. 艾希霍尔茨）	5:58.96	1991
M4X	乌克兰（阿提姆·莫罗佐夫、伊万·多夫歌德科、奥莱山德罗·那的托卡、德米特罗·米哈伊）	5:32.26	2014
M8+	德国（M. 雅克希克、M. 绍尔、R. 施密特、J. 魏森费尔德、T. 约翰内松、J. 施奈德、M. 普拉纳、H. 奥西克、F. 温贝格尔）	5:18.68	2017

世界比赛用时纪录（女子）

级别	船队	用时	年份
W1X	保加利亚（R. 内科娃）	7:07.71	2002
W2–	新西兰（G. 普伦德加斯特、K. 高勒）	6:49.08	2017
W2X	澳大利亚（S. 基欧、O. 艾德西）	6:37.31	2014
W4–	新西兰（G. 普伦德加斯特、K. 普拉特、K. 高勒、K. 贝文）	6:14.36	2014
W4X	德国（A. 蒂勒、C. 贝尔、J. 利尔、L. 施米德拉）	6:06.84	2014
W8+	美国（E. 丽甘、A. 波尔克、K. 斯奈德、K. 西蒙兹、G. 卢萨克、H. 罗宾斯、L. 施米特灵、V. 奥皮茨、C. 林德）	5:54.16	2013

幕后故事

“现代”赛艇竞赛可能源于伦敦泰晤士河的水手，但18世纪末已经传播到欧洲和北美。1829年，英国牛津大学和剑桥大学首次进行划船比赛。不久之后，1839年，一年一度的帆船赛首次在亨利（Henley）举行。1852年，美国耶鲁大学和哈佛大学建立了校际比赛机制。1892年，赛艇运动广受欢迎，进入了1896年雅典奥运会，但因天气恶劣，赛艇奥运首秀推迟到了1900年巴黎奥运会。1976年蒙特利尔奥运会首次引入赛艇女子项目。自1996年亚特兰大奥运会以来，轻量级赛艇一直是奥运项目。

国际赛艇联合会

国际艇联是世界赛艇管理机构。国际艇联负责组织国际赛艇赛事，如奥运会、世标赛和赛艇世界杯。国际艇联成立于1892年，是奥林匹克运动中历史最悠久的国际体育联合会。

皮艇

运动概述

从扣人心弦的激流回旋比赛，到比拼绝对速度和体力的短距离静水比赛，皮艇运动极其考验运动能力和技术的运动。奥运会中，有不同距离的单人、双人和四人静水比赛，还有激动人心的激流回旋比赛。比赛中，选手争分夺秒，按指定顺序和方向划艇通过一系列水门，且不得触碰水门。除了奥运会比赛外，国际皮艇比赛还包括马拉松比赛和野水比赛。还有一种球类运动，虽然名为划艇水球（canoe polo），但实际上运动员划皮艇参赛。

运动要求

皮艇静水比赛对有氧耐力和肌肉耐力要求很高。运动员必须在重重压力下发挥出高超的技术水平。激流回旋比赛中，技术能力更为重要，但体力、力量和有氧耐力仍然至关重要。

必备知识

- 皮艇与划艇的不同之处在于皮艇运动员用坐姿划桨，并且桨是双叶桨。
- 皮艇在北美和欧洲尤其受欢迎，皮艇运动管理机构为国际皮划艇联合会（International Canoe Federation）。
- 奥运会是最高级别比赛。国际皮划艇联合会世界锦标赛（ICF World Championships）也是重大皮划艇赛事。
- 静水和激流回旋比赛需要不同技术，部分装备也有差异。

赛道

奥运静水比赛赛道长200米、500米或1000米。直线赛道分为九条航道（见右图），每条宽9米。激流回旋比赛赛道为天然河流激流段或专用人工水道。赛道长度各不相同，但都有十八到二十五个位于水面上的水门（成对的门杆）。每个水门都标有数字，表示航道。参赛者必须通过至少六个逆门。

安全第一

皮艇装备的设计考虑到了安全性。个人漂浮装置堪称最重要的皮艇安全设备，可帮助运动员在水中漂浮。不过潜水衣和干衣也同样重要，能在冷水中起到保暖作用。

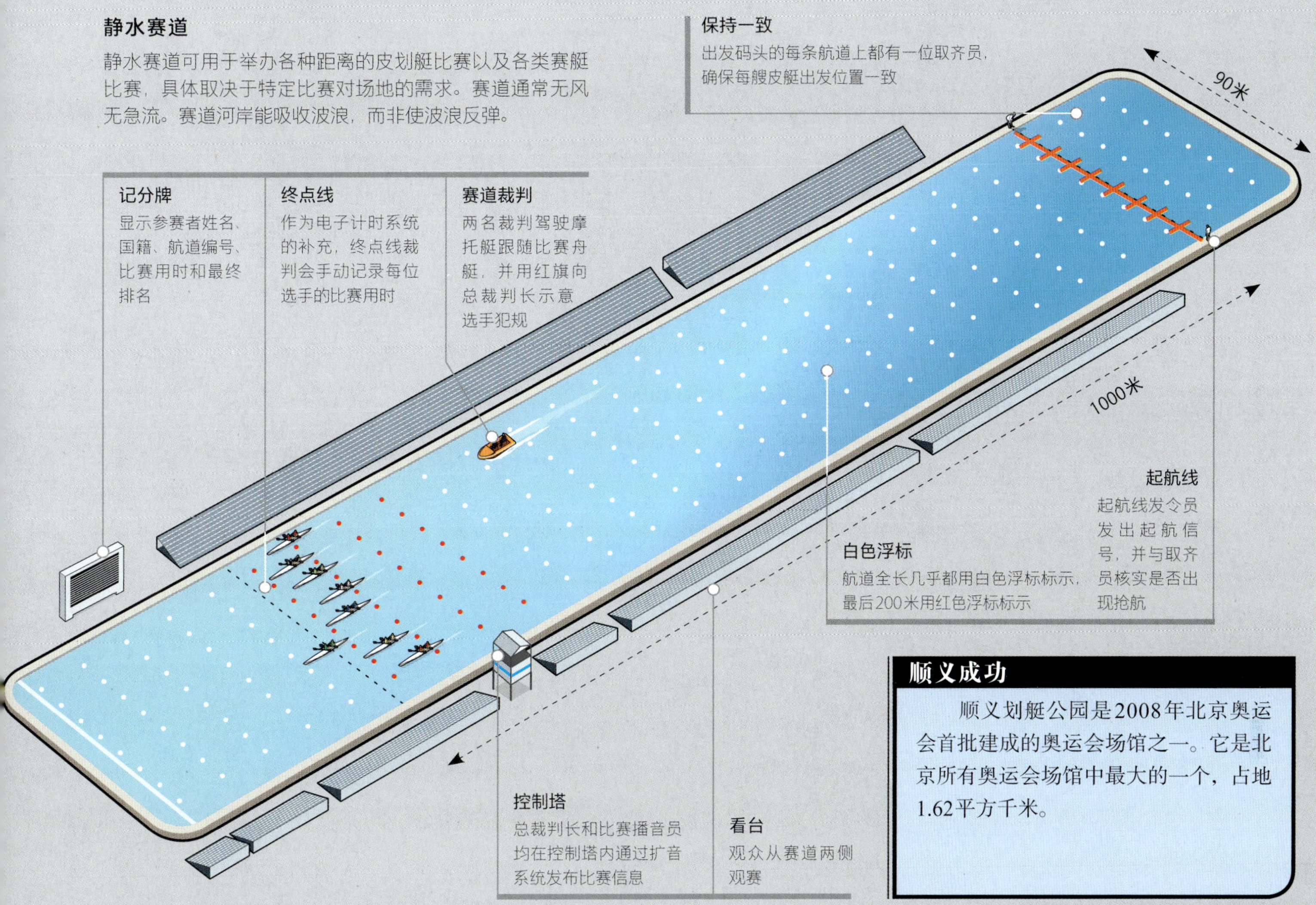

顺义成功

顺义划艇公园是2008年北京奥运会首批建成的奥运会场馆之一。它是北京所有奥运会场馆中最大的一个，占地1.62平方千米。

静水比赛皮艇级别

奥运会静水比赛分为三个级别：K1、K2和K4。“K”表示皮艇，数字代表艇上选手数量。K1级别男子比赛距离为200米和1000米。2020年奥运会上，K2级别男子比赛距离为1000米，K4级别比赛则为500米。K1级别女子比赛距离为200米和500米，其他两个级别女子比赛距离均为500米。下表列出了单人、双人和四人皮艇的规格。

	K1单人	K2双人	K4四人
长	5.2米	6.5米	11米
宽	51厘米	55厘米	60厘米
重	12千克	18千克	30千克

约翰·麦克格雷戈和罗伯·罗伊

许多桨手认为，海上休闲皮艇运动源于19世纪下半叶约翰·麦格雷戈（JOHN MACGREGOR）的著名冒险。麦克格雷戈环游欧洲和中东，乘坐的正是一艘用雪松和橡木制成的“罗伯·罗伊”号皮艇。罗伯·罗伊（ROB ROY）是赫赫有名的苏格兰草莽英雄，与麦克格雷戈有血缘关系。麦克格雷戈的作品《乘坐“罗伯·罗伊”号皮艇行千里》（*A THOUSAND MILES IN THE ROB ROY CANOE*）成为全球畅销书。

激流回旋比赛

激流回旋比赛对技术要求很高，选手要划艇克服湍流的挑战，穿过一系列标有数字的水门。奥运会有男子（K1）和女子（K1）单人激流回旋项目。每位参赛者都有两次竞赛机会。最终取较好成绩或两次用时相加，并加上罚分。

比赛服

选手比赛服由最新合成材料制成，温暖舒适，能保持身体干燥，此外还具备关键安全功能，例如干衣和水裙结合使用，可防止皮艇座舱进水下沉。

温暖干燥

背心和长裤由轻质抗菌面料制成。这些打底内衣能帮助选手保持温暖干燥，免受感染。

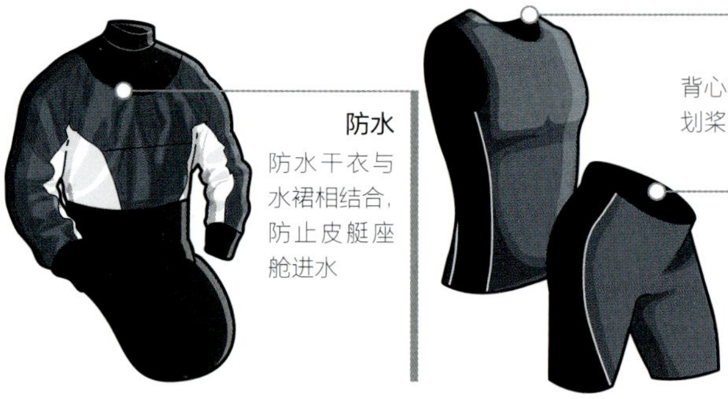

防水

防水干衣与水裙相结合，防止皮艇座舱进水

无袖上衣

背心可防止腋下因反复划桨而出现擦伤

紧身裤

速干紧身长裤有耐用直裆和隐藏式缝线，可防止胯部周围擦伤

K1静水：最大5.2米

舟艇

现代静水竞赛皮艇通常由轻质复合材料制成。超轻碳纤维或芳纶纤维（如凯夫拉尔纤维）是首选材料，环氧树脂可作为黏合剂。顶级K1或K2皮艇价格超过2000英镑。国际皮划艇联合会对各个皮艇级别制定了详尽的规定。皮艇必须符合最大长度、最小宽度、最小重量和船型标准。

K1激流回旋：最大4米

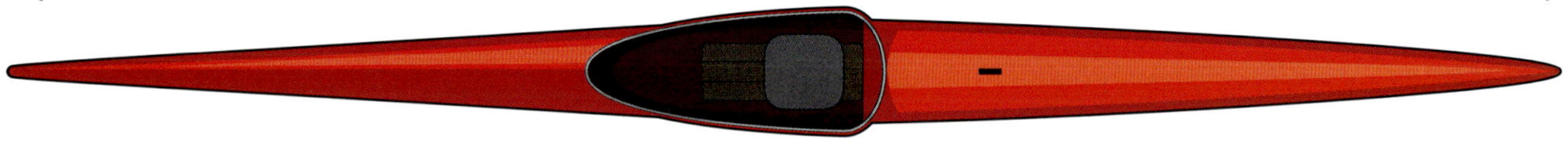

2～3米

翼桨

弧形翼状桨叶比传统扁平桨叶更能抓水，推进力更强

划桨技巧

身体是所有关键划桨动作的动力来源。初学者常常手臂发力划桨，很容易就会疲惫，技术也毫无长进。老手则把身体当作引擎，把手臂当作传动装置，把桨叶当作轮子。新手常犯的另一个错误是用双手紧紧抓住桨杆。老手仅用控制手牢牢抓住桨杆，并且能轻松地换手握杆。

划桨

每次划桨都需要用控制手拉桨扫水，另一手放松，然后做完划桨动作。动作完成后，双臂自然放在身前。左侧拉桨开始时，左手手腕下翻，拉动桨叶到位。拉桨结束后，左手放松，转动桨杆，准备进行右侧拉桨。

正向扫桨

正向扫桨是一种控制动作，能使皮艇在静止时旋转，或向前移动时转向。正向扫桨既能产生推力，又能进行转弯，因此是在保持运动势能状态下的最佳转向方式。稳稳抓水的同时转动上半身，从而为正向扫桨提供动力。

开始扫桨

正向扫桨初始姿势与基本正向划桨动作相同。运动员插桨入水，上半身转向船艉。然后，运动员向新航线的方向蹬腿。

扫向船艉

运动员扫桨轨迹为弧线，延伸至艇外约1米，同时，在桨叶移动到船艉时转动上半身。大部分动力是桨叶在臀部和船艉之间扫过时产生的。

身体平衡

扫桨结束时，运动员身体朝向转向一侧，桨杆位于水面上，与皮艇平行。开始再次划桨之前，皮艇运动员要把身体挪回皮艇中心位置。

抓水

基本划桨动作始于抓水，即拉桨入水。

插桨入水

皮艇运动员将桨稳稳地插入水中

身体前倾

身体前倾，稳住艇身，准备发力划桨。

转身

上身和桨转到一侧，准备划桨

其他皮艇运动

静水和激流回旋是奥运会仅有的皮艇比赛项目，但还有许多其他国际皮艇竞技比赛。野水比赛是在河流激流段进行的竞速比赛。马拉松比赛是在天然水体上进行的长距离比赛。划艇水球是球类运动，双方各有五人皮艇运动员。

野水比赛

与激流回旋比赛不同，野水比赛无须考虑水门，只要尽快抵达终点即可。野水比赛分为两类。短距离比赛是在500～750米长的赛段上进行疯狂冲刺。经典比赛赛段更长，通常为6～10千米。相较于比静水比赛皮艇，野水比赛皮艇更长更窄。

马拉松比赛

国际皮划艇联合会规定，马拉松比赛最短距离为男子20千米、女子15千米。世界杯和世界锦标赛的赛段一般长达40千米，包括岩石和浅滩等障碍物。许多马拉松比赛都是极限耐力赛事，赛段通常长达数百千米，比赛用时多达数小时。

划艇水球

划艇水球结合了水球和皮艇，比赛目标是在上下半场各10分钟的比赛中进球多过对手。比赛通常在室内游泳池进行。许多国家都举办相关赛事，最高级别比赛是每两年一次的世锦赛。

趣闻

45 2016年巴西里约热内卢奥运会皮划艇激流回旋项目比赛场馆德奥多罗奥运静水体育场（Deodoro Olympic Whitewater Stadium）的建造成本（以百万美元计）。

44:49 单人740千米育空河马拉松比赛（Yukon River Quest）的最短用时纪录（44小时49分钟）。纪录保持者为美国选手卡特·约翰逊（Carter Johnson）。

80 匈牙利获得的奥运会皮划艇项目奖牌数量，多于其他任何国家。

冲浪橇比赛

冲浪橇是一种狭长的皮艇，在世界各大冲浪胜地用于救生，尤其是在澳大利亚、新西兰、南非以及美国加利福尼亚和夏威夷。许多救生员参加由国际救生联合会（INTERNATIONAL LIFESAVING FEDERATION）组织的冲浪橇比赛。比赛分为许多类型，包括短距离冲刺和长距离“铁人”赛事。

爱斯基摩翻滚

爱斯基摩翻滚通过扭胯和用桨使倾覆的皮艇复位。扭胯是翻滚的关键步骤，要把下半身猛地拉到一侧，使皮艇开始复位。爱斯基摩翻滚是很容易掌握。其他翻滚动作适合不同的皮艇。不用桨的徒手翻滚便是一例。

幕后故事

皮艇竞技比赛最早出现在19世纪，当时人们开始在特定赛段上比赛。在1936年柏林奥运会上，静水比赛正式成为奥运项目。在1992年巴塞罗那奥运会上，激流回旋才成为奥运常规项目。

国际皮划艇联合会

国际皮划艇联合会是所有国际级别皮艇和划艇赛事管理机构，包括奥运会静水和激流回旋比赛。联合会还负责管理龙舟和海上皮划艇比赛。联合会于1946年在斯德哥尔摩成立，从而取代了国际划艇联合会（Internationale Repraëtantschaft für Kanuspart）。联合会目前总部位于瑞士洛桑。

仰卧起坐

要向左进行爱斯基摩翻滚，皮艇运动员先向右侧做一个“仰卧起坐”，然后双手向上伸出水面，这样前臂就会扣在皮艇侧面。

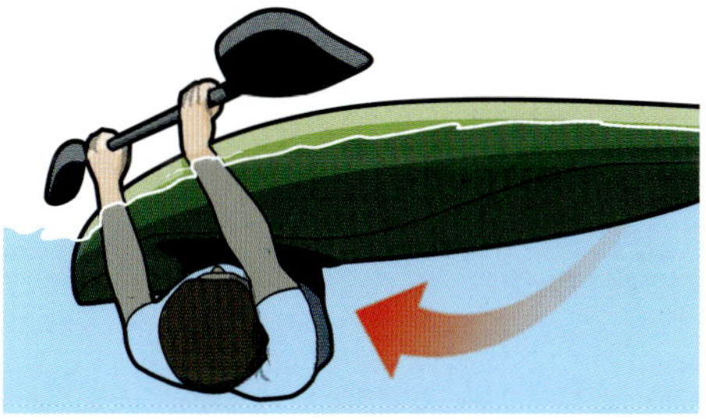

扭胯

保持头靠近水面，然后向另一侧转身并扫桨。扭胯与扫桨同步开始。

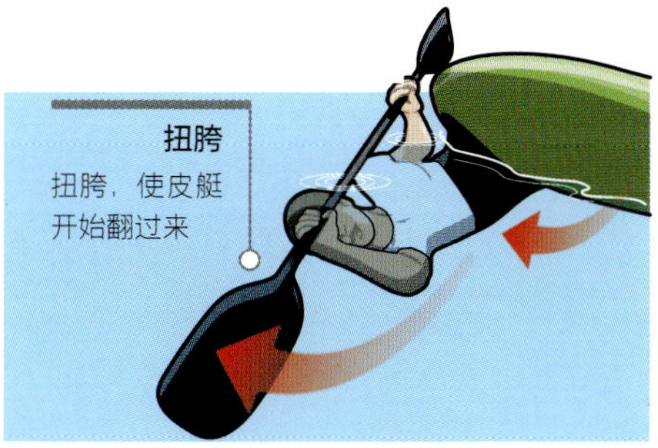

复位

扭胯动作一直持续到皮艇完全翻转复位。运动员挺背正姿，准备继续划桨。

划桨

桨叶在水中扫过，形成推进力。

过渡

两侧划桨动作的过渡应尽量平稳。

运动概述

划艇是高强度水上运动，面向男女运动员，选手们单独或结对参赛。比赛目标是通过单叶桨推动艇身在水中前进，从而争取以最短的时间划完全程。比赛分为两个项目——激流回旋和静水划艇。激流回旋比赛在湍急赛段上进行，参赛者要通过一系列水门，静水比赛则在平静水面上进行，参赛者们并排比赛。与皮艇运动员不同，划艇运动员通常呈跪姿划桨。

必备知识

- 划艇运动风靡全球，管理机构为国际皮划艇联合会，其总部坐落于瑞士。
- 美洲土著所制作的舟艇有时被称为印第安或加拿大划艇。
- 2011年在匈牙利举行的第三十九届国际皮划艇联合会皮划艇短距离世界锦标赛（ICF Canoe Sprint World Championships）上，来自八十八个国家的选手参加了三十七个项目。

划艇

运动要求

划艇运动员通常身体柔韧性、力量和耐力俱佳，因为划桨是动作不断重复的有氧运动，要运用上半身所有肌肉，包括腹部、手臂、肩膀、背部和胸部肌肉，以及腿部肌肉。

激流回旋赛道

激流回旋比赛赛道为自然水体，例如湍急的河流，或者是流速快的专用人工赛道，但赛道长度均约为400米。立在水面上的水门（成对的门杆）划定了比赛路线。必须顺流而下通过绿白色条纹水门，而至少六个红白色条纹水门需要逆流而上通过。激流回旋赛道也适用于皮艇。

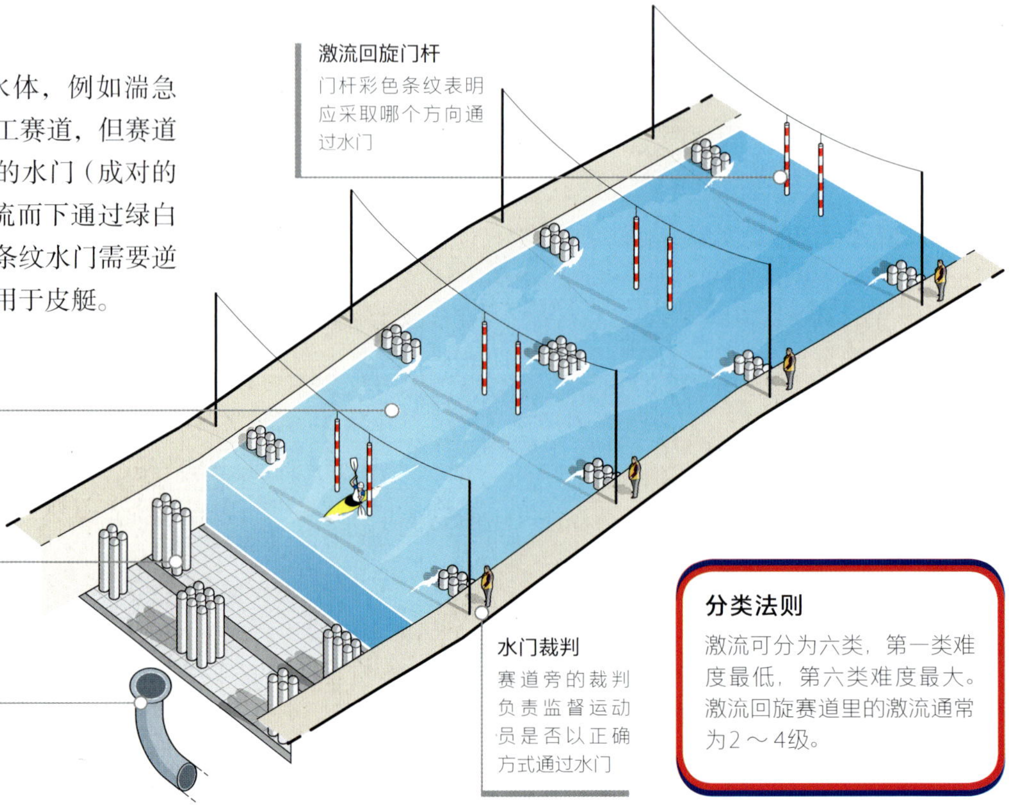

分类法则

激流可分为六类，第一类难度最低，第六类难度最大。激流回旋赛道里的激流通常为2～4级。

速度与安全

竞速或冲刺划艇又长又窄，以便高速行进。激流划艇尺寸较短，配备有水裙，即运动员穿在身上的防水围裙，延伸到座舱边缘，防止船内进水。

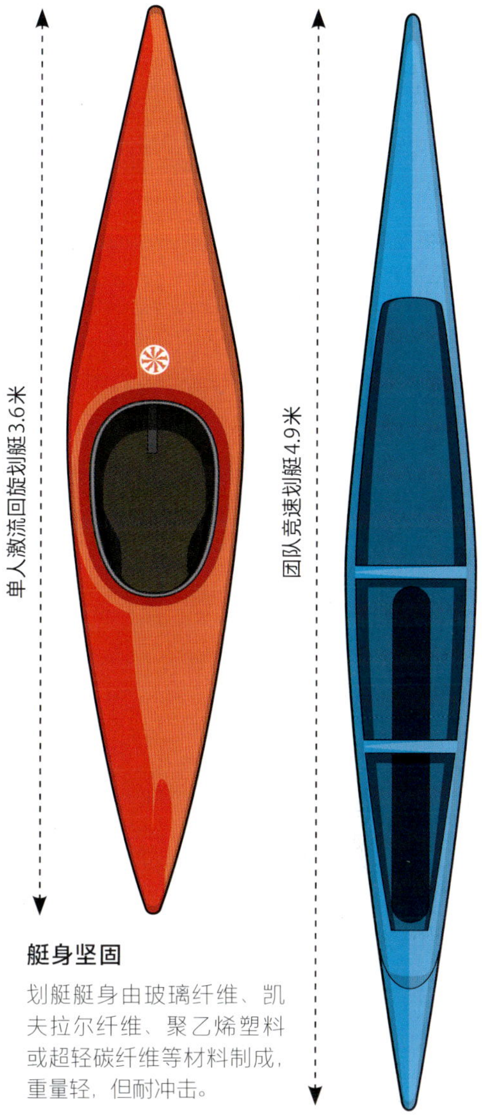

激流回旋比赛

划艇激流回旋比赛的目标是划完约400米长、湍急的天然或人工河道。赛道上分布着18～25个水门，参赛者必须尽快划完全程，不得有任何失误。裁判会准确记录每位参赛者的用时，如果选手触碰水门，会被处以2秒的罚分。国际比赛中，每位参赛者都有两次竞赛机会，两次比赛用时相加，得出总用时。

极限划桨

除了激流回旋和静水竞速，划艇还有许多其他项目。例如，在花式划艇比赛中，参赛者通过表演特技和技巧来获得分数，而极限和激流竞速比赛则需要征服不同等级的激流。

静水比赛

国际皮划艇联合会规定，静水划艇比赛在明确划定范围的无障碍赛道上进行。参赛者通常在各自航道上并排比赛，赛道长度从200米到1000米不等。每场比赛至少有三艘船参赛，首先完全越过终点线的划艇获胜。与激流划艇比赛一样，男子和女子的静水比赛分开进行。

加大马力

为了充分通过每个动作发力，静水划艇运动员单膝跪地，另一条腿扎在前方，起到支撑身体的效果。从这个初始姿势开始，运动员迅速插桨入水，身体往桨一侧倾斜，用全身力量拉动桨柄。

赛龙舟

必备知识

- 大多数龙舟可搭载二十名划手，但比赛时船上通常只有十八名划手。
- 最大的龙舟被称为天鹅船，可搭载约五十人，主要用于仪式中，很少用于竞赛。较小的凤凰船可搭载十名划手参赛。
- 龙舟比赛赛道长度差异很大，既有200米短距离比赛，也有50千米马拉松比赛。

运动概述

赛龙舟源于中国习俗，如今已有两千多年历史。今天，顶尖龙舟队在世界各地参加比赛。每场比赛有多达七艘装饰华丽的龙舟参加，令人大饱眼福。

迎头赶上

龙舟比赛，尤其是短距离比赛，可能会十分胶着。在终点线摄影出现之前，有一种很巧妙的胜负判断方式，至今仍广为使用。船接近终点时，旗手会爬到龙头上，向前伸手。每条赛道均有旗帜作为终点标识，先拔旗者获胜。可承载旗手的大龙头源自台湾。

传统起源

公元前3世纪，著名诗人、楚国大臣屈原为控诉统治者的腐朽，投江明志。村民们划船搭救，但为时已晚。他们并未离去，而是击鼓泼水，驱散鱼群与恶灵。相传，龙舟竞渡是为了纪念屈原以及众人努力营救的义举。

设备

现代龙舟比赛所用船只设备均采用最新技术材料，但必须符合传统标准。

把握方向

舵桨仅用于转向，不起推进作用；与划手的桨不同，舵桨可以放在一边。

桨杆
桨杆表面平顺，便于舵手抓握

舵叶
舵叶表面积比桨叶大

比木板还硬
现代比赛用桨由碳纤维塑形而成，强度刚度俱佳，重量轻

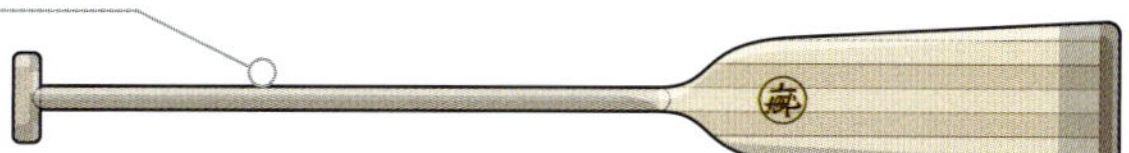

一鼓作气
鼓夹在鼓手双腿之间，有些船用锣代替鼓

标志性动物

龙是中国黄道十二宫中唯一的神话生物，它们统治着河流和海洋，控制降雨。

龙须
相传，龙须与鲶鱼胡须相似

有鳞龙鳍
鳍象征着龙源自爬行动物

安全第一
不使用时，将龙头龙尾存放在庙宇中

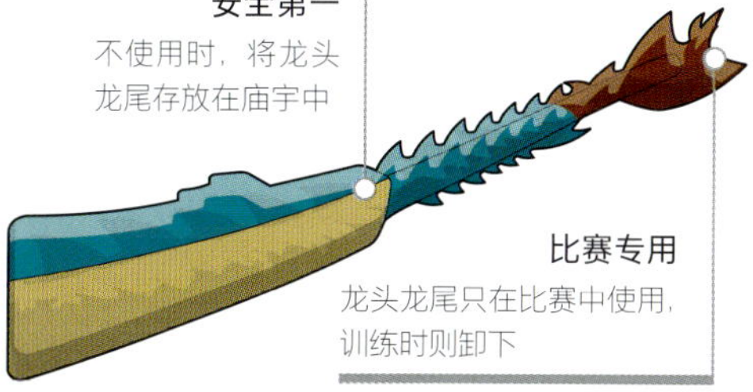

比赛专用
龙头龙尾只在比赛中使用，训练时则卸下

鼓舞
鼓手面朝队员们坐着，击鼓节拍要与前排划手划桨节奏相匹配

龙头
在过去，船艏龙头与船体都是用同一棵树的树干雕刻而成，如今则为玻璃纤维材质

平底船体
传统木船吃水线以下船体由三根横梁连接而成，横截面呈W形。现代船体通常为平底

标志性运动

在中国，赛龙舟在农历五月初五进行。赛龙舟标志着水稻种植季节的开始。队员们还要祭拜龙王，祈求风调雨顺。比赛开始前，法师等地位显赫之人会在突出的龙眼上画上红点，龙眼点睛，“唤醒”龙头。如今队员安全备受重视，但在古代，如果在赛船时落水溺亡，则会被视为献身龙王，预示着将大获丰收。

划桨

划手们必须同步划桨，船才能快速前进。即便步调稍有不一致，船也会减速。船艉划手很难看到船艏划手的桨，因此鼓手击鼓节拍尤为重要。如果后排划手比前排划手晚零点几秒划桨击水，整体划桨动作便状似毛毛虫等多足动物爬行。鼓手必须配合划手节奏，而非反过来。块头最大的划手是划桨主力军，坐在船中，保持船身平衡。桨长104厘米至129厘米。队员越高，桨越长。

A字形

桨入水瞬间，桨和划手上身应呈A字形。划桨时，不应溅水，因为这样会拉低效率，浪费体力。

扎得深
上方的手稳住桨，下方的手拉桨

拉回来
拉桨主要靠背部肌肉发力

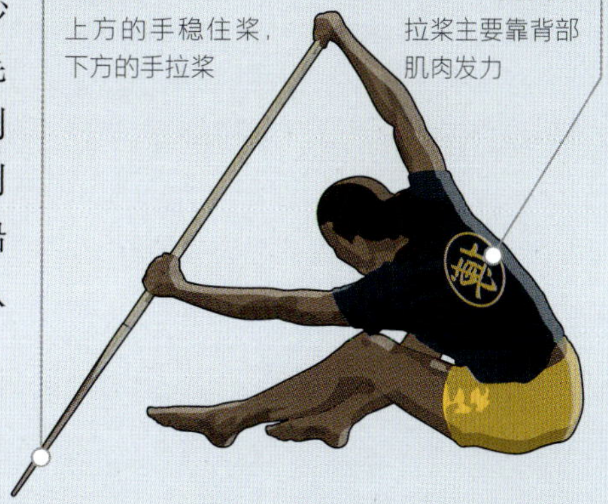

幕后故事

20世纪80年代后期，赛龙舟走出国门，先是流行于加拿大和美国西海岸，然后传播到澳大利亚和欧洲。自20世纪70年代中期以来，香港国际龙舟比赛每年都举办。自1995年起，世界国家锦标赛（World Nations Championship）每两年举办一次。每逢偶数年还会举办面向顶级龙舟俱乐部的世界锦标赛。

国际龙舟联合会（INTERNATIONAL DRAGON BOAT FEDERATION）

国际龙舟联合会现有七十二个成员国，包括英国、丹麦、德国、意大利、南非和瑞士。

运动要求

传统三项参赛选手必须有出色的平衡能力和健壮的体格。为完成各类技巧动作，灵活性至关重要，因此运动员肌肉线条明显。不过力量和耐力才是重点，而非肌肉块头。滑水运动员身强力壮，肩背部肌肉尤为发达，因为主要靠肩背部承受汽艇的牵引力。滑水选手腿部肌肉也很强壮，才能操纵好滑水板并保持稳健的划水姿势。

滑水

运动概述

滑水是极为刺激的高速水上运动。在汽艇高速牵引下，滑水运动员完成跳跃、翻转和高难度动作，展现出极强的敏捷性和平衡性。传统三项滑水比赛包括三个项目：回旋、跳跃和花样。每项比赛都会决出获胜者，以及男子和女子个人全能冠军。还有其他专业滑水比赛，如尾波滑水、赤脚滑水、竞速滑水和艺术滑水。

必备知识

- 传统三项风靡全球，在澳大利亚、加拿大、爱尔兰、法国、新西兰和美国尤其受欢迎。
- 滑水尚未成为奥运项目。滑水与奥运会走得最近的一次是作为1972年慕尼黑奥运会的表演项目。到目前为止，仍无计划将滑水纳入奥运比赛项目。

水上赛道

传统三项几乎可以在任何静止水域进行，主要是湖泊或河流。如果赛道重叠，则必须移除闲置赛道的浮标。

回旋

回旋赛道全长259米，滑水运动员必须成功绕过赛道上的六个小型橡胶浮标。起点和终点的出入口也用浮标作为标示，但是颜色与赛道上的浮标不同。入口与第一个浮标相距29米，与第六个浮标到出口之间的距离相当。前后两个赛道浮标之间相距47米。汽艇从出口到入口之间的路线为直线，由六对间隔2.5米的浮标标出。出入口外140～180米处放置着一个转向浮标，汽艇和运动员必须绕过这个浮标才能继续比赛。

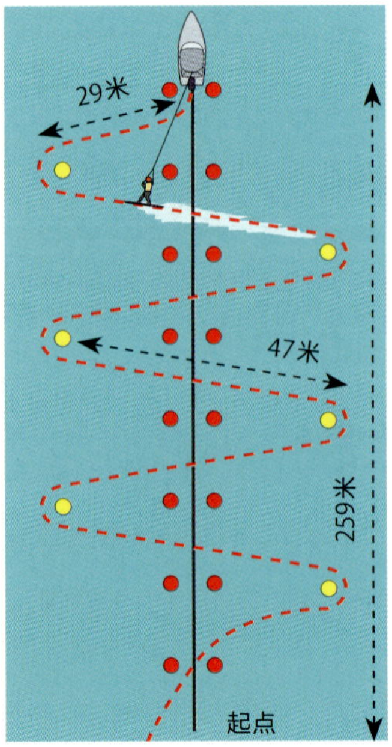

滑水板

过去，滑水板用木头制成，现代滑水板则更先进。滑水板组成部分一般包括：玻璃纤维或碳纤维板体、固定在板体尾部以便转向的尾鳍以及固定滑水选手靴子的脚套。

跳跃滑水板

滑水板尾部又长又宽，前端翘起，方便运动员滑上斜坡。

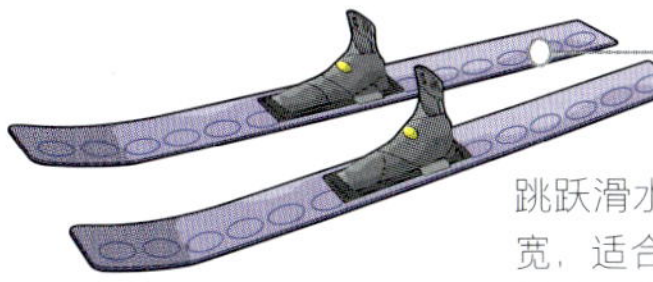

尾鳍
跳跃滑水板尾鳍短而宽，适合在坚硬的斜坡表面上滑行

花样滑水板

花样滑水板平而宽，底部光滑，没有尾鳍，更容易在水面上转向滑行。

脚套
花样滑水板有一到两个脚套

回旋滑水板

回旋滑水板专为高速急转弯而设计，尾部呈锥形，底面为凹形。

回旋滑水板
单板回旋滑水板前端边缘极为锋利

尾波滑水板

尾波滑水板板体较宽，呈凹形，有助于运动员越过尾流后跳更高。

平衡
滑水板锥形边缘和凹形底面起到稳定作用

牵引绳

传统三项比赛使用两条绳子，分别长23米和18.5米。较长牵引绳用于跳跃滑水，较短牵引绳用于回旋滑水。使用牵引绳时，绳索和把手之间应该绷紧。

牵引绳材料
牵引绳由符合传统三项比赛规定的单编织塑料材料制成

紧握
把手表面必须为防滑橡胶或同类材料

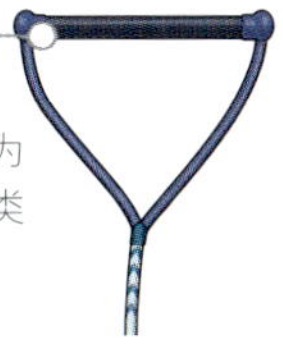

安全装备

护具对滑水运动员来说很重要。运动员滑得很快，跳得很高，还要完成高难度动作，有受重伤的风险。

头盔
滑水头盔配有厚耳垫，可防止运动员因高速滑行时落水而耳膜穿孔

救生衣
回旋和跳跃滑水风险高于花样滑水，因此运动员穿的救生衣也更厚

护胃
滑水保暖服腹部区域有衬垫，在运动员高速滑行时落水的情况下，能起到保护肋骨和内脏的作用

保暖服
滑水保暖服由氯丁橡胶制成。氯丁橡胶为合成橡胶，柔韧性强，便于运动员做动作

靴扣
锁定式靴扣让滑水板更能随运动员而动

靴子
滑水靴由防水橡胶制成，脚踝支撑性能极佳

跳跃滑水

跳跃滑水赛道从起始浮标到跳台斜坡前沿总计长180米。斜坡由木材或玻璃纤维制成，表面打蜡或配备洒水系统，确保斜坡表面保持湿润。斜坡表面还必须完全平坦。斜坡长6.4～6.8米，宽3.7～4.3米。传统三项跳跃滑水项目有两种坡道高度可供选择：男子比赛1.65米或1.80米，女子比赛1.50米或1.65米。斜坡之外的水面上标有测量浮标，裁判员借此测量运动员的跳跃距离。

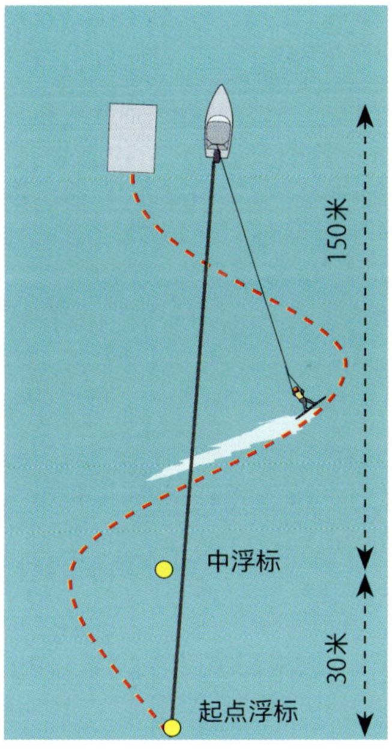

吉尼斯滑水纪录

拉尔夫·希尔德布兰德（RALPH HILDEBRAND）和戴夫·菲利普斯（DAVE PHILLIPS）在位于太平洋的加拿大印地安峡湾（INDIAN ARM）附近不间断滑水2152千米，用时56小时35分3秒，创世界最远滑水距离纪录。

斜坡颜色

跳台侧面与斜坡表面颜色不同，因此高速滑行的运动员可轻松辨别。

开始跳跃
斜坡前沿低于水位

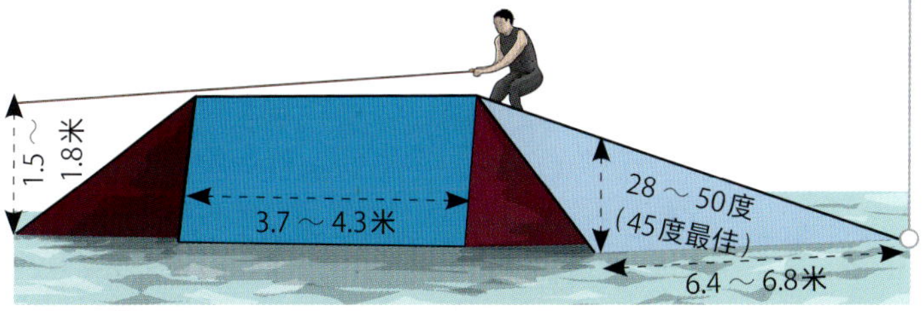

传统三项

标准比赛包括三个项目：回旋、跳跃和花样滑水。每项比赛均由预赛和决赛组成。回旋比赛获胜者是最后一轮用最短牵引绳绕过最多浮标的选手。跳跃比赛获胜者是最后一轮跳得最远的选手。花样滑水比赛获胜者是最后一轮两次20秒滑程得分最高的选手。三项比赛总得分最高的滑水选手为全能冠军。按照特定公式，将选手每项比赛最佳成绩相加，从而得出总分。

回旋滑水

在牵引力作用下，运动员在回旋赛道上滑行，必须从外侧绕过全部六个浮标，然后通过出口，转弯，接着以相同方式在赛道上滑行，直到错过浮标或出口。预赛中，运动员有三次机会，最后一轮比赛也有三次机会。每完成一个滑程，牵引绳的长度都会缩短，使得运动员更难依次绕过浮标。绕标时，运动员必须从外侧绕标，越过浮标或从内侧绕标均不得分。一旦选手错过浮标，或者错过出入口，则该滑程结束。

趣闻

77.4 男子跳跃滑水世界纪录（以米为单位），由美国选手弗雷迪·克鲁格（Freddy Krueger）自2017年7月以来保持至今。

12570 白俄罗斯运动员阿列克谢·扎尔内赛克在2011年4月取得的花样滑水最高分。

船速

回旋和跳跃项目都有规定船速。男子回旋为58千米/时，女子回旋为55千米/时。男子跳跃最高速度为57千米/时，女子跳跃为54千米/时。花样滑水则无规定船速。

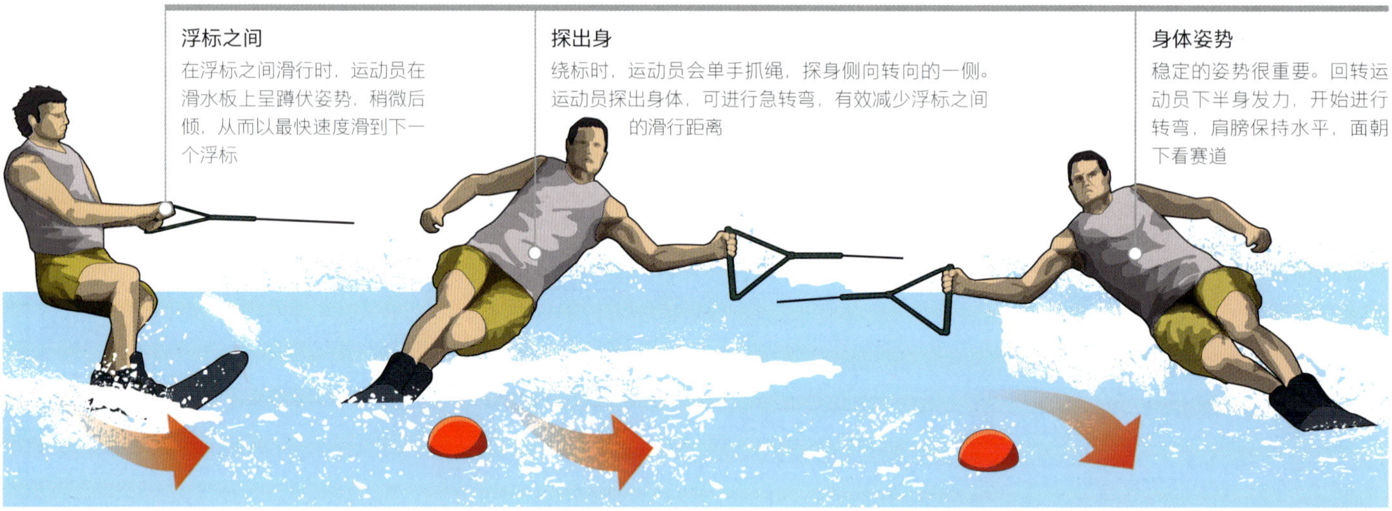

跳跃滑水

汽艇以固定速度牵引滑水运动员，运动员会按照特定路线横切赛道，从而以最大速度滑上斜坡。这条路线呈“S”形，被称为“双尾流横切”，指的是运动员横切汽艇尾流，形成弹弓效应，使接近跳台的速度达到100千米/时。然后选手从斜坡上飞出，腾空数米，全身绷紧，从而减少风阻。要完成跳跃，运动员必须着水并继续滑，且不得落水。

甩鞭

1951年，阿尔弗雷多·门多萨（ALFREDO MENDOZA）开创了现代跳跃滑水近台方法双尾流横切，当时人们称之为“甩鞭”。门多萨借此在20世纪50年代多次夺得世界冠军。

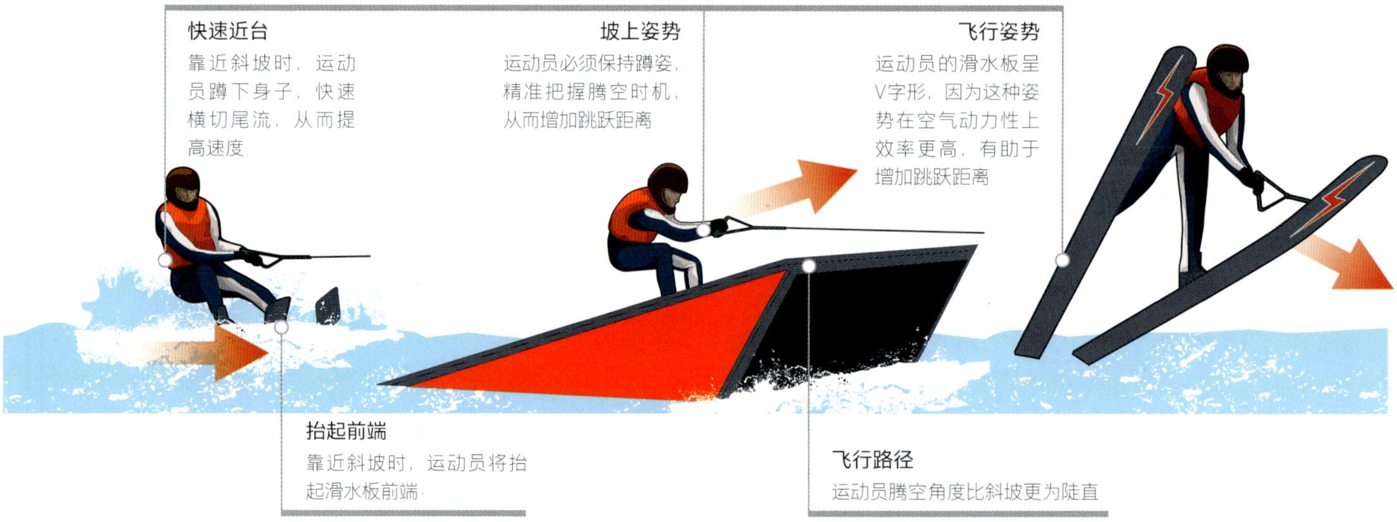

花样滑水

花样滑水赛道长175米。汽艇以固定速度牵引滑水运动员，速度可自行选定，通常约为29千米/时。运动员可进行两次20秒的滑程，在此期间要尽量多完成花样动作，且必须在赛前向裁判上报即将表演的花样动作。运动员可根据花样动作类型选择使用一个或两个滑水板。运动员可表演传统三项花样滑水规则所规定的任意动作。若花样动作成功完成，根据动作难度和完成质量，选手可获得得分。难度分是根据动作不同元素的预设分值进行计算的。

花样技巧

在滑程中，花样滑水运动员会表演空翻、转体、旋转和抓板的各类组合动作。得分最高的动作通常旋转和翻转次数也最多。横切尾波，在空中完成的旋转动作是“尾波转体”，在水面上完成的旋转动作则是“水面转体”。旋转时，运动员会转体180度至900度。“跨越拖绳”则需要运动员飞越牵引绳，通常还会结合一个或多个旋转动作。表演各类前空翻和后空翻动作时，滑水板尾端必须越过运动员头顶正上方。

脚勾式

“脚勾式”动作难度很高。运动员用专用系带把脚固定在牵引绳把手上，然后完成跨越拖绳、跳跃和旋转的组合动作。这个动作虽然没有空翻那么惊险刺激，但依然难度很高，需要运动员有极强的平衡能力。

尾波空翻

“尾波空翻”是最惊险刺激的动作。运动员将汽艇产生的尾波作为跳台，腾空跃起。腾空时，滑水运动员向前或向后空翻，然后笔直着水。空翻过程中，运动员还会结合转体或旋转，甚至能够转体720度。

其他滑水运动

滑水之所以受欢迎，其中一大原因是其多样性。也只有滑水等少数运动的表演项目和竞技比赛一样刺激。许多新的滑水运动都有相应的国际比赛，并且很快就像传统滑水赛事一样受欢迎。

赤脚滑水

赤脚滑水锦标赛的三大项目与传统三项相似。花样项目中，每位选手都滑两个滑程，各15秒，要在滑程中完成尽量多的花样动作。赤脚回旋项目的目标是在15秒时限内尽量多次越过汽艇尾波。跳跃项目的目标是跳得尽量远，顶级专业运动员能跳到27米。

竞速滑水

竞速滑水是速度最快的滑水项目。比赛在长距离规定赛道上进行，最远比赛距离为140千米。参赛选手比赛时速可达190千米。专业运动员使用单只长滑水板，比较容易控制。运动员握住牵引绳，同时用系带与之相连，从而减少手臂受力。

尾波滑水

尾波滑水几乎与花样滑水相同，区别在于花样滑水板长而宽。参赛者可以在指定赛道上滑两个滑程，赛道长度在305米至427米之间。

艺术滑水

艺术滑水队有一个小时的时间完成自行设计的项目，这些项目通常是有主题的，可能包括“水上芭蕾”、特技跳跃和“终极金字塔”等动作，“终极金字塔”是所有团队成员边滑边组成金字塔。项目表演时常常要用到多艘船只，而项目配乐和摩托艇驾驶技术也属于评分内容，五位裁判会对此进行打分。

幕后故事

一般认为，拉尔夫·萨缪尔森（Ralph Samuelson）开创了滑水运动。1922年，萨缪尔森在密西西比河上首次尝试用两根弯曲的木桶板条滑水。他用两条皮带将板条固定在脚上，他的兄弟本（Ben）用窗拉绳作为牵引绳拉着他往前走。萨缪尔森后来用两根木头制作了滑水板。

管理机构

国际滑水联合会（International Water Ski Federation）是滑水运动管理机构，负责制定官方赛事规则。联合会成立于1946年，原名世界滑水联盟（World Water Ski Union）。1949年，联合会组织了首届世锦赛，此后每两年举行一届。

帆板

运动概述

帆板是一项速度快，动作难度高的水上运动。参赛选手借助单只风帆的力量，在板体上航行或参赛，穿越湖泊或大海。帆板时速可达80千米，如果低于这个速度，专业帆板运动员便是在表演空中动作，例如跳跃、转体和翻转。帆板分为许多专业项目，其中一些侧重于速度和技巧，另一些则侧重于花样动作和造型。

必备知识

- 20世纪80年代，帆板运动盛极一时。1984年，帆板成为奥运项目。
- 室内帆板很受欢迎。1991年，首场室内帆板比赛在巴黎进行。比赛水池长75米，且设有二十五台吹风机。
- 首届职业帆板世界杯巡回赛于1983年举行。比赛在多个国家进行，涵盖各类项目。

运动要求

帆板运动对身体素质要求极高。研究表明，奥运会帆板运动员身体素质不亚于奥运会赛艇运动员和越野滑雪运动员。帆板运动员胸部和肩部肌肉相当发达，因此才能在强风中控制风帆。运动员腿部肌肉也极为有力，因此能在波涛汹涌的水域操纵板体。条件恶劣时，比赛用时也会拉长，此时体力便发挥着关键作用。

滑行

帆板能掠水飞驰，在水面上"滑行"。风速达28～46千米/时的时候，帆板会被抬高到水面上，并且因为板体不需要再破浪前行，所以能大幅加速。

帆板设计

自1970年美国人吉姆·德雷克（Jim Drake）和霍伊尔·施韦策（Hoyle Schweitzer）获得帆板专利以来，帆板的基本结构并没有出现太大改变。

额外的力量
"帆骨"能起到加固作用，使帆更加坚韧，能在强风中保持稳定

帆前缘桅套
帆的前缘，可将桅杆套入其桅套

帆的尺寸
小帆捕获的风量较少，更容易操纵。大帆捕获的风量较多，适合高速航行

帆后缘
放松帆后缘，就更容易在大风中操纵帆，收紧帆后缘，就能在微风中保持帆的风力

帆的材质
帆由轻质聚酯复合材料制成，并用轻巧坚固的凯夫拉尔纤维网加固

帆的类型
帆分为两种类型：外倾风帆和旋转风帆。外倾风帆速度更快，稳定性更强。旋转风帆更容易把控和操纵

横杆
横杆是帆板运动员的操作装置。横杆装在桅杆上，起到支撑水手的作用

腰钩绳
腰钩绳连接运动员和横杆，能够加强稳定性和下背部支撑

板重
顶级竞速和翻波板可轻至5～7千克

赛事

帆板各项赛事均有相应的侧重点，例如速度、技巧、花样动作和风格。

翻波和自由式比赛

翻波比赛中，运动员在预定冲浪区域表演跳跃和花式动作，裁判员会根据其动作完成度和驾驭波浪的能力进行打分。自由式比赛在特定开阔水域内进行，运动员要在限定时间内表演跳跃和花样动作，裁判员将对此进行打分。

回旋比赛

赛道呈“8”字形，以顺风航段为主。比赛可从水上或岸上开始，赛道在开阔水域上，设有浮标，运动员必须一一“顺风转向”或“迎风换舷”绕标，滑完全程。回旋比赛通常会进行多场预赛（最多十五场），通过淘汰制或积分制决出获胜者。

竞速比赛

竞速比赛有两种形式。第一种是运动员单独在500米赛道上进行比赛。将选手在两小时预赛内两次最好成绩进行平均，速度最快的选手获胜。第二种是尝试打破纪录。运动员在风力条件适宜时进行滑行，努力打破当前90千米/时的速度纪录。

奥运会和方程式比赛

在奥运会和方程式比赛中，有多达一百二十名帆板运动员同时开始比赛，围绕浮标标定的固定赛道进行滑行。一项赛事每天比两至三场，每场通常持续60分钟。比赛在“迎风或背风”赛道（以逆风或顺风航段为主）或梯形赛道（见下图）上进行。奥运参赛选手必须使用相同帆板。方程式比赛中，选手的帆板尺寸可略有差别，但都必须是经过认证的方程式级帆板。

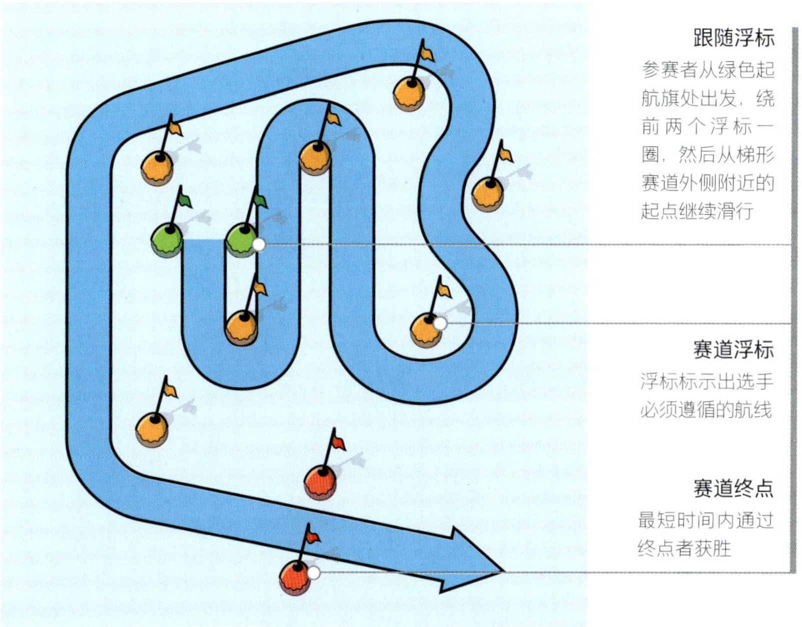

帆板

帆板有各种形状和大小。选手参与的帆板项目决定了帆板类型。一些运动员会穿保暖服，天气冷的时候尤为如此。选手还要穿符合比赛要求的救生衣。头盔以佩戴为宜，但运动员可选择不戴。

板体

板体尺寸以升为单位进行计算。初学板通常为150～250升。专业板要轻得多，比如自由式板尺寸为80～110升，导致操控难度增大，但速度更快，更容易做动作。专业板很脆弱，板芯为聚苯乙烯泡沫，外层则用碳纤维、凯夫拉尔纤维和玻璃纤维等复合材料进行加固。

帆

帆的大小和形状使之具有特殊性能。大帆风兜风能力强，更适合微风环境，小帆则用于强风环境。

奥运会

所有参赛者必须使用相同规格帆板，板体重量不得低于15.45千克。方程式级板体大小相似。

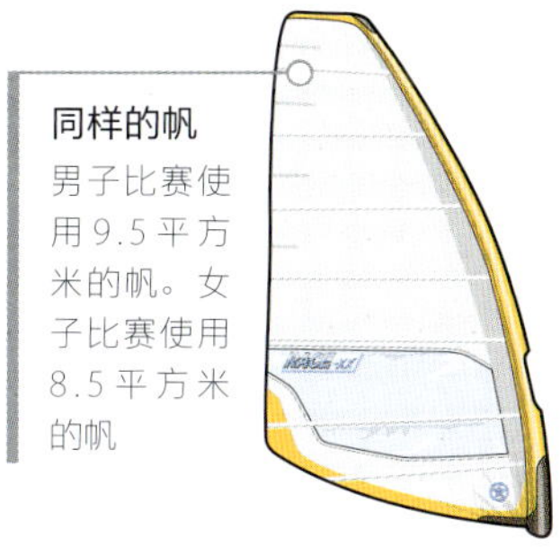

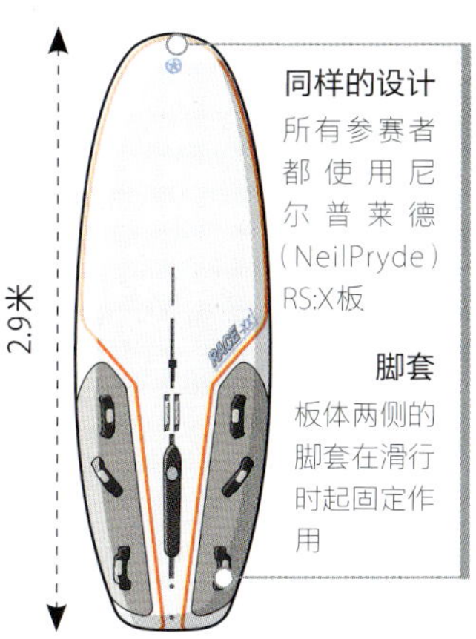

回旋

回旋比赛帆板旨在尽量提升速度和滑行能力。回旋比赛的帆通常比奥运会的短，但帆骨更多，因此帆韧性更强，速度更快。

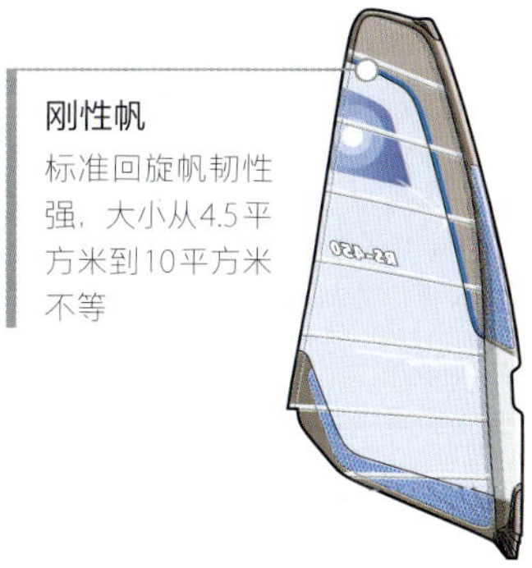

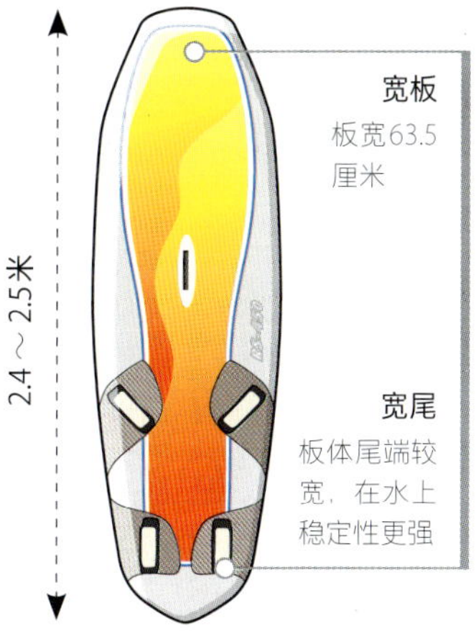

自由式

机动和跳跃是自由式帆板的主要特点，因此板体较短，仅重5—7千克。翻浪性能帆板尺寸与之相似。

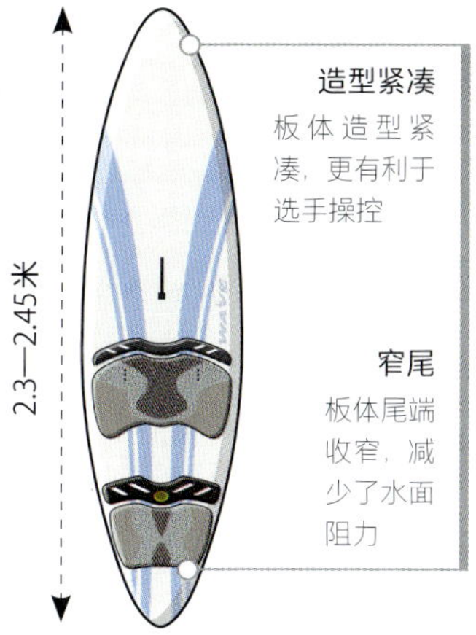

统计中心

男子奥运会奖牌得主	
2016年	里约热内卢
金牌	多利安·范·里杰斯尔伯格（荷兰）
银牌	尼克·登普西（英国）
铜牌	皮埃尔·勒考克（法国）
2012年	伦敦
金牌	多利安·范·里杰斯尔伯格（荷兰）
银牌	尼克·登普西（英国）
铜牌	普泽米斯劳·米亚津斯基（波兰）
2008年	北京
金牌	汤姆·阿什利（新西兰）
银牌	朱利安·邦当（法国）
铜牌	沙哈尔·祖巴里（以色列）

女子奥运会奖牌得主	
2016年	里约热内卢
金牌	查琳·皮孔（法国）
银牌	陈佩娜（中国）
铜牌	斯特凡尼娅·埃尔夫蒂娜（俄罗斯）
2012	伦敦
金牌	玛丽娜·阿拉巴乌·内拉（西班牙）
银色	图利·佩塔加（芬兰）
铜牌	索菲娅·诺切蒂-科勒帕克卡（波兰）
2008	北京
金牌	殷剑（中国）
银牌	亚历山大·赛斯尼（意大利）
铜牌	布莱奥尼·肖（英国）

趣闻

8120 帆板最远航行距离（以千米为单位）。2004年5月至2005年7月，弗拉维奥·雅尔丁（Flavio Jardim）和迪奥戈·格雷罗（Diogo Guerreiro）从巴西丘伊航行至奥亚波基。

4 1998年至2001年，菲尼安·梅纳德（Finian Maynard）连续四次夺得竞速帆板世界冠军。

13 美国选手罗比·奈什（Robby Naish）首次夺得世界冠军时的年龄。随后16年里，奈什参与多个项目，获得二十二个世界冠军。

46.49 女子500米世界速度纪录（以节为单位，约86千米/时）。2017年，英国选手扎拉·戴维斯（Zara Davis）在纳米比亚卢德里茨创造了这一纪录。

比赛规则

各项目比赛均有严格规则，主要对航行权归属问题作出了规定。同侧受风时，相较于逆风选手，顺风选手拥有优先航行权。受风相反时，“左舷受风”（风从板左侧吹来）的选手必须让“右舷受风”（风从板右侧吹来）的选手先行。一般来说，选手转向时必须避让直行的选手。竞速比赛中，若选手绕标时位于内线，外线选手就要避让。花样比赛中，上岸的选手必须避从岸边出发的选手。翻浪比赛中，若两名选手翻越同一个波浪，则板体先翻过波浪向岸航行的选手拥有优先航行权。

积分

回旋和竞速比赛中，选手积分与其预赛排名挂钩。花样比赛中，评委评分依据是选手每个滑程所完成的花样动作的风格和完成质量。预赛前三名分别得0.7分，2分，3分。比赛结束时，总分最低者获胜。竞速比赛中，将选手两次最好的成绩进行平均，从而确定其位次，平均速度最快的选手获胜。

风况

风速在11～65千米/时之间时，最适合帆板竞速和花样比赛，大多数项目最低风速要求为11千米/时。风力条件理想时，选手可沿岸航行或驶回岸上，便于观众观看。

空中杂技

自由式和翻波表演都是非常热门的帆板项目，技术高手们从容优雅地演绎各类花样绝技。从岸边驶出，翻越海浪后，运动员会表演翻转和跳跃动作。乘浪返回岸边时，运动员会表演多个旋转和转体动作。三到五名评委根据选手表演风格、动作多样性和完成质量进行打分。

向后翻转

向后翻转动作极难完成到位：虽然腾空相对简单，但要干净利落地板头着水却绝非易事。速度、时机把握、身姿和板型得当都是关键所在。专业运动员表演向后翻转时，动作流畅写意，在比赛中往往能获得高分。

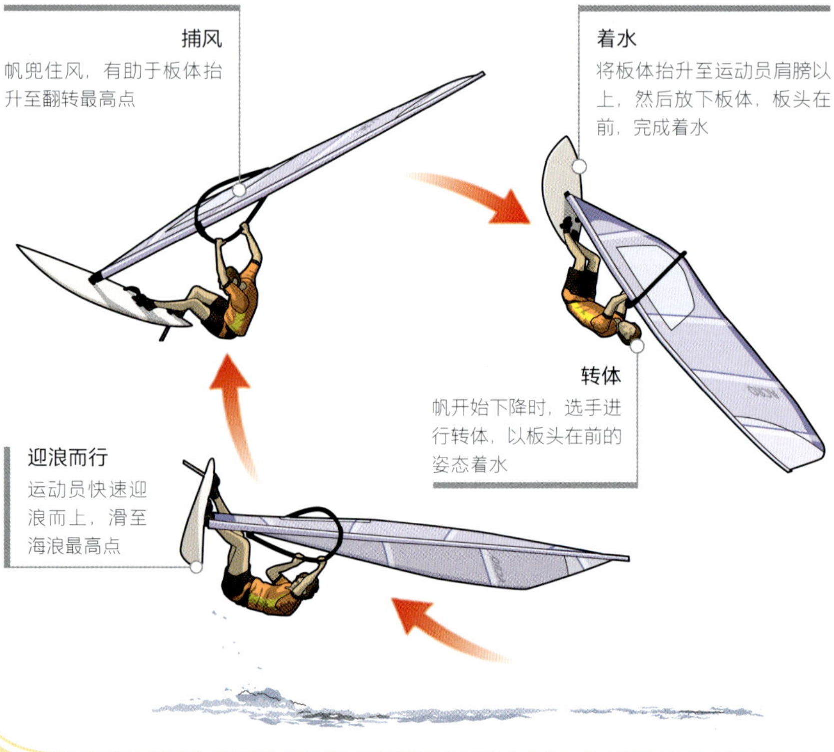

航行技巧

帆板运动中，风帆兜住风，形成升力，抬升板体，使之在水面上滑行。风越大，板移动速度越快。帆板运动的一项关键技术是"调帆（sheeting）"，即通过调整帆的角度来增减风量，从而控制板的速度。"收帆（把帆拉向身体）"能够增加风量，从而增加推动力。"放帆（把帆推离身体）"能够减少风量，从而减少推动力。另一个只出现在特定项目的关键技术是"摇帆（pumping）"：风弱时，运动员反复将帆拉向身体，形成风，从而让板体滑行并提高速度。

高阶花式动作

帆板运动员可使用多种花式动作，不过还是自由式和翻波运动员用得比较多。许多花式动作的名称都不同寻常，例如"伏尔坎（Vulcan）""弗拉卡（Flaka）"和"斯波克（Spock）"。伏尔坎又名"空中顺风转向（Air-Gybe）"，是最直接的转向方法。做动作时，越过小波浪，将板抬到空中，然后用脚将其摆到相反方向。弗拉卡是指运动员越过波浪，迎风腾跃，然后在空中旋转360度。斯波克也是从水上腾跃而起，转帆的同时用板头着水，形成极为华丽的旋转动作。职业选手还会在这些动作的基础上进一步发展，难度也随之增加。

打破障碍

50节一直是帆板选手难以突破的速度大关。近年来，选手不再使用传统一海里（1.852千米）赛道，转而在500米专用赛道比赛，从而刷新了速度纪录。2012年，法国选手安托万·阿尔博（ANTOINE ALBEAU）在纳米比亚卢德里茨运河上破浪而行，速度达到了52.05节（96千米/时）。风筝冲浪因为设备更为轻巧，因此速度纪录高达57.97节（107.36千米/时）。

幕后故事

1970年，吉姆·德雷克和霍伊尔·施韦策在美国被授予首个帆板专利。一般认为，两人是现代帆板运动创始人。不过，早在此之前，已经有业余爱好者发挥聪明才智，开始进行帆板冲浪。20世纪40年代，一个年轻的澳大利亚男孩以铁划艇为基础制成了帆板，配以帆和竹条制成的横杆并成功地用自制帆板航行，因此有人认为是他是帆板航行第一人。

管理机构

国际帆板协会（International Windsurfing Association）和职业帆板协会（Professional Windsurfers Association）是主要的帆板运动管理机构。这两家机构组织批准了多项职业帆板赛事，同时还负责制定新规则，并为全球帆板运动员提供支持和服务。

风筝冲浪

赛事概述

风筝冲浪是融合了冲浪和帆伞元素的极限运动，参赛者用大风筝操纵滑板滑过水面，同时表演技巧和跳跃。自20世纪90年代末以来，风筝冲浪逐渐流行起来。2012年，经过高调宣传后，奥委会同意风筝冲浪取代帆板，成为2016年奥运会正式项目。不过，当年晚些时候，奥委会又撤销了这一决定。

必备知识

- 国际风筝冲浪协会（International Kiteboarding Association）主管重大风筝冲浪赛事以及风筝冲浪运动规则制定。
- 风筝冲浪的理想风速为25～40千米/时。
- 据估计，2012年全球风筝冲浪参与人数达150万。

类型

风筝冲浪有多种类型，但最受欢迎的比赛项目是自由花式、玩浪、竞速和回旋。在自由花式比赛中，参赛者会表演旋转、跳跃等花式动作，评委组会根据选手表现打分。玩浪介于风筝冲浪和竞技冲浪之间，选手用滑板翻越波浪，同时完成复杂动作。竞速比赛中，选手力求在最短时间内滑完全程。回旋比赛中，多名选手沿着"8"字形赛道比赛。

冲浪

必备知识

- 地球上的风以西风为主，因此许多最佳冲浪区都位于西海岸，例如美国加利福尼亚州和英国康沃尔郡。
- 世界冲浪联盟（World Surf League）在澳大利亚、南非、夏威夷、塔希提和斐济的顶级场地组织举办世界锦标赛巡回赛。
- 各级别赛事均分设男子组和女子组。

运动概述

冲浪比赛的目标是尽量多地越过碎波，同时表演足以打动评委的花样动作，因此参赛选手和观众都觉得冲浪相当惊险刺激。最常见的冲浪形式为站在短板或长板上冲浪。其他形式包括趴板冲浪、人体冲浪、跪板冲浪、冲浪滑水、风筝冲浪和帆板。拖曳冲浪最为壮观，船会拖着运动员接近原本根本无法靠近的惊涛巨浪。

运动要求

惊涛骇浪中，如果从冲浪板上掉下来会很危险，所以冲浪运动员大多擅长游泳。专业冲浪运动员身体素质很全面，平衡感也十分出众。运动员必须了解当地情况，结合自身经验，才能选择最佳海浪进行滑行。陆地训练内容包括在健身房不断锻炼腿部和腹部肌肉。

统计中心

世界冲浪联盟世界冠军：男子	
年份	**姓名（国家）**
2018	加布里埃尔·梅迪纳（巴西）
2017	约翰·约翰·弗洛伦斯（美国）
2016	约翰·约翰·弗洛伦斯（美国）
2015	阿德里亚诺·德·索萨（巴西）
2014	加布里埃尔·梅迪纳（巴西）

世界冲浪联盟世界冠军：女子	
年份	**姓名（国家）**
2018	斯蒂芬妮·吉尔摩(澳大利亚)
2017	泰勒·赖特（澳大利亚）
2016	泰勒·赖特（澳大利亚）
2015	卡里萨·摩尔（美国）
2014	斯蒂芬妮·吉尔摩（澳大利亚）

冲浪板

冲浪板分为两大类型：长板和短板。职业冲浪运动员在国际比赛中使用短板，不过国际冲浪协会（International Surfing Association）世界锦标赛仍设有长板类别。

长板

与短板相比，长板比较重，稳定性更强，但转向较难。因此初学者常常使用长板。

短板

短板轻巧，呈流线型，可急转弯。板表面覆盖蜡或防滑垫，使运动员站得更稳。

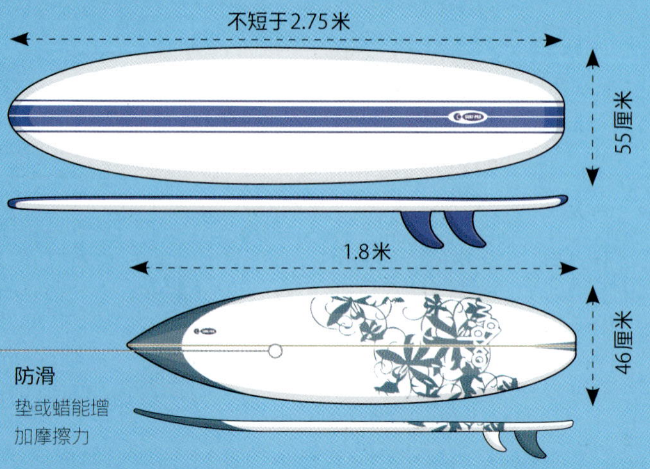

破浪规则

在20分钟的预赛里，每次有两个或四个运动员同时下水，并多次骑浪。比赛不同，规则也有所区别，但一般而言，五到六名评委会对选手最好的两次、三次或五次冲浪进行打分，评分标准如下：波浪选择（越难越好）、骑浪位置（浪峰最佳）、骑浪时长、动作质量。在四人制预赛中，前两名进入下一轮。

人多力量大

2003年，在英国康沃尔郡，十二名男子和两名女子组队冲浪，他们用的冲浪板长11米，重180千克，创造了吉尼斯世界最大冲浪板纪录。

冲浪方式

有两种基本冲浪方式：正面迎浪而上、背对波浪冲浪。以正确方式冲上海浪很重要，但浪上动作才决定了得分高低和奖项归属。以下列出两种基本冲浪技术。

转弯回切

运动员从碎浪浪尖转到浪底，然后回到浪尖。运动员冲上浪尖，重心放到脚跟上，身体向后仰，然后扭动上半身，进行转向。在浪底时，运动员再次转回到浪上。

向后推 冲浪运动员冲上碎浪浪尖，然后脚跟向后推。

转向 运动员扭动上半身，在冲浪板撞击浪沫时转入浪中。

加速 运动员依靠转向的势头进行加速，再次冲上浪尖。

重回巅峰 冲浪运动员向下推板尾，再次冲上浪尖。

悬浮踩浪

悬浮踩浪动作难度很大，运动员用以冲上破碎波浪的浪唇，然后与浪沫一同“漂”回到平滑的浪面上。运动员最大的挑战是冲浪板碰到浪面时能否顺利着水。

破浪 运动员冲上浪面，接近破碎的波浪。

翻越浪唇 运动员没有转向，而是在波浪逐渐散开的时候冲上浪唇。

掠过浪沫 运动员悬浮在浪沫上，双臂张开，波浪在板下破开。

最后挑战 冲浪板落到波面上时，运动员弯曲膝盖，吸收冲击力。

冲浪用语

冲浪有自己一套用语，其中大部分源于美国。以下列出部分阅读相关材料时可能会遇到的冲浪术语：

浪管：终极冲浪体验——波浪破裂时会翻卷起来，形成管状通道，运动员可从中滑过。

巨浪：惊涛骇浪，极难滑行。

玻璃房：浪管内部空间。

右脚选手：滑行时，右脚向前，而左脚在前才是正常姿势。

板尖骑行：冲浪时，单脚或双脚脚趾伸出板尖。

左脚选手：滑行时，左脚向前，这也是常见姿势。

白波：浪破碎后形成的浪沫或白浪。

趣闻

24.38 冲浪浪高纪录（以米为单位）。2017年，罗德里戈·科萨（Rodrigo Koxa）在葡萄牙纳扎雷（Nazaré）实现了这一壮举。纳扎雷的深海峡谷催生了惊天巨浪。

64 单个海浪冲浪时长纪录（以分钟为单位）。2013年2月，史蒂夫·金（Steve King）在印度尼西亚苏门答腊岛卡姆巴尔河（Kampar River）冲浪20.6千米，创造了这一纪录。

幕后故事

数千年来，冲浪一直是太平洋岛屿居民的日常运动。1778年，詹姆斯·库克船长造访夏威夷，看到了这项运动，自此冲浪便进入欧洲人的视线。虽然主要的冲浪中心仍然位于太平洋，但如今在世界其他地区，冲浪也很受欢迎，包括巴西、哥斯达黎加、南非、澳大利亚、法国、爱尔兰、牙买加和西班牙。

世界冲浪联盟

世界冲浪联盟举办全球顶级赛事世界冲浪联盟世界巡回赛（WSL World Tour）。

冬季运动

WINTER SPORTS

07

高山滑雪

必备知识

- 1870年，早期滑雪形式在挪威泰勒马克郡（Telemark）群山之间逐渐发展起来，因此被称为“泰勒马克”。泰勒马克滑雪靴仅脚趾处固定在滑雪板上，穿越平坦区域时更容易抬起脚和滑雪板。
- 1921年瑞士滑降比赛首次引入高山滑雪板和滑雪靴。1930年，滑降和回转成为官方运动项目。自1936年以来，滑降和回转一直是奥运会项目。
- “回转（slalom）”一词来自挪威语，意为“缓坡”。高山滑雪运动员要先学习回转技巧，然后才能尝试滑降。

课程

高山滑雪赛道没有固定长度；较为著名的赛道已经使用了几十年，并且基本保持不变。竞速项目赛道结合了陡坡、急弯和平地，颇具挑战性。回转比赛在较缓的斜坡上进行，下山的赛道也要笔直得多。所有赛道有彩色旗门作为标志物，选手都必须一一穿过。男子比赛赛道更长，旗门也比女子比赛的多。

运动概述

高山滑雪运动极为刺激，是速度和技巧的比拼。每年冬天，数百万滑雪爱好者会到世界各地的滑雪胜地体验滑雪的刺激，但其中极少人参加正式比赛。高山滑雪有五个正式比赛项目，其中滑降和超级大回转以竞速为主。回转和大回转偏重技巧，技艺高超者将脱颖而出。第五项全能比赛则是对速度和技巧的双重考验。

运动要求

虽然引力是高山滑雪的主要动力，但强悍的身体素质依然必不可少。滑雪动作主要靠腿部完成；上身和手臂只用于保持平衡。小腿肌肉尤为重要，因为选手前倾时要靠小腿肌肉发力。

致命斜坡

奥地利基茨比厄尔（KITZBÜHEL）附近的哈能卡姆（HAHNENKAMM）举办的滑降比赛滑行速度最快，但也最为危险。比赛自1931年以来一直在哈能卡姆举办，选手滑雪时速达150千米。比赛赛道名为史特莱夫（STREIF），一开始就是极为凶险的50米跳跃，多人甚至因此丧命。

开口和闭口

高山滑雪赛道设置在管理妥当的斜坡或滑雪道上。旗门由一对彩旗组成，在滑降赛道上分布得最为分散，在回转比赛中分布得最为密集。旗帜并排放置，组成“开口”旗门。“闭口”旗门则由一前一后的旗帜组成。运动员必须按照开口旗门指示的方向往下滑，闭口旗门则要求运动员绕过滚落线转弯。

出发信号

运动员经由电子门进入赛道并启动计时器。两声哔声后，是一声较为尖锐的信号声音，表示比赛开始。

如此顺滑

工作人员事先往赛道上喷洒盐和水，融化上层雪，形成一层冰，使选手能极速滑行

山峰之巅

滑降和超级大回转赛道始于山顶附近

游客莫进

大多数赛道平时都供游客使用。不过最陡斜坡仅限比赛用

并非坦途

冻住的赛道最理想，因为不会很快消融，但急弯处会出现凹陷

加油助威

观众在赛道边上摇着牛颈铃，为选手加油打气

比赛过半

滑完一半赛道的用时可看出运动员是否有希望打破比赛用时纪录

大跌

男子比赛最长赛道为5千米，垂直高度可达1000米

屈而不折

一开始，回转赛道用竹竿标示。20世纪80年代，硬质竹竿被“柔性”门所取代，这些门由弹性塑料杆组成，杆底部有合叶。

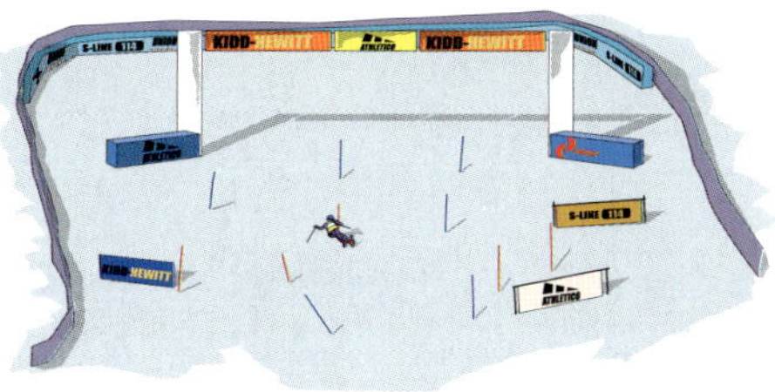

终点

终点处有终点门作为标识。运动员接近终点时，通常可以在大屏幕上看到自己的用时。

如履平地

赛道较低地段可能比较高地段平坦得多；运动员必须以最快速度到达平坦地段，以免后劲乏力

保护网

赛道高落差处两侧装有保护网，可在选手跌落时起防护作用；有安全风险的硬物也会被罩上护垫

取胜之道

高山滑雪是计时赛，参赛选手力争在最短时间内滑完全程。滑降运动员可在比赛前三天实地训练，找到最佳路线。但回转比赛选手训练会严重破坏滑雪道，因此只能在赛前进行一小时路线检查。

趣闻

70 男子大回转赛道旗门数上限，下限为56。女子比赛有46到58个旗门。

1 滑降比赛必须至少用时1分钟，若不足1分钟，则必须延长赛道。

0.01 比赛计时精准到0.01秒。

120 滑降运动员平均速度（千米/时）。

700 女子滑降比赛起点和终点的最大垂直落差（以米为单位）。

滑雪服

高山滑雪运动员穿得很简单，从而减少空气阻力。宽松着装会形成阻力，拖慢速度。但是，比赛服必须符合最低透气性要求，不得为减少空气阻力而穿着不透气比赛服。运动员可用护垫保护身体部位，但护垫不得通过改变运动员身体外形而降低阻力。例如，运动员可佩戴护背。运动员着装会受到严格管制和监督，以免其获得空气动力方面的优势。

头盔

高山滑雪比赛选手必须佩戴安全头盔。头盔只能覆盖头部和耳朵，不得配有扰流翼或尾翼。

抗冲击
保护外壳可承受多次冲击，无须更换

固定
头盔由带衬垫的下巴托固定

滑雪靴

高山滑雪靴由硬塑料制成，紧密贴合，紧紧锁住双脚，将腿和滑雪板牢固地连接起来。脚不能向内移动，但小腿可向前弯曲。

触感柔软
小腿被厚厚的填充物包围

扣住
不宜扣得太紧，以免影响血液循环

坚硬鞋面
高山滑雪高手的滑雪靴最硬挺，初学者的滑雪靴较为柔和

粗跟
厚鞋底与滑雪板相连

滑雪靴锁扣
将脚固定在靴子中

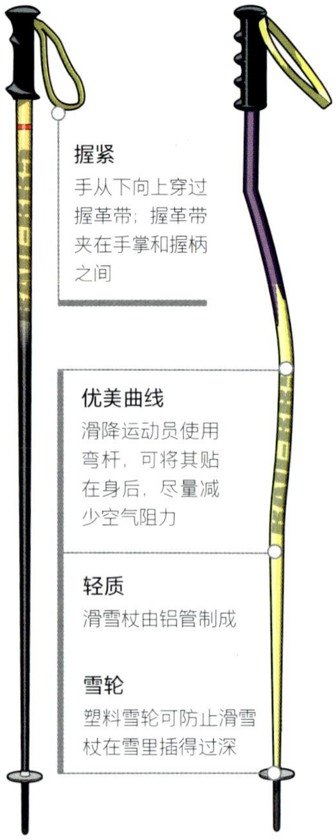

握紧
手从下向上穿过握革带；握革带夹在手掌和握柄之间

优美曲线
滑降运动员使用弯杆，可将其贴在身后，尽量减少空气阻力

轻质
滑雪杖由铝管制成

雪轮
塑料雪轮可防止滑雪杖在雪里插得过深

滑雪镜

紧密贴合的滑雪镜很重要，能保护眼睛免受伤害。有些滑雪镜还能提高弱光条件下的能见度。

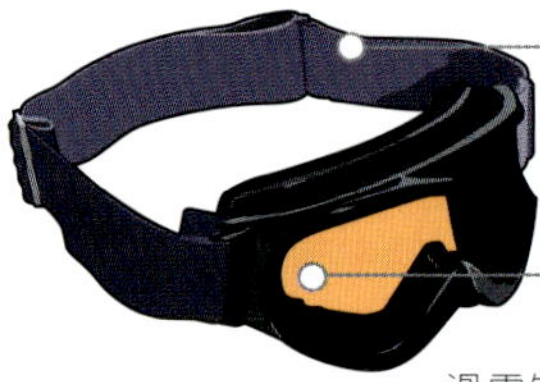

紧密贴合
宽条镜带能将滑雪镜牢牢固定住

有色镀膜
滑雪镜镜片镀膜可减少眩光，避免雪进入眼睛

滑雪杖

运动员借助滑雪杖保持平衡和转移重心。滑雪杖长度取决于运动员身高：膝盖稍曲时，滑雪杖应该刚好在肘部上方。

> **历史悠久**
>
> 世上最古老的滑雪板约有4500年的历史，由木头制成，是在瑞典沼泽中被发现的。一般认为，拉普兰（LAPLAND）地区的萨米人（SAMI PEOPLE）祖先发明了滑雪板。

滑雪板和固定器

每个高山滑雪项目都需要相应的滑雪板。高山滑雪板形状特殊。从侧面看，板腰略微拱起，这种板型使运动员能将重心放在板尖。现代滑雪板还具有侧切，即板头和板尾两边向板腰处收缩，因此板腰处最窄。侧切使得板腰很容易切入雪中，从而提高转弯速度。

回转

回转比赛使用最短的高山滑雪板，运动员舍弃速度，追求机动性。回转滑雪板侧切最深，便于切入滑雪道，弧线入弯。

1.65米

顺滑
板底涂蜡，保持光滑

大回转

大回转和超级大回转比赛所用滑雪板是回转和滑降滑雪板的混合体。板体更长，速度更快，但侧切为中等深度，更容易过弯。

后刃
回转滑雪板后刃是平的，防止急转弯时板尾打滑

67厘米

微拱
板腰微拱，因此大部分时候不会接触雪

滑降

长而宽的滑雪板能更好地滑过雪面，因此速度最快，不过宽板操纵难度也很高。滑降滑雪板有小幅侧切，有助于转弯。

双尖
圆形后刃让滑雪板更容易滑过崎岖地面

长度
滑降滑雪板必须至少长210厘米

65厘米

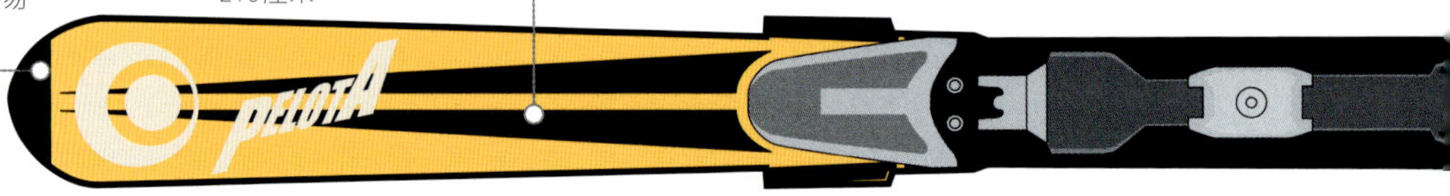

2.15米

滑雪道达人

每个高山滑雪项目都需要一套不同的技能。竞速比赛通过单次计时滑行决出胜负。如果领先的运动员出现失误，黑马却异军突起，比赛排名便会出现重大变化。技术项目参赛选手同一天滑行两次，将两次用时相加，从而确定名次。全能比赛则根据选手滑降和回转总用时确定排名。超级大回转需要一套独特的技能。与滑降比赛相似，运动员只有一次机会。但是，与其他回转项目一样，选手不得在滑雪道上练习：运动员只能在超级大回转滑雪道上滑一次。

出发顺序

选手出发顺序会影响比赛结果。下雪时，先出发的滑降选手会被新雪拖慢速度，有可能被后出发的选手击败。回转比赛中，先出发的选手握有优势，因为滑雪道尚未被其他选手滑得凹凸不平。排名前15的运动员先滑，用抽签决定先后顺序。其他选手则根据世界排名依次出发。回转比赛进行第二次滑行时，第一轮滑行最快的15名选手出发顺序与第一轮相反。

滑降

滑雪道通常长2.5～5千米，且滑行用时必须超过一分钟——大多数滑雪道滑行用时约两分钟。滑雪道陡度也有限制：男子滑雪道落差不得超过1000米，女子滑雪道落差则不低于700米。

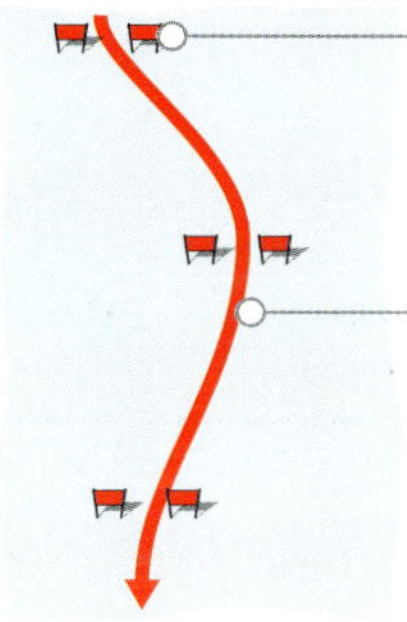

大回转

大回转滑雪道是技术类项目中最长的，整条雪道相当迂回曲折。与回转比赛不同，每个大回转旗门都不需要改变方向。转弯次数约为滑雪道垂直落差（以米为单位）的13%。

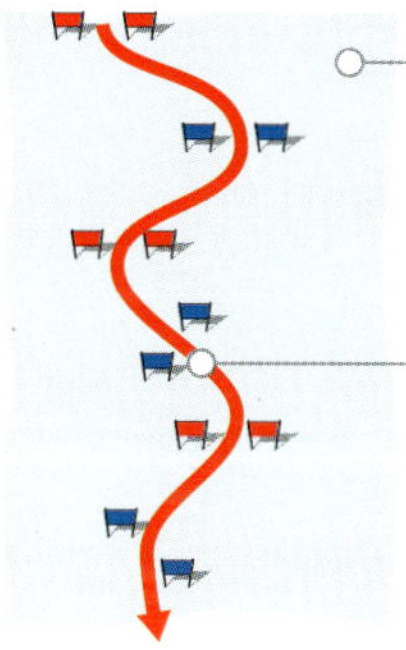

超级大回转

超级大回转是历史最短的高山滑雪比赛项目，1982年才被列入正式比赛。超级大回转融合了滑降和大回转，采用滑降滑雪道，用大回转旗门作为标示，但旗门间距很大，因此比赛滑行速度与滑降相近。

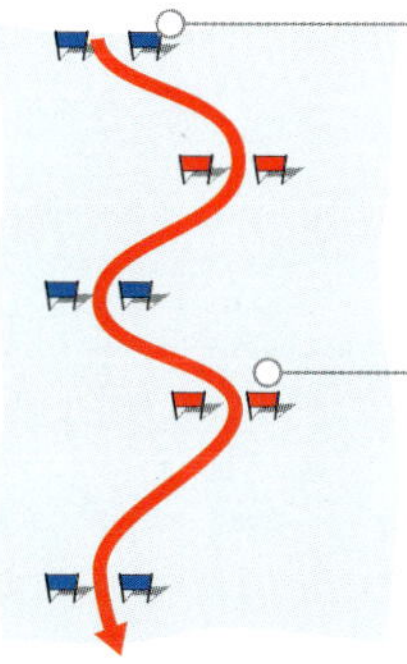

回转

回转虽是最安全的高山滑雪项目，但也被认为是技术难度最高的项目。每条滑雪道都有考验选手技术的组合旗门，包括引导选手横穿斜坡而非直接下坡的延迟门。

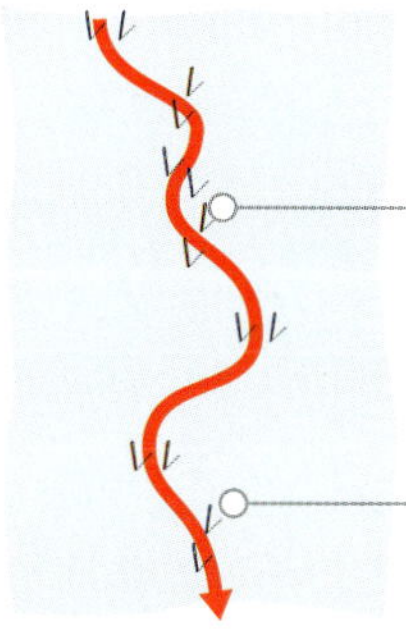

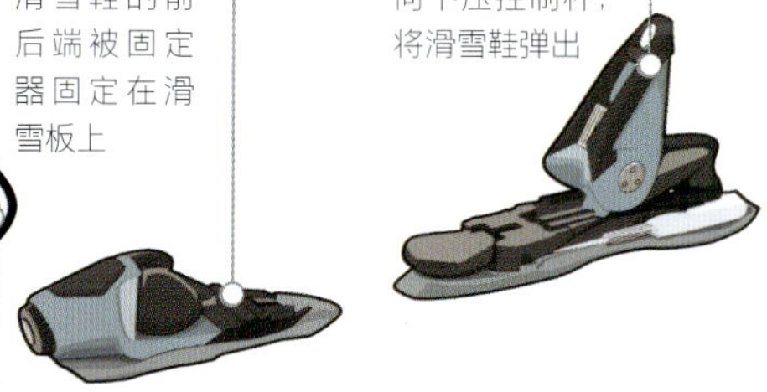

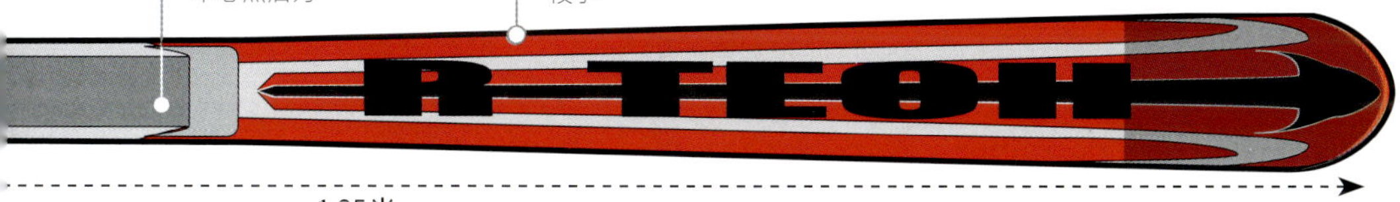

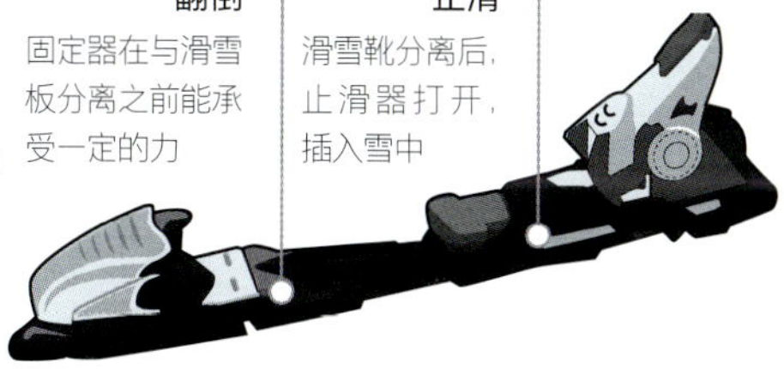

统计中心

奥运奖牌（总数）	
奖牌数	国家
105	奥地利
56	瑞士
43	法国
39	美国
28	意大利
26	挪威
23	德国
16	瑞典
10	加拿大
9	克罗地亚
9	西德
5	德国联合队
5	斯洛文尼亚
2	西班牙
2	卢森堡

女子奥运会金牌			
年份	滑降	超级大回转	回转
2018	意大利	美国	瑞典
2014	斯洛文尼亚	斯洛文尼亚	美国
2010	美国	德国	德国
2006	奥地利	美国	瑞典
2002	法国	克罗地亚	克罗地亚
1998	德国	意大利	德国
1994	德国	意大利	瑞士
1992	加拿大	瑞典	奥地利
1988	民主德国	瑞士	瑞士
1984	意大利	美国	意大利
1980	奥地利	列支敦士登	列支敦士登
1976	民主德国	加拿大	民主德国
1972	瑞士	瑞士	美国
1968	奥地利	加拿大	法国
1964	奥地利	法国	法国

男子奥运会金牌			
年份	滑降	超级大回转	回转
2018	挪威	奥地利	瑞典
2014	奥地利	美国	奥地利
2010	瑞士	瑞士	意大利
2006	法国	奥地利	奥地利
2002	奥地利	奥地利	法国
1998	法国	奥地利	挪威
1994	美国	德国	奥地利
1992	奥地利	意大利	挪威
1988	瑞士	意大利	意大利
1984	美国	瑞士	美国
1980	奥地利	瑞典	瑞典
1976	奥地利	瑞士	意大利
1972	瑞士	意大利	西班牙
1968	法国	法国	法国
1964	奥地利	法国	奥地利

比赛技术

大多数世界级高山滑雪者早在上学前就开始滑雪了。极少数顶尖滑雪运动员曾在多项赛事中获胜，例如瑞士名将皮尔明·楚尔布里根在20世纪80年代夺得滑降、超级大回转、大回转和全能比赛奖牌。大多数高山滑雪运动员都专攻竞速类或技巧类项目。

过弯

能够快速过弯需要苦练，但现代滑雪板板型使得过弯难度大为降低。最新技术是刻滑过弯，即运动员将重心转移到左侧滑雪板上，使板外侧边刃切入斜坡。滑雪板向左旋转时，滑雪板会弯曲以适应斜坡形状

跳跃

回转运动员很少离开地面；不过竞速比赛通常需要进行跳跃。滑降运动员单次可跳跃80米。如此高速跳跃需要运用大量技巧才能避免受重伤。运动员落地时如果摔倒，装备会发挥重要作用：固定器会弹开滑雪板，光滑的比赛服会让运动员继续向前滑行，并逐渐以安全的方式减速。

超高速

滑雪板和雪地之间摩擦力很小。最影响速度的因素是转弯和空气阻力。运动员采用蜷缩姿势，将迎风面积最小化，从而减少阻力。

举世无双

克罗地亚选手加尼卡·科斯泰里奇（JANICA KOSTELIC）身手全面，曾摘得四枚奥运金牌，堪称历史最佳滑雪运动员。在2006年赛季，1982年出生的科斯泰里奇在全部五个高山滑雪项目中都赢得了比赛。2003年和2005年，科斯泰里奇均赢得了回转和全能比赛世界冠军。2005年，她还斩获滑降冠军。

比跌倒还快

世界上滑雪滑得最快的不是滑降运动员，而是速度滑雪运动员。速度滑雪运动超出了普通高山滑雪的规则范围：与普通滑雪板相比，速度滑雪板更长更宽，速度滑雪运动员四肢和头盔配有轻质泡沫橡胶材质的尾翼，能减少空气阻力。速度滑雪运动员在1千米长的赛道上直线滑行。滑到中途时，选手的速度会被记录下来，因此选手可以利用接下来的斜坡安全减速。2016年3月，意大利选手伊万·奥利戈内（Ivan Origone）滑出了254.958千米/时的成绩，甚至比跳伞运动员的终端速度（193千米/时）还要快，创造了世界纪录。

趣闻

161.9 滑降比赛最快速度（以千米/时为单位）。2013年1月，法国选手约翰·克拉雷（Johan Clarey）创造了这一纪录。

3.65 每1000名滑雪者中每天滑雪受伤的人数。

40 滑降选手的最低出发间隔时间（以秒为单位1）。

幕后故事

首场有纪录的滑雪比赛于1843年在挪威特罗姆瑟（Tromsø）举行。19世纪后期，欧洲和北美各地均举办滑雪赛事。当时滑雪运动员使用泰勒马克装备。自1921年以来，滑降比赛便一直使用高山滑雪板并采用现代规则，首场回转比赛于1922年举行。1936年，高山滑雪首次成为奥运会比赛项目。1950年，大回转成为标准项目。1982年，超级大回转成为比赛项目。

管理机构

国际滑雪联合会（Fédération Internationale de Ski）负责管理各类滑雪比赛，包括速度滑雪、北欧滑雪（如跳台滑雪和越野滑雪）、单板滑雪、自由式滑雪以及高山滑雪。国际滑雪联合会成立于1924年，总部设在瑞士，有一百一十一个成员。

自由式滑雪

运动概述

雪上技巧和空中技巧是两大自由式滑雪比赛项目，第三类项目雪上芭蕾则受众面较窄。雪上技巧运动员要滑下布满雪包的陡坡，并从两个跳台上跃下。空中技巧运动员则从一个跳台上跃下，然后在半空中做空翻转体动作。雪上芭蕾（非奥运会项目）结合了体操和舞蹈，比赛场地为缓坡。

装备齐全

三个项目所用装备相差无几。雪上芭蕾运动员，以及右图所示的雪上技巧运动员均配备全套防水隔热比赛服、用以保持平衡的滑雪杖、双尖头滑雪板、头盔以及护目镜。空中技巧比赛采用相同的服装和滑雪板，但无须使用滑雪杖。

各有特色

雪上技巧、空中技巧和雪上芭蕾差异很大，需要专用赛道。雪上技巧赛道最陡，整个斜坡坡度一致。空中技巧斜坡分为四段，即助滑区、跳台区、着陆区和终点区，每段坡度不同。雪上芭蕾赛道则是单个坡度一致的斜坡。

高难度动作

20世纪60年代后期，表演特技的滑雪潮流使得自由式滑雪逐渐走进观众的视野。受滑板运动员动作和风格的启发，美国滑雪运动员开始在斜坡上尝试进行跳跃和做高难度动作。此后这种炫技的滑雪风格也不断演变。

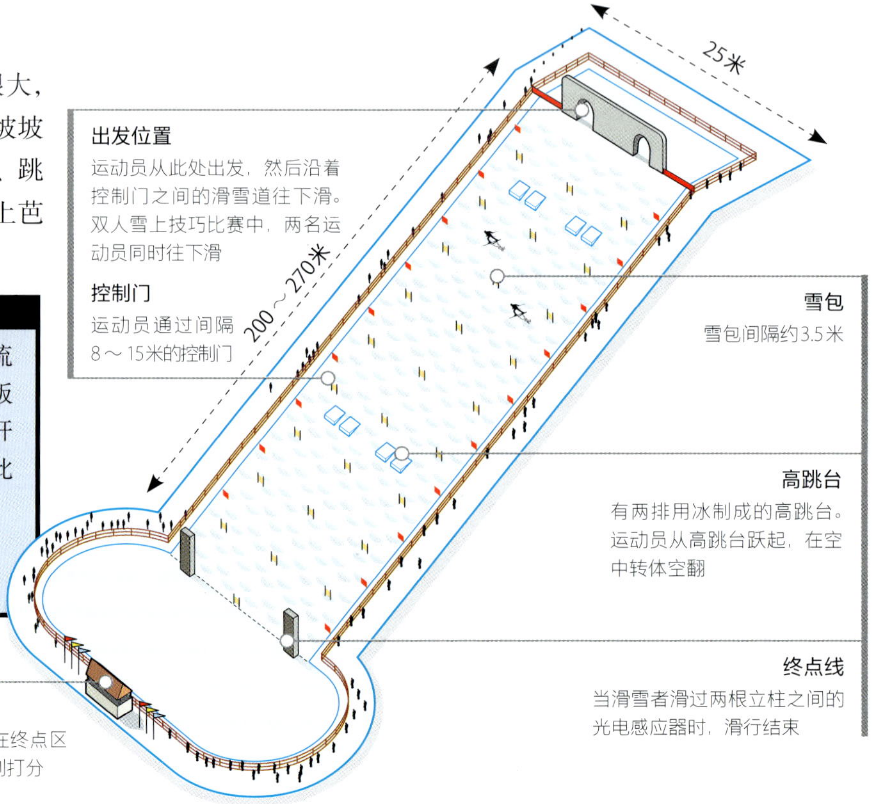

翻山越岭

雪上技巧斜坡坡度固定，在24～32度之间。运动员高速滑过雪包，然后从高跳台跃起，表演空中动作。

必备知识

- 20世纪30年代，滑雪运动员在挪威进行高山滑雪和越野滑雪练习时，也开始表演特技，自由式滑雪便应运而生。
- 自由式滑雪极具动感，注重个体创造力和自我表达。自由式滑雪与单板滑雪有很多共同之处，尤其是在服装和技术方面。
- 雪上技巧和空中技巧都是奥运会项目。雪上芭蕾是1988年和1992年表演项目，但尚未正式成为奥运会项目。

趣闻

3 空中技巧比赛中，运动员后空翻次数不得超过三次。运动员最多可再转体五次，从而争取动作分得高分。

18 顶级空中技巧运动员从跳台上跃起后的腾空高度（以米为单位）。雪上技巧比赛中，运动员跳跃高度要低得多。

98 都灵冬奥会萨奥兹杜尔克斯（Sauze d'Oulx）雪上技巧赛道的垂直落差（以米为单位）。推雪包所用的新雪是用雨水制成的。

4 美国队在2010年冬奥会上获得的自由式滑雪奖牌总数。尽管美国队奖牌总数位列第一，但只摘得一枚金牌，而加拿大获得了两枚金牌。

运动要求

每个自由式滑雪项目都有特定要求，但都要求运动员具备良好的耐力和技术。一些自由式滑雪运动员会穿着滑雪板在蹦床上进行蹦跳训练。休赛期无雪时，空中技巧运动员会在末端与泳池或湖泊相连的人工跳台上进行训练。

潮流装备

三项比赛采用同样的头盔和比赛服。相较于其他两项，雪上芭蕾滑雪板更短、更灵活。

滑雪靴

塑料滑雪靴质地极为坚硬，高鞋帮可起到支撑脚踝的作用，确保双脚牢牢固定在滑雪板上。

滑雪靴锁扣
用多个锁扣将滑雪靴锁紧固定

塑料头盔

运动员一般都佩戴头盔，空中技巧比赛更是强制要求佩戴。头盔由塑料制成，用下巴托固定。

贴合
头盔内侧有衬垫，佩戴起来贴合舒适

滑雪镜

戴护目镜是为了保护眼睛免受强光刺激，也可防止雪飞入眼睛。

松紧带
护目镜用松紧带固定

滑雪板长度

雪上技巧和空中技巧比赛明确规定了滑雪板最大长度。雪上芭蕾滑雪板长度不得超过滑雪者身高的80%。

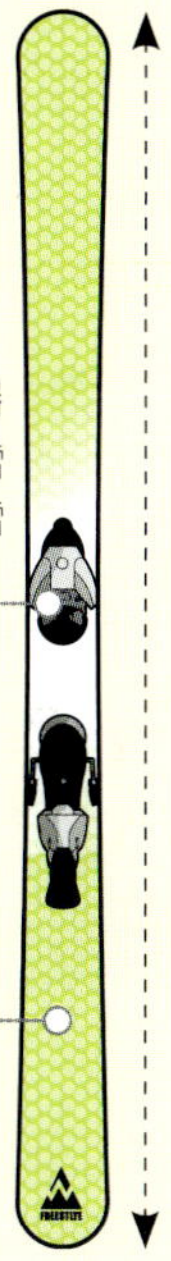

滑雪板固定器
固定器将滑雪靴固定在滑雪板上

灵活滑雪板
滑雪板剖面呈弧形，增加了灵活性

空中技巧斜坡

空中技巧赛道的助滑区坡度为20～25度，跳台区为平坦区域。着陆区坡度为37度，终点区则完全平坦。

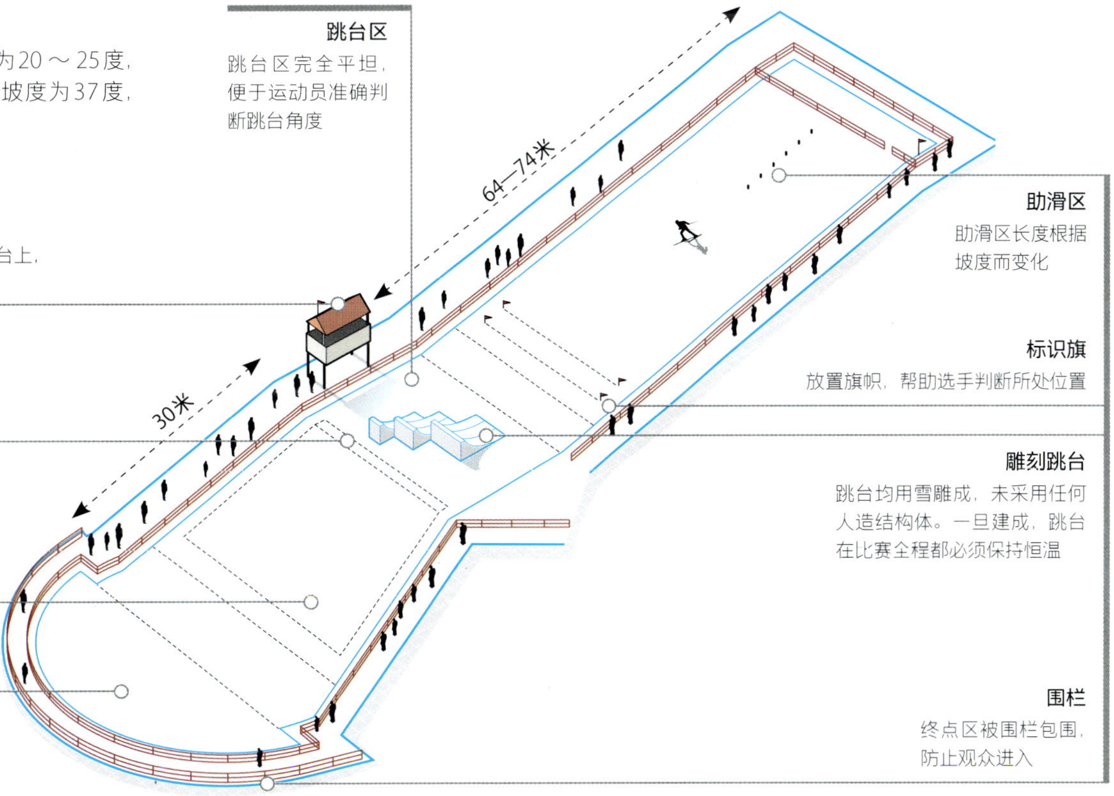

跳台区
跳台区完全平坦，便于运动员准确判断跳台角度

裁判席
裁判们坐在一个高于地面的平台上，能清楚地观察选手跳跃

过渡区
用一条线标出跳台区到着陆区之间的过渡区

着陆区
着陆坡上布满木屑，便于运动员清楚地看到地面

终点区
终点区面积大小没有具体规定，一般都造得尽量大

助滑区
助滑区长度根据坡度而变化

标识旗
放置旗帜，帮助选手判断所处位置

雕刻跳台
跳台均用雪雕成，未采用任何人造结构体。一旦建成，跳台在比赛全程都必须保持恒温

围栏
终点区被围栏包围，防止观众进入

雪上魔法

雪上技巧的目标是尽快滑下赛道，同时在整体滑降风格、技术以及跳跃等规定动作方面争取得高分。裁判评分三大要素是转动质量、跳跃腾空动作以及滑降整体速度。

颠簸

滑雪运动员可直接越过雪包，但会比回旋绕过雪包用时更久。运动员屈膝吸收颠簸的冲击力。

杆位

运动员准备右转时，以右侧滑雪杖为轴，同时将重心转移到右侧

挠背式

做动作时，运动员处于跳跃后的腾空状态。运动员还会结合一两个其他动作。滑雪板必须保持平行。

向后指

滑雪板板尖朝下，板尾好似要“挠背”

高举

滑雪杖必须向外高举，以免打到滑雪板或腿

舒展式

舒展式腾空动作很流行。运动员从跳台上跃起后，尽量舒展双臂双腿。

膝盖显示基础

1994年，加拿大选手让-卢克·布拉萨德（JEAN-LUC BRASSARD）佩戴色彩鲜艳的护膝，确保裁判能看清他在斜坡上的所有技术动作。布拉萨德最终摘得金牌，护膝也成了所有人的青睐之选。

雪上芭蕾

雪上芭蕾运动员表演时长90秒的成套动作，包含翻转和旋转等编排动作，伴奏为选手自选曲目。这些动作属于以下三类：旋转、连续步法和空翻。

前空翻

前空翻是一个关键的雪上芭蕾动作。可握住滑雪杆，在回到地面之前保持空翻状态，从而提高完成质量。

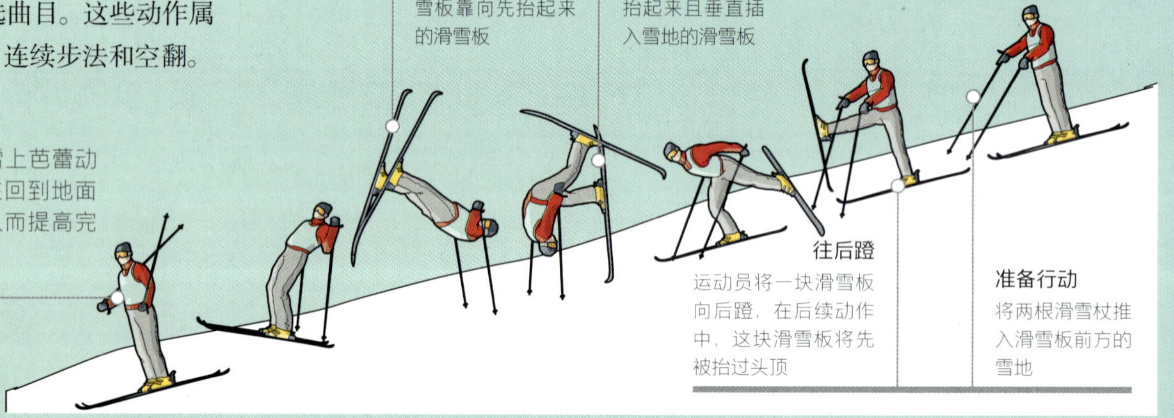

对齐

在空翻的倒数第二阶段，运动员尽可能将后抬起来的滑雪板靠向先抬起来的滑雪板

三足鼎立

空翻时，起到支撑作用的是两根滑雪杖和一块后抬起来且垂直插入雪地的滑雪板

往后蹬

运动员将一块滑雪板向后蹬，在后续动作中，这块滑雪板将先被抬过头顶

准备行动

将两根滑雪杖推入滑雪板前方的雪地

结束落地

双脚踏着滑雪板落地后，运动员恢复直立姿势，继续往坡下滑

雪上芭蕾斜坡

雪上芭蕾运动员在坡度约24度的斜坡上完成动作。斜坡必须尽可能平滑——相当于冬季运动版的草地滚球场。参赛者会充分运用整片比赛区域，一出发就开始表演成套动作，并在终点处结束。

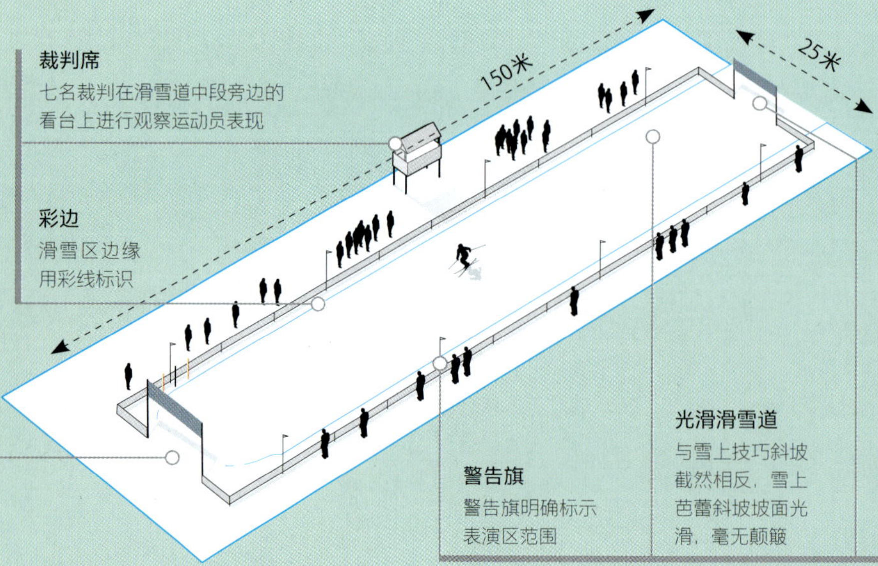

裁判席

七名裁判在滑雪道中段旁边的看台上进行观察运动员表现

彩边

滑雪区边缘用彩线标识

终点线

运动员经过立柱之间的光电管

警告旗

警告旗明确标示表演区范围

光滑滑雪道

与雪上技巧斜坡截然相反，雪上芭蕾斜坡坡面光滑，毫无颠簸

出发位置

运动员一出发就开始表演，从而演绎尽量多的动作

雪上技巧动作

每次滑行的亮点是从两个跳台处跃起后在空中做动作。运动员在跳跃前会尽量提速。运动员大多会尝试最多连续做三个动作，例如挠背式和舒展式动作，或单次跳跃进行多周转体。

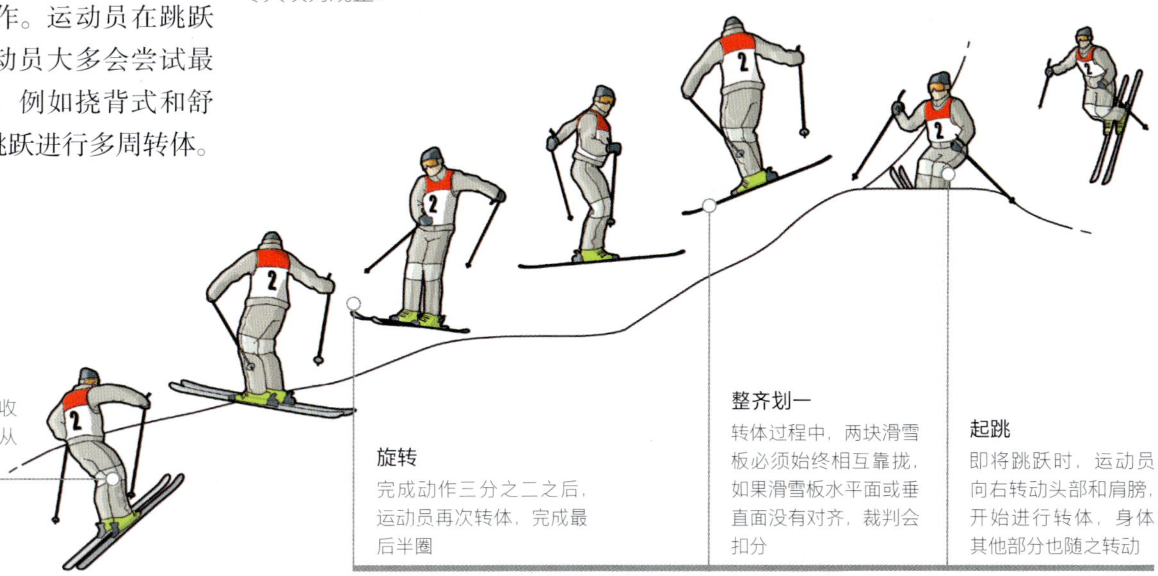

空中动作

在空中技巧比赛中，每位运动员跳两次，七名裁判对此打分。五名裁判对起跳动作、跳跃距离、跳跃高度和跳跃动作进行评分，另两名裁判则对落地动作进行评分。将总分乘以动作难度系数，从而得出总分。

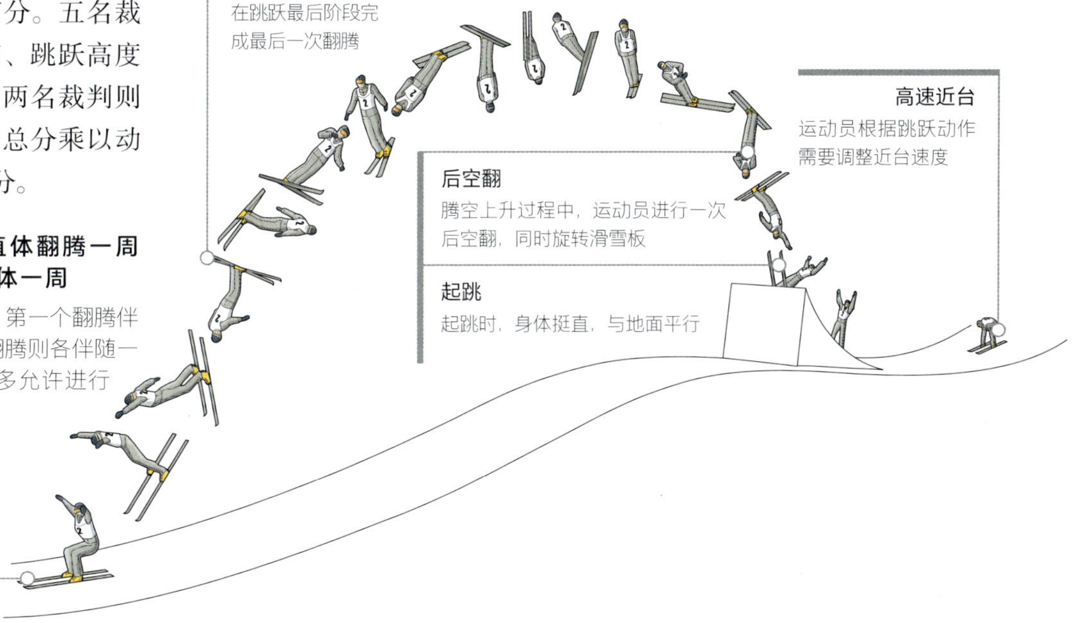

统计中心

男子雪上技巧奥运冠军

年份	姓名	国家
2018	米凯尔·金斯布尔	加拿大
2014	亚历山大·比洛多	加拿大
2010	吉尔鲍·科拉	法国
2006	戴尔·贝格-史密斯	澳大利亚
2002	珍妮·拉赫特拉	芬兰

男子空中技巧奥运冠军

年份	姓名	国家
2018	亚历山大·阿布拉缅科	乌克兰
2019	安东·库什尼尔	白俄罗斯
2010	阿列克谢·格里辛	白俄罗斯
2006	韩晓鹏	中国
2002	阿莱斯·瓦伦塔	捷克

女子雪上技巧奥运冠军

年份	姓名	国家
2018	佩琳·拉丰	法国
2014	朱斯蒂娜·迪富尔-拉普安特	加拿大
2010	汉娜·科尔尼	美国
2006	詹妮弗·海尔	加拿大
2002	卡里·特拉	挪威

女子空中技巧奥运冠军

年份	姓名	国家
2018	汉娜·胡斯科拉	白俄罗斯
2014	阿拉·特苏珀	白俄罗斯
2010	莉迪亚·拉西拉	澳大利亚
2006	伊芙琳·勒乌	瑞士
2002	艾丽莎·坎普林	澳大利亚

幕后故事

首届自由式滑雪世界杯于1981年举行；首届世锦赛于4年后举办。1992年，雪上技巧项目首次亮相冬奥会；1994年，空中技巧成为奥运会项目。虽然雪上芭蕾是1988年和1992年奥运会表演项目，但国际奥委会仍未将其列入正式项目。

管理机构

国际滑雪联合会目前有123个成员。

单板滑雪

运动概述

单板滑雪起源于20世纪60年代的美国，结合了滑雪、滑板和冲浪技能。运动员滑下雪坡，并表演特技。自1998年以来，单板滑雪一直是冬奥项目。

竞速和竞技

单板滑雪具有各类元素，包括滑降、竞速、雪上技巧、U型场地技巧以及滑粉雪，即运动员用冲浪技术在厚实松软的雪地上滑出轨迹。高山单板滑雪所用技能与滑降相似，选手们在大回转赛道上一争先后。平行大回转则由两名运动员在平行赛道上进行速度比拼。

极限单板滑雪

极限单板滑雪运动员必须相当勇敢，因为比赛在近乎垂直（45度以上）的山坡上进行，且赛道上不乏悬崖、深雪、陡坡和树木。比赛包括竞速和自由式项目，赛道长达1220米，布满天然障碍物。比赛用时和动作风格均为评分要素。

必备知识

- 2006年都灵冬奥会引入了障碍追逐赛，四名运动员要通过一系列障碍，力争率先滑下赛道。
- 大跳台比赛中，运动员从18米高的跳台上起跳，然后完成转体空翻动作，腾空高度达30米。
- “自由滑教父”克雷格·凯利（Craig Kelly）赢得了四个世界冠军和三个全美冠军。2003年1月，凯利遭遇雪崩，不幸遇难。

运动要求

大胆、自信和冒险精神是成为单板滑雪运动员的前提。高水平单板滑雪运动员身体素质和灵活性俱佳，且肌肉发达。单板滑雪运动员训练方式与滑雪运动员相似。与任何雪上运动一样，平衡性、协调性和快速反应也至关重要。自由滑运动员必须具备表演天赋。

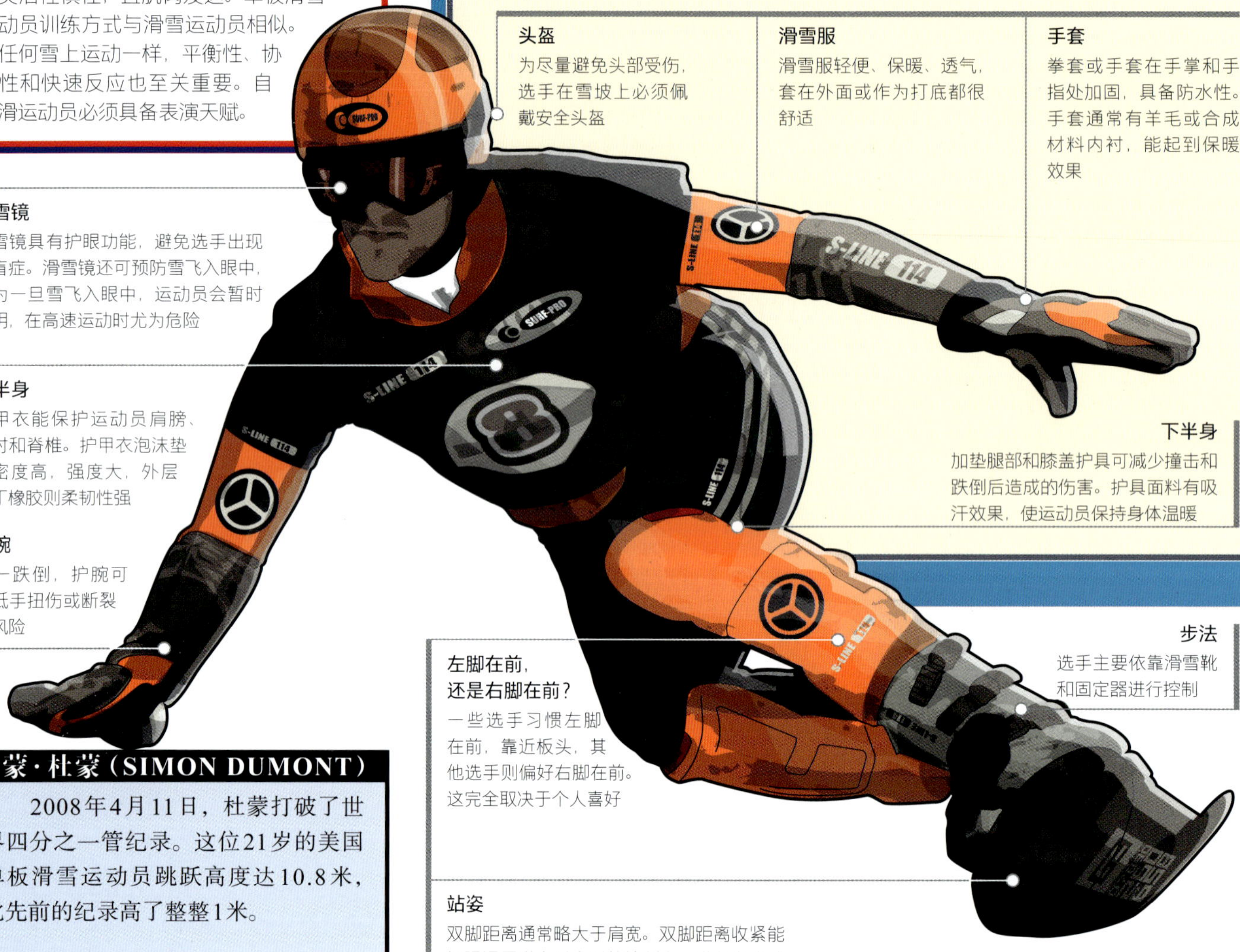

头盔
为尽量避免头部受伤，选手在雪坡上必须佩戴安全头盔

滑雪服
滑雪服轻便、保暖、透气，套在外面或作为打底都很舒适

手套
拳套或手套在手掌和手指处加固，具备防水性。手套通常有羊毛或合成材料内衬，能起到保暖效果

滑雪镜
滑雪镜具有护眼功能，避免选手出现雪盲症。滑雪镜还可预防雪飞入眼中，因为一旦雪飞入眼中，运动员会暂时失明，在高速运动时尤为危险

上半身
护甲衣能保护运动员肩膀、手肘和脊椎。护甲衣泡沫垫料密度高，强度大，外层氯丁橡胶则柔韧性强

护腕
万一跌倒，护腕可降低手扭伤或断裂的风险

下半身
加垫腿部和膝盖护具可减少撞击和跌倒后造成的伤害。护具面料有吸汗效果，使运动员保持身体温暖

左脚在前，还是右脚在前？
一些选手习惯左脚在前，靠近板头，其他选手则偏好右脚在前。这完全取决于个人喜好

步法
选手主要依靠滑雪靴和固定器进行控制

站姿
双脚距离通常略大于肩宽。双脚距离收紧能加强滑雪道上过弯时的控制力。进行自由式单板滑雪时，双脚距离放宽能增强稳定性

西蒙·杜蒙（SIMON DUMONT）

2008年4月11日，杜蒙打破了世界四分之一管纪录。这位21岁的美国单板滑雪运动员跳跃高度达10.8米，比先前的纪录高了整整1米。

U型场地

半管是有一定斜度的特制U型管状竞技场地，管壁弯曲，底部平坦，单板滑雪运动员可在其中表演特技动作。半管起源于单板滑雪公园。

技术原理

单板滑雪运动员滑下U型场地斜坡，进行加速，这样才能滑上另一侧管壁管沿，然后腾空而起，表演动作技巧。运动员往管壁上滑得越高，跳跃次数便越多。U型场地运动员必须要有出色的管沿和转向控制能力，同时还要能往与站姿相反方向滑（fakie）。

比赛

U型场地比赛一般有五名裁判，各有不同分工，会根据运动员转体空翻动作、技术优点、落地和跳跃高度等表现进行打分。

跳跃

资深选手跳跃高度距离U型场地平底处可达8米，为表演一系列精彩特技留足了空间

平台或甲板

U型场地管沿顶端是平的。运动员从管沿处腾空而起

入场斜坡

单板滑雪选手滑下斜坡，进入U型场地，有助于预先提速

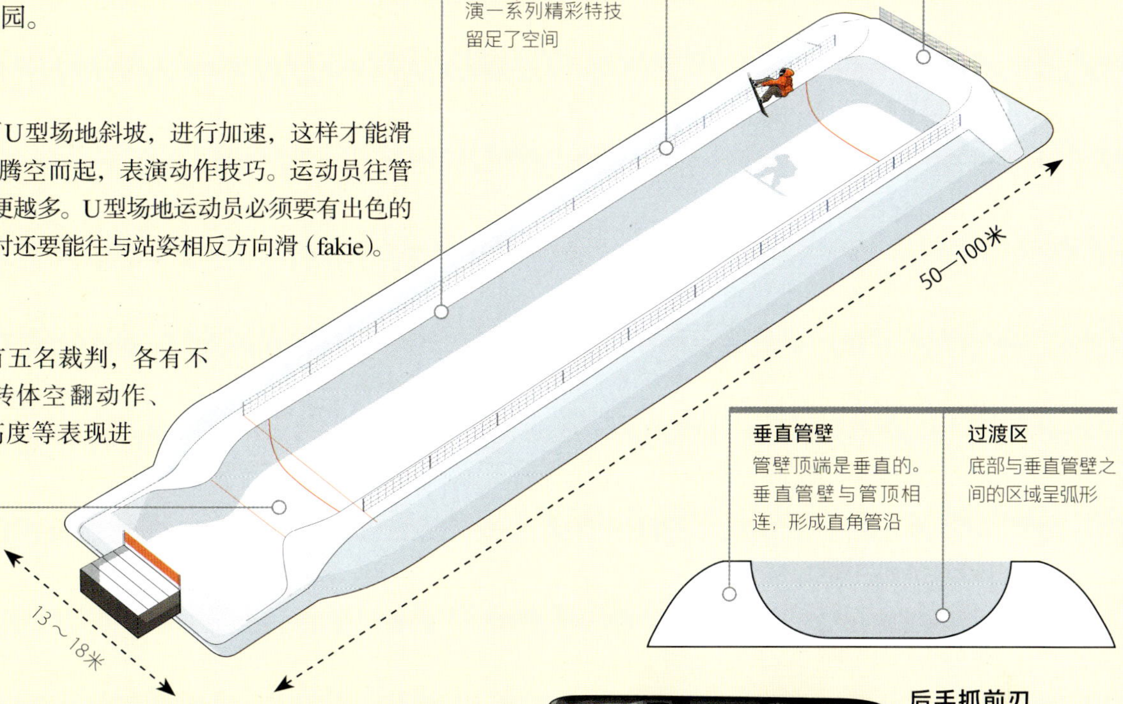

有始有终

单板滑雪选手要从入场斜坡滑到出口，必须滑完U型场地全长

垂直管壁

管壁顶端是垂直的。垂直管壁与管顶相连，形成直角管沿

过渡区

底部与垂直管壁之间的区域呈弧形

技巧

U型场地比赛中，运动员运用多种技术，例如滚刃（一侧边刃抬起，另一侧边刃落下）和搓雪转弯（在雪地或冰上）或在垂直管壁上方进行跳跃转弯（在空中）。

上坡转弯

运动员滑上管沿后，在空中转180度，表演U型场地花样技巧上坡转弯。运动员必须滑得足够快，才能达到足够的腾空高度，且起跳时板必须把板放平。

抓边刃

腾空时，选手抓边刃，开始旋转

弯腰

身体转向板头，膝盖向上提，靠近身体

松手

靠近管沿时，运动员松开边刃，平稳落地，然后往下滑

后手抓前刃

为了做出这个动作，运动员要在管沿上预留充足空间。运动员抬起膝盖，用后手抓住固定器之间的前刃，然后伸出前手。

上下翻转

对天赋异禀的自由式单板滑雪运动员来说，上下翻转是寻常动作。表演复杂花样技巧时，抓板有助于在空中保持稳定

直腿

抓板后，运动员便会尽量伸直前腿

前手

前手起到平衡作用

滑雪单板、滑雪靴和固定器

自由式滑雪单板比较短，也比较灵活，板头板尾相对称；滑雪靴较为柔软。高山滑雪板更长、更窄、更硬，板头板尾区别分明；滑雪靴外壳坚硬。

舒适贴合

滑雪靴应紧贴脚踝，避免运动员脚后跟松脱

高背板

支撑背板位于脚踝后，并向上延伸至小腿

滑雪板

滑雪板木芯轻巧、坚固而柔韧，夹层为玻璃纤维。板底为浸蜡多孔塑料，使滑行平稳而迅速，板底有花纹，便于排雪排水。

滑雪靴

自由式滑雪靴材质为柔软的合成皮革（如上图所示），灵活性较强。高山滑雪靴外壳坚硬。

固定器

固定器将脚固定在滑雪板上，不会自动弹开。可加以调节，实现完美贴合。

曲线

边刃呈对称弧形，有助于转弯。半径越短，转弯越急

边刃

钢刃使板能在转弯时“抓”雪

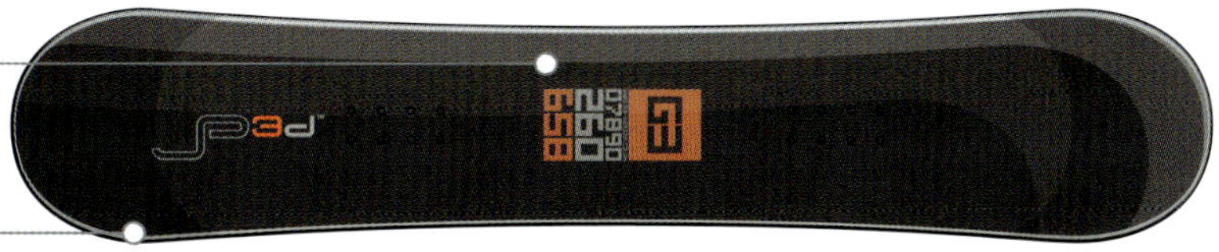

幕后故事

20世纪50年代，想尝试新运动的冲浪运动员和滑冰运动员制作了第一块原始滑雪单板。1965年，舍曼·波潘用螺栓将两块滑雪板固定在一起，制成了介于滑板和平底雪橇之间的“冲雪板”，1979年，杰克·波顿·卡彭特开始制造玻璃纤维滑雪板，并添加了螺栓式固定器，从而更好地控制滑雪板。20世纪80年代，钢刃和高背板固定器开始出现。

越野滑雪

必备知识

- 长期以来，越野滑雪一直是北欧和加拿大的热门冬季运动。在冬季积雪覆盖的国家，越野滑雪也越来越受欢迎。
- 越野滑雪是冬奥会、国际滑雪联合会世界杯和北欧世界滑雪锦标赛比赛项目。
- 冬奥会共有十二项越野滑雪比赛，男子女子各六项。

运动概述

越野滑雪是难度极高的冬季运动。越野滑雪比赛分为传统技术比赛和自由技术比赛，竞速距离各异，有400米冲刺，也有50千米马拉松，甚至还有更长距离赛事。在传统技术比赛中，运动员在预先压制的两道平行雪槽里平地前进。速度较快的自由技术项目则在平坦路线上进行，所用技术与滑冰相似。

运动要求

越野滑雪运动员要有强大的有氧适能、肌肉力量、平衡能力以及生理和心理耐力。运动员冬季在雪上磨炼技能，夏季苦练单车、跑步和轮滑滑雪，从而保持最佳状态。

上、下、起伏

越野滑雪赛道千差万别，但国际竞赛指南建议赛道包含比例大致相当的上坡、下坡和起伏地形。上坡路段坡度应为9%～18%。短距离赛道高低落差不应超过30米。15千米及更长距离赛道落差应小于200米。不过挪威博克拜纳（Birkebeiner）比赛上坡赛段要多于下坡赛段。

“南内斯塔德特快

滑雪运动员比约恩·戴利（BJORN DAEHLIE）是十二枚冬奥会奖牌得主。戴利来自挪威南内斯塔德，以速度快著称。从1992年到1998年，戴利夺得了八枚金牌和四枚银牌。1994年，戴利所在的接力队以0.4秒之差与40千米比赛金牌失之交臂。

装备得当

不同类型的越野滑雪所用装备不可互用。由于技术、速度以及赛道类型存在差异，传统技术和自由技术滑雪运动员对装备的要求也有所不同。

滑雪杖

自由技术滑雪杖立起来应能够到运动员嘴巴或下巴。运动员站立状态下，传统技术滑雪杖应能够到运动员腋窝。

自由技术滑雪板

自由技术滑雪板长1.7～2米，宽4.5～5厘米。板头板尾上翘弧度不像传统技术滑雪板那么明显。

高科技

竞技滑雪板由碳纤维等先进材料制成

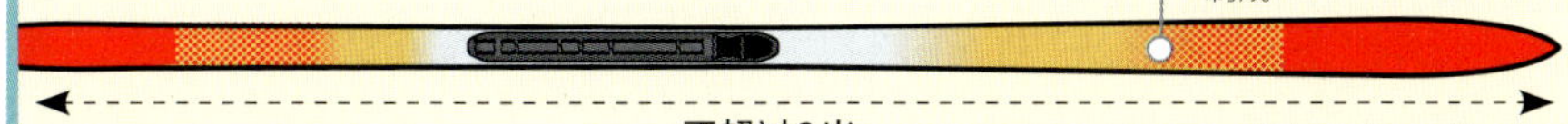

不超过2米

传统技术滑雪板

传统技术滑雪板比自由技术滑雪板长，目的在于更均匀地分散运动员重量。传统技术滑雪板长1.95～2.3米。

以蜡制胜

在滑雪板板底涂上滑行蜡，从而减少摩擦

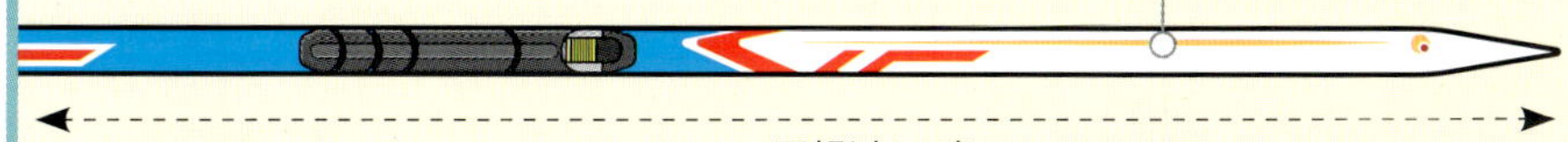

不超过2.3米

脚踝角度

灵活的滑雪靴便于运动员大步迈进

传统技术滑雪靴

传统技术滑雪靴较为灵活，与跑鞋相似，便于脚踝自由活动。

硬壳

滑雪靴为负荷最重的关节提供支撑

自由技术滑雪靴

与传统技术滑雪靴相比，自由技术滑雪靴更坚固，脚踝支撑更强。

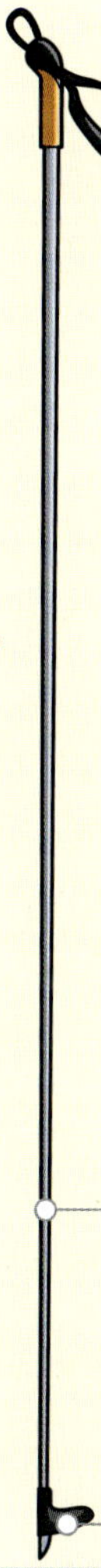

轻巧强韧

滑雪杖由石墨和凯夫拉尔纤维制成，底部逐渐变细

抓地力

雪轮可加强抓地力，并避免滑雪杖深陷雪中

比赛规则

如果选手在比赛中妨碍他人、抢跑、给滑雪板打蜡、刮擦或清洁滑雪板，则会受到处罚。非短距离传统技术比赛中，若选手未能在收到要求后第一时间让速度更快的选手超越，则会受到处罚，除非选手已处于赛道末端的标记区域。若运动员使用非传统技术，则会被取消资格。不过，在一项赛事中，自由技术和传统技术都会派上用场。这项赛事便是双追逐赛，分为两个赛段，需要分别运用两种技术。在赛段之间，运动员必须停下来更换滑雪板和滑雪杖。与此同时，比赛计时仍在继续，先越过终点线者获胜。

稳步前行

传统技术运动员使用多种技术，包括双脚交替滑行、双杖推撑滑行和上坡八字踏步。自由技术运动员不仅同样使用这些技术，而且还能使用蹬冰式侧蹬动作。

双脚交替滑行

除非运动员在标记区域内，否则滑雪板必须始终平行，且处于雪槽内。

向前滑行

运动员单腿向前滑出，身体前倾，将滑雪杖插入前腿一侧的雪中

推杖前行

运动员推杖向前移动

换边

运动员从雪中拔出滑雪杖，蹬动另一条腿，向前推进

加速

左右滑雪板和滑雪杖轮流发力，逐渐加速

双杖推撑滑行

运动员将两根滑雪杖同时插在雪中，有力推动两块滑雪板同时向前移动。

用力推杖

运动员向前弯腰，开始推杖。运动员保持弯着腰，直到推杖结束

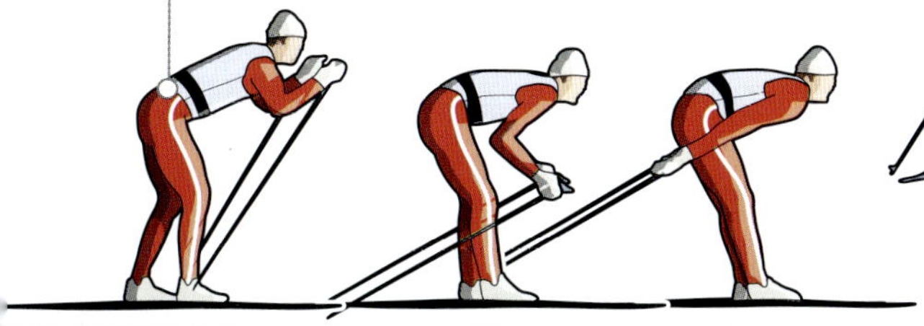

蹬冰式侧蹬动作

采用这种自由技术动作时，运动员蹬腿向前移动，将滑雪板内刃插入雪中。这种技术动作只适用于坚硬的雪地，但比双脚交替滑行更快。

幕后故事

早在数百年前，甚至数千年前，北欧人可能就已经率先开始进行越野滑雪。狩猎部落在冬季追踪麋鹿群时，越野滑雪是最高效的长距离移动方式。18世纪时，越野滑雪在挪威成为一项正式运动。1924年，男子越野滑雪被列为首届冬奥会比赛项目。但是直到1952年，女子越野滑雪才成为冬奥会项目。

管理机构：国际滑联

1924年2月2日，国际滑雪联合会在法国夏蒙尼首届冬奥会期间成立，有十四个成员。如今，国际滑联会员包含一百三十二个国家滑雪协会。

坡面障碍技巧

运动概述

单板滑雪运动员所开创的坡面障碍技巧是一项富有表现力和观赏性的冬季运动。参赛选手在布满栏杆、跳台等障碍物的下坡赛道上滑行，力求表演各类技术动作。加分项包括在比赛时保持身体挺直，以及完成极具挑战性的高难度动作。2014年索契冬奥会上，单板滑雪坡面障碍技巧和自由式滑雪坡面障碍技巧均为比赛项目。组委会希望借助这项运动增加冬奥会对年轻人的吸引力。

必备知识

- 美国选手肖恩·怀特（Shaun White）夺得5枚冬季极限运动会（Winter X Games）坡面障碍技巧金牌，堪称历史最佳单板滑雪坡面障碍技巧运动员。
- 加拿大选手卡亚·图尔斯基（Kaya Turski）获得了8枚冬季极限运动会金牌，是历史顶尖自由式滑雪坡面障碍技巧运动员。
- 自由式滑雪和单板滑雪坡面障碍技巧赛事没有标准化赛道；每项比赛都有独一无二的赛道。

运动要求

坡面障碍技巧运动员所需的基本素质与其他滑雪运动相同：强大的核心力量和腿部肌肉、良好的平衡与协调能力，以及快速反应。挑战性强的技术动作能获得加分，但动作完成质量低或跌倒会被扣分。

装备

除了对固定器稍做调整，单板滑雪运动员参加坡面障碍技巧比赛不需要其他特殊装备。另一方面，双板滑雪运动员必须使用自由式滑雪板（即双尖头滑雪板）来满足比赛要求。

自由式滑雪板

自由式滑雪板板头板尾上翘，使运动员能用板头或板尾落地或起跳。自由式滑雪板也比高山或速度滑雪更灵活。

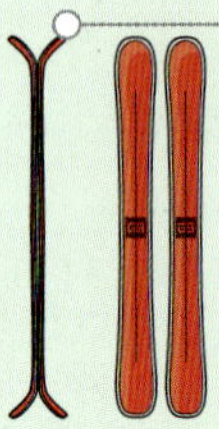

滑雪靴

坡面障碍技巧滑雪运动员使用自由式滑雪靴，将其固定在板腰附近，而非板尾附近，更便于空中操纵滑雪板。

固定器

坡面障碍技巧滑雪运动员通常会把固定器调得较为柔和，从而加强起跳落地后的灵活性。

赛道

坡面障碍技巧赛道基本要素与滑雪相同，由下坡赛段组成，选手面临跳跃、栏杆等一系列障碍和挑战。

赛事

美国广播公司ESPN每年举办冬季极限运动会，其间举行的坡面障碍技巧比赛是同类赛事中全球关注度最高的。比赛自1997年以来年年举行，自2002年以来举办地一直是科罗拉多州阿斯彭（Aspen）。

比赛重点

参赛选手高速滑下，力求充分利用障碍物。评分标准包括动作技巧性和难度、动作衔接连贯性以及整体表现。

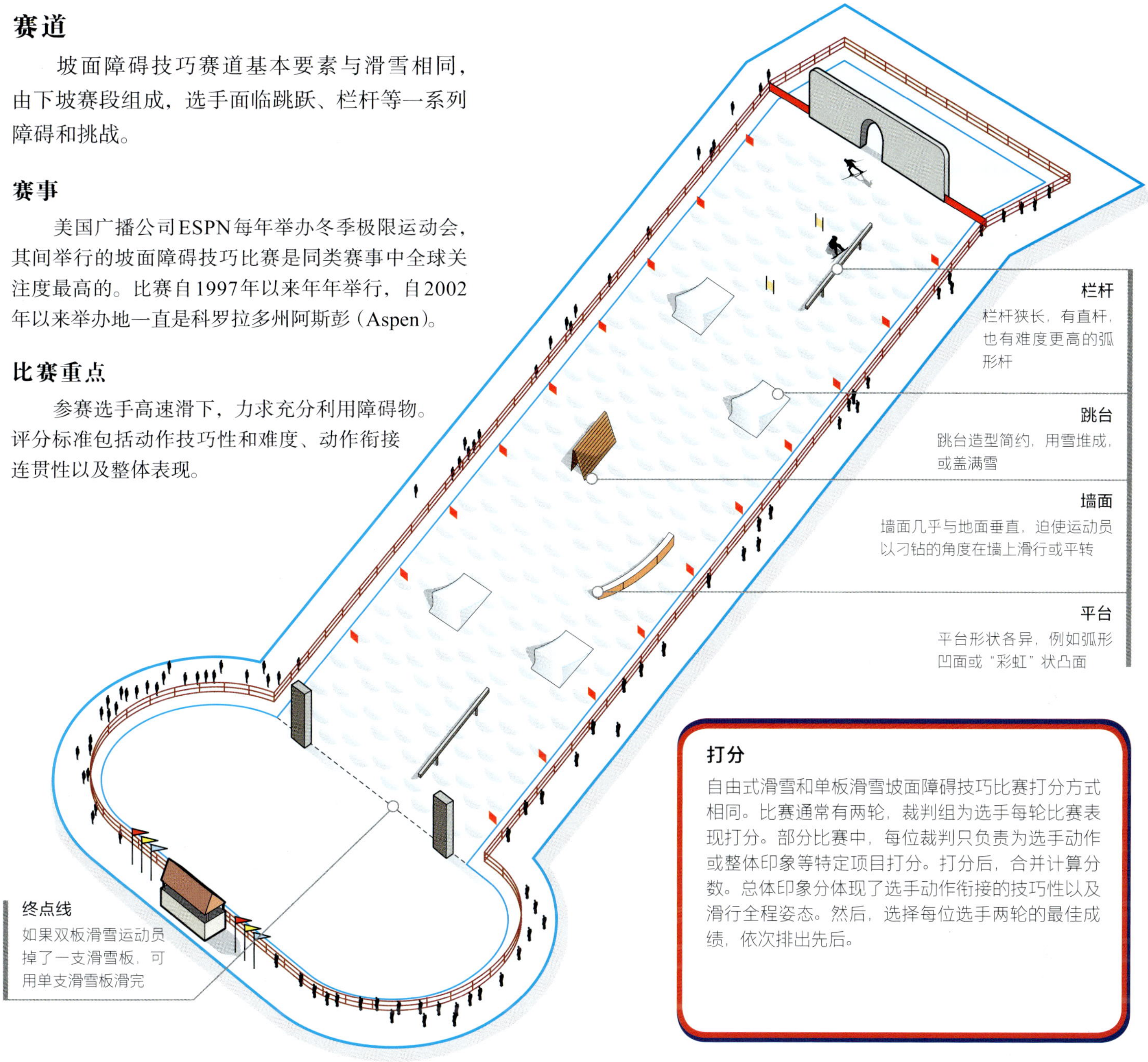

打分

自由式滑雪和单板滑雪坡面障碍技巧比赛打分方式相同。比赛通常有两轮，裁判组为选手每轮比赛表现打分。部分比赛中，每位裁判只负责为选手动作或整体印象等特定项目打分。打分后，合并计算分数。总体印象分体现了选手动作衔接的技巧性以及滑行全程姿态。然后，选择每位选手两轮的最佳成绩，依次排出先后。

技术

坡面障碍技巧比赛中，只有以富有创意的方式结合跳跃、特技和技巧动作才能获得高分。赛道上每个障碍都适合用于表演特定动作：斜坡用于转体（在空中旋转360度）、空翻（前空翻或后空翻）和抓板（在空中抓住滑雪板）。栏杆用作支架，即运动员跳起后，用滑雪板部分区域在栏杆上滑行。大多数基本动作都可以演化为更为复杂的动作。

50-50

50-50是源自滑板的动作，指的是单板滑雪运动员在直杆或弧线杆滑行。上杆前，运动员速度必须足够快。

前手抓板刃

做该动作时，运动员要先从斜坡上腾空跃起，然后交叉滑雪板，并抓住其中一支。可抓住滑雪靴后方而非前方的滑雪板区域。

点板 靠近栏杆时，运动员弯曲膝盖，将板点入空中，跃上栏杆

保持平衡 运动员沿着栏杆滑行，肩膀处于滑雪板中心上方

落地 即将离开栏杆时，运动员弯曲膝盖，准备落地

摆造型 腾空后，运动员交叉滑雪板，形成“X”形

抓板 运动员抓住上方滑雪板位于滑雪靴前方的内刃

准备落地 放开滑雪板，将其摆正，并弯曲膝盖，准备落地

跳台滑雪

必备知识

- 跳跃平均用时8到12秒，其中滑翔时间仅两到三秒钟。
- 最成功的跳台滑雪运动员来自斯堪的纳维亚半岛和日本。
- 曾经有人提议在2010年冬奥会上增设女子跳台滑雪比赛，但未被采纳，因为只有极少数国家的极少数女运动员参与跳台滑雪运动。
- 跳台滑雪曾是最受观众的滑雪运动，但第二次世界大战后滑降更受欢迎。

运动概述

跳台滑雪观赏性极强，运动员滑下陡坡，腾空跃起，跳得尽可能远，然后平稳落地。滑翔时，顶尖跳台滑雪运动员身体几乎与地面平行，精神高度紧张，直到最后一秒钟，才在欢呼声和牛颈铃声中放低滑雪板落地。跳台滑雪广受欢迎，是以男性为主的冬季运动。运动员不仅比拼最长跳跃距离，而且还要比拼起跳、飞行和着陆姿势。

运动要求

运动员必须有钢铁般的神经和一个追求高度的大脑。顶尖运动员从5岁左右开始跳跃。通过从更高的山上跳下来而不断增强信心，一旦基本技能得到磨炼，运动员将在较小的山丘上训练跳跃的每一个部分，以完善每一个技巧。耐力是至关重要的，大多数顶级跳台滑雪运动员都要进行交叉训练，以增强心血管功能。

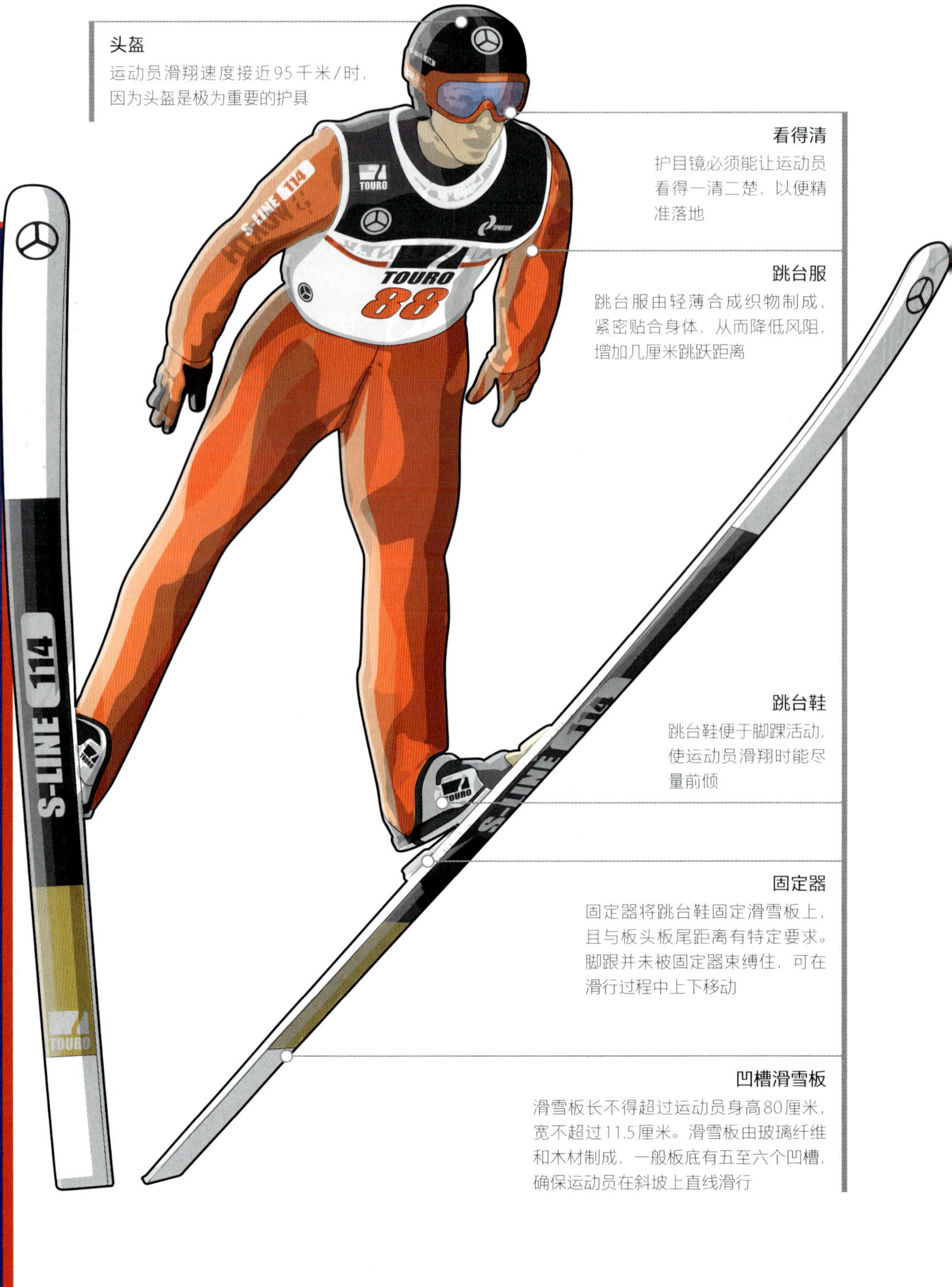

飞鹰落地

1988年加拿大卡尔加里(Calgary)冬奥会上，英国选手埃迪·“飞鹰”·爱德华兹(EDDIE “THE EAGLE” EDWARDS)因跳台滑雪成绩极差而一夜成名。爱德华兹本业是泥水匠，尽管成绩垫底，但他富有个性和激情，深受观众喜爱，成了媒体关注的焦点。

趣闻

253.5 2017年，奥地利选手斯特凡·克拉夫特创下的世界跳台滑雪跳跃距离纪录（以米为单位）。

5 芬兰选手马蒂·尼卡宁赢得了四枚奥运会金牌和一枚银牌，是最成功的奥运会跳台滑雪运动员。

50,000 平均有5万名观众现场观看一年一度的挪威霍尔门考伦跳台滑雪比赛。

山巅之赛：运动员从助滑坡滑入两类跳台。90米级标准台的起跳台距离建议着陆点（即K点）90米。120米级大跳台则距离120米。比赛设有三个项目，分别为90米级标准台、120米级大跳台和120米级大跳台团体比赛，选手均有两次比赛机会。

飞得更远：技术革新帮助运动员越飞越远。一开始运动员飞行距离仅为45米。20世纪20年代，运动员采用康斯博格技术，髋部以上躯体前倾，手臂伸展，滑雪板平行，最后飞了100米。20世纪50年代，瑞士滑雪运动员安德烈亚斯·达舍将手臂内收，又多飞行了几米。1985年，瑞典选手扬·伯克洛夫开创了“V”形滑翔技术（如下图所示），运动员将两支滑雪板板头分开，使板呈“V”形，从而增加升力和稳定性。

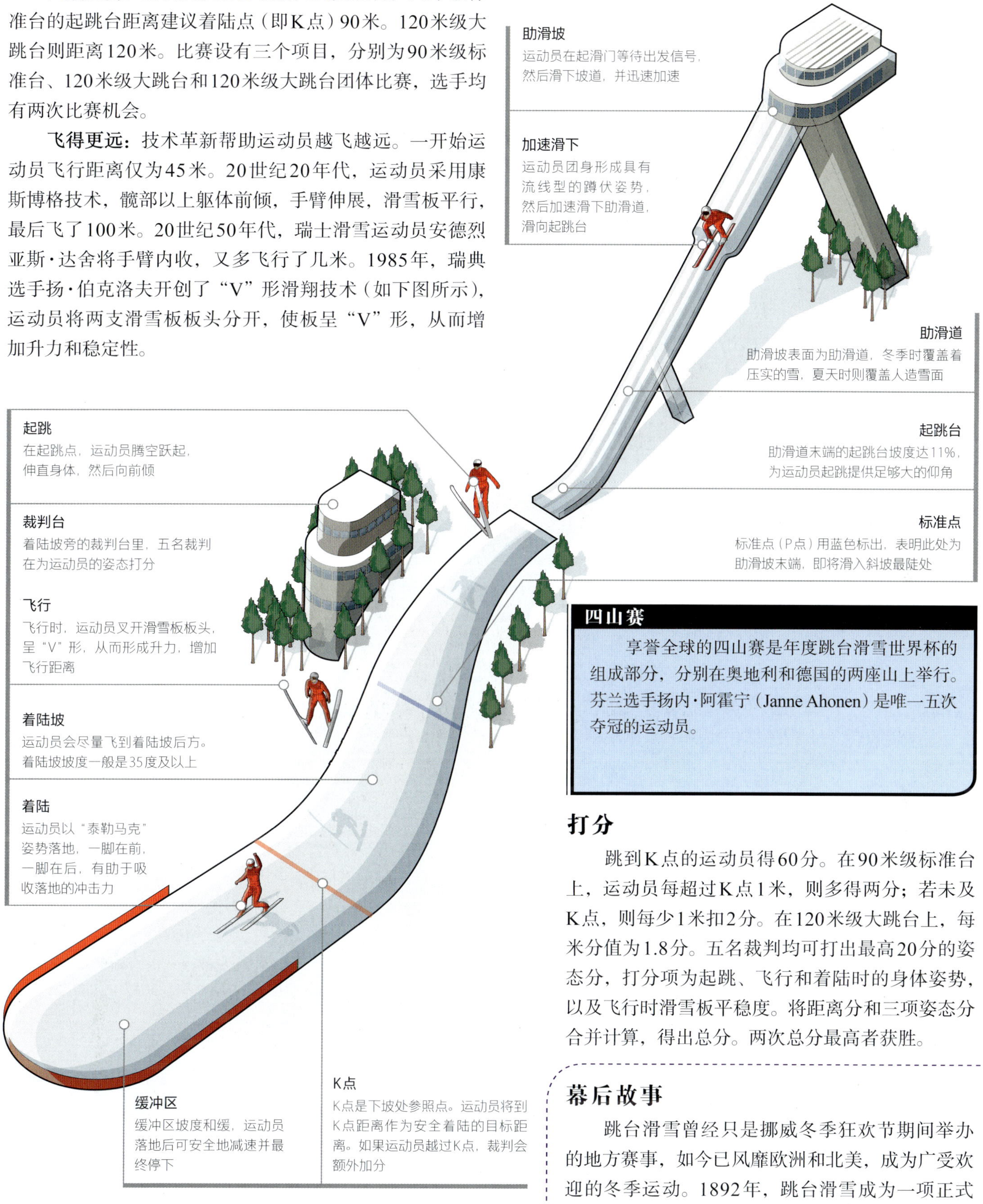

四山赛

享誉全球的四山赛是年度跳台滑雪世界杯的组成部分，分别在奥地利和德国的两座山上举行。芬兰选手扬内·阿霍宁（Janne Ahonen）是唯一五次夺冠的运动员。

打分

跳到K点的运动员得60分。在90米级标准台上，运动员每超过K点1米，则多得两分；若未及K点，则每少1米扣2分。在120米级大跳台上，每米分值为1.8分。五名裁判均可打出最高20分的姿态分，打分项为起跳、飞行和着陆时的身体姿势，以及飞行时滑雪板平稳度。将距离分和三项姿态分合并计算，得出总分。两次总分最高者获胜。

幕后故事

跳台滑雪曾经只是挪威冬季狂欢节期间举办的地方赛事，如今已风靡欧洲和北美，成为广受欢迎的冬季运动。1892年，跳台滑雪成为一项正式运动。那一年，勇敢的运动员们在挪威霍尔门考伦竞相争夺国王杯（King’s Cup）。时至今日，跳台滑雪依旧是冬奥会重点项目。

纪录之战

2005年斯洛文尼亚普兰尼卡（Planica）世界杯决赛中，多名运动员打破了芬兰选手马蒂·豪塔迈基（Matti Hautamäki）的231米世界跳台滑雪纪录。挪威选手比约恩·罗麦伦（Bjoern Romaeren）以239米创造了新的世界纪录，豪塔迈基跳了235.5米，位列第二。罗麦伦另一跳跳到了234.5米。

奥林匹克运动

自1924年法国夏蒙尼首届冬奥会以来，跳台滑雪一直是奥运会比赛项目。挪威以11枚金牌荣居历史奖牌榜榜首，芬兰夺得10枚金牌，位列第二，奥地利和德国均获得6枚金牌，并列第三。

北欧两项

运动概述

冬季竞技运动北欧两项结合了跳台滑雪和越野滑雪，每项各比一天。通常首先进行跳台滑雪，其次是越野滑雪。运动员参加个人、短距离和团体赛。冬奥会、世界杯和世锦赛均设有北欧两项赛事，目前仅限男运动员参与。

越野滑雪

将前一天跳台滑雪得分转换为秒数，从而决定越野滑雪的出发顺序。运动员大都采用“滑冰”式滑雪方式，双脚轮流在前滑行，滑雪板处于特定角度，从而蹬动内刃踏雪前进。行进过程中，运动员重心会不断在两支滑雪板之间转移。采用这种滑行方式，运动员速度可达30千米/时。首先穿过越野滑雪终点线的运动员为北欧两项冠军。

跳台滑雪　跳台滑雪有四个主要阶段：助滑、起跳、飞行和着陆。接近起跳台时，运动员背手下蹲。起跳时，运动员身体伸直，向前倾斜，叉开滑雪板，呈“V”形，形成升力。飞行即将结束时，运动员弯曲膝盖，一脚在前，一脚在后，以“泰勒马克”姿势落地。

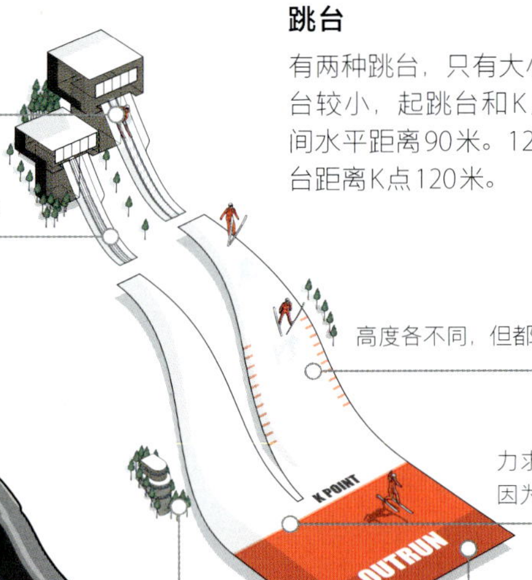

为跳跃打分

对于每一次跳跃，裁判要为运动员跳跃达到的距离和整体技术打分。达到K点的跳跃值为60分。跳得更远将加分，跳得不够远将扣分。

必备知识

- 自1924年法国夏蒙尼首届冬奥会以来，北欧两项一直是冬奥会比赛项目。
- 北欧两项个人比赛包含两次90米级标准台跳跃和15千米越野滑雪。短距离比赛中，运动员要跳一次120米级大跳台，还要越野滑雪7.5千米。
- 团体赛中，一队中有四名运动员，每人都要跳两次90米级标准台，并且还要滑行5千米，从而完成20千米接力赛。

运动要求

北欧两项运动员既要有跳跃的勇气，也要具备越野比赛所需的耐力和力量。这两项对技术要求也很高。磨炼技术和保持体能都需要耗费运动员同样多的时间。

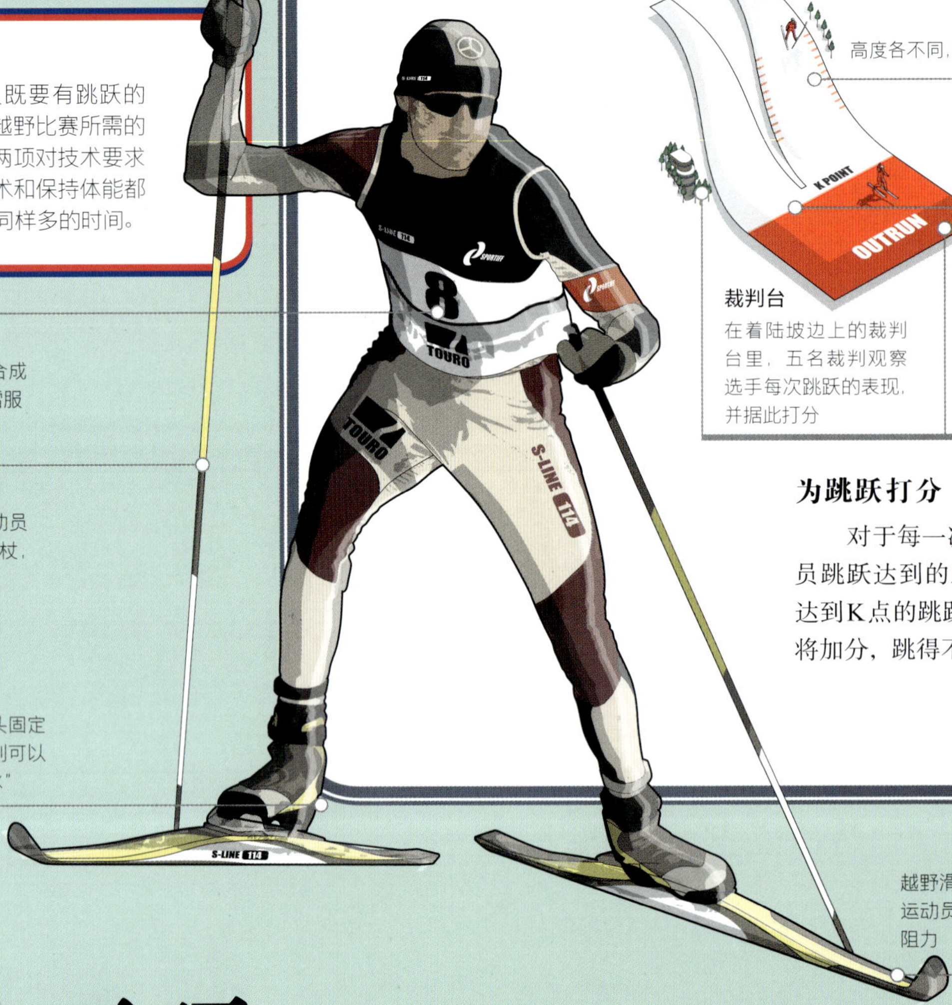

冬季两项

运动概述

冬季两项运动结合了越野滑雪与步枪射击，发源于18世纪的斯堪的纳维亚半岛，具有军事背景，因为当时为了在挪威和瑞典之间漫长的边境上进行巡逻，边防部队必须具备精准射击和高速滑雪的能力。比赛项目包括个人、短距离、接力、追逐和集体出发。所有比赛项目中，运动员都需要在起伏的滑道上滑完数圈，然后在射击场内射击目标靶。

比赛　运动员以“滑冰”式滑雪法竞速滑行，然后停下来射击目标。运动员交替采用立射和卧射姿势。脱靶会被加罚。滑行距离和射击次数视具体项目而定。

比赛类型　主要赛事为个人赛，男子20千米，女子15千米，包括四次射击。男子短距离10千米，女子7.5千米，射击两次。接力赛中，每队各四人，每人滑7.5或6千米，射击两次。追逐赛中，运动员要滑12.5或10千米并射击四次。

必备知识

- 1960年，冬季两项男子赛事进入冬奥会，1992年冬季两项女子赛事首次在冬奥会亮相。1958年，首届冬季两项世锦赛在奥地利举行。此外还有冬季两项世界杯。
- 滑雪板必须比运动员身高至少短4厘米，滑雪杖长度则不得超过运动员身高。
- 夏季版冬季两项中，越野滑雪被越野跑步所取代。

射击靶

黑色电子或机械射击靶被击中后会变成白色。射击靶很小，立射靶心孔径11.5厘米，卧射靶心孔径4.5厘米。

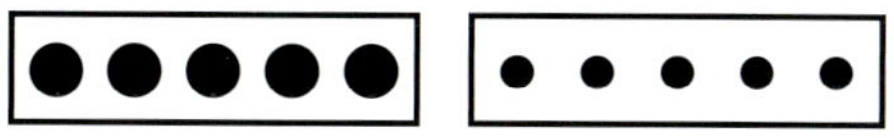

射击场

射击场位于起点/终点线附近。射击场一般有多达30个靶位，从右到左依次编号。射击场可分为左区立射区和右区卧射区。

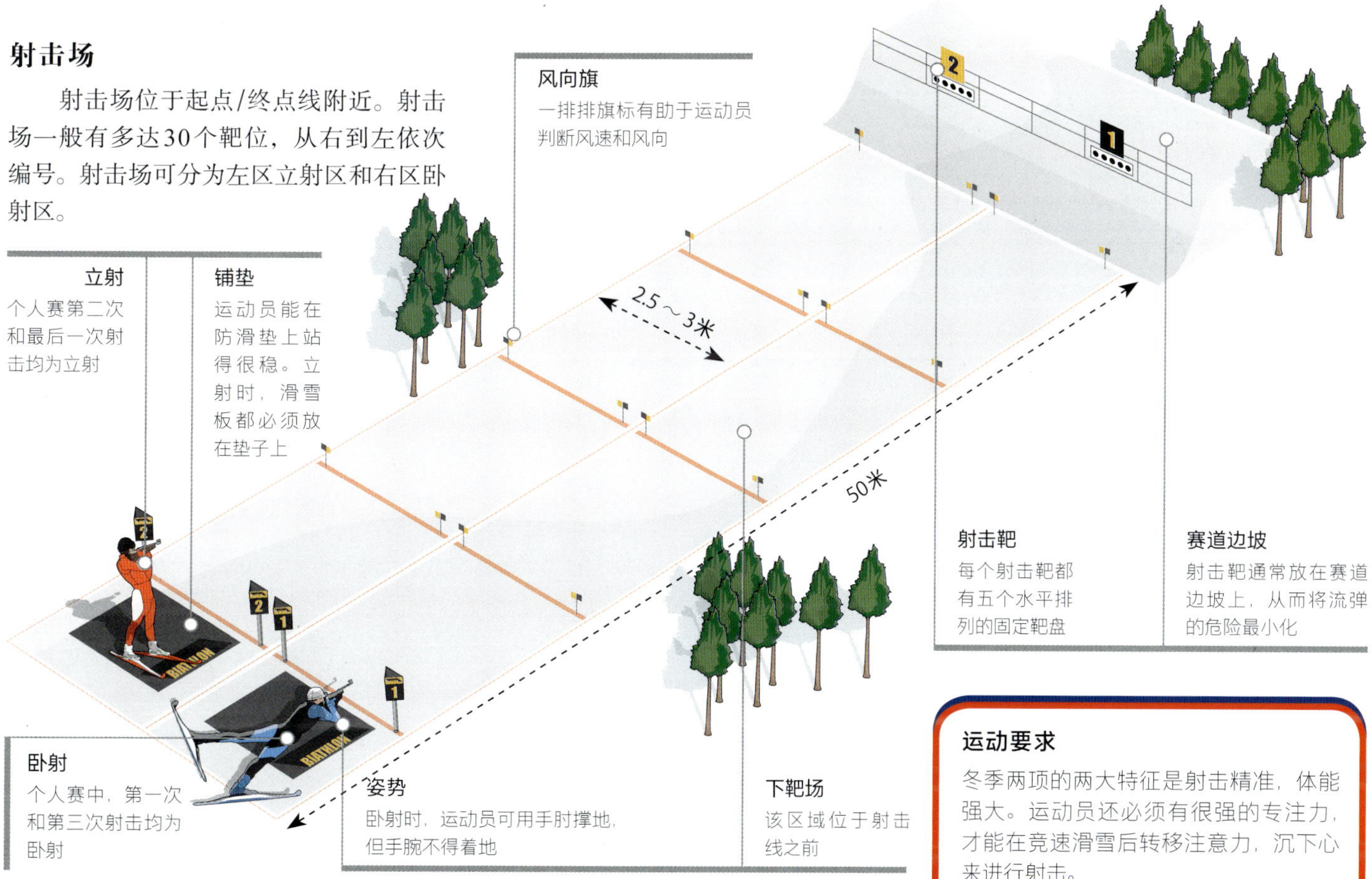

运动要求

冬季两项的两大特征是射击精准，体能强大。运动员还必须有很强的专注力，才能在竞速滑雪后转移注意力，沉下心来进行射击。

脱靶

射击前，运动员必须完全停下，并将两根滑雪杖放下。运动员可能会在抵达射击场之前就减速，以便降低心率，从而提高射击精准度。个人赛中，每脱靶一次加罚1分钟。其他项目中，运动员每脱靶一次就要在150米惩罚赛道上加罚1圈。对顶尖运动员来说，加罚1圈相当于比赛用时增加约30秒。

射击装备

运动员背着3.5千克重的5.6毫米小口径步枪，需要手动装填子弹，或配有一个弹匣，里面有五发子弹。

必备知识

- 雪车（bobsled，亦称有舵雪橇）这个名字源自早期运动员出发时通过点头（bob）提速。
- 四人座雪车速度高达160千米/时。

运动要求

雪车运动员要具备良好的平衡能力和极大的勇气。此外，舵手要操纵雪车按照最佳路线行进。许多推车手曾经从事田径运动，具有很强的爆发力，足以推动雪车前进。推车手通过冲刺和举重训练增强腿部和肩膀力量，从而能将雪车推出起跑区。

头盔
头盔材质为复合塑料，相当厚实，通常带有面罩，但有些运动员喜欢另行佩戴护目镜

玻璃纤维保护罩
车身防护罩由模制玻璃纤维制成，能在颠簸的滑道上起到保护运动员的作用

流线型车头
车头防护罩呈圆锥形，可将风阻最小化。车头所有部分均为流线型设计

滑行器护翼
玻璃纤维护翼位于滑行钢刃上方

四个滑行器
雪车每个角都有一个滑行器，前后两对滑行器分别安在前后轴上。滑行器为金属材质，赛前不得抛光或加热处理

前轴
车头滑行器安在前轴上，通过绳索或方向舵和缆线进行操纵

四人座雪车
雪车重量不超过630千克，长度不超过3.8米。男子两人座雪车重量不超过390千克，女子两人座雪车重量不超过340千克，长度不超过2.7米。

雪车

运动概述

雪车是速度极快的冬季运动。两名男运动员、两名女运动员或四名男运动员组队操纵雪车，争取用最短时间滑过陡峭而曲折的滑道。全队推动雪车出发后，舵手负责操纵雪车按最佳线路行进，争取多次滑行实现最短用时。雪车运动只适合勇者，因为在护墙弯道上，运动员常常要承受五倍重力。雪车倾覆引人关注，也极具危险性。雪车防护罩保护着运动员，同时运动员必须佩戴安全头盔，并穿着一体式比赛服。

趣闻

6 1964年至1984年之间，瑞典雪车运动员卡尔-埃里克·埃里克森（Carl-Erik Eriksson）参加了六届冬奥会，是首位完成这一壮举的运动员。意大利选手杰尔达·魏森施泰纳（Gerda Weissensteiner）也参加了6届冬奥会，两次参加雪车比赛，四次参加了无舵雪橇比赛。

48 1932年普莱西德湖冬奥会上，48岁的美国选手杰伊·奥布赖恩（Jay O'Brien）成为年龄最大的四人赛冠军。

30,000 奥运级别四人座雪车的起步价（以美元为单位）。

31 1932年至2018年之间，瑞士赢得的冬奥会雪车项目奖牌数量（10金，10银，11铜），多于其他任何国家。

5 雪车高速过弯道时，运动员可能要承受5倍重力，持续时间长达2秒。

滑道

雪车滑道为U形混凝土半管，表面覆盖着人造冰。滑道长至少1200～1300米，至少应有15个弯道。冬奥会上，冰冻滑道也用于无舵雪橇和钢架雪车赛事。下坡坡度为8%～15%。

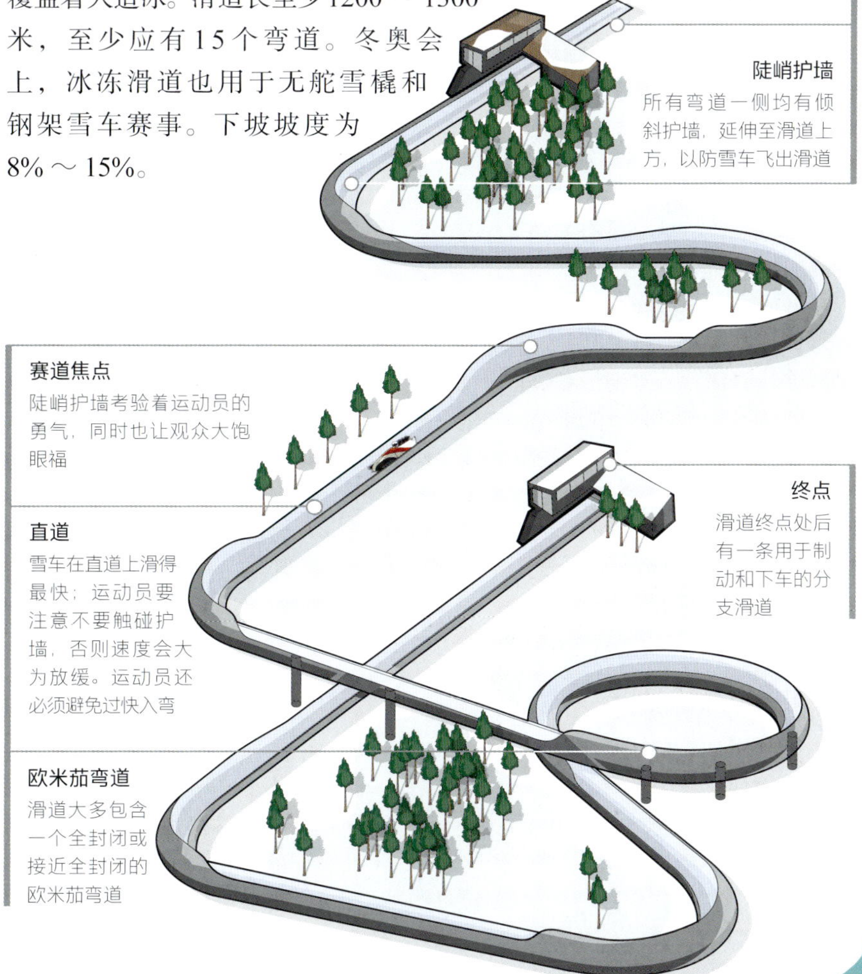

赛道之道

比赛顺序通过种子体系决定。先前表现较好的团队有首轮先发优势，因为此时滑道还未被其他雪车滑出凹陷。第二轮出发顺序颠倒，第一轮滑得最好的队伍最后出发。比赛从起点出发开始计时，直到车头打断终点线的光束。可添加配重，使雪车和运动员总重量达到最低要求。

多次滑行

在冬奥会和世界杯两人赛中，男运动员要在两天内滑四次，女运动员亦是如此。其他重大赛事则要求运动员滑两次。冬奥会和世界杯四人赛会在两天内进行四场预赛。

由热到冷

长期以来，人们普遍认为，雪车成绩最好的是那些有积雪和高山的国家。1988年加拿大卡尔加里冬奥会上，澳大利亚、墨西哥甚至牙买加等“炎热”国家参赛，改变了比赛格局。约翰·坎迪（JOHN CANDY）主演的1993年电影《冰上轻驰》（*COOL RUNNINGS*）便是以牙买加队的故事为基础拍摄的。

推车

快速起步是关键，因此能在冰上提供抓地力的特制钉鞋是必备装备。队员均通过可伸缩推杆推动雪车。四人赛中，舵手先跳上车，然后是中间两位选手，制动员最后上车。顶级团队力求在大约5秒内将车推出。

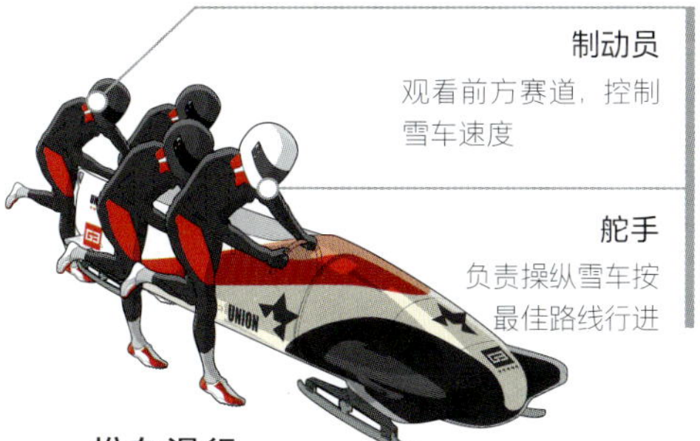

推车滑行

各就各位后，运动员推动车身，将其推出起跑区。

最后一推

等舵手和其他队员跳上车后，制动员才上车。制动员必须在50米内跳上车。

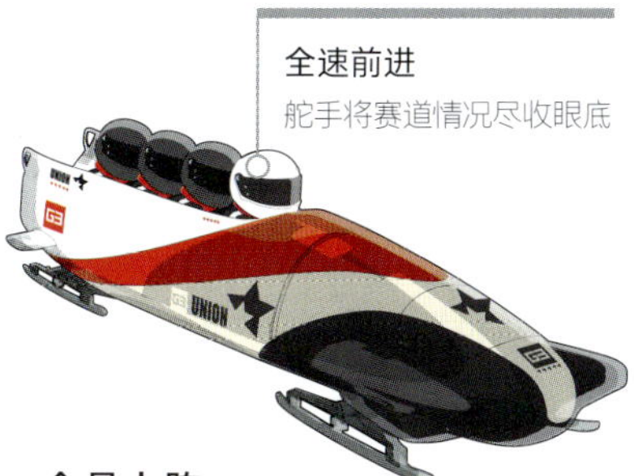

全员上阵

舵手负责操纵雪车。过终点后，制动员移动装在车尾的把手，放下金属锯齿使雪车减速。

幕后故事

19世纪后期，瑞士长雪橇运动员为雪橇增加了转向机制，实现了方向控制，雪车由此诞生。1897年，首个雪车俱乐部在瑞士成立。雪车出现后的几十年里，基本上只有富裕的上层阶级在欧洲各大滑雪胜地举办雪车比赛作为娱乐活动。20世纪50年代和60年代，雪车竞技色彩逐渐加强。在20世纪80年代雪车世界杯出现之前，冬奥会和世锦赛都是主要雪车赛事。雪车世界杯极具挑战性，整个赛季的比赛会在不同国家的多条赛道上进行。

管理机构

国际有舵雪橇和平底雪橇联合会（Fédération Internationale de Bobsleigh et de Tobogganing）成立于1923年，次年，雪车四人赛成为冬奥会项目。1932年，雪车双人奖牌赛首次举行。2002年美国盐湖城冬奥会上，女子雪车比赛首次亮相。

必备知识

- 国际无舵雪橇联合会（International Luge Federation）总部位于德国，负责管理全球无舵雪橇运动。
- 1883年，首场正式无舵雪橇比赛在瑞士克洛斯特斯和达沃斯之间的赛道上进行，最终以平局收场。
- 德国18次夺得冬奥会无舵雪橇冠军，冠绝全球。乔治·哈克尔连续在1992年、1994年和1998年冬奥会上摘金，还赢得了1989年、1990年和1997年世锦赛冠军。

运动要求

雪橇运动员体格健壮，要能够承受重力和重压，脖子、腹部、胸部和脚尤为如此。运动员心理素质很强，反射迅速，能准确控制撬刃固体。

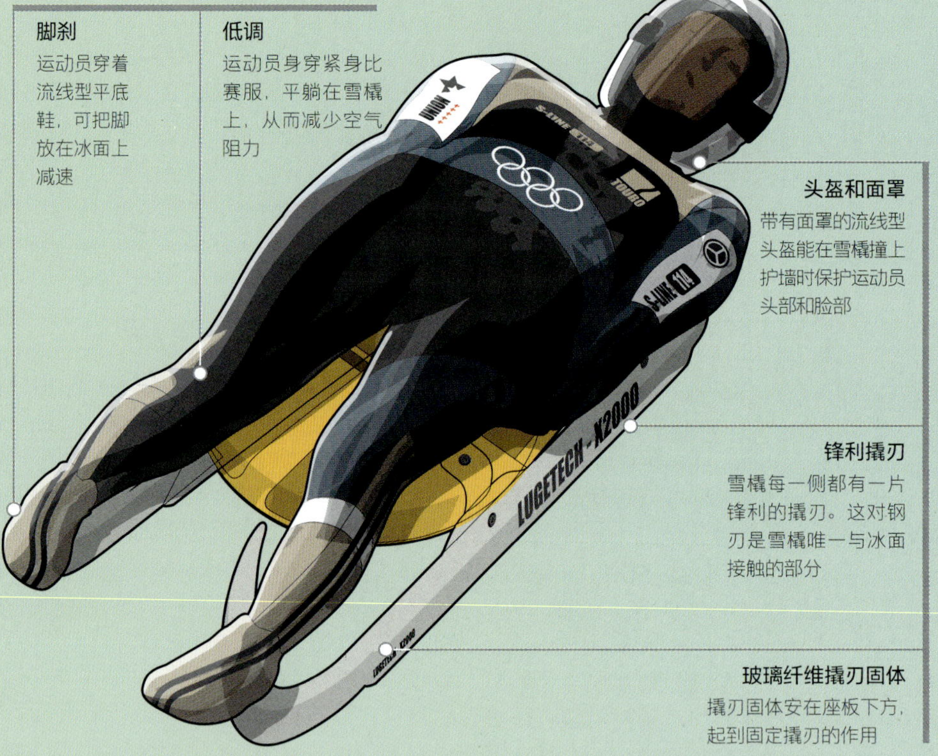

巨型滑道

雪橇滑道基本为人造，覆盖着2.5厘米厚的冰。男子单人雪橇比赛滑道长1000米至1300米，女子单人雪橇及双人雪橇比赛滑道长800米至1050米。滑道有左转弯、右转弯、S弯、180度弯和急弯。通常比赛距离内，滑道坡度大致为8%。覆盖着薄冰的侧墙能避免雪橇飞速倾斜过弯时飞出赛道。冬天时，冰雪覆盖的蜿蜒道路形成了天然滑道，这种赛道在一些中欧和北美国家很受欢迎。但这种滑道没有护墙或护坡。

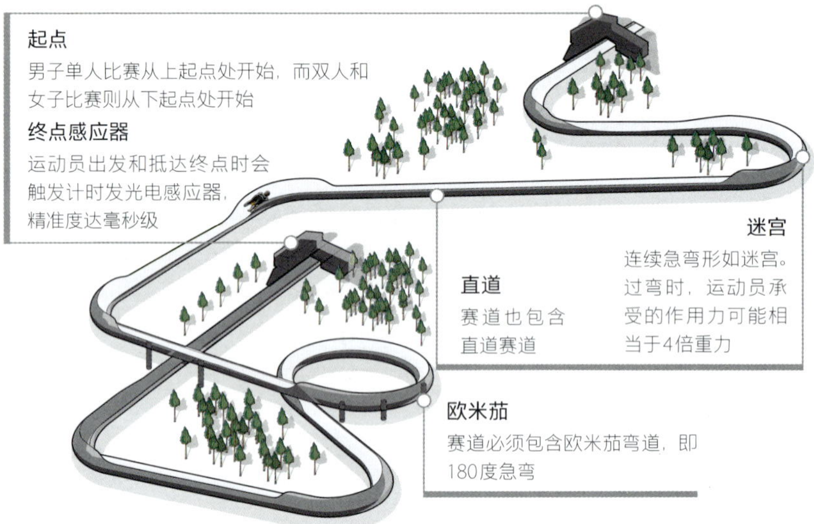

无舵雪橇

运动概述

无舵雪橇是速度最快的冰上运动。运动员双脚在前，躺在玻璃纤维雪橇上，以超过135千米/时的惊人速度滑下布满弯道的赛道。雪橇属于竞速比赛，世锦赛和冬奥会等赛事均设有男子单人、双人比赛以及女子单人比赛。

玻璃纤维座板

无舵雪橇部件包括一块长度各异的玻璃纤维座板，下面安装着与撬刃相连的撬刃固体。单人比赛雪橇重量不超过23千克，双人比赛雪橇更长，重量不能超过27千克。

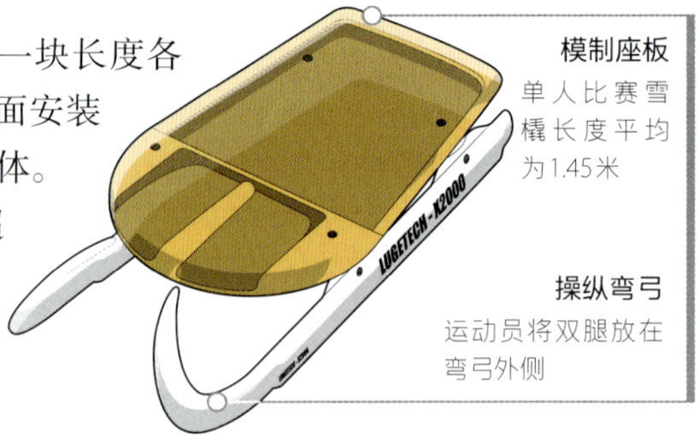

滑行和操纵

开始前，运动员坐在雪橇上，双手握住赛道出发把手，前后来回滑动。运动员猛力推拉出发把手，用尖钉手套在冰面上划动，然后向后躺下。操纵雪橇时，腿部向操纵弯弓施加压力，或移动头部或肩膀，转移重心。通常四次滑行或两次滑行用时最短者获胜。

运动概述

尽管钢架雪车最高速度略逊于无舵雪橇，但在某些方面，钢架雪车运动员要更有勇气，因为比赛时要头朝前滑行。世锦赛和冬奥会均设有男子和女子钢架雪车比赛。

钢架雪车

运动要求

运动员必须反应极为迅速。由于推车阶段极为重要，因此运动员必须双腿肌肉发达，擅长冲刺。运动员还必须有强大的核心力量，在操纵钢架雪车时能迅速将重心从一侧转到另一侧。

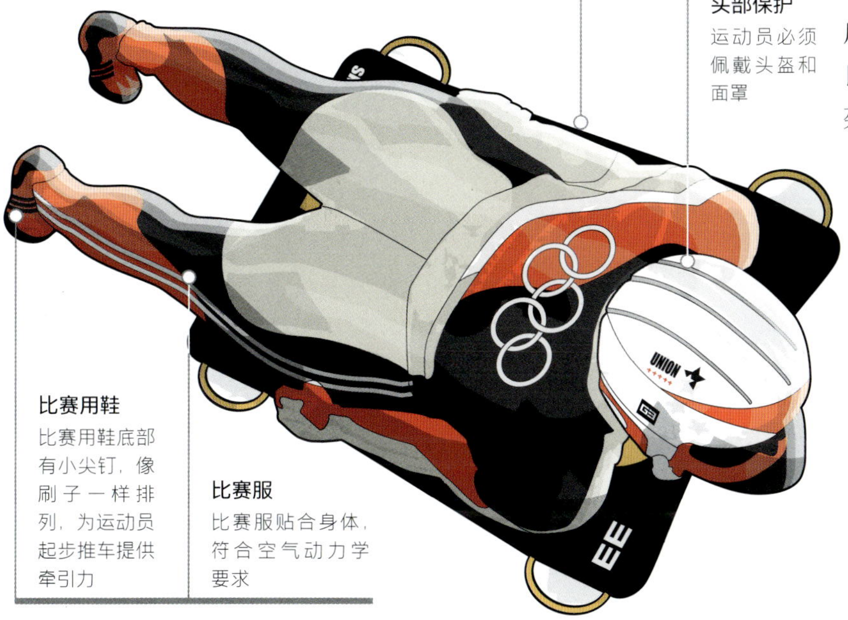

必备知识

- 1884年，瑞士城镇圣莫里茨和塞雷琳娜（Celerina）举办了首场钢架雪车比赛。获胜者赢得了一瓶香槟。
- 冬奥会男子和女子单人比赛计时精确度达0.01秒。运动员要在两天内滑行四次，总计用时最少者胜。
- 国际有舵雪橇和平底雪橇联合会是钢架雪车管理机构，负责举办世界钢架雪车锦标赛（World Skeleton Championship）。

快而陡

钢架雪车所用赛道与有舵雪橇（雪车）相同。男子和女子比赛赛道相同，距离相同。赛道很陡，至少长1200米，总垂直高度平均为116米左右，因此运动员滑行速度很快。

飞车

运动员躺在钢制骨架和内侧躺板上，通过底部钢刃滑行。底板材质为玻璃纤维或钢。男子比赛钢架雪车重量不超过43千克，女子比赛钢架雪车重量不超过35千克。

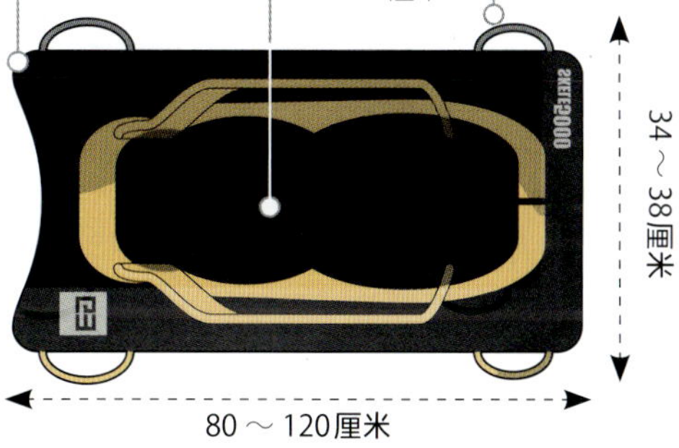

旗开得胜

为缩短比赛用时，运动员必须快步起跑。在这个推车阶段，运动员通常要跑25至40米。

比赛规则

钢架雪车比赛有两大关键规则。首先，运动员不得为提速而加热钢刃。比赛开始时，选手的钢架雪车钢刃与已置于空气中1小时的参照钢刃温差不得超过4摄氏度。其次，过终点线时，选手必须在钢架雪车上成绩才能有效。

跑！

比赛一开始，运动员便全速奔跑，握住把手，推动钢架雪车在冰上行进。

跳！

运动员从赛道上跃起，向前跳至车上。如果出现失误，钢架雪车可能会失控。

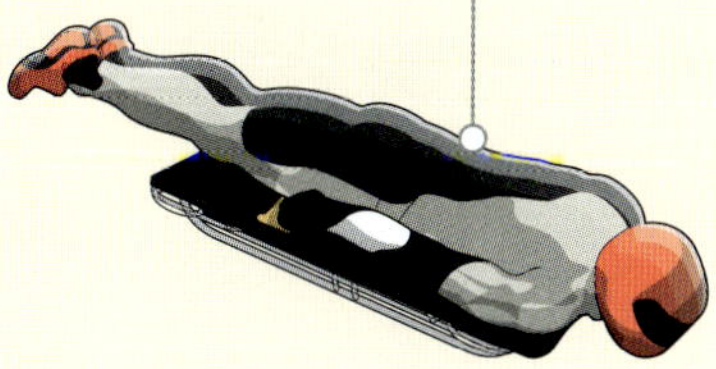

躺！

运动员头朝前，肚子朝下，躺在车上，双手紧贴身侧，尽量减少风阻。

必备知识

- 速度滑冰运动员时速可达65千米。短道速滑运动员最高时速约为50千米。
- 速度滑冰在斯堪的纳维亚半岛、东欧、荷兰、美国、加拿大和日本尤为受欢迎。
- 短道速滑出现时间较晚，许多运动员均来自非传统滑冰国家，例如韩国和澳大利亚。

速度滑冰

运动要求

速度滑冰运动员强壮且敏捷，起步极具爆发力。短道速滑对技术水平要求很高，也很需要勇气，因为运动员要高速冲过弯道。有氧耐力对于速度滑冰更为重要。

运动概述

速度滑冰观赏性很强，男性或女性选手穿着冰鞋，在椭圆形赛道上比赛。直道滑行强劲有力，节奏感强，弯道滑行则要紧扣弯道，对技术要求很高，运动员要在两种滑行方式之间不断切换。速度滑冰运动员两两比赛，在500米至10000米项目上比拼速度。短道速滑比赛有多达六名选手同时比赛，赛道上没有分道线，时常出现碰撞。此外还有四人一队的短道速滑接力赛。

上帝微笑之时

2002年盐湖城冬奥会上，斯蒂芬·布拉德伯里（Stephen Bradbury）成为澳大利亚甚至整个南半球首位冬奥会1000米短道速滑冠军。决赛即将结束时，布拉德伯里仍然落后，但其他四名选手却在他面前相撞倒地，于是他滑过终点线，摘得金牌。赛后，布拉德伯里说道："上帝有时会向你露出微笑。"

比赛场地

速度滑冰赛道周长400米，呈椭圆形；短道速滑赛道长111.12米。速度滑冰赛道有彩色标志线和可移动橡胶或木制标志块。在赛道前15米和最后15米，标志块相距50厘米，在其他处则相距1米。

速度滑冰赛道

速度滑冰赛道有两条。运动员每滑完一圈交换一次赛道。比赛项目不同，赛道起点也不同。

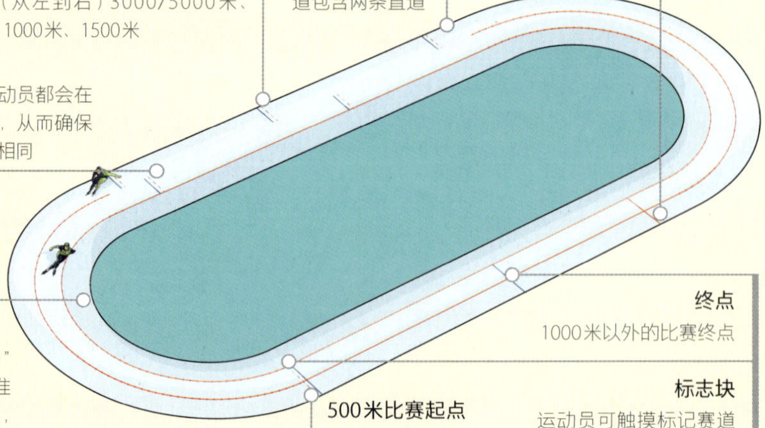

全能选手

“全能”比赛是500米、1500米、3000米和10000米速度滑冰组合项目比赛。选手每场比赛用时会按照特定比例转为分数，得分最低者赢得全能比赛冠军。尽管“全能”比赛很受欢迎，但仅有一次被列为奥运会比赛项目（1924年冬奥会男子比赛），因为运动员更偏好专攻特定距离的项目。

速度装备

短道速滑运动员的紧身比赛服衬有用于制作防弹背心的凯夫拉尔纤维，有防切割功能。运动员还佩戴头盔、护颈、护腿板和护膝。指套有涂层的手套也必不可少，运动员急转弯时，把手放在冰上，避免倾倒。速度滑冰冰刀刀根平坦，有别于凹形花样滑冰冰刀。

冰刀差异

短道速滑冰刀长而薄，沿对角线固定在鞋底上，有一定的弧度，有助于转弯。速度滑冰运动员使用克莱普冰刀（clap skates），刀片长而直，处于鞋底中心线上，冰刀刀托与鞋底脚尖处用铰链连接。

克莱普冰刀铰链

运动员蹬冰动作即将结束时，克莱普冰刀后刀托会脱离冰鞋后跟，增加了冰刀接触冰面的时间

滑冰规则

运动员可触碰弯道标志块，但不得越过标志块滑入内侧。短道速滑比赛中，身体接触是家常便饭。但在速度滑冰比赛中，干扰对手或越道滑行会被取消比赛资格。

赛道技术

短道速滑运动员小步幅起跑加速。直道滑行时，运动员基本姿势是身体前倾，膝盖弯曲，摆臂保持冲力。入弯时，运动员蹲得很低，身体向内侧倾斜，并常用内侧手触摸冰面。运动员采用交叉步，能更轻松地过弯。速度滑冰运动员在直道上大步蹬冰滑行，并背着一只手，从而减少阻力。过弯时运动员则使用交叉步。

平衡技术

这三张连续动作图体现了运动员过弯时将一只脚抬离冰面，同时伸出同侧手臂，起到平衡作用。

直道在前

过弯后，运动员放下双臂

全速前进

在直道上加速时，速度滑冰运动员会弯腰俯身，从而降低重心，减少风阻。

流线型

身体压得越低，速度越快

蜻蜓点水

短道速滑弯道很急，运动员靠近赛道内侧的手可能会放得很低，甚至会擦到冰面，不过不会受到处罚，因为运动员一摸即过。

一摸即过

运动员过弯时，都会向内侧倾斜

短道速滑赛道

通常设置在滑冰场上，没有分道，运动员在周长111.12米的赛道上争抢有利位置。

标志块

橡胶块、木块或塑料块标出椭圆形赛道两端的弧线弯道

起点

500米和1500米比赛起点

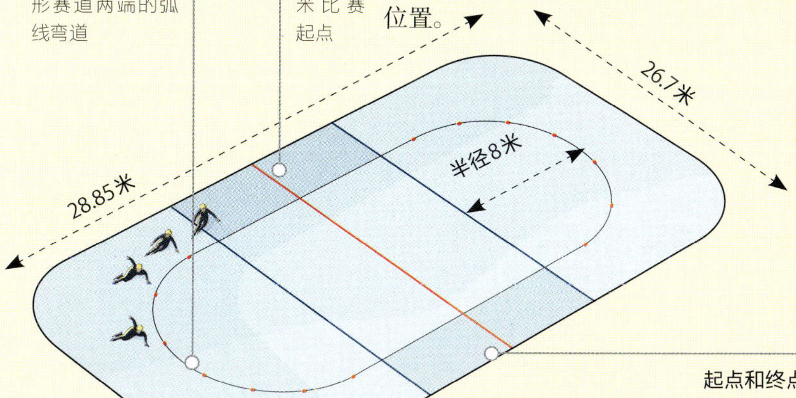

起点和终点

1000米、3000米和5000米比赛起点；所有比赛均在此处结束

圈数

每项比赛圈数如下：

500米—4½圈　　1000米—9圈
1500米—13½圈　　3000米—27圈
5000米—45圈

幕后故事

19世纪时，在欧洲结冰的运河和湖泊上，人们开始进行速度滑冰竞技比赛。成立于1892年的国际滑冰联盟（International Skating Union）制定了正式规则。20世纪初期，北美出现了短道速滑运动。

国际滑冰联盟

1892年在荷兰成立的国际滑联是历史最悠久的冬季运动管理机构。在1894年加拿大加入之前，国际滑联仅由15个欧洲国家组成。

必备知识

- 花样滑冰风靡全球，在北美、欧洲和苏联国家尤其受欢迎。
- 花样滑冰比赛项目分为男子单人滑、女子单人滑、双人滑、队列滑以及冰上舞蹈。
- 许多精彩动作均以首创者名字命名。例如，阿克塞尔跳（Axel jump）由挪威选手阿克塞尔·保尔森（Axel Paulsen）于1882年首次完成，因此得名。

运动要求

顶尖花样滑冰运动员必须具备体操运动员的灵活、舞者的优雅和速滑运动员的平衡能力，才能表演由旋转、跳跃、托举和燕式步编排而成的精彩节目。运动员必须苦下功夫排练，才能将这些高难度技术动作做到位。花样滑冰运动员的位置感可能比体操运动员还强，因此不论是腾空还是在冰上，他们都知道自己的确切位置。

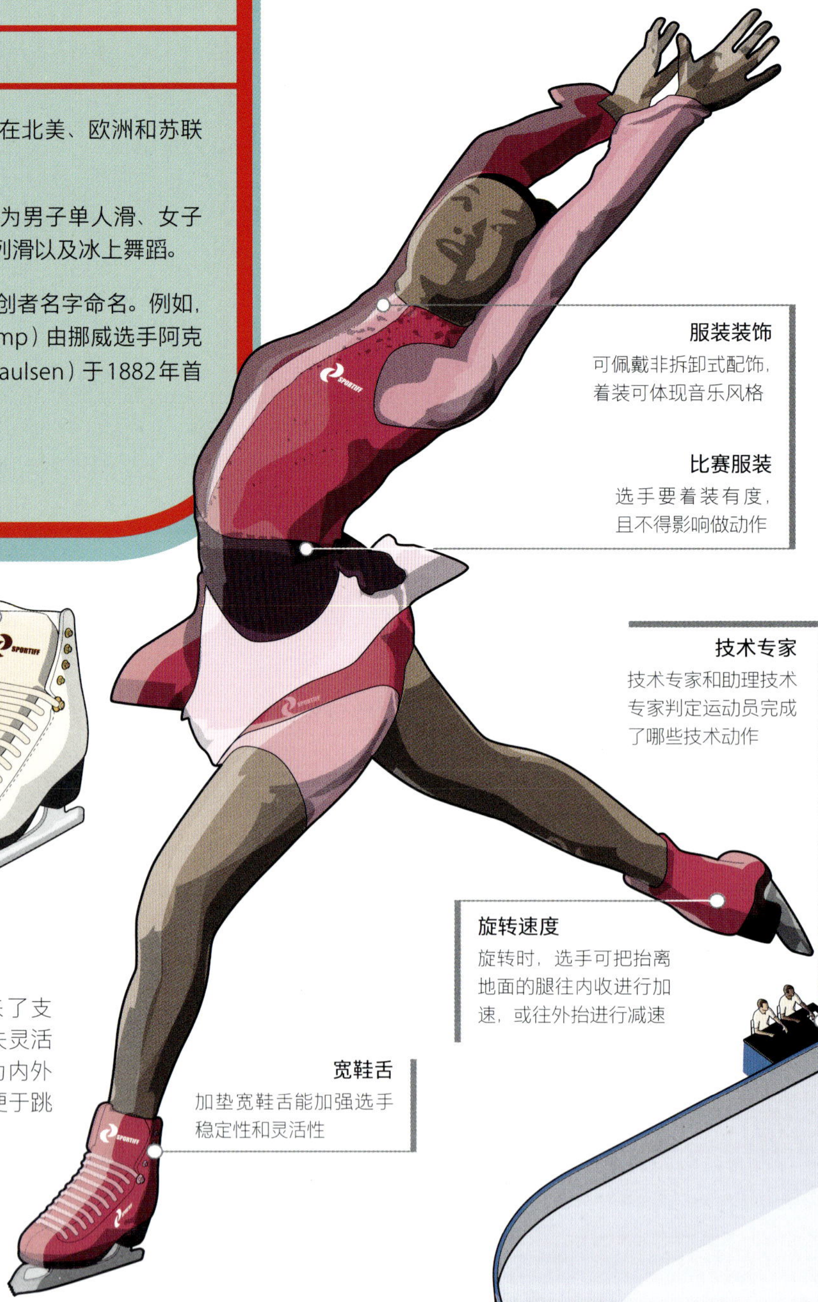

服装装饰 可佩戴非拆卸式配饰，着装可体现音乐风格

比赛服装 选手要着装有度，且不得影响做动作

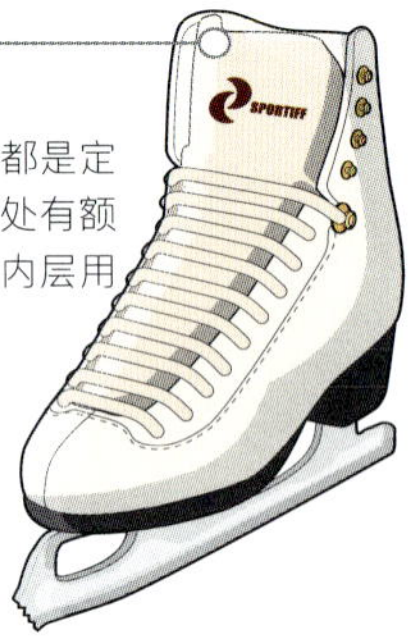

脚踝支撑 运动员冰鞋都是定制的。脚踝处有额外支撑，鞋内层用硬皮革加固

技术专家 技术专家和助理技术专家判定运动员完成了哪些技术动作

裁判员 12名裁判员为选手技术能力和表现打分

裁判长 裁判长与裁判组坐在一起，监管比赛方方面面

旋转速度 旋转时，选手可把抬离地面的腿往内收进行加速，或往外抬进行减速

穿上冰鞋 冰鞋结构为运动员带来了支撑性和控制力，同时不失灵活性。冰刀厚4毫米，分为内外刃，刀刃前部有锯齿，便于跳跃旋转。

宽鞋舌 加垫宽鞋舌能加强选手稳定性和灵活性

花样滑冰

运动概述

花样滑冰兼具技术性和美感，运动员要在快速转动的过程中完成跳跃、旋转和燕式步。单人滑和双人滑选手在裁判组面前完成冰上规定动作，裁判对选手的技术能力和艺术诠释进行打分。比赛分为两项，分别是考验选手技术技能的短节目，以及展示艺术表达的自由滑。1908年夏季奥运会上，花样滑冰首次登场，而后成为1924年冬奥会正式项目。

芭芭拉·安·斯科

1942年，年仅13岁的加拿大运动员芭芭拉·安·斯科特成为首位在比赛中完成勾手两周跳的女性选手。

冰场

冰的温度很重要，需要控制在零下5.5摄氏度，比冰球场温度高3.5摄氏度。温度低的冰比较坚硬，冰上移动速度较慢；温度高时，冰上移动速度快，滑行距离更远，落地也更为柔和。重大赛事中，裁判长、裁判员等官员都坐在场地外。低级别赛事中，比赛官员通常坐在场地内。

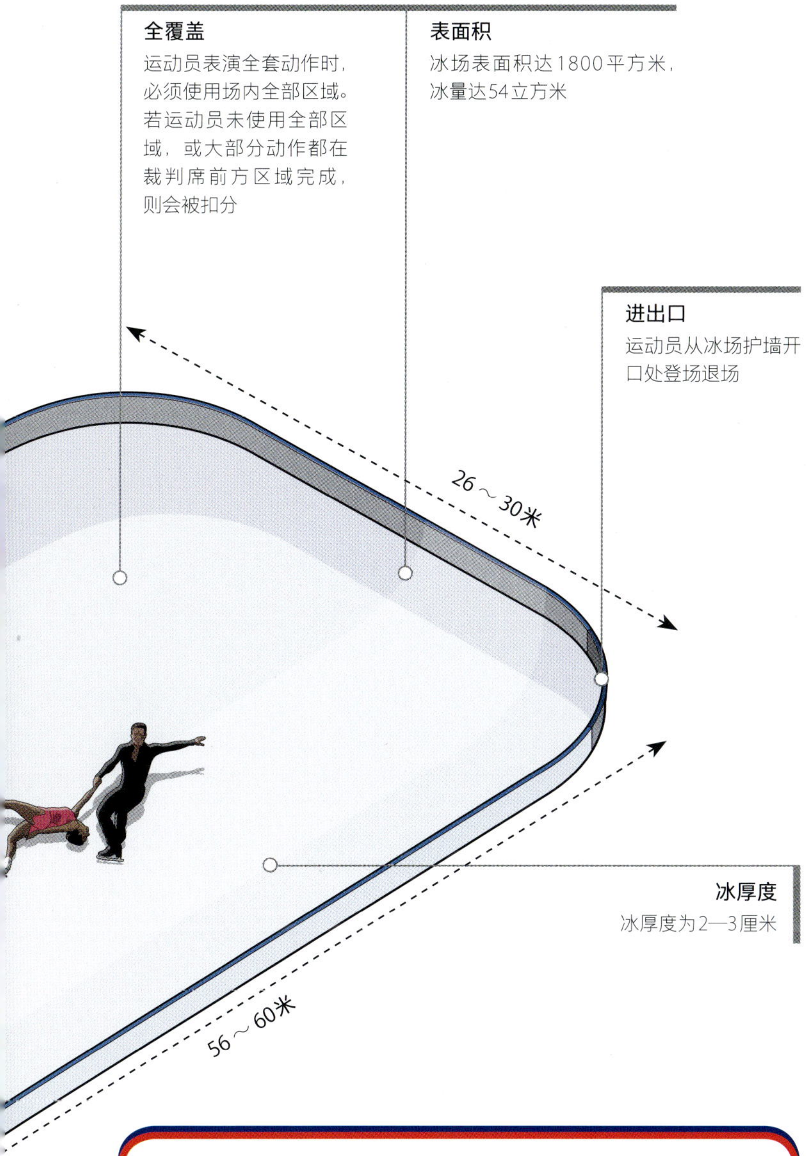

技术计时

花样滑冰节目均要计时。单人滑和双人滑短节目不得超过2分钟50秒。男子自由滑时长4分钟半，女子自由滑时长4分钟。

等分区

运动员竭尽全力，在冰上倾情演绎，现在就等着裁判打分了。等分区（Kiss and Cry Area）位于冰场侧边，运动员和教练坐在这里，等待最终结果。不论他们的反应是亲吻还是哭泣，都会被电视镜头捕捉下来。

如履薄冰

花样滑冰运动员要完成两个节目，即短节目和自由滑，并且每个节目都要完成特定动作。技术性短节目有八个规定动作，可能包括阿克塞尔两周跳、跳接蹲转、联合二周跳和三周跳，双人滑短节目规定动作则有螺旋线和抛跳。比赛第二项为自由滑，需要运动员利用整块场地完成各类技术动作，包括跳跃、旋转、螺旋线和接续步。双人滑运动员则需以平行或对称的形式同步完成动作。为争取高分，运动员必须将技术动作与不同握法和姿势的高难度连接步结合起来。

打分

2002年犹他州盐湖城冬奥会期间，打分丑闻登上了头版头条，于是国际滑联在2004年采用了评分系统。据称，原来的花样滑冰打分并非全然客观。新系统不会显示每位裁判员的打分。

国际滑联评分系统

动作分值表决定了每个技术动作分值，然后视动作完成情况，将−3至+3的动作执行分应用于动作分值。重大比赛中，七名裁判员的评分决定了运动员最终成绩。电脑会从十二名裁判员中随机选择九名，去掉最高分和最低数，剩余分数求平均值，得到“切尾均值”，然后加到最终得分的基本分中。

术语

点冰跳：运动员借助刀齿起跳，例如后内点冰跳、勾手跳或后外点冰跳。

刃跳：运动员借助一侧刀刃起跳，例如阿克塞尔跳、后外结环跳和后内结环跳。

旋转：做这个动作时，运动员在冰上脚尖立地旋转。进行联合旋转时，运动员会换脚和姿势，同时保持旋转速度。

托举：双人滑比赛中，男性选手托起搭档，通常会将搭档举过头顶，有时还会将其抛到空中。

步法：运动员用接续步在冰上移动并将固定动作串联起来，同时展示技能。

趣闻

60 为抚平冰面，赞博尼磨冰车会在冰上喷洒60摄氏度的水，从而融化粗糙表面，形成光滑冰面。

12 自1908年以来，苏联和俄罗斯双人滑运动员赢得的奥运金牌数。

160000 美国花样滑冰锦标赛开赛前夕，在一节训练课上，美国花样滑冰运动员托尼亚·哈丁（Tonya Harding）袭击了队友南希·凯里根（Nancy Kerrigan），导致凯里根因伤退赛，哈丁则夺得锦标赛冠军。哈丁于1994年3月支付了160000美元的罚款，后来还被剥夺了冠军头衔。

2 2002年冬奥会双人滑金牌数量。评分丑闻导致俄罗斯和加拿大均获得了双人滑金牌。

完美执行

花样滑冰节目中，完美执行技术动作可确保获得高分。除了动作要完美无瑕，运动员还必须快速无缝衔接复杂的联合动作，自由滑节目还要求选手展现个人艺术表达。

队列滑

队列滑颇为观赏性。每队十六名运动员（通常均为女性，亦可混合组队）整齐划一地完成各类动作。运动员速度、步法、跳跃、转体和托举等技术炉火纯青。技术短节目要求全队表演线条、圆圈等复杂队形，创意自由节目则有充分的表现自由。

跳

连续跳令人目不暇接，被观众视为高水平运动员的标志。顶尖赛事中，男运动员表演三周跳或四周跳，女运动员则表演三周跳。起跳方式可为点冰跳或刃跳，运动员可单独执行跳跃动作，或与其他动作联合完成。

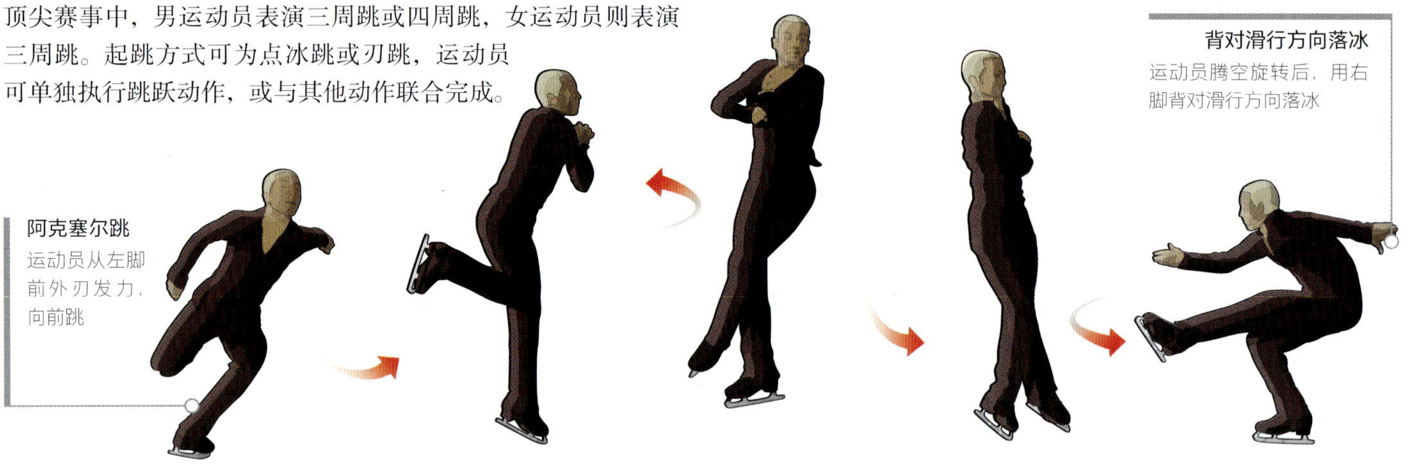

旋转

要把旋转动作做好，争取高分，关键在于速度和控制。旋转速度决定运动员能旋转几周（越多越好）。原地旋转意味着运动员技术掌握娴熟，转得轻松自然则体现了旋转过程中的掌控力。

螺旋

螺旋线动作极为华丽，看起来也颇具危险性。双人滑短节目和自由滑要求运动员必须至少完成一整周绕滑。

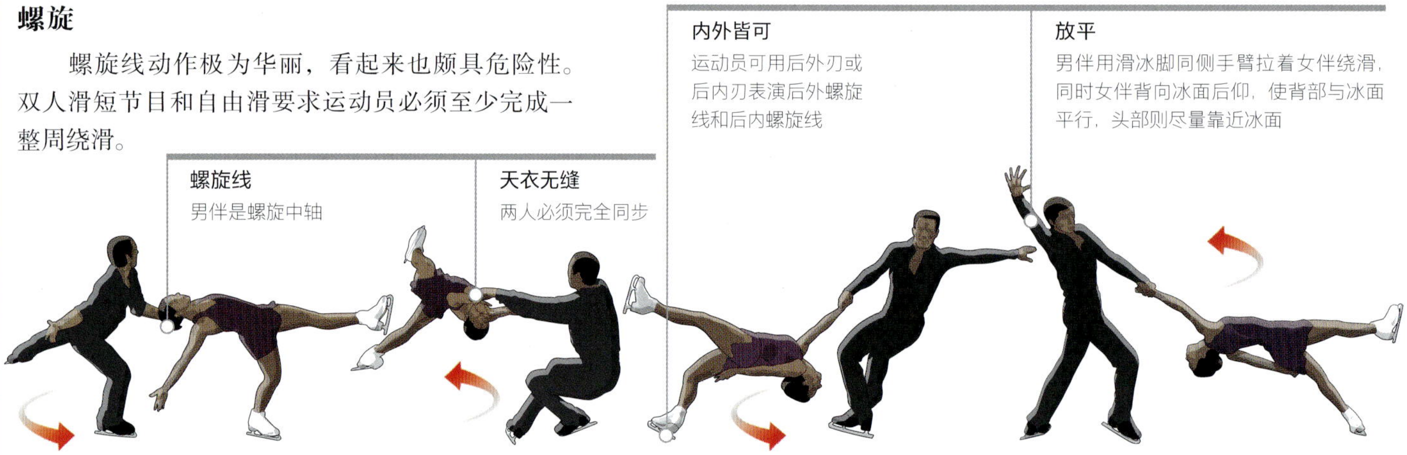

幕后故事

花样滑冰竞赛历史可追溯到19世纪80年代。首届男子花样滑冰世锦赛举行于1896年，首届女子花样滑冰世锦赛则于1906年举行。1908年，花样滑冰首次在夏季奥运会上登场，但此后成为历史最悠久的冬奥会运动。

国际滑冰联盟

1892年在荷兰成立的国际滑联是历史最悠久的冬季运动管理机构。在1894年加拿大加入之前，国际滑联仅由十五个欧洲国家组成，如今已有五十七个成员。自创立至今，国际滑联分管项目均已成为冬奥会正式项目。

冰舞

必备知识

- 规定舞和创编舞项目中，男伴和女伴要用传统闭式握法滑出大部分舞步，例如基里安舞（Kilian）、华尔兹舞或狐步舞姿势。自由舞对握法要求较少，鼓励运动员发挥创造力。
- 冰舞在欧洲很受欢迎，在英国也根基深厚。近年来，顶尖冰舞运动员主要来自苏联国家。
- 1976年，苏联选手卢德米拉·帕克霍莫娃（Ludmilla Pakhomova）和亚历山大·戈尔什科夫（Alexander Gorshkov）夺得了首个冬奥会冰舞冠军。

运动概述

冰舞常常被人们比作冰上交际舞。冰舞属于双人赛事，重大比赛有三个阶段，分别为规定舞、创编舞和自由舞。自由舞能让选手充分展现创造力。冰舞有时会分组比赛，两对选手同场竞技。首届世界锦标赛于1952年举行，但直到1976年奥地利因斯布鲁克冬奥会，冰舞才成为冬奥会正式比赛项目。

托维尔和迪恩

1984年冬奥会上，英国选手杰恩·托维尔和克里斯托弗·迪恩的表演令裁判叹服，获得十二个满分6分的历史最佳成绩，他们也成了家喻户晓的人物。

比赛规则

冰舞比赛中，运动员必须在冰上以固定距离相随滑行。男伴负责领舞，女伴随之起舞。裁判评分重点为运动员演绎整套规定动作和诠释音乐的效果。裁判根据动作难度及完成情况打分。若有违规技术动作或对音乐韵律表达错误，运动员会被扣分。

竞赛

冰舞分为三阶段。规定舞由国际滑联选定，运动员要根据指定音乐韵律和节奏滑出指定图案。创编舞中，选手可自行编排并融入规定动作和音乐，但冰舞韵律由国际滑联选定，且选手要根据强节拍而非弱节拍起舞。自由舞中，选手可自选音乐和编排，但必须融入规定动作，并通过音乐表达展现艺术技能。选手如果展现原创性，会受到裁判青睐。自由舞蹈时长4分钟（可增减10秒）。

平衡之道

掌握平衡是冰舞选手要学习的一项重要技术，对负责托举女伴的男伴尤为重要。耐力的重要性紧随其后，因为冰舞运动员要滑得像速度滑冰运动员一样快。协调性也很关键，在冰上相拥而舞时，要踩出完美的步法绝非易事。

按数字跳舞

运动员通过图案和步法图表来学习完善舞步，然后才用于比赛。右图是威斯敏斯特华尔兹（Westminster Waltz）图案，数字表示不同接续步。用长轴和短轴将冰场分为四块。曲线为舞步轨迹，为连续轴，不得越过长轴。表演两段图案舞时，运动员会着力向裁判展现威斯敏斯特华尔兹庄重而优雅的特征。

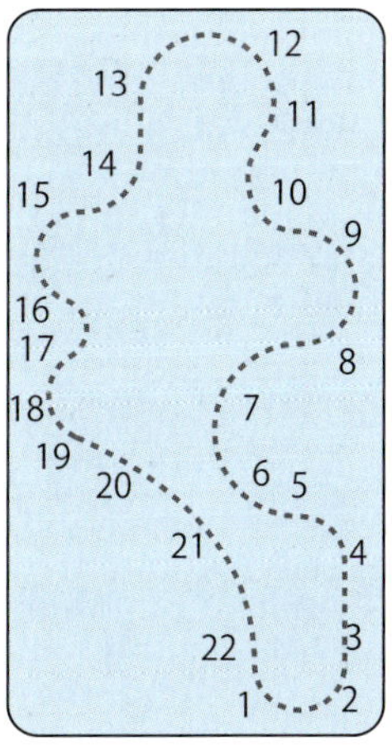

靶类运动

TARGET SPORTS

08

必备知识

- 苏格兰圣安德鲁斯高尔夫球场（St Andrews Golf Course）自1574年以来就投入使用，有着高尔夫之乡的美誉。
- 从2005年至2010年，泰格·伍兹（Tiger Woods）连续281周位列全球排名首位，创历史纪录。
- 高尔夫比赛中，好球和臭球仅差之毫厘，因此人们普遍认为高尔夫球既难得可怕，又使人沉醉其间。

高尔夫球

运动概述

高尔夫是一项单人运动。在有九个球洞或是更常见的十八个球洞的球场上，运动员用金属球杆击球，争取将杆数控制得尽可能少。选手从发球区开始击球，最终将球击入果岭地面上的圆形孔中。运动员可携带多达十四根球杆。球杆不同，击球距离和轨迹也不同，因此每一杆均要选择最合适的球杆击球。

球场

球场长度（通常以码为单位）差异很大，三杆9洞球场长1300码（1190米），难度更高的18洞球场长度超过7000码（6400米），在美国尤为常见。除长度外，果岭与下一洞发球区之间的距离也是一大因素，可能会使运动员的移动距离超过11千米。一轮高尔夫比赛可能持续三至五个小时，具体取决于选手数量、比赛能力和速度。

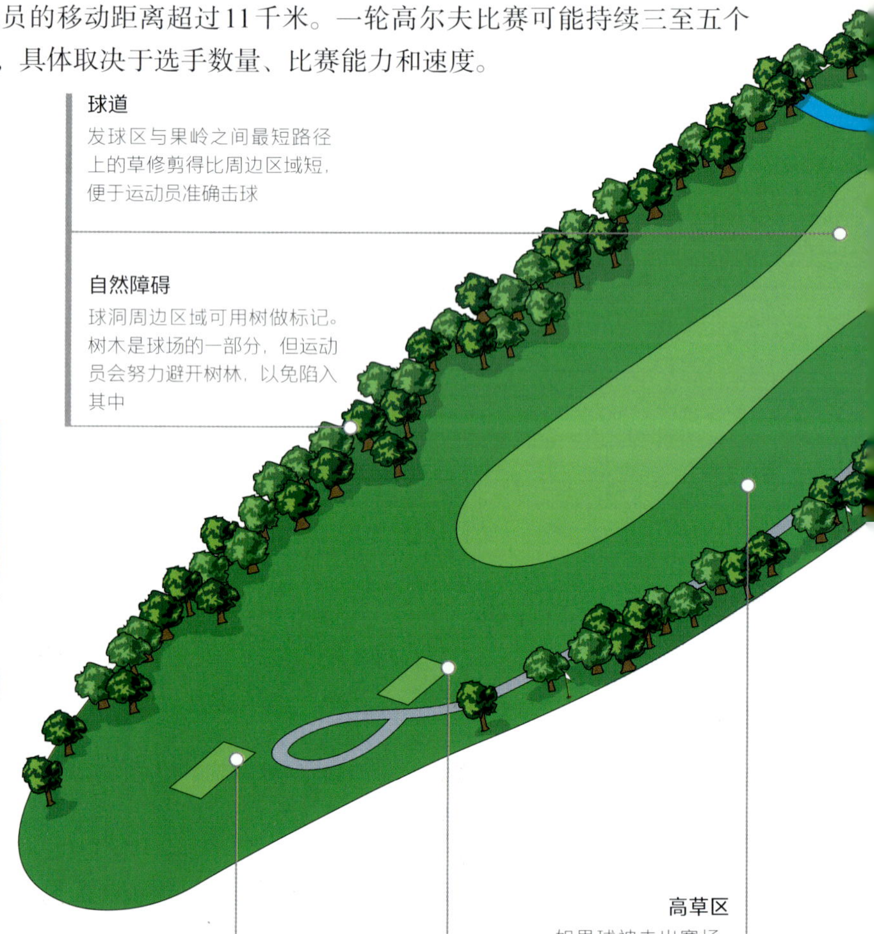

运动要求

注意力集中度和手眼协调能力至关重要。上身力量和综合灵活性是优势所在。自信也是如此：高尔夫球比赛也是心理战，自信与自身才能一样重要。

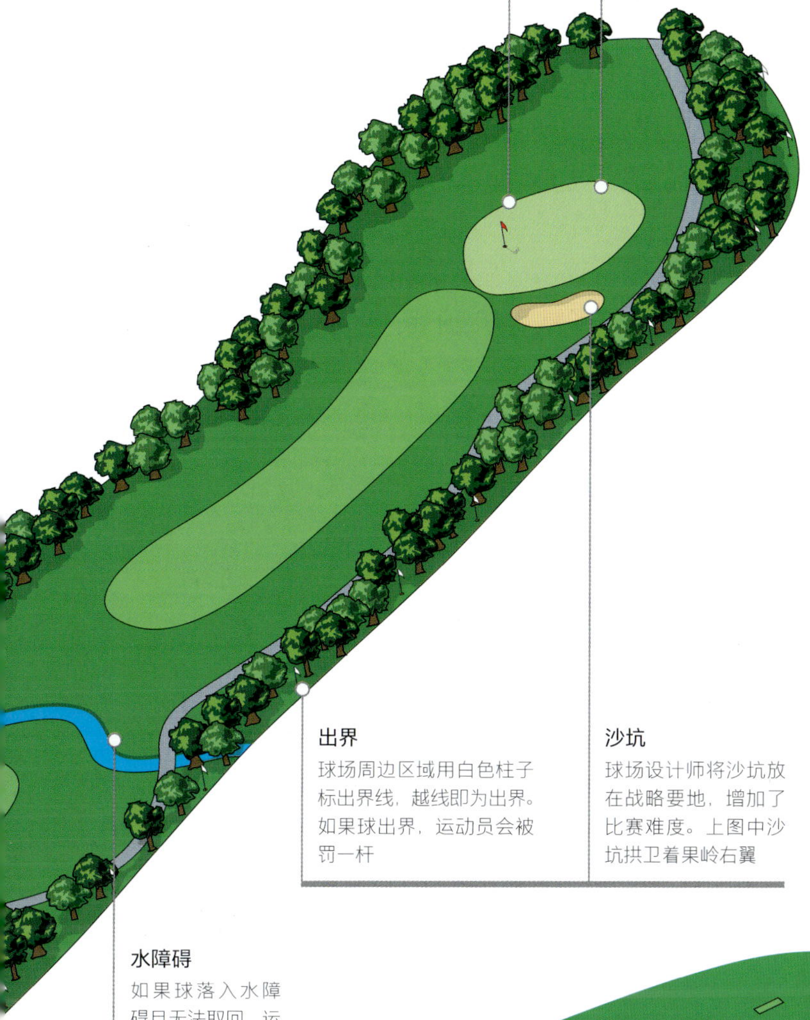

球洞

18个球洞均由一个发球区、一个球道、一个果岭和一个插着移动式旗子的洞组成。周围可能有多个障碍区，包括人工沙坑和树木、湖泊、溪流等自然障碍物。最节省杆数的路线是一直在球道上行进，但实际很难做到。高尔夫球场由各类3杆洞、4杆洞和5杆洞组成。标准杆数取决于球洞长度。3杆洞距离不超过240码，4杆洞距离为241至474码，5杆洞距离则超过474码。计算标准杆数时，假定选手在果岭上推杆两次。因此，3杆标准杆要求一杆击球到果岭上，4杆标准杆要求两杆击球到果岭上，5杆标准杆要求三杆击球到果岭上。不过运动员可以任意方式得分。

差点

根据其长度，每个球洞均有标准杆数，即假定足以击球进洞的合理杆数。根据多轮比赛高于标准杆的平均杆数计算选手的差点。

高尔夫球场类型

高尔夫风靡全球，从各地景观各异的球场便可见一斑。球场类型各异，高尔夫球发源地苏格兰的滨海球场开阔风大，中东沙海之中精心维护的球场犹如度假胜地。几乎任何空间充足的环境中都有高尔夫球场。当然，最亲民、最常见的类型可能是许多城市郊区特有的以树为界的绿地球场。

3杆洞

4、6、12和16这四个洞为三杆洞；最短距离142米，最长距离219米

4杆洞

1、3、5、7、9、10、11、14、17和18这十个洞为四杆洞；长度在320—462米之间

5杆洞

共四个洞：2号洞（长526米）、8号洞（长521米）、13号洞（长466米）和15号洞（长485米）

典范球场

奥古斯塔国家高尔夫球场（Augusta National Golf Club）是高尔夫球四大赛（Major Championships）之一的美国大师赛（Masters Tournament）比赛场地，风景秀丽，是全球顶尖球场。作为绿地球场的典范，奥古斯塔球场原先是苗圃，球道郁郁葱葱，周围围绕着乔木和灌木，球洞便是根据这些植被命名的。

高尔夫球装备

精选球杆和足量供应的球都是打一轮高尔夫球的必需品。装备齐全的运动员还需要球座、球标（必须捡球的情况下，用以标记球的位置）以及一个果岭叉。由于运动员在场上时间可长达数小时，因此可能还要携带食物、能量饮料、雨伞、雨衣、毛巾、手套等各类物品。为了携带上述装备，运动员会背着专用球包或开球车。对于专业选手来说，电动球车取代了传统的球童。高尔夫球场通常有着装规则，要求选手穿休闲时尚服装。带有鞋钉或橡胶鞋底的特制球鞋可在选手挥杆时提供必不可少的抓地力。

太多球杆

2001年英国高尔夫球公开赛（BRITISH OPEN GOLF CHAMPIONSHIP）最后一天比赛开始时，威尔士职业选手欧伊恩·沃斯南（IAN WOOSNAM）开局势头正盛，第一洞比标准杆少一杆，赢得比赛的概率很大。但在第二个发球台上，沃斯南的球童注意到他的球袋里多了一根球杆。沃斯南因此被罚两杆，导致他最终与胜利失之交臂。

选择球杆

选手最多可使用14根任意组合的球杆来应对场上可能遇到的各类情形。选手大多携带：两到三根“木杆”，包括一根用于击出长距离球的1号木杆；六到七根铁杆，用于球道和高草区击球；两种被称为“挖起杆”的铁杆，用于击出短距离球；还有一根推杆，用于果岭击球。为帮助选手选择合适球杆，所有球杆均根据一套特定系统编号。一般而言，球杆号码越小，击球距离越远。与过去相比，现代球杆的设计和用料使运动员有更强的比赛掌控力。选手对球杆的选择在很大程度上取决于自身能力水平和挥杆风格。

杆头

最初，杆头为木制，后来变为钢制，如今则通常由钛制成。因为重量变轻，所以现代杆头尺寸变大，也更为高效。

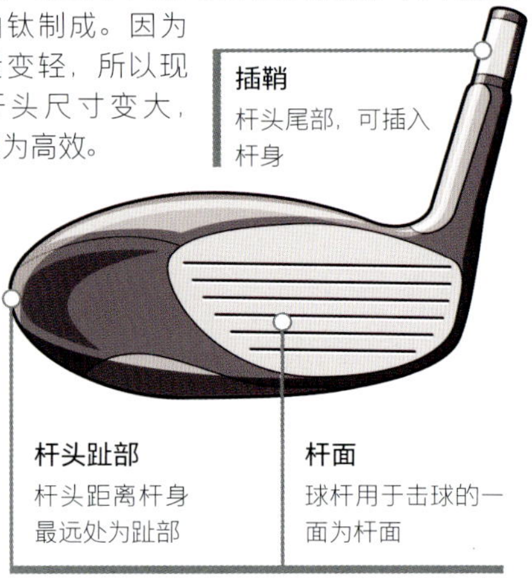

1号木杆

1号木杆是球袋中最大的球杆，用于击出远距离球。杆面形状有助于击球时将球抬高。

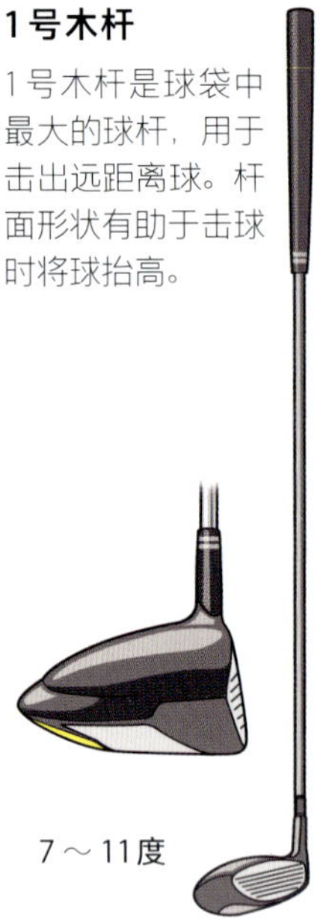

铁杆

铁杆通常用于击出中距离球，是最泛用的球杆，分为1号（杆面斜角16度）到9号（杆面斜角44度）铁杆。

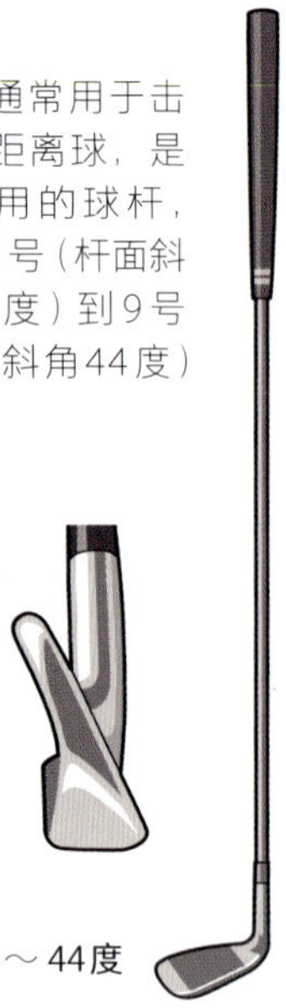

挖起杆

楔形挖起杆用于在草地上击出短距离球，沙坑挖起杆用于沙坑击球。最近市面上又出现了杆面斜角大的高抛挖起杆。

推杆

推杆打击面最低，用于在果岭或果岭附近的低矮草地击球。

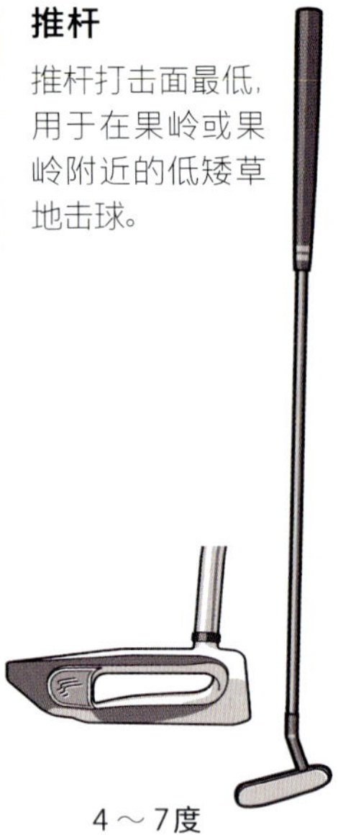

规则繁多

高尔夫球比赛规则比大多数运动都要多，有34条，还有各类子规则，但也体现了高尔夫球的特点。显然，与网球场等场地相比，在涵盖树木、河流的大片高尔夫球场上，更可能出现各类意外情况。除美国和墨西哥，圣安德鲁斯皇家高尔夫球俱乐部（Royal and Ancient Golf Club of St Andrews）负责在各国落实《高尔夫球比赛规则》，美墨两国则由美国高尔夫球协会（United States Golf Association）负责。

击球

往前挥杆，旨在击球，则该动作为一杆。如果选手挥杆却未击中，也算作一杆。

在果岭上

只有在果岭上，选手才能标记球的位置、捡球并擦球。运动员还可以清理掉“推击线”上的落叶或沙子。

障碍区和无法击打的球位

如果把球打入沙坑，球员不会遭到处罚，但是再次击球前球杆不得触地。选手亦可从水障碍中击球，或是重新击球，或是将球抛出，但不得缩短与球洞的距离。这两种方式都会导致选手受罚一杆。如果球落入灌木丛中，球员可将球抛出，抛出距离不超过两根球杆的长度，且不得使球更靠近球洞。在这种情况下，球员也会被罚一杆。

障碍物

可移动的自然物体为非固定障碍物，可从球周围移走且不会受到处罚。沙耙等障碍物亦可移走。在此过程中，如果球移动，则算作一杆。喷头等物品为固定障碍物。如果障碍物影响运动员站立或挥杆，则可将球从障碍物中移走而无须罚杆。移动距离不得超过一根球杆的长度，且不得靠近球洞。

球

尽管球的规格有严格规定，但有许多不同类型/设计/型号的球可选。不同的球旋转、速度和飞行轨迹各不相同。有些球为多幔层小球芯设计，有些球则仅有大球芯。

白色导弹

高尔夫球硬质外层布满小坑，有助于减少空气阻力。对于经验丰富的选手而言，小坑分布的微小差异会使不同类型的球有独特的“触感”

开球时间

每洞第一杆时，选手可将球放在塑料或木制球座上，降低击球难度

杆面斜角和球位

球位不同，所需球杆也不同。球位处于球道矮草之中时，选择余地最大。球位落在高草区时，击球需要中铁杆、短铁杆或多功能木杆等杆面斜角足够大的球杆，可将刃部底部插入球下方。要打出切低球，使球飞到果岭上时，选手会选择杆面斜角大的铁杆，因为打出的球飞行高度最高，且落地柔和。无障碍物时，打击面较低的球杆可将球打到果岭上。

距离指南

球杆	距离	杆面斜角
1号木杆	230～290码	7–11度
3号木杆	210～240码	13–16度
5号木杆	200～220码	19–21度
3	180～205码	18度
4	170～200码	22度
5	160～195码	26度
6	150～180码	30度
7	140～170码	34度
8	130～155码	38度
9	120～145码	42度
楔形挖起杆	110～130码	46度
沙坑挖起杆	90～100码	56度

飞行轨迹

高尔夫球飞行轨迹取决于所用球杆杆面斜角。1号木杆能将球打得又低又远。挖起杆杆面斜角最大，击球高度较高，但距离较短。各类铁杆的杆面斜角和击球飞行距离如下图所示。

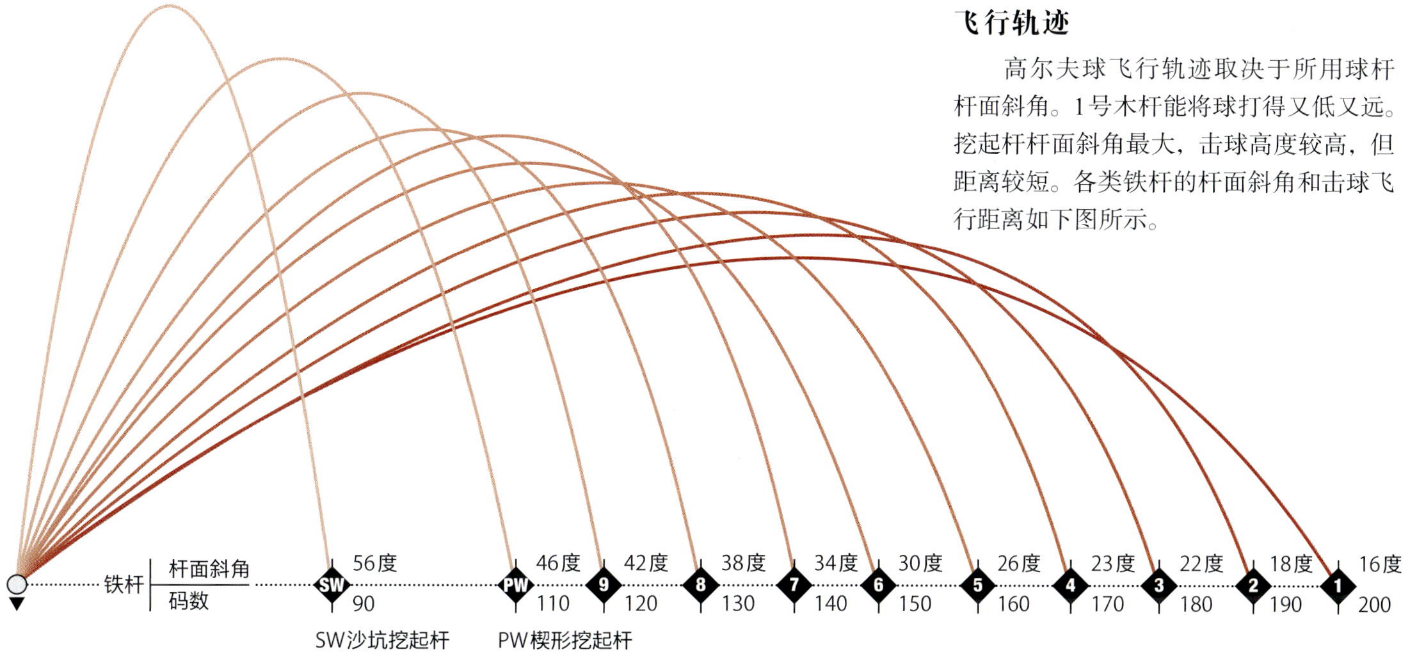

比赛类型

高尔夫球比赛模式多种多样。比杆赛中，选手记录每洞得分，最后求总数。史特伯福特（Stableford）比赛中，根据每洞得分计分。单人洞比赛是每个洞都单独竞赛的比赛。四人球赛与单人赛原则一致，但是选手要两两组队比赛。二对二比赛中，两名队友共用一粒球比赛。

得分

运动员自行在记分卡上计分，但必须经由对手检查。部分得分相关名词如下：

标准杆：与球洞标准杆数相当。

小鸟：低于标准杆一杆。

老鹰：低于标准杆二杆。

信天翁：低于标准杆三杆。

破击：多于标准杆一杆。

双破击：多于标准杆两杆。双破击出现太多次，会拉低比赛成绩。

礼仪

遵守场上礼仪可确保人人乐在其中、人人安全比赛。场上礼仪包括：其他选手击球时保持安静；击球后把沙坑耙平，清除脚印；填补草皮；不得延误其他球员。在果岭上，玩家应修补球痕，并避免站在其他选手的推击线上。

统计中心

四大赛冠军

球员	冠军总数
杰克·尼克劳斯	18
泰格·伍兹	15
沃尔特·哈根	11
本·霍根	9
加里球员	9

美国女子职业高尔夫球协会大满贯冠军

球员	冠军总数
帕蒂·伯格（Patty Berg）	15
米奇·赖特（Mickey Wright）	13
路易丝·萨格斯（Louis Suggs）	11
安妮卡·索伦丝坦（Annika Sörenstam）	10
贝贝·查哈丽娅（Babe Zaharias）	10

高尔夫球挥杆动作

要把高尔夫球挥杆动作做好，要先把起始动作做到位。对初学者来说，正确的握杆方式、站姿、姿势以及对准到位极为重要。实际上，起始动作到位，即便挥杆动作做得一般，依然可以打出好球。但如果起始动作没做好，即便挥杆动作世界一流，也无法稳定地击中球。挥杆动作本质在于重复。后起杆和收杆动作应相当于互为镜像。

站姿

双脚分开，与肩同宽，双腿略微弯曲，球大约位于双脚中间。选手向球的方向弯腰。

握杆

采用正脚位时，正确握杆是选手控制杆头并用以击球的唯一方式。有两种广为使用的握杆方式（如下图所示），第三种为棒球式握杆法，适合新手或有关节炎的选手。

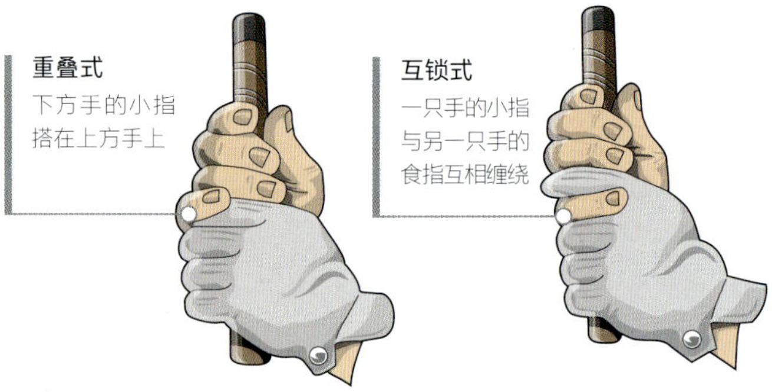

起杆

起杆为整体性动作，手、手臂、球杆都应放直，同步发力。起杆阶段中，除了肩膀略微倾斜外，不应屈腕，身体其他部位也不应移动。

劈起球和切低球

如果击球距离在90码（约80米）以内，球员无须全力挥杆；此时开放式站姿更适合。劈起球主要靠“感觉”来判断距离，而感觉源自比赛经验和反复尝试。切低球是从很靠近果岭的地方打的，要么打得很低，沿着地面滚向球洞（切低滚地球），要么打得很高，落地柔和，几乎不会再向前滚动（吊高球）。如果能把这些球打好，球员就可以打很多短推球，每回合节省许多杆数。

推杆

推杆动作有着“局中局”之称，本身就自成一门艺术。相较于普通击球，推杆时球员要站得更直，头部保持不动，只有手和手臂同步移动。但是，仅仅推杆动作做到位、距离判断准确还不够。选手要看准果岭轮廓，判断球如何“转弯”（相对于斜坡移动）以及击打后的球速。能准确判断上述要素，就能“读懂”果岭，但这种能力只能靠经验累积。

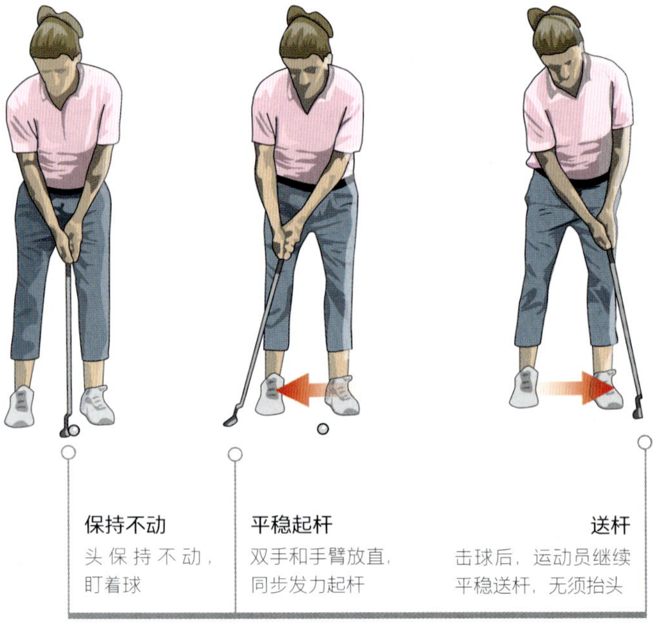

一杆进洞

被许多球员奉为高尔夫球圣杯的一杆进洞通常只在3杆球洞上才能实现，但也曾在4杆短洞上出现过，大多都是出于机缘巧合。由于职业选手往往能将球打到旗子附近，因此他们的一杆进洞数要比业余选手多很多，许多职业选手甚至打出过几十次一杆进洞。

困难球

当然，球并不总会停在短草平地上。在球落入树丛等情况下，选手基本上只能打出侧向切低球。不过，大部分情况下，可通过微调起始动作加以解决。例如，处理上坡球或下坡球时，选手通过调整站姿的重心而改变球位。处理侧面斜坡球时，选手根据坡度瞄准目标偏左或偏右一些。沙坑球往往十分棘手。关键在于杆面要位于球的右侧，正常挥杆，先击中沙子，而非球。

后起杆

球杆与初始位置呈约45度角时，选手开始屈腕并以髋部为轴转动上半身。转肩时，头部必须保持不动，不得摆头或歪头。

下挥杆和击球

下挥杆关键在于要尽量成为后起杆的镜像动作。随着重心从身体后侧转移，肩膀和上半身应舒展开。手和手臂随之移动，而非率先移动，从而确保击球时杆面正对着球。

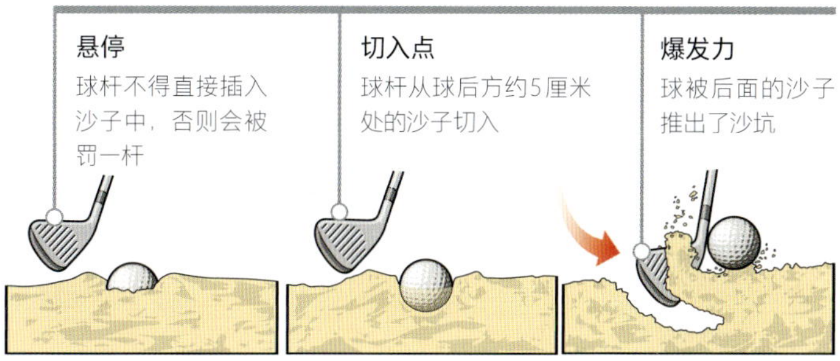

趣闻

4 四大赛连胜纪录。2000年，泰格·伍兹赢得英国公开赛、美国公开赛和美国职业高尔夫球协会（USPGA）锦标赛冠军，而后夺得2001年美国大师赛冠军，完成了这一壮举。

1004 韩国群山乡村俱乐部（Gunsan Country Club）井邑（Jeongeup）球场第三洞为7杆洞，长1004米，是世界最长的高尔夫球洞。

58 吉姆·弗赖克（Jim Furyk）在2016年旅行者锦标赛（Travelers Championship）上创造的单轮杆数纪录。单轮杆数低于60杆（通常比球场标准杆少10杆）是罕见壮举。迄今为止，美国女子职业高尔夫球协会球员之中，只有安妮卡·索伦丝坦（Annika Sörenstam）在2001年标准注册PING锦标赛（Standard Register PING Tournament）上完成了此壮举。

幕后故事

皇家高尔夫球俱乐部和美国高尔夫球协会负责执行《高尔夫球比赛规则》，检测高尔夫球装备合规性，实施差点系统，并举办全国男子、女子和青少年高尔夫球锦标赛。职业高尔夫球协会欧洲巡回赛举办了职业高尔夫球赛事，包含非洲、亚洲、大洋洲部分比赛。美国巡回赛则举办了北美职业赛事。自1999年以来，国际职业高尔夫球协会巡回赛联盟已经举办了三届世界高尔夫锦标赛。

四大赛

四大赛比赛顺序如下：美国大师赛每年4月在佐治亚州奥古斯塔国家高尔夫球场举行，球场严格执行邀请制；美国公开赛是美国高尔夫球协会旗舰赛事；美国职业高尔夫球协会锦标赛在6月举行；最后是皇家高尔夫球俱乐部在7月举办的公开赛。

槌球

运动概述

槌球是用球槌将球击入嵌在草地赛场上的球门的运动。首先击中球场中央终点柱的一方获胜。本文所述的协会槌球是大多数国际槌球比赛所采用的形式。槌球比赛有许多机会惩罚对方，被认为是极具侵略性的娱乐活动，与人们心目中刻板做作的形象相去甚远。

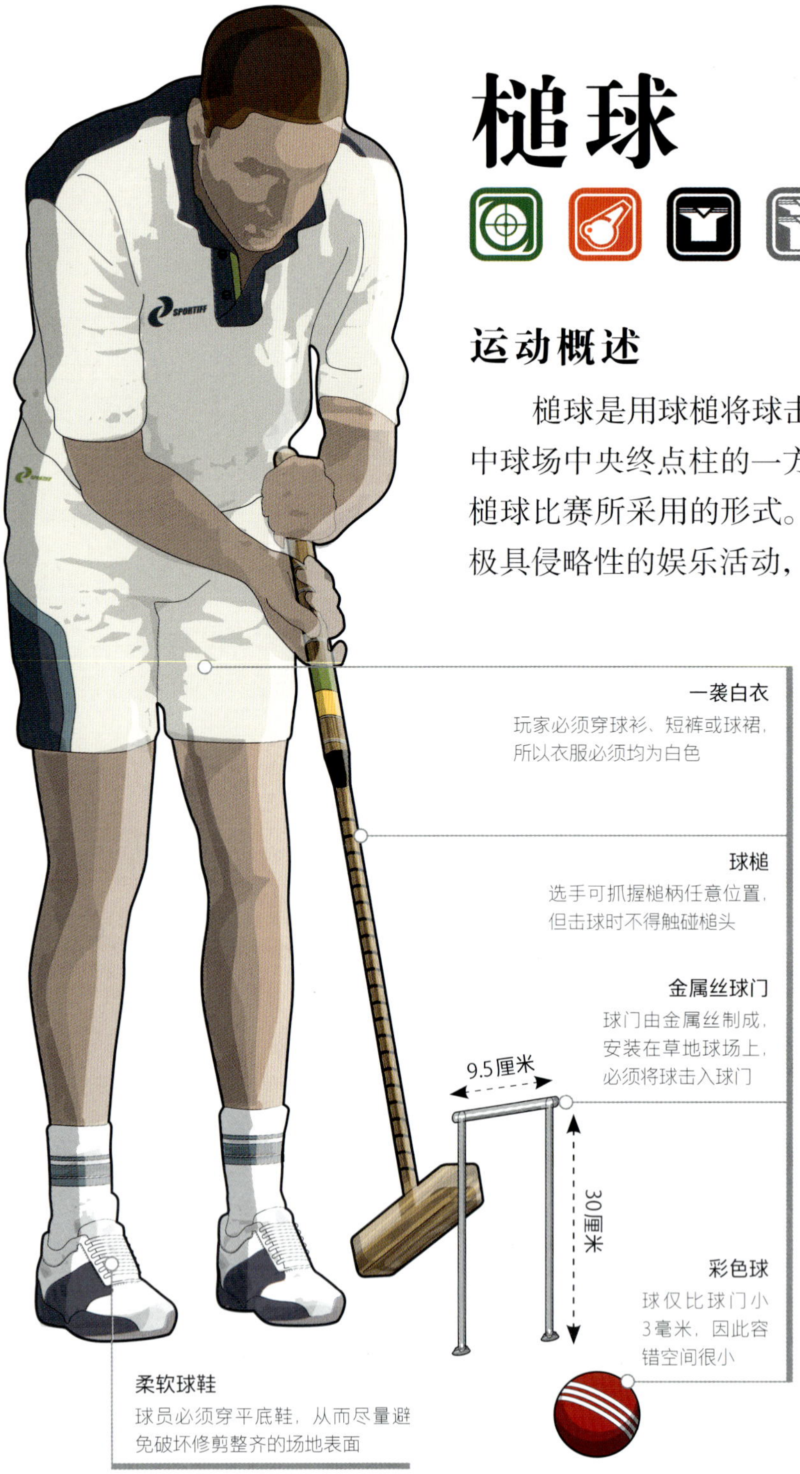

运动要求

许多槌球所需技能与高尔夫球推杆相似。两种运动都需要选手准确判断球位和击球力道。槌球草坪比许多果岭都小，并且球的移动距离也比较短，因此体力并非关键因素。年龄不是问题，因为老手能以智取胜，轻松击败年富力强的对手。

新球换旧球

成立于1868年的温布尔登全英格兰槌球俱乐部（WIMBLEDON ALL ENGLAND CROQUET CLUB）是英国首家国家槌球中心。然而，仅9年后，俱乐部更名为温布尔登全英格兰槌球和草地网球俱乐部（WIMBLEDON ALL ENGLAND CROQUET AND LAWN TENNIS CLUB），并举办了历史上首届草地网球锦标赛。随着网球日渐风靡，槌球日益边缘化。俱乐部甚至一度去掉了名称中的“槌球”二字，并且不再举行槌球锦标赛。

必备知识

- 比赛双方两两组队或单独参赛。双方各有两个球：一方为蓝色和黑色，另一方为红色和黄色。
- 全球重大男子槌球比赛是槌球世界系列赛（Croquet World Series）。比赛每三到四年一届，持续两个礼拜。澳大利亚、英国、新西兰和美国共同争夺麦克罗伯逊盾形奖牌（MacRobertson Shield）。
- 除了基础协会槌球外，还有几种变体，包括用大锤击打十瓶保龄球的蒙多槌球（Mondo Croquet），以及自行车槌球。

趣闻

1 1900年奥运会槌球决赛付费进场的观众数。这也是槌球比赛唯一一次在奥运会上亮相。比赛在巴黎举行，十名参赛者中，九名来自法国，因此法国毫不意外地包揽了单双打比赛全部奖牌。

80 2012年协会槌球世界锦标赛（Association Croquet World Championships）参赛球员数量。除了角逐麦克罗伯逊盾形奖牌的四个国家外，任何将槌球视为英式风格典范的人都惊讶地发现，日本、瑞典等与槌球关联度不高的国家竟也派运动员出战。

9 英国赢得麦克罗伯逊盾形奖牌的次数，多于其他任何国家。其中两次是与爱尔兰组队参赛。新西兰和澳大利亚均四夺盾形奖牌。

场上夹子

比赛场地为平面，草地修剪整齐，大小相当于两个网球场。比赛从球场一侧的开球线后开始。第一门横梁为白色，最后一门有“漫游者”之称，其横梁为红色。为提醒选手比赛方向，并向观众表示球门击打方向，在比赛开始时，将四个彩色夹子夹在每个球门横梁上，指示每个球的下一个得分点。一旦相应的球通过一次后，就将夹子移动到球门侧边。

有的放矢

每个球员都有两个彩色球，必须两次将球以正确顺序和方向击过六个球门，然后击中终点柱。槌球讲究战术，球员可在推进本方球时破坏对方球位。

续击：取胜需得到26分（每个球12分球门分和1分终点柱分）。通常选手每轮只击球1次。但如果击球穿过球门，则可再击球一次（“续击”）。如果击出的球又撞击了对方的球（击中“他球”），则击球者获得两次续击：击球者将己球放在贴近他球的位置上，然后击打己球，从而将他球打出界，这就是槌球富有侵略性之处。

撞顶球和出线球

如果击出的球将他球硬顶过门，则为撞顶球：另一方将获益，但无续击权。如果球出线，则将其置于出线处。

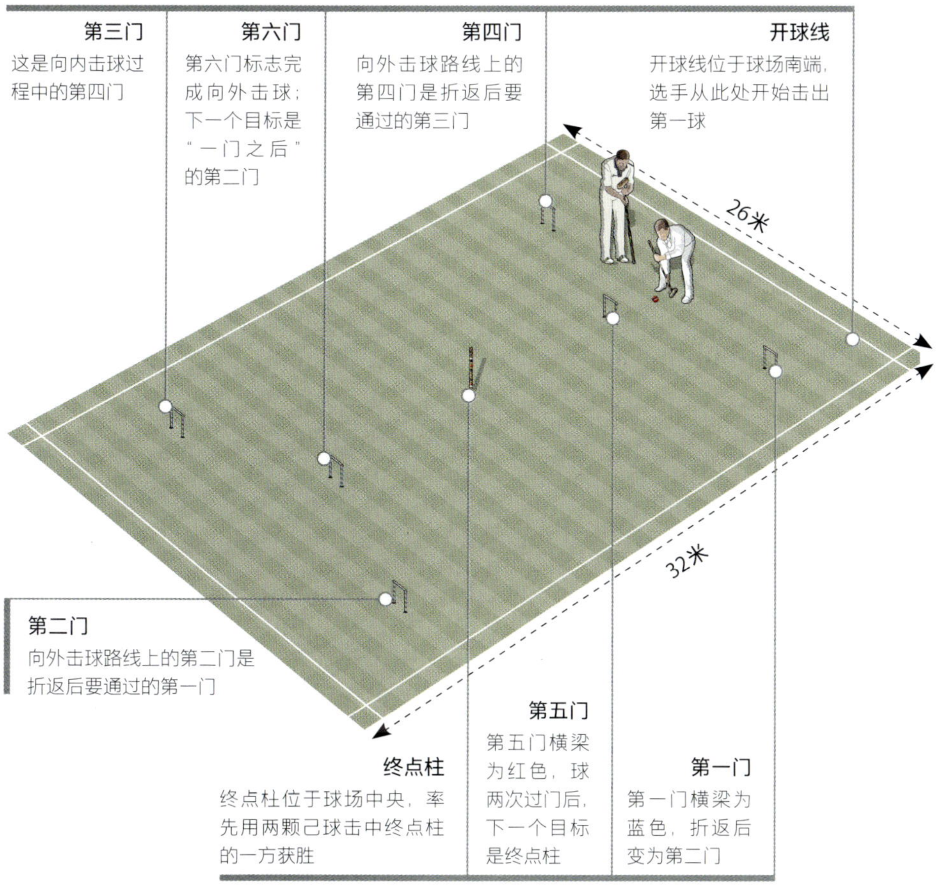

装备

不使用时，将球槌、球、球门和终点柱存放在长木箱中，木箱两端装有绳把手，并配有箱盖。木箱形状介于运货板条箱和棺材之间。

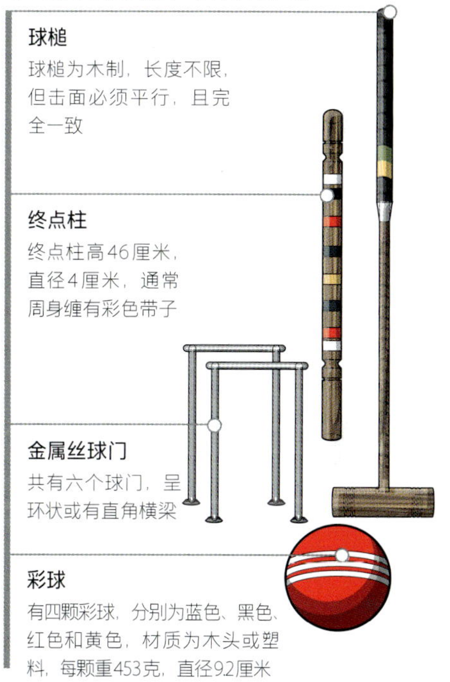

撞击有道

不同于大多数靶类运动，槌球鼓励阻碍对手。做到这一点要分两步走。第一步是撞击，用己球击打他球。然后击球者拿起己球，使其紧靠被撞击的球，然后打出贴边球。

贴边球

贴边球的目的是将他球尽量击离得分路线。但是进攻能力最强的球员会瞄准角度，击开他球的同时为自己争取优势。完美的贴边球可使他球远离得分路线，同时将己球击过球门，从而获得续击。右侧示意图便展现了一个经典案例。

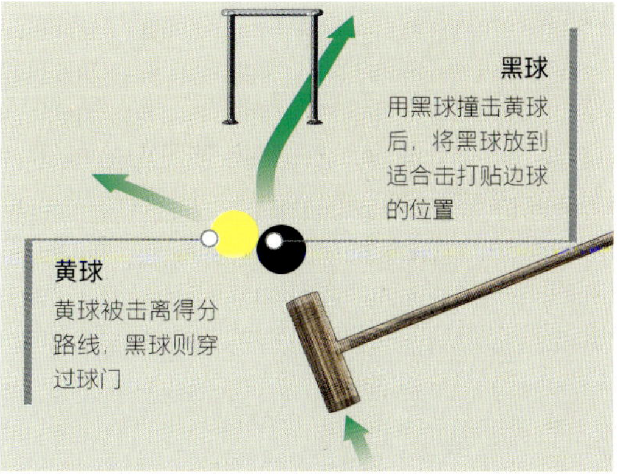

幕后故事

槌球发源于19世纪30年代的爱尔兰，后传入英国，很快就大受欢迎。在当时，槌球为首选户外运动，男女皆可公平竞技。当伦敦体育用品制造商开始生产和销售槌球装备时，槌球的受欢迎度更是可见一斑。槌球运动很快风靡英国殖民地，特别是澳大利亚和新西兰。

管理机构

在英格兰、威尔士和北爱尔兰，槌球协会负责制定规则、奖励顶尖球员以及推广和管理槌球运动。

冰壶

运动概述

有“冰上国际象棋”之称的冰壶是一项比拼技巧、精准度和策略的运动。冰壶原是苏格兰冬季户外运动，后传入世界各地，成为冬奥会重点赛事。两队各四名队员，在冰道上比赛，目标是使己方冰壶比对方冰壶更靠近圆心。一场比赛有十局，每人各掷两个冰壶，每局双方共掷十六个冰壶。在冰壶滑向圆心的过程中，队员根据“队长”指示，刷冰壶前方的冰，从而调节冰壶滑行速度和方向。

冰道

冰道为比赛区域，两端各有一个圆形得分区——大本营。大本营由四个同心圆圈组成，中心线和圆心线将四个圆圈分割开来。最大的圆圈直径3.6米，最小的直径30厘米。运动员一定要在前掷线前掷出冰壶。如果冰壶越过大本营后面的底线，则该冰壶出界。

旋转冰壶

可使冰壶在冰道上旋转滑行。投掷时冰壶的旋转方向决定了冰壶在冰上的滑行方式。旋转方向决定了冰壶是向左还是向右走弧线：顺时针旋转就是向左走弧线，逆时针旋转就是向右走弧线。旋转量越大，冰壶弧度越浅。如果冰道不平整，冰壶甚至会逆旋转方向滑行。

保持冷静

冰道表面需要保持零下5摄氏度的恒温。赛前均需在冰道上洒水。水滴在冰上冻结为凸起的冰晶。冰壶与冰晶摩擦，导致冰壶沿弧线滑行。

大本营

大本营为得分区。冰壶必须处于大本营内，才有机会得分

底线

如果冰壶穿过与大本营相切的底线，则为出界

必备知识

- 冰壶在加拿大、苏格兰等高纬度地区很受欢迎，那里天寒地冻，天然地适合开展冰雪运动。现在，越来越多的国家举办冰壶赛事，包括西班牙、中国、日本等较为温暖的国家。
- 队中，一垒队员先投掷，其次是二垒队员，接下来是副队长。队长负责指挥比赛，通常最后投掷。
- 顶级冰壶是用苏格兰艾尔郡（Ayrshire）海岸附近的艾尔萨克雷格岛（Ailsa Craig Island）的花岗岩制成的。奥运级别的冰壶成本高达1500美元。

运动要求

运动员需要有良好的平衡感、灵活性、手眼协调能力以及冰上控制力。副队长和队长还要敏于谋略，才能指导队友将冰壶投掷到获胜位置。

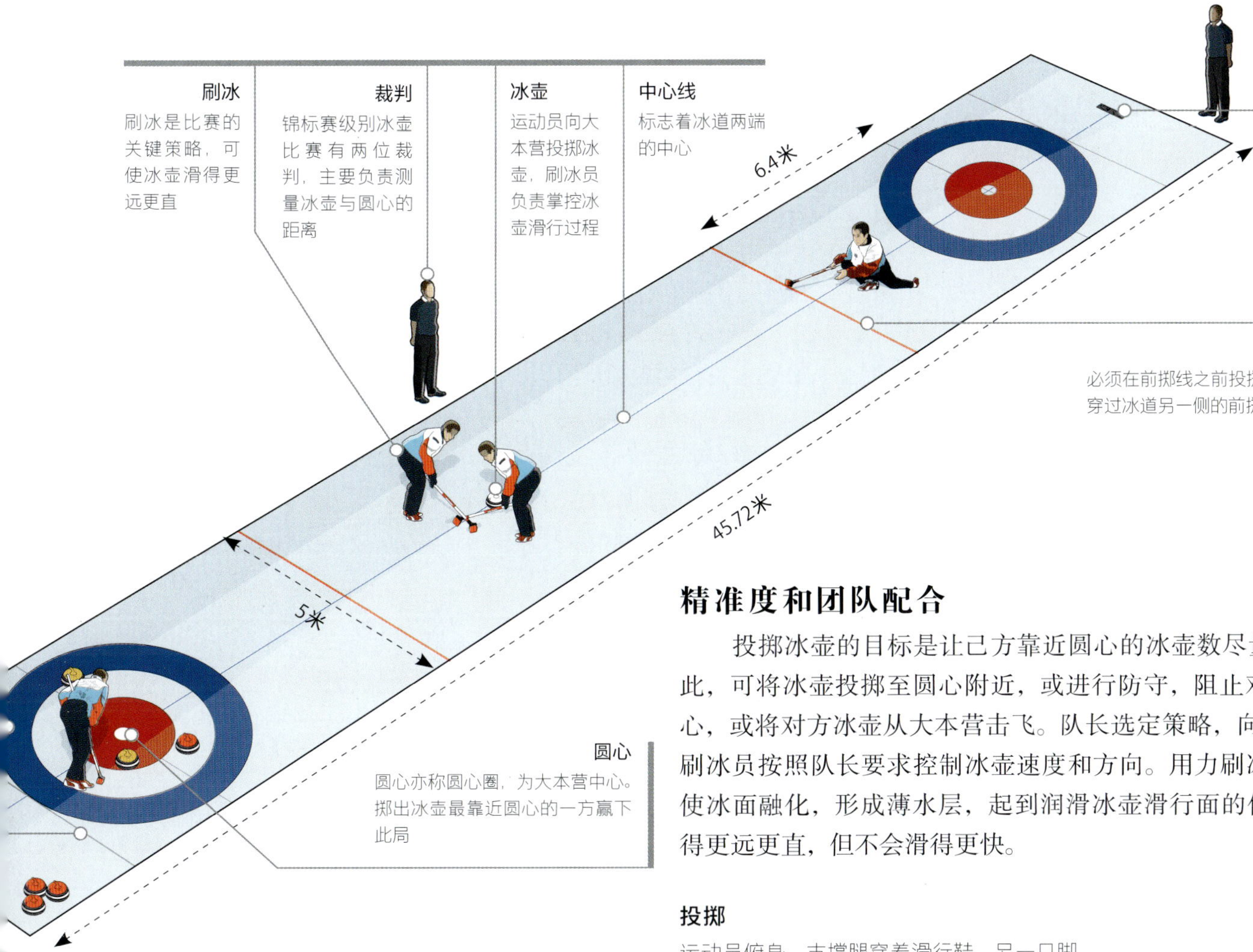

精准度和团队配合

投掷冰壶的目标是让己方靠近圆心的冰壶数尽量多于对方。为此，可将冰壶投掷至圆心附近，或进行防守，阻止对方冰壶靠近圆心，或将对方冰壶从大本营击飞。队长选定策略，向队员下达指示。刷冰员按照队长要求控制冰壶速度和方向。用力刷冰壶前方的冰会使冰面融化，形成薄水层，起到润滑冰壶滑行面的作用，使冰壶滑得更远更直，但不会滑得更快。

投掷

运动员俯身，支撑腿穿着滑行鞋，另一只脚则发力蹬离踏板。运动员向前滑行，手持冰壶，控制冰壶速度、方向和旋转，然后在前掷线前投掷冰壶。投掷后，运动员或冰刷皆不得触碰冰壶。

平衡投掷
队员瞄准队长冰刷指示的位置投掷冰壶

在冰面上

冰壶在冰道上弧线滑行时，向两侧偏离度可达2米。之所以出现弧线滑行，是因为冰面上有凸起的冰晶。通过刷冰融化冰晶，冰壶便不会弧线滑行。随着比赛进行，冰晶不断被刷掉，冰壶滑行弧度可能会变得更大或更小。

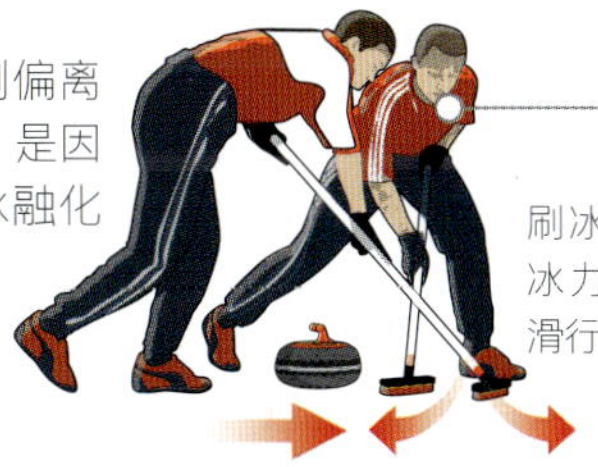

快刷
刷冰员需要调整刷冰力度，调整冰壶滑行方向

在大本营内

在大本营内，队长通过刷冰帮助冰壶滑到理想位置，或是靠近圆心，或是处于阻止对方冰壶接近圆心的防守位置。最后掷出的冰壶被称为“后手”。有后手的一方更可能获胜。

在圆心圈内
大本营内的对方冰壶被击中时，队长也会在这些冰壶前刷冰

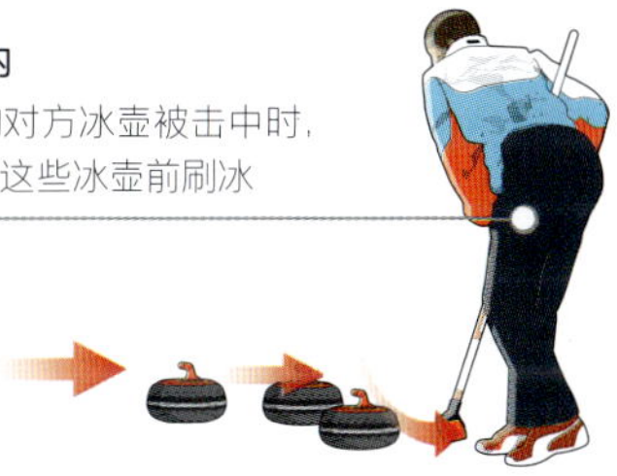

稳如泰山

双方每名队员轮流投掷两个冰壶，直到投完全部十六个冰壶。只有掷出冰壶最靠近圆心的一方才能得分。每有一个冰壶比对方更靠近圆心，则得一分。

进营

进营是指将冰壶掷入大本营中。防卫是指将冰壶掷于大本营前，阻碍对方投出的冰壶。传进则是将大本营外的冰壶传击入大本营内，或使大本营内的冰壶更靠近圆心。

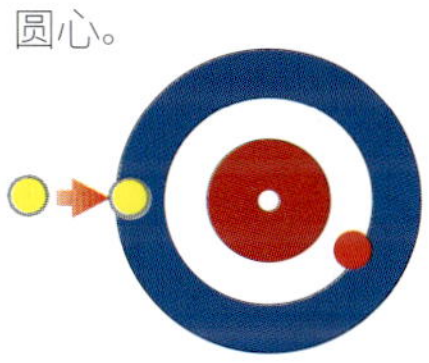

传进
队友掷出的冰壶将这个冰壶击到更靠近圆心的得分位置

击飞

击飞是指将另一个冰壶——最好是对方的冰壶——击出界。传进击飞是指掷出的冰壶借助另一个冰壶将目标冰壶击出界。

直接命中
掷出的冰壶击中对方冰壶，将其击出大本营

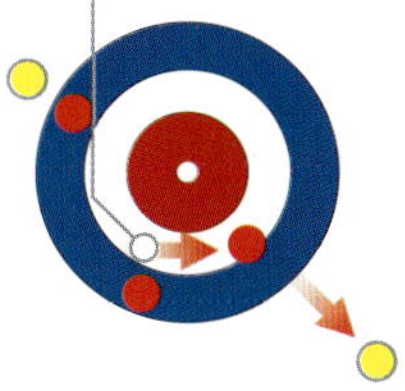

幕后故事

冰壶在16世纪至19世纪时很受欢迎。皇家苏格兰人冰壶俱乐部（Royal Caledonian Curling Club）成立于1843年，是历史最悠久的冰壶俱乐部。首届冰壶世锦赛于1959年举办（1979年首届女子冰壶世锦赛）。自1998年以来，冬奥会均设有男子和女子冰壶项目。

管理机构

皇家苏格兰人冰壶俱乐部是最早的冰壶管理机构，与世界冰壶联合会（World Curling Federation）均设立在苏格兰。世界冰壶联合会负责举办世界男子、女子、青少年冰壶锦标赛，有五十个成员。

草地滚球

必备知识

- 草地滚球很受60岁以上人群喜爱，但竞技比赛还是以年轻球员为主。
- 草地滚球在澳大利亚、加拿大、新西兰、英国和英国最受欢迎。
- 男子室内草地滚球世界冠军均来自英格兰、爱尔兰、苏格兰或威尔士，只有1992年例外，当年冠军为澳大利亚选手

运动要求

草地滚球很容易上手，男女老少皆宜。保龄球高手手眼协调能力很强，并且善于战略部署。

着装得体

尽管着装并非比赛重点，但男士通常会穿白色服装，打领带

橡胶垫

球员必须至少有一只脚站在球道中央的橡胶垫上

运动概述

草地滚球是比拼精准度的运动。球员投出略不对称的保龄球，使其在绿地上滚动。投出的球最靠近目标球的球员获胜。

保龄球

传统保龄球由木头、橡胶或复合材料制成，现代保龄球则是用褐煤制成。由于保龄球形状不对称，为偏心球，因此行进路线为弧线。目标球通常为白色。

偏心保龄球

保龄球呈黑色或棕色，重约1.5千克，直径12～14.5厘米。保龄球并非为圆形，因为重心偏移，所以一侧轻微凸起。

绿地

草地滚球比赛场地通常为修剪整齐的草地或人工合成的绿地，并划分为平行球道。此外还衍生出了室内地毯保龄球。室外绿地长度一致，但宽度可能有所不同，具体取决于球道数量。室内绿地通常较小，组织方负责决定面积大小

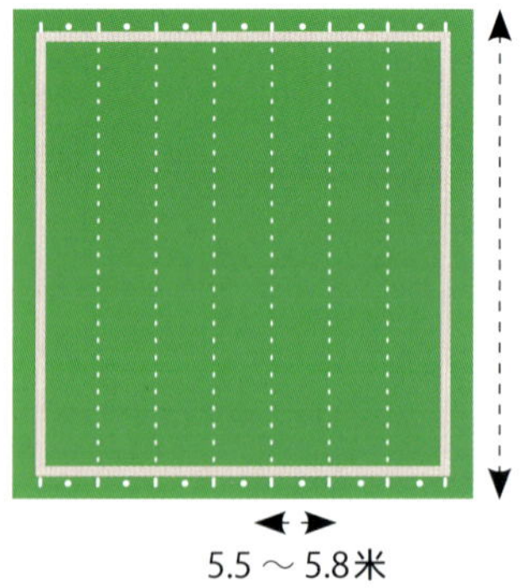

草地规则

在最简单的单打比赛中，根据硬币投掷结果，一名球员先摆放橡胶垫，然后将目标球滚到绿地另一端。目标球停下后，将其与球道中线对齐，然后球员轮流投球。保龄球可沿弧线滚动，甚至滚出球道边线，但停下后必须在球道内才有效。球员投完所有球之后（每人各投四球），确定目标球与最近保龄球之间的距离。若球员投出的球比对方的球更靠近目标球，则得一分。以上便是一局比赛的流程。

投球

有几类投球方式。对于右利手选手而言，“正手侧击”是瞄准目标球右侧，使球沿着向左的弧线行进。右利手球员可将球翻过来，投出“反手侧击”，使球沿向右的弧线滚动。“直击”则是大力投球，旨在撞击目标球或将特定球撞出界。

得分

得分体系各不相同——或先得一定分数者胜，或一定局数后得分高者胜。一些比赛得分体系按“盘”计算，比赛五盘三胜，先得7分者赢下一盘。

然后再大败西班牙人

最著名的草地滚球故事与弗朗西斯·德雷克爵士（SIR FRANCIS DRAKE）有关。1588年7月18日，德雷克在普利茅斯豪（Plymouth Hoe）参赛时，有人告诉他西班牙无敌舰队正在接近。他的回答至今令人津津乐道：“时间还够，先打完比赛，然后再大败西班牙人”。说罢，德雷克继续比赛，不过比赛输了。然后他踏上战场，并最终取胜。

滚球

必备知识

- 一说到滚球，人们通常联想到法国南部，尤其是滚球的发源地普罗旺斯。在马赛，滚球是最常见的运动。
- 约有1700万法国人玩休闲滚球，主要是在暑假期间进行游玩。
- 1958年，国际滚球联合会（International Pétanque Federation）在马赛成立，如今是法国第四大体育联合会，有约60万名成员，遍布五大洲94个国家。

法式滚球

传统法式滚球用钢制成，外层镀铬，重650～800克，直径7.1～8.0厘米。目标球用木材或合成材料制成，直径2.5～3.5厘米。滚球侧面刻有重量以及制造商或球员名称。

比赛场地

比赛通常在硬土地和石子地上进行，草地等亦可。下图标出比赛场地长和宽的最低建议值。

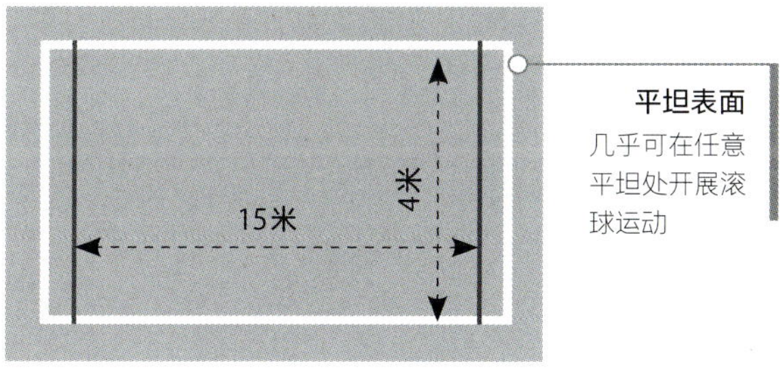

法式滚球规则

法式滚球可单人参赛，或两人三人组队参赛。掷硬币获胜的一方先在场内画一个直径35～50厘米的圆。投球时，球员双脚都必须在圈内，且触碰地面。然后球员将目标球滚到距离投球圈6～10米处。目标球必须清晰可见（比如说不得被石子盖住），且距离边线至少1米，否则必须重掷。同队球员投出第一个滚球，使其尽量滚到目标球附近。随后，对方球员不断投球，直到己方滚球更靠近目标球。此时轮到先手的一方努力将球滚得更靠近目标球。一方投完全部滚球后，另一方则将剩余滚球投完。

运动概述

滚球是法式滚球的一种，比赛目标是将金属球扔得尽量靠近小木球（目标球）。比赛场地通常为硬土地、石子地、草地等。

运动要求

滚球无须特殊技能，男女老少皆可参与。休闲比赛简单轻松，乐趣多多，社交性强，球员兴致昂扬，常常喝着凉饮。竞技比赛中，顶尖球员擅长谋略，且手眼协调能力出色。

瞄准和射击

球员可选择“瞄准”投掷滚球，使其尽量靠近目标球，或进行“射击”，用滚球取代另一个滚球的位置。滚球强队既有球员擅长瞄准，也有球员擅长射击。显而易见，瞄准手会先出场，射手则留到后面，以防对方滚球占据有利位置。瞄准投掷时，目标球前的滚球价值远高于目标球后相同距离的滚球，因为撞击前方滚球通常会使其移动至更好位置。一方投掷完第一个滚球后，另一方必须决定是进行瞄准还是射击。

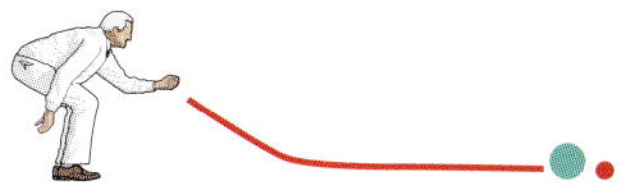

滚入

滚入是最简单的投球方式。球被投掷到球道中点，然后向前滚动。

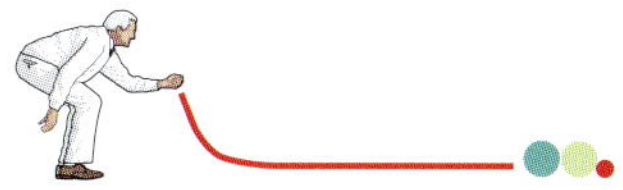

长吊

地面粗糙时，为使球落在理想位置，将球高高抛起是唯一方法。

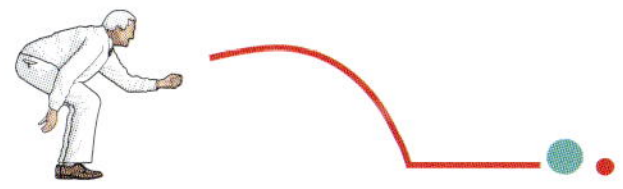

滚入撞击

若采用这种投球方式，滚球会提前落地，然后向前滚动，撞击对方滚球。

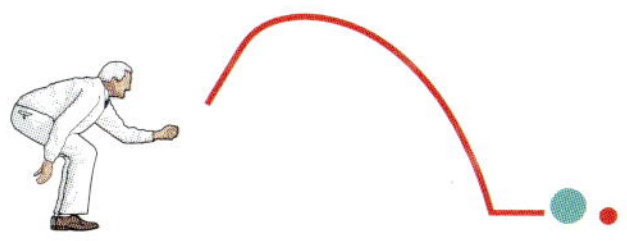

射击撞击

这种投法投得很低，能够击走对方滚球。

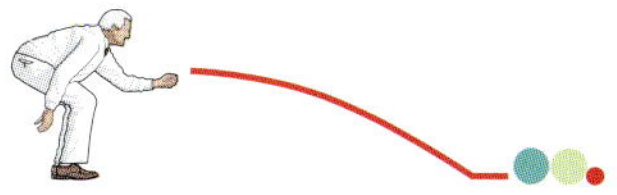

短吊

这种投球方式需要把球投得轨迹很高，且有适量下旋。

大力撞击

这是最势大力沉的投球，能够击中对方滚球，并确保己方滚球停在落点。

十瓶保龄球

随心所动
唯一着装要求是便于手臂和腿部活动

站稳
前脚鞋子为橡胶鞋底，能增加抓地力。后脚皮革鞋底则便于滑动

保龄球
传统保龄球为纯黑色，如今则颜色任意，甚至印有图案

运动概述

在参与式运动中，十瓶保龄球的全球受欢迎度可能仅次于足球。虽然对数百万受众而言，这项室内运动是极好的休闲和社交方式，但其竞技性也丝毫不弱。运动员投出一颗很重的球，使其沿着光滑的球道滚动，争取击倒全部十个球瓶，得分则是根据击倒的球瓶数量计算。当运动员投出全中，也就是一次投球击倒全部球瓶，则可获得加分。

运动要求

唯一必备能力是通过不断训练学习控球技术。年龄不是障碍：美国选手迪克·韦伯赢得2002年职业保龄球协会（Professional Bowlers' Association）老年冠军赛冠军时，已经72岁了。

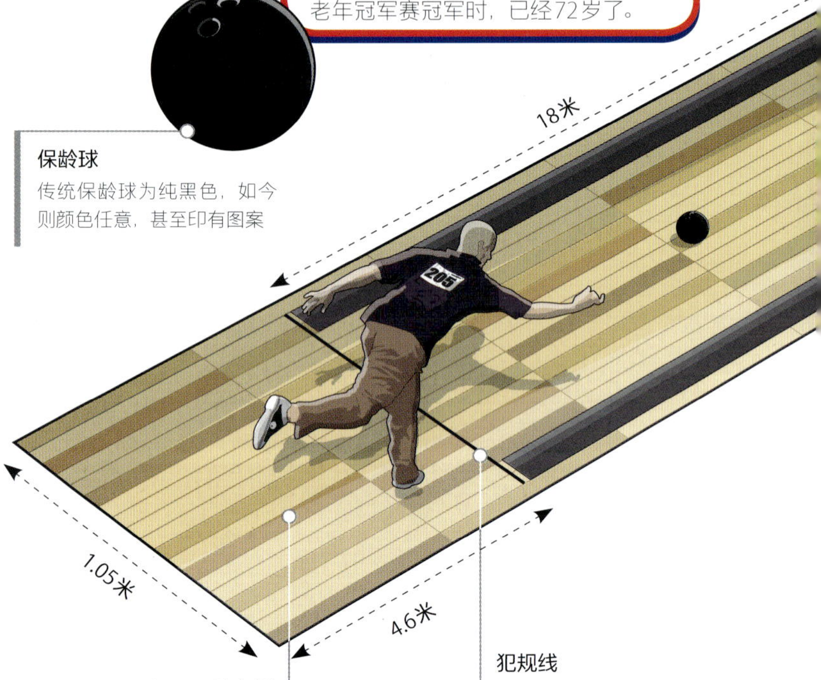

助走道
运动员借助助走道提速并摆动保龄球，然后将球送出。

犯规线
手臂可越过犯规线，但如果球员身体触线，则投出的球记为零分

必备知识

- 20世纪初，保龄球在美国逐渐兴起。1960年，英国首家球馆在伦敦开业。
- 韦伯杯（Weber Cup）是保龄球年度赛事，相当于高尔夫球的莱德杯（Ryder Cup）。比赛中，欧洲队与美国队展开角逐。

球瓶和球

传统球瓶和球为木制，如今前者则是用合成材料或塑料涂层木材制成，后者则是用塑料、聚氨酯、环氧树脂等材料单独或组合制成。休闲十瓶保龄球中，球分为不同重量，适合不同力量类型的选手。

球
全尺寸比赛用球重7.25千克。除了拇指、中指和无名指球孔外，球表面完全平滑。

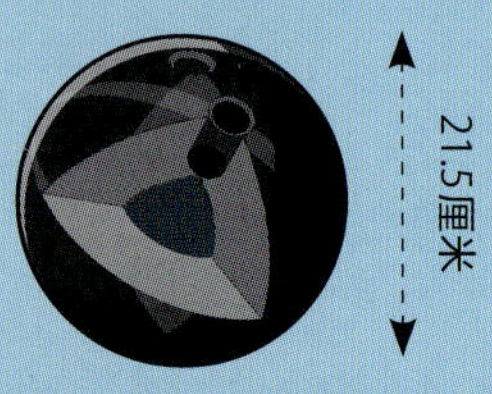

球瓶
球瓶高度一致，每个重1.47—1.64千克，瓶腹宽11.4厘米。

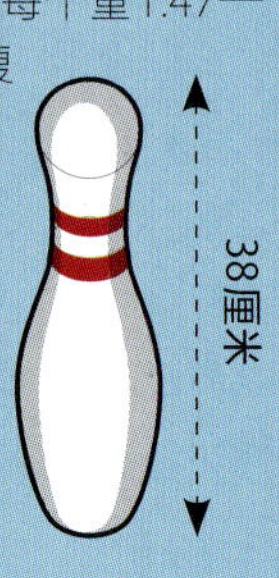

快球道

球道由三十九块聚氨酯板或木板制成。球道两侧是半圆形边沟，可收纳脱靶球。保龄球馆大多配有可伸缩护栏，平时可收入球道两侧，升起后可辅助控球力量不足的小孩。运动员必须在犯规线前投球，且放球后依然不得越线。每轮投完后，球道下方的回球装置或球道右侧的斜坡轨道会自动将球送回到助走道。

球道规则

十瓶保龄球竞技比赛中，每名球员都有十轮，每轮都有两次机会来击倒尽量多的球瓶。每击倒一个球瓶，则可得一分。如果球员第一次投球就击倒所有十个球瓶，则为全中，球员得到10分，再加上随后两次投球的总得分。如果球员第二次投球击倒所有十个球瓶，则为补中，球员得到10分，再加上随后一次投球的得分。如果第二次投球仍未击倒所有球瓶，则为失误。

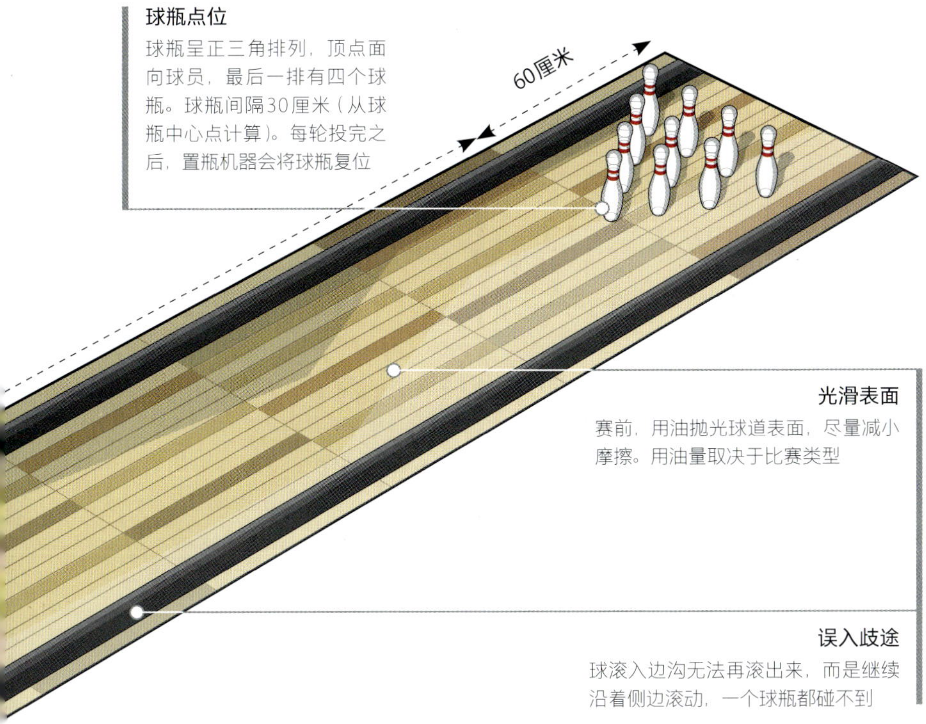

控制球

由于球本身不可能击中每个球瓶，因此球员要使球瓶带倒周围球瓶，形成连锁反应，从而获得高分。保龄球老手使球走弧线，即投出钩球，从而实现最佳效果。球沿直线滚动，在接近球瓶时向左或向右转弯。如果第一投偏离计划，则可能剩下两个或更多球瓶（例如7和10号瓶），几乎无法一球击倒。在这种情况下，球员将择其一击倒，接受失误的结局。

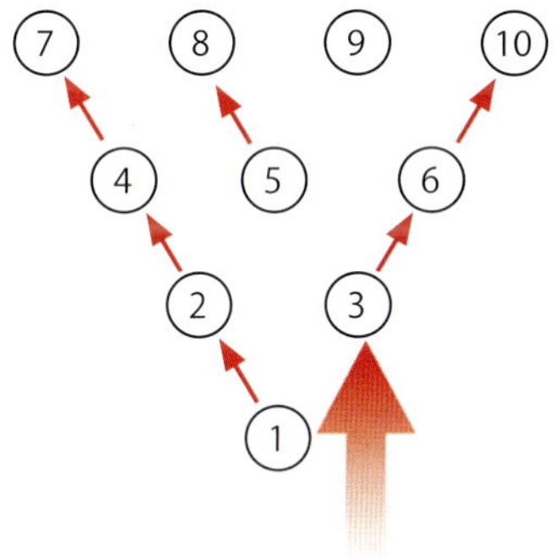

完美一击

理想投球只需击中第1、3、5和9号瓶（对右手投球者而言），因为这些球瓶会带倒其他球瓶。击中第1、2、5和8号瓶（对左手投球者而言）的球亦是如此。通常情况下，要避免直击1号瓶。

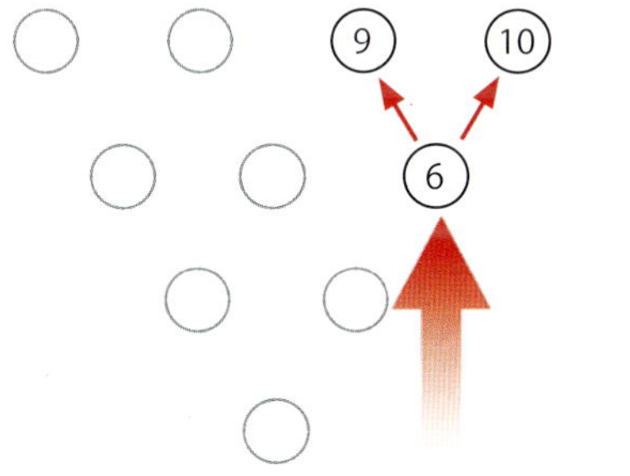

扫尾工作

此图中，运动员未能一次击倒所有球瓶。三个（6、9和10号瓶）球瓶依然立着。球员向6号瓶稍右侧投出直球，6号瓶带倒9号瓶，然后球撞倒10号瓶。

保龄球大电影

十瓶保龄球曾在多部热门电影中出现过，包括科恩兄弟导演的《谋杀绿脚趾》（*THE BIG LEBOWSKI*，1998年）。电影中，一个喜欢玩保龄球、神志不清的嬉皮士被卷入犯罪网络中。由法雷里兄弟导演、风格粗犷的《王牌保龄球》（*KINGPIN*，1996年）中，伍迪·哈雷尔森（Woody Harrelson）饰演一位前保龄球运动员。

低旋钩球和弧线球

在保龄球运动员看来，没有公认的最佳投球方式，不同球员擅长不同投法。许多顶级球员采用优雅潇洒的低旋钩球，其他球员则喜欢强力弧线球。在东亚，旋转式或“直升机”式投球方式很受欢迎。

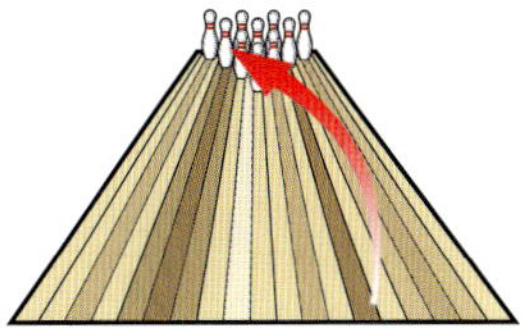

低旋钩球

低旋钩球是经典钩球投法。球员的脚在球到达摆动最低点之前停止滑动，送球时肩膀摆正。

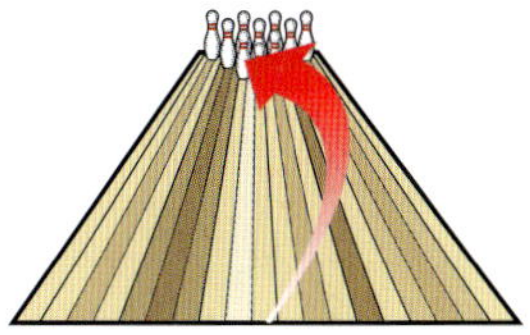

弧线球

弧线球旋转幅度最大。投球时，运动员快速摆臂并弯肘，手保持在球后方和下方。

满分赛

如果球员每次投球都全中，则每轮得30分。如果最后第十轮依然全中，球员可再投两球。如果仍然全中，球员则获得满分300分，打出了完美比赛。1997年，一名内布拉斯加州的学生成为正式系列赛中连续三场打出完美比赛的第一人。不过，打出完美比赛的概率依然极低。

幕后故事

保龄球在历史上留下了许多印记，但首家保龄球馆尼克斯博克斯（Knickerbockers）直到1840年才在纽约开馆。如今，保龄球赛事遍布100多个国家和地区。20世纪下半叶，保龄球运动蓬勃发展。保龄球虽仍是数百万人的休闲活动，但同时也是高薪职业球员参与的正式竞技运动。运动员在美国、亚洲和欧洲巡回赛中的表现决定了他们的世界排名。

管理机构

世界十瓶保龄球协会（World Tenpin Bowling Association）负责管理全球十瓶保龄球运动，而美国保龄球协会（United States Bowling Congress）和英国十瓶保龄球协会（British Tenpin Bowling Association）则负责管理所在国的保龄球赛事。

五瓶保龄球

运动概述

球员单独参赛或组队参赛，轮流将球滚向数个球瓶。投一定次数后，击倒瓶数多者胜。起初，五瓶保龄球是作为简易版十瓶保龄球出现的，如今已经有了自己的一批拥趸。

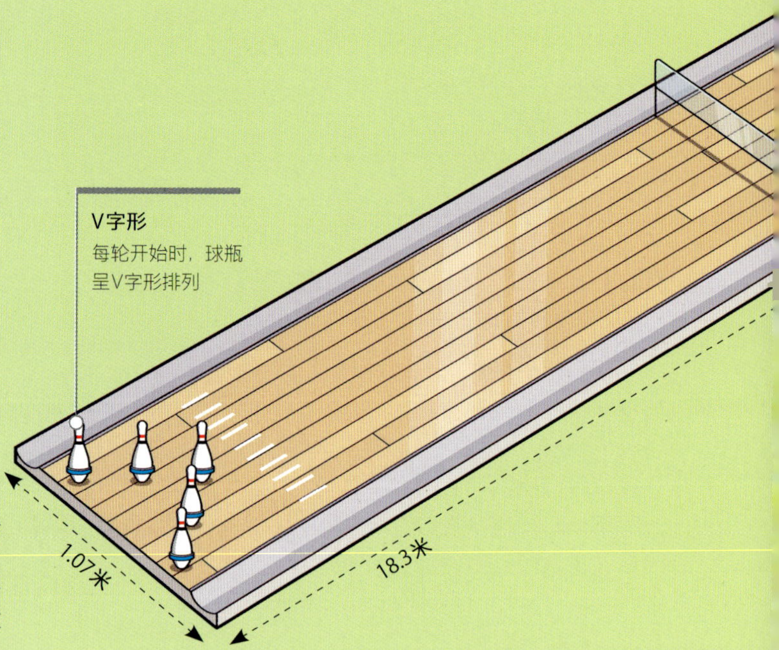

必备知识

- 五瓶保龄球的球瓶体积比十瓶保龄球的小25%，球可握在手掌中。
- 五瓶保龄球源自加拿大，如今也几乎只能在加拿大看得到。在一些加拿大保龄球馆，有五瓶和十瓶保龄球可选。
- 加拿大每年举办三大淘汰赛：公开赛、青年挑战赛和双打锦标赛。此外还有联盟赛事。

装备

起初，球瓶是用枫木雕刻而成的，如今几乎均用塑料批量生产。球为实心橡胶。传统上，球的样式和颜色都是统一的，不过自1990年以来，球员可在球上附加雕饰和个人信息。

保龄球
不同于十瓶保龄球，五瓶保龄球没有指孔，因此必须要握得紧。

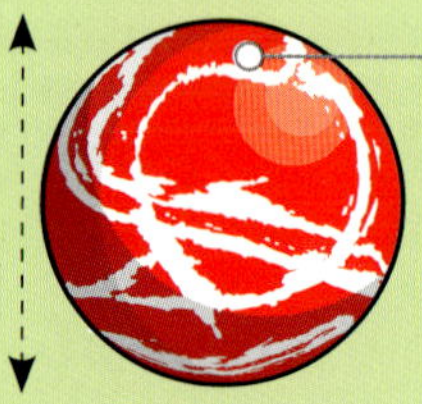

曲线美
与十瓶保龄球相比，五瓶保龄球球瓶较为矮小，瓶身最宽处的圆环使其重心降低。

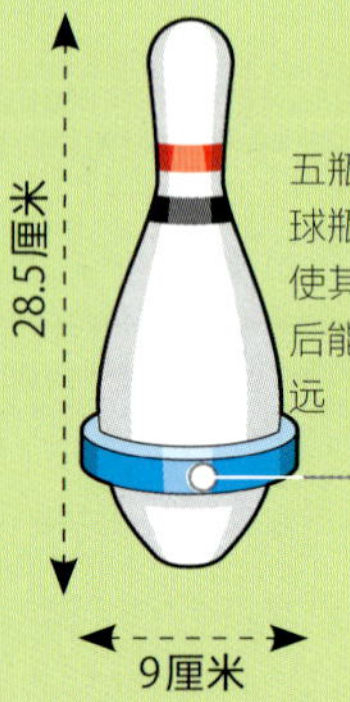

梭镖

运动概述

梭镖运动是用梭镖投射器将梭镖投向靶子。梭镖运动既像田径标枪一样对身体素质要求很高，又像飞镖一样追求准度。

必备知识

- 在被弓箭取代之前，梭镖投射器广泛用于世界各地。“Atlatl（梭镖）”源自阿兹特克语。直到16世纪时，阿兹台克人都在用梭镖狩猎。
- 创设于1996年的国际标准准度比赛（International Standard Accuracy Competition）是面向梭镖选手的标准化赛事。
- 顶级选手能击中100米开外的靶子。

掷梭镖

投掷者握住投射器手柄处，通常用拇指和食指抓住梭镖。与掷标枪或长矛相似，投掷者向后引臂，然后向前挥臂，最后压腕投标，掷向靶子。

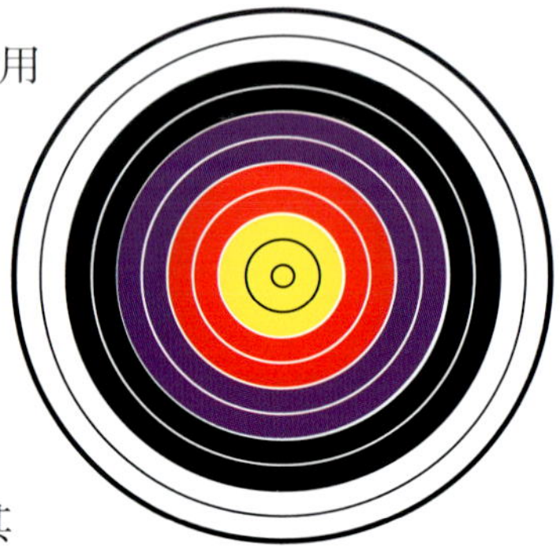

击中靶子
靶子可为任意形状大小，但通常与箭靶相似。其他靶子形状则为野生动物。靶子都有标出靶圈，分值各不相同。

梭镖赛事

世界各地均举办梭镖赛事，尤其是在美国和欧洲。比赛通常在专用场地或原野上进行；每个靶子与投掷线距离各不相同，既体现了多样性，也能检验参赛者的各类技能。投掷完所有靶子后，得分最高者获胜。

投射器
梭镖投射器用单根木条制成，任何木材均可。投射器一端是手柄，另一端用于固定梭镖。

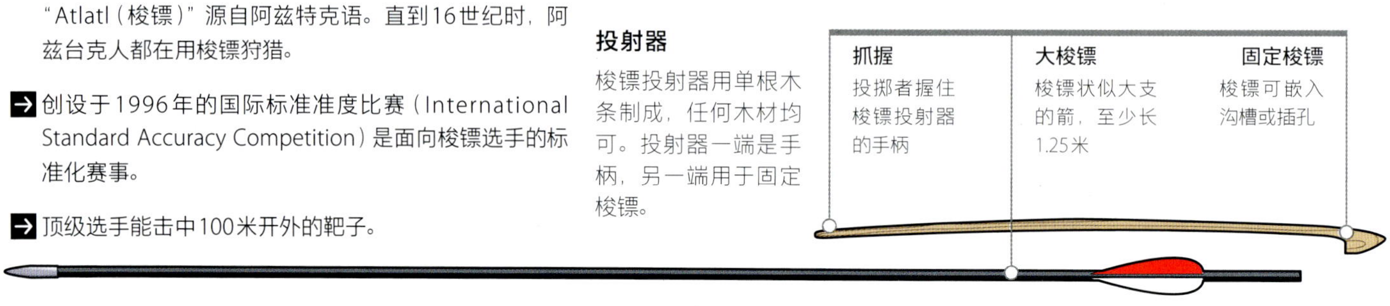

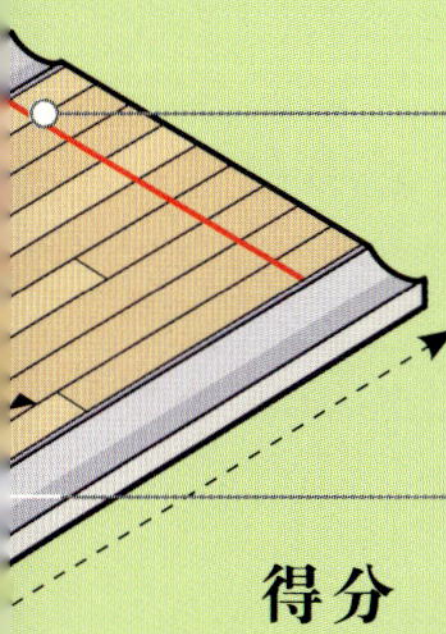

犯规线

球员必须在犯规线前将球投出

限高

为确保球是被滚出来而非扔出来的，球道上方15厘米处安装了一块有机玻璃板

得分

每场比赛有十格，每格最多投三次。如果球员投出全中，则接下来两次投球的得分乘二。比赛满分为450。

分值递减

最靠外的球瓶分值为5分；后两个球瓶分值均为3分；最后一排球瓶分值均为2分

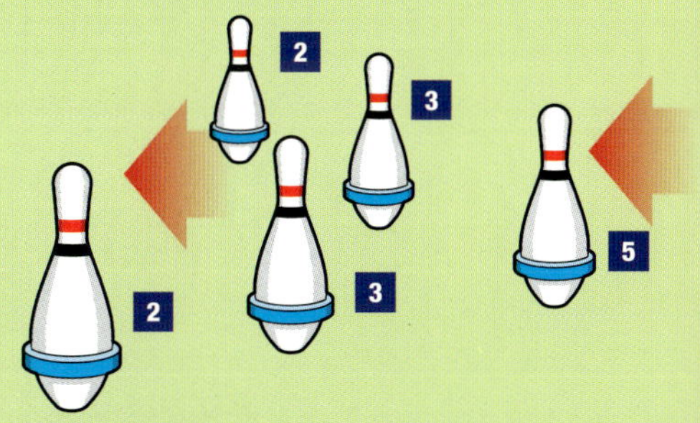

球道规则

球员不得越过球道起始处的犯规线；如果违规，会被罚十五瓶，在比赛结束时计算扣分。

滚球撞柱

运动概述

滚球撞柱参赛方轮流用球击倒球道尽头的九个钻石形木柱。得分高者胜。滚球撞柱有许多类型，有的要求按特定顺序击倒木柱。这种传统游戏在英格兰部分地区的酒馆很受欢迎，在德国和奥地利也受众颇多。

木柱排列

每轮开始时，九个木柱排成三排，每排三个（如上图所示）；间距不得超过木柱长度。

各种类型

球道通常为木制，表面光滑，一般投球线距离第一个球瓶6.4～11米。木柱大小形状各不相同，可能包括一个核心木柱。球也有所不同（有的比赛甚至用铁饼形奶酪），通常用硬木或橡胶制成，直径应为10～15厘米。木柱高15～40厘米，重达3千克。可低手投球，球不反弹或反弹后在地板滚动，也可直接将球扔向木柱，具体视当地比赛规则而定。一场比赛通常有12轮，每轮投三次，每击倒一个木柱得一分，因此每轮满分为27。

掷马蹄铁

运动概述

两名选手或两支队伍轮流将马蹄铁投向地上的标桩。得分高者或投掷最接近标桩者获胜。掷马蹄铁在美国农村极受欢迎。

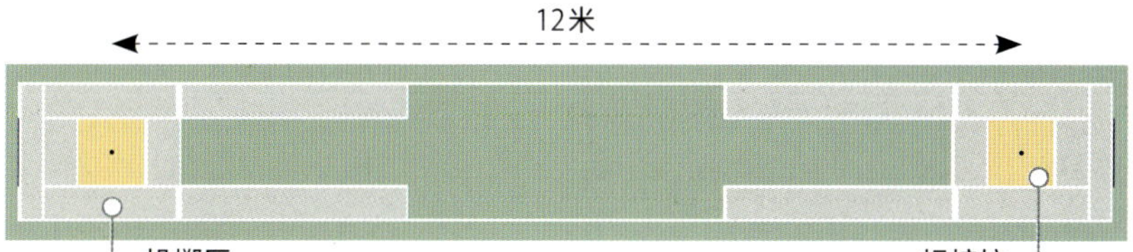

投掷区

选手从投掷区内、犯规线后投掷马蹄铁

标桩坑

坑中的沙子或软土可防止马蹄铁反弹或打滑

比赛场地

标桩位于比赛场地两端的标桩坑中心处。标桩坑每一侧均有投掷区。

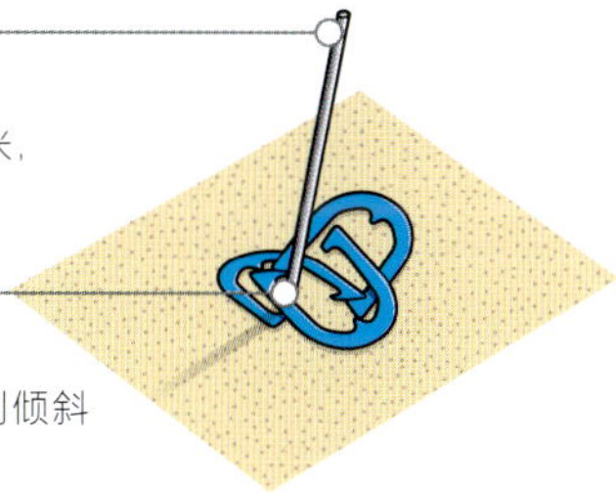

高标桩

标桩直径2.5厘米，高37.5厘米

倾斜标桩

标桩向选手一侧倾斜7.5厘米

规则和得分

双方分别站在比赛场地两端，瞄准对方投掷区旁的标桩进行投掷。双方每回合掷两次，回合结束后换边。套中通常可得3分。不过，如果双方均在同一回合套中，则双方均无得分。每回合投得最近但未套中的一方可得一分。通常先得21分者胜，不过有些比赛按局数定胜负。

马蹄铁

每块马蹄铁重量不超过1.2千克

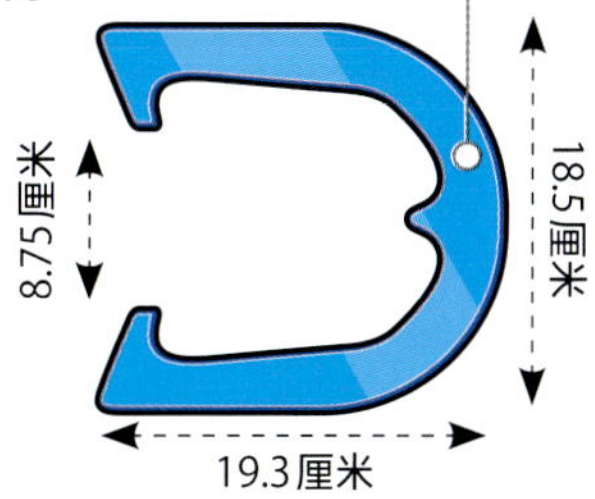

掷马蹄铁

如今，选手掷的马蹄铁大小约是实际马蹄铁的两倍。选手站在标桩坑旁的投掷区内，向另一端的标桩投掷。标桩必须完全位于马蹄铁两端连线内，此次投掷才能得分。

游戏概述

斯诺克源自台球，两名球员用球杆和一颗主球将球台上的彩色球尽量都击入六个球袋。每个球都有特定分值，球员必须按特定顺序击球入袋。得分高者赢下一局。每场比赛都有特定奇数局，赢下局数最多的一方获胜。

必备知识

- 斯诺克球原本是用象牙制成的。因其密度更高，非洲象牙被认为优于印度象牙。象牙材质的球虽然很受欢迎，但也容易变形。
- 1982年，在奥尔德姆拉达精英赛（Lada Classic in Oldham）上，史蒂夫·戴维斯（Steve Davis）成为首位在电视转播中打出147分满分杆的选手。
- 首届斯诺克世界锦标赛（World Snooker Championship）于1927年举行，组织者乔·戴维斯（Joe Davis）赢得了冠军。

斯诺克

球台

斯诺克球台由木制台框制成，框内嵌石板，板上铺着羊毛台呢。球台有六个球袋，袋口呈弧形：顶部库边（置球点一端）两侧有两个球袋，底部库边（底区一端）两侧有两个球袋，两侧库边中点处有两个球袋（中袋）。

底区与D形区

开球线长74厘米，与底部库边之间的区域为底区。开球线中点处，有一个半径29厘米的半圆，为D形区。

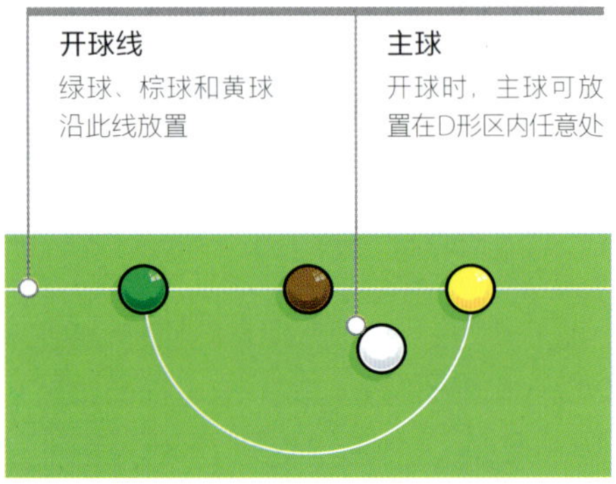

运动要求

除了手眼协调能力要强，斯诺克球员还要手臂稳、手腕有力，才能完全控制球杆并精准击球。思维敏捷、战术意识和技术稳定性也颇有助益。

装备

球台、球和球杆是斯诺克基本装备。架杆、三脚架和加长杆是打高难度球的专业装备，涂抹巧克（像粉笔一样的涩粉）则可加强杆头控制力。吊灯能增加台面亮度，具有实用价值。

球杆

球杆为木制，呈锥形，有一体式和分体式之分，传统上标准长度为147厘米，但如今稍短的球杆也已上市。

球杆长度

根据官方规则，斯诺克球杆必须至少长91.5厘米

架杆和三脚架

架杆和三脚架通常为配有黄铜或尼龙附件的木杆，有各类形状和尺寸，适合处理各类难以击倒的球。

架得稳

架杆相当于架起了一座桥，越过了主球附近的球

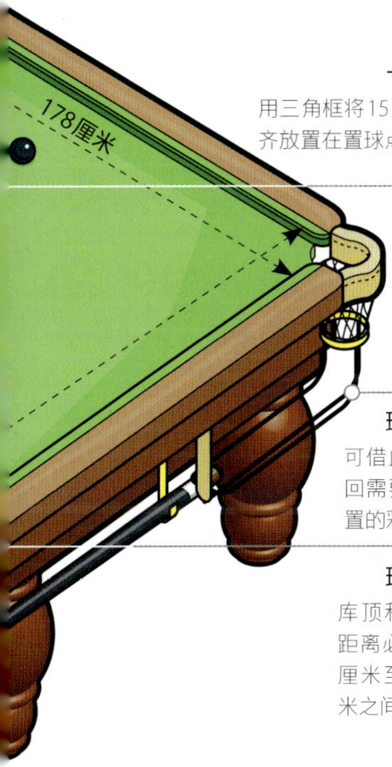

一副红球

用三角框将15颗红球整齐放置在置球点一端

球袋轨道

可借此轻松取回需要重新放置的彩球

球台高度

库顶和地板的距离必须在85厘米至87.5厘米之间

球

现代斯诺克用球由酚醛树脂塑料制成。除无分值的白色主球外，球台上还有21颗球：15颗红球（每个1分），再加上一颗黄球（2分）、绿球（3分）、棕球（4分）、蓝球（5分）、粉球（6分）和黑球（7分）。标准球直径52毫米，较小的球则可在小球台上使用。

三角框

三角框为塑料材质或木制，用于每局开始时将15颗红球放在台上正确位置。比赛三角框可安装滑轮，便于定位。

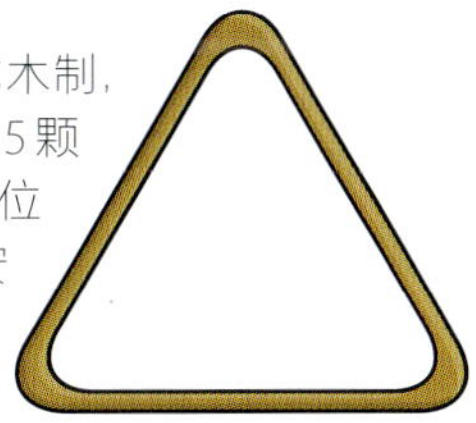

巧克

巧克应用于杆尖，薄薄一层巧克能在击球时带来抓球力。

裁判

裁判在斯诺克比赛中扮演多重角色，包括每局开始前将球归位，并在比赛过程中将落袋彩球（红球除外）放回点位。裁判还在必要时宣告犯规，提供架杆、三脚架和加长杆，以及擦拭球。

台上火箭

罗尼·“火箭”·奥沙利文（RONNIE “THE ROCKET” O’SULLIVAN）是最具天赋的斯诺克选手。自1993年成为职业选手以来，奥沙利文在每项大赛中都至少夺冠一次。奥沙利文极具魅力，左右手精通，为斯诺克运动树立了新典范。

照章打球

斯诺克运动的核心是击球落袋的顺序。必须使红球与彩球交替落袋，直至红球全部离台。之后，必须按分值由低至高的顺序（黄球、绿球、棕球、蓝球、粉球和黑球）使彩球全部入袋。

犯规

选手击球犯规一般会受到4分的处罚，这4分将加到对方分数上。犯规原因多种多样，包括选手击球时双脚离地（必须至少一脚着地），击打的球不是“活球”（“活球”是指选手可击打的红球或彩球），以及空杆。与高分值彩球相关的犯规将被处于相同分值的处罚，因此打黑球犯规会受到7分的处罚。

击球规则

有一整套规则特定时刻应如何处理球。一个例子是贴球，即选手击球后，主球紧贴着一个球。在这种情况下，选手必须将主球打开，且不得使与之相贴的球移动，否则便是犯规。

趣闻

147 斯诺克满分分值，需要每次红球落袋后都使黑球入袋才有可能实现。

15 乔·戴维斯夺得世界冠军（1927—1940年和1946年）的次数。

4 在2005年大奖赛（Grand Prix）对阵罗尼·奥沙利文的比赛中，约翰·希金斯（John Higgins）连续单杆破百的次数，这在重大赛事中尚属首次。在2007年威尔士公开赛（Welsh Open）对阵杰米·柯普（Jamie Cope）的比赛中，肖恩·墨菲（Shaun Murphy）也完成了这一壮举。

105000000 观看2005年中国公开赛（China Open）中国选手丁俊晖击败斯蒂芬·亨德利（Stephen Hendry）实况转播的中国观众数。

击球入袋技术

为了能充满自信地击球，平衡必不可少。弯前腿、挺后腿的良好站姿正是保持平衡的关键要素。运动员要将球杆抓得足够牢，但不能抓得太紧。这样一来，选手便一切就绪，将球杆放在“手桥”（手在球台上的姿势）上，然后准备击球。确定击球目标（“目标”球）以及旋转类型后，运动员向后拉杆，然后出杆击打主球，一气呵成。

出杆

有效的出杆动作能使击球精准稳定，从而帮助选手获得足以赢下一局比赛的分数。即将击球时，将手臂放在球杆上方，确保握杆手的肘部与球杆在一条直线上。击球过程中，保持这一姿势能使运动员正击目标球。

开放式手桥

采取这种姿势时，运动员将手放在台上，将球杆放在翘起的拇指和食指之间。击球后，抬起手掌，完成后续动作，或保持手掌平放，使球往回旋转。

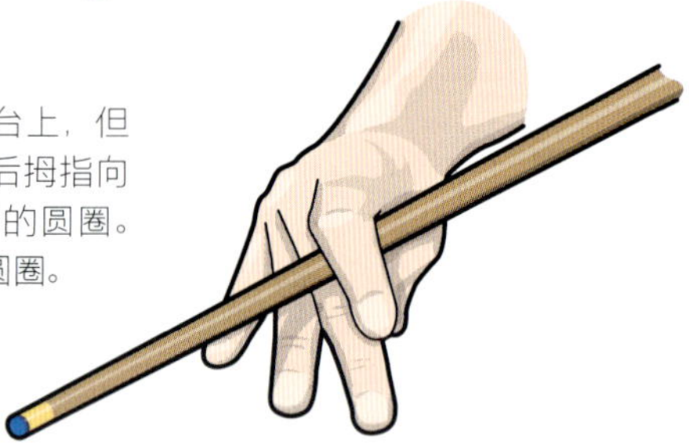

封闭式手桥

运动员也是将手平放在台上，但球杆伸到食指下方，然后拇指向上翘，形成了包围球杆的圆圈。球杆必须能平滑地通过圆圈。

开球

每局开始时开球，基本要求是选手必须击中一颗红球。开球打得好的话，主球会击中一颗红球，但基本不会破坏红球阵型，然后主球回到底区，尽可能贴近库边。这将会让对方球员倍感压力。

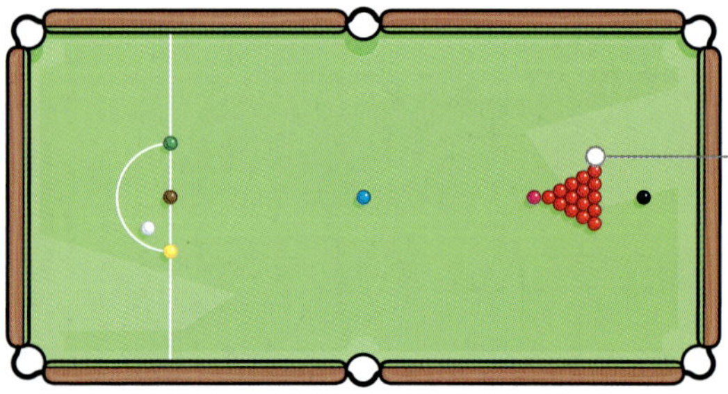

角球

主球应撞击红球堆最外侧球，并有足够的侧旋以返回安全位置

增加旋转

最重要的斯诺克技能是用旋转控制主球方向及其最终停下的位置。击打主球的不同区域将会产生三类旋转——下旋、侧旋和上旋——每种旋转都会对球产生特定效果。

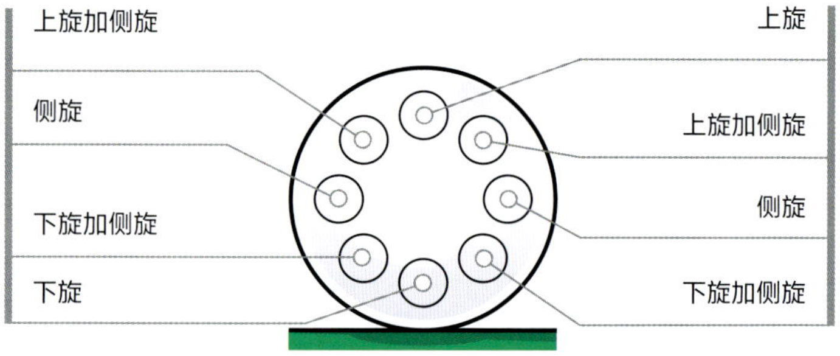

香蕉球

香蕉球这项技能有助于选手摆脱困境，甚至打出高难度进球。打香蕉球时，抬起杆尾，由上往下击打主球靠左或靠右区域。加上旋转后，香蕉球便成了选手的有效武器。

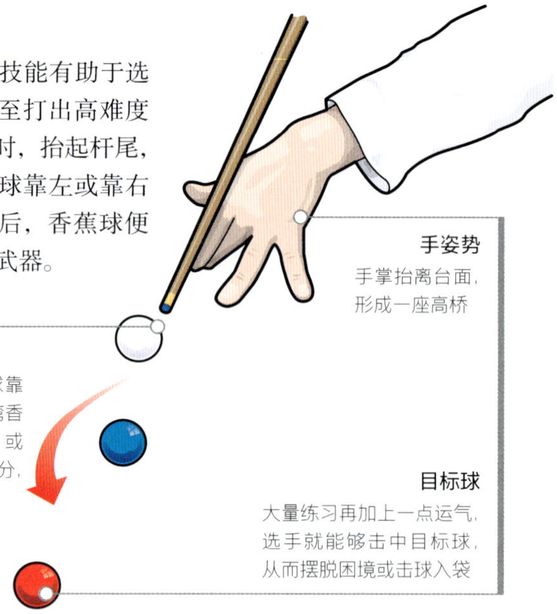

手姿势

手掌抬离台面，形成一座高桥

扎杆

玩家扎杆击打主球靠左部分，打出左转弯香蕉球（如图所示），或者击打主球靠右部分，打出右转弯香蕉球

目标球

大量练习再加上一点运气，选手就能够击中目标球，从而摆脱困境或击球入袋

安全球

打赢比赛不能光靠进球。有些时候，更有效的策略是把主球打到棘手位置，甚至迫使对方击球犯规。终极安全球是“斯诺克”，即一方击球，致使另一方无法直线击中要打的红球或彩球。如果安全球打得好，就能轻松赢下一局比赛。

连续得分

提升单杆得分的最重要因素是提前布局下一球以及所需主球位置。为占据有利位置或击打高分值球入袋，选手可能会放弃击打低难度球。将球打到容易入袋的位置也很重要，因此将红球打散益处多多。

幕后故事

19世纪70年代，驻扎在印度的英国军官打台球。斯诺克从台球衍生而来，在原来十五颗红色和黑球的基础上增加了彩球。斯诺克这个词源自一个指代新兵的术语。据说，1875年，内维尔·张伯伦上校（Colonel Neville Chamberlain）首次将其用于描述斯诺克新手。

世界协会

斯诺克管理机构是世界职业台球与斯诺克协会（World Professional Billiards and Snooker Association），旗下有一个名为世界斯诺克（World Snooker）的商业机构，负责组织职业巡回赛，以及谈判全球电视转播权。该机构成功拓展了远东市场，斯诺克很快就风靡远东。部分原因是远东地区涌现了一大批高水平选手，例如中国选手丁俊晖和泰国选手詹姆斯·瓦塔纳（James Wattana）。

台球

必备知识

- 开伦台球（Carom billiards）桌可加热台呢，提高球在台面上的移动速度。
- 开伦台球又名直轨、法式台球和开伦波（carambole）。
- 15世纪，原始台球开始出现。

得分

开伦台球中，选手一杆击中目标球和对方主球时，就可得1分。英式台球则将其称为“双着”，击球者得两分。如果击球入袋，或反弹后击中红球（3分）或对手主球（2分），则可获得相应加分。单杆可以获得不同类别的分数。例如，打出双着后使红球入袋，则可得5分。

球

开伦台球和英式台球都只用三颗球：两颗主球（一颗白球、一颗有黑点的白球或一颗黄球）和一颗红色目标球。每位选手都有相应主球，将在全场比赛中使用。

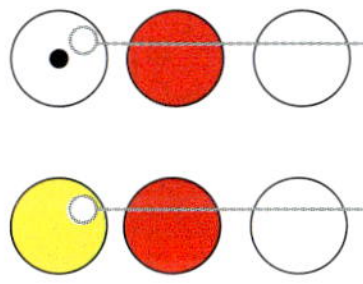

有黑点的白色主球

黄色主球

运动概述

台球分为许多不同类型，其中最受欢迎的是开伦台球和英式台球。开伦台球桌没有球袋，选手击打两颗球，使其相撞，从而得分。英式台球桌有球袋，选手得分方式与开伦台球一样，或击球入袋得分。

台球桌

一张台球桌包含一块高架石板，上面覆盖着细羊毛布。台面四周为库边，开伦台球桌库边齐平，英式台球桌则有六个球袋。

开伦台球桌

开伦台球桌没有球袋，所以球始终处于活球状态。

比例

开伦台球桌的长度是宽度的两倍

趁热击球

台面通常被加热到高于室温5摄氏度，从而提高球速

石板

可用内置水平调节器调节石板，确保台面处于水平位置

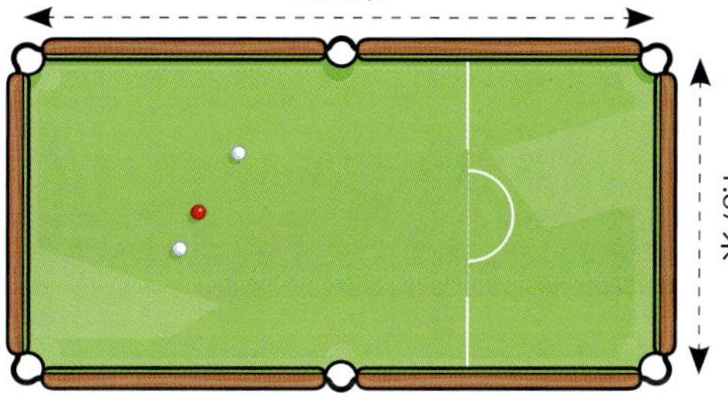

英式台球桌

英式台球桌长宽均大于开伦台球桌，配有六个球袋，四个角落以及两侧长边中点各一个。

照章打球

开伦台球比赛开始时，球放在台上三个点上：红球放在足点，对方主球放在头点，开球球员的主球距离头线中点不超过15厘米。唯一要求是开球球员必须先击中红球。击球犯规包括误击主球以及连续打出两个安全球。犯规处罚为回合轮空，以及扣除击球犯规所得分数。英式台球中，红球位于台子顶部，开球球员的主球放在D形区内，轮到对方时才放置对方的主球。出现犯规时，对方加分：空杆（1分）；未击中其他球，使主球入袋（3分）。

空杆比先

英式台球通过空杆比先决定击球顺序。赛前，球员各随机取一颗主球，从开球线击出，使其撞击顶库后弹回。击出的球最靠近底库的一方可选择使用哪个主球，也可以选择先手。

美式普尔

必备知识

- 最常见的美式普尔形式为8球制。在美国，最受欢迎的普尔类型是9球制，相关赛事既有电视转播，也获得了赞助资金。
- 美式普尔（pool）得名自19世纪美国的投注站（poolrooms）。赛马比赛间隙，顾客靠打普尔消磨时间。
- 美式普尔比赛局数不固定，世界普尔协会（World Pool Association）8球制总冠军是先胜17局的一方。

目标球

在各类美式普尔中，主球为白球，目标球为彩球，通常有编号。在8球制和黑球普尔中，有15颗目标球：1到7号球分别为不同颜色的纯色球，9至15号球是条纹颜色不同的白球，8号球是黑球。6号球和9号球上的数字有下划线，以免混淆。在英国很常见的一种8球制普尔中，有7颗红球和7颗黄球，没有编号，但有一颗有编号的黑球。9球制普尔有9颗目标球，均有编号，1～8号球为单色球，9号球为条纹球。在14-1连续普尔中，15颗目标球均有编号。

运动概述

美式普尔风靡全球夜总会酒吧，球员使用球杆在有六个球袋的专用球桌上击打固定数量的球。美式普尔类型包括8球制、9球制、黑球和14-1连续普尔。各地规则可能不尽相同。有许多地方、国家和世界男子、女子以及青少年单人和团体锦标赛。

运动要求

球员要能稳定出杆，还要具备良好的手眼协调能力，才能以正确速度和方向击中白球。球员还要能准确判断角度，从而击中目标球入袋，并使白球以正确的方式旋转，以便精准控制其落点。

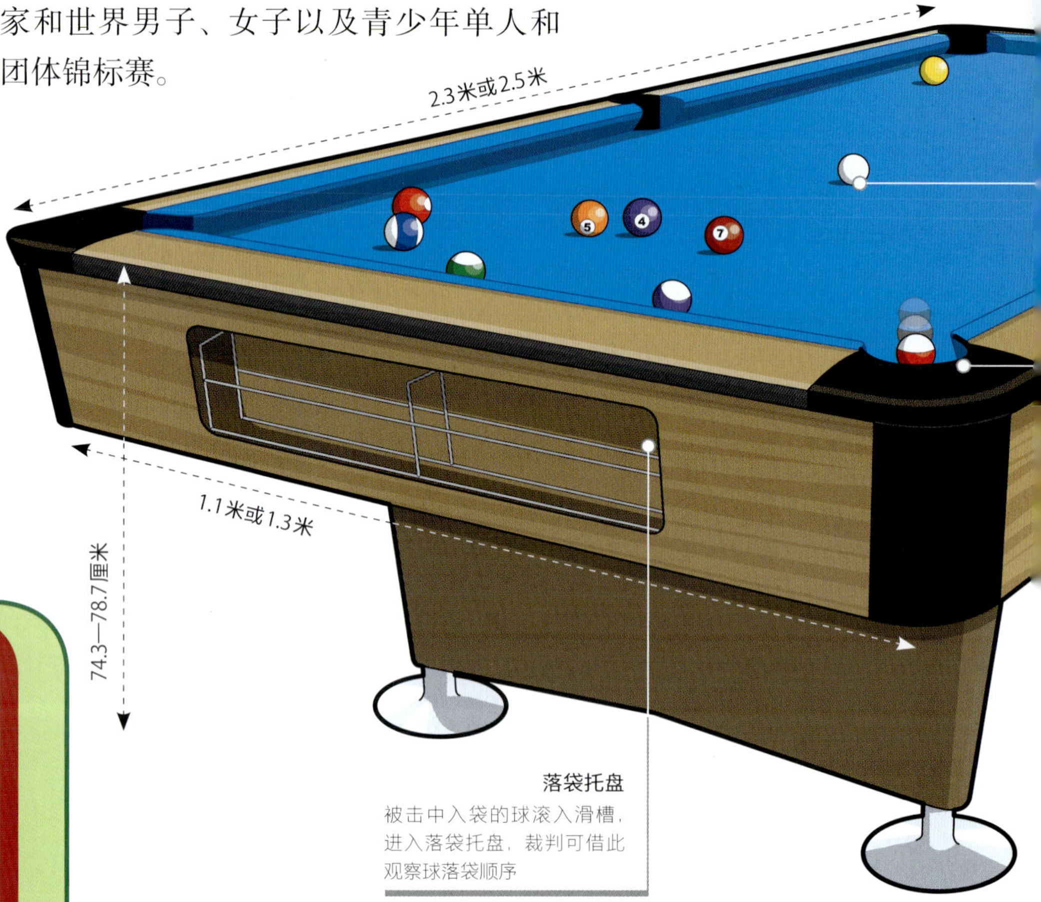

落袋托盘
被击中入袋的球滚入滑槽，进入落袋托盘，裁判可借此观察球落袋顺序

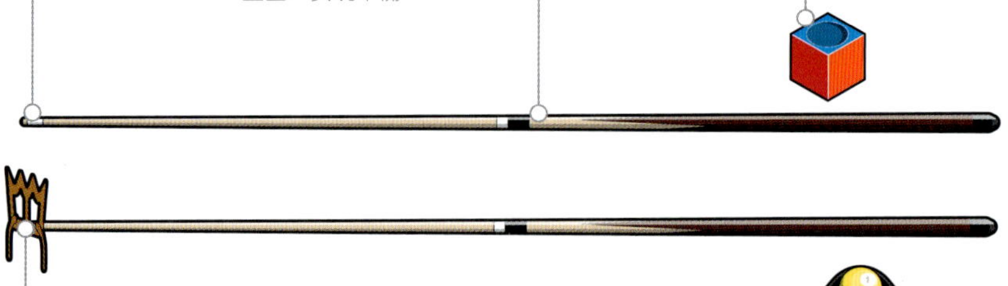

杆尖
杆尖直径不得超过14毫米

杆身
木制球杆必须至少长1米，可内置金属箍，从而调节重量，实现平衡

巧克粉块
将巧克粉抹在杆尖，以免击白球时滑杆

架得稳
为打到难以击打的球，球员用架杆支撑球杆

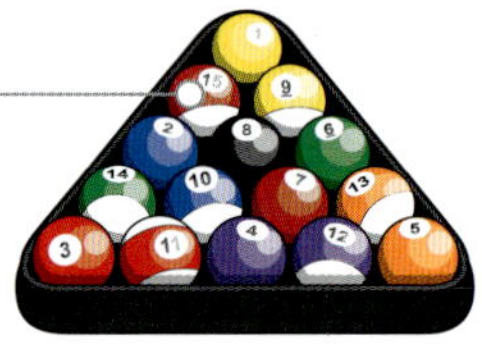

聚拢到位
8球制普尔中，三角框用于每局开始时排列目标球

统计中心

世界普尔-台球协会世界9球冠军		
年份	姓名	国家
2018	J. 斐乐	德国
2017	C. 比亚多	菲律宾
2016	A. 欧斯纯	奥地利

世界8球制普尔联合会世界8球冠军		
年份	姓名	国家
2018	米克·希尔	英格兰
2017	米克·希尔	英格兰
2016	肖恩·奇普菲尔德	英格兰
2015	米克·希尔	英格兰
2014	汤姆·库辛斯	威尔士
2013	汤姆·库辛斯	威尔士
2012	约翰·罗	英格兰
2011	亚当·戴维斯	英格兰
2010	米克·希尔	英格兰
2009	菲尔·哈里森	英格兰
2008	加雷斯·波茨	英格兰

公平和犯规

8球制普尔中，首先击球入袋的球员只能继续击打同类球（单色球或条纹球）。使己方所有7颗球入袋后，球员可击打黑球。先将8号球击入指定球袋的一方获胜。9球制普尔中，球员必须先击打台上编号最低的球，但不必按顺序击入袋球。9号球必须最后落袋。14–1连续台球中，球员每次将自己指定的球击入自己指定的球袋中即可得1分。球员可继续击球，直到未能使目标球落袋或出现犯规——例如，使白球或对方的球入袋。提早将8球制普尔的8号球或9球制普尔的9号打入球袋中，则视为自动放弃此局。

施展骗术

骗子在普尔厅里晃悠，四处寻找球技不精但又自命不凡的玩家，提议与其比赛。骗子故意输掉比赛，表示愿下注再赛一场。然后骗子拿出真本事，打败对手，赢走赌注。保罗·纽曼（PAUL NEWMAN）在电影《江湖浪子》（*THE HUSTLER*）中的演绎让这门“艺术”永远流传了下去。

旋转和弧线

与斯诺克球员一样，普尔选手可通过多种方式使主球旋转。击打目标球使其落袋时，球员可施加上旋、下旋或侧旋，为下次击球争取有利位置。有时，主球行进路线被对方球或黑球阻挡，导致球员无法轻松击中目标球。高水平球员的应对之策是击打球的侧边，使球走弧线：越往左侧或右侧击打球，球转向的幅度便越大。为了绕过紧贴主球的球，球员采用扎杆击球，自上而下击打白球侧边。

上旋

上旋使白球击中目标球后继续往前走。球员击打主球中心线上方，使主球以更快的速度绕轴心向前旋转。

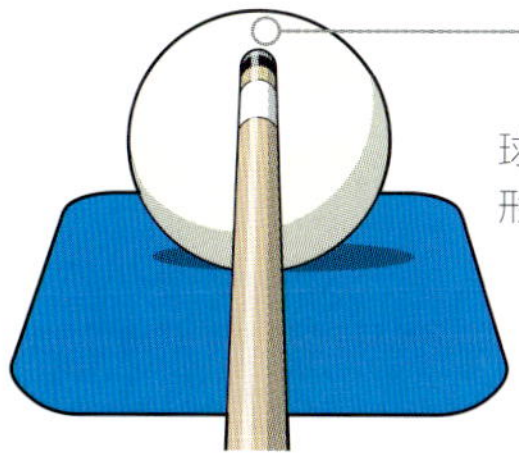

下旋

下旋使白球击中目标球后向后移动。球员击打主球中心线下方，使之往回滚动。

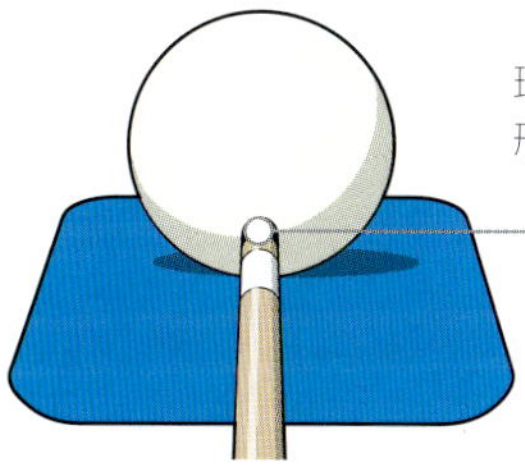

趣闻

626 单名球员单场单杆连续击球入袋数。美国冠军约翰·施密特（John Schmidt）为打破先前的世界纪录，花费一年时间进行尝试，最终在2019年创造这一纪录。

128 2018年卡塔尔世界男子普尔锦标赛决赛入围选手（来自四十多个国家）人数。选手被分为十六组，每组八人；每组前四名进入淘汰赛。一等奖为40000美元。

幕后故事

8球制普尔在英国和欧洲最受欢迎，比赛场所包括夜总会、酒吧以及普尔厅。8球规则在英国等地出现了许多衍生版本，包括赛前排列球堆时将黑球放在足点上，以及犯规后对方获得两次击球权。世界8球制普尔联合会（World Eightball Pool Federation）成立于1992年，旨在团结各类组织推动8球制普尔的发展，设定球员标准，并举办年度世界锦标赛。

世界普尔-台球协会（WORLD POOL-BILLIARD ASSOCIATION）

世界普尔-台球协会是由世界台球运动联盟（World Confederation of Billiard Sports）成员在1990年创立的。协会负责举办世界9球锦标赛和年度世界8球锦标赛，后者可与世界8球制普尔联合会举办的赛事相媲美。

飞镖

必备知识

- 起始分数通常为501分，但也可以是301、601、801甚至1001分。
- 投掷线（oche）源自法语单词“ocher”，表示刻下凹痕。
- 超过600万人经常玩飞镖。
- 最快9镖可将501分投完。
- 飞镖很受电视观众欢迎，英国、荷兰等国家的电视观众多达500万。

运动概述

飞镖有趣且受欢迎。两名选手轮流向圆形镖盘投掷三个箭头形飞镖。镖盘共分为62个区域，各区域计分均不相同。比赛目标是将501分扣减至零，且所用镖数少于对手。最后一镖应击中两倍区，或在较为少见的情况下，击中靶心。比赛关键在于瞄准目标，镇定自若，同时还要精于计算：选手要能算出达到目标分数的最佳方式。

痛苦之镖

所有选手都害怕“飞镖紧张症（DARTITIS，亦称YIPS）”，这种神经症状会妨碍选手顺利投掷。无人知晓病因或疗法，就连前世界冠军埃里克·布里斯托（ERIC BRISTOW）都深受其害，最终在2000年被迫退役。

运动要求

飞镖仍然与酒吧联系紧密，不过职业选手不再在投掷线旁抽烟喝酒。如今，有越来越多的年轻选手被飞镖运动所吸引。成功的关键在于注意力集中、手眼协调，以及不断重复同样动作且仅做微调的能力。

统计中心

最佳结镖

分数	结镖
170	三倍20，三倍20，靶心
167	三倍20，三倍19，靶心
164	三倍20，三倍18，靶心
161	三倍20，三倍17，靶心
160	三倍20，三倍20，双倍20
158	三倍20，三倍20，双倍19
157	三倍20，三倍19，双倍20
156	三倍20，三倍20，双倍18
155	三倍20，三倍19，双倍19
154	三倍20，三倍18，双倍20
153	三倍20，三倍19，双倍18
152	三倍20，三倍20，双倍16
151	三倍20，三倍17，双倍20
150	三倍20，三倍18，双倍18
149	三倍20，三倍19，双倍16
148	三倍20，三倍16，双倍20

镖盘

镖盘底板由软木、剑麻和合成材料制成，因此外观有“毛刺”感。金属分格线将各个分值区分开，投到分值区内的飞镖，即便把分格线击弯，依然能得到分值区对应分数。若飞镖被分格线弹回，则此次投掷无效。

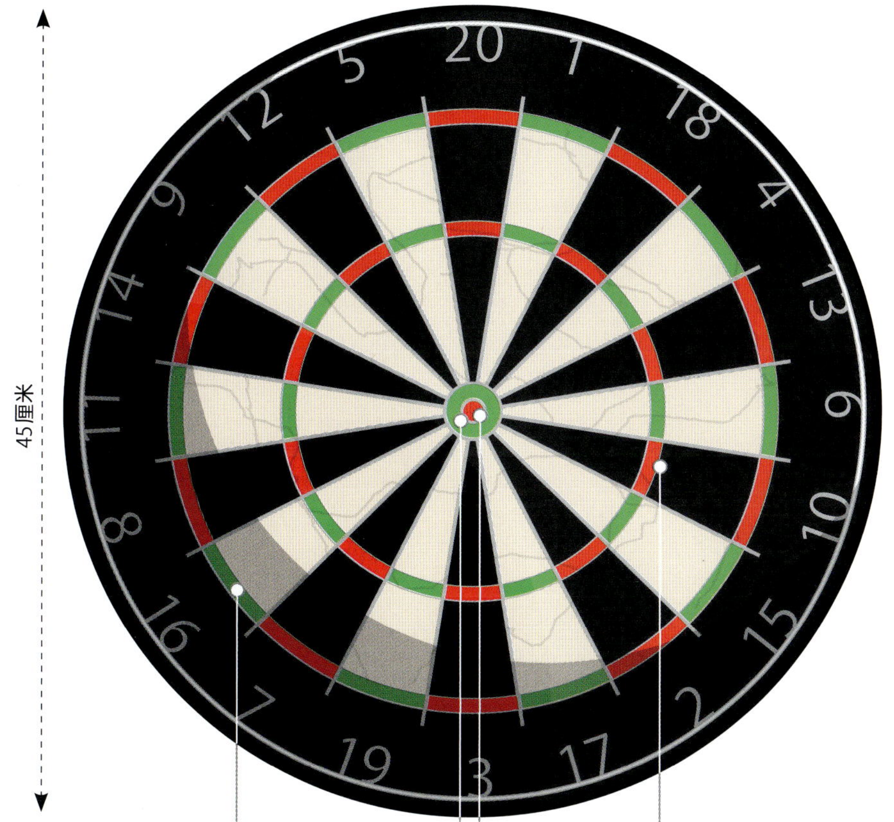

双倍区 若飞镖投到此镖盘边缘区域内，则得分是盘沿所示数字的2倍（此处为2 × 16=32）

外靶心 投到此绿色区域内的飞镖得25分

靶心 投到此红色区域内的飞镖得50分

三倍区 若飞镖投到此区域内，则得分是所示数字的三倍（此处为3 × 10=30）

结镖时刻

投前几镖时，选手尽量得高分，通常每次都会往20分三倍区去投。初始分所剩无几时，选手经常会保留最后32分，因为可以投向16分双倍区。这是最佳结镖选择，因为一旦失之毫厘，投成单倍16分，则可投向附近的8分双倍区。如果投丢，只得到单倍8分，则以此列推，可先后选择双倍4分、双倍2分、双倍1分。

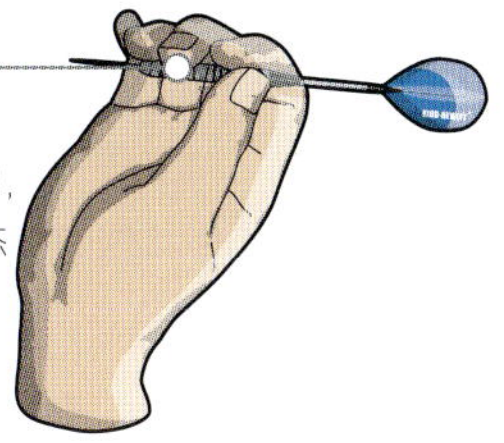

平衡 握镖时，三指支撑，飞镖几乎为水平状态

标准握法

拇指和食指抓住镖身，中指和无名指起稳定作用，小指略收。

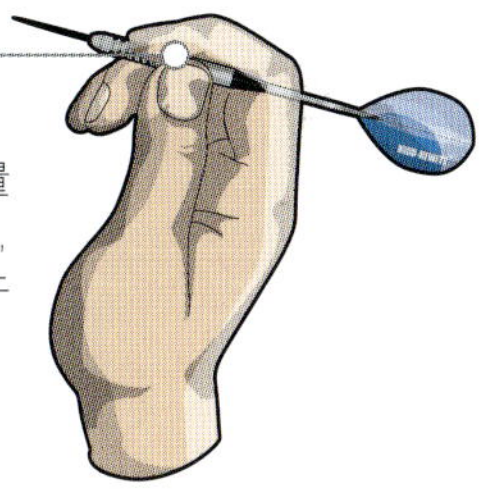

高角度 双指握镖，投掷力量较弱，为加以弥补，镖针角度要略高于标准握法

铅笔式握法

仅用拇指和食指握镖。这种常用握法源自标准握法，有许多顶尖选手采用，包括16次世界冠军菲尔·“强力”·泰勒（Phil “The Power” Taylor）。

所求之镖

飞镖重量不得超过50克。镖针可由黄铜（价格最低）、镍银合金或钨（价格最高）制成。镖身由塑料或固体铝制成。镖叶为可拆卸可更换设计，材质为硬质尼龙或柔性塑料。

镖针类型 按照个人喜好选择硬质（钨）或其他“软质”镖针

手握 镖身中段厚厚的镖筒有助于飞镖平衡，也更容易握持

旋转镖身 有些飞镖飞行时镖身会旋转，虽然无助于飞镖走直线，但能使不同镖叶在镖盘上交错靠拢，因此飞镖能投得更密集。如果镖身刚硬，则飞镖更有可能反弹

稳定端 镖叶有四片尾翼，彼此相互垂直

幕后故事

飞镖可能从射箭运动发展而来。早期镖盘为同心圆，飞镖也仍被称为“箭”。在20世纪20年代之前，飞镖运动仅流行于英国国内。20世纪30年代，飞镖运动如日中天——英国国王乔治六世和伊丽莎白王后在温莎附近的酒吧里扔飞镖的照片也起到了推动作用。20世纪70年代，随着电视游戏的推出、首批飞镖明星的出现以及世界飞镖联合会和英国飞镖组织（British Darts Organization）的成立，飞镖运动又迎来了一个繁荣期。世界飞镖联合会现有70个成员。

职业飞镖联盟（Professional Darts Corporation）

1992年，顶尖选手菲尔·泰勒带领15名高水平选手退出了英国飞镖组织，转而组建了职业飞镖委员会（Professional Darts Council），后将其更名为职业飞镖联盟。自1994年以来，联盟多次举办世界飞镖锦标赛。联盟在多地举办巡回赛，精彩纷呈。

运动概述

现代射箭与古代狩猎和战争所用箭术已相去甚远。在这项现代运动中，两名及以上运动员用箭射中圆形或野生动物形状的箭靶，得分高者胜。比赛大多分为几个阶段，运动员分别从不同距离射箭，展现全面身手。圆形箭靶分为多个环区：越接近中心环，分值越高。在动物形状的箭靶上，最高分值区为相应动物的致命弱点。射箭锦标赛中，射出一定箭数后，总分最高者胜。

必备知识

- 世界射箭联合会（World Archery Federation）是全球射箭运动管理机构，自1931年以来年年举办世锦赛。
- 狩猎和战争所用箭术至少已有5000年历史。射箭运动则是由军事训练发展而来的。
- 奥运会有五项70米射箭比赛：男子个人、女子个人、男子团队、女子团队和混合比赛。

射箭

运动要求

运动员要手稳，瞄得准，注意力集中，但光有这些还不够。大部分压力都是心理上的——要射中特定分值区才能获胜，因此运动员可能觉得比练习时更难中箭靶。

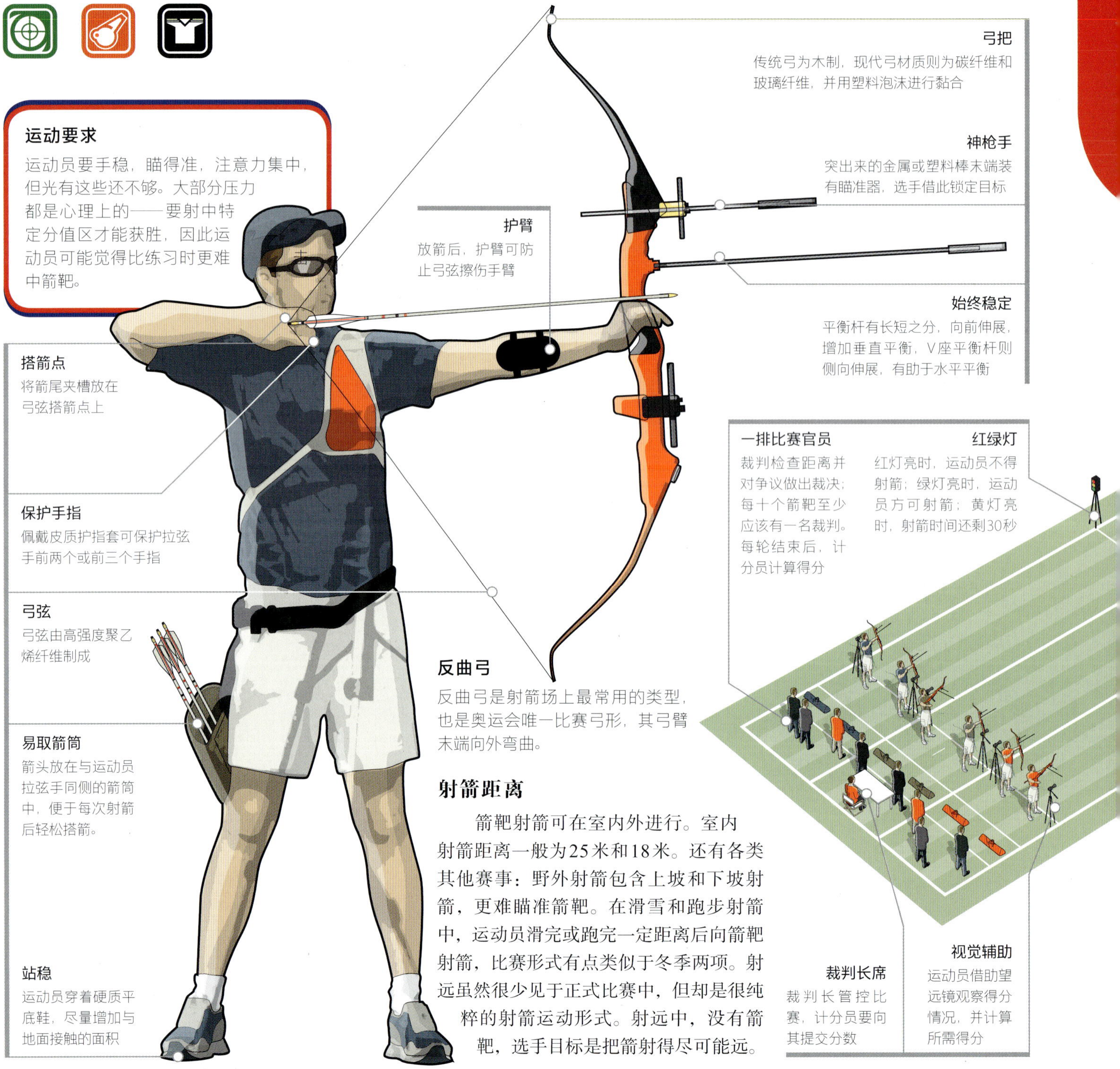

射箭距离

箭靶射箭可在室内外进行。室内射箭距离一般为25米和18米。还有各类其他赛事：野外射箭包含上坡和下坡射箭，更难瞄准箭靶。在滑雪和跑步射箭中，运动员滑完或跑完一定距离后向箭靶射箭，比赛形式有点类似于冬季两项。射远虽然很少见于正式比赛中，但却是很纯粹的射箭运动形式。射远中，没有箭靶，选手目标是把箭射得尽可能远。

罗宾汉

射箭中，一项极为罕见的成就是后箭追前箭，将箭靶上前箭的箭杆劈成两半。完成这一壮举的运动员会被冠以“罗宾汉（ROBIN HOOD，12世纪英国传奇弓箭手）”的称号——并且能收下这两支箭矢留念。

控制飞箭

运动员要在固定时间内射完12轮共计36支箭，箭靶距离在30米至90米之间。射完长距离六箭和短距离三箭后，分数将会更新。如果箭头命中位置触及两个颜色环区或环线时，按较高分值计分。如果一箭射中靶面后反弹，或者射穿靶面，则仅当该箭在靶面上留下清晰可见的中靶点时才计分。如果出现平局，则中靶得分次数多的一方获胜。

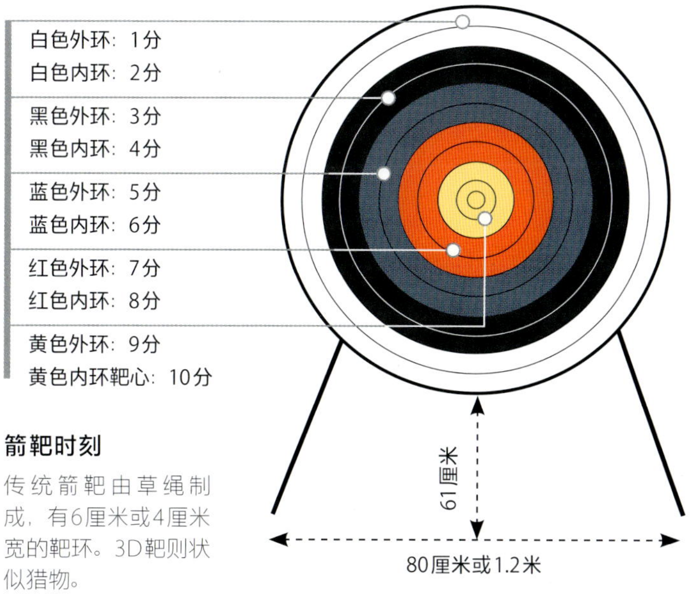

箭靶时刻

传统箭靶由草绳制成，有6厘米或4厘米宽的靶环。3D靶则状似猎物。

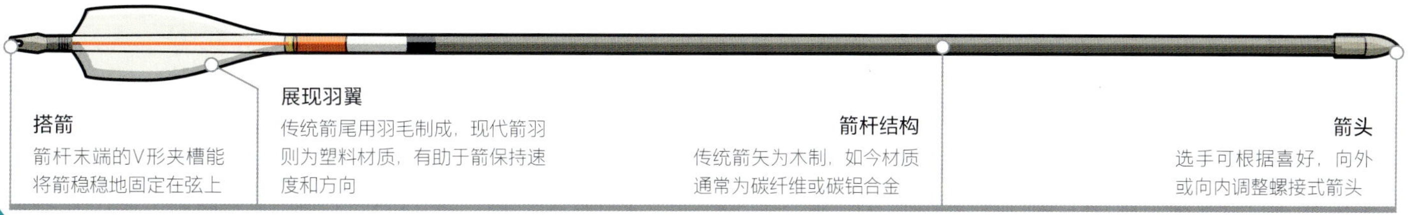

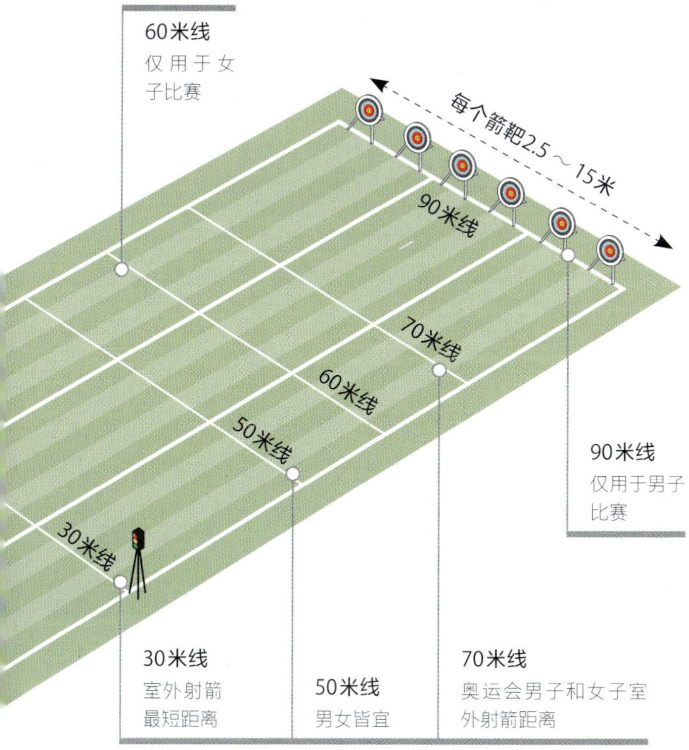

幕后故事

自1900年以来，奥运会均设有射箭比赛。但是1920年后，由于没有形成国际通行规则，射箭退出了奥运舞台。1931年，国际射箭联合会的成立改变了这一切，射箭男子和女子比赛于1972年重返奥运会。国际射箭联合会由七个国家联合成立。2011年，联合会更名为世界射箭联合会（World Archery），现有一百六十多个成员。

估计得正好

主视眼为右眼的选手左手持弓，反之亦然。从搭箭到放箭，每次射箭仅用时15～20秒，但是持弓拉弦依然很耗费体力。每射完一箭，运动员将弓放下，从而节省体能。

准备射箭

持弓臂同侧肩膀朝向箭靶，双脚与肩同宽。搭箭时，弓垂向地面，把箭杆前沿放在箭台上，然后将弓弦嵌入箭羽一端的V形箭尾中。

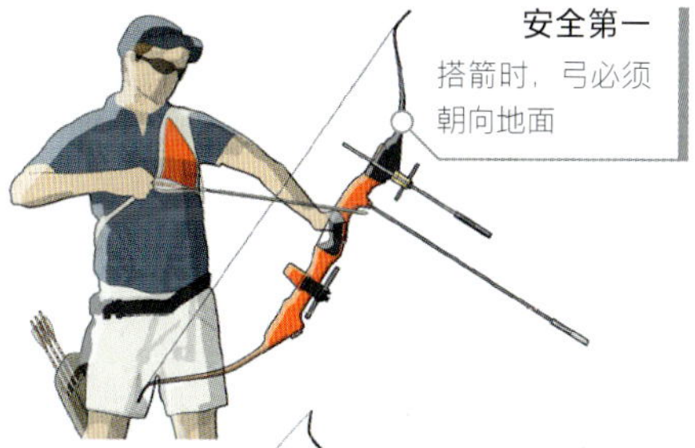

绘画和瞄准

用食指和中指或用食指、中指和无名指握住弓弦，向后拉，抬弓，通过瞄准器锁定箭靶。在靠位点上保持这一姿势。有些弓装有信号片，会在弓弦拉距适宜时发出响声。

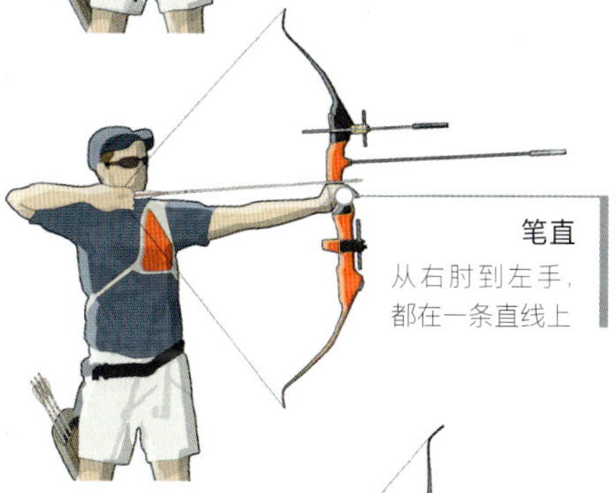

后续连贯动作

准备放箭时，拉弦手应靠在脸颊上。放箭时，放松并伸直引弦手指。射箭后，运动员将弓放下，从箭筒中取出下一箭。

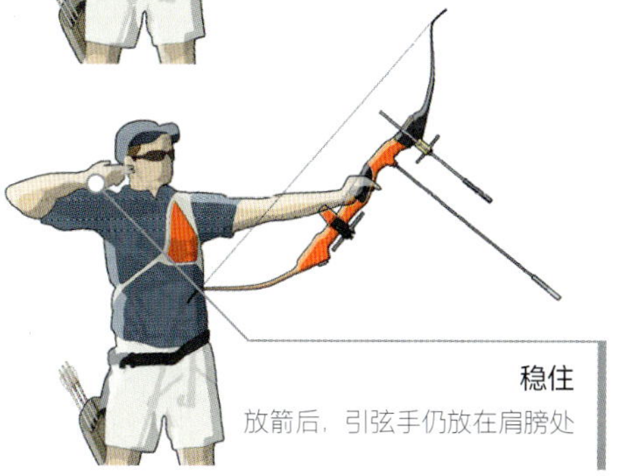

必备知识

- 手枪射击是1896年首届奥运会比赛项目。随着枪支制造不断发展，手枪射击比赛也不断演化。
- 有些国家严格立法管控枪支，射击比赛也不会转播。
- 环保主义者用现代手枪射靶替代射击鸽子。
- 共有五项奥运会手枪赛事。

运动要求

手枪射手要有极强的专注力，才能在高压下保持放松，因为持枪手神经紧张会导致射击偏离靶心。力量和体力也是必备条件。

手枪射击

运动概述

在这项运动中，射手采用立姿，单手用手枪射击圆形靶。靶上有十个同心环，越靠近靶心，环数越高；靶心为10环。手枪射击运动在射击场进行。根据所用手枪类型以及射击距离，比赛分为多种类型。

护耳
选手在射击线附近戴着耳塞、耳罩等护耳

持枪手
持枪手完全伸展，必须完全无依托

护目镜
选手佩戴着防碎护目镜，从而在比赛时保护眼睛

比赛用枪
选手使用三类手枪，具体取决于比赛要求

比赛服
比赛服无具体规定，但不应妨碍手臂、腿部或躯体活动。选手只能穿无脚踝支撑的低帮鞋

非持枪手
不得以任何方式使用非持枪手，通常非持枪手会插进口袋或腰带里

射击场

手枪射击比赛在射击场进行。安全至关重要，比赛官员会现场检查选手手枪和靶子，有时还会在每轮射击结束后记录选手得分。

同心环

靶面上的数字是击中一个环对应的环数。若击中环线，则按分值高的环数计算。靶子和中心环（第十环）的大小各不相同。

外环
1至6环为白色

内环
7至10环为黑色

射击位
每个射击位大小为1.25米 × 2.5米

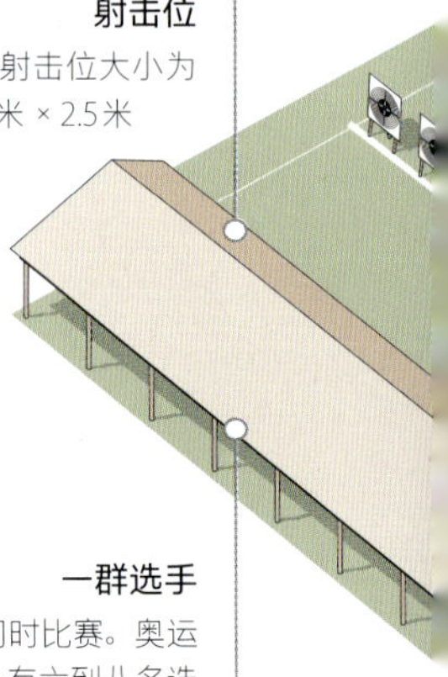

一群选手
一群选手同时比赛。奥运会决赛中，有六到八名选手在射击位上

趣闻

161 加入国际射击运动联合会（International Shooting Sports Federation）的国家级联合会数量，遍布五大洲。

3 德国运动员拉尔夫·舒曼（Ralf Schumann）赢得的奥运会金牌数（摘金年份分别为1992年、1996年和2004年），使之成为最成功的25米速射比赛选手。

583 韩国射手秦钟午（Jin Jong-Oh）在2014年射击世锦赛50米手枪比赛中创造的世界得分纪录。满环是600环，570环左右为世界一流水平。

手枪类型

不同手枪适合不同比赛，包括10米气手枪、25米手枪和50米手枪比赛。手枪口径是其枪口直径。出于安全原因，弹药必须由铅等柔性材料制成。比赛仅允许使用机械瞄具，不得使用瞄准镜、光学瞄准器或望远式瞄准器。赛前，比赛官员会仔细检查选手枪支是否符合规定。如果比赛中枪支故障，选手有15分钟时间修理或更换手枪。

10米气手枪

运动员使用口径4.5毫米的手枪向距离10米的靶子发射铅弹。手枪重量不得超过1.5千克。第10环直径为11.5毫米。

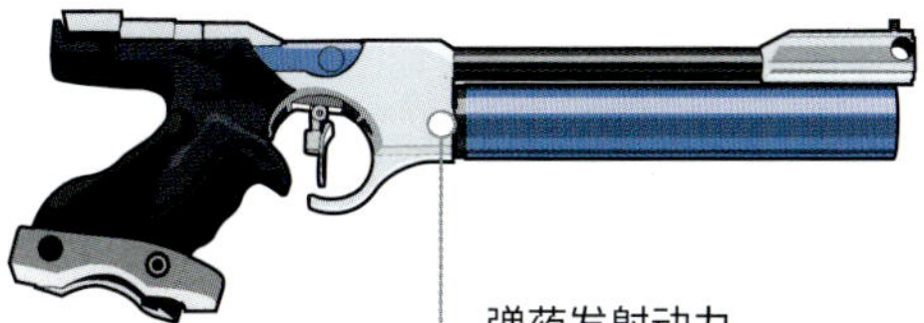

弹药发射动力
以压缩空气或二氧化碳气瓶为动力发射弹药

25米手枪

女子25米手枪和男子25米速射手枪比赛的规定相同。手枪口径5.6毫米，重量不得超过1.4千克。速射比赛靶第10环的直径为10厘米。

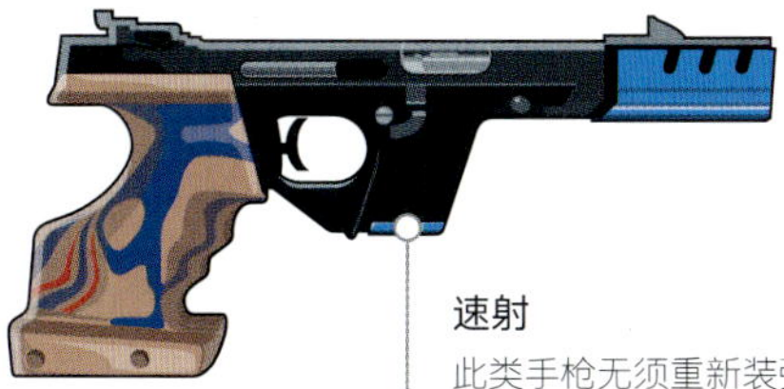

速射
此类手枪无须重新装弹即可连射五枪

50米手枪

选手使用的5.6毫米口径手枪有特殊定制握把，但没有最大重量限制。选手距离靶子50米，靶子第10环直径5厘米。

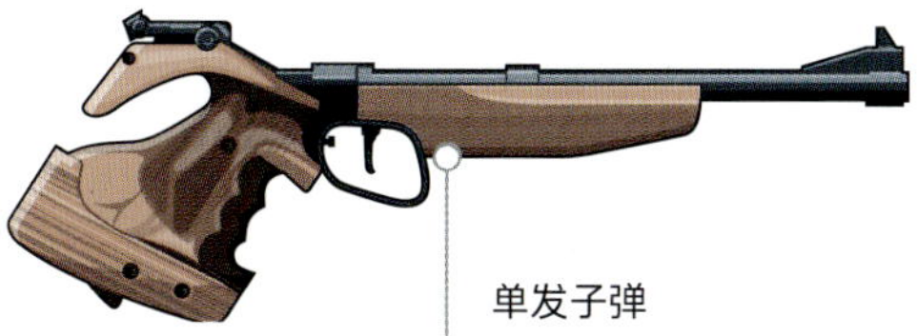

单发子弹
手枪只装有一发子弹

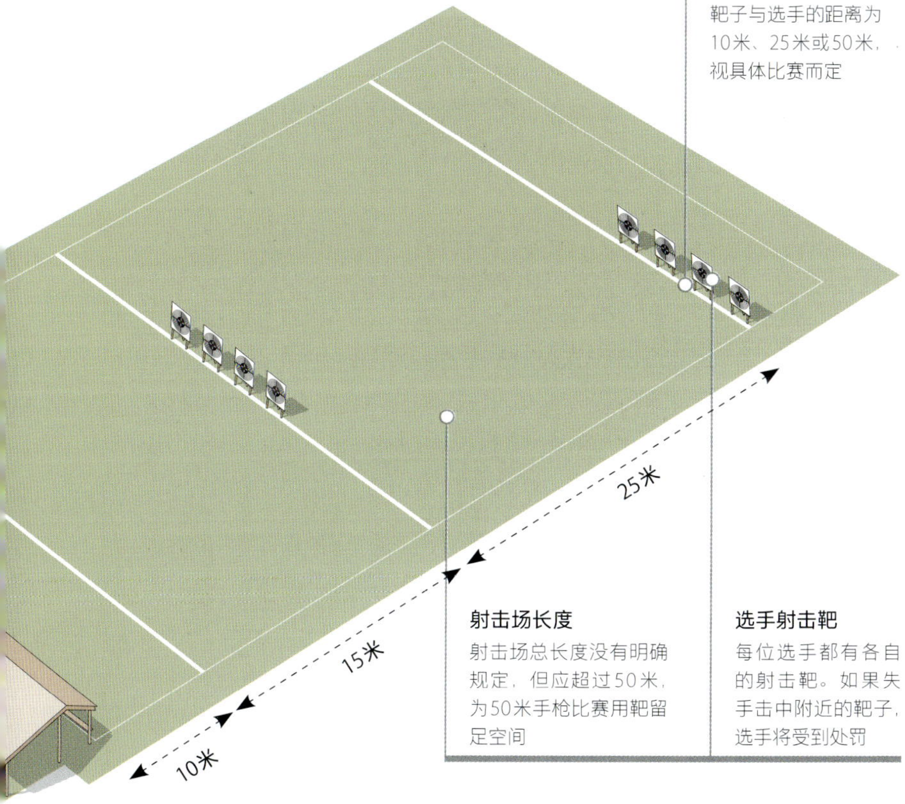

奥运会赛事

奥运会手枪射击比赛共有五项，其中女子两项，男子三项。10米气手枪在1988年奥运会上首次亮相，分别设有男子和女子比赛。男选手在105分钟内发射60发，女选手则在75分钟内发射40发。女子25米手枪比赛中，选手射击两轮，各30发。男子25米速射手枪比赛也是两轮各30发。男子50米手枪比赛中，选手在120分钟内发射60发。

最终赢家

各项比赛中，所有选手都参加一轮资格赛，前八名（男子25米速射比赛为前六名）进入决赛。将资格赛成绩与最后一轮成绩相加，总分多者获胜。

满环

比赛中，得分难度很高，但选手目标永远是满环。例如，在男子25米速射比赛中，资格赛满环为600环，592环则为世界一流水平。

单手冠军

卡罗伊·托卡奇是匈牙利手枪射击队成员。1938年，托卡奇因手榴弹爆炸失去了右手。托卡奇自学左手射击，并于1940年成为匈牙利手枪射击冠军。1948年伦敦奥运会上，托卡奇夺得速射手枪比赛金牌，并在1952年赫尔辛基奥运会上成功卫冕。

幕后故事

国际射击运动联合会成立于1998年，前身是国际射击联盟（International Shooting Union），负责管理手枪射击等射击比赛。联合会每四年组织举办一届世锦赛，与奥运会间隔两年。世锦赛有男子、女子和青少年个人及团体手枪射击比赛。联合会还组织举办世界杯、洲际锦标赛（Continental Championships）以及洲际大赛（Continental Games）。1989年，大型赛事引入新型电子计分系统，取代纸靶，能让观众立即知道比赛结果。1992年巴塞罗那奥运会上，射击比赛首次通过转播走向全球观众，开启了电视转播的新时代。

国际射击运动联合会
国际射击运动联合会总部位于德国，负责管理全球射击运动。

飞碟射击

运动概述

飞碟射击中，选手用滑膛猎枪射击抛靶机抛出的碟靶。碟靶射击大致分为三类——多向、双向和运动飞碟。奥运会设有多向和双向飞碟射击比赛，运动飞碟则旨在模拟野生动物。

猎枪枪管
由于与碟靶距离较近，双向飞碟射击猎枪的枪管（60～71厘米）通常比多向飞碟射击猎枪（约71～86厘米）的短。

光学瞄准器
禁止在枪支上安装任何瞄准辅助装置，例如光学瞄准器

护耳
选手最好通过佩戴耳罩等防护装备来保护听力

猎枪口径
比赛通常使用12号口径猎枪。选手可使用较小口径枪支，但不得使用超过12号口径的枪支

无袖外套
比赛无具体服装要求，但是选手一般穿宽松无袖外套，子弹可放在外套大口袋内。选手通常穿宽松T恤或衬衫，便于手臂自由活动

射击姿势
飞碟射击比赛中，选手均以立姿射击碟靶

运动要求
飞碟射击运动员身心都需要高度集中，同时要具备出色的手眼协调能力和视觉空间技能。选手要能够预测快速移动碟靶的轨迹，射击时略微留出提前量，从而精准命中。

靶场

双向和多向飞碟射击比赛场地各不相同。奥运会双向飞碟靶场有八个射击位，沿半圆靶场分布。选手轮流在射击位上射击。碟靶是从半圆两侧的高、低抛靶房里抛出的。多向飞碟靶场有五组抛靶机，每组三台，位于距离选手15米的沟中。在双多向飞碟比赛中，中心组抛靶机同时抛出两个不同高度不同角度的碟靶，选手每靶可各射一发。射击位共有五个，但与多向飞碟靶场不同，射击位沿直线分布。

必备知识

- 现代飞碟射击运动（包括双向和多向飞碟）源自射鸟消遣的习俗，尤其是射击鸽子和野鸡。
- 自1950年以来，多向飞碟射击一直都是奥运会比赛，双向飞碟射击则到了1968年才首次登上奥运会舞台。
- 发明于1915年的双向飞碟射击原本是娱乐运动。起初射击对象是活鸽，后改为碟靶。
- “双向（skeet）”一词源自表示“射击”的斯堪的纳维亚古老词汇，并于1926年被用于指代双向飞碟运动。

仅此无二

1992年，中国选手张山成为首位赢得奥运会男女混合射击项目双向飞碟比赛冠军的女运动员。后来，混合项目划分为男子和女子项目，张山因此也失去了卫冕的机会。

奥运会双向飞碟靶场

在标准的一轮中，选手要在沿半圆分布的八个射击位里射击二十五个碟靶。半圆两端的高、低抛靶房在限定范围内将碟靶按照固定轨迹抛出。选手分别从各自射击位射击固定数量组合的一靶或双靶，每中靶一次得一分，并且每靶只能射一发。同组选手（最多六人）要完成当前射击位的射击后才能进入下一个射击位。

比赛

奥运会目前有五项飞碟射击比赛，但比赛项目曾出现过调整。以前项目更多，女子双多向飞碟比赛在2004年后退出奥运会舞台。世锦赛比赛范围更广，包括男子和女子双向、多向和双多向飞碟比赛。

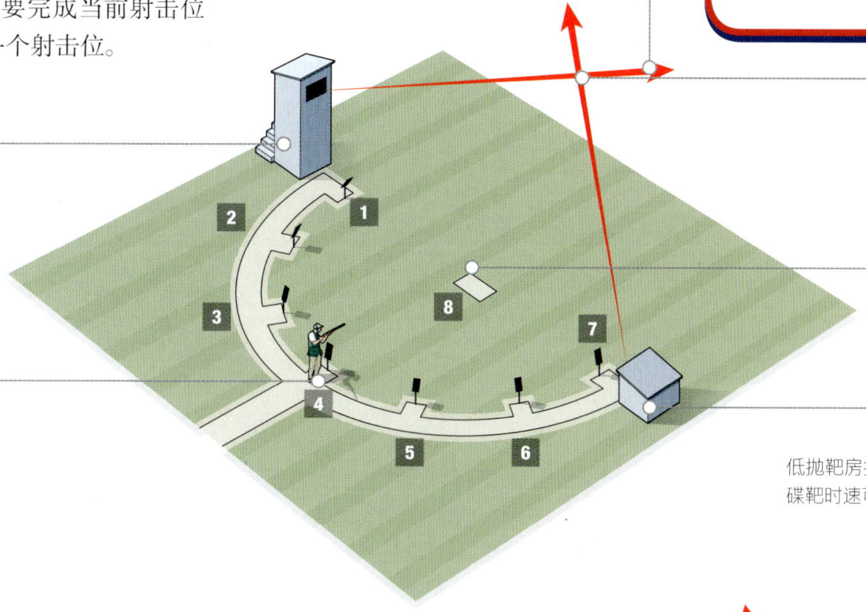

一靶和双靶
这一轮既有一靶也有双靶。一靶是高或低抛靶机抛出的。双靶则是由高、低抛靶机同时抛出的

碟靶交叉点
准确抛出的碟靶必须穿过碟靶交叉点上方的圆

高抛靶房
高抛靶房抛出的碟靶初始高度为3.05米，飞行距离可达65米

第8射击位
第8射击位面积最大，为90厘米×185厘米。其他射击位面积为90厘米×90厘米

第1至7射击位
选手从第1射击位开始，逐步向下一个射击位推进。射击位间距8.1米

低抛靶房
低抛靶房抛出的碟靶初始高度为1.05米。碟靶时速可达88千米

多向飞碟靶场

多向飞碟比赛中，同组六名选手均同时在场上。选手叫靶后碟靶会立刻被抛出，但是选手不知道一组三台抛靶机中哪一台会抛出碟靶。碟靶初始速度达130千米/时。选手每靶可射击两次。每位选手轮流从射击位射击，直到同组选手均射击完25个碟靶（一轮）。

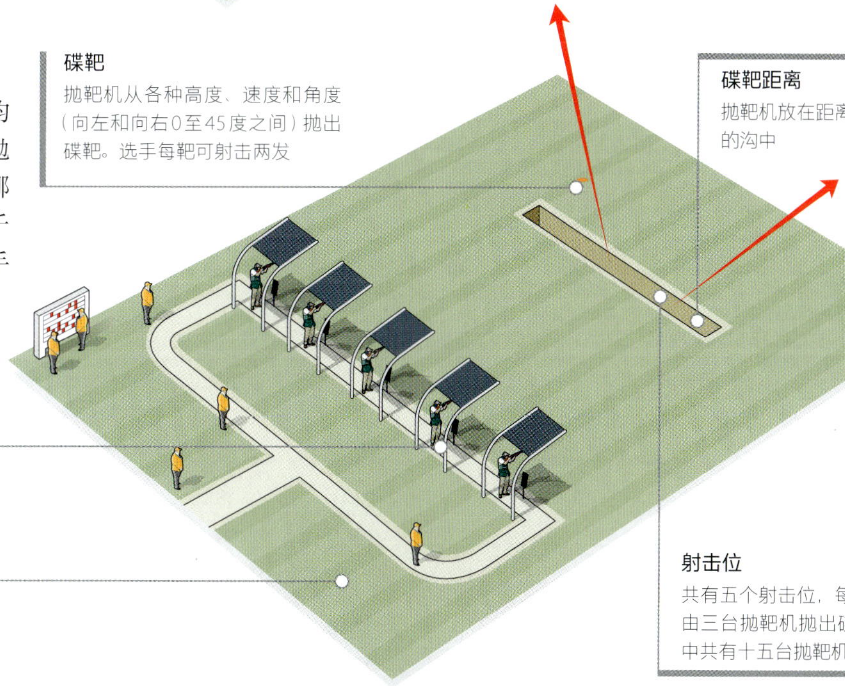

碟靶
抛靶机从各种高度、速度和角度（向左和向右0至45度之间）抛出碟靶。选手每靶可射击两发

碟靶距离
抛靶机放在距离射击位15米的沟中

抛靶机沟槽
沟槽里有15台抛靶机，分为五组，每组三台。沟槽深2米，宽2米

射击位
共有五个射击位，每个射击位均由三台抛靶机抛出碟靶（因此沟中共有十五台抛靶机）

靶场宽度
靶场总宽度为20米

趣闻

198 当前双多向飞碟射击世界得分纪录。2012年世界杯该项目资格赛和决赛总分为200分，英国选手彼得·威尔逊（Peter Wilson）得到了198分，创造了这一纪录。资格赛满分为150分，目前得分纪录为148分，已有多位选手达到这一分数，因此没有单独一位纪录保持者。

55 双多向飞碟射击比赛中，碟靶被抛靶机抛出后的飞行距离（以米为单位）。选手中靶距离通常为25～40米。

3 退出奥运会的飞碟射击项目数，其中包括活鸽射击。碟靶取代了活鸟，抛靶机则可使碟靶模拟鸟的飞行。

0—3 选手叫靶后，碟靶必须在0～3秒内被抛出。时间间隔随机化的目的是增加射击的难度。

324 自1897年以来，俄罗斯在国际射击运动联合会世锦赛上赢得的金牌数量。世锦赛每四年一届，与奥运会间隔两年。

枪支和装备

飞碟射击运动员通常使用12号口径猎枪，子弹内有小弹丸。多向飞碟射击枪支最重，约4千克，枪管最长，配有单扳机，便于速射。双向飞碟射击枪支弹枪重约3千克，枪管较短，灵活性更强。双多向飞碟射击枪支与多向飞碟射击枪支相似，但弹药散射面积更大。

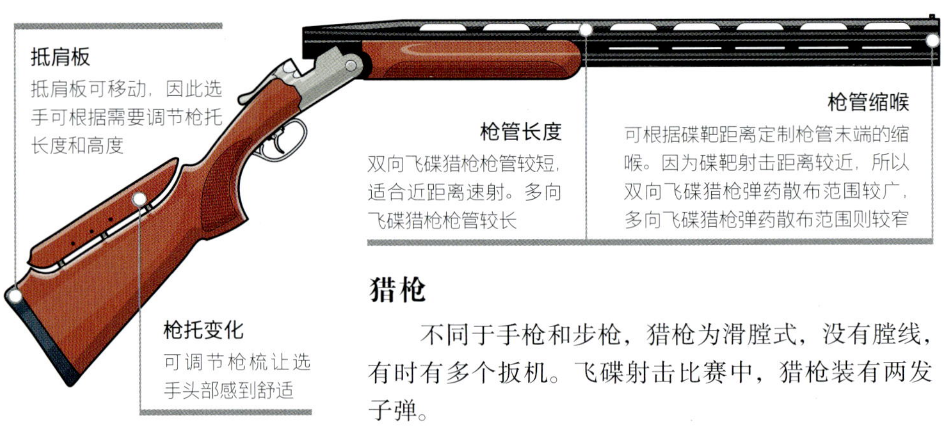

猎枪

不同于手枪和步枪，猎枪为滑膛式，没有膛线，有时有多个扳机。飞碟射击比赛中，猎枪装有两发子弹。

碟靶

碟状靶由沥青和白垩制成，大小约为11厘米×2.5厘米，大多为彩色，便于瞄准。

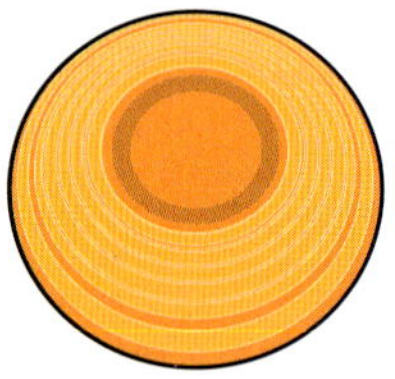

猎枪弹药

子弹内有铅弹丸，子弹重24克，发射后初始速度接近1530千米/时。

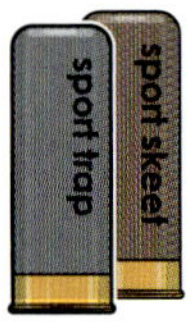

抛靶机

通过麦克风系统，抛靶机对选手叫靶做出响应，自动抛出碟靶。可以调整抛靶机，从而调节碟靶抛掷高度、角度和速度。有些抛靶机可容纳多达四百个碟靶。

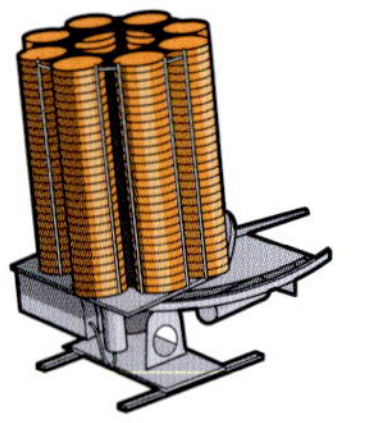

奥运会比赛

在奥运会比赛中，有六位选手从初赛脱颖而出，进入决赛。男子双向和多向飞碟比赛先进行五轮，每轮二十五个碟靶，最后再进行一轮，也是二十五个碟靶。女子双向和多向飞碟比赛先进行三轮，每轮二十五个碟靶，最后再进行一轮，同样是二十五个碟靶。男子双多向飞碟比赛先进行三轮，每轮五十个碟靶，最后再进行一轮，也是五十个碟靶。奥运会双向飞碟射击比赛中，选手每靶只有一次射击机会，且抛靶延迟时间多达3秒。多向飞碟射击比赛中，选手每靶可射击两次。双多向飞碟射击比赛中，两个碟靶同时被抛出，选手每靶各射一次。

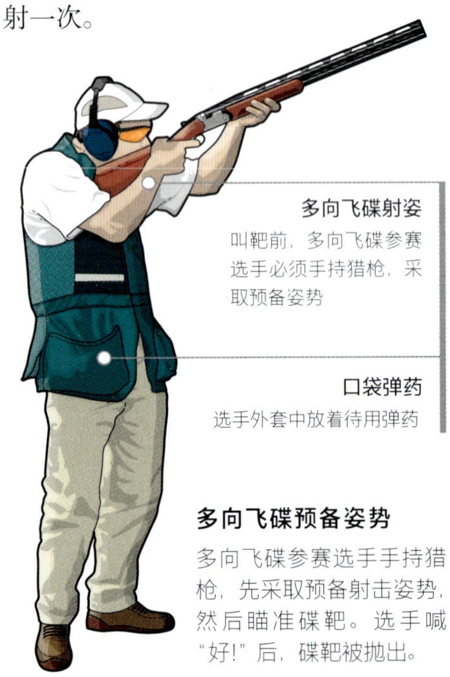

多向飞碟预备姿势

多向飞碟参赛选手手持猎枪，先采取预备射击姿势，然后瞄准碟靶。选手喊"好!"后，碟靶被抛出。

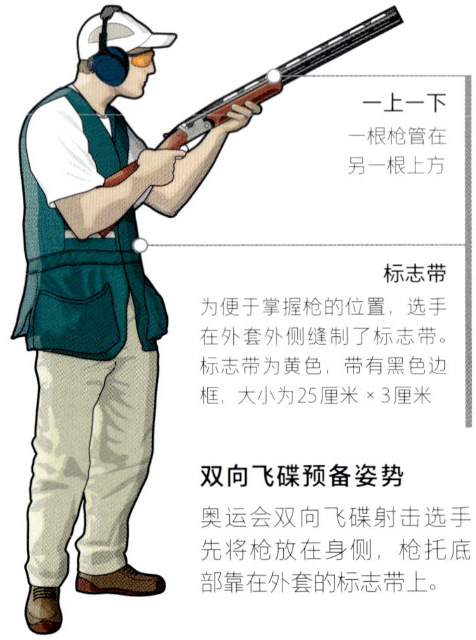

双向飞碟预备姿势

奥运会双向飞碟射击选手先将枪放在身侧，枪托底部靠在外套的标志带上。

得分

选手每中一靶得一分。中靶意味着击碎碟靶——裁判必须看到碟靶至少掉了一块碎片下来。裁判宣布"中靶"或"脱靶"。若"中靶"，记分员记下"/"或"X"，若"脱靶"，则记下数字"0"。决赛所用碟靶包含粉末，中靶时，现场观众和电视机前的观众都能清楚地看到。

统计中心

奥运会双向飞碟冠军

年份	姓名（国家）
2016	加布里埃莱·罗塞蒂（意大利）
2012	文森特·汉考克（美国）
2008	文森特·汉考克（美国）
2004	安德烈·贝内利（意大利）
2000	米科拉·米尔切夫（乌克兰）
1996	埃尼奥·法尔科（意大利）
1992	张山（中国）
1988	阿克塞尔·韦尔纳（民主德国）
1984	马修·德莱克（美国）

奥运会多向飞碟冠军

年份	姓名（国家）
2016	约西普·格拉斯诺维奇（克罗地亚）
2012	乔瓦尼·塞诺戈莱兹（克罗地亚）
2008	达维德·科斯特莱茨（捷克）
2004	阿列克谢·阿利波夫（俄罗斯）
2000	迈克尔·戴蒙德（澳大利亚）
1996	迈克尔·戴蒙德（澳大利亚）
1992	比特·赫尔德利克（捷克斯洛伐克）
1988	迪米特里·莫那考夫（苏联）
1984	鲁西阿诺·乔万内蒂（意大利）

幕后故事

19世纪80年代，飞碟射击首次出现。飞碟射击也是1896年首届奥运会比赛项目，此后具体飞碟射击比赛项目频繁变动。1897年，飞碟射击项目首次进入世锦赛。

射击联合会

国际射击运动联合会飞得射击运动管理机构。联合会每四年举办一届世锦赛，与奥运会间隔两年，比赛项目比奥运会更多。

步枪射击

运动概述

比赛目的是在时限内将尽量多的子弹射入靶心。射手必须考虑射击次数和用时，两者均由距离决定。先进行预赛阶段比赛，而后进行决赛阶段比赛，总分最高者获胜。

必备知识

- 国际射击运动联合会负责管理步枪射击运动。国际射击运动联合会世锦赛有六个步枪射击项目，奥运会则有三个步枪射击项目，分别为：50米步枪三姿、50米步枪卧射和10米气步枪。
- 不满于部队枪法不精，美国老兵威廉·C.丘奇（William C. Church）上校和乔治·温塔（George Wingate）将军于1871年成立了国家步枪协会（National Rifle Association）。
- 射击比赛仅允许使用由铅等柔软材料制成的子弹，不得使用曳光弹、穿甲弹和燃烧弹。
- 1968年，女运动员首次获许参加奥运会射击比赛。墨西哥、秘鲁和波兰各自有一位女选手参赛。

运动要求

步枪射击运动员要有非凡的专注力。运动员还要能够控制呼吸，并在一段时间内稳住双手和身体。运动员必须视力极佳，并能准确判断各类因素。

靶

步枪、手枪和移动靶比赛中，选手向白色底色的黑色瞄准区域射击。50米步枪环靶（如右图所示）有十个同心圆环值区。电子靶配有计算机系统，每次射击后可即时计分。电视报靶使观众能看到每次射击的弹着点。

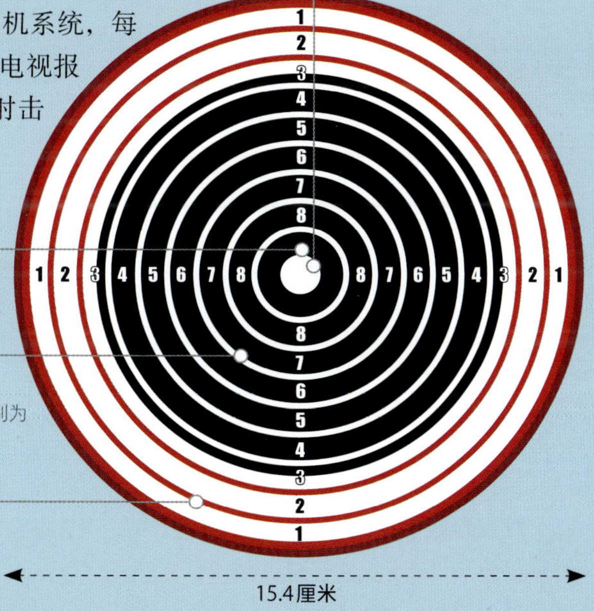

奥运会得分

奥运会比赛中，环靶上的10环又被细分为十个带小数点的分值区域（10.0至10.9），击中10环得分最高。

得10.9分
10环：直径1厘米
内10环 0.5厘米

得10.8分
9环：直径2.6厘米

得10.7分
8环：直径4.2厘米

得10.6分
7环：直径5.8厘米

得10.5分
6环：直径7.4厘米

得10.4分
5环：直径9.4厘米

得10.3分
4环：直径10.6厘米

得10.2分
3环：直径12.2厘米

得10.2分
2环：直径13.8厘米

得10.0分
1环：直径15.4厘米

靶场

户外靶场的设计理念是尽量使选手在背阳的情况下比赛。此外，50米靶场应有至少45米露天区域，300米靶场应至少有290米露天区域。

射击比赛

射击比赛分为四类：飞碟、步枪、手枪和移动靶。步枪射击赛事在靶场进行，设男子和女子10米、25米、50米和300米比赛。

步枪靶场

射击线必须平行于靶的连线，且必须根据指定距离将风向旗放在射手和靶之间。

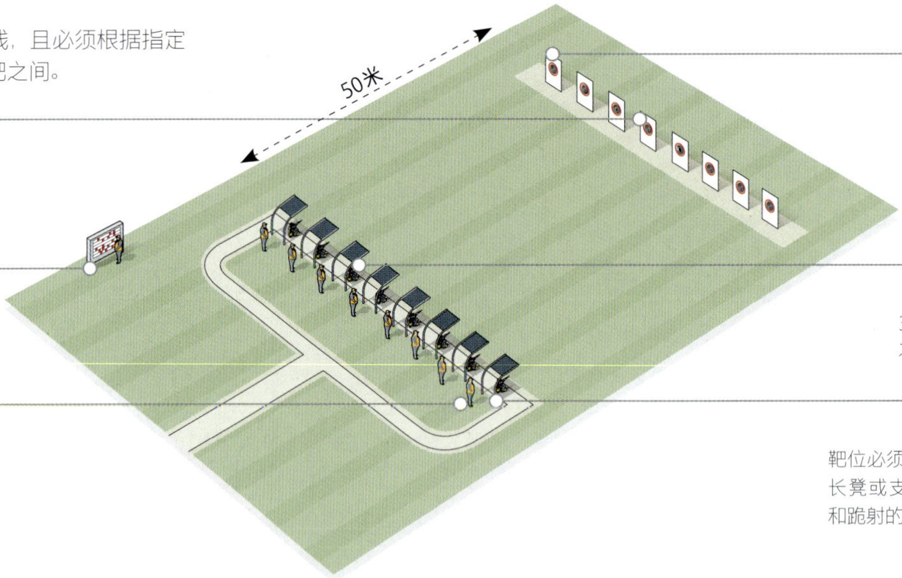

靶高
50米靶场上，靶心高度必须为75厘米

记分
应设立非正式记分牌，便于观众跟进赛况

射手
比赛开始后，射手们有一定的时间来完成所有射击，时间长短视具体比赛而定

稳住射击靶
必须将靶固定到位。即使刮大风，靶也不会被吹歪

靶位
300米射击比赛中，靶位不得小于1.6米 × 2.5米

标准配套
靶位必须配备：70至80厘米高的长凳或支架；座椅或座凳；卧射和跪射的垫子

枪弹

任何口径为5.6毫米（0.22英寸）边缘发火、使用步枪长弹的步枪以及8毫米弹药均可使用，但枪支和弹药加上手掌垫等配件的重量不得超过8千克（男子比赛）或6.5千克（女子比赛）。10米气步枪比赛中，任何重量为5.5千克、发射4.5毫米（0.177英寸）口径弹药的气步枪均可使用。

步枪瞄准器

仅可使用“金属”瞄准器，无瞄准镜或瞄准镜系统。

觇孔
不得以任何方式增强瞄准器

子弹

步枪弹药口径必须在5.6毫米至8毫米之间。

点燃子弹
撞针撞击子弹边缘，点燃子弹

.22口径步枪

该枪为小口径单发步枪，使用5.6毫米（0.22英寸）口径弹药，有许多特色功能，例如枪托形状可根据选手需要调节。枪托包含钩状托底板和手掌垫。

金属瞄准器
可使用滤色镜，可微调后瞄准器的风偏和仰角

手掌垫
手掌垫是枪支前端下方辅助持枪手的附件或延伸物

枪皮带
枪皮带宽度不得超过4厘米

枪管
枪管膛线提高了长距离射击的精度

前瞄准器
前瞄准器管长必须为5厘米，直径必须为2.5厘米

钩状托底板
不论钩呈现何种曲线，其总长度不得超过17.8厘米

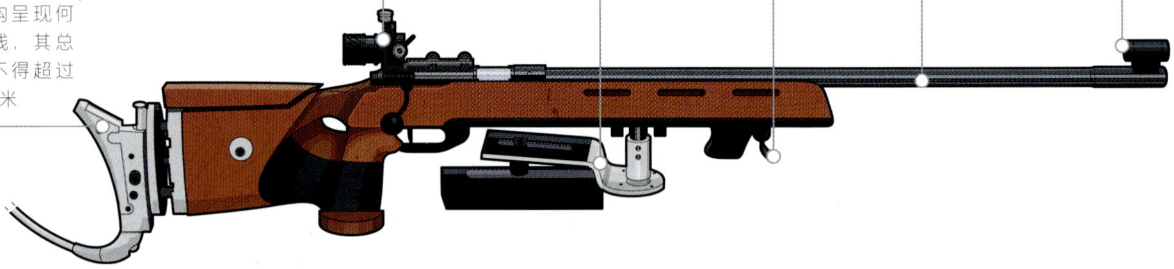

.177口径气步枪

气步枪比赛主要是男子10米60发子弹，女子10米40发子弹。步枪通常为单发装填，枪管有膛线，枪托为木制或为合成材料。

后瞄准器
任何不包含镜片系统的瞄准器均可使用

装弹量
枪支为单发装填，无需弹夹

最高速度
子弹速度高达148米/秒

枪管长度
枪管长度不超过76厘米

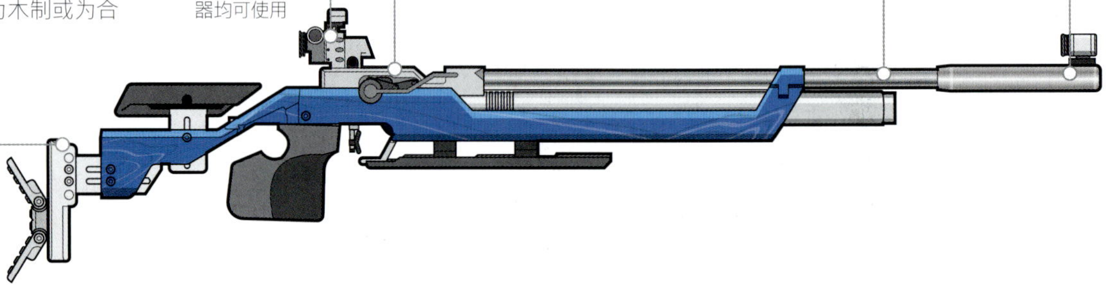

轻质金属托底板
调整托底板轮廓，使其贴合身体

发射子弹

所有射击比赛形式基本相似，不同点只在于发射子弹数量和射击时限。在男子50米步枪三姿比赛中，选手分别以卧姿、立姿、跪姿向距离50米的靶子射击40发子弹，并分别要在45分钟、75分钟、60分钟内击中靶心10环。前八名选手进入决赛。决赛中，选手要以立姿射击10发，每发射击时限为75秒。

三姿技术

50米步枪三姿比赛中，选手分别以卧姿、立姿、跪姿射击（如下图所示）。选手必须考虑比赛时的天气情况，利用好靶场风向旗，同时注意每种姿势的射击时限。

立姿

进行立姿步枪射击时，选手双手持枪，枪抵肩。左臂可靠在胸上或髋部上。50米步枪比赛中，选手最多有10分钟更换姿势。

跪姿

采用跪姿时，右利手射手可用右脚脚趾、右膝和左脚接触地面。左膝可支撑左肘，但支撑点必须在髌骨前方10厘米和后方15厘米之间。

卧姿

这是选手采用的第一个姿势。选手不得将枪抵靠在任何物体上。右利手选手的左前臂必须与地面至少呈30度角。

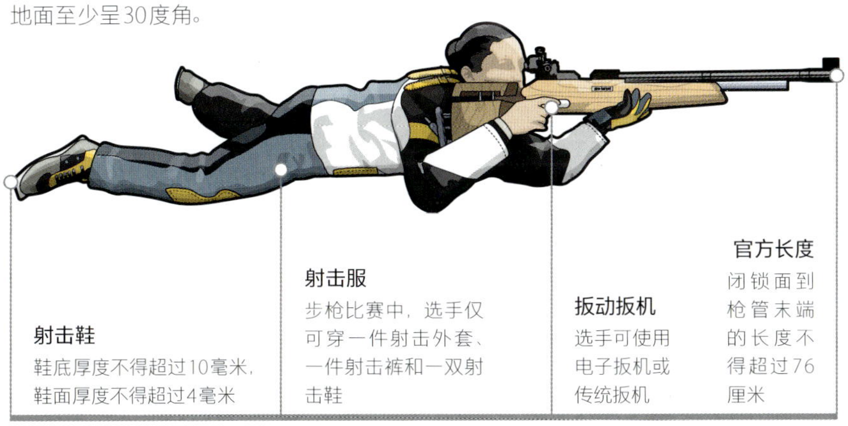

统计中心

女子50米步枪三姿

姓名（国家）	奥运会
芭芭拉·恩莱德（德国）	2016年里约
杰米·林恩·格雷（美国）	2012年伦敦
杜丽（中国）	2008年北京
柳博芙·加尔金娜（俄罗斯）	2004年雅典

男子50米步枪三姿

姓名（国家）	奥运会
尼科罗·卡普里亚尼（意大利）	2016年里约
尼科罗·卡普里亚尼（意大利）	2012年伦敦
邱健（中国）	2008年北京
贾占波（中国）	2004年雅典

男子50米步枪卧姿

姓名（国家）	奥运会
亨利·扬汉内尔（德国）	2016年里约
谢尔盖·马丁诺夫（白俄罗斯）	2012年伦敦
阿尔图尔·艾瓦江（乌克兰）	2008年北京
马修·埃蒙斯（美国）	2004年雅典

奥运会步枪/飞碟射击赛事

男子50米步枪三姿（3×40发）
男子50米卧姿（60发）
男子双多向飞碟（150靶）
男子双向飞碟（125靶）
男子多向飞碟（125靶）
女子50米步枪三姿（3×20发）
女子双向飞碟（75靶）
女子多向飞碟（75靶）

奥林匹克血液运动

奥斯卡·斯万（OSCAR SWAHN）赢得首枚奥运会金牌时，已经61岁了。他赢得了100米跑鹿单发射击比赛冠军，第二天又夺得团体比赛金牌。斯瓦恩还获得了100米跑鹿双发射击比赛铜牌。比赛射击目标是靶子而非活鹿。

幕后故事

射击原本是用于捕猎的生存手段。不过，到了19世纪，工业革命让许多人不必捕猎即可获得食物，因此射击逐步演变为一种运动。射击运动首先在英格兰、美国、爱尔兰和南非等英语国家流行开来。

轮上运动

SPORTS ON WHEELS

09

小轮车

运动要求

小轮车骑手必须极为灵巧，并且有很强的专注力。有氧适能水平在竞速赛场上极为关键，而动作风格和创造力则在自由式比赛中至关重要。

头盔

骑手必须佩戴半盔或全盔，并且要系紧下巴扣带

加垫骑行上衣

竞速比赛大多要求骑手穿长袖上衣，且肘部要有衬垫

加垫骑行裤

竞速赛骑手必须穿骑行长裤，且膝盖处要有衬垫

手套

防止手在车把手上滑动，避免手上起泡

自行车垫

可在车架上管和车把把立上加装垫子，从而在骑手摔倒时起保护作用

车轮

竞速小轮车车轮直径一般为51厘米

运动概述

20世纪60年代末，小轮车运动在美国逐渐发展起来。小轮车相当于脚踏驱动版的越野摩托车，看起来像成年人骑着儿童自行车比赛，但在这项包含泥地竞速和自由式比赛的运动中，胆大心细是必备条件，因为骑手有时要腾越巨大障碍物，还要表演高难度技巧。

赛道和坡道

小轮车竞速比赛场地为专用泥地赛道。骑手要在赛道上骑完一圈，在冲向终点线前还要进行各种腾越和转弯。自由式小轮车比赛则在坡道上进行，其中难度最高的可能是U型台。

泥地赛道

竞速赛道由出发门、终点线和泥地赛道组成，泥地赛道包含障碍物、斜坡弯道、平地弯道。骑手骑完全程一般用时30秒至45秒。

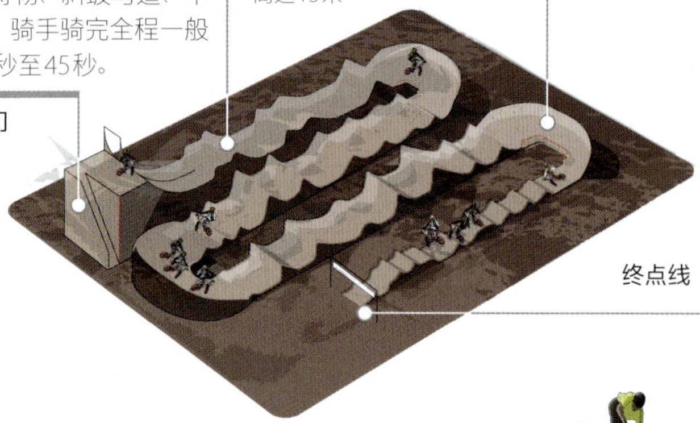

障碍物

赛道上的障碍物大多较小，但超级越野赛上的障碍物高达13米

斜坡弯道

斜坡弯道被称为弯墙

出发门

终点线

U型台

U型台常用于自由式比赛，坡顶部分呈垂直。U型台可高达4米，还有1米高的垂直台面。骑手冲上坡面，并表演空中特技。

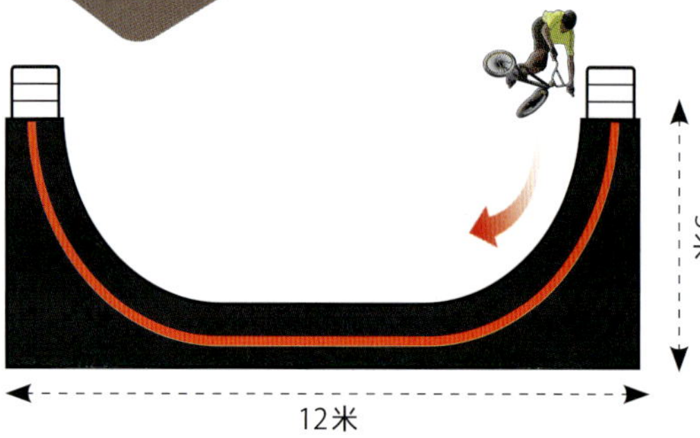

粗糙或光滑

骑手常使用粗胎进行土坡腾越。U型台骑手则使用几乎完全光滑的轮胎

侧向踢腿

腾跃至最高点时，骑手向一侧踢腿

刹车

用于土坡腾越的小轮车没有刹车，因为空中刹车意义不大

翻甩

土坡腾越后，骑手会表演一些惊人的技巧动作。表演翻甩时，骑手在空中把自行车向后翻，同时留足前进动能，以便落地后能继续完成动作。

必备知识

- 国际自行车联盟（Union Cycliste Internationale）负责管理全球小轮车赛事。
- 1970年，小轮车先驱斯库特·布赖特豪普特（Scot Breithaupt）率先在美国加利福尼亚州长滩组织举办小轮车赛事。
- 2008年北京奥运会上，小轮车竞速比赛首次登上奥运会舞台。

自由式比赛场地

根据选手展现技巧的地点不同，自由式比赛可分为五个项目：街道、公园、U型台、林道和平地。街道骑手在城市台阶、栏杆、斜坡上自由发挥，公园骑手则使用滑板公园的管道和坡道。U型台比赛中，骑手利用垂直面进行腾跃，或在台沿上表演技巧动作。林道则是骑手腾越土坡后表演技巧动作。自由式中，平地最为纯粹，骑手骑着车，没有任何障碍物或辅助物，能充分展现想象力和技术动作。

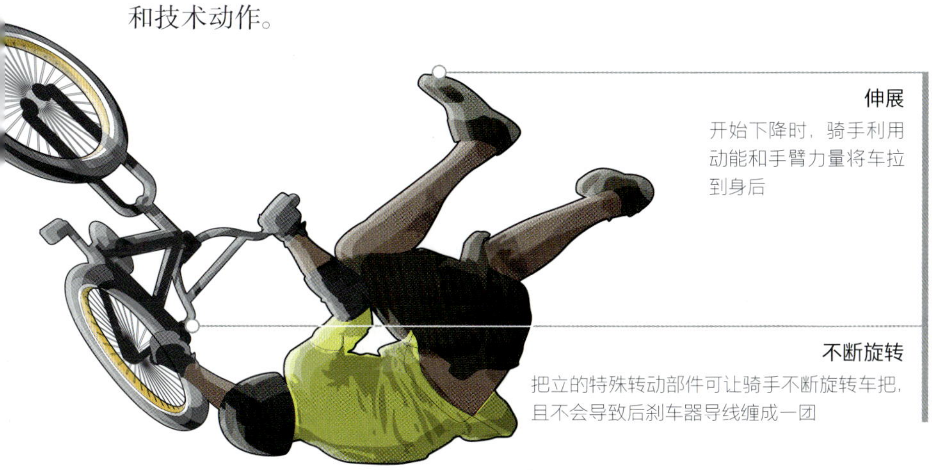

土坡腾越

自由式项目土坡腾越很受欢迎。骑手越过土坡，在空中表演技巧动作，力求打动评委。评委根据骑手动作风格和难度进行打分。比赛结束时，得分高者获胜。

城市游戏

自由式骑手大多将小轮车视为生活方式而非竞技运动，不过很多骑手也参加了重大国际赛事，例如创始于1986年的自由式小轮车世锦赛（BMX Freestyle Worlds）、都会赛事（The Metro Jams）、后院赛事（The Backyard Jams）、巴基赛事（The Backy Jams）以及X赛事（X-Games）。

竞速规则

在常见竞速比赛中，八名骑手参加一系列资格赛（motos）。每场资格赛参赛选手的年龄和水平相仿。在国际比赛中，精英组或职业组由19岁及以上顶级骑手组成。17岁和18岁骑手则参加青少年组比赛。淘汰赛比完后，用时最短的四名骑手进入决赛（mains）。决赛中，速度最快的骑手为最终冠军。

转动技巧

有四种风格的技巧：基础技巧、摩擦滑行技巧、空中技巧和台檐技巧。基础技巧为基本动作，包括兔式跳跃、抬起前轮、倒着骑行。骑手用脚踏杆在栏杆或U型台台檐上完成摩擦滑行和台沿技巧。表演土坡腾越和U型台空中技巧时，选手将腾空高度与高难度转体翻身动作结合起来。

平地

平地骑行可能是对技术要求最高的自由式小轮车项目。如图所示，骑手正在用脚擦后轮，从而一边表演动作，一边使车保持前进。

幕后故事

20世纪60年代，美国年轻人想借助自行车模仿摩托车骑手，小轮车运动便由此形成。小轮车运动很快就在滑板一代之间流行开来。如今，小轮车运动广受欢迎，甚至发展出了一个产业。许多骑手以骑车为生，顶尖职业骑手成了国际名人，还获得了小轮车制造商以及服装公司的巨额赞助。

场地自行车

安全帽
每位骑手都必须戴头盔，从而在撞车时保护头部。追逐赛和个人计时赛中，骑手佩戴流线型头盔，能在最大程度上减少阻力

贴合
骑行服由莱卡等合成纤维制成，有助于排汗，避免汗水蒸发导致体温大幅下降

骑行短裤
紧身氨纶骑行短裤配有合成棉织物衬垫，为腹股沟起到缓冲作用。短裤设计符合男性和女性身体结构特点

无夹踏板
踏板与鞋相连，形成骑手和自行车之间稳固的连接点

骑行手套
佩戴骑行手套有助于骑手抓牢车把，否则手掌出汗会容易打滑，引发严重后果。手套也可用于清洁轮胎表面的碎屑

橡胶轮胎
按照规定胎压，为轮胎内胎打气

车轮技术
碳纤维材质的辐条轮和盘式车轮很受欢迎

运动要求

冲刺型选手要有速度、力量和爆发力，因此必须肌肉发达，同时将体脂水平控制得很低。耐力型骑手在长距离骑行过程要不断地高强度发力。职业场地自行车运动员大多都要进行大量骑行训练，从而加强心肺功能。因此，所有选手都非常注重补充营养。

运动概述

场地自行车包含多项赛事，均在赛车场里封闭、有倾斜角度的环形赛道上进行。该运动源于欧洲，原本属于公路自行车运动员冬季训练内容，但后来很快就独立出来，成为深受观众喜爱的运动。场地自行车赛事形式丰富，既有个人计时赛，也有团体赛最后一个弯道后紧张刺激的最后冲刺。短距离项目考验选手冲刺能力，耐力型赛事则比赛距离更长。

最艰难的骑行

场地自行车运动员最渴望打破一小时纪录。1972年，艾迪·莫克斯（EDDY MERCKX）挑战一小时纪录，最终创造了新纪录。赛后，他说道："那是我骑得艰难的一次"。这句话从十一届三大环赛冠军和三届世界冠军得主嘴里说出来，可谓分量十足！

必备知识

- 奥运会目前有10项场地自行车赛事。从2012年伦敦奥运会开始，男子和女子场地自行车赛事各有五项。
- 国际自行车联盟负责组织一系列世界杯比赛和一年一度的世锦赛。

趣闻

147000000 2016年里约奥运会赛车场建造总成本（以美元为单位）。

42 常见赛道最大倾斜角平均值。赛道之所以有倾斜角度，是为了让车手过180度弯道时不必减速。

1 场地自行车档位数。车手不会先低档位起步，而后换成高档位，而是必须高档位起步，因此要猛力蹬踏板。

赛车场

赛车场赛道是有倾斜角度的椭圆形环路，由两条直道和两个180度弯道组成。环绕赛道的黑色测量线是测量赛道长度的依据。赛道长度从150～500米不等，宽度在7～9米之间，具体取决于赛车场大小。自2000年1月以来，奥运会和世锦赛等重大赛事仅在250米赛道上举行。

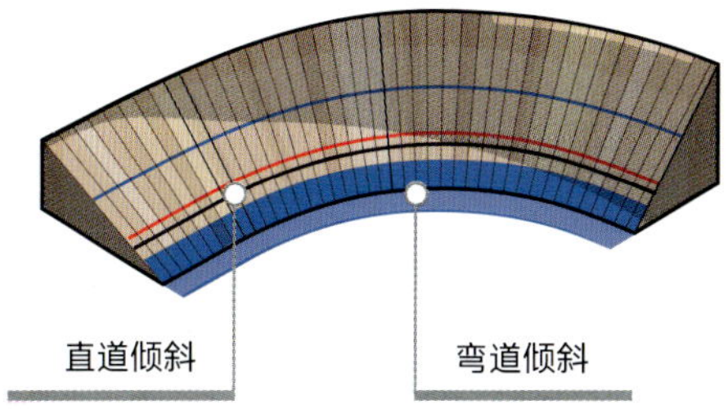

倾斜角度

倾斜角度取决于赛道长度。标准250米赛道倾斜角度可达45度，400米赛道最大倾斜角度为22度左右。即便直道也略微倾斜，约为12度。

骑行科学

赛道设计师的目标是打造以正确角度倾斜的赛道。直道倾斜相对缓和，但是弯道倾斜角度必须足够大，车手才能以高达70千米/时的速度垂直于赛道骑行。若赛道无倾斜，车手则将被迫偏离最短路径，或将速度大幅放缓。

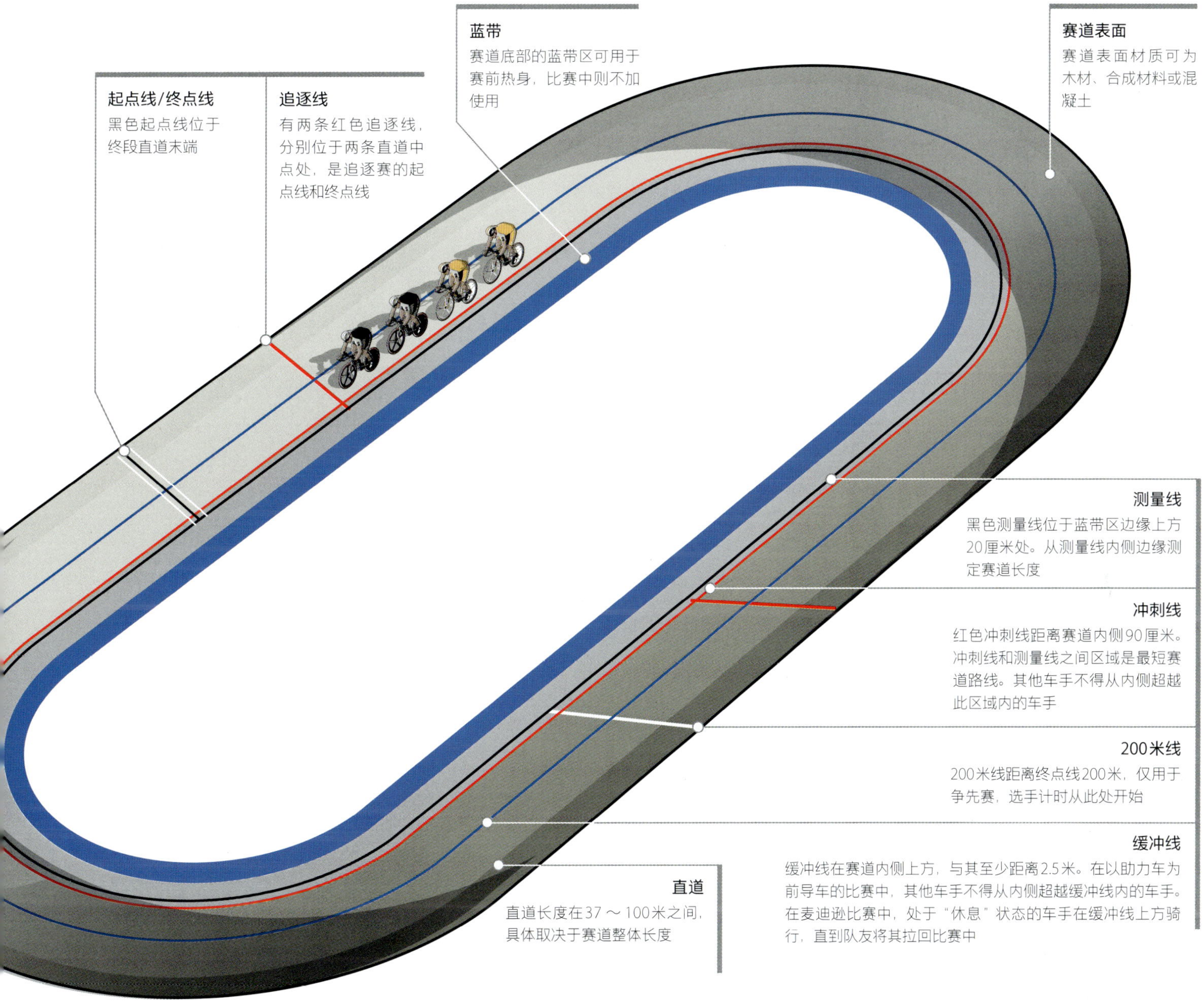

室内和室外

20世纪初期，场地自行车运动正值鼎盛时期，大多数赛车场均为室内竞技场。室内赛车场不仅能抵御恶劣天气，让选手骑得更加平稳，而且还很适合深夜狂欢者和社交名流，因为当他们一早就来观看持续六天的比赛时，酒吧大多已经打烊了。近年来，为降低建造成本，场地自行车专用赛车场通常为室外竞技场。

凯林赛

凯林赛是2千米冲刺比赛，于1948年发源自日本。助力车在前几圈引导最多八名车手，引导结束后车手冲向终点线。在日语中，凯林（keirin）的意思是“战斗”，比赛也恰如其名，经常出现高速撞车事故。

场地自行车

有两类场地自行车：适用于长距离赛和计时赛的追逐自行车，以及适用于短距离冲刺赛和积分赛的标准自行车（如下图所示）。高水平比赛中，车架材质为超轻碳纤维或钛，只配有单个固定齿轮，无刹车。不过，铝制和钢制车架则要便宜得多。两类自行车主要区别在于空气动力。追逐自行车通常空气动力效率更高，但舒适度较低，标准场地自行车则坚固轻巧，更适合急速冲刺。追逐自行车可能配有休息把，从而减少身体前侧迎风面积，尽量减少阻力。

场地自行车项目

场地自行车比赛形式丰富，可分为500米至2000米不等的短距离比赛，以及长达60千米的长距离比赛。多年来，奥运会比赛包括各类项目，并在2012年伦敦奥运会之前进行了修订，实现了性别平等。奥运会男子和女子比赛项目如下：

个人争先赛 也称为“匹配”争先赛，两名车手同时骑行三圈，一决高下。内道上出发的车手领骑第一圈。个人争先赛中，车手你争我赶，直到进入最后200米，先冲过终点线的车手获胜。

团队争先赛 两支车队，各由三名车手组成，在赛道上骑行三圈，决出胜负。每位车手都必须完整领骑一圈。

团队追逐赛 场地自行车的招牌赛事。参赛两队各由四名男运动员组成，比赛距离为4千米。

凯林赛 为集体出发赛事，领骑的助力车时速高达50千米，然后车手独自骑行两圈。

全能赛 二十四名车手参加六场比赛——三场短距离比赛和三场长距离比赛，综合成绩最优者获胜。比赛包括一场250米行进间计时赛、一场计分赛（男子30千米，女子20千米）、一场淘汰赛、一场追逐赛（男子4千米，女子3千米）、一场捕捉赛（男子15千米，女子10千米）和一场计时赛（男子1千米，女子500米）。

从赛道到公路

克里斯·鲍德曼（CHRIS BOARDMAN）可能是从赛道到公路转型最成功的自行车运动员。职业生涯初期，鲍德曼尤为擅长计时赛，23岁时就多次赢得英国场地自行车冠军，并获得了1992年奥运会个人追逐赛金牌。1993年，鲍德曼成为职业车手，并在1994年、1997年和1998年赢得了著名的环法自行车赛序幕赛段冠军。1999年，鲍德曼退役。

场地自行车规则

在奥运会、世锦赛等国际场地自行车比赛中，比赛规则由全球自行车运动管理机构国际自行车联盟（Union Cycliste Internationale）负责管理。国内比赛规则由相关国家管理机构制订。

不在其位

即收胸，在车把上方蜷缩身体，手肘抬高，放在身侧。1993年，奥伯雷用这种“蜷缩”或“团身”姿势打破了尘封九年的世界一小时纪录，同年还赢得了世锦赛个人追逐赛冠军。国际自行车联盟禁止该姿势后，奥伯雷开始尝试使用新的“超人”姿势，手臂在身前完全伸直。1995年，奥伯雷用新姿势赢得了世锦赛个人追逐赛冠军。1996年，英国自行车运动员克里斯·鲍德曼用相同姿势刷新了一小时纪录。自此之后，国际自行车联盟禁止场地自行车比赛使用超人姿势。

世界一小时纪录

除参赛外，车手还在赛车场挑战各类世界纪录，其中世界一小时纪录备受重视。挑战目标很简单，要在一小时内骑得尽可能远，但挑战规则却绝非如此。问题在于自行车技术进步很快。1972年，著名比利时自行车运动员艾迪·莫克斯刷新一小时纪录（49.431千米）时，他并未配备盘式轮、休息把等符合空气动力学的装备。因此国际自行车联盟至今认可两种一小时纪录：以莫克斯的自行车为标准的官方“国际自行车联盟一小时纪录”，以及允许使用最新自行车技术的非官方“最佳努力”纪录。

趣闻

55.9 2019年，比利时自行车运动员维克多·坎普纳特（Victor Campenaerts）打破国际自行车联盟一小时纪录时的骑行距离（以千米为单位）。

20 车手能后退的最大距离（以厘米为单位），超过这个距离会被取消资格。

5000 2016年里约奥运会场地自行车赛车场能容纳的观众数。

计时赛

计时赛是唯一车手从出发台出发的场地自行车比赛。一旦后轮固定在出发台中，车手前方的钟表就开始倒计时50秒。倒计时结束时，出发台制动器松开，触发计时器。越过终点线时，车上的收发机会记录骑行用时，计时精准到百分之一秒。

赛道技术

根据比赛类型不同，车手会使用一系列不同技术。计时赛等个人赛事主要考验运动员力量、速度和耐力，因此比赛战术几乎没有施展空间。其他比赛则是战术之战，车手都要争夺最佳位置。

互帮互助

麦迪逊赛一大看点是接力的过程。两名车手组队参赛，第一名车手比赛时，第二名车手在赛道顶端慢速骑行，直到下次接力。接力时，第二名车手骑回到比赛路线上，队友用吊手为其提速。

破风助力车

凯林赛中，前几圈由助力车领骑。助力车起步速度很快，车手必须快速跟上。助力车逐步提速，然后退出比赛，让车手在最后两圈一决高下。

停止不动

个人争先赛，又名匹配争先赛，是两位车手进行三圈骑行的较量。内道车手——通过抛硬币决定——必须领骑第一圈。领骑车手处于不利位置，因为尾随其后的车手有机会突然赶超。开始最后冲刺时，尾随的车手也有利用领骑者挡风的优势。因此，在第二圈中，领骑车手通常会放慢速度，直至完全停下，骑在车上实现平衡，迫使对手骑到前方。进入最后一圈时，其中一名车手会脱颖而出，冲向终点线。个人争先赛为三局两胜制，获胜者可进入下一轮。

统计中心

场地自行车纪录	
男子1000米纪录	
阿尔纳德·托尔南特	58.875秒（2001年）
女子500米纪录	
安娜·米尔斯	33.010秒（2012年）
一小时骑行距离纪录	
维克多·坎普纳特	55.9千米（2019年）
*国际自行车联盟“最佳努力”纪录	

滑流

跟车是大多数自行车比赛的关键所在。跟车时，车手处于领骑车手后轮之后几厘米处。领骑车手负责冲破风阻，借助领骑车手形成的滑流，跟车车手可省力40%。有时，一群车手会聚在一起，形成轮车阵型，每名车手轮流领骑。领骑一会儿后，车手往后退，跟车车手接替上前，奠定整体节奏。有的车手不领骑，只想搭便车，其他选手很可能会严厉指责。

幕后故事

19世纪末，自行车极受欢迎，场地自行车便在这种背景下逐渐发展起来。场地自行车比赛将公路自行车的紧张刺激之感带到了封闭环形赛道上。场地自行车也变成了公路自行车选手的常规训练方式。1868年，有史以来首场场地自行车比赛在法国圣克卢（Saint-Cloud）举行。早期有些场地自行车比赛极为考验耐力，体现出了许多著名公路自行车赛事的特点。这些耐力赛包括24小时赛和臭名昭著的六天赛。六天赛中，两名车手组队参赛，轮流骑六天六夜。短距离赛事也很受欢迎。1896年首届奥运会上，个人争先赛和场地计时赛均为比赛项目。

国际自行车联盟

国际自行车联盟成立于1900年，负责管理小轮车、场地自行车等运动。国际自行车联盟还组织举办场地自行车世界杯经典系列赛和一年一度的场地自行车世锦赛，并与国际奥委会合作组织奥运会赛事。每年国际自行车联盟都会发布各项赛事顶尖车手排名。

公路自行车

必备知识

- 虽然公路自行车风靡全球，但重大职业赛事主要在欧洲大陆举行。
- 有各类公路自行车比赛形式，包括多日分段赛、一日经典赛、计时赛和环行公路赛。
- 国际自行车联盟是国际公路自行车运动管理机构。
- 国际自行车联盟世界巡回赛是从1月持续到10月系列排名赛，吸引诸多顶尖车手参赛。

运动概述

公路自行车是极为艰苦的运动。在享誉全球的环法自行车赛等大型分段赛中，顶尖车手要在短短几周内骑行数千千米，因此要不断挑战体力极限。车手要坐在车座上骑行一天，要加速至80千米/时及以上，还要翻越陡峭的山坡。公路自行车运动最独特之处在于：大多数车手必须愿意牺牲个人荣誉来帮助车队主将赢得比赛。

轻质头盔
2003年哈萨克斯坦车手安德烈·基维维夫意外去世后，比赛就强制要求戴头盔

车队骑行服
车手穿着车队配色的紧身骑行服。骑行服为吸汗透气材质

莱卡骑行短裤
紧身莱卡短裤为流线型设计，可避免大腿与车座摩擦。腹股沟处加有衬垫

无指手套
车手佩戴手套，可减少路面传递而来的颠簸感。手套亦可用于擦拭脸上汗水，也可清洁镜片污迹

鞋子和踏板
踏板与鞋相连，形成车手和自行车之间稳固的连接点

运动要求

公路自行车运动强度高，耗时耗力，因此车手身体承受着巨大压力。车手必须能在长距离骑行时不断发力，因此要肌肉发达，心肺功能强，还要做好精神准备。培训和营养都很重要——车手要饮食均衡，大量摄入碳水化合物，每周可能还要骑数百千米。

开放道路

公路自行车比赛在普通道路上进行。除计时赛外，车手均集体出发。比赛在设定路线上进行，比赛类型不同，比赛距离也各不相同。车手的比赛目标是率先越过终点线。八到十名车手组队参赛，队友相互配合，帮助主将赢得比赛。

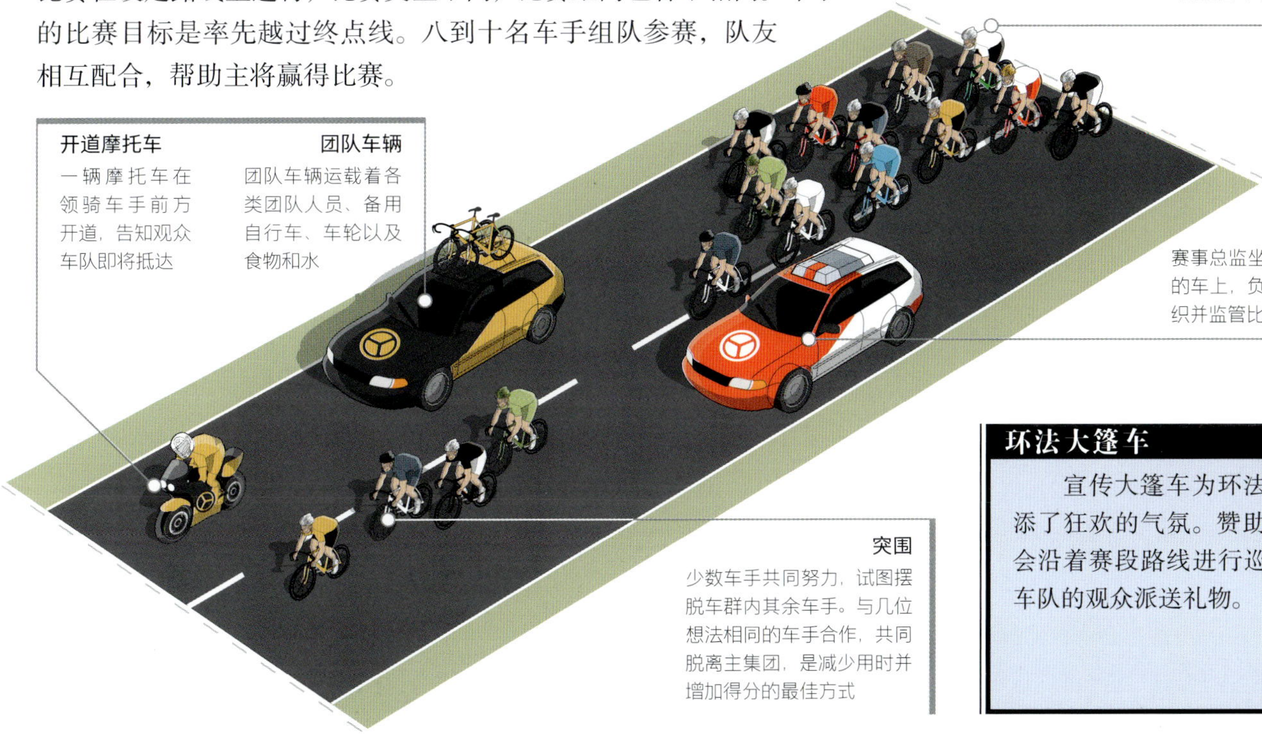

主集团
主集团是选手最集中的车群。有车手发起攻击时，主集团车手会进行追击

开道摩托车
一辆摩托车在领骑车手前方开道，告知观众车队即将抵达

团队车辆
团队车辆运载着各类团队人员、备用自行车、车轮以及食物和水

赛事总监
赛事总监坐在领骑车手后面的车上，负责整场比赛的组织并监管比赛全程。

突围
少数车手共同努力，试图摆脱车群内其余车手。与几位想法相同的车手合作，共同脱离主集团，是减少用时并增加得分的最佳方式

环法大篷车

宣传大篷车为环法自行车赛增添了狂欢的气氛。赞助商大篷车队会沿着赛段路线进行巡游，向等待车队的观众派送礼物。

自行车技术

要赢得职业公路自行车比赛，身体素质出众是基础条件，自行车技术的进步也不可少。车架通常采用碳纤维以及钛等金属制成，减重的同时还能保持刚度和强度。相较于常规公路自行车，计时赛专用自行车的空气动力学优势更强。

通讯
比赛期间，车队总监用无线电向车队传输指令。车手一耳戴着耳机，并将无线电装置绑在骑行服下。

公路自行车

专业公路自行车轻巧坚固且舒适，可连续骑数小时。快卸式紧固件便于选手在爆胎时快速换轮。

轻质车轮
高框轮圈结合了盘式轮的气动优势和辐条轮的重量优势

车架和前叉
公路自行车大多采用钻石型车架设计。坚固碳纤维前叉与头管相连，能在颠簸幅度不大时起缓冲作用

管状轮胎
内管缝入轮胎中，并用橡胶胶粘在轮圈上

无夹踏板
车手鞋底防滑钉可嵌入踏板中，因此每次踩踏板都能将能量传输最大化

制动/变速器
一体制动/变速杆让车手能轻松制动和换挡

计时赛自行车

计时赛自行车适用于个人和团体计时赛，能使骑行姿势符合空气动力学要求，更大的齿轮能使车手骑得更快。

盘式轮
盘式轮比传统辐条轮更具空气动力学优势

座管
相较于公路自行车，计时赛自行车座管角度较大，车手能团身形成符合空气动力学要求的骑行姿势

休息把
休息把有助于减小身体前侧的迎风面积，从而减少阻力

齿比值
车手根据赛道特点调整齿比值。低齿比值适合平路，高齿比值则最适合山丘

变速器触手可及
变速器位于车把末端，便于车手在保持流线型骑行姿势时换挡

统计中心

环法自行车赛冠军

夺冠次数	冠军（国家）
5	雅克·安奎蒂尔（法国）
5	艾迪·莫克斯（比利时）
5	伯纳德·哈速尔（法国）
5	米格尔·安杜兰（西班牙）
4	克里斯·弗鲁姆（英国）
3	菲利浦·泰斯（比利时）
3	路易松·博贝（法国）
3	格雷格·勒蒙德（美国）
2	阿尔贝托·康塔多（西班牙）
2	洛郎·费尼昂（法国）
2	贝特朗·塔维涅（法国）
2	福斯托·科皮（意大利）
2	基诺·巴特利（意大利）
2	西里菲尔·梅斯（比利时）
2	安东宁·马格纳（法国）
2	吕西安·珀蒂-布莱顿（法国）

国际自行车联盟男子世锦赛

年份	冠军（国家）
2018	亚历杭德罗·巴尔韦德（西班牙）
2017	彼得·萨根（斯洛伐克）
2016	彼得·萨根（斯洛伐克）
2015	彼得·萨根（斯洛伐克）
2014	米查尔·克维亚特科夫斯基（波兰）
2013	鲁伊·科斯塔（葡萄牙）
2012	菲利佩·吉尔伯特（比利时）
2011	马克·卡文迪什（英国）
2010	索尔·哈实欧福德（挪威）
2009	卡德尔·埃文斯（西班牙）
2008	亚历山德罗·巴兰（意大利）
2007	保罗·贝蒂尼（意大利）

奥运会男子公路自行车比赛

年份	冠军（国家）
2016	格雷格·范·阿韦马特（比利时）
2012	亚历山大·维诺卡夫（哈萨克斯坦）
2008	塞缪尔·桑切斯（西班牙）
2004	保罗·贝蒂尼（意大利）
2000	扬·乌尔里希（德国）
1996	帕斯卡·理查德（瑞士）
1992	法比奥·卡萨尔泰利（意大利）
1988	奥拉夫·鲁德维格（民主德国）
1984	阿列克谢·格里沃（美国）
1980	谢尔盖·苏哈黑克特洛夫（苏联）
1976	贝恩特·约翰逊（瑞典）
1972	亨尼·克伊珀（荷兰）

奥运会男子计时赛

年份	冠军（国家）
2016	法比安·坎切拉（瑞士）
2012	布拉德利·威金斯（英国）
2008	法比安·坎切拉（瑞士）

比赛形式和比赛系列

有持续三周的分段赛，也有持续数小时的环行公路赛。国际自行车联盟世界巡回赛囊括了最出名的精英赛事，包括大环赛、春季经典赛以及一些小型比赛。车手和车队在系列赛中积累积分，赛季结束时积分多者获胜。其他主要赛事是每年一届的国际自行车联盟世锦赛、每四年一届的奥运会比赛。

分段赛：分段赛是对车手耐力的终极考验。每个阶段是为期一天的点到点比赛，或是单人或团体计时赛。最声誉卓著的三周分段赛为三大环赛，即环意大利自行车赛，环法自行车赛和环西班牙自行车赛。

经典赛 经典赛是在大环赛之前举行的春季单日比赛。经典赛比赛距离通常很长，长达270千米，常常有赛段是高难度爬坡或赛道表面崎岖不平，例如巴黎—鲁贝赛段表面就铺着鹅卵石。

计时赛 计时赛也被称为“真理之赛”，因为车手不能再躲在车群中了。个人计时赛中，车手单独进行计时比赛。分段赛大多还包括车队集体作战的团体计时赛。

环行公路赛 环行公路赛是在市中心封闭赛段或专用自行车赛道举行的竞速比赛。赛道通常短于5千米。比赛通常设定一定时间（通常为1小时）或一定圈数。除了争夺比赛胜负，车手还可赢得比赛冲刺现金奖励。

计时赛出发

车手冲出出发门，将速度提升至比赛状态

个人计时赛

个人计时赛是对力量和耐力的严峻考验，选手要分秒必争。

环法自行车赛

环法自行车赛是全球起源最早、难度最大、最著名的自行车比赛。环法自行车赛始于1903年，为持续21天的分段赛，赛道或为平坦快道，或为陡峭山路，环绕法国全境，赛道全长约3500千米。全部阶段用时最短的车手获得最高奖项“黄衫”。

彩衫 各类别领车手穿着并捍卫彩衫，直到主集团抵达巴黎完成比赛。最强车手争夺比赛胜利，爬坡型车手注重成为“山路之王”，冲刺型车手在积分赛中一争高低，25岁以下车手则剑指最佳年轻车手奖。

黄衫

总成绩最高的车手获得“黄衫”。

绿衫

冲刺比赛积分最高的车手获得绿衫。

圆点衫

山路之王——最强爬坡车手获得圆点衫。

白衫

总成绩最高的年轻车手获得白衫。

车队架构

车队一般都围绕比赛赢面最大的顶尖车手建队。车队其他车手主要任务是辅助主将。每支车队里都有强力爬坡型车手、冲刺型车手、计时赛专家和勤务队员（负责防止其他车队车手突围，并在比赛期间为本队车手提供食物和水）。顶级车队还有各类辅助人员，包括车队总监、机械师、医生和后勤人员。

控制策略

公路自行车对战术的要求和对身体素质的要求一样高。比赛中，通常可能有一位或一群车手发起突围，共同合作摆脱主集团，并尽量减少比赛用时。此时，主集团的合作便在很大程度上决定比赛走势。同队车手将组织追逐，而其他车队车手可能会故意放慢速度，帮助突围的队友形成优势。

跟车

与田径比赛相似，公路自行车比赛中车手节省体力的首要方法便是跟车。集团领骑车手要耗费大量体力冲破阻力。同等速度下，紧跟领骑车手的跟车车手可节省多达30%的体能。骑行礼仪要求每个车手轮流领骑，分担压力，从而形成轮车阵型。

爬坡

爬坡能力在多天分段赛中至关重要，因为山坡是最可能争取时间或耗费时间的赛段。车手爬坡表现在很大程度上取决于其力量与体重之比。体重较轻的车手不需要像较重的车手一样发力，因为前者爬坡时体重负担较低。因此，顶尖爬坡手大多精瘦，肌肉更为发达的专业冲刺手在爬坡段则往往举步维艰。长途爬坡时，车手往往保持坐姿和高踏频。立姿爬坡往往用于短途山路、陡峭山路，或用于发起攻击，淘汰末尾车手。

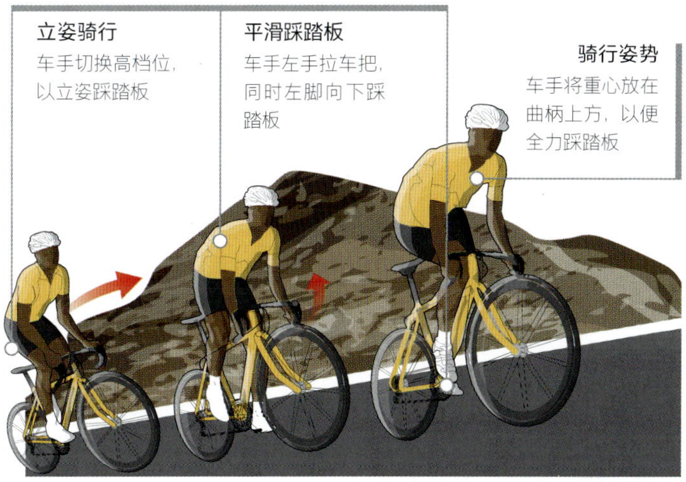

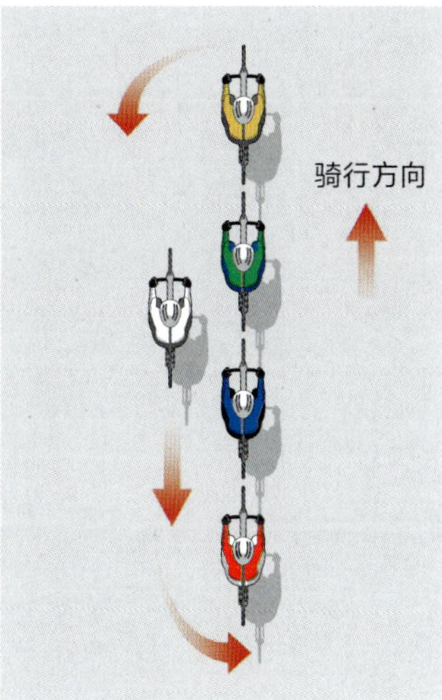

单轮车阵型

在单轮车阵型中，所有车手单列骑行。车手在前领骑，之后退到后面，然后下一个车手再补上。

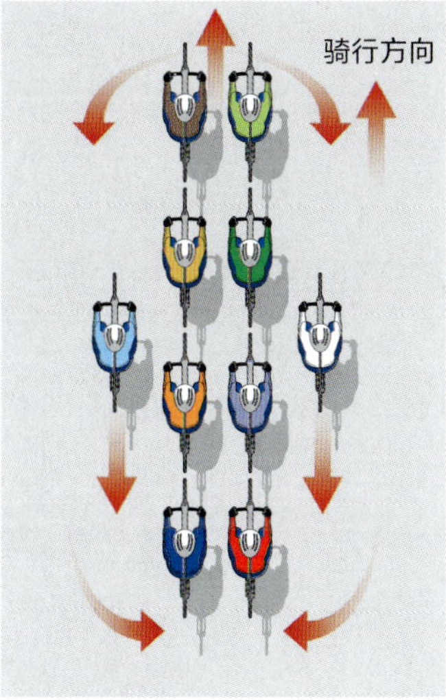

双轮车阵型

双轮车阵型常用于团队计时赛中，所有车手双列骑行。两位车手在前领骑，之后退到后面，此时跟车车手再补上。

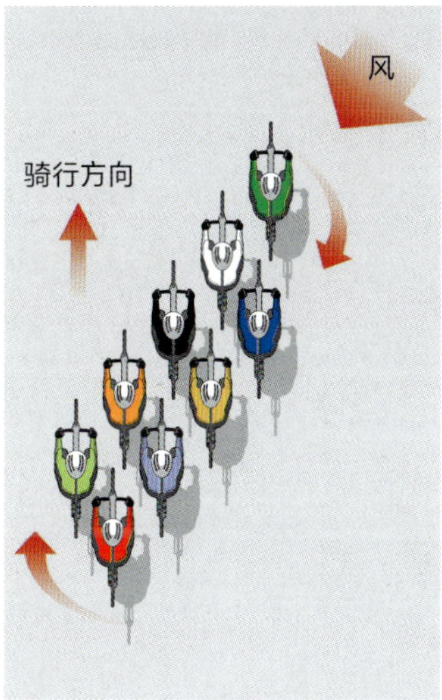

斜线阵

斜线阵是在强侧风中使用的轮车阵型。车手在公路上斜线骑行，然后轮流退到来风的下风处。

阿姆斯特朗之耻

自行车比赛历史上最大的兴奋剂丑闻与七届环法自行车赛冠军兰斯·阿姆斯特朗（LANCE ARMSTRONG）有关。2012年，美国反兴奋剂局认定阿姆斯特朗长期系统性地使用兴奋剂，并剥夺了他所有环法自行车赛冠军头衔。阿姆斯特朗多年来一直矢口否认，但在2013年接受奥普拉·温弗瑞（OPRAH WINFREY）采访时，阿姆斯特朗承认使用了兴奋剂。

趣闻

34 环法赛段冠军数纪录，纪录保持者为身手全面的比利时传奇车手艾迪·莫克斯。

123900 持续三周的环法自行车赛期间，参赛车手平均消耗热量。

38155 专业车手最低薪资（以美元为单位），最高可达100万美元。

6.8 根据国际自行车联盟规定，专业公路自行车的最小重量（以千克为单位）。

幕后故事

公路自行车的历史几乎与自行车本身的历史一样长。1869年，首场公路比赛在法国巴黎和鲁昂（Rouen）之间举行。到1903年首届环法自行车赛举办之际，公路自行车已是奥运会男子比赛项目，并已风靡欧洲。美国和澳大利亚车手大获成功之后，公路自行车受众面有所扩大，但近年来的兴奋剂丑闻又使之声誉扫地。

国际自行车联盟（UCI）

国际自行车联盟成立于1900年，总部位于瑞士埃格勒（Aigle），负责管理全球自行车运动。

必备知识

- 四大山地自行车比赛项目为越野、速降、4X和攀爬。耐力赛是长距离版越野赛，其受欢迎度也与日俱增。
- 每项赛事均设有年度世界杯系列巡回赛和年度世锦赛，两者均得到了国际自行车联盟批准。
- 自1996年以来，奥运会均设有越野比赛项目，但并未设立其他山地自行车比赛项目。
- 山地自行车的来源备受争议，因为多国车手都声称自己是发明者。但一般认为，20世纪70年代后期加利福尼亚车手打造的“老爷车”自行车催生了山地自行车运动。

运动要求

山地自行车比赛项目不同，对身体素质的要求也不相同。越野车手要有很强的心肺功能和体力，才能坚持到底。速降和4X车手必须上肢和下肢肌肉发达，以便有力量进行腾跃或猛踩踏板，攀爬比赛车手则要有完美的平衡能力和自行车操纵技能。

轻质头盔
所有车手必须戴头盔。越野、障碍攀爬和4X车手佩戴轻质聚苯乙烯头盔，速降车手则佩戴全护式头盔，从而加强防护

透气骑行服
山地自行车运动强度很高，因此透气骑行服必不可少。越野车手穿着莱卡材质的贴身骑行服，其他车手则偏好宽松骑行服

多档位
山地自行车有多达27个档位。越野自行车档位较多（用于上下坡）；速降、4X和障碍攀爬自行车档位较少

无夹踏板
无夹踏板与滑雪板固定器相似，能将脚固定在自行车上

厚实轮胎
有大颗粒块状花纹，在松软表面上骑行时抓地力更强

山地自行车

运动概述

自20世纪70年代末问世以来，迅速风靡全球，1990年举办首届世锦赛，1996年山地自行车成为奥运会比赛项目。运动的精髓在于用山地赛道考验选手的技术水平和身体素质。比赛大多为计时赛，但障碍攀爬比赛为打分制。

硬尾山地自行车
有避震前叉但没有后避震的自行车被称为硬尾自行车，非常适合越野和4X骑行。

迅速制动
油压碟刹与摩托车制动器类似，能有效制动

高科技装备

山地自行车经历的技术变革比其他自行车运动都要多。从碳纤维和钛车架到油压碟刹和内部变速传动部件，人们力求打造更为轻快的自行车，从而推动了重大创新成果的出现。避震便是最明显的例子。以前，避震因厚重和可用性低而遭到嘲笑，如今却已是必备装置。

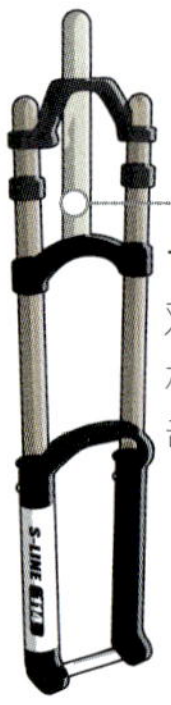

长避震行程
双肩前叉可承受大幅冲击

前避震
避震前叉可让车手在粗糙地形上骑得更快。

前后避震山地自行车
长行程避震前叉、后避震和油压碟刹能让车手猛冲下坡时感到乐趣多多。

全避震
前后避震核心在于后避震，能够吸收后轮的震感

越野

越野堪称最受欢迎的山地自行车竞赛项目，因为与其他项目相比，越野比赛所需专业装备和技能较少。车手在起伏的赛道上骑行一定圈数，竞相率先冲过终点取胜。近年来，越野比赛也衍生出集体出发的耐力赛，既有6小时、12小时和24小时赛，还有“黄昏到黎明”比赛以及25千米、50千米、75千米和100千米“马拉松”，甚至还有多天分段赛事。

趣闻

0 障碍攀爬比赛满分分数，车手此回合动作“干净利落”便可获此分数。如果车手脚着地或超时，则会被罚5分。

19500 跨阿尔卑比赛赛道垂直落差总值（以米为单位）。在这项极为艰辛的多日分段赛中，车手们要在8天内横跨阿尔卑斯山。

10 常见全避震速降山地自行车的避震行程（以英寸为单位，10英寸相当于254毫米）。

速降和4X

山地自行车速降相当于滑雪滑降。每位车手单独比赛，从山坡顶部沿着赛道冲向坡底，用时最短者获胜。轮胎和避震的选择至关重要，路线的选择也同样关键——抄近路或越过障碍物可多争取几秒时间。4X源于速降，四名车手在短距离下坡赛段上相互比拼，赛道上的障碍物、陡坡和倾斜弯道考验着车手的技术。

障碍攀爬

山地自行车障碍攀爬比赛考验车手的平衡能力、艺术表现力和勇气。比赛分为两类，分别适合车轮为20英寸和26英寸的自行车。车手用兔式跳跃、抬起前轮、定车和其他高难度动作越过各类障碍，且双脚始终离地。裁判对车手技能、动作风格和创意进行打分，并对脚着地的选手罚分。

巴特爵士之崛起

1996年亚特兰大奥运会上，巴特·布伦特森斯（BART BRENTJENS）成为首位奥运会山地自行车冠军。比赛之前，巴特只是平民百姓，但带着金牌回到祖国荷兰后，他很快就荣获爵士称号。

兔式跳跃

兔式跳跃是山地自行车基本技术，可用于越过岩石、木头等障碍，从而在竞技比赛中争取宝贵的时间。兔式跳跃对障碍攀爬骑行也至关重要，能让车手从一处障碍物跳到另一处障碍。

滑行
车手离开车座，以蹲伏姿势匀速滑行，曲柄则处于水平位置。

前轮抬起
车手向下推车把，然后迅速拉起车把，上半身向车后方向倾斜。

抬后轮
车手收腿勾脚踏，将后轮抬起，同时向车后蹬腿，从而越过木头。

平稳落地
双轮同时着地，车手通过弯曲肘部和膝盖吸收落地冲击力。

爬得高

越野比赛通常在山地丘陵上进行，因此车手必须既能够高效爬坡，又能迅速下坡。尽管站起来踩踏板能在短时间内提速，但最佳策略还是保持坐姿，匀速踩踏板，从而节省体力。

高效爬坡
高效爬坡的关键在于保持重心位置适中，以便于双轮保持最大抓地力。

幕后故事

总部位于瑞士的国际自行车联盟负责管理山地自行车竞技比赛，并组织举办世界杯和世锦赛。各国系列赛则由当地相应的国际自行车联盟成员单位组织举办。

趣闻

16.2 2006年世界速度轮滑锦标赛上，意大利选手格雷戈里·杜根托（Gregory Duggento）200米比赛用时（以秒为单位），打破了世界纪录。

8000 2007年韩国首尔直排轮滑世界杯（World Inline Cup）40千米揭幕战的参赛选手数量。

13000 世界最大轮滑公园的面积（以平方米为单位）。该公园配有碗池、斜坡和栏杆，于2005年在上海开始投入使用。

2410 1999年，直排轮滑运动盛极一时，美国有2410万人投身其中。到2010年，该数字降至约1000万。

轮滑

运动概述

轮滑运动诞生于19世纪，刚开始时默默无闻，如今已衍生出许多项目，包括直排轮滑、速度轮滑、双排轮滑、极限轮滑、轮滑德比、轮滑球、自由式轮滑和花样轮滑。在城市街道或乡村道路上，以及在室内或室外赛道或小路上，人们或玩轮滑消遣，或参与地方、区域或国际职业比赛和锦标赛。

速度与耐力

如果不只是想自娱自乐，轮滑运动员也可以参加直排轮滑竞技比赛，包括考验极限速度的冲刺比赛和考验耐力的马拉松比赛。

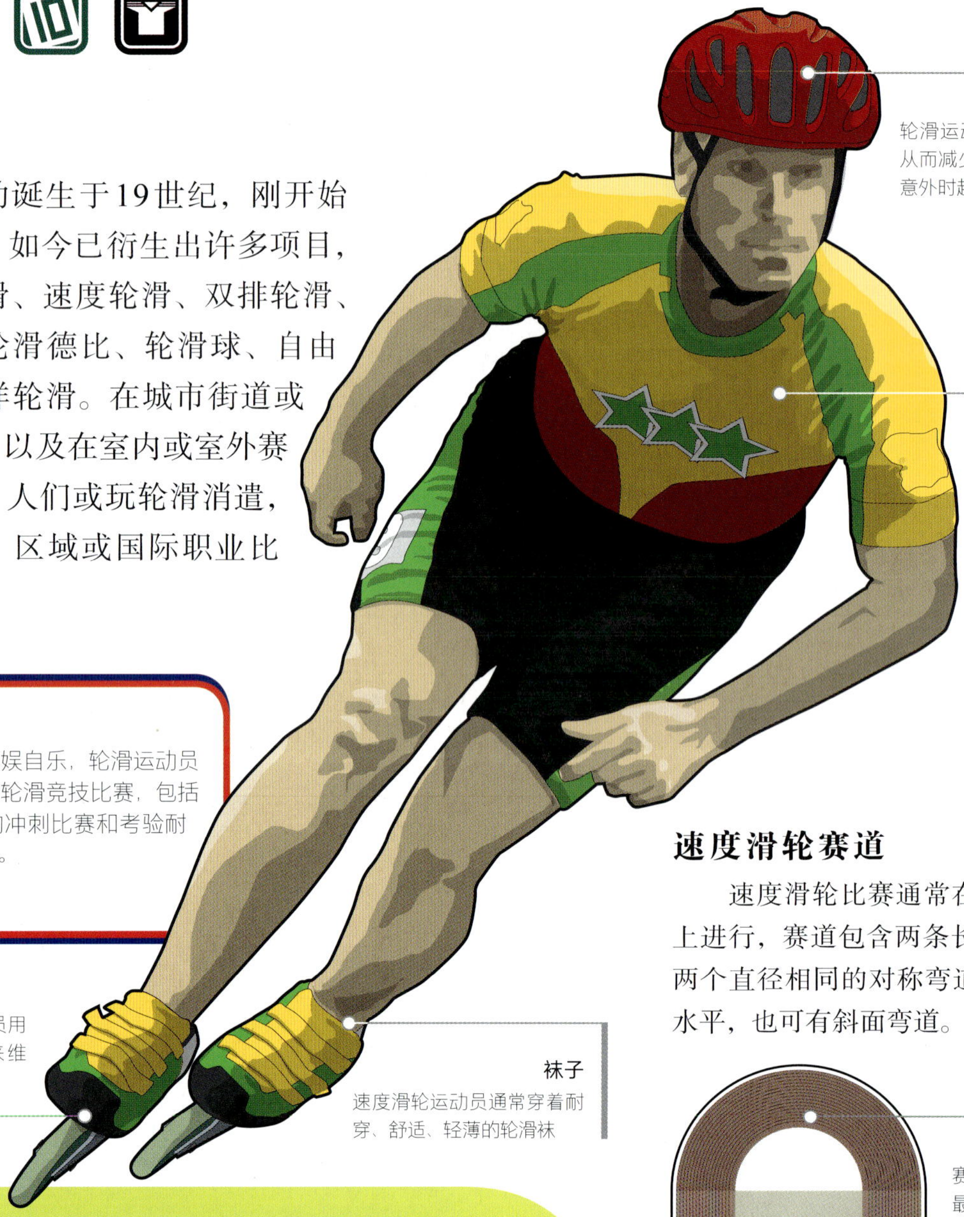

速度滑轮赛道

速度滑轮比赛通常在室内和室外赛道上进行，赛道包含两条长度相同的直道和两个直径相同的对称弯道。赛道可为完全水平，也可有斜面弯道。

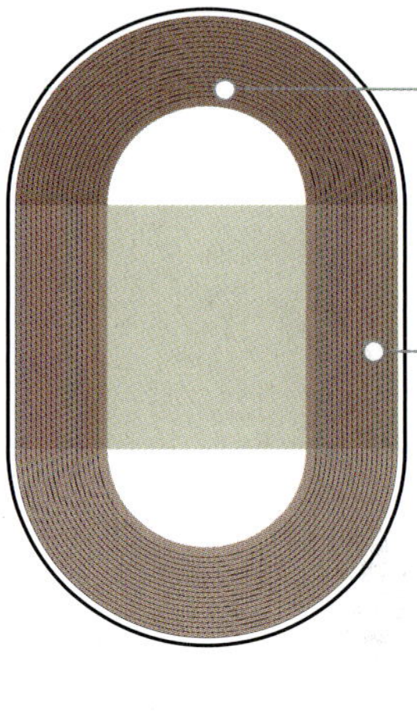

必备知识

- 1863年，詹姆斯·普林普顿（James Plimpton）发明了双排轮滑鞋。两排平行轮便于运动员后退、转弯并滑出平滑弧线。
- 自斯科特·奥尔森（Scott Olson）创立罗勒布雷德公司（Rollerblade Inc.）并大规模生产轮滑鞋后，“rollerblading（穿罗勒布雷德直排轮滑鞋滑轮滑）”一词已经变成了直排轮滑的同义词。

轮滑类型

各类鞋壳、底架和轮子意味着有多种轮滑鞋可用于各类轮滑项目和比赛场地。直排轮滑鞋为铝制底架，一般最多配有六个轮子。聚氨酯轮直径7.8厘米至10厘米。轮滑鞋可安装制动器。

极限轮滑鞋

极限轮滑运动员的技巧动作和特技动作往往会产生很强的冲击力，因此极限直排轮滑鞋必须相当牢固，且配有滑片。

防护鞋壳

极限轮滑鞋鞋壳耐用、舒适，能带来保护性、支撑性，还有一定的灵活性

小轮

极限轮滑鞋轮子比速度轮滑鞋轮子质地更为坚硬，且体积更小，机动性更强

速度轮滑鞋

运动员可根据需求定制速度轮滑鞋。但总体而言，速度轮滑鞋轻巧且贴脚。

贴脚

鞋壳质地柔软，通常用皮革制成，鞋帮较低，不超过脚踝

更硬的轮子

相较于休闲轮滑鞋，速度轮滑鞋轮子更为坚硬，有助于运动员提速

世界速度轮滑

直排速度轮滑世锦赛由国际速度轮滑委员会（International Speed Skating Committee，亦称Comité International de Course）组织举办。国际速度轮滑委员会是国际轮滑联合会（Fédération International de Roller Sports）的技术机构。直排速度轮滑比赛设有青年组和成人组，面向男女运动员，比赛项目包括冲刺赛、计时赛、淘汰赛、接力赛和马拉松赛。团体比赛包括计时赛、追逐赛和接力赛。

站立和移动

直排轮滑运动员会根据自身目标和阅历开发专属动作。不过，有些基本技术是通用的，包括站立、停止、转弯、推进和滑动。很多轮滑鞋后侧有鞋跟制动器，有些轮滑鞋则配备了拉线。学会使用刹车有助于避免发生事故。

集体穿城街头轮滑

轮滑运动员经常参加集体穿城赛事，比赛路线就是繁忙的大都会街道。在始于2000年的伦敦街头轮滑（LONDON STREETSKATE）比赛中，多达五十名受过培训的领滑者负责维持现场交通秩序，并为近千名轮滑运动员提供引导。全球规模最大的街头轮滑就始于1994年的巴黎轮滑（PARI ROLLER）。

U型池、街区和公园

极限直排轮滑分为三类项目。U板项目通常是运动员在U型管上方表演空中特技。街区项目则需要路缘、栏杆、台阶等障碍物。公园项目则在轮滑公园中进行，公园里也常常有人玩滑板和小轮车。

花式动作和特技

极限轮滑，又名酷跑轮滑，包含各类花式动作和特技，许多动作相当危险。滑动是指运动员在扶手、混凝土横档等障碍物表面表演碾磨滑动动作。

护腕

极限轮滑运动员在U型池或街区轮滑时经常戴护腕，或在需要加强腕部防护时佩戴

护膝

表演各类特技前，轮滑运动员需要佩戴粘贴式防滑护膝

极限直排轮滑

极限直排轮滑在美国、澳大利亚、巴西、日本以及诸如荷兰、西班牙、英国等欧洲国家很受欢迎。U型池、街区、速降等直排轮滑项目曾出现在美国冬夏季极限运动会上，但到了2005年，极限运动会便不再设立相关项目。同年，来自九个国家约五十名极限轮滑运动员和发起人创设了国际极限直排特技协会。

滑得更快

速度轮滑运动员很少双脚同时着地。为提升速度，运动员会前后摆臂，而非转动肩膀。运动员已经掌握了单脚滑行的技艺。向前推进时，运动员将重心转移至一只脚上，另一只脚斜侧蹬出，而非向后蹬。推进结束时，运动员向外轻甩脚跟，毫不费力地再次开始循环滑行动作。

幕后故事

国际轮滑联合会每年组织举办的直排轮滑世界杯吸引了许多团队的直排轮滑运动员参赛。运动员在各个赛点积累积分，到年底时，积分最高者获得冠军。

运动要求

轮滑球是快节奏运动，球员必须身体健壮、身手灵活、富有侵略性。球员穿着轮滑鞋，要在整场比赛过程中保持身体平衡并完成急停、起步、转向等复杂动作。

必备知识

- 英国队是国际轮滑球比赛常胜队伍，但第二次世界大战后被西班牙、葡萄牙等拉丁语系国家取而代之。
- 双排轮滑球在西班牙、意大利、葡萄牙、阿根廷和巴西广受欢迎。
- 单排轮滑球源于美国，是冰球运动员休赛期间的训练方式之一。

趣闻

60 举办轮滑球赛事的国家数量。

15000 1992年奥运会表演项目轮滑球决赛的观众人数。

17 西班牙赢得双排轮滑球锦标赛的次数。

轮滑球

运动概述

轮滑球比赛节奏快，紧张刺激，球员必须穿着轮滑鞋。轮滑球分为两类：双排轮滑球和单排轮滑球（亦称直排轮滑球）。两种轮滑球的比赛策略和原则都很相似，两支球队将球射入对方球门，从而进球得分。但两者的比赛场地和装备存在差异。作为职业运动，双排轮滑球在南欧广受欢迎，而单排轮滑球在北美更为普及。

单排轮滑球装备 单排轮滑球运动员戴头盔，穿单排轮滑鞋，用更长的杆子击球。守门员戴接球手套，而非用于反弹球的扁平手套。

单排轮滑鞋

鞋的金属底架通常装有四个轮子，有的也有五个轮子。后轮可能比前轮大。不同于普通单排轮滑鞋，单排轮滑球鞋没有安装制动器。

球和杆

轮滑球直径约7厘米，用塑料等材质制成，质地坚硬。球杆材质为木头、铝、碳复合材料或石墨。

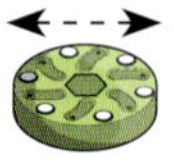

比赛场地

单排轮滑球场与冰球场大小相同。双排轮滑球场标准大小如下所示。球场角呈圆弧型，界墙高约1米。

1 守门员
守门员穿着厚厚的护具，是唯一戴头盔的双排轮滑球运动员，负责阻拦对手射门

2 中锋
中锋是进攻球员，负责在比赛开始时以及进球后在中线争球

3 前锋
前锋是主要进攻球员，最有可能进球

4 后卫
两位后卫负责防止对方球队得分

5 裁判
比赛期间，场上有两名裁判，负责执行规定和判罚发球

细红线
红线分隔红队的防守区和进攻区。本方防守区控球球员必须在10秒钟将球打到进攻区

蓝线
蓝线分隔蓝队的防守区和进攻区。进攻区长22米

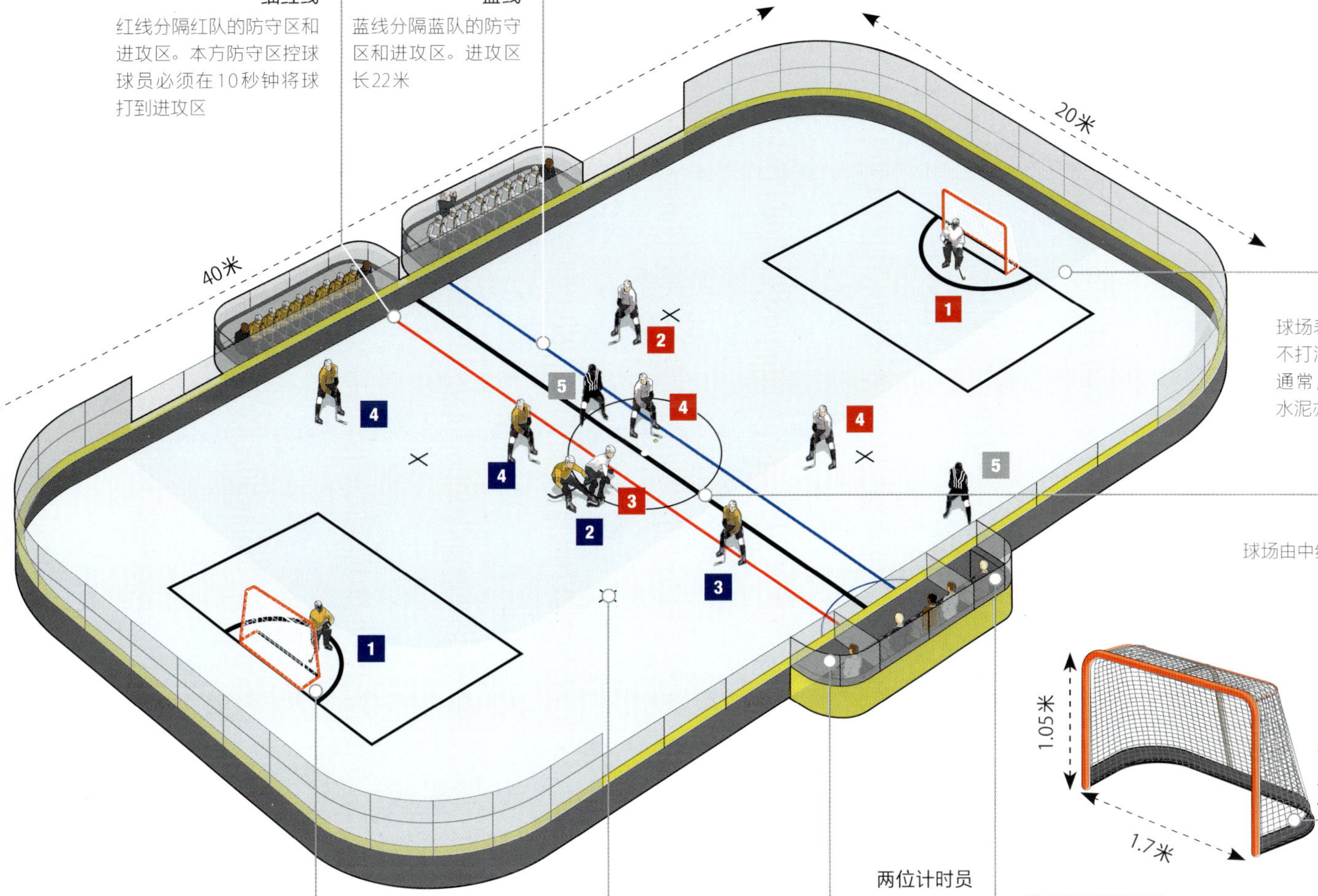

球场表面
球场表面必须平坦不打滑。球场表面通常用木材制成，水泥亦可

中线
球场由中线划分为两半

球门
有球网和底座，球进后会停留在球门内

球门区
球门区大小为9米×5.4米。如果在此区域内出现犯规，则可从罚球点直接罚球射门

直接罚球射门
出现犯规时，可从场上四个十字罚球点直接罚球射门

记分员
记分员负责正式记录官方进球数

两位计时员
一位计时员负责为罚球计时；另一位负责为全场比赛计时

球门和球门框

球门并非固定在地面上，而是靠自身重量来避免比赛期间出现位移。球门柱和横梁为亮橙色，其余部分为白色。守门员一般守在半径1.5米的半圆内。

双排轮滑球

双排轮滑球比赛双方各由五名球员组成（一名守门员和四名滑手：一名中锋，一名前锋、两名后卫）。包括替补守门员在内，一队最多可有十名球员，意味着阵容轮换较为频繁。比赛分为上下半场，各25分钟，中场休息10分钟。越位规则因国家而异，比如美国比赛就无越位规定。

单排轮滑球

双方各有五名球员在场上，一队最多有十四名球员。比赛分为上下半场，各20分钟，中场休息5分钟。如果双方打平，则进入加时赛。如果仍旧打平，则进行点球大战。单排轮滑球比赛规则与冰球相似，但没有越位规则，因此比赛更为流畅。如果球员故意进行身体冲撞或身体接触等行为，则会被判犯规，且对方获得罚球。

街头轮滑球

街头轮滑球（ROAD HOCKEY，又名DEK HOCKEY、BALL HOCKEY）由轮滑球衍生而来，常见于美国和加拿大街头。街头轮滑球始于20世纪70年代左右，目前已有相应的联赛和锦标赛，也有在室内外球场上进行的正式比赛。

幕后故事

在英国，轮滑球运动的历史可追溯到19世纪70年代和80年代。1901年，欧洲各地都出现了轮滑球队。20世纪80年代，单排轮滑鞋（亦称直排轮滑鞋）问世，之后20世纪90年代，单排轮滑球也应运而生。2005年，首届男子单排轮滑球世锦赛在芝加哥举行，首届女子单排轮滑球世锦赛于2002年在纽约罗切斯特（Rochester）举行。2005年，单排轮滑球成为世界运动会（World Games）比赛项目。

国际轮滑联合会

国际轮滑联合会负责管理双排和单排轮滑球运动，也负责管理速度轮滑和花样轮滑运动。双排轮滑球世锦赛每两年一届，单排轮滑球世锦赛则每年举行。

滑板

运动概述

全球数百万人将滑板当作兴趣爱好，甚至将其作为交通工具。也有少数精英参加滑板竞技比赛。滑板比赛的评分依据为运动员表演高难度创意动作和翻板动作的独创性和技巧性，或是选手越过障碍区所展现的平衡感和控制力。滑板运动很适合媒体宣传，而且赞助商云集。知名国际赛事常常能吸引大量现场观众和电视观众。

U型池和铁轨

滑板比赛多种多样，每种比赛都在不同场地上进行。其中观赏性最高的或许当属U型池，即槽壁（亦称垂直壁）近乎垂直的U型槽。选手在槽里来回滑动，积蓄力量，然后越过垂直壁，腾空而起，在空中表演动作。自由式比赛也能展现选手的技巧动作，不过比赛在平坦表面上进行。街头比赛考验运动员在障碍物边缘、扶手等场景下的技术。回旋比赛中，选手要沿着路锥划定的路线行进。

泽福队

加利福尼亚Z男孩队（Z-BOYS）是20世纪70年代传奇滑板队泽福队（ZEPHYR TEAM）的成员。他们用游泳池壁来练习技巧动作，并开创了垂直壁滑板技术。

必备知识

- 20世纪40年代和50年代，人们或在板上安装轮滑鞋轮，或去掉滑板车把手，打造出了简易滑板。
- 20世纪50年代和60年代，滑板在加利福尼亚州大受欢迎。滑板与冲浪文化关系密切，有“街头冲浪”或“人行道冲浪”之称。
- 20世纪70年代，制造业创新使滑板更加机动灵活、易于控制，运动员因此更敢于钻研高难度技术动作，从而带动了滑板运动的腾飞。

趣闻

18500000 预计全球滑板运动参与人数（根据2002年美国的报告）。

10 托尼·霍克（Tony Hawk）赢得极限运动会重点赛事垂直壁滑板比赛的金牌数。霍克堪称全球最著名、最成功的滑板运动员。

1080 2012年，汤姆·沙尔（Tom Schaar）完成了全球首个1080度转体。720度和540度转体更为常见。

背向抓板转体540

此图所示技巧动作为背向抓板转体540度。运动员在空中转体540度，同时一手抓板，另一手提供旋转动力。落回到U型池之前，运动员会松手放开板子。

运动要求

滑板运动员要有很强的平衡感、节奏感、协调感和力量控制感，才能做好高难度技巧动作。运动员还要有创造力和想象力，才能开创出打动裁判的独创技巧。滑板运动员通常身材较为纤细，而非肌肉发达，因此他们更为灵活，对身体控制更为到位，这一点在腾空时表现得尤为明显。

滑板和护具

技术进步推动了滑板竞技运动的发展。20世纪70年代初，聚氨酯轮开始被用于滑板上，大幅提高了滑板运动员的表现，让滑板运动大受欢迎，因此具有里程碑意义。除滑板本身外，因为滑板运动员容易受伤，所以护具也是必要装备。头盔、护膝、护肘以及抓地力强的运动鞋都是关键装备。

滑板

滑板材质可为玻璃纤维或聚丙烯，但最常见的材料是木头，其中枫木最受欢迎。板通常由七层贴面板压制而成。

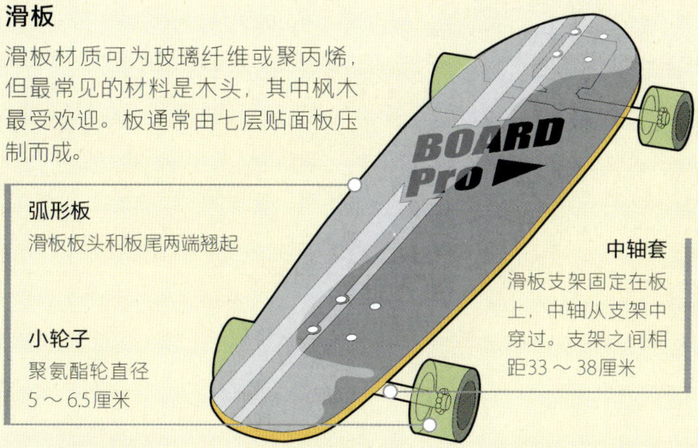

滑板技巧

街头平地滑板技巧似乎不如U型池技巧华丽，但对技术能力依然有极高的要求。豚跳（如下所述）和碾磨滑动是核心技巧。进行碾磨滑动前，要先豚跳到栏杆上，然后用滑板支架在栏杆上滑动。

豚跳

豚跳是指运动员腾空而起，垂直移动，常用于越过街道赛道上的障碍物。

幕后故事

滑板并无国际管理机构，因为部分滑板界人士认为，滑板运动有很浓厚的逆主流青年文化色彩，因此不宜设立管理机构。但是，比赛对滑板运动至关重要。1965年，首场官方比赛在美国加利福尼亚举行，首场欧洲比赛于1977年在德国举行。如今，极限运动会滑板比赛极受欢迎。

极限运动会

极限运动会是知名国际赛事，设有滑板以及单板滑雪等“极限”运动项目。极限运动会始于1995年，每年举行一届。

引擎运动

MOTOR

SPORTS

10

一级方程式

必备知识

- 大奖赛（Grand Prix）不仅吸引大批粉丝现场观战，并且吸引了世界各国数亿电视观众。
- 1946年，一级方程式赛车问世。1947年，举办了首场比赛。首届世界一级方程式赛车锦标赛（Formula One World Championship）于1950年举行。
- 国际汽车联合会（Fédération Internationale de l'Automobile）是一级方程式赛车管理机构。

运动要求

车手必须身体健壮、心理素质过硬，才能克服万难，在炙热、狭窄、嘈杂和极度危险的环境下完成高速赛车比赛。除了要驾驶技巧高超、勇敢无畏、反应迅速外，车手还要与团队紧密合作，并根据比赛环境迅速做出调整。

运动概述

一级方程式是引擎运动的巅峰赛事，由年度世界巡回系列大奖赛组成，比赛节奏极快，场面紧张刺激。车队和车手遵守一整套严格落实的规定。为了获胜，车队和车手会不断追求技术优势，因此规则也会相应调整，从而始终确保比赛安全性和公平性。全赛季积分最多的车手和车队将获得一级方程式世界冠军。

车手安全

比赛规定中，车手安全是重中之重。安全舱、安全带、碳纤维底盘和车体能在事故发生时保护车手。车手必须穿着用诺梅克斯纤维（Nomex）制成的赛车服等装备。诺梅克斯纤维防火性能优异，可抵御烃类火灾。

领结

1958年一级方程式冠军、英国车手迈克·霍索恩（MIKE HAWTHORN）参加比赛时，经常戴领结，脸上还挂着标志性笑容。

一级方程式赛车

一级方程式赛车是顶尖工程设计和尖端技术的结晶，制造商要在空气动力学、电子学、轮胎和悬架等各要素之间不断微调，最终实现平衡。

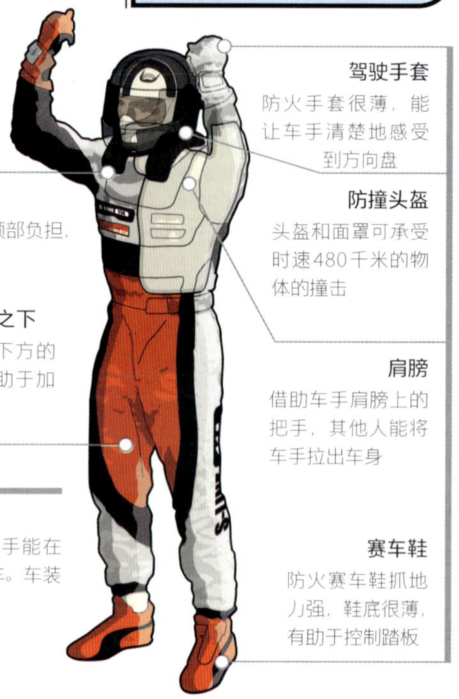

趣闻

320 一级方程式赛车直道时速可达320千米。

5 一级方程式赛车能在5秒内静态起步加速至160千米/时，然后又完全刹停。时速300千米的一级方程式赛车可在不到3.5秒内完全刹停。

21 2019赛季一级方程式大奖赛数量，其中12场大奖赛在中国、澳大利亚、日本、巴西、巴林等欧洲以外的国家举行。

23 2010年，在其全程参与的第三个赛季，年仅23岁的塞巴斯蒂安·维特尔（Sebastien Vettel）就成了最年轻的一级方程式世界冠军。

7 迈克尔·舒马赫（Michael Schumacher）7次夺得一级方程式世界冠军，创造了历史纪录。就统计数据而言，舒马赫是全球最伟大车手。

接触面

一级方程式赛车轮胎能将与赛道接触面积最大化，并能够承受巨大下压力载荷。硬胎比软胎更耐用，软胎则抓地力更强。轮胎在特定温度下表现最好，轮胎设计寿命大多为一场比赛。对规则的审核常常定期进行，可能每年都会有规则变动。1998年，无花纹胎，也即光面胎被禁止使用，2009年时又获得使用许可。在干燥条件下，车队在每场比赛中必须既使用硬配方轮胎，也使用软配方轮胎。

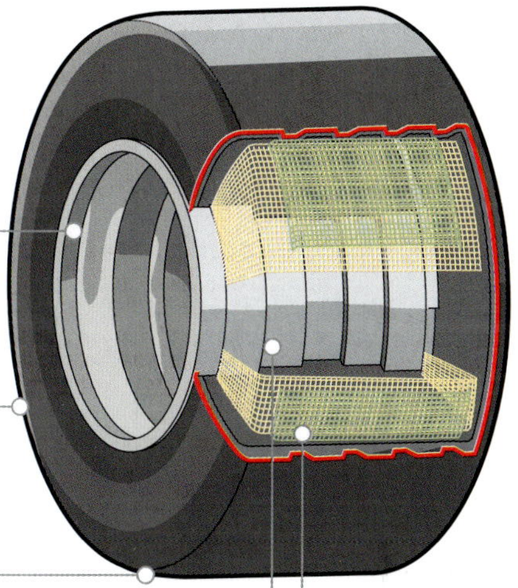

车轮尺寸
装有雨胎的车轮最大直径为66厘米和67厘米

轮胎尺寸
前胎最大宽度为35.5厘米，后胎为38厘米

接触面
轮胎外表面为橡胶配方

束层
中间层束层嵌入橡胶中

高科技织物
轮胎内层为高科技涤纶和尼龙织物

交互式方向盘

通过驾驶舱内的交互式方向盘，车手能了解车辆各类表现细节，微调和控制多种设置，并与维修区内的车队进行无线电通信。

一系列指示灯
指示灯依次亮起，有助于车手精准把控换挡时机

主显示屏
档位、温度和刹车等相关信息会显示在大屏幕上。国际汽联会通过屏幕底部区域向车手显示赛道裁判所挥舞的指挥旗颜色（黄、红、黑等）

右侧按键
方向盘右侧按钮包括进站限速器（LIM）和无线电通讯（RAD），车手可与维修站控制墙工程师进行沟通

换挡/离合器
车手可拨动方向盘背面拨片，实现轻松换挡。通常有八个挡位（七个前进挡和一个倒挡）

左侧按键
方向盘左侧按钮包括空档键（N）、离合器校准键（CAL）、屏幕显示目录以及ACK键。车手要确认维修站车队无线电信息但又无法说话时，可按下ACK键

牵引力控制
可在比赛期间调整牵引力控制设置，具体取决于所需抓地力和赛道情况变化

选择轮胎

一级方程式车队必须做出一些关键抉择，选择轮胎便其中之一。周末比赛开始前，车队会获得多组即换即用轮胎：14套干胎、4套雨胎和3套极端天气轮胎。如果下大雨，为保证安全，车队必须使用极端天气轮胎。

干胎
干胎为光面胎，即无花纹轮胎。干胎有软橡胶和硬橡胶之分。

湿胎
潮湿条件下，车队要使用有花纹轮胎。车队要密切关注天气预报，以防下雨。

极端天气轮胎
轮胎花纹很深，可在与赛道表面接触时将水排出，从而提高抓地力。

如胶似漆

一级方程式赛车设计师目标是打造机械抓地力强、“像胶一样粘在赛道上”的轻量赛车。为此，设计师需要将风力阻力和空气动力学阻力最小化，并将赛车下压力最大化。多年来，设计创新包括上斜车尾、两侧微型鼻翼、柔性裙脚和尾翼。20世纪80年代，赛车整体外形状似羽翼，产生了“地面效应”，速度因此大幅提升，但过弯变得相当危险，因此这种设计被禁止使用。现代一级方程式赛车几乎每块表面都旨在形成下压力。

前空气翼板
前空气翼板能对前轮胎产生下压力，并从空气动力学上将气流引导到赛车其余区域

侧箱导流板
赛车侧箱导流板会改变气流，并减少紊流

流线型头盔
流线型头盔可改善车手头顶上方进气口的气流

尾翼
尾翼的可调节叶片能形成下压力，从而增加后轮胎抓地力

比赛周末

每场赛季大奖赛比赛时间均为一个周末。车手会在周五(周四在摩纳哥)参加两场自由练习赛，在周六参加另一场自由练习赛，然后进行排位赛，从而确定周日比赛排位。根据规定，参赛赛车数量应不少于二十辆，且不多于二十四辆。

自由练习赛

自由练习赛旨在让车队了解特定赛道：车手能借此机会熟悉赛道特点，车队工程师和总监则在轮胎、燃料等核心问题上做出抉择，并根据场地条件调整车辆设置。

排位赛

排位赛共三节，每节15分钟，车手们争取赛出单圈最快圈速。排位赛结果决定了周日比赛的出发顺序。所有车手均参加第一节排位赛，圈速最慢的车手(通常为六名)发车位最靠后，且不参加排位赛。第二节排位赛中，圈速最慢的车手(通常为六名)则被分配到剩余倒数几个发车位(通常为11至16)。第三节排位赛中，其余车手争夺最佳发车位，速度最快者获得杆位。

比赛开始

巡游圈开始前15分钟，车手和车必须在发车位上。在此期间，要完成加油、安装轮胎、发动引擎、清理赛道。两个绿灯是巡游圈开始的信号，等到车手进入相应发车位，则巡游圈结束，比赛倒计时开始。

出发！

红灯从左到右按一秒间隔依次亮起。几秒后，五盏红灯同时熄灭，车手开始冲向第一个弯道。

积分

大奖赛结束时，如果车手进入前十名，则获得积分。第一名获得25分，第二名获得18分，第三名获得15分，第四名获得12分，第10名则获得1分。如果一支车队有两名车手同时参赛，则车队积分为两名车手积分之和。例如，同队车手分列第一名和第二名，则车队获得43分。比赛中，单圈速度最快的车手可获得1分。

赛道

2018赛季，全球共举办了二十一场比赛。下图为土耳其伊斯坦布尔赛道鸟瞰图，图中标出了赛道部分关键信息。

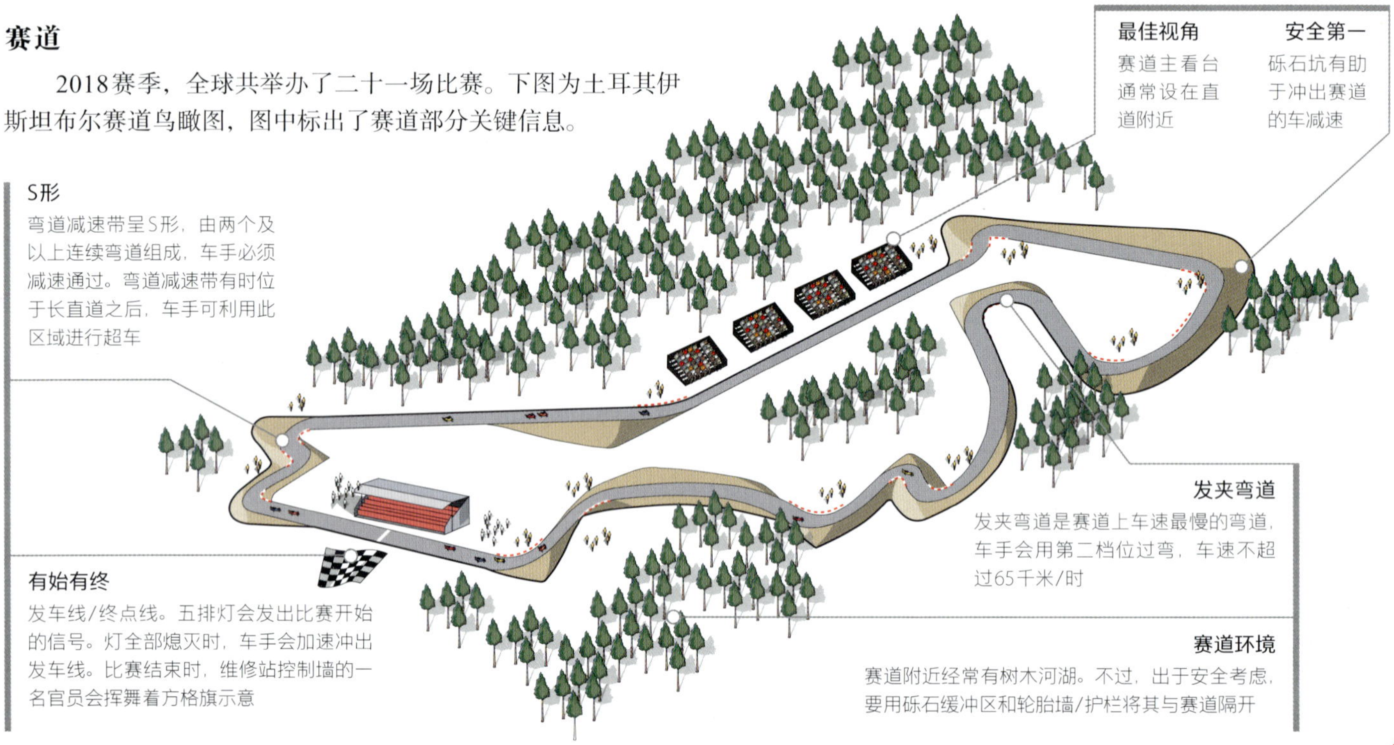

信号旗

裁判位于赛道各处，随时准备挥舞信号旗，吸引车手注意。旗帜颜色不同，释放的信号也不同，例如前方赛道有危险、比赛中止或障碍已清除。

前方赛道有危险

表示前方危险；车手要减速，且不得超车。

赛道脏污

表示前方赛道表面湿滑。

慢行车辆

前方赛道有一辆缓慢移动的车辆，车手应减速。

障碍已清除

所有障碍已清除，黄旗警告也已解除。

让后方车优先通过

蓝旗警告车手后方车车速更快，要让其超车。

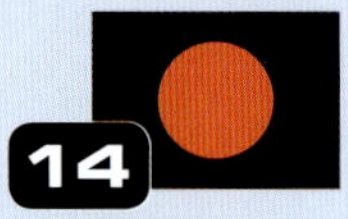

机械故障

带有车号的橘点黑底旗警告车手必须返回维修站。

警告

带有车号的黑白旗警告车手的所作所为有违体育道德。

取消比赛资格

带有车号的黑旗要求车手回到维修站；否则车手可能被取消比赛资格。

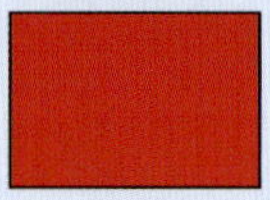

比赛中断

红旗表示正赛、练习赛或排位赛中止。

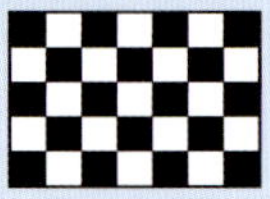

比赛结束

方格旗表示比赛结束；获胜者最先看到。

团队合作

一级方程式车队平稳运转的背后是许多专业人士的倾情奉献。车手往往最受关注，但从高管、设计师、工程师到测试车手、后勤保障人员、维修人员，所有成员都对车队的成功至关重要。

维修人员

车手驾车驶入维修站并停站时，多名戴头盔的机械师会蜂拥而上，步调一致，分秒必争，迅速进行各项操作。每位机械师各司其职，完成换胎、操作前千斤顶等工作。

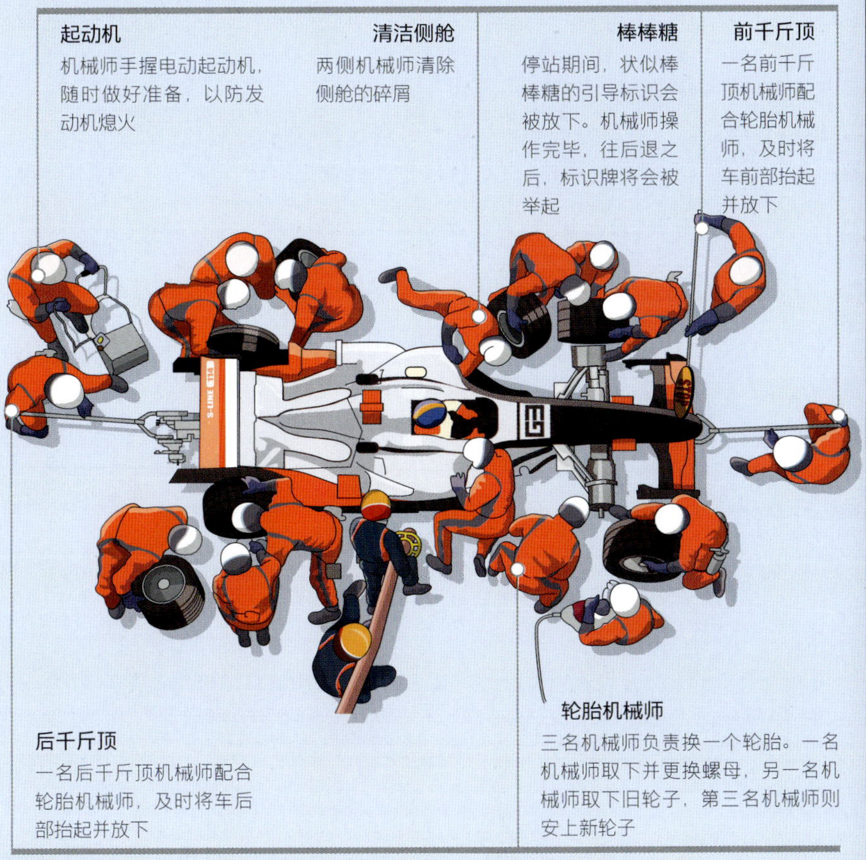

维修道

维修道将维修站控制墙与车队车库隔开。维修道有两条车道，快车道靠近控制墙，内车道靠近车库。停站期间，如果车从内车道进站，维修人员则从车库出来。车队将控制中心设置在控制墙附近。比赛期间，控制中心成了车队活动的中枢——总监、工程师等人讨论战术策略，查看电脑，观看显示器和屏幕，并使用通信设备与车手和总部分析师保持联系。

维修站提示板

提示板告知车手比赛排名、完成圈数、与前后车用时之差。

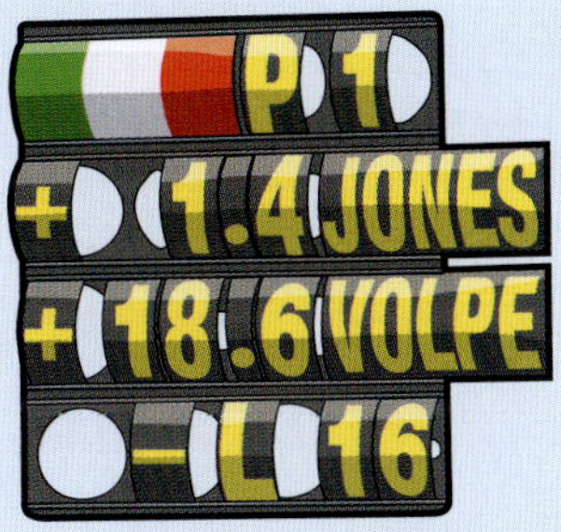

计时墙

每支一级方程式车队都在维修站配备了一面计时墙，墙上屏幕会显示电脑对赛车表现的分析。车队会在多个屏幕上实时跟进车手每圈用时、遥测仪数据和电视转播赛况。在测试圈间隙，车手可观看其每圈表现情况。屏幕显示亮度不受车库和维修道的强光或烟雾的影响。

统计中心

冠军车手

年份	姓名	国家
2018	刘易斯·汉密尔顿	英国
2017	刘易斯·汉密尔顿	英国
2016	尼科·罗斯博格	德国
2015	刘易斯·汉密尔顿	英国
2014	刘易斯·汉密尔顿	英国
2013	塞巴斯蒂安·维特尔	德国
2012	塞巴斯蒂安·维特尔	德国
2011	塞巴斯蒂安·维特尔	德国
2010	塞巴斯蒂安·维特尔	德国
2009	简森·巴顿	英国
2008	刘易斯·汉密尔顿	英国

冠军车队

年份	车队名	积分数
2018	梅赛德斯	655
2017	梅赛德斯	668
2016	梅赛德斯	765
2015	梅赛德斯	703
2014	梅赛德斯	701
2013	红牛	596
2012	红牛	460
2011	红牛	650
2010	红牛	498
2009	布朗	172
2008	法拉利	172

胜场数纪录

胜场数	姓名	国家
91	迈克尔·舒马赫	德国
81	刘易斯·汉密尔顿	英国
52	塞巴斯蒂安·维特尔	德国
51	阿兰·普罗斯特	法国
41	埃尔顿·塞纳	英国
32	费尔南多·阿隆索	西班牙
31	奈杰尔·曼塞尔	英国
27	杰基·斯图尔特	英国
25	吉姆·克拉克	英国
25	尼基·劳达	奥地利

幕后故事

2005年，一级方程式退役车手开始投身于大师大奖赛（Grand Prix Masters）系列赛事。比赛车辆完全相同，均为开轮式赛车，均以1999年雷诺冠军赛车为原型，且均配备3.5升V-8发动机。所有参赛者必须身体健康、年龄大于45岁、有两个及以上一级方程式赛季参赛经验。首届赛事在南非卡拉米（Kyalami）举行，奈杰尔·曼塞尔（Nigel Mansell）赢得了冠军。

必备知识

- 印地赛车相当于美式一级方程式赛车。
- 印第安纳波利斯500是最负盛名的印地赛车比赛，也是印地赛车名字的来源。
- 印地赛车比赛大多在美国进行，澳大利亚、巴西、加拿大、日本等地亦曾举办比赛。

两段式尾翼
两段式尾翼可增加下压力和拖拽力，限制车速，避免偏出赛道

进气口
空气通过进气箱直接进入V-8发动机组

光滑轮胎
胎面厚度与信用卡相当。前胎直径66厘米，后胎直径70厘米。比赛中，轮胎温度高达到100摄氏度

碳纤维底盘
碳纤维材料坚韧而轻巧。椭圆赛道赛车最低车重为708千克，公路赛道赛车最低车重则为726千克

前翼
引导上方空气对车产生下压力，使车紧贴赛道

为速度而生
印地赛车为开轮式单座车辆，配有前翼和尾翼，驾驶舱为开放式。底盘和发动机制造商每三年交付一次车辆。发动机输出功率、车重和车身大小均有相应规定。发动机为3.5升V-8，燃料为乙醇。底盘长度不超过4.88米，宽度不超过1.98米。

悬挂
弹簧和减震器支撑着车身重量，从而减轻赛道颠簸感

驾驶舱缓冲
驾驶舱头部保护装置可吸收撞击力，起到保护头部的作用

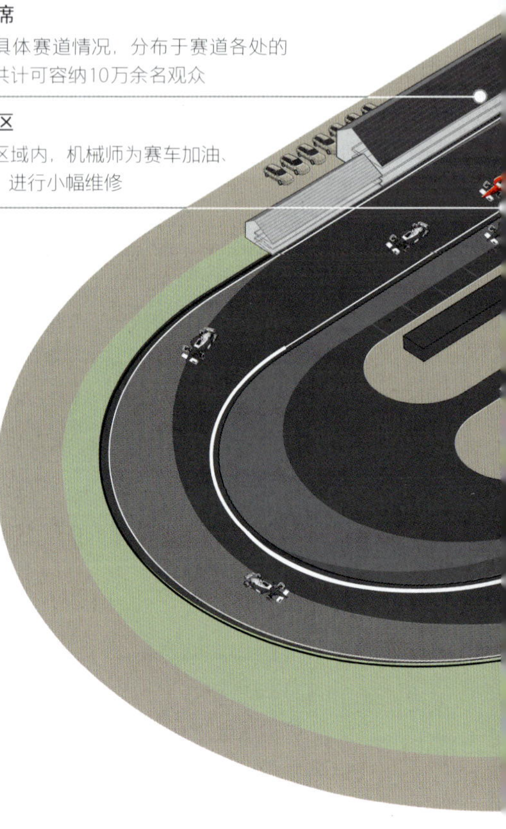

观众席
根据具体赛道情况，分布于赛道各处的看台共计可容纳10万余名观众

维修区
在此区域内，机械师为赛车加油、换胎、进行小幅维修

运动要求
车手有一些显著特质：注意力集中、视野广、协调性强、勇敢无畏、赛道经验丰富。此外，车手还必须具备长时间驾驶高温赛车的耐力，同时还要有发达的颈部、前臂和腿部肌肉，才能在数小时不断转向、制动、换挡。

运动概述

印地赛车比赛主要在北美进行。比赛中，车手高速驾驶开轮式赛车。比赛场地通常为倾斜角度很大的紧凑型椭圆形赛道，不过公路和街道亦可作为赛道。印地赛车系列赛（IndyCar® Series）是美国高人气引擎运动，吸引大批观众现场观看刺激焦灼的比赛。比赛不同，距离也不相同，距离最长的是国际知名赛事印第安纳波利斯500（500英里相当于800千米）。

印地赛车

赛道

印地赛车比赛主要在三类赛道上进行：椭圆形赛道、更长的超级椭圆形赛道、街道。长距离比赛中，车手行驶距离可达800千米。最著名的要数印第安纳波利斯赛车场，车手要在长4000米的超级椭圆形赛道上行驶200圈，争取击败对手。佛罗里达州圣彼得堡街道则是印地赛车系列赛城市赛道的一部分。还有一场系列赛在日本双环形茂木赛道进行，包含一条椭圆形赛道和一条公路赛道。

趣闻

257325 印第安纳波利斯500比赛场地印第安纳波利斯赛车场所能容纳的观众数。

675 一辆印地赛车的3.5升乙醇发动机所输出的马力。

5000 一辆时速350千米的印地赛车所产生的下压力（以磅为单位）。

杆位

排位赛期间，车手争取获得靠前发车位。比赛不同，排位赛规则也不相同。椭圆形赛道比赛的排位赛多达三圈。圈速最快的车手获得杆位，第二快的车手获得第二发车位，依此类推。在领航车的带领下，所有赛车先热身几圈，然后再动态发车。公路比赛中，排位赛速度排名前六的车手将直接对决，从而决定前三行发车位的归属。

印地赛车与一级方程式

印地赛车和一级方程式赛车有许多差异。印地赛车比赛通常在椭圆形赛道上进行，采用动态发车模式，车辆虽然排列有序，但都在不断移动。一级方程式赛车比赛在非椭圆形赛道上进行，采用静态发车模式，所有车辆都位于相应发车位内。印地赛车更重，但直道速度更快，一级方程式赛车更灵巧，加速更快。印地赛车可使用无沟槽光面胎，而一级方程式赛车干胎必须有沟槽。一级方程式赛车可使用牵引力控制和半自动变速箱，但印地赛车不得使用，且引擎转速不得超过10300转/分。印地赛车曾使用甲醇燃料以及甲醇乙醇混合燃料，但自2007年起只使用乙醇燃料。一级方程式赛车则使用无铅赛车汽油。

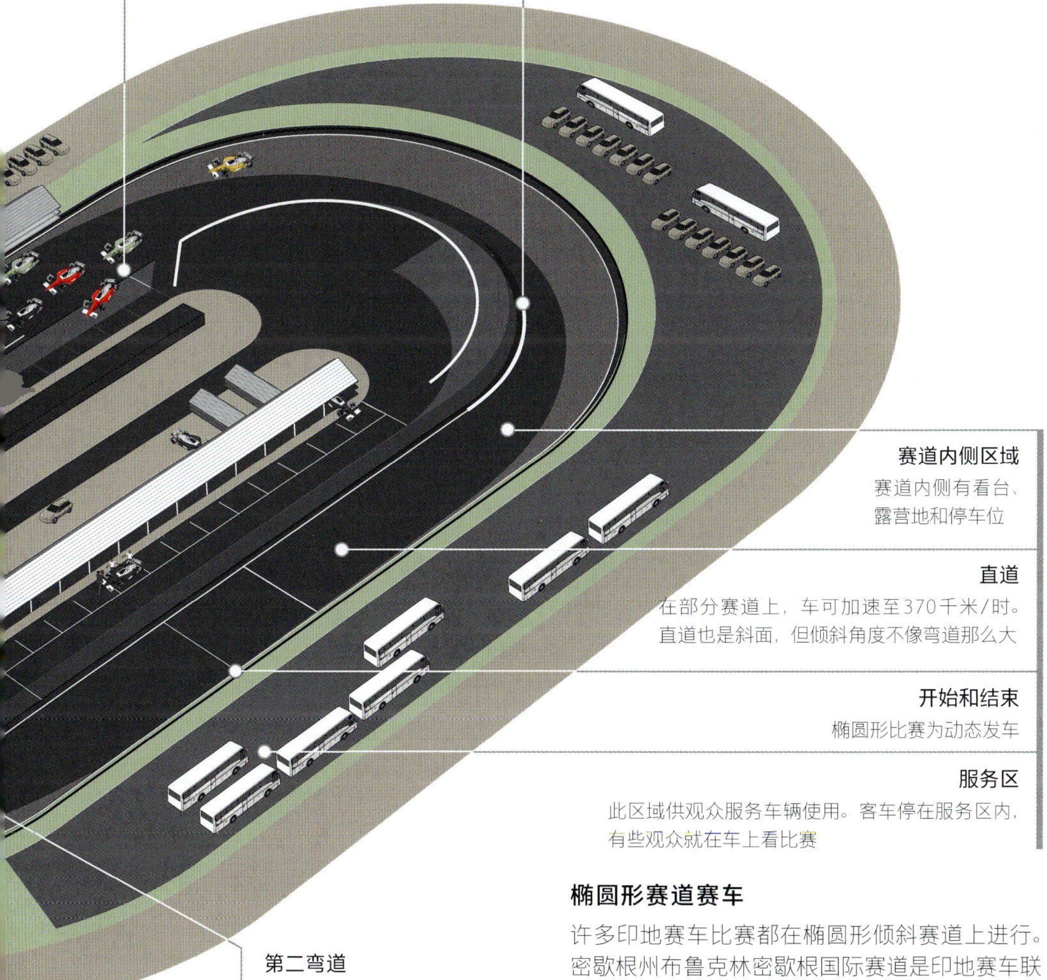

椭圆形赛道赛车

许多印地赛车比赛都在椭圆形倾斜赛道上进行。密歇根州布鲁克林密歇根国际赛道是印地赛车联盟比赛的常用赛场之一。该椭圆形赛道长3.2千米，呈D形，弯道倾斜度为18度，前直道倾斜度12度，后直道倾斜度5度。在部分车道上，车速始终不低于320千米/时，直道速度甚至更快。

统计中心

印地赛车联盟胜场数排行榜

胜场数	车手（国家）
45	斯科特·迪克森（新西兰）
33	威尔·鲍尔（澳大利亚）
24	埃利奥·卡斯特罗内福斯（巴西）
21	达里奥·弗朗奇蒂（英国）
19	小山姆·霍尼什（美国）
16	丹·威尔顿（英国）
16	托尼·卡南（巴西）
13	西门·帕热诺（法国）
13	约瑟夫·纽加敦（美国）
9	斯科特·夏普（美国）

幕后故事

印地赛车发源于印第安纳波利斯赛车场赛道。多年以来，冠军赛车队（Championship Auto Racing Teams）组织举办印地赛车比赛，但是自1994年激烈争执后，“印地”这个名称转而归属印地赛车联盟。冠军赛车队如今举办冠军赛车世界系列赛（Champ Car World Series），这是一种类似于一级方程式的印地赛车比赛模式。

管理机构

印地赛车联盟（Indy Racing League）是北美印地赛车主管机构，同时负责推动发展印地赛车职业系列赛（Indy Pro Series）。

GP2

运动概述

GP2系列赛（GP2 Series，一般简称GP2）于2005年问世。作为一种新的赛车形式，GP2代替了方程式3000（Formula 3000），帮助车手和车队准备好应对快节奏的一级方程式比赛。GP2锦标赛为年度系列赛，与一级方程式比赛同步在部分国家举行。为保证最强车手能从系列赛中脱颖而出，各参赛车队都使用相同的引擎、底盘、变速箱和轮胎。

必备知识

- 电视转播的GP2比赛在巴林、马来西亚以及西班牙、意大利、法国、匈牙利、德国、比利时、摩纳哥和英国等欧洲国家进行。
- GP2赛车时速可达320千米，可在2.95秒内从0加速至100千米/时，在6.7秒内从0加速至200千米/时。

运动要求

GP2青年车手最需要车技和天赋，因为所有赛车都没有辅助操纵的技术优势。

周末比赛形式

车手参加在11个地点举行的比赛。系列赛每周末两赛，比赛模式相同（摩纳哥例外，周日无比赛）。车手在周五进行练习赛和排位赛，在周六参加180千米比赛，然后在周日参加120千米比赛。周日比赛的发车位顺序与周六比赛成绩排名相反，即成绩第八的车手获得杆位，获胜车手则获得第八发车位。周六比赛强制要求要有一次停站，在此期间车队必须至少更换两个轮胎。

积分

周六比赛中，获得杆位者得2分，获胜者得10分，接下来七名车手分别获得8、6、5、4、3、2、1分。周日比赛中，获胜者得6分，接下来五名车手分别获得5、4、3、2和1分。每场比赛圈速最快车手可得1分。2006年，刘易斯·汉密尔顿（Lewis Hamilton）以113分赢得系列赛，比小纳尔逊·皮奎特（Nelson Piquet Jr.）多了12分。

系列赛冠军

德国车手尼科·罗斯博格（NICO ROSBERG）是2005年首届GP2系列赛冠军，英国车手刘易斯·汉密尔顿则是2006年冠军。两人后来都晋级为一级方程式赛车手，并成为世界冠军。

幕后故事

GP2赛车及其规则背后有五大理念：高性能GP2汽车、竞争成本控制、车手安全、车队成员培训、奉献精彩刺激的视觉盛宴。方程式3000成本高昂，许多车队无力参与，导致其最终走上末路。由此可见，控制成本可谓至关重要。GP2系列赛是首个采用全集成策略的引擎运动，例如集中采购就能让车队降低零件购买成本。

德国房车大师赛

德国房车大师赛（Deutsche Tourenwagen Masters）在德国非常受欢迎，参赛车辆为车队自行打造的世界顶级房车，配有高达470马力的V8引擎，比赛时按发车次序出发。参赛车辆的轮胎、制动器、变速箱、大小和空气动力特性均符合特定标准。

无人驾驶汽车

2007年，西雅特（Seat）推出了全球首辆无人驾驶房车。在维修站工作人员远程操纵下，该车可连续多圈跑出好成绩，同时避免了出现风险。

英国房车锦标赛

自1958年首次举办以来，英国房车锦标赛（British Touring Car Championship）一直吸引大批观众观看顶尖车手驾驶着自己钟情的车型在赛道上飞驰。锦标赛电视转播观众数往往达数百万，因此赛车制造商也乐于展示最新车型。车队用2升赛车在英国和爱尔兰共和国的九条赛道上各进行三场比赛。2007年，为统一赛车运动技术规格，国际汽联要求比赛车辆必须符合其超级2000（Super 2000）的规定。

幕后故事

2005年，国际汽联用世界房车锦标赛（World Touring Car Championship）代替了欧洲房车锦标赛。车手要在巴西、意大利、俄罗斯等地完成十二条赛道的比赛。比赛通常面向超级2000、柴油2000和超级制造车辆。

必备知识

- 部分房车比赛持续24小时，是对车队和车手耐力的考验。
- 米卡·哈基宁（Mika Häkkinen）、让·阿莱西（Jean Alesi）等一级方程式车手曾转而参加房车比赛。迈克尔·舒马赫、亚历山大·沃兹（Alexander Wurz）等则是参加房车比赛后才进入一级方程式赛场。

运动概述

房车本质上是为参加公路和街道赛道比赛而彻底改装的四门轿车或两门轿跑车，但仍有别于定制跑车。在英国、德国、澳大利亚等地举办的大型赛事和全球系列赛中，往往能看到各类房车的身影。

房车赛车

尾翼
可调节尾翼有多种设置

牵引力
赛车可为前轮驱动、后轮驱动或四轮驱动

车手安全
发生事故时，笼形护框可保护车手

前分离器
前气流分离器为赛车前部突出部分，有助于引导气流

运动要求

车手必须身体健康、内心坚强、具备各类技能——从近距离高速过弯，到过弯道减速带，再到利用战术知识，使轮胎能承受住整场比赛的损耗——如此一来，车手才能在各条差异巨大的赛道上赢下极速对决。

必备知识

- 直线竞速赛车源于美国，至今也在北美最受欢迎。在许多欧洲国家，以及巴西、墨西哥、加拿大、南非和澳大利亚，直线竞速赛车也拥趸甚众。
- 在全球范围内，有300多条直线竞速赛道。
- 美国改装高速赛车协会（National Hot Rod Association）每年在印第安纳波利斯举办的六天赛是全球资金最充裕的直线竞速赛事，吸引了10万多名观众前来观战。

直线竞速赛车

运动概述

直线竞速赛车是纯粹的竞速赛事，同时也是速度最快的地面运动。比赛形式很简单：两车在较短的水平直道上比赛，先越过终点线的一方获胜。赛车有各类分级标准，包括车型、发动机容积、轴距和车架类型。

运动要求

车手首先必须毫无畏惧。注意力完全集中也至关重要，因为出发信号灯亮起时，一毫秒的延迟都可能决定成败。车手必须内心强大，才能不被对方吓倒，并震慑住对方。

尾翼
碳纤维尾翼会对赛车施加巨大的下压力，能在发动机启动时避免赛车凌空而起

增压器
增压器能显著提升发动机进气量，保持燃油燃烧

减速伞
比赛结束后，赛车需要打开两把减速伞才能将车停下

前翼
鸭翼有助于赛车移动时加强抓地力

窄间距
赛车前部必须离地至少8厘米

后胎
后胎很大：宽46厘米，直径95厘米

发动机
燃油泵每分钟为强力发动机提供227升的硝基甲烷

顶级燃料直线竞速赛车

这是世界上加速最快的车，通常采用克莱斯勒426赫米（426 Chrysler Hemi）发动机。这种发动机的半球形燃烧室配有大阀门和位置更靠中的火花塞，有助于点火、加强性能并输出8000马力。顶级燃料直线竞速赛车使用特制燃料，配备了巨大轮胎和车翼，能让车牢牢贴近地面。

手套

防火手套能全方位保护手和手腕。

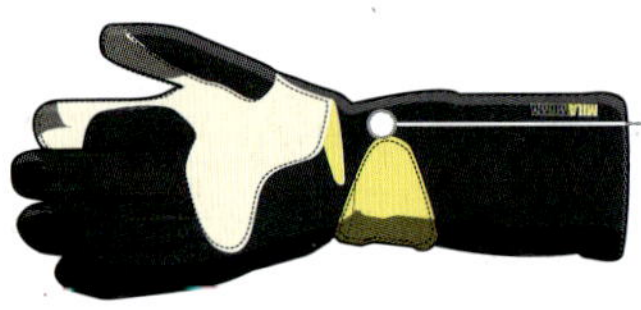

护腕
手套一直延伸到手臂上

分层头盔

头盔有三层：外壳、泡沫内衬、内防火层，可在出现撞击和火灾时保护头部。为应对巨大重力，360度环绕式护颈项圈起到了关键的支撑效果。

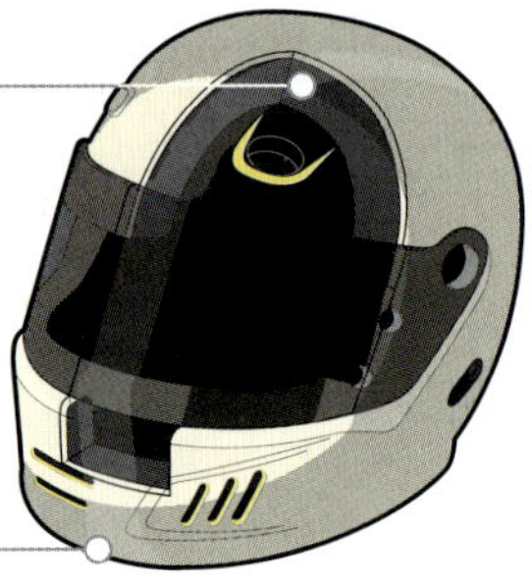

泡沫内衬
头盔厚厚的泡沫层有助于吸收冲击力

外壳
避免头部受到创伤

趣闻

3.58 1984年，萨米·米勒（Sammy Miller）驾驶“消失点”号（Vanishing Point）赛车跑完英格兰桑塔普德赛道（Santa Pod Strip）所用时间（以秒为单位），打破了世界纪录。米勒在400米赛道上的平均速度为621.61千米/时。

16 美国车手约翰·福斯（John Force）赢得全国改装高速赛车协会趣味赛车锦标赛（Funny Car championship）冠军的次数。福斯职业生涯胜场数超过130场，至今仍保持着连续获得395场比赛参赛资格的纪录，是极为成功的直线竞速赛车手。

赛道

直线竞速赛道为短距离水平直道。赛道表面还添加了特殊封蜡，增加了轮胎摩擦力。标准赛道长400米或200米。发车线和终点线电子光束用于记录车手比赛用时。看到前方“圣诞树”绿灯亮时，车手就会越过发车线。赛道末端有减速带，长度为赛道的1.5倍。

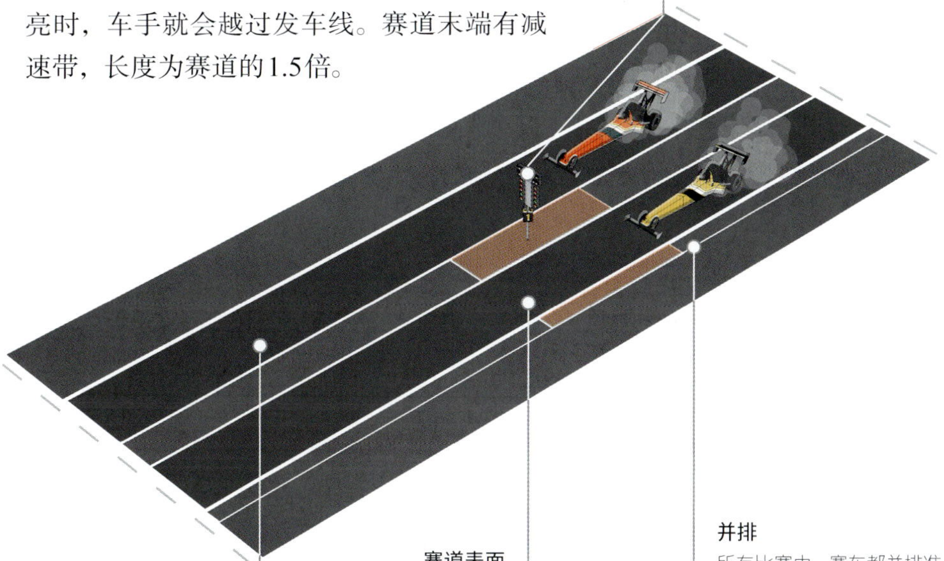

火箭赛车手

最快的顶级燃料直线竞速赛车用四秒出头就可以跑完400米赛道，时速达530千米及以上。打开减速伞减速后，车手要承受5G的减速制动，甚至眼睛都会出现问题。

圣诞树

发车线前方，黄色、橙色、绿色信号灯可告知车手比赛即将开始。

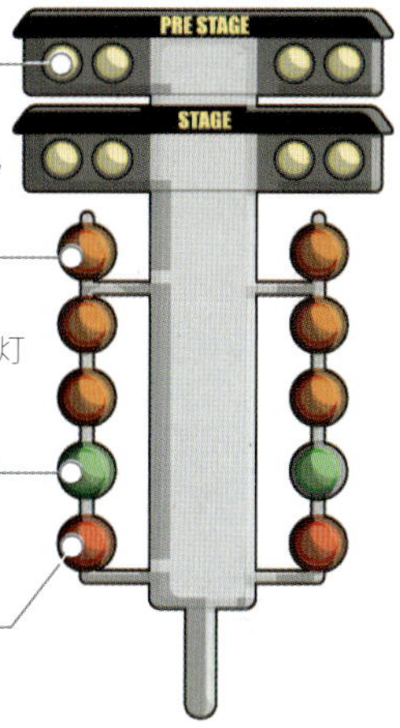

比赛车辆

两百多个不同类别的车，对发动机容积、重量、燃料和底盘样式的要求各不相同。主要类别是顶级燃料直线竞速赛车、专业改装赛车、专业改装摩托车、顶级燃料趣味赛车、顶级甲醇直线竞速赛车和专业改装车。

专业改装赛车

车辆必须与批量生产型号相似，可在6秒内跑完400米。国际改装高速赛车协会发动机可达13.1升。

专业改装摩托车

全国改装高速赛车协会比赛所用摩托车经过了大幅改装。专业改装摩托车大多采用1500毫升铃木发动机，可输出300马力，转速达13500转/分。

顶级燃料趣味赛车

趣味赛车与量产车型仅略有相似之处，但速度几乎与直线竞速赛车一样快。底盘材质为轻质玻璃纤维，车身为空气动力性能优化的碳纤维材质。

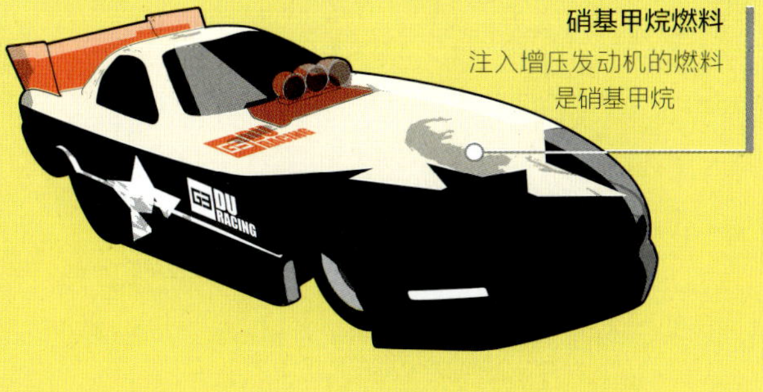

比赛开始

通常车手两两比赛，胜者进入下一轮，以此类推，从而决出最终获胜者。比赛规则很少，不过车手抢跑或越道会被取消比赛资格。一旦绿灯亮起，车手的战术就是追求极限速度，直到有一方先越过终点线。有时，还未抵达终点，赛车发动机就爆缸了，但依然能率先抵达终点。这种“齐头并进赛”相当常见。

闯红灯

从技术上讲，在圣诞树绿灯亮起之前，车不应移动。但在实际比赛中，车手在最后一个橙灯熄灭后、绿灯亮起前的几分秒之间就开始发车起步。但如果车在绿灯亮之前就越过电子眼，则车手就“闯红灯”了，会被取消比赛资格。如果两名车手都“闯红灯”，则只有先越过电子光束的车手会被取消资格。

管理机构

北美直线竞速赛车运动由全国改装高速赛车协会和国际改装高速赛车协会（International Hot Rod Association）管理，在其他地区则由国际汽车联合会管理。这些机构举办了各类级别赛车锦标赛。例如，全球最大的直线竞速赛车组织全国改装高速赛车协会就在美国举办梅洛耶洛（Mello Yello）系列赛。

卡丁车

必备知识

- 卡丁车发动机排气量从80毫升到超级卡丁车的250毫升不等，有些超级卡丁车配有两个发动机。两冲程发动机比四冲程发动机应用面更广，因为前者功率重量比值较为理想，且机械结构较为简单。
- 卡丁车运动始于20世纪50年代。为了让年轻人也能感受到赛车的刺激，赛车爱好者用割草机发动机、简易转向装置和小车轮组装出了自制卡丁车。
- 一级方程式冠军费尔南多·阿隆索、迈克尔·舒马赫、埃尔顿·塞纳均通过卡丁车开启赛车职业生涯。

运动要求

车手必须身体健康、内心坚韧并决心获胜。车手需要具备各类技能，例如准确转向、过弯、加速、超车和制动。

运动概述

卡丁车运动又名“微型赛车”或“卡丁车赛车”。车手在赛道上加速前进，争取超过对手，率先越过终点线。一般认为，卡丁车是最简单的赛车形式，但如果车手有志于进入一级方程式赛车，卡丁车也是重要的跳板。卡丁车还是很理想的全民休闲运动。老车手可参加初级或高级比赛。

卡丁车类型

最常见的卡丁车类型是冲刺卡丁车，适合400米和1500米曲线赛道。公路赛卡丁车速度更快，适合直道更长的大型赛道。变速卡丁车配有序列式变速箱，通常用于短距离赛道。

国际比赛

国际卡丁车委员会（Commission Internationale de Karting, CIK）举办世锦赛、欧锦赛等国际卡丁车赛事。这一主管机构与举办一级方程式等赛事的国际汽车联合会有关。

赛道卡丁车

赛道卡丁车比赛在短距离椭圆形泥土赛道或沥青赛道上进行。卡丁车专为左转比赛而打造——车后部与前部并不对齐，且外侧后轮大于内侧后轮。

趣闻

19000 一些两冲程发动机转速可达19000转/分。

8 大多数国家对驾驶卡丁车的最低年龄限制。

80 短距离赛道卡丁车的速度（千米/时）。在较长直道上，卡丁车速度可达两倍。

4.5 重150千克的100毫升两冲程发动机从0加速至97千米/时所用秒数。

幕后故事

传统上，卡丁车需要由外部启动器或推车启动。相比之下，即触即走式卡丁车配备了按键式启动器，行驶距离较远。罗塔科斯·麦克斯是首辆获得成功的即触即走式卡丁车，其奥地利制造商在全球多地举办全国性比赛。

运动要求

比赛中，改装赛车车手必须足智多谋，才能判断最佳时机，或进行超车，或为减少阻力而并入大部队，或摆脱大部队，赢得比赛。

笼型护框

车中部有一个笼型护框，可在发生事故时保护车手，并保持车身完整性

鲁克襟翼

如果车失控，车顶后部的一组襟翼能减少升力，防止车漂浮

子午线轮胎

改装赛车的子午线轮胎能在高温下保持稳定，还有很强的摩擦力。许多车手用氮气而非空气给轮胎充气

强大引擎

改装赛车发动机排气量很大，能输出高达750制动马力，车速可达320千米/时

运动概述

改装赛车比赛主要在北美举办。车手驾驶各类赛车在椭圆形赛道上比赛。最初，参赛车辆必须是制造商量产上市车型。1973年，规则出现变化，参赛车辆外形与量产车型相似，但规格必须符合管理机构全国改装赛车协会的标准。

必备知识

- 全国改装赛车协会举办的改装赛车比赛非常受欢迎。2002年，全美上座率最高的二十场比赛中，改装赛车比赛占了十七场。
- 在美国，全国改装赛车协会比赛收视率仅次于美式橄榄球，而且有超过七十五个国家转播相关赛事。

改装赛车

美国改装赛车协会比赛

全国改装赛车协会（National Association for Stock Car Racing）成立于1948年，负责管理美国改装赛车运动。协会举办两大赛事：包含戴通纳500（Daytona 500）的冲刺杯（Sprint Cup）以及全国系列赛。协会还负责审批在美国、加拿大和墨西哥共100条赛道上举行的1500场比赛。

椭圆形赛道

比赛通常在长400米至4.26千米的椭圆形赛道上进行。有些赛道表面倾斜，有些则是未铺面的短距离泥土赛道。亚拉巴马州塔拉迪加（Talladega）等地的长距离赛道被称为超级赛道。

周日获胜，周一大卖

奥兹莫比尔火箭V8（Oldsmobile Rocket V8）是现代首台顶阀发动机，在1949年和1950年改装赛车比赛中大获成功，提高了对应车型的销售量。因此人们常说：“周日获胜，周一大卖”。

在尾流中

比赛中，车手常常充分利用尾流的空气动力特性。车手常常扎堆行驶，或前后车紧密相随，排成一条线，从而减少阻力，节省燃料。这些危险操作使得改装赛车运动惊险刺激，观赏性强。尽管比赛事故频发，但车手很少受重伤。

幕后故事

1954年，英国开始举办改装赛车比赛，参赛车辆为稍加改装的轿车。因为比赛允许车辆相互触碰，所以赛车加装了保险杠和翻车保护杆。英国改装赛车协会（British Stock Car Association）是英国改装赛车运动的管理机构。一级方程式改装赛车与量产车型毫无相似之处，为开轮式赛车，车手位于车身中间。

越野拉力赛

运动概述

越野拉力赛是终极耐力赛车形式，车手不仅是运动员，还是探险家。越野拉力赛曾仅限小汽车参赛，如今摩托车和卡车也可沿着比赛路线穿越数百甚至数千千米沙漠、山地等荒野地带，最终抵达终点。比赛分为多个赛段，每个赛段每天进行比赛，有些赛段比赛时间持续一周及以上，全部赛段总计用时最少的车手获胜。达喀尔拉力赛是最著名的越野拉力赛事，按照传统，车手从欧洲出发，在塞内加尔达喀尔完成比赛。

处罚

车手不必完全按照相同比赛路线行进，但从赛段起点到终点，车手必须通过一个或多个检查站，否则会被罚时。

运动要求

越野拉力赛车手必须具备冒险家和运动员的所有特质。

必备知识

- 国际汽车联合会举办的越野拉力赛世界杯（Cross-Country Rally World Cup）每赛季最多有八场比赛。
- 1907年北京—巴黎拉力赛为早期越野拉力赛，五辆赛车要在60天内跑完96560千米。
- 达喀尔拉力赛（Dakar Rally）虽然不再是世界杯赛事，但仍是规模最大、危险系数最高、名气最大的越野拉力赛。2019年，有100辆小汽车、137辆摩托车、41辆卡车参赛。

艰难前行

越野拉力赛在各类地形上举行。从撒哈拉沙漠、陡峭的阿特拉斯山脉到潘帕斯稀树草原，拉力赛考验着车手的耐力和导航能力。环境越是艰苦，比赛越是精彩。

沙漠摩托车

越野摩托车采用轻量化设计，坚固耐用，动力十足。车离地间隙很高，可避免撞上岩石等障碍物，加强型悬挂能帮助车手应对各类险峻地形。

不断前进

越野耐力拉力赛卡车总重量大多达3.5吨及以上。车上最多可坐三人，燃料箱容量超过820升。

趣闻

28 自1978年达喀尔拉力赛开赛以来遇难的选手人数。

1000000 2007年达喀尔拉力赛头两天比赛的葡萄牙观众人数。这两天里，车手离开葡萄牙首都里斯本，驶往西班牙。

5 达喀尔拉力赛在南美举办的次数。2009年，由于担心北非比赛路线上会出现恐怖袭击，拉力赛易地举办。

达喀尔拉力赛灵感来源

1977年阿比让—尼斯拉力赛期间，法国车手蒂埃里·萨宾（THIERRY SABINE）在利比亚沙漠中迷路了，此后他萌生了举办达喀尔拉力赛的想法。1978年，蒂埃里举办了首届达喀尔拉力赛，有170名选手参赛。1986年比赛期间，蒂埃里因直升机坠机不幸遇难。

必备知识

- 20世纪80年代，欧洲卡车赛车开始兴起，参赛车辆为可在公路上行驶的作业卡车。
- 露营世界卡车系列赛（Camping World Truck Series）于1995年首次举办。
- 参赛卡车能比保时捷911跑车更快地加速至161千米/时。
- 卡车重量不低于5.5吨。
- 出于安全考虑，速度上限为160千米/时。

进入正轨

欧洲系列赛管理机构国际汽车联合会规定卡车速度上限为161千米/时。不同于其他采用静态发车的比赛，卡车赛车采用动态发车，车手要驶完固定圈数。比赛在周末进行，每条赛道各两场，排名前列的车手可获得积分。

运动要求

胆小的人很难在赛道上高速驾驶5.5吨重的卡车。车手必须反应迅速、意志坚定。此外，参赛车手必须至少21岁，并且拥有比赛许可证。

卡车赛道

欧洲和美国的卡车赛车比赛都在各类赛道上进行，包括设有左转和右转的公路赛道和仅设有左转的椭圆形赛道。欧洲卡车赛车锦标赛（European Truck Racing Championship）每赛季仅在不到十条赛道上举行比赛，但露营世界卡车系列赛每年所用赛道数达二十五条。赛道宽度有限，车辆往往靠得很近。

赛车规则

除了常见的赛车比赛处罚（例如在维修道上超速行驶）外，排出过多尾气、超过161千米/时速度上限等违规行为也会遭受处罚。

卡车赛车

运动概述

赛车运动中，卡车赛车名气不大，但相当惊险刺激。欧洲卡车赛车锦标赛在德国纽伯格林（Nürburgring）、法国勒芒（Le Mans）等全球知名的赛道上进行。露营世界卡车系列赛吸引了大量观众前往美国各地赛道观看改装皮卡车比赛，比赛距离长达400千米。

顶级赛道

德国纽伯格林是全欧洲距离最长、最惊险刺激的赛道，是英国卡车赛车锦标赛（BRITISH TRUCK RACING CHAMPIONSHIP, BTRC）比赛场地。比赛期间，有15余万名赛车迷前来观战。

拉力赛

运动概述

拉力赛节奏快，惊险刺激，通常为点到点计时赛。比赛在公共和私人道路上进行。顶级拉力赛事世界拉力锦标赛（World Rally Championship）在全球各类赛道上进行，考验赛车的可靠性以及车手和副驾驶的心理素质和技术能力。

运动要求

要操控300制动马力的拉力赛车，光有驾驶技术还不够。赛车手必须眼疾手快，根据不断变化的地形做出调整，还要注意力高度集中，从而应对严苛的比赛环境。车手还必须充分信任副驾驶员。

必备知识

- 20世纪50年代，拉力赛开始使用私人道路，在此之前则只在公路上进行比赛。
- 1979年，瑞典车手比约恩·沃尔德加德（Björn Waldegard）驾驶福特福睿斯赢得了首届世界车手拉力锦标赛冠军。

经典拉力赛

世界拉力锦标赛难度最高的赛事东非拉力赛（SAFARI RALLY）于2002年最后一次举办。比赛在东非开放道路上进行，车手面临着野生动物、大沙尘暴等危险。

全地形驾驶

从瑞典冰原，到阿根廷高海拔山口，再到威尔士林间赛道，世界拉力锦标赛比赛场可谓无所不包。只有能驾驭冰原、泥地、碎石地、沙地等各类地形，车手才有机会争夺冠军。拉力赛由短距离计时特殊赛段和安全赛段组成，车手可在特殊赛段获得积分，制造商赞助的车队则可通过安全赛段到达下一个特殊赛段的起点处。

比赛形式

每场比赛最多有二十五个特殊赛段，每个赛段长度从几千米到60千米不等。车手间隔一到两分钟出发，然后驾驶在封闭的公路和私人道路上。车手要尽快跑完全程，因为所有赛段总用时最少的将夺得冠军。

罚时

拉力赛执行严格的罚时体系。车手遭到罚时处罚，主要原因包括：未在赛段开始时及时出发、赛段结束后车队机械师检查车辆用时超过规定时间等。

副驾驶

副驾驶是拉力赛车队的眼睛，负责为车手提供所有赛段相关导航信息。在赛段比赛开始之前，副驾驶员会调查赛道，详细记录弯道位置、赛道表面类型和任何潜在风险，然后在比赛期间告知车手相关信息。

审查车辆

根据拉力赛管理机构国际汽车联合会制定的规则，世界拉力赛比赛车辆应以乘用车为基础，并且应限量上市销售。除此之外，赛车和普通轿车便无其他相似之处，因为车队会在国际汽联设定的限制范围内进行改装。在世界拉力锦标赛中，官方审查组会在赛前、赛中和赛后检查车辆是否合法，有时车手会因违反技术规定而被取消比赛资格。

速度狂人

保持冲力是缩短比赛用时的关键所在。加速冲下坡或冲入水体会抬高车鼻，这是实现安全落地的核心操作。车手利用在低洼处的额外牵引力来加大制动和转向力度，实现全程平稳驾驶。拉力赛车辆大多为四轮驱动，动力传输到所有四个轮子上，从而加强轮胎抓地时的牵引力。

过弯技术

过弯时，车手需要平衡好制动器、油门、加速器和离合器。漂移侧滑过弯能够提高过弯速度，属于核心拉力赛技术，有多种操作方式。

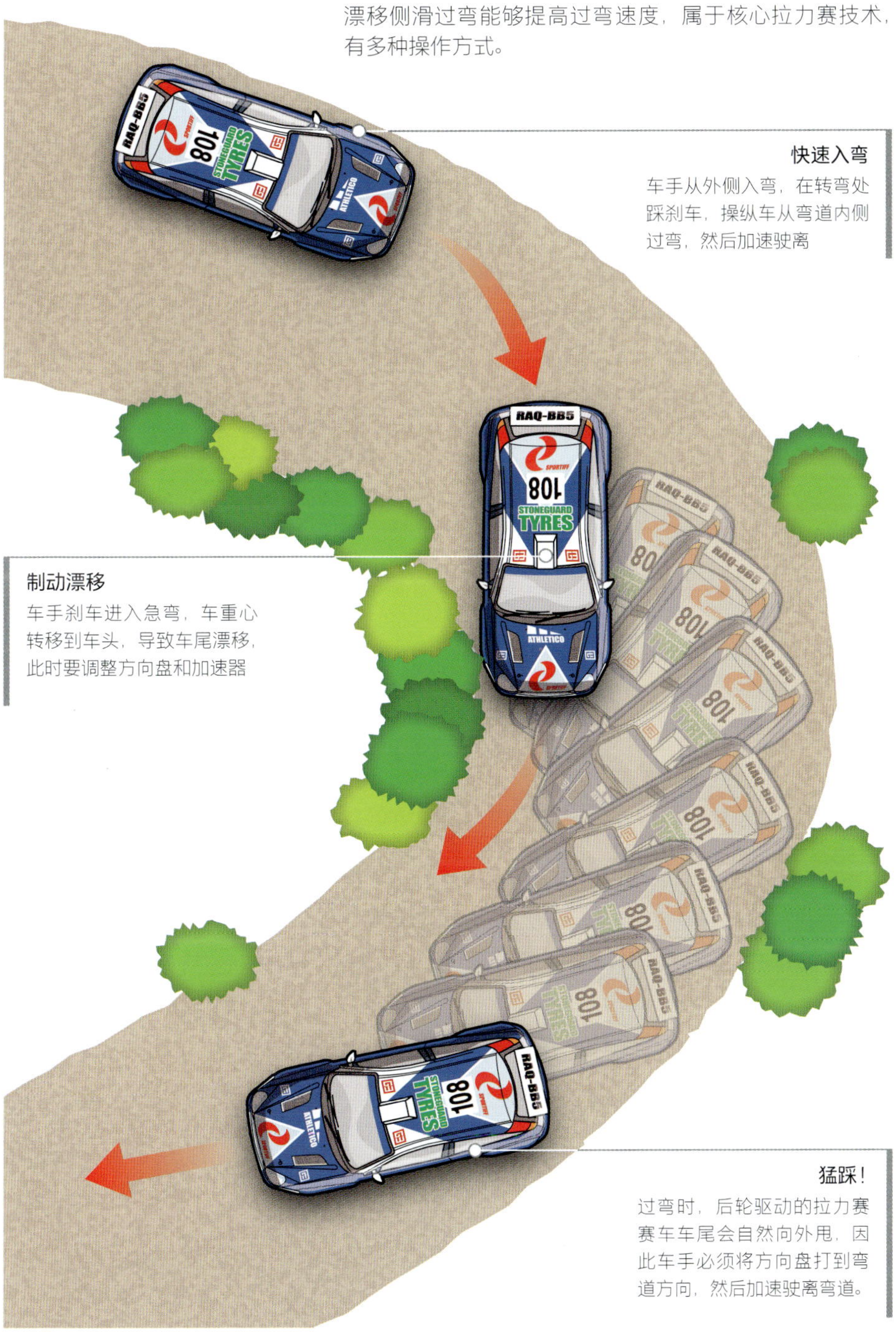

统计中心

世界拉力锦标赛车手胜场数纪录

胜场数	车手
79	塞巴斯蒂安·勒布
46	塞巴斯蒂安·奥吉尔
30	马库斯·格伦霍姆
26	卡洛斯·塞恩斯
25	科林·麦克雷
24	汤米·马基宁
23	尤哈·坎库宁
20	迪迪埃·奥里尔
19	马克库·阿伦
18	汉诺·米科拉

世界拉力锦标赛制造商胜场数纪录

胜场数	制造商
101	雪铁龙
91	福特
73	蓝旗亚
53	丰田
48	标致
47	斯巴鲁
44	大众
34	三菱
24	奥迪
21	菲亚特

支持团队

专业车队每场比赛最多可登记使用三辆车，技术支持团队会在拉力赛期间对每辆车进行维护，使之始终处于最佳状态。在赛段间隙，技术支持团队会对每辆车进行检查。

幕后故事

19世纪时，汽车开始出现，与拉力赛理念相近的比赛也应运而生。蒙特卡洛拉力赛（Monte Carlo Rally）历史悠久，从1911年举办至今。后来，长距离赛事纷纷涌现，比如20世纪50年代在非洲举行的地中海—开普敦拉力赛（Méditeranée-le Cap），比赛距离长达16000千米，但与现代专业拉力赛相去甚远，而且经大幅改装后的汽车也只在短距离赛段上比赛。

管理机构

国际汽联世界赛车运动委员会（World Motor Sport Council）主管赛车运动，拉力赛也是其中之一。委员会每年在全球13条赛道上举办世界拉力锦标赛。

运动要求
因为比赛持续约一个小时，所以车手必须有很强的耐力，还要有足够的力量，同时体重还要足够轻。车手还要有足够的勇气加速到320千米/时甚至以上。

发动机功率
比赛规则不同，发动机大小也有所不同。摩托车大奖赛的参赛车辆配备最先进的800毫升四冲程发动机

连体赛车服
车手必须穿戴防刮加垫连体赛车服和手套

安全头盔
每出现一次事故，就要更换头盔

宽轮胎
因为动力是经由后轮传输的，所以后轮比前轮宽，从而加强抓地力

空气动力学设计
强大的发动机和空气动力学设计使大奖赛摩托车能开到350千米/时

赛道

环行赛道通常是专门建造的，虽然每条环行赛道都有布局等方面的特点，但也有一些共同之处，包括缓弯、急弯、直道、上下坡（部分赛道）、缓冲区以及砾石安全区。赛道必须足够宽，便于车手过弯超车。赛道上也应妥善设置护栏和场外应急区。观众在各类看台上观看比赛，驻守在赛道周围的安全员会在发生事故时帮助车手。

其他赛道

公路摩托车比赛并非只在专门建造的环行赛道上举行，有时也将公路和机场作为赛道，或者结合使用公路和越野赛道。

直线竞速：两名车手在直线竞速赛道等铺面直道上比赛，赛道通常长400米。

爬坡：一名车手单独冲上上坡赛道，比赛为计时制。

公路拉力：在出发点和终点固定的情况下，车手沿着公路行驶，途中还要通过检查站。车手必须遵守限速等公路交通规则。

冲得太快

2007年3月7日，中野真矢（SHINYA NAKANO）在西班牙大奖赛练习赛间遭遇事故，但幸免于难。中野真矢当时车速超过320千米/时，因此过弯时前轮变得不受控制。

必备知识

- 赛道摩托车比赛在全球广受欢迎，电视观众尤其多。全球约3亿人收看每届摩托车大奖赛（Moto Grand Prix）。
- 摩托车大奖赛世界锦标赛（MotoGP World Championship）每年举行，是最负盛名的摩托车赛事。
- 瓦伦蒂诺·罗西（Valentino Rossi）在125、250和500组别参赛的第二个赛季均夺得世锦赛冠军。到了2001年，瓦伦蒂诺已将全部三个组别冠军收入囊中，成为继菲尔·里德（Phil Read）之后第二位完成此壮举的车手。

公路摩托车比赛

运动概述

在柏油碎石环行赛道或封闭公路上进行的公路摩托车比赛最受欢迎。最出名的环行赛道比赛为125毫升、250毫升和800毫升排量的摩托车大奖赛世界锦标赛，以及世界超级摩托车锦标赛、世界超级运动锦标赛、世界耐力锦标赛和世界边车锦标赛，但场地越野赛和超级越野赛正逐渐风靡美国等地。

长直道
在赛道最长的直道上，摩托车行驶速度高达350千米/时，轮胎橡胶都几乎烧了起来。这条直道长1千米，比赛起点和终点均位于此。

赛道车速
环形赛道上的平均车速不得高于200千米/时

观众席
数千名观众在有一定倾斜角度的大看台上安然就座，整片环形赛道一览无余

砾石区
砾石区表面必须完全平整，不得凹凸不平

赛道长度
环形赛道长度必须在3.5千米至10千米之间

赛道宽度
赛道不得窄于10米

路肩
路肩能帮助车手辨别赛道边界。每块彩色路肩石均长80厘米

发夹弯道
发夹弯道是环形赛道上车速最慢的弯道，车手会用第二档位过弯，车速降至145千米/时

曼岛车手

曼岛旅游者杯（Isle of Man Tourist Trophy）是最著名的公路摩托车比赛。自1907年以来，山地赛道均为其比赛场地。高级别比赛中，车手要在61千米长的赛道上骑行六圈。2009年，约翰·麦吉尼斯创下了17分12秒的单圈用时纪录。2007年，布鲁斯·安斯蒂创下了332千米/时的速度纪录。

核心骑行装备

车手必须佩戴护具，因为所有车手都会遭遇事故，并且车手大多时常受伤。是否穿戴合适的护具，关系到车手是遭受严重瘀伤、骨折或是更严重的伤病。全护式头盔、连体赛车皮衣、手套、膝盖滑块和骑行靴均为规定装备，车手还必须佩戴刻有详细血型信息的金属标牌。参加比赛时，车手必须使用所有规定护具，且身体必须处于最佳状态。

手套
外层强化皮革和泡沫内衬能加强防护和舒适感。手掌处可能使用了黏性防滑材料。

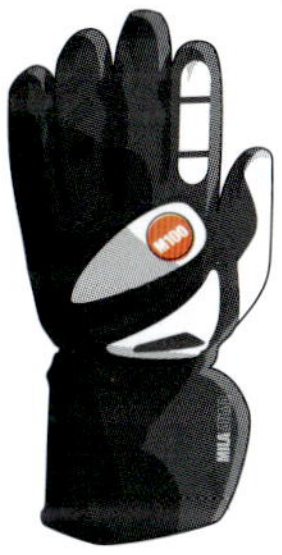

头盔
除了吸收冲击力和保护脸部外，头盔还有助于导入新鲜空气并排出呼出气体和湿气。

骑行靴和膝盖滑块
多块独立保护板能为跟腱、脚踝圆骨、脚趾和胫部下侧提供特殊防护，并且能进一步防护脆弱的膝盖和胫部。

膝盖滑块
用魔术贴将膝盖滑块固定在腿上

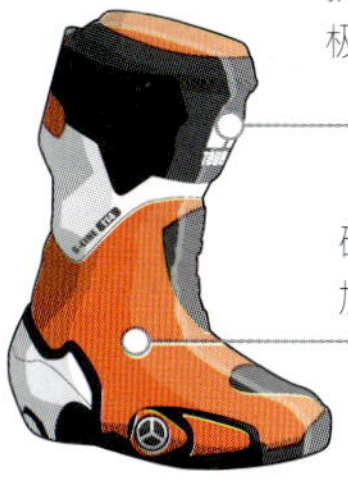

护胫
护胫能加强防护极易受伤的胫部

坚固鞋底板
碳纤维内靴鞋底加强了安全性

护肩
钛护肩是预防锁骨断裂的必备护具

护胸
一体式护壳能有效减缓对胸部和肋骨区域的冲击

护肘
肘部受伤会影响车手比赛表现，因此必须加以保护

加强防护
钛护肩、护肘和护膝与赛车皮衣为一体式设计。弹力面料能加强胯部和大腿内侧的穿着舒适感。

护膝
膝盖滑块与护膝垫一侧相连

降低受伤风险
先穿覆盖全身的赛车服，然后再穿及膝骑行靴

道路规则

国际摩托车联合会（Fédération Internationale de Motocyclisme）组织举办世界125毫升、250毫升排量以及摩托车大奖赛锦标赛，比赛距离在95～130千米之间。比赛圈数取决于赛道长度。发车位按排位赛车手单圈速度快慢依次排序。要获得正赛资格，车手排位赛用时必须至少相当于同级别最短用时纪录的107%。赛前比赛官员会宣布比赛环境为“干燥”或“潮湿”，车手可据此决定使用何种轮胎。比赛开始前，可在发车位上更换轮胎。一圈热身后，比赛信号灯开始亮起。红灯会亮2至5秒，红灯熄灭，比赛开始。如果两名车手同时穿过终点线，则比赛中单圈速度最快的车手胜出。

过弯

超车是区分冠亚军的标志性技能，急转弯则能让车手达到最快圈速。车垂直于地面的行驶时间越长，车速越快，因此快速入弯出弯能提高圈速，进而加强车手的竞争力。

统计中心

大奖赛冠军

车手（国籍）	冠军数	胜场数
吉亚科莫·阿格斯蒂尼（意大利）	15	122
安吉尔·内托（西班牙）	13	90
瓦伦蒂诺·罗西（意大利）	9	115
迈克·海尔伍德（英国）	9	76
卡洛·尤比利（意大利）	9	39
约翰·萨特斯（英国）	7	38
菲尔·瑞德（英国）	7	52
杰夫·杜克（英国）	6	33
吉姆·雷德曼（罗德西亚）	6	45
米克·道恩（澳大利亚）	5	54
安东·曼（德国）	5	42

入弯

恢复流线型骑行姿势时，在入弯的同时身体向座椅左侧倾斜，从而增加牵引力。眼睛始终看向前进方向

完全倾斜

进入弯道内侧时，进一步倾斜车身。车手内侧膝盖往下放，接触地面，髋部则始终位于车身外侧

弯心

在转弯处应保持行驶动力。不得触碰前刹车，否则车身前部可能会失去控制。在弯心处，车手可开始加速

驶离

车手尽快拉直车身，然后换挡加大马力

前制动

主制动器用于前胎，而非后胎

倾斜角度

车身倾斜角度可达60度，且车手不会跌落

超级巨星瓦伦蒂诺

摩托车超级巨星、意大利车手瓦伦蒂诺·罗西（Valentino Rossi）因常常用手术刀般精准的骑行技术击败对手而获得“医生”的美誉。瓦伦蒂诺还是连续获奖次数纪录的保持者。2002年9月8日至2004年4月18日，瓦伦蒂诺23次登上领奖台。比赛佳绩让瓦伦蒂诺名利双收，截至2009年，其年收入已高达3500万美元。

幕后故事

公路摩托车比赛源自1894年摩托车和汽车同场竞技的巴黎—鲁昂比赛。首届曼岛旅游者杯于1907年举行。1949年，国际摩托车联合会推出了125毫升、250毫升、350毫升（现已取消）以及500毫升排量摩托车以及边车公路比赛世锦赛大奖赛，环形赛道比赛自此逐渐发展起来。一开始，意大利和英国车手独领风骚，现在澳大利亚、美国和西班牙车手则已傲视群雄。1988年，世界超级摩托车锦标赛（1000毫升排量）开始举办。2002年，摩托车大奖赛首次举行，取代了500毫升级别赛事。

管理机构

1904年，奥地利、比利时、丹麦、法国、德国和英国的摩托车俱乐部代表共同创建国际摩托车联合会，现有103个国家级联合会，遍布六大洲。国际摩托车联合会也获得了国际奥委会的认可。

运动概述

不在柏油碎石环行赛道或公路上进行的比赛均为摩托车越野赛，其中最受欢迎的是场地越野赛（motocross）、超级越野赛（supercross）、速道赛（speedway）、越野耐力赛（enduro）、越野赛（cross-country）和技巧赛（trials）。近年来，沙滩越野赛等新型越野赛也获得了大量关注。除了赛道表面外，摩托车型也是越野赛与赛道比赛的一大区别。

必备知识

- 速道赛于20世纪20年代被引入英国，并迅速引发热潮，每场比赛观众一度高达8万多人。今天，大奖赛系列赛事大受欢迎，欧洲各地均有举办。
- 在北美，在人工赛道上进行的室内超级越野赛比场地越野赛更受欢迎，吸引大批观众前来室内体育馆观赛。在佐治亚巨蛋举办的世界超级越野赛系列赛事，观众数逾7万人。
- 场地越野赛发展初期，500毫升排量级被视为顶尖级别。随着技术发展，250毫升排量摩托车车速提高，也变得更加易于管理，最终取代了500毫升排量摩托车，250毫升排量级也成为最重要的级别。

摩托车越野比赛

运动要求

越野车手要具备技巧、力量、耐力和专注力。比赛一路颠簸，车手会一身泥泞，因此要先做好准备。技巧赛车手必须技术极为娴熟，有卓越的平衡能力、油门控制能力和视野，才能越过重重障碍、陡坡和急弯。

战后比赛

1947年，荷兰举行了一场团队场地越野赛。比赛分为两局，各队车手要在两英里长的赛道上骑行八圈，全队成绩取决于队中前三名车手比赛用时。英国队最终以9秒的微弱优势击败了比利时队。

越野摩托车

越野摩托车造型大小各异，但引擎都必须反应迅速，从而实现快速加速，轮胎都必须能在复杂地形上保持抓地力，悬架都必须能够应对颠簸和震动。比赛通常根据引擎排量分为各个级别。

越野耐力赛

越野耐力赛、场地越野赛和超级越野赛摩托车之间的最大区别是前者必须能合法上路。引擎排量在100毫升到650毫升之间。

技巧赛摩托车

技巧赛摩托车极为轻巧，可竖起骑行。相较于场地越野赛摩托车或越野耐力赛摩托车，技巧赛摩托车悬架行程较短。

全地形车

全地形车（all-terrain vehicles）也有专属场地越野赛。正式比赛必须使用上市销售的量产全地形车的引擎。

场地越野赛环形赛道

场地越野赛在配有标志物和围挡的环形赛道上进行。赛道通常长1.5～2千米，结合了陡坡、爬坡、快速直道、人造障碍物和急弯，创造出了各类惊险刺激的比赛环境。根据国际摩联规则，赛道应使用天然材料，能够保持水分，易于维护，有助于形成附着摩擦力。比赛时间固定，通常为30分钟再加两圈，每场比赛中最多有三十名车手参赛。

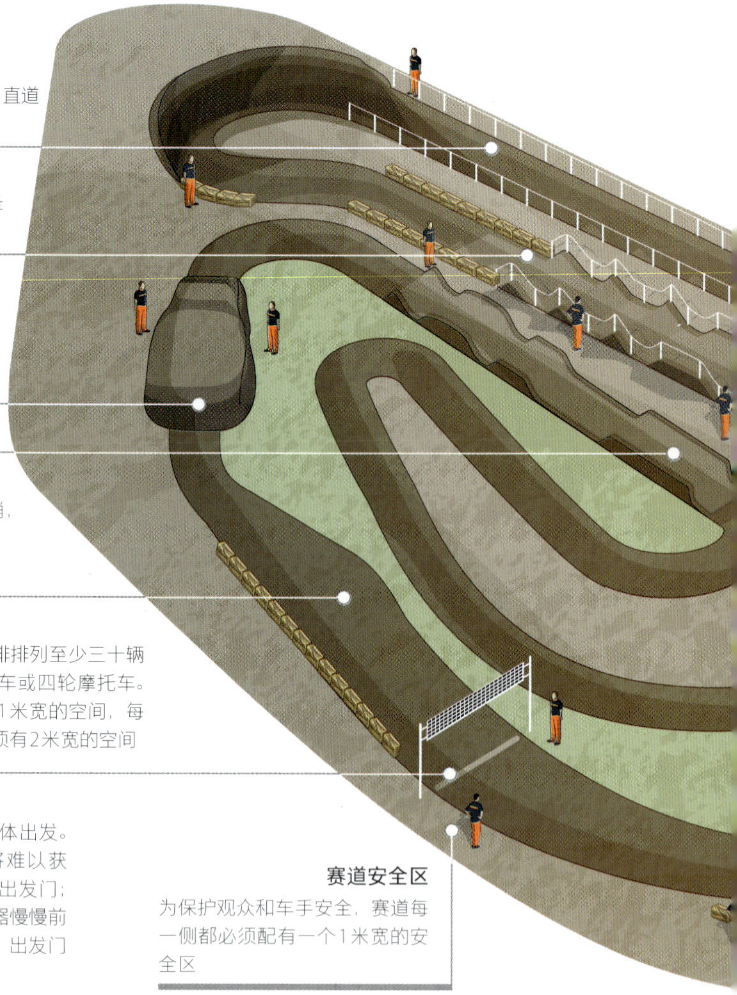

四轮混战

全地形车比赛在北美大受欢迎，参赛车辆引擎排量最小为50毫升。四轮全地形车比赛形式与两轮摩托车类似，包括场地越野赛、越野耐力赛和猎犬追兔赛等。全地形车旅游者杯比赛则在人工泥地赛道上进行，赛道较短，设有左转右转弯道以及障碍物，比赛形式与速道赛相似，车手在约400米长的椭圆形赛道上一争高下。此外，还有冰上全地形车比赛，参赛车手可谓勇气非凡！

关键技能

越野赛车手要掌握诸多技能，特别是要能在极易打滑的赛道上高速过弯。速道赛环形赛道或场地越野赛赛道等零拱曲度弯道难度极大。在场地越野赛、超级越野赛等越野比赛中，娴熟地越过障碍物是关键核心技能。

腾空

要实现有效腾跃，车必须有足够的腾空高度，才能越过障碍物。落地后，车还要保持前进的动力。技术高超的车手会在空中调整车身方向，增加了腾跃的观赏价值。

其他赛道

许多新型赛车运动都源自速道赛，甚至可以说是源自伊夫尔·克尼维尔（Evel Knievel）的特技表演。两者的共同点是比赛场地通常为泥地赛道，上面布满了需要腾空越过的障碍物。不同车型适合不同赛道。250毫升排量级为主要比赛类别。

超级越野赛 室内版场地越野赛，其室内环形赛道较为紧凑，整合了场地越野赛所有特点，观赏性很强。最先进行的是排位赛，然后是半决赛和“正赛”。

越野耐力赛 计时赛，赛道长达160千米，赛道地形艰巨复杂。车手间隔出发，在布满巨石的河床和林间赛道上骑行，然后冲上陡峭泥泞的河岸，沿途还要在计时站打卡。若用时过久，车手会受到处罚。

技巧赛 旨在充分考验车手对车的控制能力。车手在环形赛道上骑行时，要越过巨石、岩脊、水洼、原木和栈板，且双脚不得触地，否则遭到处罚。

速道赛 两支车队，各两名车手，在椭圆形赛道上比四圈，每场比赛用时均不到一分钟。比赛车辆为500毫升排量单档位摩托车，无配备刹车。

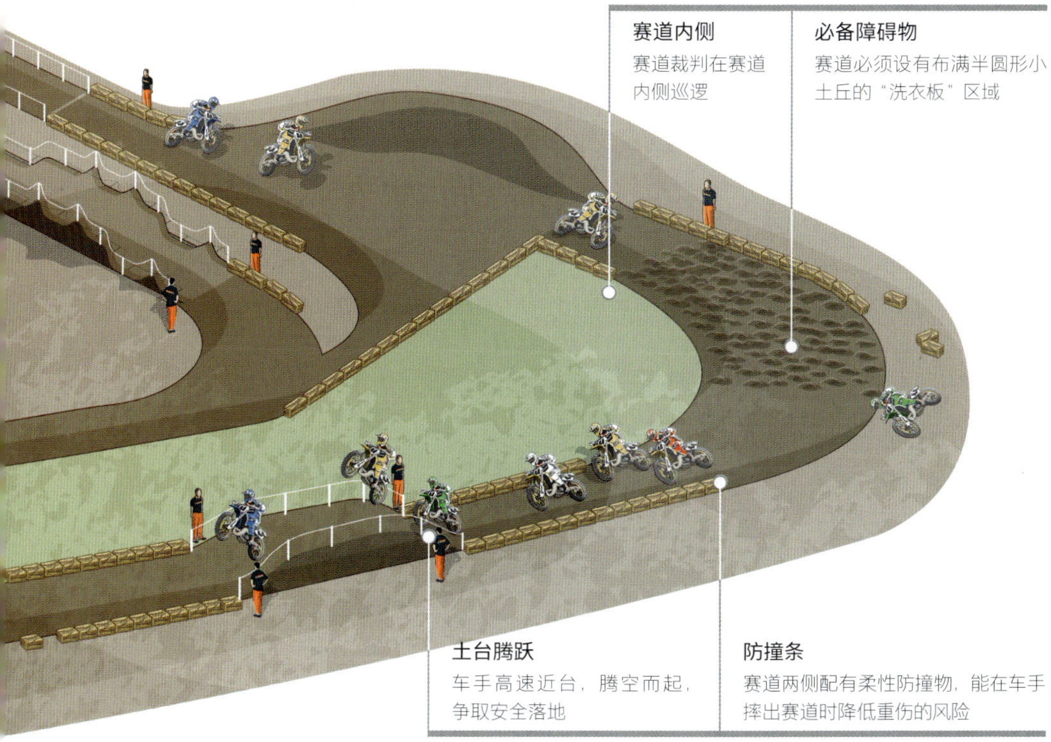

越野摩托车规则

作为管理机构，国际摩联负责各项赛事相应规则的执行，但是犯规、有违比赛公平或危险骑行动作均会导致车手失去资格。比赛车辆、车手装备以及所用燃料均有严格规定。为期6天的越野耐力赛中，摩托车交由比赛组织方执行封闭式管理（parc fermé），避免有人在比赛间隙改装车辆。比赛项目不同，出发形式也不同，场地越野赛和速道赛为集体出发，越野耐力赛则为按照一定时间间隔单独出发。

统计中心

场地越野赛世界冠军

冠军数	车手（国籍）
国际摩联MX1世界场地越野赛（250毫升）	
7	斯蒂芬·埃弗斯（比利时）
6	乔尔·罗伯特（比利时）
4	拓森·霍尔曼（瑞典）
国际摩联MX2世界场地越野赛（125毫升）	
3	阿莱申·基奥迪（意大利）
3	哈利·埃弗斯（比利时）
国际摩联MX3世界场地越野赛（500毫升）	
5	罗杰·德·科斯特（比利时）
4	乔尔·斯梅茨（比利时）
3	乔治·乔布（比利时）
美国摩托车协会美国场地越野赛（125毫升）	
3	里基·卡迈克尔（美国）
3	瑞安·维里博托（美国）
美国摩托车协会美国场地越野赛（250毫升）	
7	里基·卡迈克尔（美国）
4	加里·琼斯（美

幕后故事

场地越野赛一开始为英国摩托车越野赛事（scrambles），后者源自流行于英国北部的摩托车技巧赛。20世纪30年代，场地越野赛在英国等地越来越受欢迎。1952年，国际摩联设立了欧洲个人500毫升排量锦标赛，并在1962年设立了250毫升排量世锦赛。排量较小的250毫升级场地越野赛后来变成了独立的比赛项目。场地越野赛又衍生出了超级越野赛和竞技场越野赛（Arenacross）等体育馆室内赛事。自由式比赛（FMX）中，车手会在空中表演高难度动作，裁判据此打分。滑胎车比赛（Supermoto）与场地越野赛风格相近，比赛场地为柏油碎石赛道和越野赛道。这两项赛事都日渐风靡起来。

必备知识

- 摩托艇运动极为烧钱，设备、燃料和维护成本可达七位数。
- 一级方程式摩托艇比赛吸引多达7万名观众莅临观战，比赛不收取门票费。
- 部分摩托艇可在4秒内加速至160千米/时。
- 参赛运动员均须持有驾照，驾照考试内容包括从被淹没的驾驶舱中逃生。此外，考生还必须通过严格的体检。

运动要求

一级方程式和一级摩托艇配备两名驾乘人员，一名为驾驶员，另一名为油门操作员。选手身穿救生衣，但他们自己也都泳技高超，能在高速行驶时安全地操纵船只。选手“读”水能力至关重要，时刻注意观察船所处位置也同样关键。

摩托艇比赛

运动概述

摩托艇时速可达225千米，因此摩托艇比赛是最快、最危险、最刺激的水上运动。比赛分为多个级别，具体取决于引擎排气量及赛道特点，即环形或点到点赛道。其他比赛则偏重于考验船只和运动员的耐力。比赛很少出现事故，但一旦出现就是性命攸关。

赛道

摩托艇比赛可在海湾、峡湾、湖泊、河流，甚至是公海等适宜水域上举行。赛道周围可能分布着岩石、岛屿等自然景观，或设有浮标标记。船只通常在赛道上逆时针行驶，遭遇潮汐或天气条件不适合时，亦可反方向行驶。近海比赛中，出发码头必须至少长75米，并且出于安全考虑，出发码头应距离首个弯道至少300米。直道不应超过850米。竞速赛中，完成一定圈数并率先越过终点线的一方获胜。回旋赛赛道浮标数则要多得多，用于标示必过弯道。

螺旋桨
根据水文特点选择螺旋桨类型；螺旋桨由不锈钢制成，可能有三片、四片或六片叶

设计导向
现代摩托艇两大建造标准为空气动力学效率（因此船体呈流线型）和安全性

可调节翼片
驾乘人员可以调整每个平行船体的翼片角度，从而控制迎面气流所形成的升力

驾驶舱
该独立保护舱由碳纤维和凯夫拉尔纤维制成，并非是船体结构的一部分，能够降低撞击对选手的冲击力

电力辅助
两个电池位于左侧船体中，一个用于发动引擎，另一个主电池则为引擎提供电力

船艏
船艏填充的塑料泡沫能够吸收险浪的冲击力

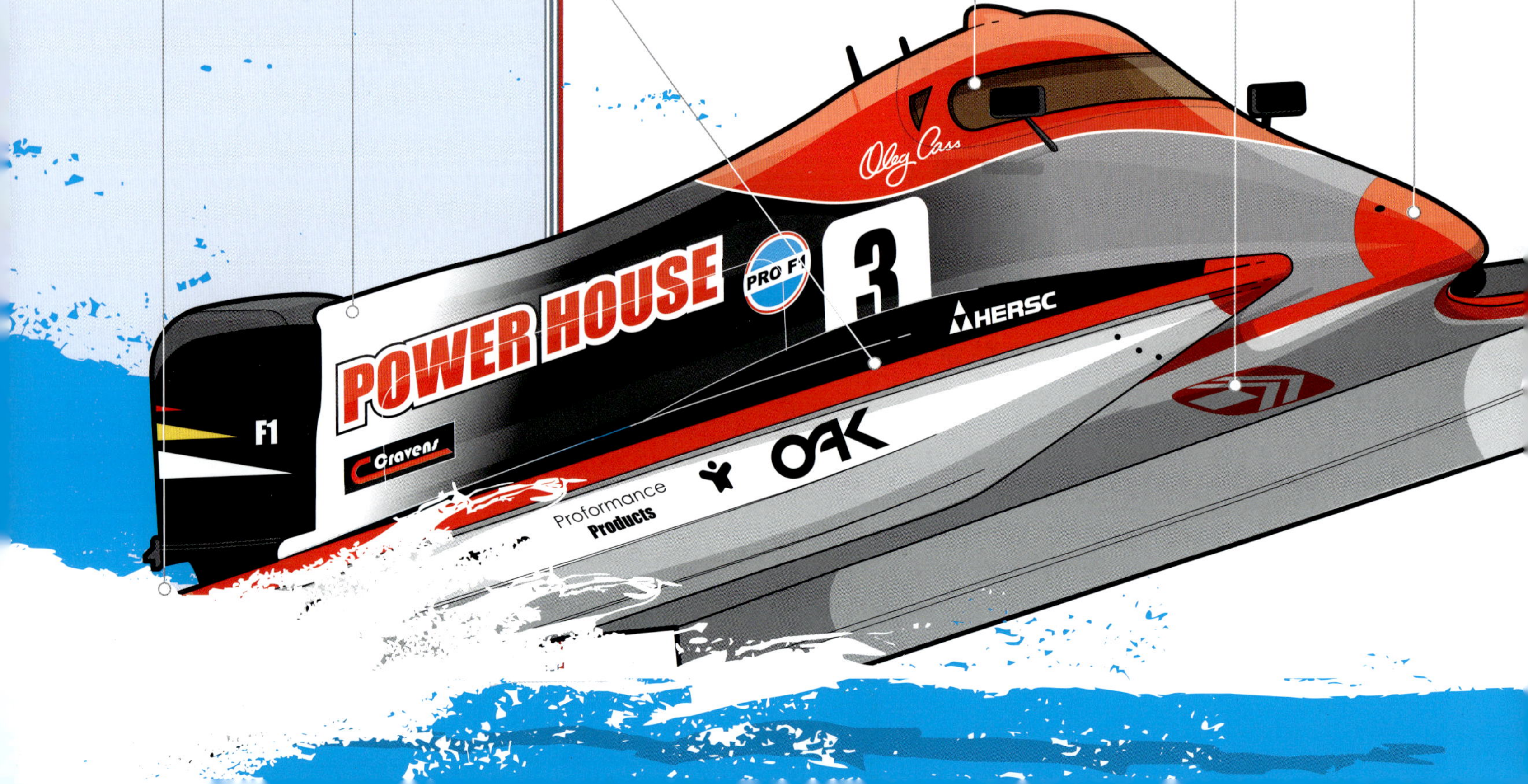

一级方程式摩托艇比赛

一级方程式（F1）是最负盛名的摩托艇比赛，曾在巴西、乌克兰、中国、阿联酋等全球多个国家举办过。每场一级方程式比赛观众达数千人。

排位赛

每场一级方程式比赛为期两天，第一天举行计时赛，各队均争取达到最短用时，第二天正赛的出发位置一般根据各队成绩决定。不过，第一天比赛即将结束时，前六名会加赛一场，胜者将获得杆位。

赛道布局

一级方程式赛道虽然类型各不相同，但都长2000米左右。每个环形赛道都有至少一条长直道，卡塔尔多哈赛道甚至有两条长650米的直道，便于舟艇全速飞驰。有的环形赛道有发夹弯道，考验驾驶员在无制动或变速箱辅助的情况下能否操纵船只绕过浮标。

沙迦环形赛道

自2000年以来，阿联酋沙迦环形赛道举办了一级方程式等各级别摩托艇比赛。比赛是在哈立德潟湖（Khalid Lagoon）这片人工水域上进行的。

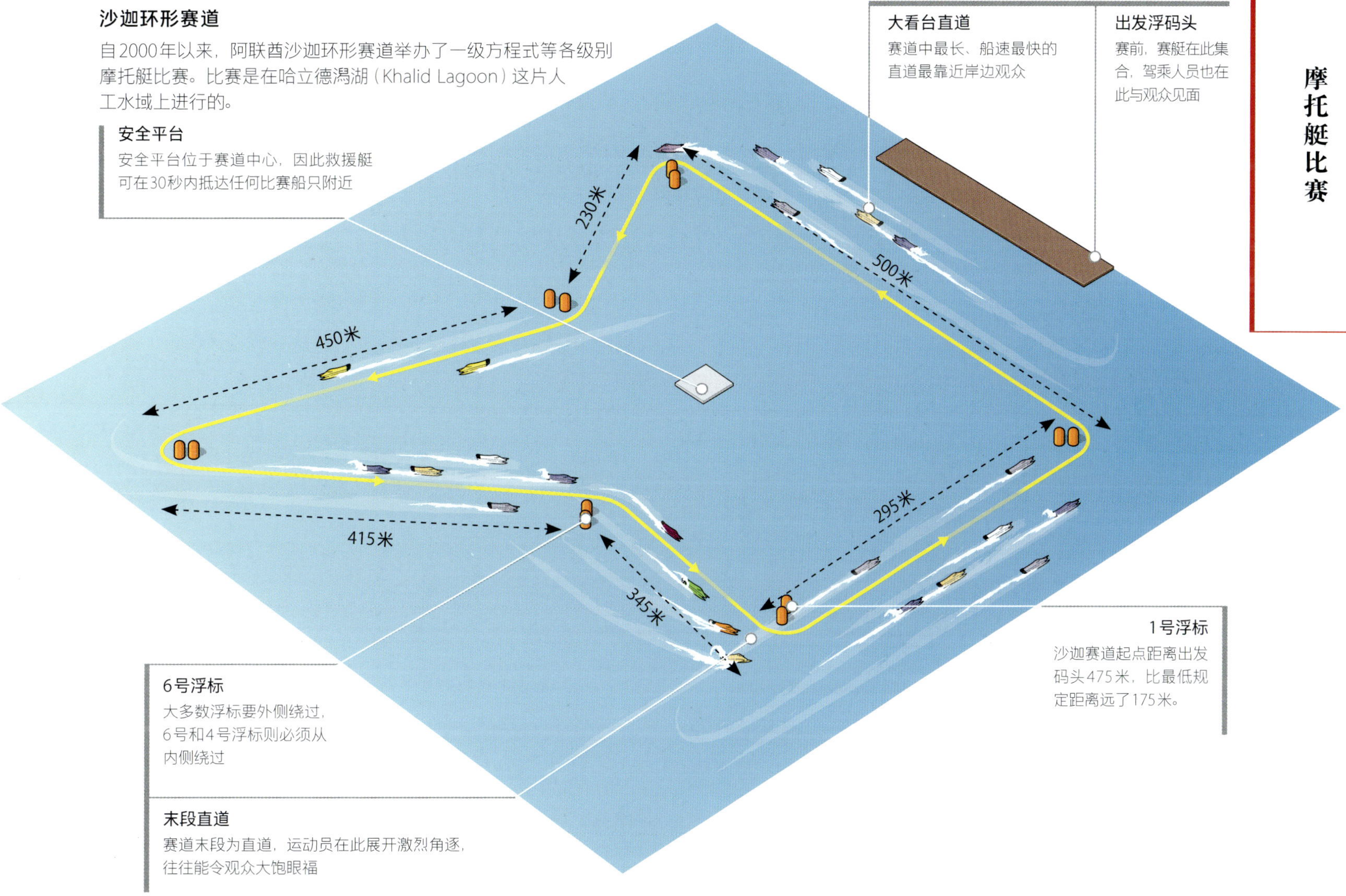

一级方程式赛艇

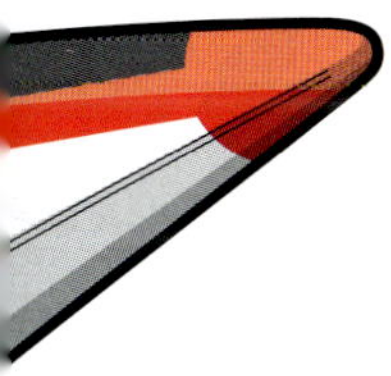

一级方程式赛艇为双体船，长6米、宽2.1米。其设计理念是在两侧船体之间留出一条水道，水道上方气流起到托举船体的作用，只有小部分船体实际进入水中，因此船只可在水面上高速行驶。在此情况下，350制动马力的引擎能带动赛艇达到极快速度，所以有人说摩托艇运动与驾驶飞机以及划船均有许多相似之处。此外，船体必须质量过硬，驾乘人员必须身体强壮，才能承受住过弯时的巨大重力。

安全装备

除了加固驾驶舱，安全装备还包括安全带、头颈保护带以及撞船后会膨胀的安全气囊系统。但在20世纪80年代，一级方程式赛艇还是用易碎胶合板制成的，驾乘人员坐在开放式驾驶舱中，而且没有系保护带。

统计中心

一级方程式世界冠军

年份	冠军
2018	亚力·卡罗拉（意大利）
2017	亚力·卡罗拉（意大利）
2016	萨米·赛力奥（芬兰）
2015	高迪奥·卡佩里尼（意大利）
2014	杰·普莱斯（美国）
2013	萨米·赛力奥（芬兰）
2012	斯科特·吉尔曼（美国）
2011	高迪奥·卡佩里尼（意大利）
2010	斯科特·吉尔曼（美国）
2009	高迪奥·卡佩里尼（意大利）
2008	高迪奥·卡佩里尼（意大利）

设备

各类船只技术和安全规范各不相同，但所有船只均使用全球定位系统（GPS）作为标准导航方式。驾驶舱装有计时装置和信号灯系统，若出现事故或违规，需要所有船只降速行驶或完全停下，比赛协调员会激活信号灯系统。驾乘人员必须戴头盔，穿防水防火服和救生衣。

水上交流

引擎噪声大作，波浪不断翻腾，因此在艇上很难听到别人在说什么，所以即便并排坐在驾驶舱内，驾乘人员通常也用无线电交流。与岸上的船队工程师和主管之间交流战术等信息时，驾乘人员也使用无线电进行通信。

船艇类型

摩托艇设计类型各异，一级方程式赛艇最小。近海艇船体最大，引擎最为强劲，有些还是意大利超级跑车制造商兰博基尼制造的。就速度而言，无限制滑行艇冠绝群雄，时速达300千米。

艇壳 艇壳用碳纤维以及其他复合材料制成

挡风玻璃 采用与军机挡风玻璃相同的材料制成

艇艏受力 两侧艇艏在撞上其他赛艇时会塌陷

一级方程式舷外赛艇

一级方程式赛艇为双体船，其2升燃气引擎制动马力可达425。艇重390千克，可携带120升燃料，载有两名驾乘人员。

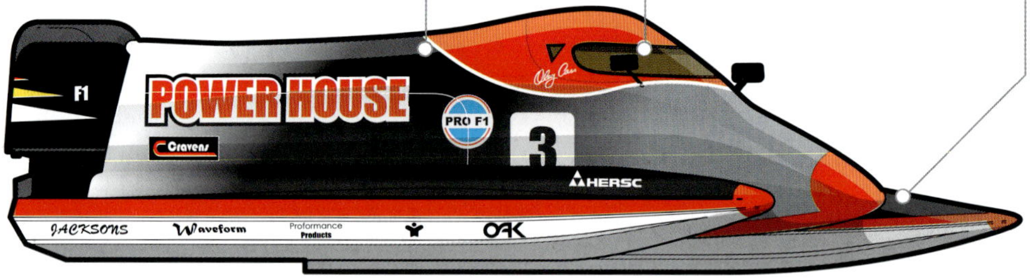

6米

1级近海艇

1级近海艇为单体船或双体船，配有两到三个8升燃气发动机或10升柴油发动机，比赛时速平均达200千米，最高可达250千米。驾乘人员包括一名驾驶员和一名油门控制员。

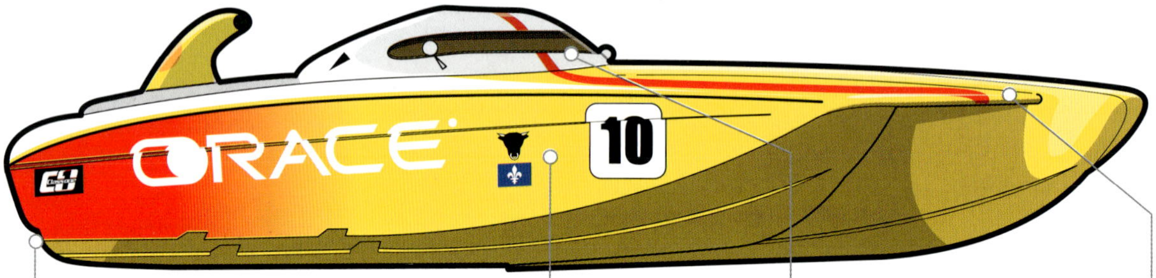

螺旋桨 所有赛艇都有多个螺旋桨，运动员根据水文状况决定使用何种螺旋桨

凸面造型 甲板呈纵向曲线，旨在引导气流先升至驾驶舱上方，而后再流动到驾驶舱正后方

驾驶舱安全 部分驾驶舱地板上设有逃生出口

甲板桥 甲板横向区域连接着两个船体

14米

无限制滑行艇

无限制滑行艇配备的弦内涡轮或活塞发动机与飞机同类发动机相似。“无限制”是指其时速高达300千米，快于其他摩托艇。但是螺旋桨大小却有上限，直径不得超过40厘米。

防护罩 可拆卸式全包防护罩用超强纤维材料凯夫拉尔制成

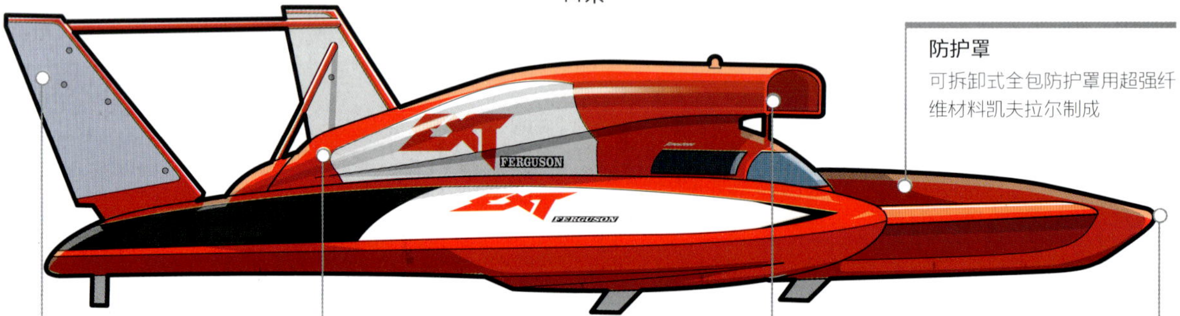

尾翼 尾翼与部分跑车的车尾扰流翼相似，对高速行驶状态下的稳定性至关重要

排气口 经艇腹发动机加热之后，气流从艇艉被排放出去

进气道 进入进气道后，空气先经过发动机，然后被排放到艇艉

船体 船体通常为蜂窝结构，由结构强度高且轻巧的铝制方形管组成

8.5～9.75米

趣闻

511.11 摩托艇最高速度纪录（以千米/时为单位）。1978年，澳大利亚选手肯·沃比（Ken Warby）创造了这一纪录。

40 1908年，摩托艇最后一次在奥运会上亮相，当时比赛距离为40海里（74千米）。比赛分为18米以下级别、8米级别和公开级别，各级别均只有一支船队获胜。

12 自1982年以来，美国选手李·爱德华·“奇普”·哈诺尔（Lee Edward “Chip” Hanauer）夺得黄金挑战杯（Gold Challenge Cup）冠军的次数。黄金挑战杯是一项年度知名赛事，举办单位是美国摩托艇协会（American Power Boat Association），比赛地点通常为底特律河。

国际摩托艇赛事的诞生

1903年，英国《每日邮报》老板阿尔弗雷德·哈姆斯沃思（ALFRED HARMSWORTH）设立了全球首项年度摩托艇赛事哈姆斯沃思杯（HARMSWORTH CUP）。20世纪20年代，美国发明家加菲尔德·伍德（GARFIELD WOOD）九次夺冠。1971年伍德去世时，其名下专利数已打破历史纪录。伍德面相老成，体育记者称他为“灰狐”。

水上战术

一级方程式比赛中，可选择紧跟对手并在最后一刻加以超越，但摩托艇高速行驶形成的尾流会让运动员倾向于开场就争取领先优势。

注意浮标

绕过浮标或标记物时，赛艇不得与其间距过大，否则会浪费宝贵的时间（参阅右图所示的错误航线），但也不得与其接触。若赛艇本应绕行赛道标记物，但却从标记物内侧通过，选手将受到处罚，处罚内容为罚扣一圈直至取消比赛资格。与赛车一样，摩托艇运动也有高效的过弯技术，驾驶员尽量直线绕过浮标，同时保持高速航行。

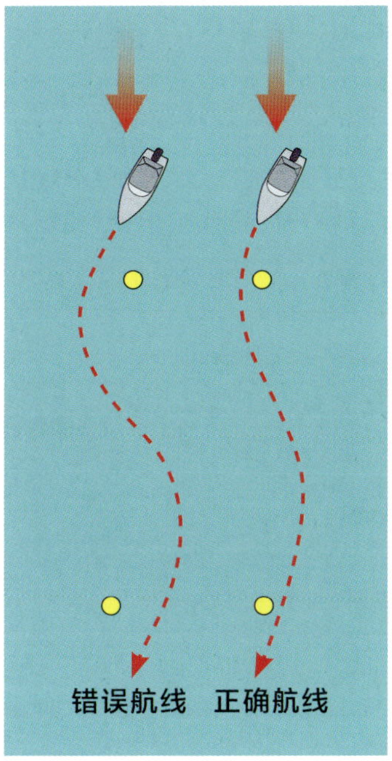

全速前进

摩托艇比赛中，运动员不只需要操纵赛艇，猛踩油门，还要不断平衡引擎马力与艇艄和螺旋桨角度之间的关系，并通过调整马力实现角度的最优化。如果艇艄一头扎入水中，而非乘风破浪而行，那么引擎转得再快也没用。若螺旋桨未能深入水中运转，也会浪费燃料。

向钱看

尽管摩托艇和赛车在营销等方面颇有相似之处，但一大区别在于，观众无须付费，即可观看摩托艇比赛。顶尖摩托艇赛事可与各国广播公司签订转播合约或争取全球知名公司赞助，从而获得大量收入。20世纪90年代初，尼克鲁·迪·桑·吉尔曼诺（Nicolo di San Germano）接任一级方程式市场营销主管，成功打入亚洲等新市场，使一级方程式真正走向了全世界。

统治波浪

所有比赛起点均为远离环形赛道的码头，并且在裁判亮起表示比赛开始的绿灯前，选手不得发动引擎。

一级方程式

面向引擎排量2000毫升的赛艇。每年最多设有10项大奖赛，每项比赛均有24艘赛艇参加。比赛开始45分钟后，完成圈数排名前10的赛艇依次获得积分，第一名得20分，第十名得1分。

1级

1级近海世锦赛全年共有十余场赛事。环形赛道长9千米，行驶距离约182千米，或比赛时长不超过1小时。积分体系与一级方程式的相同。

哈姆斯沃思杯

区域性赛事之一。哈姆斯沃思杯在英格兰南海岸沿线点到点赛道上进行，考斯—托基—考斯（Cowes-Torquay-Cowes）便是其中一条赛道。引擎排量没有限制，战绩最强的现代赛艇装配源自直升机的引擎。

其他比赛类型：滑行艇比赛在美国和澳大利亚短赛道上进行。欧洲P1耐力系列赛单场比赛距离为148千米。

水上王者

一般认为，高迪奥·卡佩里尼是一级方程式摩托艇赛事历史顶级驾驶员。卡佩里尼来自意大利科莫，原从事造船工作，后来从卡丁车开始，逐步投身于竞速赛事，最终获得了史上最多的一级方程式大奖赛个人冠军和世锦赛冠军。1993年，卡佩里尼获得职业生涯首个世界冠军，此后又九次夺得世锦赛冠军。

幕后故事

1981年，国际摩托艇联盟（International Powerboating Union）正式承认一级方程式级别赛事，摩托艇比赛由此迎来了根本性变化。原是小众运动的摩托艇摇身一变，成为观众和赞助商的宠儿。以前比赛可在任何合适水域举行，如今则必须在酒店、餐厅、海洋工程工厂等配套产业发达、交通便利的海岸附近进行。

美国摩托艇协会（APBA）

1903年，美国摩托艇协会在纽约哈德逊河举办了首届官方摩托艇比赛。美国摩托艇协会在北美很有影响力，但在其他地区毫无号召力。这种分化延缓了摩托艇运动的国际化进程。

国际摩托艇联盟

美国摩托艇协会成立后，世界其他地区也相应成立了国际摩托艇联盟（Union Internationale Motonautique）。联盟成立于1927年，创始国为阿根廷、比利时、法国、德国、英国、荷兰、爱尔兰、摩纳哥、挪威、波兰和瑞典。美国直到第二次世界大战前夕才加入联盟。

飞行竞赛

必备知识

- 1909年兰斯飞行竞赛（Reims Air Race）首开历史先河。参赛飞行员从法国兰斯出发，驾驶飞机到英格兰。
- 参赛选手均驾驶配备莱康明（Lycoming）引擎的高端特技表演飞机。
- 如果指示塔遭到撞击，技术人员可在3分钟内立起新的指示塔。

运动概述

飞行竞赛是充满动感的新型运动，参赛选手力争在最短时间内飞完高难度比赛航线。比赛为计时制，赛道上设有被称为“气门”的特制指示塔。每位飞行员单独比赛，要在回转赛道上完成急转弯动作。但是，在竞速赛中，速度并非一切。精准飞行是取胜关键所在，因为任何失误都会被罚分，最终会被计入飞行员比赛总用时。

竞速赛

竞速赛是飞行竞赛的原型，是纯粹的速度比拼。竞速赛亦被称为封闭环形赛道飞行竞赛，其比赛飞行路线通过六个9米高的指示塔进行标示。赛道包含两段平行直道，赛道两端各有一个半圆，飞行员沿着赛道一争高低。只有八名选手同场竞技，蓝带级比赛距离通常为39千米。

趣闻

8 飞行员平均每场飞行竞赛的飞行距离（以英里为单位，约为13千米）。

400 排位赛和正赛期间飞机的平均速度（以千米/时为单位）。

10 选手在未穿着重力防护服的情况下完成高难度动作，贴近地面飞行，有时转弯还要承受十倍于自身体重的力。

2003 当年，首届红牛飞行竞赛拉开帷幕。第一年只有两场比赛，后来比赛数量逐步增加。

飞跃赛道

排位赛中，每位选手有两次试飞机会，按速度最快的一次计算，排名前十二名的飞行员进入淘汰赛，然后再决出前八名参加决赛。选手若未正确过门，会被罚秒。如果飞行员过门时飞得过高，过门方式错误，或未能完成规定动作，会被罚3秒。若飞机触碰指示塔，飞行员会被罚10秒。

气门

气门高20米，由两个指示塔组成（方形气门则由四个指示塔组成）。指示塔由轻质帆布制成，一被飞机碰到就会破裂。撞上气门不会对飞行员或飞机造成危险，但因为塔内填充了压缩空气，所以会发出巨响。气门弹性强，可承受风速达54千米/时的强风。塔基底直径5米，塔顶直径75厘米。

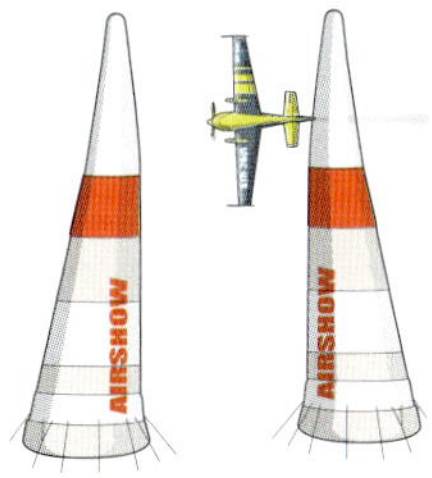

安全和监督

飞行竞赛世界系列赛（Air Race World series）受国际航空联合会（Fédération Aéronautique International）监管。所有赛道都必须符合联合会规定。

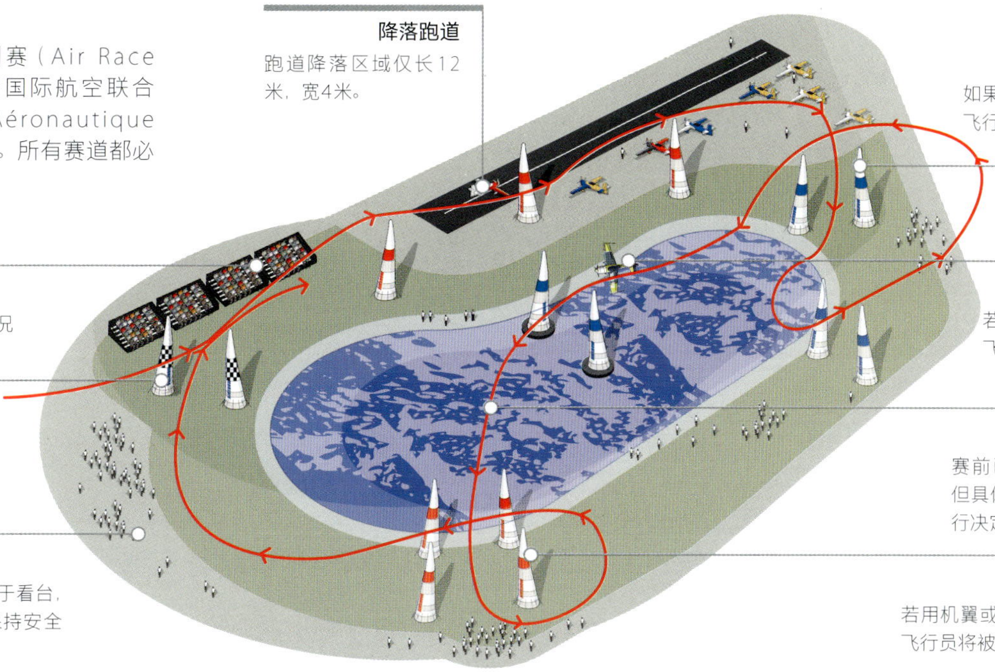

赛道

赛道长约1.4千米，由一系列充气门（气门）组成。飞行员每次飞行都要完成三个飞行计划中的一个。飞行员必须穿过气门，要么水平穿过蓝门，要么垂直穿过红门。飞行员还必须穿越由三组气门组成的回转门。比赛不同，赛道也有所不同。每轮比赛均有新挑战和各类环境因素。

基本技术

飞行竞赛不仅关乎速度，还关乎精准低空飞行。飞行员必须完成特定“转动动作”，例如侧飞、水平穿越和1/2古巴8字。动作稍有失误，选手就会被罚分。正赛或排位赛中，选手可能要完成的其他动作包括尾冲、垂直滚转、水平滚转和翻筋斗。

国际赛事

红牛飞行竞赛世界系列赛始于2003年，一开始籍籍无名，后来逐渐成为国际大赛。2011年至2013年，系列赛停办，其国际化进程由此中断，直到2014年比赛才复办。2007年系列赛举办地如下图所示。在美国，封闭环形赛道赛事仍是最受欢迎的飞行竞赛形式（见第402页）。

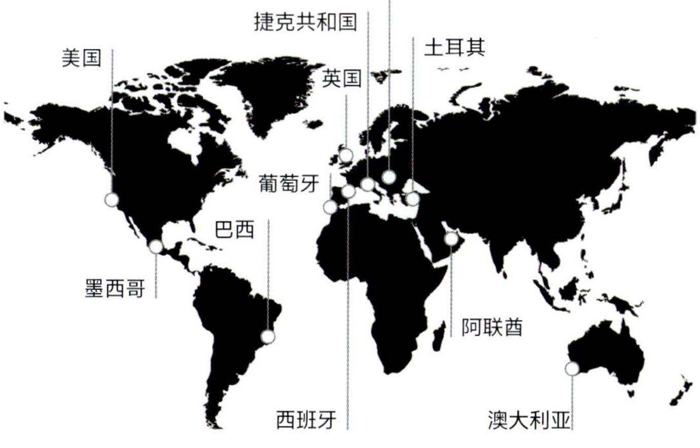

蓝塔

两座蓝塔平行排列时，相距约14米，共同组成一个气门。飞行员必须水平穿越蓝门。

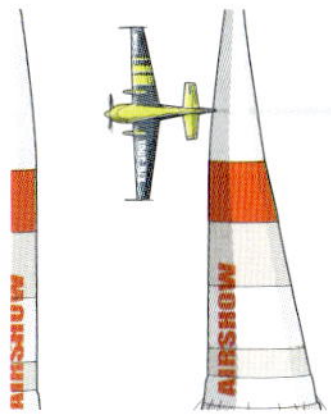

侧飞动作

红塔之间仅相距10米，因此气门较窄，飞机必须一侧机翼朝向天空，另一侧朝向大地，以“侧飞”（或垂直）姿态穿越气门。

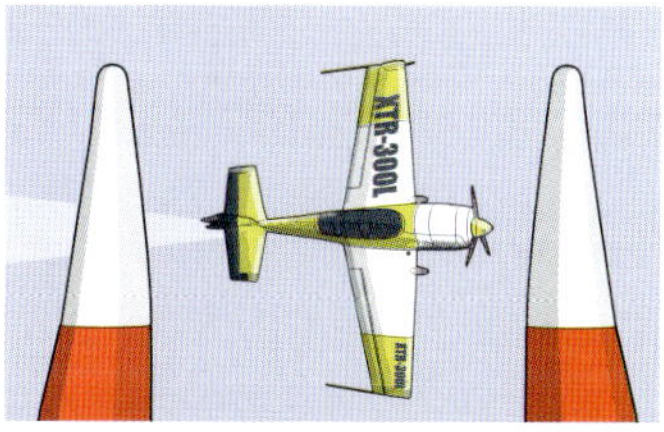

1/2古巴8字

飞行员通过这种特殊动作调转飞行方向。动作流程如下：飞行员拉起飞机，完成八分之五内筋斗，机身偏转45度，进行半滚转，然后再完成八分之一内筋斗，最终使机身处于水平状态。

雪地摩托

运动概述

雪地摩托赛车运动在美国、加拿大等北半球冰雪国家广受欢迎。比赛精彩刺激，选手在椭圆形冰道和越野赛道上进行激烈比拼。雪地摩托前后分别配备雪橇板和履带，广泛用于军事、邮政服务、救护车服务和林业。20世纪50年代末，引擎较为轻巧的奇度（Ski-doo）雪地摩托问世，雪地摩托自此日渐风靡。

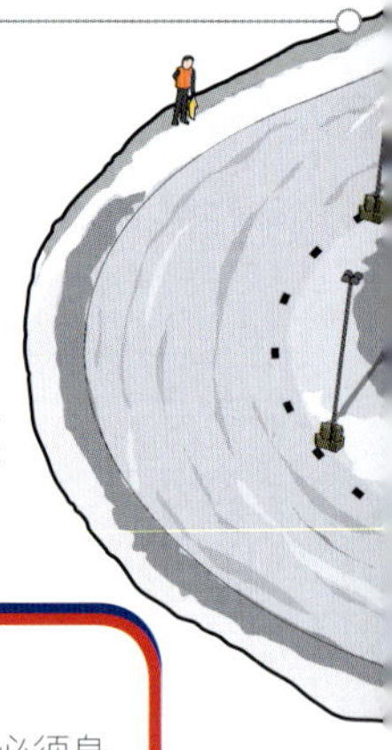

倾斜弯道

椭圆形冰道两端弯道倾斜度很大，有助于避免车手滑出赛道

椭圆形冰道

许多比赛场馆，包括著名的威斯康星州鹰河（Eagle River），均设有椭圆形冰道。

必备知识

- 雪地摩托车手平均年龄为41岁。约17%的车手年龄为60岁及以上。
- 到了夏季，许多车手会改装雪地摩托，便于继续在草地上或水面上享受运动乐趣。

运动要求

雪地摩托比赛强度很大，因此车手必须身体健壮，有足够力量操控高速行驶状态下的大马力、高精度的雪地摩托。车手既要时刻绷紧弦，又要保持冷静，才能在危险系数颇高的冰雪赛道上化解各种意外状况。

雪地摩托挡风玻璃

挡风玻璃可避免车手被吹得左右摇晃

防护服

防水夹克和防水裤兼具透气性和保暖性。手套和靴子也有防护功能。

推动力

现代雪地摩托配备的两冲程或四冲程引擎越来越节能高效

雪地摩托

现代雪地摩托由轻质耐用材料制成，加速快，时速可达190千米，但噪音很大，排放的尾气可能会造成环境污染。

履带驱动器

引擎与履带驱动器相连，从而带动履带转动

轻质履带

履带用橡胶等轻质材料制成，分散了雪地摩托重量，避免车陷入雪中

舒适稳定

每块雪橇板均配备减震器、弹簧和阻尼器，带来舒适稳定的行驶体验

雪橇板

雪地摩托可配备单片或双片雪橇板，不同大小和宽度的雪橇板适合不同地形

趣闻

129087 2012年全球雪地摩托销量，其中美国雪地摩托销量为48689辆，加拿大为40165辆。

1481 平均每辆雪地摩托每年行驶千米数，平均每位车手每年花费达4000美元。

80 80%的车手驾驶雪地摩托进行越野骑行，或在经过专门平整且有标示的雪道上观光游览。约20%的车手将雪地摩托用于运输、钓鱼或作业。

230 美国和加拿大车手每年在雪地摩托运动上花费230亿美元。欧洲和俄罗斯车手则每年花费40亿美元。

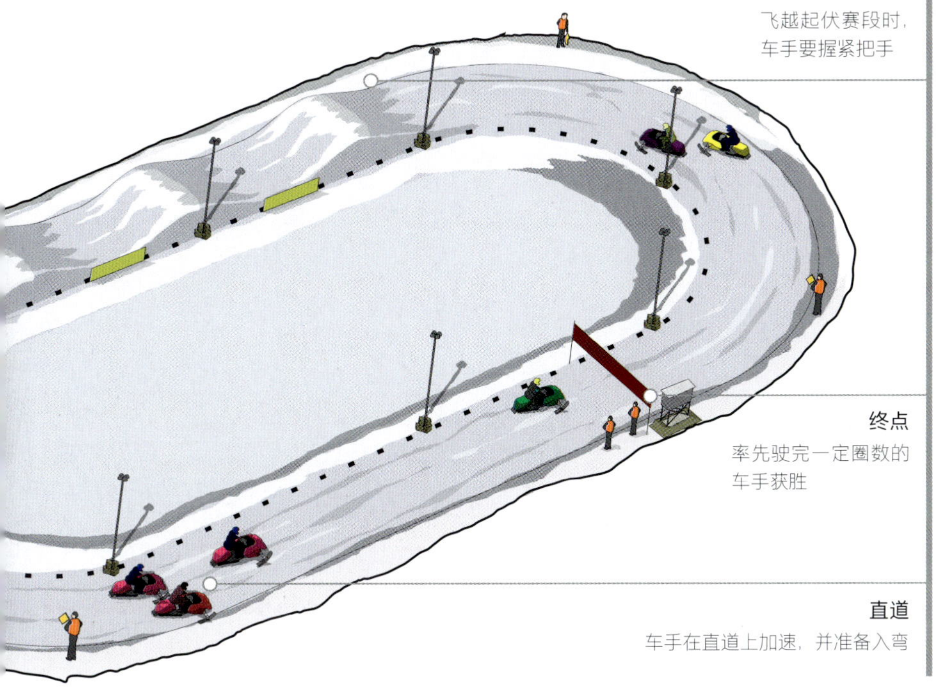

雪地摩托类型

雪地摩托分为五大类，入门级（亦称雪道级）雪地摩托较轻，易于操控。高性能雪地摩托更重，马力稍大（85以上），响应更快。游览雪地摩托更大、更重、履带更长，可为两位乘员提供长距离舒适驾驶体验。山地雪地摩托更修长，马力更足，配有特制履带，可在厚厚的粉末雪中完成各种操作。多功能车比其他类型更重、更长、也更宽些，非常适合雪道行驶以及在大雪中作业。

翻山越岭

每年2月，车手都可从阿拉斯加托克出发，在平整雪道上驾驶322千米，最终抵达育空地区道森市——这便是托克—道森扑克牌骑行赛。车手可借此机会沿着世界公路之巅骑行，穿越陡峭丘陵和曲折山路，直面呼啸狂风，欣赏绝美景色。

鹰河

一年一度的雪地摩托世锦赛在威斯康星州北部的鹰河德比赛道（Derby Track）举行。雪地摩托赛事始于1964年，登山赛、越野赛和湖面赛道冲刺赛等比赛在当时吸引了约3000名观众。随着赛事不断发展，赛道设施不断更新，奖金随之设立，进而吸引了电视转播和专业车手，观众数也超过了5万人。第40届鹰河世锦赛持续7天，设有世锦赛椭圆赛（World Championship Oval）、世锦赛冰上场地越野赛（World Championship Snocross）和世锦赛经典赛（Vintage World Championship）。2007年，第四十四届鹰河德比世锦赛、装卸大师经典周末赛（Loadmaster Classic Vintage Weekend）和世界动力型运动协会全国冰上场地越野赛事均在鹰河举办。

冰上场地越野赛

车手驾驶雪地摩托在冰上场地越野赛道上狂飙的盛况吸引了大量观众。赛道较短，由各类雪坡、倾斜弯道和急弯组成，鼓励车手腾空而起，表演精彩绝伦的空中技巧。冰上场地越野赛级别因地而异。部分锦标赛针对各类选手设立了各类级别，既有为11岁及以下儿童设立的迷你级，也有为职业比赛经验丰富的车手设立的职业级。

铁犬经典赛

铁犬淘金热经典赛（Iron Dog Goldrush Classic）是全球比赛距离最长、难度最大的雪地摩托比赛。比赛路线长约3220千米，连接阿拉斯加州瓦西拉市（Wasilla）、诺姆市（Nome）和费尔班克斯市（Fairbanks）。在温度远低于零度的环境中，车手驾驶采用特殊燃料的雪地摩托穿梭于崎岖不平的路面上，时速高达160千米。

平整雪道

在整片北美雪带中，雪地摩托俱乐部等组织的志愿者们与省州等地方政府以及私人土地所有者共同规划、铺设、平整雪道，并配以标识。据估计，在加拿大和美国，经平整维护的雪道长度超过362000千米，可供400多万名车手使用。

统计中心

冰上场地越野赛级别

级别	年龄范围
迷你	5—11岁
青少年1	9—13岁
青少年2	13—17岁
运动	13岁以上
30+	29岁以上
大师	39岁以上
半职业	13岁以上
职业	13岁以上

雪地摩托引擎

气缸排量
125毫升（最高时速15千米）
最高500毫升（液冷）
最高500毫升（职业级最高800毫升）
最高600毫升（非液冷）
最高800毫升

幕后故事

美国雪地摩托协会是成立最早的雪地摩托运动管理机构。1965年协会刚成立时，雪地摩托运动极为混乱，有近120个雪地摩托品牌，25种引擎，多地同时举办各类赛事。协会开始着手整治，统一规则、雪地摩托规格和赛道安全性要求，并制订了赛事安排表。

世界动力型运动协会

负责组织、监管和推广各类雪地摩托比赛的管理机构。

动物运动

ANIMAL

SPORTS

11

极限运动

EXTREME

SPORTS

越野障碍赛道

国家级越野障碍赛马赛事主要集中在英国、爱尔兰和法国。比赛在草地上进行，马匹需要翻越用草刷子越野障碍或跨栏障碍，后者较矮，也容易弯曲。这两种赛道通常并排排列。赛道不同，比赛可沿顺时针或逆时针方向进行。一些赛马场既有障碍赛道，也有平地赛道。业余越野障碍赛马亦称点到点赛马，赛道通常设在农场，每年仅使用一到两次。美国等其他国家也举办障碍赛马赛事，但障碍物通常更为多样，包括天然树篱和木材障碍物。

美国四分之一英里马

参赛马匹大多为纯种马，但是四分之一英里马、阿拉伯马和矮马也很受欢迎。因擅长跑四分之一英里（约400米）而得名，直线加速能力极为突出。在站立起步的情况下，四分之一英里马可在21秒内跑完400米。四分之一英里马通常参加平地赛道八分之一英里（约200米）至二分之一英里（约800米）比赛。相比之下，纯种马比赛距离为1000米到4000米。

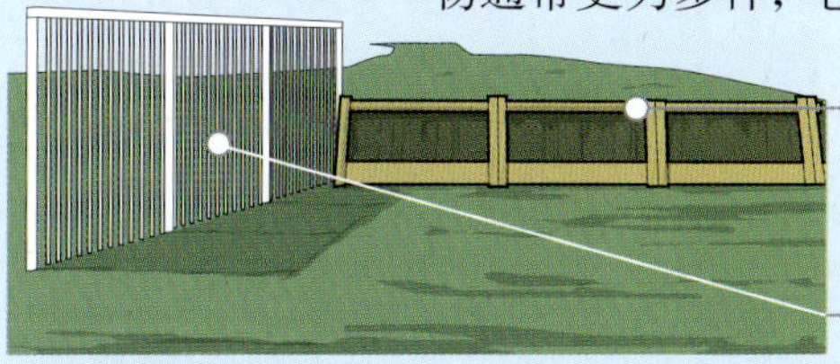

跨栏障碍

跨栏障碍至少高1米，由多块草刷子栏架组成。栏架向后倾斜，如果栏架被马匹碰到，则该块栏架会向下弯曲。左侧白色侧挡引导马匹跨栏。

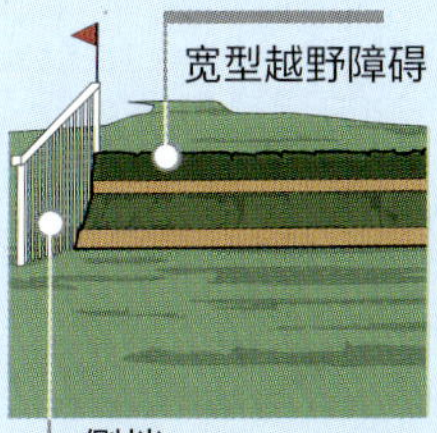

越野障碍

宽型越野障碍一般用草刷子制成，至少高1.4米。有几个越野障碍在起跳侧设有明渠。赛道上通常有一个水沟障碍。

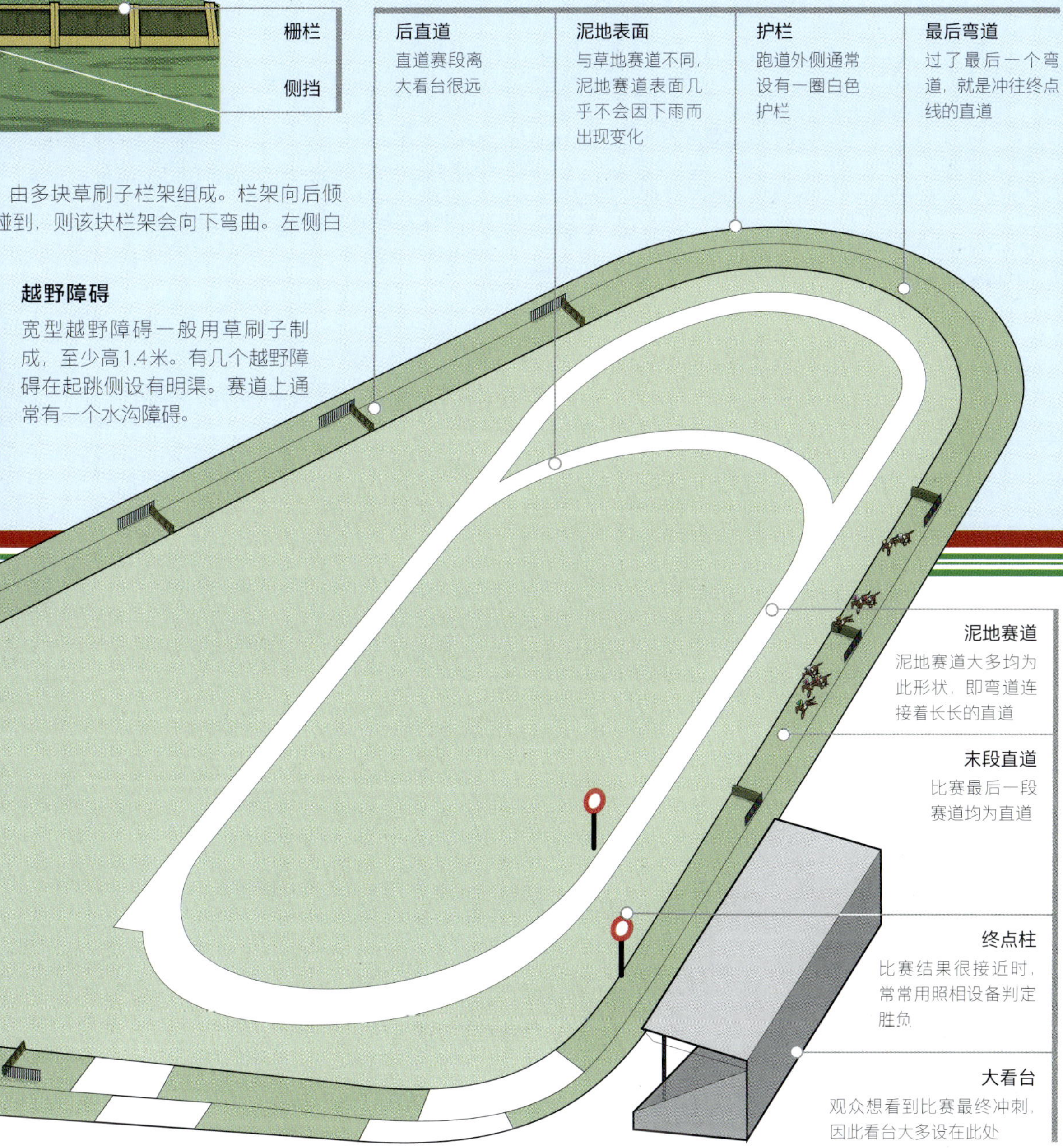

让磅赛

让磅赛旨在让所有参赛马匹有同等机会获胜，其核心机制在于马匹战绩越优秀，负重越多，一磅负重就相当于一个马身长度。如有必要，在马鞍下的负重袋中放入铅块。骑师在比赛前后都要携带马鞍和负重袋进行称重，从而保证马匹背负重量符合要求。

起跑门栅

起跑门栅适用于平地比赛。先将马牵至门栅后，然后在比赛开始时打开门栅，将马放出。在美国，打开门闸时还会响铃。

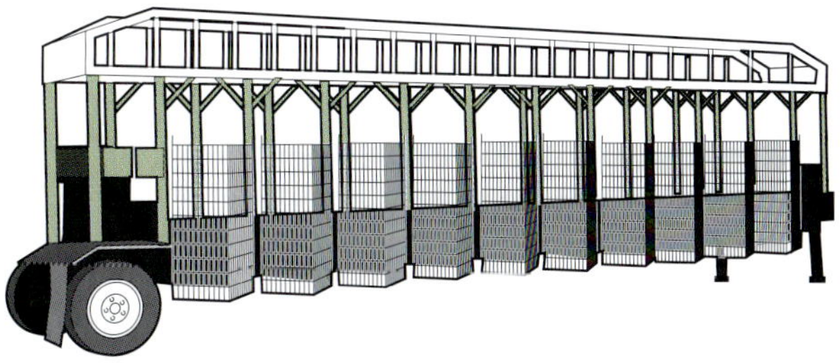

骑师装备

所有骑师均携带马鞭，大部分骑师还佩戴护目镜。骑师穿着相同比赛服（如右图所示），但配色取决于马主。

头盔

防撞头盔能在骑师落马时保护头部，并避免头部被马匹踢伤。障碍赛中，这两种意外情况出现的概率更高。

赛马衫

轻质彩色赛马衫有助于观众分辨马匹。

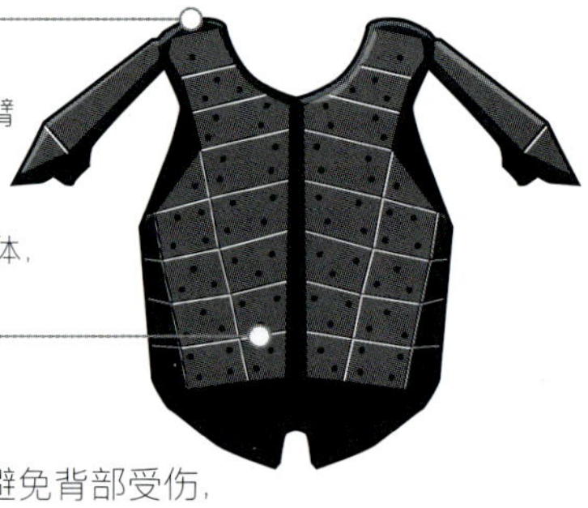

身体护具

护具主要用于避免背部受伤，所有骑师均必须穿戴。

长靴

柔软皮质猎靴可保护小腿，通常为量身定制，舒适性更强。

赛马规则

单场比赛涉及庞大投注额，因此为降低作假风险，比赛设有诸多规则，例如不得提前开赛，获胜马匹要像运动员一样接受药检。赛前被看好却最终表现不佳的马匹也要接受药检，从而判断这些马是否被下药。有时练马师和骑师还要向比赛负责人说明为何马匹表现糟糕。鞭打马匹始终备受争议，因此在英国，骑师过度鞭打马匹会受到停赛数日的处罚。

年龄和比赛

无论何月出生，所有纯种马均从出生当年1月1日开始计算年龄。马匹最早在两岁时便可参与1000米平地赛，但至少要四岁才能参加跨栏和越野障碍赛。一些平地赛仅面向小母马，另一些则仅面向小公马。处女赛仅面向从未获胜的马匹。

配种

纯种血统对赛马配种极为重要。母马与种马的搭配取决于所需赛马类型，例如擅长短距离赛事的马匹更可能生出快马。许多一两岁的纯种马会折价出售，买家会重点关注马匹血统和体态。

比赛技术

赛马关键在于赛前安抚好马匹，避免其浪费体力，并且要知道如何让马匹跑出最高水平。有些马一路领先，有些马则喜欢绝地反击，帮助马节省体能，有助于漂亮收官，赢得比赛。

疾驰

比赛开始，所有马匹飞奔起步。刚开始，马匹大多步履稳健，长距离比赛尤为如此。最后一英里（约1.6千米），马匹开始大幅加速，最后200米全速冲刺，骑师手脚并用，挥鞭驱动马匹奔腾向前。

人马合一

比赛时，骑师在马背上蹲得很深，双腿不动，但根据马疾驰时的头部运动，骑师手臂也会略微摆动。

跳跃

除了飞奔，障碍赛参赛马匹还要急速飞越多个跨栏障碍或越野障碍，且不得跌倒。马匹即使成功越过越野障碍，依然可能被其他摔倒的马带倒。

比彻溪流（Bechers Brook）

比彻溪流是越野障碍赛马第二号和第二十二号障碍，因其落地高度差巨大而出名。1839年，比彻上尉在比赛中跌入溪中，该障碍便由此得名。

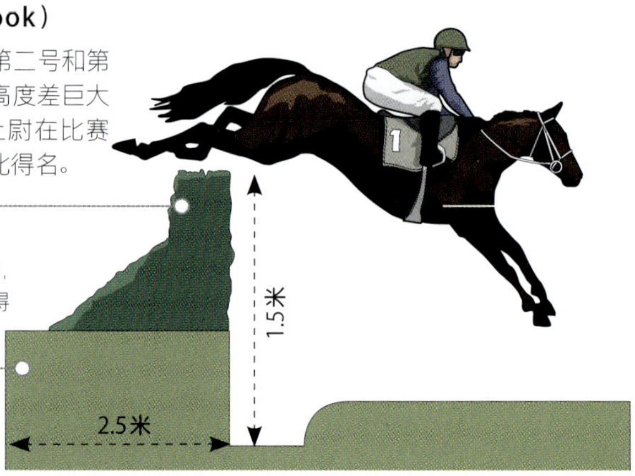

取胜之道

顶级赛马源自团队的通力合作。比赛当天，练马师负责让马匹处于最佳状态，保证马匹身体健康，做好比赛准备，不受任何伤病影响。饲养员几乎每天都会骑着马匹飞奔，并仔细记录其进步情况。赛马训练量和训练类型取决于比赛距离和比赛所处的赛季节点。每匹马都有专属饲养员负责照顾。饲养员喂养马匹，使其增肌长肉并处于轻松惬意的状态中。哪怕出了点小问题，比如马不吃食物，饲养员都必须告知练马师。如果一切顺利，那么马就做好了上场准备。

地面状况

有些马在硬地上跑得比在软地上快，因此在挑选马匹参赛时，要重点考虑地面状况。同场赛马会上，练马师通常会让马参加不同赛道或不同日期的赛事，以便让马在最适合的地面上奔跑。选择性参加比赛也给了练马师更多调整余地。

骑师

骑师是经验丰富的骑手，负责在比赛中引导马匹前进，确保马匹能把握机遇，发挥出最佳水平。有的骑师由养马场专职聘用，负责驾驭场内所有马匹，其他骑师则通过经纪人接受各类马主和练马师的预定。单赛季驾驭过最多冠军马匹的骑师为同年冠军骑师。

负重

部分平地赛中，所有马匹都至少负重50千克，让磅赛负重则为53千克至64千克。相比之下，障碍赛最少负重64千克，最多负重80千克。专业骑师大多为男性，但也有些女骑师获得了执照。

冠军骑师莱斯特·皮戈特

莱斯特·皮戈特（LESTER PIGGOTT）是历史顶尖平地赛骑师，曾11次获得冠军骑师的殊荣。皮戈特12岁时就收获了首场胜利，退役时胜场数更是多达4493场，包括9场赛马会。

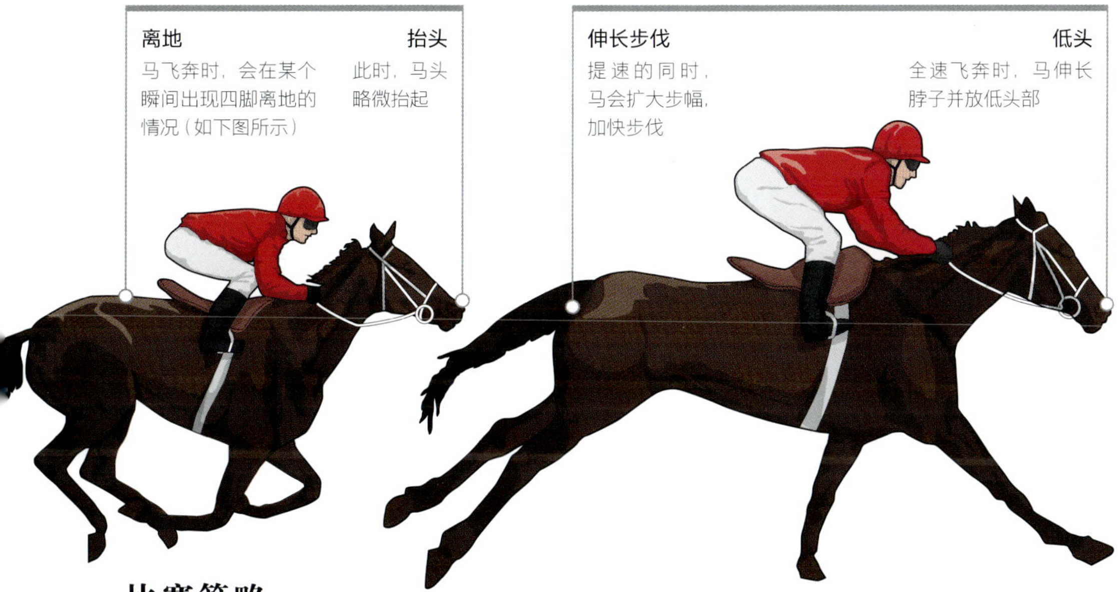

比赛策略

赛马非常讲究战术，但如果能趁其他马匹疲乏之时找到突破口，发起最后一搏，就大有获胜的机会。在重要比赛中，参赛者会采取更为极端的策略，比如练马师会让一匹马专门负责引领另一匹更被看好的马找准比赛节奏。有时练马师会为骑师提供具体比赛指导，其他骑师则可根据比赛情况随机应变。

奠定节奏

领跑马奠定了比赛节奏。紧随其后的骑师要注意不要让马匹跑得过快或落后太多，否则将毫无胜算。

强势起步

比赛中，起步极为关键，在有弯道的短距离赛事中更是如此。马匹迅速起步后，骑师就能引导其横穿至内道，走最短路线，同时不会影响其他参赛选手。

使用马鞭

马鞭的使用，就像赛马本身，是因国家而异的。鞭子长度和重量均有严格规定。鞭打马匹能否让马提速仍备受争议。但在比赛最后阶段“亮出”鞭子，前后甩鞭，但又不鞭打马匹，有助于让疲倦的马匹保持直线行进。

幕后故事

赛马已有超过4000年的历史。参加十字军东征的骑士带回小体型阿拉伯快马，英国平地赛由此应运而生。18世纪初，赛马大受欢迎，可能跟皇室热衷赛马（至今依然如此）不无关系。早期欧洲移民将平地赛引入美国，首条赛道于1665年在长岛建造完成。如今，赛马是美国第二大受欢迎的观赏型运动。爱尔兰猎人常用教堂尖塔（steeples）等作为赛马地标，越野障碍赛（Steeplechasing）便由此得名。今天，赛马风靡全球，赛道遍布澳大利亚、新西兰、中国香港、迪拜、南非等地。

一掷千金

于3月末举行的迪拜世界杯（Dubai World Cup）是全球同类赛事中资金投入最多的。比赛为平地赛，举办场地为阿联酋迪拜市纳德阿尔沙巴（Nad Al Sheba）赛马场泥地赛道，比赛距离为2千米。世界杯创办者为酋长穆罕默德·本·拉希德·阿勒马克图姆（Sheikh Mohammed Bin Rashid Al Maktoum）。自1996年首次举办以来，世界杯一直吸引着全球最顶尖的三到四岁纯种马参赛。

国际马术联合会（International Equestrian Federation）是奥运会马术运动管理机构。

自1912年以来，盛装舞步从未缺席奥运会。盛装舞步源自战马训练方法。

运动概述

盛装舞步历史悠久，有“马术芭蕾”之称，是马术的终极表现形式。比赛考验马匹和骑手能否完成一系列精准动作，以及是否骑手稍做指令动作（扶助），马匹就会配合。马匹和骑手还必须以良好的形象参赛。盛装舞步有深厚的军事渊源，军人可穿制服参赛。

盛装舞步

运动要求

盛装舞步需要专注力、耐心和卓越的骑术。骑手必须用最细微的指令动作实现对马匹的全面控制。马匹必须听令，但骑手也不得违背其意愿。只有通过多年的密集训练，才能实现人和马之间的高度配合。

比赛场地

盛装舞步标准比赛场地为矩形平地，表面通常为沙地。场上标出的字母提示骑手应在何处完成特定动作。场地边缘的字母已明确标出。场地中心线上的字母并未明显标出，但发挥的作用并无区别。

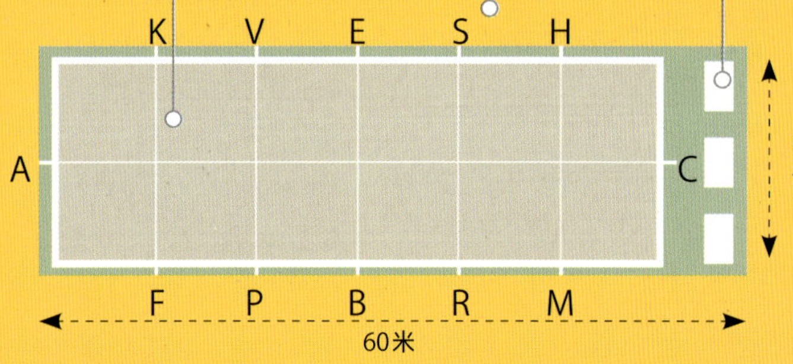

正确动作

每个盛装舞步科目最多包含三十五个动作。骑手驾驭马匹，根据记忆，按照特定顺序绕着场上字母标出的点位完成科目动作。科目结束时，马匹停止，骑手向裁判长致敬。国际马术联合会国际赛事正式认可的科目达二十项。

赛事和科目

在高级别盛装舞步科目中，马匹和骑手要在场地上完成一系列动作。马匹必须表演三种舞步：慢步、快步和跑步，并且要做好舞步之间的平稳衔接。五名裁判从不同角度评估动作优劣，评以1～10分。总数相加后，会换算为百分比，得分最高的骑手或团队获胜。奥运会和世锦赛比赛包括大奖赛（Grand Prix）、特别大奖赛（Grand Prix Special）和自由演绎大奖赛（Grand Prix Freestyle (Kür) tests）。

西班牙骑术学校

维也纳西班牙骑术学校（Spanish Riding School）的种马和骑手以表演古典骑术而闻名。据说马匹会伴着音乐起舞，也会伴着音乐按阵型表演盛装舞步，跳方阵舞。只有较老的马匹才会受训表演复杂的古典骑术“腾空飞跃”。马匹特点是性格温顺、体力充沛、体形完美、优雅聪慧。

马术三项赛

运动概述

马术三项赛是马术版三项全能。比赛通常持续三天，结合了盛装舞步赛的马术、越野障碍赛的耐力和场地障碍赛的技巧，同一位骑手驾驭同一匹马参赛。与许多马术运动一样，马术三项赛有深厚的军事渊源。近年来，舍去越野障碍赛的精简版赛事也逐渐发展起来，一天之内即可完赛。

必备知识

- 在1952年奥运会之前，马术三项赛仅面向军人运动员。如今，男女运动员均可平等竞赛。
- 越野障碍赛考验骑手和马匹是否有勇气跳跃30至40次。
- 顶尖骑手来自澳大利亚、欧洲、北美。
- 马术三项赛可持续一天、两天或三天。

罚分

自1971年以来，马术三项赛均通过罚分系统决出优胜者。盛装舞步赛罚分会与越野障碍赛和场地障碍赛的障碍罚分和超时罚分相加。单项赛中，骑手每超过限制时间一秒，都会被处以时间罚分。如果马匹撞倒障碍或拒跳，骑手会被处以障碍罚分。取决于地面干湿程度，越野障碍赛会在很大程度上决定比赛最终得分。三项比赛总罚分最少的骑手为优胜者。

精英赛事

国际马术联合会旗下数量众多的国际马术三项赛事可按星级进行划分，四星级比赛水平最高，一星级最低。四星级长模式三项赛（Concour Complet International）级别最高，竞争最为激烈。全球仅有六项四星级比赛：澳大利亚阿德莱德、英国巴德敏顿和伯利（Burghley）、美国肯塔基、德国卢穆伦（Luhmülen）、法国波城（Pau）。奥运会和世界马术运动会（World Equestrian Games）等同于四星级长模式三项赛。

公主运动

在英国，马术三项赛与皇家渊源颇深。皇家公主及其女儿扎拉·菲利普斯（ZARA PHILLIPS）都赢得过世锦赛等重大马术三项赛的冠军。

三日赛

在三天比赛中，马匹和骑手参加全部三项赛事。第一天进行盛装舞步比赛，次日进行越野障碍赛，第三天也即最后一天进行场地障碍赛。

越野障碍赛

越野障碍赛是最具挑战性的项目，是对马匹和骑手的重大考验。马匹要奔跑固定距离，并且还要越过水障碍、直落障碍等各类障碍物。

跳跃

每位骑手都会引导马匹在赛道上疾驰，并完成多达16次跳跃。该项目考验马匹和骑手的跳跃技巧，以及马匹的体力和耐力能否从前一天的高强度比赛中恢复过来。

天然障碍
无浆石墙经常在越野障碍赛中出现

越过障碍
被马撞倒后，越野障碍赛的横杆会掉落

运动要求

马术三项赛对马匹和骑手都要求很高。比赛项目不同，对技巧的考验也不相同，骑手必须在马鞍上展现全面掌控力。经过多年训练，骑手与马匹建立了亲密关系。

头盔
越野障碍赛中，骑手必须戴上头盔，并用下巴托加以固定

身体护具
根据规定，骑手应戴护具，避免跌落时上半身受伤

在马鞍上
越野障碍赛所用马鞍是赛马比赛和场地障碍赛所用马鞍的混合体

保护腿部
如果马撞到赛道上的障碍物，马腿上涂的油能起到防护作用

场地障碍赛

运动概述

场地障碍赛中，马匹和骑手共同合作，越过比赛场地中的一系列障碍。骑手引领马匹以合适的速度和平衡的姿态接近障碍，马匹则必须越过障碍，平稳落地。比赛通常有两轮，第二轮为决定胜负的计时赛，仅面向首轮越过所有障碍的选手。比赛规模从地方小型赛事到大奖赛、世界杯和国家杯不等。

比赛场地

比赛场地没有标准大小，赛道可设在室内或室外，可为沙地、泥地或草地。大奖赛赛道距离长达1000米，最多设有15个障碍。赛道设计师会设置各种固定障碍，比如放置一堵看似很牢固的墙，容易让马匹和骑手心生恐惧。规定路线包含急弯和高难度起跳点。超时罚分又进一步加大了比赛压力。

必备知识

- 自1912年以来，场地障碍赛一直是奥运会比赛项目。
- 场地障碍赛在北美、大洋洲和欧洲广受欢迎。
- 场地障碍赛中，男女选手同场竞技。
- 大奖赛是奖金最为丰厚的高级别赛事。

运动要求

骑手必须平衡感出众、身体素质良好、距离判断能力强。决心和勇气也很重要，因为障碍通常都设计得颇具挑战性，即便从马背上看，障碍物也会显得很高。能与马匹建立亲密关系也很关键。

裁判团
场地障碍赛裁判团负责评出比赛结果。在国家级和国际级比赛中，裁判团的裁判长须获得国家管理机构或国际马术联合会的批准

水障碍
许多大型赛事均设有水障碍，大多是在起跳侧设有草刷子障碍。马匹和骑手习惯于看向水面，但这样会打乱跳跃节奏。马必须越过障碍，且不得触碰水体

场地工作人员
场地工作人员在赛道监管的指导下工作，负责重新搭建被撞倒的障碍物。选手开始上场比赛时，场地工作人员就要注意保持距离，避免造成干扰

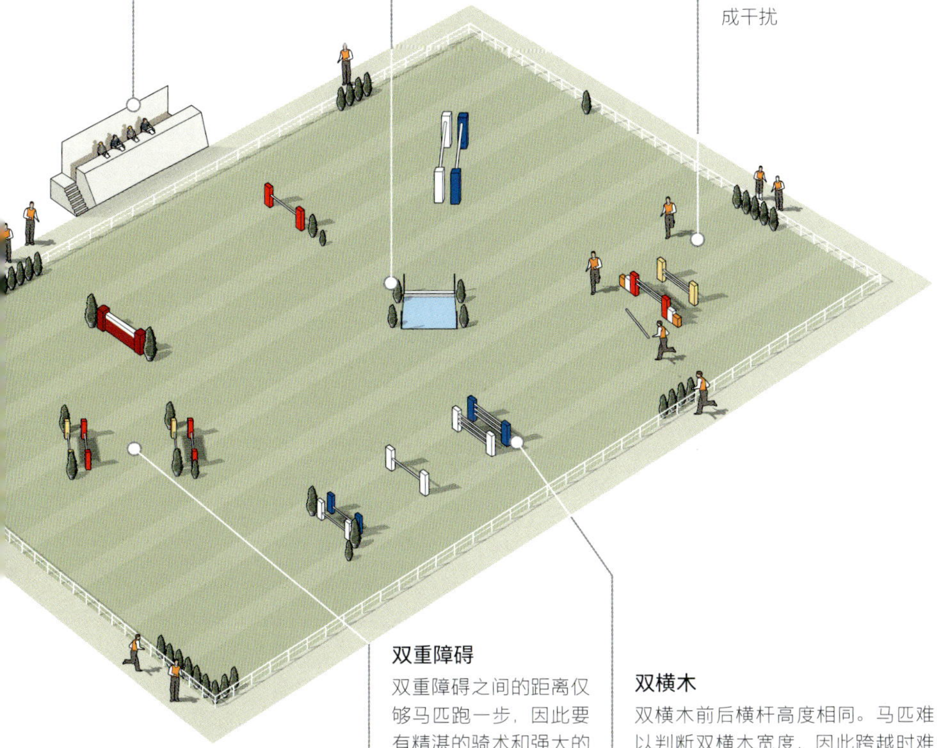

双重障碍
双重障碍之间的距离仅够马匹跑一步，因此要有精湛的骑术和强大的运动能力才能顺利跨越

双横木
双横木前后横杆高度相同。马匹难以判断双横木宽度，因此跨越时难免会被罚分

小英雄
斯托勒（STROLLER，1950—1986年）是障碍赛名马。斯托勒是小型马，仅高14.2手（1.47米），却能击败16.2手（1.68米）高的马。1967年，斯托勒和骑手马里恩·考科思（MARION COAKES）赢得了希克斯特德赛马会（HICKSTEAD DERBY）冠军，并在1968年获得了墨西哥奥运会个人银牌。他们一共赢得了61场国际比赛。

障碍赛规则
障碍赛基本规则非常简单：按照路线规划顺序越过障碍即可，不过前提条件是马匹不得撞倒横杆、脚落入水中、拒跳或闪躲逃避，凡违反一项，会被罚4分。第三次拒跳会被淘汰，走错路线、未经过起点终点或者骑手跌落也是如此。必须在规定时间内跑完路线，否则会被处以超时罚分。首轮越过所有障碍的骑手能进入障碍数量较少的决胜轮。若两匹及以上马再次越过所有障碍物，则用时最短者获胜。

观赏型运动
障碍赛规则直截了当，比赛节奏明快，因此深受观众喜爱。单轮比赛仅持续几秒钟，各色马匹和个性鲜明的骑手令观众兴致更浓。

马匹简介
尽管所有马都会跳，但并非所有马都能跳出好成绩。障碍赛好马一大特点是胆大心细，既有勇气越过障碍，又不会将障碍物碰翻。马匹还必须对骑手有求必应，并且要具备极强的运动能力和身体素质。

鞍上
骑手可对马的步伐进行调整，从而拉长或缩短步幅。短镫革便于骑手在马鞍上灵活活动。马匹越过障碍物时，骑手身体前倾，既能将身体重心从马背上移开，又能稍微放松缰绳，便于马匹弓成弧形，越过障碍。

跳得好
跳跃可分解为五步：接近、起跳、飞越、落地、跑开。每一步都对马匹成功跳跃起着关键作用。

稳步接近
接近障碍时，马腿力量至关重要。骑手可调整马匹步幅，以便达到最佳起跳点

起跳飞越
起跳时，马收起前腿，后腿发力。飞越就相当于大步幅跑

落地跑开
落地后，马和骑手尽可能平稳高效地衔接下一次跳跃

趣闻
5 汉斯·冈瑟·温克勒创造的奥运会场地障碍赛金牌数纪录。

2.47 智利骑手阿尔贝托·莫拉莱斯创造的跳跃高度纪录（以米为单位）。

8.4 南非骑手安德烈·费雷拉（Andre Ferreira）于1975年创造的跳跃水障碍距离纪录（以米为单位）。

50000 2000年悉尼奥运会马术中心的观众容纳量。

幕后故事
场地障碍赛源自19世纪的英国，当时骑士骑马捕猎时常常要翻越篱笆、围墙等障碍物。当时的骑行风格是长镫革，马匹跳跃时骑手身体挺直。早期比赛以军人为主，皮涅罗骑兵学校（Pinerolo Cavalry School）的意大利上尉费德里科·卡普里利（Federico Caprilli）还开发了沿用至今的前倾骑法。

运动要求

马球运动对协调能力和骑行技术要求很高。球员认为马是取胜之匙，这些马传统上又被称为小马。

马球

游戏概述

室外马球赛是由两支球队各四名选手参加的马术运动。马球比赛按节划分，一般一场六节，每节连续比7分钟。比赛目标是进球多于对方。球员用长木球杆将球打过对手球门柱，从而进球。马球比赛节奏极快，让观众和球员都倍感刺激。此外，还有室内马球赛（arena polo）。

室内马球赛

室内马球赛是采用相同基本规则的室内版马球运动。比赛双方各三名球员，每场比赛共四节，每节时长7分半钟。由于场地面积较小，室内马球赛节奏通常远慢于室外马球赛，但身体对抗很激烈。

趣闻

5 马球赛进入奥运会的次数（1900年巴黎奥运会、1908年伦敦奥运会、1920年安特卫普奥运会，1924年巴黎奥运会、1936年柏林奥运会）。

1875 赫林汉姆马球委员会（Hurlingham Polo Committee）成立之年。委员会后更名为赫林汉姆马球协会（Hurlingham Polo Association），但一直是英国马球比赛的管理机构。

19 阿根廷马球运动员法孔多·皮尔利斯成为10级球手的年龄，他是史上最年轻的10级球手。

4307 全球最高马球场的海拔高度（以米为单位），该马球场位于巴基斯坦代奥赛高原（Deosai Plateau）。

必备知识

- 马球是世界上历史最悠久的团队运动。一般认为，马球起源于公元前600年左右。
- 国际马球联合会（Federation of International Polo）是马球运动管理机构，也是马球世锦赛组织方。
- 阿根廷是职业马球运动大国。全球10级球手（最高级别）大多来自阿根廷。

基本装备

马球运动身体对抗很激烈，马鞍等鞍具必须能够承受转向和高速追逐的冲击力。球员用长柄球杆击球，用杆而非杆头撞球。

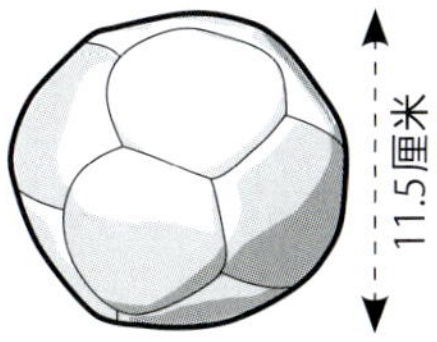

比赛用球

室外马球赛比赛用球的材质为实心高密度塑料。室内马球赛比赛用球为充气皮球（如上图所示）。

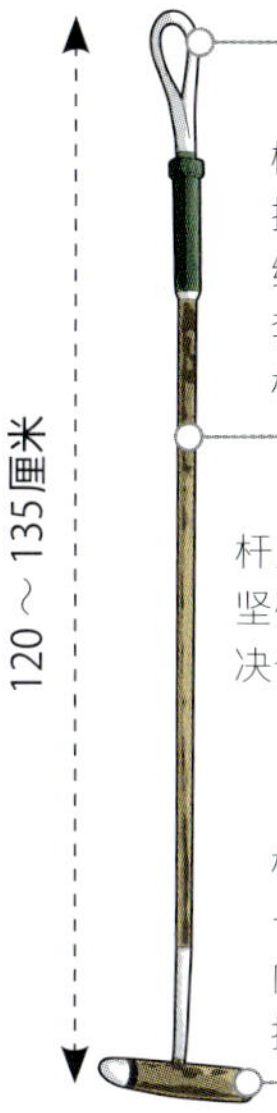

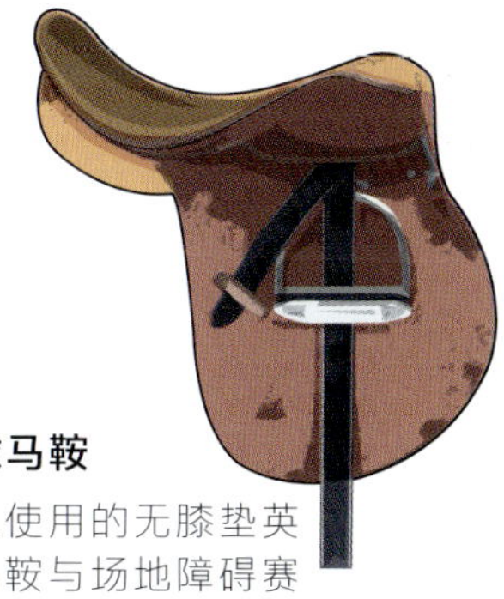

马球马鞍

球员使用的无膝垫英式马鞍与场地障碍赛马鞍相似。

球杆控制

杆头加重，便于球员进行钟摆挥杆时获得更强的掌控力。杆头加重物被称为“雪茄”。

比赛着装

每个球员都戴头盔。马球衫为球队配色，标有球员位置，下装则为传统白色马裤。马靴可装配马刺。有些俱乐部要求球员戴护膝，手套则可酌情佩戴。

保护头部

飞来横球可能会导致球员受重伤，因此所有球员都必须戴头盔。

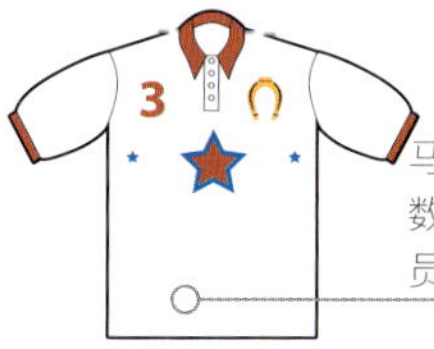

有领马球衫

有领马球衫为球队配色，在商业街上同样受欢迎。

手套

球员大多至少戴一只手套（右手），从而更好地抓握球杆。

护膝

球员膝盖受到碰撞或被球撞击时，光滑皮质护膝垫可起到保护作用。

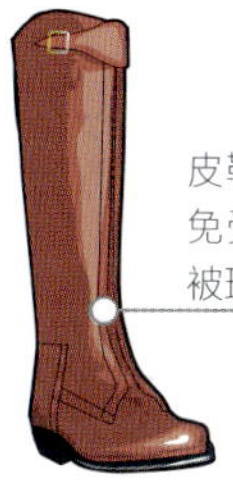

骑行靴

马球靴开口就在膝盖下方，靴子贴合腿部，能在比赛中保护小腿。

比赛场地

室外马球赛球场为平坦草地，大小相当于九个足球场。球场长度均为274.3米，但宽度可能有所不同。设有围板的球场宽146.3米，无围板球场标有白色边线，通常宽182.9米。木制门柱裹有衬垫，两根门柱间距7.3米，位于球场两端底线中央位置。

1　1号
1号为主攻手，但资历最浅，负责驾马飞奔，冲上前场进球

2　2号
2号为次攻手，负责冲入对方半场，打乱防守阵型，创造得分机会

3　3号
3号经验最丰富，负责组织进攻、衔接攻防、执行罚球

4　4号
4号为后卫，负责利用马匹速度和力量打断对方攻势，守卫球门

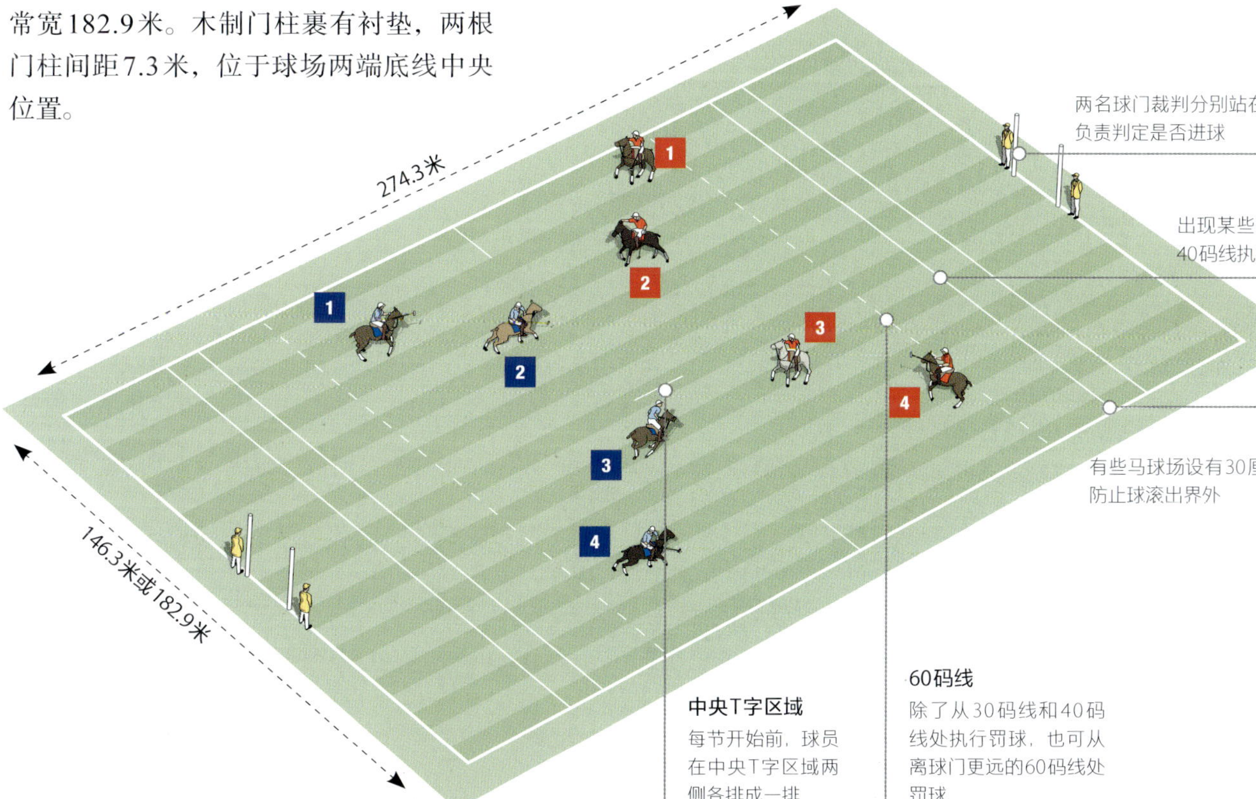

打比赛

马球比赛节奏极快。全场比赛可长达八节，但现今赛事大多为六节制。比赛连续进行，仅当马匹或球员受伤，或鞍具损坏导致球员无法继续比赛时，比赛才会暂停。每节之间通常间隔四分钟，便于球员更换马匹（球员亦可在比赛中随时更换座驾）。半场间隔时间更长，为10分钟。

马球运动

许多不同运动都被称为马球。其中一种是骑骆驼而非马匹，另一种则是骑大象，甚至还有骑牦牛的。马球运动还包括轻艇水球和自行车球，但两者通常均为娱乐活动。水球则是团队竞技运动，奥运会亦设有相关赛事。

障碍

马球比赛采用让分制，旨在使能力不同的球队获胜机会均等。让分赛为标准六节比赛，并按照−2球至+10球进行等级划分，−2为最低级，+10为最高级，4级球员就有资格参加国际比赛。比赛开始之前，将每位球员等级相加，得出全队等级。等级低的球队可获得让球优势。因此，与35级球队比赛时，30级的球队开局就手握五球优势。

非右不可

虽然有左利手球员参加国际巡回赛，但所有球员均必须右手持球杆，因为早在1975年，左手持杆就因过于危险而遭禁止。

罚球

若一方球员犯规，则裁判可判罚任意球或罚球。若是轻微犯规，裁判可根据犯规严重程度判罚另一方从40码线或60码线处罚任意球。若一方用犯规阻止对方进球，裁判则会判罚对方从30码线处罚球。通常经验最丰富的3号球员会执行罚球，骑马向置于线上的球飞奔而去，将球击入球门柱之间。一方罚球时，另一方不得干扰。

打马球

马球规则很复杂，对球门大小乃至球队配色都做出了详尽规定。为保障球员和马匹安全，各类比赛情况均有相应规定。有关违规骑行和危险使用球杆的规则最为常见。三名裁判负责执行比赛规则。两位骑马的裁判分别从球场两侧跟进比赛。第三位裁判则坐在场边，负责通过观看比赛回放来化解两位场上裁判之间的分歧。

开始比赛

每节开始时或进球得分后，两队在中央T字区域两侧各排成一排。一位骑马的裁判将球掷入两队之间，比赛就此开始。如果球从边线出界，两队在距离球出界处5码（4.6米）列队，裁判用相同方式开球。如果进攻球员将球击出底线，防守球员则从球出界处发球。

进攻击球

职业马球运动员只需猛击两次，即可使球飞越全场。站在马镫上更能发力击球。球员可从任何方向击球。有些球难度远高于其他球，因此各级别马球运动员都在木马上磨炼技术。最难打的球被称为“百万富翁球”，因为是从马腹下方击球，一旦球杆被卷入马腿中，受伤风险便会剧增。

向前击球

向前击球是从马匹右侧沿行进方向击球。

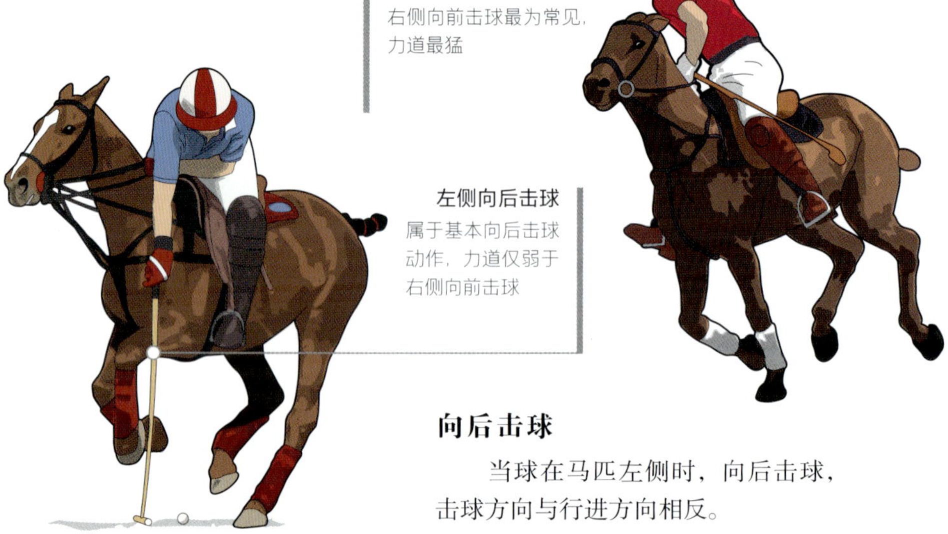

向后击球

当球在马匹左侧时，向后击球，击球方向与行进方向相反。

防守

对方进攻时，可采用各种防守技巧争夺球权。4号，也就是后卫，是防守大闸，在3号辅助下展开坚实的防守。后卫击球大多为向后击球，将球击离球门。

犯规和罚球

马球运动身体对抗激烈，在马匹疾驰的情况下，球员和马匹的安全永远是重中之重。因此，球员用力过猛会被视为不当行为。比如，冲撞其他球员时，球员不得挥肘。如果违规，对方将从犯规地点罚球。

越线

马球最重要的原则是“运球路线”。球员击球后，该虚线表示球行进路线，并确立了场上所有球员的球权。控制运球路线的球员能获得球权，通常最后击球的球员会获得球权。如果其他球员在拥有球权的球员前横穿运球路线，裁判将吹犯规，并判罚球。

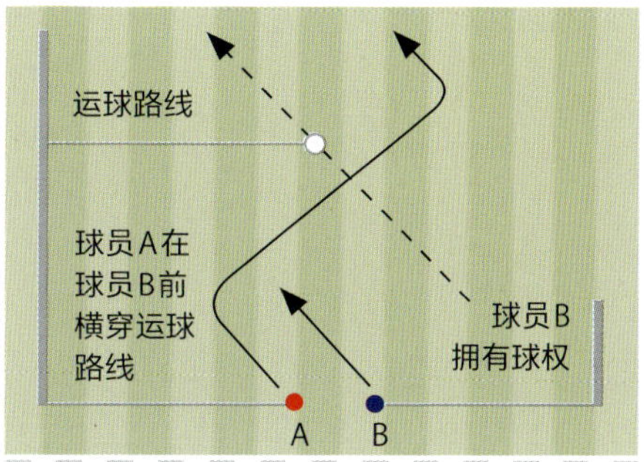

危险骑行

危险骑行泛指任何可能严重危害其他球员或马匹的骑行动作。球员严禁危险骑行，违者会被裁判重罚。危险骑行动作包括：在策马疾驰的球员前横穿其前进路线；冲撞角度大于45度；横撞对方马匹；马腿与对方球员马匹后腿绊在一起；或是骑行方式令人不安。

钩杆犯规

如果球员越过对方马匹钩球杆，裁判会吹罚“跨越钩杆”犯规。只有与球处于对方马匹同一侧时，球员方可钩对方球杆。如果球员在肩膀上方或马腿前方钩杆，裁判会吹罚罚球。

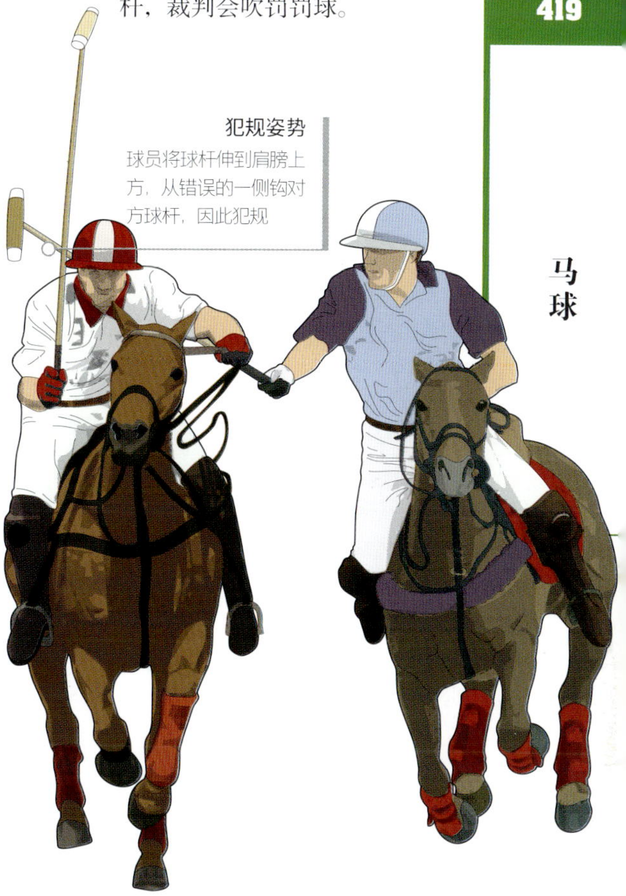

犯规姿势

球员将球杆伸到肩膀上方，从错误的一侧钩对方球杆，因此犯规

技战术

马球既注重战术和策略，也强调力量和耐力。球队很少提前制定战术，但球员会花时间了解对方优缺点，以便在比赛中有的放矢。因为第四节或第六节往往事关比赛胜负，所以球员会将最好的马留到那时候再派上场。

后传

后传是向后传球给队友。接球球员可转而进攻，将球打到进攻位置。后传比攻守转换简单，适合抄截对方球权后使用。抢断之后，球员可先后传，队友接到后再击向前场。

攻守转换

向己方球门方向追球的防守球员可由守转攻，将球打入攻击位置。球员还可借此帮助队友占据有利位置。转换时，要将球击回前场，然后调转马头，沿着新路线行进。这些动作比较耗时，因此最好避开对方球员。

冲撞

有些时候，球员会决定冲撞对方球员，将其挤出运球路线，而非尝试自行击球或追球。球员常常在队友射门位置更佳的情况下使用这种战术。冲撞时，角度必须小于45度。虽然冲撞主要靠马匹发力，球员也可用身体将对手挤出运球路线。

危险动作

冲撞时禁止使用肘部

撞离运球路线

蓝方球员正努力将对方球员撞离运球路线。球员可用马匹将对方撞离运球路线。冲撞属于防守动作，可用于阻碍对手击球，或让队友获得射门良机。

幕后故事

因与皇室关系密切，马球有“王者运动”（Sport of Kings）之称。马球历史悠久，具体起源尚不明确，但已知早在公元前600年，中东便已出现某种形式的马球运动。几个世纪以来，马球传播至亚洲各国，最终经印度传入英国。1900年至1939年，马球均被列入奥运会比赛，但此后由于高级别赛事花费甚巨，马球运动并未取得长足进步。

全球管理机构

国际马球联合会（Federation of International Polo）于1982年在阿根廷成立，是全球马球运动管理机构。联合会的重点目标是让马球重返奥运会。

英国管理机构

赫林汉姆马球协会是英国、爱尔兰马球运动以及32个海外协会的管理机构，是英国历史最悠久的马球机构，在英国和爱尔兰有92个俱乐部会员。

赛狗

赛犬简介

灵缇堪称犬科猎豹，短距离速度爆发力极强。顶级赛犬每英里（1.6千米）平均时速达48千米，但冠军赛犬速度可达72千米/时。

运动概述

即便不赌狗，观众也能感受到比赛的精彩刺激。不过，观众大多会下注：在许多国家，赛狗都是一项博彩运动。狗会同时被放出出发隔栏，然后沿着赛道追逐诱饵（人造兔子）。首先抵达终点线的狗获胜。

赛道

赛狗比赛距离在210米至1105米之间。橡胶赛道表面覆盖着沙子和聚氨酯等黏合剂的混合物，防止砂砾被吹走。

必备知识

- 赛狗在许多国家都很受欢迎，在英国、澳大利亚、爱尔兰、新西兰和美国是一大博彩运动。
- 赛狗之夜会举办十余场赛事，还会提供大量食品饮料，是很受欢迎的社交活动。
- 其他赛犬包括小灵狗以及腊肠犬（常见于美国）。

趣闻

29.36 1929年，传奇赛犬米克·勒·米勒（Mick the Miller）跑完伦敦白城体育场480米赛狗大赛赛道所用的秒数。

16 赛犬名字长度不得超过16个字母，包括空格符。“Mick the Miller”距离上限仅有一个字母之差。

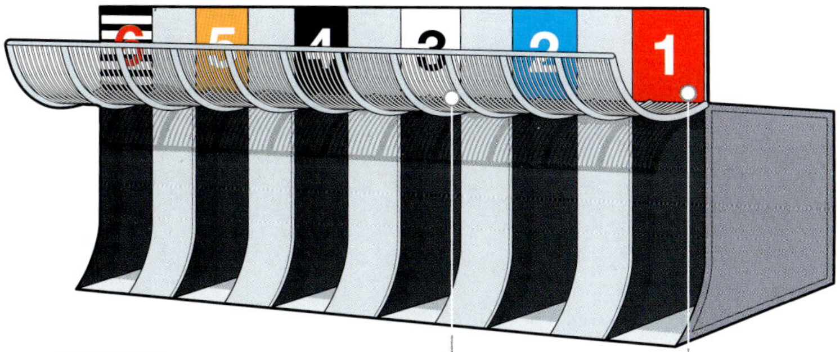

出发隔栏

根据抽签结果将狗放到相应起跑门栅后。将狗放好后，发令员会发令放出兔子。

门栅

诱饵通过后，门栅会自动打开，将狗放出

数值意义

最靠近内道的隔栏和赛犬均为1号

颜色编码

赛犬比赛背心均与出发隔栏相对应。一场比赛一般有六只赛犬参赛，如果有八只狗参赛，第七只穿叶绿色背心，第八只则穿半黄半黑撞色背心。

1号

通常被视为最佳位置，因为处于最短内道上。但实际上许多从外道出发的狗跑得更快

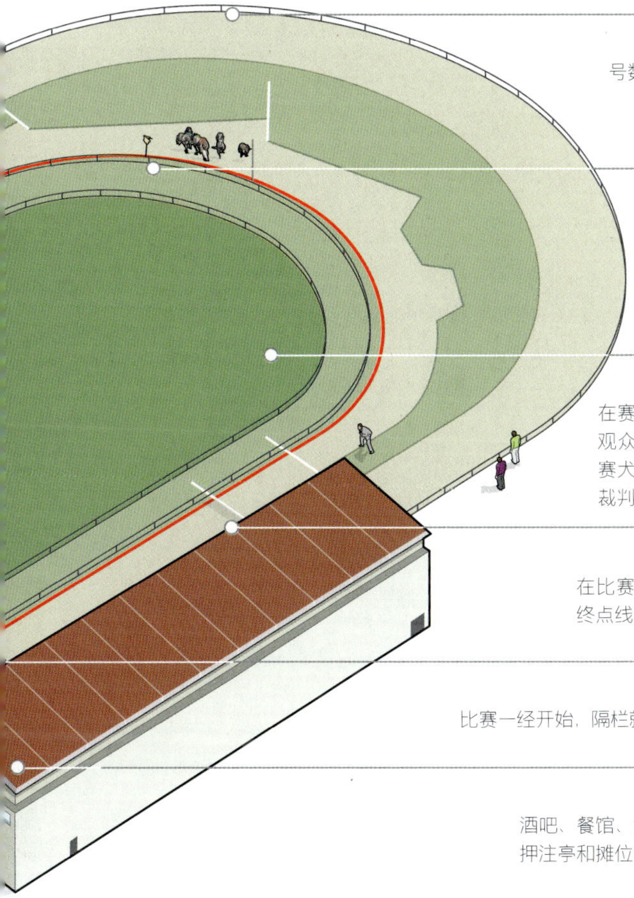

外道

号数最大的赛犬从最外侧的隔栏出发

高速诱饵

诱饵沿着环绕内道的导轨行进；诱饵从隔栏旁通过后，会激活开关，打开门栅，将狗放出

展示场

在赛前称重之后，以及赛后称重之前，观众和裁判都必须能清楚地看见所有赛犬，便于观众挑选有望获胜的赛犬，裁判则能确保赛犬没被人动过手脚

终点线

在比赛结果极为接近的情况下，安装在终点线上的摄像机能帮助裁判做出判断

出发隔栏

比赛一经开始，隔栏就会被移出赛道，赛犬便会被放出

看台

酒吧、餐馆、洗手间等便利设施大多设在此处。押注亭和摊位则分布于场馆各处

发令员台

主赛道裁判站在台上，发出了释放兔子的明确信号

兔子

在电力驱动下，兔子沿着赛道边缘的轨道运动。虽然诱饵被称为兔子，但只要合乎规定，实际上可采用多种造型。

34000000 1946年，有3400万名英国观众买票观看赛狗比赛，创下了历史最高纪录。

34—36 两三岁的赛犬达到职业生涯巅峰期时的体重（以千克为单位）。

7 美国有7个州设有赛狗跑道。美国如今只有25条赛道，其中13条位于佛罗里达州。

狗牌

所有灵缇犬都必须戴着标明其性别、毛色和斑纹（包括耳部标识）的狗牌，从而证明该狗确是狗主人所说的狗。这套身份验证系统能避免有人私自调包。

比赛规则

每只灵缇犬都必须注册体重。赛前两小时的称重结果如与注册体重偏差1千克以上，狗会失去比赛资格。有些比赛为开放赛；其他则为分级赛。分级赛中，顶尖赛犬会被定为种子赛犬，然后会被分配到最适合其比赛风格的出发隔栏。外道赛犬的隔栏或比赛牌名字旁会标注字母“W”，表示“外道赛犬（wide runner）”。偏好中间赛道的种子赛犬则用字母“M”表示。每届赛狗大会中，每只狗最多只能跑一场比赛。若出现平局，则用抽签定胜负。

障碍赛道

障碍数量通常在五至七个之间。每个障碍高75.8厘米，向前倾斜20～25度。与马一样，灵缇犬往往只专攻一种比赛形式，很少两者兼长。在大多数举办赛狗赛事的国家中，顶级障碍赛为全国障碍赛狗，顶级平道赛事则为赛狗会。

幕后故事

赛狗源自猎兔，但到19世纪末，赛狗已不再见血。第二次世界大战后，英国赛狗大会的观众数达到顶峰，但自1961年场外下注合法化后，观众数就大幅下降，不过赌狗者依然众多。澳大利亚赛狗产业规模巨大，南非的赛狗产业也在不断发展。在许多欧洲国家，赛狗很受欢迎，但商业气息没那么浓厚：在比利时、法国、德国和荷兰，参赛的灵缇犬依然主要是宠物，而非投资对象。

必备知识

- 轻驾车赛马比赛距离大多为1.6千米。在澳大利亚，有时比赛距离稍长些。
- 轻驾车赛马比赛大多采用动态起步，参赛者要紧跟着汽车车尾的移动式起跑门。
- 国际大赛包括美国汉布尔顿赛（Hambletonian Stakes）、加拿大枫叶赛（Maple Leaf Trot）以及法国美洲杯大奖赛（Prix d'Amérique）。

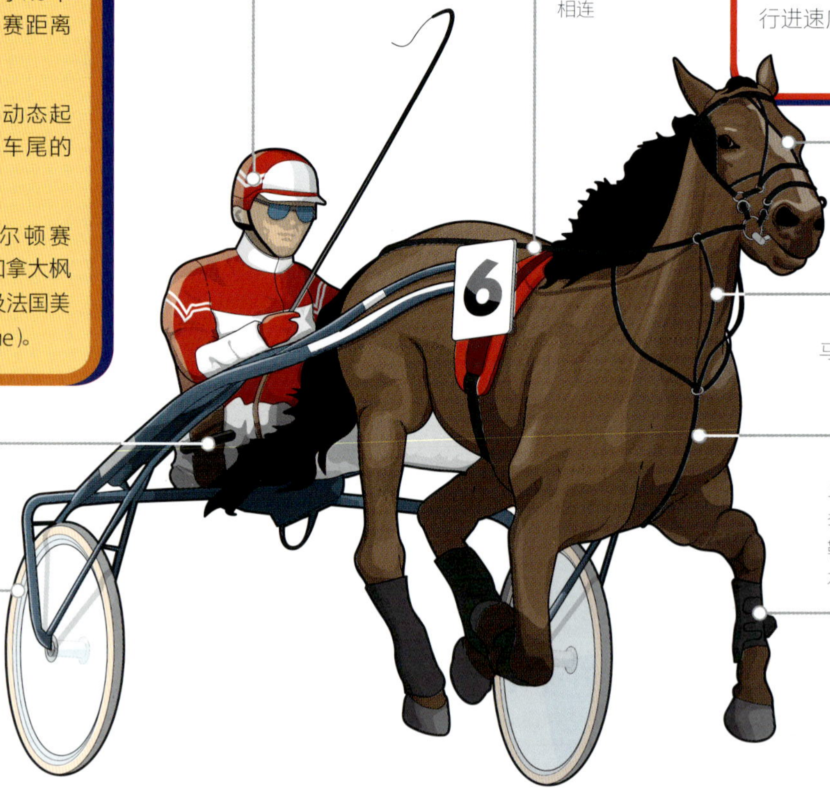

轻驾车赛马

运动概述

轻驾车赛马是风靡欧洲和北美的赛马形式。驾驶员坐在轻驾车上，马匹拉着车前进。先越过终点线的马匹获胜。

打乱步态

在比赛管理员的协助下，步态裁判对马匹步态进行检查。步态裁判在车上跟进比赛，并根据录像判断马匹是否步态紊乱。在欧洲赛事中，马匹步态紊乱会立即失去比赛资格。在美国比赛中，马匹必须被引导至赛道外侧，直到恢复步态后才能继续比赛，并且总排名也下降一位。

华丽起步

在美国，有些比赛起跑很精彩：参赛者紧跟移动式起跑门，在移动中起跑。移动门靠近起跑线时，骑手让马匹加快速度。移动门越过起跑线后，两翼会向前翻折，便于马匹在赛道上一争高下。

泥地赛道

美国轻驾车赛马比赛大多在平坦泥地赛道上进行。赛道必须为环形，形状大小任意——直道可长可短，弯道可急可缓。比赛距离通常为一英里（1.6千米）。欧洲赛道通常为草地，长达2.2千米。

步态

轻驾车赛马比赛中，马匹在两种步态中择其一。欧洲比赛仅限使用快步。北美等地的比赛中，速度更快的对侧步更常见。

快步

采用快步时，马匹左前蹄、右后蹄同时落蹄，右前蹄、左后蹄紧随其后。

侧蹄

左前蹄、左后蹄同时落蹄

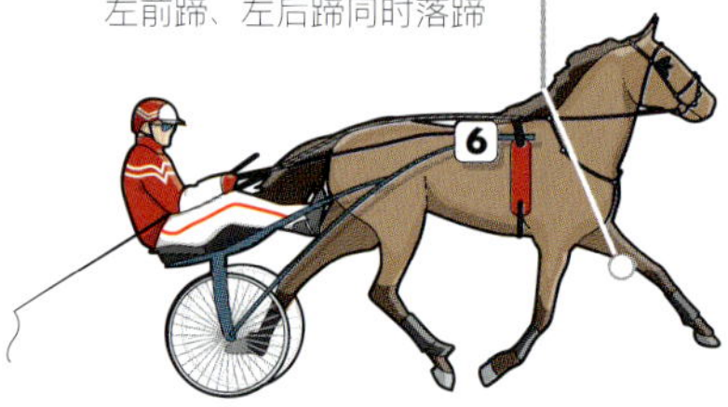

对侧步

走对侧步时，马匹左前蹄、左后蹄同时落蹄，右前蹄、右后蹄紧接其后。快步是斜对角前后蹄同时移动，对侧步则不同，是一侧前后蹄同步移动。对大多数马匹而言，对侧步并非天然步态，因此必须加以训练或专门培育。为了能在比赛中保持步态，马的大腿要套上限步架，这种马具并非紧贴马腿，而是留足了空间。

牛仔竞技表演

运动要求

牛仔竞技项目不同，需要的技能也不同。骑术项目对身体素质要求最高，选手必须力量十足、敏捷灵活，还要毫无畏惧。套绳项目则重在敏捷、速度、力量和时机把握。

必备知识

- 职业牛仔竞技协会（Professional Rodeo Cowboys Association）是最大的牛仔竞技表演运动管理机构。
- 在拉斯维加斯举行的全美牛仔竞技决赛是美国最负盛名的牛仔竞技赛事。

体育概述

现代牛仔竞技表演源自墨西哥，在美国发展成型。专业牛仔竞技表演一般由七个标准项目组成。骑术项目为评分制，得分最多者获胜。计时项目则是速度最快者获胜。

竞技场

牛仔竞技表演场地为设有围栏的泥地竞技场。竞技场无标准尺寸，室内外馆均可。竞技场一端是骑术栏圈，选手在此跨上坐骑，做好骑行准备。当选手准备就绪时，通往竞技场的门就会打开。竞技场另一端是三面围栏的套绳栏圈，计时套绳项目所用的动物就关在里面。

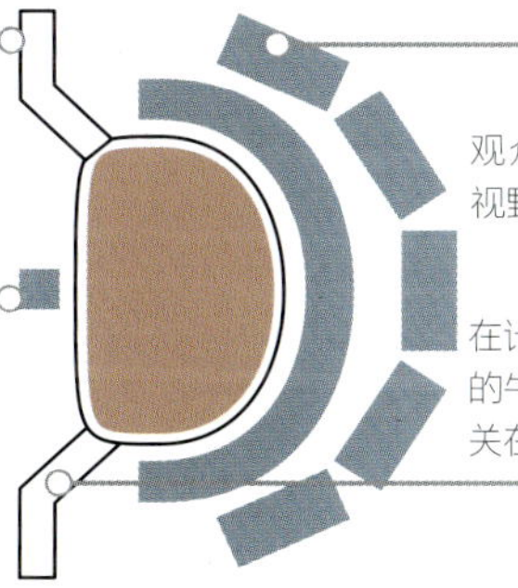

牛仔竞技表演规则

骑术项目共有三项：骑无鞍野马、骑有鞍野马和骑公牛。选手只能单手骑行，若使用另一只手（自由手）则会被取消比赛资格。计时项目有四项：擒牛、绕桶、套牛捆绑和团队套牛。除绕桶赛外，所有项目均在骑术栏圈中设置障碍物，避免骑手比马匹或牛抢先一步。越过障碍物会被罚时。

骑术项目打分

骑术项目打分的前提是选手至少骑行8秒，且不被取消比赛资格。有两名或四名裁判，每位裁判可为选手和坐骑最高打25分。完美骑行为100分。

牛仔竞技表演技巧

精湛的骑行技巧是所有牛仔竞技项目的关键，但套牛捆绑和团队套牛项目还要求掌握各种鞍上套绳技术。

绕桶

传统上，绕桶为女子计时赛，选手要绕着呈三角形排列的三个桶骑行，骑行路线状似三叶草。

套牛捆绑

套牛捆绑项目中，选手要套住小牛，然后把牛腿都绑住，并且6秒内不能松脱，否则选手会被取消资格。

牛仔竞技表演造型

造型是现代牛仔竞技表演的重要组成部分。骑手戴着传统牛仔帽，材质为棕褐色麦秆草或黑色毛毡。

骑公牛

骑公牛时，选手仅用粗厚的公牛绳进行无鞍骑行。选手必须协调性强，勇气十足。

赛骆驼

运动概述

赛骆驼源自数世纪前的贝都因族部落，如今已发展为广受欢迎、奖金丰厚的观赏型运动。雌骆驼是比赛首选，经过训练后，其冲刺速度可达64千米/时，并能以28千米/时的速度持续奔跑1小时。

必备知识

- 职业赛骆驼在东北非、阿拉伯半岛都很常见，在阿联酋、卡塔尔、澳大利亚尤为普遍。
- 每年在沙特举行的国王杯赛骆驼（King's Cup Camel Race）吸引多达2000名选手参赛。大多数比赛参赛人数仅为25～30人。

赛道

在阿联酋，比赛场地为专用环形赛道，比赛距离为4～10千米。在澳大利亚，比赛距离通常为400米（四分之一英里），但随着比赛受欢迎度与日俱增，更长的比赛距离也越来越普遍。赛道可以是草地或沙地。

机器人与骆驼

参赛骆驼腿长，体型纤细，驼峰也小得多。约13个月大的骆驼就要开始训练，三岁时就开始比赛。因为儿童骑师引发了诸多争议，所以配有鞭子的小型机器人骑师逐渐发展起来。比赛时，紧跟在骆驼后的车辆操控着机器人。

狗拉雪橇

运动概述

短距离或长距离狗拉雪橇比赛（若没有雪，则拉小车）在世界各地均有举办。狗队由多达二十四只狗组成，通常前后串联，共同拉动雪橇。驾驶员坐在后面，指挥狗前进。

必备知识

- 1908年，首场狗拉雪橇比赛在阿拉斯加诺姆（Nome）举办。
- 据说育空远征赛（Yukon Quest）难度最大，距离长达1643千米。

赛道

比赛中，有专门划出的赛道、定点检查站以及疲倦或受伤的雪橇狗的安置点（dog drops）。比赛队伍通常按照固定时间间隔先后出发。

雪橇狗和雪橇手

耐力、速度和团队精神是狗的核心品质。狗受过训练，会在队中特定位置发挥作用，并将雪橇手视为首领。

艾迪塔罗德赛

艾迪塔罗德赛在阿拉斯加举行，比赛距离为1852千米。2017年，米奇·西维创造了8天3小时40分钟的纪录。

骑术篮球

运动概述

骑术篮球是较为新颖的马术运动，相当于马球、橄榄球和篮球的结合体。双方各由四名骑手组成，骑手性别不限，年龄在八岁以上即可。进球多的一方获胜。

比赛场地

场地大小为20米×60米。两个球筐直径1米，距离地面3.5米。比赛分为上下半场，各10分钟。比赛中，球员相互传球，寻找进球得分机会，并且每次得分前必须至少在三名队友之间传三次球。

马和骑手

骑术篮球最初旨在为骑术学校注入活力。骑术篮球比赛节奏很快，骑手必须有良好的平衡感，并且要与马沟通得当。骑手必须能够用双腿而非缰绳控制马匹。马匹必须反应迅速，体格健壮。若辅以盛装舞步训练更佳，对马匹敏捷性和柔韧性颇有助益。

必备知识

- 骑术篮球比赛首次于20世纪70年代在法国举行。
- 重点赛事包括世锦赛、欧洲骑术篮球锦标赛和冠军联赛。
- 国际骑术篮球联合会（International Horseball Federation）有十六个会员。

马车驾驭赛

必备知识

- 轻驾车赛马运动历史悠久，可追溯至罗马战车比赛甚至更早以前。比赛在沙地或泥地赛道上进行。速度是关键所在。
- 技巧驾驶赛为新兴赛事，包含三个项目。马匹的速度、敏捷性、服从性都很重要。

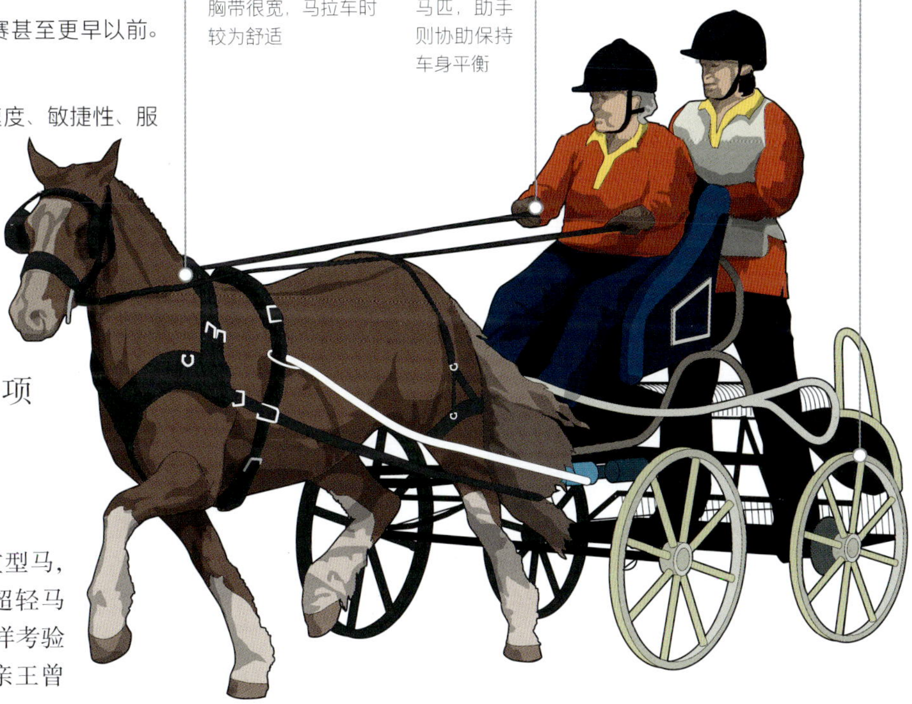

运动概述

马车驾驭赛类型多样，既有马和驾驶员组队参加的快步竞速赛，也有四匹马组队参加包含盛装舞步等多个项目的技巧驾驭赛。

马和驾驶员

马车驾驭赛类型丰富，不论是小型马还是重型马，都有适合的项目。对侧步比赛节奏很快，采用超轻马车，由四匹马拉的大马车则行进速度较慢，但同样考验驾驶员的技术和协调能力。爱丁堡公爵菲利普亲王曾多年作为专业驾驶员参赛。

竞技海钓

运动概述

对许多渴望一争高下的钓鱼爱好者而言，岸边海钓比赛是钓鱼运动发展的合理结果。根据比赛地点，岸边竞技海钓往往分为两类：固定钓点或限定区域内自选钓点。如今，海钓比赛更加注重环保，钓上鱼之后，迅速测量称重，然后放回大海（尤其是固定钓点比赛）。钓上鱼之后，根据鱼的种类和长度，选手可获得相应分数。

运动要求

海钓运动常常要长时间静候鱼咬钩，钓到后又要在几秒内收线、称重、放归大海，因此钓鱼者必须具备极强的专注力、耐心和快速反射能力。上肢力量和平衡感很重要，收线时尤为如此，因为有些鱼很重。为了能钓上最好的鱼，选手还要愿意尝试不同的装备、诱饵和钓点。

必备知识

- 20世纪60年代，采用先进技术的岸边海钓开始出现，现代竞技海钓也由此逐渐发展而来。现代钓竿采用玻璃纤维材质，催生了具有开创性的长距离岸边海钓技术，有助于提升钓鱼者在部分海岸区域的表现。
- 为了钓上各种鱼，竞技海钓在技术层面往往走在钓鱼运动的最前沿。这些高度专业化的钓鱼技术又会逐渐走入部分大众钓具市场（例如钓组、钓竿、运输工具、帐篷等）。

趣闻

3000 2006年葡萄牙竞技海钓世界大赛的参赛人数。该赛事为顶级海钓比赛，每5年举行一届。

14 英格兰选手克里斯·克拉克（Chris Clark）赢得的世锦赛奖牌数。克里斯于2006年退役，现担任国际委员会成员和主裁判。

钓鱼

从钓饵到钓点，各类基本因素都决定着能否在钓鱼比赛中胜出。下面介绍两项关键技术：抛竿和遛鱼。

抛竿

抛竿是通过钓竿和钓轮，将挂饵钓组抛入海中的艺术。有时抛竿距离还相当远。若能抛得又远又深，钓鱼者便获得了一定优势。安全、可靠、高效的抛竿技巧会让人受益匪浅。

遛鱼

钓到鱼后，钓鱼者通常不会立即收线，而是任由鱼拉线逃窜，直到线放完。等鱼疲惫时，钓鱼者才会收线，这样便能成功捕获大鱼。

钓竿和钓轮

岸边海钓一般用长3.66～4.27米、有“沙滩抛竿者（beachcaster）”之称的钓竿。这种钓竿适合抛出113～170克重的铅坠和钓饵。抛竿后，钓鱼者会观察竿梢，看是否有鱼咬钩。在开放式沙滩和河口比赛中，许多选手使用较为轻巧的钓竿（承重约56～113克）和钓轮，主要用于近距离钓小鱼。

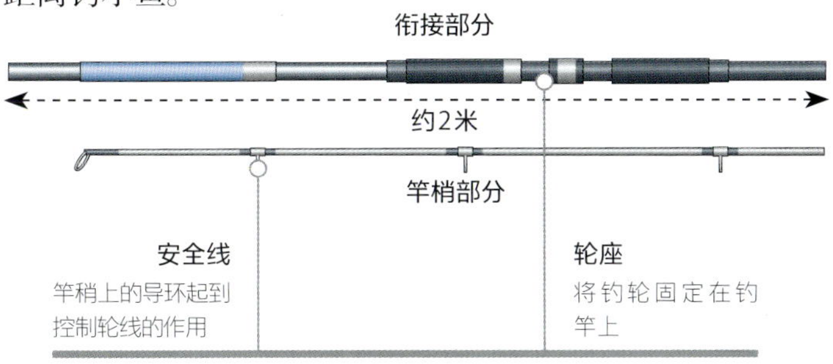

三角支架

许多岸边海钓竞赛或娱乐活动本质上都是抛竿后等鱼上钩，因此垂钓者要将钓竿放在专用三角支架上，然后观察竿梢是否有鱼咬钩的迹象。

准点钓鱼

投出挂饵钓组后，钓鱼者通常会将钓竿放在三脚支架上。在盛产小鱼的区域，许多钓鱼者会根据固定时间间隔收线，可谓“准点钓鱼”。这样既有助于测量战果，也可不断更新钓饵，从而在最大程度上保持钓饵气味的新鲜度和诱惑力。但钓鱼者通常还是会等竿梢出现咬钩的迹象（鱼咬住钓钩时，竿梢会摆动），然后才收线。

钓组

竞技钓组类型各异，主要使用步骤是：在鱼钩上挂饵料、抛出挂饵钓组、让铅坠（不论是否带有固定钢线）沉入水底。鱼会循着诱饵的气味而来。

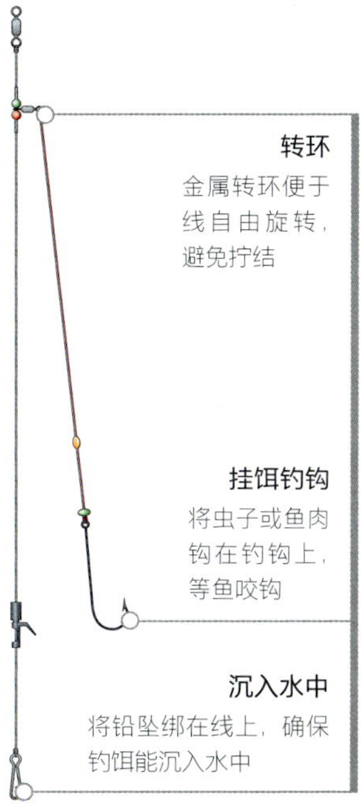

钓饵

钓鱼大师会用最优质的钓饵，通常还会带上各类饵料，并仔细研究当地鱼群偏好和最新趋势。钓饵包括各种蠕虫（海蚯蚓、沙蚕、白色沙蚕等）、螃蟹、鲜鱼、速冻鱼（鲭鱼、玉筋鱼等）以及鱿鱼。

钓轮

通过安装在轮轴上的线轴，钓轮可释放或收回钓线。海钓比赛中，选手会根据自身偏好选择小型增倍轮或较大的固定线轴钓轮。

钓鱼规则

竞技海钓分为两类，一类看重所钓鱼的大小（长度），另一类看重选手个人所钓鱼的总重量。

限定区域内自选钓点比赛

此类比赛的举办地一般沿海岸线分布，包含岩石、小海湾、悬崖和岬角等地形，通常不宜举行大规模定点钓点比赛。此类比赛也有时间限制，但由于是自选钓点，所以比赛结束时选手通常会把鱼会带回中央称重点。通常钓上的鱼总重量排第一的选手获胜。值得注意的是，比赛对鱼的大小有严格规定。

固定钓点比赛

比赛组委会会选择开放式沙滩等空间开阔、可划分为多个区域和钓点的理想比赛场地。选手一般会提前到指定地点支付费用并随机抽取钓点号码，然后选手前往相应钓点等待开赛。比赛机制为先测量后放生。比赛开始后，选手会在对手或比赛管理人员的见证下测量所钓的鱼，将其放生，然后再抛竿。根据鱼的长度，选手可获得一定分数，但不同种类的鱼必须达到相应长度要求。在规定时间内，钓上的鱼总长度排第一的选手胜出。各区域获胜者以及全场比赛冠军通常均可获得奖金。

幕后故事

国际钓鱼联合会（International Angling Federation）于1952年成立，负责管理竞技钓鱼运动。国际海钓运动联合会（International Sea Sport Fishing Federation）是国际钓鱼联合会的分支机构，组织举办了各类年度世锦赛（岸钓、船钓、钓大鱼、远投钓等），面向男性、女性和青少年参赛选手。各参赛国代表队均由五名队员组成。比赛还设有单人奖项。

极限运动

EXTREME SPORTS

12

街头雪橇

运动概述

街头雪橇是冬奥会无舵雪橇的极限运动版。骑手躺在滑板上，离地面只有几厘米，以高达110千米的时速从混凝土赛道或路面上疾驰而下。街头雪橇没有刹车，骑手必须用脚减速。比赛目标很简单：率先抵达赛道终点。每个赛道各不相同，但大多长1～5千米。比赛类型多样，但都一样惊险刺激。双人赛中，两名选手争夺晋级权。有的比赛中，四至六名选手互相比拼，常常出现撞在一起的壮观场面。

超速罚单

街头雪橇运动发展初期，选手们经常在加利福尼亚州高速公路上比赛，引发了多起事故，波及观众，加州高速公路巡警甚至开出了超速罚单。最终，洛杉矶等城市出台禁令，要求不得在坡度大于3%的路面上比赛。

道路规则

街头雪橇运动并无统一管理机构，比赛规则也并未统一，但所有参赛选手均不得推挤或者踢踏其他选手。街头雪橇前后均必须配有保险杠，但不同管理机构对街头雪橇重量、长度、宽度均有不同规定。例如，国际重力运动协会（Gravity Sports International Association）要求街头雪橇重量不得超过25千克。

必备知识

- 街头雪橇在美国、加拿大以及奥地利、法国、瑞士、英国等欧洲国家中最受欢迎。
- 街头雪橇运动于20世纪70年代发源于南加州。滑板手发现，如果躺在板上，下坡速度会更快。
- 首次比赛于1978年在加利福尼亚州信号山（Signal Hill）举行的。
- 国际重力运动协会是街头雪橇运动主要管理机构。

装备

骑手经常摔下街头雪橇，因此要多加防护。头盔、全皮服、手套和靴子为标准装束。雪橇设计差异巨大，有些为木制，但大多为铝制，配有四至六个轮子、前后保险杠、倾斜触发式支架（将车轮车轴与座盘相连）以及扶手。街头雪橇长达2.6米，宽40厘米。

推进区

要赢得比赛，起好步至关重要。推进区位于起跑线和赛道初段之间，在此区域内，选手用手推的方式获得前进动力。一旦开始加速下坡，老手就会利用其他选手身后的尾流来保持速度。

运动要求

街头雪橇危险系数很高。因为要急速过弯，所以选手要极具勇气。选手必须始终关注前方赛道和其他参赛者，稍有疏忽都有可能撞得人仰马翻。

必备知识

- “跑酷（parkour）”一词源自法语“Parcours du Combattant”，指的是20世纪初法国军事训练障碍赛道。
- 多部电影均重点拍摄跑酷场面，例如《皇家赌场》《解构生活》，以及BBC《高峰时段》电视剧预告片。
- 城市随心游等机构为寻求发展的跑酷者出谋划策并加以培训。

运动要求

如果有志于从事跑酷，选手必须先训练数月甚至数年，然后才能尝试高难度路线。跑酷选手必须全身肌肉发达、平衡能力强、身手敏捷。但是跑酷时，脑力和体力一样重要。运动员必须时刻注意周围环境，并且要在瞬间决定特定动作是否可行。

跑酷

运动概述

跑酷兼具武术和舞蹈元素，运动员要像杂技演员般身手敏捷，还要像勇士一样无畏。运动员必须不断绕过、钻过、越过、穿过城市建筑物等障碍物。跑酷运动员被称为跑酷者（traceur）。比赛没有固赛道，但经验丰富的跑酷者会通过爬墙、越过障碍物和在栏杆上奔跑等方式活动身体。每个新的障碍物都是新的挑战。跑酷不仅靠力量、耐力和敏捷性，还应动作优雅美观。跑酷者通常不会相互比拼，而是会不断尝试，精益求精。

信仰之跃

每条路线都有不同的难点，跑酷老手应熟练掌握数百种动作。但跳跃、落地、翻滚分散冲击力等核心技能也同样重要。精准跳跃（saut de precision）兼具力量感、美观度和精准度。

精准跳跃

对跑酷者而言，精准跳跃与其他跑酷动作一样，目的不仅在于跳过障碍物，而且还要展现动作的美观度。

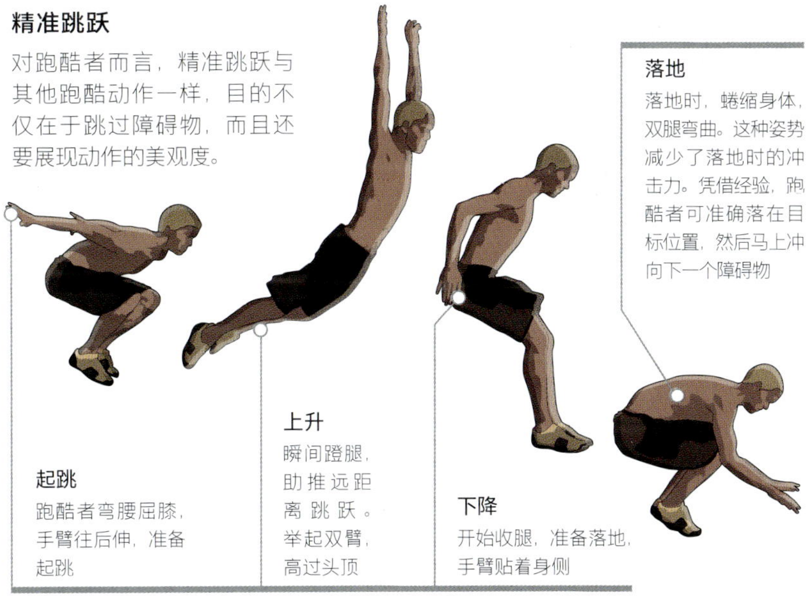

极限攀爬

运动概述

极限攀爬分为器械攀登和自由攀登。器械攀登借助人工设备提供支撑，自由攀登则仅依靠自然条件。不论是自由攀登还是机械攀登，运动员都会使用绳索，但在单人自由攀登中，运动员通常只使用攀爬鞋和攀爬粉。对于大多数极端攀爬者来说，主要挑战在于探索出难度更高的新路线，或者缩短某条路线用时。

必备知识

- 攀冰在北美极其火热，仅美国就有22万名攀冰发烧友。攀冰世界杯（Ice Climbing World Cup）赛事在北美和欧洲举行。
- 美国的一项调查表明，攀爬是最受欢迎的极限运动，参与者平均年龄为23岁。

运动要求

攀爬运动员必须腿部和手臂肌肉发达、肌肉协调性强，同时兼具耐力、灵活性和极强的平衡能力。在面对悬崖峭壁时能保持自信放松也同样重要。

攀爬地点

极限攀爬没有地点限制，未知领域尤佳。峭壁、裂岩、悬崖和恶劣天气都是新的挑战。根据难度，攀爬分为各个级别。例如，在“新浪潮”体系中，A6级攀爬危险系数极高，如果一位成员跌落，全队都可能性命难保。

幕后故事

人类登山已有数千年历史。但直到1786年，登山者爬上法国朗峰（Mont Blanc），才留下了现存最早的高峰攀登记录。20世纪70年代，俄罗斯率先开始举办攀爬比赛。

管理机构

攀冰赛事由国际登山联合会（International Mountaineering and Climbing Federation）负责管理。室内攀岩运动则由2007年成立的国际攀岩联合会（International Federation of Sport Climbing）管理。

装备

攀爬类型不同，装备类型也有所区别。自由攀爬装备可能仅限于攀爬鞋、吸手汗体操粉以及轻巧、便于行动的攀爬服。器械攀爬装备则包括绳索、安全钩、钢锥等。攀冰者则在攀爬鞋上套冰爪，并携带螺旋冰锥和冰斧。如果攀爬运动员打算在山上过夜，则需要携带睡袋或羽绒服。露营袋也很实用。

攀爬鞋

攀爬鞋鞋面材质为柔软皮革或合成材料，橡胶鞋底抓地力强，鞋头和脚跟内衬均为橡胶材质。鞋子应紧贴合脚部。

螺旋冰锥

螺旋冰锥呈管状，可拧入冰壁或从中拔出，安全钩可牢牢固定在上面，以便绳索从安全钩中穿过。

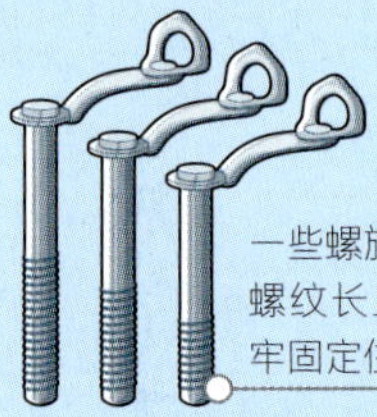

极限赛跑

运动概述

超级马拉松的比赛距离超过传统的马拉松比赛，有些比赛还要翻越极端地形，是对耐力的终极考验。比赛类型分为固定比赛距离或固定比赛时间。

必备知识

- 超级马拉松比赛距离长于标准的42千米马拉松，参赛人数超过7000名。
- 国际超级马拉松协会（International Association of Ultra Runners）负责举办年度世锦赛，包含50千米、100千米、24小时、48小时等各类比赛。
- 超级马拉松极具挑战性，对运动员身心都是巨大考验。

环球跑

2004年至2005年，丹麦超远距离跑者杰斯珀·奥尔森（Jesper Olsen）完成了环球跑，用时二十二个月，全程达26000千米。途中大部分时候，奥尔森都推着一辆婴儿车，上面载着食物、饮料以及帐篷等装备。

比赛地点

超级马拉松在田径赛道、公路、泥地赛道或开阔地形上进行。有些比赛仅考验远距离耐力，有些则更具挑战性。恶水超级马拉松（Badwater Ultramarathon）赛道全长215千米，高度落差2600米，选手从加利福尼亚州死亡谷（Death Valley）出发，要在酷暑中跑完全程。四沙漠系列赛（Four Deserts series）参赛选手必须跑完250千米，横跨撒哈拉沙漠、戈壁和阿塔卡马（Atacama）沙漠，然后才有资格参加在南极洲的最终比赛。

比赛规则

比赛不同，规则也有所差异，但考虑到长途跋涉容易导致运动员疲劳，休息期间每位跑者通常都有后勤团队为其提供保障服务。运动员必须完全依靠自身力量跑完全程，不得使用人工降温装置，但完全可以也理应配备轻量化跑步装备，戴上帽子和太阳镜，并携带充足的水。有些比赛允许陪跑员带领参赛选手进入比赛节奏。越野赛中，由于组织方无法实时跟进选手比赛进度，选手必须在赛道沿线的定点计时站打卡登记。

趣闻

23961 第七十五届同志马拉松比赛（Comrades Marathon）的参赛人数。同志马拉松是全球历史最悠久、规模最大的超级马拉松比赛，举办地点为开普敦。

5022 全球最长超级马拉松比赛自我超越（Self-Transcendence）的比赛距离（以千米为单位）。比赛在纽约举办，最短用时纪录为41天。

9000 坎布里亚郡（Cumbria）沃斯代尔高山赛跑（Wasdale Fell Race）赛道的垂直高度落差（以英尺为单位，约2744米）。

运动要求

身体和精神耐力至关重要。增加训练时间，以及在更加严苛的环境中训练都是对心脏和肌肉的锻炼。举重也有助于增强力量。磨炼出能连续跑数小时或数天的精神耐力并不容易，但是如果没有意志力，即便是身体素质最强的运动员也无法跑完超级马拉松。

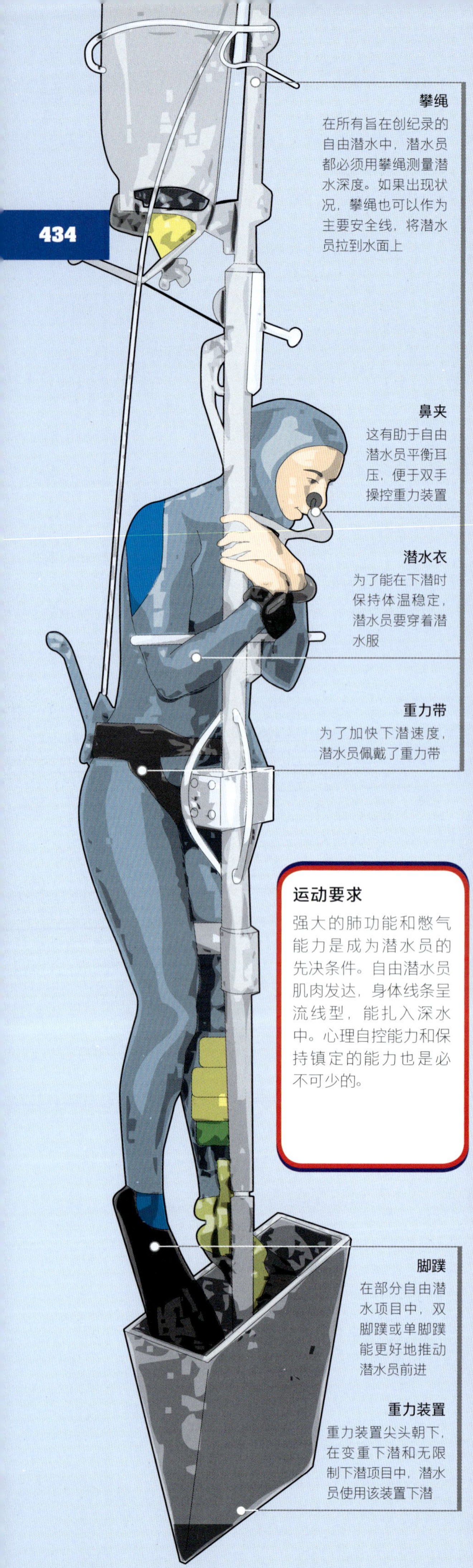

运动要求

强大的肺功能和憋气能力是成为潜水员的先决条件。自由潜水员肌肉发达，身体线条呈流线型，能扎入深水中。心理自控能力和保持镇定的能力也是必不可少的。

运动概述

自由潜水运动危险系数很高，潜水员要在开放水域或游泳池中尝试一口气潜得尽量深、尽量久或尽量远。在尝试打破纪录或突破极限时，自由潜水员面临深水停电、溺水等诸多危险。自由潜水是以个人表现为基础的运动，分为纪录型项目或以个人表现决胜负的比赛。

自由潜水

自由潜水项目

国际自由潜水发展协会（International Association for the Development of Apnea）认可的深潜项目有五种。有蹼等重下潜最常见，潜水员借助脚蹼和固定配重进行深潜；无蹼等重下潜难度最大，与有蹼等重下潜规则相同，但不得使用游泳装备；在攀绳下潜项目中，潜水员依靠手臂拉绳下潜或重返水面；变重下潜项目中，潜水员使用配重重力装置下潜，依靠自身力量，以游泳、拉绳等方式重返水面；无限制下潜是超级深潜项目，潜水员用加配重重力装置下潜，上升方式则可自主选择。

泳池项目

官方认可的泳池项目一共有三种。动态平潜是在水下游泳，游得越远越好。该项目可细分为有无脚蹼或有脚蹼。第三种项目是静态闭气，会对选手水下屏息进行计时。

必备知识

- 1996年首届自由潜水世锦赛（Free Diving World Championship）有德国、比利时、哥伦比亚、西班牙、法国和意大利代表队参赛，意大利最终获得了首届冠军。
- 当前无限制下潜世界纪录是惊人的214米，纪录创造者是奥地利选手赫伯特·尼奇（Herbert Nitsch）。

训练

自由潜水员会进行水下及地面训练。“屏息步行”就是一项地面练习，运动员进行短暂静态闭气，然后进行行走，同时继续屏住呼吸。这种训练能使运动员肌肉习惯无氧状态。

《碧海蓝天》

1988年电影《碧海蓝天》是一部以自由潜水运动为主题，根据雅克·马约尔和恩佐·马奥卡这两位分别来自法国和意大利的著名潜水运动员之间的比拼而改编的电影。

幕后故事

雅克·马约尔和恩佐·马奥卡是自由潜水赛事的先驱者。20世纪60年代和70年代，两位运动员经常互破纪录，同时提升了大众对自由潜水运动的兴趣。1976年，马约尔成为下潜100米的第一人。1960年至1974年，马奥卡是多达13项世界纪录的保持者。1983年，马约尔成功下潜至105米。

悬崖跳水

运动概述

世界高空跳水联合会（World High Diving Federation）将悬崖跳水形容为“极致特技跳水”。悬崖跳水是高风险运动，运动员从悬崖上一跃而下，在空中表演高难度转体和翻腾组合动作，然后落入水中。选手要按照严格规定跳水，每次选手试跳成功后，裁判会根据选手表现打分。

比赛地点

悬崖跳水比赛地点为垂直悬崖，崖下水深至少5米。男子比赛标准跳水高度为23～28米，女子比赛则为18～23米。国际比赛中，跳水平台通常高出悬崖表面1米，在非国际赛事中，运动员则往往直接从悬崖跳入水中。

高难度组合动作

为获得最高分，运动员必须在空中完成高难度翻腾和转体组合动作。跳水成功与否，关键在于：起跳阶段的起跳高度、角度、劲头、姿势；腾空阶段清楚展现屈体、团身、劈叉等预先申报的动作；入水时压住水花。

运动要求

悬崖跳水运动员勇气非凡，身体控制力极强。运动员身体精瘦，肌肉发达，平均仅3秒就能完成复杂的空中动作。

必备知识

- 首届世界高空跳水联合会世锦赛于1997年在瑞士举行。美国选手达斯汀·韦伯斯特（Dustin Webster）凭借总成绩248.04分夺冠。
- 悬崖跳水运动员入水速度为75～100千米/时，入水冲击力是标准10米跳台的9倍。
- 单次悬崖跳水最高分为168.00，由俄罗斯选手阿特姆·希尔申克（Artem Silchenko）在2006年世界高空跳水联合会国际赛中获得。希尔申克完成了向后翻腾三周转体两周，动作难度值达5.6。

完美的一天

哥伦比亚选手奥兰多·杜克（Orlando Duque）被誉为史上最优雅的悬崖跳水运动员。在2000年夏威夷考诺卢（Kaunolu）世界高空跳水联合会世锦赛上，杜克跳出了“完美一跳”，最终夺得冠军。杜克完成了向后翻腾两周转体四周，七名裁判都打出了满分10分。此后，直到2002年，杜克又接连获得两个世界冠军，使之成为目前唯一的三联三冠王。

比赛规则

标准比赛分为三轮，每位选手每轮试跳一次。五位裁判会根据选手的表现打分，满分为10分。去掉一个最高分、一个最低分，其余分值之和乘以裁判评定的动作难度值。根据五个类别标准，分别评出难度值，从而相加得出总值，这五个类别为：起跳、翻腾、转体、空中姿势数量和入水。三轮比赛结束后，总数最高的选手获胜。

幕后故事

卡赫基利国王（King Kahekili，1710—1794年）是毛伊岛（Maui）最后一位独立国王，以利勒卡瓦（lele kawa）而闻名，即从悬崖上跳下，脚朝下入水，没有溅起一点水花。卡赫基利国王之后的一代夏威夷人开始练习利勒卡瓦运动，比赛评分标准为跳跃姿势和入水水花大小。

世界高空跳水联合会

世界高空跳水联合会成立于1996年，其总部位于瑞士阿韦尼奥（Avegno）。联合会目前是国际悬崖跳水运动官方管理机构。

山地自由骑行

必备知识

- 红牛坠山赛（Red Bull Rampage）是山地自由骑行运动的顶尖赛事，2001年至2018年期间在美国弗吉尼亚州和犹他州举办了十三届。
- 2004年，6000多名观众观看了在加利福尼亚州达娜公园（Dana Park）举行的怪兽公园坡道自由骑行（Monster Park Slopestyle Freeride）比赛。

运动概述

与自由单板和滑雪板滑雪相似，山地自由骑行包含各类骑行风格，但都秉持“骑行无界限”的理念。自行车避震数量越多，避震性能越强，下山速度越快，跳跃幅度越大，骑行线路难度越大。

空中技巧

自由骑行车手在天然地形或城市赛道上腾空而起，顺势表演跳跃和即兴技巧动作，因此自由骑行比赛的随机性较为突出。旗舰赛事采取邀请制，顶尖骑手为争夺奖金而一争高下，裁判则对选手动作难度、速度、流畅性、技巧性和优美度打分。红牛坠山赛便属于此类赛事。红牛坠山赛赛道以天然地形为主，以木制设施为辅。在城市人工赛道上举办的比赛也越来越受欢迎。

北岸天堂

源自加拿大温哥华北岸的北岸式自由骑行发展迅猛。该风格的骑行地点一开始是铺在植被茂盛的森林地面上的木板人行道，后来延伸到木条、树干、障碍物、陡坡，甚至是大型跷跷板。北岸骑行也影响了主流自由骑行，许多木制设施都出现在了自由骑行比赛中。

运动要求

骑手必须有发达的上下半身肢体力量，巨大的肺活量和精湛的自行车骑行技术，包括平衡能力、跳跃技术、线路选择能力和时机判断力。选手还要信心十足，能随时操控好自行车——因为稍有闪失，就可能骨折。

360度速降跳跃

不满足于只是从9米高的峭壁边缘跃下，自由骑行高手还在空中表演特技，并且落地时人车安然无恙。

必备知识

➔ 陆地风帆车赛事在欧洲和北美最受欢迎。在2010年比利时德帕内（De Panne）世锦赛上，法国队大展风采，赢得了六大项目中的三个项目冠军。

➔ 国际陆地和沙滩风帆车联合会（International Land and Sandyachting Federation）是陆地风帆车运动管理机构，负责每两年举办一届世锦赛。

沙滩规则

风帆车之间不得相互阻碍或相互碰撞。若两辆风帆车从不同角度互相靠近，则右侧车有优先通行权，左侧车必须减速或靠边行驶。超车时，不得迫使慢车靠边行驶，但被超车的风帆车也不得驶入快车的车道。

出发旗

红色旗帜降到出发线附近时，表示比赛开始。

转向旗

用旗帜标示陆地风帆车比赛赛道布局，并提醒驾驶员转向。

终点旗

首辆风帆车越过终点线时，升起终点旗，表示比赛结束。

比赛场地

要办好比赛，两大因素必不可少，即大片平坦开阔区域以及风力。因此，任何符合条件的地方均可举办陆地风帆车赛。海滩、盐田、冰冻湖（用冰刀代替车轮）、机场都很适合。比利时德帕内沙滩、法国勒图凯（Le Touquet）沙滩、荷兰泰尔斯海灵（Terschelling）沙滩、美国内华达州伊凡帕（Ivanpah）干涸湖床均为热门比赛场地。比赛通常在封闭环形赛道上进行，转向标志物（旗帜沿对角线分为红白两色）提示车手正在靠近赛段尽头。标志物之间必须至少相距2000米，并且要用锥形路标将障碍物隔起来。

运动概述

车手驾驶风力驱动型三轮车在开阔平地上比赛。车手躺在车上，用踏板或杠杆操控。通过控制风帆角度，老练的车手可让车速达到风速的数倍。风帆车没有配备制动器，因此车手必须借助风力停车。陆地风帆车经常侧翻，因此该运动具有一定危险性。

陆地风帆车

快如……鸭？

1999年3月20日，美国车手鲍勃·舒马赫（BOB SCHUMACHER）驾驶名字奇特的“铁鸭”号风帆车在美国一个干涸的湖床上急速行驶，速度达187.7千米/时，创造了世界速度纪录。2009年3月26日，理查德·詹金斯（RICHARD JENKINS）驾驶的“绿鸟”号风帆车跑出了202.9千米/时的速度，从而打破了舒马赫的纪录。

陆地风帆车等级

陆地风帆车分为多个竞赛等级，包括：

2级：该级别风帆车最大、动力最强，配有玻璃纤维车身、高达8米的翼形桅杆和木制后车轴，但速度并非最快。主要用于欧洲赛事。

3级：外观与2级风帆车相似，但体积较小，是最受欢迎的级别，速度可达110千米/时及以上。

5级：比2和3级风帆车小，车手躺在悬空玻璃纤维座椅上，依靠下方钢管或铝制底盘提供支撑，而非躺在车身内。

标准级：标准级风帆车与5级相似，但有一大区别，即每辆车都完全相同，避免车手依赖技术优势，让车手全凭自身表现而非风帆车的性能取胜。

运动要求

车手必须充分掌握如何将风能效用最大化，这可不是一项速成技能。车手还必须警惕风大危险，并且注意观察风帆车“航行”场地表面以及其他车辆。车手还必须反应敏捷、身强力壮、全神贯注、毫无畏惧。

为速度而生

陆地风帆车并非在水中行驶，因此不会像帆船一样会出现船体阻力。风帆车车轮轴承几乎没有摩擦力，因此即便风很小，车也能行驶得飞快。

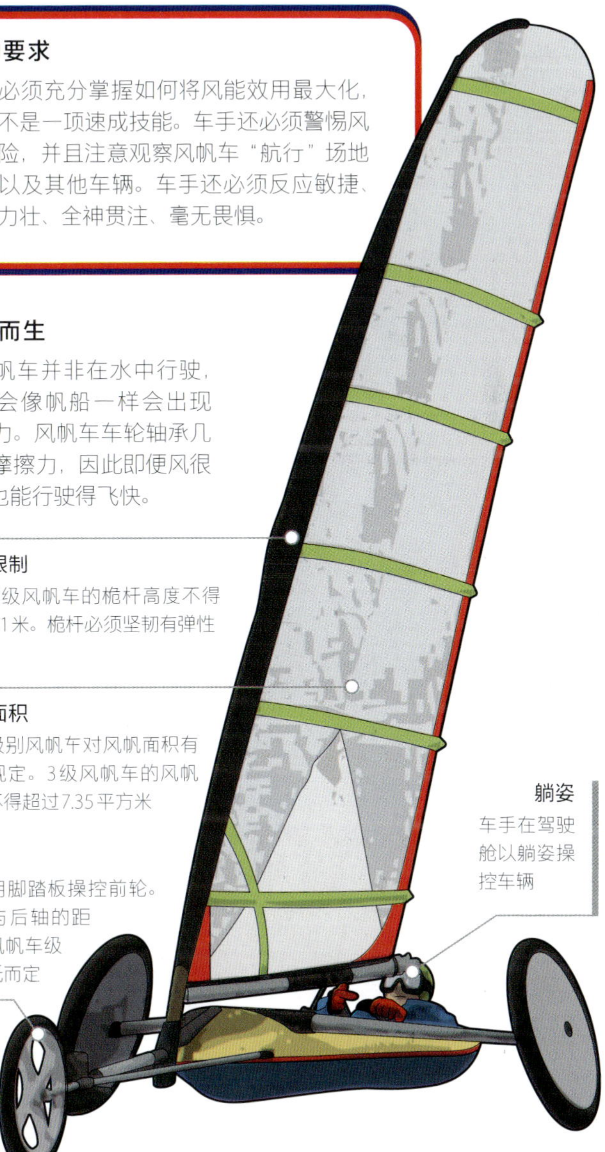

激流漂流

运动概述

激流漂流是紧张刺激且具有危险性的娱乐运动和竞技运动。俱乐部或商业运营方提供各类冒险类型，让参与者有机会安全地激流漂流，或是在鲜为人知的河水中激流勇进。漂流老手可参加国家级、大陆级或国际赛事，例如世界漂流锦标赛（World Rafting Championships）。

漂流筏类型

想要操控漂流筏在波涛汹涌的河水上漂流，短桨船是常见之选。长桨船则依靠长桨翻越急流。长桨船通常比短桨船更大、更重、更稳定。另一种船是双体船，依靠金属骨架将两个平行船体连接在一起，船上有两人划桨。

世界锦标赛

国际漂流联合会每两年组织一届世界漂流锦标赛，男女选手均可参赛。六名选手组队参加三项比赛：冲刺赛、障碍赛和长距离赛。选手先顺着湍流急冲而下，然后逆流而上或顺流而下穿过十二个门，最后顺流漂流约1小时。

必备知识

- 激流划艇为1972年慕尼黑奥运会比赛项目，在此后的约10年里，激流漂流越来越受欢迎。
- 日本队和捷克队分别夺得了2011年世界漂流锦标赛男子团队冠军和女子团队冠军。

激流分级

根据国际分级体系（International Grading System），激流分为一到六级，一级为平缓流水，六级则是只适合专业团队的极端湍流。二级比一级要水急些，三级有些湍流，四级湍流颇多。五级有潜在障碍物危险物，只向漂流高手开放。

背包式充气筏

超轻背包式充气筏配有折叠桨，便于野外长距离跋涉时携带，需要时可充气，适用于开放水域和湍急河流。

运动要求

激流漂流运动员必须身强力壮，反应迅捷，能迅速改变姿势，从而在急流中绕过一个又一个弯，越过一个又一个障碍物。

必备知识

- 铁人三项包含公开水域1.5千米游泳比赛。
- 2008年北京奥运会上，公开水域10千米游泳比赛首次亮相奥运会舞台。
- 2012年伦敦奥运会女子10千米游泳比赛中，伊娃·利兹托夫（Éva Risztov）仅以不到1秒的优势击败海莉·安德森（Haley Anderson），夺得第一名。

趣闻

5 英国游泳先锋刘易斯·戈登·普格（Lewis Gordon Pugh）在五大洋（大西洋、北冰洋、印度洋、太平洋和南冰洋）完成了长途游泳，成为完成此壮举的历史第一人。

66 2007年，斯洛文尼亚选手马丁·斯特雷尔（Martin Strel）在亚马孙河游了66天，从秘鲁阿塔拉亚（Atalaya）游到巴西贝伦市（Belem），创造了5268千米长距离游泳纪录。

1832 截至2019年8月，有1832名游泳者独自横渡英吉利海峡，平均用时约13小时。英吉利海峡最窄处宽35千米。由于潮汐、风力和航运的影响，英吉利海峡也被称为“公开水域游泳的珠峰”。

42 来自25个国家的42名运动员参加了2007年在墨尔本举行的第12届国际游泳联合会世锦赛女子10千米比赛。

耐力游泳比赛

耐力游泳选手参加5千米、10千米、25千米等各距离赛事。其他赛事则为限时赛，通常时长一小时及以上。国际泳联负责举办世界锦标赛、开放水域世锦赛以及由10千米系列赛组成的马拉松世界杯，这些赛事均面向男女选手。在开放水域比赛中，每位选手都有安全船陪游，船上有一名裁判和一名选手团队成员，可为选手提供建议，并跟进选手身体状况。

运动概述

耐力游泳运动员参加长距离自由式游泳比赛，比赛场地为河流、湖泊或海洋等开放水域或游泳池等人工水域。运动员参加地方性比赛、国家级赛事或每两年一届的世锦赛等国际竞赛。游泳运动员经常寻求突破自我，努力横渡英吉利海峡、北美五大湖、挪威峡湾等开放水域。

开放水域挑战

许多耐力游泳运动员参加澳大利亚珀斯20千米罗特尼斯海峡游泳赛等开放水域比赛，或者参加荷兰航道游泳赛等长距离赛事。还有些游泳运动员成功完成了高难度开放水域挑战。例如，美国选手林恩·考克斯（Lynne Cox）成为横渡白令海峡的第一人。考克斯还不畏严寒，在南极洲的冰水中游了1.7千米。

逃离恶魔岛

从恶魔岛（ISLAND OF ALCATRAZ）游到旧金山海岸是很常见的开放水域比赛路线，有些选手专精于此，已经游了上百次。

耐力游泳

运动要求

耐力游泳运动员要有高超的游泳技术，游泳动作强劲有力，衔接顺滑，游进距离长，节奏平稳。除了身强力壮，选手还必须精神坚强，思想活跃。运动员要确保自己能游完规定距离，并能在开放水域中应对寒冷以及大风大浪。

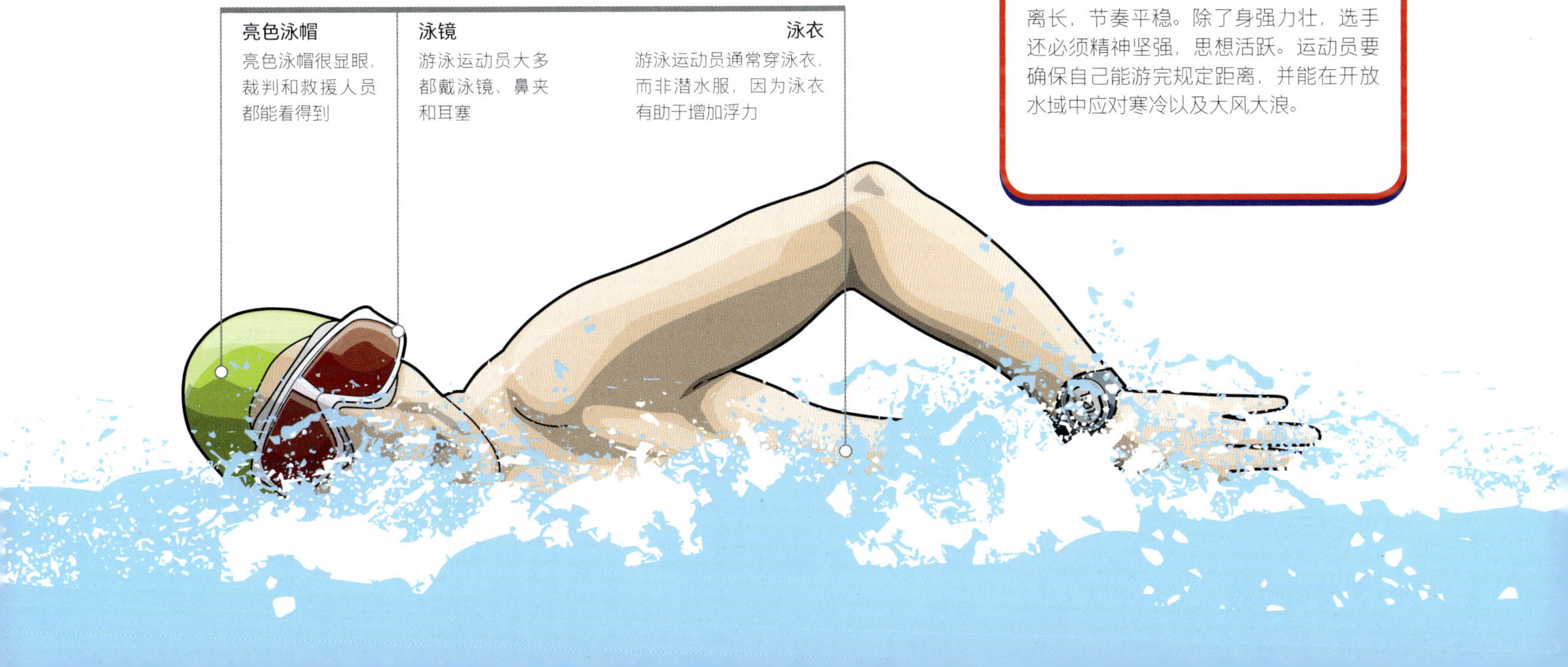

悬挂式滑翔

必备知识

➔ 19世纪90年代，奥托·李林塔尔在德国制造并试飞了具有开创性的悬挂式滑翔机。

➔ 1963年，澳大利亚电气工程师约翰·狄更森打造了一架可操控的便携式滑翔机。当年晚些时候，在摩托艇的拖拽下，罗德·富勒操纵该滑翔机进行公开飞行，悬挂式滑翔由此逐渐流行开来。

➔ 国际航空联合会（Fédération Aéronautique Internationale）设立了世界飞行员排名系统。运动员参加特技飞行、1级、2级、5级等悬挂式滑翔比赛后，可获得积分。

运动概述

以气流作为驱动力，运动员操纵悬挂式滑翔机在空中像鹰一般翱翔。运动员操控着愈发先进的滑翔机参加越野和特技比赛，还可进行长距离高空飞行。

单翼

安装在铝制骨架上的织物帆布构成了悬挂式滑翔机的单片式三角形机翼，骨架还可用碳纤维加固。环绕式织物吊座从机翼重心处垂下，支撑着运动员身体。运动员可任意调整重心，从而改变滑翔机飞行方向。

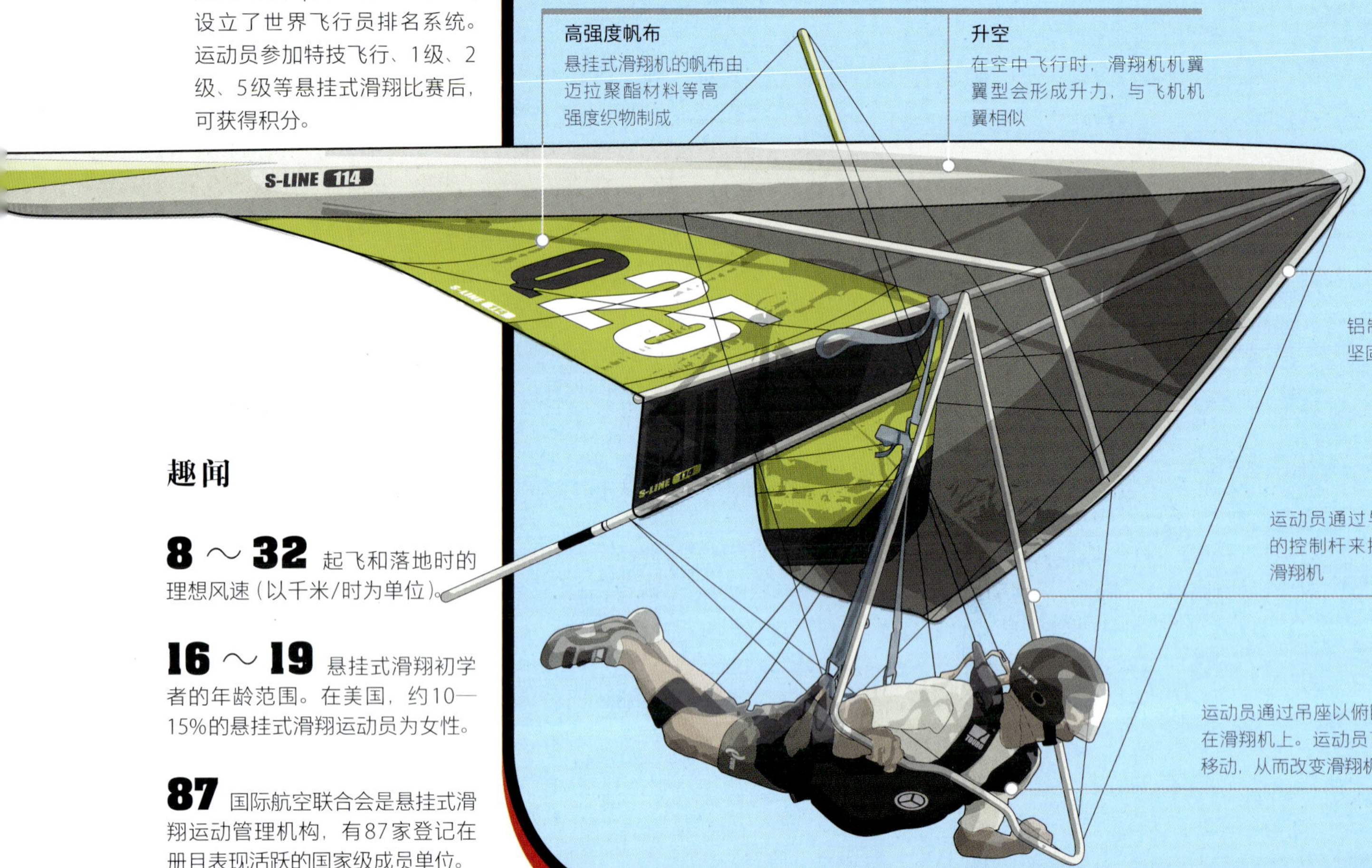

高强度帆布
悬挂式滑翔机的帆布由迈拉聚酯材料等高强度织物制成

升空
在空中飞行时，滑翔机机翼翼型会形成升力，与飞机机翼相似

机翼骨架
铝制机翼骨架坚固而轻巧

控制杆
运动员通过与机翼相连的控制杆来控制悬挂式滑翔机

俯卧
运动员通过吊座以俯卧姿势悬挂在滑翔机上。运动员可前后左右移动，从而改变滑翔机飞行方向

趣闻

8～32 起飞和落地时的理想风速（以千米/时为单位）。

16～19 悬挂式滑翔初学者的年龄范围。在美国，约10—15%的悬挂式滑翔运动员为女性。

87 国际航空联合会是悬挂式滑翔运动管理机构，有87家登记在册且表现活跃的国家级成员单位。

幕后故事

国家级赛事和国际比赛定期在世界各地举行。比赛分为各个级别，例如柔性翼（1级）、刚性翼（2级和5级），并且分为各种类别，适合运动员单独或组队参赛。2012，达斯汀·B. 马丁（Dustin B. Martin）滑翔了764千米，创造了悬挂式滑翔直线距离世界纪录。

起飞并落地

运动员通常徒步起飞。运动员将滑翔机扛在肩上，然后冲下山坡，直到达到起飞速度。运动员也可以靠船、卡车或超轻型飞行器拖拽，还能靠固定式绞车吊到空中。腾空后，运动员通过转移重心来操控滑翔机穿过上升热气流、山脊上升气流等气团。落地前，运动员操纵滑翔机向地面飞，然后上旋机翼减速，最后双脚落地。

对风敏感

对许多运动员而言，能敏锐捕捉垂直风速变化的气压表必不可少。气压表可发出哔哔声，可显示数值，并能估测飞行高度。气压表可衡量爬升或降落速度，便于运动员准确判断上升热气流或山脊上升气流。内置的全球定位系统（global positioning system）也便于比赛时运动员和裁判记录滑翔路线。

必备知识

- 1985年，许多滑翔伞发烧友从阿尔卑斯山山腰起跳滑翔，滑翔伞运动便由此诞生。
- 2006年，首届滑翔伞和悬挂式滑翔特技世锦赛在瑞士维伦纽夫（Villeneuve）举行。

自动充气式伞翼

滑翔伞伞翼进气后可自动充气膨胀。风小时，运动员拽着伞翼向前跑，使空气能通过伞翼前缘进气口进入一整排长条状气室。风大时，运动员像放风筝一样面朝伞翼，加以操控，直到伞翼充满空气。

运动概述

滑翔伞运动与悬挂式滑翔相似——运动员在空中飞行数小时，激烈角逐越野赛或特技表演赛冠军。两者也有一些不同。滑翔伞运动员通常悬挂着坐在伞翼下方，伞翼在气压作用下膨胀，运动员通过绳线操控伞翼。滑翔伞比悬挂式滑翔机更轻、更便携、更易组装，但飞行速度较慢，飞行性能较差。

滑翔伞

滑翔驯鹰

尼泊尔滑翔伞运动员独创了人鹰合一的滑翔驯鹰（Parahawking）。这是种高难度特技表演，运动员与风筝、老鹰和秃鹰共同翱翔天际。

为翱翔而生

滑翔伞非常适合顺着热气流、山脊上升气流等气流趁势腾飞。飞行老手平均每次飞行时长达三个小时，飞行高度甚至能超过3000米。滑翔伞飞行时长纪录为11小时，飞行距离纪录则为564千米。

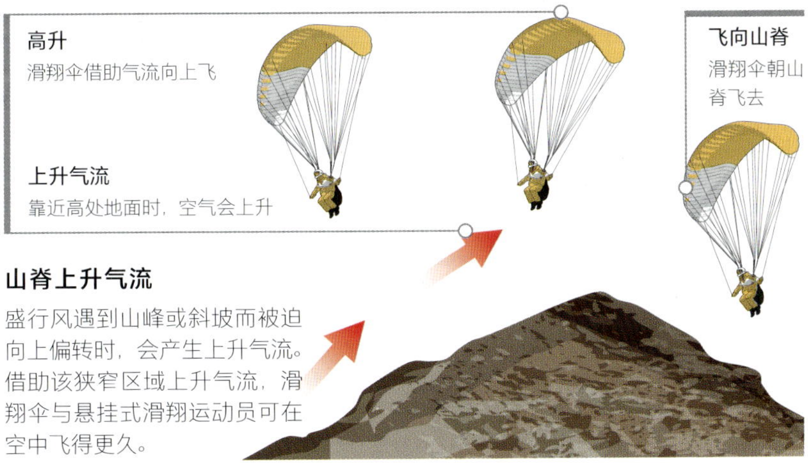

山脊上升气流

盛行风遇到山峰或斜坡而被迫向上偏转时，会产生上升气流。借助该狭窄区域上升气流，滑翔伞与悬挂式滑翔运动员可在空中飞得更久。

幕后故事

与悬挂式滑翔一样，世界各地均有举办全国性以及国际滑翔伞比赛，包括个人和团体滑翔伞越野赛、滑翔伞定点赛和滑翔伞特技赛，每项赛事均纳入国际航空联合会所设立的世界飞行员排名系统中。在2009年墨西哥埃尔佩尼翁（El Peñon）第十一届国际航联世锦赛上，瑞士选手安迪·奥比（Andi Aebi）赢得了越野赛总冠军，法国选手埃里莎·霍德里（Elisa Houdry）赢得了女子越野赛冠军。2004年，首届国际航联滑翔伞亚锦赛在韩国河东（Hadong）举行。

运动概述

跳伞运动员通常乘坐飞机至高空后跳下，自由下落一段时间，然后打开降落伞，最终以安全速度降落在着陆区。跳伞通常是休闲运动，但跳伞老手也会参加比赛，并可能参与自由式跳伞、队形跳伞、空中冲浪、跳伞拉飘和极限自由跳伞等。

必备知识

- 世界各地共有1000多个跳伞着陆区，其中半数在欧洲。
- 跳伞运动员也可从直升机或热气球上跳下来。
- 如果主伞出现故障或无法打开，运动员会弃而不用，转而使用备用伞。

跳伞

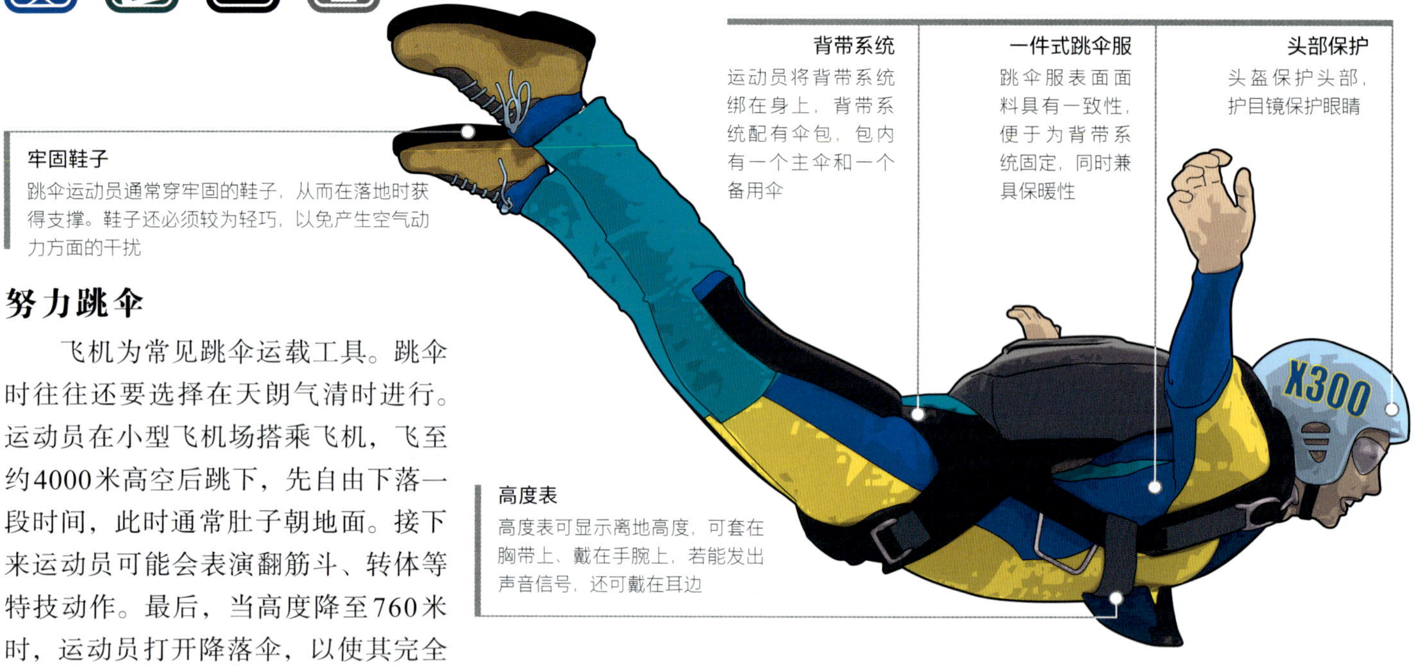

努力跳伞

飞机为常见跳伞运载工具。跳伞时往往还要选择在天朗气清时进行。运动员在小型飞机场搭乘飞机，飞至约4000米高空后跳下，先自由下落一段时间，此时通常肚子朝地面。接下来运动员可能会表演翻筋斗、转体等特技动作。最后，当高度降至760米时，运动员打开降落伞，以使其完全充气膨胀，并瞄准指定着陆区降落。

降落伞

跳伞运动员自由落体时，速度可达190千米/时及以上。伞翼通常为自动充气式冲压空气翼型，降落伞配备操纵绳和牵引器，运动员可用于飞行控制，从而实现安全着陆。

队形跳伞

自由落体期间，跳伞运动员可聚在一起，进行队形跳伞或造型跳伞表演。有时，多达数百人在短时间内摆出各种在地面上精心演练过的造型。伞翼队形，亦称伞翼造型，是另一项技能。运动员跳下后尽快打开降落伞，然后聚在一起，形成双翼机、钻石等多层结构造型。

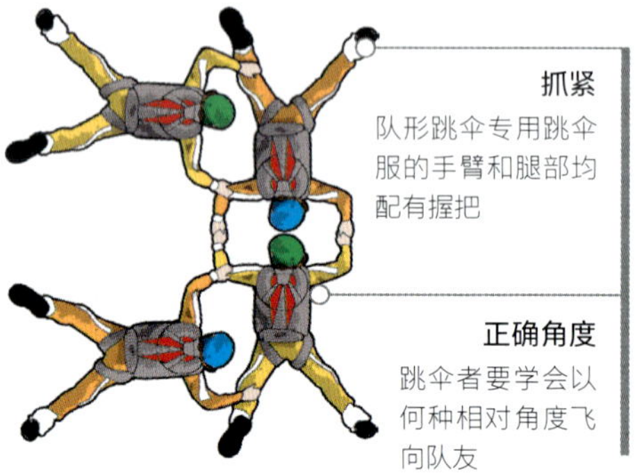

聚在一起

队形跳伞运动员按事先安排好的造型聚在一起。运动员必须完全掌握飞抵目标位置的角度、身旁队友的抓握位置，以及下一阶段开始的信号。

幕后故事

世界级、区域级以及国家级跳伞比赛涵盖多种跳伞项目，既有自由式跳伞、空中冲浪和极限自由跳伞等艺术表演类项目，也有伞翼队形、定点赛和队形跳伞。比赛类别通常分为男子、女子、团体和青少年。

国际跳伞委员会

国际跳伞委员会（INTERNATIONAL PARACHUTING COMMISSION）是跳伞运动主管机构，也是国际航空联合会下属的空中运动委员会之一。国际跳伞委员会负责举办世锦赛，并负责验证世界纪录。

必备知识

- 有多种因素会影响蹦极的安全性，包括高血压、心脏病、背部疾病、癫痫、超重和怀孕。
- 许多国家均有蹦极项目，包括美国、英国、澳大利亚、新西兰、印度，日本、韩国以及大多数欧洲国家和南美国家。

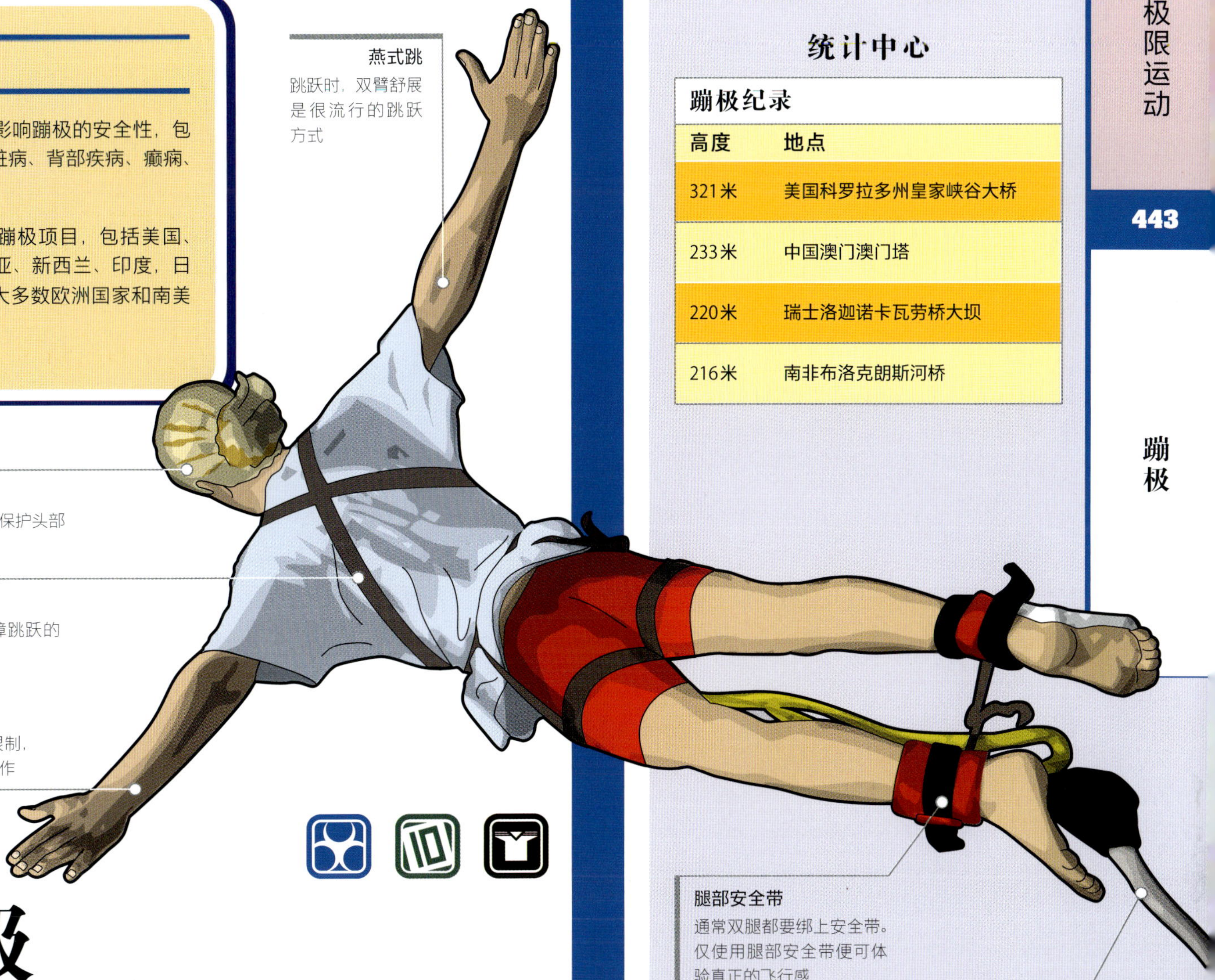

统计中心

蹦极纪录

高度	地点
321米	美国科罗拉多州皇家峡谷大桥
233米	中国澳门澳门塔
220米	瑞士洛迦诺卡瓦劳桥大坝
216米	南非布洛克朗斯河桥

蹦极

运动概述

蹦极是追求刺激的运动项目。参与者从高处跳下，一头扎向地面，直到最后一刻才被极具弹性的绳索拉回空中。不少人认为蹦极玩的就是心跳，极具刺激性。蹦极目前主要是一项休闲消遣活动。

高点

蹦极者从桥梁、热气球、起重机和塔楼等高处上纵身跳下，完成惊险一跃。南非布洛克朗斯河桥（Bloukrans Rivers Bridge）、瑞士韦尔扎斯卡大坝（Verzasca Dam）和新西兰卡瓦劳桥（Kawarau Bridge）均为著名的蹦极高点。运营商常常将移动起重机用于蹦极跳跃。

冒险一跃

蹦极项目充满危险，为保证安全，安全可靠的弹力绳至关重要。弹力绳用乳胶丝制成，可套上外皮或直接裸露内芯，具体取决于所需的延伸性和弹性。登上高台跳跃之前，蹦极者要仔细称重，绑上躯干安全带。一次跳跃用时数秒，包括数次回弹。弹力绳吸收了大部分重力，因此蹦极者会逐步减速，而非猛然停下。

幕后故事

1979年，受太平洋岛国瓦努阿图彭特科斯特岛（Pentecost Island）高台跳跃启发，危险体育俱乐部（Dangerous Sports Club）的四名成员将弹力绳绑在脚踝上，从布里斯托尔克利夫顿悬架桥（Clifton Suspension Bridge）上跳下来，拉开了现代蹦极的帷幕。

提高安全性

全球许多蹦极俱乐部的安全保障工作一向做得很好，原因是它们引入了故障防护机制来保护蹦极者。在有些国家，蹦极运动受到监管。比如，英国的蹦极俱乐部就都隶属于英国弹力绳运动协会（British Elastic Rope Sports Association），该协会致力于加强蹦极安全性、培训以及许可管理。

索引

守场位置名词解释

1 Bowler：投球手
2 Non-striking batter：非击球手
3 Striking batter：击球手
4 Wicketkeeper：守门员
5 Slips：三柱门右侧稍后方防守位置
6 Gully：三柱门右侧防守位置
7 Silly point：击球手近前方斜45度防守位置
8 Point：击球手前方，与三柱门水平的防守位置
9 Cover point：在击球手右侧的稍前方、离边线半程处的外场防守位置。
12 Silly mid-off：最靠近击球手的防守位置
15 Leg slip：三柱门左后方防守位置
16 Short leg：击球手后方靠近三柱门的防守位置
17 Forward short leg：击球手左后方靠近三柱门的防守位置
18 Silly mid-on：投手右前方的防守位置
20 Wide mid-on：投手右后方稍远的防守位置
21 Mid-wicket：在square leg和mid-on正中间的防守位置
23 Deep square leg：三柱门左侧外场防守位置
24 Deep mid-wicket：在Deep square leg和Long-on正中间的防守位置
26 Straight hit：投手正后方外场防守位置
27 Long-off：投手左后方外场员位置
28 Deep extra cover：投手远左外场额外堵截员
30 Sweeper：三柱门右侧外场防守位置
31 Backward point：三柱门右后方防守位置
33 Fine leg：三柱门后外场防守位置
34 Long leg：三柱门左后方外场防守位置
35 Deep b/w fine leg：三柱门左侧外场防守位置

Wider：球员位置较为远离一条穿过比赛场地中心和击球手前方的假想线
Finer：球员位置较为靠近一条穿过比赛场地中心和击球手后方的假想线
Wider：球员位置较为远离一条穿过比赛场地中心和击球手前方的假想线
Squarer：球员位置较为远离一条穿过比赛场地中心和击球手后方的假想线
Deeper：远离击球手的位置
Sillier：贴近击球手的位置
Shorter：较为靠近击球手的位置
Backward：球员位于击球手一侧的三柱门之后
Forward：球员位于击球手一侧的三柱门之前

相关网站

Olympics
Athletics
UK Athletics www.ukathletics.net

Gymnastics
Federation Internationale de Gymnastique
www.fig-gymnastics.com

Weightlifting/Powerlifting
International Weightlifting Federation
www.iwf.net

Soccer
Federation International de Football Association www.fifa.com

Basketball
International Basketball Federation
www.fiba.com

American football
National Football League
www.nfl.com

All American Football League
www.aafl.com

Rugby union
International Rugby Board
www.irb.com

Rugby League
Rugby League International Federation
www.rlif.com

Australian Rules football
Australian football League
www.afl.com

Cricket
International Cricket Council
www.icc-cricket.com

Baseball
International Baseball Federation
www.baseball.ch

Softball
International Softball Federation
www.internationalsoftball.com

Rounders
National Rounders Association
www.nra-rounders.co.uk

Ice Hockey
International Ice Hockey Federation
www.iihf.com

Bandy
International Bandy Federation
www.internationalbandy.com

Field Hockey
International Hockey Federation
www.fihockey.org

Floorball
International Floorball Federation
www.floorball.org

Lacrosse
International Lacrosse Federation
www.intlaxfed.org

Volleyball
International Volleyball Federation
www.fivb.org

Footvolley
UK Footvaolley Association
www.footvolley.co.uk

Sepak Takraw
English Sepak Takraw Association
www.sepak-takraw.co.uk

Netball
International Federation of Netball Associations www.netball.org

Handball
International Handball Federation
www.ihf.info

Gaelic Football
Gaelic Athletic Association
www.gaa.ie

Hurling
Gaelic Athletic Association
www.gaa.ie

Shinty
Camanachd Association
www.shinty.com

Dodgeball
International Dodgeball Federation
www.dodge-ball.com

Tug of War
The Tug of War Association
www.tugofwar.co.uk

Ultimate Frisbee
Ultimate Players Association
www.upa.org

Tennis
International Tennis Federation
www.itftennis.com
www.atptennis.com

Real Tennis
International Real Tennis Professional Association
www.irtpa.com

Soft Tennis
Japan Soft Tennis Association
www.jsta.or.jp

Table Tennis
International Table Tennis Federation
www.ittf.com

Badminton
International Badminton Federation
www.internationalbadminton.org

Jianzi
Jianzi UK
www.jianzi.co.uk

Squash
World Squash Federation
www.worldsquash.org

Racquetball
USA Raquetball
www.usra.org

Racquets
Paddleball
United States Paddleball Association
www.uspaddleballassociation.org

Eton Fives
Eton Fives Association
www.etonfives.co.uk

Pelota
International Federation of Basque Pelota
www.fipv.net

Boxing
International Boxing Federation
www.ibf-usba-boxing.com

World Boxing Organisation
www.wbo-int.com

Fencing
Federation International de Escrime (FIE)
www.fie.ch

Judo
International Judo Federation
www.ijf.org

Sumo
International Sumo Federation
www.amateursumo.com

Wrestling
Federation International de Luttes Associees
www.fila-wrestling.com

Karate
World Karate Federation
www.wkf.net

Kungfu
International KungFu Federation
www.internationalkungfu.com

Ju-jitsu
International Judo Association
www.ijf.org

Taekwando
Taekwon Do International
www.tkd-international.com

Kickboxing
World Kickboxing Network
www.worldkickboxingnetwork.com

World Kickboxing Association
www.worldkickboxingassociation.com

Sombo
British Sombo
www.britishsombo.co.uk

Kendo
International Kendo Federation
www.kendo-fik.org

Swimming
Federation Internationale de Natation
www.fina.org

Diving
Federation Internationale de Natation
www.fina.org

Water Polo
Federation Internationale de Natation
www.fina.org

Synchronised Swimming
Federation Internationale de Natation
www.fina.org

Underwater Sports
World underwater Federation
www.cmas.org

Sailing
International Sailing Federation
www.sailing.org

Rowing
International Rowing Federation
www.worldrowing.com

Kayaking
International Canoe Federation
www.canoeicf.com

Canoeing
International Canoe Federation
www.canoeicf.com

Dragonboat Racing
International Dragonboat Federation
ww.idbf.com

Waterskiing
International Waterski Federation
www.iwsf.com

Windsurfing
International Windsurfing Association
www.internationalwindsurfing.com

Surfing
International Surfing Association
www.isasurf.org

Association of Surfing Professionals
www.aspworldtour.com